宋诗纪事

[清]厲鶚　輯撰

一

圖書在版編目（CIP）數據

宋詩紀事/（清）厲鶚輯撰. —上海: 上海古籍出版社, 2013.8（2020.6重印）

ISBN 978 - 7 - 5325 - 6930 - 4

Ⅰ.①宋… Ⅱ.①厲… Ⅲ.①宋詩—詩集 Ⅳ.①I222.744

中國版本圖書館CIP數據核字(2013)第 163579 號

宋 詩 紀 事

（全四册）

[清] 厲 鶚 輯撰

上海世紀出版股份有限公司
上 海 古 籍 出 版 社 出版

（上海瑞金二路 272 號 郵政編碼 200020）

（1）網址：www. guji. com. cn

（2）E - mail：gujil@ guji. com. cn

（3）易文網網址：www. ewen. co

上海世紀出版股份有限公司發行中心發行經銷

常州市金壇古籍印刷廠印刷

開本 850×1168 1/32 印張 78 插頁 20 字數 1,799,000

2013 年 8 月第 1 版 2020 年 6 月第 4 次印刷

印數：3,201–4,250

ISBN 978—7—5325—6930—4

I・2704 定價：398. 00 元

出版說明

宋詩紀事一百卷，清厲鶚輯撰。

厲鶚字太鴻，又字雄飛，號樊榭，浙江錢塘（今杭州）人。生於康熙三十一年壬申（一六九二），卒於乾隆十七年壬申（一七五二）。少孤貧，讀書不輟，學問淹博。康熙五十九年庚子（一七二〇）舉人。乾隆元年丙辰（一七三六）應博學鴻詞科考試，因試卷誤將文論寫在詩前，違反程式，罷歸。他工詩詞，尤熟於兩宋朝章典故，向稱以朱彝尊爲首的浙西詞派的重要作家；和沈德潛、杭世駿、金農、全祖望、查爲仁等相友善，名重一時。除輯撰宋詩紀事外，有樊榭山房集、遼史拾遺、南宋院畫錄、玉臺書史、東城雜記、增修雲林寺志、湖船錄等著作，並與查爲仁同撰絕妙好詞箋，與沈嘉轍等撰南宋雜事詩。協助厲鶚輯撰宋詩紀事的還有馬曰琯和馬曰璐。曰琯字秋玉，號嶰谷；曰璐字佩兮，號半槎。祁門人。爲雍正、乾隆時揚州的著名藏書家，其小玲瓏山館藏書之富，著於東南。馬氏昆季有沙河逸老小稿和南齋集行世。

宋詩紀事是宋計有功唐詩紀事之後以紀事體形式裒輯一代詩歌規模最爲宏大的著作。據厲鶚序稱，因有感於「前明諸公剽擬唐人太甚，凡遇宋人集，概置不問，迄今流傳者，僅數百家。即名公鉅手，亦多散逸無存，江湖林藪之士，誰復發其幽光」，於是利用揚州小玲瓏山館馬氏藏書，從宋人文集、詩話、筆記以至山經、地志等各種珍秘典籍中輯撰成書。他在刻宋詩紀事啓中說，「苟片言之足採，雖隻字以兼收」，「稽其家數，三千有奇，惟此工夫，二十餘載」，可見作者用力之勤；而其重點却在鈎稽發掘，求其完備。馬曰琯、馬曰璐除分別參與卷一至卷十，卷十一至卷二十的裒輯工作外，對所收作品的版本和出處作了一些考訂，書中留有他們寫的若干按語。既然本書以紀事爲體，在輯錄作品時，應像唐孟棨本事詩一樣，兼附與之有關的故實；但它却僅在一部份篇章中附了和作品有關的軼事，而大部份却有詩而無本事，與書名紀事其實不符。從全書體例來看，它實際乃是一部宋代的詩歌總集。

本書的主要特點是具有豐富的資料價值。宋詩與唐詩不同，它沒有像全唐詩這樣比較完整的總集。康熙時編的宋金元明四朝詩，宋詩僅占七十八卷，八八二人。吳之振等所輯的宋詩鈔，雖有一〇六卷，目錄列作家一百人，實際僅八十四人，而且規定入選作家和作品都必須有專集和詩五首以上，無專集或不滿五首者，均不輯入。所以它即使部頭較大，但所收范圍只限於那些有一定影響的作家，很不全面。宋詩紀事則不然，入選的作家達三八一二人（據厲鶚序）之多，每一作家之後，又大多附有簡略的小傳，綴以評論，並標有作品的出處大概，這樣就爲我們提供了一份難得的宋詩資料。後來陸心源的宋詩紀事補遺，宣古愚、羅以智、屈彈山又各有補遺、拾遺等書，也都是在厲鶚草創之後續成的。這些著作，爲有宋一代的詩人和作品提供了可資參考的材料。當然，宋詩紀事也有它的不足之處：

由於輯者的原意在存錄一代作品，所以對有些作家的作品在取捨上不盡允當，以至掛一漏萬。其次是一些具體疎誤，如失考重出，錯移誤植，以至個別有删改原作等情況。*但它作為一部大型資料性著作，這類錯誤也就可以存而不論。

本書根據乾隆十一年厲氏樊榭山房刊本標點整理。整理工作是在六十年代之初進行的，先後由胡道靜、吳玉如等同志擔任。對於原書中的某些錯字，如卷一理宗皇帝，首有：「帝諱昫，太祖十三世孫，榮王希瓐子。」按宋史卷四十一理宗本紀，「昫」係「昀」之訛，「十三世孫」係「十世孫」之訛；又如卷十二歐陽修唐崇徽公主手痕第六句「肉骨何曾與國謀」，詩末所附朱文公語錄引此句作「肉食何人與國謀」，僅前後二行就出現文字不同，查歐陽文忠公文集（四部叢刊本）卷十三原詩，與朱熹所引相同，係傳刻所誤；以及其他一些明顯錯字和避諱字逕改外，一般未作更動。書後附四角號碼人名索引和姓氏筆劃檢字，以便檢閱。由於這書份量很大，在整理工作上，還存在一定缺點，希望讀者隨時指正。

上海古籍出版社

一九八一年七月

* 四庫全書總目提要云：「採摭既繁，牴牾不免：如四卷趙復送晏集賢南歸詩，隔三卷而重出；七十二卷李珏題湖山類稿絕句，隔兩卷而重出；九十一卷僧惠渙送王山人歸隱詩，隔一卷而重出；四十五卷尤袤淮民謠，隔一頁而

重出；二卷楊徽之寒食詩二句，至隔半頁而重出。他如西崑體、江西派，既已別編，而月泉吟社，乃分析於各卷，而不改其前題字。以致八十一卷之姚潼翔，於周暕送僧歸蜀詩後，標前題字；八十五卷之趙必范，於趙必瑑避地惠陽詩後，標前題字，皆不免於粗疎。又三十三卷載陳師道，而三十四卷又出一潁州教授陳復常，竟未一檢後山集及東坡集，訂『復』字爲『履』字之譌；四十七卷載鄭伯熊，三十一卷已先出一鄭景望，竟未一檢止齋集，證景望即伯熊之字；五十九卷據齊東野語載曹豳竿伎詩作刺趙南仲，九十六卷又載作無名子刺賈似道；八十四卷花蕊夫人奉詔詩，不以勾延慶錦里耆舊傳互勘；八十六卷李煜歸宋渡江詩，不以馬令南唐書參證；八十七卷永安驛題柱詩，不引後山集本序，而稱名媛璣囊；又華春娘寄外詩，不知爲唐薛濤十離之一；陸放翁妾詩，不知爲劍南集七律之半；英州司寇女詩，不知爲錄其父作，皆失於考證。」

序

宋承五季衰敝後，大興文教，雅道克振。其詩與唐在合離間，而詩人之盛，視唐且過之。前明諸公剽擬唐人太甚，凡遇宋人集，概置不問，迄今流傳者，僅數百家。卽名公鉅手，亦多散逸無存，江湖林藪之士，誰復發其幽光者，良可歎也！予自乙巳後，薄游邗溝，嘗與汪君祓江，欲效計有功搜括而甄錄之。會祓江以事罷去，遂中輟。幸馬君嶰谷、半槎兄弟，相與商榷，以爲宋人考本朝尚有未當：如胡元任不知鄭文寶仲賢爲一人；注蘇詩者不知歐陽闢非文忠之族；方萬里不知薛道祖非昂之子。以至阮閱休所紀三李定，王伯厚所紀兩曹輔之類，非博稽深訂，烏能集事？因訪求積卷，兼之閱市借人，歷二十年之久。披覽既多，頗加汰擇。計所抄撮，凡三千八百一十二家，略具出處大概，綴以評論；本事咸著於編。其於有宋知人論世之學，不爲無小補矣。部帙既繁，恐歸覆瓿。念與二君用力之勤，不忍棄去。暇日彙爲百卷，目曰宋詩紀事，鏤板而傳之，庶幾後之君子，有以益我紕漏云。時乾隆十一年，歲在柔兆攝提格，陽月望，樊榭厲鶚太鴻序。

宋詩紀事總目

卷一

卷二

卷五

卷六 西崑體

卷七

卷八

卷九

卷十

卷十一

卷十二

卷十三

卷十四

卷十五

卷二十

卷二十一

卷二十二

卷二十三

卷二十四

卷二十五

卷二十六

卷二十七

卷二十八

卷二十九

卷三十

卷三十一

卷三十二

卷三十三　江西派

卷三十四

卷三十五

卷三十六

卷三十七

江　暐（九四八）　周子雍（九四九）　王　賔（九四九）　王安中（九五〇）　馮熙載（九五五）
王　漢（九五六）

卷三十八

毛　友（九五七）　盧　襄（九五七）　宇文虛中（九六〇）　吳　敏（九六一）　李邦彥（九六二）
劉才邵（九六二）　賈安宅（九六三）　王　珩（九六三）　倪　濤（九六四）　章　夏（九六四）
余安行（九六五）　張正己（九六五）　白子儀（九六五）　楊　齊（九六六）　孫　覿（九六六）
胡舜陟（九六八）　左　譽（九六九）　晏敦復（九七〇）　沈汝諧（九七〇）　李彌遜（九七〇）
李元亮（九七二）　趙　企（九七二）　王　震（九七三）　鄭　滋（九七三）　莫　儔（九七四）
譚知柔（九七四）　趙　野（九七五）　辛次膺（九七五）　翁彥約（九七五）　羅汝楫（九七六）
李　綱（九七六）　李正民（九七七）　胡松年（九七八）　汪思溫（九七九）　楊　景（九七九）
陳公輔（九七九）　陳與義（九八〇）　李　乘（九八三）　洪興祖（九八三）　謝　彥（九八三）
黃伯思（九八四）　杜子民（九八四）

卷三十九

姚孝錫（九八五）　張　綱（九八六）　朱　粹（九八七）　胡景裕（九八七）　何　㮚（九八八）
潘良貴（九八八）　沈與求（九八九）　洪　皓（九九一）　劉無極（九九一）　秦　檜（九九一）
葉廷珪（九九二）　翁　采（九九二）　郭　印（九九三）　傅崧卿（九九三）　王　珉（九九四）

卷四十

卷四十一

卷四十二

卷四十三

卷四十四

卷四十五

卷四十六

卷四十七

卷四十八

卷四十九

卷五十

卷五十一

卷五十二

卷五十三

卷五十四

卷五十五

卷五十六

卷五十七

卷五十八

卷五十九

卷六十

卷六十一

卷六十二

卷六十三

卷六十八

六十九

卷七十

卷七十一

卷七十二

卷七十三

卷七十四

卷七十七

卷七十八

卷七十九

卷八十

卷八十一

卷八十二　無時代上

卷八十三　無時代下

卷八十四 宮掖

卷八十五 宗室

卷八十七　閨媛

卷九十一　釋子上

卷九十二 釋子中

卷九十三　釋子下

卷九十七　妓女

宋詩紀事卷一

錢唐 厲鶚 輯
祁門 馬曰琯 同輯

太祖

帝諱匡胤，姓趙氏，涿郡人。仕周爲殿前都點檢，檢校太尉。恭帝七年，禪位於帝。建元建隆、乾德、開寶，在位十七年。謚曰英武聖文神德皇帝，廟號太祖，葬永昌陵。大中祥符元年，加上尊謚曰啓運立極英武睿文神德聖功至明大孝皇帝。

詠初日

太陽初出光赫赫，千山萬山如火發。一輪頃刻上天衢，逐退羣星與殘月。

庚溪詩話：上微時，客有詠初日詩者，語雖工而意則淺陋，上所不喜。其人請上詠之，即應聲云云。蓋本朝以火德王天下，及上登極，僭竊之國，以次削平，混一之志，先形於言，規模宏遠矣。

句

未離海底千山墨，纔到天中萬國明。

後山詩話：王師圍金陵，唐使徐鉉來。鉉伐其能，欲以口舌解圍。謂太祖不文，盛稱其主博學多藝，有聖人之能。使誦其詩，曰：「秋月之篇，天下傳誦之，其句云云。」太祖大笑曰：「寒士語耳，吾不道也！」鉉內不服，謂大言無實可窮也，以請。殿上驚懼相目。太祖曰：「微時自秦中歸道華下，醉臥田間，覺而月出，有句云云。」鉉大驚，殿上稱壽。

太宗

帝諱炅，初名匡乂，改賜光義。即位之二年，改今諱。太祖同母弟。建元太平興國、雍熙、端拱、淳化、至道，在位二十二年。謚曰神功聖德文武皇帝，廟號太宗，葬永熙陵。有御製集。

石林燕語：太宗當天下無事，留意藝文，而琴棋亦皆造極品。時從臣應制賦詩，皆用險韻，往往不能成篇。而賜兩制棋勢，亦多莫究所以故。不得已則相率上表，乞免和、訴不曉而已。王元之嘗有詩云：「分題宣險韻，翻勢得仙棋。」又云：「恨無才應副，空有表虔祈。」蓋當時事也。

玉海：祥符五年八月丁巳，龍圖閣學士陳彭年，表上奉詔編錄太宗御集四十卷，君臣賡載集三十卷，朱邸集十卷，文明政化十卷，祕藏銓十卷，蓮花偈、逍遙詠、金剛經疏、禪樞要、緣識至理篇、回文詩、心輪圖，共五十五卷，九弦琴譜二十卷，五弦阮譜十七卷，棋勢、圖譜各一卷。詔奉安于太清樓、資政殿、崇文院、祕閣、西京三館各一本。御撰文字總十八部，合二百四十卷。十一月丙辰，出新編太宗御製文集及御書法帖目一卷，凡十五部，總三百三十六卷。以示輔臣曰：「先帝嗜學，實由天縱，屬思援翰，必極精妙。朕孜孜尋訪，文詞筆札，殆無遺逸。」

賜陳摶

曾向前朝號白雲，後來消息杳無聞。如今若肯隨徵召，總把三峯乞與君。

澠水燕談：陳摶，周世宗常召見，賜號白雲先生。太平興國初，召赴闕。太宗賜御詩。先生服華陽巾，草屨垂縧，以賓禮見，賜坐。上方欲征河東，先生諫止。會軍已興，令寢御園，百餘日方起。兵還，果無功。恩禮特異，賜號希夷。

太平興國七年季冬大雪賜學士

輕輕相亞凝如酥，宮樹花裝萬萬株。今賜酒卿時一盞，玉堂閑話道情無。孔平仲談苑

句

鑾輿臨紫塞，朔野凍雲飛。北征途中御製　皇朝類苑

珍重老臣純不已，我慚寡昧繼三皇。

庚溪詩話：宰相李昉罷政家居，每宴必宣赴坐。昉獻詩曰：「微臣自媿頭如雪，也向鈞天侍玉皇。」上俯和云云。時皆榮之。

欲餌金鉤殊未達，磻溪須問釣魚人。

庚溪詩話：呂端參知政事，上一日幸後苑釣魚，賜之詩云云。端賡以進曰：「愚臣鉤直難堪用，宜問濠梁結網人。」既而端遂拜相。

眞宗

帝諱恆，太宗第三子。建元咸平、景德、大中祥符、天禧、乾興，在位二十六年，葬永定陵。謚曰文明武定章聖元孝皇帝，廟號眞宗。慶曆七年，加謚膺符稽古神功讓德文明武定章聖元孝皇帝。有御製集。

庚溪詩話：眞宗皇帝聽斷之暇，唯務觀書。每觀一書畢，即有篇詠，命近臣賡和，可謂好文之主也。

玉海：天禧四年十一月壬戌，詔丁謂等作天章閣，奉安御集。五年三月戊戌，閣成。庚子，令具兩街僧道威儀，教坊作樂，奉御集、御書，自玉淸昭應宮安于天章閣。羣臣稱賀，賜宴。時輔臣編御集爲三百卷：頌、銘、碑文十八卷，贊八卷，詩三十七卷，賜中宮詩七卷，賜太子歌詩箴述五卷，龍圖閣歌詩四卷，水殿詩一卷，淸景殿詩二卷，西園詩

三卷，三教詩九卷，讀經史詩四卷，維城集三卷，奉道詩十卷，歲時新詠十卷，樂章一卷，樂府集幷新詞五卷，論述十卷，序八卷，箴七條各一卷，記六卷，又三卷，又一卷，書十卷，正說十卷，承華要略二十卷，靜居集三卷，玉宸集五卷，法音前集七卷，春秋要言五卷，試進士題一卷，密表密詞六十九卷，玉京集二十卷；至道元年訖大中祥符聖政紀，凡一百五十卷，並鏤版。又以御書石本爲九十編，命中使岑守素主其事，至是畢功焉。

賜楊億判祕監

瑣闥往年司制誥，共嘉藻思類相如。蓬山今日詮墳史，還仰多聞過仲舒。報政列城歸覲後，疏恩高閣拜官初。諸生濟濟彌瞻望，鉛槧諮詢辨魯魚。石林燕語

賜神童蔡伯俙

七閩山水多才俊，三歲奇童出盛時。家世應傳淸白訓，嬰兒自得老成姿。初當移步來朝謁，方及能言便誦詩。更勵孜孜圖進益，靑雲千里看前期。

揮麈後錄：伯俙字景蕃，與晏元獻俱五六歲以神童侍仁宗于東宮。元獻自初梗介，蔡最柔媚，每太子過門閾高者，蔡伏地令太子履其背而登。既踐阼，元獻被知遇至宰相，蔡竟不大用。以舊恩常領郡，頗不循法令。或被劾取旨，上識其姓名，必曰：「藩邸舊臣，且令轉官。」凡更四朝，元符初致仕，已八十歲矣。監司薦之，乞落致仕，與宮祠，其辭略云：蔡伯俙年八十歲，食祿七十五年。余謂人生名位固可得，罕得綿長如此者。

賜蘇州節度使丁謂 幷序

卿黃閣同寅，實彰於盡瘁；碧幢臨鎭，方厲於報功。言當入謝之辰，特賜褒賢之作。今成七言四韻

詩一首，賜新授蘇州節度使丁謂，依韻和進。

懿辭碩畫播朝中，造膝詢謀禮遇豐。文石延登彰順美，高才前導表疇庸。書生仗鉞今尤貴，舊里分符古罕逢。畫錦買臣安敢比，黄樞早日接從容。

又賜丁謂 并序

卿名藩出涖，雖極於倚毗；文陛言辭，良多於眷注。特示寵行之什，用增方面之榮。今成五言十韻詩一首，賜蘇州節度使丁謂，依韻和進。

踐歷功皆著，諮詢務必成。懿才符曩彥，佳器貫時英。俾展經綸業，旋陞輔弼榮。嘉亨忻盛遇，盡瘁罄純誠。均逸明恩洽，酬勞茂典行。白麻三殿曉，紅旆九衢平。雖輟凝嚴任，尤增倚注情。擁旄辭帝闕，頓轡望都城。風景高秋月，烟波幾舍程。想卿懷感意，常是夢神京。以上吳郡志

天禧三年賜尚書左僕射兼中書門下平章事王欽若除太子太保判杭州十韻

早自外朝登近侍，克符昌運振嘉名。一參黄閣推良畫，再陟鴻樞顯至榮。該博古今常獻納，勤勞夙夜每專精。石渠撰述多文備，日觀封崇大禮成。宰府調元心匪懈，眞宫兼職望彌清。龍樓進秩恩尤異，熊軾爲藩任不輕。二浙奥區期惠化，三吳佳致悦高情。重重山水舟中見，處處壺漿陌上迎。既肅邇遐安外域，更分宵旰撫黎氓。予衷側席方毗倚，佇有甘棠播頌聲。乾道臨安志

賜知貢舉學士晁迥 大中祥符五年正月癸酉

盛時選士貢闈開，馨宇聞風獻藝來。必以權衡求實效，勿令蓬蓽有遺才。金坡遺事

海棠

春律行將半，繁枝忽競芳。霏霏含宿霧，灼灼豔朝陽。戲蝶棲輕蘂，遊蜂逐遠香。物華留賦詠，非獨務雕章。海棠譜

仁宗

帝諱禎，初名受益，眞宗第六子。建元天聖、明道、景祐、寶元、康定、慶曆、皇祐、至和、嘉祐，在位四十二年。謚曰神文聖武明孝皇帝，葬永昭陵。有御製集。

玉海：治平元年五月丁未，命天章閣待制呂公著、修起居注邵必，編集仁宗御製。二年十月甲寅，編成一百卷以進。詔藏于寶文閣。英宗製序曰：「敍禋祀饗，升歌樂章，藏于有司，薦于郊廟者多矣。而登臨遊賞之適，割鮮獻獲之樂，前世所誇者，未始一及焉。萬幾之暇，泊然凝神，不見所好。惟躬閱寶訓，陳經邇英；究鍾律之本元，訓師兵之武略；披圖以監古，銘物以自戒；從事于淸閑宴息之餘者，不過此類。嗚呼！大禹之勤儉也，永惟聖作，鏤之玉版，藏之金匱，以垂無窮。俾知我聖考之所以爲仁者，自勤儉始。」

幸後苑召宰執侍從臺諫館閣以下賞花釣魚中觴賦詩

晴旭暉暉苑籞開，氤氳花氣好風來。遊絲罥絮縈行仗，墮蘂飄香入酒杯。魚躍紋波時潑剌，鶯流深樹久徘徊。靑春朝野方無事，故許懽遊近侍陪。

閑居詩話：章聖朝，春月多召兩府、兩制、三館于後苑，賞花、釣魚、賦詩。自元昊背叛，西陲用兵，廢缺甚久。嘉祐末，仁宗修故事，韓魏公和御製詩，卒章云：「曾參二十年前會，今備台司得再陪。」時內侍都知任守忠，以滑稽侍上，

從容曰：「韓琦譏陛下。」仁宗愕然問故。守忠曰：「譏陛下遊宴太頻。」仁宗爲之笑。

蘇魏公語錄：仁宗賞花釣魚賜宴詩，執政諸公暨禁從館閣皆屬和。而「徘徊」二字無他義，諸公進和篇皆押徘徊。再坐，教坊雜戲，爲數人尋訪稅第，至一宅，入觀之。至前堂之後，問所以，曰：「徘徊。」又至後堂、東西序，亦問之，皆曰：「徘徊也。」二人笑曰：「可則可矣，徘徊太多。」

賜梅摯知杭州

地有吳山美，東南第一州。剖符宣政化，持橐輟才流。暫出論思列，遙分旰昃憂。循良勤撫俗，來暮聽歌謳。

庚溪詩話：嘉祐初，龍圖閣學士尚書吏部郎中梅摯公儀出守杭州，上特製詩以寵賜之。梅既到杭，遂建堂吳山上，名曰有美；歐陽修爲記。

句

寒儒逢景運，報國合如何。

庚溪詩話：仁宗皇帝景祐元年聞喜宴賜進士詩，末句云云。言宏大而有激勵，眞詔旨也。

恩袍草色動，仙籍桂香浮。

庚溪詩話：瓊管夷人，有持錦臂韝鬻於市者，其上織成詩一聯云云，乃景祐五年賜進士詩也。山東李廷臣以千金易之，作小屏几硯間，見之者莫不改容瞻敬。

神　宗

帝諱頊，英宗長子。建元熙寧、元豐，在位十八年。謚曰英文烈武聖孝皇帝，廟號神宗，葬永珠人。

慶自天源發，恩從國愛申。歌鐘雖在館，桃李不成春。水折空還沁，樓高已隔秦。區區會稽市，無復獻

爲招。

曉發城西道，靈車望更遙。春風空魯館，明月斷秦簫。塵入羅衣暗，香隨玉篆銷。芳魂飛北渚，那復可

秦國大長公主挽詞二首

裕陵。有御製集。

冷齋夜話：元豐初，魏泰載之于詩話中。雖黃竹、大風之詞，莫可擬其髣髴。噫！豈特前代帝王，蓋古今詞章之工者，無此作也。

徽宗

帝諱佶，神宗第十一子。建元建中靖國、崇寧、大觀、政和、重和、宣和。宣和七年，內禪皇太子，尊帝爲敎主道君太上皇帝。靖康二年北狩，紹興五年崩於五國城。七年，凶問至江南，遙上尊謚曰聖文仁德顯孝皇帝，廟號徽宗。十二年，梓宮還臨安，權欑永祐陵。十三年，加上尊號曰體神合道駿烈遜功聖文仁德憲慈顯孝皇帝。有崇觀宸奎集、御製集。

避暑錄話：政和間，大臣有不能爲詩者，因建言，詩爲元祐學術，不可行。何丞相伯通適領修敕令，因爲科云：「諸士庶傳習詩賦者，杖一百。」是歲冬，初雪，太上皇甚喜。吳門下居厚作詩三篇以獻，謂之口號，上和賜之。自是聖作時出，訖不能禁，詩遂盛行于宣和之末。

己亥十一月十三日南郊祭天齋宮卽事賜太師

報本精禋自國南，先期清廟宿齋嚴。層霄初擴同雲霽，暖吹俄回海日遲。十萬軍容冰作陣，九街鴛瓦玉爲簷。肅雍顯相同元老，行慶均蠲四海霑。

清廟齋幄嘗有詩賜太師已曾和進禋祀禮成以目擊之事依前韻再進今亦用元韻復賜太師非特以此相困蓋清時君臣賡載亦一時盛事耳

靈鼓黃麾道指南，紫壇蒼璧示凝嚴。聯翩玉羽層霄下，烜赫神光愛景遲。爲喜鸞輿回鳳闕，故留芝蓋出蚪簷。禮天要作斯民福，解雨今當萬國霑。

太師以被賜遲字韻詩前後凡三次進和蓋欲示其韻愈嚴而愈工耳復以前韻又賜太師

天位迎陽轉斗南，千官山立盡恭嚴。共欣奠玉烟初達，爭奉回鸞日已遲。歸問雪中誰詠絮，冥搜花底自巡簷。禮成卻喜歌盈尺，端爲來年萬寓霑。原注：唐杜甫詩：「巡簷索共梅花笑。」蓋雪事也。

上清寶籙宮立冬日講經之次有羽鶴數千飛翔空際公卿士庶衆目仰瞻卿時預榮觀作詩紀實來上因俯同其韻賜太師以下

上清講席鬱蕭臺，俄有青田萬侶來。蔽翳晴空疑雪舞，低回轉影類雲開。翻翰清唳遙相續，應瑞凝時尚不回。歸美一章歌盛事，喜今重見謫仙才。以上揮麈餘話

賜燕帥王安中荔枝

保和殿下荔枝丹，文武衣冠被百蠻。思與廷臣同此味，紅塵飛鞚過燕山。老學菴筆記

宮詞

佑神珍觀五雲開，高倚層霄疊玉臺。笑語半空知遠近，縱觀飛騎拂塵來。

玉鉤紅綬挂琵琶，七寶輕明撥更嘉。捍面折枝新御畫，打弦惟恐損珍花。

湘簟涼生暑氣微，午天攲枕向紗幃。轆轤車扇間關處，雙月迴廊彩鳳飛。

苑西廊畔碧溝長，脩竹森森綠彩涼。戲擲水毬爭遠近，流星一點耀波光。

淸晨簷際肅霜鮮，曉日初銷萬瓦烟。隆德重陽開小宴，競將黃菊作花鈿。

今歲閩中別貢茶，翔龍萬壽占春芽。初開寶篋新香滿，分賜師垣政府家。宣和御製宮詞

趙昌江梅山茶

趙昌下筆擒韶光，一軸黃金滿斗量。借我圭田三百畝，眞須買取作花王。中興館閣續錄

賦擊毬

錦袈駿馬曉棚分，一點星馳百騎奔。奪得頭籌須正過，休令綽撥入斜門。

三朝北盟會編：徽宗北狩，至眞定。金人高會擊毬，請帝賦詩云。綽撥、斜門，皆打毬家語也。

汧州作

投袂汧城北，西風又是秋。中原心耿耿，南渡思悠悠。嘗膽期賢佐，顒情憶舊遊。故宮禾黍徧，行役閔宗周。雪舟脞語

在北題壁

徹夜西風撼破扉，蕭條孤館一燈微。家山回首三千里，目斷天南無雁飛。山房隨筆

題脩竹士女圖

瑤臺無信託青鸞，一寸芳心思萬端。莫向東風倚脩竹，翠衫經得幾多寒。

題芭蕉士女圖

羅襪生香踏輭紗，釵橫玉燕鬢鬆鴉。春心正是芭蕉葉，羞見宜男並蒂花。

題滌硯士女圖

輭繡屏風小象牀，細風亭館玉肌涼。含情學寫鴛鴦字，墨洗蕉花露水香。

題團扇士女圖

濃黛消香淡兩蛾，花陰試步學凌波。專房自得傾城色，不怕涼風到扇羅。以上郁氏書畫題跋記

高宗

帝諱構，字德基，徽宗第九子。宣和三年，封康王。靖康元年使金，見留，得還。勤王兵奉帝至應天府，元祐皇后詔帝卽位；建元建炎、紹興。紹興元年，移蹕臨安府，是爲行都。三十二年，內禪皇太子，尊爲太上皇帝，累上尊號曰光堯壽聖憲天體道性仁誠德經武緯文紹業興統明謨盛烈太上皇帝。淳熙十四年崩，謚曰聖神武文憲皇帝，廟號高宗，欑會稽永思陵。紹熙二年，加謚受命中興全功至德聖神武文昭仁憲孝皇帝。有御製集。

庚溪詩話：光堯壽聖太上皇帝當內修外攘之際，尤以文德服遠，至于宸章睿藻，日星昭垂者非一。至紹興二十八

年，將郊祀，有司以太常樂章篇序失次，請遵眞宗、仁宗故事，親製。詔從之。自郊丘、宗廟、原廟等，共十有四章，肆筆而成，睿思雅正，宸文典贍，所謂大哉王言也。

中和堂詩 并序

孟夏壬戌，來登斯堂。遠矚稽山，思夏后之功；俯瞰濤江，懷子胥之烈。賦古詩一首。

六龍轉淮海，萬騎臨吳津。王者本無外，駕言蘇遠民。瞻彼草木秀，感此瘡痍新。登堂望稽山，懷哉夏禹勤。神功既盛大，後世蒙其仁。願同越句踐，焦思先吾身。艱難務遵養，聖賢有屈伸。高風動君子，屬意種蠡臣。

淨明院易安齋梅巖詩 並序

款謁泰壇，因過易安齋。愛其去城不遠，巖谷幽邃，得天成自然之趣，爲賦梅巖云。

怪石蒼巖映翠霞，梅梢疎瘦正横斜。得因祀事來尋勝，試探春風第一花。以上咸淳臨安志

漁父詞

青草開時已過船，錦鱗躍處浪痕圓。竹葉酒，柳花氊，有意沙鷗傍我眠。

扁舟小纜蘆花風，四合青山暮靄中。明細火，倚孤松，但願尊中酒不空。

薄晚烟林淡翠微，江邊秋月已明輝。縱遠柁，適天機，水底閑雲片段飛。

雪灑清江江上船，一錢何有買江天。催短棹，去長川，魚蟹來傾酒舍烟。

水涵微雨湛虛明，小笠青蓑未要晴。明鑑裏，縠紋生，白鷺飛來空外聲。

庚溪詩話云：清新簡遠，備騷雅之體。

題紅木犀花扇賜從臣

月宮移就日宮栽，引得輕紅入面來。好向烟霄承雨露，丹心一點爲君開。

秋入幽叢桂影團，香深粟粟照林丹。應隨王母瑤池宴，染得朝霞下廣寒。

陳郁話腴：明之象山，士子史本有木犀，忽變紅色，異香，因接本獻闕下。高廟雅愛之，畫爲扇面，仍製詩以賜從臣。自是四方爭傳其本，歲接數百，史氏由此昌焉。

題黃筌芙蓉

照水枝枝蜀錦囊，年年澤國爲誰芳！朱顏自得西風意，不管千林一夜霜。

題脩竹芙蓉

寒花婀娜露凝香，風葉搖秋鳳尾涼。夢入畫堂銀燭下，翠屏深處隱紅妝。以上郁氏書畫題跋記

句

白雲斷處斜陽轉，幾曲青山獻畫屏。題蕭照畫　畫繼補遺

孝宗

帝諱昚，字元永，太祖七世孫，秦王德芳之後，秀王偁子。高宗育于宮中，立爲皇太子，受內禪，建元隆興、乾道、淳熙。淳熙十六年，禪位皇太子，上尊號曰至尊壽皇聖帝。紹熙五年崩，謚曰哲文神武成孝皇帝，廟號孝宗，欑永阜陵。慶元三年，加謚紹統同道冠德昭功哲文神武

明聖成孝皇帝。有御製集。

召史浩錫宴澄碧殿俯同其韻

揖遜荷帝堯，寅恭五元祺。治道貴清靜，聖言有深旨。誰歌元首明，自得股肱喜。躋民期仁壽，詎肯中道止。力農樂彼田，坐賈安於市。歲行閱豐登，國輸銷委靡。予力初何能，濟濟賴多士。矧予有元老，中立而不倚。居東逾三年，不遠來千里。未遂赤松遊，綴誦青琅蘂。皓首持六經，日侍明光裏。翼乎鴻遇風，縱矣魚在水。儒行絶瑕疵，道心無塵滓。挺挺松柏姿，巉巉山岳峙。予惟日萬幾，至仁同一視。西成錫小宴，促坐才尺咫。湛露媿歌周，置酒非封齒。歸美見新詩，如卿能有幾。眷言澄碧行，勝賞得迂趾。亦屢引公卿，對此談政理。虛心欲受人，忠言資逆耳。朕瘠天下肥，至樂無易此。頗念文武疆，六合尚殊軌。東都會諸侯，宣王昔于是。期爾罄嘉謀，使我勳業起。勿以方燕頤，所書聊復爾。巵酒正須酬，話言未能已。都護萬年觴，何當至庭戺。文章藉老手，直筆中興紀。載嘉矍鑠翁，焉得辭骩骳。玉堂雜記

比幸玉津園縱觀春事適霽色可喜洪邁有詩來上因俯同其韻

春郊柔綠徧桑麻，小駐芳園覽物華。應信吾心非暇逸，頓回晴意絶咨嗟。每思富庶將同樂，敢務遊畋漫自誇。不似華清當日事，五家車騎爛如花。容齋五筆

秋日臨幸祕書省因成近體詩一首賜丞相史浩以下

玉軸牙籤煥寶章，簪紳侍列映秋光。宴開芸閣儒風盛，坐對蓬山逸興長。稽古右文慚菲德，禮賢下士

法前王。欲臻至治覩熙洽，更罄嘉謀爲贊襄。咸淳臨安志

和御製梅巖

秀色環亭擁翠霞，脩筠冰豔數枝斜。東君欲奉天顏喜，故遣融和放早花。

四朝聞見錄：光堯親祀南郊，因過易安齋，爲賦梅巖，孝宗和詩云云。

芙蓉閣觀鞶毬賜宴選德殿

昊穹垂佑福羣生，涼德惟知監守成。禾黍三登占叶氣，簫韶九奏播歡聲。未央秋晚林塘靜，太液波閑殿閣明。嘉與臣鄰同燕樂，益修庶政荅丕平。武林舊事

冷泉堂詩

山中秀色何佳哉，一峯獨立名飛來。參差翠麓儼如畫，石骨蒼潤神所開。忽聞仿像來宮囿，指顧已驚成列岫。規模絕似靈隱前，面勢恍疑天竺後。孰云人力非自然，千巖萬壑藏雲烟。上有峥嶸倚空之翠壁，下有潺湲漱玉之飛泉。一堂虛敞臨淸沼，密蔭交加森羽葆。山頭草木四時春，閱盡歲寒長不老。聖心仁智情優閑，壺中天地非人間。蓬萊方丈渺空闊，豈若坐對三神山。日長雅趣超塵俗，散步逍遙快心目。山光水色無盡時，長將挹向杯中渌。

武林舊事：光堯雅愛湖山之勝，恐數蹕煩民，鑿大池于北宮內，引水注之；壘石爲山，象飛來峯；有堂名冷泉，孝宗皇帝賦詩云云。

新晴雨過述懷

平生雄武心，覽鏡朱顔在。豈惜常憂勤，規恢須廣大。

春晴有感

春風歸草木，曉日麗山河。物滯欣逢泰，時豐自此多。神州應未遠，當繼沛中歌。

庚溪詩話：今上皇帝躬受内禪，踐阼以來，未嘗一日暫忘中興之圖，每形于詩詞云云。觀此則規恢之志大矣。

賜虞允文再撫西蜀

一德如公豈合閑，聊分西面欲憂寬。不辭論道虚台席，暫假宣威築將壇。風教已興三蜀静，干戈再戢萬方安。歸來尚想終霖雨，未許鄉人衣錦看。翠屏筆談

賜僧守璋

古寺春山青更妍，長松脩竹翠含烟。汲泉擬欲增茶興，暫就僧房借榻眠。西湖遊覽志

題刁光引畫册　乾道元年

一枝殘雪照山城，春意原非復後生。羞把紅顔媚兒女，梅兄知我歲寒情。

黄冠翠帔玉爲姿，何處春風一見之。未到湘江清絕地，試看山谷老人詩。式古堂書考

光　宗

帝諱惇，孝宗第三子，受内禪，建元紹熙。在位五年，禪位皇子嘉王。慶元元年，上尊號曰聖安壽仁太上皇帝。慶元六年崩，謚曰憲仁聖哲慈孝皇帝，廟號光宗。嘉泰三年，加謚循道憲仁明功茂德溫文順武聖哲慈孝皇帝。有御製集。

恭和聖製新秋雨過述懷

中興日月明，王氣山河在。萬物飾昭回，稽首王言大。庚溪詩話

會僚屬賞海棠偶有題詠 爲太子時尹臨安府作

濃淡名花產蜀鄉，半含風露浥新妝。嬌嬈不減舊時態，誰與丹青爲發揚。

海棠

東風用意施顏色，豔麗偏宜著雨時。朝詠暮吟看不足，羡他逸蝶宿深枝。以上海棠譜

題楊補之紅梅圖賜貴妃

去年枝上見紅芳，約略紅葩傅淺妝。今日亭中足顏色，可能無意謝東皇。式古堂畫考

理宗

帝諱昀，太祖十世孫，榮王希瓐子。初嗣沂王，寧宗違豫，立爲皇子。即位，建元寶慶、紹定、端平、嘉熙、淳祐、寶祐、開慶、景定，在位四十年，葬永穆陵。謚曰建道備德大功復興烈文仁武聖明安孝皇帝，廟號理宗。

淳祐丙午講禮記畢錫宴祕書省賜侍讀少師鄭清之以下

鰲極開先已降衷，上天下澤禮居中。三才義理維持力，萬世綱常建立功。孔聖法言多纂輯，漢儒師學共修崇。經帷講徹賚羣彥，克己工夫在廣充。後村詩話

重修復古殿紀事詩 高宗建，理宗重修。

烈祖謀詒燕，沖人命紹龜。禁嚴瞻復古，締創想當時。鳳紀因多歷，翬飛欲寢隳。端居常念此，涼德恐羞之。勉輯炎興業，新還舜禹規。棟隳非玉瑱，樸斵僅塗茨。咫尺羹牆見，延洪典則貽。緬懷光宅舊，儼若煥章垂。聖志惟先定，鴻名寓有爲。風烟沈廟算，天日俯疇咨。屏翰環方召，言謨富禹夔。權綱歸總攬，制度永維持。養士翔鴛鷺，蒐兵振虎貔。宣王修政日，光武中興時。文治綏函夏，英威讋遠夷。萬年丕顯績，三紀太平基。繼述慚非稱，規恢動慨思。肯堂心翼翼，景行日孜孜。載繹車攻雅，宜賡考室詩。告成書梗概，拜手緝蕪辭。咸淳臨安志

聞喜宴詩賜狀元方逢辰

肆予臨御九賓興，藹藹盈庭俊乂升。喜賴讜言調八事，欲垂景運進三登。攄忠社稷惟名節，濟用邦家必器能。豐芑涵濡盛今日，勉思德意共欽承。青溪詩集

寧宗皇帝挽詞

沖澹凝金汞，憂勤失寶丹。講餘曦正午，班促漏方殘。濟野雲生暗，蒼梧日轉寒。列朝從藝祖，天闕會金鑾。

仙御賓空日，龍飛杳杳間。五雲呈瑞綵，九虎儆重關。寶輦扶蒼鶴，雲韶擁玉班。千年棲佛地，今日覲天顔。淵鑑類函

度宗

帝諱禥，理宗母弟嗣榮王與芮之子，理宗立爲皇太子。卽位，建元咸淳。在位十年，謚曰端文

明武景孝皇帝，廟號度宗，葬永紹陵。

御製晚望

鷗鷺歸烟渚，秋江挾晚晴。老漁閑檥艇，坐待月華生。隨隱漫錄

瀛國公

公名㬎，度宗子。咸淳十年即位，建元德祐。二年，元兵入臨安，朝於上都，降封開府儀同三司、瀛國公。

在燕京作

寄語林和靖，梅花幾度開。黄金臺下客，應是不歸來。

輟耕錄：始終二十字，含蓄無限凄感意思，讀之而不興感者幾希！

鸚鵡

毛羽自然可數，仙禽不受凡籠。銜得梧桐一葉，中含無限秋風。乾坤清氣

吴皇后

后開封人。高宗爲康王，被選入宫。即位，封和義郡夫人，進封才人。紹興十三年，立爲皇后。孝宗即位，上尊號曰壽聖太上皇后。光宗即位，尊爲隆慈備福太皇太后。寧宗即位，加號光祐。慶元三年崩，謚曰憲聖慈烈，欑附永思陵。

四朝聞見錄：高宗憲聖吴后侍高宗航海，金騎猝至，欲拏御舟，后發一矢，應弦而倒。高宗重于覩師。后奏曰：「若

臣妾裹尺五阜紗，須一往矣。」

書史會要：憲聖慈烈皇后博習書史，妙於翰墨。帝常書六經，賜國子監刊石，稍倦，即命后續書，人莫能辨。

題徐熙芍藥

穠李夭桃掃地無，眼明驚見玉盤盂。揚州試識春風面，看盡羣花總不如。　韻石齋筆談

楊皇后

后少選入宮，忘其姓氏，或云會稽人。寧宗慶元元年，封平樂郡夫人，進封婕妤。以楊次山爲兄，遂姓楊氏，進婉儀。六年，進貴妃；立爲皇后。理宗即位，上尊號曰壽明慈睿皇太后。寶慶五年崩，謚曰恭聖仁烈。

題朱銳雪景册賜大少保

風吹醉面不知寒，信脚千山與萬山。天甃瓊街三十里，更飛柳絮與君看。　郁氏書畫題跋記

宮詞

瑞日曈曈散曉紅，乾元萬國佩丁東。紫宸北使班纔退，百辟同趨德壽宮。

元宵時節賞宮梅，恭請光堯壽聖來。醉裏君王扶上輦，鑾輿半仗點燈回。

溶溶太液碧波翻，雲外樓臺日月閑。春到漢宮三十六，爲分和氣到人間。

上林花木正芳菲，內裏爭傳御製詞。春賦新翻入宮調，美人羣唱捧瑤卮。

後院深沈景物幽，奇花名竹弄春柔。翠華經歲無遊幸，多少亭臺廢不修。

天中聖節禮非常，躬率羣臣上壽觴。天子捧盤仍再拜，侍中宣達近龍牀。

水殿鉤簾四面風，荷花簇錦照人紅。吾王一曲薰弦罷，萬俗泠泠解愠中。

宮殿鉤簾看水晶，時當三伏熾炎蒸。翰林學士知誰直，今日傳宣與賜冰。

雲影低涵百子池，秋聲輕度萬年枝。要知玉宇涼多少，正在觀書乙夜時。

涼秋結束鬬鮮新，宣入毬場尙未明。一朵紅雲黃蓋底，千官下馬起居身。

秋高風勁角弓鳴，臂健常嫌斗力輕。玉陛纔傳看御箭，中心雙中謝恩聲。

用人論理見宸衷，賞罰刑威合至公。天下監司二千石，姓名都在御屏中。

家傳筆法學光堯，聖草眞行說兩朝。天縱自然成一體，謾誇虎臥與龍跳。

泛索坤寧日一羊，自從正位挫詞章。好生躬儉超千古，風化宮嬪只淡妝。

擊鞠由來豈作嬉，不忘鞍馬是神機。牽韁絕尾施新巧，背打星毬一點飛。

角黍冰盤餖飣裝，酒闌唱歇泛瑤觴。近臣誇賜金書扇，御侍爭傳佩帶香。

一朵榴花插鬢鴉，君王長得笑時誇。內家衫子新番出，淺色新裁艾虎紗。

簾幙深深四面垂，清和天氣漏聲遲。宮中閣裏催繅繭，要趁新蠶作五絲。

小樣盤龍集翠裘，金羈緩控五花騮。繡旂開處鈞天奏，御棒先過第一籌。楊后宮詞

鄆王楷

王，徽宗第三子。始封魏國公，進高密郡王、嘉王。政和八年，廷策進士，唱名第一。母王妃

方有寵，遂超拜太傅，改王鄆，仍提舉皇城司。欽宗立，改鎮鳳翔彰德軍。靖康初，與諸王北遷。

清波雜志：王黼奉敕撰明節和文貴妃墓志云：「六宮稱之曰韻。」時以婦人有標致者爲韻。會叩于故老，宣和間，衣曰「韻纈」，果曰「韻梅」，曲曰「韻令」，乃梁師成爲鄆邸倡此識。時趙野春帖子亦有：「複道密通蕃衍宅，諸王誰似鄆王賢。」亦迎合之意也。

蔡絛北狩行錄：太上雖在蒙塵，不忘義方之訓。每下程後，諸王問安，必留坐賦詩屬對。太上曰「方當月白風清夜」，鄆王楷對曰「正是霜高木落時」。太上曰「落花滿地春光晚」，莘王植對曰「芳草連雲暮色深」。皆類此。

覽夢得所藏李伯時畫吳中三賢因各書絕句

已將勳業等浮漚，鳥盡弓藏見遠謀。越國江山留不住，五湖風月一扁舟。范蠡

西風淅淅動高梧，目送浮雲悟卷舒。自是歸心感秋色，不應高興爲鱸魚。張翰

杞菊蕭條繞屋春，不教鵝鴨惱比鄰。滿身花影猶沈醉，眞是江湖一散人。陸龜蒙　珊瑚網

宋詩紀事卷二

錢唐　厲　鶚　輯
祁門　馬曰琯　同輯

范質

質字文素，大名宗城人。後唐長興四年進士；晉天福中，爲翰林學士；周廣順初，拜中書侍郎、同中書門下平章事。太祖受禪，加兼侍中。乾德初，封魯國公；三年，罷爲太子太傅，卒。有集。

聞見前錄：魯公舉進士，和凝爲主文，愛其文賦。凝自以第十三登第，謂魯公曰：「君之文宜冠多士，屈居十三者，欲君傳老夫衣鉢耳！」魯公以爲榮。至先後爲相，有獻詩者云：「從此廟堂添故事，登庸衣鉢亦相傳。」周祖舉兵向闕，京師亂，魯公隱於民間。一日，坐封丘巷茶肆中，有人貌怪陋，前揖曰：「相公無慮。」時暑中，公所執扇偶書「大暑去酷吏，清風來故人」詩二句。其人曰：「世之酷吏寃獄，何止如大暑也！公他日當深究此弊。」因攜其扇去。公憫然久之。後至祆廟，見一土偶短鬼，貌肖茶肆見者，扇亦在其手中，公心異焉。

誡兒姪八百字

昨得謝課書，希於京秩之中更與遷轉。余以諸兒姪輩生長以來，未諳外事，艱難損益，懵然莫因。抒古詩一章曉之。

去年初釋褐，一命到蓬丘。自注：謂謝課。青袍春草色，白紵棄如仇。適會龍飛慶，王澤天下流。爾得六品階，無乃太爲優。凡登進士第，四選升校讎。歷官十五考，敍階與爾儔。如何志未滿，意欲凌雲遊。若言品位卑，寄書來我求。省之再三歎，不覺淚盈眸。吾家本寒素，門地寡公侯。先子有令德，樂道尙優游。生逢世多僻，委任信沈浮。仕宦不喜達，吏隱同莊周。積善有餘慶，清白爲貽謀。伊余奉家訓，孜孜務進修。夙夜事勤肅，言行思悔尤。出門擇交友，防愼畏薰蕕。省躬常懼玷，恐掇庭闈羞。童年志於學，不惰爲箕裘。二十中甲科，赬尾化爲虬。自注：二十三進士及第，今舉成數。三十入翰苑，步武向瀛州。四十登宰輔，貂冠侍冕旒。備位行一紀，將何助帝猷。既非救旱雨，豈是濟川舟。天子未遐棄，日益素餐憂。黄河潤千里，草木皆浸漬。吾宗凡九人，繼踵昇官次。門內無白丁，森森朱綠紫。鵷行洎內職，亞尹州從事。府掾監省官，高低皆清美。悉由僥倖升，不因資考至。朝廷懸爵秩，命之曰公器。才者祿及身，功者賞於世。非才及非功，安得霑厚利。寒衣內府帛，飢食太倉米。不蠶復不穡，未嘗勤四體。雖然一家榮，豈塞衆人議。顒顒十目窺，齪齪千人指。借問爾與吾，如何不自媿。戒爾學立身，莫若先孝弟。怡怡奉親長，不敢生驕易。戰戰復兢兢，造次必於是。戒爾學干祿，莫若勤道藝。嘗聞諸格言，學而優則仕。不患人不知，惟患學不至。戒爾遠恥辱，恭則近乎禮。自卑而尊人，先彼而後己。相鼠與茅鴟，宜鑒詩人刺。自注：左傳茅鴟，刺不恭也。戒爾勿曠放，曠放非端士。周孔垂名教，齊梁尙清議。南朝稱八達，千載穢青史。戒爾勿嗜酒，狂藥非佳味。能移謹厚性，化爲凶暴類。古今傾敗者，歷歷皆可記。戒爾勿多言，多言衆所忌。苟不愼樞機，災危從此始。是非毀譽間，適足爲身累。舉世重交遊，擬結金蘭契。忿怨從是生，風波當時起。所以君子心，汪汪淡如水。舉世好承奉，昂昂增意氣。不知承奉者，以爾爲玩戲。所以古人疾，籧篨與戚施。舉世重任俠，俗呼爲義士。爲人赴急難，往往陷刑死。

所以馬援書，殷勤戒諸子。舉世賤清素，奉身好華侈。肥馬衣輕裘，揚揚過閭里。雖得市童憐，還爲識者鄙。我本羇旅臣，遭逢堯舜理。位重才不充，戚戚懷憂畏。深淵與薄冰，蹈之唯恐墜。爾曹當憫我，勿使增罪戾。閉門斂蹤跡，縮首避名勢。名勢不久居，畢竟何足恃。物盛必有衰，有隆還有替。速成不堅牢，亟走多顛躓。灼灼園中花，早發還先萎。遲遲澗畔松，鬱鬱含晚翠。賦命有疾徐，青雲難力致。寄語謝諸郎，躁進徒爲耳。宋文鑑

王溥

溥字齊物，并州祁人。漢乾祐中進士，爲祕書郎；周廣順初，拜端明殿學士。恭帝嗣位，官右僕射。宋初，進位司空，加太子太師，封祁國公。卒贈侍中，謚康獻。有集。

石林詩話：五代王仁裕知貢舉，王丞相溥爲狀元，時年二十六。後六年，遂相周世宗，猶及本朝，以太子太保罷班，年才四十二。前此所未有也。初，溥拜相，仁裕致仕，無恙，以詩和之云：「一戰文場拔趙旗，便調金鼎佐無爲。白麻驟降恩何極，黄髪初聞喜可知。跋敕案前人到少，築沙隄上馬歸遲。立班始得遥相見，親洽爭知未貴時。」

謝進士張翼投詩兩軸

清河詩客本賢良，惠我新吟六十章。格調宛同羅給事，功夫深似賈司倉。登山始覺天高廣，到海方知浪渺茫。好去蟾宫是歸路，明年應折桂枝香。洛陽搢紳舊聞記

詠牡丹

棗花至小能成實，桑葉雖柔解吐絲。堪笑牡丹如斗大，不成一事又空枝。歷代吟譜

趙普

普字則平，幽州薊人，占籍洛陽。周顯德初，永興軍節度從事。宋乾德中，拜門下侍郎平章事。太平興國中及端拱初，凡三入相。薨，以佐命功，追封眞定王。謚忠獻，配饗太祖廟庭。有集。

雪中駕幸敝廬恭紀

貞元重數莢，滕六劇霏葩。漠漠初濡砌，皚皚欲聚沙。閶闔銀作界，宮闕玉爲家。調鼎慚鹽撒，霑溫覺絮加。瑞凝三殿瓦，欣動五雲車。冰柱撐茅屋，瓊枝擁翠華。微行停蹕警，冷漏靜街譁。具野曾無隗，磻溪豈問牙。公然門駐輦，那信室盤蝸。積素堪麟畫，飛黃想兔罝。一庭看素練，十道趣宣麻。戎索籌先後，雄才辨等差。神威殷地軸，御指落天花。袁臥甘朝穩，裴功敢夜夸。雪山行獻琯，早晚列星槎。陸氏普鳴集

鶚按：此詩出近人陸氏次雲選本，不知其何所據。且殷字是宣祖廟諱，普不應犯。姑存之，以俟考。

李昉

昉字明遠，深州饒陽人。漢乾祐中舉進士，周顯德中仕至翰林學士。入宋，歷翰林侍讀學士，拜中書侍郎平章事，以特進司空致仕。卒贈司空，謚文正。有集。

贈賈黃中 賈以七歲應童子舉

七歲神童古所難，賈家門戶有衣冠。十人科第排頭上，五部經書誦舌端。見榜不知名字貴，登筵未識

管弦歡。從今穩上青雲去，萬里誰能測羽翰。聞見前錄

寄孟賓于

幼攜書劍別湘潭，金榜標名第十三。昔日聲塵喧洛下，近年詩價滿江南。長爲邑令情終屈，縱處曹郎志未甘。莫學馮唐便休去，明君晚事未爲慚。

馬令南唐書：賓于歸南唐，爲淦陽令；黷貨，當死。時李昉事皇朝爲翰林學士，乃賓于同年進士，聞賓于縲絏，以詩遺之。後主見詩，貸之，復其官。

仙客

胎化仙禽性本殊，何人攜爾到京都。因加美號爲仙客，稱向閑庭伴野夫。警露秋聲雲外遠，翹沙晴影月中孤。青田萬里終歸去，暫處雞羣莫歎吁。

青箱雜記：昉所畜五禽，名五客：仙客鶴，雪客鷺，閑客白鷳，隴客南客孔雀，西客鸚鵡，有詩云。

御書飛白玉堂之署四字頒賜禁苑今懸挂已畢輒述惡詩一章用歌盛事

玉堂四字重千金，宸翰親揮賜禁林。地望轉從今日貴，君恩無似此時深。宴回上苑花初發，麻就中宵月未沈。衣惹御香拖瑞錦，筆宣皇澤灑春霖。院門不許閑人入，承旨學士舉舊事，置鈴索於院門，閑人不許輒入。仙境寧教外事侵。我直承明踰二紀，臨川實動羨魚心。昉頃在禁林，前後出處，凡二十有五載。不逢今日之盛事者有七：新學士謝恩日，賜襲衣金帶寶鞍名馬，一也；十月朔，改賜新樣錦袍，二也；特定草麻例物，三也；改賜內庫法酒，四也；月俸並給見錢，五也；特給親事官隨從，六也；新學士謝恩後，就院賜宴設，雖爲舊事，而無此時供帳之盛，七也。凡此七事，並前例特出異恩，以

見聖君待文臣之優厚也。臨川之譏，其在茲乎。翰苑羣書

贈襄陽妓

峴山亭畔紅妝女，小筆香牋善賦詩。顏貌共推傾國色，篇章皆是斷腸辭。便牽魂夢從今日，得見嬋娟在幾時。千里關河萬重意，夜深無睡暗尋思。能改齋漫錄

禁林春直

踈簾搖曳日輝輝，直閣深嚴半掩扉。一院有花春晝永，八方無事詔書稀。樹頭百囀鶯鶯語，梁上新來燕燕飛。豈合此身居此地，妨賢尸祿自知非。瀛奎律髓

句

奠玉五回朝上帝，御樓三度納降王。昌陵挽詩　歷代吟譜　水光先見月，露氣早知秋。古今詩話

王易簡

易簡字國寶，萬年人。梁乾化中進士，官右拾遺。後唐拜中書舍人。周廣順初，歷禮、刑、兵三部尚書。入宋，召加少傅，卒。

宋史本傳：後唐明宗即位，易簡退居華陰，作小隱詩二十首以見志，好事者多傳誦。

拜拾遺辭官歸隱作

汩沒朝班媿不才，誰能低折向塵埃。青山得去且歸去，官職有來還自來。歷代吟譜

陶　穀

穀字秀實，邠州新平人。本唐彥謙之孫，避晉諱改焉。仕晉，知制誥、倉部郎中。仕漢，爲給事中。仕周，至兵部侍郎、翰林承旨。入宋，加戶部尚書。卒贈右僕射。有淸異錄行世。

畫墁錄：太祖嘗謂：陶穀一雙鬼眼。

緗素雜記：周世宗時，陶尙書穀奉使江南，韓熙載遣家妓奉盤匜。及旦，有書謝云：「巫山之麗質初臨，霞侵鳥道；洛浦之妖姬自至，月滿鴻溝。」舉朝不能會其詞。熙載因召家妓訊之，云：「是夕適浣濯焉。」

國老談苑：陶穀又嘗奉使兩浙，獻詩二十韻於錢俶。其末云：「此生頭已白，無路掃王門。」時穀官是承郎，職爲學士，奉命小邦，獻詩已是失體，復有掃門之句，何辱命之甚也。

題玉堂壁

官職須由生處有，文章不管用時無。堪笑翰林陶學士，年年依樣畫葫蘆。

續湘山野錄：國初，陶尙書以朝廷眷待詞臣不厚，乞罷禁林。太祖曰：「此官職甚難作？依樣葫蘆，且作且作。」不許罷，復不進用，因題玉堂云云。駕幸見之，愈不悅，卒不大用。

東軒筆錄：陶穀意希大用，俾其黨因事薦引，言穀在詞禁，宣力實多。太祖笑曰：「翰林草制，皆檢前人舊本，改換詞語，所謂依樣葫蘆耳。」

寄贈夢英大師

是箇碑文念得全，聰明靈性自天然。離吳別楚三千里，入洛遊梁二十年。負藝已聞喧世界，高眠長見臥雲煙。相逢與我情何厚，問佛方知宿有緣。夢英大師詩碑

書史會要：釋夢英，號臥雲叟，南岳人。與郭忠恕同時習篆，皆宗李陽冰，有所書偏傍字源及集十八體書，刻石于長

安文簡。

曹翰

翰，大名人。周世宗時，仕至德州刺史。入宋，歷威塞軍節度使，判潁州，坐事削官。終左千牛衛上將軍，卒贈太尉。淳化中，賜謚武毅。

內宴奉詔作

三十年前學六韜，英名常得預時髦。曾因國難披金甲，不爲家貧賣寶刀。臂健尚嫌弓力輭，眼明猶識陣雲高。庭前昨夜秋風起，羞睹盤花舊戰袍。

青箱雜記：曹翰嘗平江南有功，後歸環衛，數年不調。一日，內宴賦詩，翰以武人不預。乃自陳曰：「臣少亦學詩，亦乞應詔。」太宗笑而許之，曰：「卿武人，宜以刀字爲韻。」翰援筆立進。太宗覽之，惻然，即自環衛驟遷數級。

張昭

昭字潛夫，濮州范縣人。歷仕唐、晉、漢、周四朝，至兵部尚書。恭帝封舒國公。宋初，拜吏部尚書。進封鄭國公，致仕，封陳國公，卒。有嘉善集。

夜吟竇鞏集追思夷門題處已三稔矣悽然感興書之

往歲記時梁苑夜，今宵題處洛城秋。浮生瞥電人何在，懷舊傷心淚迸流。三徑竹風鄰笛怨，一庭霜月井梧愁。妻兒未會予惆悵，只怪燈前不舉頭。

北海王崧跋云：余家藏和峴所校五竇詩，世少其本。和所跋甲子歲，乾德二年也。祕監尹公者，尹拙也；致政大夫者，吏部尚書致仕張昭也。昭字潛夫，題輦詩一篇稱潛夫者，即昭也。刑部員外郎兼太常和者，即峴也。

符彥卿

彥卿字冠侯，陳州宛丘人。後唐中書令存審之子。仕爲慶州刺史。入晉，歷武寧軍節度、同平章事。漢乾祐中，加中書令，封魏國公。周世宗改封魏王。歸宋，加守太師，移鳳翔節度。

知汴州作

全軍十萬擁雄師，正是酬恩報國時。汴水波濤喧鼓角，隋隄楊柳拂旌旗。前驅紅旆關西將，環坐青蛾趙國姬。爲報長安冠蓋道，麤官到底是男兒。

劉斧青瑣高議：大丞相李公昉嘗言，當日目外鎮爲麄官。符彥卿知汴州，有詩云云。公之詩意，蓋有憾之詞爾。

盧多遜

多遜，懷州河內人。周顯德中舉進士，累官集賢殿修撰。入宋，知制誥，爲翰林學士。歷中書侍郎平章事，坐事謫崖州。

蓉塘詩話：丁晉公謂曰：「盧相多遜在朝行，將歷代帝王年歷，功臣事迹，天下州郡圖誌，理體事務，沿革典故，括成一百二十絕詩，以備應對。由是太祖、太宗每所顧問，無不知者。以至踐清途，登鈞席，皆此力耳。」

新月應制

太液池邊看月時，好風吹動萬年枝。誰家玉匣開新鏡，露出清光些子兒。

後山詩話：太祖夜幸後池，對新月置酒，召使賦詩。請韻，曰：「些子兒。」其詩云云。太祖大喜，盡以坐間飲食器賜之。

李濤

濤字信臣，京兆萬年人。唐鄅王瑋十一世孫。避地湖南，馬殷署衡陽令。後唐天成初，舉進士。仕晉，爲中書舍人。仕漢，拜中書侍郎平章事。周封莒國公。入宋，拜兵部尚書。卒贈右僕射。

春社日寄李學士

社翁今日沒心情，爲乞治聾酒一瓶。惱亂玉堂將欲徧，依稀巡到第三廳。

李文正公談錄：吾爲翰林學士，月給內醞。兵部李相濤，好滑稽，嘗因春社寄此詩。蓋俗傳社日酒，喫治耳聾。兵部小字社翁，每於班行呼其名字云。

句

溪聲長在耳，山色不離門。　埽地樹留影，拂牀琴有聲。　落日長安道，秋槐滿地花。唐摭言

楊昭儉

昭儉字仲寶，京兆長安人。後唐長興中進士，殿中侍御史。事晉爲翰林學士；周改御史中丞。宋開寶初，以工部尚書致仕。太宗卽位，加禮部尚書，卒。

贈夢英大師

紀贈歌詩數百人，序師多藝各求新。未言篆隸飛龍鳳，且說風騷感鬼神。琴有古聲淸耳目，鶴無凡態惹埃塵。英公所學還如此，不錯承恩近紫宸。夢英大師詩碑

趙逢

逢字常夫，嬀州懷戎人。漢乾祐中，擢甲科，授祕書郎。周顯德中，水部郎中、知制誥。入宋，拜中書舍人。乾德初，充樞密直學士。開寶中卒。

懷夢英大師

林巒影裏有清賢，與我相知二十年。書札愛工精玉篆，利名拋捨住金田。吟容賈島稱詩匠，醉許劉靈作酒仙。別後近聞棲華嶽，亂雲應得恣情眠。夢英大師詩碑

王著

著字成象，單州單父人。漢乾祐中進士。仕周，爲金部郎中，知制誥。宋初，加中書舍人、翰林學士，卒。

贈夢英大師

到處聞人乞篆蹤，學來年久有深功。墨池闊類湘江水，筆冢高齊太華峯。金錫罷飛新解虎，鐵盂收掌舊降龍。知師吟戀烟村景，不肯回頭望九重。夢英大師詩碑

許仲宣

仲宣字希粲，青州人。漢乾祐中進士。宋初，授太子中允。太宗朝，知河南府。

清洛喜英公大師相訪

方袍紫染出彤庭，久在林泉養性靈。無事撓心長見醉，有名傳世不曾醒。多年別我頭先白，此日逢師

眼倍青。記得上都相會否，夜飛杯篆老君經。夢英大師詩碑

蘇德祥

德祥，宋初官右補闕、內供奉。

贈南嶽宣義大師英公

學就書聞在道林，幾年辛苦用身心。九霄雨露酬知早，百首風騷立意深。青白野雲閑裏臥，古今碑碣醉中尋。因何負此多般藝，可惜教師鬢雪侵。夢英大師詩碑

趙文度

文度，宋初官鎭國軍節度使。

贈夢英大師

攜筇何日別長沙，鳳篆功夫世所嘉。秦嶺夜吟殘海月，章臺春講雨天花。淨餅遠貯湘潭水，片衲晴披嶽面霞。聖主有恩酬絕藝，簾前師號紫袈裟。夢英大師詩碑

郭從義

從義，其先沙陀部人。父紹古，事後唐武皇，賜姓李氏。從義補內職。晉天福初，復姓郭。歷事四朝。周世宗時，以功加檢校太師，兼中書令。宋初，爲河中尹、護國軍節度使，致仕卒。

贈夢英大師

雲水僧來說我師，換鵝書札轉高奇。揮毫傳下千年事，貞石曾留幾處碑。混俗市鄽人莫識，和光蹤跡

鶴應知。蓮花結社須容我，不似陶潛愛酒巵。夢英大師詩碑

何承裕

承裕，宋初官侍御史。

寄宣義英公

書札精奇已换鵝，仍聞依舊臥烟蘿。詩成萬首猶嫌少，酒飲千鍾不怕多。鄉寺夜開雲夢月，石房寒鎖洞庭波。知師收拾南歸去，爲憶漁人唱楚歌。夢英大師詩碑

賈玭

玭，宋初官尚書、兵部郎中。

寄贈宣義大師

篆寫千文邁古今，感陶承旨撰碑陰。兩朝雨露書中得，滿篋詩章物外尋。衡嶽水雲長挂夢，帝城烟月不關心。西遊去後無消息，想共陳摶一處吟。夢英大師詩碑

李鑄

鑄，宋初官檢校禮部尚書，守太常卿致仕。

贈英公大師

僧門奇士有英公，篆隸高能世莫窮。五色彩毫傳夢筆，三乘眞諦達虚空。賜衣深染函關上，寵號光呼柰苑中。幸對風情添逸趣，好陪清話在蓮宫。夢英大師詩碑

師　頏

頏，宋初官翰林學士、尚書、刑部郎中、知制誥、史館修撰。

贈宣義大師英公

禪得玄機筆得精，孤雲光彩甚分明。毫端落紙堪爲寶，海內無人不重名。山約終歸雙履在，髭因涼剃一刀輕。何妨換取鵝羣了，却與迷徒指化城。夢英大師詩碑

李若拙

若拙，宋初官左諫議大夫。

贈宣義大師英公

昔歲高名動九重，衡山別後碧雲空。紫袍親授龍墀上，白足頻登虎殿中。小篆每輕秦相法，隸書猶鄙晉臣功。多才多藝如師少，當世羣賢盡嚮風。夢英大師詩碑

梁周翰

周翰字元褒，管城人。周廣順二年進士。開寶中，爲太子中允。太平興國中，知蘇州；召爲翰林學士，終工部侍郎。有集。

禁林讌會之什

寶書驚絕耀天章，飛白親題賜玉堂。瑞彩上騰流素月，朗河下注映丹牆。鶴盤吳嶠雙翎健，鵲顧雕陵巨翼長。遊霧半收懸組練，輕雲斜拂駐鸞皇。墨池併獲三奇寶，翠琰俱生五色光。陪讌禁林知有幸，

叩頭遥祝萬年觴。翰苑羣書

句

百花將盡牡丹坼，十雨初晴太液春。玉壺野史

韓浦

浦，一作溥長安人。唐相休之後。少俊敏，善屬文。宋初，舉進士，官司門郎中。

東都事略：溥博學多知，唐朝氏族。與人談，娓娓可聽，號爲「近世肉譜」。縉紳頗推之。

以蜀箋寄弟洎

十樣蠻牋出益州，寄來新自浣溪頭。老兄得此渾無用，助爾添修五鳳樓。

楊文公談苑：韓浦與弟洎，皆有辭藻。洎語人曰：「吾兄爲文，譬如繩樞草舍，聊避風雨。予之爲文，是造五鳳樓手。」浦以蜀箋寄之云云。

奉揚英公大師詩匠

悟解眞空始壯年，兩朝供奉近爐烟。故鄉夢斷三湘遠，應制詩高四海傳。晴望野雲生紫閣，夜吟蘭燭滴花牋。應愁內殿徵書至，恐向東林負昔緣。夢英大師詩碑

周渭

渭字得臣，昭州恭城人。建隆初，召試，賜同進士出身。歷官兩浙東西路轉運使，還侍御史，加職方員外郎。

贈道士吳崇岳

楮爲冠子布爲裳，呑得丹霞壽最長。混俗性靈常樂道，出塵風格早休糧。枕中經妙誰傳與，肘後方新自寫將。百尺松梢幾飛步，鶴棲枝上禮虛皇。

郡閣雅談：吳崇岳，泉州龍興觀道士。辟穀多年。嘗登松梢，禮拜處，松枝可六七十尺。福建漕使周渭贈以詩。太平興國中，詔入京。

宋白

白字太素，一字素臣，開封人。建隆二年進士。太宗擢爲左拾遺，權出知兗州；改翰林學士，與李昉等奉詔纂文苑英華、太平御覽。歷刑部尚書，致仕，卒贈左僕射，謚文安。有廣平集。

贈麻仲英

宣毫歙墨川牋紙，寄與麻家小秀才。七歲能文天骨異，前生已折桂枝來。

皇朝類苑：麻仲英，幼有俊才，七歲能詩，侍父官鄜州。宋翰林白方謫鄜州而召之，坐中賦詩十篇，宋大稱賞。翌日，宋以浣溪牋、李廷珪墨、諸葛氏筆遺之，仍贈以詩云云。

中酒

中酒事俱妨，偷眠就黑房。靜嫌鸚鵡鬧，渴憶荔枝香。病與慵相續，心和夢尚狂。從今改題品，不號醉爲鄉。老學菴筆記

宮詞　并序

宮中詞，名家詩集有之。皆誇帝室之輝華，敍王遊之壯觀；抉彤庭金屋之思，道龍舟鳳輦之嬉。然而萬乘天高，九重淵邃，禁衞嚴肅，乘輿至尊，亦非臣子所能知、所宜言也。至於觀往迹以緣情，採新聲而結意，鼓舞昇平之化，揄揚嘉瑞之徵，於以示箴規，於以續騷雅，麗以有則，樂而不淫，則與夫瑤池粉黛之詞，玉臺閨房之怨，不猶愈乎？是可以鏘絲簧，炳緗素，使陳王三閣，狎客色羞，漢后六宮，美人傳誦者矣。援筆一唱，因成百篇。□今則思繼頌聲，泝古則庶幾風諷也。大雅君子，其將莞然。詞曰：

樓前宣赦掣金雞，大禮新成彩仗歸。萬歲聲高天地喜，慶雲飛上袞龍衣。
龍腦天香撒地衣，錦書新冊太眞妃。宮官一夜鋪黃道，卻踏金蓮步步歸。
春宵宮女著春綃，鈴索無風自動搖。晝下珠簾猧子睡，紅蕉窠下對芭蕉。
微雲點月漢宮秋，水殿疎螢黑處流。鳳管不調慵進曲，卻排銀燭夜藏鉤。
玉殿金扉夜不扃，露華如水照圓靈。昭陽女伴新承寵，心祝君王拜壽星。
去年因戲賜霓裳，權戴金冠奉玉皇。久著淡黃心覺厭，春來不敢便紅妝。
金堂曲讌夜厭厭，仙樂聲清御酒黏。不用司宮排蠟燭，海人新貢夜明簾。
紅箋一幅卷明霞，纖手題詩寄大家。檀口微吟繞廊柱，濛濛春雨溼梨花。十家宮詞

一春

一春情調淡悠悠，閑倚書窗背小樓。暖日只添中酒睡，晚風頻動惜花愁。鶯銜舞蝶侵人過，絮逐天絲

觸處遊。已爲韶光發惆悵，可堪家近白蘋洲。詩林萬選

句

回眸已覺三山近，滿壁潛驚五月寒。玉堂賦董羽畫水　宣和畫譜

吉音來碧落，帖子報紅箋。清夜驚神王，曨明到省前。風中宮漏盡，日出榜繩懸。追念策名時作　陸放翁題跋

安鴻漸

鴻漸，洛陽人，生宋初。

庶齋老學叢談：李慶孫有文名。時謂：「洛陽才子安鴻漸，天下文章李慶孫。」

題楊凝式書

端州石硯宣城管，王屋松烟紫兔毫。更得孤卿老書札，人間無此五般高。洛陽搢紳舊聞記

畢士安

士安，字仁叟，代州雲中人。乾德四年進士。眞宗朝，與寇準同拜中書門下平章事。卒贈太傅，謚文簡。

禁林讌會之什

好文英主古難齊，寵重辭臣意勿低。睿藻清新刊翠琰，神蹤飛動在璇題。芸籤許效蓬萊閣，花檻容模霅畫溪。樂聖朋儕開綺席，愛君誠抱挂金閨。買臣晚遇知多幸，犬子端憂思轉稽。天地恩私無以報，只將兢慎對芝泥。翰苑羣書

楊照承議蘆雁枕屏

畫師不肯傳風蝶，故作枯乾逞奇絕。清秋未合結繁陰，深戶何從灑飛雪。雪裏鴨兒苦耐寒，眠沙枕浦白雲團，黃蘆槭槭枝葉乾。江頭鳴雁恰飛起，恍如身到瀟湘間。瀟湘洞庭雲水隔，山頭坡陁斷行客。從來冬景畫已難，況有翎毛似崔白。已覺冰漫稻粱少，更疑水宿溪垠窄。生平有道付滄洲，今日牀頭動行色。屏風主人家近遠，我昔曾過潯陽縣，田蘆野雁嘗親見。出門解楊定相逢，借我家鄉令對面。擊壤集

答王黃門寄密蒙花

多病眼昏書嬾讀，煩君遠寄密蒙花。愁無內史兼詞翰，爲寫眞方到海涯。

柳亭詩話：畢文簡此詩，其孫將叔注云：「家有唐人所摹十七帖、來禽等四物外，又有密蒙花詩一種。」黃長睿謂：「書法要錄並未載此事，不知何緣畢氏有之。」楊升菴謂：「此花可以染紙，引晉武帝以大秦獻三萬賜杜預寫春秋釋例。則所云眞方者，染方也。」

李九齡

九齡，洛陽人，乾德五年進士第一。曰琯按：洪邁萬首絕句誤作唐人。

贈馬道士

水共逍遙雲共孤，混時言笑只佯愚。經年但醉宜城酒，千里唯擔華嶽圖。尋野鶴來空碧洞，覓琴僧去渡重湖。人間再見知何日，乞取先生石髑髏。瀛奎律髓

贈譚先生

古觀重重繞翠微，松杉深處掩雙扉。雲生萬壑投龍去，海隔三山放鶴歸。花洞宴遊春日永，石壇朝禮曙星稀。每聽高論長生理，擬向寰中便拂衣。

過相思谷

悠悠信馬春山曲，芳草和烟鋪嫩綠。正被離愁著莫人，那堪更過相思谷。

山中寄友人

亂雲堆裏結茅廬，已共紅塵跡漸疎。莫問野人生計事，窗前流水枕前書。以上宋藝圃集

上清辭

樓鑣彤霞地絕塵，碧桃花發九天春。東皇近日慵遊宴，閑殺瑤池五色麟。

旅舍臥病

家隔西秦無遠信，身隨東洛度流年。病來旅館誰相問，牢落閑庭一樹蟬。以上萬首唐人絕句

柴成務

成務，乾德六年進士第一。太宗朝，官司封郎中、知制誥。

禁林讌會之什

內署延賓宴玉堂，紫闈深啓會琳琅。雲霏寶額題宸翰，金錯瑤編勒御章。盤薦異羞羅彩翠，盞傾醇醴滟淸光。柳當朱檻春先到，日過花甎影漸長。吟客盡容窺綺閣，棲禽應許託雕梁。歡榮共樂文明代，

惟願登歌頌聖皇。翰苑羣書

孫光憲

光憲，字孟文，貴平人。仕荆南高從誨爲書記。歷檢校祕書監，兼御史大夫。嘗勸繼沖獻三州地。宋太祖授黄州刺史。乾德中卒。有荆臺集、筆傭集、橘齋集、北夢瑣言。

竹枝詞

門前春水白蘋花，岸上無人小艇斜。商女經過江欲暮，散抛殘食飼神鴉。

楊柳枝詞

閶門風暖落花乾，飛徧江城雪不寒。獨有晚來臨水驛，閑人多凭赤闌干。

採蓮曲

菡萏香銷十頃陂，小姑貪戲采蓮遲。晚來弄水船頭溼，更脱紅裙裹鴨兒。以上全唐詩

句

曉廚烹淡菜，春杼織橦花。

北夢瑣言：僕早歲嘗和南越詩云云，牛翰林覽而絶倒，莫諭其旨。牛公曰：「吾子只知名，安知淡菜非雅物也。」

王紳

紳，一作伸。乾德中以左補闕知永州。

虎丘

山頭古寺多陳迹，故國空餘氣象雄。霸業已隨流水去，闔閭墳草又西風。吳郡志

留題浯溪

湘川佳致有浯溪，元結雄文向此題。想得後人難以繼，高名常與白雲齊。零陵總記

歐陽詹

詹，乾德中獻野史，授黃岡宰。

公宇蘆

漁家合得兩三莖，公退徐吟思倍淸。官滿不將歸舊隱，蕭蕭留與後人聽。

句

橫琴遮遠洞，舉手出高峯。臥屛　以上雅言雜載

耿仙芝

仙芝，大名進士。

句

淺水短蕪調馬地，淡雲微雨養花天。歷代吟譜

譚用之

用之字藏用，五代末人，入宋。

宋史文苑傳：開寶初，有潁贄、董淳、劉從義善爲文章，張翼、譚用之善爲詩，張之翰善箋啓。贄拔萃科，至太子中

允。淳爲工部員外郎、直史館，奉詔撰孟昶紀事。從義多藏書，嘗纘長安碑文，爲遺風集二十卷。餘皆官不達。

贈索處士

不將桂子種諸天，長得尋君水石邊。玄豹夜寒和霧隱，驪龍春暖抱珠眠。山中宰相陶弘景，洞裏眞人葛稚川。一度相思一惆悵，水寒烟澹落花前。

感懷呈所知

十年流落賦歸鴻，誰傍昏衢駕燭龍。竹屋亂烟思梓澤，酒家疎雨夢臨邛。千年別恨調琴嬾，一片年光覽鏡慵。早晚休歌白石爛，放敎歸去卧羣峯。

秋宿湘江遇雨

江上陰雲鎖夢魂，江邊深夜舞劉琨。秋風萬里芙蓉國，暮雨千家薜荔村。鄉思不堪悲橘柚，旅遊誰肯重王孫。漁人相見不相問，長笛一聲歸島門。以上全唐詩

柳開

開字仲塗，大名人。初慕韓愈、柳宗元爲古文，名肩愈，字希元，後改焉。開寶六年進士第，歷官環、邠、曹、代、忻、滄六州，終如京使。自號東郊野夫，又曰補亡先生。有河東集。

諷虞嬪詩 并序

湘水導全州城下，北走州之境，又獨能產筠竹成紋。古書今俗，通謂舜二妃溺于沅湘，揮淚爲竹斑者，此也。復東西望九疑山，纔可百數里。州岸佛寺旁有妃廟，因諷妃事，作七言十九句詩一章，刻

石留于妃廟中。

惟堯則天舜弗復，誕妃罔極恩膏育。遏密無聞血盈目，南巡胡爲淚染竹。父輕夫重當何淑，沅湘岸筠烟莓覆，凝紋疊斑殷郁郁，猿緣蹄號鉤輈宿。朋悽助惋聲幾哭，臏疑下憂禹湮瀆。功充民戴荷百祿，重暉並曜難停轂。元居不寧逝如逐，悲啼負寃生莫卜。卒顛沈瀾遠昌族，謳訟肇私歸永福，柔陰慘刻咎深速。前睇九山排矗矗，到今雲顏愁可掬。柳河東集

塞上曲

鳴髇直上一千尺，天靜無風聲更乾。碧眼胡兒三百騎，盡提金勒向雲看。

倦遊雜錄：馮太傅端嘗書此詩，顧坐客曰：「此可畫于屏障。」

楚南樓

洗盡蠻烟几案空，登臨直見楚山雄。坐當鴻鵠高飛處，身在乾坤灝氣中。木落有情瞻北闕，霜輕無夢入西風。凭闌自是蓬瀛客，獨對瀟湘興未窮。顧氏積書巖選

張觀

觀，開寶中左司諫。

過衡山留贈廖融

未向漆園爲傲吏，定應明代作徵君。傳家奕世無金玉，樂道經年有典墳。帶雨小舟橫別浦，隔花幽犬吠深雲。到頭終爲蒼生起，休戀耕烟楚水濱。郡閣雅談

劉能

能，開寶中官左補闕。

句

窗外秋聲湘瑟怨，檻前竹色楚帆飛。嬾向九嶷歧路望，渡頭雲雨正霏霏。李韶九嶷留題祁陽縣白沙驛亭　零陵總記

王嗣宗

嗣宗，字希阮，汾州人。開寶八年進士第一。太宗朝，累官淮南轉運使。眞宗朝，爲樞密副使。以大同軍節度知許州，徙知陝州，召還，以左屯衛上將軍、檢校太尉致仕。卒贈侍中，謚景莊。

玉照新志：開寶八年廷考，王嗣宗與陳識齊納卷，藝祖命二人角力以爭之，而嗣宗勝焉，遂居第一。以識爲第二。

行營雜錄：王嗣宗守邠土。邠舊有狐王廟，相傳能爲人禍福，歲時享祀祈禱，不敢少怠。嗣宗至郡，集諸邑獵戶，得百餘人，以甲兵圍廟，薰灌其穴，殺百餘狐，其妖遂息。嗣宗後帥長安。處士种放者，朝廷所尊禮，每帥守至，輒面數之。嗣宗不服，以言拒之。放責數嗣宗，聲色俱厲。嗣宗怒，以手批其頰。先是，眞宗有敕書，令放有章奏即附驛，欲詣闕卽乘驛。放遂乘驛訴于上前。上特于嵩山之陽置書院以處之。後嗣宗去郡，有人贈詩曰：「終南處士威風減，渭北狐妖窟穴空。」嗣宗大喜，歸告其子孫曰：「吾死，更勿爲碑誌，但石刻此詩置于墓旁，吾其榮矣。」

題關右寺壁

欲挂衣冠神武門，先尋水竹渭南村。卻將舊斬樓蘭劍，買得黃牛教子孫。

東坡跋云：余舊見此詩于關右寺壁上，愛之，不知其何人作也。蔡寬夫詩話云是王嗣宗詩。

劉兼

兼，長安人。官榮州刺史。詩一卷。

胡震亨云：雲間朱氏得宋刻唐百家詩，兼集中有長春節詩，爲宋太祖誕節作。其人蓋五代人而入宋者。

秋夕書事

搖落江天萬木空，雁行斜戞塞垣風。征閨擣月離愁遠，舊館眠雲旅夢通。郢客豈能陪下里，皁禽爭肯戀樊籠。此心曠蕩誰相會，盡在南華十卷中。

咸陽懷古

高秋咸鎬起霜風，秦漢荒陵樹葉紅。七國鬭雞方賈勇，中原逐鹿更爭雄。南山漠漠雲常在，渭水悠悠事旋空。立馬舉鞭遥望處，阿房遺址夕陽東。

江樓望鄉寄內

獨上江樓望故鄉，淚襟霜笛共淒涼。雲生隴首秋初早，月在天心夜正長。魂夢只能隨蛺蝶，烽烟無計學鴛鴦。蜀箋都有三千幅，總寫離情寄孟光。

長春節

聖朝佳節遇長春，跪奉金爐祝又焚。寶藏發來天地秀，兵戈銷後帝皇尊。太平基址千年永，混一車書萬古存。更有馨香滿芳檻，和風遲日在蘭蓀。以上唐音戊籤

李　至

至字言幾，眞定人，舉進士。太平興國中，爲翰林學士，拜參知政事，兼祕書監，判國子監。眞宗朝，拜工部尚書，知河南府。卒贈侍中。

伏蒙承旨學士特贈寵招慙非嘉客陪列仙于丹地覩盛事於玉堂御題禁署之名勢如飛動聖制大風之作鏗若宮商一時併耀于蓬瀛三體互成于眞草昔太宗之優待學士日預論思明皇之寵尙集賢時聞臨幸以今況昔異代同榮至謬亞冢卿獲司中祕啗牛心而不稱陪麈尾以何□□銜樂聖之杯且乏娛賓之賦嗟嘆不足歌詠輒興雖勞燥吻之冥搜終類擊轅之陋唱仰塵高鑒聊抒下情吏部侍郎兼祕書監李至上

昔陪羣彥在鼇山，今日重來赴玳筵。纔向玉堂觀聖札，又離瑤席覩宸篇。二南絕唱人驚駭，三體神蹤鳳折旋。坐久庭柯移午影，飲酣宮吹遞香烟。吟求覩草牋分寫，醉假通中枕暫眠。俗客不知仙禁近，高歌共樂太平年。翰苑羣書

呈修史錢侍郎桃花犬歌

宮中有犬桃花名，絳繒圍頸懸金鈴。先皇爲愛馴且異，指顧之間知上意。珠簾未卷扇未開，桃花搖尾常先至。夜靜不離香砌眠，朝飢祗傍御牀餧。彩雲路熟不勞牽，瑤草風微有時吠。無何軒后鑄鼎成，忽遺弓劍棄寰瀛。迢迢松闕伊川上，遠逐龍輴十數程。兩眥漣漣似流淚，骨見寒毛頓顦顇。萬人見者俱傷心，微物感恩猶若是。韓盧備獵何足嘉，西旅充庭豈爲瑞。聞君奉詔修實錄，一字爲褒應不曲。白

魚赤雁且勿書，願君書此懲浮俗。

古今詩話：淳化中，合州貢桃花犬，甚小而性急，常馴擾于御牀之側。每坐朝，犬必先吠，人乃肅然。太宗不豫，此犬不食。及上仙，號呼涕泗，瘦瘠。章聖諭以奉陵，即搖尾飲食如故。詔造大鐵籠，施素裀，置鹵簿中，行路見者流涕。李至作歌，以寄史官錢若水。

宋史錢若水傳：太宗畜犬甚馴，常在乘輿左右。及崩，鳴號不食，因送永熙陵。李至嘗詠其事，欲若水書之，以戒浮俗，若水不從。

黃台

台，歙人，還宣城。宋初，任屯田員外郎。

題歙州問政山聶道士所居

千尋練帶新安水，萬仞花屏問政山。自少雲霞居物外，不多塵土到人間。壺懸仙島吞丹罷，椀浸星宮沈水閑。寶籙篋垂金縷帶，絳囊縧鎖玉連環。靜張棋勢鋪還打，默考仙經補又刪。牀並葛鞵雙舄伏，窗橫檉几老龍跧。溪童乞火朝敲竹，山鬼聽琴夜撼欞。草暗碧潭思句曲，松昏紫氣度深關。龜成淺甲毛猶綠，鶴化幽翎頂更殷。阮洞神仙分藥去，蔡家兄弟寄書還。黃精苗倒眠青鹿，紅杏枝低挂白鷳。容易煮茶供客用，辛勤栽果與猿攀。常尋靈穴通三島，擬過流沙化百蠻。新隱漸開侵月窟，舊林猶恍枕沙灣。手疏俗禮慵非傲，肘護靈方祕不慳。海上使頻青鳥黠，篋中藏久白驢頑。笻枝健拄菖蒲節，筍幘高簪玳瑁斑。花氣熏心香馥馥，澗聲泠耳響潺潺。高墳自掩浮生骨，短晷難窮不死顏。早晚重逢蕭

塢客，顧隨芝蓋出塵寰。苕溪漁隱叢話

方輿勝覽：唐有于方外者，自荆南掌書記，棄妻，從太白山道士學養氣之術。後弟德晦爲歙州刺史，方外來訪之。德晦爲築臺于此，號問政山房。縣人聶師道，少師方外。後入吳爲國師，號問政先生。

呂端

端字易直，幽州安次人。以蔭補千牛備身。在周爲直史館。歸宋，遷太常丞。淳化四年，拜參知政事，擢戶部侍郎、同中書門下平章事。眞宗卽位，除太子太保。卒贈司空，謚曰正。

贈李公

憶昔僦居明德坊，官資俱是校書郎。靑衫共直昭文館，白首同登政事堂。佐國廟謨君已展，避賢榮路我猶妨。主恩至重何時報，老眼相看淚兩行。

靑箱雜記：李昉、呂端同薦文館，各登台輔，呂公贈詩云云。

送英公大師歸終南

衡岳烟蘿紫閣雲，名高湖外晚遊秦。淸詞古學儒生業，圓笠方袍釋子身。竹杖拄歸山裏寺，篆書留與世間人。我疑簪組成爲縛，空仰吾師去路塵。夢英大師詩碑

范杲

杲字師回，魯公質之姪。太宗朝，仕至右諫議大夫，知濠州，召爲史館修撰，卒。

寄宣義大師英公

西遊久不得師書，覩物相思展篆圖。情厚未忘蓮社約，分深曾伴橘洲居。青雲作陣宜長臥，白酒資吟莫破除。見說近來揮彩筆，字皆飛動有功夫。夢英大師詩碑

句

千里版圖來浙右，一聲金鼓下河東。

澠水燕談：藝祖收河東，杲叩馬進詩云云。增秩，賜章服。

楊徽之

徽之字仲猷，浦城人。南唐時，間道至汴中。周顯德二年進士。入宋，除著作佐郎，知全州。太平興國初，轉庫部員外郎，判南曹，詔編文苑英華。眞宗即位，歷禮部侍郎、樞密直學士，兼祕書監。咸平二年，特置翰林侍讀學士，命徽之與夏侯嶠、呂文仲爲之。卒贈兵部尚書。有集。

禁林讌會之什

星移歲律應青陽，得奉羣英集玉堂。龍鳳雙飛觀御札，雲霞五色詠天章。禁林漸覺清風暖，仙界元知白日長。詔出紫泥封去潤，朝迴蓮燭賜來香。二篇稱獎恩尤重，萬國傳聞道更光。何幸微才逢盛事，願因史冊紀餘芳。翰苑羣書

嘉州作

俗遇臘辰持藥獻，吏逢荷月隔花參。耆宿因來問封部，竹䉶西畔是雲南。方輿勝覽

漢陽晚泊

傍橋吟望漢陽城，山偏樓臺徹上層。犬吠竹籬沽酒客，鶴隨苔岸洗衣僧。疎鐘未徹聞寒漏，斜月初沈見遠燈。夜靜鄰船問行計，曉帆相與向巴陵。

寒食寄鄭起侍郎

清明時節出郊原，寂寂山城柳映門。水隔淡烟脩竹寺，路經疎雨落花村。天寒酒薄難成醉，地迥樓高易斷魂。回首故山千里外，別離心緒向誰言。

贈譚先生

古觀重重遶翠微，杉松深處掩雙扉。雲生萬壑投龍去，海隔三山放鶴歸。花洞宴遊春日永，石壇朝禮曙星稀。每聽高論長生理，擬向塵中便拂衣。以上瀛奎律髓

句

犬吠竹籬沽酒客，鶴隨苔岸洗衣僧。江行　天寒酒薄難成醉，地迥樓高易斷魂。寒食　戍樓煙似直，戰地雨長腥。塞上　偶題巖石雲生筆，閑遶庭松露濕衣。僧舍　新霜染楓葉，皓月借蘆花。湘江舟行　廢宅寒塘水，荒墳宿草烟。哭江爲　青帝已教春不老，素娥何惜月長圓。浮花水入瞿塘峽，帶雨雲歸越巂州。嘉陽川　春歸萬年樹，月滿九重城。元夜　開盡菊花秋色老，落殘桐葉雨聲寒。宿東林

澠水燕談：楊侍讀徽之，太宗聞其詩名，盡索所著，得數百篇奏御。仍獻詩以謝，卒章曰：「十年牢落今何幸，叨遇君王問姓名。」上和之以詩，謂宰臣曰：「真儒雅之士，操履無玷。」拜禮部侍郎。選集中十聯，寫于御屏。梁周翰詩曰：

「誰似金華楊學士，十聯詩在御屏風。」

古今詩話：僧文瑩云：必以天池皓露，滌筆于冰甌雪椀中，方與楊公此詩神骨相副。

卞震

震，成都人。蜀進士，爲渝州判。蜀平，入宋，仍舊職。

句

雨壁長秋菌，風枝落病蟬。卽事　老笻搘瘦影，寒木凭吟身。又　詩債到春無處避，離愁因醉暫時無。春日偶題　茶香解睡磨鐺煮，山色牽懷著屐登。以上雅言系述　空囊萬里客，斜月一牀寒。歷代吟譜

孟貫

貫，閩人。

句

掃葉林風後，拾薪山雨前。寄張山人草堂

詩話總龜：閩嶺孟貫，爲性疎野，不以名宦爲意；喜篇章，大諫楊徽之稱之。

竇儀

儀字可象，薊州漁陽人。晉天福中進士。歷漢、周二朝，仕至兵部侍郎。入宋，拜翰林學士，加禮部尚書。卒贈右僕射。

宋史本傳：竇儀父禹鈞，儀弟儼、侃、偁、僖皆相繼登科。馮道與禹鈞有舊，嘗贈詩，有「靈椿一株老，丹桂五枝芳」之

句。當時號「竇氏五龍」。

五朝名臣言行錄：儀爲性嚴重，家法整肅，每對客坐，即二侍郎、三起居、四參政、五補闕，皆侍立焉。

過邠州留題

多少樊籠不敢開，強拘物性要相陪。何時得似邠州守，德政臨民鶴自來。

萬姓統譜：龍鍔字琢成，乾德初，任邠州守，有仁政。一日，羣鶴翔于公庭，州民繪來鶴圖，以頌其德。時學士竇儀以使過邠，留題云云。

宋詩紀事卷三

錢唐　厲鶚　輯
祁門　馬曰琯　同輯

幸夤遜

夤遜，夔州雲安監人。一云：成都人 仕後蜀爲翰林學士、工部侍郎；隨昶歸宋，授右庶子、鎮國行軍司馬。

楊伯嵒六帖補：孟蜀翰林幸夤遜，夢掌中生草不絕，掌制草數年。

雲

因登巨石知來處，勃勃元生綠蘚痕。靜即等閑藏草木，動時頃刻徧乾坤。橫天未必朋元惡，捧日還曾瑞至尊。不獨朝朝在巫峽，楚王何事謾勞魂。全唐詩

句

若教作鎮居中國，爭得泥金在泰山。岷山 吟窗雜錄

纔聞暖律先偷眼，既待和風始展眉。柳 嚼處

春冰敲齒冷，嚥時雪液沃心寒。梨 事文類聚

徐鉉

鉉字鼎臣，廣陵人。仕南唐，累官翰林學士。歸宋，爲直學士院給事中、散騎常侍。淳化初，坐累黜靜難軍司馬，卒。有騎省集。

隱居詩話：梅聖俞贈鄰居詩：「壁隙透燈光，籬根分井口。」徐鉉亦有喜李少保卜鄰云：「井泉分地脈，砧杵共秋聲。」此句尤閑遠也。

夢遊

魂夢悠揚不奈何，夜來還在故人家。香濛蠟燭時時暗，戶映屏風故故斜。檀的慢調銀字管，雲鬟低綴折枝花。天明又是人間別，洞口春深道路賒。

繡幌銀屏杳靄間，若非魂夢到應難。窗前人靜偏宜夜，戶內春濃不識寒。蘸甲遞觴纖似玉，含詞忍笑膩於檀。錦書若要知名字，滿縣花開不姓潘。

南國佳人字玉兒，芙蓉雙臉遠山眉。仙郎有約長相憶，阿母無猜不得知。夢裏行雲還倏忽，暗中攜手乍疑遲。因思別後閑窗下，織得迴文幾首詩。

餞蒯參軍亮 宦海州作

昔年聞有蒯先生，二十年來道不行。抵掌曾談天下事，折腰猶忤俗人情。老還上國風光薄，貧裏歸裝結束輕。遷客臨流各惆悵，晚風黃葉滿孤城。以上騎省集

郡齋讀書志：江東布衣蒯亮，好大言夸誕。鉉喜之，客於門下。稽神錄中事，多亮所言。

吳王挽辭

倏忽千齡盡，冥茫萬事空。青松洛陽陌，白草建康宮。道德遺文在，興衰自古同。受恩無補報，反袂泣途窮。

士德承餘烈，江南廣舊恩。一朝人事變，千古信書存。哀挽周原道，銘旌鄭國門。此生雖未死，寂寞已消魂。

翟耆年籀史：徐鉉鼎臣從李煜歸朝，爲銀青光祿大夫、右散騎常侍。太平興國中，李煜薨，詔侍臣撰煜神道碑。有欲中傷鉉者，奏曰：「吳王事莫若徐鉉爲詳。」遂詔鉉撰。鉉泣曰：「臣舊事李煜，陛下容臣存故主之義，乃敢奉詔。」太宗許之。鉉但推言歷數有盡，天命有歸而已。其警句云：「東鄰搆禍，南箕扇疑；投杼致慈親之惑，乞火無鄰婦之詞。始勞因壘之師，終後塗山之會。」太宗覽之，稱歎不已。異日復得鉉所撰吳王挽詞，今傳者二首云云。鉉被詔撰江南錄，故有信書之句。東鄰謂錢俶也。

句

蘭橈破浪城陰直，玉勒穿花苑樹深。遊木蘭亭　千帆日助陰山勢，萬里風馳下瀨聲。觀習水戰　向空咄咄頻書字，忘世滔滔莫問津。病中　野日蒼茫悲鵩舍，水風陰溼敝貂裘。謫居　三朝恩澤馮唐老，萬里江關賀監歸。陳祕監歸泉州　落月依樓閣，歸雲擁殿廊。宿山寺　玉壺野史

吳淑

淑字正儀，潤州丹陽人。仕南唐爲內史。歸宋，薦試學士院，授大理評事。預修太平御覽、文苑英華。累遷起居舍人、職方員外郎，卒。有文集、事類賦、江淮異人錄、祕閣閑談。

句

漢殿夜涼初閣筆，渚宮秋晚得懸車。

秦南運

詩話總龜：荆南朱昂，晚以工侍乞骸骨。眞宗賜坐，寵詔留候秋涼還，故吳淑贈詩云云。

南運，宋初官尚書郎。

題青紗連二枕

陰香裝豔入青紗，還與欹眠好事家。夢裏卻成三色雨，沈山不敢鬬清華。

清異錄：舒雅作青紗連二枕，滿貯酴醾木犀瑞香散蘂，甚益鼻根。尚書郎秦南運見之，留詩。

張　洎

洎字師黯，改字偕仁，滁州全椒人。仕南唐，知制誥、中書舍人。歸宋，爲史館修撰、翰林學士。淳化中，參知政事。卒贈刑部侍郎。有集。

十國春秋：初，洎將後主命入貢，作十詩以詆訾汴京風物，至有一堆灰之句。蘇易簡得其親書。及是，與易簡同事，不相能，語人曰：「清河更作異，卽以一堆灰之詩進呈矣。」洎爲少屈。

暮春月內署閣前海棠花盛開率爾七言八韻寄長卿諫議

去歲海棠花發日，曾將詩句詠芳妍。今來花發春依舊，君已雄飛玉案前。轝隔清塵樞要地，獨攀紅蘂豔陽天。疎枝高映銀臺月，嫩葉低含綺閣烟。花落花開留勝賞，春來春去感流年。清辭早綴巴人唱，妙翰猶緘蜀國牋。共仰壯圖方赫耳，自嗟衰鬢轉皤然。因憑鶯蝶傳消息，莫忘蓬萊有病仙。海棠譜

張佖

佖字子澄，常州人。仕南唐爲内史舍人。歸宋，官虞部郎中。

十國春秋：太宗朝，佖在史館，一日問曰：「卿家每食多客，敍談何事？」佖曰：「臣之親舊客都下，乏食，故嘗過臣飯，然止菜羹而已。」明日，太宗遣快行者伺之，果然。喜其不隱，遷官郎中。人稱「菜羹張家」。佖爲人長者，後官河南，每寒食，必親拜後主墓，哭之甚哀。李氏子孫陵替，常分俸贍給焉。

寄人

別夢依依到謝家，小廊回合曲闌斜。多情只有春庭月，猶爲離人照落花。

春江雨

雨溟溟，風冷冷，老松瘦竹臨烟汀。空江冷落野雲重，村中鬼火微如星。夜驚溪上漁人起，滴瀝篷聲滿愁耳。子規叫斷獨未眠，罨岸春濤打船尾。以上全唐詩

邵拙

拙，宣城人。

句

萬國未得雨，孤雲猶在山。

馬令南唐書歸明傳：邵拙，宣城人，有詩三百篇，命曰廬岳集。曹郎趙慶以詩貽之云：「邁古文章金鸑鷟，出塵行止玉麒麟。」歸皇朝，就應制科，有司以聞，未詔而卒。時悼其苦學能文，而不得達于名位，或議其詩有句云云，斯爲應矣。

劉吉

吉，江左人。事李煜爲傳詔承旨。歸朝，爲供奉官。知河渠利害，委以八作務。太平興國中河大決，吉塞河有方略，人目爲劉跋河。後爲崇儀使。有詩三百首，名釣鼇集。

句

一箭不中鵠，五湖歸釣魚。瑁隱者　歷代吟譜

龔穎

穎字同秀，邵武人。初仕南唐爲內史。歸宋爲殿中侍御史。

次韻贈丁謂之

膽怯何由戴鐵冠，秖緣昭代獎孤寒。曲肱未遂違前志，直指無聞是曠官。三署每傳朝客說，五溪閑憑郡樓看。祝君早得文場儁，況值天堦正舞干。

青箱雜記：穎自負文學，少許人，談論多所折難。太宗朝，知朗州，士罕造其門。獨丁謂贄文求見，穎倒屣延迓，酬對終日，以至忘食。曰：「自唐韓柳後，今得子矣。」異日，丁獻詩於穎，穎次韻和酬。

潘慎修

慎修字德成，莆田人。仕南唐，爲祕書省正字。歸宋，爲太常博士。眞宗朝，累擢翰林侍讀學士。有集。

禁林讌會之什

紅藥深嚴肅廣筵，嘉招仍許廁羣仙。忽窺宸翰雲龍動，乍揭天辭日月懸。散作楷模珍寶惜，永刊金石共流傳。況當枚馬從容地，仍集班揚侍從賢。敢竊休明爲盛觀，願陳風詠播薰弦。不辭勝引承歡醉，長洽昇平億萬年。翰苑羣書

句

如今縱得仙翁術，也怯君王四路饒。

楊文公談苑：太宗棋品第一。待詔有賈元者，臻于絕格，時人以爲王積薪之比。元嗜酒病死。楊希粲、蔣元吉、李應昌、朱懷辟皆國手，然非元之敵。晚有李仲元，棋絕勝，可侔于元，歲餘亦卒。朝士有蔣居中、潘愼修，亦善棋，至三品。內士陳好元四品，多得侍棋。自元而下，皆受三道，愼修受四道，好元受五道。愼修獻詩云云。

羅穎

穎，南昌人，南唐入宋。

句

嫚侮羣豪誇大度，可憐容得辟陽侯。

馬令南唐書：穎開寶中詣金陵，舉進士第，例以黃衣守選。及王師問罪，後主銜璧，穎再應鄉舉下第，道經漢高祖廟，題詩落句云云。少頃，輒自免冠，鞠伏廟廷，口陳自咎之言。掖去，數日卒。

孟歸唐

歸唐，湖湘連上人。南唐水部郎賓于之子，廕受祕書正字、吉州民掾。歸宋，遷大理丞。以罪貶袁州司戶。

句

綀色有窮處，寒聲無盡時。

龍袞江南野史：孟賓于入江南，生子名歸唐，少能詩，就廬山國學，遂得瀑布詩云云。時鄰房儒生亦得此聯，遂互訟其句。助教不能理，因送江州。各以全篇意勢定之，而歸唐較勝，大爲時人所仰。

黄夷簡

夷簡字明舉，福州人。少仕吳越，爲明州判官。歸宋，累遷都官郎中，召試翰林，知制誥，檢校祕書監。

吳越備史補遺：開寶二年秋九月，忠懿王遣元帥府掌書記黄夷簡入貢。太祖謂夷簡曰：「汝歸語元帥，當訓練甲兵。江南倔強不朝，我將討之。元帥當助我。無信人言脣亡齒寒。」王密表謝，且請師期。

句

宿雨一番蔬甲嫩，春山幾焙茗旗香。皇朝類苑

錢惟治

惟治字和世，吳越廢王倧長子，忠懿王俶養爲己子。歸宋，領鎮國軍節度使、左驍衞上將軍，卒。追封彭城郡王。生平慕皮、陸爲詩。有集。

吳越世家疑辨：俶以嫡嗣惟濬無檢，故器惟治，數俾權發遣軍國之務。洎入朝，惟濬止奉朝請，而委惟治藩任焉。

春日登大悲閣迴文

聖主欽崇教，千光顯紺容。映雲窗綺暖，籠月箔花重。淨刹香風遠，危闌碧霧濃。勝因良以詠，華國一斯逢。

碧天臨迥閣，晴雪點山屏。夕烟侵冷箔，明月斂閑亭。冰川詩式

湖州府志：吳越迴文綬帶連環詩碑在法華寺，節度使錢惟治作，九十首。

張在

在，青州布衣。少能文，尤精詩；奇蹇不遇，老死場屋。

題龍興寺老柏院

南鄰北舍牡丹開，年少尋芳日幾回。惟有君家老柏樹，春風來似不曾來。

澠水燕談：文潞公皇祐中鎮青，詣老柏院，訪在所題字，已漫滅。公惜其不傳，爲大字書于東廊之壁。

西溪叢語：元祐中，州學教授畢仲愈題跋，刻石于平嵐亭上。

傅霖

霖字逸巖，青州人。少與張詠同學，霖隱不仕。詠既顯，求霖三十年不可得。及詠知陳州，乃來謁曰：「子將去，來報子耳。」翌日別去。後一月，詠卒。

贈張乖崖

忍把浮名賣卻閑，門前流水對青山。青山不語無人事，門外風光任往還。苕溪漁隱叢話

句

劇談驅夜瘧，幽夢得鄉書。

復齋漫錄：傅霖開寶中嘗與張乖崖會于韓城，終夕談話。鄰有病瘧，爲之不作。公每有書與傅，傅必先夢，故傅有句云云。

陶彝

彝，陶穀之猶子。

句

生涼好喚雞蘇佛，回味宜稱橄欖仙。

清異錄：予讀胡嶠茶詩：「沾牙舊姓餘甘氏，破睡當封不夜侯，」愛其新奇。猶子彝，年十二歲，令效法之，近晚成篇云云。彝亦文辭之有基址者也。

張齊賢

齊賢字師亮，曹州人，徙家洛陽。太祖幸西都，以布衣上書。太平興國二年舉進士，累官同中書門下平章事，以司空致仕。卒贈司徒，謚文定。

致仕後戲贈故人

午橋今得晉公廬，花木烟雲興有餘。師亮白頭心已足，四登兩府九尚書。

宋史本傳：齊賢歸洛，得裴度午橋莊，有池榭松竹之盛，日與親舊觴詠其間，意甚曠適。

御書飛白玉堂之署三體宸章併宣禁苑覩玆盛事輒動斐然

寵深仙署降新牌，御筆親題重俊才。四字千齡懸日月，兩篇三體琢瓊瑰。登科郄桂皆同樹，入室丘門盡仰回。余與承旨學士皆御前科選，而學士最受聖恩顧遇，則前後門生，俱深榮羨，故有是也。寓直靜封芝檢去，密宣榮對玉泉來。職淸望峻人稀見，地貴扃嚴晝罕開。多幸謬持黃閣柄，烟霄時得遂游陪。翰苑羣書

石將軍南征賦贈

五花密布生門出，三令重宣宿將聽。劃地豈能容賊窟，指天不許見妖星。醪投漢水期分飲，石削巴丘待勒銘。洗盡甲兵安草木，君山依舊望中靑。臨氏善鳴集

呂蒙正

蒙正字聖功，河南人，起居郎龜圖子。太平興國二年舉進士第一。累知制誥，爲翰林學士，歷司空兼門下侍郎、同平章事。累封許國公。卒贈中書令，謚文穆。

邵伯溫聞見錄：公微時，行伊水上。見賣瓜者，意欲得之，無錢可買。其人偶遺一枚于地，公悵然取食之。後作相，買園臨伊水，起亭以饐瓜爲名。

尹洛日作

昔作儒生謁貢闈，今提相印出黃扉。九重鵷鷺醉中別，萬里烟霄達了歸。鄰叟盡垂新白髮，故人猶著舊麻衣。洛陽謾說多才子，自歎遭逢似我稀。

青箱雜記：洛陽龍門有呂文穆公讀書龕，云初有友二人，共棲偃于此。一人則溫尚書仲舒，一人忘姓名。及唱第，文穆狀元，溫中甲科，其一人拂衣歸隱。文穆作相，太宗問昔誰爲友？文穆以歸隱者對。遽以著作佐郎召，不起。文穆罷相尹洛，作詩云云。

讀書龍門山土室作

八灘風急浪花飛，手把魚竿傍釣磯。自是鈎頭香餌别，此心終待得魚歸。

鴻溝 在河陰縣，即楚漢分界處

溝中流水已成塵，溝畔荒涼起暮雲。大抵關河須一統，可能天地更平分？烟横綠野山空在，樹倚高原日漸曛。方遇征鞍思往事，數聲風笛馬前聞。以上開封府志

李虚己

虚己字公受，建安人。太平興國二年進士，累官知遂州，終工部侍郎。與壻晏殊唱酬，有雅正集。

羅願新安志：眞宗喜談經，命馮元講易。謂曰：「朕不欲煩近臣久立，欲選純孝之士數人，止如同人，便裘頂帽，講經並坐。暇則薦茗果，盡笑論，刬去進說之儀，遇疲則罷。」元薦查道及李虚己、李行簡三人。虚己母喪明，醫者曰：「浮翳洎眼，能舌舐千日者，可勿藥自愈。」虚己舐之二年，遂復明。

困學紀聞：李虚己初與曾致堯倡酬，致堯謂曰：「子之詩雖工，而音韻猶啞。」虚己初未悟。既而得沈休文所謂前有浮聲，後須切響，遂精于格律。

次韻和內翰楊大年見寄

微冠三峯碧海寬，雲謠初下靄芝蘭。探珠宮裏驪龍睡，織錦機中彩鳳盤。藥砌蒼苔錢作點，粉牆脩竹玉爲竿。閑從莊蝶親鳬舄，曾得安期九轉丹。

次韻和汝南秀才遊淨土見寄

長松繫馬放吟鞭，水殿沈檀一樹烟。苔破閑堦幽鳥立，草芳深院老僧眠。桃花欲放條風後，茶藥新供穀雨前。衰會賞詩多狎客，我無歧路近神仙。以上瀛奎律髓

送何水部蒙出牧袁州

宜川三月水東流，秀出江南二十州。紅旆使君今日去，白衣舉子昔年遊。宜春乃公舊遊。海潮賦就藏書府，盧壁進賦，宣付史館。競渡詩成在郡樓。國史待修循吏傳，早飛聲政達凝旒。袁州府志

曹衍

衍，衡陽人。

貧女

自恨無媒出嫁遲，老來方始遇佳期。滿頭白髮爲新婦，笑殺豪家年少兒。

能改齋漫錄：太平興國初，石熙載倚書出守長沙，以衍所著野史繳薦之，因得召對。袖詩二十章上進，首篇乃鷺鷥、貧女兩絕句，蓋託意也。太宗大喜，召試學士院，除東宮洗馬，監泌陽酒稅。

何蒙

蒙字叔昭，洪州人。官贊善，出守袁州。

句

塞日穿痕斷，邊雲透影飛。縹緲隨黃屋，陰沈護御衣。

玉壺野史：太宗親征北虜，師還，途中御製有「鑾輿臨紫塞，朔野凍雲飛」；遂令何蒙進鑾輿臨塞賦、凍雲飛詩。召對嘉賞，授贊善。蒙詩有云云。

韓丕

丕字太簡，華州鄭人。太平興國三年進士。歷知制誥、右諫議大夫、翰林學士、工部侍郎。出知滁州。

禁林讌會之什

蓬宮明麗倚春寒，讌會羣仙喜縱觀。聖作照臨新日月，御書飛動集龍鸞。綺談雅似聞天樂，瓊液香勝飲露槃。坐久杳同玄圃外，吟餘飄若碧雲端。演綸視草微才怯，□□□□霈澤寬。因想前賢倍知幸，多云遭值太平難。 翰苑羣書

寄岳陽劉從事

秋來憶故人，寓目臨大野。遠近聞清商，依稀奏幽雅。經霜樹半紅，無風葉自下。一片洞庭心，聊憑塞鴻寫。 顧氏積書巖選

田錫

錫字表聖，嘉州洪雅人。太平興國三年進士。累官左拾遺、直史館，爲河北轉運副使，擢右諫

議大夫、史館修撰。卒贈工部尚書。有咸平集。

江南曲

金蟬飾綠雲，細靨藥黃新。南浦解清佩，西谿采白蘋。密竹映深花，湖山日欲曛。春腸知已斷，脈脈兩難親。

吳豔若芙蓉，乘舟弄湖水。照影不知休，雲鬟墮簪珥。含笑忽迴頭，見人羞欲死。歸去入花谿，棹濺鴛鴦起。

金陵王氣銷，六朝墮霸業。白雲千古恨，空江照樓堞。虎丘羅蔓草，姑蘇委楓葉。懷賢思伍員，靈濤浩難涉。

倚柱吟

暮春慘慘黃昏雨，零落櫻桃斜掩戶。未張燈火簾幙深，樓閣巢寒聞燕語。昔時常說長安好，而今厭走長安道。蘇秦辯說長卿才，自笑功名何不早。人悄悄，倚柱時；情脈脈，無人知。憐春惜遠情不盡，斜雨傘花闇溼衣。

擬古

棠溪出精金，百鍊無餘滓。鑄得芙蓉劍，靈輝若秋水。陸可斷兕犀，幽亦驚神鬼。照物雙影寒，中霄靈氣紫。有時風雨至，欲作龍蛇起。海酒與陵肉，寶燭延奇士。歃飲取傳觀，英圖各相視。吐氣成虹蜺，將平不平事。大笑荆軻輩，卒如兒女子。

遊子中夜心，功名忽嗟暮。黑貂空上書，甘泉方獻賦。白日驚壯齒，青雲有英顧。收采苟不時，珊瑚亦生蠹。

花雨

雨裏飛花片片紅，雨微花亂轉冥濛。川原何處連天草，簾幕無人半日風。寂寞劉楨新病後，淒迷莊舄苦吟中。可堪更是黄昏景，燕冷鶯寒恨想同。

秋夜有懷寄副翰宋白舍人

秋風蕭瑟北山椒，頗有琴樽慰寂寥。書幌靜憐斜月鑒，窗燈寒帶落花挑。久辭知己來江國，少寄音書過海潮。因憶玉堂今夜直，建章宫漏正迢迢。

題天竺寺

三月楊花撲馬飛，連鑣來款白雲扉。湖邊鐘磬含清籟，樹杪樓臺靄翠微。野景留人狂欲住，春光啼鳥勸思歸。萋萋芳草重回首，十里松門照落暉。以上咸平集

王旦

旦字子明，大名莘人。太平興國五年進士及第。累官右正言、知制誥。眞宗朝，兼工部尚書、同中書門下平章事。遷右僕射、昭文館大學士，兼門下侍郎；加太尉，兼侍中。卒贈太師、尚書令、魏國公，謚文正。有集。

禁林讌會之什

喜綴眞仙讌禁林，玉堂新事好供吟。天章刻石輿風雅，宸翰書牌耀古今。勢逸奪迴龍鳳跡，調高流入管弦音。光凝玉斝瓊漿潤，冷布花甎藥樹陰。地貴每朝金殿近，景淸如到玉壺深。得陪嘉會榮觀大，虔效賡歌樂聖心。翰苑羣書

南恩州西樓

江樓橫玉虹，西山羅畫屏。荒城斗樣大，此樓何崢嶸。炎嶺狀隴蜀，三州通蓬瀛。人烟幾村落，數點如晨星。誰謂海一涯，好山無數靑。錦繡萬花谷

李沆

沆字太初，肥鄉人。太平興國五年進士。眞宗朝，歷參知政事，加門下侍郎、尙書右僕射。卒謚文靖。

伏覩禁林新成盛事輒思歌詠不避荒蕪上李學士

禁庭多士列華簪，嚴樂輝光冠古今。御筆騰驤題玉署，宸章照耀詠辭林。虛堂挂後傳千載，翠琰刊成直萬金。振復文明知聖作，尊崇儒術見天心。增修一院烟霞麗，曲宴羣英雨露深。自我昌朝爲盛事，鼇山淸峻重難尋。翰苑羣書

蘇易簡

易簡字太簡，梓州銅山人。太平興國五年進士。累知制誥，充翰林學士，遷給事中、參知政事，出知陳州。卒贈禮部尙書。有集。

歷代吟譜：蘇易簡舉進士，不起草，凡三題，千餘言數刻而就。太宗曰：「君臣千載遇。」對曰：「忠孝一生心。」晚年贈僧詩：「憔悴貳卿三十六，與師氣味不爭多。」

贈翰林學士宋公

天子昔取士，先俾分媸妍。濟濟俊秉秀，師師麟與鸞。小子最承知，同輩尋改觀。甲等叨薦名，高飛便凌烟。遂使拜扆坐，果得超神仙。迄今纔七歲，相接乘華軒。

蔡寬夫詩史：蘇參政易簡取開封府解時，宋尚書白爲試官，是歲登第。後十年，白爲翰林學士，易簡亦繼召入，贈白詩云云。

題臨蘭亭序

有若象夫子，尙與闕里門。虎賁狀蔡邕，猶旁文舉樽。昭陵自一閉，眞迹不復存。予今獲此本，亦可比璵璠。 周益公題跋

禁林讌會之什 時御書飛白「玉堂之署」四字，頒賜翰苑

雨晴禁署絕纖塵，讌會名賢四海聞。供職盡居清顯地，崇儒同感聖明君。翩然飛白璇題字，煥若丹青翠琰文。梓澤笙歌誠外物，蘭亭詩酒不同羣。少年已作瀛洲老，他日終棲太華雲。莫怪坐間全不飲，心中和氣自醺醺。 翰苑羣書

樂史

史字子正，撫州宜黃人。仕南唐祕書郎。入宋，太平興國五年復登進士。歷水部員外郎，使

兩浙巡撫，判西京，留司御史臺，卒。有仙洞集。

鍾山寺

千峯夾一徑，一徑花枕泉。聽泉復看花，行到鍾山前。古寺雲生屋，高僧月伴禪。自慙留一宿，匹馬又朝天。撫州府志

向敏中

敏中字常之，開封人。太平興國五年進士。累擢右諫議大夫、同知樞密院事。眞宗朝，進右僕射、兼門下侍郎，又進左僕射、昭文館大學士。卒贈太尉、中書令，謚文簡。

酬寇平仲

九萬鵬霄振翼時，與君同折月中枝。細思淳化持衡者，得到于今更有誰？

合璧事類前集：向文簡敏中、寇忠愍準二相，同以太平興國五年登第。後文簡秉鈞，忠愍以使相守長安，作詩寄文簡，有「歲寒惟有公兼我，白首猶持將相權」之句。文簡酬之云云。

桃花

千朶穠芳倚樹斜，一枝枝綴亂雲霞。憑君莫厭臨風看，占斷春光是此花。全芳備祖

延安守歲

律管風生消暮景，塞原烟靜絶妖氛。坐移殘燭光陰變，故舊年華一夜分。詩林萬選

偶吟遣懷

昔爲宰輔居黃閣，今作元戎控夏臺。萬里蒼黔慙受賜，一方淸晏有何才。紫宸杳杳彌年別，紅旆翩翩映日開。將相官榮如我少，不須頻獻手中杯。瀛奎律髓

峽山飛來寺

峽山地勝安禪處，萬仞危樓壓要津。世上豈知名利事，浪中空笑往來人。倚門怪石狂遮面，入座寒雲碎繞身。日暮西風嬾回首，滿林幽鳥語聲頻。廣東通志

句

四時常有烟棚合，三月猶無菜甲生。延州作 嘉祐雜志

宋湜

湜字持正，京兆長安人。太平興國五年進士。再知制誥。眞宗朝，拜中書舍人，改給事中，充樞密副使。扈從北巡，卒於澶州。贈刑部尚書，謚忠定。有集。

送陳堯叟赴廣西漕

憐君將命拜新恩，送別都門亦斷魂。雨歇桂林秋更暖，瘴連梅嶺月多昏。詔頒海徼征徭薄，兵罷蠻州市井繁。愧我不才居禁近，前春灑掃待回轅。桂林府志

戚綸

綸字仲言，應天楚丘人，維弟。太平興國八年進士。大中祥符初，歷官樞密直學士，出知杭州。天禧中，太常少卿，分司南京，卒。有集。

送何水部蒙出牧袁州

連翩作牧藹嘉聲，重疊光華是此行。晝隼前驅男子貴，錦衣當晝故鄉榮。虎溪駐目曾遊熟，采石維舟舊吏迎。公嘗講學廬阜，復經太平州舊治。來暮謳謠應載路，遲留桑梓肯忘情。郡樓擁翠峯巒合，井邑交光竹樹明。醇酎豈知千日醉，宜春舊多醇酎。溫泉常見四時清。郡下溫泉，夏冷冬暖，春飲之宜人，郡得名焉。下車不問山河改，布政先期獄訟平。何日紫宸偏顧矚，聖君留意在綿氓。袁州府志

劉昌言

昌言字禹謨，泉州南安人。少工文詞，節度陳洪進辟功曹參軍。偕洪進歸宋，舉太平興國八年進士。官至同知樞密院事、工部侍郎。卒贈工部尚書。

上呂相公 蒙正

重名清望徧華夷，恐是神仙不可知。一舉首登龍虎榜，十年身到鳳凰池。廟堂只是無言者，門館常如未貴時。除卻洛京居守外，聖朝賢相復書誰。瀛奎律髓

句

惟有夜來蝴蝶夢，翩翩飛入刺桐花。下第　歷代吟譜

李　巽

巽字仲權，邵武人。太平興國八年進士。仕至度支郎中，兩浙轉運使。

登第遺鄉人

當年蹤跡困泥塵，不意乘時亦化鱗。爲報鄉閭親戚道，如今席帽已離身。

青箱雜記：巽累舉不第，爲鄉人所侮，曰：「李秀才應舉，空去空回，知席帽甚時得離身。」至是，乃遺鄉人云云。蓋國初猶襲唐風，士子皆曳袍重戴，出則以席帽自隨。

李建中

建中字得中，京兆人。太平興國八年進士。累官直集賢院，掌西京留守，司御史臺。愛洛中風土，遂居之，人謂之李西臺。官至工部郎中，判太府寺，卒。有集。

宣和書譜：李西臺居洛中，以林泉自娛。善篆籀草隸八分，于眞行尤精。當時士大夫得其筆跡，莫不爭藏，以爲楷法。

題洛陽華嚴院楊少師書壁後

杉松倒澗雪霜乾，屋壁廚煤風雨寒。我亦平生有書癖，一回入寺一回看。

蔡寬夫詩史：楊凝式仕後唐、晉、漢間，落魄不任檢束，自號楊風子，終能以智自完。書法高妙，傑出五代，可與顏柳並軌。今洛中僧寺，尙多有其遺跡。題華嚴院詩云：「院似禪心靜，花如覺性圓。自然知了義，爭肯學神仙。」用筆尤奔放奇逸。李西臺建中，平生師凝式書，題詩于傍；書亦自深穩老健，前輩所貴重也。

懷湘南舊游寄起居劉學士

老情詩思闕何處，渾是湘南水岸頭。殘白晚雲歸嶽麓，濃香秋菊滿汀洲。靜尋綠徑煎茶寺，徧上紅牆賣酒樓。西洛分臺素拘檢，繡衣不得等閑遊。

曲洧舊聞：眞定康敦復嘗語予曰：「河東見所在酒壚，皆飾以紅牆。」詢之父老，云相沿襲如此，不知其所始也。後讀李留臺集，有懷湘南舊游寄起居劉學士詩云云。據此詩，則湖南亦有之，不獨河東也。但留臺不著所出爲可恨也。

題菩提寺

龍門雙闕湧雲烟，雪未飛花雁下前。徹底清流照車馬，分臺御史過伊川。能改齋漫錄

澹山巖 在零陵郡，秦周貞實之舊居

常思羽衣人，宅此巖崖旁。虛室通大道，靈闕掩中黃。古朴宮殿深，偃亞松桂香。洞戶漏夕月，木罅生微陽。疊崗上層巔，露井連曲房。斷壁橫廣幕，矗石排吟牀。蟄痕燕穴空，乳溜虯鱗張。清泉弄春漲，靈草經冬芳。自笑老倒容，誰與刀圭霜。金版佩上籍，玉音歌洞章。珠幢夜森立，絳節朝飛揚。咫尺仙路高，喧囂世機忙。浮埃走車馬，奔迸多事場。眞地擁烟霞，根本無爲鄉。不到久歎息，一來徒悲傷。但聽鏗華鐘，所得心耳涼。苕溪漁隱叢話

直宿

春風夜急銅龍漏，淡月半斜金井闌。已覺亞枝花露重，宿鶯猶睡怯餘寒。

早朝

著衣香重海棠風，人在瀛洲御苑東。將對赤墀班未定，井幹樓角日先紅。

娛書堂詩話：李西臺直宿、早朝二詩，呂居仁跋云：觀西臺詩，想見國初太平氣象不遠，餘風遺烈，足以竦動後世。眇想貞觀初，難與數子諧，吾於諸公亦云。

桐柏觀

永懷閑訪道，斗上上仙居。瀑布磬聲外，桂花林影疎。山名孫綽賦，觀額葛洪書。已負秋來約，誅茅興有餘。赤城志

題仙都山 時爲兩浙轉運副使

巖巖仙都山，肅肅黄帝宫。巨石臨廣澤，千仞淩高穹。肇當融結初，全得造化功。深可蟠厚壤，峭疑接冥鴻。雲軿去路存，丹鼎遺跡空。抽潤草心碧，敷香蓮葉紅。升龍扳燏燏，飛鳳鳴噰噰。而我集仙署，嘗比瀛洲雄。星移婺女間，鳳駕析木東。到覺毛骨爽，坐如羽翼沖。萬事皆氛埃，一氣歸鴻濛。遐哉上聖道，邈與元化同。金簡奠至誠，玉書銘代工。功成解冠劍，棲息期此中。仙都山志

句

山程授館聞鴻夜，水國還家欲雪天。送人 楊文公談苑 漲烟春氣重，貯月夜痕深。西湖 歷代吟譜

趙昌言

昌言字仲謨，汾州孝義人。太平興國初進士。累官給事中、參知政事。眞宗朝，坐事奪官，還戶部侍郎，卒。

喜英公大師相訪

僧中何事最聞名，筆札高奇是夢英。十八家書垂墨妙，一千年聖遇文明。未將六籍重刊石，余惜國家未明師筆，如唐朝刊六經于石壁。已駕三車到化城。此日勞師相枉訪，豁然襟抱慰平生。夢英大師詩碑

臧丙

丙字夢壽，大名人。太平興國初進士。官右諫議大夫，知江陵府。

寄贈終南英公上人

是箇人言好性靈，鎬京碑記念千廳。五言出格爲詩匠，百盞長杯應酒星。曾把篆求身上紫，幾將金買面前青。多聞國士相尋訪，莫把松門晝夜扃。夢英大師詩碑

鄭起

起官左拾遺。

贈英公大師

玉殿承恩四十年，水雲心已悟南禪。李斯篆字功何妙，賈島詩章學太玄。筇在幾嗟無虎鬭，鉢腥長笑有龍眠。聞今未老休慵墮，剩把書蹤石上鐫。夢英大師詩碑

馬去非

去非官侍御史，知雜事。

寄懷英公大師清交

雲隱秋鴻水隱魚，相思難得惠休書。遥聞養性棲蓮岳，不肯攜筇入帝都。金殿聖緣應未斷，玉堂知己漸凋疎。何人曾得陪高論，頭戴神羊馬大夫。夢英大師詩碑

王承衎

承術官尚食使，昭州刺史，知鳳翔府。

贈英公大師

文章篆籀久傳芳，灰志禪門道愈光。豐鎬有心營寶剎，瀟湘無意臥雲房。陶情早著詩千首，混俗何妨酒百觴。若許宗雷重結社，願持香火學空王。夢英大師詩碑

陳文顥

文顥官康州刺史，知同州軍州事。

喜宣義大師英公相訪

三事天衣兩字師，長安風月更誰知。閑騎劣馬尋碑去，醉臥荒廬出寺遲。辭贍不容誇犬子，與閑兼許吐魚兒。左馮假道來看我，正值嚴冬大雪時。夢英大師詩碑

穎　贄

贄官太子中允，知洛陽縣事。

贈英公大師

蠻牋象管少年時，幾賦簾前祝壽詩。三殿荷恩卿相看，兩朝承寵帝王知。尋窮太華高低景，念盡長安內外碑。可惜篆文今絕筆，李陽冰後只吾師。夢英大師詩碑

宋溫舒

溫舒官左拾遺，知耀州軍事。

贈英公上人

粹鍾衡岳誕吾師，十九彤廷賜紫衣。青簡篆文窮妙絶，碧雲詩句入玄微。降龍鉢裏無塵染，迴雁峯前有夢歸。他日好同蓮社約，逸眠禪坐兩忘機。夢英大師詩碑

李　頌

頌官太常博士。

贈英公大師

篆高神品，秀爽天骨。敏構機先，談深理窟。濬極蒼源，玄臻籀闥。玉無疵瑕，車有輗軏。達識圓明，靈襟洞豁。粹稟飛星，胸挂流月。大飲陶陶，閑遊兀兀。肯如常人，名利乾沒！英公十八體篆書碑

盧　岳

岳官太子中舍。

送英公大師歸終南

擬息游方輿，蘿龕近翠微。幾程勞夜夢，一錫向秋歸。月彩籠淸磬，嵐光潤紫衣。重尋溪上路，楓葉下巖扉。英公十八體篆書碑

許道寧

道寧官著作佐郎。

贈英公大師

業就攜筇別五湖，御簾香暖幾曾趨。情搜象外吟情逸，玄達禪中惠性殊。江塢秋思霜橘美，雲房高寄海峯孤。白蓮共結他年約，還放疎慵入社無。英公十八體篆書碑

陳省華

省華字善則，閬中人。官至左諫議大夫。堯叟、堯佐、堯咨，其子也。

登慧聚寺上方

四望平川獨一峯，峯前瀟灑是蓮宮。松聲竹韻千年冷，水色山光萬古同。客到每憐樓閣異，僧言因得鬼神功。縣民遥喜行春至，鼓腹閑歌夕照中。崑山雜詠

夏侯嘉正

嘉正字會之，江陵人。太平興國中進士。擢右正言，直史館，兼直祕閣。

句

兩制誠堪羨，青雲侍玉輿。

宋史文苑傳：太宗元夕御乾元門觀燈，嘉正獻五言十韻詩，末句云云。上和賜，有「狹劣終雖舉，通才列上居」之句。議者以爲誠嘉正之好進也。

宋詩紀事卷四

錢唐　厲鶚　輯
祁門　馬曰琯　同輯

姚　鉉

鉉字寶之，廬州合肥人。太平興國八年進士。知鄆州，入爲起居舍人，累遷兩浙轉運使。有文集。

賞花釣魚侍宴應制

上苑煙花迥不同，漢皇何必幸回中。花枝冷濺昭陽雨，釣線斜牽太液風。綺萼惹衣朱檻近，錦鱗隨手玉波空。小臣侍宴驚凡目，知是蓬萊第幾重。

詩話總龜：淳化中，春日苑中賞花釣魚小宴，宰相至三館預坐，咸使賦詩，上覽以第優劣。時姚鉉賜白金百兩，時輩榮之，以比奪袍賜花等故事。

松江

句吳奇勝絕無儔，更見松江八月秋。震澤波光連別派，洞庭山影落中流。汀蘆擁雪藏漁市，岸竹香風趁客舟。清興不窮聊一望，煙空雲霽倚層樓。蘇州府志

句

踈鐘天竺曉，一雁海門秋。錢塘郡　皇朝類苑

歐陽程

程，營道人。太平興國八年進士。仕至屯田員外郎。

詠池亭

鑿開幽境泛流萍，迴合波間小洞庭。寒影倒呑凌漢樹，冷光高浴半天星。魚翻錦鬣波紋皺，鷺洗霜翎水氣腥。昨夜蛟龍忽飛去，滿軒風雨震雷霆。

湖廣通志：歐陽程，初名和，營道人。少貧，兄爲郡吏，依之傭書。賦池亭詩，太守大喜，給俸金，遣充學官弟子。太平興國八年赴試，路逢一青衣童子云：「以今科省榜走報各處城隍。」因問歐陽和中否？曰：「但有歐陽程。」因改名程，是年登第。

王禹偁

禹偁字元之，鉅野人。九歲能文。太平興國八年登進士。歷右拾遺，拜左司諫。廬州妖尼道安誣訟徐鉉，禹偁請論道安罪，貶商州團練副使。累遷翰林學士。坐謗訕，知滁州。眞宗即位，召知制誥，出知黄州，卒。有小畜集。

晁以道與三泉李奉議書云：本朝王元之之後晏公，晏公之後歐陽公，歐陽之後東坡，皆號一代龍門。其門下灑掃應對之士，後爲名公卿將相者，不可勝數也。

西清詩話：王元之父本磨家，畢文簡士安爲州從事，元之代其父輸麫至公宇，立庭下。文簡方命諸子屬句云「鸚鵡能言爭比鳳」，元之抗聲曰：「蜘蛛雖巧不如蠶。」文簡曰：「子精神滿腹，將且名世。」後與公接武朝廷。

松江

三年爲吏住江濱，重到江頭照病身。滿眼碧波輸野鳥，一蓑疎雨屬漁人。隨船曉月孤輪白，入座晴山數點春。張翰精靈應笑我，綠袍依舊惹埃塵。

汎吳松江

帶篷疎薄漏斜陽，半日孤吟未過江。惟有鷺鷥知我意，時時翹足對船窗。

移任長洲

移任長洲縣，舟中興有餘。篷高猶見月，棹穩不妨書。雨碧蘆枝亞，霜紅蓼穗疎。此行紆墨綬，不是爲鱸魚。

移任長洲縣，窮秋入水鄉。江涵千頃月，船載一篷霜。竹密藏魚躍，雲疎漏雁行。故園漸迢遞，烟浪自茫茫。

虎丘

薜牆圍著碧孱顔，曾是當年海涌山。盡把好峯藏寺裏，不敎幽境落人間。劍池草色經冬在，石座苔花自古斑。珍重晉朝吾祖宅，一回來此便忘還。

絶句

謫官無俸突無煙，唯擁琴書盡日眠。還有一般勝趙壹，囊中猶貯御書錢。

侯鯖錄：前世錢未有草書者。淳化中，太宗始以宸翰爲之。旣成，以賜近臣。崇寧大觀中御書錢，蓋襲故事也。王元之謫商於，有詩云云。

春日雜興

兩株桃杏映籬斜，裝點商州副使家。何事春風容不得，和鶯吹折數枝花。

蔡寬夫詩話：元之嘗學白樂天詩，在商州賦春日雜興云云。其子嘉祐謂：老杜嘗有「恰似春風相欺得，夜來吹折數枝花」之句，語頗相近，請易之。元之欣然曰：「吾詩精詣，遂能暗合子美耶？」更爲詩曰：「本擬樂天爲後進，敢期杜甫是前身。」卒不復易。

齊安郡作

憶昔西都看牡丹，稍無顏色便心闌。而今寂寞山城裏，鼓子花開亦喜歡。

能改齋漫錄：王元之謫齊安郡，民物荒涼，殊無況。營妓有不佳者，公詩云云。然唐抒情集，記朝士在外地覩野花，追思京師舊遊詩云：「曾過街西看牡丹，牡丹未謝卽心闌。如今變作村田眼，鼓子花開亦喜歡。」蓋王刊定此詩耳。

題錢塘縣羅隱手植海棠

江東遺蹟在錢塘，手植庭花滿縣香。若使當時居顯位，海棠今日是甘棠。以上小畜集

別諸生

綴行相送我何榮，老鶴乘軒媿谷鶯。三入承明不知舉，看人門下放門生。

澠水燕談：王元之初知制誥，上疏雪徐鉉，貶商州。召入爲學士，坐辨孝章皇后不實，謫滁州。復召知制誥，撰太祖尊號册，坐輕誣，謫黃州。作三黜賦以自述。時蘇易簡適放榜，奏曰：「禹偁翰林名儒，今將全榜諸生送於郊。」上可

其奏。諸生別，元之占一絕付狀元孫何，曰「爲我多謝蘇易簡」云。

投時相

早有虛名達九重，宦途流落漸龍鍾。散爲郎吏同元稹，羞見都人看李邕。舊日謬吟紅藥樹，新朝曾獻皂囊封。猶祈少報君恩了，歸臥山林作老農。

石林燕語：王元之初自掖垣謫商州團練副使。至道中，復自學士謫滁州。眞宗即位，以刑部郎召知制誥，凡再貶，還朝不無怏怏。時張丞相齊賢、李文靖沆當國，以詩投之。齊賢不悅，繼有黃州之遷。

句

元象中台拆，皇家上相薨。大功銘玉鉉，密事在金縢。趙普挽詞

先帝升遐日，詞臣寓直時。柩前言顧命，筆下定鴻詞。宋湜挽詞　以上青箱雜記

身後聲名文集草，眼前衣食簿書堆。澤畔騷人正憔悴，道旁山鬼莫揶揄。

許彥周詩話：元之詩可重，大抵語迫切而意雍容。有句云云，類樂天也。

羅處約

處約字思純，益州華陽人。太平興國八年進士，知吳縣。太宗召試，擢著作郎，直史館，詔授荆湖路巡撫，卒。蘇易簡、王禹偁集其文爲東觀集。

泛太湖

三萬六千頃，湖侵海內田。逢山方得地，見月始知天。南國吞將盡，東溟勢欲連。何當灑爲雨，無處不

豐年。宋文鑑

鄭文寶

文寶字仲賢，寧化人。仕南唐校書郎。宋太平興國八年，舉進士。歷官陝西轉運使、兵部員外郎。

東都事略：文寶以詩名家，多警句；善篆，工琴。

題王子晉祠

秋陰漠漠秋雲輕，緱氏山頭月正明。帝子西飛仙馭遠，不知何處夜吹笙。

西清詩話：緱氏，王子晉昇仙之地，有祠在焉。鄭工部文寶題一絕云云。後晏元獻守洛，過見之，取白樂天語書其後云：此詩在處有神物護持。

寒食訪僧

客舍愁經百五春，雨餘溪寺綠無塵。金花開處鞦韆鼓，粉頰誰家鬭草人。水上碧桃流片段，梁間新燕語逡巡。高僧不飲客攜酒，來勸先朝放逐臣。

郢城新亭

每到新亭即厭歸，野香經雨長松圍。四簷山色消繁暑，一局棋聲下翠微。冰片角巾簪澗月，錦文卷石砌苔磯。近來學得籠中鶴，迴避流鶯笑不飛。以上玉壺野史

闕題

亭亭畫舸繫寒潭，直到行人酒半酣。不管烟波與風雨，載將離恨過江南。

一夜西風旅雁秋，背身調鏃索征裘。關山落盡黃榆葉，駐馬誰家唱石州。

江雲薄薄日斜暉，江館蕭條獨掩扉。梁燕不知人事改，雨中猶作一雙飛。蔡寬夫詩話

送曹緯劉鼎二秀才

旦夕春風老，離心共黯然。小舟聞笛夜，微雨養花天。手筆人皆有，曹劉世所賢。郴侯重才子，從此看鶯遷。宋文鑑

句

百草千花路，輕風細雨天。過關已躍樗蒲馬，誤喘猶驚顧兔屏。重經貶所　杜曲花光濃似酒，灞陵春色老于人。長安送別　滿帆西日催行客，一夜東風落楚梅。送人歸湖中　失意此中遷客酒，多年不見侍臣花。以上皇朝類苑

沙暖凫鷺行哺子，蹊深桃李臥開花。

蔡寬夫詩話：歐陽文忠公稱仲賢張僕射園中一聯，以爲集中少比，其詩云云。

曾致堯

致堯字正臣，撫州南豐人。太平興國八年進士。眞宗朝，以戶部郎知泰、泉等州。有山亭六詠集。

崇覺寺

水深花影地莓苔，春色烘人若不開。走報鴿原無別事，遠將歌管酒壺來。西江詩話

句

沙鷺窺吟榻，風蟬入座隅。六詠芙蓉閣　雲昏迷候館，樹缺辨江湖。六詠望江樓　以上輿地紀勝

寇準

準字平仲，華州下邽人。太平興國中進士。淳化五年參知政事。眞宗朝，累官尙書右僕射、集賢殿大學士、同中書門下平章事，封萊國公。乾興初，貶雷州司戶，徙衡州司馬，卒。仁宗時，贈中書令。謚忠愍。有巴東集。

湘山野錄：萊公有「野水無人渡，孤舟盡日横」之句，深入唐人風格。送人使嶺南句云：「到海只十里，過山應萬重。」人以爲警絕。晚竄海康，至境，首問雷吏去海遠近，曰：「只可十里。」憔悴奔竄，已兆于此。

青箱雜記：魏仲先贈萊公詩曰：「有官居鼎鼐，無地起樓臺。」播傳漠北。章聖朝，北使至，問那箇是無地起樓臺相公？時方居散地，因召還，授北門管鑰。

苕溪漁隱叢話：忠愍公詩含思悽惋，蓋富於情者也。

江南春

波淼淼，柳依依，孤村芳草遠，斜日杏花飛。江南春盡離腸斷，蘋滿汀洲人未歸。

杳杳煙波隔千里，白蘋香散東風起。日落汀洲一望時，柔情不斷如春水。

湘山野錄：萊公富貴之時所作詩，皆悽楚愁怨，嘗爲江南春云云。

春日登樓懷歸

高樓聊引望，杳杳一川平。野水無人渡，孤舟盡日橫。荒村生斷靄，古寺語流鶯。舊業遥清渭，沈思忽自驚。

水村即事

虛齋臨遠水，吟釣度朝晡。葦岸秋聲合，莎庭鶴影孤。片雲藏疊巘，野燒起寒蕪。獨步時凝望，離人隔五湖。

題巴東寺

寺在猿啼外，門開古澗涯。山深微有徑，樹老半無枝。望遠雲長暝，談空日易移。恐朝金馬去，還失白蓮期。

書河上亭壁

暮天寥落凍雲垂，一望危亭欲下遲。臨水數村誰畫得，淺山寒雪未消時。

海康西館有懷

風露淒涼西館靜，悄然懷舊一長歎。海雲銷盡金波冷，半夜無人獨憑闌。以上寇萊公集

過襄州留題驛亭

沙堤築處迎丞相，驛吏催時送逐臣。到了輸他林下客，無榮無辱自由身。石林詩話

和蕎桃

將相功名終若何，不堪急景似奔梭。人間萬事何須問，且向樽前聽豔歌。侍兒小名錄拾遺

春晝

白晝綠成芳草夢，起來幽興有新詩。風簾不動黃鸝語，坐見庭花日影移。

春恨

侵階草色連朝雨，滿地梨花昨夜風。蜀魄不來春寂寞，楚魂吟夜月朦朧。以上合璧事類前集

李含章

含章字時用，宣城人。太平興國中進士。官屯田都官員外郎，充三司度支判官，出知本郡，罷。

遊桃源觀

碧草芊綿十洞春，青蒼寒疊五溪雲。山縈乳竇層層秀，路隔桃花處處分。苔徑竹深迷鶴跡，石壇松古漏星文。通宵回想塵寰事，好結茅茨向水濱。宛雅

何承矩

承矩字正則，河南人。贈侍中繼筠子。幼爲棣州衙內指揮使。太平興國中，知潭州，至齊州團練使。

夢溪筆談：瓦橋關北與遼爲鄰，素無關河爲阻。六宅使何承矩守關，始議瀦水爲塞。恐謀泄，日會僚佐汎船置酒賞蓼花，作蓼花游數十篇。

文昭園聞提壺有感

馬家公子好樓臺，鑿破青山碧沼開。啼鳥不知人事變，數聲猶傍水邊來。

方輿勝覽：文昭園在潭州興國間。何承矩爲守，園吏云：「昔屬馬家，今歸趙氏。」因聞提壺有感，作詩云云。

王操

操字正美，江南處士。太平興國時，上南郊頌，授太子洗馬，仕至殿中丞。

黄葵 奉使隴右，至石濠驛作

昔年南國看黄葵，雲鬟金釵向後垂。今日衰容籬落下，秋風寂寞兩三枝。雅言系述

題水心寺壁

分飛南渡春風晚，卻返家林舊業空。無限離情似楊柳，萬條垂向楚江東。

歷代吟譜：王操謁宋國老，獻詩，送數百縑。于鍾陵飲酒，數日而盡。醉中挂帆數百里，至落星灣，半醉醒，烟雨中登水心寺，題詩於壁。

送人南歸

相送當搖落，孤舟泛渺瀰。去帆看已遠，臨水立多時。別浦寒鴻下，空山夜鶴移。他年重會面，吟鬢共成絲。

喜故人至

地僻無賓侶，柴門晝始開。谿山寒葉落，江國故人來。話舊驚霜鬢，論詩滯酒杯。相留喜同宿，不寐曙光回。

上李相公

弱冠登龍入紛闈，少年淸貴古來稀。袖中詔草朝天去，頭上宮花侍燕歸。卓筆玉堂寒漏迥，卷簾池館水禽飛。三台位近猶多遜，閑聽秋霖憶翠微。以上宋文鑑

塞上

無定河邊路，風高雪灑春。沙平寬似海，鵰遠立如人。絕域居中土，多年息虜塵。邊城吹暮角，久客自悲辛。

村家

野景村家好，柴籬夾樹身。牧童眠向日，山犬吠隨人。地僻鄉音別，年豐酒味醇。風光吟有興，桑麥暖逢春。以上瀛奎律髓

潘若沖

若沖，太平興國中官桂林守。

寄南嶽廖融

曾經別墅住行蹤，春浪和烟撼釣筒。共步幽亭連石蘚，寄眠靜榻帶松風。秋來頻夢岳雲白，別後應添鶴頂紅。又泛扁舟隨汴水，不堪南望思忡忡。雅言雜載

王周

周登進士第，曾官巴蜀。詩一卷。

胡震亨云：唐宋藝文志並無其人，惟文獻通考載入唐人集目中。今考峽船詩序引陸魯望茶具詩，其人蓋在魯望之後。而詩題紀年有戊寅、己卯兩歲，近則梁之貞明，遠則宋之太平興國也。自註地名，又有漢陽軍、興國軍，爲宋郡號，殆五代人而入宋者。

湖口縣

柴桑分邑載圖經，屈曲山光展畫屏。最是蘆洲東北望，人家殘照隔烟汀。

金口步 在江北漢陽軍，下必鐵也。

兩山鬭咽喉，羣石矗牙齒。行客無限愁，橫呑一江水。

宿疎陂驛

秋染棠梨葉半紅，荆州東望草平空。誰知孤宦天涯意，微雨蕭蕭古驛中。以上全唐詩

錢熙

熙字大雅，泉州南安人，善屬文。陳洪進愛其才，以弟之子妻之。將署府職，辭不就。中雍熙二年進士，仕殿中丞，直史館，坐累出判朗州。至道間，加右司諫，卒。有集。

娛書堂詩話：錢熙，泉南才士，曾作四夷來王賦獻，太宗愛其才。又嘗撰三酌酸文，世稱精絕；後亦不達。而故鄉人李慶孫以詩弔之曰：「四夷妙賦無人繼，三酌酸文舉世傳。」

雞冠花

亭亭高出竹籬間，露滴風吹血未乾。學得京城梳洗様，舊羅包卻綠雲鬟。全芳備祖

九日溪偶成

漁家深處住，鷗鷺泊柴扉。雨過莎迷徑，潮來風滿衣。岸幽分遠景，波冷漾晴暉。卻憶曾遊賞，嚴陵有舊磯。清源文獻

句

鶴歸已改新城郭，牛臥重尋舊墓田。送人金陵拜掃　皇朝類苑

陳彭年

彭年字永年，撫州南城人。雍熙二年進士。眞宗朝，召試爲祕書丞，直史館、翰林學士，拜參知政事，進兵部侍郎。卒贈右僕射，謚文僖。有集。

國老談苑：陳彭年在翰林，所兼十餘職，皆文翰清祕之目，時人謂其署銜爲一條冰。

送中國長公主爲尼

曰琯按：唐詩紀事作楊郇伯送妓人入道詩，字句小異。

盡出花鈿散寶津，雲鬟初剪向殘春。因驚風燭難留世，遂作池蓮不染身。貝葉乍翻疑軸錦，梵聲纔學誤梁塵。從茲豔質歸空後，湘浦應無解佩人。

湘山野錄：章聖朝，中國長公主爲尼，詔兩禁送於寺，各賦詩，彭年詩云云。都下好事者，以鷓鴣天曲聲歌之。

劉師道

師道字損之，開封人。雍熙二年進士。咸平初，知潤州。累官三司度支副使、樞密直學士。

句

南浦未傷春草碧，北山仍媿曉猿驚。寄别　野馬飛岡日，醯雞舞甕天。以上皇朝類苑

陳世卿

世卿字光遠，南劍州沙縣人。雍熙二年進士。眞宗朝，歷官度支員外郎、荆湖北路轉運使。以祕書少監知廣州。

思古堂

思古堂前酒一尊，共談時事出孤村。臨期上馬無他囑，多買詩書教子孫。延平府志

錢若水

若水字澹成，一字長卿，河南新安人。雍熙中舉進士。累知制誥，歷集賢學士、鄧州觀察、幷代經略使。卒贈户部尚書。有集。

禁林讌會之什

一夜春風滿帝都，禁林清曉宴簪裾。玉堂乍到驚凡目，金鎖徐開見御書。承旨學士厰以扃鐍，鎖御書于玉堂之上。四字蠶龍爭夭矯，兩篇瓊樹鬭扶疎。詞臣此會人應羨，聖主多才古不如。日上花甎簾捲後，柳遮鈴索雨晴初。閤前吟罷先沈醉，忘卻西垣有直廬。翰苑羣書

送楊大年知處州二首

夫子厭承明，還求領郡行。兩章干負扆，數刻對延英。豈獨綵衣樂，兼爲晝錦榮。聖朝循吏傳，首得見君名。

汗簡成惇史，分符別近班。仍聞括蒼郡，酷似武夷山。捲箔煙霞麗，登樓水石閑。二年棄官去，惟我獨何顏。括蒼集紀

濟源縣裴公亭

裴相亭成未退身，空煩舞袖與歌塵。至今亭下蕭蕭竹，似對秋風怨主人。御選四朝詩

句

日上花梢簾捲後，柳遮鈴索雨晴初。耆舊續聞

孫冕

冕字伯純，新淦人。雍熙進士。天禧中尚書禮部郎中，直史館，出守蘇州。

書蘇州廳壁

人生七十鬼爲鄰，已覺風光屬別人。莫待朝廷差致仕，早謀泉石養閑身。去年河北曾逢李，今日淮西又見陳。寄語姑蘇孫太守，也須抖擻舊精神。

湘山野錄：孫集賢冕，天禧中直史館；晚守蘇，已及引年，大書詩于廳，拂衣而往。詔下，公已歸矣。

焦宗古

句

芳樹高低啼蜀魄，朝雲濃淡極巴天。送人遊蜀。皇朝類苑雍熙以來文士句

朱嚴

嚴工篆隸，見王元之小畜集。

句

寓直有誰同騎省，立班獨自戴貂冠。贈徐常侍　皇朝類苑雍熙以來文士句

李拱

拱，雍熙間人。

句

犬眠花影地，牛牧雨聲坡。題村舍　楊文公談苑

趙復

復，雍熙間人。

句

船官風破浪，關吏鼓侵晨。送曇集賢南歸　楊文公談苑

陳詁

句

籠雞對窗語，鬬雀繞門飛。閑居　皇朝類苑雍熙以來文士句

胡則

則字子正，婺州永康人。端拱己丑進士。歷太常博士，提舉兩浙榷茶事，僉知睦州。又爲江淮制置發運使，以右諫議大夫知杭州。官至兵部侍郎致仕。

別方巖 并序

端拱元年春，僕與湖湘陳生東書居方巖僧舍。暨命駕求岳牧薦，應天子舉，將與僧別，率爲五言十二韻，書於屋壁下。卜商曰：「動天地，感鬼神，莫近於詩。」僕罔敢知而復爲。或言之者無罪，庶幾懷矣，知我無所隱焉。仲秋月朔，胡則書。

寓居峯頂寺，不覺度炎天。山叟頗爲約，林僧每出禪。虛懷思往事，宴坐息諸緣。照像龕燈暗，通宵磬韻傳。冥心資寂寞，琢句極幽玄。拾菌寒雲下，烹茶翠竹前。遠陰臨岳樹，清響答巖泉。僻徑無來客，新秋足亂蟬。松風生井浪，溪雨長苔錢。自省隨浮世，終難駐永年。偏遊曾宛轉，欲去更留連。明日東西路，依依獨黯然。永康縣志

陳堯叟

堯叟字唐夫，閬中人，省華子。端拱二年進士第一。解褐光祿寺丞，累遷樞密直學士，加三班，僉銀臺通進封駁司、制置羣牧使。大中祥符中，與王欽若以本官檢校太尉、同平章事；尋拜右僕射，知河陽。卒贈侍中，謚文忠。

洞霄宮

迴合烟光疊翠屏，東南山水此爲靈。鶯花春壓蓬萊境，樓閣夜干牛斗星。古檜森羅燒藥竈，彩雲飄灑

聚仙亭。遼天俯近期歸鶴，瀣谷旁通駭巨溟。紫陌紅塵無一點，綠毛仙骨有千齡。當時聽法談玄者，環佩鏘鏘拱上清。杭州府志

披雲亭

秦人百二山河固，陝服城闉控此中。别構棟梁成爽塏，俯觀竹樹立青葱。虚簷碩敞迎朝日，曲檻縈迴帶晚風。登眺自欣襟帶地，萬方轍迹坦然同。河南府志

曾會

會字宗元，泉州晉江人。端拱二年進士第二。由光祿寺丞知宣州。祥符末，由三司判官出爲兩浙轉運使。仁宗朝，以刑部郎中、集賢殿修撰知明州。

重登蕭相樓

不見當年李翰林，江天爲我結層陰。九華門外柳三尺，蕭相樓前松十尋。物在人亡空有淚，時殊事變獨傷心。隻雞斗酒江千市，白首風前些楚吟。池州府志

擣砧詞 曰琯按：此詩中吳紀聞作龔宗元。

星斿耿耿寒煙浮，白龍銜月臨霜樓。誰家砧弄細腰杵，一聲擣破江城秋。雙桐老翠墮金井，高低冷逐西風緊。靜如秋籟暗穿雲，天半驚鴻斷斜影。哀音散落愁人耳，何處離情先喚起。長信宫中葉滿堦，洞庭湖上波平水。萬里征夫眠未成，搖風擣月何丁丁。楚關秦嶺有歸客，一枕夜長無限情。吳氏詩永

盛度

度字公量，餘杭人。端拱二年進士。眞宗朝，累官翰林學士。仁宗景祐初，拜參知政事，還知樞密院事；出知應天府，以太子少傅致仕。卒贈太子太保，諡文肅。嘗被命與李宗諤、楊億、王曾、李維、舒雅、任隨、石中立同編文苑英華。有愚谷、銀臺、中書、中樞四集。

庶子泉 在瑯琊山寶應寺，唐李幼卿守滁州，始有此泉。歐陽永叔云：庶子泉銘，李陽冰撰并書。

深藏西竹寺，寒擁北譙城。石字贊皇古，泉銘庶子淸。方輿勝覽

陳堯佐

堯佐字希元，閬中人。端拱二年進士。歷官同中書門下平章事。卒。贈司徒兼侍中，諡文惠。有愚丘集、遣興集。

澠水燕談：陳文惠公堯佐，端拱元年程宿下及第，同年二十八人。時公兄弟俱未仕，父省華爲小官，家極貧。魏野以詩賀曰：「放人少處先登第，舉族貧時已授官。」

中山詩話：陳文惠以使相致仕，年八十，有詩云：「靑雲岐路遊將徧，白髮光陰得最多。」構亭號佚老，歸政者多效之。喜堆墨書，深自矜負。善爲四句詩，遊長安佛寺題名，從者誤側硯汙韈，公性急，遂窒筆于其鼻，客笑失聲。

皇宋書錄：陳文惠公善八分書，點畫肥重，世謂之堆墨書。領鄭州日，伶人戲以一大紙濃墨塗之，中以粉筆細書四點。問曰：「此何字也？」曰：「堆墨書田字也。」公大笑。

湖州碧瀾堂

苕溪淸淺霅溪斜，碧玉光寒照萬家。誰向月明中夜聽，洞庭漁笛隔蘆花。湘山野錄

吳江

平波渺渺烟蒼蒼，菰蒲纔熟楊柳黃。扁舟繫岸不忍去，秋風斜日鱸魚鄉。歷代吟譜

答張順之

有花無酒頭慵舉，有酒無花眼倦開。正向西園念蕭索，洛陽花酒一時來。

雲齋廣錄：陳文惠退居鄭下，張退傅知西京，以姚黃魏紫及酒寄之，文惠有詩。

虎丘

雲際樓臺樹杪烟，孤松千尺聳平田。危闌逸思微吟好，隱隱秋帆半入天。

人間靈蹟徧曾遊，祗欠吳門訪虎丘。今日偶來無限感，闔閭墳左劍池頭。吳郡志

題潭浦縣壁

蠻烟漁火接鯨波，樹樹花枝處處歌。況是天涯好行樂，莫教憔悴鬢絲多。方輿勝覽

林處士水亭

城外逋翁宅，開亭野水寒。冷光浮荇葉，靜影浸魚竿。吠犬時迎客，飢禽忽上闌。疎籬僧舍近，嘉樹鶴庭寬。拂砌烟絲裊，侵窗筍戟攢。小橋橫落日，幽境轉層巒。好景吟何極，清歡盡亦難。憐君留我意，重疊取琴彈。

遊湖上昭慶寺

湖邊山影裏，靜景與僧分。一榻坐臨水，片心閑對雲。樹寒時落葉，鷗散忽成羣。莫問紅塵事，林間肯

暫聞！以上瀛奎律髓

洞霄宮

一帆高挂出紅塵，萬仞長歌入紫雲。莫道遊仙別無侶，玉淸冠蓋許同羣。

谷口停驂上翠微，五雲宮殿闢金扉。不知何處朝元會，卻見龍鸞隊仗歸。

三天封部稼如雲，流水淸寒出洞門。更愛林間盤石上，松花飄落羽人樽。

娟娟紅樹碧峯前，爲愛桃花入洞天。偶逐霓旌纔百步，卻憂人世已經年。洞霄詩集

洞霄宮志：在餘杭縣，本漢天柱宮。祥符五年，堯佐奏改今名。

芳菲園 錢氏時，淸源門內有此園

盡日芳菲園，不見芳菲好。茂草與斜陽，脈脈情多少。湖州府志

望越亭

颯颯西風葉葉秋，誰家烟火起滄洲。乘閑不奈無機性，擬動漁翁直鉤鉤。杭州府志

智果寺

蘿巖山下寺，靜境絕過從。芳草二三月，碧雲千萬峯。窗閑明落日，樓迥響疎鐘。卻恐重來晚，庭前記偃松。紹興府志

遊西湖

附郭水連山，公餘獨往還。疎烟漁艇遠，斜日寺樓閑。繫馬芭蕉外，移舟菡萏間。天涯逢此景，誰信自

開顔。廣東通志

題野吏亭

野吏厭公堂，開軒出郡牆。殘花炎帝圃，斜日尉佗鄉。疊巘分諸粤，重城截大荒。耕桑蠻聚落，烟火漢封疆。雲勢飄蓬島，天形壓夜郎。扁舟閑得侶，嘉樹遠分行。梅雨千林暮，春風百草香。人家浮浩渺，鳥道沒青蒼。爽塏吟魂健，虚明夏景涼。佗年重回首，牢落媿甘棠。惠州府志

句

雨網蛛絲斷，風枝鳥夢搖。溫公續詩話　千里好山雲乍斂，一樓明月雨初晴。偶成　郡吏百函通爵里，從兵千騎屬櫜鞬。送朱荆南　君恩來萬里，客路出千山。潮州召還　供帳開天苑，傳呼度國門。送种放　風樵若邪路，霜橘洞庭秋。送人越州　以上皇朝類苑

劉少逸

少逸，蘇州人。以童子賜進士及第，官止尚書員外郎。

句

無風烟燄直，羅　有月竹陰寒。劉　日移竹影侵棋局，羅　風遞花香入酒尊。劉　風雨江城暮，王　波濤海寺秋。劉　一回酒渴思吞海，王　幾度詩狂欲上天。劉

續歸田錄：蘇州童子劉少逸，年十一，文辭精敏，有老成體。其師潘閬攜以見長洲宰王元之、吳縣宰羅思純，以所作贄二公。二公名重當時，疑所贄假手，因試之。與之聯句，略不淹思，二公驚異，至聞于朝。賜進士及第。

孫周翰

周翰，賜童子出身。

句

口吹楊柳成新曲，郡侯　頭戴花枝學後生。孫

續歸田錄：孫周翰亦少逸之流，其父穆之攜以見郡侯。時賞春作會，座客簪花，郡侯屬周翰聯句，笑曰：「何遽便戲老夫！」賜童子出身。

張　秉

秉官監察御史，知鄭州。

鄭州聯句

函關秋霽雁初迴，六里商於曉色開。秉　四皓有靈應笑我，謫官方始入山來。王禹偁　小畜集

宋詩紀事卷五

錢唐　厲　鶚　輯
祁門　馬曰琯　同輯

陳從易

從易字簡夫，晉江人。端拱二年進士。歷祕書省著作郎，直史館，知廣州。仁宗朝，擢知制誥，除龍圖閣直學士，知杭州。有泉山集。

小孤山

山稱孤獨字，廟塑女郎形。過客雖知誤，行人但乞靈。春明退朝錄

句

千重浪裏平安過，百尺竿頭穩下來。王文穆罷相　蔡寬夫詩史

梅　詢

詢字昌言，宣城人。端拱二年進士。累擢翰林侍讀學士，歷給事中、知審官院，出知許州。有許昌集。

寄呂許公

十五年前忝一麾，公餘嘗得預言詩。玉階□步爲霖早，雲路風波得志遲。浴鳳池深春蕩蕩，觀魚臺古草離離。重來故老休相問，請揭紗籠有舊碑。

侯鯖錄：梅詢侍讀嘗從眞宗東封，因卜命于岳神。夢三牛鬬于庭，有稱相公通謁者，雖異之，而不曉其兆。旣而得濠梁，州廨有三石牛。後呂許公夷簡以殿中丞來倅，詢見之，疑若所夢謁者，于是委遇至厚。不數年，許公大拜。梅爲發運使，按部至濠上，作詩寄之。

送楊可及第還鄉

君恩兼喜拜維桑，路入家山道更光。春色殿前初脱白，秋風隴上見焚黃。偏留名紙呼前輩，喜著藍袍到故鄉。科第孝思俱已遂，却經劍棧莫淒涼。合璧事類別集

武林山十詠

水壑盤 在下天竺

鶴髮山中人，疏泉鑿幽石。如憑青玉案，分遞白雲液。泠泠濺雕俎，瑟瑟穿吟席。醉坐三伏中，煩襟自消釋。

翻經臺

靈運曾此臺，冥心住幽寂。重譯葉上書，深藏林中跡。遺文傳竹素，野蔓侵苔碧。登覽殊未休，蒼山日將夕。

靈隱寺

千峯凌紫烟，中有梵宮闕。靈眄極幽棲，塵心自超越。松黄發春露，桂實墜秋月。爭得謝世人，茲焉老華髮。

北高峯塔

高塔列遠岑，亭亭幾百載。鈴聲答夜風，輪影落滄海。閑雲伴危級，斜日平烟彩。欲下生暮愁，千山閉輕靄。

蓮花峯

巨石如芙蕖，天然匪雕飾。盤礴峯頂邊，嬋娟秋江側。涉川試誰採，作礪當自惜。坐與榮落同，正心未嘗易。

龍泓洞

矯矯淵下龍，潛神在靈府。雲臥雖有時，泥沙可長處。陰崖寒氣腥，峭壁灼痕古。何當救旱暵，奮起爲霖雨。

冷泉亭

古竇鳴幽泉，蒼崖結靈宇。六月期客遊，披襟苦徂暑。開窗弄清淺，吹鬢疑風雨。不見白使君，烟蘿爲誰語。

呼猿洞

古澗飛白猿，寂歷不知處。風激石上泉，僧疑月中樹。微茫認松雪，髣髴横樵路。空望增爾思，蒼蒼奈烟霧。

煉丹井

仙翁道未泯，棲神在巖石。酌彼山下泉，窮年煉金液。洞陰春始綠，苔甃秋涵碧。緬慕不可期，凭闌望鳧舃。

飛來峯

竺慧指此峯，飛來自靈鷲。猿鳥曾未知，烟嵐尚依舊。興亡漫千古，天地豈關紐。祇恐舟壑移，他年卻西走。以上咸淳臨安志

吳興道中

野闊多桑柘，湖平溉沃田。採蓮花樣女，載酒葉兒船。黃犢青山下，垂楊古道邊。行行頻北望，戀闕意懸懸。

送夏子喬招討西夏

丹墀曾獨繹絲綸，御札親題第一人。鶯喜上遷張筆力，馬諳西討仗威靈。亞夫金鼓從天降，韓信旌旗背水陳。耆致爾功還奏闕，圖形仍許上麒麟。以上許昌梅公年譜附

句

千里漢圍合，一夜楚歌聲。陰陵 楊文公談苑

吳簡言

簡言字若訥，長汀人。端拱二年進士。累官祠部郎中。

題巫山神女廟

惆悵巫娥事不平，當時一夢是虛成。只因宋玉閑脣吻，流盡巴江洗不淸。

汀州府志：是夕，夢神女來見曰：「君詩雅正，當以順風相謝。」明日解纜，果然。

古成之

成之字亞奭，惠州河源人。五季末，避地家增城。中端拱二年進士，召試，除祕書省校書郎。張詠帥蜀，辟知綿竹縣，卒于官。

廣東通志：宋初，干戈甫息，嶺嶠文風未振。每取士，合一路以一人薦，衆推成之。雍熙改元，充秋賦督府。勸駕詩云：「寰中有道逢千載，嶺外觀光只一人。」蓋紀實也。

憶羅浮

憶昔羅浮最上峯，當年曾得寄仙蹤。凭闌月色出滄海，攲枕秋聲入古松。採藥靜尋幽澗洗，寄書閑仗白雲封。紅塵一下拘名利，不聽山間午夜鐘。惠州府志

楊正倫

正倫舉進士，與陳堯佐同時。

華清宮

休罪明皇與貴妃，大都衰盛兩隨時。惟餘一派溫泉水，不逐人心冷暖移。皇朝類苑

孫何

何字漢公，汝陽人。父鏞，知荆門軍，遂家焉。登淳化三年進士第一。歷官兩浙轉運使，加起

居舍人。景德初，判太常禮院，知制誥，賜金紫，掌三班院，卒。有集。

涑水紀聞：孫何、丁謂舉進士第，未有時名。王禹偁見其文，大賞之，贈詩云：「三百年來文不振，直從韓柳到孫丁。如今便好令修史，二子文章似六經。」二人由此時名大振。

歷代吟譜：孫何嘗作兩晉名賢贊幷詩三十篇，王禹偁延譽之曰：「丁謂與孫何，便可白衣修撰。」

汎吳江

晚灘如雪起沙鷗，咫尺姑蘇亦勝遊。逸勢瀉歸滄海遠，冷聲分作太湖秋。葑田幾處連僧寺，橘岸誰家對驛樓。魯望不存無可語，片帆中夜渡清流。吳江縣志

桐柏觀

玉壇三級接秋空，此是仙家第幾重。羽客有時來駕鶴，王人無歲不投龍。微吟海月生喦桂，長嘯天風起澗松。司馬先生何處去，篆碑猶有白雲封。天台山志

句

欲謁元戎無介紹，薛能詩版在鵰堂。

補續高僧傳：太平興國末年，曹彬出領節制，閉閤謝客。孫何自京師來，久不得見，以詩自誚云。

誰如張璪工松石，擬裂鮫綃畫作圖。詠吳興　宣和畫譜

趙湘

湘字叔靈，衢州西安人。淳化三年進士。清獻公之祖。

春夕偶作

一夕衡門獨自開，雨陰深巷少塵埃。酒醒風傍池邊起，坐久月從花上來。何處夜歌初欲斷，四鄰春夢未知回。因思此與無人共，時復孤吟步緑苔。宋文鑑

方廣寺石橋

白石峯猶在，横橋一徑微。多年無客過，落日有雲歸。水淨苔生髮，山寒樹著衣。如何方廣寺，千古去人稀。方輿勝覽

剡中齊唐郎中所居

古柳垂溪水，當門繫雪舟。開樽延白鳥，掃樹帶清秋。閣上看華頂，窗中見沃洲。尋常投刺少，來即是詩流。剡錄

贈水墨巒上人

講餘題小筆，深院竹脩脩。試墨應磨歲，思山忽寫秋。靜曾窮鶴趣，高亦近詩流。更擬緣清思，和雲狀沃洲。

贈張處士

應問秋雲學得閑，飄然如不在人間。青簾篋裏詩多怪，紫栗枝邊藥更癜。江客對棋曾賭鶴，野僧分屐借登山。仍聞昨日來城市，又抱孤琴踏月還。以上瀛奎律髓

秋夜集李式西齋

澤國秋光淡，詩家夜會清。雨餘逢月色，風靜得琴聲。小徑幽蟲絕，寒階落葉幷。嘗茶不擬睡，自起遶池行。文翰類選

別邪溪諸叔

又散邪溪會，斜陽在古原。出門逢落葉，去路有啼猨。短髮不堪照，新詩誰與論。如何爲遠別，風雪宿孤村。雲門集

遊爛柯山

仙人與王質，相會偶多時。落日千年事，空山一局棋。樹高明月在，風動白雲移。未得酬身計，閑來學採芝。爛柯山洞志

張士遜

士遜字順之，號退傅，陰城人。淳化三年舉進士。眞宗朝，拜禮部尙書、同中書門下平章事。仁宗朝，拜太傅，封鄧國公。薨贈太師中書令，謚文懿。

青箱雜記：張退傅士遜、趙少保叔平概、張樞相昪，皆壽八十六；陳丞相堯佐，壽八十二；杜丞相衍，壽八十一；富丞相弼，壽八十。文惠致政，退傅詩曰：「青雲岐路遊將徧，白髮光陰得最多。」

晚春遊金明抵暮入宜秋門閽兵捧門牌請官位因書一闋

閑遊靈沼送春回，關吏何須苦見猜。八十衰翁無品秩，昔曾三到鳳池來。湘山野錄

題西菴寺 宰邵武作

西菴深入西山裏，算得當年少客遊。密密石叢盤小徑，涓涓雲竇瀉寒流。松皆有節誰青蓋，僧盡無心也白頭。欲刷粉牌書姓字，調卑官冗不堪留。

遊寶蓋巖

身爲冠冕留，心是雲泉客。每到雲泉中，便擬忘歸跡。況茲寶蓋巖，天造清涼宅。稅車官道邊，誰知願言適。

公牒至建寧縣道洛陽村而山路險峭穹絕不可名狀題二韻於村寺

金谷花時醉幾場，舊遊無日不思量。誰知萬水千山裏，枉被人言過洛陽。以上青箱雜記

寄陳希元

豬案當年並命時，蒹葭衰佩倚瓊枝。皇恩乞與桑榆老，鴻自高冥鳳在池。倦遊雜錄

知邵武縣禱雨有應任滿作詩紀事

乞靈曾爇一爐烟，言下滂沱救旱田。今日解龜留數字，要教來者更恭虔。詩律武庫

遊峽山飛來寺

峽寺一停橈，新秋暑乍消。幽懷徒易釋，肥遯固難招。翠擬千峯活，紅分數葉凋。優遊虛歲月，何以報清朝。禺峽山志

錢昆

昆字裕之，吳越廢王倧之子。歸宋，中淳化三年進士，仕至祕書監。有集。

十國春秋：昆性嗜蟹，常求補外職，曰：「但得有蟹無通判處，足慰素願也。」

題淮陰侯廟

築臺拜日恩雖厚，躡足封時慮已深。隆準早知同鳥喙，將軍應起五湖心。青箱雜記

遊鐵岸

晴紅烟綠襯虛亭，公退因來得野情。落日東風嬾歸去，擬將薄祿換溪聲。中州題詠集

呂言

言，晉江人。淳化三年進士。官侍御史、廣東轉運使。

寄九日山僧

目極閩南道，雲山隔幾層。深秋城外寺，白日定中僧。野蔓穿松甲，幽泉漱石棱。遙思茶話夕，敲破玉池冰。清源文獻

謝濤

濤字濟之，其先陽夏人。父從禮，爲鹽官令，卒于官。兩世葬富陽，因家焉。登淳化三年進士。歷官太子賓客。

夢中作讀史一絕

百年奇特幾張紙，千古英雄一窖塵。惟有炳然周孔敎，至今仁義洽生民。中吳紀聞

高紳

紳，廣州鈐轄使。

遊峽山飛來寺

古寺淸江上，維舟夕照前。山根盤到海，塔影直侵天。蘿月空禪石，霜鐘落客船。秋風嬾回首，送目入雲烟。禺峽山志

郭震

震字希聲，成都人。有漁舟集。

淳化四年作

朝出東門遊，東門好春色。靑靑原上草，莫放征馬食。

文獻通考：震于淳化四年忽作此詩，詣闕上書，言蜀利病。未幾，李順之亂作矣。

紙窗

偏宜酥壁稱閑情，白似溪雲薄似冰。不是野人嫌月色，免敎風弄讀書燈。靑瑣後集

宿漁家

幾代生涯傍海涯，兩三間屋蓋蘆花。燈前笑說歸來夜，明月隨船送到家。

漁者

江柳弄風翚翠黛，山光著雨濕臙脂。卻收短櫂拈長笛，一葉舟中仰面吹。

雲

聚散虛空去復還，野人閑處倚筇看。不知身是無根物，蔽月遮星作萬端。以上宋文鑑

題龍華山在廣都縣，有段文昌別業。

昔年曾到此山迴，百鳥聲中酒一杯。最好寺邊開眼處，段文昌有讀書臺。唐詩紀事

路振

振字子發，永州祁陽人。唐相巖四世孫。淳化中舉進士。歷官左司諫，知制誥，充同修起居注。有集。

贈安邑簿伍彬歸隱

老終秋鬢白，歸隱舊峯前。庭樹鳥頻啄，山房人尙眠。寒巖落桂子，野水過茶烟。已結勞生念，虔心向竺乾。雅言系述

伐棘篇

伐棘何所山之巔，秋風颼颼棘子丹。折根破柢堅且頑，斸天趦趄汗污顏。攢鋒束芒趨道還，薙之森森繚長藩。暮冬號風雪暗天，漏寒不鳴守犬眠。主人堂上多金錢，東陵暴客來窺垣。舉手觸鋒身隕顚，千矛萬戟爭後先。襟袖結裂不可揎，蹠破指傷流血殷。神離氣沮走蹁躚，數尺之牆弗復攀。索頭醜奴騷河壖，朔方屯師連七年。木波馬領沙塡塡，氣脈不絕如喉咽。官軍虎怒思吼軒，強弩一發山河穿。將不叶謀空即安，豜養小醜成兇顚。推芻挽粟徒喧喧，邊臣無心靖國艱，爲余諷此伐棘篇。宋文鑑

題惠泉師壁

漢公嘗説惠泉師，解講楞嚴解賦詩。今日我來師已去，草堂風雨立多時。

補續高僧傳：孫何遊南臺，聞惠泉高槩，叩其門，一見如舊識，饋勞加厚。後二年，何爲進士舉首。同年路振官彭門，何盛稱泉好義甚篤。振下車，詣焉，師已去浙矣。振歎慕，留詩壁間。

句　鶚案：皇朝類苑作陳堯佐

君恩來萬里，客路出千山。潮州徵還　吟窗雜録

危拱辰

拱辰字輝卿，南城人。淳化進士，官至光祿卿。

題初月　十五歲作

未審初三夜，嫦娥怨阿誰。懶開十分鏡，祇畫一邊眉。江西詩話

王　喦

喦，淳化中隱居蜀川。有集。

陳氏書録解題：洪邁編唐人絶句萬首，可謂博矣。而多有本朝詩在其中，如李九齡、郭震、滕白、王初、王喦之屬是也。

回舊山

庾家樓上謝家池，處處風烟少舊知。明日落花誰共醉，野猿溪鳥恨歸遲。

貧女

難把菱花照素顏，試臨春水採花看。木蘭船上遊春子，笑指荆釵下遠灘。以上萬首唐人絕句

殘冬客次資陽江

淡雲殘雪簇江天，策蹇遲回客興闌。持盋老僧來呪水，倚船商女待搬灘。沙翹白鷺非眞靜，竹映繁梅奈苦寒。阮籍莫嗟岐路異，舊山溪畔有漁竿。全蜀藝文志

田霖

霖，淳化間人。

燕口洞

燕口龍泓氣象清，錢眞此處有遺靈。仙兄去後師猶在，女弟回時洞已扃。雲片尚如披素練，泉聲長似誦黃庭。碧桃花發菖蒲紫，留與人間作畫屏。

詩話總龜：女眞錢氏二姊妹，依陶隱居誦黃庭經，即茅山燕洞也。至今有紫菖蒲碧桃焉。其姊披白練衣，得道入洞，及女弟至，則戶已扃矣。淳化五年，田霖作詩題之。

賈黃中

黃中字媯民，南皮人。六歲舉童子科，十五舉進士。太宗召試中書，知制誥，充翰林學士。淳化二年參知政事。至道初，拜禮部侍郎，兼祕書監。卒贈禮部尚書。有集。

宋史本傳：黃中幼聰慧。方五歲，父玭，每旦令正立，展書卷比之，謂之等身書，課其誦讀。

孔平仲談苑：太宗時，宋白、賈黃中、李至、呂蒙正、蘇易簡五人，同拜翰林學士，承旨扈從，蒙贈詩云：「五鳳齊飛入

翰林。」其後皆爲名臣。

伏覩禁林盛事謹賦一章

璇題飛白御毫新，三體瓊章妙入神。特賜禁林爲盛事，只緣明主重名臣。青編輝暎輕前古，丹地深嚴隔世塵。金籙禎祥非是寶，玉堂名號此方貞。玉堂之名，從來未著格令。今聖君親書玉堂之署四字，爲千古不朽之事，自此名始貞矣。恩榮誰比烟霄客，文彩長懸日月輪。爲報鼇宮主人道，蓬萊全勝昔時春。黄中以近離署，故不覺有此健羨之句。翰苑羣書

桂林還珠洞

赫赫威聲震百蠻，肯攜僮筥溷谿山。無人爲起文淵問，端的珠還薏苡還？顧氏積書巖選

王欽若

欽若字定國，臨江軍新喻人。進士甲科，召試，知制誥，歷官翰林學士，拜樞密使、檢校太傅，同中書門下平章事。進司徒，封冀國公。卒贈太師中書令，謚文穆。

西清詩話：王文穆欽若未第時，寒窘，依幕府家。時章聖以壽王尹開封府。一日，晚過其舍，左右不虞王至，亟取紙屏障風。王顧屏間一聯云：「龍帶晚烟離洞府，雁拖秋色入衡陽。」大加賞愛。曰：「此語落落有貴氣，何人詩也？」對曰：「某門客王欽若。」上遽召之。一見欽若，如夙素。其後信任顓專，致位上相。風雲之會，實基於此焉。

送天柱馮先生

鬱蕭空殿倚雲霓，玉氣珠輝冠紫微。暫到帝城朝斗會，卻思巖竇負琴歸。日奔內景乾坤靜，泉漱清音

杷菊肥。卻到水鄉深邃住，晴巒掩映蔟春暉。洞霄詩集

句

九重天闕夢掉臂，黃雞白酒鄰舍恩。

詩律武庫：晉陶侃少時家貧，有友人見訪，無以致誠。其鄰人頗賢，謂侃曰：「子門有長者軒車，何不延之以論當世事？」侃曰：「貧不能備酒醴。」鄰人密於牆頭度以濁酒隻雞，遂成終日之樂。本朝王冀公欽若過其廟，題詩云云，用此事也。

胡旦

旦字周父，濱州渤海人。舉進士第一。真宗朝，歷祠部郎中、祕書監。有集。

句

明年春色裏，領取一行歸。

澠水燕談：胡旦少有俊才，尚氣凌物，隨計之秋，郡守坐中聞雁，賦詩云云，明年果魁天下。終以忤物，不登顯位。

滕白

白，太宗時爲工部郎中，世稱滕工部。有集。

題汶川村居

種茶巖接紅霞塢，灌稻泉生白石根。皤腹老翁眉似雪，海棠花下戲兒孫。合璧事類前集

觀稻

稻穗登場穀滿車，家家雞犬更桑麻。漫栽木槿成籬落，已得清陰又得花。

周遭圩岸繚山城，一眼圩田翠不分。行到秋苗初熟處，翠茸錦上織黃雲。全芳備祖

錢昭度

昭度字九齡，吳越忠懿王俶從弟，偓之子。仕至西頭供奉官。有詩集。

楊文公談苑：錢氏諸子，封守惟濟、供奉昭度，並有佳句。

贈白校書

袖裏青鋒秋水寒，誰疑雙燕是金丸。出門風雨知何去，空有霜髭在玉盤。

洞微志：郭平振武舊將分配錢唐，給官屋居之。屋在修文坊，舊爲白校書尤賃燒丹藥，未欲往。而官吏丁疎因逐之，乃破爐而去。白因召丁疎同飲，謂疎曰：「大藥爲吾子所破，有小戲術醒酒。」乃取盤一面，置于膝上，以指敲腕，出五色彈子兩枚，化爲雙燕而飛。白曰：「僕射髭甚繁，可減些。」言未畢，二燕化爲二小劍，長五寸餘，鋒刃如雨，交舞于疎之頤頷間，髭落如雪，疎懼甚。白呼劍下盤中，依前成二丸，納于左右腕而去。錢昭度贈白詩云云。

懷具區

平生愛具區，島嶼交陂湖。竹雨籠鸂鶒，花烟溼鷓鴣。神仙疑有宅，魚鼈自爲都。何事勞長想，機雲本是吳。吳郡志

春陰

語燕初飛隴麥青，春雲將雨滯行人。雲間若有金烏賣，應被豪家占得春。後村千家詩

野墅夏晚

一抹生紅畫杏腮，半園沈綠鎖桐材。黄蜂銜退海潮上，白蟻戰酣山雨來。睡思幾家金帶枕，酒香何處玉交杯。太陽西落波東去，惆悵無人喚得回。瀛奎律髓

句

西北高樓在，東南王氣銷。金陵　東北風吹大庾嶺，西南日映小寒天。梅花　人間路到三峯盡，天下秋隨一葉來。秋日華山　以上皇朝類苑　長憶錢塘江上望，酒樓人散雨千絲。青箱雜記　船中聞雁洞庭夜，牀下有蛩長信秋。蔡寬夫詩史　磻溪重得吕，維嶽再生申。吕申公生日　許彦周詩話

范唐公

唐公，文正公仲淹之祖。贈祕書監。

贈華山陳希夷　缺首二句

曾逢毛女話何事，應見巨靈開此山。濃睡過春花滿地，靜林中夜月當關。紛紛詔下忽東去，忍使蒲輪倦往還。過庭錄

王著

著字知微，成都人。太宗朝，官翰林侍書、行殿中侍御史。曰瑄按：書史會要云：别有翰林學士王著，自是一人。

禁林讌會之什

文明天子重詞臣，聖製襃揚日月新。宸翰特頒仙署額，皇風先發玉堂春。虬龍逸勢誠難伏，鸞鶴迴翔信得眞。齊武任誇非入妙，漢章雖巧未通神。匪唯衒耀鼇宫客，兼是輝華鳳閣人。幸接英儒同讚詠，輒書狂斐繼清塵。翰苑羣書

曾璉

鴻溝和吕聖功韻

王霸興亡幾劫塵，鴻溝依舊鎖寒雲。不將帝業追三代，祗把河山割半分。故壘已隨流水盡，歸鴉空帶夕陽曛。西風立馬頻回首，那忍猿聲隔岸聞。滎澤縣志

吕文仲

文仲，官翰林侍讀、右正言。

禁林讌會之什

青葱溫樹非塵境，鼇岫金鑾近日邊。石壁天章垂雨露，璇題宸翰動雲煙。西垣賈馬徵辭客，東觀蓬瀛集列仙。讌喜馳顏飛玉斝，鏗鏘奮藻燮花牋。唐虞盛化高千古，葵藿傾心祝萬年。自顧薄才誠有媿，不知何以奉羣賢。翰苑羣書

吕祐之

祐之，太宗朝，官起居舍人，知制誥。

禁林讌會之什

高會蓬瀛振德音，崇賢同慶湛恩深。瑞融雲露飛宸翰，榮下煙霄飾禁林。鳳藻瓌奇清擊石，龍文模琢麗雕金。辭臣喜適逢時願，睿眷殊敦好士心。華照北門張組繡，祕逾東序敵球琳。玉堂宴罷尤知幸，御牓天章豈易尋。翰苑羣書

楊允元

允元，官光祿寺丞，直集賢院。

寄館中諸公 鶚按：澠水燕談作楊億詩。

聞說宮花滿鬢紅，上林絲管侍重瞳。蓬萊咫尺無由到，始信仙凡迥不同。

古今詩話：楊允元爲光祿寺丞，三月後苑曲宴，未得貼職，不得與，以詩寄館中諸公。太宗聞之，即日直集賢院，與晚宴。

潘閬

閬字逍遥，大名人。嘗居錢塘。太宗召對，賜進士第。王繼恩與之善，繼恩下獄，捕閬弗得。咸平初，來京，尹收繫之。眞宗釋其罪，以爲滁州參軍。後卒于泗上。小說中謂閬坐盧多遜黨追捕，非也。有詩集。

皇朝類苑：好事者以閬遨遊浙江，詠潮著名，以輕綃寫其形容，謂之潘閬詠潮圖。宋尙書贈詩曰：「宋朝歸聖主，潘閬是詩人。」王元之亦贈詩曰：「江城賣藥常將鶴，古寺看碑不下驢。」其爲名公所激賞如此。

歲暮自桐廬歸錢塘

久客見華髮，孤櫂桐廬歸。新月無朗照，落日有餘暉。漁浦風水急，龍山烟火微。時聞沙上雁，一一皆南飛。

中山詩話：潘閬詩有唐人風格，僕謂此詩不減劉長卿。

過華山

高愛三峯插太虛，昂頭吟望倒騎驢。旁人大笑從他笑，終擬移家向此居。

圖畫見聞錄：長安許道寧嘗畫潘閬倒騎驢圖。

題資福院石井

炎炎畏日樹將焚，卻恨都無一點雲。強跨蹇驢來到得，皆疑渴殺老參軍。

能改齋漫錄：閬移太平州參軍，過信州鉛山縣作。蘇黃門跋云：「此詩頗有風味，不在石曼卿蘇子美下。」

曹娥廟

曹娥廟前秋草平，曹娥廟裏秋月明。扁舟一夜炯無寐，近聽潮聲似哭聲。會稽志

曉泊嶀浦寄剡縣劉覘員外

曉汎剡溪水，晚見剡溪山。徘徊駐行櫂，待月思再還。漁唱深潭上，鳥棲高樹間。應當金石交，念我無暫閑。剡錄

九華山

將齊華嶽猶多六，若並巫山又欠三。好是雨餘江上望，白雲堆裏潑濃藍。方輿勝覽

贈林處士

雲鶲烏紗霜鶲衣，存神養氣語還稀。人人盡喚孫思邈，只恐身輕白鳥飛。

宿靈隱寺

繞寺千千萬萬峯，滿天風雪打杉松。地爐火煖黄昏睡，更有何人似我慵。以上咸淳臨安志

秋日題瑯邪山寺

巖下多幽景，且無塵事喧。鐘聲晴徹郭，山色曉當門。深洞藏泉脈，懸崖露樹根。更期來此宿，絕頂聽寒猿。

渭上秋夕閑望

秋色滿秦川，登臨渭水邊。殘陽初過雨，何地不鳴蟬。極浦涵明月，孤帆沒遠烟。漁人空老盡，誰似太公賢。

夏日宿西禪院

此地絕炎蒸，深疑到不能。夜涼知有雨，院静若無僧。枕潤連雲石，窗明照佛燈。浮生多賤骨，時日恐難勝。以上瀛奎律髓

望湖樓

望湖樓上立，竟日懶思還。聽水分他界，看雲過别山。孤舟依岸静，獨鳥向人閑。回首重門閉，蛙聲夕照間。西湖遊覽志

句

清宵無好夢，白日有閑愁。　髮任莖莖白，詩須字字清。　長喜詩無病，不憂家更貧。　何須三叫絕，已恨一聲多。峽中聞猿　生前是客曾投卷，死後何人與撰碑。哭高舍人　莫嗟黑髮從頭白，終見黃河到底清。寄張永　以上歷代吟譜　士牀安睡穩，紙被轉身鳴。客舍作　劉後村詩話　窺魚白鳥明殘照，抱石幽雲點半山。南昌秋屏閣　方輿勝覽

湯悅

悅本殷文圭子，陳州西華人。仕南唐爲司空，知左右史事。入宋，避宣祖廟諱，改姓湯。太宗錄之館中，俾修太平御覽等書。

鼎臣學士侍郎以東觀庭梅昔翰苑之豪末今復半枯向時同僚零落都盡素髮垂領茲唯二人感舊傷懷發於吟詠惠然好我不能無言輒次來韻攀和

憶見萌芽日，還憐合抱時。　舊歡如夢想，物態暗遷移。　素豔今無幾，朱顏亦自衰。　樹將人共老，何暇更悲絲。唐音戊籤

李度

度，河南洛陽人。官虞部員外郎。

句

醉輕浮世事，老重故鄉人。

宋史文苑傳：度，周顯德中舉進士。工於詩，有句云云。時翰林學士中文炳知貢舉，王朴錄其句薦之，即擢第三。累官知歙州，坐事左遷。度嘗以詩刻石，石本傳入禁中，太宗見之，謂宰相曰：「度今安在？」即召對便殿，擢爲虞部員外郎，直史館，賜緋。

郭忠恕

忠恕字恕先，洛陽人。七歲能文，舉童子及第。周廣順中，爲宗正丞，兼國子書學博士。宋太宗即位，授國子主簿。

宣和畫譜：忠恕作篆隸，凌轢晉魏。喜畫樓觀臺榭，皆高古。謫官江都，逾旬失其所在。後閱數歲，與陳摶會於華山；而後不復聞。蓋亦仙去矣。

句

爲逢末劫歸依佛，不就新恩敘理官。

困學紀聞：建隆初，詔五代時命官投狀敘理，復命之，郭恕先詩云云。飛龍在天，利見大人，而猶不屈其志如此。

陳　摶

摶字圖南，自號扶搖子，亳州眞源人。後唐長興中，舉進士不第，隱居華山雲臺觀。年近百歲。周世宗召至闕下，賜號白雲先生。宋太宗再召見，待以賓禮，賜號希夷先生。放還山，化形于張超谷。有高陽集、釣潭集。

歸隱

十年蹤跡走紅塵，回首青山入夢頻。紫陌縱榮爭及睡，朱門雖富不如貧。愁聞劍戟扶危主，悶聽笙歌聒醉人。攜取琴書歸舊隱，野花啼鳥一般春。

邵伯溫學易辨惑云：摶隱居華陰山，自晉以後，每聞一朝革命，顰蹙數日；人有問者，瞪目不答。一日，乘驢遊華陰市，聞太祖登極，大笑。問其故，曰：「天下自此定矣！」遁迹之初，作此詩云云，豈淺丈夫哉。

詠毛女

曾折松枝爲寶櫛，又編栗葉作羅襦。有時問著秦宮事，笑撚仙花望太虛。翰府名談

辭上歸進詩

草澤吾皇詔，圖南摶姓陳。三峯千載客，四海一閑人。世態從來薄，詩情自得眞。乞全麋鹿性，何處不稱臣。

澠水燕談：太平興國初，召赴闕，賜號希夷。久之，辭歸作。

石刻詩 并序

因攀奉縣尹尙書水南小酌回，捨轡特叩松扃，謁高公茶話移時，偶書二十八字。道門弟子圖南上。

我謂浮榮眞是幻，醉來捨轡謁高公。因聆玄論冥冥理，轉覺塵寰一夢中。

老學菴筆記：邛州天慶觀石刻希夷詩云云。末書太歲丁酉，蓋蜀孟昶時，當石晉天福中也。文與可跋云：「高公者，此觀都威儀何昌一也。」希夷從之學鎖鼻術。

贈張乖厓

自吳入蜀是尋常，歌舞筵中救火忙。乞得金陵養閑散，也須多謝鬢邊瘡。

古今詩話：張忠定公少謁華山陳圖南，圖南贈詩一絶，始皆不喻其意。後忠定更鎭杭益；晚年發瘡于鬢，移守金陵，遂薨。悉如其言。

西峯

爲愛西峯好，吟頭盡日昂。巖花紅作陣，溪水緑成行。幾夜礙新月，半山無夕陽。寄言嘉遯客，此處是仙鄉。詩人玉屑

題石水澗

銀河灑落翠光冷，一派迴環淡晚暉。幾恨卻爲頑石礙，琉璃滑處玉花飛。宋藝圃集

楊朴

朴字契元，鄭州人。少與畢士安同學，士安薦之，太宗以布衣召見。賦莎衣詩，辭官而歸。有東里集。

蒙齋筆談：朴性癖，嘗騎驢往來鄭圃。每欲作詩，卽伏草間冥搜，得句則躍而出，遇之者皆驚。

村居感興

一壺村酒膠牙酸，十數胡皴徹骨乾。隨著四婆裙子後，杖頭挑去賽蠶官。

劉後村跋楊通老移居圖：一帽而跣者，荷藥瓢書卷先行。一髽而牧者，負布囊驅三羊繼之。一女子蓬首挾琴，一童子肩貓，一童子背一小兒，一奴荷薦席筠籃帚楖之屬，又繼之。處士帽帶，執卷騎驢。一奴負琴，又繼之。細君抱

一兒騎牛，別一兒坐母前，持箠曳繩毆其後。處士攢眉凝思，若覓句然。雖妻子奴婢、生生服用之具，極天下之酸寒藍縷，然猶畜二琴，手不釋卷，其迂闊野逸之態，每一展玩，使人意消。舊題云：楊通老移居圖。本朝處士魏野有亭榭，林逋無妻子，惟楊朴最貧而有累，恐是畫朴。但朴字契元，不字通老。明日翻故紙，得朴集，洛人臧逋爲序，有朴絕句云云。放翁跋云：四婆，即處士之配。蘇嶠季眞家有處士夫妻像，野逸如生。凡集所載，與卷內物色皆合，騎牛者四婆，作詩送朴赴召者也。

七夕

未會牽牛意若何，須邀織女弄金梭。年年乞與人間巧，不道人間巧已多。後村千家詩

莎衣

軟綠柔藍著勝衣，倚船吟釣正相宜。蒹葭影裏和烟臥，菡萏香中帶雨披。狂脫酒家春醉後，亂堆漁舍晚晴時。直饒紫綬金章貴，未肯輕輕博換伊。

瀛奎律髓：此詩對御所賦，天下傳誦。

絕句

昨夜西風爛漫秋，今朝東岸獨垂鉤。紫袍不識莎衣客，曾對君王十二旒。

桐江詩話：楊朴契元，一日秋晴，釣于道旁溪中。值漕臺陳文惠出，從者呵之，契元竟不顧。文惠怒，攝至郵亭中詰之。契元丐紙筆供狀，乃作絕句云云。文惠謝遣之。

句

就客飲時擔酒去，見魚遊處撥萍開。拄杖　瀛奎律髓

葛守忠

守忠，太平興國中使臣。

答陳摶

華嶽三峯客，幽居不記年。烟霞爲活計，雲水作家緣。種藥茅庭畔，栽松澗壑邊。暫離仙洞去，可應帝王宣。華嶽全集

伍　彬

彬，郴陽人。初事馬氏，王師下湖湘，授官爲安邑簿。秩滿歸隱。

題全義分水嶺

前賢功及物，禹後杳難儔。不及古今色，平分南北流。寒衡山影岸，清繞荻花洲。盡是朝宗去，潺湲早晚休。

句

稚子出看莎徑沒，漁翁來報竹橋流。夏日喜雨　以上雅言系述

凌景陽

景陽，淳化中鎮國軍節度使。

海棠

名園封植幾經春，露溼煙梢畫不眞。多謝許昌傳雅什，蜀都曾未識詩人。海棠譜

宋詩紀事卷六 西崑體

錢唐 厲　鶚　輯
祁門 馬曰琯 同輯

楊　億

億字大年，建州浦城人。七歲善屬文。雍熙初，年十一，召試詩賦，授祕書省正字。淳化中，命試翰林，賜進士第。眞宗朝，歷官知制誥。天禧中，拜工部侍郎、翰林學士，兼史館修撰。卒贈禮部尚書，謚曰文。有括蒼、武夷、潁陰、韓城、退居、汝陽、蓬山、辭榮、冠鼇等集，及內外制、刀筆。

詩林廣記：三朝正史云：楊億祖文逸，爲僞唐玉山令。億將生，文逸夢一道士，自稱懷玉山人。未幾億生，有紫毛被體七尺餘，經月乃落。

儒林公議：楊億在兩禁，變文章之體，劉筠、錢惟演輩皆從而斆之，時號楊劉。三公以新詩更相屬和，極一時之麗。億復編敍之，題曰西崑酬唱集。當時佻薄者，謂之西崑體。其他賦頌章奏，雖頗傷于雕摘，然五代以來，蕪鄙之氣，由茲盡矣。陳從易頗好古，深擯億之文章；億亦陋之。天禧中，從易試別頭進策，問時文之弊，曰：「或下里如會稡，或叢脞如急就。」億黨見者，深嫉之。

丹陽集：咸平景德中，錢惟演、劉筠首變詩格，而楊文公與之鼎立，號江東三虎，謂之西崑體。大率效李義山之爲，豐富藻麗，不作枯瘠語。

古今詩話：楊大年、錢文僖、晏元獻、劉子儀爲詩，皆宗李義山，號西崑體。後進效之，多竊取義山語。嘗御賜百官宴，優人有裝爲義山者，衣服敗裂，告人曰：「爲諸館職撏撦至此。」聞者大噱。然大年詠漢武詩云：「力通青海求龍種，死諱文成食馬肝。待詔先生齒編貝，那教索米向長安。」義山不能過也。

漢武

蓬萊銀闕浪漫漫，弱水回風欲到難。光照竹宮勞夜拜，露漙金掌費朝餐。力通青海求龍種，死諱文成食馬肝。待詔先生齒編貝，那教索米向長安。

無題

合歡蠲忿亦休論，夢蝶翩翩逐怨魂。祗待傾城終未笑，不曾亡國自無言。風翻林葉迷歸燕，露裛荷池觸戲鴛。湘水東流何日竭，烟篁千古見啼痕。

淚

錦字梭停掩夜機，白頭吟苦怨新知。誰聞隴水回腸後，更聽巴猿拭袂時。漢殿微涼金屋閉，魏宮清曉玉壺攲。多情不待悲秋意，祗是傷春鬢已絲。

洞戶

洞戶飛甍接綺寮，一春幽恨寄蘭苕。書題枉是藏三歲，壺矢誰同賽百嬌。水國風霜凋祉橋，仙山雲霧隔江潮。東城劍騎何曾出，祗爲離愁髀肉銷。

霜月

月夕露爲霜，心知厭燭房。吟殘猶擁鼻，望極自回腸。鬢減前秋綠，衣消外國香。星津誰待報，織素未成章。

劉校理屬疾

北窗風勁雪雲繁，移疾端居避世喧。載酒誰過楊子宅，張羅休署翟公門。多才最許飄飄氣，少別還銷黯黯魂。促爾徘徊憶眞賞，遠天新月照黄昏。

懷舊居

武夷山穴近吾廬，閼䳩闌摧菌閣虚。千匹歲儲妨種橘，百金春事廢觀魚。北山烟霧迷歸轍，南陌風塵化客裾。堂上金絲應已歇，豈惟蘭菊舊叢疎。

因人話建溪舊居

聽話吾廬憶翠微，石層懸瀑濺巖扉。風和林籟披襟久，月射溪光擊汰歸。露畹荒涼迷草帶，雨牆陰濕長苔衣。終年已結南枝戀，更羨高鴻避弋飛。以上西崑酬唱集

宣召赴龍圖閣觀太宗御書應制 五年十月

非烟蔥蔚蒼龍闕，紫府深沈大帝居。羣玉中天開策府，神龜溫洛薦圖書。珠宮岑寂經行處，金簡熒煌拭目初。曾是先朝受恩者，因探禹穴涕漣如。

偶書

朱輪遠守未成歡，薄宦令人意漸闌。郡閣政清慵按吏，鄉園路近欲休官。梅花遶檻驚春早，布水當簷覺夏寒。已是三年不聞問，何如歸去把魚竿。

留題黄山院

禾黍離離一逕通，遊人攬轡即過從。趁齋幽鳥聞疎磬，出定高僧見偃松。夜靜龕燈凝古殿，雨餘巖溜迸前峯。昔年曾此題名處，素壁攲斜翠蘚重。

坐中朱博士言今荆南張諫議典襄陽日常留意一妓公頗畏内終不得近及移郡荆渚泣別郵亭乃爲歌詞流布巴郢予感其事賡而成詩

駸駸五馬江陵去，寂寂雙娥漢水頭。一曲歌終眉黛斂，十分酒盡淚珠流。陽春郢客傳新唱，暮雨高唐夢昔遊。瓊樹無人敢親近，章臺京兆不勝愁。

武夷山

靈嶽標眞牒，孤峯入紫氛。藤蘿暗仙穴，猿鳥駭人羣。古道千年在，懸流萬壑分。漢壇秋蘚駁，誰似武夷君。以上武夷新集

詠傀儡

鮑老當筵笑郭郎，笑他舞袖太郎當。若教鮑老當筵舞，轉更郎當舞袖長。後山詩話

貽館閣

鬧帶宫花滿鬢紅，上林弦管侍重瞳。蓬萊咫尺無由到，始信仙凡迴不同。

澠水燕談：楊文公初爲光祿丞，太宗頗愛其才。一日，後苑賞花釣魚宴，詞臣不得預，以詩貽諸館閣云云。諸公以詩進呈，上詰有司所以不召，以未貼職，例不得預。即命直史院，免謝，令預晚宴。時以爲榮。

夜懷

獨倚青桐聽鼓聲，參旗歷落上三更。涼風卷雨忽中斷，明月背雲還倒行。賴有淸吟消意馬，豈無美酒破愁城。是非人世何須較，方外吾師阮步兵。詩林萬選

贈張季常

疊巘參差翠繞門，雕梁賀燕自成羣。割雞日夕期嘉客，種竹寒暄對此君。且向東臯輸黍稷，便應北闕降玄纁。子眞漫說耕巖石，不奈聲名四遠聞。

萬姓統譜：季常名彝憲，三與計偕不利，絕意功名，放懷林壑。與文公世親，文公自括蒼解印趨朝，兩造其居，贈之詩。

昇山寺

層巒連近郭，占勝有招提。宿霧昏金像，飛泉濺石梯。鐘聲空郭答，塔影亂雲齊。千騎時來此，尋幽獨杖藜。建寧府志

句

關榆漸落邊鴻度，勸到劉郎酒十分。送劉綜學士出鎮并門　詩話總龜

錢惟演

惟演字希聖，吳越忠懿王俶之子。少補牙門將。歸宋，累遷翰林學士、樞密使，罷爲鎮國軍節度觀察留後，改保大軍節度使，知河陽。入朝，加同中書門下平章事。坐事落職，爲崇信軍節

度歸鎮。卒謚曰思，改謚文僖。有擁旄集、伊川集。

苕溪漁隱叢話：歐公花品序云：「予居府中時，嘗謁思公，見一小屏立後，細書字滿其上。思公指之曰：『欲作花品，此是牡丹名，凡九十餘種。』然予所經見，而今人多稱者，纔三十許，不知思公何從而得之多也。」東坡云：「惟演爲西都留守，始置驛貢洛花，識者鄙之。此宮妾愛君之意也。故于荔枝嘆亦云：『洛陽相君忠孝家，可憐亦進姚黃花。』蓋爲思公惜之也。」

宣曲二十二韻

絳縷初分後，銀鐶未解時。已陣紈扇笑，惟捧玉壺悲。乞巧長生殿，迎風太液池。雕屏涵火齊，寶帳隔琉璃。欲買詞人賦，空傳狎客詩。蔗漿消內熱，瓊蘂療朝飢。綺蔕桃初熟，紅心草欲披。淩波渡羅襪，向日翳華芝。素臉分丹柰，香津滴紫梨。龍梭隨振素，獺髓補凝脂。蓬餌重陽節，金針七夕期。玉膏嘗瀲溢，翠蓋逐葳蕤。弦急哀隨指，歌長恨入眉。青鸞惟有舞，赤鳳可能疑。下蔡迷還易，平陽破未知。髻高釵自墜，腰細佩長垂。出恐嚴鐘晚，歸嫌鈿轤遲。轆轤驚晚夢，鸜鵒漏春思。魂怨惟愁斷，腸柔已自危。璧瑠瑩影度，瓊戶薜花滋。掩鼻讒難訴，披圖悔豈追。祗應金帶枕，聊爲達微辭。

赤日

漏淺風微夜未勝，雨雲無迹火雲凝。簟鋪寒水頻移枕，帳卷輕烟更背燈。沃頂幾思金掌露，滌煩誰借玉壺冰。蘭臺知有披襟處，宋玉多才獨自登。

明皇

山上湯泉架玉梁，雲中複道拂瑤光。絲囊暗結三危露，翠𧰼時遺百和香。枉是金雞親便坐，更拋珠被掩方牀。悤悤一曲涼州罷，萬里橋邊見夕陽。

無題

誤語成疑意已傷，春山低斂翠眉長。鄂君繡被朝猶掩，荀令熏爐冷自香。有恨豈因燕鳳去，無言寧爲息侯亡。合歡不驗丁香結，祇得淒涼對燭房。

耿耿寒燈照醉羅，看朱成碧意如何。虎頭辟惡無妨枕，犀角涼心更待磨。惟有幽蘭啼月露，可將尺素許雲波。山屏六曲歸來夜，祇恐重投折齒梭。

淚

家在河陽路入秦，樓頭相望祇酸辛。江南滿目新亭宴，旗鼓傷心故國春。仙掌倚天頻滴露，方諸待月自涵津。荆王未辨連城價，腸斷南州抱璧人。

始皇

天極周環百二都，六王鍾鐻接流蘇。金椎漫築甘泉道，匕首還隨督亢圖。已覺副車驚博浪，更攜連弩望蓬壺。不將寸土封諸子，劉項由來是匹夫。方虚谷云：「督亢之亢作平聲，作仄聲用亦可。」

初秋屬疾

蜜房初滿若榴紅，秋意如侵玉井桐。薤簟自憑南郭几，縠巾猶卧北窗風。雲迷候雁辭遙塞，露溼飛螢起暗叢。病已不須傳七發，粉箋香墨寄詩筒。

寄靈仙觀舒職方學士

方瞳玄鬢粉闈郎，絳闕齋心奉紫皇。徵士高懷雲在嶺，騷人秋思水周堂。閑園露草開三徑，靈宇華燈燭九光。知有美田堪種玉，幾時春渚逐歸艎。

與客啓明

越溪微霰灑寒梅，家近嚴陵古釣臺。夢欲成魚通夕去，書曾憑犬隔秋回。干時不爲侏儒米，樂聖猶銜叔夜杯。帝右豈無楊得意，漢宫須薦長卿才。

此夕

曲瓊斜挂影沈沈，火齊屏風六曲深。春瘦已寬連理帶，夜長誰有辟寒金。珠抛月浦空涵淚，琴怨蘭臺漫寄心。碧玉可能攀貴德，阮郎追騎更駸駸。

致齋太乙宫

齋潔奉惟馨，瑶臺獨自升。樓迷五里霧，壇燭九枝燈。珠館來青雀，璇題射玉繩。疎鍾平野闊，古柏夕霏凝。鶴扇眞規月，仙衣可縷冰。春茶泛雲液，曉飯薦蘭蒸。鍊藥疑洪井，藏書類羽陵。回瞻太帝室，飛檻更長憑。

戊申年七夕

玉露金河顥氣凉，辛夷車轉桂旗香。嫦娥可是多猜忌，不駐瓊輪放夜長。以上西崑酬唱集

對竹思鶴 留守西洛日作

瘦玉蕭蕭伊水頭，風宜清夜露宜秋。更教仙驥傍邊立，盡是人間第一流。能改齋漫錄

句

高爲天一柱，秀作海三峯。幼時父俶使賦遠山　東都事略　置酒軍中樂，聞笳塞上情。送劉綜學士出鎮井門　詩話總龜　日上故陵烟漠漠，春歸空苑水潺潺。西洛懷古　楊文公談苑　雪意未成雲著地，秋聲不斷雁連天。奉使途中　客亭厭見名長短，村酒那能辨聖賢。又　宿舍孤烟起，行衣夢雨涼。送僧遊楚　平檻曉波吳榜渡，遠城春樹越禽飛。章衢州　神宫古柏啼烏起，齋室虛簾宿霧通。太乙宫　以上詩話總龜

劉筠

筠字子儀，大名人。咸平元年進士。累遷御史中丞、知制誥、翰林承旨，兼龍圖閣直學士，卒。有冊府應言、榮遇、禁林、肥川、中司、汝陰、三入玉堂七集。

侯鯖錄：劉子儀三入翰林，頗不懌，詩云：「蟠桃三竊成何味，上盡鼇峯迹轉孤。」移疾不出。朝士問候者繼至，詢之，云：「虛熱上攻。」石中立滑稽，在坐云：「只消一服清涼散。」意謂兩府始得用青涼傘也。

南朝

華林酒滿勸長星，青漆樓高未稱情。麝壁燈迴偏照晝，雀航波漲欲浮城。鐘聲但恐嚴妝晚，衣帶那知敵國輕。千古風流佳麗地，盡供哀思與蘭成。

休沐端居有懷希聖少卿學士

巘巘風簷乳燕翔，浴蘭衣袷簟流黃。雲容倏變千峯險，草色相沿百帶長。旋製紫荷供橐筆，暗移神蔡

忍揞牀。思君祇欲傾家釀，待響同誰賦柏梁。

代意

華池阿閣不相容，濁水淸塵恨莫窮。明月自新班女扇，行雲無奈楚王風。乳鶯啼曉銷蘭炷，媚蝶傷春失蕙叢。縱使多才如子建，祇能援筆賦驚鴻。

漢武

漢武天臺切絳河，半涵非霧鬱嵯峨。桑田欲看他年變，瓠子先成此日歌。夏鼎幾遷空象物，秦臺未就已沈波。相如作賦徒能諷，卻助飄飄逸氣多。

館中新蟬

庭中嘉樹發華滋，可要螳螂共此時。翼薄乍舒宮女鬢，蛻輕全解羽人尸。風來玉女烏先轉，露下金莖鶴未知。日永聲長兼夜思，肯容潘岳到秋悲。

鶴

碧樹陰濃釦砌平，華亭歸夢曉頻驚。仙經若未標奇相，琴操何因寄恨聲。養氣自憐雞善勝，全身卻許雁能鳴。芝田玉水春雲伴，可得乘軒是所榮。

無題

走馬章臺冒雨歸，後門猶嘆滯前期。荷心出水終無定，蘿蔓從風莫自持。複帳麝輕難辟惡，曲房鸞嬾不成絲。漸漸隴麥藏鳴雉，更恨如皐一箭遲。

又贈荷花一絶

粉白朱紅翡翠翹，漢宫等級不相饒。風波若未乖前約，一死何辭更抱橋。

淚

雍門琴罷已浪浪，更上牛山半夕陽。楚澤雲迷千里目，蘇門歌斷九迴腸。寒梅帶雨飄離席，尺素停燈作報章。湘水未乾終未盡，豈徒萬點寄疎篁。

前檻十二韻

垂柳陰岑院，遊絲曠蕩春。衡皋誰駐馬，羅韈自生塵。四姓良家子，三年賦客鄰。折腰行太緩，連瑣語何頻。倭墮雲爭媚，便娟月鬭新。滅瘢難辨玉，約指不勝銀。電笑投壺勝，江澄擣練勻。東南勞鶴望，西北限牛津。寶唾凝蘭氣，鳴簧咽絳脣。籠禽思隴樹，洞犬謝秦人。詠絮才無對，聞琴意始眞。長安足輕薄，愼勿走瓊輪。

宣曲

八月收民算，三千異典章。天機從此淺，國蠹或非良。玉戸銅爲沓，羅幬象作牀。驪姬初悔泣，飛燕近專房。蓮小纔承步，梅新競試妝。盡知春可樂，終歎夜何長。取酒臨邛遠，呑聲息國亡。難銷守宫血，易斷舞鸞腸。百草兼花鬭，雙鉤映燭藏。金人須手鑄，虎圈更身當。步輦回長樂，飛除接未央。琳珉飾歡館，藻繡裹周牆。厭火雙魚尾，鳴弦小雁行。雲甍澄顥氣，綺井激回光。路有斯須隔，憂難頃刻忘。新聲來樂府，別寢近溫湯。虹跨層臺晚，螢飛下苑涼。錦帷迎七夕，蓬餌薦重陽。九畹蘭承露，三江橘帶霜。方賚裂繒笑，可耍蕩舟狂。並釣池魚小，重衾穴鳳翔。珊瑚分碧樹，火齊列清防。背枕多幽怨，登樓更遠傷。下陳無自媿，人彘劇豺狠。

陸游渭南文集跋云：祥符中，嘗下詔禁文體浮豔，議者謂是時館中作宣曲詩。宣曲見東方朔傳。其詩盛傳都下。而劉楊方幸，或謂頗指宫掖。又二妃皆蜀人，詩中有「取酒臨邛遠」之句，賴天子愛才士，皆置而不問，獨下詔諷切而已。不然，亦殆哉。

宋玉

楚國驕荒日已深，山川朝暮劇登臨。曾傷積毀亡師道，祇託微詞蕩主心。江草東西多恨色，峽雲高下結層陰。潘郎千載聞遺韻，又說經秋思不任。

送客不及

青門祖帳曙烟微，片席乘流鳥共飛。曲岸馬嘶風嫋嫋，短亭人散柳依依。灞橋目斷猶回望，楚水魂銷爲送歸。祇自河梁傳怨曲，洛塵千古化征衣。

無題

曾許千金答浣紗，越溪浪淺不通槎。曉樓簾捲還凝霧，外院牆低卻映花。滿目離愁頻駐馬，一春幽夢祇驚鴉。柔桑蔽日南城路，懊惱羅敷自有家。

懷舊居

毛竹千叢蔽野亭，曉猿驚後亂峯青。漢庭已奏三千牘，周室仍繙十二經。紫殿深沈頻視草，緇幃寂莫自飛螢。振衣本爲蒼生起，肯向荀家祇聚星。

戊申年七夕

伯勞東翥燕西飛，又報黃姑織女期。天帝聘錢還得否，晉人求富是虛詞。自注：道書：牽牛娶織女，取天帝錢二萬備禮。久不還，被驅在營室。

華寢星陳夜未央，橫河奕奕度神光。一年暫得停機杼，不奈秋蟲促織忙。以上西崑酬唱集

舟行淮上遇水暴漲作

行行極目天無柱，渺渺橫流浪有花。客子方思舟下碇，陰虯自喜海爲家。村遙樹列清江薺，岸闊平分觸氏蝸。鳶嘯風高誠可畏，此情難喻坎中蛙。

儒林公議：丁謂當國，恣行威福。筠在翰林，守正不阿附，謂深嫉之。筠乃求出爲郡，授諫議大夫，守廬江。筠拜章求兼集賢院學士，謂沮之，不與。

召入翰林別同僚

一辭鑾署守英藩，兩見廬峯媚翠尊。政懦每憐民若子，歲豐還喜稻成孫。離愁且飲閑人酒，密對須求長者言。入奉清朝同一德，晨趨豈歎鬢霜繁。儒林公議

題林逸士肥上新屋壁

久厭侯鯖盡室來，卜居鄰近釣魚臺。舊山鶴怨無錢買，新竹僧同借宅栽。載酒誰從揚子學，棹舟空訪戴逵回。抽毫有汚東陽壁，但惜明時老潤才。瀛奎律髓

句

雨勢宮城闊，秋聲禁苑多。詩人玉屑

極目關河高倚漢，順風鵰鶚遠淩秋。詩話總龜：劉綜學士出鎮并門，兩制館閣，皆以詩餞其行。因進呈。章聖深究詩雅，時方競尚崑體，礫裂彫篆，親以御筆選其平淡者得八聯。後綜寫爲御選句圖，立石于晉祠。

李宗諤

宗諤字昌武，昉子，第進士。眞宗朝，爲學士，歷右諫議大夫。有集。

南朝

仙華玉壽曉沈沈，三閣齊雲複道深。平昔金鋪空廢苑，於今瓊樹有遺音。珠簾映寢方成夢，麝壁飄香未稱心。惆悵雷塘都幾日，吟魂醉魄已相尋。

代意

霧鬢曉影忽參差，雲雨陽臺役夢思。自是膠弦無續日，不同珪月有圓時。洞房斗帳承新愛，河漢星橋隔後期。綺榭凝塵斷消息，抒情空擬四愁詩。

館中新蟬

雨過新聲出院牆，烟輕餘韻度回塘。短亭疎柳臨官道，平野西風更夕陽。八斗陳思饒賦詠，二毛潘岳易悲涼。感時偏動騷人思，不問天涯與帝鄉。以上西崑酬唱集

絶句

戴了宫花賦了詩，不容重見赭黄衣。無憀獨出金門去，恰似當年下第歸。

國老談苑：李宗諤以京秩帶館職，不預賞花釣魚故事，因賦詩云云。太宗覽之，大喜，特詔御宴，即日改官。

送何水部蒙出牧袁州

三省郎曹素髮垂，兩朝頻賜五時衣。一麾又守江城去，千騎方從澤國歸。釃酒河梁秋草闊，卸舟湖岸暝烟微。宜陽郡客多才子，誰伴山公醉夕暉。袁州府志

送士龍兄

銅魚四明守，竹馬十年兄。操袂河梁別，鳴橈澤國行。登樓知日近，傍海見潮生。郡政應多暇，新詩幾首成。式古堂書考

句

一溪曉緑浮鸂鶒，萬樹春紅叫杜鵑。春郊　金鑾後記人爭寫，玉署新碑帝自書。贈蘇承旨　楊文公談苑

陳越

越字損之，開封尉氏人。咸平中，舉賢良方正。歷著作佐郎、直史館，官至左正言。

休沐端居有懷希聖少卿學士

玉甃銀牀蔭碧桐，北窗珍簟水紋融。衣裁綀布如王導，扇執蒲葵學謝公。瓊屑半和仙掌露，蘭苕輕泛楚臺風。若非冰雪神仙骨，相樂誰同一笑中。西崑酬唱集

句

擁路東方騎，懸腰左顧龜。送李秦州　皇朝類苑

李維

維字仲方，肥鄉人，平章沆之弟。雍熙二年進士。眞宗初，召試中書，擢知制誥、翰林學士。歷刑部尚書、相州觀察使，出知陳州，卒。有集。

休沐端居有懷希聖少卿學士

銀闕琳房視草餘，龍門岑寂斷軒車。彩毫閑試金壺墨，靑案時看玉字書。王儉風流希謝傅，子雲詞賦敵相如。瓊枝不見蕭齋晚，蕙草烟微度綺疏。西崑酬唱集

直夜

繚垣嶢闕慶雲深，畫燭熏爐對擁衾。三殿夜籤傳漏箭，九秋霜籟入風琴。階前槁葉驚寒雨，天際孤鴻答迴砧。攲枕便成魚鳥夢，豈知名路有機心。

寄田錫舍人

當年心計此心知，忽忽逢人亦自疑。枉是憂公生白髮，有何長略謝淸時。林僧已怪抽身晚，朝侶猶嫌到闕遲。多喜通規識幽抱，路遙無處寄相思。

歸越東舊隱別秦中知己

客亭楊柳葉初殘，歌咽秋空慘別顔。吟愛好峯歸越路，醉衝寒雨出秦關。烟蘿庭戶重棲倚，漁浦人家

舊往還。縱使功名無分得，免教心在怨尤間。

再會傅逸人

分到知心意不輕，幾年曾是愴離情。微風吹雨雁初下，落葉滿階蟲正鳴。燈靜苦嫌論劍略，簟涼頻喜轉琴聲。從來共約雲泉老，肯向人間占好名。

郊居寄朝中知己

年來流水壞平田，客徑窮愁自可憐。汀葦亂搖寒夜雨，沙鷗閑弄夕陽天。狂嫌濁酒難成醉，冷笑清詩不直錢。碧落故人知我否，幾回相憶上漁船。

霜月

銀牀葉暗飄，霜月夜迢迢。寒極犀難辟，憂多酒漫消。荀爐殘更換，湘瑟罷仍調。誰道河流淺，盈盈萬里遥。以上四朝詩

句

故宫芳草在，往事暮江流。渚宫亭　謫去賈生身健否，秋來潘岳鬢如絲。寄洪湛　楊文公談苑　秋聲和暮角，膏雨逐行軒。送劉綜學士出鎮并門　詩話總龜　清朝納祿猶强健，白首還家正太平。送工部侍郎朱昂致仕歸荆南　澠水燕談

丁謂

謂字謂之，更字公言，蘇州長洲人。淳化三年進士。累遷知制誥。天禧中，拜同中書門下平章事，封晉公。乾興中，坐擅改永定陵，貶崖州司戶參軍，更赦徙道州。明道末，召還。卒於

光州。有集。

高齋詩話：呂獻可嘗云：「丁謂詩有『天門九重開，終當掉臂入』。王元之讀之曰：『入公門，猶鞠躬如也，天門豈可掉臂入乎？此人不忠。』後果如其言。

洪駒父詩話：潘子眞爲予言，晉公詩：「綠楊垂手舞，黃鳥緩聲歌。」樂府有大垂手、小垂手、前緩聲、後緩聲，故丁謂用之。其屬對律切如此。

代意

玦帶珊瑚佩解瓊，楚雲無定好傷情。臨邛已誤通琴意，金谷難尋辨玉聲。微警單棲盤露重，密含幽思畹蘭平。明珠百琲將何當，悵望輕軀病欲成。

又贈荷花一絕

夢散高唐夜正遙，楚天何處不無憀。秋風似會荊王意，露渚烟汀養細腰。以上西崑酬唱集

山居 原注：雷化以南，山多凌霄藤香，芬芳襲人，動或數里。

洞口清香徹海濱，四時芬馥四時春。山多綠桂憐同氣，谷有幽蘭讓後塵。草解忘憂憂底事，花能含笑笑何人。自注：海南有含笑花 爭如彼美欽天壤，長薦芳香奉百神。宋文鑑

歸田錄：丁晉公在珠崖，有詩僅百篇，號知命集。其警句有云：「草解忘憂憂底事，花名含笑笑何人。」

詠泉州刺桐

聞得鄉人說刺桐，葉先花發始年豐。我今到此憂民切，只愛青青不愛紅。

有感

今到崖州事可嗟，夢中常若在京華。程途何啻一萬里，戶口都無三百家。夜聽猿啼孤樹遠，曉看潮上瘴煙斜。吏人不見中朝禮，麋鹿時時到縣衙。

過武陵甘泉寺留題

翠影人疎度，波光瑟瑟凝。帝家金掌露，仙署玉壺冰。曉井侵星汲，宵廚向月澄。豈惟蠲肺渴，灌頂助三乘。以上方輿勝覽

以詩送宣賜進奉紅綃封龍字茶與璉禪師

密緘龍焙火前春，翠字紅綃熨眼新。名品至高誰合得，雙林樹下上乘人。羅湖野錄

途中盛暑　南遷時作

山木無陰驛路長，海風吹熱透蕉裳。渴思西漢金莖露，困憶南朝石步廊。江上綸竿輸散誕，林間冠褐負清涼。下程欲選披襟處，滿眼頳桐彙佛桑。事文類聚前集

遊東山

數峯回抱隔烟林，一簇招提十里深。祇合步行尋石徑，不宜呵喝入松陰。遙分畫手援毫意，暗起詩人得句心。梅嶺笙歌上高處，孤猿幽鳥滅清音。

煎茶

開緘試雨前，須汲遠山泉。自遶風爐立，誰聽石碾眠。輕微緣入麝，猛沸卻如蟬。羅細烹還好，鐺新味

更全。花隨僧箸破，雲逐客甌圓。痛惜藏書篋，堅留待雪天。睡醒思滿啜，吟困憶重煎。祗此消塵慮，何須作酒仙。

公舍春日

綠楊垂線草鋪茵，觸處烟光舉眼新。一品也須妨白髮，千金莫惜買青春。鶯聲圓滑堪清耳，花豔鮮明欲照身。獨向此時爲俗吏，風流知是不如人。以上瀛奎律髓

句

梅花過嶺路，桃葉渡江船。送章南安　珊瑚新筆架，雲母舊屏風。和錢易　泣珠泉客通闤市，種玉仙人寄版圖。送章明州　楚子夢雲鈴閣密，郢人歌雪射堂開。送陳荊南　千金家累非良寶，一品官高是強名。爲侍中時作　九萬里鵬重出海，一千年鶴再歸巢。自崖召還寄友人　以上皇朝類苑　背裝花屈膝，白打大廉斯。進前行兩步，蹺去立多時。蹴踘　詩話總龜　鷹鶻騰雙眼，龍蛇繞四肢。躡來行數步，蹺後立多時。蹴踘　溫公詩話　鶯驚鳳輦穿花去，魚畏龍顏上釣遲。賞花釣魚應制　歸田錄

刁衎

衎字元賓，昇州人。仕南唐爲集賢校理。歸宋，授太常寺太祝。眞宗朝，累遷直祕閣、兵部郎中。有集。

代意

蕙時芳夕九回腸，斂袂東窗待曉光。秦嶺樹高迷隴塞，楚天雲淡隔瀟湘。病餘公幹情多詠，秋晚安仁

鬢足霜。休道鮫人落珠淚，微波還擬託陳王。西崑酬唱集

任隨

隨仕太常丞，直集賢院。

漢武

殊庭深恨隔仙曹，桂館蜚廉事轉勞。銀闕尙沈滄海闊，井榦空拂絳河高。蒼陽弋獵侵多稼，朔塞旌旗照不毛。苦信憑虛王母說，東方三度竊蟠桃。西崑酬唱集

劉隲

隲官工部員外郎，直集賢院。

館中新蟬

搖落何須宋玉悲，齊亭遺恨若霑衣。池中菡萏香全滅，井上梧桐葉乍飛。風促箏聲隨斷續，日移軛影自光輝。宜秋門外饒芳樹，結駟那堪送客歸。西崑酬唱集

張詠

詠字復之，濮州鄄城人。太平興國五年進士。歷樞密直學士，出知益州。眞宗初，入爲御史中丞，出知杭州，再知益州，進禮部尙書，卒謚忠定。自號乖崖。有乖崖集。

蔡寬夫詩史：乖崖少喜任俠，學擊劍，尤樂聞神仙事。性極清介，居無妾媵，不事服玩，朝衣之外，燕處惟紗帽、皁絛，一黃土布裘而已。至今人傳其畫像，皆作此飾。

西清詩話：張乖崖少與逸人傅霖同學。公既顯達，求霖三十年不可得。作憶霖詩云：「寄語巢由莫相笑，此生終不羨軺肥。」晚年守宛丘，有披褐騎驢，叩門大呼曰：「語尙書，靑州傅霖。」閽吏走白，公曰：「傅先生天下士，汝何人，敢呼姓名！」霖笑曰：「別子一世，尙爾童心。是豈知世間有我哉！」公問：「何昔隱今出？」霖曰：「子將去矣，來報子耳。」公曰：「詠亦自知之。」霖曰：「知復何言！」後一月，公薨。

館中新蟬

脫塵還與比仙遊，露腹何妨近品流。嫩殼半遺紅藥地，細聲偏傍綠楊樓。詩家取象吟難盡，畫格偷眞意不休。正好儒林擬緌紼，憑君無苦預悲愁。西崑酬唱集

寄陳圖南

性愚不肯林泉住，強要清流擬致君。今日星馳劍南去，回頭慚媿華山雲。

靑箱雜記：公布衣時，素善陳摶。嘗因夜話，謂摶曰：「某欲分先生華山一半住，得無？」摶曰：「餘人則不可，先輩則可。」及旦取別，以宣毫十枝、白雲臺墨一劑、蜀箋一角贈。公謂摶曰：「會得先意，取某入鬧處去。」後尹蜀，乖傳過華陰，寄詩云云。

答傅逸人

蕭蕭疏葦對門牆，見說新秋鱠味長。何事輕拋來帝里，至今魂夢繞寒塘。以上乖崖集

贈官妓小英歌

天教摶百花，作小英，明如花。住近桃花坊北面，門庭掩映如仙家。美人宜稱言不得，龍腦熏衣香入骨。維揚輭縠如雲英，亳郡輕紗似蟬翼。我疑天上婺女星之精，偷入筵中名小英。又疑王母侍兒初失意，

謫向人間爲飲妓。不然何得膚如紅玉初碾成，眼似秋波雙瞼橫！舞態因風欲飛去，歌聲遏雲長且清。有時歌罷下香砌，幾人魂魄遥相驚。人看小英心已足，我見小英心未足。爲我高歌送一杯，我今贈汝新翻曲。青箱雜記

句

小桃遮不得，深雪放教青。庭竹　每思舊隱歸何許，或問前程笑指空。維揚書懷

苕溪漁隱叢話：乖崖詩句清詞古，與郊島相先後。

舒雅

雅字子正，歙人。南唐時隨計金陵。韓熙載知貢舉，擢爲第一。歸宋，累遷職方員外郎。咸平末，出守舒州。秩滿，乞致仕，就掌靈仙觀。大中祥符二年，直昭文館，卒。

馬令南唐書：雅以所學謁韓熙載，熙載一見如疇昔，館給之。雅性巧黠，應答如流，待之爲忘年之交，出入臥內，曾無間然。熙載性懶，不拘禮法，常與雅易服燕戲，猱雜侍婢，入末念酸，以爲笑樂。或云：「熙載所著格言，半雅之辭。」

緗素雜記：韓熙載弊衣履，作瞽者，持獨弦琴，俾舒雅執板挽之，隨房歌鼓求丐，以足日膳。旦暮亦不禁其出入。

答內翰學士

清貴無過近侍臣，多情猶憶舊交親。金蓮燭下裁詩句，麟角峯前寄隱淪。和氣忽飄燕谷暖，好風徐起謝庭春。緘藏便是山家寶，留與兒孫世不貧。西崑酬唱集

答錢少卿

蓬萊閣下舊鄰居，偶别俄驚四載餘。每見寒葭思倚玉，忽臨秋水得雙魚。人間貴賤誰能及，物外優閑我自如。聞說歸艎向春渚，深知不與道情疎。

答劉學士

往歲别京畿，棲山與衆違。君心似松柏，雁足寄珠璣。學道情難篤，燒丹力尚微。雲中雞犬在，祗俟主人歸。以上四朝詩

錢惟濟

惟濟字巖夫，惟演弟。歸宋，歷恩州刺史，加司空、保靜軍觀察留後。卒謚宣惠。有玉季集。

夜讌

清讌夜何其，南亭露欲晞。蹁躚霞袖舞，瀲灩羽觴飛。鏤棨搖花落，金璫照月輝。瑤光未西落，休賦醉言歸。西崑酬唱集

句

鳳簫通碧落，星石辨靈源。故主第　庭下焚香連宿霧，林間鳴佩起棲鸞。太乙宫醮　以上皇朝類苑

晁迥

迥字明遠，澶州清豐人。徙家彭門。太平興國五年進士。擢右正言，直史館，知制誥。爲翰林學士承旨。天禧中，判西京，留司御史臺。以太子少保致仕，加少傅。卒贈太子太保，謚文元。有翰林集、道院集。

屬疾　和錢希聖

精驚成勤瘁，頤貞俟有瘳。吟生南越思，慈結北堂憂。粲枕甘爲蝶，豐廚厭炙牛。玄元知寡欲，平子尙多愁。夕鳥侵階啄，宵螢入樹流。玉書能靜覽，柱史倦閑投。忽賦行雲什，堪聽擊壤謳。期君整朝佩，仙署在瀛洲。西崑酬唱集

遊文潞公曲水園

夭桃穠李豔芳辰，丞相園林溴水濱。虎節麟符抛不得，卻將佳景付遊人。

風月堂詩話：晁伋爲予言：「文潞公出鎭長安，吾祖文元公知許昌，遊公曲水園，留詩云云。」公得詩甚喜，乃作書幷封園券與文元曰：「可便作園中主人也。」伋字仲思，文元五世孫。

遊虎丘　幷序

余罷掌賦東陽，歸次蘇臺。時故人王士龍飮餞乎閶門，且曰：「虎丘山寺，吳中勝概。不避數里，可能遊乎？」余沛然愜心，請與偕往。由枝派乘水輿，長嘯清風，目窮幽趣。棹工叢力，葉舟如飛。拂白英以半開，縈紅樹以傍出。簉詣幽境，夐無纖塵。相與披烟蘿，凌磴道，杳疑天外，作爲佛宮。俯臨劍池，呀若斷岸。磊砢嶒崒，不能形容。肆凝覽以更周，惜頹景之西匿。一觴一詠，梠輿而還。遂裁八章，以表嘉會。時淳化四載，自序。

餞別閶門復少留，故人邀我浣離愁。旋沽美醖乘漁艇，急棹斜陽到虎丘。千古劍池呀怪石，一方金地抱清流。歸時昝戀情無限，不得從容秉燭遊。吳郡志

送何水部蒙出牧袁州

條教屬惟良，乘秋始辦裝。朱轓重按部，白首尚爲郎。督課民期富，從儒道益光。更資談博物，千載楚萍鄉。袁州府志

句

夙駕都門曉，涼風苑樹秋。送劉綜學士出鎮并門　玉壺野史

崔遵度

遵度字堅白，江陵人。徙淄州。太平興國八年進士。咸平中，爲左司諫，直史館。仁宗爲壽春郡王，與張士遜命爲王友。東宮建，遷左諭德，卒官。遵度善琴，得其深趣。嘗自著琴箋。有文集。

屬疾　和錢希聖

李白羹初美，相如渴漸瘳。八甎非性嬾，三昧滅心憂。筆宛多批鳳，自注：公新集號筆宛 詞鋒勝解牛。舊山疑鶴怨，長日想雲愁。廣內勞揮翰，通中羨枕流。使星方屢降，客轄未容投。好奏倪寬議，何須莊舄謳。朝衣熏歇不？侍史待仙洲。西崑酬唱集

劉秉

秉官左諫議大夫、樞密直學士。日琯按：晁以道清風軒記作張秉。

戊申年七夕

紅蕖爛漫碧池香，羅綺三千侍漢皇。阿母暫來成底事，茂陵宮樹已蒼蒼。

香堦寶砌靜無塵，遙指星河再拜人。若把離情今夕說，世間生死最傷神。

珠箔風輕月似鉤，還將錦繡結高樓。堪傷乞巧年年事，未識君王已白頭。西崑酬唱集

薛 映

映字景陽，蜀人。進士及第，歷右諫議大夫，知杭州。仁宗朝官禮部尚書，集賢院學士，分司南京。卒贈右僕射，謚文恭。

戊申年七夕

銀河耿耿露溥溥，綵縷金針玉佩環。天媛貪忙爲靈匹，幾時留巧與人間。西崑酬唱集

曲水亭 在下天竺水臺盤，一日流杯亭。

臺盤疏石渠，激流環四面。夏屋有餘淸，羽觴隨意轉。賓告醉言歸，主稱情未倦。雖非禊飲辰，豈謝蘭亭讌！杭州府志

句

黃鵠晨霞傍樓起，頭陀秋草繞碑荒。送人之鄂州 皇朝類苑

宋詩紀事卷七

錢唐　厲鶚　輯
祁門　馬曰琯　同輯

孫僅

僅字鄰幾，何弟。咸平元年進士第一。累官集賢院學士，權知開封府。後領審刑院，進給事中，卒。有甘棠集。

澠水燕談：孫何、孫僅，學行文詞，傾動場屋。何既爲狀元，王黄州覽僅文編，書其後曰：「明年再就堯堦試，應被人呼小狀元。」後榜，僅果爲第一。黄州復以詩寄之云：「病中何幸忽開顔，記得詩稱小狀元。粉壁乍懸龍虎榜，錦標終屬鶺鴒原。」幷寄何詩曰：「唯愛君家棣華榜，登科記上並龍頭。」潘逍遥亦有詩曰：「歸來徧檢登科記，未見連年放弟兄。」而陳堯叟、堯咨兄弟，亦前後相繼爲狀元，實士林盛事也。

勘書

儒官無外事，招客勘青編。筆墨東西置，朱黄次第研。頻憂傷點竄，細恐誤流傳。改是文辭正，增加字數全。端坐窮今古，披襟見聖賢。得與忘昏曉，題名記歲年。棲毫思確論，廢卷爲忘篇。魚魯皆删定，誰人敢間然。宋文鑑

贈种徵君放

雄名英概比君難，二十高名滿世間。飛詔幾回來北闕，草玄終不出南山。詩篇落處風雷動，筆力停時

造化閑。仙術每將丹訣解，史才曾把逸書删。家僮只有猿隨從，坐客唯聞鶴往還。兩制詞臣求識面，九重天子望祇顏。處士星孤輕世俗，大夫松好賤官班。棋殘夜石秦雲斷，琴徹秋宫蜀月彎。朝議蒲輪看再降，肯教從此老柴關。合璧事類後集

句

汾水冷光揺晝戟，蒙山秋色鎖層樓。送劉綜學士出守并門　詩話總龜

李慶孫

慶孫，泉州惠安人。咸平元年進士。官水部郎。

句

軸裝曲譜泥金字，樹記花名玉篆牌。

韻語陽秋：晏元獻云：太乞兒相。若諳富貴者，不爾也。

錢　易

易字希白，昆之弟。歸宋，中咸平二年進士，仕爲翰林學士，卒。有金閨、瀛洲、西垣制集。

擬張籍上裴晉公

午橋莊上千竿竹，緑野堂中白日春。富貴極來唯歎老，功名高後轉輕身。嚴更未報皇城裏，勝賞時遊洛水濱。昨日庭趨三節度，淮西曾是執戈人。

許彦周詩話：錢希白作擬唐詩百篇，備諸家之體。自序曰：「今之所擬，不獨其詞，至于題目，豈欲拋離本集；或有

事疏，斯亦見之本傳。」

嵇康小舞詞 并序

薛九，江南富家子，得侍宫中。善歌舞嵇康。嵇康，江南曲名也。學舞於鍾離氏。建業破，零落於江北。予遇於洛陽福善坊趙春舍，飮酣，於是歌嵇康，其詞卽後主所製焉。嘗感激，坐人皆泣。春舉酒請舞，謝曰：老矣，腰腕衰硬，無復舊態。乃強起小舞，終曲而罷。座有王生者，請予爲嵇康小舞詞。

薛九三十侍中郎，蘭香花態生春堂。龍盤王氣變秋霧，淮聲哭月浮秋霜。宜城酒煙濕羇腹，與君強舞當時曲。玉樹遺辭莫重聽，黄塵染鬢無前綠。我聞襄陽白銅鞮，荒情古豔傳幽悲。淒涼不抵亡國恨，塵中苦淚飛柔絲。洛陽公子擎銀觴，跪奴和曲生輝光。茂陵旅夢無春草，彤管含羞裁短章。補侍兒小名録

西遊曲

花銷秋老白日短，敗紅荒綠迷空館。擬將清血灑昭陵，幽谷蛇啼半山晚。十年辭家勤獻書，王孫不許延公車。江頭祖廟祭無血，重門生草寒離離。我有王孫三尺劍，姦骨無痕古波豔。佩入函關無故人，玉握凋零七星暗。宋文鑑

句

綠章封事緘初啓，青鳳求凰尾乍開。芭蕉　楊文公談苑　雙蜂上簾額，獨鵲裊庭柯。詩人玉屑

李堪

堪字仲任，晉陵人。咸平二年登第。景德間，爲古田令，官至工部尚書。

仙棲道院 在古田縣五華山

尋源探雲霞，中有金仙家。綺疏見飛翚，雕闌燦朱華。珍禽棲不去，靈液流無涯。晴旭起風篁，空香送天花。春雷會社鼓，寒煙聚海茶。奇峯媚如削，芳樹一何嘉。且將白閣齊，絕與紅塵賒。終然謝朝紱，此地營丹砂。福州府志

句

海月隨帆落，溪花遶驛流。送周建州　皇朝類苑

陳堯咨

堯咨字嘉謨，堯佐弟。咸平三年進士第一。歷官翰林學士、武信軍節度使，知河陽，又徙天雄軍。卒贈太尉，謚康肅。

普濟院 在餘姚

山遠峯峯碧，林疎葉葉紅。憑闌對僧語，如在畫圖中。會稽志

題三桂亭

不誇六印滿腰懸，二頃仍尋負郭田。當日弟兄皆刷羽，如今鴻雁盡摩天。扶疎已問新栽竹，清淺猶尋舊漱泉。大尹今來還又去，夕陽旌旆復翩翩。

陝西通志：三桂亭，在長安城南，宋諫議大夫陳公之別墅。三子堯叟、堯佐、堯咨皆登科，故亭因以名。大中祥符間，堯咨知永興軍，書詩于碑，至今猶存。

邵煥

煥，淳安人。咸平三年進士。仕至員外郎。

句

官船風破浪，關吏鼓通晨。送晏集賢南歸 皇朝類苑

李永

句

朝馮玉几言猶在，夜啓金縢事已非。熙陵挽詞 春明退朝錄

鄭戩

戩字天休，吳縣人。舉進士。累官右諫議大夫、樞密副使，以資政殿學士知杭州，復爲陝西四路安撫使，拜奉國軍節度使。卒贈太尉，謚文肅。

句

春至不擇地，路旁花自開。

嘉祐雜志：長安北禪寺筍石，鄭天休資政題十字刊之。

許式

式字叔矜，吳郡人。咸平三年進士。官比部郎中，出守南昌，終轉運使。

寄洞山聰禪師

語言全不滯，高躡祖師蹤。夜坐連雲石，春栽帶雨松。鑑分金殿燭，山答月樓鐘。有問西來意，虛堂對遠峯。林間錄

王曙

曙字晦叔，河南人，東皐子績之後。舉進士。咸平中，舉賢良方正，科策入等。仁宗朝，歷官樞密使，拜同中書門下平章事。卒贈太保、中書令，謚文康。有集。

回峯院

山勢欲壓海，禪扃向此開。魚龍腥不到，日月影先來。樹色秋擎出，鐘聲浪答回。何期隨吏役，暫得拂塵埃。

娛書堂詩話：文康王公晦叔，嘗宰定海縣，賦回峯院詩云云。商逸卿得遺墨刻之。

句

千山送客東西路，一樹照人南北枝。苕溪漁隱叢話

許洞

洞字洞天，吳郡人，太子洗馬仲容之子。咸平三年進士。以忤知州馬知節，奏除名。祥符初，祀汾陰，獻三盛禮賦，官烏江主簿。有集。

歐公詩話：許洞進士及第，無名子嘲曰：「張康渾裹馬，許洞鬧裝妻。」

吳郡圖經續記：許洞以文辭稱于吳，尤邃左氏春秋。嗜酒，嘗從酒家貸飲。一日，大寫壁作歌數百言，鄉人競來觀

之。售數倍，乃盡捐其所負。

吳郡志：許洞所居，常植一竹，以表特操。吳人至今詠之曰：「許洞門前一竿竹。」

贈潘閬

潘逍遥，平生才氣如天高。倚天大笑無所懼，天公嗔汝口呶呶。罰教臨老頭，補衲歸中條。我願中條山神鎮長在，驅雷叱電趕出者老怪。

中吳紀聞：洞與潘閬、錢易爲友，狂放不羈。閬坐盧多遜黨亡命，乃變姓名，僧服，入中條山。洞密贈之。

王曾

曾字孝先，益都人。咸平五年，鄉貢試禮部廷對皆第一。仁宗朝，拜右僕射，兼門下侍郎、平章事，集賢殿大學士，封沂國公。卒贈侍中，謚文正。

歷代吟譜：王曾投呂文穆早梅詩：「雪中未問和羹事，且向百花頭上開。」呂公曰：「此生次第安排作狀元宰相矣。」後果然。

澠水燕談：王文正公曾，李文定公迪，咸平、景德間，相繼狀元及第。其後更踐政府。及罷相鎮青，又爲交承。故文正送文定移鎮兖海詩有「錦標得雋曾相繼，金鼎調元亦踐更」之句。又云：「并士兒童君再見，會稽章紱我偏榮。」蓋文定再鎮兖，而青社文正鄉里也。

皇帝閣立春帖子

北陸凝陰盡，千門淑氣新。年年金殿裏，寶字帖宜春。合璧事類前集

送何水部蒙出牧袁州

雉省榮遷拜命新，魚符重佩出關頻。停驂却訪枌榆社，戀闕迴瞻析木津。水薤有誰裨政術，江山終日助吟神。一麾嶺外遥相望，應合趨庭問絹人。江西通志

句

欲謝君恩却無語，心前笑指赤靈符。夫人閣端午帖子 合璧事類前集

陳亞

亞字亞之，維揚人。咸平五年進士。嘗爲杭之於潛令，仕至太常少卿。好爲藥名詩。有澄源集。

迂叟詩話：陳亞郎中滑稽，嘗爲藥名詩百首。其美者有：「風月前湖夜，軒窗半夏涼。」不失詩家之體。

郡齋讀書志：藥名詩始于唐人張籍，有「江皋歲暮相逢地，黄葉霜前半下枝」之句。人謂起于亞之，實不然也。

絶句

滿室圖書雜典墳，華亭仙客岱雲根。他年若不和花賣，便是吾家好子孫。

澠水燕談：陳亞少卿畜書數千卷，名畫數十軸，平生之所寶者。晚年退居，有華亭雙鶴，怪石一株，尤奇峭。與異花數十本，列植于所居。爲詩戒子孫云云。

登湖州銷暑樓

重樓肆登賞，豈羨石爲廊。風雨前湖夜，軒窗半夏涼。罾青識漁浦，芝紫認仙鄉。却恐當歸闕，靈仙爲別傷。宋文鑑

惜竹

出檻亦不翦，從教長舊叢。年年到朱夏，葉葉是清風。庚溪詩話

懷舊隱

多媿當年未第間，卜居人外得清閑。排聯花品曾非僭，愛惜苔錢不是慳。秋閣詩情天淡淡，夕溪漁思月彎彎。而今慚厚明朝祿，敢念藏愚莫買山。瀛奎律髓

句

浪平天影接，山盡樹根回。翰府名談　棋爲臘寒呵子下，衣嫌春瘦縮砂裁。藥名　馬嘶曾到寺，犬吠乍行村。郊行　以上青箱雜記

章得象

得象字希言，浦城人。咸平五年進士。累遷兵部郎中、知制誥、翰林學士。寶元初，拜同中書門下平章事，集賢殿大學士。慶曆中，拜鎮安軍節度使，封郇國公，徙判河南府守司空。卒贈太尉，兼侍中，謚文憲，改謚文簡。

巾子山翠微閣 在台州

步步雲梯徹上層，回頭自覺欲飛騰。頻來不是塵中客，久住偏宜物外僧。下寺鐘聲沈地底，前峯塔影落堦棱。憑闌未盡吟詩興，却擬乘閑更一登。赤城志

玉光亭 在玉山縣

千層懷玉對軒窗，池上新亭號玉光。祇此便堪爲吏隱，神仙官職水雲鄉。方輿勝覽

峽山飛來寺

澄江詰曲峽中天，遠使歸時駐畫船。久别忽經星一紀，暫來纔見月三弦。勞生草草眞徒爾，陳迹依依亦愴然。回首越城何處是，山南渺莽只雲煙。廣東通志

李冠

冠字世英，歷城人。以文學稱，與王樵、賈同齊名。官乾寧主簿。有東皐集。

寄王肩望

霜臺御史新爲郡，棘寺廷評繼下車。首謁梓桐王處士，敎風從此重詩書。

澠水燕談：王樵字肩望，淄川人。性超逸，深老易，善擊劍，有概世之志。廬梓桐山，稱淄右書生，不交塵務。山東賈同、李冠，皆尊仰之。咸平中，契丹內寇，擧族北俘。潛入虜中，訪其親，累年乃歸。持諸喪，刻木爲親，葬奐山東，立祠奉侍終身。太守劉通詣樵，踰垣遁去。其後高弁知州事，范諷爲通判，相與就見之。李冠以詩寄之。晚自號贅世翁，爲贅書其門曰：「書生王樵，薄命寡志。無益于人，道號贅世。」豫卜地，累卵，名繭室。中壘石，刻銘其上曰：「生前殺軀，以虞不備。沒後寄魄，以備不虞。」後感疾，卽入室自掩戶，乃卒。以古劍殉葬。著遊邊集、安邊三策、說史，皆散失。濟南李芝爲贅世先生傳，載其事。

王貽永

貽永字季長，祁人，溥之孫。咸平中，尙太宗女鄭國長公主。累官樞密使、同中書門下平章

事，拜尚書右僕射、檢校太師卒。謚康靖。

句

河朔雪深思愛日，幷門春暖詠甘棠。送劉綜學士出守幷門　詩話總龜

李　迪

迪字復古，鄄城人。景德二年舉進士第一。歷翰林學士、給事中、參知政事，拜吏部侍郎，兼太子少傅、同中書門下平章事致仕。卒贈司空、侍中，謚文定。有集。

題河陽後城平嵩閣

南指嵩高北太行，大河中出貫靈長。君王不恃金湯險，自有仁恩結萬方。宋文鑑

晏　殊

殊字同叔，臨川人。七歲能屬文。景德初，以神童召試，賜進士出身。累擢知制誥、翰林學士。慶曆中，拜集賢殿學士，同中書門下平章事，兼樞密院使。出知永興軍，徙河南，以疾歸京師，留侍經筵。卒贈司空，兼侍中，謚元獻。有臨川集、紫微集。

歸田錄：晏元獻善評詩，嘗云：「老覺腰金重，慵便枕玉涼，未是富貴語。不如笙歌歸院落，燈火下樓臺，此善言富貴者也。」人皆以爲知言。

宋子京筆記云：天聖初元以來，縉紳間爲詩者益少，唯丞相晏公殊、錢公惟演、翰林劉公筠數人而已。晏丞相末年詩，見編集者乃過萬篇，唐人以來未有。然晏不自貴重其文，凡門下客及官屬解聲韻者，悉與之酬和云。

郡齋讀書志：殊性剛峻，幼孤篤學。爲文溫純應用，尤長于詩。抒情寓物，詞多曠達。當世賢士如范文正、歐陽文忠，皆出其門。女適富鄭公、楊察，世稱其知人云。

示張寺丞王校勘

元巳清明假未開，小園幽徑獨徘徊。春寒不定斑斑雨，宿醉難禁灩灩杯。無可奈何花落去，似曾相識燕歸來。遊梁賦客多風味，莫惜青錢萬選才。

復齋漫錄：晏元獻因觀王琪大明寺詩板，大加稱賞，召至同飯。飯已，又同步遊池上。時春晚，有落花，晏公每得句，書牆壁間，或彌年未嘗強對。且如「無可奈何花落去」一句，至今未能對也。王應聲曰：「似曾相識燕歸來。」自此辟置館職，遂躋侍從。

和宋子京召還學士院

網索軒窗邃，鑾坡羽衛重。鷁舟還下瀨，星馹出飛龍。賦待三英集，詩須五吏供。會看邊燧息，橫覩紫泥封。復齋漫錄

立春祠太乙

紫花雙節引青童，一片空歌韻曉風。太昊茲辰授春令，鸞旗應在矞雲中。

華燈明滅羽衣攢，翠柳蕭森矮檜寒。千步回廊繞金殿，水蒼瑤佩響珊珊。

上巳瓊林苑宴二府同游池上即事口占

殿後花枝白間紅，樓前當道綠楊風。橫飛綵艦波光外，倒寫朱橋水影中。

曲樹迴廊手伎喧，綵樓朱舫鼓聲繁。游人已著濃春去，不待歌長舞袖翻。

寒食東城作

王城百五車馬繁，重帷黕幕紛郊原。游人得意惜光景，恣尋複樹登高軒。平蕪遠水知何許，眼裏迢迢空處所。梨花澹豔柳絲長，百計撩春作烟雨。歌哭聲中半落暉，琱鞍繡轂尚遲歸。荒田野草人間事，誰向伶玄淚滿衣。

七夕

百子池深漲綠苔，九光燈迴照浮埃。天孫寶駕何年駐，阿母飈輪此夜來。空外粉筵和霧溼，靜中珠幌徹明開。秋河不斷長相望，豈獨人間事可哀。

中秋月

一輪霜影轉庭梧，此夕羇人獨向隅。未必素娥無悵恨，玉蟾清冷桂花孤。以上古今歲時雜詠

詠上竿伎

百尺竿頭褭褭身，足騰跟挂駭傍人。漢陰有叟君知否，抱甕區區亦未貧。侯鯖錄

弔蘇哥

蘇哥風味逼天真，恐是文君以上人。何日九原芳草綠，大家攜酒哭青春。

西清詩話：元獻初罷政事，守亳社，每歎士風彫落。一日，營妓曰劉蘇哥，有約終身，而其母禁之至苦，不勝鬱悒。方春物暄妍，馳駿馬出郊，登高冢曠望，長慟而卒。元獻云：「士大夫受人盼睞，隨燥溼變渝，如翻覆手，曾狂女子不

若。」爲序其事，以詩弔之云。

東軒筆錄：晏元獻當國，子京爲翰苑，晏愛宋之才，雅欲旦夕相見。遂稅一第于旁近，延居之，其親密如此。遇中秋宴客，晏召宋，出妓飲酒賦詩，達旦方罷。翌日罷相，宋當草詞，頗極詆斥，至有「廣營產以殖私，多役兵而規利」之語。觀者駭歎。

苕溪漁隱叢話：元獻弔劉蘇哥詩序，蓋指子京而言也。

煑茶

稽山新茗綠如烟，靜挈都籃煮惠泉。未向人間殺風景，更持醪醑醉花前。

西清詩話：李義山雜纂，品目數十，蓋以文滑稽者。其一曰殺風景，謂清泉濯足、花上曬褌、背山起樓、燒琴煮鶴、對花啜茗、松下喝道。晏元獻守潁，以惠山泉烹日注茶，從容置酒，賦詩云云。自此殺風景之語，頗著于世。

盂蘭盆

紅白薇英落，朱黃檻豔殘。家人愁溽暑，計日望盂蘭。

老學菴筆記：故都殘暑，不過七月中旬。俗以望日具素饌享先，織竹作盆，貯紙錢焚之，謂之盂蘭盆。以爲盂蘭盆倒，則寒來矣。晏元獻詩云云。

張殿院惠古瓦硯

鄴城宮殿久荒涼，縹瓦隨波出禁牆。誰約蘚文成古硯，等閑裁破碧鴛鴦。

已忝玉鋒磨蘚骨，更持蟾淚溼雲根。欲知千載淒涼意，尙有昭陽夜雨痕。硯箋

初秋寓直

絡河星斗夜闌干，禁署沈沈閉九關。上帝冊書羣玉府，仙人宮殿巨鼇山。涼蟾影度秋陰薄，促漏聲來夜唱閑。擁鼻吟多欲愁絕，嚴鐘凄斷樹烏還。合璧事類前集

賦得秋雨

點滴行雲覆苑牆，飄蕭微影度迴塘。秦聲未覺朱弦潤，楚夢先知薤葉涼。野水有波增淡碧，霜林無韻溼疎黃。螢稀燕寂高窗暮，正是西風玉漏長。

寓意

油壁香車不再逢，峽雲無迹任西東。梨花院落溶溶月，柳絮池塘淡淡風。幾日寂寥傷酒後，一番蕭索禁烟中。魚書欲寄何由達，水遠山長處處同。

春陰

十二重環閟洞房，愔愔危樹俯迴塘。風迷戲蝶閑無緒，露裛幽花冷自香。綺席醉吟銷桂酌，玉臺愁作澀銀簧。梅青麥綠江城路，更與登高望楚鄉。以上瀛奎律髓

送凌侍郎歸鄉 一作送林侍郎還知宣州

江南藩郡古宣城，碧落神仙擁使旌。津吏戒船東下穩，縣僚負弩晝歸榮。江山謝守高吟地，風月朱公故里情。曾預漢庭三獨坐，府中誰敢伴飛觥。曹氏歷代詩選

巢父井

稾生值堯年，率性在龐厚。安巢一枝上，豈曰鵲居陋。潁波人洗耳，曾不污牛口。諒茲耕耒暇，鑿飲隈

林藪。含飴鼓其腹，帝力予何有。遂令千載外，此地存遺甃。泓然逼喬木，宛若棲塒舊。鄉人揭題牓，行旅諸瞻覯。我來觀古蹟，愕立徘徊久。淒其望清風，不獲見師友。願言斟復酌，拭面洗心垢。翹慕高躅，感慨陳卮酒。思齊胡可望，庶以寬容詧。夙駕恨長途，憑高重回首。汝州志

題東湖涵虛閣

水有支流樹有孫，重重門巷挂朱軒。三君雅望標人傑，千里澄波隔世喧。西對戶庭徐孺宅，北傳鐘梵給孤園。欲知嗣續無窮勝，兩兩榮歸漢使轓。江西詩話

句

靜尋啄木藏身處，閑看遊絲到地時。樓臺冷落收燈夜，門巷蕭條掃雪天。已定復揺春水色，似紅如白野棠花。春風任花落，流水旋杯行。以上歷代吟譜　樓臺側畔楊花過，簾幕中間燕子飛。青箱雜記

晏穎

穎，殊弟。官奉禮郎。

臨蛻遺詩

江外三千里，人間十八年。此時誰復見，一鶴上遼天。

道山清話：晏穎，臨川人，丞相元獻公之弟。童子時有聲，眞宗召試翰林院，賦宫沼瑞蓮，賜出身，授奉禮郎。穎聞報，閉書室高臥。家人呼之不應，掊鎖就視，則已蛻去，旁得書一紙云云。時年十八。

張及

及字之元，蜀人。景德二年進士。仁宗朝，主管三司鹽鐵，出爲淮南轉運使。

贈黃孫二處士

二公高節厭喧卑，同寄蕭宮共展眉。玉樹冰壺齊品格，野雲皋鶴本追隨。泉流指下何人賞，岳峭毫端只自知。眷戀賢侯美風教，故山歸去尚遲遲。

茅亭客話：黃處士延矩，字垂範，眉陽人也。少爲僧，性僻而簡。常言：家習正聲，自唐以來，待詔金門。父隨僖宗入蜀，至某四世矣。琴最盛于蜀，製斲者數家，唯雷氏而已。咸平中，知州馮公知節，召孫知微畫，俾處士彈琴。二公俱止僧舍，嘗會愚茅亭。進士張及贈詩。

贈杜鼎昇

家本樊川老蜀都，世家冠劍豈寒儒。筆耕尚可儲三載，酒戰猶能敵百夫。僻愛舜琴湘水弄，每懸孫畫醉仙圖。孟光笑語長相逐，喚作梁鴻得也無。

茅亭客話：杜鼎昇，字大舉，形神清秀，有古人之風。鬻書自給。夫婦皆八十餘。每遇芳時好景，選勝偕行，人皆羡其高年逸樂。進士張及贈詩云云。

郎簡

簡字叔廉，一字簡之，臨安人。一作錢唐人景德二年進士。歷官右諫議大夫、給事中，以工部侍郎致仕家居，卒贈吏部侍郎。

宋史本傳：簡性和易，喜賓客。即錢唐城北治園廬，自號武林居士。導引服餌，歲晚顏如丹。尤好醫術，人有疾，多處方療之。有集驗方行于世。

蒙齋筆談：郎簡侍郎，慶曆中與杜祁公相善。謝事居里中，築别館徑山下，種菖蒲以自餌，山中人目爲菖蒲田。范文正知錢唐，亦重其爲人。

揮麈前錄：徐庚敎立爲貳卿，明清訪之。坐間問曰：「庚今此居，號侍郎橋，何耶？」明清應以仁宗朝郎簡以工部侍郎致仕居此，杭人德之，遂以名橋。

訪徐沖晦

湖上訪高士，徑深行綠苔。應聞山犬吠，知是野人來。岸幘出相接，柴門自爲開。林間清話久，薄暮榜舟回。宋文鑑

鮑當

當，景德二年進士。爲河南府法曹，歷職方員外郎。有清風集。

方勺泊宅編：先子至杭，創小圃，在清波門外。有詩云：「安得斷茅環堵地，漁樵終老繼清風。」方知是圃乃鮑當郎中故居。鮑有詩名清風集，時號鮑清風。

孤雁

天寒稻粱少，萬里孤難進。不惜充君庖，爲帶邊城信。

溫公續詩話：當爲河南法曹，初失知府薛暎尚書意，因獻孤雁詩，薛大嗟賞。自是遊宴，無不預焉，不復以掾屬待之。時人謂之鮑孤雁。薛嘗暑月詣其廨舍，當方露頂，狼狽入易服，把板而出之，忘其幞頭。薛嚴重，左右莫敢言者。坐久之，月上，當顧見髮影，大慚，以公服袖掩頭而走。

松江夜泊

舟閑人已息，林際月微明。一片清江水，中涵萬古情。宋文鑑

寄西湖擇棲公

兩信海潮喧曉夕，百年事過無遺迹。舊住招提有幾人，春風苔長湖邊石。

送人南歸

淒淒楊柳暮，時復一蟬聲。滄海不可極，風帆難計程。微烟生晚浦，斜日上孤城。欲寄相思札，誰傳萬里情。以上前賢小集拾遺

題林和靖隱居

湖水春來綠，山雲夏亦繁。何如隱君子，長嘯掩柴門。文翰類選

江任

任，建陽人。景德二年進士。官祕閣校理，知秦州。

句

珠盤臨路泣，斗印入鄉提。送人　皇朝類苑

黃覺

覺字民先，浦城人。景德二年進士。爲殿中丞。

送梅昌言出鎮太原

五馬雍容出鎮時，都人爭看好風儀。文章一代誼高價，忠直三朝受聖知。帳下軍容生劍戟，門前行色擁旌旗。雲籠古戍黄榆暗，雪滿長郊白草衰。出去暫開貔虎幕，歸來須占鳳皇池。鬓間未有一莖白，陶鑄蒼生固不遲。翠屏筆談：梅雅自修飾，容儀偉如，得詩大喜。

周啓明

啓明字昭回，處州縉雲人。景德中，舉賢良方正，罷歸。仁宗朝，仕至太常丞。

句

一丸童子藥，五返使臣車。近臣疾愈　皇朝類苑　䴉夷江上畬田稔，牛斗星邊貫索空。送皇甫提刑　楊文公談苑

戚維

維，楚丘人，堅素先生同文子。大中祥符初，累官都官員外郎、職方郎中。

送何水部蒙出牧袁州

又領親民任，星車別紫微。隼旟新命重，鶴髮故人稀。雲樹看如畫，風帆去似飛。鄉中諸父老，榮羨錦衣歸。袁州府志

孫元方

元方，大中祥符初官殿中丞。

送何水部蒙出牧袁州

聖君再命擁朱輪，合是南方受賜頻。雙鬢任從添白髮，六條誰許繼淸塵。風牽澤國秋帆遠，路入豐州畫錦新。莫爲故鄉延去櫂，宜春人望待行春。袁州府志

錢　丕

丕，惟治子。大中祥符初，官駕部員外郎，終光祿少卿。

送何水部蒙出知袁州

白首名郎有幾人，雙旌畫錦不如君。楚江萍暖烘朝日，玉女衣輕挂曉雲。極浦仙舟煙漭漭，高秋郡閣葉紛紛。政成更與他州别，從古宜陽重藝文。袁州府志

盛　元

元，大中祥符初，屯田員外郎。

送何水部蒙出牧袁州

文昌郎位改淸資，乞領魚符賦式微。雉省月寒慵夜直，隼旟風細喜秋歸。宜春酒助新開宴，侍史香餘舊賜衣。客向西山思井舊，莫敎漚鳥見人飛。袁州府志

靑陽楷

楷，蜀人。

題玉光亭和章郇公韻

鳴琴賢宰有三長，吟得新詞敵夜光。好是斷章無以和，神仙官職水雲鄉。

信州圖經：玉光亭在玉山縣廳之東，章郇公詩碑在焉。蜀人青陽楷和韻云云。

高觀

觀字會之，宿州蘄人。第進士，累官集賢院學士，進給事中，知單州。

海棠

錦里花中色最奇，妖嬈天付本來稀。綺霞忽照迷紅障，縠露輕籠設翠幃。繁朵有情粧媚景，纖枝無力帶殘暉。好將繡向羅襟上，永作香閨楚楚衣。海棠譜

宋詩紀事卷八

錢唐　厲　鶚　輯
祁門　馬曰琯　同輯

杜　衍

衍字世昌，越州山陰人。大中祥符元年進士。仁宗朝，拜同中書門下平章事，罷知兗州。以太子少師致仕，封祁國公。卒贈司徒、兼侍中，謚正獻。

石林詩話：杜正獻公自少清羸，若不勝衣。年過四十，鬢髮即盡白。雖立朝孤峻，凜然不可屈，而不爲奇節危行。歐公素出其門。公謝事居家，歐適來爲守，相與甚懽。公不甚飲酒，唯賦詩酬唱。是時年八十，然憂國之意，猶慷慨不已，每見于色。歐和詩有：「貌先年老因憂國，事與心違始乞身。」公得之大喜，常自諷誦。當時以謂不惟曲盡公志，雖其形貌亦在模寫中也。

蔡寬夫詩史：杜正獻公以直諒端方名天下，平生踐履，未有一事少出禮法。年過七十，謝事，始學草書，遂盡其妙。今使人每見之，其英特爽秀、無所降屈之氣，猶可想見。

林下書懷

從政區區到白頭，一生寧肯顧恩讎。雙鳧乘雁常深媿，野馬黃羊亦過憂。豈是林泉堪佚老，只緣蒲柳不禁秋。始終幸會承平日，樂聖唯能擊壤謳。

皇朝類苑：野馬黃羊，乃張說傳所謂「吾肉非黃羊，必不畏喫；血非野馬，必不畏刺」是也。

幽居卽事

寂寂復寂寂，告老閑居日。徑草高于人，林鳥熟如客。黄卷不釋手，清風常滿室。内顧平生心，無過此時適。宋文鑑

睢陽五老圖　幷序　時祁公年八十

夫蹈榮名而保終吉，都貴勢而躋遐耈，白首一節，人生所難。今致政宫師相國杜公，雅度敏識，圭璋巖廟；清德令望，龜準當世。功成自引，得謝君門。覩所難得者，則安享之；謂所難行者，則恬居之。燕申睢陽，與賓客太原王公、故衛尉河東畢卿、兵部沛國朱公、駕部始平馮公，咸以耈年挂冠，優遊鄉梓。暇日宴集，爲五老會，賦詩酬唱，怡然相得。宋人形于繪事，以紀其盛。昔唐白樂天居洛陽，爲九老會，于今圖識相傳，以爲勝事。距兹數百載，無能紹者。以今況昔，則休烈鉅美過之。明逸遊公之門久矣，以鄉閭世契，倍厚常品。今假守留鑰，日登翹館，因得圖像，占述序引，以代鄉校詠謠之萬一。至和丙申中秋日，錢明逸序。

五人四百有餘歲，俱稱分曹與挂冠。天地至仁難補報，林泉幽致許盤桓。花朝月夕隨時樂，雪鬢霜髯滿座寒。若也睢陽爲故事，何妨列向畫圖看。事文類聚前集

澠水燕談：慶曆末，祁公告老，退居南京。與太子賓客致仕王渙、光祿卿致仕畢世長、兵部郎分司朱貫、尚書郎致仕馮平，爲五老會，吟醉相勸，士大夫高之。祁公以故相耆德，尤爲天下傾慕。兵部詩云：「九老且無元老貴，莫將西洛一般看。」五人年皆八十餘，康寧爽健，相得甚歡。故祁公詩云：「五人四百有餘歲，俱稱分曹與挂冠。」而畢年

最高，時九十餘，故其詩云：「非才忝預最高年。」是時歐文忠留守睢陽而歎慕，借其詩觀之。用次韻，卒章云：「聞說優遊多唱和，新詩何惜借傳看。」

和孫珪祕丞說章草書

老來楷法不如初，試向閑齋習草書。下筆何曾見飛動，彫章早已過吹噓。伯英比聖功難到，懷素稱狂力有餘。若謂伊余堪繼踵，只應緣木可求魚。苕溪漁隱叢話

睢水卜居

無似老且病，惟恐歸田遲。一旦得引年，九天還聽卑。爲罷二品祿，俾盡百年期。恩深淪骨髓，感極横涕洟。始營菟裘地，同向睢水湄。城隅最窮僻，匠者寧求奇。卜築悉由己，軒牖亦隨宜。外以庇風雨，內以安妻兒。燕雀莫羣噪，鷦鷯繞一枝。因念古聖賢，名爲千古垂。何嘗廣居室，儉爲後人師。亞聖樂簞食，寢丘無立錐。文終防世奪，景相恥家爲。文園四壁立，鄭公小殿移。伊余具員者，適會承平時。無術毗萬務，無才抗四夷。爲郡亦齷齪，勞心徒孜孜。保身亦天幸，揣己宜自知。開卷顏間厚，復懼來者嗤。勗哉知止足，清白猶可追。合璧事類別集

蓮花

鑿破蒼苔作小池，芰荷分得綠差差。曉來一朵烟波上，似畫眞妃出浴時。後村千家詩

鄉有好事者出君謨行草八分書數幅中有梅聖俞詩一首因成拙句以識二美

莆田筆健與文豪，尤愛南山縣詠高。欲使英辭長潤石，每逢佳句即揮毫。淸如韶濩諧音律，逸似鸞皇

振羽毛。羲獻有靈應悵望，當時不見此風騷。灋奎律髓

雨中荷花

翠蓋佳人臨水立，檀粉不勻香汗溼。一陣風來碧浪翻，眞珠零落難收拾。少室山房續筆叢

寶林寺

中懷無絆外緣閑，深掩禪扉客到難。勝景可曾飛錫去，好山多祇捲簾看。晝升講座天花落，夜步吟軒海月殘。今日逢師堪論道，歸心愁思一時寬。越詠

題懷素自題卷後

狂僧草聖繼張顚，卷後兼題大曆年。堪與儒門爲至寶，武功家世久相傳。

遠蒙運使度支以資政范公所寄黃素小字韓文公伯夷頌請許昌文公淮西富公題詩于後才翁復綴雅什兼寄長安晏公公亦有作衍久茲休退人事僅廢不意雅故未移忝以副本爲貺俾愚繼之斷此怔忪既感且媿輒爾率強成拙句奉呈敢言亦驥之乘聊爲續貂之比耳衍上

希文健筆妙韓文，文爲首陽山下人。寧止一言旌義士，欲敦萬古勸忠臣。頌聲益與英聲遠，事蹟還隨墨蹟新。當世宗工復題詠，尤宜率爾盡書紳。以上式古堂書考

畢世長

世長，天聖中以虞部郎中知台州，司農卿致仕。

睢陽五老會詩 年九十四歲

非才最忝預高年，分務由來近挂冠。敢造鉅賢論軌躅，幸依都府得盤桓。篇章捧和慚風雅，眷待優隆荷歲寒。儻許袞容參盛列，欲憑繪事永傳看。事文類聚前集

馮平

平，駕部郎中致仕。

睢陽五老會詩 年八十七歲

詔恩分務許優閑，肯借留都擲豸冠。名宦儻來空擾攘，丘園歸去且盤桓。醉遊春圃烟霞暖，吟聽秋潭水石寒。退傅況兼爲隱伴，紅塵那復舉頭看。事文類聚前集

王渙

渙，禮部仕郎致仕。

睢陽五老會詩 年九十歲

分曹歸政養耆年，李下何由更整冠。賢相賦詩同笑傲，聖君優詔許盤桓。龐眉老叟俱稱壽，凌雪喬松豈畏寒。屈指五人齊五福，鄉人須作二疏看。事文類聚前集

朱貫

貫，兵部郎中致仕。

睢陽五老會詩 年八十八歲

各還朝政遇堯年，鶴髮俱宜預道冠。乍到林泉能放曠，全抛簪紱尙盤桓。君恩至重如天覆，相座時親畏地寒。九老且無元老貴，莫將西洛一般看。事文類聚前集

曹修古

修古字述之，建安人。大中祥符元年進士。官監察御史。天聖初，抗疏忤旨，出知興化軍。卒贈右諫議大夫。

池上

荷葉罩芙蓉，員香暎嫩紅。佳人南陌上，翠蓋立春風。青箱雜記

題清心堂 在興化軍治，詩刻于壁。

天府鞠囚三節日，霜臺待漏五更時。薰風一覺清涼睡，莫問浮名高與卑。興化府志

曹修睦

修睦，修古弟。大中祥符元年進士。官司封員外郎，分司南京，致仕。

贈仁曉禪師竹簟

翠筠織簟寄禪齋，半夜秋從枕底來。若也此時人問道，涼天捲卻暑天開。青箱雜記

葛　宫

宫字公雅，丹陽人。大中祥符元年進士。仕至工部侍郎。立方之曾伯祖。有青暘集。

句

翩翩燕子朱門靜，狠藉梨花小院閑。韻語陽秋

蕭　貫

貫字貫之，臨江軍新喻人。大中祥符二年，進士第二。累官刑部員外郎，知饒州，遷兵部員外郎。

宫中曉寒歌

十二嶢闕隱空綠，猊猊呀酒椒壁馥。渴烏涓涓不相續，轆轤欲轉霏紅玉，百刻香殘隕蓮燭。五龍吐水漫寒漿，紅綃佩魚無左璫，兩兩縣足瞻扶桑。紅苹半規出波面，回首觚棱九霞絢。鳴鞘遠從天上來，大劍高冠滿前殿。

宋史文苑傳：貫初感疾，夢綠衣中人召至帝所，賦禁中曉寒歌，詞語清麗，人以比唐李賀。

豫章詩話：蕭貫少時夢至一宫殿，羣女如神仙。一人授紙云：「此衍波牋，煩賦曉寒歌。」貫援筆立成云云。仙曰：「子詩甚有奇語，異日必貴。」

程　琳

琳字天球，博野人。祥符四年進士，舉服勤詞學科。慶曆中，官至鎮安軍節度使，同平章事。卒贈太師、中書令，謚文簡。

海棠

海外移根灼灼奇，風情閑麗比應稀。晶熒寶蕚排珠琲，旖旎芳叢簇繡帷。繁極只愁隨暮雨，飄多何計

駐春暉。浣花溪上年年意，露溼烟霞拂客衣。海棠譜

司馬池

池字和中，陝州夏縣人。舉進士。歷官至天章閣待制，知河中府，徙同州，又徙杭州、晉州。

行色

冷于陂水淡于秋，遠陌初窮到渡頭。賴是丹青不能畫，畫成應遣一生愁。

中都志：行色詩石刻，在故安豐縣。張文潛作記云：「待制司馬公嘗監安豐酒稅，作此詩。其孫宏知縣事，刻于石。」梅聖俞嘗言：「詩之工者，寫難狀之景，如在目前；含不盡之意，見于言外。」此詩有焉。

燕肅

肅字穆之，青州益都人。第進士。累遷龍圖閣待制，知鄧州，以禮部侍郎致仕。

宋史本傳：肅喜爲詩，能畫，入妙品。嘗造指南車、記里鼓二車，及敧器以獻。又上蓮花漏法。在明州爲海潮圖，著海潮論二篇。

青箱雜記：本朝之制，待制止繫犀帶。遷龍圖閣直學士，始賜金帶。燕公爲待制，十年不遷。乃作陳情詩上時宰曰：「鬢邊今日白，腰下幾時黄。」時宰憐之，未幾遷直學士。

僻居

茅齋城市遠，草徑接漁村。白日偶無客，青山長對門。藥爐留火燰，花塢帶烟昏。靜坐搜新句，冥心傍酒樽。宋文鑑

贈惠山慶上人

陸羽泉邊倚瘦筇，參差臺殿映疎松。五天講去春騎虎，一鉢擎來晝伏龍。像閣磬敲淸有韻，薜庭雪過靜無蹤。相逢多説遊方話，知老靈山第幾峯。無錫縣志

蔣堂

堂字希魯，宜興人。大中祥符五年進士。仁宗時，歷官江淮發運使、禮部侍郎。嘗兩守吳郡，後謝事，因家焉。自號遂翁。有吳門集。

贈陳虞卿

寵秩拜春坊，歸休識慮長。掃門卑魏勃，設醴謝元王。一水蓴鱸國，羣山橘柚鄉。喜君添老社，煙駕尙徜徉。

中吳紀聞：陳之奇字虞卿，鄉人以其有賢德，故以君子稱之。雖閭巷小兒，亦知愛敬。有爭訟久不決者，跨蹇驢至其家，以大義感動之，皆爲之革心。自挂冠後，閑居十八年。熙寧初卒，葬花山。王岐公爲作志，題之曰陳君子墓銘。始公之謝事也，蔣堂侍郎語人曰：「舉天下皆知有富貴，而虞卿獨以知止易衆人之心，吾喜林下有人矣。」

新井歌 并序

堯峯顥暹禪師，有道行，居常遊吾門。一日且曰：山鑿石造井，逾歲僅成。既冽而甘，大爲叢林之利。願得紀述，以永其傳。因作歌云。

白雲莽莽青山頭，一穴四面飛泉流。其初山間舊井涸，枯腸燥吻海衆羞。于時大士寶雲者，頣指土脈

智慮周。山靈所感道心爽，檀施聿來工力鳩。雲鍤齊下遠雷動，石火內擊飛星稠。百尺虛空廓地表，自注：鑿井求水，出土一尺，卽有一尺虛空。見內書。一泓清冽呀深幽。人疑從天墮月窟，或問何處移龍湫。次則其徒駭殊勝，競持應器嘗甘柔。飢狖連臂喜跳擲，渴烏引喙鳴鉤輈。碧甃光中轆轤曉，銀牀側畔梧桐秋。寶坊金地互相映，谷鮒坎蛙難此留。傍晚江形小衣帶，下窺湖面卑浮漚。何茲鑿飲有功利，一掬入口醍醐優。熱者濯之昏鈍決，病者沃之沈痾瘳。而我時邀墨客去，松澗遠挈都籃遊。淨瓶汲引試香荈，雅具羅列無罌甌。自注：茶經：揰鼎罌甌，非器也。比之玉乳不差別，自注：曲阿有玉乳泉。誚彼練月多謬悠。自注：俗傳天竺有練月井，而茶經、水記皆不載。今茲泉眼在魯塢，所喜雲液鄰菟裘。自注：魯塢乃堯峯地，予所居去之一舍。苧翁旣往乏鑒者，水記未載予將修。此山此井永不廢，此歌其庶傳南州。

過葉道卿侍讀小園

秀野亭連小隱堂，紅蕖綠篠媚滄浪。卞山居士自注：道卿自號也。無歸意，卻借吳儂作醉鄉。自注：蘇人多遊飲于此園。

隱圃

雅得菟裘地，清宜隱者心。綠葵才有甲，青桂漸成陰。獨曳山屐往，無勞俗駕尋。湛然常寂處，水月一菴深。

南湖臺

危臺竹樹間，湖水伴深閑。清淺採香徑，方圓明月灣。放魚隨物性，載石作家山。自喜歸休早，全勝攢老還。

嶢榭水中央，茲爲隱遯鄉。小園香寂寂，一派曉泱泱。烟草碧彌岸，露桃紅壓牆。自注：新植桃一百本。鴟夷儻居此，未必入滄浪。

水亥揭危亭，烟堤四面平。栽蘆延宿鷺，種柳待啼鶯。雪霽清流漲，風來夜艇橫。輕微莫臨壑，吾老嬾逢迎。以上吳郡志

吳郡志：隱圃在靈芝坊，樞密直學士蔣堂之居。堂兩守吳，謝事，因家焉。自號遂翁。圃中有巖扃、水月菴、烟蘿亭、風篁亭、香嵓峯、古井、貪山等。堂嘗自賦隱圃十二詠。結菴池上，名水月。宅南小溪上，結宇十餘柱，名溪館。又築南湖臺于水中。皆有詩。

守會稽日修永和故事作

一派西園曲水聲，水邊終日會冠纓。幾年詩筆無停綴，不似當年有罰觥。會稽志

贈惟政禪師

禪客尋常入舊都，黃牛角上挂瓶盂。有時帶笠穿雲去，便好和雲作畫圖。

西湖高僧事略：惟政禪師字渙然，居功臣山淨土院，出入常跨一黃牛。慶曆中，侍郎蔣公堂贈詩，蓋實錄也。

題凸亭

凸亭深處枕清溪，萬木回環盡翠微。梅萼破香知臘近，柳梢含綠認春歸。風前列嶂琴三疊，雪後羣山玉四圍。顧我此來盤礴久，塵勞瀟灑頓忘機。常州府志

句

深鎖煙光在樓閣，旋移春色入門牆。題吳殿丞應之新葺兩圃。圃中有紅梅閣，吳有姬曰紅梅，因以名閣。吳郡志。

蔡齊

齊字子思，萊州膠水人。大中祥符八年進士第一。仁宗朝，拜禮部侍郎、參知政事，出知潁州。卒贈兵部尚書，謚文忠。

孔平仲談苑：眞宗臨軒策士，夜夢檐下有菜，一苗甚盛，與殿基相高。及拆第一卷，乃是蔡齊。上見其容貌曰：「得人矣。」特詔金吾七人清道，自齊始。

小孤山

危峯屹立長江上，勢折華胥限百蠻。鼇背孤撑青玉柱，斗杓斜插翠雲鬟。月生西海初三夜，潮到東吳第一關。安得扁舟多載酒，放歌擊楫浪花間。安慶府志

黄鑑

鑑字唐卿，浦城人。大中祥符八年進士。累遷太常博士，爲國史院編修官，出倅蘇州。有楊文公談苑、楊公筆苑句圖。

送李殿省赴任常熟　郎都尉元昆

吳山紫翠倚晴空，潘令風流向此中。雨飽公田方稼稔，春生香徑雜葩紅。綵艫銜尾凌波駛，楨經駢頭薦俎豐。玉季情深重睽索，南雲延脰接飛鴻。吳都文粹

謝絳

絳字希深，濤之子。以任補校書郎，復登大中祥符八年進士甲科。仁宗朝，累除知制誥，判吏部流內銓、太常禮院，出知鄧州。有集。

儒林公議：謝絳，吳人，有詞藻。景祐中，知制誥。然輕黠，利脣吻，人罕測其心。人謂之十一面觀音。

小隱園詩 幷序

余近營別墅於小隱巖。忽憶癸酉冬春，詔逆虜使于陳橋驛，夢中偶賦，及寤，寫在牘背。今因巖名，知所賦三言前契矣。遂足爲八句。

僕本塵外士，功名若毫末。因尋小隱園，忽見羣芳發。昔夢宛可記，靈契方茲達。會須挂朝纓，歸弄巖前月。

答梅聖俞問隱

聖俞一紙書，問我小隱居。小隱詎有異，築室數畝餘。巖壑不峻崒，田園非美腴。所欲近丘墓，歲時來掃除。先人夢讀史，遵道本聖徒。絕筆於此詩，子孫無忽諸。刻石置中堂，但使過者趨。題榜爲服訓，義取銘盤盂。後嶺雙松亭，徑術何縈迂。下臨富春渚，萬象生有無。東偏作草舍，可以施琴壺。門前碧塘水，萬本栽荷蕖。風來觸香氣，長著人衣裾。溪水決決流，黍稻可勿枯。柔桑及美果，種廣莫記株。澗草不識名，野禽多異呼。坐此易歲晏，漸與人世踈。在昔東陵侯，瓜壠猶親鉏。楊惲謝九列，種豆南山隅。余嘗考槃賦，從我者誰歟？近來傅越石，趣尚若不殊。儻閑丘壑徑，不顧升斗儲。如君美

材具，日月升雲衢。安敢預招挽，粗自陳其愚。以上杭州府志

富春遺事：梅聖俞堯臣，與謝希深爲詩文友，互相切劘。希深居富陽小隱山，別築室曰讀書堂，構雙松亭於前，倚山臨江，雜植花果，沼荷稻圩，環流布種，頗稱幽人之居。聖俞慕悦其風，時以詩文問答倡和，一時傳爲雅事云。

句

王貌閑如鶴，黄吟苦似猿。

職官分紀：國朝天聖中，修國史，王安簡、謝陽夏、李邯鄲、黄唐卿爲編修官。安簡神情沖澹，唐卿刻意篇什，謝戲爲句云云。

范仲淹

仲淹字希文，其先邠人，後徙吳縣。大中祥符八年進士。仁宗朝，擢右司諫，歷樞密副使、參知政事，以資政殿學士爲陝西四路宣撫使，知邠州，徙鄧州、荆南、杭州、青州。卒贈兵部尚書，謚文正。有丹陽集。

孔平仲談苑：范文正公幼孤，隨母適朱氏，因冒朱姓，後復本姓。啓曰：「志在投秦，入境遂稱於張祿；名非霸越，乘舟乃效于陶朱。」

老學菴筆記：范文正公喜彈琴，止彈履霜一操，時人謂之范履霜。

牡丹

陽和不擇地，海角亦逢春。憶得上林色，相看如故人。

澠水燕談：海陵西溪鹽場，初呂文靖公嘗官于此，手植牡丹一本，有詩刻石。後范文正公亦嘗臨莅，復題一絶。人

以二公詩筆貴重，護欄，歲久茂盛，每歲花開百朵，爲海濱奇觀。

淮上遇風

一櫂危於葉，傍觀欲損神。他年在平地，無忽險中人。

后山詩話：雖弄翰戲語，卒然而作，其濟險加澤，未嘗忘也。

懷慶朔堂　曰琯按：饒州府志：堂在舊州治內，公謫守時建。

慶朔堂前花自栽，便移官去未曾開。如今憶著成離恨，祇託春風管領來。

卻掃編：春風，鄱陽天慶觀道士也。其所居之室曰春風軒，因以自名。公在郡時與之遊，今移守丹陽，蓋以寄之云。

西溪叢語：公守鄱陽，喜樂籍，未幾召還。作詩寄後政云云。到京以綿臙脂寄其人，題詩云：「江南有美人，别後長相憶。何以慰相思，贈汝好顔色。」至今墨跡在鄱陽士大夫家。

贈葉少卿

退也天之道，東南事了人。風波拋舊路，花月伴閑身。湖外扁舟遠，門中駟馬新。心從今日泰，家似昔時貧。見子登西掖，攜孫過北隣。白雲高閣曙，淥水後池春。尊酒呼前輩，爐香叩上眞。只應陰德在，八十富精神。

中吳紀聞：葉參，字少列，嘗守吳郡。既謝事，因居焉。其子淸臣，字道卿，登禁從，持本路漕節侍養，搢紳榮之。范文正公贈以詩。

觀風樓

高壓郡西城，觀風不浪名。山川千里色，語笑萬家聲。碧寺煙中静，紅橋柳際明。登臨豈劉白，滿目是詩情。

中吳紀聞：子城之西，舊建樓其上，名觀風。在唐但謂之西樓，白樂天有西樓命宴詩。後改爲觀風，今復名西樓矣。公作守時賦詩。

虎丘

昔見虎眈眈，今爲佛子巖。雲寒不出寺，劍淨未離潭。幽步蘿垂徑，高禪雪閉菴。吳都十萬戶，烟瓦徧東南。

木蘭堂　堂在郡治後。唐張摶自湖州刺史移蘇州，于堂前大植木蘭花，當盛開時，燕郡吏詩客。

堂上列歌鐘，多慚不如古。卻羨木蘭花，曾見霓裳舞。自注：白樂天爲蘇州刺史，常教此舞。

野色

非烟亦非霧，冪冪映樓臺。白鳥忽點破，殘陽還照開。肯隨芳草歇，疑逐遠帆來。誰會山公意，登高醉始回。

林下偶談：范文正此詩，不下司馬池行色之作。梅聖俞所謂「寫難狀之景，如在目前」也。

芝山寺　在廬山

樓殿冠崔嵬，靈芝安在哉？雲飛過江去，花落入城來。得食鴉朝聚，聞經虎夜回。偶臨西閣望，五老夕陽開。

饒州作

三出邊城鬢似絲，齋中瀟灑過禪師。每踈歌酒緣多病，不負雲山賴有詩。半雨黃花秋賞健，一江明月夜歸遲。人間禍福何須道，問著衰翁也自知。

送鄞尉竇君

片帆飛去若輕鴻，一霎春潮過浙東。王謝江山久蕭索，子眞今爲起淸風。

送丁司理赴明州

仙家枝葉令威孫，南去司刑庇越民。金闕道書微旨在，獄多陰德是眞人。道書謂：升眞者皆須曾爲獄官。

瀟灑桐廬郡

瀟灑桐廬郡，烏龍山靄中。使君無一事，心與白雲空。

瀟灑桐廬郡，家家竹引泉。令人思杜牧，無處不潺湲。

瀟灑桐廬郡，全家長道情。不過歌舞事，繞舍石泉聲。

瀟灑桐廬郡，嚴陵舊釣臺。江山如不勝，光武肯教來。以上范文正公集

嚴陵祠

漢包六合網英豪，一箇冥鴻惜羽毛。世祖功臣三十六，雲臺爭似釣臺高。湘山野錄

北固樓

北固高樓海氣寒，使君應此憑闌干。春山雨後靑無數，借與淮南子細看。方輿勝覽

桐廬方正父家藏唐翰林畫白芍藥予來領郡事因獲一見感歎久之題二十八字景祐元

年十月七日

治亂興衰甚可嗟，徒憐水調訴榮華。開元盛事今何在，尚有霓裳寄此花。困學齋雜錄

滕宗諒

宗諒字子京，河南人。大中祥符八年進士。從泰州軍事推官召試學士院，改大理寺丞，歷左司諫，出知湖、虢、岳、蘇四州。

贈回道士

華州回道士，來到岳州城。別我遊何處，秋空一劍橫。

東軒筆錄：宗諒謫守巴陵郡，有華州回道士上謁，風骨聳秀，神宇清邁。滕知爲異人，口占一詩贈之。

遊茅山

句曲山中古洞天，金堂玉室地相連。方當遽子知非日，已過茅君得道年。鎭江府志

王 益

益字舜良，臨川人，荆公之父。祥符八年進士。任蜀之新繁令，至都官員外郎。

和梅公儀留題重光寺羅漢院贈憲上人

曉剃吟髭雪半零，海窗曾呪鉢龍醒。早同西竺能持法，應笑南僧不會經。雲氣晝閑侵麈柄，蘚痕春老上銅瓶。近來禪觀都無語，手指餘花滿寺庭。成都文類

詹中正

中正，衢州人。大中祥符八年甲科。時稱詹白雲。

退居

宦情文思競闌珊，利戸名樞莫我關。無可奈何新白髮，不如歸去舊青山。須知百歲都爲夢，未信千金買得閑。珍重尊中賢聖酒，非因風月亦開顔。

句

吟餘妓散杯中酒，歸去蝶隨頭上花。以上瀛奎律髓

田况

况字元均，冀州信都人。舉進士甲科，復舉賢良方正。累遷右正言、知制誥，以右諫議大夫知成都府，召爲御史中丞、樞密使，終尚書右丞。贈太子太保。謚宣簡。有金巖集。

琴堂

西漢文章世所知，相如閎麗冠當時。遊人不賞凌雲賦，只説琴堂是故基。

成都遨樂詩

元日登安福寺塔

歲曆起新元，錦里春意早。詰旦會朋寀，羣遊僕驂導。像塔倚中霄，聳檐結重橑。隨俗縱危步，超若薄清昊。千里如指掌，萬象可窮討。野闊山勢迴，寒餘林色老。遨賞空閭巷，竭來喧稚耄。人物事多閑，車馬擁行道。顧兹歡娱俗，良慰羇遠抱。第念民政疎，無庸答宸造。

二十八日謁生祿祠遊淨衆寺

千騎出重闉，嚴祠淨宇鄰。映林沽酒旆，迎馬獻花人。豔日披紅霧，香飈起路塵。韶華特明媚，不似遠方春。

三月三日登學射山

麗日照芳春，良辰重元巳。陽濱修祓除，華林程射技。所尚或不同，從俗亦足喜。門外盛車徒，山半列鄽市。彩堋飛鏑遠，醉席歌聲起。回頭望城郭，烟靄相表裏。秀色滿郊原，遙影落川涘。目倦意猶遠，思餘情未已。登高貴能賦，感物暢幽旨。宜哉賢大夫，由斯見春美。

四月十九日汎浣花谿

浣花溪上春風後，節物正宜行樂時。十里綺羅青蓋密，萬家歌吹綠楊垂。畫船疊鼓臨芳漵，綵閣淩波汎羽巵。霞錦漸曛歸櫂促，滿城懽醉待旌旗。以上成都文類

种放

放字明逸，洛陽人。隱終南山之豹林谷，後以薦授左司諫。累遷諫議大夫，辭歸。大中祥符八年，終工部侍郎。有集。

湘山野錄：眞宗初，詔种隱君至闕，以敷對稱旨。日既高，中人逡中書膳，諸相皆盛服以俟。种至，止長揖而已。楊大年以詩嘲之曰：「不把一言裨萬乘，祇叉雙手揖三公。」上聞之，獨召楊曰：「知卿有詩戲种某，安知無一言裨朕乎？」出一皁囊，內有所奏十議，俾大年觀之。

澄懷錄：种明逸嗜酒，嘗種秫自釀，曰：「空山清寂，聊以養和。」自號雲谿醉侯。詩話總龜：太平興國中，李繼遷以西夏叛，朝廷興師，迨十餘年。至咸平末，章聖有厭兵之意。處士种放在山中，有詩云：「胡雛負恩信，聖主恥干戈。」章聖聞之，卽遣使召至，授左司諫。會景德初，繼遷死，其子德明願納款，遂罷兵。放拜官，復歸終南。終于工部侍郎。

瀟湘感事

離離江草與江花，往事洲邊一歎嗟。漢傅有才終去國，楚臣無罪亦沈沙。淒涼野浦飛寒雁，牢落汀祠聚晚鴉。無限清忠歸浪底，滔滔千頃屬漁家。古今詩話

寄二華隱者

我本厭虛名，致身天子庭。不終高尚事，有媿少微星。北闕空追悔，西山羨獨醒。秋風舊期約，何日去冥冥。老學菴筆記

夏日山居

陰陰林木靜，寂寂無人境。紅綻紫葳香，嵐沈玉膏冷。看雲時獨坐，愼事當中省。何客馭風來，新篁動疏影。宋文鑑

無題

丹樓縹緲路歧傍，共說祈眞白玉堂。珠樹風高低絳節，靈臺香冷醮虛皇。名傳六合何昭晰，事隔三清限渺茫。欲識當年漢家意，竹宮梧殿更淒涼。玉照新志

黄康弼

題廣化寺阿育王塔

齊野非吳渚，支郎是子陵。釣臺千古月，寶塔萬年燈。

于欽齊乘：阿育王塔在臨淄城西，唐太和中建寺。五代無棣僧道圓居之。與宋太祖有舊，加號蓋國大師，塔增爲十二級。祥符中，更名廣化寺。黄康弼詩云云。

李湛

湛，大中祥符間祕書監。

永慶寺 在常熟

巖扉開早涼，谷鳥分遠翔。花氣溼幽徑，磬聲清上方。雲生松澗底，花落蘚池傍。致有遺榮意，移時坐石牀。吳郡志

破山興福寺 在常熟，即常建題詩處。

雲門十里長，殿塔明朝陽。半夜風雨至，滿山松桂香。淸猨嘯遠樹，好鳥鳴虛廊。塵纓斵可濯，胡爲語滄浪。破山寺志

龍昌期

昌期字起之，陵州人。祥符中，遊京師。明鎬奏授太子洗馬，明堂汎恩，改殿中丞。有竹軒小集。

宋史劉敞傳：蜀人龍昌期，著書傳經，以詭僻惑衆。文彦博薦諸朝，賜五品服。敞與歐陽修俱曰：「昌期違古畔道，學非而博，王制之所必誅。未使即少正卯之刑，已幸矣，又何賞焉。」乞追還詔書。昌期聞之懼，不敢受賜。

三山即事

百貨隨潮船入市，萬家沽酒市垂帘。蒼烟巷陌青榕老，白露園林紫蔗甜。輸墨大全

蘇爲

爲，祥符間知邵武軍，又嘗知宣州、湖州。

湖州作

野艇閑撑處，湖天景亦微。春波無限緑，白鳥自由飛。柳色濃垂岸，山光冷照衣。時攜一壺酒，戀到晚涼歸。

青箱雜記：爲湖州詩數十首，惟此篇足爲絶唱。

宣城花

宣城花壘嶂，樓前簇綺霞。若非翠露陶潛宅，即是紅藏小謝家。

青箱雜記：爲在宣城，有詩十首，皆以宣城爲目。內宣城花一首，尤爲清麗。

邵武作

句

愛重八九月，登臨高下樓。林紅雲白處，寒瀨泊漁舟。同上

夜浪珠還浦，春泥象印蹤。送劉端州　楊文公談苑

賈同

同字希得，臨淄人。舉進士。除大理評事，通判兗州，累遷殿中丞，知棣州卒。門人私謚存道先生。

示蔡通判

聖君恩重龍頭選，慈母年高鶴髮垂。君寵母恩俱未報，酒如成病悔何追。

合璧事類：蔡文忠公齊，喜酒，飲量過人。既登第，通判濟州，日飲醇酎，往往至醉。是時太夫人年已高，頗憂之。一日，賈存道先生過濟，文忠館之數日。先生愛文忠之賢，慮其以酒廢學生疾，乃爲詩示文忠云云。文忠瞿然起謝。自是非親客不對酒，終身未嘗至醉。

方仲荀

仲荀，祥符中以尙書屯田員外郎知蘇州。

虎丘

海涌起平田，禪扉古木閑。出城先見塔，入寺始知山。堂靜參徒散，巢喧乳鶴還。祖龍求寶劍，曾此鑿孱顏。吳郡志

陳綱

綱，太常博士，知晉州。

留題霍山應聖公廟 石刻在霍州

峻極巍峩勢望雄，層巒疊嶂翠重重。爲神有感興唐祚，作鎮無疆福晉封。材産十州資構廈，泉分數邑潤耕農。幽巖舊榻高人隱，絕頂遺墳古帝蹤。欲雨片雲生峭壁，未明先日照危峯。斷崖當午晴雷震，深壑經秋積靄濃。樵去每逢游洞鹿，僧禪時見戲潭龍。名光祀典傳千載，御祝牲牢致享恭。大中祥符五年六月二十五日，嵐軍判官鄭世卿書，栗再輿刻字。求古錄

趙宗萬

宗萬字仲囦，越州人。大中祥符間，詔舉遺逸，被召不起。

句

斗縣金印心難動，屏列春山眼暫開。

萬姓統譜：趙宗萬築室于越郡之照水坊，左瞰平湖，前挹秦望。畜一鶴，號丹砂，引以爲侶。讀書鼓琴，怡然自適。祥符中，詔舉遺逸，郡守康戩以宗萬薦。尋被召，因獻跛鼈傳以自見，且請自託于道家者流。朝廷不奪其志，即其家賜以羽服。後十餘年卒。嘗爲詩云云。

宋詩紀事卷九

錢唐 厲鶚 輯
祁門 馬曰琯 同輯

蘇耆

耆字國老，易簡子。大中祥符間，以父任仕至工部郎中，直集賢院。

題虎丘

虎踞標靈跡，危樓杳靄間。劍池沈石壁，金地湧秋山。塔映松軒斷，雲迷蘚逕斑。磬隨靈籟盡，鶴伴老僧閑。有句慚先哲，無辭愈厚顏。我來聊寫望，頓覺離人寰。虎丘志

王初

初，宋初人。有歌詩一卷。

文獻通考：陳氏曰：初有延平天慶觀詩，當是祥符後人。

青帝

青帝邀春隔歲還，月娥孀獨夜漫漫。韓憑舞羽身猶在，素女商弦調未殘。終古蘭巖棲偶鶴，從來玉谷有離鸞。幾時幽恨飄然斷，共待天池一水乾。

書秋

千里南雲度塞鴻，秋雲無跡淡平空。人間玉嶺清霄月，天上銀河白晝風。潘賦登山魂易斷，楚歌遺佩

怨何窮。往來未得如張翰，欲鱠霜鯨碧海東。

自和書秋

隴首斜飛避弋鴻，頹雲蕭索見層空。漢宫夜結雙莖露，閶闔涼生六幕風。湘女怨弦愁不禁，鄂君香被夢難窮。江邊兩槳連歌渡，驚散遊魚蓮葉東。

春日詠梅花

靚妝纔罷粉痕新，迢遞風回散玉塵。若遣有情應悵望，已飛殘雪又飛春。

即夕

風幌涼生白袷衣，星榆纔亂絳河低。月明休近相思樹，恐有韓憑一處棲。

舟次汴堤

曲岸蘭叢鴈飛起，野客維舟碧煙裏。竿頭五兩轉天風，白日楊花滿流水。以上宋藝圃集

任玠

玠字溫如，蜀人。大中祥符末，以凌公策薦入京。進龍圖紀聖詩一千韻，酬以汝州團練推官，三讓，乞授一子官。

題黄休復茅亭

聚散榮枯一夢中，西歸親友半成空。唯餘大隱茅亭客，垂白論交有古風。茅亭客話

魯宗道

宗道字貫之，亳州譙人。舉進士，爲海鹽令。天禧元年，擢右正言。神宗即位，累拜右諫議大夫、參知政事，遷禮部侍郎。卒贈兵部尙書，謚簡肅。

登黃山

三十六峯凝翠靄，數千餘仞鎖嵐煙。軒皇去後無消息，白鹿靑牛何處眠。

蓮花源

花開十丈照峯頭，露裓紅衣爛不收。太乙眞人多逸興，穩眠一葉汎中流。以上黃山志

賈昌朝

昌朝字子明，獲鹿人。天禧初，召試，賜同進士出身。慶曆間，拜同中書門下平章事。英宗即位，加左僕射，進封魏國公。卒謚文元。有集。

題文潞公曲水園 鶚按：此詩風月堂詩話作晁迥。

畫船載酒及芳辰，丞相園林潩水濱。虎節麟符抛不得，卻將淸景付閑人。

石林詩話：曲水園在許昌城北，有大竹三十餘畝，潩河貫其中，以入西湖，最爲佳處。初爲本州民所有，文潞公爲守，買得之。潞公自許移鎭北門，而文元爲代。一日，挈家往遊，題詩壁間云云。遂走使持寄北門。潞公得之，大喜，即以地券歸賈氏，文元亦不辭而受。後文元居京師，亦不復至園。今荒廢，竹亦殘毀過半矣。

凌霄花

披雲似有淩雲志，向日寧無捧日心。珍重靑松好依託，直從平地起千尋。全芳備祖

王　贄

贄字至之，廬陵太和人。天禧三年進士。慶曆中，官殿中侍御史，歷戶部侍郎，致仕。

過吳江

吳江秋水灌平湖，水闊煙深恨有餘。因想季鷹當日事，歸來未必爲蓴鱸。中吳紀聞

蘇　紳

紳字儀父，晉江人。天禧三年進士。仁宗朝，累官史館修撰，擢知制誥、翰林侍讀學士、集賢殿修撰，出知河陽，卒。

金山寺

九派江流涌化城，登臨潛覺寄毛淸。僧依玉鑑光中住，人踏金鼇背上行。鍾阜雲開春雨霽，海門雷吼夜潮生。因思絕頂高秋夜，四面雲濤浸月明。鎭江府志

王　逵

逵，濮陽人。天禧三年進士。官刑部郎中。

句

下臨廣陌三條闊，斜倚危樓百尺高。

詩話總龜：福唐有老嫗當壚，有舉子謂曰：「吾能與爾致數十千。」乃令嫗作酒帘，題句云云。太守王祠部逵見之，大

喜，呼嫗，與錢五千。乃王公咏酒旗詩，平生最得意者。

鄭修

修，吳郡人。天禧三年進士。

玉簪花

玉色瓷盆綠柄深，夜涼移向小窗陰。兒童莫訝心難展，未展心時正似簪。全芳備祖

余弼

題慧悟禪師上方

禪師天禧中居錢塘月輪山。

孤峯牢落幾何年，臺殿于今插半天。已是精藍誇絶徼，更將寶塔在危顛。煙霞色任陰晴變，鐘磬聲隨上下傳。珍重老僧無別境，一生幽趣只山川。咸淳臨安志

曹汝弼

汝弼字夢得，其先青州人；南唐時，徙歙之休寧。祥符、天禧間，高蹈有聲，與魏野、潘閬、林逋善。有海寧集。

再寄披雲峯誠上人

江城從別後，聞說在松間。度日長扃戶，終年不下山。静爲詩所役，閑免事相關。應喜雲邊客，冥搜鬢未斑。

喜友人過隱居

忽向新春裏，閑過隱士家。旋收松上雪，來煮雨前茶。僧換新歌曲，梅妝隔歲花。應慚非遁者，難久在煙霞。

贈披雲峯岳長老

禪外掩松扃，閑眠度歲陰。雨侵香篆溼，苔長屐痕深。水在銅瓶冷，雲歸玉磬沈。前山有靈藥，時策杖披尋。以上瀛奎律髓

宋綬

綬字公垂，趙州平棘人。以外祖楊徽之遺恩授太常寺太祝。眞宗召試學士院，爲集賢校理。仁宗朝，歷兵部尚書、參知政事。卒贈司徒，兼侍中，謚宣獻。有文館、記事、外制、禁林甲、乙、祕殿、遺札七集。

上元以修史促成書特免扈從因賦

屬官不得陪春豫，結客何妨事夜遊。還勝南宮假宗伯，黃扉深鎖暗登樓。

蔡寬夫詩史：故事，春試進士，皆在南省中東廂。刑部有樓，甚寬壯，旁視宣德門，直抵州橋。鎖院每以正月五日，至元夕，例未引試，考官往往竊登樓，以望御路燈火之盛。宋宣獻公在翰林時，上元以修史促成書，特免扈從，嘗賦詩云云，蓋謂此也。至嘉祐中，歐陽文忠公知舉，梅聖俞作莫登樓詩，諸公相與唱和。自是遂爲禮闈一盛事。

送何水部蒙出牧袁州

梧楸初謝楚天涼，親見腰間換印囊。漁浦霧濃沈疊鼓，湓江風急下危檣。帝城雲表瞻龍首，故國星邊

認劍光。退食齋中多燕喜，暖泉春釀泛瑤觴。袁州府志

句

奇材劍客當前隊，麗賦騷人託後車。皇朝類苑

江涵帝子翬飛閣，山際眞君鶴馭天。

優古堂詩話：豫章事實，王子安序之詳矣。題咏此邦者往往採之。晏元獻云：「望斗氣沈龍已化，置芻人去榻猶懸。」宋綬公垂云陶雍州云：「劍待張華時已晚，榻延徐孺禮應疎。」此二聯全是「龍光射牛斗之墟，徐孺下陳蕃之榻」也。云，不襲陳迹，甚可佳也。

憶昔唐家扃禁地，粉壁曲龍閒曩記。承明意義今頓還，永與鑾坡爲故事。

蔡寬夫詩史：學士舊院與宣徽院相鄰。玉堂兩壁，有巨然畫山、董羽畫水。宋宣獻爲學士時，燕穆之復寫六幅山水屏寄之，遂置于中間。宣獻詩云云。唐翰林壁畫海曲龍山，故引用之。

薛　奎

奎字宿藝，絳州正平人。進士及第。累官龍圖閣待制，權知開封府。仁宗朝，授樞密直學士，知益州，召拜參知政事，罷爲資政殿學士。卒贈兵部尚書，諡簡肅。有集。

詩話總龜：薛簡肅公尹開封，以嚴爲治，謂之薛出油。其後牧成都，歲豐人樂，作春遊好十首，自號薛春遊。欲換前稱也。

寄金繩院正因大師

僧中憶藝本超羣，釋氏蒙求見討論。儒行合爲文暢侶，詩名雅作貫休孫。心燈久已傳宗意，命服仍嘗

錫帝恩。宴坐旃檀消篆字，眼前闤闠任囂喧。成都文類

龐籍

籍字醇之，單州武成人。舉進士，仁宗時爲侍御史，歷天章閣待制。元昊反，爲陝西安撫使，召拜樞密使，同中書門下平章事，加觀文殿大學士，以太子太保致仕，封潁國公。薨贈司空，謚莊敏，有清風集。子元英，朝散大夫，著文昌雜錄。

司馬溫公序略：公性喜詩，雖相府機務之繁，邊庭軍旅之急，未嘗一日置。凡所以怡神養志，及逢時值事，一寓之於詩。

東軒筆錄：陳文惠與龐潁公同戊子生。陳已貴，龐尚爲小官。嘗戲龐曰：「君乃小戊子耳。」後潁公大拜，文惠致書賀曰：「今日大戊子卻爲小戊子矣。」潁公笑之。

記異

冬至子時陽已生，道隨陽長物將萌。星辰賜告銘心骨，願以寬章輔至平。

南窗紀談：莊敏公帥延安日，因冬至奉祠家廟齋居。中夜，恍忽間見天象成文云：「龐某後十年作相，當以仁佐天下。」凡十三字。駐視久之方滅。公因作詩記之。

句

田園貧宰相，圖史富書生。退老作　歷代吟譜

陳執中

執中字昭譽，南昌人。眞宗朝，以父恕任祕書省正字。上建儲議，擢右正言。皇祐初，累官吏

部尚書、同中書門下平章事，拜司徒、岐國公。卒贈太師，兼侍中。謚曰恭。

東軒筆錄：陳恭公初罷政事，判亳州。年六十九，遇生日，族親往往獻老人星圖以爲壽。獨其姪世修獻范蠡五湖圖，且贊曰：「賢哉陶朱，霸越平吳；名遂身退，扁舟五湖。」恭公喜甚，卽日上表納節。明年累表求退，遂以司徒致仕。

御溝柳

一度春來一度新，翠光長得照龍津。君王自愛天然色，恨殺昭陽學舞人。

東軒筆錄：陳恭公以衞尉寺丞知梧州，驛遞上疏，以乞立儲貳。眞宗嘉其敢言，翊日臨朝，袖其疏以示執政，歎奬久之。召爲右正言。然爲王冀公所忌。一日，眞宗賦御溝柳詩，宣示宰相。兩省皆和進，恭公因進詩云云。

惠安縣齋咏梅

去年邊上見梅花，醉眼淹留未到家。今日嶺南攀折得，忽驚身又在天涯。泉州府志

夏竦

竦字子喬，江州德安人。以父死事補官。眞宗朝，舉賢良，除光祿丞。仁宗朝，累擢知制誥，拜同中書門下平章事，封英國公。後改封鄭。卒贈太師中書令，謚文莊。有集。

江州琵琶亭

年光過眼如車轂，職事羈人似馬銜。若遇琵琶應大笑，何須涕泣滿青衫。中山詩話

知杭州到任寄執政

造化平分荷大鈞，腰間新佩玉麒麟。南湖不住栽桃李，擬伴沙禽過十春。

題睢陽

海鴈橋邊春水深，略無塵土到花陰。忘機不管人知否，自有沙鷗信此心。以上湘山野錄

詠藏擫

舞拂跳珠復吐丸，遮藏巧技百千般。主公端坐無由見，卻被傍人冷眼看。

墨客揮犀：丁晉公與夏英公會宴齋宮，伶人有雜手技號藏擫者在焉。丁顧夏曰：「古無咏藏擫詩，內翰可作一首。」即席獻詩云云。

登通州狼山 侍父監通州狼山鹽場作，時年十七。

渡口人稀黯翠煙，登臨嘗怯夕陽天。殘雲右倚維揚樹，遠水南回建業船。山引亂猨啼古寺，電驅甘雨過閑田。季鷹死後無歸客，江上鱸魚不直錢。澠水燕談

應廷試

殿上袞衣明日月，硯中旗影動龍蛇。縱橫禮樂三千字，獨對丹墀日未斜。

青箱雜記：夏竦試制科，廷對出。楊徽之見其年少，遽邀與語曰：「老夫他則不知，唯喜吟咏。願丐賢良一篇，以卜他日之志。」夏忻然爲書此作。

再徙西都咏青雀寄張昇諫院

弱羽傷弓尚未完，孤飛誰敢擬鴛鸞。明珠自有千金價，莫爲遊人作彈丸。古今詩話

上元應制

魚龍曼衍六街呈，金鎖通宵啓玉京。冉冉遊塵生輦道，遲遲春箭入歌聲。寶坊月皎龍燈淡，紫館風微鶴燄平。宴罷南端天欲曉，迴瞻河漢尚盈盈。詩話總龜

國淸寺

穿松渡雙澗，宮殿五峯圍。小院分寒水，虛樓半落暉。葉從金地下，雲向玉京飛。欲問西來意，誰傳智者衣。

桐柏觀

鳥道寒藤結，洞門蒼蘚深。樓臺在山畔，松檜出雲心。土暖春長在，峯高月易沈。羽衣祠太乙，香冷石壇陰。以上天台山志

句

山勢蜂腰斷，溪流燕尾分。

東軒筆錄：夏鄭公竦，以父歿王事，得三班差使。然自少好讀書，工爲詩。一日攜所業，伺宰相李文靖沆退朝，拜于馬首而獻之。文靖讀其句，深愛之。翊日，袖其詩呈眞宗，及敍死事之後，乞與换文資。遂改潤州金壇主簿。

野花無主傍人行。嘉祐雜志

張 瓌

瓌字唐公，洎之孫。舉進士，召試學士院，賜第。累擢知制誥，進翰林侍讀學士，出知濠州。

寄題徑山懷郎簡侍郎

天地一洲渚，北平南攲危。幽幷深以厚，江浙清且奇。武林頗幽秀，川匯仍山卑。應接殫天巧，類非人力爲。徑山最佳處，有巖稱玉芝。居防俗士駕，地乃賢人宜。郎公留名德，平時爲羽儀。引年歸故里，不復衣朝衣。留侯黄石心，白傅香山期；結宇名勝外，日與塵事違。泉石景物狀，盡在諸賢詩。伊余來東藩，濫持使者麾。平生愛山水，弗憚命駕之。當侯秋風高，遠造巖下扉。澣濯纓上塵，散步松間綦。未能繼高躅，聊用慰所思。宋文鑑

畢田

田，長沙人。眞宗朝，以吏部郎兼王府侍講，奏蠲臨湘七都科調，里人德之，因祀焉。曾撰湘中故事。

朱陵洞水簾

洞門千尺挂飛流，玉碎珠簾冷噴秋。今古不知誰卷得，綠蘿爲帶月爲鉤。

凝碧亭 在南岳石橋上

四面山屏疊萬重，古嵐濃翠鎖寒空。清秋獨倚危闌立，身在琉璃世界中。

石霜寺

石霜寺，在瀏陽縣南八十里，有崇勝禪院。昔普會禪師居衆千餘，名其堂曰枯木，蓋取其宴寂也。廉使丞相裴公，嘗親枉大旆詣之，留玉環象笏於此，迄今存焉。

石上泉華噴猛霜，境奇因此闢禪坊。使君環笏留何用，枯木千餘滿一堂。

香水　湘中別記云：在縣郭內。其水甚香。昔年嘗貢此水，民多困弊。齊末因罷。以板覆之，上起塔，至今存。湘鄉本謂之湘香，蓋由此而名。

坎上浮圖已拂天，椒蘭餘馥尚依然。九重無復修常貢，空有香名與邑傳。以上湘中故事

穆脩

脩字伯長，鄆州汶陽人。眞宗東封，詔舉齊、魯經行之士預選，賜進士出身。調海州理掾。忤監郡，坐削籍。隸池州，遇赦，敍潁州文學參軍，卒。自五代文敝，至脩始獨爲古文。有穆參軍集。

五朝名臣言行錄：公登進士第後，爲潁州文學參軍，人稱之曰穆參軍。家有唐本韓、柳集，乃丐于所親，得金，用工鏤板，印數百帙，攜入京師相國寺，設肆鬻之。有儒生數輩至肆，輒取閱。公奪取，怒謂曰：「先輩能讀一篇，不失一句，當以一部相送。」遂終年不售。時學者方從事聲律，未知古文，伯長始爲之倡。其後尹洙師魯始從之學古文，又傳其春秋學。

江南寒食

江城水國春光饒，清明上巳多招要。花陰連絡青草岸，柳色掩映紅闌橋。歌調嘔啞雜吳俗，髻鬟疎削傳南朝。誰憐北客歸未去，楚魄湘魂唯暗消。

燈

黯黯有時當永恨，依依何處照閑眠。靜臨客枕愁寒雨，遠出漁篷耿暝煙。纖影乍敧還自立，冷花時結

不成圓。銷魂猶憶江樓夜，曾對離觴賦短篇。

和茅秀才江墅幽居好

江墅幽居好，溪山數里長。徑通茶塢綠，門帶橘園香。藉石還勝榻，聽松不讓簧。閑遊驚里巷，自作隱淪裝。以上穆參軍集

張觀

觀字思正，絳縣人。中服勤辭學科，爲祕書郎。仁宗朝，歷官同知樞密院事，以觀文殿學士知許州。卒贈吏部尚書，諡文孝。

句

保心如止水，爲行見眞書。

歷代吟譜：張思正平生未嘗草書，因自爲詩。

薛田

田字希稷，河中河東人。舉進士，歷益州轉運使。累擢龍圖閣待制、樞密直學士，知益州。遷右諫議大夫，知同州。

成都書事一百韻 并序

金甌奧壤，玉壘名區；風物尚饒，曠古稱最。僕守茲職任，五年再至。初則木牛流馬，馳八使以均財；次則皁蓋朱轓，奉一麾而作鎮。歷覽勝異，慷慨興懷。古人曰：非感發不可以言詩，非聲詩不可

以導志。故言成志激，流爲美談。偶因公退，輒作成都書事七言一百韻。止陳乎益部事蹟，罔暇以外景加諸。庶幾謬發於斐然，詎敢芳揚於作者。詩曰：

混茫丕變造西阡，物像熙熙被一川。易覺錦城銷白日，難歌蜀道上青天。雲敷牧野耕桑雨，柳拂旗亭市井煙。院鎖玉溪留好景，坊題金馬促繁弦。風流鋪席堆紅豆，瀟灑門庭映碧鮮。表狀屢言同穎穗，敕書頻獎並生蓮。旋科杞樹吹香稻，剩種豌巢沃晚田。仁宅不隳由政立，議闈無取任情遷。民知禮遜蠶叢後，俗尚奢華邃古先。遶郭波濤來浩浩，歸朝歧路去綿綿。乍回黑水將成道，潛到青羊恐遇仙。靚女各攻翻樣繡，秾商兼制砑綾牋。壚邊泛蟻張裙幄，江上鳴鼉簇綵船。石筍崚嶒銜對峙，琴臺恢闊寺相連。羣葩豔裏珍禽語，百草香中瑞獸眠。喜趣必臻尤佇望，勝遊爭倦更遷延。早荷葉底蹲鴟伏，櫻樹梢頭亂蝶穿。鹺發牢盆渾棄鹵，鐵資圜法免肧鉛。豐饒物態寧殊越，美麗姝姬酷類燕。西海號雄彰傳紀，南康辭健積銘鐫。良工手技高容學，妙隱丹方祕不傳。倚劍靈關凌絕頂，夢刀孤壘削危巔。金華巷陌遺三品，石鏡伽藍露一拳。信落荆州隨鼓枻，檢頒芝闕聽摇鞭。若量内地寒暄異，且在遐陬水陸全。渝舞舊云傳樂府，巴談誰曰繫言詮。九苞綰就佳人髻，三鬧裝成子弟韉。欲辨坤維尋地理，纔臨益部認郊廛。文翁室暗封苔蘚，葛亮祠荒享豆籩。貨出軍儲推賑濟，轉行交子頌輕便。氣蒸菡蒻根鬚潤，日罩楩楠樹影圓。藥寺風光蟲蟄外，花潭遨樂鵙鳴前。聚源待擬求梟氏，貯怨那能雪杜鵑。叢植森榮還蓊蔚，夾流湍迅迴潺湲。鮮明機杼知無算，細碎錐刀不啻千。合伴鴉鬟齊窈窕，對陪霓袖競翩翾。五門冷映岷峨雪，千里爰疏灌堋泉。茂盛八紘宜得最，高腴十道比俱偏。袁滋不到生無分，段相重來宿有緣。款召相如登兎苑，驟還太白步花甎。葳蕤草木時爲瑞，奇秀江山代產賢。曉後細風紅灼灼，夜中微雨碧芊芊。錦亭談燭明歌障，繡閣香毬熨煖氈。寶塔徘徊停隼旟，闤街雜沓擁輜軿。酴醾引架家家郁，躑躅攀條處處妍。重愛魯儒提德柄，威降曹將董戎旃。歡謠少負賓人勇，長講多經楚客禪。似簇綺羅偏煥耀，如流車馬倍喧闐。揩機顯綽名堪錄，題柱芬芳事莫捐。李特鋒鋩徒恃險，張儀規畫自持顛。騫揚器業成悠久，烏合姦雄敗轉旋。漫向鼎分澄霸道，却當龜化驗都鄽。強貪楚滅悲傾轍，廣洽堯詢喜慕羶。側弁猖狂抛玉斝，歸鞍酩酊墮金鈿。氛埃屏息雲常覆，稼穡繁滋澤靡愆。睿聖宵衣垂乃睠，貴臣馳驛每傳宣。石牛邁路加歆饗，江瀆隆區助潔蠲。避暑亭臺珍寶設，縱開池沼釣絲牽。遮蠻帶礪長能固，捍蜀金湯遠益堅。何武甲科曾繼踵，嚴眞卜兆罕差肩。儲書競甲諸家集，博識咸修百氏箋。紙碓暮春臨岸滸，水樽春注截河壖。華嚴像閣涼堪愛，淨衆松溪僻可憐。學射崔嵬横罨靄，放生寬廣媚漪漣。薛庭嫩筍青篸篸，風檻新荷綠扇扇。守戍貔貅千萬騎，采葑簪笏兩三員。清江瀉勢方流巽，大面盤形正壓乾。雹掃谷風藏虎嘯，雷瞋官樹灑龍涎。郃占逖應星舒彩，欒噀端聆火撲然。令範式驅民軼軼，咨謀疇倚道平平。性寒甘蔗猱偷齧，體膩芭蕉蠹莫沿。誌讀備與重掩卷，史看唐幸嬾終篇。雕盤姹女呈酥作，水巷癡童颺紙鳶。初下城頭迷鄠杜，暫來犀浦誤伊瀍。變秦言語生皆會，戀土情懷死不悛。結廈斧斤宗簡易，入神丹臒厲精專。柳隄夜月珠簾捲，花市春風繡幕褰。十縣版圖分戶籍，一城牌肆係民編。受辛滋味饒薑蒜，劇饌盤飧足鮪鱣。月季冒霜秋肯挫，荔枝衝瘴夏宜然。幾番叢篲鳴虛籟，是箇園林噪嫩蟬。蠢物乘時先養育，菁英屆候别陶甄。地丁葉嫩和嵐採，天蓼牙新入粉煎。平代啓閶闔繼炭，監軍憑軾見劉焉。蕙蘭馥裛幽蹊畔，菱芡交鋪曲島邊。繒綢晚晴誇蹴踘，畫繩寒食戲鞦韆。氤氳紫霧濛都邑，縹緲丹霞聚偓佺。蝙伏自然銷劍戟，螻翻幾度起戈鋋。宦遊止歎音塵闊，鄉飲何驚歲月遄。靈壽桃枝奇共結，金砂銀礫貴相聯。埋輪昔按均輸命，叱馭今分太守權。徒爲行春飛皁蓋，詎能許國報青錢。政經旋考尤多僻，民瘼深求尚未痊。雖媿袴襦非叔度，日期毫墨有馮涓。僶遵廉察思從訓，克謹操修敢好畋。南市醉過攢幟隊，西樓歡坐列瓊筵。煩囂謹畏傷淳厚，惠黜周防近巧諞。重祿省心宜致寇，薄材莊貌若臨淵。扶危頗異巢居幕，勸善還同矢在弦。叨蒞一麾康遠俗，等閑光景又三年。成都文類

王　隨

隨字子正，河南人。舉進士。累擢知制誥，遷龍圖閣直學士。仁宗景祐中，拜門下侍郎、同中書門下平章事、昭文館大學士。罷除彰信軍節度使，判河陽，卒贈中書令。謚章惠。

題棲霞山房

虛窗殘燭明，攲枕旅懷淸。永夜起松籟，半天疑雨聲。吟餘閑景象，道勝小榮名。鐘罷星河曙，悠悠迴旆旌。金陵梵刹志

臨終作

畫堂燈欲滅，彈指向誰說。去住本尋常，春風埽殘雪。靑箱雜記

句

好客幾嫌州路僻，愛山長上郡樓高。探春 水村煙暝早，山館夜寒多。旅店 掃徑苔痕破，開扉竹影分。中庭吟窗雜錄 一聲啼鳥禁門靜，滿地落花春日長。宮詞 桑斧劚春色，漁歌唱夕陽。歷代吟譜

掌禹錫

禹錫字唐卿，郾城人。中進士第，歷官直祕閣。英宗卽位，遷太子賓客，以工部侍郎致仕卒。嘗預修皇祐方域圖志，及校正類篇、本草圖經。

句

風定落花深一寸，日高啼鳥度千聲。 曉鶯林外千聲囀，芳草堦前一尺長。

過庭錄：掌禹錫博通子史百家，作證類本草，而訥于爲文。時賢頗以此鄙之。嘗作詩云云，歐公謂忽作人言。

王洙

洙字原叔，應天宋城人。舉進士，官直龍圖閣、同判太常寺，坐事黜知濠州，徙襄州。召還，累遷翰林學士，改侍讀，兼侍講學士，卒。謚曰文。

題峴山石幢

襄陽南出大路奔，小山曰峴名特尊。山形卑墮不峻極，屹若巨首臨江濆。大山半宮不成霍，絶水鬬左非爲亹。砠巔最扆戴危石，箕踞曼衍羅芳蓀。漢流長鶩濱其足，東望灞池皆平原。槎頭下瞰罟罶集，蔡洲近眺田園蕃。何物茲山匪秀出，得使今古聞聽喧。自昔羊公好登覽，山名直爲賢者存。鹿門望楚鎮區境，鳳林冠蓋延山樊。丹巖翠壁亙幽勝，日月虧蔽煙嵐屯。公胡遺彼而樂此，談者未始聊診論。吾

謂聖達竟超豁，高覽便欲周乾坤。孔登泰山小天下，阮升廣武歎豎昏。會稽探穴禹書出，之罘望海雲濤翻。此中風景亦虛遠，極目見盡江山源。東吳未定勞機策，置酒嘯詠紓憂煩。數顧溫甫恤躬後，誓將百歲游精魂。對公盛德與山永，正唯湛輩如公言。今茲去公僅千載，凜然英氣猶軒軒。我來追古一長息，舊迹廢毀成悲吞。民豪占山童其木，嘉植不得容本根。利取薪蘇積稛穧，粥之陶旊供燒燔。羊公無廟忽不祀，但縱淫鬼歆牲虋。中庭有碑卽「墮淚」，至今觀者懷仁恩。於民何誅不足問，非民忘德由官惛。下敎里邑復祠宇，敍諸祭典躋之元。思仁愛樹恭所茇，禁止樵伐修壖垣。且欲王命得守固，謄言狀事馳九閽。書聞天子蒙報可，金石款刻垂後昆。使民永念古遺愛，勖爾風化常丕敦。襄陽府志

呂夷簡

夷簡字坦夫，先世萊州人；祖龜祥，知壽州，遂家焉。大理寺丞蒙亨之子，宰相蒙正之猶子。第進士。慶曆初，拜司空、平章軍國重事，封許國公。薨贈太師、中書令，謚文靖。有集。

陳直齋云：呂文靖詩，清潤和雅。

天花寺

賀家湖上天花寺，一一軒窗向水開。不用閉門防俗客，愛閑能有幾人來。老學庵筆記

江南立春

灰律何時應，江春昨夜來。細風先動柳，殘雪不藏梅。餘冷迷清管，微和發凍醅。閉門無客到，樽俎爲誰開？宋文鑑

重遊雁山

往來遊海嶠，上徹最高層。雲外疑無路，山中忽見僧。虎蹲臨澗石，猿掛半巖藤。何日拋龜紐，孤峯上再登？雁山志

句

梅無驛使飄零盡，草怨王孫取次生。早春　人爲子推初禁火，花愁青女再飛霜。寒食　楊文公談苑

范　雍

雍字伯純，世居河東。父德隆，葬河陽，因家焉。舉進士，爲洛陽簿。天聖中，累官樞密副使。元昊叛，拜鎮武軍節度使，知延州，左遷戶部侍郎，復吏部侍郎，知河南，遷禮部尚書，卒謚忠獻。

紀西夏事

七百里山界，飛沙與亂雲。虜騎擇虛至，戍兵常忌分。嘯聚類宿鳥，奔敗如驚麕。難稽守邊謠，應敵若絲棼。

承平廢邊事，備預久已亡。萬卒不知戰，兩城皆復隍。輕敵謂小醜，視地固大荒。願因狂狡叛，從此葺兵防。

劇賊稱中塞，中塞，賊之勁悍者也。驅馳甲鎧精。昔惟矜突騎，今亦教攻城。伏險多邀擊，驅羸每玩兵。拘俘詢虜事，肉盡一無聲。

儒林公議：夏寇既敗官軍，劉平、石元孫陷沒，延州幾至不守。雍日告朝廷益兵，復爲詩以言賊事，凡數十章。其

傳播者云云。蓋爲前屢得賊中諜者，雖臠其肉且盡，終無一言。故雍詩有云。初，朝廷輕視元昊，邊臣奏請，不甚允從。至是方罪樞臣而逐之。

王奇

奇字漢謀，贛縣人。眞宗時官至殿中侍御史。

旅中有感　一作秋興

澤國來遊豈厭重，羈孤懷感自無窮。雁聲不到歌樓上，秋色偏欺客路中。宿寺夢回蓮葉雨，渡江衣冷荻花風。誰憐未得青雲志，琴劍年年西復東。詩林萬選

續縣令題雁詩

雙雙銜蘆背曉霜，晝隨鴛鷺立寒塘。晚來漁櫂驚飛去，書破遙天字一行。

贛州府志：王奇少爲縣掾史，令題雁詩一聯于屏風。奇密續後二句。令奇之，因激使學。後游京師，居李文靖沆客位。眞宗臨奐，見屛間秋興詩，召對稱旨，特許殿試，賜第。奇作詩云：「不拜春官爲座主，親逢天子作門生。」官至殿中侍御史。

楊偕

偕字次公，中部人。舉進士。歷翰林侍讀學士、左司郎中，出知越州，改杭州。召爲右諫議大夫，以工部侍郎致仕。

郡舍偶書

偃息鈴齋度歲華，著書人盡笑聱牙。斯文自信驚天地，吾道誰知繫國家。獨愛杉篁寒不變，更憐江海闊無涯。因思朝市爭名地，何似優游刺史衙。宋文鑑

宋詩紀事卷十

錢唐　厲　鶚　輯
祁門　馬曰琯　同輯

李　淑

淑字獻臣，徐州豐人，少傅若谷子。年十二，獻文行在，眞宗賜童子出身，授校書郎。景祐初，知制誥，除翰林學士。累官戸部侍郎，出知河中府，卒贈尚書右丞。有李公詩苑類格及别集。

題周恭帝陵

弄楯牽車挽鼓催，不知門外倒戈迴。荒墳斷隴纔三尺，猶認房陵半仗來。

東軒筆錄：淑在翰林，奉詔撰陳文惠公神道碑。李爲人高亢，少許可，文章尤尙奇澁。碑成，殊不稱文惠之功烈文章，但云平生能爲二韻小詩而已。文惠子述古等，懇乞改去二韻等字，答以已經進呈，不可刊削。述古極銜之。會李出知鄭州，奉時祀于恭陵，作詩云云。述古諷寺僧刻石。俄有以詩上聞者。學士葉清臣等言：本朝以揖遜得天下，而淑誣以干戈。仁宗亦深惡之，遂落李所居職。

題滑州廨

滑守如今是世官，阿戎出守自金鑾。郡人莫訝留題别，孫息期同住此看。

靑箱雜記：李復圭三世皆知滑州。天聖中，其祖康靖公若谷知；慶曆中，其父邯鄲公淑又知；後八年，復圭又知。前此邯鄲公嘗迎侍康靖，題詩于州廨云云。後復圭刻石記其事曰：「仰承遺訓，允契冥兆。」玆亦異也。

朱巽

巽，揚州天長人。眞宗朝，官至工部侍郎，守雍州。子壽昌，因母劉被出，棄官，尋至同州得焉。以孝聞天下。

句

塞垣古木含秋色，祖帳行塵起夕陽。送劉綜學士出守幷門　詩話總龜

成銳

銳，許州臨潁人。應制科高第。嘗以詩獻王丞相隨。

句

綵檻應無分，春風不借恩。野菊　詩話總龜

林坰

坰，福州羅源人。眞宗朝，特奏名。有南華集。

詠瑞檜

古殿當年欲葺時，槎牙高檜礙簷榱。人間斤斧難容手，天上風雷爲轉枝。烟色併來春益重，月華饒得夜相宜。吾皇一駐鑾輿賞，從此聲名四海知。

陳郁話腴：眞廟朝，寢殿側有古檜，秀茂不羣，名「御愛檜」。然橫礙殿簷，眞皇意欲去之。一夕，風雷轉摺其枝，因以爲瑞。題詠者多，唯羅源林坰唐律稱旨，賜號南華翁，詩名由此大顯。

李畋

畋，蜀人。與任介、郭震爲莫逆交。仕至尚書郎。

送鈐轄館使王公

郤縠詩書奕世傳，西人歌德别戎旃。三朝功業標勳府，四稔恩綏播蜀川。耦射隔花聞破帖，分題臨沼間中筵。歸朝聖旨俞僉望，畿內封侯養重權。成都文類

程戡

戡字勝之，陽翟人。舉進士。仁宗朝，擢再知益州，累官戶部侍郎、樞密副使，尋拜鄜延路經略安撫使。英宗即位，召還，道卒。贈太尉，諡康穆。

送鈐轄館使王公

歸騎翩翩去路賒，鬱葱佳氣望天涯。艱危劍閣三千里，惠愛刀州十萬家。龍尾道邊瞻日彩，鹿頭關外别春華。金明扈從宸遊處，休憶連年泛浣花。成都文類

靳宗

送鈐轄館使王公

再任坤維報政成，紫泥恩詔下神京。搖鞭有客添歸興，折柳何人不愴情。杜宇江山經鳥道，海棠池館憶龜城。尊前執手難收淚，投分從來比弟兄。成都文類

王景

送鈐轄館使王公

四稔總兵鈐，輕裘叔子戡。抗棱遐徼伏，敦信遠民諳。赴召薰風布，離襟臘酒酣。吾皇思將帥，有意在江南。成都文類

解程

送鈐轄館使王公

武帳推恩詔十行，雍容鳴玉覲清光。四年愛日民謠洽，五月炎風驛路長。劍閣煙雲迷去旆，柳營笳鼓慘離觴。浣花紙貴傳新集，留得詩名繼許昌。成都文類

黄垍

送鈐轄館使王公

四年軍法表巴邛，歸騎俄乘棨漢風。家緒舊傳三槳貴，將材元蘊萬人雄。錦城離思雲容斂，山國行章旆影紅。到日定知新渥重，主寮今是黑頭公。成都文類

姚涣

送鈐轄館使王公

家傳勳力世能賢，四載坤維領帥權。南詔酋豪彌款附，西州士庶賴蕃宣。輸忠感慨由誠府，接下恩勤自意筌。月夕過從多命席，花時酬唱旋成編。雅歌餘暇軍容肅，陟狀升聞帝願延。馳驛遽趨三召節，

執圭俄覲九重天。漢廷儀衞咸祗若，蜀郡名僚共黯然。賜對定應留晷刻，疇庸當便進班聯。聖神倚注期蕃錫，宥密崇高待九遷。下客塵勞遇知己，願言攀附跂英躔。成都文類

田瑜

送鈐轄館使王公

閫外膺宸寄，坤維握虎兵。眞純逾璞玉，方重敵長城。肯構詩名著，承家將略明。四年凝茂績，一節促歸程。水際旌旗影，風前鼓吹聲。西州懷惠愛，北闕被恩榮。護衞親嚴近，雍容侍穆清。分攜暫銷黯，良會在神京。成都文類

高惟幾

惟幾，官殿丞。

送鈐轄館使王公

遊宦俱爲闕外人，與君五看海棠春。園林選勝聯鑣徧，風月相思命駕頻。大斾先時辭蜀道，短轅何日見京塵。子牟又起離羣恨，欲操行袪重愴神。成都文類

海棠

故國庸岷外，孤根楚苑中。使梅休妒白，仙杏已饒紅。旋恐陽城破，尋憂下蔡空。幾時夢巫峽，獨立怨春風。海棠譜

張　靖

送鈐轄館使王公

保塞昔年嘗閉壘，甘陵今歲又勞師。將軍鎭蜀功多少，不見干戈出虎皮。

玉勒嘶風出錦城，山光野色助離情。行行莫倦神華遠，芳草連雲伴去程。成都文類

范　諷

諷字補之，齊州人。舉進士第，累官翰林侍讀學士、給事中，知兗州，遷光祿卿。

儒林公議：范諷性疎誕，嘗忤外計，求監舒州靈仙觀。莊獻太后臨朝，聞其俊邁，召拜諫官。好朋飲，高歌噭呼，或不冠幘，禮法之士深疾之。顏太初作東州逸黨詩以譏之。

題鼎州甘泉寺

平仲酌泉回北望，謂之禮佛向南行。烟嵐翠鎖門前路，轉使高僧厭寵榮。

湘山野錄：鼎州甘泉寺，介官道之側，嘉泉也。便于漱酌，行客未有不舍車而留者。始寇萊公南遷日，題于東檻曰：「平仲酌泉經此，回望北闕，黯然而行。」未幾，丁晉公又過之，題于西檻曰：「謂之酌泉禮佛而去。」後范補之安撫湖南，留詩于寺云。

題濟南城西張寺丞園亭

園林再到身猶健，官職全拋夢乍醒。惟有南山與君眼，相逢不改舊時青。能改齋漫錄

石延年

延年字曼卿，一字安仁，其先幽州人。家宋城。眞宗錄三舉進士，爲三班奉職。歷太子中允、同判登聞鼓院。有集。

歐公詩話：曼卿卒後，其故人有見之者，云：「恍惚如夢中，言我今爲鬼仙也，所主芙蓉城；欲呼故人往遊，不得，忿然騎一素騾，去如飛。」其後又云：「降于亳州一舉子家，又呼舉子去，不得，因留詩一篇與之。」余亦略記其一聯云：「鶯聲不逐春光老，花影長隨日脚流。」神仙事怪不可知，其詩頗類曼卿平生語，舉子不能道也。

詩林廣記：石曼卿詩如飢鷹乍歸，迅逸不可言。

隱居詩話：石延年長韻律詩，善敘事。其他無大好處。籌筆驛、銅雀臺、留侯廟詩，爲一集之冠。五言小詩如「海雲含雨重，江樹帶蟬疎」、「平蕪遠更綠，斜日寒無輝」者，幾矣。

桐江詩話：曼卿一日春初見堦砌初生之草，其屈如鉤，而顏色未變。因得一句云：「草屈金鉤綠未回。」遂作早春詩一篇，旬日方成。曰：「簷垂冰筯晴先滴，草屈金鉤綠未回。」其不逮先得之句遠甚。

雞肋集：曼卿以天聖四年來令金鄉，故詩爲此邑人作者，如題張氏園亭詩云：「樂意相關禽對語，生香不斷樹交花。」尤爲佳句也。

文獻通考：張浮休許曼卿詩如飢雁夜歸，巖冰秋拆，俊爽有餘，不可尋繹。

題孫可久別墅

南北霅河潤，幽深在禁城。疊山資遠意，讓俸買閑名。閉戶斷蛛網，折花移鳥聲。誰人識高趣，朝隱石渠生。

青箱雜記：仁宗朝，內臣孫可久賦性恬淡，年踰五十，即乞致仕。都下有居第，堂北有小園，城南有別墅。每良辰美景，以小車載酒，優遊自適。曼卿過其居，題詩云云。

平陽代意一篇寄師魯

十年一夢花空委，依舊山河損桃李。雁聲北去燕西飛，高樓日日春風裏。眉比石州山對起，嬌波淚落妝如洗。汾河不斷天南流，天色無情淡如水。

澠水燕談：石曼卿天聖寶元間，以歌詩豪于一時。死後，故人關詠夢曼卿曰：「生平作詩多矣，獨常自以爲平陽代意一首最爲得意，而世人罕稱之。能令予此詩盛傳于世，在永言耳。」詠覺，增廣其詞，隱度以迷神引聲韻，于是天下爭歌之。他日，復夢曼卿來謝。

下第偶成集句

一生不得文章力，欲上青雲未有因。聖主不勞千里詔，嫦娥何惜一枝春。鳳皇詔下雖霑命，豺虎叢中也立身。啼得血流無用處，著朱騎馬是何人。

年去年來來去忙，爲他人作嫁衣裳。仰天大笑出門去，獨對春風舞一場。西清詩話

曹太尉西師

仁者雖無敵，王師尚有征。獨乘金廐馬，都領鐵林兵。肅氣關河暮，屯烟部落晴。旗光秋曉合，甲色夜江橫。士喜擊中鼓，虜疑聞後鉦。無私乃時雨，不殺是天聲。濯濯前誰拒，堂堂彼自傾。寒踰博望塞，春宴隗囂城。外使戎心伏，旁資帝道平。公還如畫像，爲贊學班生。

金鄉張氏園亭

亭館連城敵謝家，四時園色鬭明霞。窗迎西渭封侯竹，地接東陵隱士瓜。樂意相關禽對語，生香不斷樹交花。縱遊會約無留事，醉待參横月落斜。以上宋文鑑

籌筆驛

漢室虧皇象，坤乾未即寧。姦臣與逆子，搖嶽復翻溟。權表分江域，曹袁鬭夏坰。虎奔咸逐逐，龍卧獨冥冥。從衆非無術，欺孤洒不經。惟思恢正道，直起復炎靈。管樂韜方略，關徐駭視聽。一言俄遇主，三顧已忘形。南既清蠻土，東期赤魏庭。出師功自著，治國志誰銘。歷劍兵如水，臨秦策若瓴。舉聲將潰虜，横勢欲逾涇。仲達恥巾幗，辛毗嚴壁扃。可煩親細務，遽見墮長星。戰地悲陵谷，來賢賞德刑。意中流水遠，愁外遠山青。想像音徽在，侵尋毛骨醒。遲留慕英氣，沈歎撫青萍。

中山詩話：石曼卿獨行京師，一豪士揖之曰：「公幸過我。」同入委巷，抵大第，歌舞歡醉。丐書，爲揮籌筆驛數詩，以金帛數百千贈之。他日，遇諸塗，又遺以白金數兩，謂曰：「詩中『意中流水遠，愁外遠山青』，最爲佳句。」

藍浦筆記：右驛，在蜀中綿州，石曼卿爲諸葛武侯賦也。寶元二年，大書以遺朱復之。後二年，朱爲四明節度推官，遂刻石于廳事。

春陰

寒食少天色，春風多柳花。倚樓心目亂，不覺見棲鴉。前賢小集拾遺

瀑布

飛勢挂嶽頂，無時向此傾。玉虹垂地色，銀漢落天聲。萬丈寒雲溼，千巖暑氣清。滄浪不足羨，就此濯

塵纓。詩林萬選

燈

迴鱗抱雙蔕，倒鳳吐丹榮。冰宇寒生暈，風疏動有聲。燼垂金藕細，影透玉荷清。斗帳依東壁，誰人夢不成。合璧事類外集

南朝

南朝人物盡清賢，不是風流卽放言。三百年間卻堪笑，絶無人可定中原。後村詩話

送人遊杭

激激霜風吹黑貂，男兒酔別氣飄飄。五湖載酒期吳客，六代成詩倍楚橋。水樹漸青含晚意，江雲初白向春嬌。前秋亦擬錢唐去，共看龍山八月潮。咸淳臨安志

古松　宋趙師昊刻石，在四明府治。

直氣森森恥屈盤，鐵衣生澀紫鱗乾。影摇千尺龍蛇動，聲撼半天風雨寒。蒼蘚靜緣離石上，絲蘿高附入雲端。報言帝室掄材者，便作明堂一柱看。至正四明續志

句

行人晚更急，歸鳥夕無行。天寒河影淡，山凍瀑聲微。水盡天不盡，人在天盡頭。草白有時榮，鬓白不再好。人生不如春，鬓白不如草。弋下失冥鴻，網細遺巨鯢。風勁香逾遠，天寒色更鮮。秋天買不斷，無意學金錢。洛渚微波常映步，漢宫香水不濡肌。獨步世無吳苑豔，渾身天與漢宫

香。恥生湯武干戈域，寧死唐虞揖遜區。中散向人疎嬾甚，步兵因酒過差多。以上後村詩話

狄遵度

遵度字元規，侍郎棐之子，長沙人。以父任爲襄城簿。早卒。有集。

遯齋閑覽：狄遵度幼而聰慧。弱冠爲文，詞氣豪邁，有韓柳之風。其爲歌詩，每以子美爲法。既而友人有往湘中者，乃爲文，使之耒陽，弔子美之墳。數日，忽夢子美與之反覆諷誦其平生所爲詩十餘篇，皆世所未聞者。及覺，彷彿可記，纔十餘字。

佳城篇續夢中作　時年十六

佳城鬱鬱頹寒烟，孤雛乳獸號荒阡。夜臥北斗寒挂枕，霜拱木落雁連天。浮雲西去伴落日，行客東逝隨長川。乾坤未毀吾尚在，肯與蟪蛄論大年。

侯鯖錄：遵度慕杜子美韓退之句法。一夕，夢子美自誦其逸詩。既覺，猶記其兩句云：「夜臥北斗寒挂枕，木落霜拱雁連天。」遵度因足成之。

夢溪筆談：狄遵度夢中句有丘墓閒意，不數月卒。

和渙之深秋月夜書事

洞庭葉下涼颼颼，凍天頑白凝不流。圓月擬缺不忍缺，輕露欲浮終未浮。憶吹朱籟鳳軿上，更采紫芝雲嶠阪。玉樓天半幾千尺，珠樹玲瓏懸上頭。宋文鑑

詠芭蕉

植蕉低簷前，雙叢對含雨。葉間求丹心，一日覩百俯。胸中數寸赤，不惜爲君吐。心盡腹亦空，況復霜雪苦。非無後凋意，柔脆不足禦。全芳備祖

魏野 臧奎 陳越

野字仲先，號草堂居士，蜀人。後居陝州東郊。眞宗西祀，聞其名，遣中使召之，野閉戶踰垣而遁。天禧三年卒，贈祕書省著作郎。有草堂集、鉅鹿東觀集。

澠水燕談：上聞野居有幽致，遣人圖之。故野有句云：「幽居帝畫看。」

玉壺野史：魏野，字仲先，其詩固無飄逸俊邁之氣，但平朴而常不事虛語爾。如贈寇萊公云：「有官居鼎鼐，無地起樓臺。」及謝寇萊公見訪云：「驚回一覺遊仙夢，村巷傳呼宰相來。」

夢溪筆談：野以詩著當世，顯人多與之遊。北都有妓女，美色，而舉止生梗，人謂之「生張八」。野贈詩有「君爲北道生張八，我是西州熟魏三」之句。

晨興

夜長已待得晨興，耽枕僮猶喚不譍。燒葉爐中無宿火，讀書窗下有殘燈。臨堦短髮梳和月，傍岸衰容洗帶冰。料得巢禽翻怪訝，尋常日午起慵能。

六一詩話：此詩本是「燒葉爐中無宿火」。或有嫌燒葉之語爲貧寒太甚，改葉字爲藥字。不惟壞此一句，併下句減氣味矣。

閑居書事

無才動聖君，養拙住西村。臨事知閑貴，澄心覺道尊。成家書滿屋，添口鶴生孫。仍喜多時雨，經春免

灌園。

謝寇萊公見訪

晝睡方濃向竹齋，柴門日午尚慵開。驚回一覺遊仙夢，村巷傳呼宰相來。

書友人屋壁　日琯按：集作書俞逸人屋壁，起結句小異。今從方氏。

達人輕祿位，居處傍林泉。洗硯魚吞墨，烹茶鶴避烟。閑惟歌聖代，老不恨流年。靜想閑來者，還應我最偏。

瀛奎律髓：真宗祀汾陰，遣使召之。題此詩壁間，遁去。使還，以詩奏。上曰：「野不來矣。」先是上嘗圖种放所居；野居亦有幽致，又令圖之。

春日述懷

春暖出茅亭，攜筇傍水行。易諳馴鹿性，難辨鬬雞情。妻喜栽花活，兒誇鬭草贏。翻嫌我慵拙，不解強謀生。

冬日書事

十月天不暖，前村到豈能。閑聞啄木鳥，疑是打門僧。壞砌平山雪，空堂照瀑冰。晚來因出戶，方始暫攜藤。

題普濟院

河上似江邊，寺臨河掩關。百年人自老，一閣意常閑。野闊連天碧，苔多徧地斑。數聲離岸櫓，幾點別州山。寒食花藏縣，重陽菊遶灣。懸崖分鳥道，隔水似塵寰。雨急和僧語，雲高共鶴攀。磬聲喧水檻，旛影落波瀾。雁去歸汾曲，槎來犯斗間。冷齋如有暇，到此屢開顔。

暮秋閑望

水閣閑登覽，郊原欲刈禾。壞簷巢燕少，積雨病蟬多。砧隔寒溪擣，鐘隨曉吹過。扁舟何日去，江上負烟蓑。

夏夜與臧奎陳越會宿河亭聯句三十韻

雨破畏日沈，月出酷暑歇。野 衙中河亭上，靜與山不別。良朋俱遠來，文會一何悅！越 箕踞巾烏閑，玩好琴樽列。野 煩禮厭拘攣，陳言誓擺脫。奎 揮麈影參差，飯菜香馥烈。越 酒令時解嚴，談鋒久不缺。野 樂天無荒淫，飽德異饕餮。奎 高談闢謔浪，正義排詭譎。抗俗絶依違，評文無詆訐。野 輿論鄙譸張，奴學賤剽竊。奎 徵引角競出，聯唱更相發。越 較善合權衡，馳義同軌轍。野 萬物情難逃，千古疑皆決。奎 聖道約扶持，淫辭謀剿刖。越 風鑒定妍媸，天機藏巧拙。野 是物有廢興，惟道無本末。奎 義路自坦夷，世途終兀臬。越 烈士死光輝，常徒生汩沒。野 逸義小風雲，直筆輕斧鉞。奎 孟軻心不動，陶潛腰恥折。越 疲倦僕屢更，輝映燭頻跋。野 浩歌不成調，狂舞寧赴節。奎 氣候隨斗占，分野爲星別。越 萁韻時斷續，漁燈乍明滅。野 河聲疑地震，電影若天裂。奎 飄風奪輕紈，零露透疎葛。越 酒海傾屢空，詩源浩不竭。野 咸平己亥歲，二年時六月。奎 此會是何人，其名野奎越。越 以上鉅鹿東觀集

貽王魏公 旦

人間宰相惟三載，君在中書十四年。西祀東封俱已了，好來平地作神仙。

蒙齋筆談：天禧末，王魏公求退，不許。野寄以詩，魏公亟袖以聞，遂得謝。

題壁絶句

誰人把我狂詩句，寫向添蘇繡戶中。閑暇若將紅袖拂，還應勝得碧紗籠。

續湘山野錄：魏處士貌寢性敏，志節高尚。鳳閣舍人孫僅，與野敦縞紵之舊。尹京兆日，寄野詩，説府中之事。野和之，其末有「見説添蘇亞蘇小，隨軒應是珮珊珊」之句。添蘇，長安名姬也。孫頗愛之。一日，謂添蘇曰：「魏處士詩中，以爾方蘇小，如何？」添蘇曰：「處士詩名藹于天下，著鄙薄在其間，是蘇小之不如矣，又何方之乎！」孫大喜，以野所和詩贈之。添蘇以未見野，深懷企慕。求善筆札者，大署其詩于堂壁，夸鬻于人。未幾，野抵長安，好事者密召過添蘇家，不言姓氏。添蘇見野風貌魯質，固不前席。野忽舉頭，見壁所題。添蘇曰：「魏處士見譽之作。」野殊不答，乃索筆于其側别紀一絶。添蘇知是野，大加禮遇。

清明

無花無酒過清明，興味都來似野僧。昨日鄰翁乞新火，曉窗分與讀書燈。合璧事類前集

尋隱者不遇

尋真誤入蓬萊島，香風不動松花老。採芝何處未歸來，白雲滿地無人掃。古今詩話

句

千林蠹如盡，一腹餒何妨。

庚溪詩話：仲先詠啄木鳥句，司馬溫公頗稱之。

吉凶終在我，翻覆謾勞君。竹杯珓　同上

棊退難饒客，琴生却問兒。雁急長天外，飄遲落照中。五色中偏貴，千花後獨尊。菊　以上後村詩話

林逋

逋字君復，錢塘人。隱西湖之孤山。眞宗聞其名，詔長吏歲時勞問。卒，賜謚和靖先生。有集。

歸田錄：逋工于書，善爲詩。如梅花詩云：「疎影横斜水清淺，暗香浮動月黄昏。」評者謂前世詠梅者多矣，未有此句也。及其臨終，爲句云：「茂陵他日求遺稾，猶喜曾無封禪書。」尤爲人稱誦。自逋之卒，湖山寂寥，未有繼者。

青箱雜記：逋景祐初尚無恙。范文正公亦過其廬，贈逋詩曰：「巢由不願仕，堯舜豈遺人！」又曰：「風俗因君厚，文章到老醇。」其激賞如此。

山村冬暮

衡茅林麓下，春氣已微茫。雪竹低寒翠，風梅落晚香。樵期多獨往，茶事不全忙。雙鷺有時起，横飛過野塘。

宿洞霄宫

大滌山相向，華陽路暗通。風霜唐碣朽，草木漢祠空。劍石苔花碧，丹池水氣紅。幽人天柱側，茅屋灑松風。

秋山不可盡，秋思亦無垠。碧澗流紅葉，青林點白雲。涼陰一鳥下，落日亂蟬分。此夜芭蕉雨，何人枕上聞？

西湖

混元神巧本無形，匠出西湖作畫屏。春水淨于僧眼碧，晚山濃似佛頭青。欒櫨粉堵搖魚影，蘭杜烟叢閣鷺翎。往往鳴榔與橫笛，斜風細雨不堪聽。

湖上初春偶作

梅花開盡臘亦盡，晴暖便如寒食天。春色半歸湖岸寺，人家多上郭門船。文禽相並映短草，翠瀲欲生浮嫩烟。幾處酒旗山影下，細風時已弄繁弦。

酬畫師西湖春望

笛聲風暖野梅香，湖上凭闌日漸長。一樣樓臺圍佛寺，十分烟雨簇漁鄉。鷗横殘葑多成陣，柳映危橋未著行。終約吾師指芳草，靜吟閑步岸華陽。

梅花

衆芳搖落獨暄妍，占盡風情向小園。疎影横斜水清淺，暗香浮動月黄昏。霜禽欲下先偷眼，粉蝶如知合斷魂。幸有微吟可相狎，不須檀板共金樽。

吟懷長恨負芳時，爲見梅花輒入詩。雪後園林纔半樹，水邊籬落忽横枝。人憐紅艷多應俗，天與清香似有私。堪笑胡雛亦風味，解將聲調角中吹。

詩話總龜：黄山谷云：「歐陽文忠公極賞林和靖『疎影横斜水清淺，暗香浮動月黄昏』之句。而不知和靖别有詠梅一聯云：『雪後園林纔半樹，水邊籬落忽横枝。』似勝前句。文章大概亦如女色，好惡止繫于人。」

詠蝶

細眉雙聳敵秋毫，荏苒芳園日幾遭。淸露宿花應自得，暖風和絮欲爭高。情人殁久魂猶在，傲吏齊來夢亦勞。閑掩遺編苦堪恨，不幷香草入離騷。

深雪偶談：精緻不減唐人。

頃得宛陵葛生所茹筆每用之如麾百勝之師横行於紙墨間所向無不如意惜其久且弊作詩以録其功

神鋒雖缺力終存，架琢珊瑚欠策勳。日暮閑窗何所似，灞陵憔悴故將軍。以上和靖詩集

苕溪漁隱叢話：殊有憫勞念舊之意。

制誥李舍人以松扇二柄幷詩爲遺亦次來韻

編松爲箑寄山中，兼得紫薇詩一通。入手涼生殊自慰，可煩長聽隱居風。

孤山雪中寫望

片山兼水遶，晴雪復漫漫。一徑何人到，中林盡日看。遠分樵載昨盡切重，斜壓葦叢乾。樓閣嚴城寺，疎鐘動晚寒。

孤山從上人林臺寫望

林表秋山白鳥飛，此中幽致世還稀。誰家岸口人烟晚，坐見漁舟兩兩歸。

送史殿省典封川

炎方將命選朝倫，治行何嘗下古人。擁旆肯辭臨遠郡，登艫還喜奉慈親。水連芳草江南地，烟隔寒梅嶺上春。若過中塗値歸雁，慰懷能與致音塵。

春日齋中偶成

空階重疊上垣衣，白晝初長社燕歸。落盡海棠人臥病，春風時復動齋扉。

江村銷夏錄載五詩眞迹，跋云：殿直丁君，自沂適閩，艤舟惠顧。晤語未幾，且以拙詩爲索。病中援筆，勉書數章，少塞好事之意耳。時皇上登寶位歲夏五月，孤山北齋手書，林逋記。

句

隱非秦甲子，病有晉春秋。水天雲黑白，霜野樹青紅。風回時帶笛，烟遠忽藏村。

後村詩話：五言尤難工。林和靖一生苦吟，自摘出十三聯，今惟五聯見集中。如句云云，皆不在焉。

唐異

異字子正。

朱長文琴史：唐處士子正，才藝甚高，肥遯不出。李西臺建中，時謂善書，而子正之筆，實左右之。江東林逋，亦稱墨妙，一見而歎曰：「唐公之筆，老而彌壯。」崔諭德時謂善琴，而子正之音，嘗唱和焉。高平范公，從而師之，嘗貽之書曰：「崔公旣沒，琴不在茲乎！」二妙之外，尤嗜風雅。探幽索奇，不知老之將至。意淳語眞，不爲憤惋。文正公嘗稱其如此。

閑居書事

幽居經宿雨，屐齒徧林塘。一逕無過客，千峯自夕陽。晝禽多獨語，夏木有餘涼。招隱詩慵寄，時淸誰

肯忘。宋文鑑

韓退

退字知止，絳州人。

絶句

山下跨雪精，上便不論程。嗅地打不動，笑天休始行。

澠公續詩話：韓退處士，絳州人。放誕不拘，浪跡秦晉間，以詩自名。嘗跨一白驢，有詩云云。好著寬袖鶴氅，醉則鶴舞。石曼卿贈詩曰：「醉狂玄鶴舞，閑臥白驢號。」

黃亢

亢字清臣，浦城人。有東溪集。

宋史新編：亢年十五，以文謁翰林學士章得象，得象奇之。遊錢唐，以詩贈處士林逋，逋尤激賞。時王隨知杭州，奏禁西湖爲放生池。亢作詩數百言，士人爭傳之。

臨水

人生朝復暮，水波流不駐。去年昨日水，今日到何處？惆悵雨殘花，嫣紅隨水去。花落水東流，識盡人生事。一作趣　宋文鑑

荆溪林下偶談：文鑑載黃亢臨水詩云：「去年昨日水，今日到何處？」蓋蹈襲杜牧題安州浮雲樓寄湖州張郎中云：「當時樓下水，今日到何處？」

令狐揆

揆字子先，安陸人。

句

借書離近郭，冒雪渡寒溪。

王得臣麈史：令狐子先，安陸鄉先生也。筮仕齊安理掾，歲滿還里，卜築涓溪之南。耕釣之外，著書彈琴而已。時入城，至集賢張君房之第借書。布衣林逸，善繪事，乃擬摩詰寫浩然故事，以爲令狐秋掾雪中渡鄖溪圖。其序略曰：「張侯畜書萬卷，掾嘗就閱，或假轂以歸。兼出入跨羸馬，頂戴華陽紗巾，著墨慘布裰，繫絛，小童攜書簏，負琴以隨。冬中復來假書，時值微雪飄灑，景物蕭索。掾度溪以歸，常服外加以皁紬暖帽，委轡長吟曰：『借書離近郭，冒雪渡寒溪。』聞者毛骨寒聳。是知至人操履倬越，風韻體裁，乃與天地四時之氣相參焉。」先生諱揆云。

高言

言字明道，汴人。

呈友人

昨夜陰風透膽寒，地爐無火酒缾乾。男兒慷慨平生事，時復挑燈把劍看。青瑣高議

段全

全與丁謂同時人，稱段推官。

句

斜搊花脚面，闊大打廉撩。

上官融友會談叢：段全薄有才思，不拘細行。歷幕席，浪別陝右。務嘲誚，取悅于人。雷掾丁謂好蹴踘，旣貴後，亦爲之。全撰鞠詩二十韻以獻，內有句云云，稱爲中的。

張仲威

仲威，官舒州守。

設醮靈仙觀

瑞氣葱葱雨露邊，璧門金闕倚層巔。青霓絳節嚴中夜，綠蓋丹輿會九天。香染舊泥封寶洞，聲傳鳴鶴湛靈泉。分明步入烟霄上，何必餐霞駐少年。宋藝圃集

廖　齊

永州有感

下馬連聲叩竹門，主人何事感遺恩。回頭泣向兒童道，重見甘棠舊子孫。

青瑣後集：廖齊父爽直，嘗爲永州刺史。齊後遊零陵，于民間見父題壁，感而成詩。

周　序

經少陵墓 在鞏縣

杜陵詩客墓，遥倚北邙巔。斷碣居人識，高名信史傳。猿聲悲落照，樹色翳寒烟。唯有文章在，輝光夜燭天。河南府志

宋詩紀事卷十一

錢唐　厲鶚　輯
祁門　馬曰璐　同輯

宋庠

庠字公序，初名郊，字伯庠，安州安陸人，徙開封之雍丘。天聖二年，舉進士第一，入翰林爲學士。歷檢校太尉、平章事、樞密使，封莒國公。以司空致仕。卒贈太尉，兼侍中，謚元憲。有集。

西清詩話：二宋俱爲晏元獻門下士。兄弟雖甚貴顯，爲文必手抄寄公求雕潤。嘗見景文寄公書曰：「莒公兄赴鎭圃田，同遊西池，作詩云：『長楊獵罷寒熊吼，太乙波閑瑞鵠飛。』語意警絕。因作一聯云：『白雪久殘梁復道，黃頭閑守漢樓船。』仍注空字于閑之旁，批云：『二字未定，更望指示。』」晏公書其尾曰：「空優于閑，且見雖有船不御之意，又字好語健。」蓋前輩務求博約，情實肫至，蓋如此也。

答葉道卿

紙尾勤勤問姓名，禁林依舊玷華纓。莫驚書錄題臣向，便是當時劉更生。

西清詩話：宋郊，字伯庠。在翰林，有指其姓名傳以他說者，因請更名庠。嘗移書葉道卿淸臣，目爲同年。葉戲答云：「淸臣，宋郊榜第六人登第。偏閱小錄，無宋庠者，不知何許人。」庠答詩云云。

展江亭成留題

綠鴨東陂已可憐，更因雲竇注新泉。鑿開魚鳥忘情地，展盡江湖極目天。向夕舊灘都浸月，過空新樹便留煙。使君直欲稱漁叟，願得閑州不記年。

西清詩話：許昌西湖展江亭成，宋元憲留題，有「鑿開魚鳥忘情地，展盡江湖極目天」之句，皆以爲曠古未有此詩。然本于五代馬殷據潭州時，時建明月圃，命幕客徐仲雅賦詩云：「鑿開青帝春風圃，移下姮娥夜月樓。」用古句摹擬，詞人類如此，但有勝與否耳。

落花

一夜春風拂苑牆，歸來何處剩淒涼。漢皋佩冷臨江失，金谷樓危到地香。淚臉補痕煩獺髓，舞臺收影費鸞腸。南朝樂府休賡曲，桃葉桃根盡可傷。

侯鯖錄：宋莒公兄弟，少作落花詩，爲時膾炙。

莊惠后挽詞

嬀幄柔明訓，堯闈保護賢。別居長樂寢，讓給水衡錢。謹疾方加膳，收神亟去仙。宸襟增服紀，追報煥終天。

昔帝推嬪則，吾君賴母慈。陪陵漢家葬，異室閟宮祠。霧晤星軒隱，天愁月御移。翟車參享路，無復廟中期。

莊獻太后挽詞

寶慈垂母訓，一紀御璿除。地有占沙舊，天仍補石餘。軒星淪夕緯，翟輅去宸居。異日金縢啓，方知復辟書。自注：太后上仙後，於巾箱中得復辟詔書。

旰昃身無憚，寒暄疾有加。災生織女奈，魂斷濯龍車。歐娶浮晨旭，邊簫咽暝霞。唯留長樂注，刊美在皇家。以上合璧事類前集

季秋曉出題山光寺

旦夕人語喧，汎舟北城曲。十里望禪刹，飄若塵外躅。是日秋宇高，淸輝澹晨旭。林風唱殘蜩，澤稗下飢鵠。野實迎露黃，川蕪傲霜綠。循涯得微徑，捨楫步幽麓。佛寺訝靚深，僧廬互重複。山氣導眞想，天香洗煩欲。嗟余秉微尙，丘壑返初服。失計蹈塵羈，虛名玷纓縠。妄排金馬門，謬草紫泥牘。器偏固自傾，綆短良難續。何言一麾出，尙參九州牧。恩深無後疵，顔靦有餘恧。孔訓懲憚改，羲爻許頻復。朅來淸淨區，冀脫泥塗辱。醉象或可調，藩羝悔前觸。萬緣自我空，至道非外勖。聊謹三載期，吾得事棲伏。揚州府志

宋祁

祁字子京。天聖二年，與兄庠同舉進士，奏名第一。章獻太后以爲弟不可先兄，乃擢庠第一，而置祁第十。時號「大小宋」。累遷知制誥、工部尙書、翰林學士承旨。卒謚景文。有集。

東軒筆錄：子京博學能文章，天資蘊藉，好游宴，以矜持自喜。晚年知成都府，帶唐書於本任刊修。每宴罷，盥漱畢，開寢門，垂簾，燃二椽燭，媵婢夾侍，和墨伸紙，遠近觀者，皆知尙書修唐書矣。望之如神仙焉。多內寵，後庭曳羅綺者甚衆。嘗宴于錦江，偶微寒，命取半臂，諸婢各送一枚，凡十餘枚皆至。子京視之茫然，恐有厚薄之嫌，

竟不敢服，忍冷而歸。

九日食餻

飈館輕霜拂曙袍，糗餈花飲鬭分曹。劉郎不敢題餻字，虛負詩中一世豪。

聞見後録：劉夢得作九日詩，欲用餻字，以五經中無之，輟不復爲。宋子京以爲不然，故子京詩云云。糗餌粉餈，餻類也，出周禮。詩豪，樂天目夢得云。

玉堂作

粉署重來憶舊遊，蟠桃開盡海山秋。寧知不是神仙骨，上到鼇山更上頭。

東軒筆錄：嘉祐中，翰林諸公皆入政府。時包拯爲三司使，宋祁守鄭州，二公久著人望，而不見用。京師諺語曰：「撥隊爲參政，成羣作副樞。虧他包省主，悶殺宋尚書。」明年，包亦爲樞密副使，而以翰林承旨召景文。景文以詩寄梁丞相，略云：「梁園賦罷相如至，宣室釐殘賈誼歸。」蓋謂差除兩府足，方被召也。爲承旨，又作詩云云。

清明日集西園

日日西園春思催，擕觴結客上高臺。正緣從事青州至，更許書生洛下來。早葉已成花半落，新巢未定燕千迴。芳辰物物皆堪愛，併作高陽倒載媒。時州醖既美，又命座客賦詩，故有第二聯。

中山立秋

峯雲曉影破孱顏，萬里風生結早寒。人在兜零烟外走，歲從鶗鴂口中殘。槽聲併滴添新酎，筩月兼輪掩故紈。白髮光陰誠可惜，五年搔首問長安。

八月望夜無月有感

素波涼暈淡曾城，怊悵三年此夜情。獨捲練帷成默坐，暗蟲相命作秋聲。

閏正月二十五日送客尋春集裴氏園

尋春選客共流連，雨罷春郊物物妍。黄抹柳梢初徧後，紫黏花蕚未開前。朋衿自爲交驩惨，醉舉誰能辨聖賢。猶賴斜陽催跋馬，不然離恨損絲弦。

七月二十七日

客雁歸何處，寒螿鳴不休。秉之清夜永，副以長年愁。家令有移帶，中郎餘白頭。此懷誠自感，何賴怨高秋。

十日宴江瀆亭

節去歡猶在，賓來賞更延。悠揚初短日，淒緊乍寒天。霽沼元非漲，秋花自少妍。蟻留新獻酎，蕙續不殘烟。戲鰋銜餘藻，游龜避折蓮。流芳眞可惜，從此遂凋年。以上古今歲時雜詠

過摩訶池

十頃隋家舊鑿池，池平樹盡但回隄。淸塵滿道君知否，半是當年濁水泥。

池邊不見帛闌船，麥壠連雲樹繞天。百歲興衰已如此，爭敎東海不爲田。

余既到郡有詔仍修唐書寄局中諸僚

一章通奏領州麾，詔許殘書得自隨。吾黨成章眞小子，官中事了是癡兒。昏眸視久花爭亂，倦手搔餘

雪半垂。所願弟兄皆傑筆，劉生當見汗青期。

司馬相如琴臺

故臺千古恨，猶對舊家山。半夜鸞凰去，他年駟馬還。死憂封禪晚，生愛茂陵閑。唯有飄飄氣，仍存天地間。

江瀆亭

一聳掀翅壓溪隅，吏事初閑此燕居。斷岸有時通略彴，輕風盡日戰栟櫚。雲鴻送目揮弦後，手板看山拄頰餘。芰碧蒲青來更數，江人多識使君旗。

九日藥市作

陽九協嘉神，期入始多暇。五藥會廣廛，遊肩鬧相駕。靈品羅賈區，仙芬冒闤舍。攟露來山阿，斸煙去巖罅。係道雜提攜，盈檐更薦藉。乘時物無賤，投乏利能射。癰苓互作主，參薺交相假。曹植謹贋令，韓康無二價。西南歲多癘，卑溼連春夏。佳劑止刀圭，千金厚相謝。刺史主求瘼，萬室繫吾化。顧賴惡石功，捫衿重慚唶。

將歸

遠假西南守，三逢梅柳新。衰令宦情薄，老惜歲華頻。郫釀工銷日，巴禽巧喚春。離家何所恨，雁後作歸人。

覽蜀宮故城作

國破江山老，人亡岸谷摧。鴛飛今日屋，鹿聚向時臺。故苑猶飛雪，荒池但劫灰。楨遺糊處壞，閣記數殘枚。恨月窺林下，悲風霓隴來。依城狐獨速，失廈燕裴回。廢社纔存樹，陰垣自上苔。有情惟杜宇，長爲故王哀。

集海雲鴻慶院

地勝祠仍古，春餘物徧華。山雲時抱石，佛雨不萎花。嶺挾樓梯峻，巖牽殿堿斜。淙谿雜環佩，怪蔓走龍蛇。供坐僧飛鉢，香園客戲沙。吾遊眞草草，深意屬青霞。以上成都文類

秋夜

西風已飄上林葉，北斗直挂建章城。人間底事最堪恨，絡緯啼時無婦驚。老學庵筆記

咏漢史

朱游朱雲小字英氣凜生風，濱死危言悟帝聰。殿檻不修旌直諫，安昌依舊漢三公。韻語陽秋

題三泉龍洞

蚪洞聳雲峯，緣虛一棧通。雲披雙壁敞，樹補半巖空。溉竹森煙纛，飛泉曳玉虹。重蘿不肯晝，陰壑自然風。嶺斷天斜碧，崖傾日倒紅。浮丘邈難遇，留恨翠微中。

能改齋漫錄：三泉龍洞，以山爲門，深數十步，復見天日及山水之秀。蓋自然而成，非人力也。宋景文公賦詩。

蛙

越國車前矜勇甚，子陽井底太驕生。乘時不羨雲溟樂，口作儀同鼓吹聲。

蝶

撲粉曾過宋玉牆，一身生計託流芳。不須長結東風願，秋菊春蘭各有香。以上合璧事類別集

吳中友人惠蟹

秋水江南紫蟹生，寄來千里佐吳羹。楚人欲使衷留甲，齊客何妨死願烹。下筯未休資快嚼，持螯有味散朝酲。定知不作蟚蜞誤，曾廁西都博士名。蟹略

臘後晚望

寒日繫難定，鳴笳弄已休。凍崖初辨馬，昏谷自量牛。漢樹臨關密，胡泉入塞流。登高能賦未，風物古堯州。

送越州陸學士

梅天霞破候旗乾，鄉樹依然越絕間。挾策當年逢掖去，懷章此日繡衣還。亭餘內史浮觴水，路入仙人取箭山。牛酒盛誇先壟宴，不妨春詔得親班。

答勸農李淵宗嘉州江行見寄

嘉月嘉州路，輶𨏉按部船。山圍杜宇國，江入夜郎天。霽引溪流望，涼供水閣眠。愧君舟楫急，遂欲濟長川。

贈清逸魏處士

奕世依巖石，褒恩下帝庭。姓名高士傳，父子少微星。池溜遙通澗，家林近帶坰。分明詔書意，天極賜

鴻冥。

瀛奎律髓：此魏野之子閑也，亦能詩，世其隱。

長安道中悵然作

三輔古風煙，征驂悵未前。山園蓬顆外，自注：賈山議始皇侈葬，言後世不得蓬顆蔽冢。宮室黍離邊。樹老經唐日，碑殘刻漢年。便須眞隕涕，不待雍門弦。

寒食假中作

九門煙樹蔽春廛，小雨初晴潑火前。草色引開盤馬地，簫聲催暖賣餳天。縈絲早絮輕無著，弄袖和風細可憐。醽署侍臣貪出沐，珉㢠珠餡愧頒宣。

擬杜子美峽中意

天入虛樓倚百層，四方遙謝此登臨。驚風借壑爲寒籟，落日容雲作暝陰。峴井北抛王粲宅，楚衣南逐女嬃砧。十年不識長安道，九籥宸開紫氣深。

春宴行樂家園

園徬初乾小雨泥，飲壺游屐況親攜。身輕早蝶千回舞，技癢新禽百種啼。乘飲草茵侵坐軟，畏風桃綬向林低。陽暉自有留人意，銜照高樓未遽西。原注：徬，人去聲。

把酒

歌管嘈嘈月露前，且將身世付酡然。漫誇鼶鼠機頭箭，不識醯雞甕外天。青史有人譏巧宦，黃金無術治流年。君看醉趣兼醒趣，始覺靈均更可憐。

落花

墜素翻紅各自傷，青樓煙雨忍相忘。將飛更作迴風舞，已落猶成半面妝。滄海客歸珠迸淚，章臺人去骨遺香。可能無意傳雙蝶，盡付芳心與蜜房。以上瀛奎律髓

瀛奎律髓：夏英公守安州，景文兄弟以布衣游學，席上各賦落花詩，英公以爲有台輔器。後元憲狀元，景文甲科同榜，天下以爲二宋。

希夷峽

仙館三峯下，年華百歲中。夢休孤蝶往，蛻在一蟬空。蘂笈微言祕，霄辰浩氣通。丹遺詆後鼎，林遣御餘風。布霧沈荒白，飡霞委晤紅。蛾眉有歸約，飛步與誰同。華嶽全集

寄大固山嘉祐院長吉上人 上人嘗遊京師，得宋公以下一百四十五人所書般若經，建臺以貯之。

名高身愈隱，孤錫倚巖扃。園布黃金地，臺藏白馬經。庵雲吞暝燭，澗月瀉虚瓶。坐想谿橋路，莓苔又幾青。台州府志

句

色映堋雲爛，聲迎羽月遲。

六一詩話：天聖二年，省試采侯詩，宋尙書祁最擅場，其句云云，尤爲京師傳誦。當時舉子目公爲「宋采侯」。

碧雲諼有三年信，明月空爲兩地愁。

優古堂詩話：雲齋廣錄云：二宋以文章齊名天下。子京守蜀日，作詩三百，名曰猥稾，有句云云，後卒不入兩府，人以爲詩讖。予以子京用何遜與胡興安夜別詩：「念此一筵笑，分爲兩地愁。」廣錄之論，不知所自也。

蟹美持螯日，鱸香抑鮓天。芥隱筆記曉日侵簾押，春寒到被池。侯鯖錄青帝回風還習習，黃人捧日故遲遲。困學紀聞𣏟蔓相結盤，蚪梢久回曲。紛若未契繩，繁如已綸綍。詠藤誰言漢樸學，正似楚枝官。以上哲匠金桴

吳感

感字應之，吳郡人。天聖二年，省試第一。九年，又中書判拔萃科，仕至殿中丞。

如歸亭

五柳門南派水東，水邊亭上興無窮。半窗山色來雲外，一枕荷香帶雨中。繡被夜歌青翰檝，綠波春颺紫莖風。塵曹未竊江湖號，擕手闌干早晚同。吳江縣志

呂造

造，晉江人，言子。天聖二年進士。

刺桐城

閩海雲霞繞刺桐，往年城郭爲誰封。鷓鴣啼困悲前事，荳蔻香銷減舊容。泉南雜記：泉州築城時，環城皆植刺桐，故號桐城。呂造詩云云。

胡宿

宿字武平，常州晉陵人。天聖二年進士。歷兩浙轉運使，召修起居注，知制誥，翰林學士，拜

樞密副使，罷知杭州，以太子少師致仕。薨贈太子太傅，謚文恭。有集。

太湖石

海岱鉛松妄得名，洞庭山脚失寒瓊。漱成一朵孤雲勢，費盡千年白浪聲。誰向機邊逢織女，直疑巖下見初平。年來賞物多成病，日遶蒼苔幾徧行。

宿秀峯寺 在靈巖山

夕鐘初斷海鯨音，投宿香園半翠岑。冰簟浸牀消客夢，水簾澄月伴僧吟。雄風拂衽清涼極，珍樹交柯翠翳深。一夜漢陰機事息，草堂虛論破煩襟。

彭山贈貫之

彭山隔重湖，落日見孤塔。揚舲入空曠，煙樹散鵝鴨。山中老臞仙，萬頃纖芥納。乘風落珠唾，暝色遠相答。平生爾汝分，磁鐵契已狎。萬緣一笑空，箇處無剩法。方舟過谷隱，風雨寒霎霎。黎明帶星歸，尚及齋鼓踏。臨歧戒後會，梅熟新秧插。期我散緉楮，莫忘鷗盟歃。

送楊中允宰常熟

丹舸傍江潯，嘔啞遠艣音。新科持片玉，能政引孤琴。美進宮坊秩，榮歸里閈心。名參天下雋，歌著邑中黔。地志連香徑，家園帶武林。吳山幾屏秀，楚水一篙深。晚鼓停餘疊，秋帆臥半陰。平時接方騠，後夜望横參。陶菊何妨醉，江毫且剩吟。悠悠河上别，千里鬱朋簪。

送顒忠上人歸吳郡

秋風隨處起，振錫不留行。卻背嵩雲去，迎看淮月生。禪通少林默，詩得杼山淸。幾夕巖窗下，忘眠聽瀑聲。以上吳郡志

過桐廬

兩岸山花中有溪，山花紅白徧高低。靈源忽若乘槎到，仙洞還同採藥迷。二月辛夷猶未落，五更鴉臼最先啼。茶煙漁火遙堪畫，一片人家在水西。

塞上

漢家神箭定天山，烟火相望萬里間。契利請盟金匕酒，將軍歸臥玉門關。雲沈老上妖氛斷，雪照回中探騎閑。五餌已行王道勝，絕無刁斗至闌顏。

飛將

曾從嫖姚立戰功，胡雛猶畏紫髯翁。雕戈夜統千廬會，緹騎秋畋五柞宮。後殿拜恩金印重，北堂開宴玉壺空。從來敵國威名大，麾下多稱黑矟公。以上瀛奎律髓

次韻朱沈春雨之什

蒼野迷雲黯不歸，遠風吹雨入巖扉。石牀潤極琴絲緩，水閣寒多酒力微。夕夢將成還滴滴，春心欲斷正霏霏。憂花惜月長如此，爭得東陽病骨肥。

淮南王

貪鑄金錢盜寫符，何曾七國戒前車。長生不待爐中藥，鴻寶誰收篋內書。碧井牀空天影在，小山人去

桂叢踈。雲中雞犬無消息，麥秀漸漸徧故墟。

早夏

井轄投多思不禁，密垂珠箔晝沈沈。睡驚燕語頻移枕，病起蛛絲半在琴。雨徑亂花埋宿豔，月軒脩竹轉涼陰。一春酒費知多少，探盡囊中換賦金。以上宋藝圃集

芙蓉湖

小湖香豔戰芙蓉，碧葉田田擁釣篷。嵐氣欲飛山隔岸，秋光不定水搖空。翩翩雪鳥爭投浦，潑剌霜鱗對擲風。正是滄浪濯纓日，一竿多謝紫溪翁。咸淳毘陵志

函谷關

天開函谷壯關中，萬古驚塵向此空。望氣竟能知老子，棄繻何不識終童。謾持白馬先生論，未抵鳴雞下客功。符命已歸如掌地，一丸曾誤隗生東。河南府志

津亭

津亭歌闋戒棠舟，五兩風來不暫留。西北浮雲連魏闕，東南初日滿秦樓。層城渺渺人傷別，芳草萋萋客倦遊。平樂舊懽收不得，更憑飛夢到瀛洲。

沖虛觀

五粒青松護翠苔，石門岑寂斷纖埃。水浮花片知仙路，風遞鸞聲認嘯臺。桐井曉寒千乳斂，茗園春嫩一旗開。馳煙未勒山庭字，可是英靈許再來。

淮南發運趙邢州被詔歸闕

天臺封詔紫泥馨，馬首前瞻北斗城。人在函關先望氣，帝於京兆最知名。一區東第趨晨近，數刻西廂接晝榮。正是兩宮裁化日，百金雙璧拜虞卿。以上顧氏積書巖選

憶廣福寺牡丹

十日春風隔翠岑，祇因繁朵自成陰。尊前可要人頹玉，樹底遥知地側金。花界三千春渺渺，銅槃十二夜沈沈。雕盤分篸何由得，空作西州擁鼻唫。常州府志

尹洙

洙字師魯，河南人。天聖二年進士。知伊陽縣，召試爲館閣校勘。累遷右司諫，知渭州，兼領涇原路經略公事。坐貶，卒。有河南集。

聞見錄：本朝古文，柳開仲塗、穆脩伯長首爲之倡，尹洙師魯兄弟繼其後。歐陽文忠早工偶儷之文，及官河南，始得師魯，乃出韓退之文學之。蓋公與師魯文雖不同，公爲古文，則居師魯後也。

皇雅十篇

天監，受命也。自梁至於周，兵難不息。宋受命，統一萬方焉。

天監下民，亂靡有定。甚武且仁，祚厥眞聖。仁實懷徠，武以執競。匪虔匪劉，極我天命。自昔外禪，曰經曰營。令以挾制，政以陰傾。帝初治兵，志勤于征。奄受神器，匪謀而成。淮潞弗虔，卒汚叛跡。戎輅戒嚴，皇威有赫。彼寇詿民，吾勇其百。殄厥渠魁，貸其反側。

帝朝法宮，左右宗公。忮夫悍士，以雍以容。爾居爾室，爾工爾農。既息既養，惟天子功。

天監四章章八句

西師，征蜀也。

主用西師，岷梁弗賓。匪曰負固，實交晉人。予訓予誓，念我將臣。正厥有罪，無庸傷民。

蹻蹻虎士，截摧其壁。吁嗟孟侯，亦果其策。迎師而降，靡抗鋒鏑。豈獨身謀，完是宗國。

蜀都既平，將臣失律。此衆悍驕，彼民危慄。堂塗叫呶，合萬爲一。匪懷則威，帝心是恤。

帝曰將臣，予嘉乃庸。廢命毒民，爾弗有終。邦典用疑，惟罪惟功。歷殛而削，協于厥中。

帝曰孟侯，受封于楚。淑旂琱戈，備物異數。俾爾族姻，及乃文武。服在王庭，靡不有序。

蜀民呼歌，天子威靈。保我者封，暴我者刑。匪功是私，匪弱是陵。天子惠民，疇敢不承。

西師六章章八句

耆武，受俘也。命將伐南海、平金陵，俘二王以獻。

耆武定功，惟時二方。淮服其乂，海南逐荒。孰孱而盩，孰暴而昌。自民不惠，乃終滅亡。

帝戒二俘，同卽爾誅。予惟民無辜，休息是圖。時其戢矣，寧威獨夫。帝嗟汙邦，久罹于民。

或暴下以征，或斂虐以刑。予命中興，協于國經。民服德音，室家以寧。

耆武三章二章八句一章六句

憲古，令守臣也。削其附庸，以強帝室焉。

帝懷永圖，治古是憲。四方守臣，惟屏惟翰。在昔艱難，弗惠訓典。跨都連城，高牙以建。有士有民，肆乃征繕。以息以容，終焉叛渙。凡今師臣，維厥聞見。匪革亂原，曷清多難。

帝告庶邦，式是典彝。元侯顯文，戚臣宗支。正乃封圻，予一人是毗。凡曰附城，罔爾俾之。畜兵厚賦，靡爾得私。毋凶而國，作福作威。天子有命，疇敢不祗。子孫承承，惟萬世規。

憲古二章章十六句

大鹵，王師討晉罪也。

冀州之強，粤惟大鹵。俗忮而專，地扼而固。協彼幽都，蕩搖邊圉。三乘既夷，凶威弗阻。帝御六師，百萬貔虎。翦其附庸，至于城下。鋒鏑始交，梯衝如舞。蠢爾孱王，請附降虜。我士奮揚，願究吾武。皇帝曰吁，念彼黎庶。匪鯨匪鯢，復爲王土。

晉郊既平，九區以寧。陳功太廟，告假威靈。在昔武臣，于商覲兵。惟吾藝祖，亦勤于征。匪貸晉罪，俟厥貫盈。聖作聖繼，巍巍相承。皇矣二后，功莫與京。

大鹵二章一章二十二句一章十四句

帝耤，脩收典也，躬耕以勸農焉。

帝耤于郊，典儀是陳。務農以訓，供祀以勤。勤祀在誠，匪勤于人。訓農以實，匪酬以文。帝慎二物，乃躬乃親。公侯卿士，暨厥庶民。于甸有制，飭哉惟寅。

帝賚高年，式宴且喜。種種黃髮，族立而議。我生艱難，暴亂以繼。耳狃金鼓，目狎戎器。皇其我圖，親講農事。有子有孫，力田孝悌。鼓舞至仁，薰焉以醉。

帝稽二章章十四句

庶工，任賢也。

帝咨庶工，疇其輔予。俊乂以登，厥勞乃圖。匪忘舊勳，非賢勿俞。巍巍袞台，盛德以居。任賢伊何，昌言是庸。勉吉爾猷，罔恤乃躬。豈無猖僻，怫于予衷。予不爾疵，爾無面從。始如從官，戎容揚揚。今帝左右，儒官煌煌。朝廷以尊，文物典章。得人之盛，奕世重光。

庶工三章章八句

帝制，北方請盟也。

帝制萬方，罔有弗賓。蠻夷戎狄，羈而弗臣。盛格三方，稽顙獻琛。單于革心，願交使人。帝謀公卿，列侯庶校。咸曰彼心，暴戾陰狡。既擾我疆，復利我寶。無若厲兵，襲其還道。皇曰有衆，予實念茲。戰無必勝，矧其歸師。借曰大獲，疇能盡之。盍俾餘醜，毒吾朔陲。乃俞其盟，北州以綏。在漢世宗，抗威北戎。暴農算商，經用弗充。中土震騷，漢南始空。降及後世，猶稱厥功。於穆聖考，德無與偕。匪勤于兵，北人遂來。逮是三紀，遠俗以懷。生民休息，嗚呼仁哉。

帝制五章四章八句一章十句

皇治，慎刑也。帝仁于用刑，在位者以寬恤爲治焉。

皇底其治，欽哉惟刑。在疑而宥，罔察爲明。愛怒弗肆，孰爲重輕。毋一弗辜，惟典之平。前世理官，倚法以剡。匪彼爲讎，蓋曰任職。今之決獄，務正其辟。鑒于前人，緊我仁德。皇德在仁，寖而成風。公侯卿士，靡不率從。麛卵萌生，咸保厥終。不鄙不夭，樂哉融融。

皇治三章章八句

太平，封祀告成功也。

噫噫太平無象兮世烏得而知，惟盛德可迹兮其封祀之儀。東岱宗兮西汾脽，禮上靈兮賓地祇。皇有征兮吾民以禧，皇有祈兮吾民是私。天敷佑兮俾皇之釐，永世億寧兮無疆之基。

太平一章八句 以上河南集

曾易占

易占字不疑，致堯夾子。天聖二年進士。知信州玉山縣，坐法失官。

題洪州僧寺

今朝才是雪泥乾，日薄雲移又作寒。家山千里何時到，溪上梅花正好看。能改齋漫錄

謝伯初

伯初字景山，晉江人。天聖二年進士。許州法曹。

六一詩話：天聖、景祐間，景山以詩知名。余謫夷陵時，景山方爲許州法曹，以長韻見寄，頗多佳句。余答云：「參軍春思亂如雲，白髮題詩愁送春。」蓋景山詩有「多情未老已白髮，野思到春如亂雲」之句，故余以戲之也。又如「自

種黃花添野景，旋移高竹聽秋聲」、「園林換葉梅初熟，池館無人燕學飛」之類，皆無媿於唐諸賢。而仕宦不偶，終以困窮而卒。

寄歐陽永叔謫夷陵

江流作險似瞿塘，滿峽猿聲斷旅腸。萬里可堪人謫官，經年應合鬢成霜。長官衫色江波綠，學士文章蜀錦張。異域化爲儒雅俗，遠民爭識校讎郎。才如夢得多爲累，情似安仁久悼亡。下國難留金馬客，新詩傳與竹枝娘。典辭懸待修青史，諫草當來集阜囊。莫謂明時暫遷謫，便將纓足濯滄浪。六一詩話

許昌公宇書懷呈歐陽永叔韓子華王介甫

十年趨競浪求營，因得閑曹減宦情。亂種黃花看野景，旋移高竹聽秋聲。驅馳賤事猶千祿，約勒清狂爲近名。早晚持竿釣鱸鱖，雙溪煙雨一舟橫。宋文鑑

句

移家尚恐青山淺，隱几唯知白日長。劉諷都官致仕 古今詩話

葉清臣

清臣字道卿，長洲人。天聖二年進士。歷翰林侍讀學士，權三司使，出知河陽。卒贈諫議大夫。有集。

遊攝山棲霞寺

仙峯多靈草，近在東北維。僧紹昔捨宅，總持嘗作碑。高風一緬邈，廢宇亦陵遲。清泉漱白石，霏霧蒙

紫芝。松蘿日蕭寂，猿鳥自追隨。遊人尠或詣，隱者誰與期。支郎篤清尙，千里孤雲飛。覽古玩青簡，尋幽窮翠微。顧予苟戟守，出宿簡書違。憑師訪陳迹，賸作攝山詩。景定建康志

大慈寺　在天台縣，寺門巽隅號佛隴，爲智顗法師宴坐處。

佛隴山沈茂草平，林間猶作誦經聲。一心三觀休分別，秋靜山高海月明。天台山志

先照寺

一徑涼飈響萬松，青霞紫霧祕靈蹤。寒生列洞前溪雨，聲到諸天午夜鐘。山頂月高猶駕鶴，潭陰雲起舊降龍。出塵境界無多遠，已上金庭第七重。四朝詩

余靖

靖字安道，韶州曲江人。天聖二年進士。累除右正言、知制誥，出知古州、經略廣西南路安撫使。儂賊平，遷工部侍郎。英宗朝，拜工部尙書。卒贈刑部尙書，謚曰襄。有武溪集。

山寺獨宿

柴車走縣封，窮途秋耿耿。急雨帶溪聲，殘燈背窗影。驅馳下士身，淒涼旅人景。山寒夢不成，愁多知夜永。

留題澄虛亭

湖光湛寒碧，簾影拂莓苔。魚戲應同樂，鷗閑亦自來。雨餘輕靄合，竹外雜花開。久欲留詩去，慚無綺靡才。

晚至松門僧舍懷寄李太祝

日暮倦行役，解鞍初息肩。霧昏臨水寺，風勁欲霜天。蓼浦初聞雁，人家半在船。思君已惆悵，黄葉更翩翩。

馬當呼鷗不至偶成呈同行諸官

昔年曾汎馬當灣，團飯喚鷗篙檝間。今日江邊飛不下，應知人世足機關。

送靈谷山人

萬樹秋風一路蟬，渡頭重檥木蘭船。自慚蹩頞非奇骨，擬問清朝躍馬年。以上武溪集

曾公亮

公亮字明仲，會子。天聖二年進士。嘉祐中，拜吏部侍郎、同中書門下平章事。熙寧二年，進昭文館大學士，累封魯國公。旋以太保致仕。卒贈太師、中書令，謚宣靖。

宿甘露僧舍

枕中雲氣千峯近，牀底松聲萬壑哀。要看銀山拍天浪，開窗放入大江來。鎮江府志

黄孝先

孝先字子思，浦城人。天聖二年進士。爲宿州司理，以薦遷大理丞，知咸陽縣，終太常博士。

余嘗守官咸陽縣廨之後臨渭河汀嶼中連歲中有孤雁來棲於葭葦中今歲冬深不復至矣或已在矰弋或去而之他皆不可知也感而爲詩題亭壁

天寒霜落雁來棲，歲晚川空雁不歸。江海一身多少事，清風明月我霑衣。侯鯖錄

弔宿州妓張溫卿

人生第一莫多情，眼看仙花結不成。爲報兩京才子道，好將詩句弔溫卿。

句

恩同花上露，留得不多時。

能改齋漫錄：宿州妓張玉姐，字溫卿，色藝冠一時。沈子山爲獄掾，最所鍾愛。罷官，途次南京，念之不忘，爲剔銀燈一闋云：「一夜隋河風勁，霜混水天如鏡。古柳長堤，寒煙不起，波上月無流影。那堪嬾聽，疎星外離鴻相應。須信道情多足病，酒未到愁腸還醒。數疊蘭衾，餘香未滅，甚時枕鴛重並？教伊須更將盟誓，後言約定。」其後，明道中，張子野、黃子思相繼爲掾，尤賞之。偶陳師之求古以光祿卿來掌榷酤，溫卿遂托其家，僅二年而亡，才十九歲。子思以詩弔之云云。先是，子思有愛姬宜哥，客死舟中。遺言葬堤下，冀他日過此得一見，以慰孤魂。子思從之，作詩納棺中，其斷章云云。二人皆葬宿州之東。

日者未知裴令貴，世人爭笑爾生狂。詠懷　風簾燕引五六子，露井榴開三四花。春明退朝錄

孫甫

甫字之翰，陽翟人。舉進士。歷右正言，遷天章閣待制、河北轉運使。有集。

成都運司園亭詩和章質夫

小亭

蕭森玉谿南，小亭屹相向。使華雙軺車，禪境二方丈。固將物理齊，室隘志自廣。松竹周四簷，足以備幽賞。

西園

小閣連雪峯，憑闌喜幽玩。紅接海棠洲，綠對篔簹岸。有時開尊罍，波影浸几案。何須架長虹，然後沖雲漢。成都文類

句

衰病自憐無酒趣，塵容猶賴有詩情。乞茶　歷代吟譜

周元明

同胡武平遊南園

爛漫花時錦繡張，無端下馬繫垂楊。山亭水閣笙歌地，合與行人作醉鄉。吳郡志

張方平

方平字安道，宋城人。舉茂才異等，爲校書郎。英宗朝，累遷禮部尚書，出知鄆州。神宗即位，拜參知政事，致仕。薨贈司空，謚文定。有樂全先生集。

冷齋夜話：張文定，慶曆中嘗爲滁州。遊瑯琊山藏經院，俛仰久之，呼左右取梯，升梁，得經函，發之，得楞伽經，餘半卷未寫。忽悟前身蓋知藏僧也，寫楞伽經未畢而化。因續書殘軸，筆蹟宛然如昔。因號「二生經」。後以此經授東坡，爲序其事，代寫此經，刻于浮玉山龍遊寺。

吳江道中寄王君貺侍郎

晝船浮震澤，煙水接秋空。一雲過雲雨，滿帆開岸風。酒旗蓮蕩裏，僧刹橘洲中。何似并州路，塵高馬隊雄。

蘇子瞻寄鐵藤杖

隨書初見一枝藤，入手方知鍛鍊精。遠寄只緣憐我老，閑攜常似共君行。靜軒獨倚身同瘦，小圃頻遊脚爲輕。何日歸舟上新洛，拄來河岸笑相迎。

題歌風臺

落魄劉郎作帝歸，樽前感慨大風詩。淮陰反接英彭族，更欲多求猛士爲！

題沛縣漢高祖廟

中酒疎狂不治生，中陽有土不歸耕。偶因世亂成功業，更向翁前與仲爭。以上樂全先生集

石林詩話：安道未第時，貧甚，衣食殆不給。然意氣豪邁，未嘗少貶。與劉潛、李冠、石曼卿往來山東諸郡，任氣使酒，見者皆傾下之。沛縣有漢高祖廟，并歌風臺，前後題詩甚多，無不推功頌德，獨安道詩云云。蓋自少已不凡矣。

送蘇子由監筠州酒稅

可憐萍梗飄蓬客，自歎匏瓜老病身。從此空齋挂塵榻，不知重掃待何人。

苕溪漁隱叢話：東坡言：「元豐三年，家弟子由謫官筠州，安道口占此詩爲别，已而涕下。安道平生未嘗出涕向人也。」

王琪

琪字君玉，華陽人，徙舒。舉進士，調江都主簿，歷官知制誥，加樞密直學士。

耆舊續聞：翰林學士彭乘，不訓其子文學。參軍范宗翰學士責之曰：「王氏之琪、珪、玘、琰，器盡璠璵；韓氏之綜、絳、縝、維，才皆經緯。非蔭而得，由學而然。」

緗素雜記：西清詩話言：王君玉謂人曰：「詩家不妨間用俗語，尤見工夫。雪止未消者，俗謂之待伴。嘗有雪詩：『待伴不禁鴛瓦冷，羞明常怯玉鉤斜。』待伴、羞明，皆俗語。而採拾入句，了無痕纇，此點瓦礫爲黃金手也。」

鍾山語錄：或歌王琪詩句，荆公曰：「琪詩時有奇句，然雕鐫不自在。」

石林詩話：晏元獻守南都，王君玉時已館閣校勘，公特請於朝，以爲府僉判。朝廷不得已，使帶館職從公。外官帶館職，自君玉始。賓主相得，日以賦詩飲酒爲樂，佳時勝日，未嘗輒廢也。嘗遇中秋陰晦，齋廚夙爲備，公適無命。既至夜，君玉密使人伺公，曰：「已寢矣。」君玉亟爲詩以入，曰：「只在浮雲最深處，試憑弦管一吹開。」公枕上得詩，大喜。既索衣起，逕召客治具，大合樂。至夜分，果月出，遂樂飲達旦。前輩風流固不凡，然幕府有佳客，亦自如人意也。

堯山堂外紀：王琪、張亢同在晏元獻幕。張肥大，王以太牢目之；王瘦小，張以獼猴目之。一日，有米綱至八百里村，水淺當剝載。張往督，王曰：「所謂八百里駮也。」張曰：「未若三千年精矣。」琪嘗嘲亢曰：「張亢觸藩成八字。」亢應聲曰：「王琪望月叫三聲。」

題揚州九曲池

越調誰家曲，當年亦九成。哀音已亡國，廢沼尚留名。儀鳳終沈影，鳴蛙祇沸聲。淒涼不可問，落日背蕪城。

復齋漫錄：晏元獻赴杭州，道過維揚，憩大明寺。瞑目徐行，使侍史誦壁間詩，戒其勿言姓名，終篇者無幾。又誦一詩云云。問之，乃江都尉王琪所作。召至同飲，又同步池上。時春晚，已有落花。晏云：「每得句，或彌年未嘗強對。且如『無可奈何花落去』，至今未能也。」王應聲曰：「何不云『似曾相識燕歸來』？」晏大喜，由此薦爲館職。

苕溪漁隱叢話：昭陵諸臣傳，元獻未知杭州，復齋所記誤也。

金陵賞心亭

千里秦淮在玉壺，江山清麗壯吳都。昔人已化遼天鶴，舊畫難尋臥雪圖。冉冉流年去京國，蕭蕭華髮老江湖。殘蟬不會登臨意，又噪西風入座隅。

湘山野錄：賞心亭，丁晉公出鎭日重建，秦淮絕致，淸在軒檻。取所寶周昉袁安臥雪圖張于亭之屛，凡經十四守，雖極愛而不敢輒覬。偶一帥竊去，以布畫鴈掩之。君玉復守是郡，登亭留詩云云。詩與江山相表裏，爲貿畫者之藥斧也。

題招隱寺

蒼崖何蟠回，嘗爲隱君宅。宋戴顒善琴，隱居此山。孰謂人琴亡，松風正蕭瑟。花閑雪英舞，齋公玉蘂詩在焉鹿去宮泉冽。山有鹿跑泉，唐蔣防爲之銘。經聲草堂迥，天香中夜發。月落山氣深，淸猿嘯亦絕。如何人外迹，輕爲世網別。玉蘂辨證

聞盜紅梅種遺晏同叔

館娃宮北發精神，粉瘦瓊寒露蘂新。園吏無端偷折去，鳳城從此有雙身。

石湖梅譜：承平時，紅梅獨盛於姑蘇。晏元獻公始移植西岡圃中。一日，貴遊賂圃吏，得一枝分接，由是都下有二本。王君玉時守吳郡，聞盜花種事，以詩遺公。當時罕得如此。

秋日白鷺亭向夕有感 一作向夕風晦有作

白鷺敞西軒，檐宇窮爽塏。千峯若連環，翠色不可解。是時天宇曠，六幕無纖靄。金斗熨秋江，素練橫衣帶。乾坤清且斂，氣象朝昏改。蘆花作雪風，飛舞來滄海。九霄汀鷺起，萬里檣烏快。月上三山頭，鳥沒橫塘外。蒼茫洲渚寒，錯落星斗大。開樽屏絲竹，披襟向簫籟。余生本江湖，偃蹇欣所會。清興雖自發，苦嗜亦吾累。魚龍憑夜濤，四面忽滂湃。安得然犀燈，煌煌發水怪。

清輝殿觀唐明皇山水石字歌

皇家四葉恢聖功，天臨日燭清華戎。漢條靜治洽柔教，老心稽古開神聰。有唐英主稱好文，仙毫灑落驅風雲。壯哉山水有奇字，煥乎八法存翠珉。自從棄置咸陽道，蘚駁煙滋委宮草。天開神贊會休辰，甄收再作皇居寶。如何淪棄三百春，迎逢睿鑒來紫宸。奎鈎粲粲光華動，羣玉森森氣象新。丹薇春妍瑞靄深，文粱藻棟結芳林。鴻翔鳳翥徑方丈，杯流泉涌蒙親臨。鯫臣榮幸從金輿，鈎婉魂驚拭目初。多慚攬筆非清藻，唯慶千齡際帝圖。

答永叔問月

斑斑疎雨寒無定，皎皎圓蟾望欲闌。應在浮雲儘深處，更憑絲竹一催看。以上宋文鑑

絕句

香溪春老誤尋芳，只有愁雲映夕陽。今日重來已如此，何須更問海生桑。

正月初弦二月瞭，小園春事已如麻。強誇力健因移石，不減公忙為種花。後村詩話

句

疾風甚雨青春老，瘦馬疲牛綠雨深。優古堂詩話　隴雁半驚秋似水，征人相顧月如霜。聞角　西清詩話

露檻東西照，風荷向背愁。　涼吹易成團扇恨，夕陽偏結小窗愁。後村詩話

余良肱

良肱字康臣，洪州分寧人。天聖四年進士。調荊南司理參軍，歷三司判官、光祿卿，知宣州，提舉玉隆觀。日昝按：汴京遺蹟志載：「宋登科記，天聖三年、四年停貢舉，而余良肱史作四年進士，未知孰是。」

和蔣穎叔涇溪

畫舸夷猶紫翠間，暮雲如掃月如環。三山六刺須臾過，恰似嚴陵七里灘。寧國府志

韓　琦

琦字稚圭，安陽人。天聖中，進士第二。歷同中書門下平章事、集賢殿大學士，累封魏國公。薨贈尚書令，謚忠獻。徽宗論定策勳，贈魏郡王。有安陽集。

迂叟詩話：韓魏公罷相，守北京，新進多凌侮之。魏公鬱鬱不得志，嘗為詩云：「風定曉枝蝴蝶鬧，雨匀春圃桔槔閑。」時人稱其微婉。

皇朝類苑：韓魏公知定州，因作閱古堂，自為記，刻于石。後人又畫魏公像于堂上。宋子京知定州，作樂歌十闋。

其一曰：「聽説中山好，韓家閲古堂。畫圖眞宰相，刻石好文章。」魏公聞之，不喜。

和邃卿學士雪霽登祕閣

曉來延閣步層梯，春色周圍一望低。殘雪半留珠殿冷，非煙長護綺窗西。幽情自逐歸鴻斷，芳意還應遠樹迷。金匱有書猶未見，祕封香篆鎖芝泥。

九日水閣

池館隳摧古榭荒，此延嘉客會重陽。雖慚老圃秋容淡，且看黄花晚節香。酒味已醇新過熱，蟹螯先實不須霜。年來飲興衰難強，漫有高吟力尚狂。

皇朝類苑：魏公在北門，重陽宴諸曹于後園，有詩一聯云：「不羞老圃秋容淡，且看黄花晚節香。」公居常謂：「保初節易，保晚節難。故晚節事尤著，所立特完。」又作喜雪詩一聯云：「危石蓋深鹽虎陷，老枝擎重玉龍寒。」人謂公身雖在外，自任以天下之重如此。

和御製賞花釣魚詩

花簇香亭萬朶開，璵輿高自九天來。輕陰閣雨留天仗，寒色凝春送壽杯。仙吹徹雲終縹緲，恩魚逢餌幾徘徊。曾參二十年前會，今備台司得再陪。

李璧王荆文公詩注：公既進詩，或言於上曰：「韓琦譏切陛下。」上愕然，問之。對曰：「琦二十年而得一再侍宴，此正譏陛下飲宴無度也。」上大笑。

和春卿學士柳枝詞

章臺風曉起新眠，寒食輕陰未雨天。無限青絲拂遊騎，一生芳意負金鞭。以上安陽集

早夏

脫幘吏休後，憑軒風快餘。瀑泉增瀨急，新葉補林疎。

暑初天未熱，觀閣進新涼。果熟愁枝重，荷生覺渚香。

十里溪源注北塘，貯成寬碧瀉泱泱。新蒲弱荇參差綠，去鷺來鳧斷續行。一攬輕波搖鷁舸，滿簷斜日麗魚梁。使君思拙無清夢，高柳陰成草自長。

吳禮部詩話：韓魏公手書早夏三詩，備蕭散閑適之趣，安陽集所無。

包拯

拯字希仁，廬州合肥人。天聖五年進士。歷官龍圖閣直學士、御史中丞，知開封府，權三司使、樞密副使，還禮部侍郎，辭不受。卒謚孝肅。

書端州郡齋壁

清心爲治本，直道是身謀。秀榦終成棟，精鋼不作鉤。倉充鼠雀喜，草盡兔狐愁。史册有遺訓，毋貽來者羞。廬州府志

吳奎

奎字長文，濰州北海人，第進士。神宗朝，歷官樞密副使、參知政事，以資政殿大學士出知靑州。卒贈兵部尚書，謚文肅。

雲門留運上人房

雲門入雲深，樹密山轉幽。溪亭翛竹裏，激激玉泉流。仁智所遐想，古今爲勝遊。我乘休沐至，窮覽浩難周。金碧樓殿午，寒香松桂秋。清風連高興，飄越不可收。禪師索題詩，投筆事冥搜。欲速馳思遠，頃刻歷九州。象外有真物，惝怳難爲求。徒勞陳熟言，羞澀爲爾留。

汎五雲溪由鑑湖歸

樵風漾歸舟，飄然一葉輕。曲岸超忽遠，四山回抱明。幽禽淡容與，荷芰相低傾。田野多收穫，村叟時逢迎。歡言無物役，得我遊覽情。日脚暮雲起，湖面寒煙生。秋光湛空碧，彷彿見重城。候吏津亭外，稍聞笳鼓聲。以上雲門集

句

奚車一牛駕，朝馬兩人騎。使北 詩話總龜

趙抃

抃字閱道，衢州西安人。進士及第，歷官龍圖閣直學士，知成都。神宗朝，擢參知政事，以資政殿大學士出知外郡，加太子少保，致政。卒贈太子少師，謚清獻。有集。

石林詩話：趙清獻以清德服一世。平生蓄雷氏琴一張，鶴與白龜各一，所向與之俱。始除帥成都，蜀風素侈，公單車就道，以琴鶴龜自隨，蜀人安其政，治聲籍甚。元豐間，既罷政事，守越，再移蜀。公時老矣，過泗州，渡淮，前已放鶴，至是復以龜投淮中。乃入見。先帝問云：「聞卿前以匹馬入蜀，所攜獨琴鶴，廉者固如是乎？」公頓首謝。故

其詩有「馬尋舊路知歸去，鷗放長淮不再來」，自紀其實也。

暖風

薄袂歌雲散，輕雲舞袖低。簾疎藹樓閣，塵暗逐輪蹄。絮亂垂楊道，香流種藥畦。春窗惱春思，一枕杜鵑啼。

芳草

翠密馴文雉，叢深隱畫輪。離披金谷曉，寂寞茂陵春。古渡班荆客，長隄走馬人。芊芊似袍綠，一雨一番新。

杜鵑

響亂書窗外，人驚夢枕中。江城啼曉月，澤國怨春風。柳道盤滄綠，桃園蹀躞紅。年年來此地，留恨任西東。

寒食郊園卽事

城郭青煙散，郊園麗日長。鬬雞紅錦翅，遊騎紫絲韁。有蝶俱含粉，無人不惜芳。儘拚花下飲，歸去醉成鄉。

和何節判觀水

澄江抵練長，極目路蒼茫。煙芷差差綠，風荷柄柄香。西流終古恨，南浦鎮時忙。擬待傳辭意，離人在楚鄉。

題戲綵堂

我憩堂中樂可知，優游踰月竟忘歸。老萊不及吾兒少，且著朱衣勝綵衣。以上趙清獻公集

蓉塘詩話：宋趙玘倅溫州時，其父清獻公致仕家居。玘迎以就養，作堂名戲綵，公題詩堂中云。

寄張山人 時再領成都

不同參政初時入，謂呂餘慶也學尚書兩次來。謂張乖崖到日先生應笑我，白頭猶自走塵埃。

澠水燕談：治平初，龍圖閣直學士趙公抃鎭成都。有張山人者，數至李道士舍。一日，語李曰：「龍圖公促治裝，行當入覲，且參大政矣。」趙聞而異之。未幾，果應召命。乃參政柄，及鎭靑社。熙寧五年，張遺書云：「當來相見。」公大喜，久之無驗。至秋，公奉詔再領成都，方悟曰：「山人言來，乃吾當往也。」將行，先寄張云云。

王陶

陶字樂道，京兆萬年人。天聖五年進士。神宗朝，歷簽書樞密，宣撫陝西。還爲侍讀學士，知蔡州。卒贈吏部尙書，謚文恪。

有譽復者世居鎭戎能道邊事

君不見鎭戎德順弓箭手，耕種官田自防守。相圍置堡禦蕃軍，下視賊庭殊不有。殺羊取骨然艾灸，試卜賊兵知入寇。都校招呼入堡居，堡外重圍百里餘。牆低城小不難破，賊箭如棚城上過。堡中不及數十人，且鬭且罵且欣欣。登陴斫門謂平取，應弦死傷已無數。窗間走箭射酋豪，一箭已聞哭聲舉。爭將錦囊裹賊屍，鳴金收衆唯恐遲。不唯城堡依然固，吾衆不傷毫與釐。自從干戈動西鄙，覆軍殺將曾

無恥。朝廷未省遺邊功，何事此勳不能紀。安得天兵百萬衆，盡如此輩堅且勇。宋文鑑

龔宗元

宗元字會之，崑山人。天聖五年進士。歷都官員外郎。有武丘居士遺稾。

吳郡志：中隱堂，在大酒巷，都官員外郎分司南京龔宗元所居。取樂天詩：「大隱住朝市，小隱入丘樊。不如作中隱，隱在留司閒。」乃作中隱堂。與屯田員外郎程適、太子中允陳之奇遊從，極文酒之樂。皆耆德碩儒，挂冠而歸者，吳人謂之三老。

六月吟

曦輪獵野枯杉松，火焚泰華雲如峯。天地爐中赤煙起，江湖煦沫烹魚龍。生獰渴獸脣焦斷，峻翮無聲落晴漢。飢民逃生不逃熱，血迸背皮流若汗。玉宇清宮徹羅綺，渴嚼冰壺森貝齒。炎風隔斷眞珠簾，池口金龍吐寒水。象牀珍簟凝流波，瓊樓待月微酣歌。王孫晝夜縱娛樂，不知苦熱還如何。

夜宴作

兔魄侵階夜三刻，蜀錦堆香花院窄。風動簾旌玳瑁寒，露垂蟲網珍珠白。美人正席羅弦管，綺幄雲屏爐麝煖。只恐金壺漏水空，不怕鸞觴琥珀滿。勸君莫負秉燭遊，曾見古人傷晝短。

贈處士林逋

高蹈遺塵蛻，含華傲素園。瑣溪頻下釣，蕙帳不驚猿。養浩時淸肅，忘機只寓言。幾回生蝶翅，明月在西軒。

送陳君子之四明

短亭祖帳接平川，柳拂回波繫畫船。漸向落暉分繡袖，忍聽離曲怨鵾弦。雲連稽嶺應懷古，路近光源好訪仙。那更憑高望天際，江堤煙重草綿綿。

擣砧詞

星游耿耿寒燐浮，白龍銜月臨霜樓。誰家砧弄細腰杵，一聲擣破江城秋。雙桐老翠墮金井，高低冷逐西風緊。靜如秋籟暗穿雲，天末驚鴻斷斜影。哀音散落愁人耳，何處離情先喚起。長信宮中葉滿階，洞庭湖上波平水。萬里征夫眠未成，搖風擣月何丁丁。楚關秦嶺有歸客，一枕夜長無限情。以上中吳紀聞

丘濬

濬字道源，黟縣人。天聖五年進士。爲句容令。歷官至殿中丞。後在池州，一日，起盥沐，索筆爲詩，端坐而逝，衆謂尸解。有洛陽貴尚錄。

古今詩話：丘濬十歲，謁陳州太守。令對「弱柳絲絲搓綠線」，對云：「春雲片片揭新綿。」

翰府名談：丘寺丞失意，偏遊諸郡。至山陽，郡守屢召之夜飲，翌日作詩曰：「醜卻天下美人面，正得世間男子心。」郡守乞日再爲文字之飲以謝之。又至五羊，贈太守詩云：「堦上腥臊堆蜆子，口中濃血吐檳榔。」又云：「風腥蠻市合，日上瘴雲紅。」守見之不懌。

淵聖皇帝要錄：靖康中，金人圍京城，朝廷急於命將。有郭京者，自云用六甲法，可以擒敵。朝廷錫以金帛，使自募兵。有賣線兒，京授以將命。又有劉無忌，乃賣藥道人，常倒植泥中乞錢，亦作統制官。蓋取丘濬詩有「郭京楊式

劉無忌，皆在東南卧白雲」之讖。郭京出前軍，爲金兵一掃而空，城遂陷。

寺中聞射因成　十歲時作

殿宇時聞燕雀鳴，虚庭盡日少人行。孤吟獨坐情何限，時喜風傳中鵠聲。古今詩話

至儀眞太守召看牡丹

何事化工情愈重，偏敎此卉太妖妍。王孫欲種無餘地，顏巷安貧欠買錢。曉檻競開香世界，夜闌誰結醉因緣。須知村落桑麻處，田叟飢耕婦不眠。

贈五羊太守

碧睛蠻婢頭蒙布，黑面胡兒耳帶環。幾處樓臺皆枕水，四周城郭半圍山。以上輪府名談

秩滿寄茅山道友

鳴鳳相邀覽德輝，松蘿從此與心違。孤峯萬仞月正照，古屋數間人未歸。欲助唐虞開有道，深慚巢許勸忘機。明朝又引輕帆去，紫朮年年空自肥。新安志

詠錢塘

南屏高瞰府城西，畫舸千艘共醉迷。四柱臺邊煙是幕，百花橋畔葑連隄。龍檀咽路迎鑾隼，綺繡登山汗粉題。暮色沈沈郛郭閉，寶燈輝映梵天低。咸淳臨安志

吳　育

育字春卿，建安人。天聖五年進士。累官樞密副使，參知政事。尋以資政殿大學士、尙書左

丞知河中府，徙河南。卒贈吏部尚書，謚正肅。有集。

題峴山石幢

羊公千載得淸吟，芳跡雖遙契昔心。更與峴山爲故事，凛然風格照來今。襄陽府志

王含章

含章，處州守。

題仙都山

三年爲郡仰靈蹤，咫尺無因到此中。長是徘徊看圖畫，果然峭岑在虛空。雲歸湖頂塵雖染，鶴立松梢路莫通。春過碧溪人玩少，古壇牢落雨濛濛。仙都山志

孫抃

抃字夢得，眉山人。天聖中進士。累遷知制誥、翰林學士承旨，拜參知政事。謚文懿。有集。

郡齋讀書志：孫抃六世祖長孺，喜藏書，貯以樓。蜀人號「書樓孫家」。

端午日皇后閤帖子詞

蟠桃映砌晨烟薄，紫桂淩霄晝露晞。窈窕漢宮三十六，齊將綵縷祝坤闈。

萬功寶笈千齡藥，又賜金盤五色瓜。從此仙源昇福遠，綿綿不獨頌周家。古今歲時雜詠

彭應求

應求，廬陵人。渠陽推官思永之父。

宿崇聖院

公程無暇日，暫得宿清幽。始覺空門客，不生浮世愁。温泉喧古洞，晚磬度危樓。徹曉都忘寐，心疑在沃洲。濂溪先生集附

宋詩紀事卷十二

錢唐　厲鶚　輯
祁門　馬曰璐　同輯

阮逸

逸字天隱，建陽人。安定先生胡瑗之門人。天聖五年進士。爲鎮江軍節度推官。皇祐中，與瑗同典樂事，遷尚書屯田員外郎。

隱居詩話：至和中，阮逸爲王宮記室，王能詩，與逸唱和。有句曰：「易立太山石，難枯上林柳。」有言其事者，朝廷方治之。會逸坐他事，因廢棄。

題竹閣 在嚴州能仁寺之南

僧閣倚寒竹，幽襟聊一開。清風曾未足，明月可重來。曉意烟垂草，秋姿露滴苔。佳賓何以竚，雲瑟與霞杯。嚴州府志

張維

維，烏程人，子野之父。仁宗朝，衞尉寺丞。贈尚書刑部侍郎。子野取父平生所自愛詩，寫之縑素，號十詠圖。

聞砧

遥野空林砧杵聲，淺沙棲雁自相鳴。西風送響暝色静，久客感秋愁思生。何處征人移塞帳，即時新月

落江城。不知今夜擣衣曲，欲寫秋閨多少情。

庭鶴

戢翼盤桓傍小庭，不無淸夜夢烟汀。靜翹月色一團素，閑啄苔錢數點青。終日稻粱聊自足，滿前雞鶩漫相形。已隨秋意歸詩筆，更與幽棲上畫屛。

玉蝴蝶花

雪朵中間蓓蕾齊，驟開尤覺繡工遲。品高多說瓊花似，曲妙誰將玉笛吹。散舞不休零晚樹，團飛無定撼風枝。漆園如有須爲夢，若在藍田種更宜。

孤帆

江心雲破處，遙見去帆孤。浪闊疑升漢，風高若泛湖。依微過遠嶼，彷彿落平蕪。莫問乘舟客，利名同一途。

太守馬大卿會六老于南園

賢侯美化行南國，華髮欣欣奉宴娛。政績已聞同水薤，恩輝遂喜及桑榆。休言身外榮名好，但恐人間此會無。他日定知傳好事，丹青寧羨洛中圖。

歸燕

社燕秋歸何處鄉，羣雛齊老稻青黄。猶能時暫棲庭樹，漸學稀疎度苑牆。已任風庭下簾幕，卻隨烟艇過瀟湘。前春認得安巢所，應免差池揀杏粱。

宿後陳莊

臘凍初開苕水淸，烟村遠郭漫吟行。灘頭斜日鳧鷺隊，枕上西風鼓角聲。一棹寒燈隨夜釣，滿犂膏雨趁春耕。誰言五福仍須富，九十年餘樂太平。

送丁遜秀才赴舉

鵬去天池鳳翼隨，風雲高處約先飛。靑袍賜宴出關近，帶取瓊林春色歸。

貧女

蒿簪掠鬢布裁衣，水鑑雖明亦嬾窺。數畝秋禾滿家食，一機官帛幾梭絲。物爲貴賓天應與，花有秋香春不知。多少年來豪族女，總敎時樣畫蛾眉。

句

其五宿淸江小舍，破損僅存一句。

菰葉靑靑綠荇齊。

齊東野語：孫華老十詠圖序云：張維，吳興人。少年學書，貧不能卒業，去而躬耕以爲養。善教其子，至于有成。平居好詩，以吟詠自娛。浮遊閭里，上下于溪湖山谷之間，遇物發興，率爾成章。不事雕琢之巧，采繪之華，而雅意自得，徜徉閑肆，往往與異時處士能詩者爲輩。公不出仕，而以子封至四品，行年九十有一。公卒十八年，公子尙書都官郎中先亦致仕家居。取公生平所自愛詩十首，寫之縑素，號十詠圖，傳示子孫。

唐詢

詢字彥猷，錢唐人。天聖中，賜進士及第。除工部員外郎，擢起居注、知制誥，出知杭、蘇、靑三州，拜翰林學士。卒贈禮部侍郎。有集。

皇宋書錄：唐彥猷，弟詔彥範，俱擅一時才雅之譽。彥猷知書好古，彥範文章氣格高簡不屈，竦秀比六朝人物。尤精翰墨，遺一小札，亦必華縢妙管。

爲杭州日送客舟中

山雨霏微不滿空，畫船來往疾輕鴻。誰知獨臥珠簾裏，一榻無塵四面風。咸淳臨安志

顧亭林

平林標大道，曾是野王居。舊里風烟變，荒原草樹疎。湖波空上下，里閈已丘墟。往事將誰語，淒涼六代餘。

柘湖

世歷亡秦遠，湖連大海濱。柘山標觀望，玉女見威神。渺渺旁無地，滔滔孰問律。何年化魚鼈，髣髴歷陽人。以上松江府志

王拱辰

拱辰字君貺，咸平人。天聖八年，進士第一。元名拱壽，仁宗賜今名。歷官翰林學士、武安軍節度使。哲宗立，加檢校太師。卒贈開府儀同三司，謚懿恪。

耆英會　年七十一

西都山水天下奇，神嵩景室環清伊。自注：上古太室山爲景室山。甫申間氣秀不絕，生賢會聖昌明時。衣冠占

數盛文雅，台符鄉月光離離。魏京雄奧壓幽朔，遊宮御府嚴天威。膏田千里翳桑柘，犀甲萬旅馴熊羆。公當綬帶名三鎮，懸赤繼軫承保釐。追推契遇最深舊，加復雍孟交旌麾。仁皇一莊龍虎榜，桂堂先後攀高枝。宦遊出處五十載，鸞臺騤路俱騰夷。三公極位固遼隔，五年以長猶肩隨。公今復主鳳門鑰，僕亦再撫銅臺圻。二京相望阻河廣，三徑不克陪遊嬉。忽聞幹步踵門至，投我十二耆英詩。整冠肅貌諷章句，若坐寶肆羅珠璣。爲言白傅有高躅，九君結社眞可師。欲令千載著風迹，亟就僧館圖神姿。詞宗端殿序篇目，滂灑大筆何淋漓。眷言履道靡充詘，菟裘近邑將營歸。敢云繪素得精筆，願列霜壁如唐規。退居舊相國元老，十年還政瀍之涯。康寧富貴備五福，璽寶盛氣如虹霓。昔年大對繼晁董，登科賜第同一期。自注：皆天聖八年。紫垣步武既通接，金沙里閈還鄰比。探禪論道劇訓對，摩軋太古窮天機。二賢勳業冠朝省，爵齒官學誰依稀。今將圖畫表來世，詎可下客聯纓緌。既蒙月品定人物，不敢循避違風期。況承開閣厚賓客，富有景物佳園池。銅駝坊西福善宅，修竹萬箇籠清漪。天光臺高未百尺，下眺林嶺如屏帷。花王千品盡殊勝，風光繡畫三春暉。六相街中潞公第，碧瓦萬木煙參差。左隅廟室本經禮，右閣宸翰尊星奎。婆娑青鳳舞松柏，煥爛素錦薰酴醾。石渠飛溜漱寒玉，晝夜竽瑟鳴堦墀。伊予陋宇治窮僻，姑喜地廣爲環溪。樓名多景可曠望，臺號風月延清暉。四時花蘤不外假，挐舟傲幘聊嬉怡。懷歸撫事若飢渴，恨無羽翼西南飛。人生交舊貴倫輩，情親意接心相知。豈無晚秀負才蘊，高談大笑拘禮儀。洛中故事名義燕，二毛第一年相推。灑冠登仕荷天寵，尊君報國當百爲。既嗟大耋盍知止，納祿謝事皆所宜。顧方北道倚煩劇，未許解紱披荷衣。長篇不令負花約，自注：公貽「莫負花前約」之句。爲指風什歌式微。如羹甘露爽心骨，似柄玉麈親顏眉。蘭叢雖未長羅宅，菊英似亦思陶籬。子山已著小園賦，彥倫猶媿鍾山移。聊攄短引謝招隱，肯使猿鶴常驚啼。司馬光洛中耆英會詩

史院席上奉和首吳相公原韻

累聖千春統，編年四紀餘。官歸柱史筆，經約魯麟書。班馬才長矣，仁英道偉歟。恩招宴東觀，醲酒荷盈車。揮麈後錄

挽老蘇先生

氣得岷峨秀，才推賈馬優。未承宣室問，空有茂陵求。玩易窮三聖，論書正九疇。欲知歆向學，二子繼弓裘。蘇集附錄

歐陽修

修字永叔，廬陵人。天聖八年省元，中進士甲科。累擢知制誥、翰林學士，歷樞密副使、參知政事。神宗朝，遷兵部尚書，以太子少師致仕。卒贈太子太師，諡文忠。晚號六一居士。有六一居士集。

孔平仲談苑：慶曆中，西師未解。晏元獻爲樞密使，大雪，置酒西園。歐陽永叔賦詩云：「須憐鐵甲冷徹骨，四十餘萬屯邊兵。」晏曰：「昔韓愈亦能作言語，赴裴度會，但云：『園林窮勝事，鍾鼓樂淸時。』不曾如此合鬧。」

石林詩話：歐公矯崑體，專以氣格爲主。

詩林廣記：歐陽永叔詩，如春服既成，春酒既釀，登山臨水，竟日忘歸。

雪浪齋日記：或疑六一居士詩，以爲未盡妙，以質于子和。子和云：「六一詩只欲平易耳。『西風酒旗市，細雨菊花天』，豈不佳？『晚烟寒橘柚，秋色老梧桐』，豈不似少陵？」

優古堂詩話：韓子蒼言：「歐陽文忠寄荆公詩云：『翰林風月三千首，吏部文章二百年。』吏部蓋謂南史謝朓于宋明帝時爲尚書吏部郎，長五言詩，沈約嘗云：『二百年來無此作也。』文忠之意，直使謝朓事。而荆公答之曰：『他日若能窺孟子，終身安敢望韓公。』則荆公之意，竟指吏部爲退之矣。」

敖陶孫詩評：歐公如四瑚八璉，止可施之宗廟。

能改齋漫錄：歐陽文忠公詩云：「拂面蜘蛛占喜事，入簾蝴蝶報佳人。」自注云：李賀詩：「東家蝴蝶西家飛，白騎少年今日歸。」蓋用李淳風占怪書云：「蛺蝶忽入人宅舍及帳幕內者，主行人即返。」又云：「生貴子，吉。」

廬山高贈同年劉凝之歸南康

廬山高哉幾千仞兮，根盤幾百里，巀然屹立乎長江。長江西來走其下，是爲揚瀾左蠡兮，洪濤巨浪日夕相舂撞。雲消風止水鏡淨，泊舟登岸而遠望兮，上摩雲霄之晻靄，下壓后土之鴻龐。試往造乎其間兮，攀緣石磴窺空谾。千巖萬壑響松檜，懸崖巨石飛流淙。水聲聒聒亂人語，六月飛雪灑石矼。仙翁釋子亦往往而逢兮，吾嘗惡其學幻而言哤。但見丹霞翠壁遠近映樓閣，晨鐘暮鼓杳靄羅幡幢。幽花野草不知其名兮，風吹露溼香澗谷，時有白鶴飛來雙。幽尋遠兮不可極，便欲絕世遺紛痝。羨君買田築室老其下，插秧盈疇兮，有酒盈缸。欲令浮嵐暖翠千萬狀，坐臥常對乎軒窗。君懷磊砢有至寶，世俗不辨珉與玒。策名爲吏二十載，青山白首困一邦。寵榮聲利不可以苟屈兮，自非青雲白石有深趣，其氣兀硉何由降！丈夫壯節似君少，嗟我欲說安得巨筆如長杠！

王直方詩話：郭功父少時喜誦文忠公詩。一日，過梅聖俞，曰：「近得永叔書，方作廬山高詩送劉同年，自以爲得意，恨未見此詩。」功父爲誦之，聖俞擊節歎賞曰：「使吾更作詩三十年，亦不能道其中一句。」功父再誦，不覺心醉。遂置酒，又再誦，酒數行，凡誦十數徧，不交一談而罷。梅聖俞贈郭功父詩，其略曰：「一誦廬山高，萬景不得藏。設令古畫師，極意未能詳。」

明妃曲和王介甫作

胡人以鞍馬爲家，射獵爲俗。泉甘草美無常處，鳥驚獸駭爭馳逐。誰將漢女嫁胡兒，風沙無情面如玉。身行不遇中國人，馬上自作思歸曲。推手爲琵卻手琶，胡人共聽亦咨嗟。玉顏流落死天涯，琵琶卻傳來漢家。漢家爭按新聲譜，遺恨已深聲更苦。纖纖女手生洞房，學得琵琶不下堂。不識黃雲出塞路，豈知此聲能斷腸！

漢宮有佳人，天子初未識。一朝隨漢使，遠嫁單于國。絕色天下無，一失難再得。雖能殺畫工，于事竟何益。耳目所及尙如此，萬里安能制夷狄！漢計誠已拙，女色難自誇。明妃去時淚，灑向枝上花。狂風日莫起，飄泊落誰家。紅顏勝人多薄命，莫怨春風當自嗟。

石林詩話：前輩詩文，各有平日得意，不過數篇，然他人未必能盡知也。毘陵正素處士張子厚善書，余嘗于其家見歐陽公子棐以烏絲闌絹一軸，求子厚書文忠公明妃曲兩篇，廬山高一篇，略云：「先公平生未嘗矜大所爲文，一日被酒，語棐曰：『吾詩廬山高，今人莫能爲，唯李太白能之。明妃曲後篇，太白不能爲，唯杜子美能之。至于前篇，則子美亦不能爲，唯吾能之也。』因欲別錄此三篇藏之，以誌公意。」余在汝陰，見棐，問之亦然。今閱公詩者，蓋未嘗獨異此三篇也。

禮部貢院閲進士試

紫案焚香暖吹輕，廣庭清曉席羣英。無譁戰士銜枚勇，下筆春蠶食葉聲。鄉里獻賢先德行，朝廷列爵待公卿。自慚衰病心神耗，賴有羣公鑑識精。

石林詩話：至和嘉祐間，場屋舉子，爲文尚奇澀，讀或不成句。歐公力欲革其弊。既知貢舉，凡文涉雕刻者，皆黜之。時范景仁、王禹玉、梅公儀、韓子華同事，而梅聖俞爲參詳官。未引試前，唱酬詩極多。歐公有「無譁戰士銜枚勇，下筆春蠶食葉聲」；聖俞有「萬蟻戰酣春晝永、五星明處夜堂深」，亦爲諸公所稱。及放榜，平時有聲如劉煇輩，皆不預選，士論頗洶洶。未幾詩傳，遂閧然以爲主司唯唱酬，不暇詳考。且言以五星自比，而待我輩爲蠶蟻。因造爲醜語。自是禮闈不復作詩，終元豐末，幾三十年。元祐初，雖稍稍爲之，要不如前日之盛。然是榜得蘇子瞻爲第二人，子由與曾子固皆在選中，亦不可謂不得人矣。

夢中作

夜涼吹笛千山月，路暗迷人百種花。棋罷不知人換世，酒闌無奈客思家。

東坡題跋：南嶽李岳老好睡，衆人飽食下棋，岳老輒就枕，數局一展轉，云：「我始一局，君幾局矣？」東坡曰：「李岳老常用四脚棋盤，只著一色黑子。昔與邊韶敵手，今被陳摶爭先。著時似有輸贏，著了並無一物。歐陽公夢中作詩云云，殆是謂也。」

批謝判官紙尾

淺深紅白宜相間，先後仍須次第栽。我欲四時攜酒去，莫教一日不花開。

西清詩話：歐公守滁陽，築醒心醉翁兩亭于瑯邪幽谷，且命幕客謝某者雜植花卉其間。謝以狀問名品，公即題紙尾云云。其清放如此。

唐崇徽公主手痕

故鄉飛鳥尚啁啾，何況悲笳出塞愁。青冢埋魂知不返，翠崖遺迹爲誰留。玉顔自古爲身累，肉食何人與國謀。行路至今空歎息，巖花野草自春秋。

朱文公語錄：「玉顔自古爲身累，肉食何人與國謀。」以詩言之，第一等詩；以議論言之，第一等議論也。

早朝感事

疎星牢落曉光微，殘月蒼龍闕角西。玉勒爭門隨仗入，牙牌當殿報班齊。羽儀雖接鴛鴦鷺，野性終存鹿與麛。笑報汝陰常處士，十年騎馬聽朝雞。

寄許道人昌齡

石唐仙室紫雲深，潁陽眞人此算心。眞人已去升寥廓，歲歲嵒花自開落。我昔曾爲洛陽客，偶向嵒前坐磐石。四字丹書萬仞崖，神清之洞鎖樓臺。雲深路絶無人到，鸞鶴今應待我來。以上居士集

西清詩話：潁陽石唐山絶頂有石室，邢和璞算心處。治平中，許昌齡早得仙術，杖策來居焉。歐陽文忠公守亳社，聞之，要致郡齋。與語，豁然有悟。一日，公問道，許告以公屋宅已壞，難復語此。但明了前境，猶庶幾耳。且道昔遊嵩山，日暮，于絶壁上見苔蘚成文，云神清之洞，語祕不傳。後公歸汝陰，臨薨，以詩寄之云云。

寄韓子華

人事從來無處定，世塗多故踐言難。誰知潁水閑居士，十頃西湖一釣竿！

墨莊漫錄：歐陽公與韓子華、吳長文、王禹玉同直玉堂，嘗約五十八歲即致仕。子華書于柱上。後過限七年，方踐前志。作詩寄子華曰：俗諺云，也賣弄得過裏。

劉原父再昏以二絕戲之

平生志業有誰先？落筆文章海內傳。明日都城應紙貴，開籠卻扇見新篇。

仙家千載一何長，浮世空驚日月忙。洞裏桃花莫相笑，劉郎今是老劉郎。西清詩話

顏太初

太初字醇之，徐州人。顏子四十七代孫。第進士。官國子監直講，出爲臨晉簿，掌南京學，卒。有鳧繹先生集。

蘇東坡序略云：昔吾先君適京師，與士大夫遊，歸語軾曰：「自今以往，文章其日工而道將散矣。士慕遠而忽近，貴華而賤實，吾已見其兆矣。」以魯人鳧繹先生之詩文十餘篇示軾曰：「小子識之，後十餘年，天下無復爲斯文者也。」

許希 并序

鍼工許希，下蔡人。住梁門西市三十年。及天聖中，皇躬違豫，有內戚達其姓名。上召見，三進鍼而疾平，面授尚藥奉御。其賜予不可勝紀。謝恩畢，西向而拜。上詢其故，奏曰：臣拜本師扁鵲也。上惜其用心不忘本，給錢五十萬，爲立祠，封曰靈應侯。或曰：人生乎世，愼乎習。希失其習者也。使希不習醫而習儒，其遇主之日，不忘先師明矣。若然，則讀書爲儒，乘時取富貴，高冠長劍，昂昂廟堂之上，自負自得，不知素王之力者，許希之罪人也。因爲詩云。

京城名利塗，車馬相奔馳。其間取富貴，往往輸巫醫。前後十數輩，身沒名已隳。獨有許希者，蘊蓄何瑰奇。始自下蔡來，所處尤喧卑。西市三十年，汨汨無人知。一朝伎至藝，驟登文石墀。三鍼愈上疾，神速不移時。酬以六尙官，著籍通端闈。旌以三品服，佩紫垂金龜。于時稱謝畢，西向復陳儀。當廳驚且問，歷歷宣其辭：臣傳扁鵲術，遇主今得施；特此一展謝，臣心不自私。主上惜其意，繄賞爲噓唏。仍給水衡錢，國西命立祠。復加靈應號，金額照華榱。自此輦轂下，求禱何祁祁。我過慶成坊，見之心且悲。秦醫術雖妙，五藏及四肢。所習得其人，千齡祀不虧。魯聖術至大，帝道與民彝。所習非其人，一朝反相持。小吏師荀況，竊爲辨說資。作相勸焚書，詐云愚蚩蚩。後之爲儒者，其心皆李斯。昔在布衣日，動守先王規。朝談十二經，夕誦三百詩。依憑稽古力，榮進無他歧。及居廟堂上，長劍冠峩巍。自謂天所賦，焉知有宣尼。宣尼斷襲封，十經寒暑移。他姓爲邑官，鄉老皆驚疑。上章寢不報，九重遭面欺。諫官不舉失，御史不言非。盡爲許希笑，得路忘先師。

宋史文苑傳：天聖中，文宣公孔聖祐卒，無子，除襲封且十年。是時，有醫許希，以鍼愈仁宗疾。拜賜已，西向拜扁鵲，曰：「不敢忘師也。」帝爲封扁鵲神應侯，立祠城西。太初作許希詩，指聖祐事以諷在位。又致書參政蔡齊，齊爲言于上，遂以聖祐弟襲封。

東州逸黨

天之有常度，躔次絕乖離。地之有常理，沈潛無變虧。人之有常道，高下遵軌儀。三才各定位，萬古永不移。二儀設有變，修德可以祈。人道或反常，其亂何由支。昔在典午朝，國祚向陵夷。日向中夜出，赫赫來東陲。地向太極裂，中有蒼鵝飛。高厚災且異，人妖亦繁滋。始有竹林民，怪誕名不羈。次有夷甫輩，高談慕無爲。沈湎多越禮，阮籍兼輔之。虛名能飾詐，光逸與王尼。何曾有先見，不能救其衰。張華徒竭力，無以扶其危。至今西晉書，讀之堪涕洟。爾來歷千年，炎宋運重熙。東州有逸黨，尊大自相推。號曰方外交，蕩然絶四維。六籍被詆訶，三皇遭毀訾。阮儒愚黠首，快哉秦李斯。與世立憲度，迂哉魯先師。流宕終忘反，惡聞有民彝。或爲童牧飲，垂髽以相嬉；或作概量歌，無非市井辭；或作薤露唱，發聲令人悲；或稱重氣義，金帛不爲貲；或曰外形骸，頂踵了無私。麀聚復獶雜，何者爲尊卑。遙聞風波民，未見如調飢。偶逢紳帶士，相對如拘縻。不知二紀來，此風肇自誰！都緣極顯地，多用簪髻兒。斯人之一唱，翕然天下隨。斯人之一趨，靡然天下馳。鄉老爲品狀，不以逸爲嗤。宗伯主計偕，不以逸爲非。私庭訓子弟，多以逸爲宜。公朝論人物，翻以逸爲奇。家國盡爲逸，禮法從何施？我常病其事，中夜起思惟。平地三尺限，空車登無歧。重載歷百仞，所來因陵遲。萬一染成俗，雖悔何由追。衆人皆若夢，焉能分其糜。衆人皆若醉，不知啜其醨。天下皆病痿，俾誰就魯醫？天下皆病狂，何暇灸其眉？幸有名教黨，可與決雄雌。所嗟九品賤，不得立文墀。賈誼惟慟哭，梁鴻空五噫。終剷南山竹，冒死指其疵。願乘九廟靈，咸悟宸心知。赫爾奮獨斷，去邪在勿疑。分捕復大索，儉人無孑遺。大者肆朝市，其徒竄海湄。殺一以戒萬，是曰政之基。千奴共一膽，膽破衆自隳。無使永嘉風，敗亂昇平時。以上宋文鑑

宋史文苑傳：山東人范諷、石延年、劉潛之徒，豪放劇飲，不循禮法，後進多慕之。太初作東州逸黨詩。

章傪

如歸亭　在吳江之東，天聖中，趙令球建。

吳江江上客亭幽，地占姑蘇最上游。萬頃重湖朝夕浪，幾聲殘櫓往來舟。涼生領袖蘋風晚，冷射杯盤桂魄秋。東道正閑時倒屣，笙歌誰惜一遲留。吳江縣志

葉綱

如歸亭

拍天烟浪接滄溟，識盡歸舟是此亭。風遞秋香來橘社，水賫春味驗茶經。捲簾江樹差差綠，入坐湖山隱隱青。魯望幽居在何處？白鷗無主滿閑汀。吳江縣志

何永錫

如歸亭

獨臨朱檻愛平波，安穩歸舟兩兩過。數島雲霞栽橘社，一汀烟月採菱歌。湖心日定施青黛，砌下風恬展碧羅。好寫仙源槎閣主，便敎從此上銀河。吳江縣志

陶伯宗

如歸亭

吾家本住洞庭西，烟雨生涯接釣磯。今日吳江亭上望，水光山色卻如歸。吳江縣志

梅摯

摯字公儀，成都新繁人。天聖中進士。擢殿中侍御史、戶部副使，出知蘇州。進龍圖閣學士，知杭州，遷右諫議大夫，徙江寧、河中，卒。

自和寒食韻

龜堞春遊士著賒，青青踏去冒烟華。翠停舴艋客尋寺，紅卸羃羅人上車。亭落五重沽卓酒，釵行十二步潘花。乘歡盡醉高陽侶，倒載歸來不認家。成都文類

琵琶亭

陶令歸來爲逸賦，樂天謫宦起悲歌。有弦應被無弦笑，何況臨弦泣更多。中山詩話

新橋

千頭霜熟摘來新，包貢虔修望紫宸。他日功成許高退，社中還結素封人。

五日公宴

虎符新合晚芳天，良會難幷樂與賢。心媿白公求治切，下車三月始開筵。自注：白公旬宴詩云：下車已三月，開筵始今辰。

過白頭橋 在蘇州盤門運河上

白頭橋奈白頭何，自注：唐牧白公建，因得名。近歲伯純修之，人呼孫老橋。舊德如存故老歌。不特輿梁起遺愛，大都才美服人多。

北軒攲枕

苦無勤瘁補臺綱，西院西頭冷峭房。今日鈴齋一攲枕，淸風不敢傲羲皇。以上吳郡志

歸雁亭 歐陽公建，在滑州。

東風楊柳杏花飛，曾伴先生酒一巵。前輩風流那復見，小亭烟雨漫相思。城邊春草路南北，山下河梁人別離。一尺短書□水闊，年年愁絕雁歸時。

偶書小詩寄永叔內翰 知滑州時作

酒戶棊兵孰與儕，月宵曾過六天街。南燕到後懷君遠，時入樓東畫舫齋。以上大名府志

句

涼深荔浦月，冷熨桂江秋。昭州月 哲匠金桴

富弼

弼字彥國，河南人。天聖八年，舉茂材異等，累擢知制誥，歷同中書門下平章事，封鄭國公。進昭文殿大學士，監修國史，進司徒，薨贈太尉，謚文忠。

玉蓮詩話：或傳富鄭公奉使遼國，遼使者云：「蚤登雞子之峯，危如累卵。」答曰：「夜宿丈人之館，安若泰山。」又云：「酒如線，因針乃見。」富答曰：「餠如月，遇食則缺。」

謝邵堯夫見訪

先生自衞客西畿，樂道安閑絕世機。再命初筵終不起，獨甘窮巷寂無依。貫穿百代嘗探古，吟詠千篇

亦造微。珍重相知忽相訪，醉和風雨夜深歸。

聞見前錄：公築第，與康節天津隱居相邇。公曰：「自此可時相招矣。」康節曰：「某冬夏不出，春秋時，閒過親舊間；公相招，未必來。不召或自至。」一日過之，作詩云云。

伏承留府太尉相公就敝居爲耆年之會承命賦詩謹錄上呈伏惟采覽 時公年七十九

西洛古帝都，衣冠走集地。豈惟名利場，驟爲耆德會。大尹吾舊相，曠懷輕富貴。日與退老遊，臺閣并省寺。予慙最衰老，亦許預其次。遂欲省儀容，爛然形繪事。閩嶠訪精筆，鮫綃布絕藝。今復崇宴衎，聊以示慈惠。幽居近銅駝，荒弊仍湫底。塞路移君庖，盈車載春醴。獻酬互相趣，覩處不知止。商嶺有四翁，晉林惟七子。較我集諸賢，盛衰何遠邇。並事實可矜，傳之爲千祀。

弼竊覽長篇斷章有十二人中第二人之句又賦一絕上呈

顧我年齡雖第一，在公勳德自無雙。不推行業終難敵，富貴康寧亦可降。以上司馬光洛中耆英會詩

涵虛閣 在南昌東湖，北宋國子博士李寅致政居此建。

畫閣高連百雉城，涵虛應不媿標名。門前柳色兼旗色，座上琴聲雜佩聲。肯羨五湖歸范蠡，未饒三徑隱淵明。我來恰直初晴後，山影波光分外清。南昌府志

資政范公以黃素小字韓文公伯夷頌寄才翁壬申正月才翁按祭因跋

夷清韓頌古皆無，更得高平小楷書。舊相嘉篇題卷後，蘇家能事復何如？鐵網珊瑚

文彦博

彦博字寬夫，介休人。舉進士，歷樞密副使、參知政事，拜同中書門下平章事，封潞國公。以太師致仕。紹聖中，降太子少保，卒。預元祐黨籍。後追復太師，謚忠烈，有集。

蘇東坡云：潞公長律，無一字無考據。

邵氏聞見前錄：文潞公自兗州通判代歸，呂文靖一見奇之。問潞公曰：「有兗州墨，攜以來。」明日，潞公進墨，文靖熟視之。蓋欲相潞公手也。遂薦爲殿中侍御史。

閑齋有作

鼓吹盡私蛙，蒿蓬蔣徑斜。梧高惟待鳳，柳密只容鴉。度暑巾裁縠，迎涼帳卷紗。茂陵無奈渴，猶有鎮心瓜。

蘅皋

蘅薄頻牽望，陽林久駐鑣。香囊徒叩叩，雲月自苕苕。翠佩傳情密，曾波託意遥。翩鴻漸高逝，翻恨隔神霄。

見山樓

雲淡天迷楚，樓高地占秦。哀筝兩行雁，小字數鉤銀。巷陌三條月，池塘十步春。府門初夜閉，多少夜遊人。

閱史有感

縹帙青箱次第開，慨然英氣轉難裁。莫言每事俱長往，須有清風屬後來。彈鋏始知皆瑣旅，枕戈方信

是雄才。平生自信眞非薄，只是休容鴆鳥媒。以上文潞公集

同甲會詩

四人三百十二歲，況是同生丙午年。招得梁園爲賦日，合成商嶺采芝仙。清談亹亹風盈席，素髮飄飄雪滿肩。此會從來誠未有，洛中應作畫圖傳。

夢溪筆談：文潞公保洛日，年七十八，同時有中散大夫程晌、朝議大夫司馬旦、司封郎中致仕席汝言，皆年七十八，嘗爲同甲會，各賦詩一首。

耆英會詩 時公年七十五

九老舊賢形繪事，元豐今勝會昌春。垂肩素髮皆時彥，揮麈清談盡席珍。染翰不停詩思健，飛觴無筭酒行頻。蘭亭雅集誇修禊，洛社英遊貴序賓。自媿空疎陪几杖，更容款密奉簪紳。當筵尙齒尤多幸，十二人中第二人。

澠水燕談云：富韓公熙寧四年以司空歸洛，時年六十八。是年，司馬端明不拜樞密副使，求判西臺，時年五十三。二公安居沖默，不交世務。後十一年，當元豐五年，文潞公留守西京，慕唐白樂天九老會，于是悉聚洛中大夫賢而老自逸者，韓公置酒相樂，凡十二人。又命鄭奐圖形妙覺僧舍，各賦詩，時人呼之曰洛陽耆英會，而司馬公爲之序。其相聚也，用洛中舊俗，敍齒不尙官。韓公年七十九；潞公與司封席汝言字君從，皆年七十七；朝議大夫王尙恭字安之七十六；太常卿趙丙字南正，祕書監劉几字伯壽，衛州防禦使馮行己字肅之，皆七十五；天章閣待制楚建中字正叔七十三；朝議大夫王愼言字不疑七十二；大中大夫張問字昌言，龍圖閣直學士張燾字景元，皆七十；司馬公六十四。故潞公詩云：「當年尙齒尤多幸，十二人中第二人。」韓公贈潞公詩云：「顧我年齡雖第一，在

公勳德自無雙。」潞公再贈韓公詩云：「惟公福禄并功德，合是人間第一流。」是時宣徽使王公拱辰，字君貺，年七十，留守大名，貽書二公預其數。凡十三人。

彦博代簡上君貺宣猷

勿愛大名名，遂忘西洛樂。銅駝本自佳，金鳳亦不惡。二月三月春融融，千花萬花紅灼灼。公乎早歸來，莫負花前約。同賞狀元紅，對酒劉師閣。自注：花雖舊房，其豔維新。

彦博伏覩公詩有第一無雙之句輒成二十八字上呈

洛下衣冠今最盛，當筵尚齒禮容優。惟公福壽并勳德，合是人間第一流。以上司馬光洛中耆英會詩

贈李戡

昌元建邑幾經春，百里封疆秀氣新。鴨子池邊登第客，老鵶山下著棋人。方輿勝覽：昌元縣南有老鵶山，有李戡李戣兄弟善棋。會虜索棋戰于國朝，詔求天下善弈者。蜀帥以戡應詔，虜望風知畏，不敢措手。譙南薰昌元人，登皇祐五年進士第。文潞公詩云云。

題榆次縣鼓樓

置向譙樓一任撾，撾多撾少不知他。如今幸有黄紬被，努出頭來放早衙。合璧事類前集：世傳太祖謂一縣令曰：「勿于黄紬被裏放衙。」潞公詩云云。

雙泉

長劍並彈霜氣豪，白虹半折秋雲高。濯纓洗耳更何處，世人回看輕鴻毛。河南府志

湨水 在孟縣西北，春秋「會于湨梁」，即此。

潺湲北山水，繚繞南城皋。晴灘錦石亂，擊觸春湍高。誰謂湨梁大，不能容魴魛。臨流自縮手，揭厲應徒勞。孟縣志

宿少林寺

六六仙峯繞佛居，俗塵至此暫銷除。西來未會禪師意，北去應馳使者車。予方受命移守北都 五品封槐今尚在，九年面壁昔何如。心知一宿猶難覺，花藏重尋貝葉書。嵩陽石刻集記

席汝言

汝言字君從，官尚書司封郎中致仕。

耆英會 年七十七

繫國安危唐上宰，功成身退漢留侯。二公閑暇開高宴，九老雍容奉勝流。共接雅歡恩意洽，不矜崇貴禮容優。賞心樂事人間盛，豈謂今稀古莫儔。

壯歲塵埃祿事牽，老歸重到舊林泉。曾無勳業書青史，偶向康寧養老年。自分杜門居陋巷，敢期序齒預公筵。更慚形穢才涼薄，不稱圖真接鉅賢。司馬光洛中耆英會詩

王尚恭

尚恭字安之，官朝議大夫致仕。

耆英會 年七十六

端朝風望兩台星，珪組參差叉十人。八百喬年餘總數，一千熙運遇良辰。席間謂語皆非俗，圖上形容盡得眞。勝事主盟開府盛，誤容衰薄溷清塵。服許便衣更野逸，坐從齒列似天倫。二公笑指增和氣，夜久盤花旋發春。自注：燭下盤花開，公即指目焉。司馬光洛中耆英會詩

劉几

几字伯壽，洛陽人。第進士。神宗朝，官祕書監致仕。上柱國、通議大夫。

風月堂詩話：劉伯壽，洛陽九老之一也。築室嵩山玉華峯下，號玉華菴主。有妾名萱草、芳草，皆秀麗，善音律。伯壽出入，乘牛吹鐵笛，二草以蘄笛和之，聲滿山谷。出門不言所之，牛行即行，牛止即止。其止也，必命壺觴，盡醉而歸。嵩前人以爲地仙云。

耆英會　年七十五

司徒碩德今無比，太尉殊勳固絕倫。偶以暮年陪盛宴，喜將白髮照青春。八公有穢山空著，四皓當衰心且伸。元老相望疎迹在，不應此會媿前人。

制舉省元推二相，龍頭昔日屬宣猷。人間盛事并遐算，一席幾盈九百籌。自注：十二老共八百九十二歲。司馬光洛中耆英會詩

馮行己

行己字肅之，官衞州防禦使致仕。

耆英會　年七十五

書稱五福壽爲先，有德人方得壽延。自媿櫟樗非遠器，誰應齒髮亦遐年。立身官未三公貴，推老名陪二相賢。喜把衰容模梵宇，慙無纖效勒燕然。當時遭遇承陶冶，今日光榮預燕筵。從此洛城增勝槩，又新重作畫圖傳。司馬光洛中耆英會詩

趙丙

丙字南正，太常卿致仕。

耆英會 年七十五

新春鼎洛燕英髦，主禮雍容下庶僚。二相比肩官一品，十人華髮事三朝。星階並列瞻台曜，尊酒時行挹斗杓。東潁庸夫最無狀，也將顏面趁嘉招。司馬光洛中耆英會詩

王謹言

謹言字不疑，官朝議大夫，司農少卿致仕。

耆英會 年七十二

相印貂冠粲六符，華顛高會侍臣俱。不將官職誇鄉里，唯向年齡入畫圖。履道淸歡追故事，竚瞻陰德見訏謨。叨陪几席眞榮觀，珪璧叢中間珷玞。司馬光洛中耆英會詩

楚建中

建中字正叔，洛陽人。第進士。官中奉大夫、天章閣待制、提舉崇福宮。

耆英會 年七十二

自顧頽齡七十餘，久慚頑鈍費洪鑪。歸逢大老耆年會，衰朽形骸媿畫圖。二相謨猷爛史編，諸公才業過前賢。好圖儀像傳來世，何事頑踈亦比肩。司馬光洛中耆英會詩

張燾

燾字景元，漢陽人。第進士。神宗朝，歷龍圖閣直學士、知成都府、通議大夫，提舉崇福宮。

耆英會　年七十

洛城今昔衣冠盛，韓國園林景物全。功在三朝尊二相，數逾九老萃羣賢。當時鄉社爲高會，此日居留□款延。多幸不才陪履舄，更慚七十是新年。司馬光洛中耆英會詩

挽老蘇先生

本朝文物盛西州，獨得宗公薦冕旒。稷嗣草儀書未奏，茂陵辭客病無瘳。一門歆向傳家學，二子機雲並雋遊。守蜀無因奠尊酒，素車應滿古原頭。灤集附錄

張問

問字昌言，襄陽人。進士起家。累官祕書監、給事中，終太中大夫。提舉嵩山崇福宮。入元祐黨籍。

耆英會　年七十

槐庭二老樂堯仁，盛集高年洛水濱。華衮具瞻雖禮絕，白頭序齒卻情親。淸閑几席同禪院，山野巾裘似隱淪。尊酒椒香纔過節，池塘草色已催春。白公酣暢吟哦內，衞武康強笑語頻。豈獨丹靑傳不朽，

潛欣風俗欲還淳。芝田鶴戲調形健，蓮葉龜遊納息勻。商皓寂寥拘小隱，漢疏局促止家人。莫因氣貌疑丹竈，自有光陰寄大椿。復得兼謨爲重客，自注：司馬光未七十。恐遺元爽在編民。神仙可學今方信，道術相忘久益眞。滿座交歡祝眉壽，羣生五福託鴻鈞。司馬光洛中耆英會詩

劉槩

槩字孟節，青州壽光人。少師种放，隱于青州之南冶源山。富鄭公爲築室以居。范文正公、文潞公皆優禮之，欲薦之朝，懇辭不就。

澠公續詩話：槩喜爲詩，慷慨有氣節。舉進士及第。爲幕僚一任，不得志，棄官隱居冶源山。去人境四十里。好遊山，常獨挈飯一器，窮探幽險，無所不至。夜則宿于巖石之下。或累日乃返。不畏虎豹蛇虺。富丞相甚禮重之。

府舍西軒作

昔年曾作瀟湘客，憔悴東秦歸未得。西軒忽見好溪山，如何尙有楚鄉憶。讀書誤人四十年，有時醉把闌干拍。閑居詩話

張望

句

庭下郎君爲宰相，門前故吏作將軍。

邵氏聞見前錄：張金部名方，爲白波三門發運使。文潞公父令公异爲屬官，金部召去，薦令公爲子弟讀書于孔目

官張望家。望嘗爲舉子，頗知書，後隸軍籍。潞公少年好遊，令公恠責之。潞公久不敢歸。張望白令公曰：「郎君在某家，學問益勤苦，不復遊矣。」因出潞公文數十篇。令公爲之喜。後潞公出入將相，望尚無恙。公判河南日，母申國太夫人生日，望自河清獻壽，有詩云云。望以子通籍，封將軍云。

劉沆

沆字沖之，吉州永新人。天聖八年進士第二。至和中，拜同中書門下平章事、集賢殿大學士，出知應天府，徙陳州。卒贈左僕射兼侍中。

小孤山

擎天有八柱，此一柱仍存。石聳千尋勢，波流四面痕。江湖中作鎮，風浪裏盤根。平地安然者，饒他五岳尊。青箱雜記

送鄉人尹鑑登第歸

少年相款老相逢，鄉舉雖同遇不同。我已位塵三事後，君方身列五科中。榮登莫計名高下，宦達須由善始終。若到鄉關人見問，爲言歸思滿秋風。

青箱雜記：尹劉少同場屋。劉已登第大拜，皇祐中，尹以恩榜始登第。劉以詩送之。

陳希亮

希亮字公弼，青神人。天聖八年進士。歷官提點江東刑獄，入判三司户部句院。請補外。爲京東轉運使，移知鳳翔，致仕卒。第四子慥，字季常，與蘇軾遊。

和范公希文懷慶朔堂

弱柳奇花遞間栽，紅芳綠翠對時開。主人當日孤眞賞，魂夢還應屢到來。饒州府志

魏　兼

兼官度支員外。

和范公希文懷慶朔堂

使君去後堪思處，慶朔堂前獨到來。桃李無言爭不怨，滿園紅白爲誰開。饒州府志

畢　京

京官職方員外。

和范公希文懷慶朔堂

花木還依舊遶栽，春園不惜爲誰開。幾多民俗熙熙樂，似到老聃臺上來。饒州府志

曹　經

經官同提點江東刑獄。

和范公希文懷慶朔堂

池館名公舊日栽，幾番零落又春開。誰人解識紅芳意，猶有多情五馬來。饒州府志

曰璐按：范公詩自懷慶朔堂栽花作，讀四和詩，可以辨西溪叢語眷憶樂籍之誣，并卻掃編「春風」爲道士名，亦近附會矣。

陸軫

軫，山陰人。官兵部郎。

七歲作

昔時家住海三山，日月宫中屢往還。無事引來天女笑，謫來爲吏在人間。

耆舊續聞：陸太傅軫，神采秀異，七歲猶不能語。一日，乳嫗攜往後園，俄而吟詩云云。後仕至兵部郎官，歸老稽山。朱元憲、杜祁公皆有詩送行。篇中多及神仙事，蓋公雅志也。

魯交

交字叔達，梓州人。仕至虞部員外郎。有三江集。

經戰地

西邊用兵地，踏慘無人耕。戰士報國死，塞草迎春生。沙飛賊風起，晝黑陣雲橫。夜半烽臺望，旄頭星尚明。宋文鑑

遊華山張超谷

太華鎖深谷，我來眞景分。有苗皆是藥，無石不生雲。急瀑和煙瀉，淸猨帶雨聞。幽棲未忍別，峯半日將曛。

江樓晴望

江干一雨收，霽色染新愁。遠水碧千里，夕陽紅半樓。笛寒漁浦晚，山翠海門秋。更待牛津月，袁宏欲

泛舟。

清夜吟

露華清八極，吟上小樓東。月色水鋪地，雁聲秋滿空。明河欲瀉浪，瘦竹自生風。坐久心骨爽，此懷誰與同。

有寄

思君又是東風起，樓倚浮雲目千里。芳草不知人斷腸，帶煙帶雨連春水。以上前賢小集拾遺

齊唐

唐字祖之，廓弟。天聖八年進士。嘗試制科，辟杭州料院，仕至職方員外郎致仕。有少微集。

會稽志：唐有家園在鑑湖。有山，小而近湖。唐分司東歸，命名少微山，遂家焉。引流爲沼，蓺花爲圃，山之上下，有芳華亭、修竹巖、眞珠泉、石室、嘉遯亭、樵風亭、禹穴閣、應星亭、東山亭、釣閣，盡湖山之勝。自爲家山十詠，陶寫景物，語尤閑遠。今詩不存。

玉洞 在劍浦山

白石洞間路，吾家在其中。琴窗與書閣，一半是雲封。會稽志

仙茅

仙方上品誇靈種，忽怪靈芝拆紫苞。玉澤返嬰看驗術，少微山是小三茅。剡錄

觀潮

何意滔天苦作威，狂驅海若走馮夷。因看平地波翻起，知是滄浪鼎沸時。初似長平萬瓦震，忽如員嶠六鼇移。直應待得澄如練，會有安流往濟時。瀛奎律髓

張先

先字子野，烏程人。天聖八年進士。嘗知吴江縣，仕至都官郎中。有安陸集。

東坡題跋：張先子野，善戲謔，有風味。見杭妓有彈琴者，忽撫掌曰：「異哉！此箏不見許時，乃爾黑瘦耳。」

過庭錄：張先子野郎中一叢花詞云：「沈恩細恨，不如桃杏，猶解嫁東風。」一時盛傳。歐陽永叔尤愛之，恨未識其人。子野家南地，以故至都，謁永叔，閽者以通。永叔倒屣迎之曰：「此乃桃杏嫁東風郎中。」東坡守杭，子野尚在，嘗預宴席。有南鄉子詞，末句云：「盡道賢人聚吴分，試問，也應傍有老人星。」蓋年八十餘矣。

吴江

春後銀魚霜下鱸，遠人曾到合思吴。欲圖江色不上筆，靜覓鳥聲深在蘆。落日未昏聞市散，青天都淨見山孤。橋南水漲虹垂影，清夜澄光合太湖。中吴紀聞

往歲吴興守滕子京席上見小妓兜娘子京賞其佳色後十年再見于京口絕非向時容態感之作詩

十載芳洲撫白蘋，移舟弄水賞青春。當時自倚青春力，不信東風解誤人。侯鯖錄

營妓張温卿黄子思愛姬宜哥皆葬宿州城東過而題詩

好物難留古亦嗟，人生無物不塵沙。何時種樹連雙冢，結就人間並蒂花。能改齋漫錄

題西溪無相院

積水涵虚上下清，幾家門靜岸痕平。浮萍破處見山影，小艇歸時聞草聲。入郭僧尋塵裏去，過橋人似鑑中行。已憑暫雨添秋色，莫放修蘆礙月生。合璧事類前集

和元居中風水洞上祖龍圖韻

水色風光近使君，浥塵輕雨逐車輪。暫來不宿宜無恨，多少行春不到人。咸淳臨安志

句

愁似鰥魚知夜永，嬾同蝴蝶爲春忙。

石林詩話：張先郎中能爲詩及樂府，至老不衰。居錢唐，蘇子瞻作倅時，先年已八十餘，視聽尚精強。家猶畜聲妓。子瞻嘗贈以詩云：「詩人老去鶯鶯在，公子歸來燕燕忙。」蓋全用張氏故事戲之。先和云云，極爲子瞻所賞。但俗多喜傳詠先樂府，遂掩其詩聲，識者皆以爲恨云。

湖山隱後居空在，煙雨詞亡草自青。

藝苑雌黄：張子野過和靖隱居一聯自註云：先生嘗著春草曲，有「滿地和煙雨」之句。

李之才

之才字挺之，青州人。天聖八年進士。師穆修受易。修受之种放，放受之陳摶，源流甚遠。邵雍傳其學。官至殿中丞，簽書澤州判官。

鳳州絕句

去年三月洛城遊，今日尋春到鳳州。欲把雙魚附歸信，嘉陵江水不東流。

西溪叢語：韓中令宣撫河東，委之才以秦鳳鑄鐵錢事，在鳳州有作。

孫復

復字明復，平陽人。居泰山。深于春秋。石介以次，皆師事之。以薦除國子監直講卒。有睢陽小集。

八月十四夜月

銀漢無聲露欲垂，玉蟾初上欲圓時。清尊素瑟宜先賞，明夜陰晴未可知。孫明復小集

石介

介字守道，奉符人。天聖八年進士。歷嘉州判官。居憂，躬耕徂徠山下。魯人號徂徠先生。後遷直集賢院，出判濮州，卒。有徂徠集。

燕脂板浣花牋寄合州徐文職方

合州太守鬢將絲，聞說歡情尙不衰。板與歌娘拍新調，牋供狎客寫芳辭。木成文理差差動，花映溪光瑟瑟奇。名得只從嘉郡樹，自注：燕脂木，嘉州出。樣傳仍自薛濤時。自注：有薛濤牋。奇章磊磊馳聲價，江令翩翩落酒卮。幾首詩成卷魚子，自注：有魚子牋。誰人唱罷泣燕脂。紅牙管好同牀置，紫竹筌宜一處施。顧助風流向尊席，杏花況是未離披。

慶曆聖德詩

於惟慶曆，三年三月。皇帝龍興，徐出闈闥。晨坐太極，晝開閶闔。躬攬英才，手鋤姦蘖。大聲渢渢，震搖六合，如乾之動，如雷之發。昆蟲蹢躅，妖怪藏滅，同明道初，天地嘉吉。初聞皇帝，戚然言曰：予祖予父，付予大業。予恐失墜，實賴輔弼。汝得象殊，慎重徽密。君相予久，予嘉乃績；君仍相予，笙鏞斯協。昌朝儒者，學問該洽。與予論政，傅以經術。汝貳二相，庶績咸秩。惟汝仲淹，汝誠予察。太后垂簾，湯沸火爇。汝時小臣，危言譏嶪。爲予司諫，正予門闑。爲予京兆，堲予讒說。賊叛于夏，汝往式遏。六月酷日，大冬積雪。汝寒汝暑，同于士卒。予聞辛酸，汝不告乏。予晚得弼，予心慰悅。弼每見予，無有私謁。以道輔予，弼言深切。予不堯舜，弼自答罰。諫官一年，奏疏滿篋。侍從周歲，忠力僅竭。契丹忘義，檮杌饕餮。敢侮大國，其辭慢悖。弼將予命，不畏不慴，卒復舊好，民得食褐。沙磧萬里，死生一節。視弼之膚，霜剝風裂。觀弼之心，煉金煅鐵。寵名大官，以酬勞竭。弼辭不受，其志莫奪。惟仲淹弼，一夔一卨。天實賚予，予其敢忽！並來弼予，民無瘥札。曰衍汝來，予之黃髮。事予二紀，毛禿齒豁。心如一兮，率履不越。遂長樞府，兵政毋蹷。予早識琦，琦有奇骨。其器魁櫑，豈視居楔。其人渾樸，不施剞劂。可屬大事，敦厚如勃。琦汝副衍，知人予哲。惟修惟靖，立朝巘巘。言論磥砢，忠誠特達。祿微身賤，其志不怯。嘗詆大臣，亟遭卑黜。萬里歸來，剛氣不折。屢進直言，以補予闕。素相之後，含忠履潔。昔爲御史，幾叩予榻。至今諫疏，在予箱匣。襄雖小官，名聞予徹。亦嘗獻言，箴予之失。剛守粹慤，與修儔匹。並爲諫官，正色在列。予過汝言，汝無鉗舌。皇帝明聖，忠邪辨別。舉擢俊良，掃除妖魃。衆賢之進，如茅斯拔。大姦之去，如距斯脫。上倚輔弼，司予調燮。下賴諫諍，維予紀法。左右正人，無有邪孽。予望太平，日不踰浹。皇帝嗣位，二十三年。神武不殺，其默如淵。聖神不測，其動如天。賞罰在手，不失其權。恭己南面，退姦進賢。知賢弗易，非明弗得；去邪惟囏，惟斷乃克。明則不惑，斷則不忒。既明且斷，惟帝之德。羣下踧踖，重足屏息。交相語曰：惟正惟直。毋作側僻，皇帝汝殛。諸侯危栗，墮玉失舄。交相告語，皇帝神明；四時朝覲，謹修臣職。四夷走馬，墜鐙遺策。交相告語，皇帝神武；解兵修貢，永爲屬國。皇帝一舉，羣臣懾焉；諸侯畏焉；四夷服焉。臣願皇帝，壽千萬年。以上徂徠集

東都事略：石介爲國子直講，是時兵討元昊，久無功，海內重困。仁宗奮然思欲振起威德。宰相呂夷簡以疾罷歸第，夏竦罷樞密使。章得象、晏殊爲相，賈昌朝參知政事。用杜衍爲樞密使，范仲淹、韓琦、富弼樞密副使，王素、歐陽修、余靖同爲諫官。介躍然曰：「此盛德事也。雅頌吾職，其可已！」乃作慶曆聖德詩。詩出，孫復謂介曰：「子禍始于此矣。」夏竦見而銜之。介既卒，竦欲以奇禍中富弼，指介以起事，謂其詐死，北走契丹，請發棺。仁宗察其誣，得不發。

宋詩紀事卷十三

錢唐　厲鶚　輯
祁門　馬曰璐　同輯

元絳

絳字厚之，錢唐人。天聖八年進士。神宗朝，累官翰林學士，拜參知政事，出知亳州，改潁州，致仕卒。贈太子少師，謚章簡。有玉堂集。

石林詩話：元厚之知荆南，夢至仙府，三人者聯名書。旁有告之曰：「君三人蓋兄弟也。」覺而思之，莫知所謂。未幾，入爲學士，韓持國維、楊元素繪，先已在院。一日，書名三人，名皆從絞絲，始悟夢中兄弟之意。已而持國、元素外補，厚之京尹。後三年，復與元素還職，而鄧文約綰相繼爲直院。則三人之名，又皆從絞絲。許大夫選作四翰林詩紀其事。厚之和云：「聯名適似三株樹，傳玩驚看五朵雲。」亦一時之異也。

詔修兩朝國史開局日賜筵史院和首相吳公席上韻

殿帷昕對罷，省戶雨陰餘。詔賜堯尊酒，人探禹穴書。夔龍方客右，班馬蓋徒歟？徑醉俄歸弁，雲西見日車。揮麈後錄

郡守章公岾五日開宴會九老於廣化寺次韻

五日佳辰郡政閑，延賓談笑豁幽關。閶門歌舞尊罍上，林屋烟霞指顧間。德應華星臨潁尾，年拘皓髮下商顏。昌花美酒竦鐘永，坐見斜暉隱半山。

中吳紀聞：徐師閔字聖徒，仕至朝議大夫，退老于家。日治園亭，以文酒自娛樂。時太子少保元公絳，正議大夫程公師孟，朝議大夫閭丘公孝終，亦以安居歸老，因相與繼會昌、洛中故事，作九老會。章岵爲郡守，大置酒合樂，會諸老於廣化寺。又有朝請大夫王珫、承議郎通判蘇澥與焉。王賦詩爲倡，諸公屬而和之，以爲吳門盛事。

題鼓山元公亭

誰書吾姓揭亭顔，棟宇飛騰氣象完。谷口秋風吹鬢髮，海東朝日上闌干。地高頓覺羣山小，天近須知六合寬。三到巖扉殊不厭，異時長向畫圖看。淳熙三山志

在禁林時有懷荆南舊遊

去年曾醉海棠叢，聞説新枝發舊紅。昨夜夢回花下飲，不知身在玉堂中。海棠譜

趙潛叔殉節詩

轉戰譙門日欲晡，空拳猶自把戈鈇。身垂虎口方安坐，命在鴻毛更疾呼。柱下杲卿存斷節，袴中杵臼得遺孤。空餘三尺英雄氣，不媿山西士大夫。

後村詩話：皇祐中，儂賊犯康州，闔郡潰去。惟守臣趙師旦死之。妻方產子，棄之草間，亂後訪之，尚呱呱然。元公挽之云云。

元豐辛酉冬予解組歸吳明年過故同年朱光祿舊居周覽園榭感事作詩以詒伯原

白頭重到故人家，境是人非起歎嗟。三徑未荒陶令菊，四時長放庾郎花。林風光動藏鶯葉，溪浪痕生宿鷺沙。肯構有材移病久，會邀詩酒傲烟霞。蘇州府志

句

仙驥餐雲穿仗下，佛花吹雨布天流。

石林詩話：元豐中久旱，裕陵禁中齋禱甚力。一夕，夢有僧乘馬馳空中，口吐雲霧，覺而大雨。翌日，命中貴人物色於相國寺五百羅漢中，至第十三尊，略彷彿，即迎入內。觀之，正所夢也。元參政厚之喜雨句云云，蓋記此事。

刁約

約字景純，潤州人，衎之子。天聖八年進士。嘉祐中，以兵部員外郎、集賢校理知越州。

使契丹戲作

押燕移離畢，看房賀跋支。餞行三匹裂，密賜十貔貍。

夢溪筆談：刁景純使契丹戲作云云。移離畢，官名，如中國執政。賀跋支，如執衣防閤。匹裂，小木罌，以色綾木爲之，如黄漆。貔貍，形如鼠而大，穴居食穀粱，北人爲珍膳，味如豚肉而脆。

遊五洩山

西源窮盡到東源，直注層崖五磴泉。眞境無由追汗漫，勝游聊得弄潺湲。風生虎嘯層崖底，月上猿啼古木巔。只待歸來林下去，好同靈一此安禪。諸暨縣志

朱公綽

公綽，吳人。天聖八年進士。曾爲鹽官令。

與宋子京唱酬牡丹詩

仁帥安全蜀，祥葩育至和。地寒開既晚，春曙力終多。翠幕遮蜂蝶，朱闌隔綺羅。殷懃憑驛使，光景易蹉跎。成都文類

句

諫草焚來應見史，橐金盡散只留詩。劉諷都官致仕　古今詩話

蔡襄

襄字君謨。其先自光州固始入閩，家仙遊，又遷莆田，遂爲莆田人。天聖八年進士。累官龍圖閣學士，知開封府，徙知泉州，召爲翰林學士。乞爲杭州，拜端明殿學士以往。治平四年卒。乾道中，謚忠惠。有集。

苕溪漁隱叢話：余觀東坡荔枝歎注，謂大小龍茶始於晉公，而成於蔡君謨。歐陽永叔聞君謨進小龍團，歎曰：「君謨，士人也，何至作此事！」今年閩中監司，乞進鬭茶，許之。故其詩云：「武夷溪邊粟粒芽，前丁後蔡相籠加。爭新買寵各出意，今年鬭品充官茶。」

四賢一不肖詩

中朝鸑鷟何儀儀，慷慨大體能者誰！之人起家用儒業，馳騁古今無所遺。當年得從諫官列，天庭一露胸中奇。失身受責甘如薺，沃然華實相葳蕤。漢文不見賈生久，詔書曉落東南涯。歸來俯首文石陛，尹以京兆天子毗。名都翼翼郡國首，里區百萬多占辭。豪宗貴倖矜意氣，半言主上承其頤。昂昂孤立中不倚，傳經決訟無牽羈。老姦黠吏束其手，衆口和附歌且怡。日朝黄幄邇天問，帝前大畫當今宜。文

陳疏畢時密啓，此語多祕世莫知。傳者籍籍十得一，一者已足爲良醫。一麾出守蕃君國，惜此智慮無所施。吾君睿明廣視聽，四招俊乂隆邦基。廷臣諫列復箝口，安得長喙號丹墀。晝歌夕寢心如疚，咄哉汝憂非汝爲。右范仲淹

南方之強君子居，卓然安道襟韻孤。詞科判等屢得儁，呀然鼓焰天地鑪。三年待詔處京邑，斗粟不足榮妻孥。耳聞心慮朝家事，螭頭北奏帝曰都。校書計課當序進，麗賦集仙來顯塗。詔墨未乾壽已奪，不奪不爲君子儒。前日希文坐言事，手題敕教東南趨。希文鯁亮素少與，失勢誰復能相扶。嶄然安道生頭角，氣虹萬丈橫天衢。臣靖胸中有至語，舉嗌不避蕭斧誅。使臣仲淹在廷列，日獻陛下之嘉謨。刺史榮官雖重任，奈何一郡卷不舒。言非由位固當罪，隨漕扁舟盡室俱。炎陬此去數千里，槖中狼藉唯蠹書。高冠長佩叢闕下，千百其羣訶爾愚。吾知萬世更萬世，懍懍英風激懦夫。右余靖

君子道合久以成，小人利合久以傾。世道下衰交以利，遂使周雅稱嚶鳴。煌煌大都足軒冕，綽有風采爲名卿。高名重位蓋當世，退朝歸舍賓已盈。脅肩諂笑不知病，指天報遇如要盟。一朝勢奪德未改，萬鈞已與毫釐輕。畏威諛上亦隨毀，矧復鼓舌加其評。逶迤陰拱質氣厚，兩耳塞豆心無營。嗚呼！古人不可見，今人誰與明？章章節義尹師魯，飭躬佩道爲華榮。希文被竄激人怒，君獨欣慕如平生。抗書轂下自論劾，惟善與惡宜彙征。削官竄逐惟適楚，一語不挂離騷經。當年亦有大臣逐，朋邪隱縮無主名。希文若果事姦險，何此吉士同其聲！高堂本欲悟人主，豈獨區區交友情！右尹洙

先民至論推天常，補袞扶世爲儒方。圜冠博帶不知本，樗櫟安可施青黃。帝圖日盛人世出，今吾永叔

誠有望。虛心學古貴適用，異端莫得窺其牆。子年五月范京兆，服天子命臨鄱陽。二賢拜疏贖其寵，勢若止沸反揚湯。救令百執無越位，諫垣何以敢封囊！哀求激憤亦復奮，強食不得下喉吭。位卑無路自聞道，日覷雲闕高蒼茫。裁書數幅責司諫，落筆騄驥騰康莊。刃迎縷析解統要，其間大意可得詳。書曰希文有本末，學古通今氣果剛。始從理官來祕閣，不五六歲為天章。上心倚若左右手，日備顧問鄰清光。苟爾希文實邪佞，曷不開口賦否臧？陰觀被遣始醜詆，摧枯拉朽奚為強。倘曰希文實賢士，因言被責庸何傷。漢殺王章與長倩，當時豈曰誅賢良！惟時諫官亦結舌，不曰可諫曰罪當。遂令百世覽前史，往往心憤涕泗滂。斯言感切固已重，讀者不得令激昂。肯圖反我為怨府，袖書乞憐天子旁。謫官一邑固分耳，恨不剖腹呈琳琅。我嗟時輩識君淺，但推藻翰高文場。斯人滿腹有儒術，使之得地能弛張。皇家太平幾百歲，正當鑑古修紀綱。賢才進用忠言錄，祖述聖德垂無疆。右歐陽修

人稟天地中和生，氣之正者為誠明。誠明所鍾皆賢傑，從容中道無攲傾。嘉言讜論范京兆，激姦糾謬揚王庭。積羽沉舟毀銷骨，正人無徒姦者朋。主知膠固未遐棄，兩轓五馬猶專城。歐陽祕閣官職卑，欲雪忠良無路歧。累幅長書抉幽憤，一責司諫心無疑。人謂高君如撻市，出見搢紳無面皮。高君搆書奏天子，游言容色仍怡怡。反謂希文謀疏闊，投彼南方誠為宜。永叔忤意竄西蜀，不免一中讒巧辭。汲黯嘗糾公孫詐，弘于上前多謝之。上待公孫禮益厚，當時史館猶刺譏。司諫不能自引咎，復將己過揚當時。四公稱賢爾不肖，讒言易入天難欺。朝家若有觀風使，此語請與風人詩。右高若訥

澠水燕談：景祐中，范文正公知開封。左右言公朋黨，黜知饒州。余靖安道論救坐貶。尹師魯洙言：「臣與仲淹義

兼師友，當從坐貶。」監郢州稅歐陽永叔移書責司諫高若訥，若訥怒，繳其書，降授夷陵縣。蔡君謨作四賢一不肖詩。四賢謂希文、安道、師魯、永叔，不肖謂若訥也。布在都下，人爭傳寫，鬻書者市之，頗獲厚利。

游鼓山題靈源祠

郡樓瞻東方，嵐光瑩人目。乘舟逐早潮，十里登南麓。雲深翳前路，樹暗迷幽谷。胡雞亂木魚，晏日明金屋。靈泉注石竇，清吹出篁竹。飛毫劃峭壁，勢力忽驚觸。捫蘿躋上峯，太空延眺矚。孤青浮海山，長白挂天瀑。况逢肥遯人，性尚自幽獨。西景復向城，淹留未云足。

上元應制

高列千峯寶炬森，端門方喜翠華臨。宸遊不爲三元夜，樂事還同萬衆心。天上清光留此夕，人間和氣閣春陰。要知盡慶華封祝，四十餘年惠愛深。

夢中作

天際烏雲含雨重，樓前紅日照山明。嵩陽居士今何在，青眼看人萬里情。

書小閣壁上

綽約新嬌生眼底，侵尋舊事上眉尖。問君別後愁多少，得似春潮夜夜添。

嘉禾郡偶書

盡道瑶池瓊樹新，仙源尋到不逢人。陳王也作驚鴻賦，未必當時見洛神。

宿漁梁驛

庭樹疎疎河漢低，瓦溝霜白月平西。寒鴉不奈單棲苦，落泊驚飛到曉啼。

留別舊居花檻

別意起中夕，出門風吹衣。側月光豔薄，餘花香氣微。淸尊歲相向，欲去心有違。殘葩勿盡放，主人行亦歸。以上蔡忠惠公集

寒食遊西湖　知福州作

山前雨氣曉才收，水際風光翠欲流。盡處旌旗停曲岸，滿潭鉦鼓競飛舟。浮來烟島疑相就，引去沙禽好自由。歸騎不令歌吹歇，萬枝燈燭度花樓。淳熙三山志

王　素

素字仲儀，旦季子。賜進士出身。擢知諫院，出知成都府，復尹開封。熙寧初，入爲通進銀臺司，轉工部尚書。卒謚懿敏。

述夢

似去華胥國裏來，雲霞深處見樓臺。月光冷射雞窗急，驚覺遊仙夢一迴。

詩話總龜：公任御史日，嘗夢中至玉京黃闕。殿上有紺服翠冠者曰：「吾東門侍郎，公則西門侍郎也。昔以奏牘玉帝前，語傷骾訐，遂謫於世。」公夢迴題此。

彭思永

思永字季長，廬陵人。舉進士。累擢天章閣待制、河北都轉運使。治平中，召爲御史中丞。熙

寧中，以戶部侍郎致仕，卒。

絕句

爭利爭名日日新，滿城冠蓋九逵塵。一聲雞唱千門曉，誰是高眠無事人？過庭錄

趙師民

師民字周翰，青州臨淄人。第進士。官天平軍節度推官，歷天章閣侍講、刑部郎中，判宗正丞。有集。

張耒明道雜志：先君嘗從趙周翰授易，與周翰稍密。先君嘗與客語，周翰作詩極有風味，是溫飛卿、韓致光之流，而世以朴儒處之，非也。

向來

向來情思已陳陳，旅恨無端不及春。潘子形容傷白髮，沈郎文字暗丹脣。明道雜志

句

露臺枉惜千金費，卻把銅山賜幸臣。

風月堂詩話：趙周翰詠漢文帝云云，可與李義山「不問蒼生問鬼神」之句並驅爭先。

麥天晨氣潤，槐夏午風清。委地露花啼曉恨，拂隄烟柳弄春容。歷代吟譜 霜女遺靈長著素，玉妃餘恨結成酸。梅 明道雜志

范師道

師道字貫之，長洲人。仲淹姪。天聖九年進士。知廣德縣，擢侍御史，以論事忤宰相劉沆，出知常州。復召爲起居舍人、同知諫院，出知福州。復入爲三司鹽鐵副使，終直龍圖閣，知明州。有集。日昭按：宋登科記，天聖九年停貢舉，拔萃四人，師道當是中拔萃科。

題隱圃贈蔣希魯

勇退人難事，明公識慮長。波濤濟舟楫，霜雪見松篁。林下開前圃，花間出亞槍。二疏良宴會，老杜好篇章。道向清來勝，機于靜處忘。當除印如斗，試一較閑忙。中吳紀聞

天平山

天地萬物間，或有奇勝迹。見賞能幾人，不知今與昔。吳門多好山，天平爲峻極。旦暮常白雲，表裏皆珍石。烟嵐十里光，松桂四時色。我因一縱遊，煩襟爲開釋。感古懷君子，翻然長太息。樂天賞雲泉，子美詩章何歷歷。垂今數百年，繼者漠然寂。間遇希文來，雙旌守鄉國。行春三讓原，吟哦盡所得。天與才，尋幽多採摭。賦詩五十言，平地黃金擲。三賢固有名，山資亦輝赫。此去還幾年，不逢好事客。吳郡志

滕涉

涉，天聖中諫議大夫。

游泰山靈巖寺

山半舊招提，捫蘿躡石梯。佳名標四絶，勝境出三齊。殿古烟霞窟，庭深檜柏蹊。嶽靈分地界，雲險接天倪。香篆清風裹，松廊翠巘低。飛塵無路入，幽鳥隔巖啼。破夢泉聲急，飄涼竹韻淒。微陽生頂上，殘月落峯西。暫到猶塵慮，長居信覺迷。致君功業就，向此卜幽棲。（靈巖詩集）

孔道輔

道輔字原魯，宣聖四十五世孫。舉進士。天聖間，爲右正言，累官御史中丞，出知鄆州。卒贈尚書。

闕里夫子廟

秦火自焚寧害聖，金絲堂壁閟家書。典墳啓發皆天意，非謂共王好治居。（山東通志）

唐介

介字子方，江陵人。擢進士第。爲殿中侍御史，劾宰相文彦博，貶春州別駕。神宗朝，拜參知政事，與王安石爭論，不勝憤，疽發背卒。贈禮部尚書，謚質肅。

謫官渡淮風欲覆舟而作

聖宋非狂楚，清淮異汨羅。平生仗忠信，今日任風波。舟楫顛危甚，黿鼉出没多。斜陽幸無事，沽酒聽漁歌。（合璧事類前集）

碧落洞

余生本孤拙，所志在雲石。薄宦偶纓鎖，未遂林泉適。邇來備臺選，幸一當言責。狂愚抵罪辜，遠從邊徼譎。區區數千里，車馬倦行役。湞陽頗善地，解轡喜安席。官散無所事，度日多閑隙。太守蘇宣甫，邀我訪奇跡。西山有石室，疑是靈仙窟。儵然烟徑入，谺若天門闢。中瀉一溪清，傍映千峯碧。萬穴滴瑤乳，兩崖張翠帟。爽氣來先秋，昏嵐生未夕。不知造化意，何爲置窮僻？周生說到難，斯文不虛摭。怪容誠莫狀，勝踐今始獲。暫已瑩耳目，久覺生虛白。拂拭纓上塵，回頭謝朝客。雖非吾土樂，聊以慰奇隻。聖恩未放還，屢遊君莫惜。廣東通志

李師中

師中字誠之，應天府楚丘人。舉進士。神宗朝，歷官天章閣待制、河東都轉運使，知泰州，貶和州團練副使安置，徙單州，復分司南京，提舉太極觀，卒。有集。

贈御史唐介貶英州別駕 進退格

孤忠自許衆不與，特立敢言人所難。去國一身輕似葉，高名千古重如山。並遊英俊顏何厚，未死姦諛骨已寒。天爲吾皇扶社稷，肯教夫子不生還！

東軒筆錄：唐介始彈張堯佐，諫官皆上疏。及彈文彥博，則吳奎畏縮不前，當時謂拽動陣脚。及唐爭論於上前，遂并及奎之背約。執政又黜奎，而文潞公益不自安，遂罷政事。時李師中送介詩，有「並遊英俊顏何厚，未死姦諛骨已寒」之句，爲奎發也。

韓魏公席上作

願得貔貅十萬兵，西戎巢穴一時平。歸來不用封侯印，只問君王乞愛卿。

后山詩話：魏公爲陝西安撫，開府長安。李待制師中過之，席間使爲官妓賈愛卿賦。

偶題

燕子知時節，還從舊宇歸。新人方按曲，不許傍簾飛。

東皋雜録：李誠之才致高妙，守邊有威信。熙寧初，荆公用事，議論不合，退居汝上。題詩云云。

客有寫眞者見予因以詩贈之

嗟予少也賤，到老尚無功。方寸浮名外，流年兩鬢中。對鏡猶慙愧，圖寫若爲容。擊壤集

詠松

半依嵓岫倚雲端，獨上亭亭耐歲寒。一事頗爲清節累，秦時曾作大夫官。鶴林玉露

麥積山 在天水縣東，狀如麥積，爲秦地林泉之冠。有隗囂避暑宮、魏乙弗后墓。

路入青松翠靄間，斜陽倒影下溪灣。此中猿鶴休相顧，謝傅東歸自有山。方輿勝覽

和李明叔理定道中

幽居日日數歸程，已寫華嚴兩帙經。門外初寒江氣白，嶺頭多雨燒痕青。曾逢飯顆嘲山笠，應戴鴟夷笑井缾。客土相思多引望，天涯風景似新亭。桂林府志

魏瓘

瓘字用之，歙州婺源人。父羽，奏補校書郎，累官集賢院學士、廣東安撫使，進龍圖閣直學士，吏部侍郎致仕，卒。

感懷

羸羸霜髮一衰翁，蹤跡年來類斷蓬。萬里遠歸雙闕下，一身閑在衆人中。螭頭賜對恩雖厚，雉堞論功事已空。淮上有山歸未得，獨揮清涕灑春風。

湘山野錄：魏瓘侍郎知廣州日，大築子城。儂智高亂，民逃於中，獲生者衆，朝廷嘉之。自以論功久不報，故作是詩。文潞公采詩進呈，加龍圖閣學士，尹天府。

句

誰言嶺外無霜雪，何事秋來亦滿頭。五羊書事　湘山野錄

熊知至

知至字意誠，建陽人。天聖中，五舉不第，歸隱鼇峯。有集。

贈王山人

閑拄瘦笻枝，衣冠半異時。入城人不識，賣藥俗長疑。飲酒難逢醉，餐松自止飢。華峯千嶂裏，常與白雲期。翰墨大全

句

樓臺上下火照火，車馬往來人看人。觀燈　萬姓統譜

趙槩

槩字叔平，南京虞城人。第進士。累擢龍圖閣學士，知鄆州，拜參知政事。熙寧初，轉吏部尚

書，以太子少師致仕，薨贈太子太師，謚康靖。

澠水燕談：歐文忠公與趙少師槩同在中書，及告老，趙自南京訪文忠於潁上所居之西堂，曰會老，仍賦詩以志盛事。時翰林呂學士公著方牧潁，特置酒於堂，宴二公。文忠親作口號，有「金馬玉堂三學士，淸風明月兩閑人」之句。

挽老蘇先生

侍從推詞伯，君王問子虛。早通金匱學，晚就曲臺書。露泣時難駐，琴亡韻亦疎。臧孫知有後，里閈待高車。蘇集附錄

郭稹

稹字仲微，開封祥符人。舉進士。歷龍圖閣學士，權知開封府。康定中，嘗與王堯臣、張觀、李若谷、宋庠等修崇文總目。

和樞密侍郎因看海棠憶禁苑此花最盛

朱闌明媚照橫塘，芳樹交加枕短牆。傳得東君深意態，染成西蜀好風光。破紅枝上仍施粉，繁翠陰中旋撲香。應爲無詩怨工部，至今含淚作紅妝。海棠譜

陸經

經字子履，越州人。仁宗朝，集賢殿修撰。有寓山集。

孔平仲談苑：陸經多與人寫碑銘，頗得濡潤。人有問子履：「近日所寫幾何？」對曰：「近日所寫甚少，總在街上喝道行裏。」魏道輔續東軒筆錄：陸經學士坐謫流落，歐陽文忠公憐其貧，每與人作碑誌，必先約令陸子履書，欲以濡潤

助之也。由是子履書名亦自此而盛。周平原序云：公與歐陽文忠公周旋館閣，詩文往復，相與至厚。惜不幸陷於朋黨，屢起屢仆。晚遇裕陵，方嚮於用，則已老矣。

贈丁元珍中允宰剡

塵土官曹幾處閑，君今作邑好開顏。落帆直上剡溪口，入境先登天姥山。魚鳥半和風俗處，雲霞多雜簿書間。雪晴須去尋安道，莫作經宵興盡還。剡錄

晚泛秀水

落日進扁舟，沿迴碧玉流。未能追白鳥，貪共數游鯈。翠壁玲瓏倒，青天表裏浮。誰湔世間熱，灑出洞庭秋。袁州府志

句

薄有田園歸去好，苦無官況莫來休。爲山陽令作　青瑣高議

周　鏞

鏞，仁宗時人。

五洩山

路入蒼烟九過溪，細穿㟝曲到招提。天分五溜寒傾北，地秀諸峯翠插西。鑿徑破崖來木杪，駕泉鳴竹落榱題。當年老默無消息，猶有祠堂一杖藜。越詠

曾諤

諤，諸暨令。

五洩山

五洩高寒插太清，銀河垂地落天聲。玉虹貫日晴空見，驄馬翻瓢白晝傾。作賦曾聞誇雁蕩，乘槎應可到蓬瀛。何當一叱乖龍起，手挽商霖洗甲兵。越詠

郭亢

五洩山

不到此山三十年，重來風物自依然。兩源秋色排千嶂，五級泉聲落半天。絕唱傳聞諸老句，幽棲猶想默師禪。迴頭迥與塵寰別，何必蓬萊始是仙。越詠

張唐卿

唐卿，景祐元年進士第一。

句

一舉首登龍虎榜，十年身到鳳凰池。

古今詩話：張唐卿，進士第一人登科。期集興國寺，題句於壁。有人續云：「君看姚曄并梁固，不得朝官未可知。」後果終於京官。

楊　察

察字隱甫，成都人。景祐元年進士。歷官知制誥、翰林學士、權御史中丞、端明殿學士、戶部侍郎、三司使，卒贈禮部尚書。有集。

別信州席上作

十二天辰數，今宵席客盈。位如星占野，人若月分卿。極醉巫山側，聯吟嶰管清。他年爲舜牧，協力濟蒼生。東軒筆錄：楊侍郎謫信州，及召還，有士子十二人送於境上。察即席賦詩，皆用十二事，而引諭精切，士子無能屬和者。

鄭伯玉

伯玉字寶臣，莆田人。景祐元年進士。撫州觀察推官。韓魏公薦爲殿中侍御史，有錦囊集。

和王太傅游國清塘

寒日一觀眺，四天雲色稀。水風迎棹起，沙鳥背人飛。玉縷鱸新膾，金膏蟹正肥。斜陽促歸旆，那得戀漁磯。莆陽文獻

何　郯

郯字聖從，成都人。景祐元年進士。累遷殿中侍御史、歷龍圖閣學士，出知外郡。熙寧中，以尚書右丞致仕，卒。有廬江文集。

邵氏聞見錄：文潞公知成都，喜行樂，有飛語至京師。御史何郯字聖從，蜀人，上遣察之。張少愚謂公曰：「無足慮。」

因迎謁聖從於漢州，有妓善舞，聖從喜之。問其姓，曰楊。聖從曰：「所謂楊臺柳也。」少愚取妓帕題詩云：「蜀國佳人號細腰，東臺御史惜妖嬈。從今喚作楊臺柳，舞盡春風萬萬條。」數日，聖從至成都，頗嚴重。潞公一日宴聖從，迎妓歌前詞以勸酒，聖從每爲之醉。竟無所問。

益州學聖訓堂詩

益爲藩捍西南隅，物衆地大稱名都。擇守來頒茲土政，治人頗與他邦殊。差跌一有戾條教，便宜皆得行黥誅。羣姦帖息不敢動，無復弄兵覬穿窬。任威或謂一時事，立政恐非長世圖。豈無達識究是否，重在改作徒嗟呼。仲翁文翁字裔孫有偉度，敢決不以常文拘。當官勇欲除弊法，伊憂內惻仁心孚。視人無異遠方意，威行惠政還相須。始時歲荒力賑救，坐使餓殍成完膚。既而爲俗思根本，其在立學陳師謨。大開儒庠務誨導，秀民聳慕紛來趨。遂言謂署鴻生職，使演經傳傳諸徒。奏函一上聞法座，詔劄卽日來諧俞。詔云信汝辦治蜀，緩任威罰先文儒。公心感激侈上賜，刻在金石尊神謨。覆之大廈牓美稱，日久傳著期無渝。邦人承風爲盛事，觀者塡道來于于。吁嗟多士其聽命，勿卽邪徑安夷途。師無訛聖生率敎，信尙姬孔尊唐虞。施之鄉邦勵雅俗，仁誼得以相持扶。漢皇初始盛文學，起自蜀國行中區。本朝敎化視三代，建元安可爲齊驅！吾君訓辭諭萬里，義均盤誥茲宣敷。吾守敎本樹一國，學盛洙泗相涵濡。臣謀君從協大義，聖哲倡和眞同符。欲歌盛節示萬古，才不逮志嗟其愚。成都文類

程師孟

師孟字公闢，吳人。景祐元年進士。累官知廣州，召爲給事中，充集賢殿修撰，判都水監，出

知越州、青州，授光祿大夫致仕。

寒食遊九仙烏石二山

城中無事喜尋山，千里提封並海寬。賓客相從筵既冷，士民同出食猶寒。芳園病葉堆何限，古院閑花落幾般。誰道異鄉多感慨，登臨遲卻十年官。淳熙三山志

楓橋寺

門對雲山畫不如，師今一念六年居。邇來寺好尤瀟灑，張繼留題內翰書。自注：今禹玉王內翰丁太夫人憂，親寫是詩，故不題名。

遊楓橋偶成

晚泊橋邊寺，迎風坐一軒。好山平隔岸，流水漫過門。朱舫朝天路，青林對郭村。主人頭似雪，怪我到多番。以上吳郡志

遊玉尺山寺

永日清陰喜獨來，野僧題石作吟臺。無詩可比顏光祿，每憶登臨卻自回。福州府志

次韻元厚之少保留題朱伯原祕校園亭

碧瓦春城十萬家，可憐夫子獨堪嗟。園林猶有前朝木，冠蓋難尋故主花。園乃錢氏所創亭瞰夕陽鄰古剎，池通野水見晴沙。天然操尚無塵滓，合住蓬萊弄綵霞。蘇州府志

丁寶臣

竇臣字元珍，常州晉陵人。景祐元年進士。歷祕閣校理，同知太常禮院，出倅永州。

和永叔新晴獨游東山

芳辰百五前，選勝到林泉。萬樹綠初染，羣花紅未然。陰巖猶貯雪，暖谷自生烟。婦汲溪頭水，人耕草際田。日中林影直，風靜鳥聲圓。健令多情甚，尋春最占先。瀛奎律髓

五洩山

路緣蘿蔦蔭杉松，翠碧丹崖不計重。天作錦屏環十里，僧開珠屋面千峯。花間越鳥鉤輈語，溪外秦人彷彿逢。早晚車騶到林下，籃輿暇日待追從。越詠

題翠麓亭

諦看軒窗面翠微，暫來登此已忘機。地連佛寺樓臺古，泉落山田稻蟹肥。曉徑忽穿清氣入，夜船多載白雲歸。世人誰識紅塵外，終老功名未拂衣。惠山古今考

柳　永

永字耆卿，初名三變，崇安人。景祐元年進士，爲屯田員外郎，以樂章擅名。有兄三復、三接，皆工文，號「柳氏三絕」。

藝苑雌黃：柳三變喜作小詞，薄於操行。當時有薦其才者，上曰：「得非填詞柳三變乎？」曰：「然。」上曰：「且去填詞。」由是不得志。日與儇子縱遊倡館酒樓間，無復檢率。自稱云：「奉聖旨填詞柳三變。」

獨醒雜志：柳耆卿風流俊邁，聞於一時。既死，葬於棗陽縣花山，遠近之人，每遇清明日，多載酒肴，飲於耆卿墓

側，謂之「弔柳會」。

方輿勝覽：范蜀公嘗曰：「仁宗四十二年太平，鎮在翰苑十餘載，不能出一語歌詠，乃於耆卿詞見之。」仁宗嘗曰：「此人任從風前月下，淺斟低唱，豈可令仕宦！」遂流落不偶，卒於襄陽。死之日，家無餘財。羣妓合金，葬之於南門外。每春月上冢，謂之「弔柳七」。

贈內臣孫可久

故侯幽隱直城東，草樹扶蘇一畝宮。曾珥貂璫爲近侍，卻餘絛褐作閑翁。高吟擁鼻詩懷壯，雅論盱衡道氣充。厭盡繁華天上樂，始將蹤蹟學冥鴻。青箱雜記

中峯寺

攀蘿躡石落崔嵬，千萬峯中梵室開。僧向半空爲世界，眼看平地起風雷。猿偷曉果升松去，竹逼清流入檻來。旬月經遊殊不厭，欲歸回首更遲迴。建寧府志

鬻海歌 爲曉峯鹽場官作

鬻海歌，憫亭戶也。

鬻海之民何所營？婦無蠶織夫無耕。衣食之源太寥落，牢盆鬻就汝輸征。年年春夏潮盈浦，潮退刮泥成島嶼。風乾日曝鹹味加，始灌潮波塯成滷。滷濃鹹淡未得閑，採樵深入無窮山。豹蹤虎跡不敢避，朝陽出去夕陽還。船載肩擎未遑歇，投入巨竈炎炎熱。晨燒暮爍堆積高，才得波濤變成雪。自從瀦滷至飛霜，無非假貸充餱糧。秤入官中得微直，一緡往往十緡償。周而復始無休息，官租未了私租逼。驅

妻逐子課工程，雖作人形俱菜色。鬻海之民何苦辛，安得母富子不貧！本朝一物不失所，願廣皇仁到海濱。甲兵淨洗征輸輟，君有餘財罷鹽鐵。太平相業爾惟鹽，化作夏商周時節。（大德昌國州志）

句

分得天一角，織成山四圍。（題會景亭　會稽志）

馬遵

遵字仲塗，樂平人。景祐元年進士。由臺諫轉吏部員外郎，直龍圖閣，卒。

隱居詩話：馬遵謫守宣州。及其去也，郡僚軍民爭欲駐留，至以鐵鎖絕江。遵於餞筵佯醉，令官妓剝榧實而食，眷眷若留連狀，夜使人絕鎖解舟，以水沃櫓牙，使之不鳴。逮曉，舟去遠矣。

再入臺作

連蹇多年心欲灰，厭爲俗吏走塵埃。豈知黃紙新書下，還送青氈舊物來。武騎強爲終不意，河南難問媿無才。一麾早晚江湖去，相與持螯共酒杯。（饒州府志）

呂璹

璹字季玉，晉江人。景祐元年進士。歷官光祿卿。

威惠廟（陳元光父子有功於閩，而史闕焉。）

當年平賊立殊勳，時不旌賢事忍聞。唐史無人修列傳，漳江有廟祀將軍。（清源文獻）

仲訥

訥字樸翁，定陶人。景祐元年進士。歷尚書屯田員外郎。有集。

負暄閑眠

茅簷晴日暖於春，一枕鈞天樂事新。滿眼繁華皆得意，午眠安穩卻無人。宋文鑑

送唐子方

力犯雷霆衆共危，遠投魑魅獨爲宜。忠州學業真無負，高廟神靈固有知。自倚聖明容直道，未甘憔悴死荒陲。滿朝卿相多公議，莫把文章作楚辭。事文類聚前集

楊諤

諤，梓州人，景祐元年進士。

和燕龍圖海棠

西漢欺盧橘，東陽愛海棠。許昌奇此遇，子美欠先揚。杜宇三春節，蠶叢一國香。燕脂點亂雨，生色麗斜陽。富豔東君主，暄妍白帝方。錦樓移水色，玉壘換山光。風格林檎細，腰支郁李長。天生笑容質，時樣舞衣裳。少吐深深染，全開淡淡妝。烟媒護綠蔕，風陣損朱房。旋失因臨水，閑飄弗過牆。佩亡愁殺甫，簪脫卽連羨。蝶舞菱花照，鶯啼罨畫堂。仙如弄玉少，墜似綠珠當。不見還成悔，相思幾欲狂。春深濯錦水，日晚浣紗坊。臥對移簾押，吟看近筆牀。池清滿園倒，鳥起一枝昂。紫燕銜泥急，黄蜂趁蜜忙。化工眞用意，銷得與攔觴。海棠譜

句

顧前明主席，一問洛陽人。省試宣室受釐　行人問宮殿，耕者得珠璣。題驪山　中山詩話　草不驚皇輦山能護帝輿。省試蒲車　温公詩話

吴中復

中復字仲庶，興國永興人。進士及第。累官殿中侍御史，歷龍圖閣直學士，出知成都。

遊海雲寺唱和詩　并序

成都風俗：歲以三月二十一日遊城東海雲寺，摸石於池中，以爲求子之祥。太守出郊，建高旗，鳴笳鼓，作馳騎之戲。大讌賓從，以主民樂。觀者夾道百重，飛蓋蔽山野。讙謳嬉笑之聲，雖田野間如市井。其盛如此。渤海吴公，下車期月，簡肅無事，從俗高會于海雲。酒既中，顧謂寮屬曰：一觴一詠，古人之樂事也。首作七言詩，以寫勝賞。席客亦有以詩獻者。更相酬和，得一十三篇。乃命幕下吏會稽王霽爲之序。

錦里風光勝别州，海雲寺枕碧江頭。連郊瑞麥青黄秀，遶路鳴泉深淺流。彩石池邊成故事，茂林坡上憶前遊。自注：予昔陪樞密田公遊此。緑樽好伴衰翁醉，十日殘春不少留。

歲華紀麗譜：三月二十一日，出大東門，宴海雲山鴻慶寺，登衆春閣，觀摸石。蓋開元二十三年靈智禪師以是日歸寂，邦人敬之，入山遊禮，因而成俗。山有小池，士女探石其中，以占求子之祥。

成都西園十詠　存三首

西樓

信美他鄉地，登臨有故樓。淸風破大暑，明月轉高秋。朝暮岷山秀，東西錦水流。賓朋逢好景，把酒爲遲留。

方物亭

草木蟲魚部，披尋自古無。飛沈天產異，生植土風殊。物色隨心匠，形容記繢圖。虛亭玩眞意，浩思滿江湖。

流杯亭

結客乘公暇，流觴逐浩歌。亂峯晴倒影，曲水宛迴波。小海逢元巳，蘭亭記永和。西州行樂事，應比晉賢多。以上成都文類

江左謂海棠爲川紅

靚妝濃淡蘂蒙茸，高下池臺細細風。卻恨留華偏蜀土，更無顏色似川紅。尋香只恐三春暮，把酒欣逢一笑同。子美詩才猶閣筆，至今寂寞錦城中。海棠譜

寄題錢公輔衆樂亭

賢侯新葺水雲鄉，虛閣崢嶸綠渺茫。波面長橋步明月，人家疎影帶殘陽。風中白鳥侵烟去，雨後紅蕖擁袖香。從此郡圖添故事，歲時遺愛似甘棠。延祐四明志

覽齊山陳鴻斷碑

翠琰何年沈朽壞，羨師尋訪得其餘。應同湘水斷碑字，雖辨韓陵片石書。汩沒身名眞夢幻，變遷時序易丘墟。收藏且作山中物，莫問陳鴻紀事初。齊山詩集

陳薦

薦字彥升，邢州沙河人。舉進士。神宗朝，累官龍圖閣直學士、河北都轉運使，進資政殿學士，提舉崇福宮。卒贈光祿大夫。

子房廟

博浪沙頭觸副車，潛游東夏識眞符。風雲知略移秦鼎，星斗功名啓漢圖。商老已來寧少海，赤松還約訪仙都。雍容進退全天道，凜凜高風萬古無。

燕子樓

僕射新阡狐兔遊，侍兒猶住水邊樓。風淸玉簟慵欹枕，月好珠簾嬾上鉤。寒夢覺來滄海闊，新詩吟罷紫蘭秋。樂天才思如春雨，斷送殘花一夕休。

桐江詩話：陳舍人彥升有彭城八詠，爲人所稱，多以燕子樓爲絕倡，殊不知子房廟詩最爲警絕。彥升高祖廟詩云：「塵靜山川狂鹿走，雷驚天地老龍飛。」范增墓詩云：「忿失壯圖撞玉斗，豈知天命與金刀。」皆佳句也。八詠今不傳於世，惜哉！

劉述

述字孝叔，湖州人。景祐三年進士。歷荆州、湖南北、京西路轉運使。神宗立，召爲侍御史。

忤王安石，謫江州，提舉崇禧觀，卒。紹興初，贈祕閣修撰。

仙巖洞禱雨 令諸暨時作

英英洞口雲，觸石纔一縷。須臾徧空山，霈然作霖雨。會稽志

五洩山

翠屏千疊水潺湲，一簇青螺杳靄間。惜是晚年逢此景，悔將前眼看他山。瀑飛蘿磴終難畫，龍蟄嵓雲只暫閑。薄宦勞人無計住，明朝歸去又塵寰。越詠

題竹閣

竹閣寒相倚，雲窗晚共開。閑身方外去，幽鳥靜中來。磬響風隨籟，陰移石上苔。遲留更清夜，待月露盈杯。嚴州府志

葛密

密字子發，江陰人。宮弟。官太常博士。

近造浮屠之悟空者覩君謨省主給事留題詩板列楣棟間粲然可誦因撫方袍之意成拙句以寄

昔年詩板著蓮宮，筆力雄豪墨彩豐。不日三階平國政，山僧應待碧紗籠。蔡忠惠公集附

元積中

積中，錢唐人。景祐初，黃巖令。熙寧初，爲司封郎中，直史館，知桂州軍。有江湖堂詩集。

題桐柏觀

九峯巍絶亂雲屯，石室瓊臺舊址存。山險密盤之字徑，洞深高闢丙方門。碧桃花爛春溪暖，紫玉簫沈月榭昏。未覺仙家光景晚，人間歸去見來孫。赤城志

董淵

長樂令。

靈峯院龍龜山和蔡君謨

礧硌彌沙界，谽谺古洞天。門鄰金布地，橋枕玉鳴泉。庭鶴歸迷主，龕龍去失年。掃雲嫌俗駕，題壁詫詩仙。勝景無今古，居人有後先。不知遊者駁，誰見海爲田。蔡忠惠公集附

劉嗣隆

嗣隆，仁宗朝以尚書職方員外郎知袁州。

宜春臺

一簇亭臺畫亦難，公餘到此幾盤桓。山高不似城中景，樹密尤宜雨後看。風送江聲穿郡郭，日推雲影下峯巒。當時吏部曾遊否，何事無文石上刊。袁州府志

宋詩紀事卷十四

錢唐　厲鶚　輯
祁門　馬曰璐　同輯

蘇舜欽

舜欽字子美，其先梓州人，家開封。易簡孫，耆子，舜元弟。景祐中進士。累遷集賢校理，監進奏院，坐用故紙錢除名。居蘇州，買水石，作滄浪亭以自適，終湖州長史，卒。有滄浪集。

耆舊續聞：蘇子美監奏邸。舊例，鬻故官券以賽神，因而宴客。獨李定不預，遂捃摭其事，言於中丞王拱辰。御史劉元瑜迎合時宰之意，興奏邸之獄。一時英雋，斥逐殆盡，有一網打盡之語。故梅聖俞有詩云：「一客不得食，覆鼎傷衆賓。」蓋指李定也。

淮中晚泊犢頭

春陰垂野草青青，時有幽花一樹明。晚泊孤舟古祠下，滿川風雨看潮生。

王直方詩話：子美嘗作春睡詩云：「身如蟬蛻一榻上，夢似楊花千里飛。」歐公見之，驚曰：「子美可念。」未幾果卒。

夏意

別院深深夏簟清，石榴開徧透簾明。樹陰滿地日卓午，夢覺流鶯時一聲。

王直方詩話：黄山谷最愛此二詩，累書之。或眞草，或大字。

送人歸吳江

江雲春重雨垂垂，索莫情懷送客歸。不慣東流促迴棹，羨他雙燕逆風飛。

天平山

吳會括衆山，戢戢不可數。其間號天平，突兀爲之主。傑然鎮西南，羣嶺爭拱輔。吾知造物意，必以屏大府。淸溪至峯前，仰覩勢飛舞。偉石如長人，肅立欲言路。捫蘿緣險磴，爛漫松石古。中腰有危亭，前對翠峯舉。石竇迸玉泉，泠泠四時雨。源生白雲間，顏色若紛乳。旱年或播灑，潤可足九土。奈何但澄澈，未爲應龍取！予方棄塵中，巖壑素自許。盤桓擇勝處，至此快心膂。養內聊自淸，終勝甘於虎。

過蘇州

東出盤門刮眼明，蕭蕭疏雨更陰晴。綠楊白鷺俱自得，近水遠山皆有情。萬物盛衰天意在，一身羈苦俗人輕。無窮好景無緣住，旅櫂區區暮亦行。

獨步滄浪亭

花枝低攲草生迷，不可騎入步是宜。時時攜酒只獨往，醉倒惟有春風知。

石林詩話：姑蘇州學之南，積水瀰數十頃。傍有小山，高下曲折相望，蓋錢氏時廣陵王所作。既積土爲山，因以爲池，瀦水焉。瑞光寺即其宅，而此其別圃也。慶曆間，子美謫廢，以四十千得之爲居，傍水作亭，曰滄浪。歐陽公詩所謂「淸風明月本無價，可惜只賣四萬錢」者是也。子美既死，其孤不能保，遂屢易主矣。

苕溪漁隱叢話：此詩眞能道幽獨閑放之趣。

長橋觀魚

曙光東向欲朧明，漁艇縱橫映遠汀。濤面白烟昏落月，嶺頭殘燒混疎星。鳴榔莫觸蛟龍睡，舉網時聞魚鼈腥。我實宦遊無况者，擬來隨爾帶笭箵。

苕溪漁隱叢話：元次山集自釋云：帶笭箵而畫船。注云：「上郎丁、下桑荒切，竹器也。」故唐書音訓云：「讀作郎桑。」見結本集。音訓又音：「上力丁、下息拯切，取魚籠也。」然廣韻集韻於庚淸靑三韻，皆不收此箵字。並於上聲迥字韻中收之。蘇子美、黃魯直、秦少游皆於靑字韻中押，眞誤也。

秋日登閶門

年光冉冉催人老，雲物涓涓又變秋。家在鳳凰城闕下，江山何事苦相留。以上滄浪集

古今詩話：子美自書此詩旁云：「江山留人也，人留江山也。」卒不用，亦詩之讖。

南園 南園，吳越廣陵王元璙之舊圃也。歲久摧圮。至元豐中，猶有流杯四照、百花樂堂、惹雲風月等處。

西施臺下見名園，百草千花特地繁。欲問吳王當日事，後來桃李若爲言。吳郡志

句

玉帳夜嚴冰似水，茅齋春靜草如烟。竊居和長安帥葉淸臣見寄　西淸詩話

江休復

休復字鄰幾，開封陳留人。舉進士。充集賢校理，坐與蘇舜欽祠神會飲，謫監蔡州稅。久之復官，歷刑部郎中，修起居注，卒。有集。

詩話總龜：江鄰幾善爲詩，淸淡有古風。蘇子美坐進奏院事謫官，後死吳中。江作詩云：「郡邸獄寃誰與辨，皐橋客死世同悲。」用事精當。嘗有古詩云：「五十踐衰境，如我在明年。」江天資淳雅，喜飲酒、鼓琴、圍棋。人以酒召之，未嘗不醉。或不能歸，即宿人家。商度風韻，陶靖節之比云。江嘗通判廬州，有酒官，善琴，以坐職不得出，江且且就之。郡中沙門、道士，及里畝能棋者數人，呼與同往。郡人見之習熟，因畫爲圖；前列趨道，一人騎馬青蓋；其後沙門、道士、褐衣數人，葛巾芒屨，累累相尋，意思蕭散。惜時無名手，此畫不足傳後，何減嵇阮也。

歐陽公序云：鄰幾學問通博，文詞雅正，詩尤淸淡閑肆可喜。

秋懷

西風萬里至，曠然天地秋。暮雨生夕涼，百蟲鳴啾啾。楚山曉蒼蒼，楚水亦悠悠。騷人試登臨，感物增離憂。所思在遐方，欲往路阻修。香草有蕙茝，嘉樹有梧楸。白露委芳馨，彫零使我愁。窮年倦羈窘，江湖思舊遊。紉蘭製芰荷，飄泛一葉舟。肆情雲水間，意適何所求！

同持國宿太學官舍

翳翳雲月薄，泠泠雪風淸。學省夜岑寂，天街斷人行。廣庭層閣陰，尋廊步餘明。松篠遞遙響，如聞弦誦聲。悠悠子佩詩，講座塵埃生。迴就直舍休，亹亹談道精。心會境物融，泯然遺世營。寒眠屢展轉，寤言寫素誠。以上宋文鑑

王官谷司空侍郎故居

首陽采薇士，商代緬以遐。唐季有夫子，遯世肥且嘉。拔迹離汚險，抗志凌青霞。剝運扇頹風，姦雄比

回邪。不然隨波流，横噬猰貐牙。吁哉士德衰，睽乖鬼盈車。英英夫子賢，顯晦吾所嗟。相見棲隱情，遺文搴菁華。山藏白駒谷，水遶騷人家。躊躇碧峯前，寒日忽以斜。王官谷集

李絢

絢字晃素，邛州依政人。第進士，仕爲太子中允。宰相杜衍拔置臺省，坐譏，出知潤州。累遷起居舍人，權判吏部流内銓，卒。

送天柱馮先生

閑馳風馭忞飄飄，因失仙班幾度朝。紫閣舊鄰秦樹老，赤城新別海山遙。飛舄又說春經嶽，叱橘曾令夜探潮。不是桃源不歸去，故人多半在烟霄。洞霄詩集

句

收得桑榆歸物外，種成桃李滿人間。和杜相　歷代吟譜

王益柔

益柔字勝之，曙子。仁宗朝用蔭至殿中丞，除集賢校理，坐蘇舜欽奏邸獄，黜監復州酒。累遷知制誥，兼直學士院，以祕書監出知外郡。

遙題錢公輔衆樂亭

四明舊說南湖好，歲久湮厓變涂潦。建旟一日得賢侯，千里山川眞再造。偃月隄成車馬道，湖光如截天如抱。鴛鴦瓦影亂鳧鷖，綠柳環隄花映島。珠宫貝闕競來還，泉客鮫人爭獻寶。春風浩蕩波濤起，

㛹鬖仙人騎赤鯉。金盤下箸飽鱸魚，塵事茫茫隔烟水。都人士女從如雲，絲竹清音兩岸聞。飲酣落筆歌綠水，爛漫天葩飄遠芬。延祐四明志

張羣

羣，仁宗朝太常少卿。

謫袁州道中寄蘇子美

憶昨共繫吳門舟，我獨千里君獨留。江花粲爾不同醉，野月娟然增此愁。談笑還令舌本強，詩篇頓覺筆鋒柔。滄浪書信無消息，鴻雁來時數舉頭。袁州府志

鮮于侁

侁字子駿，閬中人。景祐中進士乙科。慶曆中遷祕書丞。神宗朝，爲利州路轉運使。元祐初，拜左諫議大夫，出知陳州，卒。紹聖間，與黨籍。有諫議集。

郡齋讀書志：侁治經術有法，論著多出新意。晚年爲詩與楚詞，尤工，人以爲有屈宋風。

新堂夜坐月色皎然由連理亭信步庭中徘徊久之因爲五言一首

秋風動微涼，天雨新霽後。閑齋獨隱几，明月在高柳。振衣步庭下，顥氣入襟袖。天空雲漢明，隱約辨列宿。蒼蒼松檜上，零露霏欲溜。脫葉滿閑園，繁華迫衰朽。清宵望蟾彩，宜付一杯酒。多病謝尊罍，城頭轉寒漏。宋文鑑

舜祠

道歷山兮逶蛇，思古人兮感慨。並儲胥兮肅止，仰奮雲兮晻曖。獸何鳴兮林中？鳥何悲兮山上？木何爲兮不蘙？草何爲兮茂暢？帝之神兮在天，帝之德兮在人。物具兮四海，心精兮一純。采秀實兮山間，摘其毛兮澗底。玉醴湛兮瓊茅，肴脩雜兮蘭茝。樂備兮九奏，鳳舞兮儀韶。人駿奔兮如在，君卒享兮神交。兖州府志

和文與可洋州園池

千峯起華陽，一水連天漢。初月正沈鉤，隱然飛兩岸。湖橋

城上望南園，園深知幾許。啼鳥鬧間關，遊人不知處。南園

翠蹿積翠外，締結穹窿間。軒楹最佳處，四顧唯江山。二樂榭

春歸閬風家，巧入天匠手。能將五色雲，點綴當戶牖。披錦亭　陝西通志

呂溱

溱字濟叔，揚州人。寶元元年進士第一。累擢知制誥，知杭州，拜翰林學士。神宗朝，官至樞密直學士，提舉醴泉觀，卒贈禮部侍郎。

米芾書呂溱事云：溱爲人簡倨，每接賓客，不過數言。時人目爲七字舍人。

句

九霄離海嶠，一夕過天池。試鯤化爲鵬

東都事略：仁宗見此句曰：「此當作狀元。」升爲第一。

范鎮

鎮字景仁，華陽人，居洛陽。寶元元年舉進士，爲禮部第一。累知制誥。英宗立，遷翰林學士。神宗朝，歷端明殿學士，提舉崇福宫，封蜀郡公，卒謚忠文。有集。

東都事略：鎮爲文清麗簡遠，少時嘗賦長嘯卻胡騎，流傳契丹，謂鎮爲長嘯公。

迂叟詩話：范景仁喜爲詩，年六十三致仕。一朝思鄉里，遂輕行入蜀。故人吕才元大臨知梓州，景仁枉道過之。歸至成都日，與鄉人樂飲，散財於親舊之貧者。遂遊峨嵋青城山，下巫峽，出荆門，凡期歲，乃還京師。在道作詩凡三百五篇。其一聯云：「不學鄉人誇駟馬，未饒吾祖泛扁舟。」此二事，他人所不用也。

仲遠龍圖見邀學射之遊先寄五十六言

幾年魂夢寄西州，春晚歸逢學射遊。十里香風塵不動，半山晴日雨初收。指撝武弁呈飛騎，次第紅妝數勝籌。夾道綺羅瞻望處，管弦旌旆擁遨頭。

送羅勝卿同年提舉玉局觀

四馬西歸去，知君得意偏。人情重鄉里，官職更神仙。曉後無衙喏，旬頭有俸錢。何須駕白鶴，辛苦上青天。以上成都文類

送張職方守筠州 職方名正。子公紀，亦守衢州。

南國一麾守，知公安此行。家山雖萬里，子舍只鄰城。驛問中宵至，風謠接畛聲。定應持課最，同命到天京。方輿勝覽

七夕

翠幙瑤梯百尺樓，樓前星斗自悠悠。天家仙會能多少，未到平明已別愁。合璧事類前集

再至史局

史局逾年別，重來已涕零。先書未絶筆，又欲汗新青。

合璧事類後集：范蜀公少與柳耆卿同年，愛其才美。聞作樂章，嘗歎曰：「謬其用心。」謝事之後，親舊間盛唱柳詞，復歎曰：「仁廟四十二年太平，吾身爲史官二十年，不能贊述，而耆卿能盡形容之。」

黄葵

開時閑淡斂時愁，蘭菊應容預勝流。剩欲持杯相領略，一庭風露不禁秋。合璧事類别集

韓太丞同守成都

春色草將深，春寒柳未陰。青天指行棧，緑水蕩離襟。後乘何爲託，前旌喻此心。南枝倦飛翼，憑爲寄歸音。全蜀藝文志

雞鳴臺 在靈寶縣南，齊田文客詐雞鳴度關處。今人築臺。

古人惟恃來心城，何事秦皇苦好兵。本設函關禁姦詐，不知夜半有雞鳴。河南通志

和王都尉

慣乘霄漢鶴，翻説淤泥蓮。可惜玉臺處，等閑閑幾年。

式古堂書考：王晉卿跋云：「公不喜釋氏，故有是句，亦可一笑也。」又云：「余前年恩移清潁，道出許昌，前途小阻，留

西湖之別館者幾一月。常與韓持國、范景仁泛舟嘯詠，使人頓忘去國流離之恨也。韓公德性溫厚，風度高雅，固已可愛；范公雖老而精神不衰，議論純正，白須紅面，動輒醺酣。時余有所賦詠，公即取紅蓮葉，命筆疾書；初不經思，佳詞麗句，頃刻而成。坐客莫不驚歎也。比聞朝廷就除端明殿學士以寵之，因思方今進任老成，如公者若再起之，亦足以厚風俗耳。」

蘇緘

緘字宣甫，晉江人，紳從弟。寶元元年進士。知邕州。儂寇至，嬰城以守，城陷，自焚死。贈奉國軍節度使，謚忠勇。

英德碧落洞

此洞誰開鑿，難窮造化原。地幽疑窟室，巖透若天閽。薜石高低路，樵聲裏外村。雲嵐青欲滴，烟壁翠堪捫。一帶谿泉急，千枝石乳繁。鼠飛猶白晝，虎嘯近黄昏。老木吟風韻，枯崖滲雨痕。碧瀾秋寸寸，寧負羽皇言。清源文獻

司馬光

光字君實，陝州夏縣人。以父池任入官。寶元初，進士甲科，累除知制誥，改天章閣待制，知諫院。英宗朝，除龍圖閣直學士，改右諫議大夫。神宗即位，擢翰林學士，判西京留司御史臺，拜資政殿學士。哲宗即位，拜左僕射兼門下侍郎，薨于位。贈太師、溫國公，謚文正。有傳家集。

澠水燕談：司馬文正公高才全德，大得中外之望。公之退十有餘年，天下日冀其復用。故子瞻獨樂園詩曰：「先生獨何事，四海望陶冶。兒童誦君實，走卒知司馬。」蓋紀實也。

孤臣泣血錄：金人入汴，駐青城，索監書藏經，如資治通鑑、蘇、黄文集之屬，皆指名取索。當時朝廷行下諸路，盡毀坡、谷著作，姦黨傅會，至欲焚資治通鑑。賴有神宗御製序文，不敢毁，而敵國之敬重顧如此。

侯鯖錄：司馬文正公言行俱高，然亦每有謔語。嘗作詩云：「由來獄吏少和氣，皐陶之狀如削瓜。」

困學紀聞：司馬公早朝詩：「太白明如李。」出漢天文志「熒惑踰歲星，居其東北半寸所如連李」。又即事云：「雨不成遊布路歸。」出左傳「自朝布路而罷」。今集皆注云：「恐誤。」蓋不考也。

謝孫興宗惠草蟲扇

吳僧畫團扇，點綴成微蟲。秋毫宛皆具，獨竊天地功。細者及蛛螢，大者纔阜螽。枯枝擁寒蜩，黄蕊黏飛蜂。翾然得生意，上下相追從。徒觀飛動姿，寧覩筆墨蹤。兒曹取眞物，細校無不同。恐其遂躍去，亟取藏箱中。乃知藝無小，意精神可通。不與誤圖蠅，能感紫髯翁。子猷狀蟬雀，藏本傳河東。不知古何如，此畫今人雄。僧亡已云久，其徒頗能工。舊法存百一，要足超凡庸。友人幸爲賜，物薄意何隆。玩之不替手，愛重心無窮。常如對君子，穆穆來清風。

送張兵部中庸知遂州

劍嶺橫天古棧微，相如重駕傳車歸。雙親倚門望已久，千騎踏雪行如飛。人間富貴非不有，似君榮耀世亦稀。聞道西州遺像在，使我涕泗空霑衣。先人知小溪縣，正版籍，均賦役，闔邑人誦之，畫像猶存。

衆樂亭 在鄞縣西湖中，錢公倚所建。

橫橋通廢島，華宇出荒榛。風月逢知己，湖山得主人。使君如獨樂，衆庶必深顰。何以知家給，笙歌滿水濱。

送章伯鎮知湖州

江外饒佳郡，吳興天下稀。蓴羹紫絲滑，鱸膾玉花肥。星斗寒相照，烟波碧四圍。柳侯還作牧，草樹轉清輝。

皇后閤春帖子

慶壽風烟接未央，飛樓複道鬱相望。春來無以消長日，閑取經書教小王。

夫人閤春帖子

聖主終朝親萬機，燕居專事養希夷。千門永晝春岑寂，不用車前插竹枝。以上傳家集

詩林廣記：司馬公此帖亦皆寓諷勸之意。

始至洛中言懷

三十餘年西復東，勞生薄宦等飛蓬。所存舊業唯清白，不負君恩有樸忠。早避喧煩眞得策，未逢危辱好收功。太平觸處農桑滿，贏取閭閻鶴髮翁。

石林詩話：溫公熙寧間自長安得請留臺而歸作。

過堯夫天津居

草輭波清沙路微，手攜筇杖著深衣。白鷗不信忘機久，見我猶穿柳岸飛。

聞見前錄：公判西京留司御史臺，遂居洛。買園於尊賢坊，以獨樂名之。嘗謂康節曰：「光陝人，先生衛人，今同居洛，卽鄉人也。有如先生道學之尊，當以年德爲貴，官職不足道也。」一日，著深衣，自崇德寺書局，散步洛水隄上，因過天津之居，謁曰：「程秀才云。」既見，溫公也。問其故，笑曰：「司馬出程伯休父，故曰程。」

耆英會

洛下衣冠愛惜春，相從小飲任天眞。隨家所有自可樂，爲具雖微誰笑貧。不待珍羞方下筯，只將佳景便娛賓。庾公此興知非淺，藜藿終難作主人。

作眞率會伯康君從七十八歲安之七十七歲正叔七十四歲不疑七十三歲叔達七十歲光六十五歲合五百一十歲口號成詩用安之前韻

七人五百有餘歲，同醉花前今古稀。走馬鬭雞非我事，紵衣絲髮且相輝。

經春無事連翩醉，彼此往來能幾家。切莫辭斟十分酒，儘從他笑滿頭花。以上洛中耆英會詩

和景仁卜居許下景仁頃見許居洛今而倍之故詩頗致其怨

壯齒相知約歲寒，索居今日鬢俱斑。拂衣已解虞卿印，築室何須謝傅山。許下田園雖有素，洛中花卉足供閑。他年決意歸何處，便見交情厚薄間。合璧事類別集

次韻謝杜祁公借觀五老圖

脫遺軒冕就安閑，笑傲丘園縱倒冠。白髮憂民雖種種，丹心許國尚桓桓。鴻冥得路高難慕，松老無風

韻自寒。聞說優遊多唱和，新篇何惜畫圖看。鐵網珊瑚

句

烟曲香尋篆，杯深酒過花。明道雜志

石揚休

揚休字昌言，眉山人。舉進士，歷刑部員外郎、知制誥，同判太常寺，遷工部郎中，卒。鶚按：司馬溫公詩自注云：「釋褐，昌言除同州推官，光華州判官。」是與溫公同年也。

東都事略：揚休喜閑放，平居養猿鶴，收圖書以自適。工於詩什，世稱其才。

謝文瑩師攜琴見訪

鄭衛湮俗耳，正聲追不回。誰傳廣陵操，老盡嶧陽材。古意爲師復，清風尋我來。幽陰竹軒下，重約月明開。

湘山野錄：皇祐間館中詩筆，石揚休最得唐人風格。

海棠

開盡妖桃落盡梨，淺荂深蕚照華池。都緣西蜀盤根遠，豈是東君屬意遲。烟慘別容醺宿酒，露凝啼臉溼臙脂。須知賈相風流甚，曾許神仙品格奇。海棠譜

呂公著

公著字晦叔，夷簡子。舉進士，累遷殿中丞。神宗朝官資政殿大學士。哲宗即位，拜右僕射，

兼中書侍郎。元祐三年，拜司空、同平章軍國事。薨贈太師、申國公，謚正獻。入黨籍。有集。

分題得癭木壺

天地産衆材，任材謂之智。棟桷與楹杙，小大無有棄。方者以矩度，圓者中規制。嗟爾木之癭，何異肉有贅。生成擁腫姿，賦象難取類。檃括所不施，鉤繩爲爾廢。大匠睨而往，憫然乃有意。孰非造化功，而終朽不器。刳剔虚其中，朱漆爲之僞。斛漿挹酒醴，施用惟其利。犧象非不珍，金罍非不貴。設之于楹階，十目肯注視。幸因左右容，及見爲奇異。人之于才性，夫豈遠于是。性雖有不善，在教之揉勵。才亡不可用，由上所措置。飾陋就其長，皆得爲良士。執一以廢百，衆功何由備！是惟聖人心，能通天下志。宋文鑑

風月堂詩話：歐公居潁上，申公呂晦叔作太守，聚星堂燕集，賦詩分韻：公得松字，申公得雪字，劉原父得風字，魏廣得春字，焦千之得石字，王回得酒字，徐無逸得寒字。又賦室中物：公得鸚鵡螺杯，申公得癭木壺，劉原父得張越琴，魏廣得澄心紙，焦千之得金星硯，王回得方竹杖，徐無逸得月硯屏風。又賦席間果：公得橄欖，申公得紅蕉子，劉原父得溫柑，魏廣得鳳棲，焦千之得金橘，王回得荔枝，徐無逸得楊梅。又賦壁間畫像：公得杜甫，申公得李文饒，劉原父得韓退之，魏廣得謝安石，焦千之得諸葛孔明，王回得李白，徐無逸得魏鄭公。詩編成一集，流行於世。當時四方能文之士及館閣諸公，皆以不與此會爲恨。

南窗紀談：歐公稱賞此詩，以爲有宰相器。

呂公弼

公弼字寶臣，夷簡仲子。賜進士出身，歷樞密直學士，知成都府。神宗朝進樞密使，出知外郡，

爲西太一宮使。薨贈太尉，謚惠穆。

琴臺

煙樹重城側，琴臺千古餘。早爲梁苑客，晚向茂陵居。賦給尙書筆，歸乘使者車。清風覿舊隱，長自聳鄉閭。

嚴眞觀

卜肆垂簾地，依然門徑開。沈冥時已往，思慕客猶來。烏啄虛簷壞，狐穿古井摧。空餘舊礎石，歲歲長春苔。以上成都文類

趙　衆

衆官龍州簽判，與司馬溫公同時。

題倅廳吏隱堂

滿耳江聲滿目山，此身疑不在人寰。民含古意村村靜，吏束刑書日日閑。方輿勝覽

張　徵

徵字百常，陳留人。寶元元年進士甲科。

自然亭

久雨妨漁復滯樵，自然亭上一逍遙。萬緣不是閑中起，百事唯于睡裏消。老去自知如蟻蠓，病來誰悟似芭蕉。愛名之世忘名客，幸有山林舊市朝。瀛奎律髓

書故三司副使陳公亞之詩軸後 款題元豐三年

破錦囊開玉振金，舍人胸次右丞心。爲時黼藻衣冠藪，與國丹青翰墨林。慷慨似誰雙舞劍，風流隨處一歌琴。燕貽苦志追先烈，子夏何須論淺深。鐵網珊瑚

吴 充

充字沖卿，建安浦城人，育弟。寶元元年進士。熙寧中，累遷檢校太傅、樞密使，代王安石爲中書門下平章事，監修國史。罷爲觀文殿大學士、西太一宮使，卒贈司空、兼侍中，謚正獻。

聽讀詩義感事 時修撰經義所初進二南，有旨資政殿進讀。

雪銷鳷鵲御溝融，燕見殊恩綴上公。晝日乍驚三接寵，正風獲聽二南終。解頤共仰天顔喜，牆面才容聖域通。午漏漸長知禹惜，侍臣何術補堯聰。王荆文公詩自注

史院席上作

蘭臺開史局，玉斝賜君餘。賓友求三事，規摹本八書。汗青裁倣此，衰白盍歸歟！詔許從容會，何妨醉上車。

揮麈後錄：神宗朝，詔修仁、英兩朝國史。開局日，詔史院賜筵。時吴沖卿爲首相，提舉二府及修史官就席上成詩，沖卿唱首。

送張君宰吴江

全吴風景好，之子去弦歌。夜犬驚胥少，秋艫餉客多。縣樓疑海蜃，衙鼓答江鼉。遥想晨凫下，長橋正

綠波。明道雜志

題招提院靜照堂

人說招提好，師從靜照來。親攜玉堂句，徐叩蓽門開。好事能如此，題詩豈易哉！明年得東守，繫舸一裴回。至元嘉禾志

遙贈錢公輔

使君新自四明歸，邀我同爲衆樂詩。山川可愛惜未見，晝想夕思心爲罷。恍然神遇若有得，齎身乃在天之涯。漲海連空四無岸，天吳卻坐鮫人觀。以手揮弄日月丹，能令桑田變瀰漫。海邊偶到山城中，山城二月多春風。牛羊閑暇夕陽晚，樓閣參差朝霧濃。一泓山溜佛頭綠，環以翠屏風六曲。人烟擾擾事嬉遊，落花啼鳥滿汀洲。中爲臺榭闞十二，上有藻井排文楸。旁人指點此何許？云是四明行樂處。此樂爲民非爲身，始知集賢錢使君。使君風韻誰之比？政事次公詩短李。醉憑熊軾勸耕疇，狂取螺杯翻舞袂。儂愛使君君勿歸，詔書奪去何如爲！閑侍玉皇香案側，銀臺深阻無消息。意迷卻悟坐空齋，忽省君詩昨日來。疊紙爲君書所見，不知衆樂誠然哉！延祐四明志

宋敏求

敏求字次道，綬子。賜進士第，爲館閣校勘。治平中，知制誥。神宗朝，忤王安石，以右諫議大夫奉朝請，尋除史館修撰、集賢院學士，加龍圖閣學士，卒贈禮部侍郎。有書閣前後集、西垣制辭、文集。

史院席上奉和首相吳公元韻

二聖垂鴻烈，天臨四紀餘。元台來峷屬，賜會寵刊書。世業叨榮甚，君恩可報歟！袞衣相照爛，歸擁鹿鳴車。揮麈後録

題招提院靜照堂

叢林起新構，燕坐水雲鄉。本自禪心静，能令世累忘。幡花圍晝永，鐘梵度宵長。歸裓新篇富，籠紗映寳坊。至元嘉禾志

薛利和

利和字天益，興化人。寳元元年進士。歷知春、潮、惠三州，還屯田員外郎。

謝王介甫

一路生靈陡頓貧，廟堂康濟豈無人。君侯若問茶租日，請把茶租乞與人。

莆陽文獻：熙寧二年，王安石議榷茶，欲擢利和提舉廣東茶事。利和作詩謝之云云，遂就常調，通判廣州，茶法卒不行。

柳應辰

應辰，武陵人。寳元元年進士。仕至尚書都官員外郎，永州通判。

刻浯溪石上

浯溪石上大江邊，心記閑將此地鐫。自有後人來屈指，四千六百甲寅年。

容齋五筆：「浯溪石上有大押字，題云：『押字起于心，心之所記，人不能知。大宋熙寧十年甲寅歲，武陵柳應辰。』仍有詩云云。閬中陳思跋云：『柳都官欲以怪取名者，所至留押字盈丈，莫知其何爲。押字，古人書名之草者，施于文記，以自識别耳。今鐫刻廣博如許，已可怪矣。好事者謂能袪逐不祥，眞大可笑。』」

邵必

必字不疑，丹陽人，亢從父。寶元元年進士。官龍圖閣直學士，知成都。

題錢公輔衆樂亭

海邊民物鮮歡娛，太守經營與衆俱。園圃新陰多杞柳，池塘生意足魚蒲。長空不礙高飛鵠，淺水兼容短脛鳧。此樂有誰知我趣，歸來紅旆日西晡。延祐四明志

裴若訥

若訥，常州江陰人。寶元元年進士。

江陰絶句

紫蕈江上是吾家，一葉扁舟一釣車。何必陶公種魚法，雨汀烟渚盡生涯。錦繡萬花谷

宋詩紀事卷十五

錢唐　厲　鶚　輯
祁門　馬曰璐　同輯

李大臨

大臨字才元，成都華陽人。寶元元年進士。累官祕閣校理。神宗朝除知制誥、天章閣待制。

西園辨蘭亭和韻

沙石香叢葉葉青，卻因聲誤得蟬名。騷人佩處唯荆渚，識者知來徧蜀城。消得作亭滋九畹，便當入室異羣英。非逢至鑒分明説，汩沒人間過此生。成都文類

題招提院靜照堂

地勝常新構，僧閑晝杜門。山林誰樂靜，城市亦非喧。客引空彈指，風來不動幡。祇應常宴坐，對境一無言。至元嘉禾志

謁濂溪周虞部

簾前翠靄逼廬山，門掩寒流盡日閑。我亦忘機濬榮利，喜君高蹈到松關。廬山志

周孟陽

孟陽字春卿，其先成都人，徙海陵。第進士。英宗朝，累官集賢殿修撰，同判太常寺。神宗立，拜天章閣待制。

孫公談圃：周孟陽春卿，英宗宮僚。聖眷素厚，書簡以老丈稱之。當議儲副時，英宗固辭，春卿就臥內諭意，上大悟，拜春卿牀下，遂正儲位。裕陵在東宮，朝廷復以春卿爲翼善。春卿爲人純直，謂不當爲父子宮僚，上表力辭。有「親奉堯言，躬承禹拜」之句。

題招提院靜照堂

羨師遺世網，舊隱儆新堂。月白秋庭小，風清晝磬長。遠遊輕勢利，歸夢在滄浪。滿篋朝賢句，孤雲出帝鄉。至元嘉禾志

句

地高多與風雲會，天近常爲日月鄰。遊徑山　梅磵詩話

閻詢

詢字議道，鳳翔天興人。第進士，又中書判拔萃科。神宗朝，歷右諫議大夫，提舉上清宮。

題招提院靜照堂

浙右僧居盛，虛堂葺有功。迷來隨萬化，淨後照三空。夜永松軒月，秋深竹岸風。我心閑已久，夢到水鄉中。至元嘉禾志

林億

題招提院靜照堂

檇李湖山外，招提煙靄中。靜由諸漏盡，照覺萬緣空。馬祖傳懷海，牛頭住法融。誰來訪宗旨，現定即

家風。至元嘉禾志

張宗永

宗永，華州人。寶元中知建安縣。

題陳相別業

喬松翠竹絕纖埃，門對寒山盡日開。應是主人貪報國，功成名遂不歸來。

墨客揮犀：宗永嘗以事失鄭州陳相意。陳公有別業在鄭、杜間。宗永知公好絕句詩，乘閑詣之，于壁大書二韻。莊督錄以聞，公覽而善之，待之如初。

句

大書文字隄防老，剩買峯巒準備閑。倦遊雜錄

雷簡夫

簡夫字太簡，郃陽人。康定中，杜衍薦之，以校書郎簽書秦州觀察判官，累遷尚書職方員外郎。

寄甘露舒公上人

成都多少寺，梵學競推能。到老不破戒，滿城唯此僧。池龍聽夜講，海客施年燈。別後空相憶，塵勞正可憎。成都文類

元居中

居中，錢唐人。康定中，台州守，至太常少卿。

風水洞上祖龍圖無擇

洞蔽深雲遠俗塵，山中曾未識朱輪。自從白傅來遊後，五百年間又一人。咸淳臨安志

蘇頌

頌字子容，南安人，紳之子。徙居丹陽。慶曆二年進士。神宗朝，歷集賢院學士，知開封府。哲宗即位，累遷翰林學士，拜右僕射，兼中書門下侍郎，罷爲集禧觀使。徽宗立，進太子太保，累爵趙郡公，卒贈司空、魏國公。有集。

送朱郎中壽昌通判河中

豳風詠凱風，以成孝子志。鄭人復君母，傳稱能錫類。中郎常有懷，生不識所恃。登朝雖厚祿，當食每忘饋。念昔鞠育勞，嗟今出處異。倚門豈不待，兩求終莫致。乳烏思反哺，哀鳴自垂翅。百草搖春暉，寧無謝生意。瀝血向穹壤，解組出臺寺。馳驅咸雍郊，歷訪經行地。至行感神明，精誠通夢寐。悠悠大道傍，親息忽相値。紫綬拜北堂，白頭歸長嗣。悲忻敍契闊，怳如隔生事。四紀世路殊，一朝版輿侍。兹事昔未有，聞者共驚喟。帥守爲之言，詔趣還官次。當年二千石，寵名非所利。仕或便鄉關，安用竹符使。蒲中母家近，自屈爲倅貳。受命慰慈顔，騰裝愜歸思。既徇報德心，亦安效官智。觴以萬壽薦，衣成五綵戲。無復興寒泉，何須賦大隧。令人及聖善，孝慈兩不匱。贈言述高風，庶用激忠義。

次韻蔣穎叔同遊南屏見惠長篇

青山横莽蒼，萬石出南麓。古刹表耆闍，高聲聳羣玉。居惟擇岡巒，近靡數松竹。郡郭路非遥，遊人春不宿。陟巘極躋攀，循崖勞傴伏。架筒引流泉，跨嶺構重屋。講坐據妙峯，禪堂對枯木。幽尋難屢期，將往誰能獨。偶逢霜臺客，暫駐驄馬足。聯步訪叢林，終朝走郊牧。相期方外遊，頓忘河上曲。夷路喜君騰，高閣暫予束。更聽名理言，俯愜心中欲。況已證真常，詎止齊寵辱。願言挹清風，可用警浮俗。

贈同事閤使 以下二首使北時作

山路盡陂陁，行人涉險多。風頭沙磧暗，日上雪霜和。草淺鷹飛地，冰流馬飲河。平生畫圖見，不料此經過。

奚山路 出奚山路，入中京界，道旁店舍頗多，人物亦衆。

行盡奚山路更賒，路旁時見百餘家。風煙不改盧龍俗，唐盧龍節度兼押契丹使。塵土猶兼瀚海沙。朱板刻旗村肆食，食邸門挂木刻朱旗。青氈通幰貴人車。貴族之家，車屋通以青氈覆之。皇恩百歲加荒憬，物俗依稀亦慕華。

暮春與諸同僚登鍾山望牛首

清明天氣和，江南春色濃。風物正繁富，邦人競遊從。官曹幸多暇，交朋偶相逢。幷驅出東郊，乘輿遊北鍾。陟險不蠟屐，扶危靡擠筇。上登道林祠，俯覩辟支峯。亂山次阡陌，長江遶提封。蕭條舊井邑，茂盛新杉松。攬物思浩然，懷古心顒顒。念昔全盛時，兹山衆所宗。天都對雙闕，霸業基盤龍。六朝遞興廢，百祀居要衝。人情屢改易，世事紛交攻。當時佳麗地，一旦空遺蹤。唯有出岫雲，古今無變容。

和題李公麟陽關圖

三尺冰紈一絕詩，翩翩車馬送行時。尊前懷古閑開卷，看盡關山遠別離。以上魏公集

和右僕射劉公莘老夜直中書省見寄之什

五年班綴望夔龍，曾託帡幪庇雨風。末路自憐黄髮老，早時曾識黑頭公。升沈不改交情見，出處雖殊趣舍同。謾叩蕪音荅高唱，終慚下管應清宮。卻掃編

即席獻文潞公

高燕初陪聽拊鞞，清談仍許奉揮犀。自知伯起難逋峭，不及淳于善滑稽。舞奏未終花十八，酒行先困玉東西。荷公德度容狂簡，故敢忘懷去町畦。

卻掃編：熙寧間，蘇丞相奉使契丹，道過北京。時文潞公爲留守，燕會款洽。文公因問：「魏收有『逋峭難爲』之語，何謂？」蘇公曰：「聞之宋元憲公，蓋梁上小柱名，取有曲折之義耳。」蘇公以文人多用近語，而未及此，乃用爲一詩，紀席上事，獻文公云。

春帖

璇霄一夕斗杓東，瀲豔晨曦照九重。和氣薰風摩蓋壤，競銷金甲事春農。宋藝圃集

王安石

安石字介甫，臨川人。慶曆二年進士。神宗朝，累除知制誥、翰林學士，拜同中書門下平章事，加尚書左僕射，兼門下侍郎，封荆國公。卒謚曰文。崇寧間追封舒王。有臨川集。

蒙齋筆談：荆公初生，家人見有貛入其產室，故小字貛郎。

後山詩話：魯直謂荆公之詩，暮年方妙。然格高而體下，如「似聞青秧底，復作龜兆拆」，乃前人所未道。又云：「扶輿度陽焰，窈窕一川花。」雖前人亦未易道也。然學三謝，失於巧耳。

石林詩話：蔡天啓言：「荆公每稱老杜『鉤簾宿鷺起，丸藥流鶯囀』之句，以爲用意高峭，五字之模楷。他日公作詩：『青山捫蝨坐，黃鳥挾書眠。』自謂不減杜詩，以爲得意。然不能舉全篇。余頃嘗以語薛肇明。肇明時被旨編公集，偏求之，終莫之得。或云：『公但得此一聯，未嘗成章也。』」

西清詩話：仁廟嘉祐中，開賞花釣魚宴，介甫以知制誥預末坐。帝出詩示羣臣，次第屬和。末至介甫，日將夕矣，亟欲奏御，得「披香殿」字，未有對。時鄭毅夫獬接席，顧介甫曰宜對「太液池」。故其詩有云：「披香殿上留朱輦，太液池邊送玉盃。」翌日，都下盛傳王舍人竊柳詞「太液波翻，披香簾卷」，介甫頗銜之。

優古堂詩話：韓退之喜雪獻裴尚書詩云：「喜深將策試，驚密仰簷窺。」又云：「氣嚴當酒煖，灑密聽窗知。」荆公全用一聯云：「借問火城將策試，何如雲屋聽窗知。」

雞肋編：王介甫作韓魏公挽詩云：「木稼嘗因達官怕，山摧今見哲人萎。」時華山崩，京師木冰，極爲中的。人多不見木稼出處。按舊唐書五行志，開元二十九年十一月二十二日，雨木冰，凝寒凍冽，而數日不解。寧王見而嘆曰：「諺云『樹稼達官怕』，必有大臣當之。」其月王薨。

澠水燕談：王荆公之時，學者得出其門，自以爲榮。一被稱與，往往名重天下。公之治經，尤尚解字，末流務爲新奇，寖成穿鑿。朝廷患之。詔學者兼用舊傳注，不專治新經，禁援引字解。於是學者皆變所學，至有著書以詆公之學者。又諱稱公門人。故張芸叟爲挽詞曰：「今日江湖從學者，人人諱道是門生。」及後詔公配享神廟，贈官賜謚，俾學者復治新經，用字解。昔之學者，稍稍復稱公門人。有無名氏改芸叟卒章云：「人人卻道是門生。」

高齋詩話：荆公題金陵此君亭詩云：「誰憐直節生來瘦，自許高才老更剛。」賓客每對公稱頌此句，公輒顰蹙不樂。晚年，與平甫坐亭上覩詩牌，曰：「少時作此題榜，一傳不可追改。大抵少年題詩，可以爲戒。」平甫曰：「此揚子雲悔其少作也。」

敖陶孫詩評：王荆公如鄧艾縋兵入蜀，要以險絕爲功。

團扇

玉斧修成寶月團，月中仍有女乘鸞。青冥風露非人世，鬢亂釵横特地寒。

天廚禁臠云：讀之令人一唱三歎，譬如朱弦疏越有遺音者也。

和女詩

青燈一點暎窗紗，好讀楞嚴莫憶家。能了諸緣如幻夢，世間唯有妙蓮花。

冷齋夜話：舒王女，吳安持妻蓬萊縣君，工詩，多佳句。有詩寄舒王，王以楞嚴經新釋付之，并和云云。

寒穴泉

神泉列冰霜，高穴與雲平。空山渟千秋，不出嗚咽聲。山風吹更寒，山月相與清。北客不到此，如何洗煩酲。

墨莊漫錄：華亭有寒穴泉，與無錫惠山泉味相同，荆公嘗有詩云。

寄蔡氏女

建業東郭，望城西堠；千嶂承宇，百泉遶霤。青遙遙兮纚屬，綠宛宛兮横逗。積李兮縞夜，崇桃兮炫晝。蘭馥兮衆植，竹娟兮常茂。柳蔫綿兮含姿，松偃蹇兮獻秀。鳥跂兮下上，魚躍兮左右。顧我兮適我，有斑兮伏獸。感時物兮念汝，遲歸兮攜幼。

我營兮北渚，有懷兮歸女。石梁兮以苫蓋，綠陰陰兮承宇。仰有桂兮俯有蘭，嗟女歸兮路豈難！望超然之白雲，臨清流而長嘆。

朱文公楚詞後語云：寄蔡氏女者，王文公之所作也。公以文章節行高一世，而尤以道德經濟爲己任。被遇神宗，致位宰相，世方仰其有爲，庶幾復見二帝三王之盛。而公乃汲汲以財利兵革爲先務，引用凶邪，排擯忠直，躁迫强戾，使天下之人囂然喪其樂生之心。卒之羣姦嗣虐，流毒四海，至於崇宣之際，而禍亂極矣。公又以女妻蔡卞，此其所予之詞也。然其言平淡簡遠，翛然有出塵之趣。覗其平生行事心術，略無毫髮肖似。此夫子所以有「于予改是」之歎也歟！

絕句

穰侯老擅關中事，嘗恐諸侯客子來。我亦暮年專一壑，每聞車馬便驚猜。

侯鯖錄：元豐末，有以王介甫罷相歸金陵後、資用不足、達裕陵睿聽者。上即遣使以黃金二百兩就賜之。介甫初喜，意召己；既知賜金，不悅，即不受，舉送蔣山修寺，爲朝廷祈福。此詩未能忘情在丘壑者也。

與外弟飲

一自君家把酒杯，六年波浪與塵埃。不知烏石岡頭路，到老相尋得幾回。

冷齋夜話：山谷言：「詩意無窮，而人才有限；以有限之才，追無窮之意，雖淵明少陵不得工。不易其意而造其語，謂之換骨法。規摹其意形容之，謂之奪胎法。如顧況詩曰：『一別二十年，人堪幾回別。』其詞簡緩而意精確。荆公與故人詩云云，所謂奪胎法也。」

賞心亭

霸氣消磨不復存，舊朝臺殿只空村。孤城倚薄青天近，細草侵尋白日昏。稍覺野雲成晚霽，卻疑山月是朝暾。此時江海無窮興，醒客無言醉客喧。

自金陵至丹陽道中有感

數百年來王氣消，難將往事問漁樵。苑方秦地皆蕪沒，山借揚州更寂寥。荒埭暗雞催月曉，空場老雉挾春驕。豪華只有諸陵在，往往黃金出市朝。

藝苑雌黃：予與鄉人翁行可同舟泝汴，因談及詩。行可云：「介甫善下字，如『空場老雉挾春驕』，下得挾字最好。即孟子『挾長』、『挾貴』之挾。」予謂介甫又有「紫莧凌風怯，蒼苔挾雨驕」；後山有「寒氣挾霜侵敗絮，賓鴻將子度微明」。其用挾字，亦與前一聯同。末言陵墓遭發，金玉出於人間矣。

初夏絕句

石梁茅屋有彎碕，流水濺濺度兩陂。晴日煖風生麥氣，綠陰幽草勝花時。

娛書堂詩話：范石湖云嘗蒙恩獨引觴詠，壽皇與行苑中，親誦後句，以爲佳。

試院中作

少年操筆坐中庭，子墨文章頗自輕。聖世選才終用賦，白頭來此試諸生。

詳定官作

童子常誇作賦工，暮年羞悔有揚雄。當年賜帛倡優等，今日論才將相中。細甚客卿因筆墨，卑於爾雅注魚蟲。漢家故事眞當改，新詠知君勝弱翁。

韻語陽秋：荆公以詩賦決科，而深不樂詩賦。試院中五絕，其一云云。後作詳定官，復有詩云云。熙寧四年預政，遂罷詩賦，專以經義取士。蓋平日之志也。

歲晚

月映林塘靜，風涵笑語涼。俯窺憐淨淥，小立佇幽香。攜幼尋新葯，扶衰上野航。延緣久未已，歲晚惜流光。

漫叟詩話：荆公定林後詩，精深華妙，非少作之比。嘗作歲晚詩，自比謝靈運，識者以爲然。

示公佐

殘生傷性老躭書，年少東來復起予。各據槁梧同不寐，偶然聞雨落堦除。

壬辰寒食

客思似楊柳，春風千萬條。更傾寒食淚，欲漲冶城潮。巾髮雪爭出，鏡顏朱早凋。未知軒冕樂，但欲老漁樵。

自白土村入北寺

雨過百泉出，秋聲連衆山。獨尋飛鳥外，時度亂流間。坐石偶成歇，看雲相與還。會須營一晦，長此聽潺潺。

泊船瓜洲

京口瓜洲一水間，鍾山祗隔數重山。春風又綠江南岸，明月何時照我還。

容齋續筆：吳中士人家藏其草，初云又到江南岸，圈去到字。注曰：不好。改爲過，復圈去，而改爲入。旋改爲滿。凡如是十許字，始定爲綠。

送和甫寄女子

荒煙涼雨助人悲，淚染衣襟不自知。除卻春風沙際綠，一如送汝過江時。以上臨川集

釋普聞詩論：拂去豪逸之氣，屏蕩老健之節，其意韻幽遠，淸癯雅麗爲得也。

寄池州夏太初

一水衣巾剪翠綃，九華環珮刻青瑤。生才故有山川氣，卜築兼無市井囂。三葉素風門閥在，十年塵跡履綦銷。歸榮早晚重攜手，莫負幽人久見招。

能改齋漫錄：王荆公有唐律一首，寄池州夏太初，今集不載。序云：「不到太初郎中兄所居，遂已十年，以詩攀寄。」

絕句

白馬津頭驛路邊，陰森喬木帶漪漣。斜陽一馬㥉㥉過，夢寐如今十五年。

能改齋漫錄：荆公題一絕於夏玟扇，今集不載。

柳　瑾

瑾字子玉，慶曆二年進士。

句

過盡金湯知帝策，見求貂虎識軍儀。男兒本有四方志，祗在蓬瀛自不知。王荊文公詩自注

陳　洙

洙字師道，建陽人。慶曆二年進士，歷殿中侍御史。嘉祐中，上疏助司馬光論建儲，且飲藥而卒，以明無所覬望。奏下，大計遂定。仁宗聞洙死，賜錢百萬。元祐初，用光言，官其一子。

吳耿先生還北山舊居

蒼浪兩鬢斑，盡意六經間。有術佐明主，無官歸故山。釣臺春水碧，吟樹暮雲閑。見說還家後，重將舊史删。前賢小集拾遺

遊雲際寺　在邵武軍光澤縣

淸曉捫蘿踏嶺雲，寒風飛溜溼衣巾。上攀霄漢無多地，直視城闉幾點塵。古木半陰藏宿霧，山禽相語厭遊人。明年更補閩中吏，來看桃花爛漫春。瀛奎律髓

靖安寺　五代時建寧詩人江爲故宅

處士亡來二百年，故居牢落變祇園。詩名長共江山在，寃氣尙磨星斗昏。臺榭幾人留好句，漁樵何處問曾孫。昔時泉石生涯地，日暮寒雲遶寺門。建寧府志

毛維瞻

維瞻，開封人，居三衢。慶曆二年進士。累遷參知政事。

筠州山房

樓上青山繞四陲，畫樓百步引朱扉。落成當與公同上，一看長江白練飛。江西通志

王珪

珪字禹玉，華陽人，徙舒，琪之從弟。慶曆二年進士。官翰林學士，知開封府，兼侍讀學士。神宗朝，拜尚書左僕射門下侍郎。哲宗即位，封岐國公。卒贈太師，謚曰文。有華陽集。

王文正公日錄：神廟時，每夕有赤氣見西北隅，如火，至人定後乃滅。人以爲皇子生之祥。故禹玉作大燕樂詞云：「未曉清風生殿閣，經旬赤氣照乾坤。」未幾，皇子生，大燕羣臣于集英殿。

文潞公丞相出鎮西京奉詔於瓊林苑燕餞從列皆賦詩送行

都門秋色滿旌旗，祖帳容陪醉御卮。功業特高嘉祐末，精神如破貝州時。匣中寶劍騰霜鍔，海上仙桃壓露枝。昨日更聞褒詔下，别刊名姓入周彝。墨莊漫錄

東皐筆錄：嘉祐中，文潞公彥博、富鄭公弼爲相，劉沆、王堯臣爲參政，始議立皇嗣，而事祕不傳。雖英宗亦莫知也。元豐中王公之子同光上書言：「先帝之立，乃先臣在政府始議也。其始終事，並藏臣家。」乃宣取，上覽歎久之。是時富、劉、王三公皆已薨，獨潞公留守西京，遽召至闕慰藉，恩禮隆厚，册拜太尉。及還西都，上作詩送行，有「報在不言功」之句。兩府並出餞，皆有詩。王禹玉詩云：「功業特高嘉祐末，精神如破貝州時。」蓋謂是也。

上元應制

雪消華月滿仙臺，萬燭當樓寶扇開。雙鳳雲中扶輦下，六鼇海上駕山來。鎬京春酒霑周燕，汾水秋風陋漢才。一曲昇平人共樂，君王又進紫霞杯。

韻語陽秋：元豐中，令從臣和元夕觀燈詩。蔡持正密叩王公云：「應制上元詩如何使事？」禹玉曰：「鼇山鳳輦外不可使。」章子厚面笑之。十七日登對，神宗獨賞禹玉詩，妙於使事。

史院席上和首相吳公原韻

曉下金門路，君筵聽召餘。簪纓三壽客，筆削兩朝書。身老雖逢此，恩深盡醉歟！傳聞訪餘事，應走使臣車。揮麈後錄

在翰苑作

晨光未動曉驂催，又向壇頭飲社杯。自笑治聾終不足，明年強健更重來。嬾眞子錄

和梅公儀琴高魚

三月江南花亂開，青溪曲曲水如苔。琴高一去無蹤迹，枉是漁人尙見猜。賓退錄

温成皇后閣立春帖子

日谿按：曲洧舊聞作歐公詩。

昔聞海上有仙山，煙鎖樓臺日月閑。花下玉容長不老，只應春色勝人間。

隱居詩話：温成皇后初薨，會立春進帖子，是時歐陽修王珪同在翰苑，以其虛閤，故不進。俄有旨令進，王珪遽口占一首，歐公歎其美麗。

端午帖子

紫閣曈曨隱曉霞，瑤墀九御薦菖華。何人又進江心鑑，試與君王卻衆邪。容齋五筆

夫人閣端午帖子

後苑尋青趁午前，歸來競鬭玉闌邊。袖中獨有香芸草，留與君王辟蠹編。後村詩話

挽老蘇先生

岷峨地僻少人行，一日西來譽滿京。白首只知聞道勝，青衫不及到家榮。玄猨夜哭銘旌過，紫燕朝飛挽鐸迎。天祿校書多分薄，子雲那得葬鄉城。蘇集附錄

大饗明堂慶成

皇祐更秋律，明堂奉帝禋。粢盛雖薦德，霜露本懷親。於赫朝三后，無文秩百神。九筵交玉幣，重屋近星辰。邃幄留飈御，淸壇墮月津。衣冠漢儀舊，金石舜韶新。受祚開宣室，鳴鐘降紫宸。羣陰光復旦，吐氣斗回春。靈貺叢千祝，豐恩渗四垠。慚非老辭筆，徒學煥堯文。

瀛奎律髓：禹玉爲詞臣，則摛藻細潤，典雅勁健，未有後來全句長句之病。時號爲至寶丹，以多用金玉珠璣錦繡之類。然亦有不全然者，此詩豈不謂之細潤典雅！

再登賞心亭

六朝遺迹此空存，城壓滄波到海門。萬里江山來醉眼，九秋天地入吟魂。於今玉樹悲歌起，當日黄旗王氣昏。人事不同風物在，悵然猶得對芳樽。詩林萬選

宮詞

花裏宮鶯曉未啼，千牛仗下報班齊。銀袍五百趨龍尾，天子臨軒賜御題。

侍輦趨來步玉階，試穿金縷鳳頭鞋。堦前摘得宜男草，笑插黄金十二釵。

內苑宮人學打毬，青絲飛控紫驊騮。朝朝結束防宣喚，一樣眞珠絡轡頭。

黄昏鎖院聽宣除，翰長平明趁起居。撰就白麻先進草，金泥降出內中書。

紗幔薄垂金麥穗，簾鉤纖挂玉葱條。樓西別起長春殿，香壁紅泥透蜀椒。

內人稀見水鞦韆，爭擘珠簾帳殿前。第一錦標誰奪得，右軍輸卻小龍船。

盤龍新織翠雲裘，簡點黄封玉匣收。防備秋來供御著，金箱捧入曝衣樓。

盡日閑窗賭選仙，小娃爭覓倒盆錢。上籌爭占蓬萊島，一擲乘鸞出洞天。十家宮詞

呈永叔書事 嘉祐二年禮部倡和

詔書初捧下西箱，重棘連催暮鑰忙。緑繡珥貂留帝詔，原注：元夕有緑衣中使傳宣。紫衣鋪案拜宸香。卷如驟雨收聲急，筆似飛泉落勢長。十五年前出門下，最榮今日預東堂。

歐陽修歸田錄：嘉祐二年，余與端明韓子華、翰長王禹玉、侍郎范景仁、龍圖梅公儀同知禮部貢舉，辟梅聖俞爲小試官。凡鎖院五十日，六人者相與倡和，爲古律歌詩一百七十餘篇，爲三卷。禹玉，余爲校理時，武成王廟所解進士也。至此新入翰林，與余同院，又同知貢舉，故禹玉贈余云：「十五年前出門下，最榮今日預東堂。」余答云：「昔時叨入武成宫，曾看揮毫氣吐虹。夢寐閑思十年事，笑談今日一罇同。喜君新賜黄金帶，顧我今爲白髮翁。」

依韻恭和聖製龍圖天章閣觀三聖御書

半夜傳君召，西清閱帝文。筆迴丹穴鳳，歌起沛鄉雲。御幄金虯轉，仙墀羽仗分。君王自天縱，況復睿心勤。以上曾氏歷代詩選

句

披褐曾陳定羌策，汗青猶著立儲書。春風澤國吟箋落，夜雨溪堂宴豆疎。

許彥周詩話：外祖父邵安簡公布衣時，上平元昊策，又嘗勸仁廟早立太子。晚年自樞府出知越州，又移鄆州。其薨也，岐公作挽詞云云。不獨語句精練，且是著題。

金縷黄龍扇，蘭芽翠釜湯。夫人閣端午帖子　繞臂雙條達，紅紗晝夢驚。同上　震邸陪經席，辰階總化鈞。晏元獻挽詩　未染仙人杏，先柔帝女桑。皇后閣帖子　靈宮千福墮，淸廟一誠專。南郊　舊畫繙書榻，翠訛正說鈴。校理東觀　曉日破紅浮闕栱，夕雲凝紫護周垣。祠太乙宮　官職聲名君自有，何妨更絶郢中吟。和石昌言韻　灼灼海棠誰復折，差差燕子又還飛。以上海錄碎事

舞急錦腰迎十八，酒酣玉琖照東西。

墨莊漫錄：樂府六幺曲有花十八，古有玉東西杯，對甚新。

石象之

象之字簡夫，新昌人。慶曆二年進士。官太常丞。

詠愁

來何容易去何遲，半在心頭半在眉。門掩落花春去後，窗涵殘月酒醒時。柔如萬頃連天草，亂似千尋帀地絲。除卻五侯歌舞地，人間何處不相隨。新昌縣志

石聲之

聲之，新昌人。

遊南明山

祇應尋勝到林泉，四抱危峯萬朵蓮。僧過不知山隱寺，客來方見洞開天。浮圖照水光相映，古木依崖影倒懸。風露了非人世界，濯纓秋後玉壺仙。越咏

黄庶 向宗道

庶字亞夫，分寧人。慶曆二年進士。歷州郡從事，攝康州。有伐檀集。山谷，其子也。

宿趙屯

蘆花一股水，弭棹日已暮。山間聞雞犬，無人見煙樹。行逐羊豕跡，始識入市路。菱芡與魚蟹，居人足來去。漁家無鄉縣，滿船載稚乳。鞭笞公私急，醉眠聽秋雨。

怪石

山鬼水怪著薜荔，天祿辟邪眠莓苔。鉤簾坐對心語口，曾見漢唐池館來。

斑石枕聯句同向宗道

斲得西山骨，磨礱露斑駁。凝結一何怪，宗道形模萬難學。直疑彩雲根，庶又訝紫珉礫。中瘦皺蛟腹，

宗道外文灼龜殼。冷剖淸泉肝，庶穗楮老蘆脚。堅方君子性，宗道淸純聖人璞。有氣當補天，庶無瑕應並轂。定濆盤古苔，宗道想漏神農藥。堪作夢寐寶，庶尤是炎蒸託。眠月病頭愈，宗道橫風醒肺濯。珊瑚侈可唾，庶陶甄肥堪撲。夜深魘鬼驚，宗道晝冷詩魔愕。首恆無俗夢，庶心淸去煩惡。蘄簟方敢友，宗道蜀笫良可擢。何必檄愈風，庶何必文驅瘧。質任兒女嗤，宗道頑宜童僕謔。枕流固迂誕，庶藉糟徒落魄。潤生審將雨，宗道輝發疑有珏。髑髏莊生狂，庶虎魄宋武溥。欲鑱中郎銘，文章體猶弱。欲祕淮南書，神仙志非樂。宗道我疑混沌鑛，誰與礱竅鑿。可作甘寢輿，華胥詣冥寞。庶子道足施爲，我拙困嬰縛。已謀具巾屨，行當老嵩霍。子其乞我歸，終焉臥雲壑。宗道嗜好我已癖，須求子惟慤。氈舊王固惜，瓢陋顏不博。異時一經子，便當千金橐。客退獨摩拂，臥送山月落。庶（以上伐檀集）

韓欽聖

欽聖，慶曆二年進士。

句

迎鋒畫幡轉，交鏃采文繁。（省試勳門賜戟　古今詩話）

句龍緯

緯，蜀人。慶曆進士。太學博士。

題惠泉寄知軍郎中（在荆門）

崎嶇荆門山，叢起爲東阨。陽岡盤氣勢，陰竇融液脈。源濯雲根移，流噴石罅拆。呀呀兩岸間，平澗纔數席。環岸貯湧泚，古鏡照秋色。恬風不生紋，至底無隱物。澄輝泛嵐翠，淨彩溶天碧。潛花深同同，蔭樹高崒崒。清光照毛髮，爽氣灑肌骨。如入冰壺中，亭宇何鮮飾。缾罌日往來，舉汲易爲力。短綆何勞人，輕舠恰容客。當時竟陵翁，老死卻不歷。品第十九泉，遺此良可惜。此泉惠此土，唯日流不息。作詩頌惠泉，勉哉君子德。荆州府志

賈宗諒

宗諒，官內園洛苑如京崇儀使。

上元日駕幸太乙宮燒香

金鑾晨動暖風微，比屋歡呼望帝暉。天喜宴開新福館，雲深香滿侍臣衣。九韶鳳舞當雙闕，萬燭龍趨護六飛。爲與吾民同樂事，月輪猶未下端闈。古今歲時雜詠

宋詩紀事卷十六

錢唐 厲鶚 輯
祁門 馬曰璐 同輯

蘇宷

宷字公佐，磁州滏陽人。舉進士。神宗朝累官給事中，知河南府。

和趙閱道游海雲山

笙歌揭虚閣，帷幕匝春池。且與民同樂，都忘天一涯。舊遊嗟倏忽，故步喜追隨。陌上人如堵，歸鞍莫載馳。成都文類

呂夏卿

夏卿字縉叔，晉江人。慶曆二年進士。調江寧尉，用薦爲編修。唐書官書成，遷直祕閣，同知禮院。熙寧初，遷兵部員外郎，知制誥，出知潁州，卒。

泉州府志：初，歐、宋二公典領唐史，十七年書始成。凡預載筆者，皆一時高選。前後十餘人，遷徙不常。唯夏卿與范鎮，自發凡訖于絶筆。夏卿又纂新書紀志傳義例，摘二公繁文闕誤，目爲唐書直筆；新例一卷；唐兵志三卷；又集天下碑刻，爲唐文獻；考歷代氏族譜志，爲古今世系表。

春陰

海棠陰淺日黄昏，畫閣輕寒繡被溫。春夢醒來能記否，賣花聲過忽開門。後村千家詩

陳　襄

襄字述古，侯官人。慶曆二年進士。歷官知制誥，直學士院，知陳州，徙杭州，以樞密直學士知通進銀臺司，兼侍讀，判尚書都省。卒贈給事中。有古靈集。

送關都官致仕

鴻雁于飛，送關公也。公能以禮致仕，惜其有老成德，不衰，不養于朝，天子不用古禮留之，故作是詩也。

鴻雁于飛，歸戾于澤；君子于田，亦適維則。旅力不愆，曷云其極。庶民之耋，職自爲愚；君子之耋，其德有濡。旅力不愆，曷云其劬。有堅松柏，君子斧之；有實秠稷，農夫有之。天子有老，曷其與歸。野有白駒，來食我麰。君子之往，胡爲不留？我心悠悠，爲天子之憂。

幽齋

幽境絕塵蹤，莓苔上粉墉。秋聲連夜雨，寒色一溪松。學有書千卷，歡無酒萬鍾。雲屏孤夢斷，寂寞掩巫峯。

和子瞻沿牒京口憶西湖出遊見寄

春陰漠漠燕飛飛，可惜春風與子違。半嶺烟霞紅旆入，滿湖風月畫船歸。緱笙一闋人何在，遼鶴重來事已非。猶憶去年離別處，鳥啼花落客霑衣。

寄遠

飛鵲翩翩暮欲棲，楚天新月射璇題。袖中已滅三年字，心曲惟通一點犀。步障影迷金谷路，桃花香隔武陵溪。瑤華好折無人寄，腸斷江樓百尺梯。

夜意

熏爐香燼蕙烟沈，凛冽寒生翡翠衾。月國音塵千里絶，仙山樓閣五雲深。離懷暗耿金壺漏，獨夢多驚玉女碪。騎省中郎才調逸，擬將文筆賦秋心。

使還咸熙館道中作

土曠人稀使驛賒，山中殊不類中華。白沙有路鴛鴦泊，芳草無情妯娌花。氈館夜燈眠漢節，石梁秋吹動胡笳。歸來覽照看顔色，斗覺霜毛兩鬢加。

韋羌山 在天台山西，上有石壁，字如科斗。

去年曾覽韋羌圖，云有仙人古篆書。千尺石巖無路到，不知科斗字何如。

中和堂木芙蓉盛開戲贈子瞻

千林寒葉正疎黄，占得珍叢第一芳。容易便開三百朵，此心應不畏秋霜。

題寶嚴院垂雲亭 在杭州七寶山

小亭巉絶出雲間，萬象升沈不得閑。莫怪詩翁頭白早，時來向此寫湖山。以上古靈先生集

連庠

庠字元禮，應山人。慶曆二年進士。爲宜城令，至都官郎中。

宋史隱逸傳：連庶，字君錫，舉進士，監陳州稅，罷歸。始與弟庠在鄉里時，宋郊兄弟皆依之。及二宋貴達，不可其志。退居二十年，守道好修，非其義，秋毫不可污也。庠亦登科，敏于政事，號良吏。終都官郎中。

襄州守王侯洙復峴山羊公祠

大江西來遶重城，猶如叢花疋練縈。左山右阜若開避，會是峴首當頭横。江湍衝山山不動，滔滔雪浪東南傾。隤然巨勢壓漢境，萬楚不得專雄名。四時美景千百狀，登臨可以攄襟靈。近麓挼藍秋水綠，幽巖團纈春葩明。寒林蕭疎四面合，夏木延袤長川青。危巔碑勢龜蟠蟄，陰崖檜老蛟龍形。俯瞰洲島相向背，風恬江面羅紋生。漁舠數百集其下，瞥然來往一葉輕。波底崢嶸沈翠影，槎頭鳧雁斂霜翎。天然佳致信可尚，直是丹青寫不成。叔子當年樂山水，每來置酒空壚罌。賢達勝士共愛此，謂此風景魁南荆。荆人被化思不已，立祠山椒共祭牲。爾來綿亙幾千載，瓦飛棟撓誰經營。守臣罕肯著脚到，遂至完固屬乘拚。非憚鳩工繕完葺，誠知仁政難繼聲。帝眷襄陽曰重鎮，宜從館閣擇名卿。明公之來百城悅，壺漿竹馬相歡迎。政成公休屢登覽，山前車騎長晶熒。傃空寓目看不足，詩豪佚發輪精誠。乃敕寮屬復祠宇，仍從嶺上新虛亭。歲時遊憩備言詠，荆人愛之猶鉅平。羊公之政公之化，異時一致當同評。兩賢繼美何以況，山之永兮水之清。襄陽府志

李觀

觀字夢符，自號玉谿叟，袁州人。慶曆二年，試南宮，賦偶落韻，有司愛其策，爲取特旨，由是登第。以著作佐郎知臨江軍淸江縣。嘗爲太學官，出判處州。

宜春傳信錄：朝議大夫李觀夢符，史傳諸書，過目成誦，文章如元次山。登第，歷官知處州，不就；請監南嶽廟以歸。建玉溪洞，中有抱一堂、水仙亭，有梅所曰香雪塢，有衆花處曰錦繡塢；貯書史處曰文藪。終日醉吟溪上，於世味淡如也。

許當

當字當時，慶曆初爲古田令。

題處州直廳壁

十謁朱門九不開，利名淵藪且徘徊。自知不是公侯骨，夜夜江山入夢來。能改齋漫錄

桃溪

桃溪一何淸，想像武陵水。所愛春風時，灼灼花數里。漁艇日來去，無人識歸止。安知歷幽源，不遇神仙子？福州府志

石蒼舒

蒼舒字才叔，雍人。善行草。官承事郎，通判保安軍。

別韓魏公

□□□□□□□，簾前二聖擁千官。唯有掃門霜鬢客，卻隨社燕入長安。

過庭錄：石蒼舒與韓魏公有舊。韓拜相，石至，干祿，留數月無成。石作詩以別歸。韓覽之惻然，遂注一官而去。

胡　恢

恢，金陵人。華州推官。

句

建業江山千里遠，長安風雪一家寒。

夢溪筆談：金陵胡恢，善篆隸，坐法失官，困于京師。上韓魏公詩，魏公深憐之，令篆太學石經，得復官，任華州推官而卒。

姚嗣宗

嗣宗，關中人。韓魏公薦試大理評事。

續湘山野錄：嗣宗，關中詩豪，忽繩檢，坦然自任。杜祁公帥長安，多裁品人物。謂尹師魯曰：「姚生如何人？」尹曰：「嗣宗者，使白衣入翰林，亦不忝；減死一等，黥流海島，亦不屈。」姚聞之大喜，曰：「所謂善評我者也。」

書驛壁

南越干戈未息肩，五原金鼓又轟天。崆峒山叟笑無語，飽聽松風春晝眠。

續湘山野錄：元昊以河西叛，朝廷方羈籠關中豪傑之際，嗣宗因題詩二於壁。其五言有「踏碎賀蘭石，掃清西海塵，布衣能效死，可惜作窮鱗」之句。韓忠獻公奇之，奏補職官。既而一庸生張某，亦堂堂人。蝟髯黑面，頂青巾，緇裘，持一詩代刺，搖袖以謁杜公。有「長安有客面如鐵，爲報君王早築臺」之句，杜祁公亦異之，奏補乾祐一尉。而胸中無一物，未幾以贓去任。

俞汝尚

汝尚字仁廓，號退翁，又號溪堂居士，歸安人。慶曆二年進士。王安石當國，欲置汝尚御史。驛召詣京，力辭得免。從趙抃於青州，以屯田郎中致仕，卒。

贈張伯玉倅古睦

新定煙霞外，溪山淸可依。夜風泉溜響，春雨藥苗肥。野鶴眠花圃，晴嵐溼案衣。預知公暇日，垂釣子陵磯。詩林萬選

題三角亭

奇哉山中人，構此亭上宇。蕙徑斜映帶，林烟盡吞吐。春無四面花，夜欠一簷雨。寄傲足有餘，何須存廣廡。前賢小集拾遺

久客

久客西城裏，人家似舊鄰。衆知趨事嬾，僧厭打門頻。倦枕費窗燭，閑書破硯塵。陰晴消白日，門巷忽靑春。瀛奎律髓

賈黯

黯字直孺，南陽人。慶曆六年進士第一。嘉祐中，累擢翰林學士。英宗朝遷給事中，權御史中丞，以疾乞郡，除翰林侍讀學士，知陳州，卒贈禮部侍郎。

襄州守王侯洙復峴山羊公祠

古郡襄水陽，羣山繞郛郭。其間峴首者，羊公最所樂。登臨見洲渚，氣象眞磅礴。公乎既已沒，高碑此鑱鑿。廟食有遺像，當時盛丹雘。到今僅千載，碑廟皆頹落。喬木荒榛間，廟址存依約。碑倒石屢易，文字免缺錯。我侯至之初，亭廟皆新作。爲詩道其意，風化思所託。侯慕羊公心，仁政及物博。將見襄陽治，與古相侔若。襄陽府志

季康伯

襄州太守王侯洙復峴山羊公祠

賢哉西晉鉅平侯，刻碑立祠在荆州。州民萬家見之者，拚面汍瀾雙淚流。逮今緜歷幾百祀，峴首巍然臨漢水。碑銚廢祠榛莽中，蕭蕭只有悲風起。內閣深沈侍從臣，赤帷皁蓋來行春。殷勤拂碑復祠貌，一朝舊迹重如新。山光葱蒨水清洌，天長地久無時別。古人今人空茫茫，惟是功名不能滅。襄陽府志

張去惑

襄州太守王侯洙復峴山羊公祠

漢江千里清溶溶，惟此南夏奠其中。因山爲城峙險固，一國形勝何高雄。嶷然巨首名曰峴，回壓面勢尊且崇。東扼迅流疑引翼，西峙羣阜如盤龍。嶔巇峻拔不可擬，絕岸萬丈凌長空。下闞澄潭迥無際，旁睨比屋幾可封。天意造物豈虛設，控蠻鎮楚舒隆隆。自昔登憩且非一，此山振動惟羊公。有志平吳運祕略，竭心衛晉推元功。綏懷遠邇人所服，開墾田疇時以豐。慨然置酒適清曠，中郎幕府賢而通。語公令望高四海，當與斯山永無窮。自是綿綿歲歷久，閱碑墮淚存遺蹤。亭祠浸壞詎可究，山歸民籍木

以童。前知興衰故有日，覽者歎息追無從。龍圖王公守茲土，修舉廢墜詰初終。感物思人但長息，剡章疾置聞四聰。聖宸動色可其請，兹山復與氣象融。耽耽大廈揭亭宇，肅肅眞像嚴祠宮。遂使靈光享血食，禁樵復祀資恪恭。大抵有功及民物，盛德期與天地充。今之視古皆一致，休哉千載懷清風。襄陽府志

王介

介字中父，衢州人。以制舉登第。性聰悟絶人，所嘗讀書，皆成誦；而任氣多忤物，以故不達。終于館職。

送張君宰吳江

乍被軒綏寵，新辭計省繁。三江吳故國，百里漢郎官。烟水蓴芽紫，霜天橘顆丹。優游民政外，風月即清歡。明道雜志

句

命也豈終否，時乎不暫留。勉哉藏素業，以待歲之秋。贈人下第

明道雜志：中父作詩，多用助語作句，如贈人落第詩云云，此格古未有也。

草廬三顧動幽蟄，蕙帳一空生曉寒。

石林詩話：中甫與王荆公游甚款，未嘗降意相下。熙寧初，荆公以翰林學士被召。前此屢召不起，至是始受命。介以詩寄公云云，蓋有所諷。公得之，大笑，他日作詩，有「丈夫出處非無意，猿鶴從來自不知」之句，蓋爲介發也。

劉敞

敞字原父，臨江新喻人。慶曆六年進士第二。累遷知制誥，拜翰林學士，改集賢院學士，判南京御史臺，卒。門人私謚曰公是先生。有集。

郡齋讀書志：原父出知永興，惑官妓，得瞽眩疾，力求便郡。仁宗謂執政曰：「如敞者，豈易得耶！」賜以新橙五十。

劉跂暇日記：劉原父晚年病，不復識字。日月兒女，皆不能認。人言永興中多發冢墓求古物致此。

瓊花 并序

自淮南遷東平，移后土廟瓊花，植于濯纓亭。此花天下只一株耳，永叔爲揚州，作無雙亭以賞之。彼土人別號八仙花。或云：李衛公所賦玉蘂，即此種。

淮海無雙玉蘂花，異時來自八仙家。魯人未覩天中樹，乞與春風賞物華。

鐵漿館 以下二首奉使作

稍出盧龍塞，回看萬壑青。曠原開磧口，別道入松亭。此館以南屬奚，山溪深險；以北屬契丹，稍平衍，漸近磧矣。別一道自松亭關入幽州，甚徑易。虜常祕不欲漢使知。虜馬寒隨草，奚車夕戴星。忽悲田子泰，寂寞向千齡。奚人以車帳爲生，晝夜移徙。

檀州 正月二日

窮谷迴看盡，孤城平望遥。自古北口，山至此都盡。市聲衙日集，此州衙日市集 海蓋午時消。每旦海氣如霧，至晚消盡，土人謂之海蓋。冠帶才通漢，山川更入遼。春風解冰雪，最覺馬蹄驕。

春草

春草綿綿不可名，水邊原上亂抽莖。似嫌車馬繁華處，纔入城門便不生。

飲子華家醉翁不來令藥仙彈醉思仙

翠眉紅袖拜尊前，撩亂春聲入四弦。坐少車公還不樂，爲君重奏醉思仙。以上公是先生集

李士衡硯 劉涇州所得

李侯寶硯劉侯得，上有刺史李元刻。云是天寶八年冬，端州東溪靈卵石。我語二客此不然，天寶稱載不稱年。刺史爲守州爲郡，此獨云爾奚所傳？兩君盧胡爲絶倒，嗟爾於人幾何寶！萬事售僞必眩眞，此固區區無足道。硯箋

觀永叔五代史

大意晚有屬，先生拔書彙。是非原正始，簡古斥辭費。褒善傷獲麟，疾邪記有蜚。處心必至公，撥亂豈多諱。何必藏名山，端如避羅罻。合璧事類後集

聞鶯

醉裏春空盡，江邊客未歸。可憐鳴睍睆，似欲訴芳菲。珍樹移時語，殘花入眼稀。離居亦幽獨，求友莫相違。

鴨脚 鶚按：此首又見梅堯臣集。

魏帝昧遠圖，於吳求鴨脚；乃爲吳人料，重玩志已愜。江南有佳木，修聳入天插。葉如闌邊跡，子剝杏

中甲。持之奉漢宫，百果不相壓。

養雞

茅茨一畝宫，生理備委曲。雞豚自古昔，豢養隨世俗。鑿垣安其棲，幼長何碌碌。旦出四散飛，暮還相投宿。頗哀鴻鵠輩，飲啄不充腹。何事萬里遊，羈旅傷局促。衣冠相嫵媚，庭廡更追逐。未悟糞土非，豈知稻粱辱。物理常有此，人情苦不足。安見避世翁，頽然臥空谷！以上合璧事類別集

贈李才元

待詔先生窮巷居，簞瓢屢空方晏如。自探井臼秣羸馬，卻整衣冠迎賜書。王人駐車久歎息，天子聞之動顔色。飽死曾不及侏儒，牧民會肯舒筋力。詔書朝出蓬萊宫，繡衣還鄉由上東。君今已作二千石，亦將復爲第五公。

徐度卻掃編：李才元大臨，仕仁宗朝爲館職。家貧甚，僮僕不具，多躬執賤役。一日，自秣馬，會例賜御書，使者及門，適見之，歎息而去。歸以白上，上大驚異，遂命知廣安軍。熙寧中，知制誥，坐封還李定除御史詞頭，與宋次道蘇子容俱得罪，于是名重。

桃花

小樓西望邢人家，出屋香梢幾樹花。只恐東風能作惡，亂紅如雨墮窗紗。全芳備祖

夏夜

涼風響高樹，清露墜明河。雖復夏夜短，已覺秋氣多。豔膚麗華燭，皓齒揚清歌。臨觴不作意，奈此粲

者何！

避暑錄話：此詩當是在長安時作。

雜詩效玉川體

毁巢鳳不至，竭澤龍不游。賢者有所歸，得非龍鳳儔。周公下白屋，聖德被九州。趙禹謝賓客，漢朝以爲優。澆淳不相襲，用舍何其繆！苟徇一身利，不爲萬姓謀。哀彼杕杜詩，死生遺道周。宋藝圃集

劉攽

攽字貢父，與兄敞同舉慶曆六年進士。歷祕書少監，出知蔡州，召拜中書舍人，卒。弟子私謚曰公非先生。有集。

上書行

仕不至二千石，賈不至五百萬；此事夸者憂，而非志士歎。君不見下邳受書起，幄中運籌制千里。功成不受二萬戶，拂衣歸從赤松子。君不見計倪半策誅強吳，鴟夷扁舟泛五湖。三致千金不自擅，至今籍籍宗陶朱。大賢富貴不爲己，心事邈與常人殊。逢時致身如反手，雲蒸龍變無時無。君勿愛上書獻賦稱賢豪，刺繡倚市相矜高。丈夫昔曾笑徒勞，商賈旦旦稱錐刀。

自校書郎出倅秦州作

璧門金闕倚天開，五見宮花落井槐。明日扁舟滄海去，卻將雲氣望蓬萊。

長蘆寺

越舶吳商倚萬橈，紺園金刹起中宵。魚龍聽法多因雨，江海歸心每上潮。林黑夜深燈影白，川平天闊梵聲遥。心知水怪俱調伏，惜取靈犀不用燒。

送裴二知蘇州

著書玄尚白，送客鬼揶揄。積水望江海，秋風吹舳艫。貴人千騎長，紫綬左魚符。道愛明南國，歡聲接舊吳。曉霜繁橘柚，過雨熟菰蒲。安得如吾子，從君飛赤鳧！

賦歐公廳前兩白鶴

明公眞愛鶴，愛鶴選仙骨。遂令千里姿，爲君軒墀物。啄腥豈復辭雞羣，鎩翼欲比鳧鷖馴。聆音發舞似矜客，避寒孤警將依人。歐公云：此禽畏寒，每舍屋中。吾聞芝田逸翮不如此，世上悠悠誰識眞！

詠史

自古邊功緣底事，多因嬖倖欲封侯。不如直與黄金印，惜取沙場萬髑髏。

齊東野語：貢父此詩，蓋指當時王韶、李憲輩耳。

絕句

青苔滿地初晴後，綠樹無人晝夢餘。惟有南風舊相識，徑開門户又翻書。以上公非先生集

別茶嬌

畫堂銀燭徹宵明，白玉佳人唱渭城。唱盡一杯須起舞，關河風月不勝情。

過庭錄：長安妓有茶嬌者，以色慧稱，貢父惑之。被召造朝，茶嬌遠送，貢父作詩別之。至闕，永叔去城四十五里

迓。貢父適病酒未起，永叔曰：「非獨酒能病人，茶亦能病人矣。」

襄州淳于髡墓

微言動相國，大笑絕冠纓。流轉有餘智，滑稽全姓名。師儒空稷下，衡蓋盡南荆。贅壻不爲辱，旅墳知客卿。

石林詩話：貢父天資滑稽，遇可諢諧，雖公卿不避。與王荆公素厚，荆公當國，亦屢謔之；雖每爲絕倒，然意終不能平也。元祐初，知襄州，淳于墓在焉。題詩云云，蓋以自解也。

寄韓玉汝

嫖姚不復顧家爲，誰謂東山久不歸。卷耳幸容攜婉孌，皇華何處有光輝？

石林詩話：元豐初，虜人來議地界。韓丞相玉汝出分畫，將行，與愛妾劉氏劇飲通夕，且作詞留別。翌日，忽中批步軍司，遣兵爲搬家追送之。初莫測所由，久之，方知自樂府發也。貢父，玉汝姻黨，即作小詩寄之以戲云。

黛陁石硯

一片蒼山石，遙憐巧匠心。能存辟雍法，宛是馬蹄金。氣奪秋雲澀，光涵墨海深。魚龍隨醉筆，變化出幽涔。硯箋

句

瀉湯奪得茶三昧，覓句還窺詩一斑。

優古堂詩話：錢唐南屏謙師妙于茶事，東坡贈之詩云：「道人曉出南屏山，來試點茶三昧手。」劉貢父亦贈詩云。

裴煜

煜字如晦，慶曆六年省元。治平中，以開封府提刑知蘇州，入判三司都磨勘司。

多景樓

登臨每憶衞公詩，多景唯於此處宜。海岸千艘浮若芥，邦人萬室布如棋。江山氣象回環見，宇宙端倪指點知。禪老莫辭勤迓候，使君官滿有歸期。

墨莊漫錄：多景樓在北固山甘露寺中，李贊皇題臨江亭詩，有「多景懸窗牖」之句，以是命名。樓即臨江亭故基，裴煜守潤日賦詩。

錢顗

顗字安道，無錫人。慶曆六年進士。熙寧初爲御史裏行，以論奏王安石，貶監衢州稅。

游爛柯山

春郊雜遝擁紅旌，共訪仙蹤嘯傲行。雲徑直從深崦入，石梁宛在半空橫。巖邊瑤圃新開出，洞裏芝田舊種成。羽客一枰無復見，青山留得爛柯名。爛柯山洞志

劉彝

彝字執中，福州人。少從胡瑗學，中慶曆六年進士。初爲朐山令，熙寧二年召對，除兩浙運判，移知虔州，加直史館，知桂林，除名，編隸涪州，召還，卒。有居陽集。

夜宿善權寺追懷陳述古

精識世所稀，及道古稀有。伊人雖云亡，遺德不可朽。嘗厭石渠游，是邦爰出守。浚河納湖波，股派活畎畝。學宮起城隅，塗人或薪槱。既富而敎之，薄俗適忠厚。矧予平生時，昏弱賴磨揉。共擷姬孔微，肯出臯稷後。醇源浩罔涯，實行靡容苟。猶其老巖阿，寂寞待同叩。天乎奪大成，旅茲宜興阜。我去薙荆榛，雨淚滴杯酒。慟哭起秋風，落葉紛林藪。永懷三益恩，語報乏瓊玖。願子生人間，世世爲親友。周必大歸廬陵日記

悼賢詩

良田十頃接晴烟，曾假過侯救旱年。俸麥一車開德濟，流民千里荷生全。人嗟逝水今亡已，俗感遺風尚泫然。獨對老僧談舊事，斜陽春色漫盈川。

嵊縣志：前剡令過昱，字彥旁，皇祐三年，以祕書郎來知剡事。連值歲祲，出常平錢糴米，以活流民。復割俸麥七十斛爲種，假超化院十餘頃，役饑民耕種之。明年，得麥五百餘斛，民賴以活。熙寧中，昱已亡，彝過故院，與僧追誦欷歔，見民有談及公去，無不泣下。因作此詩，題之院壁。

胡楚材

楚材，睦州壽昌人。慶曆六年進士。

憶彭頭山

久客倦行役，故山安在哉！松竹讀書室，水石釣魚臺。明月照歸夢，西風吹酒杯。亭亭籬下菊，寂寞爲

誰開？嚴州府志

楊蟠

蟠字公濟，章安人。一作錢唐人慶曆六年進士。爲密、和二州推官，以詩知名。元祐中，蘇軾知杭州，蟠爲通判，與軾倡酬爲多。後知溫、壽二州，卒。有集。

陪潤州裴如晦學士遊金山回作

世上蓬萊第幾洲，長雲漠漠鳥飛愁。海山亂點當軒出，江水中分繞檻流。天遠樓臺橫北固，夜深燈火見揚州。迴船卻望金陵月，獨倚牙旗坐上頭。宋文鑑

蓴菜

休說江東日日寒，到來且覓鑑湖船。鶴生嫩頂浮新紫，龍脫香髯帶舊涎。玉割鱸魚迎刃滑，香炊稻飯落匙圓。歸期不待秋風起，漉酒調羹似去年。苕溪漁隱叢話

東岡隋眞觀法師塔

東岡人不識，野寺在樵漁。落葉年年滿，春風爲掃除。

楊梅塢

夏日紅相照，天晴塢自開。襄陽多稚子，摘贈故人來。

西溪

爲愛西溪好，長憂溪水窮。山源春更落，散入野田中。

錢唐江上

一氣連江色，寥寥萬古淸。客心兼浪湧，時事與潮生。路轉靑山出，沙空白鳥行。幾年滄海夢，吟罷獨含情。 以上咸淳臨安志

去郡後作

爲官一十政，宦遊五十秋。平生憶何處，最憶是溫州。思遠城南曲，西岑古渡頭。綠觴春送酒，紅燭夜行舟。不敢言遺愛，唯應念舊遊。憑君將此曲，寫寄謝公樓。 溫州府志

時燕堂 在高郵州治東衆樂園，蟠爲守時建。

吏隱孟城九十旬，豐年日日是佳辰。賦成席上猶飛雪，歌動梁間已落塵。此地誰爲愛酒伴，他時儻憶種花人。五壇芍藥齊敎放，何處揚州更覓春！ 高郵州志

練光亭

寒光萬頃瀉高秋，粉壁朱闌佇客愁。晚日蕭蕭聞落葉，晴天歷歷數飛鷗。烟橫絕島疎難掩，月在平波瑩不流。懷抱未忘知有處，且和風笛醉滄洲。 丹陽縣志

孫　永

永字曼叔，趙人。舉進士。官吏部尙書，謚康簡。

清明

每年每遇淸明節，把酒尋花特地忙。今日江頭衰病起，佛前新火一爐香。 古今歲時雜詠

袁陟

陟字世弼，號遯翁，南昌人。慶曆六年進士。知當塗縣，官止太常博士卒。有遯翁集。

王直方詩話：世弼詩慕韋應物，而適麗奇壯過之。

潘子真詩話：世弼宦遊當塗時，郭功甫尚未弱冠。世弼愛其才，薦于梅聖俞，自爾有聲。功甫嘗曰：「數載汲引，袁二丈力也。蒿埋三尺，不敢忘其賜。」

苕溪漁隱叢話：世弼年十七，題百丈詩云：「瓊田收秬秠，玉溜注琅玕。」讀書最苦，因爾瘵瘠，歿時纔三十四歲。自作墓誌，有詩文十卷，號遯翁集。今不復傳。

過金陵謁吳大帝廟 未冠時作

人苦曹瞞虐，天悲漢祿終。山河分鼎峙，氣象發江東。一旦墟京國，彌年豢幼沖。炎精竟灰燼，紫蓋出艨艟。長策資公瑾，雄才得呂蒙。招延師友義，繼述父兄忠。舊府峨雙闕，驚濤涌半空。風雲龍虎勢，日月帝王功。地力因時險，神謀與意通。屈伸思所濟，逆順審于衷。駿足嗤交貨，靈牙耀郎戎。同盟界函谷，獨斷保蠶叢。定霸葵丘劣，推心建武同。長沙兆生讖，典午賴餘風。戰守遺蹤在，登臨四望中。陵遷成萬古，世異想羣雄。歌舞居民祀，干戈逐虜功。征帆來浦外，久客悵途窮。精銳銷孤劍，飄零若斷蓬。徘徊靈廡下，暮葉亂江楓。苕溪漁隱叢話

題劉仁贍畫像

陣前仙珥生無愧，鼓下蠻奴死合羞。三尺吳綈暗塵土，凜然蒼鶻欲橫秋。

苕溪漁隱叢話：王旃遊金陵昇元寺，見僧房壁上有繪金紫大夫，題詩云云，不能解。卷畫歸示其父平甫，曰：「此劉仁瞻像，袁世弼詩也。」此詩俊拔可喜，瑋實呼璝，袁誤呼也。

贈郭功甫二絶

從來多病王僧祐，自小能文謝惠連。各厭塵勞思物外，莫辭攜手訪林泉。

雪後姑溪水更深，冥冥寒雨作連陰。旅懷未可頓消遣，思與洛生溪上吟。

苕溪漁隱叢話：荆公居金陵，爲功甫手寫所賦詩一軸，有此兩篇，世弼贈功甫詩也。

贈功父

方山憶共汎金船，屈指于今五六年。風送梨花吹醉面，月和溪水上歸鞯。浮生聚散應難料，末路窮通盡偶然。欲問故人牢落事，鹿裘深入白雲眠。

王直方詩話：王介甫嘗手書此詩。

臨終作

青靄千峯暝，悲風萬古呼。其誰挂寶劍，應有奠生芻。皎月東方隕，長松半壑枯。山泉吾所愛，聲到夜臺無。詩人玉屑

謝景初

景初字師厚，絳子。慶曆六年進士。官大理評事，出知餘姚縣，多惠政。屢遷益州路提點刑獄，以屯田郎致仕。黄山谷，其壻也。有宛陵集。

王直方詩話：謝師厚方爲其女擇對，見黃山谷詩，曰：「吾得壻如此，足矣。」山谷之詩，卒從謝公得句法。有詩曰：「自往見謝公，論詩得濠梁。」

天中記：紙以人得名者，有謝公，有薛濤。所云謝公者，富春謝司封景初創箋樣，以便尺書，因以爲名。謝公有十色箋，深紅、粉白、杏紅、明黃、深靑、淺靑、深綠、淺綠、銅綠、淺雲十色也。

觀餘姚海氛

海上風與雨，未朕先氣升。澤鹵雜山雲，翕欝相熏烝。交語面已障，安辨丘與陵。衣濡帶革緩，臭腥殊可憎。自非昌其陽，疾癘得以乘。君子卻陰邪，何必醫師能。

法喜堂

虛堂庇風雨，結構不務壯。外飾無髹彤，置物況容長。開篋藥劑靈，拈棋白黑抗。階花淡亦夭，庭石碧交向。出門鳥雀喧，燕處物我喪。吳俗夸有素，佛徒侈相尙。獨能守質靜，坐以矯流宕。棲之果自喜，何須山海上！以上宋文鑑

石谷亭飛瀑

落泉下峭壁，陡絕千萬丈。濺急雪片飛，望若匹練廣。曲嶺隔靑林，三里已聞響。其傍有巨石，平潤可俯仰。愚俗所不道，我輩數來賞。須期秋色淸，攀蘿將爾上。會稽志

句

倒著衣裳迎戶外，盡呼兒女拜燈前。

後山詩話：謝師厚廢居于鄧，王左丞存，其妹壻也，奉使荆湖，枉道過之。夜至其家，師厚有詩云云。

宋詩紀事卷十七

錢唐　厲鶚　輯
祁門　馬曰璐　同輯

強至

至字幾聖，錢唐人。慶曆六年進士。刻苦攻詩，韓魏公甚重之。官祠部員外郎。有集。

墨蟹

瑣瑣江湖中，忽在幽人壁。短螯利雙鈌，長跪生六戟。骨眼驚自然，熟視審精墨。初疑蟺穴束，猶帶浮泥黑。横行竟何從，躁心固已息。終朝牆壁間，頗有肥霜色。我來空持杯，左手莫汝食。誰奪造化功，生成歸筆力。蟹略

賈麟自睦來杭復將如蘇戲贈短句

春風邪復縈狂游，朝醉桐江暮柳洲。大手千篇隨地掃，一身四海逐雲浮。榮名不落閑宵夢，退築聊爲晚歲謀。老橘殘鱸猶有興，片心還起洞庭舟。瀛奎律髓

句士良

士良，成都人。慶曆六年進士。

和吳中復太守春遊海雲寺

佛土依山福遠州，春行繡騎上雲頭。補天彩石盈池在，朝海清江繞寺流。四國仰煩郇伯勞，羣生翹望

謝安遊。早知爲礪爲霖意，惟有西民欲暫留。（成都文類）

陳舜俞

舜俞字令舉，烏程人。慶曆六年進士。嘉祐四年登制科，歷都官員外郎，坐詆新法謫南康酒稅，赦還，卒。嘗居秀州之白牛村，自號白牛居士。有集。

棲賢寺

辟蛇行者應開寺，拭眼高僧尙有墳。龍帶雨歸三峽水，烏銜花出五峯雲。（方輿勝覽）

騎牛歌

我騎牛，君莫笑；人間萬事從吾好。千金市骨駿馬來，乘肥大躍須年少。蒲爲鞭，草爲韂；瀑布山前松徑裏。看山聽水要行遲，輕策緩驅塵不起。布袍葛帶烏接䍦，山家裝束不時宜。匏尊注酒就背飮，皁囊貯書當角垂。我狂吟，醉欲倒；同醉同吟白雲老。此老不可天下人，一住廬山三十春。聲如洪鐘目如電，七十神光射人面。上牛下牛不要扶，合與山中作畫圖，汴州馬上顧何如？春泥沒腹仍濺帽，夜半歸來人亦痛。天眞喪盡百憂集，衣食毛髮歸妻孥。爭如來騎牛，水光山色俱悠悠！

梅磵詩話：陳舜俞令舉，嘉禾人。慶曆中登進士乙科。嘉祐四年中制科，宰越之山陰。秩滿，當召試館職。會朝廷行青苗法，上書力詆時政，謫監南康軍酒稅。到官，與劉太博凝之，日跨雙犢，以窮康廬泉石之勝。此歌世爭傳之。後遇赦還鄉，絕意仕進，元豐中卒。葬於吾鄉南門外之蘇灣，距城僅三里許，過者必式焉。

淵明醉石

活活飛泉淸繞石，悠悠天幕翠鋪空。是非分付千鍾裏，日月銷磨一醉中。柳絮任飄荒徑畔，菊花仍在舊籬中。水聲山色年年好，尙使游人想素風。廬山紀事

和開祖丹陽別子瞻後寄

仙舟繫柳野橋東，會合情多勞謫翁。相對一尊浮蟻酒，輕寒二月小桃風。羈懷散誕謳歌裏，世事縱橫醉笑中。莫恨明朝又離索，人生何處不悤悤。瀛奎律髓

林屋洞

洞天三十六，第九曰林屋。神仙固難名，瓌怪存紀錄。曠歲懷尋賞，玆晨幸臨矚。馳神在眞游，豈復懦深谷。解韤納芒屨，然松命光燭。初行已傴僂，漸入但匍匐。顧瞻避銜磕，濘淖沒手足。如此百餘步，始可立寓目。或垂若鐘虡，或植若旌纛；有如案而平，有如几而曲。鐫刻非人工，晶瑩燦黃玉。遙知竅穴外，定有金庭錄。凡肥不可往，叩擊安敢瀆。鸞鳳無消息，但見白蝙蝠。卻還望微明，既出猶喘促。霑衣憐石髓，孰悔泥塗辱。庶幾達徼慕，養生相吾福。

毛公壇

古壇疊亂石，草木何參差。黃衣守其傍，陳蹟刊豐碑。曰初劉眞人，齒髮不可訾。但見紺綠毛，被體鬖鬖垂。雲軿一日去，空山留庭壝。弟子散巖谷，荆榛蔽荒基。晚有周息元，探訪親斬披。白鹿忽跪前，靈符見葳蕤。地勝人既偶，凝嚴起寶祠。束帛下幽聘，良馬維素絲。前朝揖高風，有美皮陸詩。殆今三百年，事去物亦隳。喬松委樵蘇，野蔓號狐狸。惟有鍊丹井，甘冽無等夷。一酌匪消渴，歆慕尙神

禧。以上震澤編

王存

存字正仲，丹陽人。慶曆六年進士。神宗朝，歷龍圖閣直學士，知開封府，拜兵部尚書。哲宗朝，累官尚書左丞，以端明殿學士知蔡州。紹聖初，提舉崇禧觀致仕，卒贈左銀青光祿大夫。與黨籍。

史院席上奉和首相吳公元韻

上聖論思著，前言撫緒餘。瓊筵初賜醴，石室載紬書。徽範貽來者，功成念昔歟。欲知開局盛，門擁相君車。揮麈後錄

遊焦山

連山擁滄江，峭絕視茲鮮。由來一氣結，殊不麗衆巘。林深鳥聲悅，境靜人自遠。方吾抱幽介，對此萬慮遣。京口三山志

登北固山

晚登北固頂，俛視南徐城。廢壘何茫茫，山川迴縱橫。千載競誰有，六朝空戰爭。豪氣不可問，古墳人正耕。

過丹陽舊居

漂泊經故國，繫舟款柴扉。破屋他人居，昔鄰今或非。父老迎我飲，祝我晝錦衣。我謝父老言，朴拙非

所祈。一官走塵土，實迫寒與飢。去鄉未幾載，頗覺儔侶稀。人事已可嗟，況當白首歸。洮洮練塘水，綠楊蔭漁磯。有田尚可耕，誓將父老依。以上鎮江府志

句

珠韉錫御恩猶在，玉輦親扶事已空。

孔平仲談苑：光獻曹太皇嘗作珠子鞍韉，上施紅羅銷金坐子，賜神宗。神宗駕幸金明池，遂乘此韉。太皇太后病稍間，神宗親製一小輦，極爲輕巧，以珠玉黃金飾之，進於太皇，遂載而之涼殿。太后扶其左，神宗扶其右，太皇下輦曰：「官家太后親自扶輦，當時在曹家作女時，安知有今日之盛！」喜見顏色。王正仲進光獻挽詞云云，蓋用此兩事也。

韓絳

絳字子華，靈壽人，徙雍丘，忠獻公億子。慶曆中進士。歷翰林學士、御史中丞。神宗朝，拜同中書門下平章事，封康國公。卒贈太傅，謚獻肅。

韓元吉桐陰舊話：獻肅公諱絳，字子華。發解、過省、殿試，皆第三，以元祐三年三月薨，皆三數，亦異事也。故蘇魏公挽詩云：「三登慶曆三人第，四入熙寧四輔尊。」蓋公自樞副遷參政，宣撫陝右，即軍中拜昭文相，再入史館相也。復齋漫錄：子華兄弟皆爲宰相，其家呼爲三相公，呼持國爲五相公云。又京師人呼爲「桐木韓家」。蓋公家門有梧桐木，取爲稱，以別魏公。子華沒，陸農師爲挽章以記之，所謂「棠棣行中爲宰相，梧桐名上識韓家」是也。子華以辰年辰月辰日辰時薨。農師又詩云：「非關庚子曾占鵩，自是辰年併値龍。」

游鴻慶院

久旱雨初足，樂游春正深。喧闐觀士女，淸曠入山林。佛界雲成寶，僧園地布金。方塘探子石，高閣盍朋簪。沙水通溪白，松筠逐徑陰。紛華從滿目，幽寂自虛心。印組端爲累，巖扃得暫尋。晚風吹綠野，歸騎已駸駸。成都文類

和范蜀公題蜀中花圖

徑尺千餘朶，矜誇古復今。錦城春物異，粉面瑞雲深。賞愛難忘酒，珍奇不廢金。應知色空理，夢幻即幢心。聲畫集

謁仙翁祠書山蓀亭

玉井不可到，玉泉聊可尋。馬行穿亂石，人語入深林。川迴沙明色，溪喧谷響音。我來方六月，雲樹一披襟。華嶽全集

韓維

維字持國，絳弟。以廕入仕。英宗朝累除知制誥。神宗即位，爲翰林學士，加承旨。元祐初，拜門下侍郎，以太子少傅致仕。紹聖中，坐元祐黨，謫均州安置。元符初復官，卒。有南陽集。

寄孔寧極

雨滴菴上茅，風亂窗前竹。繁聲互入耳，欲寐不得熟。緬懷田舍翁，石徑滑馬足。連山暗秋燈，一路何處宿。

過庭錄：持國守許，孔居郊，常具車馬，邀致郡治之養眞菴，同衾促膝，快論人間事，久而後歸。一夕大雨，孔告還，持國獨寢菴中，寄詩云云。

下橫嶺望寧極舍

驅車下橫嶺，西走龍陽道。青煙幾人家，綠野四山抱。鳥啼春意闌，林變夏陰早。應近先生廬，民風故醇好。

王直方詩話：韓持國嘗有詩云：「青煙幾人家，綠野四山抱。」當時無不傳之。

同曼叔游菩提寺

高城如破崖，寺帶喬木古。禪房掩淸晝，佛畫剝寒雨。荒池野蔓合，濁水佳蓮吐。蕭條聯騎游，淡薄對僧語。秋風日夕好，勝事從此數。

盧溪 盧攜讀書處

伊人沒已久，溪溜亦如綫。淳氣揖老僧，淸陰坐春院。始悟入山深，幽林鳥聲變。

西溪

我從南嶺來，引轡下雲木。不知溪流處，但見翠滿谷。涼葉覆山泉，修篁翳茅屋。

奉同原父賦澄心堂紙

江南國士未破前，澄心名紙世已傳。高堂久傾不復見，誰謂此物猶依然。當時萬杵擣雲葉，鋪出几案滑且堅。剡溪藤骨不足數，蜀江玉屑誰復憐。君臣嬉燕盛文采，騈章麗句鬬巧僊。一朝零落隨散地，中原篋笥生光鮮。君安得此尚百幅，題以大句先羣賢。羣賢落筆富精麗，瓊琚寶玦相鉤聯。嗟予材力豈當敵，雖欲強賦何能妍。獨耽玩物古所戒，崇尚浮藻政豈先。江南可哀紙可惜，後有觀者存吾篇。

王直方詩話：澄心堂紙，乃江南李後主所製。國初亦不甚以爲貴，自劉貢甫首爲題之，又邀諸公賦之，然後世以爲貴重。貢甫詩云：「當時百金售一幅，澄心堂中千萬軸。後人聞名寧復得，就令得之亦不識。」文忠公詩云：「君不見曼卿子美眞奇材，久已零落埋黃埃。君家雖有澄心紙，有敢下筆知誰哉！」梅聖俞云：「寒溪浸紙舂夜月，敲冰舉簾勻割指。焙乾堅滑若鋪玉，一幅百金曾不疑。」東坡云：「詩老囊空一不留，一番曾作百金收。」又從宋肇求此紙云：「知君也厭雕肝腎，分我江南數斛愁。」

同化光陪寧極之滍陽城

不踏南溪路，于今又幾春。能來共聯轡，還是舊游人。載酒眞乘興，談經或入神。歡餘不無媿，林壑可還身。

杜君章家賦海棠

濯錦江頭千萬枝，當年未解惜芳菲。而今得向君家見，不怕春寒雨濕衣。

石林詩話：韓持國雖剛果特立，風節凜然；而情致風流，絕出時輩。許昌崔象之舊第，今爲杜君章所有。廳後小亭僅丈餘，舊有海棠兩株。每花開時，持國輒載酒，日飲其下。歲以爲常。至今故老猶能言之。韓忠獻公嘗帥蜀，持國兄弟皆侍行，尚少，故前兩句云。

酴醾

平生爲愛此香濃，仰面常迎落架風。每恐春歸有遺恨，典刑猶在酒杯中。以上南陽集

程伯淳自洛過訪時范純禮亦居潁昌作詩示之

閉門讀易程夫子，淸坐焚香范使君。顧我未能忘世味，綠尊紅妓對斜曛。苕溪漁隱叢話

句

數畝家園荒杞菊，一池秋水沸龜魚。

雪浪齋日記：韓持國句，前人評云，沸字直錢。

一笛西風吹落日，滿帆行客背孤城。合璧事類後集

韓縝

縝字玉汝，維之弟。第進士。英宗朝歷淮南轉運使。神宗朝累知樞密院事。哲宗朝，拜尙書右僕射，兼中書侍郎，出知潁昌府，以太子太保致仕。卒贈司空、崇國公，謚莊敏。

桐陰舊話：莊敏公縝，初求字於歐陽文忠公。公以小合幅紙，書「玉女」二字送來。莊敏大不樂，明日相見，猶有愠容。文忠公曰：「出處無點水，君何怪邪？」取筆添女字三點，相與一笑。蓋詩中「王欲玉女」，但音發作汝也。前輩亦雅戲如此。

苕溪漁隱叢話：東坡云：「韓縝爲秦州，酷暴少恩，以贓殺不辜去官。秦人語云：『寧逢乳虎，莫逢韓玉汝。』孫臨最善滑稽，尤善對。或曰：『莫逢韓玉汝，當以何對？』臨應聲曰：『可怕李金吾。』天下以爲口實。『可怕李金吾』，乃杜子美詩也。」

東山寺

久有東林約，因乘暇日游。眼明初出郭，神王欲凌秋。野曠騖孤隼，江清颺遠鷗。近山青嶂合，多稼綠雲浮。雞犬聲相接，溝塍水亂流。度橋喧從騎，環樹轉鳴騶。問俗驚堯壤，尋僧到沃洲。深沈開寶閫，磅礴軋華輈。像設嚴珠殿，經聲隱絳幬。仰看香刹直，徐步畫廊脩。遇物皆周覽，逢軒即少留。前庭初顯豁，後徑轉深幽。野嶺蒼筠麗，霜楓赤葉稠。隔牆聞好鳥，循沼玩游鯈。翠榦欃槍剝，紅芒稻半收。凌虚登陛道，帀境對岑樓。暗谷藏危棧，平沙際別州。川原同聚沫，身世劇浮鷗。回首飄鄉思，臨尊浣客愁。清閑資善奕，決勝在冥搜。影動穠苴表，風生曲逆籌。歸鞍不敢緩，斜日照文楸。四朝詩

邵亢

亢字興宗，丹陽人。舉茂才入等。神宗朝，歷樞密直學士，知開封府，拜樞密副使，以資政殿學士知外郡。卒贈吏部尚書，謚安簡。

寄吳處厚

流年眞似隙中駒，别後情懷嬾更疎。天上又頒新曆日，牀頭未答故人書。殷勤羔鴈工曹檄，狼藉杯盤上客魚。好在仲宣家萬里，從軍苦樂定何如？

青箱雜記：樞密邵公亢謂余詩似樂天。熙寧中，余辟定武帥幕，公自鄆附所作詩一軸，并寄余詩。

張掞

掞字文裕，齊州歷城人。舉進士。累遷龍圖閣，知成都軍。英宗朝爲戶部侍郎致仕，熙寧中卒。

賀執政入東西府

五仙同日集蓬萊，玉宇珠簾次第開。乍向壺中窺日月，猶疑海上見樓臺。光生金鉉調元地，榮極璿樞命世才。共荷聖賢天地寵，定知霖雨及時來。李壁王荆文公詩注

丁偃

偃，蘇州人。仁宗朝進士。

句

白虎前芳掩，金華舊事輕。天心非不寤，垂意在蒼生。省試邇英延講藝　温公詩話

郟修輔

修輔，慶曆中以大理寺丞爲豐城令。至和元年，爲奉化令。

隱潭　在奉化縣西北

在昔知何人，鑿破青山骨。飛泉直下來，千尺瀉倏忽。兩壁蒼翠間，一陣風雷突。傍無塵埃蹤，中有蛟龍窟。寒氣不可羇，猛勢豈能屈。安得當旱年，爲霖濟羣物。四明龍蕃

張師錫

師錫，開封襄邑人，工部侍郎去華子。仁宗朝，仕至殿中丞。

老兒詩五十韻

鬢髮盡皤然，眉分白雪鮮。遇遮延客話，傴僂抱孫憐。無病常供粥，非寒亦衣綿。假温衾擁背，借力杖

揹肩。貌比三峯老，年過四皓仙。喚方離枕上，扶始到門前。每愛烹山茗，常嫌飣石蓮。耳聾如塞纊，眼暗似籠煙。宴坐羸凭几，乘騎困弭鞭。頭搖如轉旋，脣動若抽牽。骨冷愁離火，牙疼怯漱泉。形骸將就木，囊橐尚貪錢。膠睫乾眵綴，黏髭冷涕懸。披裘腰嬾繫，濯手袖慵揎。擡舉衣頻換，扶持藥屢煎。坐多茵易破，行少履難穿。喜婢裁帬布，嗔妻買粉鈿。房教深下幕，牀遣厚鋪氊。琴聽憐三樂，圖張笑七賢。看經嫌字小，敲磬喜聲圓。食罷羹流袂，杯餘酒帶涎。樂來須遣罷，醫到久相延。褭帽縱橫掠，梳頭取次纏。長吁思往事，多感聽哀弦。氣注腰還重，風牽口更偏。墓松先遣種，誌石預教鐫。客到唯求藥，僧來忽問禪。養茶懸竈壁，曬艾曝簷椽。怒僕空睜眼，嗔兒謾握拳。心驚嫌蹴踘，脚輭怕秋千。局縮同寒狖，摧尫似餓鳶。覩瞻多目眩，舉動卽頭旋。女嫁求紅燭，男婚乞綵錢。已聞捐几杖，寧更佩韋弦。賓客身非與，去聲兒孫事已傳。養和屏作伴，如意拂相連。久棄登山屐，惟存負郭田。呻吟朝不樂，展轉夜無眠。呼稚臨牀畔，看書就枕邊。冷疑懷貯水，虛訝耳聞蟬。束帛非無分，安車信有緣。伏生甘坐末，絳老讓行先。拘急將風夜，昏沈欲雨天。雞皮塵漸漬，齯齒食頻塡。每憶居郎署，常思釣渭川。喜逢迎佛會，羞赴賞花筵。徑狹容移檻，堦危索減甎。好生焚鳥網，惡殺拆漁船。旣感桑榆日，常嗟蒲柳年。長思當弱冠，悔不賸狂顛。賓退錄

喜子登第

御榜今朝至，見名心始安。爾能俱中第，吾可遂休官。賀客留連飲，家書反覆看。世科誰不繼，得慰二親難。詩話總龜

楊備

備字修之，建平人，億之弟。慶曆中爲尚書虞部員外郎，分司南京，上輕車都尉。有姑蘇百題、金陵覽古詩。鶚按：景定建康志載作金陵詩者，楊備字修之，張敦頤六朝事蹟作楊修。今據文獻通考，當與中吳紀聞所載姑蘇百題俱屬楊備。六朝事蹟作楊修者，筆誤也。

夢中作

月俸蚨錢數甚微，不知從宦幾時歸。東吳一片煙波在，欲問何人買釣磯？

中吳紀聞：楊郎中天聖中爲長溪令，夢中忽作詩云云。及寤，心潛異之。明道初，宰華亭。俄丁内艱，遂家于吳中。樂其風土之美，安而弗還。因悟夢中所作，幾于前定。嘗效白體作我愛姑蘇好十章，又作姑蘇百題詩，每題箋釋其事。

蠡口

霸越勳名間世才，五湖煙浪一帆開。猶防烏喙傷同輩，此地復招文種來。

華山精舍

巖屏晚樹噪寒鴉，嵐翠樓臺釋子家。池面鑑光功德水，金波影裏石蓮花。

汎太湖

漁舠載酒日相隨，一笛蘆花深處吹。湖面風收雲影散，水天反照碧琉璃。

姑蘇臺

山花野草一荒丘，雲裏驕奢舊蹟留。珠翠管弦人不見，上頭麋鹿至今遊。

響屧廊

步步香翻羅襪塵，粉紅花豔滿宮春。傾城一笑無遺迹，不見長廊響屧人。

洗馬池 在蘇州郡學南

一一牽來種是龍，臨波深下更嘶風。金鞍玉勒拋何處，騰踏渥洼寒影中。以上吳郡志

新亭

滿目江山異洛陽，北人懷土淚千行。不知亡國中書令，歸老新亭是故鄉。

晉新宮

玉案金爐對御牀，巋然應似魯靈光。鴟頭直下雙魚尾，不讓西京舊柏梁。

蠶堂

摘繭抽絲女在機，茅簷葦箔舊堂扉。年年桑柘如雲綠，翻織誰家錦地衣。

臺城

六朝遺蹟好山川，宮闕灰寒草樹煙。江令白頭歸故國，多情合賦黍離篇。

層城觀 亦名穿針樓

秋星如彈月如梳，宮妓香添乞巧爐。萬縷千針同一意，眼穿腸斷得知無？

秦淮

一氣東南王斗牛，祖龍潛爲子孫憂。金陵地脈何曾斷，不覺眞人已姓劉。

獨足臺

鳥跡分明在帝臺，管弦聲裏戰書來。回頭一覺風流夢，猶得朱門傍水開。

胭脂井

擒虎戈矛滿六宮，春花無樹不秋風。蒼黃益見多情處，同穴甘心赴井中。以上六朝事蹟

張俞

俞字少愚，益州郫人。屢舉不第，用薦除祕書省校書郎，願以授父顯忠，而自隱於家。文彥博治蜀，爲築室青城山白雲溪以處之，號白雲先生。有白雲集。

宋史隱逸傳：俞六召不應。其卒也，妻蒲氏名芝，賢而有文，爲之誄曰：「高視往古，哲士實殷；施及秦漢，餘烈氛氳。挺生英傑，卓爾逸羣；孰爲今世，亦有其人！其人伊何？白雲隱君。嘗曰丈夫，趨世不偶，仕非其志，祿不可苟。營營末途，非吾所守。吾生有涯，少實多艱。窮亦自固，困亦不顚。不貴人爵，知命樂天。脫簪散髮，眠雲聽泉。有峯千仞，有溪數曲；廣成遺趾，吳興高躅。疏石通徑，依林架屋。麋鹿同羣，晝游夜息。嶺月破雲，秋霖灑竹。清意何窮，眞心自得。放言遺論，何榮何辱。孟春感疾，閉戶不出。豈期遂往，英標永隔！抒詞哽噎，揮涕汍瀾。人誰無死，惜乎材賢！已矣吾人，嗚呼哀哉！」

遊驪山

玉帝樓前鎖碧霞，終年培養牡丹芽。不妨野鹿踰垣入，銜出宮中第一花。青瑣高議

題漢州妓項帊羅

蜀國佳人號細腰，東臺御史惜妖嬈。從今喚作楊臺柳，舞盡春風萬萬條。

邵伯溫聞見前錄：慶曆間，文潞公知成都府，年未四十，多讌集。有飛語至京師，御史何郯聖從因謁告歸，上遣伺察之。聖從將至，潞公亦爲之動。少愚謂公曰：「聖從之來無足念。」因迎見於漢州，會有營妓善舞，聖從喜之。問其姓，妓曰：楊。聖從曰：「所謂楊臺柳者！」少愚即取妓之項帊羅，題詩云云。命其妓作柳枝詞歌之，聖從爲之霑醉。後數日，聖從至成都，頗嚴重。一日，潞公大作樂，迎其妓雜府妓中，歌少愚之詩以酌。聖從每爲之醉。聖從還朝，潞公之謗乃息。

楚中作

渺渺洞庭野，蕭蕭黃鶴樓。水通雲夢浦，人渡沔陽舟。廣澤侵吳壤，孤城接郢丘。山分三楚斷，溪入九江流。寂寞休兵月，紛紜戰國秋。吳生來赤壁，魏武定荆州。六代憑形勢，羣雄死寇讎。淒涼帝子宅，浩蕩禰衡洲。萬里浮雲暮，千年故國愁。武昌宮不見，麋鹿自羣游。潘子眞詩話

蠶婦

昨日入城市，歸來淚滿巾。徧身羅綺者，不是養蠶人。宋文鑑

謁白帝廟

孤山扞江口，上有白帝祠。橫視天下險，萬流皆俯窺。古殿鎖神物，悲風出陰帷。天昏瓦棟折，狐鼠亦生威。優巫日鼓舞，鬼怪生奔馳。雷霆卷蛟窟，雹火燒松枝。入戶精魄動，有如陰兵隨。吁哉漢盜亂，

海內遂崩離。赤龍始潛躍，逐鹿過秦時。公孫奮神劍，定蜀圖安危。隴坻開北戶，荆門啓東陲。長驅百萬衆，日闕天下師。羣豪插羽翼，與漢爭雄雌。兩帝不並立，興亡良可悲。天運雖有在，聖賢豈無爲！昭皇攬英傑，嬰軌奄重基。自注：先主、武侯。風雲共浩蕩，千古餘寒碑。威神竟不沒，萬里震南夷。方輿勝覽

翠微寺

翠微寺本翠微宮，樓閣亭臺數十重。天子不來僧又死，樵夫時倒一株松。清波別志

蘇麟

句

近水樓臺先得月，向陽花木易爲春。

翰府名談：蘇麟爲杭州屬縣巡檢，范文正鎮錢唐，兵官皆獲薦書。獨麟在外邑，未見收錄。麟入府獻詩云云，文正薦之。

王沖

次韻范公遊雲門　仲淹

高躡五雲堆，平看萬象開。樵風溪路遠，華雨梵天來。刹倚三峯直，鐘傳萬壑迴。叨陪上方燕，依約近中台。雲門志略

霍交

和趙閲道遊海雲山

山深藏古寺，旁枕舊方池。鼓響揭雲外，石探從水涯。使旌遊不倦，瑞麥獻相隨。事簡民同樂，歸心莫競馳。成都文類

任大中

大中字子固，三衢人。老于儒學，作詩寒苦。趙清獻喜之。

從清逸老人遊西山夜宿翠巖聯句

蒼龍夭矯西北來，鑿破明珠成碧岫。任 何人駕空起樓閣，地靈不敢藏餘秀。潘 鎖窗雲重衣巾潤，梳木風清肌骨透。任 客來一夜與僧談，氣覺浩然充宇宙。潘

絕句

莫管流年一擲梭，花前對酒且高歌。命中若有終須有，到底無時不奈何。以上潘子眞詩話

送永倅周茂叔還濂溪

君去何人最淚流，老翁身獨宿南州。隨君不及秋來雁，直到瀟湘水盡頭。廬山志

邢夢臣

和趙閲道游海雲山

使旌驅近郭，民宴列芳池。洩洩春臺上，沈沈暮海涯。鴻驚人宛轉，雹激騎追隨。此會經年至，須防日似馳。成都文類

白　贄

和趙閱道題新繁周表權如詔亭

亭名詔語密相沿，須信從來敎義全。肯構嘗探詩禮業，出綸特表父師賢。早安素履知文宦，晚服朱衣稱賞延。不是韋家專講學，豈聞旛戟到門前。成都文類

石景立

景立，溫州郡守。

迎趙淸獻公遊雁蕩

雁蕩天台路險艱，多應特地隔塵寰。不辭登陟來千里，爲是東南第一山。爭望台星從海上，方知蓬島在人間。武林二老圖中見，重惜官師遠莫攀。雁山志

劉孝孫

和趙閱道題新繁周表權如詔亭

義方曾榜舊亭名，子已爲郎典要城。身服上恩今日顯，詔符前語是人驚。正如伯起鱣堂兆，兼勝于公駟閥榮。試問繁江諸父老，詩書何似寶金籯。成都文類

張　球

上呂許公

近日廚中乏短供，孩兒啼哭飯籮空。母因低語告兒道，爺有新詩謁相公。青瑣高議

郭從周

從周，西川人。

贈何中正

三字來時月正圓，一麾從此出秦川。錢唐春色濃如酒，貪醉花間臥不還。

翠屏筆談：何龍圖中正初登第，謁西川郭從周精于卜，乃以縑素求筮。從周作一絕贈之云云。後自秦川移杭州，而捐館舍。從周之筮，何其驗歟！

郟僑

僑字子高，亶子。晚年自號凝和子，鄉人謂之郟長官。

登翠微作 崑山上方有僧屋曰翠微

行客倦奔馳，尋師到翠微。相看無俗語，一笑任天機。曲沼淡寒玉，橫山鎖落暉。情根枯未得，愛此幾忘歸。

訪凌峯賢上人

步入凌峯閣，尋師師未歸。凭闌寂無語，唯見白雲飛。

爲簡公約賦素琴堂

素琴之堂虛且清，素琴之韻淪杳冥。神閑意定默自鳴，宮商不動誰與聽。堂中道人骨不俗，貌癯形端顏瑩玉。我嘗見之醒心目，寧必絲桐弦斷續！嗚呼！靖節已死不復聞，成虧相半疑昭文。阮手鍾耳相

呑吐，素琴之道詎可論！道人道人聽我語，紛紛世俗誰師古。金徽玉軫方步武，虚堂榜名無自苦。以上中吳紀聞

陳　翥

翥字子翔，號咸聱子，又號銅陵逸民。慶曆間布衣。好植桐竹，又號桐竹君。作桐譜。

桐竹君詠

高桐凌紫霞，修篁拂碧雲。吾常居其間，自號桐竹君。不解放俗利，所希脱世紛。會友但文學，啓談皆典墳。吁嗟機巧徒，反道胡足云！桐譜

宋詩紀事卷十八

錢唐 厲鶚 輯
祁門 馬曰璐 同輯

馮京

京字當世，鄂州江夏人。皇祐元年，舉進士。鄉選、禮部、廷試皆第一。累官知制誥、翰林學士，旋擢參知政事，尋以觀文殿大學士出鎮河陽，歷大名、彰德，拜太子太師致仕。卒贈司徒，謚文簡。有潛山集。

詔修兩朝國史賜筵史院和首相吳公原韻

天密叢雲曉，風清一雨餘。三長太史筆，二典帝王書。按武知何者，霑恩匪幸歟。吐茵平日事，何憚汚公車。揮麈後錄

謝鄂倅南宮城

嘗思鵬海隔飛翻，曾得天風送羽翰。恩比丘山何以戴，心同金石欲移難。經年空歎音書絕，千里常思道義歡。每向江陵試遺治，邑人猶指縣題看。

湘山野錄：馮大參當世，始求薦于武昌。會小宗者庸繆寡鑒，堅欲黜落，又欲置末綴。時鄂倅南宮城監試，當拆封定卷，大不平，奮臂力主之，以公冠于鄉版，果取大魁。釋褐，除荆南倅。南宮遷潭倅，以詩謝之。

句

琴彈夜月龍魂冷，劍擊秋風鬼膽粗。　塵埃掉臂離長陌，琴酒和雲入舊山。　豐年足酒容身易，世路無媒著脚難。以上鶴林玉露

沈遘

遘字文通，錢唐人。皇祐元年，進士第二。歷知杭、越、揚三州，官至翰林學士卒。有西溪集。

題山光寺 寺在揚州

馬蹄輕蹙柳花浮，醉入淮南第一州。不是青樓羞薄倖，自緣無錦不纏頭。
高臺已傾池已平，隋家宮殿春草生。千年往事何足歎，廣陵非復舊時城。

送施密學守錢唐

塞外風烟河上塵，歸來始覺二毛新。承明自厭頻趨直，滄海還思一濯巾。幕府旌旗初壓境，畫船歌吹便行春。湖山滿目舊遊在，何日從公醉紫蓴。

南漪堂

山繞湖堂寺繞山，平生願向此中閑。青雲白水相浮蕩，野客高僧獨往還。年少自嫌軒冕累，因循將恐鬢鬚斑。南漪最是逍遥地，且挹清波濯媿顏。以上西溪集

和王徽之漁陽圖

燕山自是漢家地，北望分明掌股間。休作畫圖張屋壁，空令壯士老朱顏。聲畫集

天祿研匣歌

張君贈我古研滴，四脚爬沙角如戟。肉翼絡髀老獸姿，世不能名眼未識。我知此爲天祿兒，口銜一寸黄金匜。蟾蜍嚼月兩吻坼，天鯨胸穴雙泉飛。玉聲琮琤珠迸落，影射巖石光瀺濇。未央書殿立髤䯪，曾見揚雄老投閣。子孫晚出中平間，渴烏翻車灑平洛。宗資墓口臥露霜，頭角頓挫仍騰攫。爾來拂拭傍几案，眉目睢盱苔蘚剝。形模不入世俗用，疑付大手傳糟粕。未能點綴清廟頌，開闢大易摛春秋。就令□□□□□，末勢猶足爲遷彪。物無貴賤繫所用，千金乞我直暗投。圖書散落愈□下，晚歲惟有齏鹽謀。學注蟲魚問老圃，無乃塌颯爲匜羞。緯略

祖無擇

無擇字擇之，上蔡人。進士高第，累官直集賢院，出知袁州，入爲龍圖閣學士，權知開封府，進學士，知鄭、杭二州。神宗朝，知通進銀臺司，知明州。坐事謫忠正軍節度副使，移知信陽軍卒。有煥斗集。

高齋詩話：祖無擇晚娶徐氏，有姿色。議親之時，無擇爲館職，徐氏必欲諸相其人，而無擇貌寢，恐不得當。同舍馮當世，丰姿秀美，乃諭媒妁，俟馮出局，揚鞭躍馬，經過徐居，曰：「此祖學士也。」徐窺覘，甚喜。成婚，始悟其非，竟以反目離婚。歐公嘗作詩曰：「無擇聲名重當世，早歲多奇晚乃偶。」蓋謂此也。

遊眞陽石室

昔讀到難篇，乃聞眞陽室。亦嘗怪斯人，稱道或浮實。邈在數千里，莫覩烟霞質。青山有獨往，吾志久矣必。如何騶俗駕，尙此行朝紱。繆分南顧憂，惟刑在欽恤。孤宦雖云遠，勝踐其敢失。行行訪雲巖，

草木披蒙密。呀然一穴開，勢欲吞朝日。嵐光屏障展，乳溜龍蛇屈。溪流自清泚，松韻何蕭瑟。酌酒飲遊客，謂言此可述。周生誠不誣，所紀窮纖悉。惜哉非吾土，無由寄蓬蓽。平生丘壑心，與道共湮鬱。難進而易退，終當守儒術。唐周蘐作到難篇，謂此洞離長安遠，故到者難也。

途次金陵逢同年沈五判官

數載天涯別，年來不定居。扁舟忽相値，孤抱信何如。公幹猶多病，奉述孝先仍嬾書。自謂人生從坎壈，客意且躊躇。淡薄市橋酒，鮮肥江岸魚。可來同飲食，勿笑此蕭疎。

琵琶亭

晚泊湓江半客舟，琵琶亭下動閑愁。霓裳綠腰杳何許，楓葉荻花空自秋。賈傅有才悲鵩鳥，楚騷終古怨靈修。莫言司馬青衫溼，今日行人亦涕流。以上祖龍學集

慈嚴院 在楊村風水洞。太康間，葛稚川捨宅爲寺。上元間，賜額恩德。大中祥符二年，改今額。

恩德傳名久，慈嚴賜號新。樓臺□□□，風水憶長春。客有披襟者，時無洗耳人。清音發鐘磬，翠色混松筠。仕合登仙籍，來宜出俗塵。經年嗟倥傯，半日喜逡巡。席上詩情逸，樽中酒味醇。悤悤又歸去，自媿使君身。咸淳臨安志

盧石 盧石，在宜陽門外東湖上，唐狀元盧肇家，石奇秀可愛。宋守祖無擇徙置東湖。

袁山之陽秀水側，草履遺基誰氏宅？皆云子發其姓盧，往以文章名籍籍。宅中舊物何所存？惟有嶙峋一巨石。闊纔三尺高倍尋，久臥塵沙羣瓦礫。余心好異因獨往，下馬環視聊拂拭。地表可見十二三，

已足怪駭動魂魄。呼工運鍤塹其傍，挽以長綆百夫力。讙然鼓譟登大車，恍爾如蒙巨靈劈。選置東湖最佳處，四面澄波映天碧。倚空突兀無與鄰，頓覺亭臺增氣色。彎環幽竇莫敢探，恐有乖龍飛霹靂。余嘗南遊到陽朔，衆峯矗矗春筍植。捫蘿躡蘚窮之徧，若此奇卓曾未識。郡人奔走來如雲，故老驚看復唧唧。乃言此石遇真賞，屈指于今年二百。沈埋曠代誰爾珍，一日身價逾荆璧。嗟余束髮大夫後，區區志尚惟忠直。十年再謫非不窮，猶慕堅凝無改易。如何故老不我愚，感物再三形歎息。石不能言人有言，勿使他時重堙阨。

記萬載縣風俗

居民覆其屋，大半施白瓦。山際兩三家，如經新雪下。以上袁州府志

沈遜

遜，仕爲判官。

和同年祖擇之韻

一自曾經別，於今歎索居。善交思柳惠，多病是相如。官下頻無況，天涯每得書。舊懷長惋歎，此會合躊躇。曉露生蘭苑，秋風動鱠魚。蕭然林野性，與世轉爲疎。祖龍學集附

陳詵

詵，官袁州通判。

和祖擇之學士袁州慶豐堂十詠 存四

年長身多病，閑鈔已試方。未甘先犬馬，畢命報恩光。

曉案三杯後，閑烹北苑茶。色香俱絶品，雪放滿甌花。

雨霽輕埃息，閑吟面曲池。遊鱗時對擲，雙破碧漣漪。

朝來因試筆，閑答故交書。莫怪音塵絶，吾心與世疎。祖龍學集附

蕭亢宗

亢宗，廣陵人。

奉和祖無擇郡守詠盧石

石是人非世所傳，宜陽城郭古山川。和光瓦礫曾無累，委質泥沙積有年。地僻久爲神物護，時來方遇使君賢。介然作鎮東湖上，德政何當向此鐫。祖龍學集附

張徽

徽，官朝議大夫、上柱國致仕。

聞祖擇之曾遊潁川西湖詩以寄之

河勢横斜帶地形，碧斿丹旆昔常經。驛名未改風塵黑，碑字猶存雨蘚青。薦福寺名園林倡杳渺，擷芳亭名洲渚妓娉婷。汝南一值賢人降，分野于今占德星。祖龍學集附

羅誘

誘，鄉貢進士。官教諭。

和祖無擇太守九日登宜春臺

九日經年一再來，不妨吏隱遣懷開。時豐訟少欣多暇，秋晚花黄儘任催。幸遇登高筵宴樂，喜容落帽客追陪。預愁詔入三公去，芹泮誰思樂育才。祖龍學集附

閻珣

珣，江西運使。

祖擇之學士惠示吏隱宜春郡十詩奉答

達觀終知世事勞，利名都是一鴻毛。登瀛自有仙遊樂，綬帶何妨吏隱高。深意庇民躋富壽，正辭華國聳英髦。摶風九萬期鵬翼，且傲松軒弄彩毫。祖龍學集附

宋攄

攄，鄉貢進士。

和祖無擇太守九日登宜春臺

登高佳節喜重來，會客依隨五馬開。帽落秋風隨意適，杯迎露菊趁時催。東籬幸有主人席，絳帳那逢上客陪。時李泰伯預坐 欲報君恩話歸去，不妨尊酒論文才。祖龍學集附

陳闡

闡字伯通，仙遊人。皇祐元年進士，守知萊州。

題梅仙山

先生吏隱寄南昌，千里來尋物外鄉。汲水尙憐春井渫，藏丹猶發夜壇光。鶴歸華表人何在，犬吠雲深日自長。我擬重來訪遺跡，手揩筇杖少徜徉。梅仙事實

張公庠

公庠字元善。皇祐元年進士。有泗州集。

道中一絕

一年春事已成空，擁鼻微吟半醉中。夾路桃花新雨過，馬蹄無處避殘紅。侯鯖錄

遊白鶴山

初眠官柳未成陰，馬上聊爲擁鼻吟。遠宦情懷消壯志，好花時節負歸心。別離長恨人南北，會合休辭酒淺深。欲把春愁閑抖擻，亂山高處一登臨。

能改齋漫錄：張才翁風韻不羈，初仕臨邛秋官，郡守張公庠待之不厚。會有白鶴之遊，郡守率屬官同往，才翁不預，乃語官妓楊皎曰：「老子到彼，必有詩詞，可速寄來。」公庠既到白鶴，便留題云云。皎錄寄才翁，才翁增減作雨中花詞寄皎云：「萬縷青青，初眠官柳，向人猶未成陰。據雕鞍馬上，擁鼻微吟。遠宦情懷誰問？空嗟壯志消沈。正是好花時節，山城留滯，忍負歸心。　別離長恨，飄蓬無定，誰念會合難憑。相聚裏，休辭金琖，酒淺還深。欲把春愁抖擻，春愁轉更難禁。亂山高處，憑闌垂袖，聊寄登臨。」公庠再坐，皎歌于側。公庠問之，皎前稟曰：「張司理恰寄來，令皎歌之，以獻台座。」公庠遂靑顧才翁尤厚。

宮詞

上番宮女捲簾時，閃閃寒鴉拂曉啼。纔索赭袍催進輦，紫宸門外報班齊。
佳人唯是惜留年，嬾向紅窗理管弦。錦席安排胡蝶局，深宮不忌賭金錢。
太皥祠壇數級紅，青旂搖曳日曚曨。人間未覺春風至，先入宜春小苑中。
月華浮動上階棱，侍宴歸來掩繡屏。子夜酒醒蘭燭暗，碧紗窗外度流螢。十家宮詞

郡齋宴坐

爲州谷散誕，眞慰野人情。撼膝禪初悟，搖頭句未成。試香秋院靜，闘墨午窗明。已有東歸計，柴扉掩姓名。瀛奎律髓

盧秉

秉字仲甫，湖州德清人。皇祐元年進士。提點兩浙刑獄，加集賢殿修撰，知渭州，遷龍圖閣直學士，提舉洞霄宮卒。有文集。

絶句

十月都門風薄衣，擣砧聲裏雁南飛。野人不識長安樂，且趁鱸魚一權肥。西溪叢語

題汴河驛中

青衫白髮病參軍，旋糴黃糧買酒尊。但得有錢留客醉，也勝騎馬傍人門。

吟窗雜錄：舒王見此詩，尤極稱賞，俄薦于朝。數年間，遂超顯仕。

孫覺

覺字莘老，高郵人。皇祐元年進士。元豐初，除右正言，歷外郡。哲宗朝，拜御史中丞，提舉靈仙觀卒。紹聖中，以元祐黨奪兩官。徽宗即位，復職。有集。

聞朝議以子瞻送高麗

文章異域有知音，鴨綠差池一醉吟。潁士聲名動中國，樂天辭筆過雞林。節毛零落氊吞雪，辯舌縱橫印佩金。奉世風流家世事，幾隨浪拍海東岑。合璧事類後集

介亭　在杭州鳳凰山，太守祖無擇建。

眞人昔未起，奔鹿駭四方。連延天目山，兩乳百里長。有地跨江海，無種生侯王。中宵燎穹旻，列石表壇場。朱旗大梁野，英氣通八荒。冢冢百年後，故物亦已亡。所餘彼巉巖，峯巒屹相望。主人承明老，星斗工文章。築亭紫霄上，坐客蒼林旁。攀雲弄明月，曉星出扶桑。禹山隔波濤，簡書永埋藏。願逢希夷使，水土還故常。宋藝圃集

李育

育字仲蒙，吳人。皇祐元年進士。

飛騎橋

魏人野戰如鷹揚，吳人水戰如龍驤。氣吞魏王惟吳王，建旗敢到新城旁。霸主心當萬夫敵，麾下倉皇無羽翼。途窮事變接短兵，生死之間不容息。馬奔津橋橋半撤，洶洶有聲如地裂。蛟怒橫飛秋水空，

鶻鸞徑度秋雲缺。㸌迅金羈汗霑臆，濟主艱難天借力。艱難始是報主時，平日主君須愛惜。

避暑錄話：吳志：孫權征合肥，爲魏將張遼所襲，乘駿馬上津橋，橋板徹丈餘，超度得免，故以名橋。今在廬州境中，育有詩云云。

錢公輔

公輔字君倚，常州武進人。皇祐元年進士。知明州，進知制誥。神宗朝，拜天章閣待制，知諫院，出知揚州。

衆樂亭詩 幷序

衆樂亭居南湖之中，南湖又居城之中，望之眞如方丈瀛洲焉。以其近而易至，四時勝賞，得以與民共之。民之遊者，環觀無窮，而終日不厭。孟子曰：獨樂與衆樂，孰樂？不若與衆。衆樂之名，于是乎書。既又爲詩，以記眞景之萬一云。

誰把江湖付此翁，江湖更在廣城中。葺成世界三千景，占得鵬天九萬風。宴豆四時喧晝鼓，遊人兩岸跨長虹。他年若數東南勝，須作蓬萊第一宮。延祐四明志

寄題翠麓寺呈伯強寺丞

曩時曾作家山遊，亭有翠麓排新幽。疎軒密牖竹鏘戛，烈風勁雨松飂飀。呀然出戶瞰山足，屹然數竿圍上頭。掃除雲峯聳客步，煎煮錫水供茶甌。我時既合衆賓飲，醉岸山幘心遲留。山僧顧我丐詩榜，詩未脫吻驚旋輈。四方環走倏已晚，十載負約今相酬。珍藍增葺想勝舊，我已白首縻藩州。何當一賦

歸去來，再款巖室空披搜。吾宗道人正嘉遯，擺脫世上無窮憂。欣逢主人賢且令，泉石笑傲都相求。上人灑掃莫暫閒，行行逆我西來舟。惠山古今考

馮浩

浩，仁宗朝集賢校理，知鄆州。

遙贈錢公輔

嘗聞衆樂亭，未窺衆樂景。今蒙貺新詩，若得暫覩省。萬象盈紙來，孤風隨筆騁。丹青慙近工，造化與遙領。因識主人懷，殆非郡侯政。所寄嬉遊中，期歡衆庶競。無俾一夫愁，將和四時盛。此而推是心，況乎持大柄。青山綠水佳，百草千花勝。吾將因宦遊，異日細謠詠。鄞縣志

呂誨

誨字獻可，開封人，端之孫。第進士，官殿中侍御史。熙寧初，爲御史中丞，與王安石不合，出知鄧州，提舉崇福宮。致仕，卒。贈通議大夫。

和邵堯夫見寄時知鄧州

冥冥鴻羽在雲天，邈阻風音已十年。不謂聖朝求治理，尚容遺逸臥林泉。羨君自有隨時樂，顧我官閑飽晝眠。應笑無成三黜後，病衰方始賦歸田。聞見前錄

趙君錫

君錫字無媿，洛陽人。舉進士，爲宗正丞。元祐中，拜御史中丞，以天章閣待制出知應天府。

紹聖中，貶少府監，分司南京，入黨籍。

紀事送太師潞公西歸

樂人多用敎坊家，席上羣公換口誇。內裏宣來蕉葉盞，御前賜出縷金花。坐上纔初佳句傳，中官寫得便聞天。聖人含笑搜尋了，依韻當時賜和篇。西苑重排餞會時，新篇御製降彤墀。明朝上巳無公事，赴宴臣僚總進詩。

文昌雜錄：趙君錫作小詩二十篇紀恩寵，以送潞公。其尤爲人傳誦者三章，雖王建宮詞，無以過此也。

姚闢

闢字子張，金壇人。皇祐元年進士。歷官項城令、通州通判。與蘇洵同修禮書，歐陽公甚稱之。

挽老蘇先生

羈旅都門十載中，轉頭浮宦已成空。青衫暫寄文安宅，白社長留處士風。萬里雲山歸故國，一帆江月照疎篷。世間窮達何須校，只有聲名是至公。蘇集附

望文脊山懷瞿硎先生

文脊山中姓已逃，江城爭美少微高。應知司馬來窺鼎，便學秦人去種桃。海上音書斷鴻雁，洞中吟嘯伴猿猱。鹿裘誰識先生志，卻把虛詞倚伏滔。寧國府志

范純仁 王辟疆

純仁字堯夫，仲淹次子。皇祐元年進士。神宗朝，累擢天章閣待制。哲宗朝，落職，貶永州安置。建中靖國初，召爲光祿卿，分司南京。卒贈開府儀同三司，謚忠宣，與黨籍。有集。

寒食日泛舟

合友逢佳節，攜尊泛碧流。溪風消酒力，烟樹入春愁。羣鴨開波練，疎雲透月鉤。平生懷古意，最羨五湖遊。

和吳仲庶春遊海雲寺

東郊行樂冠西州，古寺岧嶢翠嶺頭。化俗文翁傳愷悌，尋山謝傅繼風流。天涯尊酒欣相遇，劍外三春得共遊。雅興直須窮勝賞，年光難使隙駒留。

和吳仲庶龍圖西園海棠

丹葩翠葉競妖濃，蜂蝶翩翩弄暖風。濯雨正疑宮錦爛，媚晴先奪曉霞紅。芬菲劍外從來勝，歡賞天涯爲爾同。卻想鄉關足塵土，只應能見畫圖中。

和鄭通議青州范公泉

勝概因人得久存，此泉疏鑿自先君。澄源不負當時意，淸影猶涵昔日雲。養正迴當深澗下，朝宗應與衆流分。今逢賢帥光陳迹，名逐新詩海內聞。

遊嵩山與王弱翁聯句

靈境中天秀，辟疆雄名古到今。位尊朝列嶽，純仁勢重壓千岑。靜鎖神仙宅，辟疆高盤宇宙心。孤棱標日月，純仁 絕仞倚戈鐔。彩棟靈祠邃，辟疆 層簷淨刹深。民祈傳覡語，純仁 國祀致君忱。碑古苔生字，辟疆 堂虛畫蠹金。山呼曾薦壽，純仁 神降卽爲霖。事怪塗山石，少室山下有啓母石。辟疆 形端玉女砧。峯巒排翠玉，純仁 灘瀨漱鳴琴。蕙帳人誰織，辟疆 金泥迹可尋。唐經藏寶妙，純仁 魏殿想鸞音。會善寺魏文帝離宮。雲作他方雨，辟疆 松連別院陰。谷泉長浸斗，山有七星泉。辟疆 頂路欲捫參。探穴夢潛動，辟疆 捫蘿力不禁。箕熊分蟻垤，純仁 伊洛認蹄涔。鳥道樵夫去，辟疆 龍潭驛使臨。衆仙停羽駕，頂有八仙壇。純仁 昔帝儼宸襟。山有玄宗御容 選勝先看記，辟疆 乘危可作箴。天門開四極，山有東西二天門。辟疆 樹品冠雙林。少林有則天一品松、五品松。靈藥看苗斸，辟疆 香醪挈榼斟。道宮庭不掃，純仁 學館突無黔。山有書院。壟麥風搖浪，辟疆 溪淙石聳簪。雜花春爛漫，純仁 老木夜蕭森。夕照河光接，辟疆 晴嵐塔影侵。深崖藏積雪，純仁 虛壑響幽禽。溪月寒澄霽，辟疆 巖烟暮杳沈。寺橋橫螮蝀，純仁 禪磬擊璆琳。拂壁題新字，辟疆 逢僧舉舊吟。疲驂何處解，純仁 高閣在崎嶔。辟疆 以上范忠宣公集

王霽

和吳公仲庶遊海雲寺

大帥新謠十五州，殘春摸石是遨頭。氤氳喜氣隨民偏，冉冉風光盡日流。野俗只知觀讌賞，主人非獨爲嬉遊。晚迴都騎簫鼙引，觀稼郊原亦暫留。成都文類

馮介

和吳公仲庶遊海雲寺

及時行樂慰刀州，曉背重城信馬頭。彩石散隨香被去，芳塵紛逐鈿車流。悤悤曲水當年會，草草東山舊日遊。不是海雲今獨勝，淸風長共好詩留。成都文類

楊希元

和吳公仲庶遊海雲寺

三春行樂盛刀州，況是春光欲盡頭。使節在郊觀似堵，香輪爭道去如流。正逢鈴閣多閑日，肯對花時負勝遊。會得公心惜懽意，欲歸猶自儘遲留。成都文類

張　湍

和吳公仲庶遊海雲寺

海雲眞賞甲刀州，十里春光拂馬頭。花酒價高分宴樂，綺羅人好助風流。出郊行旆從編俗，摸石居民事勝遊。斜日懽心猶未足，藩侯歸轡爲遲留。成都文類

薛　繗

和吳公仲庶遊海雲寺

寺占靈峯更近州，喧闐騶從錦纏頭。歌鐘乍奏晴雷殷，戈甲急趨春水流。幾處醉眠方枕藉，一城謠俗重嬉遊。賢侯惠意民知否，幾刻嚴闉爲爾留。成都文類

楊咸章

咸章字晦之，蜀人。

梵安寺內浣溪四老唱和詩 有序

伏覩益之奉議尊兄，欲于浣花梵安寺之普賢，約漢公、子臧作三老會，又築堂繪像，榜曰「三老」，誠蜀中之盛事。咸章方調官武信，敢卜謝事，少陪雅集，輒更爲四老。因賦拙詩，上浼清覽。

聞說懸車三老儒，約爲繪像訪僧居。蟹螯杯酒歡無極，鼎足韜裘樂有餘。暑簟共觀岷嶺雪，春盤同膾蜀江魚。歸來一榻如相許，須信逍遥倍二疎。成都文類

楊損之

損之字益之，蜀人。

宗弟晦之通直有詩陳武信歸箇三老之後損之喜繼元韻以勉之

未抛名利尙區區，方卜築還武信居。思箇林泉三老後，已經年紀七旬餘。且來在野同遊鹿，莫學臨淵卻羨魚。子美堂鄰願爲約，免敎朋友舊情疎。成都文類

任傑

傑字漢公，蜀人。

傑衰朽無取辱益之見招同諸友爲四老會晦之承議有詩傑謹次其韻

夫子關西出衆儒，肯來尋我卜幽居。忘憂棋局眞佳趣，投老詩篇是緖餘。故舊已蒙吟伐木，太平只恐罩嘉魚。主人醉指前溪路，松菊清涼月影疎。成都文類

楊武仲

武仲字子臧，蜀人。

武仲伏承益之奉議轉示晦之佳什謹依元韻次和

素髮龐眉一陋儒，常陪龍友到禪居。我隨益者誠多幸，人歎賢哉媿有餘。坐上共飛純玉斝，腰間齊佩白銀魚。高吟清論常終日，會數朋交信不疎。成都文類

呂陶

陶，蜀人。

昨日漢公承議見召與三老友談笑大醉退而作詩少謝勤意

六十年前里巷遊，北歸重此接交儔。據鞍矍鑠誇朱紱，把酒殷勤勸白頭。況是三春逢美景，何妨一笑斷多愁。閑中歲月非難遣，須得新詩事唱酬。

和吳公仲庶遊海雲寺

玉節重來鎮此州，暫驅千騎上峯頭。春闌好爲良辰惜，俗樂誰知急景流。山色也疑今日盛，物情渾勝頃年遊。登臨賦詠應難再，持語鄉人早借留。以上成都文類

葛琳

和運使學士浣花亭韻

井絡西南區，成都號佳麗。錦城十里外，物景居然異。傍縈浣花溪，中開布金地。杜宅歸遺址，任祠載

經祀。按：蜀記：梵安寺乃杜甫舊宅，在浣花，去城十里。大曆中，節度使崔寧妻任氏亦居之。後捨爲寺，人爲立廟于其中。每歲四月十九，凡三日，來遨樂于此。自昔歲一遊，有亭久摧廢。將期汎舟會，先此留旌騎。弗甚矧肯構，後人莫予嗣。冠蓋或戾止，風雨無所庇。我公至之初，行樂徇人意。梔車集賓組，幕天陳燕器。苟弗謀高明，胡爲革媮敝。鳩工度材用，奢儉求中制。畢從縣官給，下靡秋毫費。巍然大廈成，甚于折枝易。藩條息偃暇，時律清和際。落成及休辰，夙駕忻重詣。羣嬉逐使轂，雜處同闤市。棟宇美可觀，席筵陳有次。芳尊既罷撤，綵艕妥登憩。夾岸布緹帟，中流喧鼓吹。泝沿煙靄間，禽魚共翔戲。都人與士女，疊足連帷被。弄珠疑漢曲，浮觴均洛禊。晻晻日將暮，熙熙衆皆醉。恍入武陵源，卻返塵寰世。自是畢遨賞，始復專民事。農耕仕就學，商販工居肆。蜀邦生齒繁，衣食良艱匱。三時急耕播，寸壤無遺棄。茲焉俾暇逸，所以慰勤瘁。上賴天子心，愼重坤維寄。既擇邇臣德，來秉諸侯瑞。且命太史賢，出攬澄淸轡。第務廣教育，孜孜布仁惠。匪圖亟聚斂，規規奉邦計。和氣斯涵濡，羣生皆茂遂。乃躋富壽域，共樂升平治。不才備屬僚，罔補公家利。廕宇幸焉依，雅聲慚善繼。願比召南篇，永歌棠蔽芾。成都文類

費著歲華紀麗譜：四月十九日，浣花佑聖夫人誕日也。太守出笮橋門，至梵安寺，謁夫人祠，就宴于寺之設廳。既宴，登舟觀諸軍騎射，倡樂導前，泝流至百花潭，觀水嬉競渡。官舫民船，乘流上下，或幕帟水濱，以事遊賞，最爲出郊之勝。

周敦頤

敦頤字茂叔，道州營道人。以舅龍圖閣學士鄭向恩補官。熙寧初，累官至廣東轉運判官、提

點刑獄。因疾求知南康軍，築室廬阜下，號曰濂溪。嘉定中，謚元公。淳祐中，封汝南伯，從祀孔子廟廷。有集。

同宋復古遊大林寺

三月僧房暖，林花互照明。路盤層頂上，人在半空行。水色雲含白，禽聲谷應清。天風拂襟袖，縹緲覺身輕。

靜思篇

靜思歸舊隱，日出半山晴。醉榻雲籠潤，吟窗瀑瀉清。得閑方達士，失計只勞生。朝市誰頭白，車輪未曉鳴。

題春晚

花落柴門掩夕暉，昏鴉數點傍林飛。吟餘小立闌干外，遥見樵漁一路歸。

題濂谿書堂

元子谿曰濂，相傳到于今。此俗良易化，不欺顧相欽。廬山我所愛，買田山之陰。田間有清水，清泚出山心。山心無塵土，白石照沈沈。潺湲來數里，到此始澄深。書堂構其上，隱几看雲岑。倚梧或欹枕，風月盈沖襟。有時吟復默，酒罷鳴幽琴。數十黄卷軸，賢聖談無音。窗前即疇圃，圃外桑麻林。芋蔬可卒歲，絹布足衣衾。吾樂蓋易足，名濂以自箴。誰爲相朝暮，岸木寒蕭森。以上濂溪集

郭　獬

送吳中復守長沙

初登西漢文章府，便領吳王第一州。繞郭白雲衡岳近，滿帆明月洞庭秋。淵鑑類函

王吉

吉，淮東人，試校書郎。

游琅邪呈銳公長老

踏石披雲一徑通，翠微環合見神宮。峯巒鬱密泉聲上，樓殿參差樹色中。子夜千溪分水月，清秋十里韻松風。平生久佇名山約，吟賞今纔信宿同。南滁會景編

周圻

圻，尚書都官員外郎，通判滁州事。

游琅邪寺

杉松夾道綠森森，古寺尤欣結客尋。殿閣長時異香滿，亭臺佳處白雲深。淸泉迸石落寒谷，幽鳥避人穿茂林。緩步閑看舊題詠，盈池蓮葉幾浮沈。南滁會景編

安昌期

昌期，皇祐初，舉進士。調永定尉，去官，放浪山水間。

題淸遠峽和光洞

蕙帳將辭去，猨猱不忍啼。琴書自爲樂，朋友孰相攜？丹竈非吾藥，青雲別有梯。峽山予暫隱，人莫擬夷齊。萬姓統譜

趙抗　趙揚

抗、揚，抃二弟。皇祐間，抃爲江源令，抗、揚與俱。

引流聯句 有抃序

江源縣江，繚治廨址，而東距三百步，瀧湍馳激，朝暮鳴在耳，使人聽愛弗倦。遂畚渠通民田，來囿亭堦廡間，環迴旋繞，溝行沼渟，起居游觀，清快心目。公暇事休，與弟抗、揚坐東軒，樂然盤桓，共爲詩章云。

別派從江垠，邀流入農畎。淙淙來源深，濺濺度溝淺。疏功浹旬畢，溉利千步遠。田觀疑澤瀦，坎聽類瓴建。波行拂落葉，浸長浮生蘚。孤鶴眼怪窺，纖魚鬣跳展。映葦色莫分，喧琴韻難辨。增霖晨鬧蛙，涵月夜驚犬。憐黃澆菊籬，惜紫沃蘭畹。吏治窯甓甃，童戲芒車卷。灌擶合手勞，漱掬致腰俛。庭秋臨加涼，軒夏向消烜。我矜近濟能，僮賀遙沒免。貯肥理巨甑，歸廚架修筧。供淘飯盎糧，給澳羹鼎臠。調藥修舊餌，煎茶試新荈。坐客頻泛觴，蹲兒屢滌硯。聆寒心脫煩，挹冷酒除面。閑眺笻步隨，靜看髭吟撚。高懷造文攄，清興團詩遣。題爲引流篇，記耳非自衒。名勝志

宋詩紀事卷十九

錢唐 厲鶚 輯
祁門 馬曰璐 同輯

楊繪

繪字元素，綿竹人。皇祐初，擢進士第二。神宗朝，累官翰林學士、御史中丞。哲宗朝，終天章閣待制，知杭州。有集。

墨莊漫錄：嘉祐中，有王永年者，娶宗女，求舉于竇卞、楊繪，得監金耀門書庫。嘗置酒延卞、繪，出其妻間坐。妻以左右手掬酒以飲卞、繪，謂之白玉蓮花杯，可謂善體物者也。

春遊

傾城追逐豔陽天，上巳淸明節序連。桃李光陰足駘蕩，湖山風月更鮮妍。谷中答響飄新曲，波底妝光颭綵船。遲日未西人已醉，綠楊柔弱舞秋千。合璧事類前集

落花

夜來經雨學啼妝，今日摧紅怨夕陽。已落旋隨春水急，強留還怯晚風狂。應將別恨憑鶯語，更把歸期趁蝶忙。誰謂多情消不得，夢魂猶惜滿闌香。夢粱錄

壽山

壽山北接侵隋碧，湞水南流接漢淸。宋玉陽臺猶暮雨，子虛夢澤已春耕。湖廣總志

謝景温

景溫字師直，絳次子。皇祐元年進士。元祐初，歷官權刑部尚書，知鄆州，徙知河陽。

中山詩話：梅聖俞幼戲謝師直詩曰：「古錦裁詩句，斑衣戲坐隅。木奴今正熟，肯效陸郎無。」師直小名錦衣奴，至十歲讀此，方悟之。

遊雲門

若邪欲盡山轉青，中有三寺山爲屏。秦峯表裏植蒼翠，仰視萬木相峥嶸。雪霜洗盡塵土跡，龍蛇蟄處烟氛生。我攜賓友事登覽，穿徑已覺毛骨輕。窮幽陟險與不盡，巖房留宿神逾清。寒隨陰谷一夜至，酒力半酣如不勝。狂歌出行步竹徑，正是溪橋雙月明。幽泉亂迸石竇響，松風遠送哀猨聲。凌晨後嶺縱俛仰，長林翠阜何從衡。獻之舊地不可辨，懸崖欲斷石爲阬。五雲散盡遺蹟滅，老僧至今傳此名。憑高覽古復太息，翻嗟萬事多廢興。丈夫出處固未測，我于山水夙有盟。區區世路雖可厭，脫身向此誠獨醒。豈如乘興事兹樂，賞心不繫窮與亨。昔人避世非獲已，我今安學禽鳥情。雲門集

呂大防

大防字微仲，藍田人。皇祐初進士。神宗朝，累除知制誥。哲宗即位，爲翰林學士，拜尚書右丞，封汲郡公，進尚書左僕射，兼門下侍郎。紹聖初，以黨論責授舒州團練使，循州安置，未踰嶺卒。高宗朝，復故官，贈太師、宣國公，謚正愍。有呂汲公文錄。

萬里橋西有僧居曰聖果後瀕錦江有脩竹數千竿僧辯作亭于竹中予與諸公自橋乘舟

泝流過之因名亭曰萬里蓋取其發源注海與橋名同而實異作小詩識之

萬里橋西萬里亭，錦江春漲與隄平。挐舟直入修篁裏，坐聽風湍徹骨淸。成都文類

李　覯

覯字泰伯，建昌軍南城人。皇祐初，以薦試太學助教，終海門主簿、太學說書。有退居類稾。

絕句

人言落日是天涯，望極天涯不見家。已恨碧山相掩映，碧山還被暮雲遮。

青箱雜記：識者謂此詩意有重重障礙，李君其不偶乎？後果如其言。

淸明

遲遲日影坐成曛，聞說淸明在此晨。花卉不宜愁眼看，句萌能爲幾人春。銷磨志氣多因老，檢點交遊半作塵。欲向醉中聊自適，病來還厭舉杯頻。

王方平

五百餘年別恨多，東征重得見靑娥。擗麟始擬窮歡樂，不奈閑人背癢何。

璧月

璧月迢迢出暮山，素娥心事問應難。世間最解悲圓缺，祇有方諸淚不乾。

梁帝

凝旒南面總虚名，廟祀何曾暫割牲。但學禪心能忍辱，莫羞侯景陷臺城。

送僧遊廬山

行非爲客住非家，此去廬山況不遐。要見南朝舊人物，池中唯有白蓮花。

憶錢唐江

當年乘醉舉歸帆，隱隱前山日半銜。好是滿江涵返照，水仙齊著淡紅衫。以上盱江集

望海亭席上作

七閩山水掌中窺，乘興登臨到落暉。誰在畫簾沽酒處，幾多鳴櫓趁潮歸。晴來海色依稀見，醉後鄉心積漸微。山鳥不知紅粉樂，一聲檀板便驚飛。

湘山野録：蔡君謨出守福唐，時泰伯自建昌攜文迓之。一日，命泰伯及陳孝廉烈早膳于後圃望海亭，不設樽酒。膳罷欲起，時方暮春，蘐酒于園，郡人嬉遊，籍姬數子，時亦尋芳于此，既太守在亭，因斂袖磬喏而退。蔡公遂留之，旋命觥具，就以爲侑。酒方行，舉歌一拍，陳烈者驚懼怖駭，越牆攀木而遁，泰伯即席賦詩云云。

句

幾函道藏金壺墨，一片秋容玉井花。仙都觀　酒鄉貧更入，詩債病猶還。和陳殿撰　天冷雲含白，溪清水獻沙。感秋　歷代吟譜

張唐英

唐英字次功，蜀州新津人，丞相商英之兄，自號黄松子。皇祐初，調穀城令。熙寧中，仕至殿

中侍御史。有嘉祐名臣傳、蜀檮杌行于世。

題傳舍詩

先帝昭陵土未乾，又聞永厚葬衣冠。小臣有淚皆成血，忍向東風看牡丹。

邵氏聞見前錄：熙寧元年春，唐英以前御史服除還京朝，過洛，府尹同僚屬出賞花，皆不見，題詩傳舍云云。時仁宗山陵初成，英宗厭代，尹聞之，遣書爲禮，卻而不受。賴唐英還朝，不得歸臺，不然，河南尹者不免矣。

裴大亮

大亮，皇祐四年，以尚書虞部員外郎知商州。

題西巖寺

清溪如鑑照行人，谷鳥山花景漸新。五馬頻來無別事，爲思江上若邪春。陝西通志

鄭炎

炎，皇祐初，漢中郡守。

贈張俞秀才遊金華山

凌晨別我將何適，鶴態飄然振霜翮。指點金華欲去遊，騎驢直造煙霞宅。一片嵐光凝不飛，數里松陰翠如滴。背臘山寒雪未消，迎春地暖花爭拆。水潺潺兮風索索，簾卷虛堂正岑寂。高歌应有鬼神聽，狀物潛驅鴻化力。緊我浮生繫郡符，安得乘閑訪靈跡。吟成一首送君詩，倩僧勒上巖邊石。陝西通志

鄭獬

獬字毅夫，安州安陸人。皇祐五年，進士第一。神宗朝，拜翰林學士。爲王安石所惡，出知杭州，徙青州，提舉鴻慶宫卒。有鄖溪集。

郡齋讀書志：毅夫爲文有豪氣，峭整無長語。與滕達道少相善，嗜酒落魄，無檢操，人目之曰：「滕屠、鄭沽。」

題垂虹橋寄同年叔楙祕校　劉孜，字叔楙，原父之弟，時爲吴江尉。

三百闌干鎖畫橋，行人波上踏靈鼇。插天螮蝀玉腰闊，跨海鯨鯢金背高。路直鑿開元氣白，影寒壓破大江豪。此中自與銀河接，不必仙槎八月濤。中吳紀聞

題僧文瑩所居壁　守杭日作

西湖頻送客，綠波舟檝輕。春入蘿徑静，浪花翻遠晴。

題杭郡閣

雨影横殘虹，秋容陰映日。寒江帶暮流，曉角穿雲出。峯藏翠如織，宿鳥去無跡。封書寄所懷，聊託金門翼。

玉壺清話：二詩時頗訝其氣象不遠。後解杭麾，將赴青社，以病泊舟楚州卒。

省中畫屏蘆雁

高堂傾動長江流，黄蘆羣雁滿滄洲。掃開長安塵土窟，寫出江南烟水秋。兩雁斜飛入空闊，四雁顧慕横沙頭。高風拉折蒼玉幹，蘆花雪盡無人收。赤日飛光不敢近，但覺爽氣屏間浮。嘗聞畫龍入神變，

坐馳雲雨天地遊。只恐此雁亦飛去，瀟瀟萬里誰能留。鄖溪集

采鳬茨

朝擕一筐出，暮擕一筐歸。十指欲流血，且急眼前飢。官倉豈無粟，粒粒藏珠璣。一粒不出倉，倉中羣鼠肥。宋文鑑

朱亥冢

高論唐虞儒者事，賣交負國豈勝言。憑君莫笑金椎陋，卻是屠酤解報恩。老學菴筆記

絶句

田家汩汩水流渾，一樹高花明遠村。雲意不知殘照好，卻將微雨送黄昏。能改齋漫錄

代探花郎一絶

嫩綠輕紅相向開，一番走馬探春回。青衫不管露痕溼，直入亂花深處來。苕溪漁隱叢話

春詞

小池春破玉玲瓏，聲觸簾鉤漸好風。閑繞闌干招花樹，春痕已着半梢紅。錦繡萬花谷

蠡口絶句

千重越甲夜城圍，戰罷君王醉不知。若論破吳功第一，黄金只合鑄西施。

庚溪詩話：吳門蠡口，瀕太湖，乃范蠡自此乘扁舟泛五湖也。鄭毅夫詩云云。

雪晴

天外丹霞一抹紅，瓦溝已見雪花溶。前山未放曉寒散，猶鎖白雲三兩峯。後村千家詩

恭和御製賞花釣魚

輦路鮮雲五色開，一聲清蹕下天來。水光翠繞九重殿，花氣濃熏萬壽杯。繡幕烟深紅會合，文竿風隱綠徘徊。蓬山絶頂無人到，詔許羣仙盡日陪。

寄程公闢

念昔都門手一攜，春禽幾向苧蘿啼。夢回金殿風光別，吟到銀河月影低。舞急錦腰迎十八，酒酣金盞照東西。何時得遂扁舟去，雪棹同君泛剡溪。以上瀛奎律髓

浮雲樓 在安陸

樓在浮雲縹緲間，浮雲破處見朱闌。山光對入郎城紫，溪影横飛夢澤寒。湖廣總志

上翰林

中使傳宣內翰家，君王令草侍中麻。紫泥金印封題了，銀燭纔燒一寸花。淵鑒類函

句

東飛江雲北飛燕，同寄青春不相見。夜來過嶺忽聞雨，今日滿溪俱是花。詩人玉屑

滕元發

元發，初名甫，字元發，以避高魯王諱，改字爲名，而字達道，東陽人，家蘇州。皇祐五年，進士第三。神宗朝，累官知開封府、翰林學士，出守外郡。哲宗朝，以龍圖閣學士知揚州卒，謚

章敏。

梁溪漫志：滕達道未遇時，與諸生講學于僧舍。主僧出，諸生夜盜其犬而烹之，事聞有司，治其罪，滕公爲丐免。守曰：「如能爲盜犬賦，則將釋之。」滕公即口占其詞曰：「僧既無狀，犬誠可偷。驟藍宫之夜吠，充絳帳之晨羞。摶飯引來，喜掉續貂之尾；索綯牽去，驚回顧兔之頭。」守大笑，竟置不問。

寄越州范希文太守

江山千里接仁風，都在東南秀氣中。爲問玉皇香案吏，蓬萊何似水晶宫？

能改齋漫錄：時元發守吳興。

送俞退翁致仕還鄉

清時沖節是身謀，御史郎官不肯留。回首軒裳雙脫屣，放懷天地一輕漚。卞雲霅月柴門靜，苕雨蘋風野艇秋。仰羨冥鴻空自媿，區區圖報未知休。湖州府志

句

萬國休兵外，羣生奏凱中。皇祐五年御試吹律聽軍聲　寒日邊聲斷，春風塞草長。傳聞漢都護，歸奉萬年觴。西旅來王　以上古今詩話　野色更無山隔斷，天光直與水相連。月波樓　竹坡詩話

陳汝義

汝義，晉江人。皇祐五年進士。

寄題錢公輔衆樂亭

聞説湖亭又一新，不徒行樂樂斯民。水光曖占鷗鳧地，人意賞從桃李春。試展畫圖淸俗眼，況聞几席傲天眞。使君已陟螭頭貴，應爲烟雲入夢頻。延祐四明志

韋驤

驤字子駿，錢唐人。皇祐五年進士。累遷主客郎中，出爲夔路憲，知明州，提舉洞霄宮。有韋先生集。

古金章 全椒民間二稚子，得金章于野，分而競焉。入于縣，縣以獻州。

黃金鑄印龜爲鈕，埋沒郊原已綿久。春泥深處襯耕蹄，臘雪銷時經獵走。臘去春來幾百年，年年寂莫無賫緣。不知何代何王賜，于此奚爲獨墜捐。由來至寶寧長棄，一旦光輝難自祕。牧兒蕘子兩窺觀，不識彫章祇知利。里胥白官官爲收，欻從下邑歸之州。發囊啓襲生精彩，十目爭覩寒星流。粲然五字分明在，蒼龍副將軍所佩。將軍安在惟空名，方寸堅剛終不潰。物否而通理所宜，在人誰謂殊于斯。請看金印雜瓦礫，未逢採拾無輕嗤。

登蓬萊閣

行盡東州到此州，登臨更盡北山頭。孤城突兀連滄海，三島參差聳暮秋。廣座下疑鼇負石，危簷遠學蜃爲樓。蓬萊方丈雖冥邈，高閣今朝亦勝遊。

賦牡丹黃齏

倚闌凋謝若爲情，旋拾殘紅入鼎烹。呑秀嚼香須細細，送春唯此一杯羹。以上韋先生集

蒲宗孟

宗孟字傳正，閬州新井人。皇祐五年進士。神宗朝，擢翰林學士，拜尚書左丞，罷知亳、杭、鄆三州，徙河中卒。有集。

遊虎丘

長松遶步水灣環，寺據吳王冢墓間。瘦石千層開碧玉，疎篁十里裹青山。壁從池上嶄巖起，雲出門前自在閑。零落生公講臺下，無人説法但空還。

遊虎丘山書錢唐舊遊

失卻湖山恨去舟，新年無意作春遊。東風昨夜思龍井，曉雨全家入虎丘。望見遠峯疑石簣，南高峯勝處誤尋歸路認花樓。沙河勝處明朝一出閶門去，清夢遥知在兩州。以上吳郡志

題徐沖晦處士舊隱

沖晦先生不肯官，布衣謁帝布衣還。倘嫌姓字騰人口，惟恐文章落世間。大隱不妨居市井，高吟何處問家山。平生寄意江湖上，雲自無心水自閑。興化府志

錢藻

藻字純老，臨安人。文穆王元瓘子，儼曾孫，閤門祇候順之之子，家蘇州。皇祐五年進士。仕至翰林侍讀學士，權知開封府。

天平山白雲泉

白雲巖靜最深隈，泉溜泓渟石竇開。宿霧不生澄曉月，殘風輕漾蟄寒雷。源從天漢星邊落，流自鼇峯海上回。莫謂無心事奔注，曾隨霖雨下山來。吳郡志

李先

先字淵宗，許州臨潁人。第進士，官至祕書監。

與杜秀才

南極多老人，及見九代孫。君今古儋州，氣質清且溫。今年八十二，頗覺行步奔。白鬢映紅頰，疑是羲皇人。淵鑑類函

吳處厚

處厚字伯固，邵武人。皇祐五年進士。初爲將作丞，蔡確嘗從處厚學賦。及作相，處厚通牋乞憐，無汲引意。用王珪薦，除館職，出知漢陽軍。上蔡確車蓋亭詩；擢知衞州卒。紹聖中，以元祐黨，追貶歙州別駕。有青箱雜記。

萍洲可談：吳處厚知漢陽軍，每謂鸚鵡洲沔鄂佳處，欲賦詩，未就。一日，綱吏來告覆舟，吳問所在，吏曰：「鸚鵡堰。」吳拊案連唱大奇，徐曰：「吾經年爲鸚鵡洲尋一對不得，天俾汝也。」因得末減。

九江琵琶亭

夜泊潯陽宿酒樓，琵琶亭畔荻花秋。雲沈鳥沒事已往，月白風清江自流。

送客西陵

若邪溪畔醉秋風，獵獵船旗照水紅。後夜錢唐酒樓上，夢魂應逐浙江東。

青箱雜記：王安國作詩，多使酒樓。嘗語余曰：楊文公詩有：「江南一酒樓，隄柳拂人頭。」「李白題詩徧酒樓。」錢昭度詩亦有酒樓：「長憶錢唐江上望，酒樓人散雨千絲。」子詩有幾酒樓？余答曰：「吾詩有二酒樓。」安國曰：「足矣。」

題王正叔㶏景亭

亂鶯啼處柳飛花，拍拍春流漲曉沙。正是江南梅子熟，年年離恨寄天涯。

宣和畫譜：王穀字正叔，居偃城之南。城有小亭，下臨㶏水，榜曰：㶏景亭。南通淮、蔡，北望箕、潁，川原明秀，甚類江鄉景物，吳處厚詩云云。

自諸暨抵剡

夷猶雙槳去，莫不辨東西。夕照偏依樹，秋光半落溪。風高一雁過，雲薄四天低。莽蕩孤舟卸，水村楊柳堤。

出得雲門路，凄悽日夕曛。船撐鏡湖水，路指沃洲雲。山色周遭見，溪流屈曲分。一觴復一詠，誰是右將軍？剡錄

李常

常字公擇，南康建昌人。皇祐中進士。元豐中，歷太常少卿、禮部侍郎。哲宗朝，拜吏部侍郎、御史中丞，出知成都。有集。

解雨送神曲

怒風兮揚塵，日爍石兮將焚。水泉竭兮厚地裂，嘉穀槁兮孰薅且耘。神龍兮靈壑，挹清波兮幽濆。鳴鼉鼓兮舞神覡，庶下鑒兮霈祥氛。

肅旂旆兮先驅，咽簫笳兮擁歸輿。椒醑甘兮牲幣潔，始肸蠁兮爲之躊躕。瞻前山兮嵯峩，指去路兮縈紆。神德大兮報無以晦，徒感涕兮長吁。宋文鑑

馬雲

雲，皇祐中，蘇州節度推官。

訪踞湖仇山人隱居

雞犬眠雲白日空，暮春花木滿川紅。茶甌香沸松林火，藥杵聲淸石澗風。玉帛未聞招隱士，神仙今喜識臺翁。夕陽半局殘棋在，醉倚巖邊紫桂叢。

踞湖山

山臨太湖上，寺隱青蘿間。五塢洞壑邃，衆峯屏障環。濃嵐面光彩，驚波背潺湲。雲歸定僧寂，月伴樵夫還。林墅掩蒙密，級磴容躋攀。錢氏建茅社，此地爲家山。

條竹塢

檀欒徧巖川，幽谷氣象鮮。風玉自宮徵，秋籟成管弦。夕靄起碧霧，晨曦生綠烟。花繁紫鳳飽，質勁蒼虬攣。藤蘿交密蔭，仰不見雲天。欲訪桃源路，塢塢疑相連。

吳郡志：踞湖山，即横山也。錢氏有國日，造寺于山下，曰薦福寺，里人又以寺名名之。山有五大塢，圖經又名五塢山。五塢舊名不雅，皇祐五年，節度推官馬雲三遊此山，求其林澗之美，峯巒之秀，雲景之麗，泉石之怪。因其物象，名之曰芳桂、飛泉、條竹、丹霞、白雲，合踞湖爲六，題以詠之。

襄州太守王侯洙復峴山羊公祠

漢水舒舒山崇崇，岧然峴首稱清雄。南方强吳恃割據，選命儒將登元戎。太康以來千餘載，荆州遺愛思羊公。江山襟帶號形勝，藉此因成輔晉功。公謂高賢事迹異，視之閑暇無怱怱。測知當日登臨意，景物亦與今朝同。新就峯嶺作亭舍，面勢豁若凌烟虹。蒼蒼雲木望不盡，浩蕩古意深何窮。盤回小逕至釣石，山下臨水，有巨石曰釣臺。俯視凝碧相連通。叢篁森束林蓊鬱，又從其下興祠宫。迅湍急瀨鳴渚渚，濃嵐翠靄霏濛濛。晦晴氣象隨變易，朝昏萬狀殊初終。閣老分符二千石，旗竿刻隼車畫熊。管内民租絶逋負，里社歌鼓懽年豐。府門晝扃官事退，時引賓佐嬉其中。崖條嶺蔓雜丹白，澗花滿眼羅青紅。磴道迤邐陟縈屈，飄若巾屨騰秋空。豈獨遊觀樂閑燕，圖樹佳政希前風。經由麤得究本末，强顔模寫慙非工。音辭鄙俚雖一唱，下詞寒苦無怡融。襄陽府志

顧臨

臨字子敦，會稽人。皇祐中，舉説書科，爲國子監直講。元祐中，拜天章閣待制、河北都轉運使，召爲刑、兵、吏三部侍郎，兼侍讀翰林學士。紹聖初，以龍圖閣學士知定州，因黨論奪職，斥饒州居住。

雞肋編：顧臨子敦內翰，姿狀雄偉，少未顯時，人以顧屠嘲之。元祐中，自給事中爲河北都運使，蘇子瞻作詩送之云：「我友顧子敦，軀膽兩雄偉。便便十圍腹，不但貯經史。容君數百人，一笑萬事已。十年臥江海，了不見愠喜。磨刀向猪羊，釃酒會鄰里。歸來如一夢，豐頰愈茂美。平生批敕手，濃墨寫黄紙。會當勒燕然，廊廟登劍履。翻然向河朔，坐念東郡水。河來屹不去，如尊乃勇耳。」顧得之不樂。既行，群公祖道郊外，子瞻辭疾不往，和前韻以送，因以自解焉：「君爲江南英，面作河朔偉。人間一好漢，誰似張長史。上書若留君，言拙輒報已。置之勿復道，出處俱可喜。攀輿共六尺，食肉飛萬里。誰言遠近殊，等是朝廷美。遥知别送處，醉墨爭淋紙。我以病杜門，商頌空振履。後會知何日，一歡如覆水。善保千金軀，前言戲之耳。」

題招提院静照堂

踏暑夏日長，履霜冬日短。乞詩賁新堂，經年不辭緩。虚院莓苔青，客衣塵土滿。自矜非俗求，容色長衎衎。盈篋寶球璣，東歸春正暖。静照名已傳，主人宜亦反。至元嘉禾志

駕幸太學

五紀寥寥舊典章，一朝清蹕下膠庠。旗常日月隨天轉，文武衣冠列宿行。拜老徒煩嗟漢室，談經戒逸慕周王。已叨法從陪臨幸，安足賡諸詠在堂。中州題詠集

句

如逢公釀年來富，鬭虎匡鳌稻正肥。蟹略

胡瑗

瑗字翼之，泰州海陵人。仁宗朝，以布衣召，拜校書郎，爲湖州學官。皇祐中，爲國子監直講。嘉祐中，遷太子中允，充天章閣直講，以太常博士致仕。

石壁 并序

余嘗覽李翰林題涇川汪倫别業二章，其詞俊逸，欲屬和之。今十月，自新安歷旌德，而仙尉曾公望同遊石壁，蓋勝境也。奇峯對聳，清溪中流，路出半峯，佳秀可愛。傳聞新建汪公所居不遠，掩映溪岫，率類于此。且欲尋訪，迫暮不獲。因思旌川即涇川接境也，而幽勝過之。汪公亦倫之别派也，而儒雅勝之。豈可使諷詠不及于古乎？輒成一首，題于汪公屋壁。雖不及藻飾佳境，比肩英流，庶俾謫仙之詩，不獨專美矣。

李白好溪山，浩蕩旌川遊。題詩汪氏壁，聲動桃花洲。英辭逸無繼，爾來三百秋。汪公亦蕃衍，宗支冠南州。其間新建居，林泉最清幽。竹聲滿道院，山光入書樓。仙氣既飄飄，儒風亦悠悠。子孫多俊異，詞行咸精修。我來至石壁，賞之不能休。酣味碧溪水，苦飲黄金甌。因羨汪君居，復思汪君投。遇景清興發，浩與天雲浮。斐章異繡段，灑翰非銀鉤。庶與謫仙詩，千古同風流。寧國府志

王疇

疇字景彝，濟陰人，舉進士。皇祐中，召試直祕閣。英宗朝，累遷翰林學士、禮部侍郎，拜樞密副使。卒贈兵部尙書，謚忠簡。

送同年蒲叔範察判杭州監

釋之久未調，王粲當從軍。謂言塞垣事，壯氣橫風雲。育材幸明代，薦賢無令君。如無漢酤冗，沈此荆山珍。萍氏本譏酒，周官有彝倫。孝武事卻攘，志清天地屯。連兵無時已，四海蕭然貧。官始操釀具，榷之飽師人。利源一以洩，頹波蕩無垠。糜穀費耒耜，良糵爭清醇。酒禁著律令，犯笞及其身。狂藥乃陷穽，傷哉堯舜民。炎靈屬我后，天資英且仁。邦力早雄富，漢制仍相循。歲賦二千萬，經入固已勤。彌年擁武節，聚邊清國氛。雄雄百萬師，跨邁擊燕秦。仰給傾武庫，賞賚圖戎勳。加斂猶不足，返古當何云。杭城東南劇，地將湖海鄰。榷利冠天下，旗亭壓重闉。彼雖斗筲職，亦擇才英臣。風露氣已肅，溪潭寒彌新。沙榜朝汎汎，吳濤暮沄沄。南州近牛斗，氣象雄霜旻。汀楓變老柟，赤葉晴相紛。嘗茶泊幽寺，觀魚下輕綸。行當收翹楚，寧復混蒸薪。無爲狎吳叟，坐戀秋江蓴。宋文鑑

陳洎

洎字亞之，彭城人，后山之祖。皇祐中，官鹽鐵副使。有詩集。

眉山李壆云：案：陳公國朝正史實錄俱無傳。然嘗以歲月考求，公嘗歷知懷州，審刑院。寶元間，自屯田員外郎爲副端，尋陞臺端，已而出漕京西、淮南、京東。慶曆五年，轉吏部員外郎，加直史館，改使益梓路。六年，入爲度支使副，尋轉鹽鐵。后山集載：皇祐元年，以副使行河還卒，今史亦失書。曲阜顔復云：少于先子遺書中，得公啓問詩章讀之，往往意在棲退，若送行閒中詩。公時爲審刑官，朝中望譽始充大，已有乞醉墦間之歎，是知君子自重而不苟合者。詩稿一卷，詞格秀古，造句愈工，則入淡泊愈深。若借宅云：「四壁舊貧寧畏盜，一枝雖小易容巢。」贈無己師云：「他年遠公社，若箇是遺民。」藍溪閑適云：「露僂僧履蘭三徑，秋入農歌雨一犁。」秋居云：「井臼貧雖樂，溪

山遠未歸。」貽漁者云：「擬共停橈醉天幕，緩歌濯足不迴頭。」詩大小二十二篇，閬中送行不預焉，逸者可知已。

離郭店馬上迴寄鄉知

迴望離亭映楚山，慨然西笑入長安。貪程野僕擔書引，惜別鄉人駐足觀。霞襯曙光烘積靄，柳和春色蕩輕寒。遙知此地歸來日，迎取相如駟馬看。

過項羽廟

八千子弟已投戈，夜帳猶聞怨楚歌。學敵萬人成底事，不思一箇范增多。

寄寶臣寺丞

萬里扶靈宅壽阡，謝公純孝是家傳。廬開四尺成寒土，榱列三閭陋昔賢。先域定生連理樹，門人多廢蓼莪篇。我心罔極君應念，露白霜淸泣昊天。

藍溪閒居

白鹿原東虎候西，結廬岑寂映藍溪。霜侵僧履蘭三逕，秋入農歌雨一犁。耽枕溜聲疑水宿，拂簷山色類巖棲。閉門養拙無人問，揭盡陳篇日又低。

開元寺凌虛閣對雪寄唐卿

瓊滴琳華一夜凝，凌虛雕檻曉來凭。眼觀銀色三千界，身到瑤臺十二層。玉瀲砌塵供庾斛，粉融簷水妒房陵。化人宫好分明在，恨不同君把袂登。

雉媒

朱冠衮背一何鮮，聲厲情驕目悍然。若道物情皆錫類，雉媒爭似鴆媒賢。

還劉處士先令公鄩功名錄　自注：劉公事朱梁。

當年力戰蕩妖氛，十萬雄師四七勳。將略妙欺班定遠，家聲高過李將軍。銘圖魏鼎文猶在，筆勒燕山蹟尚分。今日閑披有遺恨，可憐生不遇明君。

謝人惠三峯朱柿

烏椑珍果益丹明，新折紅林帶尚青。漿冷夜凝仙掌露，味甘秋剖楚江萍。圓堆玉椀櫻難並，剩薦金尊酒易醒。應念茂陵消渴者，整籃封貯到雲扃。

過田文墓

當年聞奏雍門琴，話著池臺淚滿襟。何況今朝陵谷畔，池臺無迹可追尋。

對雪寄崔仲裕　自注：時在藍田，聞崔在酒舍。

春鶴韜霞勢漸濃，卷簾庭館好支筇。乘槎路闊寒凝凍，種玉畦平曉被封。天上瑤宮當月圃，海中銀闕聳蓬峯。思君不得同吟賞，知在旗亭第幾重？

南齊

曲江歡宴侍華裾，舞拍琴歌藝有餘。獨有純臣王叔寶，解陳封禪一篇書。自注：南齊太祖曲江宴羣臣，各使效伎藝：褚淵彈琵琶，王僧虔彈琴，沈文季歌，張敬兒舞，王敬則拍張。王儉曰：「臣無所解，唯解誦書。」因跪帝前，誦相如封禪書。帝笑曰：「此盛德之事，吾何以堪之。」

湖上逢漁者

雨蓑烟笠洞庭秋，獨繭綸輕一葉舟。擬共停橈醉天幕，綫欲濯足不迴頭。

秋日端居

暑退蟲雷靜，門閒雀刺稀。露莎蛩自急，星樹鵲何依。井臼貧雖樂，溪山遠未歸。時情似秋雁，一一背寒飛。以上陳副使集

蘇舜元

舜元字才翁，舊字叔才，開封人，易簡孫。皇祐中，爲提點兩浙刑獄守，尚書度支員外郎。有集。

明道雜志：才翁，子美兄弟也。子美名籍甚，才翁人少稱之。然才翁書字清勁老健，實過子美。至爲詩有嘉句，子美亦不逮也。

送梁子熙聯句

大榮大辱，能生死人。叔才二物不並，以撓厥眞。子美之子病悶，腸如車輪。叔才勞憂到母，餓寒著身。子美世俗鹵莽，輒置莫親。叔才文殺光豔，伏不得伸。子美悽吟哀號，酸入四鄰。叔才夜計破午，若燕作秦。子美腹憤軋軋，胸奇陳陳。叔才淮國晚嶺，吳渠春津。子美去謝夙蘊，歸逢故辛。子美雌火相丑，刮鑿遯屯。叔才駕風鞭霆，以脱凡鱗。子美

苕溪漁隱叢話：山谷云：「二蘇文章，豪健痛快如此，潘、陸不足吞也。」

仙都山

龍車鳳輦入瑤天，轍跡高懸不可攀。唯有風吹鼎湖水，青蓮花葉落人間。仙都山志

青州資政寄示小楷伯夷頌許昌相公以詩跋尾因作詩謝二公兼呈永興觀文相公舜元上

法書遙逐使車還，嘉句新從相府頒。牢落二賢天地外，自注：孤竹之二賢。風流三絕古今間。台文競耀高逾麗，化筆交揮老更閑。不用悲吟恐飛去，豈無神物護重關。鐵網珊瑚

釣鼇石　在長樂當陽寺

未窮雙佛刹，先到一漁家。山雨已殘葉，溪風猶落花。汲泉沙脈動，敲火石痕斜。應是任公子，竹間曾煮茶。福州府志

句

斷香浮缺月，古像守昏燈。宿僧院　明道雜志

陳侁

侁，皇祐間袁州通判。

題鄭都官墳祠

公沒歲已遠，公名人競傳。榛蕪四尺土，風雅三百篇。世未泯斯道，天實生我賢。築宮古原上，一奠一悽然。袁州府志

管師復

師復，龍泉人。從胡安定學，隱居不仕。人稱臥雲先生。

句

滿塢白雲耕不破，一潭明月釣無痕。括蒼彙紀

宋詩紀事卷二十

錢唐　厲鶚　輯
祁門　馬曰璐　同輯

傅堯俞

堯俞字欽之，鄆州須城人，徙孟州濟源。未冠，舉至和四年進士。英宗朝，累遷起居舍人、同知諫院。哲宗朝，拜中書門下侍郎。卒贈銀青光祿大夫，謚獻簡。紹聖中，以元祐黨籍奪謚。有集。

讀書

吾屋雖諠卑，頗不甚蕪穢。置席屋中間，坐臥羣書內。横風吹急雨，入屋灑我背。展卷殊未知，心與古人會。有客自外來，笑我苦癡昧。何致雨侵衣，屢問我不對。必欲窮所因，起答客亦退。聊復得此心，霑溼寧足悔。宋文鑑

李淸臣

淸臣字邦直，魏人。韓魏公妻以兄子。舉進士。治平二年，舉制科，歷尚書右丞。徽宗朝，拜門下侍郎，出知大名府卒。入黨籍。有淇水集。

墨莊漫錄：李邦直有與韓魏公書云：「前書戲問玉梳、金篦者侍白髮翁，幾欲淡死矣。」玉梳、金篦，邦直之侍姬也。或問命名之意，邦直笑曰：「此俗云和尙置梳篦耳。」

投韓太祝

公子乘閑臥絳幮，白衣老吏慢寒儒。不知夢見周公否，曾說當時吐哺無？

青瑣高議：韓魏公知中山，李清臣謁見其姪。吏報曰：「太祝方寢。」清臣爲絕句云云。魏公見之曰：「吾知此人久矣。」遂有東牀之選。

題江干初雪圖

此身何補一毫芒，三辱清時政事堂。病骨未爲山下土，尚尋遺墨話存亡。石林詩話

沂山龍祠祈雨有應作

南山高崚嶒，北山亦峪崒。坐看南山雲，出沒行如驅。歸巖呼始覺，山中有靈物。鬱鬱其焚蘭，覃覃其擊鼓。祝屢歌，巫屢舞。我民無罪神所憐，一夜雷風三尺雨。嶺木兮蒼蒼，溪泉兮央央，雲散諸峯互明滅。東阡西陌農事忙，廟閉山空音響絕。苕溪漁隱叢話

南遷作

居近城南樓，步月時散策。小市早收燈，空山晚吹笛。兒呼翁可歸，恐我意慘戚。從來堅道念，老去倦形役。皇天卒相予，休以南荒謫。宴坐及此時，聊觀鼻端白。

絕句

八尺方牀織白藤，含風漪裏睡瞢騰。若無萬里還家夢，便是三湘退院僧。以上後村詩話

送劉貢父倅海陵

吾儕客京師，晨夕厭讙聒。僦舍八九椽，鬱溽增煩渴。有如轍中魚，噞喁不可活。百鳥趨高門，趍趕互揮喝。論辯若難裁，氣焰欻相奪。所喪或捐軀，所得未易撮。我聞江湖間，連山翠如抹。山下走滄波，山巔富松栝。鳧鴨亂菰蒲，魚鼉聚坡堨。世事劇飛電，人生眞漂沫。誰其違樂遊，而此就羈縶。君直祕書閣，日趨黃金闥。忽思雲水行，飄然詎能遏？朝出都門東，襟胸迥披豁。放舟下淮楚，天地頓空闊。莫苦道路難，暑令倪已末。君看日月疾，俯仰換裘葛。無謂監州微，孔孟猶短褐。時來發光華，春陽奮枯枿。惟君飽才術，流輩服穎脫。早作歸朝期，豈學弦與筈。揚州府志

蔡挺

挺字子正，宋城人，舉進士。神宗朝，歷樞密副使，判南京留司御史臺。卒贈工部尚書，謚敏肅。

以南都種山藥法送介甫 幷序

蒙見索南都種山藥法，幷以生頭百十莖送上，因成小詩。

青青正是中分天，區種何妨試玉延。卽見引鬚緣夏木，定知如蹠薦冬筵。俗傳：種時以足按之，卽如人足。潤還御水冰霜結，蔭逭堯雲雨露偏。自褁自題還自媿，揠苗應笑宋人然。王荆文公詩自注

皇子生獻詩

昨夜薰風入舜韶，君王方避正衙朝。陽暉已得前星助，陰沴潛隨夜雨銷。

耆舊續聞：熙寧六年，有司言四月一日當日蝕，上爲徹樂，避正殿。一夕微雨，明日不見日食。是日有皇子之慶，

百官入賀。蔡子正爲樞副，因獻此詩。其序事切當，時無能過之者。

章望之

望之字表民，浦城人，郇公得象之姪。以蔭爲校書郎，監杭州茶庫，移病去。歐陽修、韓絳等薦之，除知烏程縣，固辭，以光祿寺丞致仕。有集。

夏晝

一日常百刻，轉若車輪忙。千日十萬刻，百年能幾長。達人齊古今，一生甚微茫。夏日豈爲永，而足以較量。人世不足惜，行善乃自彰。無及閑暇時，般樂爲淫荒。夷齊餓人者，顏閔非公王。其人品孰亞，周氏與虞唐。亦用仁義積，豈今身未亡。富貴無可恃，莫與公道強。夜思晝以力，四序皆流光。示君夏晝誦，惕惕其自傷。宋文鑑

蘇洵

洵字明允，眉州眉山人。至和中，歐陽修薦除校書郎，以霸州文安縣主簿，與姚闢同修太常因革禮，書成而卒。有嘉祐集。

雲興于山

雲興于山，靄靄爲霧。匪山不仁，天實不顧。山川我享，爲我百訴。豈不畏天，哀此下土。斑斑鶻鳩，穀穀晨號。天乎未雨，余不告勞。誰爲山川，不如羽毛。

我客至止

我客至止，我迎于門。來升我堂，來飲我樽。羞豔不時，詈我不勤。求我何多，請辭不能。客謂主人，惟子我然。求子之多，責子之深，期子于賢。以上嘉祐集

淨因大覺璉師以閻立本畫水官見遺報以詩

水官騎蒼龍，龍行欲上天。手攀時且住，浩若乘風船。不知幾何長，足尾猶在淵。下有二從臣，左右乘魚黿。矍鑠相顧視，風擧衣袂翻。女子侍君側，白頰垂雙鬟。手執雉尾扇，容如未開蓮。從者八九人，非鬼非戎蠻。出水未成列，先登揚旗旜。長刀擁旁牌，白羽注強拳。雖服甲與裳，狀貌猶鯨鱣。水獸不得從，仰面以手攀。空虛走雷霆，雨雹晦九川。風師黑虎囊，面目昏塵烟。翼從三神人，萬里朝天闕。我從大覺師，得此詭怪篇。畫者古閻子，于今三百年。見者誰不愛，予者誠以難。在我猶在子，此理寧非禪。報之以好詞，何必畫在前。聲畫集

九日和韓魏公

晚歲登門最不才，蕭蕭華髮映金罍。不堪丞相延東閣，閑伴諸儒老曲臺。佳節已從愁裏過，壯心偶傍醉中來。暮歸衝雨寒無睡，自把新詩百徧開。

瀛奎律髓：詩話謂韓魏公九日飲執政，老泉以布衣與坐。今味「閑伴諸儒老曲臺」之句，即是修太常禮之時，非布衣也。

涵虛閣 在南昌東湖，國子博士李寅建。

幽居少塵事，瀟灑似江村。苔蘚深三徑，衣冠盛一門。嶺雲時聚散，湖水自清渾。世德書芳史，傳家有

令孫。南昌府志

胡歸仁

歸仁，至和中成都人。所爲詩，自號「安定八體」。

集句

一第知何日，無端意不移。欲爲青桂主，誰與白雲期。傍架齊書帙，翻瓢作酒巵。文明終有托，休把運行推。

白沙溪繞白雲堆，但有何人把酒杯。專慕聖賢知志氣，可憐談笑出塵埃。碧山終日思無盡，清世難羣好自猜。風滿老松門晝掩，可憐高尚掞天才。

蔡寬夫詩話：亦自精密。但所取多唐末五代人詩，無復佳話耳。

李宗易

宗易字簡夫，宛丘人。歷官尚書屯田員外郎，知光化軍事，仕至太常少卿。有詩集。

閑居有感

進退荷君恩，孤懷豈易論。以閑銷日月，何力報乾坤。架上書千卷，花前酒一尊。相持兩成癖，此外盡忘言。

靜居

大都心足身還足，祗恐身閑心未閑。但得心閑隨處樂，不須朝市與雲山。以上宋文鑑

題峴山石幢

叔子祠荒歲已深，異時賢守重登臨。峴山岑寂瞻風槩，漢水靈長想德音。奉詔始聞新締葺，有知那復歎湮沈。又刊翠琰留南夏，先後功名照古今。襄陽府志

張伯玉

伯玉字公達，建安人。第進士。嘗爲蘇州郡從事，范文正公舉以應賢良方正能直言極諫科。嘉祐中，爲御史，出知太平府，後遷司封郎中。有蓬萊集。

鐵圍山叢談：張端公伯玉，仁廟朝人也。名重當時，號張百杯，又曰張百篇，言一飲酒百杯，一掃詩百篇故也。

明月泉

至今千丈松，猶伴數巖雪。不見纖塵飛，寒泉湛明月。

墨客揮犀：張端公過姑孰，見李太白十詠，歎美久之。周流泉石間，後見一水清激，詢地人，曰：「此名明月泉。」公曰：「太白不題此泉，將留以待我也。」

贈陳虞卿

東吳王孫歸挂冠，玉絲紅鱠滿雕盤。狂吟但覺日月久，醉舞不知天地寬。小圃移花山客瘦，夜窗擣藥橘童寒。新書近日成多少，且告先生旋借看。中吳紀聞

虎丘

東客從來過虎丘，橘花渡口維扁舟。闔閭宮殿不可見，但對古塔寒颼飀。憶昔夫差全勝日，水犀十萬横

吳鉤。楚山既掘荆人冢，越嶺仍將句踐囚。豈謂西施能破國，誰知麋鹿上臺遊。唯有吳王在時月，夜深閑照劍池頭。吳郡志

遙題錢公輔衆樂亭

句章太守錢君倚，湖上新爲衆樂亭。花木豈徒遊子愛，笙歌長與郡人聽。坐來高韻天風起，飲罷餘香夕雨零。安得凭闌縱吟筆，玉觴延對數峯青。延祐四明志

張　鑄

鑄，官京東轉運使。

與葛提舉

提司坑冶是新差，職比催綱勝一階。若發薦章求脚色，下官蹤跡轉沈埋。

趙槩見聞雜錄：張鑄以京東轉運使坐公事降通判太平州，葛洪爲提舉坑冶，取鑄脚色，欲發薦狀，鑄與詩云云。

梅堯臣

堯臣字聖俞，宣城人，詢從子。以蔭補齋郎。嘉祐初，召試，賜進士，擢國子直講，歷尚書都官員外郎。卒。有宛陵集。

宋子京筆記：余每見舊所作文章，憎之，必欲燒棄。梅堯臣曰：「公文進矣，僕之詩亦然。」

歐公詩話：聖俞子美，齊名一時，詩體特異。子美筆力豪俊，以超邁橫絕爲奇；聖俞覃思精微，以深遠閑淡爲意，各極其長。雖善論者，不能優劣。

歸田錄：梅聖俞以詩知名三十年，終不得一館職。晚年，與修唐書，書成，未奏而卒。其初受敕也，語其妻刁氏曰：「吾之修書，可謂猢猻入布袋矣。」刁氏對曰：「君于仕宦，亦何異鮎魚上竹竿耶？」聞者皆以爲善對。

韻語陽秋：張芸叟評梅聖俞詩云：「如深山道人，草衣捆屨，王公大人見之屈膝。」

苕溪漁隱叢話：舊說：梅聖俞日課一詩，寒暑未嘗易也。

敖陶孫詩評：梅聖俞如關河放溜，瞬息無聲。

寄馬遵

三更醉下陵陽峯，仙舟江上去無蹤。槎牙鐵鎖漫橫絕，櫓溼不驚潭底龍。斷腸吳姬指如筍，欲剝玉椎將何從。短翎水鴨飛不遠，邢經細雨山重重。卻顧舊埒病騘馬，塵沙歷盡空龍鍾。

隱居詩話：馬遵謫守宣州，及其去也，郡僚軍民，爭欲駐留，至以鐵鎖絕江。遵于餞筵倚醉，令官妓剝椎實而食，眷眷若留連狀；及以所乘騘寄聖俞家，郡人皆不疑其去也。遵夜使人絕鎖解舟，以水沃櫓牙，使之不鳴。逮曉，舟去遠矣。

舟中與家人飲

月出斷岸口，影照別舸背。且獨與婦飲，頗勝俗客對。月漸上我席，暝色亦少退。豈必在秉燭，此景亦可愛。

西清詩話：晏元獻守汝陰，梅聖俞往見之。將行，公置酒潁河上，因言：「古人章句中，全用平聲，製字穩帖，如『枯桑知天風』是也。恨未見側字詩。」聖俞既引舟，遂作五側體寄公云云。

花娘歌

花娘十二能歌舞，籍甚聲名居樂府。荏苒其間十四年，朝爲行雲暮爲雨。格高氣俊能動人，人能動之無幾許。前歲適從江國來，時因讌席相徵語。雖有幽情未得傳，暗結慇懃度寒暑。去春從客出東城，舟中接膝心已傾。自從稍稍有期約，五月蓮航並釣行。曲隄別浦無人處，始笑鴛鴦浪得名。爾後頓逢殊燕婉，各恨從來相見晚。月下星前不暫離，暫離已抵銀河遠。青鳥傳音日幾回，雞鳴歸去暮還來。經秋度臘無纖失，愛極情專易得猜。前年南圃尋芳卉，小忿不勝投袂起。官司乘釁作威凌，督促倉皇出閭里。瀟瀟風雨滿長溪，一舸飄然逐流水。忽逢小吏向城東，泣淚寄言心欲死。願郎日日致青雲，妾已長甘在泥滓。更悲恩義不得終，世事難憑何若此。郎聞此語痛莫禁，天地無窮恨不已。我今爲爾偶成章，便欲緘之托雙鯉。

莫打鴨

莫打鴨，打鴨驚鴛鴦。鴛鴦新自南州落，不比孤洲老禿鶬。禿鶬尚有獨飛去，何況鴛鴦羽翼長。

侯鯖錄：宣城守呂士龍，好緣微罪杖營妓。後樂籍中得一客娼，妙麗善歌，有聲于江南，士龍眷之。一日復欲杖營妓并麗華，麗華曰：「不避杖，但恐新到某人不安耳。」士龍笑而從之。麗華短肥，故聖俞作莫打鴨以解之。

京師逢賣梅花

驛使前時走馬回，北人初識越人梅。清香莫把酴醾比，只欠溪邊月下杯。

苕溪漁隱叢話：東坡云：此梅二丈絕句。吾雖後輩，猶及與之周旋，覽其親書詩，如見其抵掌談笑也。

采石月下贈功甫

采石月下訪謫仙，夜披錦袍坐釣船。醉中愛月江底懸，以手弄月身翻然。不應暴落飢蛟涎，便當騎鯨上靑天。靑山有冢人謾傳，卻來人間知幾年。在昔熟識汾陽王，納官貰死義難忘。今觀郭裔奇俊郎，眉目眞似工文章。死生往復如康莊，樹穴探環知姓羊。

苕溪漁隱叢話：聖俞贈功甫云云。余謂李白從永王璘之辟，璘敗當誅，郭子儀請解官以贖其罪，有詔長流夜郎。聖俞用此事，尤爲親切。若非姓郭，亦難用矣。功甫母夢李白而生功甫，少有詩名。聖俞嘗曰：「天才如此，眞太白後身也。」

陳恭公挽詞二首

位至三公有，恩加錫謚無。再調金鉉鼎，屢刻玉麟符。已歎鸞同穴，還悲鳳少雛。擁塗看鹵簿，誰爲畢三虞？

公在中書日，朝廷百事叢。王官多不喜，天子以爲忠。富貴人間少，恩榮歿後隆。若非笳鼓咽，寂寞奈秋風。

東軒筆錄：陳恭公事仁宗，兩爲相，悉心盡瘁，百度振舉。然性嚴重，語言簡直，與人少周旋。接賓客以至親戚骨肉，未嘗從容談笑，尤靳恩澤，士大夫多怨之。唯仁宗嘗曰：「不昧我者，唯陳執中耳。」及終也，韓維張洞謚之曰榮靈。仁宗特賜曰恭。薨後月餘，夫人謝氏繼卒，一子纔七歲，諸姪俱之官。葬日，門下之士，唯解賓王至墓所，世人嗟悼之。梅堯臣作挽詞兩首，具載其事。

劉丞相挽詞二首

處外諸侯重，居朝聖主知。祇逢庚子日，夢異戊丁時。歸櫬江山遠，凝笳道路悲。欲傳千古迹，佐世本無爲。

古今皆可見，富貴不常存。歌者未離席，弔賓俄在門。朱輪空返轍，淥酒尚盈尊。人事固如此，令名貽後昆。

東軒筆錄：劉丞相沆鎮陳州日，鄭獬經由丞相爲啓宴于外庭。使妓樂迎引，至通衢，有朱衣樂人誤旨，公性卞急，遽杖于馬前。既而即席，酒數行，而公得疾，舁還府衙而終。先是，張侍讀環夢公馬前有一朱衣人被血而立，至是，果有此變。梅堯臣爲公挽詞詩二首，具載其事。

春雪

朔風三日暗吹沙，蛟龍卷沫噴成花。花飛萬里奪曉月，白日爛堆愁女媧。大明廣庭踏朝賀，雉尾不掃黏宮韡。宮中才人承聖顏，承觴稱壽呼南山。三公免責百姓喜，斗酒十千誰復慳。以上宛陵集

六一詩話：蘇子瞻學士，嘗于淯井監得西南夷人所賣蠻布弓衣，其文織成梅聖俞春雪詩。此詩在聖俞集中未爲絕唱，而異域之人貴重如此。子瞻以余尤知梅聖俞者，得之，因以見遺。余家舊畜琴一張，乃寶曆二年雷會所斲，其聲清越，如擊金石。遂以此布更爲琴囊，二物眞余家之寶玩也。

書竄詩

皇祐辛卯冬，十月十九日。御史唐子方，危言初造膝。曰朝有巨奸，臣介所憤嫉。願條一二事，臣職敢妄率。宰相文彥博，邪行世莫匹。曩時守成都，委曲媚貴暱。銀璫插左貂，窮臘使馳驛。邦媛將夸中，

黃金齎十鎰。爲我寄使君，奇文織纖密。遂傾西蜀巧，日夜急鞭抶。紅經緯金縷，排料鬬八七。比比雙蓮華，篝燈戴心出。幾日成一端，持行如鬼疾。明年觀上元，被服穩稱質。燦然驚上目，遽爾有薄詰。既聞所從來，佞對以末失。且云奉至尊，于妾豈能必。遂回天子顏，百事容丐乞。臣今得粗陳，狡獪彼非一。僞威與賣利，次第推甲乙。是惟陰猾雄，仁斷宜首黜。必欲致太平，在列無如弼。弼亦昧平生，況臣不阿屈。臣言天下公，奚敢身自卹。君旁有側目，喑啞橫詆叱。指言爲罔上，廢汝還蓬蓽。是時白此心，尙不避斧鑕。雖令禦魑魅，甘且同飴密。既知弗可懼，復以強詞窒。帝聲亦大厲，論奏不容畢。介也容甚閑，猛士膽爲慄。立貶嶺外春，速欲爲異物。內外官洶洶，陛下何未悉。卽敢救者誰？襄執左右筆。謂此儻不容，盛美有所咈。平明中執法，懷疏又堅述。介言或似狂，百豈無一實？恐傷四海和，幸勿苦倉卒。亟許遷英山，衢路猶嗟咄。翊日宣白麻，稱快口盈溢。阿附連諫官，去若懷絮蝨。其間因獲利，竊笑等蚌鷸。英州五千里，瘦馬行䮕䮕。毒蛇噴曉霧，晝與嵐氣沒。妻孥不同途，風浪過蛟窟。存亡未可知，雨館愁傷骨。飢僕時後先，隨猨拾橡栗。粤林多蔽天，黃柑雜丹橘。萬室同釀酤，撫遠無禁律。醉去不須錢，醒來弄鳴瑟。山水仍奇怪，已可消憂鬱。莫作楚大夫，懷沙自沈汨。西漢梅子眞，出爲吳市卒。市卒且不慙，況茲別乘秩？

東軒筆錄：張堯佐以進士擢第，累官至屯田員外郎，知開州。會其姪女有寵于仁宗，册爲修媛，堯佐遂驟遷擢。一日中除宣徽、節度、景靈、羣牧四使。是時，御史唐介上疏，引天寶楊國忠爲戒，不報。又與諫官包拯吳奎等七人論列殿上，既而中丞御史留百官列班，以廷諍卒奪堯佐宣徽使，知河陽。唐謂同列曰：「是欲與以宣徽，而假河陽爲名耳！我豈可終已耶？」同列依違不前，唐獨爭之，不能奪。仁宗諭曰：「差除自是中書。」介遂極言宰相文彥博以燈籠錦媚貴妃而致位宰相，今又以宣徽使結堯佐，請逐彥博而相富弼。又言諫官觀望挾奸，而言涉宮掖，語甚切直。仁宗怒，亟召兩府，以疏示之，介猶諍不已。樞密副使梁適叱介，使下殿，介諍愈切。仁宗大怒，玉音甚厲，衆恐禍出不測。是時蔡襄修起居注，立殿陛，即進曰：「介誠狂直，然納諫容言，人主之美德，必望全貸。」遂貶春州別駕。翊日，御史中丞王舉政救解之，改爲英州別駕。始，上怒未已，兩府竊議曰：「若重貶介，則彥博不安。彥博去，即吾屬遞遷矣。」既而果如其料。當是時，梅堯臣作書竄詩云云。始堯臣作此詩，不敢示人。及歐陽修編其集時，有嫌避，又削出此詩，是以少人知，故全錄焉。

贈王英英

山陽女子大字書，不學常流事梳洗。親傳筆法中郎孫，妙畫蠶頭魯公體。

隱居詩話：楚州有官妓王英英，喜筆札，學顏魯公體。蔡襄頗教以筆法，晚年作大字甚佳。梅堯臣贈之詩云云。英英貌甚陋，故有不事梳洗之句。中郎孫，君謨也。

詠老人泉

泉中有老人，隱見不可常。蘇子居其間，飲水樂未央。泉中必有魚，與子日倘佯。泉中苟無魚，子持玩滄浪。歲月不知老，家有雛鳳凰。百鳥戢羽翼，不敢呈文章。去爲仲尼歎，出爲盛時祥。方今天子聖，毋滯此泉旁。

苕溪漁隱叢話：東坡言：先君與梅二丈遊，時軾與子由甚少，未有知者，梅公獨知之。家有老人泉，公作詩云云。聖俞歿，今四十年矣。南遷至合浦，見其門人歐陽晦夫，出其詩稾數十幅，其遺晦夫詩云：「我家無梧桐，安得久留鳳？」

晦夫年六十六，倘少余一歲，然白髮蒼顏略相似，困窮亦不相遠，執手大笑曰：「聖俞所謂鳳者，豈例皆窮如此乎？」

句

不見分香妾，空餘鬬鴨闌。趙韓王故宅　竹陰過晚雨，林表見殘虹。納涼　鬢約寒鴉碧，衣輕舞蝶黃。會東堂　斜陽烏外落，新月樹端生。泛江　綠草旋抽心，青梅猶帶蕚。暮春　五更千里夢，殘月一聲雞。夢後寄永叔　雨過短亭雲斷續，鶯啼高柳路西東。送趙徐州　有客過顏巷，無貧似阮家。和希深見過　曉漲林煙重，春歸野水平。廣福閣　好峯隨處改，幽逕獨行迷。山行　晚雲連雨黑，秋水帶沙渾。朱家曲　山形無地接，寺界與波分。金山　衣霑寒食雨，花發故宮牆。送人永寧　迸筍過幽草，吹香到別家。春日東齋　懸蟲低復上，鬬雀墮還飛。秋日家居　風雨幽林靜，雲烟古寺深。遊嵩避雨　野色逼人寒，嵐光添酒綠。牛首山寺　霜氣冷侵被，月光斜入扉。省中初直　對山憐去鳥，隔樹識遊人。泛西湖　長楊靜響千重瓦，太液寒生幾寸波。雨　南嶺禽過北嶺叫，高田水入低田流。經田家　野鳧眠岸有閑意，老樹著花無醜枝。東溪　花寒蛱蝶猶相守，水冷鴛鴦不暫分。寄王學士　吟窗雜錄

張獻民

獻民，宣城主簿。嘗與梅聖俞倡和。

朝陽洞

撇衣秉火捫石入，路硬磽确黑如漆。窮深不見瞿硎生，洞中依舊石藏室。

夕陽巖

屹嶫欲到倚山脚，涵雲洩雨摩半空。向晚呀然射頹照，疊石爛爛參差紅。以上寧國府志

吳季野

季野與梅聖俞同時，倡和。

遊山門寺望文脊山

宣城百山間，文脊尤奇峯。拔出飛鳥上，圖畫難爲容。聞昔有幽人，捫蘿追赤松。遺形此石室，孤坐鹿裘重。人去邈不返，洞壑空藏龍。側行蒼崖烟，俯仰求靈蹤。逝者追可得，甘棄萬戶封。安能久塵土，傾倒相迎逢。寧國府志

柳紳

紳官著作佐郎。

仙都山

獨出諸峯表，周圍一丈圓。千尋雄鎮地，萬仞上擎天。湖浪動星際，荷花生日邊。終當駕雲鶴，絕頂會神仙。仙都山志

陳若拙

若拙，處州守。

題仙都山

發地更擎天，根盤數畝烟。化工成突兀，輸迹似雕鎸。峭拔殊無倚，孤高衆莫肩。軒轅從此去，知復幾千年。仙都山志

曾鞏

鞏字子固，建昌南豐人，易占長子。嘉祐二年進士。調太平州司法參軍，召爲集賢校理，出知福、明等州。神宗朝，加史館修撰、中書舍人卒。有元豐類稾、續稾、外集。

麻姑山送南城尉羅君

麻姑之路摩青天，蒼苔白石松風寒。峭壁直上無攀援，懸磴十步九屈盤。上有錦繡百頃之平田，山中遺民耕紫烟。又有白玉萬仞之飛泉，噴崖直瀉蛟龍淵。豐堂廣殿何言言，階脚插入斗牛間。樛枝古木不計年，空嗟枵然臥道邊。幽花自嬋娟，林深爲誰妍？但見塵銷境静，翔白鶴，吟清猿，雛禽乳鹿往往嘷荒顛。卻視來徑如緣緪，千重萬疊窮巖巒。下有荆吳粟粒之羣山，又有甌閩一髮之平川。弈棊縱横遠近布，菽麥魚鱗參差高下分岡原。千奇萬異可意得，筆墨秃盡誰能傳？丈夫舒卷要宏達，世路俯仰多拘牽。偶來到此醒心目，便足洗耳辭囂喧。羅夫子，一日遠補東南官。愛此層崖峻壑之秀發，開軒把酒可縱觀。喜此披霧插漢之夐起，出門舉足得往還。羅夫子，一尉東南方屈盤。此邦之人衣食足，問境年年桴鼓閑。几案剸裁得休暇，山水登躡遺紛煩。我行送之思故國，引領南望心常懸。

金山寺

塵外岧嶢鷲嶺宮，架虛排險出青紅。林光巧轉滄波上，海色遥涵白日東。夜静神龍聽呪食，秋涼蒼鶻

起搏風。連荆控蜀長江水，盡在迴廊顧盼中。

錢塘上元夜祥符寺陪咨臣郎中丈燕席

月明如晝露華濃，錦帳名郎笑語同。金地夜寒消美酒，玉人春困倚東風。紅雲燈火浮滄海，碧水樓臺浸遠空。白髮蹉跎歡意少，强顔猶入少年叢。

鮑山　在濟南城東三十里，世傳鮑叔牙管仲分金處。下有鮑城，蓋叔牙食邑。

雲中一點鮑山青，東望能令兩眼明。若道人心似矛戟，山中那得叔牙城？

聖壽院昌山主靜軒

一峯瀟灑背城陰，碧瓦新堂地布金。花落禪衣松砌冷，日臨經帙紙窗深。幽棲鳥得林中樂，燕坐人存世外心。應是白蓮香火社，不妨籃轝客追尋。

凝香齋　在濟南郡，舊名西齋。文定公取韋應物「燕寢凝清香」之句更名。

每覺西齋景最幽，不知官是古諸侯。一罇風月身無事，千里耕桑歲有秋。雲水醒心鳴好鳥，玉砂清耳漱寒流。沉心细細紬黄卷，疑在香爐最上頭。

多景樓

欲收嘉景此樓中，徙倚闌干四望通。雲亂水光浮紫翠，天含山氣入青紅。一川鐘唄淮南月，萬里帆檣海外風。老去衣襟塵土在，祇將心目羡冥鴻。

金線泉

玉甃常浮顥氣鮮，金絲不定路南泉。雲依美藻爭成纈，月照寒溪巧上弦。已繞渚花紅灼灼，更縈沙竹翠娟娟。無風到底塵埃盡，界破冰綃一片天。

能改齋漫錄：齊州城西張諫議園亭，有金線泉，石甃方池，廣袤丈餘，泉亂發其下，東注城壕中，澄澈見底。池心南北，有金線一道，隱起水面，曾南豐有詩。

霧淞

園林初日靜無風，霧淞開花處處同。記得集英深殿裏，舞人齊插玉瓏鬆。

墨莊漫錄：東北冬月寒甚，夜氣塞空如霧，著于林木，凝結如珠玉，見晛乃消，齊、魯謂之霧淞。諺云：「霧淞重霧淞，窮漢置飯甕。」豐年之兆也。曾子固在齊州，詩云云。

北歸

江海多年似轉蓬，白頭歸拜未央宮。堵牆學士爭相問，何處塵埃瘦老翁？以上元豐類藁

將行陪貳車觀燈

行歌紅粉滿城歡，猶作常時五馬看。忽憶使君身是客，一時揮淚逐金鞍。

赴齊州

淮南蓑召鬢毛斑，乞得東秦慰病顔。曉整輕鞍汶陽北，卻銜微雨看青山。以上合璧事類後集

曾布

布字子宣，鞏弟，與兄同年登第。熙寧初，除崇政殿說書。元豐初，累官戶部尚書。哲宗朝，

擢同知樞密院事。徽宗即位，以定策功，拜尚書右僕射。崇寧初，出知潤州，連遭貶竄，復提舉嵩山崇福宮。卒贈觀文殿大學士，謚文肅。入黨籍。

能改齋漫錄：曾子宣以亥年亥月亥日亥時生，章子厚每以四亥公呼之。

布作高陽臺衆樂園成被命與金陵易地兄弟待罪侍從對吏方面實爲私門之慶走筆寄子開弟

表海亭

表海風流舊所聞，青冥飛觀一番新。山河十二名空在，簪履三千迹已陳。極目烟嵐九霄近，滿川樓閣萬家春。由來興廢南柯夢，且喜登臨屬後人。

東皋雜錄：青社表海亭，取太公表東海之義。元祐初，曾子宣爲守，鼎新之，有詩云云。

樓臺丹碧照天涯，塞北江南未足誇。千里烟波方種柳，萬株桃李未開花。一麾同下西清路，兩鎮高迎上將牙。回首林塘莫留戀，風光還屬阿連家。

瀛奎律髓：此事古今希有，將吏交迎送于途，誠盛事也。後子宣相，子開當制，尤爲盛事。又其後居京口，先後一日卒。惜子宣爲小人之相。

靈泉寺

一掬寒泉照眼明，冰霜凛凛坐中清。生芻想見當時客，華屋空留後世名。曉日淨涵金碧影，秋風暗動佩環聲。他年卜築南山下，白首何人共濯纓？撫州府志

曾孝寬

孝寬字公綽，公亮子。以蔭仕。熙寧中，累官簽書樞密院事，吏部尚書。卒贈右光祿大夫。

史院席上奉和首相吳公元韻

御府盼醇釀，君恩錫餕餘。賜筵遵故事，紬史重新書。燕飲難偕此，風流不偉歟。素飡非所職，媿附相君車。揮麈後錄

馬端

端官太常博士，通判延州軍州事。

司馬晉州待制哀辭　石刻在夏縣司馬公祠堂。

志古流難合，談高道自明。風波直恩分，公爲翟牧倅，當曹之還也。人以公始嘗堅辭其辟，當自爲辨。公惻然謝曰：「今日正宜從其行也。」卒不以辨。識者韙之。鍼石盡交情。公與人交，必盡規諫。始若不勝其言，退則敦義彌篤。讓節蒙知厚，公在鳳翔日，被召知諫院，公辭之，自是深簡上心。華班絕綺榮。公生平特立，至爲侍從，皆出宸選。賤生懷感遇，當路假晶熒。端辱公以八使慰薦，遂蒙改官。累忝青油幕，端在益昌及岐下，皆預賓席。中間白玉京。吏文容議緩，端在幕府，每奉公議，特被優假。邦事卹言輕。戊寅年，端輒奏疏言事，公時在京師，嘗見憫孤直。自此嗟流梗，何期苦見兵。是歲，別公出宰鄜城，明年移倅邊郡。塞垣心易動，漳浦信彌驚。今春得三堂信，知公屬疾。玉藥悲無驗，金臺望忽傾。歲闌雲慘淡，天迥淚縱橫。世有眞忠亮，今亡至直淸。舊僚知葬日，投此弔佳城。嘉祐元年十月三十日，著作佐郎管句河東路機宜文字雷憲書。求古錄

祖世英

世英字穎仲，浦城人。第進士。通判融州。

三學院 在新城縣。郭文舉捨宅爲寺。

洞庭之山天下奇，岡巒百轉盤青螭。金堂玉室白雲鎖，中有仙客來棲遲。方晴秀骨郭文舉，孤劍青鞵出巖戶。竭來此地訪禪翁，共掃松花談太古。拏雲忽駕升天行，西歸隻履埋巖坰。聲流影散邈如許，故山惟有松風清。道師懷古興不淺，堂宇橫陳迎翠巘。悠悠遐想山阿人，水帶雲衣猶在眼。涼飈五月吹浮埃，蕉旗竹簭搖空階。我來箕踞發長嘯，月光飛射雲樓開。寸心浩蕩逸天外，欲去復住聊徘徊。永懷西山五色藥，服之羽化登蓬萊。杭州府志

宋詩紀事卷二十一

錢唐　厲鶚　輯
海寧　施謙　勘定

蘇軾

軾字子瞻，洵長子。嘉祐二年，進士乙科。對制策，入三等。累除中書舍人、翰林學士，歷端明殿學士，禮部尚書。紹聖初，坐訕謗安置惠州，徙昌化。徽宗立，赦還，提舉玉局觀。建中靖國元年，卒于常州。高宗朝，贈太師，謚文忠。有東坡前後集、和陶集、應詔集。

明道雜志：蘇惠州嘗以作詩下獄，再起，遂徧歷侍從，而作詩每爲不知者咀味，以爲有譏訕，而實不然也。出守錢唐，來別潞公，公曰：「願君至杭少作詩，恐爲不相喜者誣謗。」再三言之，臨別上馬，笑曰：「若還興也，便有箋云。」時有吳處厚者，取蔡安州詩作注，蔡安州遂遇禍，故有「箋云」之戲。又云：「願君不忘鄙言。某雖老悖，然所謂者希之歲，不妨也善之言。」

敖陶孫詩評：蘇東坡如屈注天潢，倒連滄海，變眩百怪，終歸雄渾。

庚溪詩話：光堯太上皇帝朝，盡復軾官，擢其孫符至尚書。今上皇帝尤愛其文。梁丞相叔子，乾道初任掖垣，一日，內中宿直，召對，上曰：「近有趙夔等注軾詩甚詳，卿見之否？」命內侍取以示之。至乾道末，上遂爲軾御製文集序贊，命有司刊之。因贈太師，謚文忠。又賜曾孫嶠出身，擢爲臺諫侍從。

題韓康公家妓白團扇

曰琯按：續集作雜詩，字句有小異。

窗搖細浪魚吹日，舞罷花枝蜂遶衣。不覺南風吹酒醒，空教明月照人歸。

侯鯖錄：韓康公絳子華謝事後，自潁入京看上元。至十六日，私第會從官，九人皆門生故吏，盡一時名德。如傅欽之、胡完夫、錢穆父、東坡、劉貢父、顧子敦，皆在坐。錢穆父知府至晚，子華不悅。坡云：「今日爲本殿燒香人多留住。」坐客大笑（錢形肖九子母丈夫也）。方坐，出家妓十餘人侍飲，其專寵者曰魯生。舞罷爲遊蜂所螫，子華意不甚懌。久之呼出，持白團扇從東坡乞詩。坡書云云，上句記姓，下句書蜂事，康公大喜。坡曰：「惟恐他姬厮賴，故云耳。」客皆大笑。

題萬松亭

十年種木百年規，好德無人助我儀。縣令若同倉庾氏，亭松應長子孫枝。天公不赦斧斤厄，野火解憐冰雪姿。爲問幾株能合抱，殷勤記取角弓詩。

復齋漫錄：萬松亭，在關山。始，麻城縣令張毅植萬松于道，用以庇行者，且以名其亭。去未十年，而松之存者十不及三四。東坡元豐二年謫居黄州，過而賦詩云。崇寧以還，坡文方禁，故詩碑不復見。而過往題詠者，不可勝紀。鄱陽倪左司濤傷之以詩云：「舊題無儀字，蒼髯有恨聲。」謂此也。

何公橋 一名政和橋

天壤之間，水居其多。人之往來，如鵜在河。順水而行，雲駛鳥疾。惟水之利，千里咫尺。亂流而涉，過膝則止。惟水之害，咫尺千里。沔彼濫觴，蛙跳儵遊。溢而懷山，神禹所憂。豈無一木，支此大壞？舞于盤渦，冰拆雷解。坐使此邦，畫爲兩州。雞犬相聞，胡越莫救。允毅何公，甚勇于仁。始作石梁，其艱其勤。將作復止，更此百難。公心如鐵，匪石則堅。公以身先，民以悅使。老壯負石，如負其子。疏爲玉虹，隱如金隄。直欄橫檻，百賈所棲。我來與公，同載而出。驩呼塡道，抱其馬足。我嘆而言，覘此滔滔。未見剛者，孰爲此橋。願公千歲，與橋壽考。持節復來，以慰父老。如朱仲卿，食于桐鄉。我作銘詩，子孫不忘。

容齋三筆：英州小市，江水貫其中，舊架木作橋，每不過數年，輒爲湍潦所壞。郡守建安何智甫，始壘石爲之。方成，而東坡還自海外，何求文以紀：坡作四言詩，凡五十六句。予侍親居英，與僧希賜遊南山，步過橋上，讀詩碑。希賜云：「眞本藏于何氏。此有石刻，經黨禁亦不存。今以板刻之，乃希賜所書也。」賜因言：何公初請記，坡爲賦此詩，既大書矣，而未遣送。郡侯兵執役者見之，以告何，何又來謁。坡曰：「軾未到橋所，難以想像落筆。」何即命具食，拉坡偕往。坡曰：「使君爲地主，宜先升車。」何謝不敢，乃並轎而行。既至，坡曰：「正堪作詩，晚當奉戒。」抵暮，送與之。蓋中云：「我來與公，同載而出。驩呼塡道，抱其馬足。」故欲同行，以印此語耳。

呂與叔博士挽詞

言中謀猷行中經，關西人物數清英。欲過叔度留終日，未識魯山空此生。論議凋零三益友，功名分付二難兄。老來尙有憂時歎，此涕無從何處傾。

翟耆年籀史：呂大臨字與叔，丞相大防之弟，監鳳翔府司竹監。東西省從官列其行義修飭，文辭爾雅，除太學博士，著考古圖三十卷。其卒也，東坡作挽詩哭之云。

贈李委

山頭鳴鶴向南飛，載我南遊到九嶷。下界何人也吹笛，可憐時復犯龜茲。以上東坡前後集

苕溪漁隱叢話：元豐五年十二月十九日，東坡生日也。置酒赤壁磯下，踞高峯，俯鵲巢，酒酣，笛聲起于江上。客有郭、古二生，頗知音，曰：「笛聲有新意，非俗工也。」使人問之，則進士李委，聞坡生日，作新曲曰鶴南飛以獻。呼

之使前，則青巾紫裘，腰笛而已。既奏新曲，又快作數弄，嘹然有穿雲裂石之聲，坐客引滿醉倒。委袖出嘉紙一幅，曰：「吾何求于公？得一絕足矣。」坡笑而從之。

太眞妃裙帶詞

百疊漪漪水皺，六銖縱縱雲輕。植立含風廣殿，微聞環佩搖聲。

苕溪漁隱叢話：軾自蜀應舉京師，道過華淸宮，夢明皇令賦太眞妃裙帶詞，乃六言詩也，覺而記之。

端午帖子

上林珍木暗池臺，蜀產吳苞萬里來。不獨盤中見盧橘，時于粽裹得楊梅。

墨莊漫錄：玉臺新詠：徐君蒨共內人夜守歲詩：「酒中喜桃子，粽裹覓楊梅。」今人未見以楊梅爲粽。東坡以角黍爲午日之饌，故借言之耳。

來鶴亭

鴻漸偏宜丹鳳南，冠霞披月羽毿毿。酒酣亭子來看舞，有客新名喚作耽。

袁褧楓窗小牘：余汴城故居，近陳州門內蔡河東畔。居後有圃，喬林深竹，映帶城隅。中有來鶴亭，王大父時，有野鶴來棲，遂馴狎不去。蘇子瞻有詩云云。每誦之，未嘗不淚滿靑衫也。

大庾嶺村居題壁

鶴骨霜髯心已灰，靑松夾道手親栽。問翁大庾嶺頭住，曾見南遷幾箇迴？

娛書堂詩話：東坡還至庾嶺上，少憩村店，有一老翁出，問從者曰：「官爲誰？」曰：「蘇尙書。」曰：「是蘇子瞻歟？」曰：「是也。」乃前揖坡曰：「我聞人害公者百端，今日北歸，是天祐善人也。」東坡笑而謝之，因題一詩于壁。

贈妓李宜

東坡居士文名久，何事無言及李宜？恰似西川杜工部，海棠雖好不題詩。

庚溪詩話：東坡謫居齊安，樂籍中李宜者，色藝不下他妓，因讌席中有得詩曲者，宜以語訥，不能有所請，人皆咎之。坡將移臨汝，于飲餞處，宜哀鳴力請，坡半酣，笑謂之云云。

書劉君佐小女裙帶

任從酒滿翻香縷，不願書來繫綵牋。半接西湖橫綠草，雙垂南浦拂紅蓮。

春渚紀聞：每句皆用一事，尤可珍寶也。

戲書徐黃州侍人閭姬

玉筍纖纖揭繡簾，一心偷看綠羅尖。使君三尺毬頭帽，須信從來只有簷。

春渚紀聞：徐黃州之子叔廣，嘗書先生醉墨一幅，乃是張無盡過黃州，而黃州有四侍人，適張夫人攜其一往壻家，爲浴兒之會。無盡因戲語云：「厥有美妾，良由令妻。」即續之爲小賦云：「道得徵章鄭趙，姓稱孫妻閭齊。浴兒于玉潤之家，一夔足矣。侍坐于冰清之側，三英粲兮。」既暮，而張夫人復還，其一乃閭姬也。公復書絕句云云。

春帖子 元祐二年十二月五日進皇太妃閣

東風弱柳萬絲垂，的皪殘梅尙一枝。繭館乍欣蠶浴後，禖壇猶記燕來時。

式古堂書考：殿閣位次春帖，自歐公、涑水之後，惟有坡老因頌寓規，不但求工樂府而已。坡老欲以秦郎供帖子，豈非以其才調宜用于此耶？少遊不歷此官，莫知工拙。周美成亦有才思者，代內制春帖子卅首，率平平無奇。及讀楊廷秀詩云：「玉堂著句轉春風，諸老從前亦寓忠。誰爲君王供帖子，丁寧綺語不須工。」劉潛夫嘗充儤值，恨不得當筆措詞，以續古人。使果楊、劉爲之，人不知能如坡否？若徒緝綺麗諛說之詞，則在太白清平樂、王建、和凝宮詞下風矣。噫，元祐往矣，咸淳而後，不見春帖者，四五十年矣。黄金臺下，白玉堂中，今揮翰手，代不乏人，太平典故，行當拭目。錢唐淳祐遺民仇遠謹書。

烏臺詩案

年譜云：元豐二年己未，先生四十四歲。七月，太子中允權監察御史何大正、舒亶，諫議大夫李定，言公作爲詩文，謗訕朝政及中外臣僚，無所畏憚。國子博士李宜之狀亦上。七月二日，奉聖旨送御史臺根勘。二十八日，皇甫遵到湖州追之，過南京，文定張公上劄，范蜀公上書救之。八月十八日，赴臺獄。時獄司必欲寘之死地，煅煉久之不決。子由請以所賜爵贖之，而上亦終憐之，促其獄。十二月二十四日，得旨責檢校尚書水部員外郎，黄州團練副使，本州安置。

按：舒亶論公云：陛下發錢本以業貧民，則曰：「贏得兒童語音好，一年強半在城中。」陛下明法以課羣吏，則曰：「讀書萬卷不讀律，致君堯舜知無術。」陛下興水利，則曰：「造物若知明主意，應教斥鹵變桑田。」陛下議鹽鐵，則曰：「豈是聞韶解忘味，邇來三月食無鹽。」

聞見錄：李定，王介甫客也。定不持所生母仇氏服，蘇子瞻以爲不孝，惡之。定以爲恨，後遂劾子瞻作詩謗訕朝政云。

東坡云：昔年過洛，見李公簡。言眞宗既東封，訪天下隱者，杞人楊朴能爲詩，召對，自言不能。上問：「臨行有人作詩送卿否？」朴曰：「唯臣妻有一首云：『更休落魄耽杯酒，且莫猖狂愛詠詩。今日捉將官裏去，這回斷送老頭皮。』」上大笑，放還山。余在湖州，坐作詩追赴詔獄，妻子送余出門，皆哭，無以語之。顧謂妻子曰：「子獨不能如楊處士妻，作一詩送我乎？」妻子不覺失笑，余乃出。

山村絶句

煙雨濛濛雞犬聲，有生何處不安生。但教黄犢無人佩，布穀何勞也勸耕。

詩案云：此詩意言是時販私鹽者多帶刀杖，故取前漢龔遂，令人賣劍買牛，賣刀買犢。曰：「何爲帶牛佩犢？」意言但得鹽法寬平，令民不帶刀劍而買牛犢，則民自力耕，不勞勸督，以譏鹽法太峻不便也。

老翁七十自腰鐮，慚愧春山筍蕨甜。豈是聞韶解忘味，邇來三月食無鹽。

詩案云：此詩意言山中之人，飢貧無食，雖老猶自採筍蕨充飢。時鹽法峻急，僻遠之人，無鹽食用，動經數月。若古之聖賢，則能聞韶忘味，山中小民豈能食淡而樂乎？以譏鹽法太急也。

杖藜裹飯去悤悤，過眼青錢轉手空。贏得兒童語音好，一年强半在城中。

詩案云：此詩意言百姓請得青苗錢，立便于城中浮費使卻。又言鄉村之人一年兩度夏秋稅，及數度請納和糴預買錢，今來更添青苗助役錢，因此莊家小子弟，多在城市，不著次第，但學得城中語音而已。以譏新法青苗助役不便也。

塔前古檜

凛然相對敢相欺，直幹淩雲未要奇。根到九泉無曲處，世間唯有蟄龍知。

石林詩話：元豐間，蘇子瞻繫御史獄，神宗本無意深罪之。時相進呈，忽言蘇軾于陛下有不臣之意。神宗改容曰：「軾固有罪，然于朕不應至是。卿何以知之？」時相因舉軾檜詩云：「根到九泉無曲處，世間唯有蟄龍知。」陛下飛龍在天，軾以爲不知己，而求地下之蟄龍，非不臣而何？」神宗曰：「詩人之詞，安可如此論。彼自詠檜，何預朕事？」時相語塞。章子厚亦從旁解之，遂薄其罪。子厚嘗以語余，且以醜言詆時相曰：「人之害物，無所忌憚，有如是也。」

王定國聞見近錄：王和甫嘗言：蘇子瞻在黃州，上數欲用之，王禹玉輒曰：「軾嘗有此心唯有蟄龍知之句，陛下龍飛在天而不敬，乃反求知蟄龍乎？」章子厚曰：「龍者非獨人君，人臣亦皆可言龍也。」上曰：「自古稱龍者多矣，如荀氏八龍、孔明臥龍，豈人君也？」及退，子厚詰之曰：「相公乃欲覆人家族邪？」禹玉曰：「此舒亶言爾。」子厚曰：「亶之唾，其亦可食乎？」

贈孫莘老

嗟余與子久離羣，耳冷心灰百不聞。若對青山談世事，當須舉白便浮君。

詩案云：任杭州通判日，轉運司差往湖州，相度隄岸利害，因與知湖州孫覺相見，作詩與之。某是時約孫覺并坐，客如有言及時事者，罰一大盞。雖不指言時事是非，意言時事多不便，不得說也。

天目山前綠浸裾，碧瀾堂下看銜艫。作隄捍水非吾事，閑送苕溪入太湖。

詩案云：某爲先曾言水利不便，卻被轉運司差相度隄岸，又云「作隄捍水非吾事」，意言本非興水利之人，以譏水利之不便也。

趙彥材云：先生倅杭，以開運鹽河至湖，其言「作隄捍水非吾事」，意謂于此可以爲隄，而事不在己也。

秋日牡丹

一朵妖紅翠欲流，春光回照雪霜羞。化工只欲呈新巧，不放閑花得少休。

詩案云：杭州一僧寺內，開牡丹花數朵，陳襄作絕句，某和之。此詩譏當時執政，以化工比執政，以閑花比小民，言執政但欲出新意擘畫，令小民不得暫閑也。

寄子由

眼看時事力難任，貪戀君恩退未能。遲鈍終須投劾去，使君何日換聾丞。

詩案云：某初到杭州寄弟轍詩。此詩云「眼看時事力難任」，時事謂新法青苗助役等事也，言己才力不能勝任。意亦是譏新法事煩難了辦也。

八月十五觀潮

吳兒生長狎濤淵，冒利忘生不自憐。東海若知明主意，應教斥鹵變桑田。

詩案云：時新有旨禁弄潮，故云「吳兒生長狎濤淵，冒利忘身不自憐」。蓋言弄潮之人爲貪官中利物，致其間有溺死者，故朝旨禁斷。某爲主上好興水利，因作此詩。言「東海若知明主意，應教斥鹵變桑田」，意言東海若知此意，當令斥鹵地盡變桑田。此事之必不可成者，以譏興水利之難成也。

和李常韻

何人勸我此間來，弦管生衣甑有埃。綠蟻濡唇無百斛，蝗蟲撲面已三回。磨刀入谷追窮寇，灑涕循城拾棄孩。爲郡鮮歡君莫歎，猶勝塵土走章臺。

詩案云：李常寄來字韻，某依韻和之。此詩譏新法減削公使錢太甚，及造酒不得過百石，致弦管生衣，釜甑有塵，及言蝗蟲、盜賊、災傷、饑饉之甚，以譏朝廷政事闕失，及新法不便之所致也。

題風水洞

山前乳水隔塵凡，山上仙風拂檜杉。細細龍鱗生亂石，團團羊角轉空巖。馮夷窟宅非梁棟，御寇車輿謝轡銜。世事漸艱吾欲去，永隨二子脫譏讒。

詩案云：熙寧七年八月望，遊杭州風水洞，留題此詩云：「世事漸艱吾欲去，永隨二子脫譏讒。」意謂朝廷行新法之後，世事漸以艱難，小人多務讒謗，某思之不可以合，又不可以容，故欲棄官求隱居之地也。趙彥材詩注云：蓋言世態可厭，欲從馮夷之水居，禦寇之風馭，爲可以脱讒譏也。詩集作「欲出」，詩案作「吾欲去」，今從詩案。

和劉道原

敢向淸時怨不容，直嗟吾道與君東。坐談足使淮南懼，歸去方知冀北空。獨鶴不須驚夜旦，羣烏未可辨雌雄。廬山自古不到處，得與幽人子細窮。

詩案云：和劉道原見寄詩，意謂劉恕有學問，性正直，故作此美之。因以譏諷當今進用之人也。「敢向淸時怨不容」，是時恕自館中出監稅，言非敢怨時之不容子也。馬融謂鄭康成「吾道東矣」，故以比之。汲黯在朝，淮南寢謀，又以比恕之直也。又使韓愈云「冀北馬羣遂空」，言館中無人也。嵇紹昂昂，如獨鶴在雞羣；又淮南子：「雞知將旦，鶴知夜半。」又以劉恕比鶴，謂衆人爲雞也。詩云：「具曰余聖，誰知烏之雌雄。」意言當今朝廷進用之人，君子小人雜處，如烏不可辨雌雄也。

習射放鷹

青蓋前頭點皁旗，黄茅岡下出長圍。弄風驕馬跑空立，趁兔蒼鷹掠地飛。回望白雲生翠巘，歸來紅葉滿征衣。聖朝若用西涼簿，白羽猶能效一揮。

詩案云：知密州日，因祭常山回，與同官習射放鷹，作此詩。意取西涼州主簿謝艾，本是書生，卻善用兵。意以自比，言聖朝若用某爲將，不減謝艾也。

和劉攽韻

白髮相望兩故人，眼看時事幾番新。曲無和者應思郢，論少卑之且借秦。歲惡詩人無好語，夜長鰥守向誰親。少思多睡無如我，鼻息如雷撼四鄰。

詩案云：熙寧九年，劉攽寄秦字韻詩與某，尋和之。此詩云「眼看時事幾番新」，以譏近日更立新法事多也。

十載漂然不可期，那堪重作看花詩。門前惡語誰傳出，醉後狂歌自不知。刺舌君今猶未戒，灸眉我亦更何辭。相從痛飲無餘事，正是春容最好時。

詩案云：劉攽聞人唱某小詞，作詩相戲，某和之。此詩引賀拔惎以錐刺其子舌，戒以言語事，以戲攽。又不合引王舒狂言，爲王敦灸其眉事以自比，以譏時人不能容狂直之言也。

和李清臣韻

五斗塵勞尙足留，閉門聊欲治幽憂。羞爲毛遂囊中穎，未許朱雲地下遊。無事會須成好飲，思歸時亦賦登樓。羨君幕府如僧舍，日向城西看浴鷗。

詩案云：弟轍時在徐州，李清臣與詩，于詩後批云「可求子瞻共和」，某次其韻。朱雲，漢成帝時乞斬張禹，漢成帝欲誅之，朱雲曰：「臣得地下從龍逄、比干遊，足矣。」龍逄、比干皆因諫而死。某爲屢言新法，不蒙施行，不合以朱雲自比，意言聖明之世，必無誅戮之事，故未許與朱雲地下遊。及王粲是魏武帝時人，因天下亂離，故粲在荊州，依託劉表，作登樓賦，中有懷鄉思歸之心，意亦欲作此賦也。

送李清臣

珥筆西歸近紫宸，太平典册不緣麟。付君此事寧論晉，載我當時舊過秦。門外想無千斛米，墓中知有百年人。看君兩眼明如鏡，休把春秋坐素臣。

詩案云：李清臣差修國史，賦詩送之。某于仁宗朝曾進論二十五首，皆論往古得失。賈誼，漢文帝時人，追論秦之過失，作過秦論，史記載之。某妄以賈誼自比，意欲李清臣于國史中載所進論。

司馬君實獨樂園

元城先生語錄云：老先生于國子監之側得故營地，創獨樂園，自傷不得與衆同也。以當時君子自比伊、周、孔、孟，公乃以種竹澆花事自比晉、唐間人，以救其弊也。

胡苕溪云：元城所謂當時君子自比伊、周、孔、孟者，意誚金陵也。

青山在屋上，流水在屋下。中有五畝園，花竹秀而野。花香襲杖屨，竹色侵盞斝。罇酒樂餘春，棋局消長夏。洛陽古多士，風俗猶爾雅。先生臥不出，冠蓋傾洛社。雖云與衆樂，中有獨樂者。才全德不形，所貴知我寡。先生獨何事，四海望陶冶。兒童誦君實，走卒知司馬。持此欲安歸，造物不我舍。名聲逐我輩，此病天所赭。撫掌笑先生，年來學瘖啞。

詩案云：司馬光在西京葺一園，名獨樂園，作詩寄之。此詩言四海望光執政陶冶天下，以譏見任執政，不得其人。又言兒童走卒，皆知其姓字，終當進用。緣光曾言新法不便，某亦曾言新法不便，既言終當進用光，意亦譏朝廷新法不便，終用光改變此法也。又言光卻瘖默不言，意望光依前上言，攻擊新法也。

送劉攽通判泰州

君不見阮嗣宗，臧否不挂口。莫誇舌在牙齒牢，是中唯可飲醇酒。讀書不用多，作詩不須工。海邊無事日日醉，夢魂不到蓬萊宮。秋風昨夜入庭樹，蓴絲未老君先去。君先去，幾時回？劉郎應白髮，桃花開不開？

詩案云：此詩云：「君不見阮嗣宗，臧否不挂口。莫誇舌在牙齒牢，是中唯可飲醇酒。」言當學阮籍口不臧否人物，唯可飲酒，勿談時事。意以譏新法不便，不容人直言也。

送曾鞏通判越州

醉翁門下士，雜遝難爲賢。曾子獨超軼，孤芳陋羣妍。昔從南方來，與翁兩聯翩。翁今自憔悴，子去亦宜然。賈誼窮適楚，樂生老思燕。那因江檜美，遂厭天庖羶。但苦世論隘，聒耳如蜩蟬。安得萬頃池，養此橫海鱣。

詩案云：曾鞏通判越州，臨行，館閣同舍舊例餞送，衆人分韻，得然字韻。此詩云：「但苦世論隘，聒耳如蜩蟬。」以譏近日朝廷進用，多刻薄之人，議論褊隘，諠亂如蟬。又云「安得萬頃池，養此橫海鱣」者，以比曾鞏賢才也。後漢黃憲汪汪如萬頃陂，言安得有度量如黃憲者，以容養此宏才也。熙寧五年，某寫書柬寄曾鞏，言賦役毛起，鹽法峻急，民不安命，以譏新法青苗助役，煩碎如毛，及鹽法峻急不堪也。

留題風水洞

春山磔磔鳴春禽，此間不可無我吟。路長漫漫傍江浦，此間不可無君語。金鯽池邊不見君，追君直過定山村。路人皆言君未遠，騎馬少年淸且婉。風巖水穴舊聞名，只隔山溪夜不行。溪橋曉溜浮梅蕚，知君繫馬巖花落。出城三日尚逶遲，妻孥怪罵歸何時。世上小兒誇疾走，如君相待今安有？

詩案云：熙寧七年二月二十七日，遊杭州風水洞，節推李佖知軾到來，先行三日，留彼見待。某到彼，于壁上留題詩。末句云：「世上小兒誇疾走，如君相待今安有？」意以譏諷世之小人，多務急進也。

先生詩話云：舊讀蘇子美六和塔詩云：「松橋待金鯽，竟日獨遲留。」初不喻此語。及倅錢唐，乃知寺後池中有此魚，金色也。昨日復遊池上，投餅餌，乃略出，不食，復入。則此魚自珍貴蓋久矣。

和劉道原寄張師民

仁義大捷徑，詩書一旅亭。相夸綬若若，猶誦麥青青。腐鼠何勞嚇，高鴻本自冥。顛狂不用喚，酒盡漸須醒。

詩案云：此詩譏近日朝廷進用之人，以仁義爲捷徑，詩書爲逆旅，但爲印綬爵祿所誘，則假捷徑以進，如莊子所謂儒以詩禮發冢，故云麥青青。又言小人之顧祿位，如鴟鳶以腐鼠嚇鵷鶵，其溺于利，如人之醉于酒，盡則自醒也。

元城先生語錄：子弟固欲其佳，然不佳者，亦未必無用處。元豐二年，東坡下御史獄，天下之士痛之，環視而不敢救。時張安道在南京，憤然上疏，欲附南京遞，府官不敢受，乃遣其子恕持至登聞鼓院投進。恕素愚懦，徘徊不敢投。後東坡出獄，見其副本，因吐舌色動久之。問其故？東坡不答。後子由亦見之，云：「宜吾兄之吐舌也，此事正得張恕力。」或問其故？子由曰：「獨不見鄭崇之救蓋寬饒乎？其疏有云：『上無許、史之屬，下無金、張之託。』此語正是激宣帝怒耳。且寬饒正以犯許、史輩有此禍，今乃再許之，是益其怒也。且東坡何罪？獨以名太高，與朝廷爭勝耳。今安道之疏乃云：『其文學實天下之異才也。』獨不激人主之怒乎？但一時急欲救之，故爲此言耳。」僕曰：「然則是時救東坡，宜爲何說？」先生曰：「但言本朝未嘗殺士大夫，今乃開端，則是殺士大夫自陛下始。神宗好名而畏義，疑可以止之。」詩案所載不止此，餘長篇詳見別集刊行。

御史獄中遺子由

聖主如天萬物春，小臣愚暗自亡身。百年未滿先償債，十口無歸更累人。是處青山可藏骨，他年夜雨獨傷神。與君今世爲兄弟，更結來生未了因。

本序云：予以事繫御史臺獄，府吏稍見侵，自度不能堪。死獄中，不得一別子由，故作詩授獄卒梁成，以遺子由。以上詩林廣記

蘇轍

轍字子由，洵次子。與兄軾同登進士，舉制科。哲宗朝，代軾爲翰林學士，累拜尚書右丞，進門下侍郎。自紹聖初至崇寧，再被謫貶，晚罷祠，居許州，復大中大夫，致仕。自號潁濱遺老。卒，追復端明殿學士。淳熙中，謚文定。有欒城前集、後集、應詔集。

南窗

京城三日雪，雪盡泥方深。閉門謝還往，不聞車馬音。西齋書帙亂，南窗朝日升。展轉守牀榻，欲起復不能。開戶失瓊玉，滿階松竹陰。故人遠方來，疑我何苦心。疎拙自當爾，有酒聊共斟。

容齋隨筆：此其少年時所作也。東坡好書之，以爲人間當有數百本，蓋閑淡簡遠，得味外味。

題李公麟山莊圖 并序

伯時作龍眠山莊圖，由建德館至垂雲沜，著錄者十六處。自西而南，凡數里，巖崿隱見，泉源相屬，山行者路窮于此。道南溪山，清深秀峙，可遊者有四：曰勝金巖、寶華巖、陳彭漈、鵲源。以其不可緒見也，故特著于後。子瞻既爲之記，又屬轍賦小詩二十章，以繼摩詰輞川之作云。

龍眠淨淥中，微吟作雲雨。幽人建德居，知是清風主。建德館

此心初無住，每與物皆禪。如何一丸墨，舒卷化山川。墨禪堂

佛口如瀾翻，初無一正定。畫作正定看，于何是佛性。華嚴堂

清溪便種稻，秋晚連雲熟。不待見新春，西風薌自足。雲薌閣

山開稍有路，水放亦成川。遊人得所息，眞意方淡然。發眞塢

山居少華麗，牽茅結淨屋。此間不受塵，幽人亦新沐。薌茅館

泉流逢石缺，脈散成寶網。水作瓔珞看，山是如來相。瓔珞巖

石室空無主，浮雲自去來。人間春雨足，歸意帶風雷。棲雲室

世道自碎破，全理未嘗違。溪山亦何有，永覺平日非。祕全菴

共恨春不長，逡巡就搖落。一見洞中天，眞知世間惡。延華洞

石門日不下，潭鏡月長臨。細細溪風渡，相看識此心。澄元谷

層崖落飛泉，微風泛喬木。坐遣谷中人，家家有琴筑。泠泠谷

白龍晝飲潭，修尾挂石壁。幽人欲下看，雨雹晴相射。玉龍峽

倚崖開翠壁，臨潭置苔石。有所獨無人，君心得未得。觀音巖

未見垂雲沜，其如歸與何。路窮雙足熟，爲我洗盤陀。垂雲沜

置馬步巖間，巖前得平地。肴蔬取行篋，粗飽有遺味。勝金巖

團團寶華巖，重重蔭珍木。歸來得商鼎，試鬻溪邊綠。寶華巖

蒼壁立精鐵，縣泉瀉天紳。山行見自久，指與未來人。陳彭漈

深溪龜魚驕，石瘦椿楠勁。借子木蘭船，寬我芒鞵病。鵠源　四時皆記伯時所畫

秦虢夫人走馬圖二絶

秦虢風流本一家，豐枝穠葉映雙花。欲分妍醜都無處，夾道遊人空嘆嗟。

朱轓玉勒鞚飛龍，笑語喧嘩步驟同。馳入九重人不見，金鈿翠羽落泥中。

書郭熙横卷

鳳閣鸞臺十二屏，屏上郭熙題姓名。崩崖斷壑人不到，枯松野葛相攲傾。黄散給舍多肉食，食罷起愛飛泉清。皆言古人不復見，不知北門待詔白髮垂冠纓。袖中短軸纔半幅，慘淡百里山川横。巖頭古寺擁雲木，沙尾漁舟浮晚晴。遥山可見不知處，落霞斷雁俱微明。十年江海興不淺，滿帆風雨通宵行。投篙椓杙便止宿，買魚沽酒相逢迎。歸來朝中亦何有，包裹觀闕圍重城。日高困睡心有適，夢中時作東南征。眼前欲擬要真物，拂拭東絹付與汾陽生。

李公麟陽關二絶

百年摩詰陽關語，三疊嘉榮意外聲。誰遣伯時開縞素，消條邊思坐中生。

西出陽關萬里行，彎弓走馬自忘生。不堪未别一杯酒，長聽佳人泣渭城。

周昉畫美人歌

深宫美人百不知，飲酒食肉事遊嬉。彈絲吹竹舞羅衣，曲終對鏡理鬢眉。岌然高髻玉釵垂，雙鬟窈窕萼葉微。宛轉躑躅從嬰兒，倚楹俯檻皆有姿。擁扇執拂知從誰，瘦者飛燕肥玉妃。俯仰向背樂且悲，

九重深遠安得窺。周生執筆心坐馳，流傳人間眩心脾。飛瓊小玉雲霧幃，長風吹開忽見之。夢魂淸夜那復追，老人衰朽百事非。展卷一笑亦相爲，持付少年良所宜。

奉使契丹寄子瞻

誰將家集過幽都，每被行人問大蘇。莫把文章動蠻貊，恐妨談笑臥江湖。

苕溪漁隱叢話：此欒城集中詩也。澠水燕談錄云：張芸叟奉使大遼，宿幽州館中，有題蘇子瞻老人行于壁間者。聞范陽書肆，亦刻子瞻詩數十篇，謂之大蘇集。芸叟題其後曰：「誰傳佳句到幽都，逢著胡兒問大蘇。」此二句與子由之詩全相類，疑好事者改之，而爲此說也。

使契丹題寺壁

亂山環合疑無路，小徑縈迴長傍溪。彷彿夢中尋蜀道，興州東谷鳳州西。以上欒城集

池北偶談：古北口一寺中，有石刻蘇潁濱詩云云。蓋公元祐間奉使契丹時所題，而遼人刻石者。

追和張文定公

少年便識成都尹，中歲仍爲幕下賓。待我江西徐孺子，一生知己有斯人。

容齋四筆：張文定公在蜀，一見蘇公父子，即以國士許之。熙寧中，張守陳州南都，辟子由幕府。元豐初，東坡謫齊安，子由貶監筠酒稅，與張別，張悽然不樂，酌酒相命，手寫一詩。後七年，子由召還，猶復見之于南都。及元符末，自龍川還許昌，因姪叔黨出坡遺墨，再讀張所贈詩，其薨已十年，泣下不能已，乃追和之云云。哀而不怨，使人至今有感于斯文。

贈姜公弼

生長芸閒已異芳，風流稷下古諸姜。適從瓊管魚龍窟，秀出羊城翰墨場。滄海何曾斷地脈，白袍端合破天荒。錦衣他日千人看，始信東坡眼目長。

墨莊漫錄：東坡在海外，瓊州士人姜公弼來從學，坡題其扇云：「滄海何曾斷地脈，白袍端合破天荒。」公弼求足之，坡云：「候汝登科，當爲汝足。」後入廣陵貢，至京師時，坡已薨。乃謁黄門于許下，子由乃爲足之云。

蘇隨

隨，晉江人。嘉祐二年進士。任博羅令，棄官歸里，號紫雲先生。葆神鍊氣，不與俗接。後數年，端坐而逝。

紀夢

夢乘鸞鳳到仙家，侍女風流魏月華。琥珀盞斟千歲酒，琉璃瓶種四時花。金函藏籙文刊玉，石壁題名篆點砂。一枕北窗初睡覺，日移門外柳陰斜。泉南雜記

方仲謀

仲謀字公輔，淳安人。嘉祐二年進士。官殿中丞。有雉山集。

南峯亭

水色山光照曲闌，芳春時節稱遊觀。鶯花不爲少年惜，尊俎莫辭終日歡。香逐好風來席上，景隨佳句落毫端。人間勝事今猶古，誰識相并四者難。青溪詩集

黄履

履字安中，邵武人。嘉祐二年進士。累除知制誥。哲宗朝，歷翰林學士、御史中丞，拜尚書右丞，提舉中太一宫卒。入元祐黨籍。孫伯思，字長睿，著東觀餘論。

史院席上次首相吴公元韻

禮放三事宴，史發兩朝餘。偶綴金閨彦，來紬石室書。法良司馬不，辭措子游歟。盛事逢衰孏，重須讀五車。揮麈後錄

蔣之翰

之翰，之奇兄，守蘇州。

換蘇印和弟穎叔

從來疎拙孏身謀，攬轡登車已倦遊。幸有醉鄉爲樂地，何妨吟笑老東州。吴郡志

蔣之奇

之奇字穎叔，宜興人。嘉祐二年進士。哲宗朝，累擢翰林學士。徽宗朝，拜同知樞密院事，除觀文殿學士，出知杭州，提舉靈仙觀卒。入黨籍。有集。

春帖子

昧旦求衣向曉雞，蓬萊仗下日將西。花添漏鼓三聲遠，柳映春旗一色齊。丹陽集

和鮑娘題兑溪驛

盡日行荒徑，全家出瘴嵐。鮑娘詩句好，今夜宿江南。清波雜志

和兄之翰寵換蘇印

早同侍宦向長洲，今擁旌麾訪舊遊。自古風流詩酒地，韋蘇州後蔣蘇州。吳郡志

題海陵天慶觀樂子長眞人碑

瑶壇三級滿蒼苔，想像眞人飲赤杯。颯颯仙風動杉檜，只應飈馭暫歸來。徐神翁語錄

和祕閣曝書會

宴豆追儒雅，簪纓成禮容。中天開壁府，左海見鼇峯。汗簡陳三館，緗圖煥九重。紫薇方思敏，十吏筆能供。事文類聚後集

奉敕宿齋于上淸館儲祥宮

日月圜丘吉，前期告上淸。揭來修祀事，齋潔奉祇明。靈囿賓瑶館，仙遊列玉京。丹青浮象魏，盛典照蓬瀛。合璧事類外集

寄米元章

京城汩沒與如何，歸棹翩翩返薜蘿。蠹室生涯寄京口，滿牀圖籍鎖巖阿。六朝人物東流盡，千古山河北固多。爲借文殊方丈地，中間容箇病維摩。浮名齋帖

卽事

渭水岐山不出兵，卻攜琴劍錦官城。醉來身外窮通小，老去人間毁譽輕。捫蝨雄豪空自許，屠龍工巧

竟何成。雅聞岷下多區芋，聊試寒爐玉糝羹。《詩林萬選》

游朝陽巖遂登西亭 有序

朝陽巖，在瀟江之西，去治城不遠。唐永泰二年，元次山爲道州刺史，避兵至零陵，訪而得之。以其東嚮，遂名朝陽。方是時，結有盛名于世，故永之守丞獨孤愐、竇泌，爲之翦荆棘，建茅閣，結又爲之銘與歌。其後，柳子厚繼爲之詩。予以子厚詩考之，正所謂西亭者也。復爲之亭，而系以詩。

昔遊不在遠，幽巖臨治城。嶔岑俯瀟碧，廖豁延陽明。緣澗可徑入，滑路傴仄行。泉源自何來？涓涓玉鏘鳴。疑穿雲雷窟，常帶魚龍腥。寒江淨瀉鏡，怪石坐開屏。幽鳥馴可羅，潛蛟深莫罾。梯險接層棧，冠巔聳危亭。俯睨極元窅，仰攀窮青冥。蹇曠出物表，高虛挹元英。惜哉非吾土，不得憩此生。舊業寄陽羡，故園依晉陵。秋風滆湖白，春色頤山青。一從紳笏去，遂使猨鶴驚。迂疎晤時機，孱瑣叨官榮。謫棄分所宜，媿恧顏已盈。人生詎有幾，世累吾方輕。願言解羈紲，上疏還簪纓。寧居召魂魄，恬養休性情。紛華屏外慕，沖澹嚴中扃。窮年伴農圃，畢志先疇耕。

澹巖

零陵水石天下聞，澹山之勝難具論。初從崖口入地底，始見殿閣開重門。乃知茲洞最殊絕，洞中金碧開祇園。寬平可容萬人坐，仰視有若覆盎盆。虛明最宜朝日照，陰晦常有黑雲屯。盤虯夭矯垂乳下，巨獸突兀巨石蹲。木香一株在巖壁，人跡峭絕不可捫。呀然雙穴露天半，籠絡萬象將并吞。只疑七竅混沌在，五竅忘失兩竅存。神奇遺跡未泯滅，至今猶有斧鑿痕。雲牀石屏極隈隩，昔有居士常潛蟠。避秦不出號徵君，美名遂入賢水源。咸通曾爲二蛇窟，元暢演法蛇輒奔。從茲其中建佛刹，棲隱不復聞世喧。惜哉此景久埋沒，但與釋子安枯禪。次山子厚愛山水，探索幽隱窮晨昏。朝陽洎迮若就迣，石角禿鬝如遭髡。豪篇矜誇過其實，稱譽珉石爲璵璠。環觀珍寶欲掩有，不到勝處天所慳。嗟予至此虩未覩，不暇稱讚徒驚歎。恨無雄文歷奇怪，好事略與二子班。蕪詞願勒巖上石，勿使歲久字滅漫。以上零陵志

清光亭

鄭圃僕射陂，漢陽郎官湖。郎官何爲名？張謂佩使符。泛觴江城南，乃與太白俱。明月一萬頃，清光天下無。

萍鄉卽事

地接長沙近，鄉名自古聞。毛山千嶂雪，玉女一堆雲。拱木扶霄上，飛泉觸石分。霜風萍實老，目斷楚江濆。以上湖廣通志

重湖閣

宮亭彭蠡接揚瀾，浩蕩横空六月寒。試問風波何似險？老僧只管倚闌干。廬山志

水西示劉尉

役役塵埃倦客情，偶逢佳處得閑行。憑君爲把如椽筆，便向蒼崖記姓名。寧國府志

題到氏田舍　到氏查林田舍，到洽到溉兄弟所居。

六朝冠蓋俱塵土，到氏今無苗裔存。當時任昉過田舍，野老猶記查林村。宜興縣志

丁隲

隲字公默，晉陵人。嘉祐二年進士。除太常博士，由儀曹出知處州。有集。

賡蘇東坡

秀出眉山有慶門，風流長與蜀山存。翰林未老生曾嫡，想見纍纍百世孫。

毘陵志：隲與二蘇同年，有女適二蘇從子彭孫，得甥，東坡報以詩，隲賡云云。

呂惠卿

惠卿字吉甫，晉江人，璹子。嘉祐二年進士。爲眞州推官。熙寧初，王安石薦于神宗，累官翰林學士，參知政事。元祐初，除建寧軍節度副使，建州安置。崇寧中，安置宣州，再移廬州死。

有東平集。

復齋漫錄：子美詩：「笠澤鱸肥人鱠玉，洞庭橘熟客分金。」呂吉甫詩：「魚出淸波庖膾玉，菊含寒露酒浮金。」呂勝于蘇，蓋人客兩字雖無亦可。

答逢原

晨出趨長司，跪坐與之言。偶然脫齟齬，相送顏色溫。歸舍未休鞍，簿書隨滿門。相仍賓客過，敧午僅朝餐。平生性嬾惰，應接非吾眞。況乃重戕賊，良氣能幾存。就夜甫得息，閱我几上文。開卷未及讀，睡思已昏昏。自知小人歸，昭昭復何云。每于淸夜夢，多見夫子魂。側耳聽高義，如飲黃金樽。覺來

不得往，欲飛無羽翰。昨日得子詩，我心子先論。怪我書若遲，友道宜所敦。豈不旦夕思，實苦案牘繁。豈無同官賢，未免走與奔。相見鞅掌間，有言無暇陳。嗟嗟茲世上，無食同所患。念我力難任，聞子謀更艱。久知為之天，安能怨窶貧。吾聞君子仕，行義而已焉。亦將達吾義，肯遂為利牽。東海有滄溟，西極有崑崙。古來到者誰，不過數子尊。子已具車航，吾亦為機輪。欲一從子遊，不知何時然？王令廣陵集附

戲題風乞兒扇

無人肯作原注：音佐。除非乞，沒藥堪醫最是風。求乞害風都占斷，算來世上少如公。

賓退錄：趙鑑堂朝野遺事云：呂吉甫在趙韓王南園，京師丐人風乞兒者，持大扇造呂求詩，呂即書扇上云。

留題興安王廟

蘙薈疏封意，歸禾協濟心。遺風固唐遠，積德本周深。逝水悲興廢，浮雲閱古今。祠宮尚翬翼，鳴玉漱松陰。晉祠石刻

許廣淵

廣淵，杭州新城人。嘉祐二年進士。

淨名院

杖錫窮危頂，茅菴構白雲。軒窗千峯出，鐘磬別山聞。海月曉同色，爐烟晝雜熏。莫教深靜處，思慮落塵氛。咸淳臨安志

王　韶

韶字子純，江州德安人。嘉祐二年進士。熙寧中，歷龍圖閣學士，知熙州，拜觀文殿學士，樞密副使，罷知洪州。卒謚襄敏。有敷陽集。

詠裕老菴前老松

綠皮皴剝玉嶙峋，高節分明似古人。解與乾坤生氣槩，幾因風雨長精神。裝添景物年年別，捭闔窮愁日日新。惟有碧霄雲裏月，共君孤影最相親。

復齋漫錄：王公韶，少日讀書于廬山東林裕老菴，菴前有老松，因賦此詩。王荊公爲憲江東，過而見之，大加稱賞，遂爲知己。

張　載

載字子厚，先世大梁人，後居鳳翔之横渠鎮，學者稱横渠先生。嘉祐二年進士。以薦爲崇文院檢書，同知太常禮院卒。有崇文集。

絕句

渭南涇北已三遷，水旱縱横數畝田。四十二年居陝右，老年生計似初年。

兩山南北雨冥冥，四牖東西萬木青。面似枯髏頭似雪，後生誰與屬遺經？後村詩話

移疾

移疾謝華省，問耕還弊舍。扶持便疎慵，曠僻逃將迓。晝棊莎徑側，暮粥桐陰下。久矣澄清心，永媿桑

弧射。瀍洛風雅

林希

希字子中，號醒老，福州人。嘉祐二年進士。哲宗朝，累遷翰林學士，同知樞密院事。建中靖國初，罷知揚州，徙舒州卒。贈資政殿學士，謚文節。

詔修兩朝國史開局日史院賜筵首相吳公席上有作奉和元韻

調元台極貴，頒宴帝恩餘。昔副名山錄，今裁史觀書。天心憂作者，國論屬誰歟。寂寞懷鉛客，容瞻相府車。揮麈後錄

初至吳門示諸弟兼呈伯原教授

夢寐家山忽五春，君恩乞與守符新。便推白傅爲前政，更得梁鴻作部民。入境喜逢餘秉穗，舉杯無復歎鱸蓴。左司西掖誠非據，非是詩情媿昔人。

將之宣城留别吳門效白樂天體

被召守東吳，夜渡揚子津。拭目迎家山，洗我京洛塵。此邦多賢豪，況復平生親。初欲循故事，公宴月三旬。庶以敍契闊，豈徒樂吾身。臨州未閲月，吏牘方紛紜。避嫌俄得請，主地翻爲賓。尊酒未重持，行樂知何因。物理可勝歎，俯仰迹已陳。趣整震澤帆，遙挹敬亭春。五月而報政，速哉彼齊人。今我若置郵，何德于吳民？舉手謝吳民，自笑行役頻。使君不能詩，煩汝迎送勤。來慙白太守，去媿謝宣城。以上吳郡志

吳興

遶郭芙蕖拍岸平，花深蕩槳不聞聲。萬家笑語荷花裏，知是人間極樂城。方輿勝覽

賀滕元發守吳興

清風樓下兩溪春，二十餘年一夢新。自注：元發初第，即倅湖州，距是三十年矣。欲識玉皇香案吏，水晶宮裏謫仙人。湖州府志

馮山

山字允南，蜀之普州人，初名獻能。嘉祐二年進士。熙寧末，爲祕書丞，通判梓州，終祠部郎中。有安岳集。

山路梅花

傳聞山下數株梅，不免車帷暫一開。試向林梢親手折，早知春意逼人來。何妨歸路參差見，更遣東風次第催。莫作尋常花藥看，江南音信隔年回。

西縣道中

溪水引我行，梁山邀我坐。山水已清絕，春容碧相和。下馬取酒餘，梅飄酒中墮。日落醉不去，青茸草間臥。

謝人惠兗墨

故人山東來，遺我數丸墨。握丸大如指，盥水重拂拭。濃磨向日看，古瓦增潤澤。經屑不見紙，淸光隱深黑。書云舊所祕，聞今已難得。庭珪死已久，至寶世罕識。御府從近存，人間萬金直。兗州擅高

價，比歙固少抑。古松亦將盡，神奇漸衰息。文章不見貴，筆研豈可擲。牢落況此君，雖精淡無色。憐君情好古，投贈彙以臆。世事持此觀，噫嗟共冥默。

晁氏墨經：兗、沂、登、密之山，總謂之東山。東山之松，色澤肥膩，性質沈重，品惟上上。舊以十月煎膠，十一月造墨。工則兗州陳朗，朗弟遠，子惟進、惟迨，與易水奚氏並稱。

元豐九域志：潞州、兗州、絳州，皆貢墨一百枚。

答江安尉鮮于頎野翁

寶峯首相聚，錦屛袂一判。音容阻良覿，歲月嗟易換。我官潼江曲，君尉瀘水岸。到處逢酒徒，無人作詩伴。南風灑襟袖，佳句適我願。汶蜀幾萬里，信息偶中斷。三軒風雅會，蕭條各分散。孤吟少儔侶，衆喙易嘲讚。念君同所嗜，路近聲可喚。唱酬實相資，牽率豈辭憚。璽璽郊籍心，無爲簿書亂。

八陣磧

永安宮前瀼西磧，萬流峽口爭奔激。秋濤捲地裂山谷，水落依然陣圖出。陣形聚拳六十四，傳是武侯親手跡。斯人管蕭豈足道，身在巴東心漢室。從容所遇皆法制，浩蕩胸中萬分一。陰機暗與天地合，壯氣曾將鬼神役。至今千載屹不動，渺莽幾深難致詰。豈徒豪傑重嗟賞，應有神靈長護惜。廟偏裸裎七壯士，酒炙紛紛走巫覡。萬事顚倒皆偶然，臥龍無處霑餘瀝。以上安岳集

趙衮

衮字希甫。以殿中丞致仕，歸隱嘉禾。

平江亭邀馮允南同作

文公昔記滕王閣，氣象終天拂寥廓。崔顥題詩黃鶴樓，今日聲華還磊落。安漢城頭有佳處，江山清氣歸簾幕。少陵無人謫仙死，不遇材豪終寂寞。蒼苔滿地荆棘生，梁棟塵埃喧鳥雀。風流賢守一登臨，久倚闌干情不薄。夜來風月覺澄清，天意人心如素約。仙葩當見浮空來，幾百年來無此作。嗟予好古今白頭，到底支離材力弱。木桃或見致瓊瑤，免對江山負慚怍。四朝詩

鄧潤甫

潤甫字溫伯，建昌人。嘗避高魯王諱，以字行，別字聖求。第進士。累除知制誥、翰林學士，進承旨。紹聖初，歷尚書左丞卒。贈開府儀同三司，謚安惠。

春帖子

晨曦瀲灩上簾櫳，金屋熙熙歌吹中。桃臉似知宮宴早，百花頭上放輕紅。丹陽集

道中詠懷奉寄利州馮允南使君

交印夔人國，分襟汴水隄。十年難會合，一夢頓乖暌。官序潘生拙，詩文庾信齊。諸公多汲引，憲府屢提攜。不肯乘驄馬，那能出寶雞。安恬輕世味，瀟落見天倪。照物聰明決，爲邦聞望躋。笑譚清岸獄，暇豫勸耕犁。不忍爲鉤距，何嘗設町畦。燕堂傳夜燭，遊轂碾春泥。衆服題鸚鵡，疇將食駃騠。草黃思隼擊，梧碧值鸞棲。欲問無來使，開編有舊題。君方安玉壘，予亦遠金閨。地隔江波闊，書傳鳥翼稽。豈知雙鬢白，相見兩當西。內顧微他技，殊私收遠黎。辭親愁不斷，叱馭意空迷。吳苑飛雲杳，春

城北斗低。南山千里雪，劍閣萬盤溪。夜宿星邊驛，朝行石上谿。深疑窺地軸，高駭躡天梯。看岫時攲帽，聽泉或杖藜。蕭蕭黃葉下，裊裊冷猿啼。蜀道無艱險，人心漫慘悽。永懷持後橐，遙想綴朝圭。直北瞻天日，征西疊鼓鼙。相期郡齋冷，清話看揮犀。全蜀藝文志

田開

開，嘉祐初，知封州。

臨封雜詠

我愛臨封好，詩人與味長。嶺南蕉子國，海上荔支莊。民有百年壽，家藏十載糧。宦遊無遠近，樂處是仙鄉。

我愛臨封好，賓朋日往還。年來甘白酒，老去盎朱顏。引鶴遊西寺，攜琴上北山。君恩雖未報，公外且偷閑。肇慶府志

趙挺之

挺之字正夫，密州諸城人。舉進士。徽宗朝，歷右僕射，中書門下侍郎，再除觀文殿大學士，佑聖觀使。卒贈司徒，謚清憲。

題朱樸隱居天和堂

華亭山水佳，秀色宛如畫。前賢有遺迹，卜築俟來者。高人養天和，放浪寄林野。安知歲月徂，但喜名利捨。傳家得之子，流輩推博雅。春風振客衣，逸櫂東南下。賦詩臺閣彥，落筆珠璣瀉。持觴拜親膝，

喜色動鄉社。都城十二衢，塵土翳車馬。一夢逐君行，茲懷已蕭灑。松江府志

范百祿

百祿字子功，華陽人，鎮姪。舉進士。終中書侍郎。謚文簡。祖禹，其姪也。

中秋待月夜分乃見

十二周流數，經行自不違。長圓非物理，暫晦亦天時。人欲終宵玩，雲纔逐族移。祇應逢此景，無足累心期。古今歲時雜詠

楊壽祺

壽祺，官著作郎，合江令。

將過益昌先寄馮允南使君

衮衮京華志氣低，歸心長伴日輪西。蒼顏白髮因新選，明月清風思舊溪。屈指光陰時節晚，舉頭霄漢路歧迷。巴陵太守應憐我，準擬經過醉似泥。馮山安岳集附

李時亮

時亮字端夫，博白人。嘉祐中進士。累官御史大夫。與陶弼相賡和，有李陶集。

蟠龍山

獨臥粵南天盡頭，吐吞清氣壓林丘。風雲上下三千丈，霧雨西南十六州。古磵有泉穿石冷，陰崖無暑滿山秋。我來結構林亭下，時復凭欄看未休。名勝志

宋詩紀事卷二十二

錢唐　厲　鶚　輯
休寧　汪　塤　勘定

王觀

觀字通叟，高郵人。一作如皋人。嘉祐二年進士。累遷大理丞，知江都縣。嘗著揚州賦及芍藥譜。

莫惱翁

轂垂乾穗豆垂角，雨足年登不勝樂。烏巾紫領銀鬚長，白酒滿杯翁自酌。翁醉不知秋色涼，兒捋翁鬚孫撼牀。莫惱翁，翁年已高百事慵。

竹坡詩話：此詩可與張文昌爭衡。

李渤

渤字子文，樂昌人。嘉祐二年進士。官至朝奉郎，知白州。

韶州府志：渤世業儒，有聲嶺表，郡人號李夫子。嘗試南昌，作聞伯夷之風頑夫廉賦，人稱爲李伯夷。

武溪

扁舟初汎入瀧船，隱約乘槎上漢年。岸狹束成三級浪，山高分得一毫天。掃開盤石那無酒，流出桃花恐有仙。靑史若能留姓字，直須來此釣溪烟。韶州府志

郟亶

亶字正夫，太倉人。嘉祐二年進士。初授睦州團練推官，除司農寺丞，提舉兩浙水利。元祐初，爲太府寺丞，出知溫州卒。有吳門水利書。

鍾山訪王荆公 時遣其子㒞就學

十里松陰蔣子山，暮烟收盡梵宫寬。夜深更向紫微宿，坐久始知凡骨寒。一派石泉流沆瀣，數庭霜竹顫琅玕。大鵬汎有摶風便，還許鷦鷯附羽翰。中吳紀聞

王回

回字深父，福州侯官人。嘉祐二年進士。補亳州衛眞縣主簿，歲餘，自免去。治平初，以薦知南頓縣，命下而卒。有集。

浙江有感

候潮門外浙江西，曾憶浮舟自此歸。萬古波濤今日是，一身蹤跡昔人非。愁侵壯齒頭先白，淚入秋風眼易眵。日暮彷徨不能去，連隄疎柳更依依。咸淳臨安志

呂大鈞

大鈞字和叔，大防弟。嘉祐二年，進士乙科，終于鄜延路漕司屬官。從橫渠張子學。有誠德集。

曾點

函丈從容問且酬，展才無不至諸侯。可憐曾點推鳴瑟，獨對春風詠不休。宋文鑑

黄通

通字介夫，邵武人。嘉祐二年進士。除大理寺丞。

元夕

春樓十二玉梯横，紫府千門夜不扃。疑是嫦娥弄春色，彩雲移下一天星。邵武府志

劉煇

煇元名幾，字之道，鉛山人。嘉祐四年，進士第一。官大理評事。有東歸集。

文獻通考：陳氏曰：煇文體奇澀，歐陽公惡之，下第。及是，在殿廬得其賦，大喜，既唱名，乃煇也，公愕然。堯舜性仁賦，至今傳誦。

與客遊太平僧舍

兩道翠陰迎騎合，四圍清氣逼人來。林端有路雲千級，物外忘機酒一杯。輪府名談

豐稷

稷字相之，明州鄞人。嘉祐四年進士。徽宗朝，歷官御史中丞、工部尚書兼侍讀，以樞密學士出守越州。入元祐黨籍，安置台州，徙建州卒。建炎中，追復學士，謚清敏。

運司園亭詩 和章質夫

玉谿堂

一水從何來？應是崑山頂。疏成緑玉池，虚堂逗清影。公退冷然賞，了非心外境。魚泳陽光動，鳥啼

春晝永。

漱玉亭

養源在西山，如玉抱精白。引之落錦渠，歷耳不可擇。風雨雜鳴球，珠璣寫雲液。恰似偃溪聲，醒悟迷途客。以上成都文類

題朱樸隱居天和堂

路左漿先饋，門前屨幾重。勇歸塵事擲，恬處道心濃。弄水知幽谷，覩雲想妙峯。夜深孤鶴唳，清露滴高松。至元嘉禾志

駕幸太學

鳳幄雲開日月光，九霄鳴蹕下虞庠。朝元進士鴻成列，拱極名臣玉照行。問道賈生稱五學，乞言戴聖美三王。上心夙悟周公戒，天下安危自一堂。中州題詠集

朱長文

長文字伯原，其先越州剡人，家吳郡。嘉祐四年進士。授祕書省校書郎，改許州司戶參軍，充蘇州教授。築室郡西，表曰樂圃，鄉人稱爲樂圃先生。紹聖間，除祕書省正字，兼樞密院編修卒。有樂圃文集。

避暑録話：元豐間，淮、浙士人以疾不仕，因以行義聞鄉里者二人：楚州徐積仲車、蘇州朱長文伯原。仲車以聾，伯原以跛。

奉陪太守及諸公遊虎丘

何必襄陽孟浩然，苦吟自可繼前賢。虎丘合去十二度，見白公詩 熊軾再遊三百年。雲閣爲君追舊額，飛雲閣，本名齊雲樓，今追復之。霓裳從古播朱弦。白公在蘇作霓裳曲 此行不減唐人樂，暢飲惟無八酒仙。

次梅評事韻

餅盂蕭灑似村家，任有籯金豈足誇。自入醉鄉頭不白，新詩何用祝蒼華。以上樂圃餘稿

胡宗愈

宗愈字完夫，常州人，宿從子。嘉祐四年進士。哲宗朝，歷尚書右丞，終吏部尚書。

寄題錢公輔衆樂亭

平湖拍岸海潮通，亭在平湖杳靄中。花豔含春雲島晚，波光照夜玉壺空。動搖人影雙橋月，洗滌塵襟四面風。野老半酣亭下笑，漁樵今日與民同。延祐四明志

章惇

惇字子厚，浦城人。嘉祐四年進士。元豐中，歷門下侍郎。哲宗即位，還知樞密院事、左僕射兼門下侍郎，還特進，封申國公。徽宗朝，責潭州安置，再貶雷州司戶參軍，徙湖州居住。

揮麈餘話：章惇之父俞，郇公族子。早歲無行，妻之母楊氏，早寡，俞與之通。已而生子，以一合置水，緘置其內，持以還俞。俞得之云：「此兒五行甚佳，將大吾門。」既長登第，即惇也。東坡先生送其出守湖州詩云：「方丈仙人出淼茫，高情猶愛水雲鄉。」惇以爲譏己，怨之。紹聖中爲相，坡渡海，蓋修怨也。

遊虎丘次韻

闔閭城外小層巒，瘦竹寒松數里間。並岸逢僧知近寺，入門鑿石漸登山。純鉤劍化空池在，幽獨詩成白日閑。遊客幸無官事束，何須齋舫斂昏還。

和蒲宗孟遊虎丘山書錢唐舊遊

傳聞城角艤行舟，自擁笙歌選勝遊。偶爲寒江阻潮汐，再容清賞矚林丘。燕回吳苑風和雪，夢斷錢唐月滿樓。盡把蘇杭好烟景，醉吟將去託東州。以上吳郡志

題李邦直家江行初雪圖

江頭微雪北風急，憶泊武昌舟尾時。潮來浪打船欲破，擁被醉眠人不知。退齋閑雅錄

過石槽鋪 在邵陽

瘴癘潛銷瑞氣和，梅峯千里潤烟蘿。人逢雙堠雖云遠，路在好山寧厭多。方輿勝覽

梅山歌

開梅山，開梅山，梅山萬仞摩星躔。捫蘿鳥道十步九曲折，時有僵木横崖巔。肩摩直下視南岳，迴首蜀道猶平川。人家迤邐見板屋，火耕磽确多畬田。穿堂之鼓堂壁懸，兩頭擊鼓歌聲傳。長藤酌酒跪而飲，何物爽口鹽爲先。白巾裹髻衣錯結，野花山果青垂肩。如今丁口漸繁息，世界雖異如桃源。熙寧天子聖慮遠，命將傳檄令開邊。給牛貸種使開墾，植桑種稻輸緡錢。不持寸刃得地一千里，王道蕩蕩堯爲天。大開庠序明禮敎，撫柔新俗威無專。小臣作詩備雅樂，梅山之崖詩可鐫。此詩可勒不可泯，

頌聲千古長潺潺。

湖廣總志：長沙國，漢高帝始王吳芮。芮將梅鋗時以益陽梅林爲家，號梅山。後爲蠻王扶氏據之。至宋熙寧六年，章惇諭平五寨，分其地爲二，始以下梅山地安化縣屬武安軍。惇有梅山歌云云。

張芻

芻字聖民。嘉祐四年進士。官度支員外郎，守登州，又爲淮南轉運使。

題招提院靜照堂

檇李舊禪扉，叢林自翠微。寺居天外靜，僧向日邊歸。野水涵齋几，閑雲宿釣磯。庭前祖來意，誰爲柏依依。至元嘉禾志

陸仲

題招提院靜照堂

閑房增締構，宴坐隔囂埃。屋木不加飾，庭花時自開。虛明殊止水，寂絕等寒灰。齋外無餘事，欣逢高士來。至元嘉禾志

徐徽

徽字仲元，滁州人。嘉祐四年進士。歷官提舉利州，改常平，抗疏致仕。居獨山，號獨山翁。編滁陽慶曆集。

襄城

胙土分茅奠此岡，金根玉輅總輝光。誰知三百餘年後，老樹殘蟬送夕陽。滁陽志

蔡確

確字持正，晉江人。嘉祐四年進士。歷知制誥、御史中丞，參知政事。元豐五年，拜尚書右僕射兼中書侍郎。哲宗立，轉左僕射。元祐中，罷知陳州，奪職徙安州，又徙鄧州。坐譏訕，責英州別駕，新州安置。

題王維江行初雪畫

吳兒龜手網寒川，急雪鳴蓑浪拍船。青弋渡頭曾臥看，令人卻憶十年前。聲畫集

春日

十二天街雨壓沙，秋千咿喔響人家。東風會勸十分酒，寒食初開百玉花。年少斬新金絡馬，柳陰無數畫輪車。春來誰道遲遲日，尤覺春來日易斜。後村千家詩

崇政殿放榜

黃帕開封出奏篇，銀袍二百玉階前。威顏咫尺瞻中扆，名姓傳呼下九天。宮墨旋題黃甲字，禁門已簇杏花韉。孤臣拜賜交悲喜，相望光芬十五年。合璧事類前集

楊花

楊花三月暮，撩亂送春歸。盡日閑相逐，無風亦自飛。輕輕攔乳燕，故故撲征衣。莫上高樓望，徘徊滿落暉。合璧事類別集

悼侍兒

鸚鵡言猶在，琵琶事已非。傷心瘴江水，同渡不同歸。

侯鯖錄：持正謫新州，侍兒從焉，名琵琶，常養一鸚鵡，甚慧。丞相呼琵琶，即扣一響板，鸚鵡傳言呼之。琵琶逝後，誤扣響板，鸚鵡猶傳言，丞相大慟，感疾不起，嘗爲詩云云。

夏日登車蓋亭

公事無多客亦稀，朱衣小吏不須隨。溪潭直上虚亭裏，臥展柴桑處士詩。

一川佳景疎簾外，四面涼風曲檻頭。綠野平流來遠棹，青天白雨起靈湫。

紙屏石枕竹方牀，手倦抛書午夢長。睡覺莞然成獨笑，數聲漁笛在滄浪。

苕溪漁隱叢話：蔡確守安州，夏登車蓋亭，作十絕句，爲吳處厚箋注，得罪。謫新州，其一絕云云，殊有閑適自在之意。

靜中自足勝炎蒸，入眼兼無俗物憎。何處機心驚白鳥，誰人怒劍逐青蠅。

西山彩翠見松筠，日日來看色轉新。聞說桃花巖石畔，讀書曾有謫仙人。

風搖熟果時聞落，雨滴餘花亦自香。葉底出巢黄口鬧，波間逐隊小魚忙。

來結芳廬向翠微，自持杯酒對清暉。水趨夢澤悠悠過，雲抱西山冉冉飛。

矯矯名臣郝甑山，忠言直節上元間。古人不見清風在，歎息思公俯碧灣。

溪中曾有戈船士，溪上今無佩犢人。病守翛然唯坐嘯，白鷗紅鶴伴閑身。

喧豗六月浩無津，行見沙洲束兩濱。如帶溪流何足道，沈沈滄海會揚塵。

堯山堂外紀：蔡確以弟碩贓敗，謫守安州。夏日登車蓋亭，作此十絕。時吳處厚知漢陽軍，箋注以聞。其略云：五篇涉譏諷：「何處機心驚白鳥，誰人怒劍逐青蠅」，以譏讒譖之人；「葉底出巢黄口鬧，波間逐隊小魚忙」，譏新進用事之人；「睡起莞然成獨笑」，方今朝廷清明，不知確笑何事？「矯矯名臣郝甑山，忠言直節上元間」，按：郝處俊，封甑山公，唐高宗欲遜位天后，處俊上疏諫，此事正在上元三年，今皇太后垂簾，遵用章獻明肅故事，確指武后以比太后；「沈沈滄海會揚塵」，謂人壽幾何，尤非佳語。宣仁盛怒，令確分晰，終不自明，遂貶新州。

楊傑

傑字次公，無爲軍人。嘉祐四年進士。元祐中，歷禮部員外郎，出知潤州，除兩浙提點刑獄卒。有無爲集。

勿去草行

勿去草，草無惡，若比世俗俗浮薄。君不見長安公卿家，公卿盛時客如麻，公卿去後門無車。又不見千里萬里江湖濱，觸目悽悽無故人，唯有芳草隨車輪。一日還舊居，門前草先鉏。草與主人實無負，主人于草宜何如？勿去草，草無惡，若比世俗俗浮薄。

謝公約惠墨竹圖

幽人噴墨寫成竹，變化琅玕作元玉。公約贈我兩大軸，不比丹青凡草木。六月都城苦炎燠，車馬紛紛正馳逐。曲臺官冷晝掩關，淨掃虚堂展寒緑。簾間忽有微風來，不動纖枝清滿屋。憶得扁舟載雪時，曾寄會稽江上宿。

二妃廟

黄陵二妃廟，客過動愁顔。湘水有時盡，帝車何日還？血斑千畝竹，魂斷九疑山。欲問蒼梧事，白雲生棟間。以上無爲集

雨花臺　梁武帝時，有雲光法師講經于此。

空書來震旦，康樂造淵微。貝葉深山譯，曼花半夜飛。香清雖透筆，蘂散不霑衣。舊社白蓮老，遠公應望歸。六朝事蹟

淨居寺　在建昌新城縣南

達人到岸不須船，留寄寒雲幾百年。欲問上方多少遠，爲言先過淨居天。輿地紀勝

西湖參寥山房

我愛參寥一味閑，巖房占得畫屏間。斫開東廡數枝竹，放入西湖十里山。石底酌泉清徹骨，門前逢客强爲顔。白雲幽鳥應相信，出本無心倦即還。咸淳臨安志

元祐元年六月十六日還自海上入佛日山法慧道場瞻禮懷禪師塔時長老彌公即阿育王大覺禪師之嗣也送予出山酌甘泉而別因留詩

佛日山前水，行人甘露杯。須知源派遠，直自四明來。鐵網珊瑚

劉祕

祕官奉職，與楊文公倡和。

贈傳神歐陽价

筆妙今爲第一人，心期造化奪天眞。精神形骨從來一，移入青縑似兩身。古今詩話

李顒

舟泊太湖

旋經義興境，頓棹石蘭渚。震澤爲何在，今惟太湖浦。圓經縈五百，盼目眇無覿。高天淼若岸，長津雜如縷。窈窕尋灣碕，迢遞望巒嶼。驚飈揚飛湍，浮霄漾懸岨。輕禽翔雲漢，遊鱗憩中滸。黯靄天時陰，嶢巖舟航舞。馮河安可馴，靜觀戒行旅。震澤編

關景仁

景仁字彥長，錢唐人，魯之子。嘉祐四年進士。

贈小蘇

昔日聞蘇小，今朝見小蘇。未知蘇小貌，得似小蘇無？

泗上錄：元居中作宿守，郡有官妓小蘇，善歌舞，令就座客關彥長求詩，贈之云云。

李定

定字資深，揚州人。舉進士。元豐間，官御史中丞。哲宗朝，謫居滁州。

詩話總龜：李定字仲求，洪州人。又李定字資深，揚州人，元豐中御史中丞。又李定，濟南人，嘉祐中老子正卿。同姓名者凡三人。

老學菴筆記：潘子賤題蔡奴傳神云：嘉祐間，風塵中人亦如此，嗚呼盛哉！蔡實元豐中人也。仇氏初在民間生子，爲浮屠，曰了元，即佛印禪師。又爲廣陵國子博士李問妾，生定。出嫁郜氏，生蔡奴，故京師人謂蔡奴爲郜六。

東軒筆錄：司農少卿朱壽昌在襁褓，所生母被出。治平中，棄官入關中尋訪，得于陝州。蘇子瞻作詩序，且譏切世之不養者。李定見之，大愧恨。會爲中丞，劾軾作詩訕謗，將致不測，賴上保持之，止黜爲黃州團練副使。

海棠

輕紅如杏素遮梨，直似佳人照碧池。已是化工敎豔絕，莫嫌青帝與開遲。烟滋綽約明雙臉，雨借妖饒入四支。西蜀有名須得地，瓊林高壓百花奇。海棠譜

琴溪

芳草茸茸襯馬蹄，兩陪憲節過琴溪。東風又屬梨花月，膏雨新調燕子泥。郵舍亭空蒼蘚合，釣臺人去暮雲棲。此行不憚驅馳遠，千里江山入品題。寧國府志

邵雍

雍字堯夫，河南人。嘉祐中，詔求遺逸，授將作監簿，復舉逸士，補潁州團練推官，稱疾不起，名其居曰安樂窩，自號安樂先生。元祐中，謚康節。有擊壤集。

安樂窩

半記不記夢覺後，似愁無愁情倦時。擁衾側臥未欲起，簾外落花撩亂飛。

聞見前錄：司馬溫公愛此詩，請書紙簾上。

謝司馬君實諸公買園

重謝諸公爲買園，買園城裏占林泉。七千來步平流水，二十餘家爭出錢。嘉祐卜居終是僦，熙寧受券遂能專。鳳凰樓下新閑客，道德坊中舊散仙。洛浦清風朝滿袖，嵩岑皓月夜盈軒。接䍦倒戴芰荷畔，談麈輕揮楊柳邊。陌徹銅駝花爛漫，隄連金谷草芊綿。青春未老尚可出，紅日已高猶自眠。洞號長生宜有主，窩名安樂豈無權。敢于世上明開眼，會向人間別看天。盡送光陰歸酒盞，都移造化入詩篇。也知此片好田地，消得堯夫筆似椽。

聞見前錄：康節先公慶曆間過洛，愛其山水風俗之美，始有卜築之意。至皇祐元年，洛人爲買宅于履道坊西、天慶觀東，康節復還葉縣。嘉祐七年，王宣徽尹洛，就天津橋南五代節度使安審琦故宅基爲屋三十間，請康節還居之。富韓公命其客孟約買對宅一園，皆有水竹花木之勝。熙寧初，行買官田之法，天津之宅亦官地，榜三月，人不忍買。諸公曰：使先生之宅，他人居之，吾輩蒙恥矣。司馬溫公而下，集錢買之，先生以詩謝溫公諸公云云。今宅契司馬溫公戶名，園契富韓公戶名，莊契王郎中戶名，康節初不改也。

寄呂獻可

一別星霜二紀中，升沈音問不相通。林間談笑須歸我，天下安危且係公。萬乘几前當蹇諤，百花洲上略相從。不知月白風清夜，能憶伊川舊釣翁？

和司馬君實過天津居

風背河聲近亦微，斜陽淡泊隔雲衣。一雙白鷺來烟外，將下沙頭卻背飛。

春遊吟

人間佳節惟寒食，天下名園重洛陽。金谷煖橫宮殿碧，銅駞晴合綺羅光。橋邊楊柳細垂地，花外秋千半出牆。白馬蹄輕草如剪，爛遊于此十年狂。

小車吟

自從三度絶韋編，不讀書來十二年。大甕子中消白晝，小車兒上看青天。閑爲水竹雲山主，静得風花雪月權。俯仰之間無所媿，任他人謗似神仙。以上擊壤集

張嶓

嶓字子望，滎陽人。與兄峋同登進士，受學于邵康節。

洛陽觀花

平生自是愛花人，到處尋芳不遇眞。祗道人間無正色，今朝初見洛陽春。王直方詩話：此詩蓋託意邵堯夫。

曹確

確，常州人。嘉祐四年進士。

題季子墓

人間不記吳王事，江上今存季子宫。壞壁亂飄青薛雨，破檐時蕩白榆風。衣冠何處堆春草，雞酒長年任野翁。下馬一看思舊德，浮名應與暮雲空。成淳毘陵志

程珦

珦字伯温，西洛人。兵部侍郎羽之曾孫，以祖任爲郊社齋郎。嘗知龔、鳳、磁、漢四州，積遷大中大夫。

漢州作

濯纓泉潔存遺跡，促軫亭空想舊風。公暇未應無客會，春遊更喜與民同。方輿勝覽

程顥

顥字伯淳，珦之子。舉進士。神宗朝，以薦爲太子中允、監察御史裏行，罷知扶溝縣，責監汝州鹽税卒。文潞公題其墓曰明道先生。嘉定中，追謚曰純，封河南伯，從祀宣聖廟庭。有明道集。

林下偶談：山谷稱周濂溪胸次如光風霽月，又云：「西風壯士淚，多爲程顥滴。」東坡爲濂溪詩云：「夫子豈我輩，造物乃其徒。」蓋蘇氏師友，未嘗不起敬于周、程如此，惜乎後因嘻笑而成仇敵也。

長嘯巖中得冰以石敲飡甚佳

車倦人煩渴思長，巖中冰片玉成方。老仙笑我塵勞久，乞與雲膏洗俗腸。

送吕晦叔赴河陽

曉日都門颭旆旌，晚風鐃吹入三城。知公再爲蒼生起，不是尋常刺史行。

西湖

潩水橋邊鴨子陂，樓臺只在郡城西。煙波乍見心先快，島嶼將尋路欲迷。盡日無風橫舴艋，有時經雨飲虹霓。如何咫尺塵埃地，不使遊人續杖藜。

陳公廙園修禊事席上賦

盛集蘭亭舊，風流洛社今。坐中無俗客，水面有清音。香篆來還去，花枝泛復沉。未須愁日暮，天際是輕陰。以上河南程氏文集

顔復

復字長道，太初子。嘉祐中，訪有道之士，京東部使者以復應詔，賜進士，爲校書郎。元祐中，累官國子祭酒、天章閣待制卒。

寄雲門靈運禪師

雲門山嶺櫟葉青，雲門山下陰溪鳴。山翁毀服悖世榮。此心圓靜無能名。松間一飯養槁形，石壁幾見秋苔生。愛山不免搜其情。掇拾短闋成長行。施子傳來奇可驚。爽闓空谷天外聲。高峯擺蕩疑莖英。雲門集

劉摯

摯字莘老，永靜東光人，家于東平。嘉祐中，擢甲科。神宗朝，累遷禮部侍郎。哲宗即位，歷

官門下侍郎，以觀文殿大學士出知鄆州。紹聖初，以黨論貶光祿卿，分司南京，再貶鼎州團練副使，新州安置卒。紹興中，贈少師，謚忠肅。有集。

孫少卿鹿頭山詩并畫圖

使君眞愛鹿頭山，圖畫歌吟共爲傳。塵世那知武陵事，時人爭誦永嘉篇。行春游醉常勞夢，按部登臨又隔年。有客平生志林壑，坐憐雙眼隔雲烟。聲畫集

夜直中書省寄左丞子容公

臚門早歲預登龍，儉幕中間託下風。敢謂彈冠煩貢禹，每思移疾避胡公。論文青眼今猶在，報國丹心老更同。夜直沈迷坐東省，齋居清絕望南宮。

卻埽編：蘇子容留守南都，莘老時爲判官，蘇大器愛之。後同秉政，因祠事，各居本省致齋，寄語云云。

湖上口號

綠荷深不見湖光，萬柄清風動晚涼。莫恨紅葩猶未爛，葉香元是勝花香。能改齋漫錄

易元吉畫猨

槲林秋葉青玉繁，枝間倒挂秋山猨。古面睢盱露瘦月，毵毛勻膩舒玄雲。老猨顧子稍留滯，小猨引臂勞攀援。坐疑跳擲避人去，彷彿悲嘯生壁間。巴山楚峽幾千里，寒巖數丈移秋軒。渺然獨起林壑志，平生願得與彼羣。吾知畫者古有說，神鬼爲易犬馬難。物之有象衆所識，難以僞筆淆其眞。傳聞易生近已死，此筆遂絕無幾存。安得千金買遺紙，眞僞常與識者論。聲畫集

絳帳臺 在江陵。東漢馬融教授弟子于此。

馬融號耆舊，太守南郡來。橫經坐絳帳，自處何崔嵬。帳前列徒弟，帳後歌管陪。書生貧賤志，遽以聲色回。方輿勝覽

王巖叟

巖叟字彥霖，大名清平人。仁宗初，置明經科，鄉舉、省試、廷對皆第一。元祐中，拜簽書樞密院事，罷爲端明殿學士，出知鄭州，徙河陽卒。紹聖中，坐黨論，追貶雷州別駕。有大名集。

柳絮

銀毬拋出翠烟深，聚散高低不自禁。飄去長教迎暖日，飛來深院怯春陰。全芳備祖

和公齊臨替有感見寄

孤宦邊城遇衆賓，及瓜能不動依然。風號古木葉堆地，雲攪遙山水拍天。籬菊開時寒有信，賓鴻過後暑無權。古今惜別君須念，乘暇何妨倒酒船。瀛奎律髓

駕幸太學

享餘精意煥龍章，就促鑾輿視上庠。億萬圜觀人作堵，三千迎拜士成行。虛心訪道資洪業，異禮尊儒冠百王。四海嚮風知自勸，足應愚魯亦升堂。中州題詠集

揚州感舊懷古

隱隱蕪城枕碧流，繁華曾是帝王州。一聲水調滿明月，十里春風半畫樓。白鳥不離圖上去，江雲長在

鑑中遊。廢興屈指千年事，何異行人寄傳郵。揚州府志

陪孫之翰太博登成都樓

齪齪古之人，傷心廣陵廢。遂弦蕪城歌，半夜一揮涕。蕙紈隨草衰，藻黼歸塵翳。魂石斂丘封，歌堂從水逝。薰光杳沈滅，呑恨徒千歲。我懷吳蜀國，禍亂若符契。目覽臺殿墟，心感君王世。干戈日馳逐，狼虎爭呑噬。山河寶天塹，城闕巍地脉。霸力不久炎，倏忽如焚薙。空餘萬雉城，岌倚寒雲際。麋鹿玩苹陰，狐狸棲棘衞。江漢含嗚咽，岷峨抱迢遞。荒村烟火遙，落日寒風厲。因知朝市人，自古悲興替。全蜀藝文志

霧山 在邛州

霧山環合自雲川，戶有青溪種玉田。萬樹桃花不知處，幾人曾得問秦年？方輿勝覽

王俊民

俊民字康侯，萊州掖縣人。嘉祐六年，進士第一。

句

寒窗一夜雪，紛紛來朔風。之子動歸興，輕袂飄如蓬。問子何所如？家在濟水東。問子何所學？上庠教化宮。

齊東野語：世俗所謂王魁之事，殊不經，且不見于傳記雜說，疑無此事。後見虞初志所集養生必用方，戒人不可妄服金虎碧霞丹云：狀元王俊民，爲應天府發解官，得狂疾于貢院中，嘗對一石碑呼叫不已，碑中若有聲之者，亦若

康侯之奮怒也。病甚不省，取書册中交股刀自裁及寸，左右抱持之，遂免。出試院，未久，疾勢亦已平復。予與康侯有鄉曲之舊，童稚共筆硯，傳聞可駭，亟自汶拏舟抵彭城，康侯亦起居飲食如故，但悒悒不樂。歲暮，予北歸，康侯有詩送予云云。予既去徐，醫以爲有涎，以碧霞金虎丹吐之。積久，爲寒中，洞泄而死。康侯父知舒州太湖縣，遣一道士來作醮、書符，傳道冥中語云：「五十年前打殺謝吳，留不結案。」有妄人托夏噩姓名，作王魁傳，欲市利于少年狹邪輩，其事皆不然。

喬孝本

孝本，嘉祐中，福州簽判。

題三山郡圃會稽亭 元給事絳建

元侯選勝重經營，地取圍心正且平。揆日募工踰再浹，創亭合樂落初成。面開西向緣忠孝，牓揭新封紀寵榮。隱隱湖山藏故國，漫漫煙水隔都城。低迷壘嶂回峯抱，繚繞芳叢列豔迎。臺上臨風共蕭灑，花間夢蝶助淒清。枕流小檻歌前沼，散綺幽軒接後甍。舊景周環如有待，夕陽偏照似多情。縈紆碧沚通潮浦，左右修篁拂畫楹。自昔甘棠雖足愛，會稽從此擅佳名。淳熙三山志

孔文仲

文仲字經父，臨江新喻人。嘉祐六年進士。哲宗朝，官中書舍人，後入黨籍。與弟武仲、平仲，有清江三孔集。

早行

客輿謂已旦，出視見落月。瘦馬入荒陂，霜花重如雪。海風吹萬里，兩耳凍幾脱。歲晏已苦寒，近北尤凛冽。況當清曉行，遡此原野闊。笠飛帶繞頭，指直不得結。農家烟火微，炙手粗可熱。豈能迂我留，而就苟且活。仰頭視四宇，夜氣亦漸豁。苦心待正晝，白日想不缺。宋文鑑

朱伯虎

伯虎字才元，華亭人。嘉祐六年進士。官江東運判。

題佘山普照寺聽道人月軒

愛月開軒絶頂間，屼然巍創壓層巒。翦除羣卉當簷盡，添得清光滿檻看。亂石雲堆秋色冷，老松風入夜聲寒。十年夢寐江鄉景，杖屨終期日倚闌。松江府志

曾宰

宰字子翊，鞏第五弟。嘉祐六年進士。官舒州司户參軍，湘潭縣主簿。

舒州寄王介甫

官居隱几望灊山，不似茅簷舊日閑。顧我塵沙添白髮，憐君道路失朱顔。江涵秋老鱸魚美，岸入春風荻筍斑。此味總佳吾不樂，惟思一馬返鄉關。

李壁王荆文公詩注：予居撫州，訪遺文于其孫極，止得此詩。

許將

將字沖元，福州閩人。嘉祐八年，進士第一。神宗朝，累遷知制誥、翰林學士。紹聖初，拜尚

書左丞，中書侍郎。徽宗朝，進門下侍郎，加觀文殿學士，告老，爲佑神觀使。卒贈開府儀同三司，謚文定。

成都運司西園亭詩 和章質夫

翠峯樓

重樓起城陰，乘高望西極。列峯橫靑天，飛雪千里積。疑是空素山，冬夏海中白。莫怪頻東向，上有思歸客。

水閣

飛閣出方池，修曲見空莽。低臨花塢近，平覽春波長。返景澄餘暉，夕陰帶浮爽。從容觀魚樂，不減遊濠上。成都文類

沈括

括字存中，錢唐人。嘉祐八年進士。編校昭文館書籍，爲館閣校勘。熙寧中，遷翰林學士、龍圖閣待制，坐事謫均州團練副使，徙秀州，復光祿少卿，分司南京，居潤州。有長興集、夢溪筆談。

方輿勝覽：沈存中宅，在潤州朱方門外。存中嘗夢至一處小山，花如覆錦，喬木覆其上，山下有水，夢中樂之。後守宣城，有道人無外者，爲言京口山川之勝，郡人有地求售，以錢三十萬得之。又六年，坐邊議，謫官，處于潯陽。元祐初，道京口，登所買地，即夢中所遊處，遂築室焉，名曰夢溪。

延州詩

二郎山下雪紛紛，旋卓穹廬學塞人。化盡素衣冬未老，石煙都似洛陽塵。

夢溪筆談：鄜州、延州境內，有石油，舊說高奴縣出脂水，卽此也。生于水際沙石，土人以雉尾裛之，乃采入缶中，頗似淳漆，燃之如麻，但烟甚濃，所霑幄幕皆黑。予疑其烟可用，試掃其煤以爲墨，黑光如漆，松墨不及也，遂大爲之。其識文爲「延州石液」者是也。

嘗茶

誰把嫩香名雀舌，定來北客未曾嘗。不知靈草天然異，一夜風吹一寸長。

夢溪筆談：茶牙，謂之雀舌、麥顆，言其至嫩也。今茶之美者，新牙一發，便長寸餘，其細如針。惟牙長者爲上品，以其質榦、土力皆有餘故也。北人不識，誤爲品題，如雀舌、麥顆，極下材耳。

陳丞相故宅

丞相旌旗久不歸，虛堂寧止嘆伊威。綠槐樓閣山蟬響，青草池塘野燕飛。

夢溪筆談：丞相陳秀公，治第于潤州，極爲閎壯，池館綿亘數百步。宅成，公已疾甚，唯肩輿一登西樓而已。

潤州甘露寺

丞相高齋半草萊，舊時風月滿亭臺。地從日月生時見，天到江山盡處回。三國是非春夢斷，六朝城闕野花開。心隨潮水漫漫去，流徧煙村半日來。

歸計

住山人少説山多，空只年年憶薜蘿。不是自心應不信，眼前歸計又蹉跎。以上宋文鑑

開元樂詞

鸛鵲樓頭日暖，蓬萊殿裏花香。草綠烟迷步輦，天高日近龍牀。

樓上正臨宮外，人間不見仙家。寒食輕烟薄霧，滿城明月梨花。

按舞驪山影裏，回鑾渭水光中。玉笛一天明月，翠華滿陌東風。

殿後春旗簇仗，樓前御隊穿花。一片紅雲鬧處，外人遥認官家。

侯鯖錄：裕陵賞愛此詞。

漢東樓

野草黏天雨未休，客心自冷不關秋。塞西便是猨啼處，滿目傷心悔上樓。方輿勝覽

光化道中遇雨

望遠初翻葉，隨風已結陰。雨篷宜倦枕，鄉夢入寒衾。莎笠侵鄖俗，溪山動越吟。烟波千里去，誰識魏牟心？錦繡萬花谷

鞦韆

香入熏爐禁火天，芙蓉深苑鬬鞦韆。身輕幾欲隨風去，卻恨恩深不得仙。後村千家詩

在當塗作

豹塘春水綠泱泱，謝市烟深柳線長。捲幔夕陽留不住，好風將雨過横塘。輿地紀勝

秀州秋日

草滿池塘霜送梅，林疏野色近樓臺。天圍故越侵雲盡，潮上孤城帶月回。客夢冷隨風葉斷，愁心低逐雁聲來。流年又喜經重九，可意黄花是處開。至元嘉禾志

仙都山

苔封輦路上青山，鶴馭遼天去不還。惟有銀河秋月夜，鼎湖烟浪到人間。仙都山志

蘇小小墓

古木寒鴉噪夕陽，六朝遺恨草茫茫。水如香篆船如葉，咫尺西陵不見郎。嘉興府志補

江南曲

新秋拂水無行跡，夜夜隨潮過江北。西風卷雨上半天，渡口微吟含曉碧。城頭鼓響日脚垂，天際籠烟鎖山色。高樓索莫臨長陌，黄竹一聲無北客。時平田苦少人耕，惟有蘆花滿江白。宋藝圃集

遊花山寺

經旬飄雨喜新晴，病馬銜泥取次行。老態只應隨日至，春心無意與花爭。山川滿目浮烟合，樓閣侵天暮靄横。嗟我有身無處用，强攜樽酒入崢嶸。鎮江府志

袁默

默，無錫人。嘉祐八年進士。

與剛中適甫遊惠山

雨過山前翠欲飛，水雲高下正含暉。魚跳細浪千花碎，蟬倚清陰一嘒微。沈李浮瓜吟齒盡，清風明月滿船歸。超然不負尋幽興，拂得荷香在葛衣。惠山集

蘇唐卿

唐卿，官寺丞，宰費縣，善小篆。嘉祐中，嘗書歐陽文忠公醉翁亭記，刻石于費之縣齋，記後有倡和詩。

唐卿既篆歐公侍郎滁州琅琊山醉翁亭記上石訖思莫能致之滁上因斧官之隙地采材堪梁棟者枝其榱桷構堂于廨舍西偏高三仞植記于中楹若屏然圖悠久也因成長句五十六字兼寄獻歐公侍郎

醉翁亭記醉翁堂，遠取琅琊卽費鄉。高世雄文刊翠琰，老山孤幹負虹梁。左鄰蘸海三神島，西倚儒宮數仞牆。雖媿篆工非墨寶，英辭終與借輝光。篆書醉翁亭記石刻

龔敦

敦，鄉貢進士。

和

滁守南遷記醉狂，篆刊移近舞雩鄉。當年寓興臨山水，今日希風構棟梁。吏部爽文辭避席，陽冰閣筆讓循牆。東沂從此遺聲迹，迴掩桐廬翰墨光。范公希文守桐廬，嘗作嚴先生祠堂記，邵先生篆以刊石，光絕一時。篆書醉翁亭記石刻

邵忱

忱，鄉貢進士。

和

歐公頃歲守滁陽，題記蒼顔入醉鄉。賢宰特將刊古篆，舊碑不免棄山梁。舊碑乃陳知明所書。軒楹别構如安屏，筆札難通似面牆。異日智仙來輦去，退蒙從此謝聲光。退蒙乃知明字 篆書醉翁亭記石刻

史辟

辟，武昌人。

和

昔日歐公鎮永陽，構亭直在水雲鄉。醉翁嘯傲曾爲記，賢宰風流别架梁。老筆健遒刊琬琰，晴嵐滴瀝照門牆。更吟新詠深堂祕，相伴崑山片玉光。篆書醉翁亭記石刻

張頌

頌爲登州防禦判官。

和

重惜歐公滁記好，模刊翠琰費堂新。文華起焰衝星斗，篆法通靈動鬼神。觀妙每多師道客，仰高常有慕賢人。璨然輝目如辰象，不朽宜爲萬世人。篆書醉翁亭記石刻

宋詩紀事卷二十三

錢唐　厲鶚　輯
江都　陸鍾輝　勘定

范祖禹

祖禹字淳父，鎭之從孫。嘉祐八年，進士甲科。哲宗朝，累擢右諫議大夫，遷給事中，拜翰林學士，出知陝州，貶謫以終。有范太史集。

資山 在資陽縣。治平中宰龍水作。

資山巖谷多神仙，鸞車鳳馬隨飛煙。神女蕭蕭來暮雨，浮丘往往下雲軿。

龍水縣齋作

縣門倚巖石，終日對青峯。初仕惜爲宰，讀書過三冬。忘機狎鷗鳥，覵稼親老農。訟庭可羅雀，銅印苔蘚封。

月夜船行入資州

憶昨臥碧山，蒼蒼叢桂間。白雲爲屏石爲枕，綠蘿長挂明月閑。忽乘輕舟泛江水，山月隨人還在此。白鷺驚飛宿靄間，青山倒臥蒼波底。此時孤櫂發中流，川后停波聽櫂謳。不學子猷中夜返，欲乘明月向資州。

資州路東津寺

山行無晨暮，日暝崖谷昏。哀猿落客淚，永路驚旅魂。遐陵高山巔，俯覰大江奔。迴環島嶼合，縈轉洲渚屯。行雲赴楚天，飛鳥下蜀門。地遐怪物聚，寺古深殿存。憶昔李氏末，煙塵暗中原。姦雄競草竊，割據窮海根。干戈百年後，見此敗屋垣。我來屬清秋，登覽無俗喧。山深虎豹歸，水靜蛟鼉蹲。臨風獨嘯吒，浩蕩欲飛翻。以上范太史集

李方叔送長沙猫頭筍作詩爲貺

穿雲斸石遠林空，來涉烟波萬萬重。實比梧桐能食鳳，擇翻風雨便成龍。一枝不許塵鞍挂，千畝終留渭水封。陋巷菜羹知不忝，君王玉食願時供。李廌師友談記

孔武仲

武仲字常父。嘉祐八年進士。元祐中，歷官禮部侍郎，出知洪、宣二州。坐黨籍奪職，居池州卒。

鄂州

綠柳陰陰蔽武昌，汀洲如畫引帆檣。一江見底自秋色，千里無風正夕陽。暫別勝游渾老大，追思前事只淒涼。賢豪況有遺蹤在，欲買溪山作漫郎。

張秉叔出紫雲回鑾圖以示坐客因爲賦之

開元太平無兵戎，眞人味道希夷中。人間之樂已饒足，唯有青霄未追逐。坐中誰似葉先生，以氣爲糧常辟穀。朝登員嶠夕崑崙，只與神游不要人。忽逢邀攜看月去，縹緲虛空生紫雲。蟾宮竟不容久住，

仙樂飄飄送回去。歸來宮漏未移更，甲帳明釭宛如故。汾水悲歌仙不成，梨園空没有遺聲。紅塵如海漲朝市，從此無人游玉京。以上清江三孔集

郭附

附字明仲，吳郡人。嘉祐八年進士。知洪州新建縣，後以朝奉大夫致仕。

吳郡志：明仲致仕後，幅巾策杖，窮山林詩酒之適十八年，東南高士皆願從游。

楓橋

師子山雲漠漠，越來溪水悠悠。鐘到客船未曉，月和漁火俱愁。咫尺横塘古塔，連綿芳草長洲。一老儵然自在，時時來繫扁舟。吳郡志

周邠

邠字開祖，錢唐人。嘉祐八年進士。元豐中，爲溧水令，仕至朝請大夫、輕車都尉。蘇軾倅杭，多與酬倡，所謂周長官者是也。

新月

落照西山夜色浮，彎彎寒挂碧雲頭。寶匳新樣横眉黛，珠箔斜懸半額鉤。丹桂一枝初淺露，金波千里未圓流。嬋娟三五纔成魄，散滿清光四百州。合璧事類前集

訪慧山錢道人不遇

登山穿破亂雲堆，不見高人眼倦開。門掩水聲閑白日，路無車跡長蒼苔。牆頭五柳空摇曳，池上雙鳧

自往來。卻櫂扁舟自回去，過江思上子陵臺。咸淳毘陵志

湖中聞有美堂上歌笑聲寄蘇公

堂上歌聲想遏雲，主人休整碧紗裙。妝殘粉落臙脂暈，飲劇杯深琥珀紋。簪屣定知高楚客，笑談應好卻秦軍。莫辭上馬玉山倒，已是遲留至夜分。

聞蘇公獨游淨慈謁本長老以詩奉寄仍邀遊靈隱

放歸騶騎獨尋山，直入青蘿翠靄間。謝客杖藜方自適，阮公蠟屐許誰攀。何愁白髮能添老，須信黃金不買閑。應向林泉眞得趣，徜徉終日未經還。以上咸淳臨安志

曹輔

輔字子方，華州人。登嘉祐八年乙科。官提點廣南西路刑獄、福建轉運使、朝奉郎，守司勳郎中。號靜常先生。

困學紀聞：攻媿跋曹子方書以爲祐陵時上書論時事，靖康至樞筦。愚謂有兩曹輔，其一字子方，與蘇、黃游。若論事爲樞筦者，字載德，龜山爲銘。合爲一人，非也。

次韻无咎戲贈兼呈同舍諸公

少年落魄走四方，看山聽水與難忘。深林誰復知孤芳，十載江湖稱漫郎。紫溪風月幽思長，綠水如鏡煙蒼蒼。追隨豪儁多淸狂，春風爛醉胥山堂。下瞰羣峯聳如槍，吳儂棹歌笛靈羌。攀蘿捫壁疲獲臧，經旬選勝行齎糧。客兒經臺倚高岡，共臥明月吟胡牀。投身忽落崑崙傍，征西萬馬隨騰驤。官軍夜半

塡賊隍，食盡師老催歸裝。將軍數奇漫鷹揚，斬捕不能酬失亡。曲突徙薪語莫償，幕中病客非智囊。扁舟夷猶憶吳鄉，晁侯平日丈人行。生駒今始見驌驦，伯樂一眄過老商。恐是稟質蒼龍房，尤工吳語放降王。叔敖抵掌對燭光，秋英落盡金鈿黃。玉甕浮春醅潑香，九天廣樂來新涼。笑談聊此共一觴，天街六翮將翺翔。正值羿彀遊中央，我老委翅無復望。洞庭橘熟千林霜，行當拂衣解銀章。買取百花洲畔莊，世外日月何曾忙。翛然一室生吉祥，車馬還能過我牆。夜具茗飲與柘漿，更看君詩雲錦張。同文館倡和詩

上祖擇之龍學

此生飄泊任乾坤，南北東西豈更論。萬里欲封防墓土，十年重到李膺門。少驚人事時千變，盡付羈愁酒一樽。主上思賢厚風俗，如公終未老丘園。祖龍學集附

題白氏莊 白序字聖均，自言白侍郎之後，有莊在樊川。

浮雲萬態變朝昏，疊嶂尋常翠滿門。錦里先生多勝事，香山居士有賢孫。春風樓閣聞棋響，晚雨池塘見屐痕。寄謝世間無此樂，起予歸興憶江村。陝西通志

松江亭

塵路長迷眼，江亭一散襟。始驚天地闊，更覺水雲深。點點鷺鷗影，疎疎橘柚林。扁舟他日興，誰共此登臨？吳江縣志

遊劉道人巖

故老能將舊事傳，仙翁蹤迹尙依然。方知物外壺中景，隱隱烟霞有洞天。粵西詩載

陳　軒

軒字元輿，建陽人。嘉祐八年進士。元豐間，知汀州。元祐中，爲中書舍人，至龍圖閣學士。

題志添禪師

車輪馬足走塵煙，競看成都萬炬然。獨我踏開亭下雪，伴師同坐一菴禪。補續高僧傳

汎青溪

曉煙如練曳平津，一櫂東風兩岸春。鳥鷺沙鷗休戀我，北堂歸有白頭親。嚴州府志

題蓬萊觀

白鵝乘去人何在，青鳥飛來信已遙。若使何郎有仙骨，也須同引鳳凰簫。

汀州府志：寧化劉氏女生不茹葷，美而慧，以不嫁自誓。父母許石城何氏子，卜吉，聚族往送之。甫越境，白鵝從天下，乘之飛去。衆共創祠，郡以狀聞，賜爲蓬萊觀，守陳軒題詩觀中。

馬　默

默字處厚，單州成武人。第進士。調臨濮尉，知項城縣。治平中，以薦爲監察御史。神宗朝，累官戶部侍郎、寶文閣待制，告老，提舉鴻慶宮卒。入元祐黨籍。

孔平仲談苑：馬默爲臺官，彈奏輕薄。劉貢父曰：「既云馬默，不合驢鳴。」

思郭眞人

郭也三峯秀，文章似性淳。汶陽初識面，謂我舊相親。題詩敍游隱，於今經幾春。有家歸未得，西望涕霑巾。陶朱新錄

王臨

臨字大觀，大名成安人。舉進士。治平中，歷戶部副使，以寶文閣待制知廣州府，徙河中卒。

題司空表聖王官谷

夫君久遯夜舟移，依舊巖扃鎖翠微。位至文昌還避世，身甘幽谷是知機。清風未泯隨流水，遺像空存伴落暉。百有餘年同俯仰，白雲猶繞故亭飛。熙寧壬子六月二十日書 王官谷集

潘興嗣

興嗣字延之，愼修之孫，丁謂之甥，家新建。以廕授將作監主簿。初調德化尉，投劾去。築室豫章城南，自號清逸居士。熙寧初，召爲筠州推官，辭不就。有文集及詩話補遺。

戲郭功甫

休恨古人不見我，猶喜江東獨有君。盡怪阿戎從幼異，人疑太白是前生。雲間鸞鳳人間現，天上麒麟地上行。詩律暮年誰可敵，筆端談笑掃千兵。

潘子眞詩話：袁世弼，南昌人，宦游當塗時，功甫尙未冠也。世弼愛其才，薦于梅聖俞，自爾有聲。功父嘗謂吾大父淸逸云：「數載汲引，梅二丈力也，蒿埋三尺，不敢忘其賜。」功甫旣壯，頗恃其才，下筆曾不經意，論者或惜其造語無刻厲之功。淸逸云：「如功甫豈易得？但置作者中，便覺有優劣耳。」淸逸嘗有詩戲之云云。

題濂溪

鱗鱗負郭田，漸次郊原口。其中得淸曠，賁結林泉友。一溪東南來，瀲灔翠波走。淸響動靈粹，寒光生戶牖。峩峩雙劍峯，隱隱插牛斗。疎雲互明晦，嵐翠相姸醜。恍疑座中客，卽是闕門叟。爲歌紫芝曲，更擊秦人缶。窅然忘得喪，形骸與天偶。君懷康濟術，休光動林藪。得非仁知樂，夙分已天有。捉鼻固未免，安能混眞守。日暮車馬徒，橋橫莫回首。廬山紀事

滕王閣春日晚眺

重疊西屏對面開，巍城穹閣信雄哉。眼中孤鶩雲邊沒，望裏長江檻外來。蛺蝶圖成春未晚，柘枝筵動客多才。休論今古興亡事，時倒金尊醉一回。

秦山洞

秦人當日避風煙，自種桑麻老洞天。綠竹橫溪雞犬靜，不知門外漢山川。以上江西通志

胡宗炎

宗炎字彥聖，宿子。舉進士。徽宗朝，官至直龍圖閣，知潁昌府。

句

飛禽避軒蓋，殘果落莓苔。

娛書堂詩話：此二句歐陽公深賞之。

宋史本傳：宗炎爲詩，藻思淸婉。歐陽修守亳，與客游郡圃，或誦其詩，修賞味不已，以爲有鮑、謝風致。

李中師

中師字君錫，開封尹。

奉別堯夫先生承見留數刻漬梅酒磨沈水飲別聊書代謝

磨湯漬酒重分擕，景霽風和二月時。莫忘天津別君處，黄梅庭下半離披。擊壤集附

陳大雅

大雅，張表臣外祖。

絕筆

胡柳陂中過，令人念戰功。兵交千騎沒，血渫一川紅。朱氏皆豚犬，唐家盡虎龍。壯圖成慷慨，擲劍向西風。

珊瑚鉤詩話：外祖陳公大雅，爲人剛果，文章似之。再舉不第，能詩，爲趙清獻所知。踰八十乃死，死翌日，復蘇，索筆題詩云云，題畢乃逝。味其言，豈葛從周、王彥章之徒歟？

陳知默

句

平地風煙橫白鳥，半山雲木卷蒼藤。雲埋山麓藏秋雨，葉脫林梢帶晚風。

王直方詩話：田承君云：歐陽公晚年最喜陳知默詩，至云：「修方且欲學之。」陳詩不多，但見兩聯。

張洵

蒙亭倡和長句 有序

嘉祐中，經略吳公及即伏波巖之左以爲亭，名蒙，漕使李公師中記之，而鑱於巖之崖。亭久堙廢，記亦湮滅。紹聖改元，龍圖閣胡公宗回帥桂林，憲使梁公出其家藏蒙亭記以觀，由是知其亭之詳。胡公斥基而新之，遂爲殊偉之雄觀。

桂林山水冠衡湘，蒙亭正在灕水旁。清流洄洑眩波光，高崖古木爭蒼蒼。下有菱荷滿横塘，面面風來面面香。新詩一詠酒一觴，爽氣渾如秋氣涼。酒闌巖下踞胡牀，汲泉煮茗沈煙長。從容談笑聲琅琅，水光山色增輝芒。東山蘭亭各一方，風流兼追謝與王。回頭塵事皆茫茫，爲計不若行樂良。恨我到此情難忘，遥指白雲思故鄉。粵西詩載

倘用之

和韻

江亭勝概冠三湘，仁智所樂皆其旁。翠岫俯映青蘿光，上有喬木摩穹蒼。亭下川遶覆銀塘，水面風來笑語香。騷人相值喜飛觴，雄辯清談五月涼。飲餘相與坐方牀，論文日暮與何長。佳篇疾讀韻琅琅，眞疑星斗煥光芒。格高調古説奇方，況復筆法追二王。事業無窮歎茫茫，丹鉛點勘策非良。與公致道心可忘，浩歌直造無何鄉。粵西詩載

呂　源

和韻

九溪灘水接瀟湘，萬壑千嵓羅水旁。七星高聳生輝光，連天一色皆蒼蒼。倚江景物似錢塘，況有萬戶新醅香。古洞相對笑舉觴，文淵遺迹徒悲涼。安得石枕與藤牀，夢想昔人風味長。滿車薏苡勝琳琅，流傳千載事徼芒。男兒生卽志四方，將軍異代猶封王。感時撫事心茫茫，顧我豈有籌策良。報國志願不敢忘，此身未暇歸江鄉。粵西詩載

李　彦

和韻

桂江繚繞通湖湘，佳山四插江之旁。嵐光滴翠漾波光，岸頭秀木皆青蒼。誰人築室枕西塘，新荷敲風柄柄香。君嘗招我來擕觴，登臨樂聽生清涼。倏思伏波離空牀，且及尊前飲興長。紛劇雄辯聲何琅，客傳俗事江亭芒。蠻歌蛋曲笑遐方，應無夢怪楚襄王。但驚歲月去茫茫，報國宜多爲畫良。功名未白何時忘，此心曷敢憶家鄉。粵西詩載

葉宗嚮

和韻

我行幾許踰沅湘，直抵八桂灘水旁。千山倒影搖溪光，秀色不借草木蒼。茲亭構勝俯回塘，野花風遞羅綺香。嵓前伏波航羽觴，一洗塵思生清涼。疑有仙人白玉牀，壺中景迴日月長。步此仙籟音琅琅，

世間名利眞毫芒。此景不獨冠南方，恨不築室輕侯王。回首塵迹空渺茫，暫去未必計非良。其如樽酒情難忘，恍然一夢五雲鄉。粵西詩載

崔唐臣

唐臣，閩人。

書刺末

集仙仙客問生涯，買得漁舟度歲華。案有黃庭尊有酒，少風波處便爲家。

避暑錄話：唐臣與蘇子容、呂晉叔同學相好。二公先登第，唐臣遂罷舉，久不相聞。嘉祐中，二公在館下，一日，忽見艤舟汴岸，坐於船窗者，唐臣也。亟就見之，邀與歸，不可。問其別後事，曰：「初倒篋中，有錢百千，以其半買此舟，往來江湖間，意所欲往，則從之。以其半居貨，間取其贏以自給，粗足即已。差愈于應舉覓官時也。」二公相顧太息而去。翌日，自局中還，唐臣有留刺，乃攜酒具舟往謁之，則舟已不知所在矣。歸視其刺末有細字小詩云云，訖不復再見。

章友直

友直字伯益，得象族子。嘉祐中，與楊南仲篆石經於太學。除將作主簿，不就。

書史會要：章氏煎，友直之女，工篆書，傳其家學。友直執筆，自高壁直落至地如引繩，而煎亦能如其父，以篆筆畫棋盤，筆筆勻正，縱横如一。

和祖擇之詠震山巖彭徵君釣臺 唐宜春彭構雲隱處

巖因更號震山居，臺上猶存舊釣磯。一派滄浪眞隱處，澄淸尙可濯塵衣。祖龍學集附

陳　烈

烈字季慈，侯官人。少以鄉薦詣闕，不第。與陳襄、周希孟、鄭穆稱「海濱四先生」。嘉祐中，以薦除國子直講。元祐中，詔爲本州教授卒。

題福唐津亭

溪山龍虎蟠，溪水鼓角喧。中有鄉夢破，六月夜衾寒。風雨生殘樹，蛟螭喜怒瀾。殷勤祝舟子，移櫂過前灘。

皇朝類苑：陳烈嘗與蔡君謨同硯席。時君謨出鎭福唐，東吏治民，毫髮不容。一日，烈往見之，維舟亭下，聞其嚴察，不往謁，但留詩云云。吏不敢隱，錄詩呈公，自是少霽威棱。

題燈

富家一椀燈，太倉一粒粟。貧家一椀燈，父子相聚哭。風流太守知不知？唯恨笙歌無妙曲。

淳熙三山志：元豐中，劉待制瑾爲守，元夕，不問貧富，每戶科燈十盞。陳先生以詩題鼓門大燈籠云云，瑾聞而謝之。

蔡　準

準，仙遊人，京之父。官郎中。

來賢巖

在大滌洞秀峯之前。東坡倅杭，同準等七人來遊，賦詩，故號來賢。

大滌洞沈沈，天柱峯纍纍。人世悲落花，巖松無易葉。朝夕樵風生，雲鶴閑情愜。何當采玉芝，仙蹤從

此蹟。洞霄詩集

彭汝礪

汝礪字器資，鄱陽人。治平二年，進士第一。元豐初，提點京西刑獄。哲宗朝，再遷中書舍人，進權吏部尚書。言者謂附會劉摯，出知江州。有鄱陽集。

寄君時四章章四句

我脂我車，陟彼高岡。毋也吾懷，匪居或忘。
我帆我舟，汎彼大江。毋也吾憂，食匪或遑。
我池有魚，亦可以羹。何必鮪及魴？叔兮其歸哉。
我田有菽，苟可以食。何必稻與粱？叔兮其歸哉。

送宗文先輩

夫子聲名二十年，塵埃嘆息欲華顛。相如舊有凌雲賦，靖節今無種秫田。南國寂寥歸見雁，北風悲壯屢聞蟬。思量世事眞如幻，合置窮愁頓酒邊。

二月己亥曉出代祀高禖

塵沙騎馬聽溪流，淡薄春風卻似秋。坐憶洞庭波萬頃，灘聲長在釣魚舟。
塵土冥冥二月風，寥寥天外有歸鴻。松陰想見芝山路，隔浦溪花岸岸紅。

泊眞州新河亭

鬢毛垂雪欲毿毿，道路風波老不堪。繫纜短亭聊自慰，青山數點見江南。

燕姬

有女夭夭稱細娘，眞珠絡臂面塗黃。南人見怪疑爲瘴，墨吏矜誇是佛裝。

張舜民使遼錄：婦人以黃物塗面，謂之佛裝。

雞肋編：北方士族女子，冬月以括蔞塗面，謂之佛裝。但加傅而不洗，至春暖方滌去，久不爲風日所侵，故潔白如玉也。

燕

一雙掠水燕來初，萬點飛花社雨餘。辛苦成巢君勿笑，從來吾亦愛吾廬。

湖湘道中見梅花

滴葉開花妙入神，酥盤憶看北堂春。瀟湘此日堪腸斷，隨處幽香著莫人。以上鄱陽集

舒亶

亶字信道，明州慈谿人。治平二年進士，試禮部第一。神宗朝，爲御史中丞。徽宗朝，累除龍圖閣待制。有集。

村居

水遶陂田竹遶籬，榆錢落盡槿花稀。夕陽牛背無人臥，帶得寒鴉兩兩歸。墨莊漫錄

題慶安寺

門前屏障遶潺湲，付與林僧夜定還。松蓋作雲遮十里，竹龍行雨出千山。白公香火蓮開後，謝氏池塘草夢間。我亦鳳凰臺上客，圖閑卻笑未能閑。陳郁話腴

和馬粹老四明雜詩

百粤喧華外，三江指顧中。耕桑遺俗在，草木故城空。郎鄮郭也近澤知田美，俗重近澤田多魚驗海豐。由來形勢地，越絕控遼東。

篰篕迎豆熟，俗有豎豆江雲伴梅消。抵虎螯經夏，里語：八月蟚蜞可抵虎。跳沙蛤趁潮。里語有跳沙蛤酒罌雙印貴，俗重雙印酒藥肆萬金饒。謂滿樓也未覺西風遠，三溪好采樵。慈溪、小溪、藍溪也。

巷陌隨橋曲，閭閻占水窮。郡樓孤嶺對，古謂鎮明樓市港兩潮通。鬧在城東隅春暖雞鳴嶼，在慈谿秋寒鴨信風。江湖所呼家家人富足，擊壤與吾同。

稻飯雪翻白，魚羹金鬪黃。鮚埼千蚌熟，在奉化花嶼一村香。在慈谿海近春蒸溼，湖靈夜放光。廣德湖每現光采北窗休寄傲，大隱即吾鄉。大隱山，乃湯適先生所居。以上乾道四明圖經

詠蔗

瑤池宴罷王母還，九芝飛入三仙山。空餘絳節留人間，雲封露洗無時閑。節旄落盡何斕斑，野翁揠擢出茅菅。吳刀戞戞鳴雙環，截斷寒水何潺潺。相如賦就空上林，倦遊渴病長相侵。劉伶愛酒眞荒淫，狂來欲倒滄溟深。此時一嚼輕千金，壚邊何用文君琴。五斗一石安足斟，坐想毛髮生淸陰。蕭瑟甘滋欲誰讓，樝棃橘柚紛殊壯。冷氣相射杯盤上，顧郎不見休惆悵。佳境到時還不妄，詩成雖媿陽春唱，全

勝乞與將軍杖。合璧事類別集

和石尉早梅

霜林盡處碧溪傍，小露檀心媚夕陽。天下三春無正色，人間一味有眞香。相思誰向風前寄，更晚那辭雪後芳。朝夕催人頭欲白，故園正在水雲鄉。瀛奎律髓

湖心寺

吹落清香縹緲風，樓臺彷彿水邊紅。人間誰是丹青手，畫取春湖細雨中。

崇福寺

龕燈隱隱夜初分，落果猿啼枕上聞。客夢欲成成不得，一窗殘月半牀雲。

題太白峯

千峯下視盡兒孫，仙事寥寥不可聞。長作人間三月雨，請看膚寸嶺頭雲。以上延祐四明志

句

春禽得意千般語，澗草無名百種香。墨莊漫錄

游師雄

師雄字景叔，京兆武功人。治平二年進士。授儀州司戶參軍。趙卨帥延安，辟爲屬，朝廷使與邊臣措置，破洮州，擒鬼章，爲陝西轉運副使，除直龍圖閣，攝帥熙河，移知陝州卒。有集。

賀岷州守种誼破鬼章二首

王師一舉疾於雷，頃刻俄聞破敵迴。且喜將門還出將，檻車生致鬼章來。

圍合洮州敵未知，煙雲初散見旌旗。忽驚漢將從天下，始恨羌酋送死遲。陝西通志

孫升

升字君孚，高郵人。治平二年進士。元祐中，歷侍御史、中書舍人、天章閣待制，知應天府。紹聖中，謫汀州安置卒。名入黨籍。劉延世嘗從升游，錄其言論爲孫公談圃。

送鄭待制閎中歸閩

清曉都門祖帳開，路人相與歎賢哉。流塵幾翳看山眼，落日休停別酒杯。何待諸生留北闕，自存遺直在東臺。連江四老嗟誰在，白首今朝只獨來。

孫公談圃：鄭待制穆，字閎中，福州人，與劉彝、陳襄皆以德行爲世所重，號「四先生」。鄭歸閩，公有詩送之。

宋史鄭穆傳：元祐五年，穆爲祭酒，以寶文閣待制請老。給事中范祖禹言：「古者大夫七十而致仕，有不得請，則賜之几杖。祭酒居師資之地，正宜處老成，願毋聽其去。」不報。太學之士千餘人，以狀詣宰相請留，亦不從。於是公卿大夫各爲詩賦贈行，空學出祖汴東門外，都人觀者如堵，歎未嘗見。

索劉沭之新釀

稍覺香熏鼻，還思酒入脣。盈缸止三斗，可撥甕頭春。孫公談圃

句

玉筍千官散，珠簾一夜空。宣仁后挽詞　來書占喜鵲，落日聽鳴蛩。峽口送人　若與蛟龍爭角黍，應同

漁父啜糟醨。屈原宅　睡須山鳥喚，酒聽竹枝斟。述懷　窮搜詩句熟，老練世情通。長陽道中　白雲每逐晨光出，紅鶴長隨暮靄還。袁州道中　梁臺歌吹餘衰草，湓浦琵琶恨晚風。自南京和彭九江　慈竹筍抽疑夏籜，木犀花發認春香。在汀州作

孫公談圃：公嘗學詩于孫莘老，嘗曰：「近世作詩，無復有唐人風。」余嘗得公詩，今略誦數聯云云。在汀州避謗，不作詩，有一聯道盡汀州景物。

練　𢘽

𢘽，延平人。治平二年進士。元祐初，知旌德縣，雅負清操，民間凡飲酒淸者，輒稱練長官。

梟山廟

雲煙深處路縈紆，元是眞人舊隱居。我亦放情丘壑者，官閑時得命籃輿。寧國府志

羅　適

適字正之，台州寧海人。治平二年進士。官提點兩浙、京西刑獄。有赤城集。

送致政太師文潞公

曾將故老較量看，五福如公信是難。潞國封來多有歲，太師以上更無官。應留妙算安神器，必得人才薦將壇。他日宋家青史上，始終臣節雪霜寒。瀛奎律髓

試筆

金門禿筆積如山，黃閣磨煤夜不乾。試借薦賢書槀看，應無一字及孤寒。前賢小集拾遺

過遠橋

長憶西橋避暑時，天風六月襲人肌。水隨地脈來無盡，雲過山頭去不知。拂面稚松應偃蓋，當年遊子已龐眉。遐師莫動溪邊石，留與東歸題好詩。台州府志

孔平仲

平仲字毅父。治平二年進士。元祐中，提點京西刑獄。坐黨籍，安置英州。徽宗即位，召爲戶部員外郎，遷金部郎中，出使陝西，帥鄜、延、環、慶，奉祠卒。

孔平仲談苑：院中有雙鵲，栖於玉堂之後海棠樹，每學士會食，必徘徊翔集。或鳴噪，必有大詔令，或宣召之事，因謂之靈鵲。故晁翰林詩云：「卻聞靈鵲心應喜」，幷予詩云：「靈鵲先依玉樹栖」，蓋謂此也。

泛漣水

漣漪二十里，清淡得我性。微風不復搖，天水相與淨。秋容入崖柳，晚色依漁艇。髣髴會稽遊，南湖似明鏡。

出城

駐馬河之西，送車皆已返。郊原人漸少，風物秋將晚。身如獨鳥輕，意與青山遠。

寄內

試說途中景，方知別後心。行人日暮少，風雪亂山深。以上清江三孔集

藥名體

鄙性常山野，尤甘草舍中。鉤簾陰卷柏，障壁坐防風。客土依雲實，流泉駕木通。行當歸去矣，已逼白頭翁。

此地龍舒骨，池隍獸血餘。木香多野橘，石乳最宜魚。古瓦松杉冷，旱天麻麥疎。題詩非杜若，牋膩粉難書。苕溪漁隱叢話

句

斜拖闕角龍千尺，淡抹牆腰月半稜。館中詠雪　冷齋夜話

葛閎

閎，治平三年以職方郎中知台州。

題孝南山寺 在臨海縣

六時香火集宗雷，日上雲收紫翠開。應笑守麾公暇少，二年官滿一曾來。台州府志

常秩

秩字夷甫，潁州汝陰人。屏居里巷，以經術稱，屢授以官不受。神宗即位，三使往聘，始詣闕。拜右正言，幹國子監，進寶文閣待制。卒贈右諫議大夫。

句

凍殺汝陰常處士，也來騎馬聽朝雞。

石林詩話：常待制秩，居汝陰，與王回深父皆有盛名于嘉祐、治平之間，屢召不至，雖歐陽文忠公亦重推禮之。其

詩所謂「笑殺潁川常處士，十年騎馬聽朝雞」者是也。熙寧初，荆公當國，力致之，遂起判國子監太常禮院，磬罄稍減于前。嘗一日大雪趨朝，與百官待漏于仗舍，秩已來，寒甚不可忍，喟然若有所恨者，乃舉文忠詩以自嘲云云。

許安世

安世，襄邑人，顗之世父。治平四年，進士第一。爲都官員外郎。卒於黄州。

詠史

天下有誅賞，固非君所私。太宗泣君集，意恐勞臣疑。至公一以廢，智術相維持。哀哉功名士，汲汲尙趨時。許彦周詩話

張景修

景修字敏叔，常州人。治平四年進士。元祐末，浮梁令，兩爲憲漕，五領郡符。大觀中，遷祠部郎中。詩幾千篇，號張祠部集。

寄葉□□自湖南憲請宮祠歸 葉夢得大父也

聞説年來請洞霄，江湖奉使久勤勞。有神仙處閑方得，用老成時退更高。借宅但須新種竹，尋仙想見舊栽桃。浮梁居士塵埃甚，鬢髮而今也二毛。石林燕語

送朱天錫童子

黄金滿籯富有餘，一經敎子金不如。君家有兒不肯嬉，口誦七經隨卷舒。渥洼從來産龍駒，鸑鷟乃是眞鳳雛。一朝過我父子俱，自稱窮苦世爲儒。雪窗夜映孫康書，春壟晝荷兒寬鉏。翻然西入天子都，

出門慷慨曳長裾。神童之科今有無，談經射策皆壯夫。古來取士凡數塗，但願一一令吹竽。甘羅相秦理不誣，世人看取掌中珠。折腰未便賦歸歟，待君釋褐還鄉閭。

中吳紀聞：初，景修爲浮梁縣令，作此詩。天錫既到闕，忘取本州公據，爲禮部所卻，因擊登聞鼓，繳景修詩爲證，神宗大稱賞之。翌日，以語宰相王珪，而恨四方有遺材，卽令召對。珪言：「不欲以一詩召人，恐長浮競，不若俟其秩滿，然後擢用之。」遂止，令中書籍記姓名。比罷官，而神宗已升遐矣。景修歷事三朝，每登對，上必問：「聞卿作朱童子詩，試爲舉似。」由此詩名益著。

貧居

茅檐月有千錢稅，稻飯年無一粒租。生事蕭條人問我，水芭蕉與石菖蒲。中吳紀聞

睡香花

曾向廬山睡裏聞，香風占斷世間春。竊花莫撲枝頭蝶，驚覺南窗半夢人。

能改齋漫錄：廬山瑞香花，天聖中始傳。張祠部以瑞爲睡，其詩云云。

游九鎖

九鎖山中多隱仙，洞門終古掩雲煙。茶生東塢偏迎日，松老西巖不記年。翠箬久藏千歲藥，碧池終納半山泉。蒼崖縱使秦驅得，未信能移一柱天。洞霄詩集

更高亭　在浮梁縣

稚子山妻伴老翁，重陽尋徧菊花叢。明年把酒知何處？卻憶高亭是夢中。饒州府志

句

洗竹放教風自在，傍溪看得月分明。題集清軒　中吳紀聞

蔣　槩

槩字康叔，江西龍泉人。治平間進士。

登權州北門

壯士未酬志，乘秋感慨多。幽燕新種落，秦漢舊山河。塞月沈青冢，邊聲起白波。如何得萬騎，玉壘夜經過。詩話總龜

徐　積

積字仲車，楚州山陽人。治平四年進士。授楚州教授。事母極孝，政和中，賜謚節孝處士。有集。

苕溪漁隱叢話：東坡云：「仲車，古之獨行也，於陵仲子不能過。然其詩文則怪而放，如玉川子，此一反也。耳聵甚，畫地爲字，乃始通語。終日面壁坐，不與人接，而四方事，無不周知其詳，雖新且密，無不先知，此二反也。」

淮之水示門人馬存

淮之水，淮之水，春風吹，春風洗。青于藍，綠染指；魚不來，鷗不起。瀲瀲灩灩天盡頭，祇見孤帆不見舟。殘陽欲落未落處，盡是人間今古愁。今古愁，可奈何，莫使騷人聞權歌。吾曹盡是浩歌客，笑聲酒面春風和。

愛愛歌

吳越佳人古云好，破家亡國可勝道。昨日閑觀愛愛歌，坐中歎息無如何。愛愛本是娼家女，金魂玉魄沈塵土。歌舞吳中第一人，綠鬟雙鬟纔十五。耳聞目見是何事，不謂其人乃如許。操心危兮勵志深，半夜窗前淚如雨。假饒一笑得千金，何如嫁作良人婦。桃李不爲當路花，芙蓉開向秋風渚。忽然一日逢張氏，便約終身不相棄。山不磨兮海可枯，生唯一兮死難二。有如樗櫟叢中木，忽然化作瀟湘竹。又如黃鳥春風時，遷喬林兮出幽谷。文君走馬來成都，弄玉吹簫從幾曲。不聞馬上琵琶聲，忽作山頭望夫哭。去年春風還滿房，昨夜明月還滿牀。行人一去不復返，不念關山歧路長。前年猶惜縷金衣，今年不畫深臙脂。今年今日萬事已，鮫綃翡翠春如泥。一女二夫兮妾之所羞，不求所事兮志將何求。蛾眉皓齒兮妾之所憂，不如無生兮庶幾無尤。喓喓草蟲，趯趯阜螽。靡不有初，鮮克有終。鴛鴦于飛兮畢之羅之，人間所恨兮何休時。深山人跡不到處，病鸞斂翼巢空枝。

麗情集：楊愛愛，錢唐娼女也。垂髫喜歌舞，初學胡琴數曲，遂通他調。七月七日，泛舟西湖，採荷香，爲金陵少年張逞所調，相攜潛遁，旅于京師。踰年，逞爲父捕去，愛留巷中，好事者百計圖之不可得。念逞之勤，感疾而死。

貧女扇

妾有一尺絹，以爲身上衣。自織青溪蒲，團團手中持。朝攜麥隴去，暮汲井泉歸。無人不看妾，不使見蛾眉。

釣者

有人口誦浮雲曲，手把瀟湘一竿竹。荻花洲上作茅庵，坐看江頭浪如屋。以上節孝先生集

章　楶

楶字質夫，浦城人，得象之姪。治平四年，進士甲科。哲宗朝，歷集賢殿修撰，知渭州，進端明殿學士。徽宗立，拜同知樞密院事，授資政殿學士、中太乙宫使。卒謚莊簡。

運司園亭詩　并序　存三首

成都轉運司園亭，蓋僞蜀時權臣故宅也。清曠幽靜，隨處皆有可樂者。輒爲十詩，粗記領略，以備他日遺忘。庶幾讀其詩，足以省憶髣髴云爾。

西園

古木鬱參天，蒼苔下封路。幽光無時歇，醜石終朝踞。水竹散清潤，煙雲變晨暮。何必憶山林，直有山林趣。

玉谿堂

堂因水得名，方沼當其後。漪瀾蕩榱桷，窗戶挹花柳。蟲魚不避人，鷗鷺若相友。午枕夏簟涼，此樂亦奚有。

小亭

花邊二小亭，雙跨清渠上。規模雖甚陋，幽僻良可賞。信依佳木陰，未羨大廈廣。不足延賓朋，攜筇常獨往。以上成都文類

楊怡

成都運司園亭詩 和章質夫

西園

池臺密相望，曾是故侯宅。賞心知幾人，喬木已百尺。低花拂烏帽，古蘚駁蒼石。欲問昔豪華，秋風掃無迹。

小亭

方亭惟四柱，對峙花竹間。下有雪嶺水，淙流日潺潺。宛如雙綵舸，纜向春波灣。欲起江湖心，而奈風濤艱。以上成都文類

鄒極

極字適中，宜黃人。治平四年進士。擢度支員外郎，除江西提刑。丁外艱，服除，丐祠得洪州玉隆觀。自號一翁。有宜川集。

石碧潺湲亭 宜黃縣南二十里，石梁數十丈，橫空跨於兩崖，曰石碧。

危亭跨幽澗，澗水日潺湲。響與鼓鐘應，靜無車馬喧。布金因利物，漱玉自澄源。練引千尋遠，珠輕萬斛繁。倚空橫石壁，夾岸帶山樊。漲駭天河決，湍疏地軸翻。偕棲眞夢覺，客至滌塵煩。不盡登臨意，忘言媿有言。撫州府志

江公著

公著字晦叔，睦州建德人。治平四年進士。歷提點湖南刑獄、京西轉運使。

久旱微雨作

雲葉紛紛雨脚匀，亂花柔草長精神。雷車卻碾前山過，不灑原頭陌上塵。

能改齋漫録：江公著初任洛陽尉，作久旱微雨詩。司馬文正公見之，修刺謁江，且爲稱薦，由是知名。

胡時中

時中字伯正，永州人。治平中進士。

清明行

憶昔父母康健時，清明攜我上丘壠。如今清明我獨來，卻將小兒拜先冢。凝情東風淚滿衣，江山雖是昔人非。兒兒問我悲何事？此意他年汝自知。前賢小集拾遺

陳繹

繹字和叔，開封人。舉進士。神宗朝，歷祕書監、集賢學士，知廣州，貶建昌軍。

碧溪軒 在建昌軍壽昌寺

蕭疎華薄隱山村，清淺浮桁帶郭門。竹倚闌干水邊寺，興來題作碧溪軒。輿地紀勝

羅尚友

尚友字明善，萍鄉人。治平四年進士。授鄂州軍事推官。

句

人間酒客兼詩客，天上文星與將星。謁閣門使蕭注令賦　袁州府志

毛　漸

漸字正仲，衢州江山人。治平四年進士。哲宗朝，歷陝西轉運使，攝涇原帥，進直龍圖閣待制。

桃源洞

洞門流水日潺湲，桃塢依然枕水邊。春色年年花自好，遊人誰復遇嬋娟？天台山志

鄭　俠

俠字介夫，福州福清人。治平四年進士。神宗朝，調光州司法參軍。入京，監安上門。坐上書詆王安石、呂惠卿，謫英州編管。徽宗即位，除監潭州南嶽廟卒。自號一拂居士。入黨籍。有西塘集。

苞苴行

苞苴來，苞苴去，封書裹信不得住。君不見箕山之下有仁人，室無杯器，以手捧水，不願風瓢挂高樹。

煙雨樓

仙人居處即蓬宮，更作層樓峭倚空。翠岫西來煙漠漠，大江南去雨濛濛。花鑣柳策熙怡裏，耘笠漁蓑笑語中。別有夜樓千里月，凭闌清興與誰同。以上西塘集

和王荆公何處難忘酒

何處難緘口，熙寧政失中。四方三面戰，十室九家空。見佞眸如水，聞忠耳似聾。君門深萬里，焉得此言通？翠屏筆談

曾肇

肇字子開，易占子，布弟。牟、阜嘉祐二年，宰六年，肇治平四年皆舉進士。初調黃巖尉，用薦擢崇文校書，累遷國史編修官。元祐初，擢起居舍人。徽宗即位，遷翰林學士，安置汀州，歸潤州卒。謚文昭。入黨籍。有曲阜集、西掖集。

題王晉卿所藏鄭虔著色山水圖

曾訪江南烏爪仙，悞隨塵網落人間。紅泉碧澗春風裏，尚記麻源谷口山。

上王荆公墓

天上龍胡斷，人間鵩鳥來。未應淮水竭，所惜泰山頹。華屋今非昔，佳城閉不開。白頭門下士，悵望有餘哀。

海陵春雨 知泰州時作

公事無多使客稀，兩時衙退吏人歸。沈煙一炷春陰重，畫角三聲晚照微。桑雉未馴慚報政，海鷗相近信忘機。只將宴坐收心念，嬾向人間問是非。

靈壽同年兄再以杞屑分惠復成小詩以代善謔

場屋十年長，鈴齋一笑歡。微言師水繭，交分托金蘭。腹飽仙人杖，心存姹女丹。他時玉京路，同綴侍

宸官。

寄呂南公

主人第一河南守，之子無雙江夏才。嘗見吹噓上雲漢，可能憔悴隱蒿萊。風騷寓興垂金薤，翰墨傳家富玉杯。傾蓋相知勝白首，扁舟臨別重徘徊。

滁州瑯琊山茶仙亭

山僧獨好事，爲我結茅茨。茶仙榜亭中，頗宗樊川詩。

題多景樓

屈曲危樓倚半空，詩情無限景無窮。江聲逆順潮來往，山色有無煙淡濃。風月滿樓供一醉，乾坤萬里豁雙瞳。片雲迴逐斜陽去，知落淮山第幾重？以上曲阜集

邇英閣侍講筵作　哲宗元祐中

二閣從容訪古今，諸儒葵藿但傾心。君臣相對疑賓主，誰識昭陵用意深？

邇英閣前槐後竹雙槐極高而柯葉拂地狀如龍蛇或謂之鳳尾槐

鳳尾扶疏槐影寒，龍吟蕭瑟竹聲乾。漢皇恭默尊儒學，不似公孫見不冠。以上墨莊漫錄

句

鼎湖弓劍仙遊遠，渭水衣冠輦路新。　階除翠色迷宮草，殿閣清陰老禁槐。

庚溪詩話：元祐間，東坡與曾子開同居兩省，扈從車駕，赴宣光殿，子開有詩，其略云云，語亦佳。

何平仲

平仲，合州人。

聞周茂叔中年有嗣以詩賀之

慶門崇構已多時，五百年方是此期。樹長瓊枝生較晚，珠根驪頷得來遲。桓溫貴骨天然別，韋相傳經道不衰。衡岳維高湘水闊，共知長與福爲基。濂溪集附

劉恕

恕字道原，筠州人，渙子。舉進士。英宗朝，司馬光編次資治通鑑，薦爲局僚，官至祕書丞卒。

題靈山寺

早晚報衙蜂擾擾，友朋相和鳥關關。餘香滿袖花驚眼，空翠霑巾雨暝山。西江詩話

費琦

呈謝通判殿丞寵示游山之作

夫君落筆盡珠璣，不比相如意思遲。從此洛陽須紙貴，夜來新有愛山詩。濂溪集附

宋詩紀事卷二十四

錢唐　厲鶚　輯
臨潼　張四科　勘定

周延雋

延雋字仲章，鄒平人。治平間，以職方郎中知台州，累遷太常少卿。

經臺

幽致極東南，淸陰潤客衫。林深纔辨徑，雲滿欲藏巖。琴想山猿伴，花憎谷鳥銜。孤標如可挹，墜槀悵開緘。台州府志

王詵

詵字晉卿，開封人。選尙英宗女秦國大長公主，爲利州防禦使，以黨籍貶均州。歷定州觀察使，開國公、駙馬都尉。贈昭化軍節度使，謚榮安。

劉後村西園雅集圖跋云：本朝戚畹，惟李端愿、王晉卿二駙馬好文喜士。世傳孫巨源三通鼓、眉山公金釵墜之詞，想見一時風流醞藉。未幾，爲臺鞫詩案，賓主俱謫，而轉春鶯輩，亦流落于他人矣。

後唐莊宗廟

代梁繼李號良圖，卻惑歌兒便喪軀。試拂塵埃覘遺像，元來滿面是髭鬚。侯鯖錄

湖上贈別 幷序

余前年恩移清潁，道出許昌，前途小阻，留西湖之别館者幾一月，常與韓持國、范景仁汎舟嘯詠，使人頓忘去國流離之恨也。韓公德性溫厚，風度高雅，固已可愛；范公雖老，而精神不衰，議論純正，白鬓紅面，動輒醺酣。時余有所賦詠，公郎取紅蓮葉，命筆疾書，初不經思，佳辭麗句，頃刻而成，坐客莫不驚歎也。比聞朝廷就除端明殿學士以寵之，因思方今進任老成，如公者若再起之，亦足以厚風俗耳。

清影十分月，暗香千柄蓮。不知從此别，高會復何年？

奉和子瞻内翰見贈長韻

帝子相從玉斗邊，洞簫忽斷散非煙。平生未省山水窟，一朝身到心茫然。長安日遠那復見，掘地寧知能及泉。幾年漂泊漢江上，東流不舍悲長川。山重水遠景無盡，翠幙金屏開目前。晴雲羃羃曉籠岫，碧嶂溶溶春接天。四時爲我供畫本，巧自增損媸與妍。心匠構盡遠江意，筆鋒耕徧西山田。蒼顔華髮何所遺，聊將戲墨忘餘年。將軍色山自金碧，蕭郎翠竹夸嬋娟。風流千載無虎頭，於今妙絶推龍眠。豈圖俗筆挂高詠，從此得名因謫仙。愛詩好畫本天性，輞口先生疑宿緣。會當别寫一匹煙霞境，更應消得玉堂醉筆揮長篇。

子瞻再和前篇非唯格韻高絶而語意鄭重相與甚厚因復用韻答謝之

憶從南澗北山邊，慣見冷雲和野煙。山深路僻空弔影，夢驚松竹風蕭然。杖藜芒屩謝塵境，已甘老去棲林泉。春籃採朮問康伯，夜竈養丹陪穉川。漁樵每笑坐爭席，鷗鷺無機馴我前。一朝忽作長安夢，此生猶欲更問天。歸來未央拜天子，枯荄敢自期春妍。造物潛移眞幻影，感時未用驚桑田。醉來卻畫山中景，水墨想像追當年。玉堂故人相與厚，意使嫫母齊聯娟。豈知憂患耗心力，讀書嬾去但欲眠。屠龍學就本無用，只堪投老依金仙。更得新詩寫珠玉，勸我不作區中緣。佩服忠言匪論報，短章重次木瓜篇。以上式古堂書考

句

佳人已屬沙吒利，義士今無古押衙。

許彥周詩話：晉卿得罪外謫，後房善歌者名囀春鶯，爲密縣馬氏所得。後還朝，尋訪微知之，作詩云云。僕在密縣，與馬縉輔遊，知之最詳。縉輔在其兄處猶見之。西清詩話云：過潁昌見之，誤也。

章峴

峴，治平中，廣南西路提點刑獄、轉運使。

丁未上巳重遊龍隱巖

溪千檥棹訪巖扉，危磴攀躋不欲歸。垂乳滴聲當佛座，宿雲留潤在僧衣。聊開禊席臨流水，閑擲文竿到落暉。旅宦天涯甘寂寞，送春無意惜芳菲。桂勝

蔡覿

覿，治平中定海縣尉。

正覺寺清風軒 在定海縣西北

海風拍枕燈初暗，山雨打窗人正寒。料得此軒秋更好，怒濤推月上闌干。延祐四明志

滿執中

執中字子權，廣陵人。治平中，爲萬壽令。

石屏路

石屏月如水，石壁雲不動。閑中攲枕臥，天地同一夢。

明月溪

月出溪水淸，月落溪水黑。茫茫溪上人，笑與月爲客。以上滁陽志

馬道

道，吉州人。

啄木

翠翎迎日動，紅觜響煙蘿。不顧泥丸及，唯貪得食多。纔離枯朽木，又上最高柯。吳楚園林闊，忙忙爭奈何？

翰府名談：治平中，有爲吉水令，忘其姓名，治邑嚴酷。野人馬道爲啄木詩諷之。令見詩，稍緩刑。時人目曰馬啄木。

薛唐

唐，鄞人。有田間集。

田舍作

世業存五畝，家風守二南。適情無過睡，幽事不妨貪。母老厨增肉，朋來樹選柑。每慙躬稼穡，未及野農諳。甬上耆舊集

蕭介夫

介夫字純臣，泰和人。英宗朝，官萍鄉簿。

將進酒歌

勸君莫累黑山土，累得黑山竟何補？勸君莫斸燕然石，斸得燕然又何益？百年歲月能幾何，螢燭光中都瞬息。我今安得萬丈梯，騰騰直上天街墀。剪折金烏翅，截下玉兎蹄。使玉兎不能走，金烏不得飛。然後舉泰山爲肉林，東海爲酒池。君不見吳下秋風悲，金谷園中春草衰。不如相逢且飲酒，齊聲拍掌大唱金縷衣。吉安府志

錢忠

句

滿目生涯千頃浪，全家衣食一綸竿。

吳郡志：治平中，錢忠過吳遊賞，遥見一好女子，獨棹烟波間，忠悦之，贈詩云云。女攜詩呈父，父以女妻忠，汎舟同入烟波，不知所往。

錢信

句

安得神仙術，試爲施康濟。使此平望村，如吾江子匯。

齊東野語：錢信平望縣詩云云。吳興獨江子匯無縣，舊傳馬自然泊舟於此。

王安禮

安禮字和甫，安石弟。早登科，累官知制誥、翰林學士，知開封府，尚書左丞。紹聖初，罷知太原府卒。有王魏公集。

恭和御製上元觀燈

鑾輿清曉出瑤臺，羽衛瞻迎扇影開。鳳闕張燈天上坐，雞林獻曲海邊來。修文可笑秦無策，能賦休誇楚有才。星漢未斜鈞樂闋，君王宣示萬年杯。

瓊林苑賜宴餞留守太尉輒繼高韻

名德曾來重四夷，朝廷今日見官儀。陪祠自冠三公位，分陝猶爲百辟師。金谷望塵多耆舊，瓊林賜餞盡巫疑。都人喜見旆旌美，寧識勳名在鼎彝。以上瀛奎律髓

王安國

安國字平甫，安禮弟。神宗召試，賜第，爲祕閣校理。呂惠卿引連鄭俠獄，奪官卒。有集。

耆舊續聞：熙寧中，高麗遣使入貢，且求王平甫學士京師題詠。有旨令權知開封府元厚之內翰抄錄以賜，厚之自詣平甫求新著，平甫以詩戲之曰：「誰使詩仙來鳳沼，欲傳賈客過雞林。」

題滕王閣

滕王平昔好追遊，高閣依然枕碧流。勝地幾經興廢事，夕陽偏照古今愁。城中樹密千家市，天際人歸一葉舟。極目滄波吟不盡，西山重疊亂雲浮。

能改齋漫錄：王平甫年十三作。

記夢

萬頃波濤木葉飛，笙簫宮殿號靈芝。揮毫不似人間世，長樂鐘聲夢覺時。

冷齋夜話：王平甫，熙寧癸丑歲直宿崇文院，夢有邀之至海上。見海水中宮殿甚盛，其中作樂、笙簫鼓吹之妓甚衆，題其名曰靈芝宮。邀之者欲俱往，有人在宮側，隔水謂曰：「時未至，且令去，他日當迎之。」至此，恍惚夢覺，時禁中已鳴鐘。平甫頗自負不凡，爲詩記之。

杭州呈勝之

遊覽須知此地佳，紛紛人物敵京華。林巒臘雪千家水，城郭春風二月花。彩舫笙歌吹落日，畫樓燈燭映殘霞。如君援筆宜摹寫，付與塵埃北客誇。

瀛奎律髓云：此平甫作，誤入荆公集。

西湖春日　日琯按：以下二首誤入林逋集。

爭得才如杜牧之，試來湖上輒題詩。春煙寺院敲茶鼓，夕照樓臺卓酒旗。濃吐雜芳薰巘崿，溼飛雙翠破漣漪。人間幸有蓑衆笠，且上漁舟作釣師。

春陰

似雨非晴意思深，宿酲牽率臥重衾。苦憐燕子寒相並，生怕梨花晚不禁。薄薄簾帷欺欲透，遙遙歌管壓來沈。北園南陌狂無數，祗有芳菲會此心。以上瀛奎律髓

句

海鵬未擊三千里，天馬須歸十二閑。苕溪漁隱叢話　風暄翠幕春沽酒，露溼筠籠夜賣花。洛中聞見前錄

當時徐氏擅筆墨，夜圍夢墮空中簁。

金玉詩話：王師弔伐江左，城破，或夢丱角女子行空中，以巨簁簁物，散落如豆，著地皆成人。問其故，曰：「此當死於難者。」後見貴人，盛冠服，繼墮于地，云：「此徐舍人也。」既寤，聞徐鍇死圍城中。王文公兄弟在金陵，和王微之哲登高齋詩，押簁字，平甫有句云云。此事奇譎而屈曲，強韻中可謂搏虎手也。

宮殿影搖河漢外，江湖夢斷曉鐘邊。館中題壁　忽吟佳句詩驅暑，遠勝前人檄愈風。病中答蘇子容　九月清霜送陶令，千年白日見滕公。王繹學士挽詞　以上隱居詩話

沈遼

遼字睿達，錢唐人。遘弟，用兄任監壽州酒稅。熙寧中，以太常寺奉禮郎監杭州軍資庫轉運使，攝華亭縣。他使者以夙憾，文致其罪，下獄，奪官，流永州，徙池州。有雲巢編。

揮麈餘話：遼尤工翰墨，登科之後，遊京師，偶爲人書裙帶，詞頗不典，流傳達于宮禁，近幸嬪御服之，遂塵乙覽，後削籍爲民。

奉陪穎叔賦鎖院牡丹

昔年曾到洛城中，玉椀金盤深淺紅。行上荆溪溪畔寺，愧將白髮對東風。

池陽

寒煙寂寂鎖青谿，圓月亭亭上曲隄。小杜風情遥可想，閑調絲竹舞金泥。

陸機宅

朝日欲出已復西，人間興廢那可知。崑山陵谷久已變，水傍惟有將軍碑。

龜茲舞

龜茲舞，龜茲舞，始自漢時入樂府。世上雖傳此樂名，不知此樂猶傳否？黄扉朱邸晝無事，美人親尋教坊譜。衣冠盡得畫圖看，樂器多因西域取。紅綠絪結坐後部，長笛短簫形製古。雞婁楷鼓舊所識，饒貝流蘇分白羽。玉顔二女高髻花，孔雀羅衫金畫縷。紅韡玉帶踏筵出，初驚翔鸞下元圃。中有一人奏羯鼓，頭如山兮手如雨。其間曲調雜晉楚，歌詞至今傳晉語。須臾曲罷立前廡，歎息平生未嘗覩。清都閬苑昔有夢，寂寞如今在何所。我家家住滄海涯，上國樂事殊未知。玉顔邀我索題詩，它時有夢與誰期？以上雲巢編

王欽臣

欽臣字仲至，洙之子。用蔭入官，文彦博薦試學士院，賜進士及第。歷集賢殿修撰，知和州，徙饒州，斥提舉太平觀。徽宗立，復待制，知成德軍卒。入黨籍。有廣諷味集。

宿華岳觀

淩空老樹雲垂葉，壓屋梨花雪照人。深愧地仙敎俗客，慇懃留看華山春。

再題華岳觀

石壇流水共蒼苔，青竹林間一徑開。可惜梨花飛已盡，前年遊客始重來。以上江鄰幾雜志

召試學士院試罷作

翠木陰陰白玉堂，老來方此試文章。日斜奏罷長楊賦，閑拂塵埃看畫牆。

西清詩話：荆公見之，甚歎賞，爲改作「奏賦長楊罷」，且云：「詩家語，如此乃健。」

戲書長老院

蜀國相如最好詞，武皇深恨不同時。淩雲賦罷還無事，寂寞文園興可知。

能改齋漫錄：熙寧中，王仲至自河北被召用，荆公薦對，神宗問所與遊從，公奏宋敏求。帝默然，遣任，公因留一詩書長老院中云云。荆公愛其詩，自題於所執扇。

與秦少遊于恭敏李公燕閑堂聯句

黃葉山頭初帶雪，綠波尊酒暫回春。王 已聞璧月瓊枝句，更著朝雲暮雨人。秦 老愧紅妝翻曲妙，喜逢佳客放懷新。王 天明又出桃源去，仙境何時再問津？秦 能改齋漫錄

次韻蘇子由詠李伯時所藏韓幹馬

天閑不遇頭亦垂，眞姓本不求青絲。由來奇骨類奇士，立見俱似囊中錐。鳳頭初踏蔥嶺至，繡膊東由

青海駞。春風宛轉白玉鐙，晚日照耀黄金羈。李侯對此意匠發，造物眞比毫端奇。方歅之相豈可擬，顛倒未免雄稱雌。翰林相繼寫高韻，何止羊何共和之。玉花照夜古稱美，顔色乃是論其皮。固知神駿不易寫，心與道合方能知。文章書畫固一理，不見摩詰前身應畫師。聲畫集

使遼回謁恭敏李公席上作

穹廬三月已淹留，白雪黄雲見卽愁。滿袖塵埃何處洗，李家池上海棠洲。詩人玉屑

遊王官谷

鐘鼎山林出處明，中間不合枉高情。有錢須買王官谷，流水聲中過一生。王官谷集

安燾

燾字厚卿，開封人。舉進士。神宗朝，歷官同知樞密院事。哲宗朝，拜門下侍郎，落職，知大名府。徽宗朝，知河南，降祁州團練副使，還洛卒。入元祐黨籍。

重題江干初雪圖 事詳韓忠彦詩下

曾遊滄海困驚瀾，晚涉風波路更難。從此江湖無限景，不如祗向畫圖看。石林詩話

韓忠彦

忠彦字師朴，琦子。以父任爲將作監，復舉進士。元祐中，同知樞密院事。徽宗朝，進左僕射兼門下侍郎，封儀國公，謫磁州團練副使，致仕卒。入元祐黨籍。

題江干初雪圖

諸公當日聚巖廊，半謫南荒半已亡。唯有紫樞黃閣老，再開圖畫看瀟湘。

石林詩話：江干初雪圖眞蹟，藏李邦直家，唐蠟紙本，世傳王摩詰所作。元豐間，王禹玉、蔡持正、韓玉汝、章子厚、王和甫、張邃明、安厚卿七人題詩。建中靖國元年，韓師朴相，邦直、厚卿同在二府，時前七人者，所存惟厚卿而已。持正貶死嶺外，禹玉追貶，子厚方貶，玉汝、和甫、邃明則死久矣，故師朴題其後云云。紫樞、黃閣謂邦直在門下，厚卿在西府也。厚卿復題，邦直亦自題云。

駕幸太學

恢崇儒教頓生光，天子親來幸上庠。星弁煌煌環帝座，霜袍密密綴周行。廟祠稽首尊先聖，書義終篇勸嗣王。學道深慙非入室，此辰榮事亦升堂。中州題咏集

許遵

遵字仲塗，泗州人。第進士。熙寧間，判大理，出知潤州，提舉崇福宮。

遊風水洞

水洞連風洞，精藍兩洞前。山高易藏日，樹老不知年。板有華宗什，名留少傅篇。煙波門外境，寂寞變桑田。咸淳臨安志

沈立

立字立之，歷陽人。舉進士。歷江淮發運使。知杭、越二州。

英韶在前徒吟下里之曲風雅未喪豈繫擊轅之音不圖綴綺靡之辭抑將導敦厚之旨耳

海棠雖盛於蜀人不甚貴因暇偶成五言百韻律詩一章知我者無加焉

岷蜀地千里，海棠花獨妍。萬株佳麗國，二月豔陽天。叢萼匀如布，修薿巧似編。彤雲輕點綴，赤玉碎雕鐫。瑟瑟光輪瑩，猩猩血借鮮。淺深相向背，踈密遞句牽。輕蒨重重染，丹砂細細研。蘂纖金粟拱，鬚嫩紫絲攣。紅蠟隨英滴，明璣著顆穿。初莖爭裊娜，翹幹共蹁躚。絶代知無價，生香不減籛。分靈應桂苑，鍾粹定星躔。木帝經邦相，花王入室賢。祥飈如剪拂，卿靄共陶甄。眞宰陰推轂，句芒與著鞭。不須憂薄命，好爲惜流年。賁翼施生柄，扶持煦嫗權。主張韶令正，調燮淑威宜。和氣高低洽，芳心次第還。金釵人十二，珠履客三千。雲雨迷巫峽，風波怨洛川。娉婷宜住楚，妖冶合居燕。繡被通宵展，華燈徹曙燃。横披前檻外，半出假山巔。暗羨遊蜂採，偷輸蟻穴沿。瘦嫌□網織，柔怯女蘿纏。蓄恨憑誰訊，無言只自憐。文君酒壚畔，揚子草堂前。品格生來別，風流到老全。繁中生悵望，衆裏見喧闐。暄暖精神出，晴明意態便。關關鶯對語，兩兩燕高騫。天上宜封殖，人間偶佇延。共櫻園別館，與杏擁斜阡。清暖簾爭卷，黄昏幕尚褰。低籠金轣轆，高映畫秋千。忽認梁園妓，深疑閬苑仙。悤悤來蕙圃，遠遠別芝田。羞隱冥濛霧，輕如淡蕩煙。乍逢開羽扇，初喜下雲軿。彷彿同星靨，依稀帶翠鈿。五銖衣宛轉，七寶帳翩翾。獨立挨霓節，成行列彩旃。困宜攲虎枕，步好襯金蓮。舞定休迴袖，妝濃不傅鉛。蓋張松鬱鬱，茵藉草芊芊。馥郁蘭供夢，扶蘇柳伴眠。軀輕彌綽約，腰細更便嬛。娅姹常顋若，幽柔自灑然。侍兒羅白芷，婢子列芳荃。口口濃檀注，腮腮薄粉塡。解圍施葉幄，買笑有榆錢。旖旎環瑤席，婆娑市珉筵。嫣依屏曲曲，泣對露涓涓。南陌輕埃蔽，東郊夕照連。幾時休縹緲，從此識嬋娟。是處遺簪珥，誰家不管弦。妒姬貪恐失，戲穉惜何顛。折閃搔頭褪，擎搓約腕揎。戴遮鬟上鳳，裝壓鬢邊蟬。汲引新懽聚，消磨忿悁蠲。縱觀須倒載，命宴必加籩。翻曲教歌媛，更詞送酒船。鄉心須暫解，病眼當時痊。迢遞來油壁，從容住錦韉。雅宜交讓比，穠與棣華聯。不憤參朱槿，寧甘混木棉。酴醿潛失色，躑躅敢差肩。素柰思投迹，夭桃恥借員。梧桐愧金井，芍藥濫花磚。併壓辛夷俗，潛排寶馬薦。天恩無久恃，人寵莫長專。布影交三徑，敷榮徧一廛。凝眸方曄曄，回首旋翩翩。可忍驚飈挫，胡煩急景煎。珊瑚隨手碎，絳雪繞枝旋。拂漢霞初散，當樓月自圓。飄零隨蠛蠓，散亂逐猗漣。灼灼龜城外，亭亭錦水邊。抱愁應慘蹙，有淚卽潺湲。午隱迷蝴蝶，朝寒怨杜鵑。物情元倚伏，人意莫拘攣。擢秀高羣木，稱珍極八埏。未開獨脈脈，憂落固悁悁。別著新文紀，重尋舊譜箋。共知紅豔好，誰辨赤心堅。實合陪朱李，根宜灌醴泉。栽須憐竹柏，樹莫繞烏鳶。恥託膏腴茂，當隨富貴遷。爲多猶底滯，因遠尚迍邅。客思易成亂，心期未省愆。畫思摩詰筆，吟稱薛濤牋。醉目休頻送，詩情豈易緣。薛能誇麗句，鄭谷賞佳篇。止感芳姿美，那憐託地偏。山經猶罕記，方志未多傳。巧詠憂才竭，冥搜得意□。遐陬寡眞賞，僻境忍輕捐。抽祕慙非據，探奇敢讓先。援毫敍名卉，聊用放懷焉。海棠譜

張舜民

舜民字芸叟，邠州人。第進士。元祐初，除監察御史。徽宗朝，爲吏部侍郎，以龍圖閣待制知同州。坐元祐黨，貶商州卒。高宗追贈寶文閣直學士。自號浮休居士，又號矴齋，娶陳師道之姊。有畫墁集。

畫繼：芸叟生平嗜畫，題評精確。雖南遷羈旅中，每所經從，必搜訪題識。東南士大夫家所藏名品，悉載錄中。亦能自作山水。

郡齋讀書志：芸叟爲文，豪重有理致，最刻意於詩。晚好樂府，百餘篇，自序云：「年踰耳順，方敢言詩。百世之後，必有知音者。」

孫公談圃：張芸叟謫郴州稅。郴多碧蓮，根大如盌，張嘗以墨印于詩稾上，以詑北人也。

西征回途中二絶

靈州城下千枝柳，總被官軍斫作薪。他日玉關歸去路，將何攀折贈行人？

青銅峽裏韋煙路，十去從軍九不回。白骨似沙沙似雪，將軍休上望鄉臺。

東坡題跋：舜民通練西事，從高遵裕西征，回途中作二絶云云。爲轉運判官李察所奏，貶郴州監稅。舜民言：「官軍圍靈武。不下，糧盡而退。西人從城上呼官軍：『漢人兀攃否？』或仰而答曰：『兀攃。』城上皆大笑。西人謂慙爲兀攃也。」

自題畫扇

忽忽南遷不記年，二妃祠外橘洲前。眼昏筆戰誰能畫，無奈霜紈似月圓。

鄧正字宅見劉明復所畫麓山秋景

洛陽才子見長沙，自識中丹鬢未華。文武才全皆不試，丹青筆妙更誰加。老杉列在臯堂上，小景將歸學士家。我有故山常自寫，免敎魂夢落天涯。

題薛判官秋溪煙竹

深墨畫竹竹明白，淡墨畫竹竹帶煙。高堂忽爾開數幅，半隱半見如自然。

西征已度故關山，秋雨零零路屈盤。受盡艱辛心不足，解程又展畫圖看。以上畫繼

贈山人張無惑 善畫山水

京兆安汾叟赴辟臨洮幕府南舒李君自畫陽關圖并詩以送行浮休居士爲繼其後

古人送行贈以言，李君送人兼以畫。自寫陽關萬里情，奉送安西從辟者。澄心古紙白如銀，筆墨輕清意瀟灑。短亭離筵列歌舞，亭亭誼誼簇車馬。溪邊一叟靜垂綸，橋畔俄逢兩負薪。掣臂蒼鷹隨獵犬，聳耳駏驢扶隻輪。長安陌上多豪俠，正值春風三二月。分明朝雨浥輕塵，客舍青青柳色新。主人舉杯苦勸客，道是西征無故人。殷勤一曲歌者闋，歌者背淚霑羅巾。酒闌童僕各辭親，結束韜縢意氣振。稺子牽衣老人哭，道上行客皆酸辛。唯有溪邊釣魚叟，寂寂投竿如不聞。李君此畫何容易，畫出漁樵有深意。爲道世間離別人，若箇不因名與利？紅蓮幕府盡奇才，家近南山紫翠堆。烜赫朱門當巷陌，潺湲流水遶亭臺。當軒怪石人稀見，夾道長松手自栽。靜鎖園林鶯對語，密穿堂戶燕驚迴。試問主翁在何所？近向安西幕府開。歌舞斂成頭已白，功名未立老相催。西山東國不我與，造父王良安在哉？已卜買田箕嶺下，更看築室潁河隈。憑君傳語王摩詰，畫箇陶潛歸去來。擊畫集

紈扇

紈扇本招風，曾將熱時用。秋來挂壁上，卻被風吹動。蒙齋筆談

感時事戲作

少年辛苦校蟲魚，晚歲雕蟲恥壯夫。自是諸生猶習氣，果然紫詔盡驅除。酒間李賀皆投筆，地下班揚亦引車。唯有少陵頑鈍叟，靜中吟撚白髭鬚。

韻語陽秋：熙寧四年，荆公預政，罷詩賦，專以經義取士。元祐五年，復用詩賦。紹聖初，以詩賦爲元祐學術，復罷之。政和中，遂著于令，士庶傳習詩賦者，杖一百。畏謹者至不敢作。故芸叟感而賦此。

眞州儀眞觀

聞說仙鄉接一作即瀨鄉，閑遊詩侶禮虛皇。三潮竇派通胥浦，萬葉靈杉蔽蜀岡。天地杳冥供寫像，江山迴合助靈祥。五雲送入蓬萊島，留與人間作道場。

古今詩話：揚州揚子縣，古白沙鎭也。祥符中，丁晉公鑄聖祖天尊像，遂爲眞州。有儀眞觀，觀西一水縈迴，南入大江，號曰胥浦。一日三潮，俗云子胥解劍之所。觀之記載，使者以像在舟，日方午，潮水忽至，今有午潮。張芸叟詩云云。

和喻明仲馬上吹笛

越客思歸黯不平，閑持長笛寫秦聲。羨君氣海如斯壯，博我詞鋒孰敢爭。江上梅花開又落，隴頭流水咽還驚。豈知不寐鰥魚眼，獨坐山堂對月明。

墨莊漫錄：喻陟明仲，睦州人。持節數部，政績藹著。雅善散隸，尤妙長笛。每行按至山水佳處，馬上臨風，快作數弄。嘗有馬上吹笛詩寄芸叟，芸叟和之云云。

東坡先生哀詞　并序

我守中山，乃公舊國。雪浪蕭齋，於焉食宿。俯察履綦，仰看梁木。思賢閲古，皆經貶逐。玉井芙蓉，一切牽復云云。

石與人俱貶，人亡石尚存。卻憐堅重質，不減浪花痕。滿酌中山酒，重添丈八盆。公兮不歸北，萬里一招魂。思賢、閲古，皆中山後圃堂名。

墨莊漫錄：東坡帥中山，得黑石白脈，如孫知微所畫。石間奔流，盡水之變，作白石大盆以盛之，激水其上，名其室曰雪浪齋。公自銘云：「玉井芙蓉丈八盆，伏流飛空漱其根。」時有英州之命，後謫惠州，又徙海外，故中山後政以公遷謫，雪浪之名遂廢。元符中，始被北歸之命。將至吳中，張芸叟守中山，葺治雪浪齋，重安盆石。方欲作詩寄公，聞公之薨，乃作哀詞云云。

題木居士

波穿火透本無奇，初見潮州刺史詩。當日老翁終不免，後來居士欲奚爲？山中雷雨誰宜主，水底蛟龍睡不知。若使天年俱自遂，如今已復長孫枝。

墨莊漫錄：退之所題木居士，在今衡州耒陽縣鼇口寺。元豐初年旱暵，禱之不應，縣令析而焚之。僧道符更刻木爲形以事。芸叟南遷郴州，過而見之，題詩於壁。

戲作

芝蘭雖好忌當門，何況庭前惡土墩。畚鍤纔與雙劍出，狐狸盡去老松蹲。百年守冢眞堪笑，一日開軒亦可尊。安得擲從天外去，成都石筍至今存。

墨莊漫錄：衢州廳事下，舊有土勢隆起，篠木叢生，相傳云古冢也。舊有碑，其文曰：「五百年刺史，爲吾守墓。」以此前後相承，皆畏而不敢慢。紹聖元年，齊安孫賁公素爲守，問之左右，以是對。公命毀去之，官吏大恐，闔府叩頭以諫。公曰：「藉令土中有賢者骨，當以禮法遷之。」乃爲文自祭而除之，斸深丈餘，了無他異。但有二石峯，長五六尺，堅瘦清潤，又有大木之根，蟠踞其下，羣疑遂定。石上有刻云：「乾符五年五月三日安于此。押衙徐諷龍山起此石處，得二石。刺史季□題。」又刻云：「開寶七年，重疊峨嵋山於廳事前，于郡齋文會閣，移季公之石安置于此。刺史慎知禮題。」時公素方修州治南韶光園，重建清泠堂，堂成，乃移二石于堂下，名曰雙石。嗟乎，慎公移石，去季公之得石，凡九十七年。公素之破疑冢出石，去慎公又一百二十一年。物之顯晦，抑自有數。第不知峨嵋之廢，乃冒冢之名，自何時也。公素一旦戲笑爲之，遂釋千百年之惑。張芸叟有詩云云。公素可謂剛毅正直，自信之君子也。

過魏文貞公舊莊

破屋居人少，柴門春草長。兒童不識字，耕稼鄭公莊。老學菴筆記

宣赦詩

擊鼓塡街道，傳聲過水濱。國嚴三歲祀，恩洗萬方春。舟檝隨南斗，衣冠拱北辰。嶺南幷嶺北，多少望歸人。

侯鯖錄：紹聖中，芸叟入黨籍，繫潭州。赦書中獨元祐人不赦，爲詩云云。

九日

一見黃花只自羞，蕭然短髮不禁秋。誰人爲整烏紗帽，獨倚西風滿眼愁。合璧事類前集

次長蘆

炎荒往返正三年，重過長蘆古寺前。萬里風波行欲盡，停橈南望一潸然。輿地紀勝

賜資治通鑑呈范淳父學士

通鑑初成賜近臣，不遺疎賤布恩均。我投淮水五千里，君滯周南二十春。東觀汗青身是夢，西宮削藁事如新。細思當日修書者，祇有三人今一人。

菊坡叢話：治平中，英宗患歷代史繁多難見，令司馬溫公編進君臣事蹟。請置局辟官，薦劉道原、劉貢父，又辟范淳父在局。書成進上，神宗賜名資治通鑑。元豐末，進五代記，遷公資政殿學士，除淳父祕書省正字爲賞。時道原已死，貢父方貶官衡州也。元祐初，溫公還朝，作門下侍郎。用宰相蔡持正劄子，付下國子監開板，令溫公門下士及館職校讎之。板成，徧賜宰執侍從及校讎官，各以表謝。張芸叟詩云云。三人謂：貢父、道原、淳父也。

打麥

打麥打麥，彭彭魄魄。聲在山南應山北，四月太陽出東北。纔離海嶠麥尚青，轉到天心麥已熟。鷃旦催人夜不眠，竹雞叫雨雲如墨。大婦腰鐮出，小婦具筐逐。上壠先捋青，下壠已成束。田家以苦乃爲樂，敢憚頭枯面焦黑。貴人薦廟已嘗新，酒醴雍容會所親。曲終厭飫勞僮僕，豈信田家未入脣。盡將精好輸公賦，次把升斗求市人。麥秋正急又秧禾，豐歲自少凶歲多。田家辛苦可奈何！將此打麥詞，兼作插禾歌。

酴醾

冰肌雪豔映殘春，煥日薰風入四鄰。任是主人能愛惜，也攙一半與游人。

眞珠花

風中的皪月中看，解作人間五月寒。一似漢宮梳洗了，玉瓏璁壓翠雲□。以上淵鑑類函

板子磯

石上紅花低照水，山頭綠篠細含煙。天生一本徐熙畫，祇欠鸕鴣相對眠。太平府志

離眞州

日日北風吹上水，年年客思攪新秋。山長水遠連三楚，物態人情又一州。隔岸晚峯如見揖，並船孤鶩似相留。因知景略非前達，身後猶須具十牛。揚州府志

陶弼

弼字商翁，永州祁陽人。以功授陽朔縣主簿，歷官知邕州，招納諸蠻有功，四遷爲東上閤門使，康州團練使。有集。

送趙樞寺丞宰虔化縣

路入虔雲去，如何輕解攜。人煙五嶺北，星斗大江西。暖雪梅花樹，晴雷贛石溪。青衫欲無淚，不柰鷓鴣啼。

出嶺題石灰舖

馬度嚴關口，生歸喜復嗟。天文離卷舌，人影背含沙。江勢一再曲，梅梢三四花。登高休問路，雲際是

吾家。

登崑崙臺

落照古城隅，邊風動隼旟。久閑忘戰略，多病熟醫書。白髮隨年短，新情與世疏。桃花春水起，還釣舊溪魚。

天涯亭

雨色絲絲風色驕，天涯亭上覺魂消。一家生意付秋瘴，萬里歸心隨暮潮。兵迓遠人還海界，吏申遷客入津橋。山公對此聊酣飲，怕見醒來兩鬢凋。以上陶邕州集

寄蘇州徐處士弁弁能畫山水

平南無策鬢如霜，七十峯前舊隱鄉。相約祝融孤頂上，借君吟筆畫瀟湘。聲畫集

賓州作

金鼓聲闌劍戟收，使君迴上雅歌樓。尊前一闋清商曲，消盡窮邊萬里愁。

往歲傳聞南詔檄，近時方築伏波城。安城太守知邊計，菡萏花中閱水兵。

閤皁山

崇眞宮，在臨江新淦縣北。山形如閤，山色如皁，故名。道書云：第二十福地。即漢張道陵、丁令威、葛孝先修煉之地。

萬仞天門閤皁形，陰陽不似衆山靑。一區海上神仙宅，數曲人間水墨屏。華表鶴歸春谷響，玉京龍起夜潭腥。可憐張葛無人繼，三級高壇拂杳冥。

陽朔縣作

榕葉森森蓋縣衙，不離牀衽見煙霞。民耕紫芋爲朝食，僧煮黄藤代晚茶。瀑布聲中窺案牘，女蘿陰裏勸桑麻。欲知言偃弦歌處，水墨屏風數百家。以上方輿勝覽

端硯贈王欲

端硯如池狀，潤疑雲雨通。粗官不識字，好去伴詩翁。硯箋

寄新沅守謝麟

險盡天開溪路平，詩書新將典新城。三千戍卒今無幾，十萬屯田古未耕。屬縣乞除防虎檻，生蠻願獻採砂阬。從兹預擬風塵息，盡是仁威下旆旌。辰州府志

山茶

江南池館厭浮紅，零落山煙山雨中。卻是北人偏愛惜，數枝和雪上屏風。後村千家詩

詠藕

萬頃金沙裏，誰將玉節栽。絲應鮫乞與，津是蚌分來。盤貯冰猶結，刀侵雪易摧。防風骨外折，混沌竅中開。月寺僧家鉢，風亭酒客杯。胸中秋氣入，牙角雨聲回。自媿塵泥賤，得蒙尊俎陪。與君消酷暑，瓜李莫相猜。

蝶

暖翅玉羅薄，香鬚金線微。青春二三月，白日一雙飛。露重休深入，風高且暫歸。南園芳樹下，燕雀最

多機。以上合璧事類別集

題柳州柑子堂 柳子厚手植

子厚才名甲有唐，謫官分得荔支鄉。羅池水盡黄柑死，獨有穹碑在畫堂。錦繡萬花谷

黄陵廟

溪上龍蛇屋，蕭條帝子祠。竹痕當日淚，山色後人疑。仙服霞留綺，新妝月印眉。楚民亡水旱，簫鼓謝神禧。粵西詩載

句

雪山經夏冷，天馬入秋肥。塞上　陰微辨樵火，霽早誤僧鐘。行役　渴蜂銜硯水，飢蝶嗅瓶花。順州　梟鳴社旁樹，盜發冢中金。　鹿飲沙渾水，猿飢果落雲。　將老未聞金作印，師寒猶用鐵爲衣。　山險不能留霸業，水聲惟解送年華。　道近可憐駑馬駿，時平不見布衣雄。以上後村詩話　蒐兵四解降王縛，報國三登上將壇。觀曹武惠畫像　澠水燕談

王令

令字逢原，廣陵人。王安石愛其才，因妻以吳夫人女弟，年二十八卒。有廣陵集。

韓幹馬

天寶天子盛天廄，吐番入馬上天壽。紫衣牧吏偏坐前，騎入金門不容縣。西極苜蓿爲誰肥，六閑飛黄卧嗟瘦。乾元殿下誰把筆，當年人無出幹右。傳聞三馬同日死，死魄到紙氣方就。鐵勒夾口重兩銜，墨

絲卓尾合雙紐。天門未上人就觀，老胡驚嗟失開口。生搜朔野空毛羣，死斷世工無後手。當時天子惜不傳，送入御府置官守。胡塵勃鬱燕薊來，宮闕蕭騷旣聞後。誰拚千金出手收，足踏萬里避奔走。幾經蹂躪道邊塵，今日寧無紙上垢。尊前病客不識書，但驚骨氣世未有。冀北駿足無時無，生不逢幹死空朽。世工無手不肯休，往往氣骨陋如狗。

假山

鯨牙鯤鬣相摩捽，巨靈戲撮天凹突。舊山風老狂雲根，重湖凍脫秋波骨。我來謂怪非得眞，醉揭碧海瞰蛟窟。不然禹鼎魑魅形，神顛鬼脇相撐挾。以上廣陵集

墨莊漫錄：夏均父言此詩奇險，不蹈襲前人。

文同

同字與可，梓潼人，自號笑笑先生。第進士。仕至太常博士，集賢校理。元豐初，出守湖州，行至宛丘驛，忽留不行，沐浴冠帶，正坐而逝。有丹淵集。

蘇東坡云：文與可畫竹，初不自貴重。四方之人，持縑素而請者，足相躡于門。與可厭之，投諸地而罵曰：「吾將以爲襪材！」士大夫傳之，以爲口實。及與可洋州還，而予爲徐州，與可遺余書曰：「近語士大夫，吾墨竹一派，近在彭城，可往求之。襪材當萃于子矣。」書尾復寫一詩，其略云：「擬將一段鵝溪絹，掃取寒梢萬尺長。」余謂與可：「竹長萬尺，當用絹二百五十匹。知公倦于筆硯，願得此絹而已。」因答其詩曰：「世間那有千尋竹？月落空庭影許長。」與可笑曰：「蘇子辯則辯矣。然二百五十匹，吾將買田而歸老焉。」

石林詩話：與可爲人靖深，不攖世故。熙寧初，時論既不一，士大夫好惡紛然，同在館閣，未嘗有所向背。時子瞻數上書論天下事，退而與賓客亦多以時事爲譏誚。同極以爲不然，每苦口力戒之。子瞻出爲杭州通判，同送行詩有「北客若來休問事，西湖雖好莫吟詩」之句。及黄州之謫，正坐杭州詩語，人以爲知言。

退谷消夏錄：世傳道臻淨因禪師居都城隅，三十年不出戶，無所嗜好，獨雪方丈四壁，請與可畫墨竹。謂人曰：「若使遊人見之，心自清涼。此君蓋替我說法也。」

秦王卷衣

咸陽秦王家，宮闕明曉霞。丹文映碧鏤，光采相鉤加。銅螭逐銀猊，壓屋驚蟠拏。洞戶鎖日月，其中光景賒。春風動珠箔，鸞額金窠斜。美人卻扇坐，羞落庭下花。閑弄玉指環，輕冰扼紅牙。君王顧之笑，爲駐七寶車。自卷金縷衣，龍鸞蔚紛葩。持以贈所愛，結歡期無涯。

容齋四筆云：語意深入騷人閫域。

王昭君

絶豔生殊域，芳年入內庭。誰知金屋寵，只是信丹青。

幾歲後宮塵，今朝絶國春。君王重恩信，不欲遣他人。

極目胡沙遠，傷心漢月圓。一生埋沒恨，長入四條弦。

容齋四筆云：令人讀之縹緲然，感慨無已。

新晴山月

高松漏疎月，落影如畫地。徘徊愛其下，夜久不能寐。怯風池荷卷，病雨山果墜。誰伴予苦吟？滿林啼絡緯。

春閨

枕帶縈春意，窗紗漏曉光。蟰蛸傷遠別，鶗鴂感流芳。妝匣蒸殘粉，熏爐減舊香。洞房燈燭外，只有夢悠揚。

咏鷺

避雨竹間點點，迎風柳下翩翩。靜依寒蓼如畫，獨立晴沙可憐。以上丹淵集

娛書堂詩話云：清拔可喜。

題上清宮壁

天氣陰陰別作寒，夕陽林下動歸鞍。忽聞人報後山雪，更上上清宮上看。老學菴筆記

錢勰

勰字穆父，易之孫，彥遠之子。居崇德州錢里，以從父明逸任。元祐初，歷龍圖閣直學士，知開封府，拜翰林學士，出知池州。入元祐黨籍。

宋史本傳：勰知開封，臨事益精。蘇軾乘其据案時遺之詩，勰掃筆立就以報。軾曰：「電掃訟庭，響答詩筒，近所未見也。」

老學庵筆記：錢穆父風姿甚美，有九子。都下九子母祠，作一巾紵美丈夫，坐于西偏，俗以爲九子母之夫。都下謂

穆父爲九子母夫。東坡贈詩云：「九子羨君門戶壯。」蓋戲之也。

以米二碩送秦少游作二十八字

儒館優賢蓋取頤，校讐尤自困朝飢。西鄰爲祿無多少，希薄才堪作淖糜。王直方詩話

和閣老舍人曝書會

天祿圖書府，芸籤歲曝頻。幡經窮藏室，賜會集儒紳。顧陸高標好，鍾王妙入神。可無鉛槧吏，來預石渠賓。事文類聚後集

送奉使鈐轄高侯之任成都

烈士由來不徇名，西南萬里不留行。熊羆訓整屯千計，尊俎雍容鎮百城。閫外使華新報聘，山西家法舊論兵。封侯富貴須由命，請訪沈冥賣卜生。合璧事類後集

和辨才法師新亭初成詩韻

幻泡昧空色，眞夢遊黄丘。宦學類狂走，爾來三十秋。齒髮非他時，歲月不我留。古刹插亂石，蟄龍蟠霞湫。天人大導師，駐錫今白頭。安住差護念，晚節非沈浮。昔嘗謂出處，未用相劣優。權術分二智，股肱均九流。今知擾擾者，詎得逍遙遊。從茲許禮足，倘可治幽憂。天竺寺志

劉　淑

淑，神宗朝以朝請大夫守蘇州。

題虎丘

衮席頻虚未賜環，遊心暫寄水雲間。霓旌初下姑蘇苑，蠟屐先尋虎阜山。高興不辭溪路險，幽情更羨野僧閑。留連景物慵回首，畫舫寒侵暮角還。虎丘志

王仲敏

次劉公遊虎丘韻

松陰嵐影翠回環，盡在牆垣繚繞間。舟楫更無通別浦，煙霞曾不接他山。詩亡石在雲徒恨，劍去池荒水自閑。偷得公餘來一餉，遙城鐘鼓出催還。虎丘志

崔　靜

遊桂林伏波巖和章提刑 峴

古木纏溪出老根，四時香火廟空存。人家曉聚鳧鴨亂，水怪夜翻星斗渾。靈洞仙游雲自鎖，陰崖龍去石生痕。幸同軒從乘餘興，酣醉清時酒一樽。名勝志

葉祖洽

祖洽字敦禮，邵武人。熙寧庚戌進士第一。終集賢殿修撰。

句

已分桂葉爭雲路，不負榴花結露枝。

海錄碎事：邵武郡庭，有石榴一株，士人視結實之多少，以爲登科之信。熙寧庚戌歲，有雙實於本末者，又有附枝而雙實者。是歲，葉祖洽、上官均名在一二，何與均兄弟同榜。祖洽有句云云。

宋詩紀事

［清］厲鶚 輯撰

二

宋詩紀事卷二十五

錢唐 厲鶚 輯
吳 毛德基 勘定

晁端友

端友字君成，迥四世孫，无咎之父。第進士。爲杭州新城令。有新城集。

葉石林云：外祖晁君成，善詩。蘇子瞻所謂淸厚靜深如其爲人者也。

黄庭堅撰晁君成墓志銘：晁氏世載遠矣，而中微。有諱迥者，事某陵爲翰林學士承旨，以太子少保致仕，諡文元。生執政開封，晁氏始顯。君成曾王父諱迪，贈刑部侍郎；王父諱宗簡，贈吏部尚書；父諱仲偃，庫部員外郎，刑部視文元母弟也。君成夫人楊氏，生一男，則補之。以元豐甲子十月乙酉，葬君成于濟州任城之呂原。

宿濟州西門外旅館

寒林殘日欲棲烏，壁裏靑燈乍有無。小雨愔愔人不寐，臥聽羸馬齧殘芻。合璧事類續集

馬處厚席上探得早梅

嶺梅何處早，雪裏看芳菲。北陸寒猶在，南枝春已歸。曉妝初見妒，殘角未成飛。引我江頭夢，淸香憶滿衣。瀛奎律髓

甘露寺 寺有石如臥羊，謂之「很石」。

北固山頭寺，風煙昔縱觀。臥亭秋石很，環舍海濤寒。越船樓前聚，江楓戶外丹。最宜淸夜月，虛閣憶

盤桓。

早行

馬上雞初唱，天涯星未稀。驚風侍墜笠，零露晤霑衣。山下疎鐘發，林梢獨鳥飛。遠峯煙靄澹，迤邐見朝暉。以上文翰類選

齊廓

廓字公廓，會稽人。舉進士。歷三司度支，判開封府，出爲江淮轉運使，積官至光祿卿祕書監卒。

寶林寺

峯勢聳如龜，簷牙照錦暈。路盤危磴出，僧觸斷雲歸。萬井分塵界，千巖列翠圍。浮生任多事，到此合忘機。越詠

如歸亭

翬飛綺構成，賓至得佳名。岫列千螺出，江涵匹練平。吟看客帆度，坐見釣舟横。獨倚雕闌外，令人心骨清。吳江縣志

李奉世

句

珠鞍昔御恩猶在，玉輦親扶事已非。

石林詩話：神宗皇帝天性儉約，奉慈壽宫，尤盡孝道。慈聖太后嘗以乘輿服物未備，因同天節作珠子鞍韉爲壽。神宗一御于禁中，後藏去不復用。一日，與兩宫幸後苑賞花，慈聖輦至，神宗即降步親扶慈聖出輦，屢卻不從。聞者太息。慈聖上仙，李奉世時爲侍郎，進挽詩云云，蓋記此二事。神宗覽之泣下。

曰踏按：二句孔平仲談苑作王存，但小異耳。今兩存之。

李行中

行中字無悔，本雷川人，徙居松江。高尚不仕，獨以詩酒自娛。晚治園亭，號醉眠。東坡居士與之遊。

賦佳人齅梅圖

鬒眉鴉髻縷金衣，折得梅花第幾枝。齅盡餘香不回面，思量何事立多時？

中吳紀聞云：意尙深遠。

自詠醉眠亭

簷低檻曲莫嫌隘，地僻草深宜晝眠。代枕暮遲溪上石，當簾時看屋頭烟。倦遊拂壁畫山遥，貪醉解衣還酒錢。一水近通西浦路，客來猶可棹漁船。

寄韓憲仲廷評

野徑荒亭草沒腰，一眠聊以永今朝。放懷不管人間事，破夢時聞夜半潮。冰柱劉叉詩未厭，金龜李白酒難招。知君有意尋安道，咫尺何時動畫橈。以上至元嘉禾志

韓宗文

題李無悔醉眠亭

得酒休論飲得仙，醉中遺物爲神全。世間反覆無窮事，吏部難忘抱甕眠。松江府志

蘇　稅

題李無悔醉眠亭

趁陽渴鹿背清泉，之子名亭取性便。適意中間卻無事，期君忘醉亦忘眠。松江府志

晁端佐

題李無悔醉眠亭

蕭灑松陵江上亭，醉來一夢遨雲屏。生前笑語君須惜，世事紛紛不用醒。至元嘉禾志

關景山

景山字彥瞻，景仁弟。舉進士。

題李無悔醉眠亭

杜老顛狂尋酒伴，經旬出走只空牀。輸君縱飲還高臥，長有生涯在醉鄉。至元嘉禾志

毋　沆

沆，太常少卿。

遊王官谷

不汚唐家亂，蕭然表聖居。泉聲與山色，相得共清虛。熙寧戊申歲冬，至虞鄉縣，令俞充書。王官谷集

王　覿

覿字明叟，如皋人。第進士。哲宗朝，擢右正言，進司諫。徽宗朝，遷御史中丞，改翰林學士，安置臨江軍卒。入黨籍。

望日與諸公會于大慈聞海雲山茶合江梅花開遂相邀同賞雖無歌舞實有清歡因成拙詩奉呈

野寺山茶昨夜開，江亭初報一枝梅。旋邀座上逍遥客，同醉花前瀲灩杯。秀色霜濃方潤澤，暗香風静更徘徊。仙姿莫遣常情妒，不帶東山妓女來。成都文類

胡宗師

和王公觀賞海雲山茶合江梅花

錦水黄金窖印開，東南時望滯鹽梅。得隨劍外同爲客，幸逐花前醉倒杯。白玉蘂高枝瘦碧，燕支萼嫩葉低徊。綺羅不識清詩骨，須趁春風摸石來。成都文類

徐彦孚

和王公觀賞海雲山茶合江梅花

萬蘂山茶傍臘開，一番春信入江梅。追遊共按黄金轡，縱賞還傾白玉杯。濃豔迎風香斷續，踈枝横月影徘徊。隼旟不負登臨興，更約攜朋載酒來。成都文類

吳師孟

師孟字醇翁，成都人。

成都記：吳師孟、張商英、張唐英善書。天覺喜草而不工，東坡戲之，所謂「脱帽風流餘長史」是也。

和王公觀賞海雲山茶合江梅花

何處珍叢最早開，海雲山茗合江梅。忽傳詩帥邀賓使，不用歌姬侍宴杯。曉豔鮮明同綺靡，晚妝清淡奉徘徊。此時文酒風流事，豈似臨江放蕩來。

成都運司園亭詩　和章質夫

翠錦亭

東閣治臺政，西堂備燕飲。介于二堂間，華構饒花品。紅紫鎮長春，四時如活錦。公暇一繩牀，上有通中枕。

茅菴

結茅爲圜屋，環堵不可牖。齋居如雁堂，廣長纔六肘。深藏子猷竹，不植陶潛柳。勿起滅定心，宴坐空諸有。　以上成都文類

徐介

介，陽翟人。官屯田。

過杜工部墓

水與汨羅接，天心深有存。遠移工部死，來伴大夫魂。流落同千古，風騷共一源。江山不受弔，寒日下

西原。

王得臣麈史：熙寧初，調官泊報慈寺，陽翟徐秀才出其父屯田詩，淸苦平淡，有古人風。其過杜工部墓一首云云。

胡　璞

璞字器之，南平人。熙寧三年進士。

經采石渡

抗議金鑾反見讐，一杯蟬蜕此江頭。當時醉弄波間月，今作寒光萬里流。

輿地紀勝：蘇子瞻見之，疑唐人作，歎賞不已。

陸　佃

佃字農師，越州山陰人。熙寧三年，擢甲科。徽宗朝，仕至吏部尙書，拜尙書右丞，罷知亳州卒。入黨籍。有陶山集。

送人之潤州

丹青太守舊名卿，騎竹兒童夾道迎。醉尹笙歌添酒病，謫仙風月苦詩情。江湖天地農桑早，水竹人家枕簟清。白首懷君心未已，夢魂猶繞鳳皇城。詩林萬選

贈別吳興太守中父學士

蓬山仙子任天眞，乞領南麾奏疏頻。金鎖闕邊辭黼座，水晶宮裏約朱輪。公庭事簡煩丞掾，齋閣詩多泣鬼神。莫爲行春戀苕霅，鑾坡揮筆待詞臣。瀛奎律髓

句

棠棣行中排宰相，梧桐名下識韓家。

能改齋漫錄：韓子華兄弟，皆爲宰相，門有梧桐，京師人以「桐木韓家」呼之，以別魏公也。子華下世，陸農師作挽章云云，蓋紀實也。

鄧忠臣

忠臣字謹思，長沙人。熙寧三年進士。仕至考功郎，坐元祐黨廢。有玉池集。

考校同文館戲贈子方兼呈文潛次无咎韻

五年坎壈哀南方，江湖魏闕兩相忘。洞蘿巖桂搴孤芳，月潭風渚儔漁郎。單閼孟夏草木長，望都樓觀鬱蒼蒼。忠臣癸亥六月以家艱去國，丁卯四月還省。誰令焚芰辭楚狂，復來上君白玉堂。黄門戟曜羽林槍，未央引籍班胡羌。雲屯錦䩞馬斯臧，大官日膳瓊爲糧。追隨威鳳鳴高岡，豈敢偃息復在牀。投鈴歸休下殿傍，衛士傳詔來如驤。館閣闔外西城隍，書槖迫遽不及裝。髗俊士集要言揚，得弓勿問何人亡。趙璧既入秦城償，穎脱喜見錐出囊。同人于野不擇鄉，峩峩羽翮整顔行。金閑玉勒皆驌驦，伯喈懷牘望金商。天啓魁梧奇偉值子房，文潛家令數術應帝王。无咎三英粲粲日爭光，我輒與之較雌黄。芳菲滿室蘭生香，坐堂月久秋氣涼。將軍思歸歌撫觴，子方倚梧目送雁南翔。想見葭菼水中央，洞庭河漢遥相望。長安城西約鄭莊，予與子方、无咎、文潛、天啓，嘗有此約。牽率不往有底香楓葉老赤染霜，感槩少日七步章。人生可意乃吉祥，快馬劃過小苑牆。入門爛醉銀瓶漿，秦箏趙瑟喜高張。同文館倡和詩忙。

邯鄲道中夜行阻風

欲瀉懸河雨，先號拔木風。問津尨吠處，覓路電光中。徒御憂羣盜，兒童笑拙翁。當知步兵哭，初不爲路窮。瀛奎律髓

蔡京

京字元長，興化軍仙遊人。熙寧三年進士。歷尚書右僕射，轉司空，累封魯國公，加太師。徽宗朝，凡四入相。靖康中，再被貶，死于潭州。

清波雜志：蔡京死潭州，數日不得殮，稾葬漏澤園，以青布條裹屍。初，宣和年間，京師染坊有名「太師青」者，玆其識也。

題保和殿壁

瓊瑤錯落密成林，檜竹交加午有陰。恩許塵凡時縱步，不知身在五雲深。

侍宴保和殿命賡補成篇

保和新殿麗秋暉，恩許塵凡到綺闈。雅興酒酣添逸興，玉眞軒內見安妃。

見安妃像

玉眞軒內暖如春，只見丹青未見人。月裏嫦娥終有恨，鑑中姑射未應眞。

碧湖雜記：東都宣政間禁中有保和殿，殿西南廡，有玉眞軒，軒內有玉華閣，即安妃妝閣也。妃姓劉氏，入宮，進位貴妃。林靈素以左道得幸，謂上爲長生帝君，妃爲九華玉眞安妃。每降神，必別置妃位，畫妃像其中。每祀像，妃

方寢，而覺有酒容。是時羣臣，唯蔡元長最承恩遇，嘗賦詩題殿壁云云。侍宴于保和殿上，令妃見京，先有詩，命京賡補成篇。須臾，命京入軒，見妃像，京又有詩云云。已而至閣，妃出見京，勸酬至再，日暮而退。

與范謙叔飲西園

一日趨朝四日閑，荒園薄酒願交驩。三峯崛起無平地，二派爭流有激湍。極目榛蕪唯野蔓，忘憂魚鳥自波瀾。滿船載得圭璋重，更掬珠璣洗眼看。

墨莊漫錄：范致虛謙叔，與蔡元長相忤，久處閑散。宣和初，自唐州方城召還，提舉寶籙宮，未幾執政。時元長以五日一造朝，居西第，乃與謙叔釋憾。一日觴于西園，主禮勤渥，元長作詩見意。三峯二派，指王黼、林靈素輩方盛也。

恭和御製己亥十一月十三日南郊祭天齋宮卽事賜詩

雪晴至日日初南，帝舉明禋祀事嚴。萬瓦溝中寒色在，一輪空外曉光暹。雲和龍軫開冰轍，風喚鸞旗拂凍簷。共喜天心扶聖德，珠璣更誤寵恩霑。

題神霄宮

下馬神霄第一回，晴空宮殿九秋開。月中桂子看時落，雲外仙軿特地來。以上揮麈餘話

詔賜南園贈親黨

八年帷幄竟何爲，更賜南園寵太師。堪笑當時王學士，功名未有便吟詩。

中吳紀聞：南園乃廣陵王舊圃，中有流杯旋螺亭，亞于滄浪之景。王黃州爲長洲時，無日不攜客醉飲，嘗賦詩云：

「他年我若功成後，乞取南園作醉鄉。」今園中大堂，遂以醉鄉名之。大觀末，蔡京罷相，欲東還，詔以其園賜之，京即以詩贈親黨云云。黄州之詩，不過寓意耳，京遽以無功名誚之。黄州雖終爲黜臣，其名與天地同不朽矣。

寄子攸

老嬾身心不自由，封書寄與淚横流。百年信誓當深念，三伏征途盍少休。目送旌旗如昨夢，心存關塞起新愁。緇衣堂下清風滿，早早歸來醉一甌。

獨醒雜志：燕山招納之舉，多出于蔡攸。王師敗于白溝河，元長以詩寄攸云云。稍傳入禁中，徽宗命京進呈。上閲畢，曰：「三伏征途，不若攸作六月王師。」觀此，則是舉非惟當時人知其非，雖其父亦知之矣。

别寵姬

爲愛桃花三樹紅，年年歲歲惹東風。如今去逐他人手，誰復尊前念老翁。

揮麈後録：蔡元長既南遷，中路，有旨取所寵姬慕容、邢、武者三人，以金人指名來索也。元長作詩以别云。

句

龍燭影中猶是臘，鳳簫聲裏已吹春。春帖子　西清詩話

蔡卞

卞字元度，與兄京同年登第。王安石妻以女，因從之學。元豐中，以薦爲國子直講。徽宗朝，累擢知樞密院，加觀文殿學士，拜昭慶軍節度使。政和末，謁歸上冢，道死。紹興初，追貶單州團練副使。

贈華陽法師

師到華陽洞，仙花幾度開。祇應常救物，卻遣世人來。茅山志

汪泌

東湖共樂堂

臨海城東湖，氣象清且奇。無風綠色淨，十頃澄琉璃。中有共樂堂，今其名者誰？或人答我問，太守下車時。訪民所疾苦，民曰水最危。其水或暴至，城壞民流屍。公謀得上策，疊石金城基。外遣數百家，室屋鱗參差。水至無所障，適與漂溺期。又欲隄其東，苦乏土石貲。開湖足取用，隄勢横虹霓。湖光占空闊，物從鑑中窺。紫翠前後山，環列如屏幃。結堂就虛曠，與俗同遊嬉。太守宴堂上，遊人歌水湄。歌云從公來，除患補瘡痍。況有此壯觀，不樂復何爲。有如登春臺，人心舉熙熙。從事能文者，作辭書之碑。庶幾不朽功，上徹堯軒墀。

台州府志：台之東湖地，初爲水軍營。熙寧四年，郡守錢暄始開爲湖。中有共樂堂、流杯亭諸勝，汪泌有詩。

錢暄

暄字載陽，惟演子。以父蔭累官駕部郎中，知台州，拜寶文閣待制卒。子景臻，尚秦魯國大長公主。

題東湖共樂堂

疏就湖山秀氣濃，花林茂列景爭雄。管弦交奏客懽合，臺榭競登人喜同。環障鷺行飛早晚，平波魚陣

掠西東。荒蕪芟去成佳致，换得汀洲月與風。

台州府志：熙寧四年，晅守台州，累石修城。以水至漂溢，鑿湖以受衆水，凡一萬六千步，有共樂堂、流杯亭在湖心，詩云云。

晁端禮

端禮字次膺。熙寧六年進士。兩爲縣令，忤上官，坐廢。晚以承事郎爲大晟府協律。有閑適集。

能改齋漫錄：政和間，大晟樂成，蔡元長以次膺薦詔，乘驛赴闕。次膺至都，會禁中嘉蓮生，遂屬詞以進，名並蒂芙蓉。上覽之稱善，除大晟府協律郎，不克受而卒。

絶句

去日玉刀封斷恨，見來金斗熨愁眉。黄昏飲散歌闌後，懊惱水邊樓上時。

侯鯖錄：次膺薄游南京，嘗作詞云：「花前月下堪垂淚，水邊樓上總關心。」後過其家，已與客飲，復作詩云云。

句

尋常自是司空慣，咫尺寧憂丞相嗔。

漫叟詩話：次膺即席贈妓句，雅不減張祜骰子裹手之作。

晁端受

瑯琊翠微亭

曉風吹落秋泉聲，夜雨洗出秋山色。上有樓臺深翠微，可惜丹青圖不得。滁陽志

晁端彦

端彦字美叔。官祕書監。

龍湫觀瀑

萬丈龍湫水，飛流翠壁開。始疑河漢落，翻若海潮來。飄灑四時雪，喧聞萬壑雷。廬山吾未到，氣象勝天台。雁山志

晏幾道

幾道字叔原，號小山，殊幼子。監潁昌許田鎮。能文章，尤工樂府，有臨淄公風。子溥，字慧開。靖康初，官河北，與妻玉牒趙氏死難。

與鄭介夫

小白長紅又滿枝，築毬場外獨支頤。春風自是人間客，張主繁華得幾時。

侯鯖錄：熙寧中，鄭俠上書事作，下獄。悉治平時所往還厚善者，晏叔原皆在數中。俠家搜得叔原與俠詩，裕陵稱之，即令釋出。

戲作示内

生計唯兹椀，般擎豈憚勞。造雖從假合，成不自埏陶。阮杓非同調，顏瓢庶共操。朝盛負餘米，暮貯藉殘糟。幸免墦間乞，終甘澤畔逃。挑宜筇作杖，捧稱葛爲袍。儻受桑間餉，何堪井上螬。綽然真自許，

哮爾未應饕。世久輕原憲，人方逐子敖。願君同此器，珍重到霜毛。

墨莊漫錄：叔原聚書甚多，每有遷徙，其妻厭之，謂叔原有類乞兒搬漆椀，叔原作詩云云。

題司馬長卿畫像

犢鼻生涯一酒壚，當年嗤笑欲何如。窮通不屬兒曹意，自有眞人愛子虛。

觀畫目送飛雁手提白魚

眼看飛雁手攜魚，似是當年綺季徒。似羨知幾避繒繳，俯嗟貪餌失江湖。人間感緒聞詩語，塵外高蹤見畫圖。三歎繪毫精寫意，慕冥傷涸兩躊躕。

公儀招觀畫

初約看花花已盡，重親閑客客應歡。眞花既不能長豔，畫在霜紈更好看。以上擊壤集

七夕

雲幙無波斗柄移，鵲慵烏慢得橋遲。若敎精衞塡河漢，一水還應有盡時。合璧事類前集

賀鑄

鑄字方回，衞州人。孝惠皇后族孫，娶宗女，授右班殿直。元祐中，李淸臣奏換通直郎，通判泗州、太平州卒。有慶湖遺老集。

王直方詩話：方回言：「學詩于前輩，得八句云：平淡不涉于流俗；奇古不鄰于怪僻；題詠不窘于物義；敍事不病于聲律；比興深者通物理；用事工者如己出；格見于成篇，渾然不可鐫；氣出于言外，浩然不可屈。盡心

于詩，守而勿失。」

老學菴筆記：賀方回狀貌奇醜，俗謂之賀鬼頭。喜校書，朱黄未嘗去手。詩文皆高，不獨工長短句也。有二子，曰房、曰廩。於文房從方，廩從回，蓋寓父字於二子名也。

望夫石

亭亭思婦石，下閲幾人代。蕩子長不歸，山椒久相待。微雲蔭髮彩，初月輝蛾黛。秋雨疊苔衣，春風舞蘿帶。宛如姑射子，矯首塵冥外。陳迹遂無窮，佳期後莫再。脱如魯秋氏，妄結桑下愛。玉質委淵沙，悠悠復安在？

苕溪漁隱叢話：方回因此詩以得名，交遊間無不愛之。

客有攜寇萊公眞挂于驛舍傍題云今作閻羅王慨然有作

凜凜英風萬世孤，忽瞻容貌涕洟俱。遺謀不媿生張説，異事猶煩鬼董狐。黑白已分歸節義，丹青長在懾奸諛。不煩搖扇蒼蠅去，一片寒冰挂座隅。

和彭城王生悼歌人盼盼 盼盼，馬氏，善書染。死葬南臺，即鳳皇原也。

東園花下記相逢，倩盼偷回一笑濃。書篋尚緘香豆蔻，鏡奩初失玉芙蓉。歌闌燕子樓前月，魂斷鳳皇原上鐘。寄語虞卿謾多賦，九原無路達魚封。

茅塘馬上

壯圖忽忽負當年，回羡農兒過我賢。水落陂塘秋日薄，仰眠牛背看青天。

題定林寺

破冰泉脈漱籬根，壞衲遥疑挂樹猨。蠟屐舊痕尋不見，東風先爲我開門。以上慶湖遺老集

詩人玉屑：王荆公見此詩，大相歎賞，由此知名。

郞　柄

柄字德久，晉陵人。

鑑湖先生未老挂冠以詩卜居于姑蘇毘陵兩郡依韻奉和

清監風流賀季眞，先生端是昔人身。如何未老催歸去，要臥烟霞兩郡春。慶湖遺老集附

王　雱

雱字元澤，安石子。未冠，舉進士。歷官龍圖閣學士，早死。

趙槩見聞雜錄：王雱，丞相之次子，有心疾，娶龐氏，不睦，丞相離而嫁之。時侯叔獻死，其妻韓〔氏〕淊不修，丞相表其事而斥去。時人語曰：「王太祝生前嫁婦，侯工部死後休妻。」

鍾山絕句

當年睥睨此山阿，欲著紅樓貯綺羅。今日重來無一事，卻騎羸馬下陂陀。

許彥周詩話：此王雱詩，直，不爲荆公所喜，然詩實可傳。

闗山篇

萬馬度闗山，闗山三尺雪。馬盡雪亦乾，沙飛石更裂。歸來三五騎，旌旗映雲滅。不見去時人，空流磧

中血。

絶句

一雙燕子語簾前，病客無憀盡日眠。開徧杏花人不到，滿庭春雨緑如烟。

霏微細雨不成泥，料峭輕寒透夾衣。處處園林皆有主，欲尋何地看春歸。以上後村詩話

翠雲寺

寺古無鄰家，千山抱虚碧。門開猨鳥路，殿鎖烟霞積。老木森回溪，飛湍自淙激。曾無車馬到，絶境閲今昔。逍遥賢大夫，肯此攜佳客。鳴騶凊曉來，歸時日常仄。不使訟庭空，誰能傲泉石？撫州府志

袁　點

點字師與，無錫人。熙寧初，太學直講。

呈東坡先生

青蓋美人回鳳帶，繡衣男子返雲車。上天一笑渾無事，從此人間樂有餘。

玉照新志：東坡南還北歸，次毘陵，時久旱得雨，有里人袁點呈一絶云云。坡見大喜，爲之重寫，且以手簡褒之。今袁氏刻石，藏之于家。

藍　奎

奎字秉文，潮州程鄉人。第進士，官郡博士。

句

嬾思身外無窮事，願讀人間未見書。廣東通志

周諝

諝字希聖，尤溪人。熙寧六年進士。知新會縣。不肯奉行新法，求歸。著孟子解義、禮記說。門人稱周夫子。

寄子弟

浪有虛名落世間，自慙無實骨毛寒。未年三十力先倦，纔得一官心已闌。卜宅擬尋栽藥圃，買田宜近釣魚灘。他年子弟重相見，藜杖蓑衣筍籜冠。谿山餘話

周沚

沚，遂昌人。熙寧癸丑進士。官太常卿。

吳皐東作 屏山草堂四首之一

天設名區擁翠屏，草堂風度晚雞聲。年來不作繁華夢，飯犢郊原學耦耕。處州府志

闕澥

澥字子容，景仁子。熙寧六年進士。餘杭令。

絕句

野艇歸時蒲葉雨，繰車鳴處楝花風。江南舊日經行地，盡在于今醉夢中。

寺官官小未朝參，紅日半竿春睡酣。爲報鄰雞莫驚起，且容殘夢到江南。

春渚紀聞：關氏詩律，精深妍妙，世守家法。此子容詩，世傳以爲東坡先生作，非也。

遊九鎖

山下寒流咽細泉，曉林浮日自生烟。九峯密鎖疑無路，五洞潛通別有天。羽客依山多得道，昔人涉海漫求仙。我來要學棲眞事，願借孤雲一榻眠。洞霄詩集

曾旼

旼字彥和，龍溪人。熙寧六年進士。監潤州倉曹。嘗纂潤州類集。

次韻趙仲美表弟西齋自遣　知滁州作

謫守凄涼臥郡齋，夫君失意偶同來。海邊故國渺何許，城上新樓空幾回。寧羨一囊供鶴料，會看千里躍龍媒。淸吟夬免縈機慮，只恐飛觴便見猜。自注云：唐幕官俸謂之鶴料。今歲敎頭，所得止此。仲美省試下第，故云。墨莊漫錄

遊九鎖

山勢盤紆是幾重，溪行亂石水溶溶。東西路口分雙洞，蒼翠羣中起一峯。石上仙翁留去跡，壁間羽客有吟蹤。夜分不是紅塵境，淸夢回時曉殿鐘。洞霄詩集

龔程

程字信民，宗元子。熙寧六年進士。歷西安丞、桐廬令。

中吳紀聞：信民嘗憤聖道不明，排異端之學，家不置釋老像，祭祀未嘗焚紙錢，儒家甚宗之。讀書攻苦，食淡，手未

嘗釋卷，記問精確，鄉人號爲「有脚書廚」。

題壁

月度疎櫺起更慵，坐聽澄照五更鐘。卻思湖上西風急，吹送山前萬箇松。中吳紀聞

常安民

安民字希古，邛州人。熙寧六年進士。元祐初，爲宗正丞，除監察御史，謫監滁州鹽酒務，改通判鄆州。入黨籍。

題醒心亭

我愛昌黎湖上句，醉來直上醒心亭。宿酲不待山風解，卧讀殘碑已自醒。錦繡萬花谷

孫諤

諤字元忠，睢陽人。熙寧六年進士。累官右正言，以直龍圖知廣德軍。徽宗朝，遷左司諫卒。入元祐黨籍。

資聖院 在遂寧小溪

四山藏一寺，方丈壓諸峯。回首坐禪處，白雲深幾重。全蜀藝文志

劉涇

涇字巨濟，簡州陽安人。熙寧六年進士。王安石薦爲經學所檢討，歷國子監丞，知處、虢、眞、坊四州。元符末上書，召對，除職方郎中卒。有前溪集。

鄧椿畫繼云：涇爲米元章畫友，善作林石槎竹，筆墨狂逸，體製拔俗。

和米元章龍眞行

秘府右軍書一卷，有一龍形眞字印，故作。

秦火蕩焚天地赤，孔堂壞後無餘璧。不知科斗六書文，化作龍蛇二王跡。集賢他日作仙久，官姓篆章存歷歷。自憐黃眼未親逢，一段因依徒奪魄。元章揮灑早驚動，祕篋墨皇曾敬識。孤標未要後生知，劣許下官論莫逆。好奇舉世不多得，神物尤來終變易。神鋒雙合會有時，眞璽一飛無處覓。頗聞祕篋作訛語，別有擾龍招異客。不如乾沒歸去來，勝在箇家遭水厄。米芾書史

元章好古過人書畫驚世起余作歌

天下愛奇人沒量，奇不訣人奇解相。奇人奇物方合璧，乞與世間人物樣。六朝唐盛始兼得，訪古知名已蕭爽。人亡物喪付衰夢，注想後來逢好尚。元章心自鑒秋月，一路仍行九霄上。家時菜色無斗粟，書畫奇奇世人望。譬如大海沈百寶，爾輩乘風得之浪。二王褚陸已天作，老顧如來更天匠。其餘緹襲凡幾重，但見光明爛垂象。珍犀瑞錦扶蘭茝，龍躍鸞驚訶魍魎。金仙詎敢觸以手，雪子玉人聊置掌。余家僻素最沈著，退舍還師覺難傍。世人往往力能幹，未免目蝦終惚恍。緘機僞謬各臣妾，未覩堂堂筆中王。袖間澀縮氣如線，淨几明窗謾瞻仰。從來所有萬錢價，不即臭帑當火葬。傾心妙絕豈求勝，妄意臨摹須殺謗。端居自號書一品，好事如封繪三藏。諸郎靑出卽護持，未肯充飢謬爲唱。書史載薛道祖詩云：「寧磬動破千金貲」是也。余衰二物擬高閣，子可專之世無兩。書來詩往但悠悠，塵土欺人正惆悵。米芾畫史

題韓溪

在陝蜀路間，蕭鄭侯追淮陰侯處。

豪傑三從意氣中，憐才傾倒獨蕭公。後來可是無奇客，東閣投名尙不通。許彥周詩話

巃嵸巖

蒼巖如堂石如踞，橋梁如繩水如布。不有樵夫踏破雲，世間那得知其處。

天王寺

金碧爲家定化城，書牀南偃略相迎。人間蝶夢正深黑，天上木魚初發明。半里好風招隱士，一枝枯竹助閑行。已慙懷紱無高致，可更標門著姓名。以上括蒼彙紀

遊麻姑山

謝公好登山，折屐第三谷。麻姑乃不到，頗負登山足。寒杉鳴古瑲，澗道瀉淙玉。筇竹白接䍦，吾將追往躅。

溪行愛宛轉，石坐憐皴蒼。白雲起目前，如鶴兩翼張。蛻我衣上塵，駕之以翺翔。欲攬恍不接，身在意飄揚。

石鼓埋入地，荆璧飛上天。嗚呼魯公碑，風雨三百年。愛字不愛石，磨滅安得傳。不敢手觸之，謂是甘棠篇。麻姑集

朱服

服字行中，烏程人。熙寧六年進士。哲宗朝，歷中書舍人，禮部侍郎。徽宗朝，加集賢殿修撰，知廣州，黜知袁州，再貶蘄州安置。子彧，有萍洲可談。

董斯張吳興備志：萍洲老圃，或自號也，在黄州，蓋其僑寓之地。事見齊安志，或字無或。

過廬州

昔年吳魏交兵地，今日承平會府開。沃壤欲包淮甸盡，堅城猶抱蜀山迴。柳塘春水藏舟浦，蘭若秋風敎弩臺。獨有無情原上草，青青還入燒痕來。方輿勝覽

九日

一見黄花只自羞，蕭然短髮不禁秋。誰人爲整烏紗帽，獨倚西風滿眼愁。後村千家詩

句

西清邇英閣，密勿侍經筵。晝漏逾三鼓，宸居近五甎。多聞資學殖，清問發眞筌。元豐盛事　合璧事類後集

孤臣正泣龍髯草，遊子空簪鳳尾花。

朱彧萍洲可談：先公崇寧元年帥廣，正月遊蒲澗，見遊人簪鳳尾花，作口號一聯云云。蓋以被遇先朝，自傷流落。後監司乃指此句爲罪，其誣注云：「契勘正月十二日，哲宗皇帝已大祥，豈是孤臣正泣之時？」鞫獄竟無他意，讒口可畏如此！

宋史本傳：服知廣州，哲宗既祥，服賦詩有「孤臣正泣龍髯草」之句，爲部使者所上，黜知袁州。

葛書思

書思字進叔，密之子。熙寧六年進士。官朝奉郎卒。特謚清孝。

喜子勝仲登第

廣場筆陣數千人，喜汝穿楊箭鏃親。慶緒綿長時幸會，文科興復事還新。昔年繼榜熙寧歲，今寓同登紹聖春。從此莫教書種斷，孫曾應復值昌辰。陽秋韻語

丁注

注字葆光，吳興人。熙寧六年進士。知永州。有丁永州集。

永慶寺二覽亭

插迥飛簷聳，凌虛曡砌危。四天欄下揖，萬象掌中窺。目力不到處，雲容無盡時。塵塵看勝事，凭檻幾人知。赤城志

宋詩紀事卷二十六

錢唐　厲鶚　輯
仁和　趙昱　勘定

蔣之美

之美，之奇弟，宜興人。熙寧六年進士。

遊惠山寺

維舟上重巘，景物近斜暉。流水連珠落，殘花碎錦飛。白雲隨步武，幽鳥傍軒扉。拂井松傾蓋，緣崖蘚上衣。池光清可鑑，竹色翠成圍。更接高僧話，林梢帶月歸。惠山集

吳栻

栻字顧道，歐寧人。熙寧六年進士。徽宗朝，官龍圖閣學士，鎮成都，後知鄆州中山府。

暑雪軒

呪土臺頭寺，披襟笑語閑。千年雲抱石，六月雪彌山。酒熟籘嘗外，茶新碾試間。要須時點筆，來此賦躋攀。成都文類

嚴陵懷古

龍袞新天子，羊裘古野人。清名在林藪，高行動星辰。風月空齊地，烟霞自富春。滄浪秋更碧，不敢濯塵纓。釣臺集

登姜相臺

滿林紅葉墜紛紛，耆老猶言別駕墳。舊府光華關右月，故鄉蕭索海南雲。酒杯湖上同方伯，茶竈巖邊共隱君。二百餘年眞一夢，遶牆荒隴半耕耘。

題秦君亭

秋日春風麗句亭，先生天上少微星。滿爐松影隨香碧，一硯苔痕帶雨青。姜相笑中應斗酒，等公談外祇函經。何人爲我攜氊蠟，來洗蒼碑墨數廳。以上南安縣志

劉次莊

次莊字中叟，長沙人。以開梅山，入洞曉諭得官。熙寧六年，賜同進士出身，仕至侍御史，江西漕使。

敷淺原見桃花

桃花雨過碎紅飛，半逐溪流半染泥。何處飛來雙燕子，一時銜在畫梁西。墨莊漫錄

江神祠

鬢插幽蘭花，手把菖蒲葉。漁郎偷語人，云是江神妾。江神咋夜鼓雲濤，開帆拍天上千艘。吳洲女兒弄春水，浪溼船頭紅錦袍。前賢小集拾遺

王昭君

斂袖出明光，琵琶道路長。初聞胡騎語，未解漢宮妝。薄命隨塵土，元功屬廟堂。蛾眉知有用，慚媿羽

林郎。瀛奎律髓

崔嶧

嶧，長安人。第進士。累官河東轉運使，刑部侍郎，致仕。

題萊公泉 事詳范諷詩下

三相南行至道初，記名留詠在精廬。甘泉不洗天涯恨，留與行人鑒覆車。湘山野錄

呂大臨

大臨字與叔，大鈞之弟。受學伊川之門。登進士，監鳳翔府司竹監。元祐中，除太學博士，遷祕書省正字。有玉溪集。

春靜

花氣自來深戶裏，鳥聲長在遠林中。斑斑葉影垂新蔭，曳曳絲光入素空。濂洛風雅

孔宗翰

宗翰字周翰，道輔次子。第進士，知虔州。元祐中，官刑部侍郎，以寶文閣待制知滁州，未拜而卒。

題壁

屈指從來十七年，交親零落一潸然。嬋娟再見中秋月，依舊清輝照客眠。四朝詩

畢仲游

仲游字公叔，士安子。第進士。元祐初，召試學士院，擢爲第一。除集賢校理，歷職方司勳員外郎，京南淮南轉運副使，以黨籍終于西京留臺。有西臺集。

寄鄭介夫

鄭子安強否？梅花萬里春。如何投虎穴，直欲犯龍鱗。北闕今無數，南方信有人。可憐妻子在，年少不謀身。宋文鑑

絶句

水痕天影淡相宜，露坐秋涼乍快時。桐葉芭蕉最多事，曉昏風雨報人知。全芳備祖

邢恕

恕字和叔，鄭州原武人。從伊川學，第進士，以薦歷職方郎。哲宗紹聖初，擢御史中丞，以罪落職；俄復顯謨閣待制，提舉崇福宫。建炎初，追貶常德軍節度副使。

遊浯溪

歸舟一夜泊浯溪，晚雨絲絲不作泥。指點蒼崖訪遺刻，更磨苔蘚爲留題。浯溪集

朝陽洞

溪流貫清江，湍瀨亘百里。龍蛇幾盤紆，雷雨忽奔駛。石渠伏穿鑿，怪力詛誰氏。突如見頭角，虎豹或蹲峙。横江立棟柱，小艇俄紛委。蘋藻翳泓澄，松竹蔭崖涘。兩山束鳥道，側岸數魚尾。繚然闃深幽，梵宇壘危址。鐘唄雜灘聲，亭臺森水底。凭闌幾遊目，策杖時臨履。酒杓間茶鐺，棋枰延晝晷。放懷

得天倪，淸嘯謝塵滓。忽忘兒女縛，似接嬴秦子。顧予拙謀身，霜鬢颯垂耳。雅意在延齡，丹砂夙充餌。焉得茲結廬，悵念遠桑梓。湖廣通志

秦　觀

觀字少游，一字太虛，高郵人。舉進士。元祐初，蘇軾以賢良方正薦除祕書省正字，兼國史院編修官。紹聖初，坐黨籍削秩，監處州酒稅，徙郴州，編管橫州，又徙雷州。放還，至藤州卒。有淮海集、閑居集。

苕溪漁隱叢話：東坡薦少游于荆公云：「向屢言高郵進士秦觀太虛，公亦粗知其人。今得其詩文數十首，詞格高下，固已無逃于左右。此外博綜史傳，通曉佛書，若此類未易一一數也。」荆公荅書云：「示及秦君詩；適葉致遠一見，亦以謂淸新婉麗，鮑、謝似之。公奇秦君，口之而不置；我得其詩，手之而不釋。又聞秦君嘗學至言妙道，無乃笑我與公嗜好異乎？」

呂氏童蒙訓：「雨砌墮危芳，風軒納飛絮」之類，李公擇以爲謝家兄弟得意不能過也。少游遊嶺後，詩嚴重高古，自成一家，與舊作不同。

王直方詩話：少游紹聖間以校勘爲杭倅，方至楚、泗間，有詩云：「平生逋欠僧房睡，準擬如今處處還。」詩成之明日，以言者落職，監處州酒，人以爲詩讖。

敖陶孫詩評：秦少游如時女遊春，終傷婉弱。

和黃法曹憶建溪梅花

海陵參軍不枯槁，醉憶梅花愁絕倒。爲憐一樹傍寒溪，花水無情自相惱。淸淚斑斑知有恨，恨春相逢

苦不早。甘心結子待君來，洗雨梳風爲誰好？誰云廣平心似鐵，不惜珠璣與揮掃。月落參橫畫角哀，暗香銷盡令人老。天分四時不相貸，孤芳轉盼同衰草。要須健步遠移歸，亂插繁花向晴昊。

易元吉獐猨圖歌

參天古木相繆枝，嵌空怪石銜清漪。兩猨上下一旁挂，兩猨熟視蒼蛙疑。蕭蕭叢竹山風吹，海棠杜宇相因依。下有兩獐從兩兒，花餐草齧含春嬉。易老筆精湖海推，畫意忘形形更奇。解衣一掃神扶持，他日自見猶嗟咨。金錢百萬酒千鴟，荆南將軍欣得之。老禪豪取槖爲垂，白晝掩門初許窺。房櫳炯炯明冬曦，榛叢羽革分毫釐。殘編未終且歸讀，歲暮有閑重借披。

贈女冠暢師

瞳人剪水腰如束，一幅烏紗裹寒玉。超然自有姑射姿，回首粉黛皆塵俗。霧閣雲窗人莫窺，門前車馬任東西。禮罷曉壇春日靜，落紅滿地乳鴉啼。

桐江詩話：暢姓，唯汝南有之。其族尤奉道，男女爲黄冠者十之八九。時有女冠暢道姑，姿色妍麗，神仙中人也，少游挑之不得，作詩云云。

和參寥

樓閣過朝雨，參差得霽光。衣冠分禁路，雲氣繞宫牆。亂絮迷春闊，嫣花困日長。平康在何處？十里帶垂楊。

王直方詩話：參寥言：舊有一詩寄少游，少游和之云云。莘老讀至末句言：「者小子又賤發也。」少游後編淮海集，遂改云：「經句牽酒伴，猶未獻長楊。」

題大年小景四首

本自江湖客，宦遊何苦心。因君小平遠，還我舊登臨。
公子歌鐘裏，何曾識渺茫。唯應斗帳夢，曾入水雲鄉。
曉浦烟籠樹，晴江水拍空。煩君添小艇，畫我作漁翁。
島外雲峯晚，沙邊水樹明。想當揮灑就，侍女一時驚。

春日偶題呈上尚書錢丈

三年京國鬢如絲，又見新花發故枝。日典春衣非爲酒，家貧食粥已多時。

王直方詩話：少游爲黄本校勘，甚貧。錢穆父爲戶書，皆居東華門之堆垛場，少游春日作詩遺穆父云云，穆父以米二石送之。

秋日

霜落邗溝積水清，寒星無數傍船明。菰蒲深處疑無地，忽有人家笑語聲。
月團新碾瀹花瓷，飲罷呼兒課楚辭。風定小軒無落葉，青蟲相對吐秋絲。
連蜷蜲蜿挂西樓，逐雨追晴意未休。安得萬妝相向舞，酒酣聊把作纏頭。

藝苑雌黄云：此語亦豪而工矣。

遊仙詩

陰風一夜攪青冥，風定霏霏雪霰零。想見玉清眞境上，白虚光裏誦黄庭。

夜深樓上撥書眠，天在闌干四角邊。風掃亂雲毫髮盡，獨留璧月照人圓。

天風吹月入闌干，烏鵲無聲子夜閑。織女明星來枕上，了知身不在人間。日路按：此首墨莊漫録作納侍兒邊朝華之作。

本是廬山種杏人，出山來事碧虚君。上清欲問因何到，請看仙家十賚文。以上淮海集

侯鯖録：此詩東坡稱之。

遣朝華

月露茫茫曉柝悲，玉人揮手斷腸時。不須重向燈前泣，百歲終當一別離。

再遣朝華

玉人前去卻重來，此處分攜更不回。腸斷龜山離別處，夕陽孤塔自崔嵬。

墨莊漫録：少游侍兒朝華，姓邊氏，京師人。元祐癸酉歲，少游納之，嘗爲「天風吹月入闌干」之詩，時朝華年十九也。後三年，少游欲修眞斷世緣，遂遣歸父母家，資以金帛而嫁之。朝華臨別，泣不已，少游作詩云云。既去二十餘日，使其父來云：「不願嫁，卻乞歸。」少游憐而復取歸。明年，少游出倅錢塘，至淮上，因與道友論議，歎光景之遄。歸謂朝華曰：「汝不去，吾不得修眞矣。」亟使人走京師，呼其父來，遣朝華隨去，復作詩云云。時紹聖元年，少游嘗手書記此事。未幾，遂竄南荒。

遊杭州佛日山淨慧寺

五里喬松徑，千年古道場。泉聲與嵐影，收拾入僧房。鐵網珊瑚

張　亶

夢中作

天風吹散赤城霞，染出連雲萬樹花。誤入醉鄉迷去路，傍人應笑不還家。

西清詩話：張亶，熙寧中夢行大空中，聞天風海濤，聲振林木。徐見海中樓闕金碧，瓊裾琅佩者數百人，揖亶，出紙請賦詩。細視筆研，皆碧玉色，且戒之曰：「此間文章，要似隱起鸞鳳，當與織女機杼分巧，過是乃人間語耳。」亶成絕句云云。有仙人曰：「子詩佳絕，未免近凡。」酌酒一杯，極甘寒，忽覺身墮萬仞山而寤。

張　耒

耒字文潛，楚州淮陰人。第進士。元祐初，仕至起居舍人。紹聖中，謫監黄州酒稅。徽宗召爲太常少卿。坐元祐黨，復貶房州别駕，黄州安置。尋得自便，居陳州，主管崇福宫卒。有柯山集。

王直方詩話：文潛人物魁偉，故無已有詩云：「張侯便然腹如鼓，雷爲飢聲汗爲雨。」山谷有詩云：「六月火雲蒸肉山。」皆戲語也。

石林詩話：頃見晁无咎舉文潛「斜日兩竿眠犢晚，春波一頃去凫寒」，自以爲莫及。又云：文潛過宋都詩：「白頭青鬢隔存沒，落日斷霞無古今」，氣格不減老杜。

呂氏童蒙訓：文潛詩自然奇逸，非他人可及。如「秋明樹外天」；「客燈青映壁，城角冷吟霜」；「淺山寒帶水，旱日白吹風」；「川鳴半夜雨，臥冷五更秋」之類，迥出時流。

能改齋漫錄：張文潛言：昔以黨人之故，坐是廢放，每作詩，嘗寄意焉。有云：「最憐楊柳身無力，付與春風自在吹。」又云：「梧桐直不甘衰謝，數葉迎風尚有聲。」

韓幹馬

頭如翔鸞月頰光，背如安輿凫臆方。心知不載田舍郎，尚帶開元天子紅袍香。韓幹寫時國無事，天閑樹蔭春晝長。雙髯執轡儼在傍，如瞻馳道黃屋張。北風揚塵燕賊狂，廄中萬馬歸范陽。天子乘騾蜀山險，滿川苜蓿爲誰芳？

侯鯖錄：元祐中，館職諸公賦韓幹馬詩，獨文潛最高勝。

七夕歌

人間一葉梧桐飄，蓐收行秋回斗杓。神宮召集役靈鵲，直渡天河雲作橋。橋東美人天帝子，機杼年年勞玉指。織成雲霧紫綃衣，辛苦無懽容不理。帝憐獨居無與娛，河西嫁得牽牛夫。自從嫁後廢織紝，綠鬢雲鬟朝暮梳。貪懽不歸天帝怒，謫歸卻踏來時路。但令一歲一相逢，七月七日河邊渡。別多會少知奈何，卻憶從前恩愛多。恩恩離恨說不盡，燭龍已駕隨羲和。河邊靈官曉催發，令嚴不管輕離別。空將淚作雨滂沱，淚痕有盡愁無歇。寄言織女若休歎，天地無情會相見。猶勝嫦娥不嫁人，夜夜孤眠廣寒殿。

侯鯖錄：此歌東坡稱之。

離黃州

扁舟發孤城，揮手謝送者。山迴地勢卷，天豁江面瀉。中流望赤壁，石脚插水下。昏昏烟霧嶺，歷歷漁樵舍。居夷十三載，鄰里通假借。別之豈無情，老淚爲一灑。篙工起鳴鼓，輕艣健于馬。聊爲過江宿，寂寂樊山夜。

容齋隨筆：文潛暮年哦老杜玉華宫，極力模寫。其離黃州詩，偶同此韻，音響節奏，固似之矣，讀之可默喻也。

題中興頌碑後

玉環妖血無人掃，漁陽馬厭長安草。潼關戰骨高于山，萬里君王蜀中老。金戈鐵馬從西來，郭公凜凜英雄才。舉旗爲風偃爲雨，灑掃九廟無塵埃。元功高名誰與紀？風雅不繼騷人死。水部胸中星斗文，太師筆下蛟龍字。天遣二子傳將來，高山十丈磨蒼崖。誰持此碑入我室，使我一見昏眸開。百年廢興增歎慨，當時數子今安在？君不見荒涼浯水棄不收，時有遊人打碑賣。

留題奉先寺

荒涼城南奉先寺，後宫美人官葬此。角樓相望高起墳，草間柏下多石人。秩卑埋骨不作冢，青石浮屠當丘隴。家家墳上作享亭，朱門相向無人聲。樹頭土梟作人語，月黑風悲鬼搖樹。宫中養女作子孫，年年犢車來作主。廢后園林官道側，家破無人掃陵域。官家歲給半千錢，街頭買餅作寒食。

秋螢行引

碧梧含風夏夜清，林塘五月初飛螢。翠屏玉簟起涼思，一點秋心從此生。方池水深溪雨積，上下煇煇亂凝碧。幸因簾捲到華堂，不畏人驚照瑤席。漢宫千門連萬戶，夜夜熒煌暗中度。光流太液池上波，影落金盤月中露。銀闕蒼蒼玉漏遲，年年爲爾足愁思。長門怨妾不成睡，團扇美人還賦詩。避暑風廊人語笑，闌下撲來羅扇小。已投幽室自分明，更伴殘星碧天曉。君不見連昌宮殿洛陽西，破瓦頹垣今古悲。荒榛腐草無人迹，只有秋來熠燿飛。

柳

永豐坊裏舊腰肢，曾見青青初種時。看盡道傍離別恨，爭教風絮不狂飛？以上張右史集

贈營妓劉淑女 初官通許時作

可是相逢意便深，爲郎巧笑不須金。門前一尺春風髻，窗外三更夜雨衾。別燕從教燈見淚，夜船唯有月知心。東西芳草渾相似，欲望高樓何處尋？

未說蛸蟏如素領，固應新月學蛾眉。引成密約因言笑，認得眞情是別離。尊酒且傾濃琥珀，淚痕更著薄胭脂。北城月落烏啼夜，便是孤舟腸斷時。侯鯖錄

木香

紫皇寶輅張珠幰，玉女熏籠覆繡衾。萬紫千紅休巧笑，人間春色在檀心。墨莊漫錄

次韻奉酬无咎兼呈愼思天啓

平生結交圓納方，過眼十人八九忘。晼蘭蕙畝幽谷芳，嬾隨家奴諛五郎。苦飢方朔身漫長，顛毛種種顏欲蒼。誰謂勝癡端坐狂，淸淮之陰一草堂。列筆作陣茶森槍，絕口平戎與破羌。百年如此計亦臧，何用竊食官倉糧。玄黃病足畏高岡，但願縮頸老支牀。煌煌東壁日月傍，神仙鸞鳳爭騰驤。萬書落架

城復隍，牙籤如雲丹碧裝。晁侯再作班與揚，正始故在何曾亡。江湖十年願飽償，夜成七發光出囊。蘇公後出長卿鄉，爲君吳都無一行。蘇翰林欲作杭州賦，見元若杭州七述，乃止。世有伯樂生驌驦，肯使弭耳隨鹽商。鄧侯楚山深閨房，名走上國交侯王。朝隨日影夜燈光，包攬今古窮炎黄。吐詞分葩有國香，近君如雪六月涼，又似心醉醍醐觴。東南蔡子名飛翔，同隨天書拜未央，瑰瑋宏傑萬夫望。頰牙凜凜有風霜，文如神鼎爛龍章。鍾山長齋讀老莊，論兵説佛兩俱忙。不夸得硯文字祥，但願破敵如穨牆。我窮乞酒更得漿，仰看三虎爭雄張。同文館倡和詩

輪麥行　并序

余過宋，見倉前村民輸麥，止車槐陰下，其樂洋洋也。晚復過之，則扶車半醉，相招歸矣。感之，因作輸麥行，以補樂府之遺云。

場頭雨乾場地白，老稚相呼打新麥。半歸倉廩半輸王，免致縣吏相催迫。羊頭車子毛布囊，淺泥易涉登前岡。倉頭買券槐陰涼，清嚴官吏兩平量。出倉掉臂呼同伴，旗亭酒美單衣换。半醉扶車歸路涼，月出到家妻具飯。一年從此皆閑日，風雨閉門公事畢。射狐置兔歲蹉跎，百壺社酒相經過。

蓉塘詩話：自鎮江以東，有獨輪小車，凡百乘載皆用之。一人挽于前，一人推于後，謂之羊頭車。書籍未見載此名者，獨張文潛輸麥行云：「羊頭車子毛布囊，泥淺易涉登前岡。」始見詩人用之。

劉純臣

純臣，新建主簿。

送王迪夫婦偕隱

髮如抹漆左參軍，脱去青衫作隱淪。世上更無羈紲事，壺中别有自由身。鼎烹玉兔山前藥，花看金雞背上春。莫怪少年能決烈，藍田夫婦總登眞。

復齋漫錄：熙寧中，王迪爲洪州左司理。有道人磨鏡，俾迪自照，見星冠羽帔，縹緲鏡中，遂棄官與妻偕隱。純臣詩送之云云。

張芝

芝，汴人。

投李珣廟

風輭潮生江水平，遥峯隱隱浸寒青。自從香骨沈波底，獨我爲詩弔爾靈。

翰府名談：李珣字溫叔，都官之幼女也，八歲能詩。後適江夏王常，同汎舟射利江湖間。不久常死，而珣溺舟于三山磯下。後三日，屍忽出水中，土人異之，爲立廟。熙寧間，鄱人張芝作詩焚廟中云云。夜見一婦人謂之曰：「妾溺此時，水官令賦詩，及校九江會源錄，一夕而畢，水官大悦，令江神出屍顯靈，血食于此。謝子詩意，所不敢當。煩礱一石載妾前事，將有奉報。」芝後不爲立石，舟再過三山，幾覆，又夢其婦詬責之。

魯有開

有開字元翰，以從父宗道恩授韋城令。熙寧中，擢膳部郎中，知冀州。

遊大滁山

馬蹄清曉破瓊田，一出紅塵骨已仙。任鎖九重山下路，終尋五處洞中天。泉流碧砌長鳴玉，跡隱蒼崖久蛻蟬。人世歸時知變否，樵夫曾記欄柯年。洞霄詩集

陳師錫

師錫字伯修，建安人。熙寧中，廷試第三。調昭慶軍掌書記，歷考功員外郎。徽宗朝，拜殿中侍御史，出知潁、廬、滑三州。坐黨論削官，安置郴州卒。紹興中，贈直龍圖閣。

題李公麟畫歸去來圖 有雪竇和尚親書偈

百中神鋒詫妙手，當時破敵祇同機。餘花墮裓無人見，半偈流傳豈易知。志雅堂雜鈔

程建用 楊咨

建用字彝仲，眉山人。熙寧進士。

大雨聯句

庭松偃蓋如醉，建用 夏雨凄涼似秋。楊咨 有客高吟擁鼻，軾 無人共喫饅頭。轍

苕溪漁隱叢話：東坡言：余幼時，里人程建用、楊咨、家弟子由，會草舍中，大雨，聯句六言云云，坐皆絕倒，今四十餘年矣。

呂南公

南公字次儒，南城人。熙寧鄉貢。一試禮部不偶，遂罷舉。自號灌園先生。有集。

葛仙峯

南峯枕崇坂，逕路荆榛稠。遺壇在其巔，名爲仙翁留。石角已剝泐，林芳自春秋。誰云塵土姿，來繼丹霄遊。西江詩話

李復圭

復圭字審言，邯鄲公淑之子。神宗朝，歷鹽鐵副使，以集賢殿修撰知荆南。

秀峯上方

吳王昔日館娃宫，殿閣鱗差軼碧空。寂寂香魂招不得，惟餘松柏韻天風。吳郡志

句

老鳳池邊蹲不去，飢烏臺上噤無聲。

事文類聚前集：曾魯公自嘉祐秉政，至熙寧中，尚在中書，年雖甚高，而精力不衰，故臺諫無非之者。惟李復圭作詩譏之云云，魯公遂致仕去。

楊适

适字時可，棣州人。年十八登第，從陳后山學詩，晚爲尚書比部郎。

絶句

尖頭奴有五兄弟，十八公生四客卿。過我書齋無一事，似應終日待陶泓。

合璧事類前集：本朝百家詩載：錢穆公以墨四丸、筆五枚賜楊時可，楊戲曰：「安得硯乎？」穆公曰：「不難，須一詩。」楊乃作一絶云云。

李新

新字元應，仙井監人。第進士。元符末，上書，奪官，謫遂州。有跨鼇集。

錦江思

獨詠滄浪古岸邊，牽風柳帶綠凝烟。得魚且斫金絲膾，醉折桃花倚釣船。成都文類

觀前古美人圖

璧月塵昏瓊樹秋，無從百媚一回眸。荼蘼香度梅妝冷，鸚鵡聲低玉笛幽。唾背但能知禍水，逢春輒莫上迷樓。歸來安守無鹽女，不寵無驚共白頭。跨鼇集

折楊柳

東風來何時，百花已飄零。獨有隄上柳，慘淡含春榮。扁舟復何適，延客江上亭。顧無青玉案，何以送子行？攀條欲相贈，上有雙流鶯。流鶯正求友，奈此離別情！

漁父曲

黃蓑老翁守釣車，賣魚得錢還酒家。醉中乘潮過別浦，睡起不知船在沙。籬根半落秋江水，稚子蓬頭采洲芷。蓴絲芹甲滿筠籠，日暮溪橋得紅米。以上前賢小集拾遺

李孝博

孝博，廣東提點刑獄。

英州次蔣穎叔韻

維舟庭下號三灣，萬疊青山一水間。偏愛澄江照天碧，飛來幾片白雲閑。方輿勝覽

張師正

師正字不疑。熙寧中，仕爲辰州帥。著括異志、倦遊雜錄。

武林別文瑩上人

憶昔荆州屢過從，當時心已慕冥鴻。渚宫禪伯唐齊己，淮甸詩豪宋惠崇。老格疎閑松倚澗，清談瀟灑坐生風。史官若覓高僧事，莫把名參技術中。

句

碧嶂孤雲苒苒歸，解攜情緒異常時。餘生歲月能多少？此別應難刻後期。玉壺清話

舊將封侯盡，降王賜姓歸。分鹿是非皆委夢，落花貴賤不由人。隱居詩話

王世寧

臨終作

翠羽旌幢仙子隊，紫皇樓閣玉皇家。人間風雨易分散，回首武陵空落花。

詩話總龜：太原王世寧，自言籍係第十八洞玉仙人。熙寧中，以暴疾終于家，臨終作詩云云。

劉叔贛

叔贛，神宗朝中書舍人。鶚按：贛，廣韻貢同。劉敞有仲邃父之稱。疑此卽劉攽貢父，不敢臆斷，姑附于此。

過柏林院贈吉長老有古殿吳道子畫維摩居士又有斷碑是寶曆中記義岑禪住佛院事

靈光歲久獨巋然，峴首遺碑亦未遷。會向三生記前佛，暫從方丈謝諸天。篆香徐刻黄金印，梵宇時開貝葉篇。門外霜風正摇落，庭前松柏自安禪。

和李公擇題相國寺壞山水歌

蒼山本是千萬丈，怪爾斷落盈尺中。枯松挂巖正嬌嬌，白雲出谷方溶溶。憶昨高秋十日雨，百川湧溢騰蛟龍。丹青壞卻不可住，金碧拂地成都空。人間流落萬餘一，掇拾補綴幾無從。當時畫手合衆妙，得此誠是第一工。松陰行人何草草，禿幘小蓋馬色驄。長途未竟不得息，嘯歌正爾來悲風。巨靈擘華疏黄河，夸娥移山開漢東。海波芥子忽出没，大雄遊戲神與通。我今與君未嘗覺，指視壁畫將無同。新詩飄飄脱俗格，得閑會復來從容。

壁畫古槎歌

南山大樹楓與樗，百年不到生理枯。老枝錯落麋鬐角，病根蟉結龍垂胡。風霜不知春不改，古苔懸蔓相縈帶。豈知高堂素壁上，畫圖能令觀者愛。野夫晨興坐樹邊，偶説此槎來上天。暫乘西風犯牛斗，卻看東海成桑田。

次韻蘇子瞻韓幹馬贈李伯時

韓幹畫馬名獨垂，冰紈素幅横素絲。諸公賦詩邀我和，我如鈍鎚逢利錐。區中纔容三萬里，正可騕褭一日馳。朝吳暮燕亦其亞，幸得夷路無縶羈。此間三馬皆國馬，瑰姿逸態成崛奇。有時秋空見霜骨，下睨衆禽皆伏雌。良工苦心爲遠到，天機要眇潛得之。區區駑駘浪自負，豈有醜骨包妍皮。李侯灑筆定超詣，尚有天驥君未知。宛王毋寡今授首，汗血不敢藏貳師。

畫鶴

置此憐神駿，三年故不飛。軒居寧假寵，野客會忘機。燕雀那相笑，鳧鷖直自肥。蓬萊千萬里，正想玉爲衣。以上聲畫集

張唐民

唐民，熙寧中任西川轉運使，京東路提刑。

題捫參閣 在昌州

訟簡民淳羡小州，兩衙纔退似歸休。一懷山果三升酒，暮掩青峯郎下樓。方輿勝覽

李之純

之純字端伯，滄州無棣人。登進士。元祐初，歷寶文閣直學士，工部尚書。紹聖中，出知單州。崇寧中，入黨籍。

西園辨蘭亭和韻

綠葉纖長間紫莖，蜀人未始以蘭名。有時只怪香盈室，此日方傳譽滿城。恩意和風揚馥郁，光榮灝露滴清英。庭階若不逢精鑒，何異深林靜處生。成都文類

駕幸太學

羽衛金輿煥彩章，天街端去入虞庠。嚴師致奠初加拜，延講終篇不計行。萬乘屈尊先郡國，諸生賜坐

亞侯王。輔臣歸美榮歌詠，首發清風政事堂。中州題詠集

梁燾

燾字况之，鄆州須城人。舉進士，提點京西刑獄。元祐中，拜尚書右丞。紹聖初，以黨論貶雷州別駕，化州安置卒。

駕幸太學

原廟親持十月觴，天迴寶輦款虞庠。當陽赭幄翔龍座，屬地霜袍振鷺行。拭目嚮儒移美俗，虛懷稽古自興王。太平重見淸風頌，嘉句飛傳到玉堂。中州題詠集

劉奉世

奉世字仲馮，敞子。官集賢校理、樞密使。入元祐黨籍。

送越帥程公闢

使君遺愛徧南州，五馬新歸瘴海頭。持槖未厭青瑣直，懷章還作鑑湖遊。餘姚人物傳吳遠，越地山川向剡幽。應有淸詩資臥理，會吟他日記風流。剡錄

駕幸太學

聖典垂精及表章，曠儀親舉自宗庠。縱觀橋擁浮雲蓋，侍問庭充振鷺行。首舉儒風隆上國，光增帝業掩前王。太平榮遇慚多幸，重見歌虞起廟堂。中州題詠集

周商

駕幸太學

雲覆鸞輿五色章，鳴鞘聲肅下儒庠。佩衿霧集三千子，儀衞星羅十二行。位列夔龍陪帝聖，經陳戊甲獻成王。元龜象齒方來供，不用論兵政事堂。中州題詠集

李師德

駕幸太學

隆典遺經已表章，又傳清蹕幸膠庠。黄龍繞駕天移仗，白雪分袍士綴行。況是體元能作聖，更歎稽古效規王。太平盛世文明遠，萬國儒風自一堂。中州題詠集

李階

駕幸太學

天祐斯文賴表章，皇心眷眷事膠庠。享嚴祖殿回龍馭，德讋儒班肅鷺行。降輦詣祠追四聖，擁經求道舉三王。欲知盛美前無古，賢聖相逢在廟堂。中州題詠集

吳安持

安持，充之子，寶文閣待制，王荆公之壻。

駕幸太學

翰林墨客奏封章，天子欣然幸國庠。綵仗六龍初擁路，青衿三舍已重行。隆儒共慶賢堯舜，訪道誰知

應帝王。附鳳騫淵皆法從，獨慚由也亦升堂。汴京遺蹟志

畢仲愈

仲愈字將叔，仲游弟。國子監丞。

句

已招明月移歌扇，更喚春風試舞腰。元夕　明燈數點林中見，橫笛一聲烟外聞。夜行　萬姓統譜

孔舜思

舜思，官尚書職方郎中，通判齊州。

題靈巖寺　石刻在泰山

忽從平地出塵籠，覩到諸天釋梵宮。卻悟宂官長役物，爭如大士日談空。山橫青壁千層合，泉迸丹崖一線通。幽鳥靜啼人外境，疎鐘不墮世間風。目無可欲猨猱伏，心絕微塵冰鑑融。自恨無緣陪宴坐，他生願效種松翁。熙寧九年丙辰十月　顧炎武求古錄

王延禧

延禧字仲祥。熙寧中，知夔州。

題制勝樓

夔子城新築，長江便作壕。欲兼諸面敵，故起北樓高。卽舊基仍峻，因時力不勞。青天纔咫尺，翠壁似周遭。近照東西瀼，遙分上下牢。百蠻歸指掌，三峽見秋毫。帝道方無外，皇威到不毛。三鉤閑夜鎖，

八陣縱春遨。守土慚非稱，提兵亦謬叨。經營皆使指，備豫本戎韜。功乏爲山助，名加制勝褒。登臨欲吟咤，深媿杜陵豪。名勝志

宋詩紀事卷二十七

錢唐　厲鶚　輯
仁和　杭世駿　勘定

郭祥正

祥正字功父，當塗人。舉進士。元豐中，知端州。元祐初，階至朝請大夫，請老，歸家于青山下。有青山集。

文獻通考：張浮休評郭祥正詩，如大排筵席，二十四味，終日揖讓，而適口者少。

竹坡詩話：賀方回嘗作青玉案詞，有「梅子黃時雨」之句，人皆服其工，士大夫謂之賀梅子。郭功父有示耿天騭一詩，王荆公嘗爲之書其尾云：「廟前古木藏訓狐，豪氣英風亦何有。」方回晚倅姑孰，與功父游甚歡。方回寡髮，功父指其髻謂曰：「此眞賀梅子也。」方回乃捋其鬚曰：「君可謂郭訓狐。」功父髯而鬍，故有此語。

遯齋閑覽：功父曾題人山居一聯云：「謝家莊上無多景，只有黃鸝三兩聲。」荆公命工繪爲圖，自題其上云：「此是功父題山居詩處。」卽遣人以金酒鍾幷圖遺之。

明皇十眉圖

明皇逸事傳十眉，正是唐家零落時。霓裳曲調雖依舊，阿蠻終不似楊妃。畫工貌得非無意，欲使流傳警來世。翠翹紅粉尙爭春，隱約香風起仙袂。六龍眞馭竟何之，泰陵荒草長狐狸。猶將妙筆勸尊酒，醉覺人間萬事非。

金山行

金山杳在滄溟中，雪崖冰柱浮仙宮。乾坤扶持自今古，日月彷彿懸西東。我泛靈槎出塵世，搜索異境窺神功。一朝登臨重歎息，四時想像何其雄。卷簾夜閣挂北斗，大鯨駕浪吹長空。舟摧岸斷豈足數，往往霹靂搥蛟龍。寒蟾八月蕩瑤海，秋光上下磨青銅。鳥飛不盡暮天碧，漁歌忽斷蘆花風。王直方云：「二語大爲荊公所賞。」蓬萊久聞未曾往，壯觀絕致遥應同。潮生潮落夜還曉，物與數會誰能窮。百年形影浪自苦，便欲此地安微躬。白雲南來入長望，又起歸與隨征鴻。

苕溪漁隱叢話：功甫金山行，造語豪壯。

鳳凰臺次李太白韻

高臺不見鳳凰游，浩浩長江入海流。舞罷青蛾同去國，戰殘白骨尙盈丘。風搖落日催行權，湖擁新沙換故洲。結綺臨春無處覓，年年荒草向人愁。

娛書堂詩話：郭功甫嘗與王荊公登金陵鳳凰臺，追次李太白韻，援筆立成，一座盡傾。

訪隱者

一徑沿崖踏蒼壁，半塢寒雲抱泉石。山翁酒熟不出門，殘花滿地無人跡。以上青山集

寄東坡先生自朱崖量移合浦

君恩浩蕩似陽春，海外移來住海濱。莫向沙邊弄明月，夜深無數採珠人。

困學紀聞：東坡文章好譏刺，文與可戒以詩云：「北客若來休問事，西湖雖好莫吟詩。」晚年郭功父寄詩云云。

李公麟

公麟字伯時，舒城人。第進士。歷泗州錄事參軍，用陸佃薦，爲中書門下後省删定官、御史檢法。元符三年，病痺致仕，歸老龍眠山。

蔡寬夫詩史：韓幹畫馬，多分其騣爲三，莫曉何意。唯白樂天春深學士家詩云：「鳳書裁五色，馬鬣翦三花。」唐學士例借飛龍廄馬，則應是時國馬皆如此也。李伯時喜學韓幹畫，每不知三騣之意，常難於下筆。有得樂天詩者，先爲誦之，而不言所出。伯時請之力，乃使爲畫數馬，始以集示之云。

次韻鄧謹思初入試院

敕使書囊問隊行，聚星深館粲諸英。雲隨襟袖來蓬島，香散房櫳宿化城。振鷺充庭天有幕，珊瑚入網海無聲。範模一世尊先覺，況此提平慰後生。同文館倡和詩

小詩并畫卷奉送汾叟同年機宜奉議赴熙河幕府

畫出離筵已愴神，那堪眞別渭城春。渭城柳色休相惱，西出陽關有故人。聲畫集

春社出郊

千尋古櫟笑聲中，此日春風屬祉公。開眼已憐花壓帽，放懷聊喜酒治聾。擕刀割肉餘風在，卜瓦傳神俚俗同。聞說已栽桃李徑，隔溪遥認淺深紅。事文類聚前集

呂希純

希純字子進，公著次子。登第爲太常博士。哲宗朝，歷寶文閣待制，知亳州，謫道州安置。後

入黨籍。

絕句

夢寢西山結草廬，逝將臨水詠游魚。何人見卯求時夜，更著閑言問紫姑。

紫微詩話：崇寧間，談命術者多言叔祖待制與曾內翰子開皆宰相命也。或有占紫姑者，代書村童書於紙云，待曾、呂相方發。然皆不驗。叔祖有詩云云。

元夕

何處元宵好，迎鑾冊府西。鞘聲雲外起，扇影日邊低。祕禁威容肅，名流步武齊。舜瞳回左顧，眞欲過金閨。

何處元宵好，雙林宴坐僧。戒圓三五夜，心耀百千燈。茅舍門常掩，繩牀几謾憑。世間娛樂事，一念不曾興。瀛奎律髓

林迥

迥，羅源人。熙寧中惠安簿。

同黃祕教遊連江玉泉

泉山好景徵，權尹訟庭稀。曉馬破雲去，夜船乘月歸。妓歌珠不斷，人醉玉相依。薄宦自拘者，咄哉多是非。青瑣高議

題林子默隱居

先生平昔命何非，萬卷詩書一布衣。回首長安成底事，吳山蒼翠幾時歸？泉州府志

俞充

充，熙寧中虞鄉令。

王官谷十詠　存四

貽溪　表聖山居記云：谷之名，本以王官廢壘在其側。司空氏易之爲貽溪。溪舊不畜魚，及表聖居之，石竇泉隙，魚皆充牣，見於說魚篇。今亦無魚。

濯纓溪流上，清心共澄澈。人存魚自躍，人亡魚亦竭。此意雖冥冥，可與仁者說。遺音竟誰繼，十里閑風月。

休休亭　本濯纓亭，爲俠卒所焚。復構之，易名休休。

洗耳謝市朝，構亭得餘址。三徑草長深，一毫塵不起。支肘看青山，引鶴聽流水。獨有愛君心，時時擬綸旨。

司空氏舊居　王官谷舊皆司空氏別業，自表聖沒，轉易不常。

孤鶴去不還，雲間犬空吠。猶聞溪鳥銜，表聖詩云：溪鳥待排銜。尚有里人愛。表聖多以金帛施於閭里。巖花無開落，表聖云：小峯西龕有石龕，故老目爲杏花。世事幾興廢。我乘幽興來，靜邀秋月對。

石硯　表聖云：西谷路有石如硯，人謂之「秦王硯」。

嘗讀表聖詩，云是秦王成。憫時著密史，表聖所著密史，深救時病。對此潛經營。新雨淨如洗，亂苔生復平。

表聖詩云：硯石苔平失。應誤山中客，浪近翰墨名。王官谷集

仇伯玉

訪王官谷休休亭

飄香山徑踏殘花，來訪仙鄉隱處家。當日廟堂延至計，未應懷璧老烟霞。

山鵶營巢欲哺兒，晴杏拆早先離披。盤回一徑穿碧篠，谷口數家耕水湄。王官谷集

王　翰

司空侍郎故居

西風策馬問王官，松徑縈紆上百盤。泉響夜潭穿石竇，峯高天柱矗雲端。一鳴共許才華奮，三詔方知節操寒。花落鳥啼人不見，休休亭上倚闌干。王官谷集

陳　易

易，莆田人。熙寧中，隱居石門，時號陳聘君。

答有需禪師

年來多病愛棲禪，寶鑑慵將照醜妍。卻憶南湖孤頂月，定回金磬落巖前。興化府志

楊　時

時字中立，將樂人。熙寧九年進士，游二程之門。歷知瀏陽、餘杭、蕭山三縣，召爲祕書郎。欽宗朝，兼國子祭酒。高宗朝，除工部侍郎兼侍讀，以龍圖閣直學士提舉洞霄宮卒。謚文靖。學

者稱龜山先生。有集。

望湖樓

斜日侵簾上玉鉤，簷花飛動錦紋浮。湖光寫出千峯秀，天影融成十里秋。翠鷁翻風窺淺水，片雲隨意入滄洲。留連更待東窗月，注目晴空獨倚樓。

觀梅贈胡康侯

欲驅殘臘變春風，惟有寒梅作選鋒。莫把疎英輕鬭雪，好藏清豔月明中。

藏春峽 為隱士吳儀作

山銜幽徑碧如環，一壑風烟自往還。不是武陵流水出，殘紅那得到人間。

含雲寺書事

蝶夢輕揚一室空，夢回誰識此身同？窗前月冷松陰碎，一枕溪聲半夜風。以上龜山集

求仲弓

仲弓字德夫，黄巖人。熙寧九年特科。與王荆公為文字交，仕終樂平令。

靈龜潭

江湖雖闊多罾網，幽澗清虚且勉旃。待我功成買雙鶴，歸來伴汝一千年。赤城志

陳覺民

覺民字達野，仙遊人。熙寧九年進士。元祐間，知建陽縣，累遷宗正丞，歷知漳、建二州，移知

福州。言者承安惇意劾罷。尋起知泉州，遷本路提刑，復以右文殿修撰知廣州卒。

武夷山

昇眞洞口接天門，靈草丹桃日日春。聽說列仙來瑞世，三朝德業在斯民。

方輿勝覽：章聖出自武夷，事見楊大年家集。神考、哲廟亦武夷眞君應世，故有三朝德業之句。事見氏族編。

寄米元章

汨汨塵埃閱歲華，青山相見認空花。淸淮風月元無價，憑仗詩翁爲我賒。

長淮千古自流東，六月城頭日日風。天際玉漕無少處，夜山圖在明月中。珊瑚網

姚孳

孳字舜徒，慈谿人。熙寧九年進士。累除提舉成都府常平事，後以直龍圖閣知夔州事卒。

碧波亭 在簡州東溪

賴簡池臺兩蜀誇，東溪別是一仙家。令人却憶康王谷，坐看珠簾濺雨花。錦繡萬花谷

李格非

格非字文叔，濟南人。舉進士。元祐末，爲國子博士。紹聖初，爲禮部郎，提點京東刑獄，以黨籍罷。長女能詩，嫁趙明誠，卽易安也。有集。

過臨淄

擊鼓吹竽七百年，臨淄城闕尙依然。如今只有耕耘者，曾得當時九府錢。

後村詩話：文叔詩文高雅條暢，有義味，在晁、秦之上。

賀幸太學

日月天回十二章，詔移清蹕幸膠庠。六龍穩轉橋門曲，多士橫穿錦仗行。俎豆威儀瞻闕里，東西風教自周王。太平誰謂初無象：四海形容在一堂。汴京遺蹟志

葉　濤

濤字致遠，處州龍泉人。熙寧進士，仕至中書舍人，龍圖閣待制。入元祐黨籍。

望舊廬有感

重來舊屋誰爲主？江令蕭條歎獨存。已媿問人纔識路，却悲無柳可知門。舟車到處成家宅，歲月惟驚長子孫。孤客濫巾非得已，故交零落與誰論。江令尋宅詩云：「見桐猶識井，看柳尚知門。」宋文鑑

張　介

介字吉甫，番陽人。

句

應是子規啼不到，致令我父未歸家。

能改齋漫錄：番陽張吉甫，方娠時，父去客東、西川不還。張君自爲兒時，已愴然有感，其言語食息，未嘗不在蜀也。與尚書彭公器資同學，作詩云云，聞者皆憐之。既長，走蜀，父初無還意，乃歸省母。復至涪、閬往返者三，其父遂行。以熙寧十年三月至自蜀，鄉人迎謁太息，或爲感泣。一時名士，賦詩以紀其事。

錢景諶

景諶，景臻從兄。舉進士。居毗陵。熙寧末，從張景憲辟，知瀛州，至朝請郎。

洞霄宮

淸夜宿瑤宮，雲開天柱峯。千巖空洞月，萬籟古壇松。仙馭聞鳴鶴，琅輿想六龍。朝元步虛罷，祥吹引林中。洞霄詩集

杜默

默字師雄，濮州人。熙寧末，特奏名，仕新淦尉。

王直方詩話：石守道作三豪詩，謂曼卿豪於詩，永叔豪於文，杜默豪於歌。故詩云：「師雄二十二，筆距猛如鷹。玉川月蝕句，氣欲相憑陵。」而歐公亦有詩云：「南山有鳴鳳，其音和且淸。鳴於有道國，出則天下平。杜默東土秀，能吟鳳凰聲。作詩幾百篇，長歌仍短行。」謂豪於歌者。有送守道詩云「聖人門前大蟲，學海波中老龍」及「推倒楊朱墨翟，扶起仲尼周公」之句。

句

一片靈臺挂明月，萬丈詞焰飛長虹。乞取一勺鳳沼水，活取久旱泥蟠龍。上歐陽　靑瑣高議

倚風莫恨唐工部，後裔寧知不解詩。東平郡宴賦海棠　蔡寬夫詩史

蟾輝吐光育萬種，我公得此爲心胸。老桂根株撼不折，我公得此爲淸節。孤輪碾空週復圓，我公得此爲機權。餘光燭物施洪惠，我公得此爲經濟。

隱居詩話：李文定迪，八月十五日生，杜默作中秋月詩以獻，其中有句云云。雖造語粗淺，然亦豪爽也。

廖正一

正一字明略，號竹林居士，安陸人。元豐二年進士。元祐中，召試館職，除祕書省正字，出知常州。紹聖間，入黨籍，貶監玉山稅。有竹林集。

郡齋讀書志：廖明略，元祐中召試館職。蘇子瞻在翰林，見其所對策，大奇之。俄除正字。時黃、秦、晁、張皆子瞻門下士，號四學士。子瞻待之厚，每來必命侍妾朝雲取密雲龍，家人以此知之。一日，子瞻又取密雲龍，家人謂是四學士，窺之，乃明略來謝也。

汝墳驛題壁

阿憐二十頗有餘，秀眉豐頰冰瓊膚。無端欲作商人婦，更枉方尋海畔夫。阿梅笄歲得同歡，懊惱情深解夢蘭。鶯語輕清花裏活，柳條弱嫩掌中看。

墨莊漫錄：明略與唐州二營妓往來，情好甚篤，其一小字憐憐，其一名梅時。憐憐爲大賈所納，明略道過汝墳，有感作詩。「方尋海畔夫」用海上有逐臭之夫事譏之也。

答張十八畫

玉人風味夙相親，骨法多奇巫峽神。何幸丹青煩右相，坐令虛室四時春。聲畫集

和補之梅花

蕙蘭芳草久睽離，偶洩春光此一枝。自許輕盈羞粉白，何人閑麗得鄰窺。寒欺薄酒魂消夜，月入重簾

夢破時。幸有暗香襟袖暖，江南歸信不應遲。梅花鼓吹

蔡肇

肇字天啓，丹陽人。元豐二年進士。徽宗朝，歷官戶部郎，兼修國史、中書舍人。以顯謨閣待制知明州，奪職，提舉洞霄宮。會赦，復知睦州卒。有丹陽集。

王直方詩話：夏畸道言，蔡天啓初見荆公，坐間偶言及盧仝月蝕詩，人鮮有誦得者。天啓誦之終篇，遂爲荆公所知。

石林詩話：王荆公在鍾山，有馬甚惡，蹄齧不可近。一日，兩校牽至庭下，告公請鬻之。天啓時在坐曰：「安有不可調之馬？第久不騎，驕耳。」即起捉其鬉，一躍而上，不用銜勒，馳數十里而還。公大壯之，卽作集句詩贈之：「蔡子勇成癖，能騎生馬駒。」復有：「身著青衫騎惡馬，日行百里尚嫌遲。心原落落堪爲將，卻是君王未備知。」士大夫自是盛傳荆公以將材許之云。

敬用无咎學士年兄長韻上呈子方太僕

兩河郡縣淪西方，西人思漢今未忘。果園蕪沒白草芳，靈州乃赫連勃勃果園旃裘戲馬誰家郎。車箱峽口澗谷長，旆頭倒挂回穹蒼。王師西出討猶狂，六花簇壘來堂堂。前鋒銳頭臂兩槍，伏姦譏索收生羌。天聲隱轔搖姑臧，奇兵繚臂斷饋糧。決河有聲如壞岡，城頭擊鐘聲殷牀。萬甲幾欲漂無旁，雖有伉健誰騰驤。一夫不敢陵彼隍，馬首欲東促歸裝。緘胸有策鬢眉揚，歸來恍恍若有亡。劬勞累日何由償，戰鞍挂屋尋書囊。目隨飛鴻思帝鄉，彭城老將官橫行。幕中市駿收驌驦，射堂兩部奏清商。應弦破鏑如蜂房，劉渭州射爲天下第一笑談斥士羈名王。畫圖遣奏朝明光，詔書留典眞乘黃。錦韉玉勒春風香，平池

老柳高雲涼。神駿在目豪吟觴，跨下躞蹀騺梟翔。皇居九衢天中央，我時項背聊相望。西城九月天隕霜，夜談關塞評文章。微言竊比惠與莊，和詩禿筆覺我忙。祝君韜養壽且祥，功名有來成堵牆。勿驚寒暑敗肉漿，韔弓箙矢用則張。同文館倡和詩

題畫授李伯時

鴻雁歸時水拍天，平岡老木尙寒烟。付君餘地安漁艇，乞我寒江聽雨眠。

汎舟橫塘遇雨

平野風烟入夢思，殷勤作畫更題詩。扁舟臥聽橫塘雨，恰遇江南歸雁時。

墨莊漫錄：天啓入官京師日，有藪澤之思，常于尺素作平岡老木，極有清思。因授李伯時，令于餘地加遠水歸雁，扁舟以載，天啓題詩云云。伯時嬾不能竟。他日，王漁之取去，以示宗子令畯，卽取筆點染，如詩中意。天啓見之，愛其佳。後天啓汎舟，宿橫塘，遇雨，閉篷而臥，夜分不寢，聞歸雁聲，因復爲詩云云。

從孫元忠乞貓

廚廩空虛鼠亦飢，終宵齩齧近秋帷。腐儒生計唯黃卷，乞取銜蟬與護持。墨莊漫錄

送錢齊玥倅蘇州二首

一尉東南屈指中，雍容車騎舊兒童。郞君扇枕家中晚，侍史焚香省戶空。十里浮梁晴臥蝀，一江春水淨磨銅。三年官滿東吳去，爲具扁舟破浪風。

洞庭飛雨打湘弦，燕寢凝香思渺然。四者難幷知我老，七言俱賦爲君妍。雜花遶徑迎籃轝，春鳥喧洲

起畫船。聞道山公方啓事，重看一鶚在秋天。

除夜宿垂虹亭

東南勝槪未忘情，老去扁舟復此行。小邑歲除無市井，下田水落見農耕。雪消西嶺層棱出，春到重湖鱗甲生。橋下霜蛟貪睡美，爲槌千鼓作雷聲。以上吳郡志

題李世南畫扇

野水潺潺平落澗，秋風瑟瑟細吹林。逢人抱甕知村近，隔屋聞鐘覺寺深。宋文鑑

再至學省

平生擾擾復膠膠，學省重來歲又交。騎馬醉遭官長罵，讀書慚被學生嘲。何爲眷戀五斗米，便可經營一把茅。好買江干千箇竹，待看烟雨長春梢。合璧事類後集

過邢惇夫墓下作

人物于今歎渺然，孤墳宿草已生烟。日暮行人道傍歇，應逢年少共談玄。詩人玉屑

申王畫馬圖

天寶諸王愛名馬，千金爭致華軒下。當時不獨玉花驄，飛電流雲絶瀟灑。兩坊岐薛寧與申，憑陵內廄多清新。肉騣汗血盡龍種，紫袍玉帶眞天人。驪山射獵包原隰，御前急召穿圍入。揚鞭一蹙破霜蹄，萬騎如風不能及。雁飛兎走驚弦開，翠華按轡從天回。五家錦繡徧山谷，百里舄珥遺塵埃。青騾蜀棧西超忽，高隼濃娥散荊棘。苜蓿連天鳥自飛，五陵佳氣春蕭瑟。

苕溪漁隱叢話：東坡集有申王畫馬圖詩，乃蔡天啓作，氣格有類東坡，世因悞收入。其後姑蘇居世英家刊東坡前後集，遂删去。

題李伯時照夜白馬圖

天上房星不下來，連山芻粟飽駑駘。龍姿逸駕飛騰盡，賴爾毫端力挽回。苕溪漁隱叢話

題朱之純谷陽園

陸機異時宅，故物無復迹。悠悠谷水陽，野水凄餘碧。我觀豪士賦，文字豈不白。一爲功名誤，末路眞可惜。至今風雨夜，哀鶴鳴不息。千秋得吾人，淨眼照阡陌。結茅風烟際，一悟世網窄。古今一丘貉，貴賤百年客。閉門橙橘香，隱几冰凍釋。我慚升斗祿，矯首望八極。人生勞佚間，此殆天所檄。鵬翔赤霄動，鯨噴碧海坼。爲爾具扁舟，送此齒髮迫。至元嘉禾志

送洞元法師歸茅山

絳節飄飄下紫清，更參隱訣制頹齡。若逢方丈龐眉叟，來受囊中赤甲經。

一菴疇昔共嵚崟，古木垂陰歲月深。恐是三生房次律，要隨藤杖去重尋。

題三茅風雨圖

筆間雲氣生毫末，紙上松聲聽有無。收得三茅風雨樣，高堂六月是冰壺。以上茅山志

立春至焦山

歲爲兹山一再登，籃輿乘興驀溝塍。春生江海交流處，人在藤蘿最上層。畫鴿搶沙眠百賈，華鯨吼旦

集千僧。道人邀上東巖宿，坐看冰輪半夜升。京口三山志

呂山龍池 在宜興。有禿角白龍穴其中，將雨則見。

南山鼕鼕天作鼓，號召諸龍盡行雨。惟有禿角最先到，潑墨雲中雪鱗舞。名勝志

冬日遊甘露寺

漕河膠舟水流咽，水關著鍵行者歇。大江伏槎臥長劍，萬頃溼銀寒不結。蓬萊諸仙亦避寒，海門冥冥凍欲折。朔風吹晚雁叫空，蓬卷松杉崖石裂。道人丈室最高處，地爐蒲團穩坐熱。我來乘閑不問道，方牀相對無言說。鎭江府志

句

城響濤頭入，山昏雨脚斜。　柳間黄鳥路，波底白鷗天。　斷篷帆影天斜入，夾鏡波光水倒流。松江　雪浪齋日記

壘嶂巧分丁字水，臘梅遲見二年花。

庚溪詩話：天啓，紹聖、元符間爲中書舍人，嘗與元祐諸公遊，遂遭斥逐。嘗守睦州，到任謝表有曰：「城譙閴寂，一葉落而知秋；島嶼縈迴，二水合而成字。」復有語云云，人謂能狀桐盧郡景物。

鶚按：此二句有全詩，見唐杜牧之集，未知孰是。

華　鎭

鎭字安仁，會稽人。元豐二年進士。官至朝奉大夫。嘗作會稽覽古詩。子初平，亦登進士，

爲太常博士。有越中考古錄。

會稽覽古詩

鐵門限　王中令裔孫智永，善隸草，爲世所重，求者弗違，戶外之人如市，所居限頻爲之毀，以鐵固之，時號「鐵門限」。眞草千字文，十九年成一千通。柳誠懸稱其書得家法。世傳右軍蘭亭眞蹟，弟子辨才，尤加寶祕。貞觀中，求之不得，至使蕭翼設奇而取之。山中父老，尙能道其事。

鐵限僧坊迹未移，千通眞草了無遺。蘭亭墨蹟何由見，祇說蕭郎奉使時。

秦望山　秦始皇東巡，登高歷覽，刻石紀功，故曰秦望。

秦人兩世盡東游，鞶輅曾臨到上頭。睫在眼前終不見，不知登望竟何求？

樵風涇　鄭巨君弘，采薪若耶山中，得仙人遺箭，歸之，而獲便風之報。千載之下，朝暮不渝。

碧山重疊水溶溶，南北朝來旦暮風。巖壑會稽眞勝絕，樵蘇猶是漢三公。

城山　其山中卑四高，宛如城堞。吳伐越，次查浦，句踐保此拒吳，又名越王城。有佛眼泉、洗馬池。泉中產嘉魚，越拒吳時，吳意越之乏水，以鹽魚爲饋，越取雙魚答之，遂解圍去。

兵家制勝舊多門，贈答雍容亦解紛。緩報一雙文錦鯉，坐歸十萬水犀軍。

雙筍石　在上虞縣釣臺山，高百餘丈，若人冕而對峙者。其巔有異花，每杜鵑啼時開若霞錦。神宗崩，三年不榮。高宗崩，花忽變白。孝宗崩，三年若枯，旣而復茂。

千尺相高卓翠瑉，雨餘雲外露嶙峋。鼎湖龍去蒼髯斷，三載叢花不記春。

放馬澗 在新昌縣，支道林放馬之所。或譏道人養馬不韻，答曰：「貧道賞其神駿。」

春草茸茸澗水清，路人猶記昔時名。金羈縱後雙蹄逸，想見風前蹀躞聲。

虞國墅 在餘姚羅壁山，襟帶溪山，大勢具體金谷。鄒太宰徧遊諸境，樓情於此。每至良辰，攜子遊憩。後以司空臨郡，遂卜居之。

山列翠屏圍碧落，水流鳴管繞平田。鄒家池館蘿蕪沒，金谷形容自渺一作宛然。

燕竹 越人以其燕來時出筍，因以爲名。

竹箭黄芽欲老時，杏梁日煖燕初歸。他林未聳千竿翠，此地先抽一握肥。

孟橋 橋南，漢孟嘗宅也。

溪上還珠太守家，小橋斜跨碧流沙。清風不共門牆改，長與寒泉起浪花。以上會稽志

陳瓘

瓘字瑩中，號了翁，沙縣人，偁子。元豐二年進士。徽宗朝，歷右司諫，權給事中。崇寧中，以黨籍除名，編隸台州，移楚州卒。靖康中，贈諫議大夫。紹興中，賜謚忠肅。有了齋集。

傅崧卿云：詞格清麗，與寄深遠，足以垂觀來者。

吳江作

中郎亭樹據江鄉，雅稱詩翁賦卒章。蓴菜鱸魚好時節，秋風斜日舊烟光。一杯有味功名小，萬事無心歲月長。安得便拋塵網去，釣舟閑繫畫闌旁。

中吳紀聞：陳文惠公留題松陵詩，其末有「秋風斜日鱸魚鄉」之句。屯田郎林肇爲吳江日，作亭江上，因以鱸鄉名之。了翁初至吳江簿，賦詩云云。筮仕之初，已無戀官職之意矣。

寄覺範長沙

大士游方興盡回，家山風月絶纖埃。杖頭多少閑田地，挑取華嚴入嶺來。苕溪漁隱叢話

自合浦還清湘寄虛中弟

行徹天涯萬里山，月明方照海珠還。瘴鄉來往渾閑事，聊爲清湘一破顏。桂林府志

蘇文饒往昌國意頗憚之送以詩

已聞舟楫具，那得苦留君。雨過霜風急，帆飛雪浪分。長途方策足，暇日正論文。功業他年事，風波豈足云。

文饒自京師還欲往昌國而風作不可渡絶句戲之

欲衝高浪卻沈吟，酒近瀛州嬾得斟。莫道顛風無好意，爲君吹過遠歸心。以上定海縣志

沈偕

偕字君與，湖州人。元豐二年進士。

齊東野語：吳興東林沈偕，東老之子，家饒於財。少遊京師，入上庠，好狎游。時蔡奴聲價甲於都下，沈欲訪之，乃呼一賣珠人，於其門首茶肆中議價，再三不售，撒其珠于屋上，賣珠者窘甚。沈笑曰：「第隨我來，依汝所索還錢。」蔡于簾中窺見，令取視之，珠也，大驚，惟恐其不來。後數日乃詣之，其家喜相報曰：「前日撒珠郎至矣！」接之甚

至。一日，攜上樊樓，樓乃京師酒肆之甲，飲徒常千餘人。沈偏語在坐，皆令極量盡歡，至夜，盡爲還所直而去。于是豪侈之聲滿三輔。既而擢第，盡買國子監書以歸。

遺賈耘老蟹

黄秔稻熟墜西風，肥入江南十月雄。橫跪蹣跚鉗齒白，圓臍吸脇斗膏紅。齋須園老香研柚，羹藉庖丁細擘葱。分寄横塘溪上客，持螯莫放酒杯空。

齊東野語：賈耘老隱苕城南横塘上，沈以詩遺之蟹，得詩不樂，和韻詆之。沈得報怒曰：「吾聞賈多與郡將往還預政，言人短長，曾爲人所訟，吾以長上推之，乃鄙我若此！」復用韻報之，有「園雎還卻勝尖雄」之句。賈晚娶眞氏，人謂「賈秀才取眞縣君」以爲笑，沈所指爲此。賈尋悔之，而戲語已傳播矣。

周　鍔

鍔字廉彦，鄞人。元豐二年進士。初調桐城尉，不赴。豐稷范祖禹薦知南雄，忤時相，入元祐黨籍，退休西湖。有集。

題錢公輔衆樂亭

雙虹倒影上簷楹，碧水澄空一鏡明。野草閑花無限趣，短蓑幽榜不勝情。已知風月隨人意，聊爲湖山載酒行。卻訝錦囊賡夢草，坐令詩思繞寰瀛。延祐四明志

佛蹟巖 在慈谿縣東北大蓬山

靈山名大蓬，香水靄蒼蔔。龍祇久覆護，雲物翳深谷。拂衣向劫中，神斧斷蒼玉。至今天人尊，靈跡印

金粟。頗聞開士識，飛錫隱巖龕。坐令湖海間，香供走川陸。巍巍虔報地，色相儼金屋。緬想舊巾瓶，猶能慰心目。籃輿訪蓮社，一笑欣自足。撫事動幽尋，疇能念榮辱。松爐裊如見，餘力付棋局。更覺夢中身，翛然百無欲。寧波府志

龔原

原字深之，處州遂昌人。第進士。徽宗朝，歷兵部侍郎，寶文閣待制，奪職，居和州。嘗入元祐黨籍。

題全氏萬金樓

幾年江上夢，黃鶴意悠悠。百尺獨臨水，萬金難買秋。杵聲喧藥市，闌影浸漁舟。應有湖中客，分身向此遊。甬上耆舊集

贈王筌　并序

筌字子眞，富鄭公客，元豐中賜號沖照處士。元符三年，從劉先生受上清籙。華陽洞便門，一夕忽開，自左慈得進，洞宮旋閉，且千載矣。

華陽新報洞門開，應爲高人受籙來。試問玉門砂遠近，未饒元放是仙才。茅山志

陳偁

偁字君舉，沙縣人。世卿子，以父任補太廟齋郎。調蔡州通判，歷知泉、尉、惠三州，以朝議大夫致仕卒。

題泉州萬安橋

跨海爲橋布石牢，那知直下壓靈鼇。基連島嶼規模壯，勢截淵潭氣象豪。鐵馬著行橫絶漢，玉鯨張鬣露寒濤。纖圖已幸天顔照，應得元豐史筆褒。

方輿勝覽：泉州萬安橋，一名洛陽橋。嘉祐間，太守蔡君謨勸州民成此橋。元豐初，運使王公眘進畫本，天子嘉賞，故卒章及此。

宋詩紀事卷二十八

錢唐　厲鶚　輯
歙　吳震生　勘定

李昭玘

昭玘字成季，任城人，濤五世孫，自洛徙齊。元豐二年進士。以薦爲祕書正字，歷起居舍人。崇寧入黨籍，奪官閑居。自號樂靜先生。有樂靜集。

雲龕李氏序略云：伯父詩奇麗愜適，章斷句絶，餘思羨溢，得詩人味外之味。

春日遊金明池

日有江湖思，坐無車馬塵。横橋自照水，啼鳥不驚人。輦路晴飛絮，宫門晴鎖春。多情老園吏，灑地喜相親。宋文鑑

觀劉孝嗣寫眞

程生高價傳兩都，劉子骨相眞丈夫。呼兒當軒試一展，噱噱指點相驚呼。此應前日坐頭客，何乃不語嚴襟裾。胸中豪氣不可狀，但見粉墨無紆餘。虎頭食肉亦天賦，尺面封侯宜不誣。須知中令有眞相，忽效香山悲故吾。凌煙功臣易磨滅，貞觀學士猶傳模。當時人物不易得，曾看風神有此無？

觀江都王畫馬

落落名王唐帝孫，筆端飛灑只逡巡。風雲絶足知何在，粉墨餘姿若有神。可信權奇盡龍種，不應朖胺

失天眞。驊騮寂寞龍眠死，更復何人接後塵？

觀畫

夢澤正天寒，南峯帶秋色。詩人句不盡，餘意傳粉墨。年來兩眼昏，吏牘苦侵迫。明窗展橫素，刮膜謝砭石。往時蓬萊宮，圖畫燦東壁。拾遺老陰峭，思訓麗春碧。經年一過眼，行繞不暇食。太行逢李生，筆勢妙思索。未成眞營丘，不俗已高格。安得十萬錢，盡致鵝溪白。不須念衣裘，鬐灰日滋殖。寫我江湖心，浩蕩滿千尺。以上擊壤集

句

靜疑多事非求福，老覺無心勝攝生。優古堂詩話

劉弇

弇字偉明，江西安福人。元豐二年進士，復中詞科。歷官知峩眉縣，改太學博士。元符中，有事南郊，進大禮賦，除祕書省正字。徽宗立，改著作佐郎、實錄院檢討卒。有龍雲集。

走筆答郭子隆句稽

春歸幾何時，綠樹陰已滿。蕭條子雲巷，誰借吹噓暖？常日雙柴扉，深扃類休澣。羼燕掠翩翾，疎蟬弄淒斷。擷芳聊自娛，任從食息嬾。巃嵸棲鸞郎，蝸居間三款。兒童憚逢迎，應客事謾誕。謝絕高軒榮，祇增鼯鼠短。賴君不吾靳，慇懃接閭侃。酸然梅雨天，煩襟斗湔浣。

送李侯翱散還任

西山閲今昔，章水弄清泚。雲陴插天半，滕閣中隱起。青鴛千萬家，湖光豁如洗。鍾陵一都會，信亦非偶爾。君來無幾何，所得已倍蓰。笑談送白日，慷慨拾遐軌。成詩殆百篇，天籟落凡耳。事竣告還朝，相送情難已。悲歌一再行，杯觴覆蒼翠。秋標拔孤雲，鴻鴈思吾子。

人日

去年人日螺江邊，今年人日在通川。故家浩蕩五千里，客子騷屑心茫然。霜蘆盡解故時葉，生意陡爾歸蘭荃。海風如刀冰塞渡，欲航野水雪暗天。他鄉信美非吾土，香草悦魂眞浪傳。南冠故聲祇操楚，劉章雅志惟歌田。五秉如單費廩粟，一囊就盡持餐錢。顚毛冉冉不吾與，齒根浮動輕于翾。小雀誰言畏死鷂，未肯屈折同杯棬。章貢直西三徑在，爾來望眼欲成穿。科桑洗竹眞吾事，孰使齦齦纔充員。何時解得無拘束，歸釣潭頭楓葉鯿。

秋日儀眞即事

丁字河頭紋錦翼，似是東園故鸂鶒。天風蕭蕭吹汝急，遣汝周章無好色。江蘺羃䍥過行人，一顧爲之三歎息。我願舴艋從溪翁，雙舂鋤邊作幽客。

莆田雜詩

清樾陂陀外，春深四五家。叢祠下簫鼓，平楚暗桑麻。水國潛虯偃，天程去鳥賒。仙山仍在目，瀟灑送生涯。

九曲池

昔帝檣烏下日邊，曾留淸蹕此蹁躚。魚龍窟暗浮春漲，鳬雁行低破暝煙。星閣摧頹空歲月，蕪城埋沒舊山川。後庭一曲陳家破，更看當年水調傳。

題吉水南華院

紫翠浮浮奪晚昏，生涯谷汲與松焚。俗塵一點自應少，終日到門惟白雲。

野興由來愜杖藜，層巒影裏見翬飛。虛堂一炷起凝碧，化作九天雲染衣。以上龍雲集

獨醒雜志：吉水南華院，在山谷窮絕處，有白雲堂。劉偉明未第時，嘗寓書劍于此堂，有詩。

劉跂

跂字斯立，摯之子，王罕之壻。與弟蹈同登元豐三年進士。遭黨禍，爲李延年所誣，編管壽春。自號學易老人。有學易集。

題牛隱堂

一堂圖籍自陶冶，三徑蘼蘭俱歲華。定非平恩許侯宅，會是仲長公理家。端居雅不煩搊擋，佳設頗嘗成咄嗟。唯我身閑數來往，徽弦一汎即生涯。宋文鑑

絕句

麥隴漫漫宿槀黃，新苗寸寸未經霜。手中馬箠餘三尺，想見歸時如許長。能改齋漫錄

句

急雨欲來先暑氣，涼風已過卻秋聲。龍山寺 優古堂詩話　欲成蹇士賦，應作牛人詩。病中 後村詩話

黄　裳

裳字冕仲，南平人。元豐五年，進士第一。累官端明殿學士，禮部尚書。有演山集。

王悅序云：逸歌長句，駿發踔厲，兼衆體而有之。

簡元輿祠部

百花巖上仙人住，巖下爲州山水聚。白頭青冢南北人，倒影沈沈獨懷古。倚闌把酒與誰同，況是使君爲獻主。應唤漁舟疎葦中，旋膾游鱗落紅縷。祕書座上最軒昂，能共春雲爭態度。紅衣帶月今何處，幾轉春殘掩朱戶。飛船送客空斷腸，梁塵謾落聲中句。虚白亭前湖水間，忽爲霓裳起思慕。出門沙土亂如雨，薰風吹夢天南去。

燕子樓

盼盼初歸樓上時，相如燕子長雙飛。有才將色世間少，況復節義猶堪依。將軍一去十餘載，玉簫瑶瑟無心解。豈不能死空相隨，以色累公非所知。白老曾爲賦詩客，風梟花枝醉無力。後會勳郎漢陽驛，因語歔欷已成昔。走筆還賡美人句，猶感白楊堪作柱。我來登賞非唐人，尚引多情聊愴神。人生真盡皆爲塵，百年一餉難留春。高樓人散誰復親，只有燕子年年新。

社日遊雲門山

不須扶我自登山，脚力能勝十八盤。一字雁低頭上過，兩城人細掌中看。雖知北戶緣猶在，卻笑南柯夢未闌。忽見歸雲應是信，滿襟先得洞天寒。

秋日有感

秋來猶寄一涯天，葉葉秋聲似去年。可恨蕭晨長在客，不堪孤館更聞蟬。以上演山集

晁說之

說之字以道，濟州鉅野人，端彥之子，自號景迂生。元豐五年進士。蘇軾以著述科薦。元符末，與崔鶠同書邪籍。靖康初，召爲著作郎，試中書舍人，兼東宮詹事。建炎初，終徽猷閣待制。有景迂生集。

陳叔易被召出山作二絕句

東海一生垂釣客，石渠萬卷校書郎。丈人風味今如此，鶴到揚州興更長。鶚按：此首本集無。

處士何人爲作牙？盡攜猨鶴到京華。故山巖壑應惆悵，六六峯前只一家。

風月堂詩話：唐秦系和韋蘇州詩，具銜云：「東海釣客試祕書省校書郎。」本朝陳恬叔易隱陽翟澗上，號澗上丈人。大觀間，宋喬年諷監司薦于朝，起爲館閣，書疏中猶不去丈人之號，晁以道作詩譏之。其後以道謁叔易于京師，有婢應門，嚴妝靚服，熟視之，乃故時澗上赤脚也。以道又作一絕云。

明皇打毬圖

宮殿千門白晝開，三郎沈醉打毬回。九齡已老韓休死，明日應無諫疏來。

超然亭戲作 時爲明州船場

終日一杯終日醉，看潮初上看潮回。自疑前世陶貞白，乘興閑遊鄮縣來。

贈筆處士屠希

屠希祖是屠牛坦，今日卻屠秋兔毫。自識有心三副健，可憐無補一生勞。

排悶

鄜時來爲吏，多愁尙喜論。山川分漢郡，人物客羌村。老杜詩有羌村 宮廢神仙在，天淸貳負昏。山海經：貳負之梏在此。莫言無妙麗，土稗動金門。

陸放翁跋景迂此詩云：鄜人善作土偶兒，精巧雖都下莫及，宮禁及貴戚家爭以高價取之。喪亂隔絶，南人不復知，此句遂亦難解，可歎。

鄭洛道中遇降羌作　鶚按：宋文鑑作晁詠之。

沙場尺箠致羌渾，玉陛俱承雨露恩。自笑百年家鳳闕，一生腸斷國西門。

老學庵筆記：晁氏世居都下昭德坊。其家以元祐黨人及元符上書籍記，不許入國門者數人，以道其一也。鄭、洛道中遇降羌，以道詩云云。

答陳叔易求長松

長松不經黃帝手，小斷漫翻嵩室雲。縱有何堪寄夫子，鼎頭寶氣自氤氳。

思四明所居

今朝旅恨到何處？軒窗直到桃花渡。桃花渡上風吹雨，道人芒屩誰來去？

贈鄜田玘

前世能歌田順郎，今身追悔太昌昌。戲泥巧盡孳兒態，休憶小姑初倚牀。以上景迂生集

老學庵筆記：承平時，鄜州田氏作泥孩兒，名天下，態度無窮，一對至直十縑，一牀至三十千。一牀者，或五或七也。予家舊藏一對卧者，有小字云：「鄜州田玘製。」

句

干戈難作牆東客，疾病猶存硯北身。

墨莊漫錄：晁說之以道作感事詩云云。牆東用王君公事，而硯北身乃溪上題襟集段成式書云：「杯宴之餘，常居硯北。」蓋言几案南面，人坐硯之北也。

晁補之

補之字无咎。年十七，從父端友宰杭州之新城，著錢唐七述，受知蘇軾。舉進士。試開封及禮部別院，皆第一。元祐中，爲著作郎。紹聖末，謫監信州酒稅，起知泗州。入黨籍。有雞肋集。

芳儀曲

金陵宮殿春霏微，江南花發鷓鴣飛。風流國主家千口，十五吹簫粉黛稀。滿堂詩酒皆詞客，奪錦揮毫在瑤席。後庭一曲風景改，收淚臨江悲故國。令公獻籍朝未央，敕書築第優降王。魏俘曾不輸織室，供奉一官奔武疆。秦淮潮水鍾山樹，塞北江南易懷土。雙燕清秋夢柏梁，吹落天涯猶並羽。相隨未是斷腸悲，黄河應有却還時。寧知翻手一朝事，咫尺山河不可期。倉皇三鼓滹沱岸，良人白馬今誰見？

國亡家破一身存，薄命如雲信流轉。芳儀加我名字新，教歌遣舞不由人。採珠拾翠衣裳好，深紅暗盡驚胡塵。陰山射虎邊風急，嘈雜琵琶酒闌泣。無言數徧天河星，只有南箕近鄉邑。當年千指渡江來，千指不知身獨哀。中原骨肉又零落，黄鵠寄意何當回。生男自有四方志，女子那知出門事？君不見李陵椎髻泣窮邊，丈夫漂泊猶堪憐。

避暑漫鈔：李芳儀，江南國主李景女也。納士後，在京師，初嫁供奉官孫某，爲武疆都監。爲遼中聖宗所獲，封芳儀，生公主一人。趙至忠虞部自北歸明，嘗仕遼爲翰林學士，修國史，著虜庭雜記，載其事。時晁補之爲北都教官，覽其書而悲之，與顔復長道作芳儀曲云云。江州廬山眞風觀，李主有國日，施財修之，刊姓氏于石，有太寧公主、永禧公主，皆李景女，不知芳儀者孰是也。

行路難和鮮于大夫子駿

贈君珊瑚夜光之角枕，玳瑁明月之雕牀。一繭秋蟾一麗穀，百和更生之寶香。穠華紛紛白日暮，紅顔寂寂無留芳。人生失意十八九，君心美惡誰能量。願君虛懷廣末照，聽我一曲關山長。不見班姬與陳后，寧聞衰落尙專房。

苕溪漁隱叢話：余觀鷄肋集，古樂府是其所長，辭格俊逸可喜。

自題畫留春堂山水大屏

胸中正可呑雲夢，盞裏何妨對聖賢。有意淸秋入衡霍，爲君無盡寫江天。

和李秬雙頭牡丹

二喬新獲吳宮怯，雙隗初臨晉帳羞。月地故應相伴語，風前各是一般愁。

廬山

南康南麓江州北，五百僧房綴蜜脾。盡是廬山佳絶處，不知何處合題詩？

塔山對雨在新城縣

山外圓天一鏡開，山頭雲起似浮埃。松吟竹舞水紋亂，坐見溪南風雨來。

謝王立之送蠟梅

去年不見蠟梅開，準擬新年恰恰來。芳菲意淺姿容淺，憶得素兒如此梅。以上雞肋集

墨莊漫錄：王直方立之，父名棫，家多侍兒，而小鬟素兒尤妍麗。王嘗以蠟梅花送晁无咎，以詩謝之，有句云云。

考校同文館戲贈子方兼呈文潛

二十年來曹子方，新詩曾見未能忘。多才善謔稱物芳，吳娃席上呼作郎。瞥然何許歲月長，只今未老毛髮蒼。自言逢掖非昔狂，傳經華陰夫子堂。何曾騎馬身挾槍，詔隨上將西擊羌。董蒲跗注謂我臧，夜行馬嶺飢無糧。鼓鞞驚谷騎卷岡，吏呼爲微醉在牀。前鋒奄至靈武傍，中堅反後無敢攘。城開三日收蔽隍，百馳載笴千橐裝。旌旗立壘烏鳥揚，還軍不省一矢亡。坐師無獲勞不償，鐃歌入奏虛錦囊。秋風鱸魚思故鄉，銳頭宜董鸛鵝行。得官猶領萬驌驦，王城對巷如參商。那知連月居茲房，稱多量少非我王。羣公古鏡懸秋光，閉門飯飽庭葉黄。秋盤登兔官酙香，吳音訛雜變秦涼。令壺老柏笑覆觴，淹留平日夢欲翔。得君可樂殊未央，人生傾蓋何所望。結交松柏要冰霜，中天號出玉璽章。青驄御史

騰康莊，歸期屈指未可忙。闞君況有夢虺祥，生女不惡嫁鄰牆。掃軒留客具酒漿，與君更約城南張。同文館倡和詩

余幹

幹字楊年。

次韻贈无咎學士

毗陵城如金斗方，往事歷歷那能忘。相逢童子佩蘭芳，秀發人指誰家郎。未幾重見突而長，即今不覺秋蓬蒼。戲笑豈復爲兒狂，追昔宓子初登堂。辭鋒峭拔森刀槍，器識況遠包夷羌。陽秋寧肯露否臧，有子遊學先聚糧。相將百里陟岵岡，邂逅一揖坐僧牀。大辯傾注如無旁，天馬方謂先騫驤。觀魚誰復駐濠隍，瓜期受代垂趣裝。當路奏牘交稱揚，行將起擢奄云亡。坐令志氣不得償，傳家豈詫錢一囊。諸兒經行名州鄉，挾書繼踵諸父行。旋見天衢飛驌驦，論治直要超周商。術卑效淺笑杜房，況是亨運遭興王。致君紹祖邦家光，何止追考歸焚黃。邃庭朝露明芸香，異書滿閣秋氣涼。詠歌閒成隨豆觴，讀之如欲淩雲翔。暫枉大手離未央，□□□□□□望。挈篋來寄深閨霜，賓興賢能覘文章。尊尚周孔麾韓莊，搜奇殆有通夕忙。英游疑動聚星祥，我歸復翳環堵牆。世味已能如飲漿，羲皇上人琴一張。同文館倡和詩

耿南仲

南仲字晞道，開封府人。元豐五年進士。徽宗朝，爲太子詹事，改寶文閣直學士。欽宗朝，陞

尙書左丞，門下侍郎。高宗卽位，罷爲觀文殿學士，提擧洞霄宮。言者論其主和誤國，鐫秩，安置南雄州，行至吉州卒。

秋日同文館次鄧愼思韻

秋日同文館，閑無一事依。覊羊誰得僬，倦鳥客思歸。寢處還相向，過從不患稀。何當有星聚，誰爲問璇璣？

秋日同文館，裒然覩國光。泗濱何限磬，岱麓易求粱。劍氣頻衝斗，錐鋒定出囊。於余慙拙匠，操尺預量長。

秋日同文館，新涼逐雨回。棘垣要吏局，蕙帳憶山隈。射爲巧狙發，田因文豹來。西城隨分鎖，夫我室多才。

次韻謹思九日考罷試卷呈同院諸公

貢珍已選茂良充，猶被拘縻類縛鐘。涤酒强陪高館飮，黄花不似故園逢。棋枰苦戰挑燈坐，薜壁閑題捧硯從。風葉滿庭秋索寞，更籌向盡睡方濃。以上同文館倡和詩

柳子文

子文字仲遠。

次韻呈愼思學士

咸韶濩武來何方，鏗鏘入耳安能忘。陽春蘭芷秋菊芳，金門詞客奇袍郎。昭回下燭光燄長，深山大澤

龍蛇蒼。浩歌激烈元非狂，正逢聖主開明堂。風煙關塞收旗槍，舞干兩階臣戎羌。喋血拓境謀非臧，邊城夜行休齎糧。採詩不復嘲青岡，蜉蝣戢羽戍婦牀。移文北山猿鶴傍，渥洼朱龍兩服驤。胥靡版築罷浚隍，白環楛矢貢篚裝。航海萬里風帆揚，犬羊種落嗟脣亡。諸蕃入學願可償，槐花舉子促書囊。成均貢士賢登鄉，東門宣詔札十行。我慙駑駘追驌驦，何敢望回不及商。毛遂未至空連房，同舍十九人，余獨後入。賴有墨妙江都王。傳摸共分此日光，騂騮綠驃兩耳黄。想見蹙踏披天香，坐覺暑退秋堂涼。拘攣齷齪漫引觴，門外烏兔雙飛翔。悠悠逝川東未央，故山魚鳥空相望。鄧侯意氣摩秋霜，朝吟百篇暮千章。駢羅經史貫列莊，落紙但見書吏忙。孔鸞羽儀各效祥，鄙夫不學空面牆。先饋不用驚五漿，烏號要須賁育張。同文館倡和詩

商倚

倚，淄川人。官太學博士。入元祐黨籍。

秋日同文館次鄧愼思韻

秋日同文館，高堂燕集齊。杯盤供魯酒，殺核欠張梨。楊孟持新論，韓莊鄙舊題。須知宗匠手，文采冠朝閨。

秋日同文館，何人獨擅場？養栽方在泮，琢玉已成章。筆別千鋒陣，庭焚一炷香。得賢從此始，豈特致民康。

秋日同文館，棲林看晚雞。斗垂宫殿北，月轉戶庭西。酒鞠杯中淥，詩分燭下題。何時還九陌，細雨莫

成泥。

初入試院

承詔掄材敢倦行，廣庭深鎖待羣英。分場自敵三千客，決勝誰降七十城？夜案尙閑塗卷筆，曉堂方聽讀書聲。每早嘗聞无告諸公讀書　歸時還有黃花否？已覺秋風滿袖生。以上同文館倡和詩

李之儀

之儀字端叔，之純從弟。元豐中，舉進士。元祐初，爲樞密院編修官，從蘇軾於定州幕府。元符中，監內香藥庫。徽宗朝，提舉河東常平。坐草范純仁遺表，編管太平州卒。入黨籍。有姑溪集。

揮麈後錄：元祐間，端叔于尺牘尤工，東坡先生稱之，以爲得發遺三昧。

利州湯泉

華清賜浴記當年，偶託荒山結勝緣。未必興衰異今昔，曾經天女卸金鈿。

墨莊漫錄：利州夔禪山相近，地名平疴鎭，湯泉溫溫可探，是朱砂湯。人傳昔有兩美人來浴，既去，異香郁郁，累日不散。端叔過浴池上，作詩云云。

贈人　一作與當塗楊姝

通中玉冷夢偏長，花影籠階月浸涼。挽斷羅巾留不住，覺來猶有去時香。

情隨榆莢不勝飄，心似楊花暖欲消。擬借瓊林大盈庫，約君孤注賭妖嬈。

詠呂吉甫宅晉朝雙檜　用劉夢得韻

故迹悲涼古木奇，勢分庭下蔚相差。霜根半露出林虎，畫影全舒破賊旗。寶界曾回鋪地色，節旄遠映插雲枝。劉郎風韻知誰敵，儒帥端能表異時。

墨莊漫錄：揚州呂吉甫觀文宅，乃晉鎮西將軍謝仁祖宅也。在唐爲法雲寺，有雙檜存焉，猶當時物也。劉禹錫有詩。吉甫家居時，檜尚依然。建炎兵火，樹遂亡矣。

李去言相別二年忽得書知在吳中答書偶成

官路相逢一笑休，共知身世兩虛舟。楚材有用誰青眼？趙將無功枉白頭。會見姓名通北闕，何妨風韻冠南州。求田接武如凫鷺，只欠元龍百尺樓。

書扇

幾年無事在江湖，醉倒黄公舊酒壚。覺後不知新月上，滿身花影倩人扶。

曾延之置酒後閣侍人以裙帶求詩

御酷盞畔千頭菊，椽燭光中四和香。紅粉莫嗟霜滿鬢，也應歌處似周郎。以上姑溪集

借范光祿廐師一雪雀圖　時任許幕

圖中塵跡已冥冥，說著廐翁耳便醒。凍雀高低棲舞白，枯槎零亂倚寒青。欲邀妙手聊模寫，暫借遺蹤作典刑。老去未能忘著相，他年要伴草堂靈。過庭錄

還俗道士

聞道華陽客，儒衣謁紫微。舊山連藥賣，孤鶴帶雲歸。柳市名猶在，桃源夢已稀。還家見鷗鳥，應媿背船飛。老學庵筆記

趙德儒

德儒爵里未詳，與李端叔倡和。

中隱庵

在昔避世賢，隱居豈自喜。甘守西山餓，清洗潁陽耳。一旦事高尚，萬古激貪鄙。孰謂樂山林，便可輕朝市。竊笑效顰人，不知捧心美。妄將凡庸姿，敢希明哲軌。盜此嘉遯名，紛若干時子。仕途指捷徑，矯僞汚青史。聖朝揚仄陋，采錄無遐邇。不遺下體葑，況乃中鄉芑。多士生此時，貧且賤焉恥。夢自傳巖來，獵從渭濱起。隱居聞此風，翻然烏可已。聊爲知者道，庶達名庵旨。姑溪集附

王鞏

鞏字定國，莘縣人，文正公旦之孫，工部尚書素之子。嘗倅揚州。坐與蘇軾遊，謫監筠州鹽稅，罷還，官至宗正丞。入黨籍。自號清虛先生。有集。

墨莊漫錄：王定國寄詩于東坡，答書云：「新詩篇篇皆奇，老拙此回眞不及矣。窮人之具，輒欲交割與公。」魏道輔見而笑曰：「定國亦難作交代，只是且權攝耳。」

輓蘇黃門子由

憶昔持風憲，防微意獨深。一時經國慮，千載愛君心。坤道存終始，乾綱正古今。當時人物盡，惆悵獨

知音。自注：元祐中，議册后，宣仁御文德殿發册。公語余密告呂丞相微仲，毋后御前殿，茲不可啓。微仲明日留身。宣仁詔宮中本殿發册，時人無知者。

已矣東門路，空悲未盡情。交親踰四紀，憂患共平生。此去音容隔，徒多涕淚橫。蜀山千萬疊，何處是佳城？自注：公前年寄書，約予至許田，曰：「有南齋翠竹滿軒，可與定國爲十日之飲。」此老年未盡之情也。

靜者宜膺壽，胡爲忽夢楹。傷嗟見行路，優典識皇情。徒泣巴山路，終悲蜀道程。弟兄仁達意，千古各垂名。自注：公與子瞻嘗泊巴江，夜雨，相約伴還蜀，竟不果歸。今子瞻葬汝，公歸眉山。王祥有言：「歸葬，仁也；留葬，達也。」墨莊漫錄

蕭相樓

盧杞姦邪四海憂，相君邦國自同休。分符朝去雲中闕，開府南來江上州。百尺樓高瞻故國，九華山色倚晴眸。定知直道傳千古，杜牧文章在上頭。

方輿勝覽：杜牧池州重建蕭相樓記：蕭丞相復爲刺史時，樹樓于大廳西北隅，上藏九經書，下爲刺史便廳事。大曆十年乙卯建，會昌四年甲子，權刺史李方元具材，刺史杜牧命工，皆仍舊制。自初至再，凡七十一年。

湘山光孝寺

半嶺風吹草木香，落階花雨送春忙。從師遠借雲庵臥，還我平生午枕涼。蓮社緇黄常得伴，鹿門妻子亦相將。化身欲似河東柳，更向山頭望故鄉。桂林府志

楊天惠

天惠字佑父，郫縣人。元豐進士，攝邛州學官。徽宗朝，上書言事，入黨籍卒。左丞馮澥志其墓，號西州文伯。

次韻吳帥題保福壁

浄缾猶貯近頒冰，拄杖還扶舊醉藤。遮莫簪花倩天女，未妨燕坐折談僧。

送孫正忠移成都小漕

升平芝菌效神奇，況乃賢豪用世資。入物熙寧中興日，風流荆國適同時。起家便作三公客，乘傳何爲九折馳。少府但分新賜節，石渠猶借舊官儀。素心久辨經綸計，妙意前知遇合期。聊與西南成勝事，暫將清獻續良規。橋横萬里重開府，水接雙流共去思。怊悵參卿無限意，道傍索筆强題詩。

温江縣二瑞頌 并序

温江隸成都，遠王畿三千幾百里有奇，蓋西南偏邑也。政和二年夏六月，有嘉禾產於嚴氏之圃，凡二本。是歲十二月，復有甘露降于學宫之柏，凡三日。鄉以白縣，縣以白府，府遣從事卽縣覈狀，皆有實可復不誣。輒具書若圖，上尚書省以聞。詔下，其副尚書禮部藏焉。于是前縣臣宗道，馳書諭假彭山丞臣天惠曰：「盍頌？」諸臣對越北闕而奏頌曰：

於皇御極，百志惟彀。曰農而農，曰士而士。爾安爾宫，爾寧爾畝。恩詔數下，仁滂德膴。農飽以歌，士喜式舞。協氣從之，祥嘏如雨。迺產嘉禾，以慶農扈。迺降甘露，以幸士子。其慶伊何，珠穗紛舉。俾爾甌窶，戶有億秭。其幸維何，雲液醲湑。俾爾膏馥，濡及嬰孺。維我哲后，博臨下土。相彼多禾，

均此靈露。道拜稽首，誕告奔走。惠拜稽首，盱衡語語。敢獻稗官，以贊曚瞽。以上成都文類

劉拯

拯字彥脩，宣州南陵人。第進士。元豐中，爲監察御史。徽宗朝，累遷吏部尙書。

空心潭

碧潭發幽石，瀟灑無纖塵。寒光湛秋月，有物難比倫。離鉤況無魚，千尺徒垂綸。到此心已空，何用濯我纓。破山寺志

張商英

商英字天覺，號無盡居士，蜀之新津人。登進士第，爲章惇所薦。紹聖初，累擢左司諫、工部侍郎。大觀中，歷尙書右僕射、中書侍郎，貶衡州，復官。卒贈少保，謚文忠。曾入黨籍。有無盡集。

揮麈前錄：張天覺，紹聖初，章子厚薦登言路，攻擊元祐諸賢，不遺餘力，至欲發溫公、呂正獻公之墓。晚既免相，詩有「回看同列進，不覺寸心忙」之句。

桐江集：商英雄辨詭譎，自謂得兜率悅之傳，天下號「相公禪」。

孤憤吟

靑靑一本桑，下可百夫息。泠泠一井泉，上有千人汲。千里以爲郡，百里以爲邑。生齒豈不繁，敎化緊爾力。何事北窗人，歘此徒勞職。宋文鑑

留題護國寺 時爲維縣主簿，經攝堉鎭稅。

薄宦區區可歎嗟，寂寥寒館過村家。神錐豈向囊中出，寶劍聊憑醉後誇。就祿勉持毛義檄，讀書空滿惠生車。掩關不識青春好，一夜狂風已落花。成都文類

靈泉寺著法華合論作 寺在歸州西三里

合道通爲七卷經，默敎開眼示羣生。不須天女添瓶水，自有靈泉一派清。方輿勝覽

中秋

不見柯山客，中秋月又圓。夜來清滴露，天末淡收煙。念遠情非俗，凌虛骨欲仙。素琴鳴此恨，相與對嬋娟。合璧事類前集

讀書燈

小籠疎四面，明紙罩孤燈。自小共寒熱，相親如友朋。舊書曾徧照，新燭莫相憎。幾爲吟詩苦，留光到夙興。合璧事類外集

貓

白玉狻猊藉錦茵，寫經湖上淨名軒。吾方大謬求前定，爾亦何知不少喧。出沒任從倉內鼠，鑽窺寧似檻中猿。高眠永日長相對，更約冬衾共足溫。合璧事類別集

華陽洞

素虎班虯蹋紫煙，幾看滄海變桑田。赤城玉笥尋眞後，又到華陽第八天。茅山志

見山亭

簾卷疎煙醉眼開，浮雲飛盡見崔嵬。苦嗟霖雨遮藏久，深謝清風引致來。丹桂有時明月滿，舊山無路白猿哀。禪僧指我真空理，心火茫然一夜灰。杭州府志

青原山七祖塔

一派青原出少林，信衣到此只傳心。尋常示衆無人會，盡向廬陵米價尋。青原山志

題睢陽五老圖肅奉嚴韻

德政調元向道閑，天朝詔許賓辭冠。丹心耿耿懸象魏，青史昭昭照玉桓。晚節友賢陽鳳暖，老年憂世谷駒寒。太平猶自存龜鑑，後進儀刑仰慕看。式古堂書考

吳與

與字可權，漳浦人。元豐五年進士。餘干令，累遷奉議郎，通判潮州。

白雲亭 在餘干縣白雲城上，唐李德裕建。

高城頓崇岡，上與白雲遇。昔賢此登臨，懷古得佳句。結亭自何人，歲月更已屢。古篆僅存名，頹簷颯將仆。我來訪遺蹤，環賞愜幽趣。鳩工扶墊隉，選木換隳蠹。津梁五道人，悉力願相赴。經營未終月，突兀見翚翥。英英蒼梧雲，朝暮此屯聚。時從南山來，倏向高巖去。去來本無心，虛亭日新故。因之望故鄉，更識親闈處。南山互牽情，凭闌目空注。饒州府志

鄒浩

浩字志完，常州晉陵人。元豐五年進士。擢右正言，坐諫立劉后，謫新州。徽宗朝，遷吏部侍郎，再謫永州。大觀元年，復直龍圖閣卒。入黨籍。高宗朝，贈寶文閣學士，謚曰忠。有道鄉集。

送俞秀老歸維揚

踏雪驅驅原憲履，御風獵獵老萊衣。情投豈比鍾山出，興盡還同剡水歸。煬帝池邊松蔭遠，維摩室內燭光微。攜笻促席徜徉處，應記當年接下機。

湖上雜詠

荷葉如錢三月時，幅巾藜杖一追隨。爾來勝事知多少，惟有風標公子知。杜牧之以白鷺爲「風標公子」。

過永州澹山巖作

我入幽巖亦偶然，初無消息與人傳。訓狐戲學仙伽客，一夜飛鳴報老禪。以上道鄉集

冷齋夜話：鄒志完南遷北還，過永州澹山巖。巖有訓狐，凡貴客至則鳴。志完將至，而狐輒鳴，寺僧出迎，志完怪之，僧以鳴狐爲對，志完有詩云云。

弔仲殊長老

逆行天莫測，雉作瀆中經。漚滅風前質，蓮開火後形。鉢盂殘蜜白，爐篆冷煙青。空有誰家曲，人間得細聽。

老學庵筆記：仲殊長老，喜食蜜。崇寧中，忽上堂辭衆，閉門自縊死。及火化，舍利不可勝計。鄒忠公作詩云云，

末句謂其工於樂府也。

游　酢

酢字定夫，建州建陽人。嘉祐間，以文行知名。程明道典扶溝學，招使肄業。登元豐五年進士。仕至監察御史，歷知漢陽軍，和、舒、濠三州。有集。

餞賀方回分韻得歸字

邀客十分飲，送君千里歸。情隨綠水去，目斷白鷗飛。松菊今應在，風塵昔已非。維舟後夜月，能不重依依。瀍洛風雅

題河清縣廨

小院閑亭長薜蘿，鹿來穿徑晚經過。夕陽蕭散簿書少，窗裏南山明月多。

水亭

清溪一曲繞朱樓，荷密風稠咽斷流。夾岸垂楊煙細細，小橋流水即滄洲。以上河南府志

鍾　佃

佃字少游，又字公緒，贛州龍南人。元豐五年進士。累官廣西計度轉運使，進龍圖閣學士，兼本路安撫管句經略使，致仕。有集。

龍南玉石巖

萬石結叢林，縈回鳥道深。山高雲漠漠，洞古綠陰陰。壁擁蚪龍篆，崖懸鍾鼓音。不須愁日暮，勝景且

追尋。濟州府志

仵盤

盤字艮翁，終南人。父信，本軍職，終文思副使，以蔭補借職。元豐中，監青州臨淄酒稅。

絕句

太一峯前是我家，滿牀書籍舊生涯。春城戀酒不歸去，老卻碧桃無限花。

西溪叢話：或以此詩題酒樓，皆云是神仙，非也。

陳輔

輔字輔之，丹陽人。少負俊才，不事科舉，自號南郭子，人稱南郭先生。

訪建康楊德逢題壁

北山松粉未飄花，白下風輕麥脚斜。身似舊時王謝燕，一年一度到君家。

苕溪漁隱叢話：楊德逢隱居金陵，輔每清明上冢，即過湖陰之居，清談終日。元豐間，頻歲訪之不遇，乃題此詩。楊歸見之，吟賞不置。嘗稱于荆公，公笑曰：「此正戲君爲尋常百姓耳。」楊亦大笑。

湖上有作

平湖共天遠，浸月坐寒光。乘流溯荃壁，棹舟尋葯房。佳人折輕荷，隨風來珍香。顧眄但微笑，眉宇何清揚。日暮共攜手，遙指煙中湘。鎮江府志

周邦彦

邦彦字美成，錢唐人，邠之姪。元豐中，獻汴都賦，召爲太學正。徽宗朝，仕至徽猷閣待制，提舉大晟府；出知順昌府，提舉洞霄宮。晚居明州卒。自號清眞居士。有文集。

陳郁話腴：周邦彦字美成，自號淸眞，二百年來，以樂府獨步。貴人學士，市儇妓女，皆知美成詞爲可愛。至于詩歌，自經史中流出，當時以詩名家如晁、張，皆自歎以爲不及。

樓攻媿云：淸眞樂府播傳，風流自命，顧曲名堂，不能自已。

過羊角哀左伯桃墓 溧水縣南。元祐中爲令時作。

古交久淪喪，末世尤反覆。谷風歌焚輪，黃鳥譬伐木。永懷羊與左，重義踰血屬。客行千楚王，冬雪無斗粟。傾糧活一士，誓不俱死辱。風雲爲慘變，鳥獸同躑躅。角哀哭前途，伯桃槁空谷。終乘大夫車，千騎下棺櫝。子長何所疑，舊史刊不錄。獨行貴苟難，義俠輕殺戮。雖云匪中制，要可興薄俗。荒墳鄰萬鬼，溘死皆碌碌。何事荆將軍，摻戈相窘逐？

凰凰臺

危臺飄盡碧梧花，勝地淒涼屬梵家。鳳入紫雲招不得，木魚堂殿下飢鴉。以上景定建康志

春帖子

鸞輅靑旂殿閣寬，祠官奠璧下春壇。曉開魚鑰朝衣集，綵勝飄揚百辟冠。合璧類事前集

春雨

耕人扶耒語林丘，花外時時落一鷗。欲驗春來多少雨，野塘漫水可迴舟。後村千家詩

曝日

冬曦如村釀，奇溫止須臾。行行正須此，戀戀忽已無。齊東野語

天賜白 井序

永樂城陷，王湛、曲眞夜縋以出。眞持木爲兵，且走且敵。前陷大澤中，顧其旁有馬而白，暫上馳去。五鼓，達米脂城，因以得脫。眞名其馬爲「天賜白」。蔡天啓得其事於西人，邀予同賦。

君不見書生鐫羌勸兵入，羌來薄城束練急。蠟丸飛出辟大家，帳下健兒紛雨泣。鑿沙到石終無水，擾擾萬人如渴蟻。挽絙竊出兩將軍，虜箭隨來風掠耳。道傍神馬白雪毛，噤口不嘶深夜逃。忽聞漢語米脂下，黑霧壓城風怒號。脫身歸來對刀筆，短衣射虎朝朝出。自椎雜寶塗箭創，心折骨驚如昨日。穀城魯公天下雄，陰陵一跌兵力窮。檥舟不渡謝亭長，有何面目歸江東。將軍偶生名已弱，鐵花暗澀龍文鍔。縞帳肥芻酬馬恩，閑望旄頭向西落。陳郁話腴

翟嗣宗

嗣宗，臨淮尉。

偶見蜘蛛因成四韻

織絲來往疾如梭，長愛騰空作網羅。害物身心雖甚小，漫天綱紀亦無多。林間宿鳥應嫌汝，簾下飛蟲亦懼他。莫學螳螂捕蟬勇，須知黃雀奈君何。

復齋謾錄：翟尉臨淮，頗爲監司所窘，遂于館驛題蜘蛛云云。林子中時爲發運，過而見之，召而誚責，且戒以毋爲浮薄，因薦之于朝。

陳傳

佐郎將

林中生致佐郎將，名王頭顱十四五。乾德可禽嗟不謀，同惡相濟能包羞。降書冉冉過中洲，中軍傳呼笑點頭。蠻首算成勿藥喜，君臣稱觴弭多壘。元戎凱旋隔天水，夜經桄榔趨決里。驅將十萬人性命，換得交州數張紙。

揮麈後錄：元豐中，交趾李乾德陷邕、廉州，詔郭逵討之，遂復邕州。進次富良江，又破之，獲賊將洪眞太子者，於是乾德議降。而逵以重兵壓富良江，與交人止一水之隔。吳沖卿丞相忌其成功，堂帖令班師，逵逗遛不進，交人大入，全軍皆覆，逵坐貶秩。當時詩人陳傳作佐郎將云云。

魏泰

泰字道輔，襄陽人，曾布之婦弟。爲人無行而有口。米元章稱其與王平甫並爲詩豪。崇觀間，章惇爲相，欲官之，不就。有臨漢隱居集、東軒筆錄、隱居詩話。

桐江詩話：道輔試院中，因上請主文，恃才豪縱，不能忍一時之忿，毆主文幾死，坐是不許取應。

滄子眞詩話：道輔博極群書，尤能談朝野可喜事，亹亹終日。

挽王平甫

海內文章傑，朝廷亮直聞。黄瓊起處士，子夏遽修文。貝錦生還怒，江湖久離羣。傷心王佐略，不得致華勳。

東軒筆錄：熙寧中，河東、河北、陝西大飢，百姓流移于京西就食。鄭俠監安上門，遂畫流民圖，及疏言時政之失，遂坐流竄。而中丞鄧綰、知諫院鄧潤甫言「王安國嘗借俠奏稟觀之，有奨成之言，意在非毁其兄。」坐此放歸田里。逾年，起爲大理丞，監眞州糧料院，不赴而卒。余嘗爲挽詞，頗道其事。

題黄魯直集

端求古人遺，琢抉手不停。方其得機羽，往往失鵬鯨。

隱居詩話：黄庭堅喜作詩，得名，好用南朝人語。專求古人未使之一二奇字，綴葺而成詩，自以爲工，其實所見之狹也。故句雖新奇，而氣乏渾厚，吾嘗作詩題編後云云，蓋謂是也。

荆門别張天覺

秋風十驛望台星，想見冰壺照坐清。零雨已回公旦駕，挽鬚聊聽野王箏。三朝元老心方壯，四海蒼生耳已傾。白髮故人來一别，卻歸林下看昇平。

桐江詩話：詩律峻峭，今人不可及也。

闕題

博山燒沈水，煙燼氣不滅。日暮向門前，楊花散成雪。

潘子眞詩話：不減江左詩人語。

優古堂詩話：秦少章詩：「燭花漸暗人初睡，金鴨無烟卻有香。」魏道輔詩云云，與少章詩意同。

寄米元章

綠野風回草偃波，方塘疎雨淨傾荷。幾年蕭寺書紅葉，一日山陰换白鵝。湘浦夕同要月醉，洞湖還憶扣舷歌。緇衣化盡故山去，白髮相思一倍多。淨名齋帖

邵緝

緝，神宗朝提舉淮南常平事。

題長興吳城

高臺無地曲池平，漂泊句吳宿古城。一岸溼雲沈夜色，四山涼葉下秋聲。湖州府志

王无咎

无咎字補之，南城人。官直講。

遊麻姑山

仙軿昔日此流連，氣象遼遼尙宛然。溪落斷崖爲遠瀑，路從絕頂見平田。千年芝有靈禽戲，一洞雲留羽客眠。已樂勝游塵境外，況陪淸論酒尊前。麻姑山志

劉誼

誼字宜翁，長興人。第進士。元豐間，廣東、江西提舉常平官。上疏論新法，勒停，隱茅山。

題黃山温泉

山有靈砂泉色紅，滌除身垢信成功。不除心上無明業，只與山間衆水同。曲洧舊聞

居茅山作

曾跨江西使者鞍，舊言才上便休官。三茅得夢全清瘦，頭髮髯鬠布褏寬。西吳里語

趙彥若

彥若字元考，師民子，以父任爲將作監簿。元豐中，歷官祕書監。哲宗朝，累擢禮部尙書、翰林學士。紹聖初，貶安遠軍節度副使，澧州安置卒。與黨籍。有集。

端午帖子

揚子江中方鑄鏡，未央宮裏更飛符。菱花欲共朱靈合，驗盡神姦又得無。容齋五筆

周　壽

壽字李老，一字元翁，濂溪先生長子。元豐五年進士。初任吉州司戶，次秀州知錄，終司封郎中。

題金粟寺菴

清池帶蒼巘，結構俯林麓。扶疎竹外山，相向隔羅縠。老禪謝人境，歲晚收白足。誰聆跫然音，息隱尙爭逐。道場坐千劫，不媿桑下宿。定中觀潮汐，絕事心已熟。常棠澉水志

徐嘉言

嘉言，知海鹽縣事。

題金粟寺菴和前韻

招提敞山岛，新菴隱岛麓。石沼引淸流，風漪皺文縠。晴暉滿虛室，一水淡自足。菴前有合暉亭心明身宴閑，境寂誰尋逐。寒林帶月行，夜榻和雲宿。若欲問西來，一齋飽秋熟。澉水志

趙大成

閏中秋

桂影中秋特地圓，況當餘閏魄澄鮮。因懷勝賞初經月，免使詩人歎隔年。萬象斂光增浩蕩，四溟收夜助嬋娟。鮮雲淸廓心田豫，乘興能無賦詠篇。合璧事類前集

宋詩紀事卷二十九

錢唐厲鶚輯

仁和涓勘勘定

杜常

常字正甫，衛州人，昭憲皇后族孫。元豐中，知鄆州，權發遣秦、鳳等路提刑，歷官工部尚書。

畫墁錄：神宗閱昭憲之家有登第者，甚喜，有旨令上殿。翼日，謂執政曰：「杜常第四人登第，卻一雙鬼眼，可令提舉農田水利。」

題華清宮

東別家山十六程，曉來和月到華清。朝元閣上西風急，都入長楊作雨聲。

夜雨晨霽

柏葉青青櫟葉紅，高低相倚弄秋風。夜來雨後輕塵斂，繡出驪山嶺上宮。

温泉

已去開元四百年，此泉猶自響潺潺。也知不憤當時事，長作悲聲恨祿山。

驪山

漁陽烽燧起雲間，玉輦蒼黃下此山。何事君王自神武，區區南渡鹿頭關。

河上楮談：臨潼驪山，華清宮溫泉在焉。中有萃玉屏，皆宋、元及今人詩刻。內杜常詩四篇，前題「權發遣秦、鳳等路提點刑獄公事太常寺杜常」，後跋云：「正甫大寺自河北移使秦、鳳，元豐三年九月二十七日過華淸，有詩四首，詞意高遠，氣格淸古。邑人曹端儀，既親且舊，因請副本，勒諸方石，以垂不朽。閏九月初一日，潁川杜詡記。」

劉吉甫

吉甫，入元祐黨籍。爵里未詳。

聞笛

戍鼓停撾月五更，嗚嗚巧作斷腸聲。江南自是春來早，吹到梅花夢也淸。後村千家詩

陳一向

一向，桐廬人，生元豐中。

題泰山靈巖寺

石龜泉畔鐵袈裟，上有猿銜五色花。見說道人時挂搭，旋將青拂掃煙霞。靈巖詩集

黄夷仲

夷仲，元豐中監察御史。

調王闢之

高唐不是那高唐，風物由來各異鄉。若向此中求薦枕，只應愁殺楚襄王。

山東通志：元豐中，王闢之調博州高唐令，往别監察御史黄夷仲，夷仲口占一絕諸之云云。此雖詼談，亦足以辨輿地之殊也。

楊　損

損字益老，華陰人。元豐中桂林郡僚。

七星山新開巖洞賦呈經略龍圖曾公

陽巖高敞納晨曦，鶴駕雲軿或可期。神物雕鐫元入妙，人工開闢更增奇。須知水石清涼處，絕勝塵沙熱惱時。紅旆碧幢勞小駐，多慙主客濫追隨。桂勝

彭次雲

次雲，吉水人。元豐中桂林郡僚。

曾公巖和曾子宣安撫

目擊煙霞畫卷舒，披榛敲石得蓬壺。洞天日月千年久，人世塵埃一點無。靈藥難尋雲縹緲，落花不見水縈紆。使君鳳閣翱翔近，謾與東山作畫圖。桂勝

彭淵材

淵材，筠州人，釋惠洪覺範之叔。

句

雨過溫泉浴妃子，露濃湯餅試何郎。海棠　冷齋夜話

張　繹

繹字思叔，壽安人。以文名預鄉里計偕，受業程伊川之門，未及仕而卒。

寄友人

有客厭事事，潔身山之幽。寒暑不相貸，乃有卒歲憂。有生此有事，簡之成贅疣。澄江本無浪，不如信虛舟。六經力道要，無以利心求。一朝與理會，萬境眞天遊。伊水正清泠，子行無滯留。西風昨夜至，送子至中流。落月灑殘夢，已看古岸頭。我病強送君，是行良難儔。異時靑門下，誰識東陵侯？宋文鑑

張勱

勱字深道，長樂人。神宗朝，官江淮制置發運使。

題張公翊清溪圖

九華鬱兮江南山，清溪下兮貫山間。江北鶩兮溪東旋，濁湯湯兮清漫漫。山幾轉兮水幾盤，近交臂兮遠連環，决天末兮浮雲端。齊之山兮秋之浦，景晦明兮氣吞吐。草木蓊兮媚林莽，繡屏張兮翠綃舞。深窈窕兮幽掩隝，雨吟猿兮風嘯虎。下鳧鴈兮泳魴鱮，商之檣兮漁之罟。互出沒兮更散聚，樵有舍兮梵有宇。雲巖阿兮棘樊圃，鞏連甍兮岸之滸。弄潺湲兮櫂容與，中橫絕兮梁爲渡，隱孤城兮其西去。春之朝兮秋之夕，風旣清兮月又白。遐矯首兮俯陳迹，擥佳人兮不可得。空望遠兮中慼百，思悠悠兮情惻惻。悵興亡兮懷今昔，獨兹溪兮無終極。嗟夫人兮擺塵滓，遙徜徉兮玩雲水。移山川兮置窗几，手舒卷兮千萬里。軔余車兮秣余馬，往其從兮山之下。枻吾舟兮汎清瀉，樂魚鳥兮放林野。顧未適兮何爲者，聊寓言兮公墨畫。

吳禮部詩話：張公翊清溪圖，畫池陽清溪也。郭功甫題五絕句，有「唯欠子瞻詩」之語，遂求東坡爲賦清溪詞。蘇

公復令某示秦少游，寫小杜弄水亭詩其後。自元豐以來，諸賢題咏甚多。眞蹟在金華智者寺草堂。蓋宋季王佖元敬使君得之，易世後，其家以售於寺。坡公作詞之後，有長樂張勵深道長句，彷彿蘇體，亦佳。

錢沂父

沂父，失其名。

謝子瞻內翰浙西開府

雋庭鴛鷺集珍羣，病翮摧頹下九門。罪戾我慙非晝錦，回翔公亦暫朱轓。龔黄政化知應爾，夔契謀謨想自存。缺二句 合璧事類後集

李彥弼

彥弼字端臣，廬陵人。元豐中桂州郡僚。

傲暑棲霞洞

嵌竇棲霞，敲虛轉杓。左驂鸞翼，右耳鳳簫。爽排酷烈，境邈氛囂。靜者多妙，於焉消搖。粤西詩載

張吉甫

吉甫，元豐中人。見烏臺詩案。

育梅香

江村招得玉妃魂，化作金爐一炷雲。但覺清芬暗浮動，不知碧篆已氤氳。春收東閣簾初下，夢想西湖被更熏。眞似吾家雪溪上，東風一夜隔籬聞。香乘

王仲修

仲修，丞相珪之子。元豐中登第，官崇文院校書。

慶姪耆登第

錫宴便傾光祿酒，賜袍還照上林花。衣冠盛事堪書日，六世詞科只一家。

雞肋編：岐國公王珪，在元豐中爲丞相。父準、祖贄、曾祖景圖，皆登進士第。其子仲修，元豐中登第。公有詩云：「三朝遇主唯文翰，十榜傳家有姓名。」注云：「自太平興國以來，四世凡十榜登科。」後姪仲原子耆、仲孜子昂，相繼登科，昂又魁天下。本朝六世登第者，與晁文元二家，而晁一世賜出身也。崇寧四年，耆初及第，仲修作詩慶之。

宮詞

雲嬌烟嫩雨初晴，環碧風輕細浪生。盡日黃鸝不飛去，萬年枝上聽簫聲。

玉闌萬朵牡丹開，先摘姚黃獻御杯。翠幙重重圍繞定，料應蜂蝶不曾來。

玉簫聲裏酌玻璃，風獵旂旗卷絳霓。星渚月斜珠露重，銀河流水亦東西。

聖人獨看臨軒陛，殿後雙龍捧翠華。明日集英排大宴，御前先降出琵琶。教坊使花日新嘗爲臣言：神宗見教坊琵琶制作不精，每遇大宴前一日，降出琵琶。

雪消宮殿苑梅芳，曉漏聲遲下建章。天氣清寒當臘日，沈香甲煎賜諸房。

月沈天角曉星明，上直妝成趁五更。昨夜宣徽初進曲，仙韶院裏未知名。十家宮詞

送越帥程公闢

一麾占得山川勝，金紐新提左顧龜。蒼闕闕龍辭日下，紅旌引騎照江湄。剡溪月午何妨醉，曲水春餘好賦詩。玉案天香擕滿袖，錦衣誰似過鄉時。剡錄

趙汝礪

汝礪，官監察御史裏行。

送越帥程公闢

畫舫參差看欲飛，紛紛車馬厭塵泥。右軍筆墨空蘭渚，安道風流訪剡溪。白首得時歸莫遽，丹心懷國去猶稽。月明會醉蓬萊閣，應笑雲霄自有梯。剡錄

曾孝宗

送越帥程公闢

虎符分鎮浙江東，艤櫂都門使旆雄。變樂徘徊枌社日，高牙摇曳剡溪風。蓬萊閣讌公書簡，賀監湖游獄榜空。行聽越民謌德政，亟還青瑣見旌忠。剡錄

王仲甫

仲甫字明之，岐公之從子。少年以詞賦登科。

中吳紀聞：仲甫風流翰墨，名著一時。其歿也，丁永州注葆光祭之有云：「爽秀豪拔，出於天資。談經咏史，博識周知。文華自得，不務競時。古格近體，率意一揮。金玉鏘揚，組繡陸離。世俗所得，特其歌辭。生習華貴，不見艱

纖。徘徊鵷閣，出入鳳池。乘輿南遊，曠達不羇。朝賞夕宴，選勝搜奇。擺脱冠裳，卻去輪蹄。不驚榮辱，不競是非。援援萬緒，付于一巵。頽然終日，去智忘機。」

無題

黄金零落大刀頭，玉筯歸期劃到秋。紅錦寄魚風逆浪，碧簫吹鳳月當樓。伯勞知我經春別，香蠟窺人一夜愁。好去渡江千里夢，滿天梅雨是蘇州。

中吳紀聞：仲甫客吳門，嘗有所愛往京師，爲岐公強留之，逾時不返，因作詩云云。此詩效古樂府「稾砧今何在」體，人皆愛其巧。

苗時中

時中字子中，甬上人。元豐中，廣南西路轉運副使。

曾公巖和曾子宣安撫

紅旆尋幽東郭旁，泉巖新得冠殊方。一川氣象天開作，萬古榛荊地蔽藏。崖穴乍驚堂室闢，榜名知與日星長。異時人指溪橋水，思愛還同召伯棠。桂勝

毛滂

滂字澤民，衢州人。爲杭州法曹，任滿去，抵富陽，以詞爲東坡所賞，追還。知名，後乃出京、下之門。嘗知武康縣。政和中，守嘉禾。有東堂集。

揮麈後録：毛澤民受知曾文肅，擢置館閣。文肅南遷，坐黨與得罪，流落久之。蔡元度鎮潤州，與澤民俱臨川王氏

壻，澤民傾心事之。一日家集，觀池中鴛鴦，元度席上賦詩云：「莫學飢鷹飽便飛。」澤民和呈曰：「貪戀恩波未肯飛。」元度夫人笑曰：「豈非適從曾相公池中飛過來者乎？」澤民大慚。

夏夜

毒暑彌三伏，微涼起二更。月窗風竹亂，煙渚露荷傾。後村千家詩

溪上

溪光照秋房，娟然臥流萍。水仙弄幽姿，寄余汀洲情。眷懷玉色子，弄波濯塵纓。夜寒有佳意，屬此泠然清。全芳備祖

響潭

水面平鋪映碧空，夜深明月照龍宮。猿啼未響潭先響，一樹花開兩樹紅。

遊翠峯寺

隔牆楊柳舞腰斜，傍砌鵝梨玉作花。此地風光誰管領，小詩收入長官家。以上西吳里語

曉出定光寺

曉出開霜阪，飢烏啄麥畦。山腰餘雪瘦，天面冷雲低。寒意梅花北，禪心柏子西。窗前借殘月，照我度前溪。

題餘英館

故第園林改，遺亭壁戶新。垂虹一橋月，夾繡兩隄春。花落俯流水，烏啼懷故人。憑闌看翠荇，無意數

游鱗。以上湖州府志

下渚湖

春渚連天闊，春風夾岸香。飛花渡水急，垂柳向人長。遠岫分蒼紫，澄波映渺茫。此身萍梗爾，泊處卽吾鄉。武康縣志

句

百里飽看紅穲稏，一杯輕䰟黑蜿蜒。禱雨　湘煙錄

蔡載

載字天任，潤州人，肇之弟。元豐中，嘗爲晉陵簿，尋以薦改承事郎。

錢仲仲漆塘四詠

結廬傍林泉，偶與初心期。佳處時自領，未應魚鳥知。遂初亭

白雲來何時，英英冠山椒。西風莫吹去，使我心搖搖。望雲亭

高人不惜地，自種無邊春。莫隨流水去，恐汙世間塵。芳美亭

水行天地間，萬派同一指。胡爲穿石來，要洗巢由耳。通惠亭

容齋三筆：錢仲仲大夫，於錫山所居漆塘村作四亭。自其先人，已有卜築之意，而不克就，故名曰遂初。先壠在其上，名曰望雲。種桃數百千株，名曰芳美。鑿池涌泉，或以爲與惠山泉同味，名曰通惠。求詩于一時名流，自葛魯卿、汪彥章、孫仲益，旣各極其妙，而母舅蔡天任四絕獨擅場，諸公皆自以爲弗及也。

庚溪詩話：蔡天任頗工詩筆，力窺陶、謝之藩。錢仲仲漆塘詩，唯天任語簡而意遠，諸公服其韻勝。

題膠山寺繡佛

妙相奪天眞，針針巧入神。幾多瞻佛者，還想用心人。常州府志

盛次仲

次仲，元豐中翰林學士。

題慈溪普濟寺松石小軒呈闕彥長明府

一松偃蹇蒼龍蟠，一石巉巖怒虎踞。我來題作龍虎軒，祇恐風雲捲將去。乾道四明圖經

句

冷齋夜話：盛學士次仲、孔舍人平仲，同在館中，雪夜論詩。平仲曰：「當作不經人道語。」曰：「斜拖闕角龍千丈，澹抹牆腰月半稜。」坐客皆稱絕。次仲曰：「句甚佳，惜其未大。」乃云云，平仲服其工。

看來天地不知夜，飛入園林總是春。

陳律

律，政和人。元豐八年進士，龍溪令。

遊洞霄山中

古木陰陰擁澗深，靑山九鎖極幽尋。白雲也似知人意，飛落長松伴醉吟。洞霄詩集

樓异

异字試可，鄞人。元豐八年進士。建中靖國初，爲登封令，累官徽猷閣直學士，知平江府，提舉崇福宮。

嵩山二十四詠 并序　存四首

僕性嗜山水幾成癖，所至雖假館傲舍，莫不聚拳石，環斗池，終日玩觀，殆忘食寢。一旦來令嵩陽，正在清泉白石中。始至數月，訟庭清暇，乃芟廢圃，鑿芙蓉、菡萏二池，取餘土築臺，高五丈許，名之揖山。北面嵩嶽，西顧少室，南望許由；自餘諸峯，環擁軒檻。于是居高遠眺，盡山川之形勢，暇日既作三十六峯賦以自廣。然僕舊聞嵩山二十四峯，圖經傳記所不載，求之土人，亦莫知也。一日，觀明大師李得柔勝之自京師來訪，迺得其名。出道藏吳天師靈跡記，歷東而西，一一可指。遂命畫史圖諸峯於仰嵩堂，以證其名。僕謂勝之曰：「二十四峯之名，湮沒久矣。今自吾二人者發之，不可無述也。」乃作嵩山二十四詠，並命勝之作焉。

華蓋峯

華蓋峯高未易窮，捫參歷井到天中。回頭却顧人間世，但見羣青似小童。

玉女峯

玉仙曾此駐雲車，日薄窗紗暎雪膚。七字天書人不辨，定知玄女手中符。

青童峯

嶄新高髻掠雲開，翠色羅衣一樣裁。知有眞仙此中住，故令天女捧書來。

玉鏡峯

皎皎冰盤瑩百圍，廣寒宮殿見依稀。春山萬疊渾如洗，浮翠光中一鏡飛。以上河南府志

宿少林寺

六六仙峯遶佛居，俗塵至此暫銷除。西來未悟禪師意，北去還馳使者車。五品封槐今尙在，九年面壁昔何如？心知一宿猶難覺，花藏重尋貝葉書。嵩少集

強淵明

淵明字隱季，至子。元豐八年進士。宣和中爲翰林學士承旨，兼太子賓客。卒贈資政殿學士，謚文憲。

景鐘頌 并序

宣和元年八月丁丑，皇帝詔大晟作景鐘。是月二十五日，鐘成。皇帝以身爲度，以度起律，以律審聲，以聲制鐘，以鐘出樂，而樂宗焉。于以祀天地，饗鬼神，朝萬國，罔不用乂。在廷之臣，再拜稽首上頌。明明天子，以身爲度。有景者鐘，衆樂所怙。於昭於天，乃眷斯顧。揚于大廷，罔不時序。億萬斯年，受天之祜。揮麈後錄

薛昂

昂字肇明，錢唐人。元豐八年進士。附蔡京，仕至尙書左丞。靖康初，責徽州居住。

羅志仁姑蘇筆記：薛昂賦蔡京君臣慶會閣詩云：「逢時可謂眞千載，拜賜應須更萬回。」時人謂之薛萬回。能改齋漫錄：荆公在鍾山下棋，薛門下昂與焉。賭梅花詩一首，薛敗而不善詩，荆公爲代作，今集中所謂薛秀才者是也。薛旣宦達，出知金陵，或者嘲以詩曰：「好笑當年薛乞兒，荆公坐上賭梅詩。而今又向江東去，奉勸先生莫下棋。」薛書名似丐字，故人有乞兒之論。

湖堂

一段風煙不可關，出門滿目是湖山。昔人華廈今何在，湖堂，在涌金門旁，郡守蔣樂安公創建。此日漁舟任自閑。鳳觀漸新霄漢上，近作涌金樓，甚偉。龍洲依舊水雲間。柳洲，祠五龍，此兩處與湖堂鼎足相照。歸來丘壑多幽趣，願與諸賢約往還。咸淳臨安志

陳　祐

祐字純嘏，仙井監人。第進士。建中靖國初，爲右司諫。入黨籍，編管歸州，赦還卒。有集。

冬夜

寒氣侵人夜未央，九門傳令一聲長。庭除半露牆根雪，月影斜分瓦壠霜。後村千家詩

朱　京

京字世昌，南豐人。舉進士。官太常博士。元符初，遷國子司業。

祥光寺

山寺藏遺刻，塵埃字半昏。空揮峴首淚，誰起謝公門？白石千年像，蒼頭五世孫。他年想陳迹，卜築向

雲根。西江詩話

俞紫芝

紫芝字秀老，金華人，流寓揚州。少有高行，不娶。游王荆公之門。弟澹字淸老，志操修潔，頗使酒。有詩名儆帚集。

詩人玉屑：「有時俗事不稱意，無數好山都上心。」俞紫芝秀老句，荆公手寫於扇。山谷所書「釣魚船上謝三郎」一帖石刻，在金山寺。雞林每入貢，輒市數百本以歸，亦秀老句也。

石林詩話：紫芝少有高行，不娶。得浮屠氏心法，所至翛然。而工於詩，王荆公尤愛重之，每見於詩，所謂「公詩何以解人愁，初日芙蓉暎碧流。未怕元劉爭獨步，不妨陶謝與同游」是也。秀老嘗有「夜深童子喚不起，猛虎一聲山月高」之句，尤爲荆公所賞。和云：「新詩比舊仍增峭，若許追攀莫太高。」秀老卒於元祐初，惜時無發明者，不得與林和靖一流槩見於隱逸。

南澗月夕

華髮念秋晚，青燈憐夜長。香團菊花露，寒著橘林霜。月在北窗底，人行南澗傍。婆娑不知去，身世兩相忘。

旅中諭懷

白浪紅塵二十春，就中奔走費光陰。有時俗事不稱意，無限好山都上心。一面琴爲方外友，數篇詩當橐中金。會須將爾同歸去，家在碧溪煙樹深。以上宋文鑑

咏草

滿目芊芊野渡頭，不知若箇解忘憂？細隨緑水侵離館，遠帶斜陽過別洲。金谷園中荒映月，石頭城下碧連秋。行人悵望王孫去，買斷金釵十二愁。

歲杪山中

石亂雲深客到稀，鶴和殘雪在高枝。小軒日午貪濃睡，門外春風過不知。以上墨莊漫錄

吳興

沽酒店穿斜巷出，採蓮船傍後門歸。翠罨城郭山千點，清蘸樓臺水一圍。談鑰吳興志

松聲

萬壑搖蒼煙，百灘度流水。下有跨驢人，蕭蕭吹凍耳。

鍾山僧舍酬辟彊祕授

同謁臨川丞相時，不期顔色偶然披。綠葵自得山人味，絳帳難求俗士知。午磬喚回幽枕夢，夕陽催就小窗詩。松毛桂葉山中路，肯顧非公復是誰？

水村閑望

畫橈兩兩枕汀沙，隔岸煙蕪一望賒。翡翠閑居眠藕葉，鷺鷥別業在蘆花。溪雲淡淡迷漁屋，野旆翩翩露酒家。可惜一綳真水墨，無人寫得寄京華。以上詩林萬選

句

莫怪野人經宿住，白蘋霜落蟹螯肥。蟹略

饒竦

竦，臨川人。

下第投荆公

又還垂翅下丹霄，歸指臨川去路遥。二頃荒田都賣卻，要錢準備納青苗。豫章詩話

龍太初

詠沙

茫茫黄出塞，漠漠白鋪汀。鳥去風平篆，潮回日射星。

王直方詩話：郭功甫方與荆公坐，有一人展刺云：「詩人龍太初。」功甫勃然曰：「相公前敢稱詩人，其不識去就如此！」荆公曰：「但且請來相見。」既坐，介甫曰：「賢道能詩，爲我賦乎？」是時方有一老兵以沙擦銅器，荆公即曰：「可作沙詩。」太初不頃刻間，誦云云，功甫遂閣筆。太初緣此名聞東南。

王邦憲

客宛陵遇鄉人作 集句

揚子江頭楊柳春，衣冠南渡多崩奔。柳條弄色不忍見，東西南北更堪論。誰謂他鄉各異縣，豈知流落復相見。青春作伴好還鄉，爲問淮南米貴賤。

竹坡詩話：司馬温公稱其敍事有情致爲可喜。

王　復

復，洛人。鄉貢進士。官典郡正郎。

句

早秋蟬有信，多雨暑無權。題洛陽大字院　明道雜志

李　愿

愿，官京東轉運使。

四景樓　在登州蓬萊縣北

縱目有佳處，須登四景樓。輪蹄喧市井，桑穀暗郊丘。翠蓋雲生裏，滄溟天盡頭。闌干知幾曲，徒倚恣清愁。山東通志

王忠玉

忠玉，失其名。東坡集有與王忠玉游虎丘詩，此刻但題忠玉，同時又有馬中玉，未知孰是。

遊華清留絕句

廢宇頹垣不復新，朝元輦道盡荆榛。惟餘一派溫湯水，長與行人洗路塵。己未八月二日驪山刻石

朱光庭

光庭字公掞，河南偃師人。以父景蔭擢第。從呂大防於長安幕府。哲宗朝，仕至右諫議大夫，出知亳州，徙潞州卒。紹聖中，追貶柳州別駕。入黨籍。

華清偶成

驪山秀色古今同，盡入詩人感慨中。只徇霓裳一曲樂，不知天下樂無窮。元豐辛酉仲春八日　驪山刻石

吳雍

雍字子中。治平初平涼令。元豐中爲秦帥。

登驪山閣留詩

山頭羯鼓奏霓裳，斷送君王入醉鄉。凭閣無言念興廢，孤煙猶起泰陵傍。元豐八年十月四日　驪山刻石

宋詩紀事卷三十

錢唐　厲　鶚　輯
宣城　施念曾　勘定

劉季孫

季孫字景文，贈侍中平之子。以左藏庫副使爲兩浙兵馬都監。蘇軾薦其才，除知隰州，仕至文思副使。有集。

題饒州酒務廳屏

呢喃燕子語梁間，底事來驚夢裏閑？說與傍人渾不解，杖藜攜酒看芝山。

石林詩話：王荆公爲江東提刑，巡歷至饒按酒務。始至廳事，見屏間題詩云云，大稱賞之。問專知官誰所作？以季孫對，卽召與之語，嘉嘆升車而去，不復問務事。既至傳舍，適郡學生持狀立庭下，請差官攝州學事，公判監酒殿直，一郡大驚，遂知名云。

次韻黃魯直同游郭氏西園

雨過西園物物佳，柳風竹日掩葵花。更無人迹宜清睡，奈此池頭一部蛙。史容山谷後集注

守關

晨雞三叫未開關，留住行人更解鞍。卻上月明高處立，曉風吹面作清寒。宋文鑑

陪東坡中和堂賞月

中和堂上月，盛夏似高秋。天瀉銀河水，人披紫綺裘。氣飄聞赤壁，語勝踊黄樓。歸袂接夫子，適從何處遊？咸淳臨安志

寄蘇内翰

倦壓鼇頭請左符，笑尋潁尾爲西湖。二三賢守去非遠，六一清風今不孤。四海共知霜鬢滿，重陽曾插菊花無？聚星堂上誰先到，欲傍金樽倒玉壺。

石林詩話：季孫，平之子，能作七字詩。家藏書數千卷，爲杭州鈐轄。子瞻作守，深知之。後嘗以詩寄子瞻云：「四海共知霜鬢滿，重陽曾插菊花無？」子瞻大喜。在潁州和季孫詩所謂：「一篇向人寫肝肺，四海知我霜鬢鬚。」蓋記此也。

題子瞻揚州借山亭

給事風流在，虚亭景趣閑。全臨故宫水，盡致别州山。峯勢時相向，嵐光夜不還。無時供勝賞，歷歷白雲間。以上瀛奎律髓

越山寺看泉

龜溪有路蓮花引，鷲嶺無時雲霧生。聊放一身留舴艋，不逢人處聽泉聲。吳氏詩永

句

詩書魯國眞男子，歌吹揚州作貴人。送孔宗翰知揚州　石林詩話

賈收

收號耘老，烏程人。有詩名，喜飲酒。其居有水閣，曰浮暉。李公擇、蘇子瞻與之遊，倡酬極多。蘇去，收作亭以懷蘇名。有詩一編，號懷蘇集。

湖州府志：東坡嘗寫古木怪石，書其後，贈賈耘老云：「今日舟中霜寒，十指如懸槌。適有人致嘉酒，遂獨飲一杯，醺然徑醉。念賈處士貧甚，無以慰其意，爲作古木怪石一紙，每遇飢時，輒一開看，飽人否？若吳興有好事，能爲君月致米三石、酒三斗，終君之世者，當便以贈之。不爾，可令雙荷葉收掌，須添丁長以付之也。」雙荷葉，賈侍姬，添丁，賈之子。事詳沈偕詩。

題有美堂

自刊宸畫入雲端，神物應須護翠巒。吳越不藏千里色，斗牛常占一天寒。四簷望盡回頭嬾，萬象搜來下筆難。誰信靜中疎拙意，略無蹤跡到波瀾。

庚溪詩話：錢塘吳山有美堂，迺仁宗朝梅摯公儀出守杭，上賜之詩，有曰：「地有吳山美，東南第一州。」梅以上詩名堂，士大夫留題甚衆。東坡倅杭，因令筆吏盡錄之，而未著其姓名，默定詩之高下，遂以賈收詩爲冠。因此與耘老游從。

和沈君與送蟹

彭越孫多伏下風，蛸蛑奴視敢稱雄。江湖縱養膏腴紫，鼎鑊終烹爪眼紅。嘲稱吳兒牙似鑊，甥慚湖女手如蔥。獨憐盤內秋臍實，不比溪邊夏殼空。齊東野語

舒煥

煥字堯文，徐州教授。

和蘇子瞻觀百步洪原韻

先生何人堪並席，李郭相逢上舟日。殘霞明滅日脚沈，水面浮光天一色。磷磷石若鐵林兵，翻激奔衝精甲白。岸頭旌旗簇五馬，一艕飛艎信東下。入夜寒生波浪間，汗衣如逐秋風乾。相忘河魚元出沒，得性沙鳥鳴關關。委蛇二龍乃神物，游樂諸溪誠爲難。築臺種柳恐不暇，天下龍雨須公還。苕溪漁隱叢話

顔幾

幾字幾聖，錢塘人。

獄中寄酒友

龜不靈身禍有胎，刀從林甫笑中來。憂惶囚縶二十日，辜負醺酣三百杯。病鶴雖甘低羽翼，罪龍尤欲望風雷。諸豪俱是知心友，誰遣尊罍向北開。

句

白日尊中短，青山枕上高。

春渚紀聞：錢塘顔幾聖，俊偉不羈，性復嗜酒，無日不飲。東坡先生臨郡日，適當秋賦，幾於場中潛代一豪子劉生者，遂魁送。舉子致訟，下幾吏。久不得飲，密以詩付獄吏，送外間酒友。吏以呈坡，坡因緩其獄，會赦得免。一日，醉臥西湖寺中，起題壁云云。不數日而卒。

袁轂

轂字公濟，鄞人。試秩館職首薦，與東坡倡和。

次韻劉景文登介亭

東南富山水，所病在卑溽。陰晴變朝暮，梅雨大田足。翰苑宴高堂，金壘浮蟻綠。清泠四座耳，醉飽五經腹。亭午登介亭，縈紆俯山麓。行路愁暍死，是月丁初伏。乘高瞰羣峯，前後浪奔逐。三吳在指掌，百粵入雙目。漢憂分朱轓，堯意注黃屋。下輿曾未幾，傳命甚郵速。霸遂伏下風，元白仰高躅。倡余而和汝，談笑唾珠玉。所恨繼者貧，囊箱無寸幅。劉侯世良將，文史三冬讀。坐嘯胡騎卻，行歌燕且哭。儒將久寂寥，斷弦今日續。所得最在詩，銛利鋒莫觸。唱酬黃卷上，如響答空谷。王侯富方丈，熊掌我所欲。獨餒不得飽，中心但誠服。王梅溪蘇詩集注

許仲蔚

仲蔚字子均。杭之新城令，曾和東坡十韻詩。

杜公井

井在新城。唐大順間，淮南楊氏遣兵圍城。城乏水，兵民穿井百餘尺不得泉。杜棱至誠請之，泉立至，城得不陷。人目爲杜公井。

德地見圖牒，神機發杜棱。寇圍炎甚火，壺渴冽于冰。古邑桑田換，雲源鑑面澄。如今風月夕，煮茗詫山僧。咸淳臨安志

何去非

去非字正臣，浦城人。累舉對策稱旨，授左班殿直、武學博士。後以東坡薦，授承奉郎，司農寺丞，通判廬州。有集。

次韻翟公巽猩猩毛筆

貌妍足巧語，軀惡招歐歈。賦形具人獸，寧脫荆榛居。肉嘗登俎鼎，餉餽傳甘腴。失計墮醉鄉，顛躓無與扶。柔毫傳束縛，航海歸仙癯。浴質逸少池，摛藻知章湖。殺身固有用，賦芧從衆狙。坐令宣城工，無復誇栗鬚。宣城出栗鼠鬚也 文房甲四寶，萬兔慙蒙膚。數管友十年，閉門賦三都。之子信豪邁，嗜學每致劬。未冠游膠庠，已推經行儒。蓬山天祿閣，崢嶸凌碧虛。期予早登躡，同舍校魯魚。墨莊漫錄

何頏之

頏之字斯舉，黄岡人，從蘇、黄學。日琯按：道山清話作頡之。

觀李伯時題閻立本西域圖

窮荒未信子年欺，自笑山林老一枝。海上嘗思龜殼卷，天涯欲化鳥工窺。丹青閻令如曾到，風俗張騫舊獨知。公喜著書尤博雅，山經暇日補殘遺。能改齋漫錄

句

身到瀛洲須命好，官稱庾氏莫言卑。寄錢仲監倉 合璧事類後集 長安古碑用樂石，蠆尾銀鉤擅精密。缺訛橫道已足哀，況復鐫裁代甎甓。有如天吳及紫鳳，顛倒在衣吁可惜。

道山清話：天聖中，詔營浮圖。姜遵在永興，毁漢、唐碑之堅好者，以代甎甓。何斯舉詩云云。

邵迎

迎，高郵人。登進士。

澠水燕談：邵迎，高郵人。博學强記，尤長於詩。爲人恭儉孝友，長於吏事，而淸羸多病，奇蹇不偶。登進士十餘年，官止州縣，窮死無嗣，其妻困苦。子瞻哀之，集其文，爲之引，以爲原憲之貧、顏回之短命、揚雄之無子、馮衍之不遇、皇甫士安之篤疾，彼遇其一，人猶哀悼。而君兼之，非命也哉！

句

鹽豉調羹金液膩，橙齏薦鱠玉絲肥。璧略

王祐

祐官禮部侍郎，出守長沙。奉詔禱南岳，訪魏夫人壇，得異人李子廉。東坡作李子廉傳。

贈李子廉

下瞰虛空臨絕澗，上排煙霧倚山巔。四邊險絕無猨鳥，獨臥深雲二十年。能改齋漫錄

朱炎

答講僧

四大不須先後覺，六根還向用時空。難將語默呈師敎，只在尋常語默中。

苕溪漁隱叢話：東坡言：從上人爲余言：有節度判官朱炎，學禪久之，忽於楞嚴經若有得者，問講僧義江云：「此身死後，此心何在？」江云：「此身未死，此心何在？」炎良久以偈答云云，師可之。

劉賓

賓，官至太傅。

郢州白雪樓

江上樓高十二梯，梯登偏與白雲齊。人從別浦經時去，天向平蕪儘眼低。寒色不堪長黯黯，秋光無奈更淒淒。闌干曲盡愁無盡，水正東流日正西。

皇朝類苑：郢州白雪樓，素多題咏。一日，守倅燕集是樓，方命坐客賦詩，時劉太傅賓以恙羈置是郡，不得預會，遂使人持詩以獻，才致燕散，一坐爲之閣筆。

朱適

句

燒殘紅燭客未起，歌斷一聲塵繞梁。

補夢溪筆談：朱適，高郵士人。納婦之夕，夢爲詩兩句，不踰月卒。

侯穆

穆字清叔，汝陽人。

寒食飲梨花下

共飲梨花下，梨花插滿頭。清香來玉樹，白蟻泛金甌。妝靚青娥妒，光凝粉黛羞。年年寒食夜，吟遶不勝愁。

雲齋廣錄：侯穆有詩名，因寒食郊行，見數少年共飲於梨花下，穆長揖就坐，衆皆哂之。或曰：「能詩者飲。」乃以梨花爲題，穆吟此詩，衆客閣筆。

陳智夫

智夫，襄陽人。長於歌詩。遇異人，授吐納之術。佳句多於夢中得之。

句

花笑似留客，鳥啼如喚人。野花臨水數枝恨，芳草連天千里情。遯齋閑覽

劉郛

郛，青州推官。

諧謔詩

坐上若有一點紅，斗筲之器飲千鍾。坐上若無油木梳，烹龍庖鳳都成虛。迂齋詩話

胡志道

夜宿仙都山聞松聲作

仙都古洞天，雲闕高嵲嵲。新宮欣然成，碧瓦燦鱗列。我時宿琳房，六月失煩熱。松聲起中夜，夢枕忽驚輟。天籟鳴虛徐，玉簫遞泠徹。鳳歌諧律呂，鶴舞想應節。安知非羣仙，宴罷搖佩玦。從來箏笛耳，一洗萬相滅。仙都山志

黃帝祠宇李陽冰篆在縉雲山

李侯神仙才，宇宙在其手。古篆誇雄奇，鐵柱貫金鈕。標榜黄帝祠，字畫氣渾厚。想當落筆時，雲夢吞八九。每傳風雨夜，蜿蜿龍蛇走。光怪發巖竇，草木潤不朽。鬼物煩撝訶，一旦忽失守。隨煙遽飛騰，無復世間有。因訪山中人，石刻尚仍舊。誰能一新之，易若運諸肘。宋藝圃集

胡份

份字子文，縉雲人。官國子司業。

仙都山

鳥道盤空上，松根抱石生。羽人分兩舍，雞犬自鬨聲。仙都山志

李士舉

士舉，官浙運使。

過仙都徐氏山居

四海無塵戰馬閑，稻粱桑柘綠迴環。不知盡是君王力，華屋重重對好山。仙都山志

郭瑄

瑄，官涇州監副。

涇州懷古

危坡下盡見殘墉，勢扼長川萬古雄。涇水無泥分吠澮，回山有脈自崆峒。唐文曾祀龍君廟，漢武猶存阿母宫。更喜筆峯青翠處，雨餘疑是畫圖中。陝西通志

葉集之

送李道父辟大名司錄

李侯江南英，身老自藏器。讀書盡百紙，落筆必千字。況兼熊豹姿，特負縱橫志。凄其望高躅，異世猶一致。大名國北門，自昔雄元帥。名賢慎柬拔，薦引必同類。操持紀綱地，實藉循良吏。要成百鍊剛，小大須歷試。合璧事類後集

李膺仲

題自畫蘆雁

晚來無事理扁舟，吹起騷人漫浪愁。過雁飛鴻三兩字，淡煙寒日荻花秋。聲畫集

王山

山，魏人。

答盈盈長歌

東風豔豔桃李鬆，花園春入屠酥濃。龍腦透縷鮫綃紅，鴛鴦十二羅芙蓉。盈盈初見十五六，眉試青膏鬢垂綠。道字不正嬌滿懷，學得襄陽大隄曲。阿母偏憐掌上看，自此風流難管束。鶯啄含桃未嚥時，便會郎時風動竹。日高一丈羅窗晚，啼鳥壓花新睡短。膩雲纖指攏還偏，半被可憐留翠暖。淡黃衫袖仙衣輕，紅玉欄干妝粉淺。酒痕落腮梅忍寒，春羞入眼橫波豔。一縷未消山枕紅，斜睇整衣移步嬾。才如韓壽潘安亞，擲果竊香心暗嫁。小花靜院酒闌珊，別有私言銀燭下。簾聲浪皺金泥額，六尺牙牀羅

有帳窄。釵橫啼笑兩不分，歷盡風期腰一搦。若教飛上九天歌，一聲自可傾人國。嬌多必是春工與，能動人情幾許。前年按舞使君筵，睡起忍羞頭不舉。鳳凰簫冷曲成遲，凝醉桃花過風雨。阿盈阿盈聽我語，勸君休向陽臺住。一生縱得楚王憐，宋玉才多誰解賦？洛陽無限青樓女，袖籠紅牙金鳳縷。春衫粉面誰家郎，只把黄金買歌舞。就中薄倖五陵兒，一日憐新棄如土。雲零雨落正堪悲，室入他人夢來去。浣花溪上海棠灣，薛濤朱戶皆金鐶。韋皐筆逸玳瑁落，張祜盞滑琉璃乾。壓倒念奴價百倍，與來奇怪生毫端。醉併觀紙聊一掃，落花飛雪聲漫漫。夢得見之爲改觀，樂天更敢尋常看。花間不肯下翠幕，覔日烜赫羅雕鞍。掃眉塗粉迨七十，老大始頂菖蒲冠。薛濤壽七十，始頂菖蒲冠，學謝自然上升之術。至今愁人錦江口，秋蛩露草孤墳寒。盈盈大雅眞可惜，爾身此後不可得。滿天風月獨倚欄，醉岸濃雲呼佚罍。久之不見予心憶，高城去天無幾尺。斜陽銜山雲半紅，遠水無風天一碧。望眼空遥沈翠翼，銀河易闊天南北。瘦盡休文帶眼移，忍向小樓淸淚滴。

弔盈盈

浮世繁華一夢休，登臨因憶昔年遊。人歸依舊野花笑，玉冷幾經墳樹秋。風月過情須感慨，江山多恨即遲留。如今縱擬誇才思，事往情多特地愁。

夷堅志：魏人王山，能爲詩，標韻淸卓。因省試下第，薄遊東海。值吳女盈盈者來，年方十六，善歌舞，尤工彈箏，容貌甚冶，詞翰淸思，翹翹出羣。少年子爭登其門，不惜金帛。盈遴簡嘉耦，乃許一笑。府守田龍圖召使侍宴，山預賓列，相得於樽俎之間，從之驩處累月。山辭歸，盈垂泣悲啼，不能自止。明年，寄傷春曲示山，山作長歌答之云云。又明年，山適淄川，遇王通判於郵舍，出盈盈簡，欲偕遊山東。時方初夏，山已病，不克赴其約。秋中再如山東，盈已死。山登岱岳，至玉女池，題詩於石弔之云云。

王　崇

崇字極之。

送王才元入京

曰路按：王直方父名棫，字才元。

渭城楊柳已青青，強駐行人聽渭城。不問使車歸路遠，且從蘆酒滿杯傾。相逢洮塞休兵後，此去秦川照眼明。若立螭頭前借箸，且敎充國事春耕。

王直方詩話：王崇極之，與先君同在熙河，作詩送先君入京云云。先君誦其詩于吳沖卿丞相，由此知名。

王禹錫

句

打葉雨拳隨手重，吹涼風口逐人來。

王直方詩話：王禹錫，行十六，與東坡有姻連，嘗作賀知縣春雨詩云云。東坡云：「十六郎作詩，怎得如此不入規矩？」禹錫云：「是醉中作。」異日，又持一大軸呈坡。坡曰：「爾復醉耶？」

李孝伯

晚泊鳳凰驛次韻蔣穎叔

維舟亭下號三灣，萬壘青山一水間。偏愛澄江照天碧，飛來幾片白雲閑。錦繡萬花谷

唐默

默字存中，會稽人。陸農師列爲上客，每愛其詩。

句

茅屋不聞雪，紙窗宜讀書。 山林誤採槍旗信，卻怪枝頭雪未消。 莫似君家三十五，時來不寄一行書。送高彥應 會稽志

黄嗣徽

題宋復古郎中畫山水

匣有瑤琴篋有書，棲遲猶未卜吾廬。 主人況是丹青手，乞取生涯似畫圖。

許彥周詩話：嗣徽少年時，讀書有俊聲。 不幸爲後母訴于官，隸軍籍。 王岐公宣籍得之，聞其識字，使抄書。 一日，觀宋復古郎中所畫山水，使子弟賦詩。 嗣徽亦請賦。 公領之，頃刻成一絶云云，公大嗟賞之。 及問知曲折，以故人子奏於朝，乞以門客恩澤，承務郎特補之。 命下之日，暴卒。

方澤

武昌阻風

江上春風留客舟，無窮歸思滿東流。 與君盡日閑臨水，貪看飛花忘卻愁。

西清詩話：題華清宫一絶，乃杜常作也。武昌阻風一絶，乃方澤作也。二人不以文藝名世，而詩語驚人如此，殆不可知矣。

張軫

句

山曉月初上，江鳴潮欲來。錦繡萬花谷

宋詩紀事卷三十一

錢唐 厲鶚 輯
仁和 梁啓心 勘定

呂川

川，字里未詳。呂吉甫知維揚日，賣詩于市。

贈致仕郭朝儀

漫道任公釣有神，六鼇無跡海生塵。爭如靜臥南窗下，蘭菊任爭秋與春。陶朱新錄

張頌

頌字公美，潁昌人。舉進士不第。

句

入散鞦韆閑挂月，露零蝴蝶冷眠風。墨史

徐璹

璹字全父。少年登科，晚益流落，終武義縣主簿。

春日醉中作 時寓婺州清漣寺

驚雷殷殷南山曲，一夜山前春雨足。美人睡起怯餘寒，衣褪香消紅減玉。朝雲靄靄弄情態，野柳狂風無管束。東風也自足春情，吹破一溪烟水綠。泊宅編

薛紹彭

紹彭字道祖，號翠微居士，長安人。定武帥薛向師正之子，米元章書畫友。

雲頂山

山壓重峯首，寺占紫雲頂。西遊金泉來，登山緩歸軫。昨暮下三學，出谷已延頸。山名高劍外，回首陋前嶺。躋攀困難到，賴此晝亦永。巍巍石城出，步步松徑引。青霄屋萬楹，下俯二川境。玉壘連金雁，西軒列阡畛。青城與岷峨，天際暮雲隱。少城白烟裏，水墨淡微影。江流一練帶，不復辨漁艇。東惭梓潼隘，右喜錦川迥。磐陀石不轉，枯栟弄芒穎。四更月未出，蕙帳天風緊。客行弊衵垢，到此凡慮屏。暫時方外遊，聊慨素心靜。明朝武江路，拘窘逐炎景。

左綿山中多青松風俗賤之止供樵爨之用郡齋僧刹不見一本余過而太息輒諷通守晉伯移植佳處使人知爲可貴東川距縣百里餘入境遂不復有晉伯因以爲惠沿流而來至此皆活作詩述謝并代簡師道史君紹彭上

越王樓下種成行，濯濯分來一葦杭。偃蓋可須千歲榦，封條已傲九秋霜。含風便有笙竽韻，帶雨偏垂玉露光。免作爨烟茅屋底，華軒自在拂雲長。

和巨濟韻

通泉字法出官奴，日日臨池恨不如。雙鯉可無輕素練，數行惟作硬黄書。鄉關何處三秦路，馬足經年萬里餘。多謝玉華宮畔客，新詩未覺故人疎。臨池通泉，爲如字韻牽，非實事也。不笑，不笑。

句

曾夢春塘題碧草，偶來霧夕看紅蕖。曉露凝蕪逕，斜陽滿畫橋。不眠聽竹雨，高臥枕風湍。去意已輕千里陌，深杯難醉九迴腸。灞陵葉落秋風裏，忍對霜天數雁行。以上郁氏書畫題跋記

王 谹

谹字稚川，與黄山谷倡和。

書旅邸壁

雁外無書爲客久，蛩邊有夢到家多。畫堂玉佩縈雲響，不及桃源欸乃歌。

天社任淵山谷内集注：彭山黄氏有山谷手書此詩云：王谹稚川，元豐初調官京師，寓家鼎州，親年九十餘矣。嘗聞貴人家歌舞，醉歸書其旅邸壁云云。余訪稚川于邸而和之。

蔣 擴

擴字充之。

送鄧德甫

高談耳冷幾經秋，解后長沙得少留。莫畏洞庭風浪險，主翁元是濟川舟。

范公偁過庭錄：鄧璋德甫，永州人，鄉舉八行。忠宣謫永，館門下，教授諸孫。後過長沙，與故人蔣充之遇，蔣送詩云云。蔣由是詩名播湖、湘間。

呂由庚

由庚，誨之子。

句

地下若逢中執法，爲言今日再昇平。

聞見前錄：神宗卽位，呂誨獻可擢御史中丞。一日，紫宸早朝，司馬溫公爲翰林學士，相遇朝路。溫公密問曰：「今日請對，何所言？」獻可舉手曰：「袖中彈文，乃新參也。」溫公愕然曰：「王介甫素有學行，奈何論言？」獻可正色曰：「君實亦爲是言耶？安石雖有時名，好執偏見，不通物情，喜人佞已。置諸宰輔，天下必受其禍矣！」未幾，中書省置三司條例司，始變祖宗舊法，所用皆憸薄少年，天下騷然。溫公退居洛，慨然曰：「呂獻可之先見，吾不如也。」獻可出知鄧州，病乞致仕。溫公、康節日就臥內問疾。一日，手書托溫公以墓銘，溫公亟省之，已瞑目矣。溫公呼之曰：「更有以見屬乎？」獻可復張目曰：「天下事尙可爲，君實勉之。」後溫公相天下，再改元祐之盛，獻可不及見矣。溫公薨，獻可之子由庚挽詩云云。

鄭景望

景望，湘山人。生元豐、元祐間。有蒙齋筆談。

在潁州作

城頭曉漏鳴丁丁，窗間月落卻未明。衡陽歸雁過欲盡，汝南荒雞初一鳴。悠悠斷夢了不記，草草微吟還獨成。人生得意須幾許，一睡稍足無餘情。

蒙齋筆談：余每夜寐，過分輒不能再睡。展轉一榻，時聞鼠齧，唧唧有聲，亦是一樂事。當門老僕，鼻息如雷，間亦爲囈語。或悲或喜，或怒或歌，聽之每啓齒，意其亦必自以爲得，而余不得與也。嘗在潁州時，初自翰林免官，先君爲倅，歸養，居後圃，三間小室，旁無與鄰，左右惟一獠，意況已如此。嘗有詩云云。

鄭周卿

周卿，襄邑人，公肅右丞之孫。知鄆州中都縣。

句

鶴歸空有恨，雲散本無心。悼妾 許彦周詩話

楊萬畢

萬畢字通一，淇州人。

句

千里暮雲山已黑，一燈孤館酒初醒。

蔡寬夫詩史：索寞之意，盡于此矣。

史 驤

驤字思遠。

句

花分先後留春久，地帶東南見月多。 瀛史

令狐挺

題相思河

鄜州北百里，有相思河，岸有郵置，曰相思鋪。

誰把相思號此河，塞垣車馬往來多。只應自古征人淚，灑向空川作逝波。墨客揮犀

魯千之

題崇明寺

心情稍覺難如舊，勝迹依然日月新。鶴怨猨驚嗟往事，再來山色似迎人。修武縣志

許元祐

風水洞

野寺依山立，松橋避石斜。壞梁飛白蟻，枯木挂青蛇。道路悲蓬轉，功名惜鬢華。聊將洞中水，試洗眼前花。咸淳臨安志

周　弁

臨海淨土院

一徑森森入翠微，翠微深處見禪扉。倚雲殿閣光相照，蔽日松杉碧四圍。竹引澗泉寒遶屋，雨蒸山靄潤侵衣。十年遊宦今重到，景物依前舊識稀。輿地紀勝

闞欽受

欽受官御史。

宿瀛州高唐館

借問襄王安在哉？山川此地勝陽臺。今朝寓宿高唐館，神女何曾入夢來。漫叟詩話

閻伯才

句

魚貫羸師堪坐縛，爾時可歎蜀無人。陰平橋　困學紀聞

張冕

冕官翰林學士。

海棠

海棠栽植徧塵寰，未必成都欲詠難。山木瓜開千顆顆，水林檎發一攢攢。自注：大約木瓜、林檎花初發，皆與海棠相類，但花稀而先葉耳。惟山木瓜、水林檎尤似。山木瓜，揚州有之，楮木叢也。初疑紅豆爭頭綴，忽覺燕脂衆手丸。西蜀人家根撥小，南荆官舍樹枝寬。高穿羣木無因蔽，平倚危樓最好看。十畝園林渾似火，數方池面悉如丹。錦袍萬丈仍連袂，自注：白傅。珠被齊光更合歡。自注：楚辭。風嫋細腰妝正罷，自注：楚宮。露晞銅雀淚新乾。晨曦遠借彤雲暖，秋魄微侵甲帳寒。會讌豈勞供幄幙，採香應見費龍檀。穠燒遊女青絲髮，殷染妖姬白玉冠。賓席半移隈茜綬，使車多熱簇雕鞍。層層排朵縈飛蝶，密密交柯宿翠翰。詩客早慙矜縷管，畫工誰敢衒霜紈。本期相伴千場醉，可忍輕邀百卉殘。川路尙移隨迅瀨，蕃盤猶折出長瀾。飄零絳雪深盈尺，收拾晴霞散結團。時去獨應賢者識，色空潛有達人觀。譜爲仙子終須美，自注：花譜以海棠爲

神仙。王禹偁海仙詩序。實作寒梅況不酸。自注：寒梅事具序中。五六年來離別恨，春宵頻夢石臺盤。自注：荆王石臺盤，在後圃海棠下，至今存焉。海棠譜

元溥

溥字泉卿，宜興人，號耘軒。

歲後書懷

他鄉故鄉老若此，新歲舊歲窮依然。烹茶但有二升水，沽酒初無三百錢。咸淳毗陵志

徐範

過太行山

路繞羊腸躡屐齊，萬山金碧總堪題。舉頭日月中天近，極目乾坤五嶽低。自笑鹽車騏驥厄，誰憐枳棘鳳皇棲。欲投古寺禪房宿，喜見僧歸落日西。河内縣志

晁元忠

西歸

安得龍山一作湖潮，駕回安河水。水從樓前來，中有美人淚。人生高唐觀，有情何能已。復齋漫錄

徐評

評，新城邑令。

寧國院

岑寂千山曲，縈紆一徑微。樓臺青嶂合，窗戶亂雲飛。野色侵僧衲，池光射客衣。偶來修吏隱，到此益忘機。咸淳臨安志

周式

式，成都人。

句

花前嫫母醜，雪裏屈原醒。庭松 歷代吟譜　珠簾繡戶遲遲日，柳絮梨花寂寂春。苕溪漁隱叢話

查許國

許國字匪躬，海陵人。官奉議郎，僑居荆南。

鳴弦峯 在英州南。虞舜南巡，撫琴于此。

木葉蕭蕭江水清，幅巾藜杖遠山行。忽然行到山深處，聽得鳴弦一兩聲。方輿勝覽

王觀國

觀國，長沙人。著學林。

題北巖院

雲巖亂石漱寒泉，通夕泉聲到枕邊。宛似昔年嚴瀨口，五更風雨宿溪船。南安縣志

陳古

過武侯廟

羣雄角逐自驅除，邂逅眞龍起畏途。材並管蕭非亞匹，氣吞曹馬直庸奴。兩朝冠蓋尊元老，千載風雲屈壯圖。天欲鼎分終割據，可憐憂國竟捐軀。成都文類

王潤之

潤之字德玉，山陰人。

寶林寺

支公曾駐錫，規矩舊叢林。飛鼠殿堂古，靈鰻井穴深。磬聲來竹外，塔影臥池陰。幸有相知客，時時過我吟。越詠

王子思

表兄丁行之俾予作山水一軸

禿髮管城書不中，麝煤滿硯隨輕濃。烟雲變怪本無定，丹青故匪能形容。解衣盤礴無人久，妙跡于今復何有。揮毫要使眞宰泣，歎息初非癡絶手。遼東有人丁令威，去家得仙今暫歸。上界繁華異丘壟，安得長林大麓長追隨。聯翩大軸要予寫，敲冰不在鵝溪下。吾既不能爲喬松直榦摩蒼天。又不能爲小童一線飛紙鳶。萬里江山入平遠，映取畫師閻立本。

何源秀才爲余畫山水圖覓詩

孤峯特立何巉巉，勢與霄漢高相參。左蟠右列分嶺岫，儼如至尊朝子男。怪予蝸室不函丈，欲有異境超塵凡。素縑挂壁故妥帖，平地作此千嵌巖。雲蒸霧結深莫測，長林大麓亂不芟。想當變怪蟄龍虎，

中有窟穴誰能探。將崩未崩江動石，欲去不去風滿帆。山坳林缺見天際，隱約萬里橫煙嵐。嗟予賨性素山野，覩此丘壑心益耽。斗升之粟眞秣莝，野馬垂耳就轡銜。西山爽氣日在望，吏卒侍側嚴若監。青鞵布韈棄不著，誰令自苦披青衫。頗羞漁父駐短櫂，似笑大夫新被讒。寄言鳥獸儻可侶，吾將從汝棲林巖。以上塈壼集

陳遠

長橋玩月

世間八月十五夜，何處樓臺得月多？不及吳江橋上望，水晶宮殿揖嫦娥。吳江縣志

曾晦之

晦之，南豐人。

次唐彥猷顧亭林韻

烟雨三家市，黄門卜此居。著書千紙在，祠宇幾椽疎。潮汐成今古，牛羊有里墟。舉兵鉏逆節，風烈照無餘。至元嘉禾志。

蘇文饒

文饒，官大監。

鴻溝

置俎均牢彘，峩冠信沐猴。方矜几上肉，已墮幄中籌。海岳歸三尺，衣冠閟一丘。路人猶指示，上下是

鴻溝。

春晚

芳草莫尋遊處跡，好花空認折殘枝。啼鶯似怨歸何速，舞蝶應憐出太遲。以上後村千家詩

傅子容

題楊汝士玉蘂帖

比瑒更馨總未佳，要須博物是張華。因觀異代前賢帖，知是唐昌玉蘂花。

高齋詩話：唐人題唐昌觀玉蘂花詩云：「一樹瓏鬆玉刻成，飄廊點地色輕輕。女冠夜覓香來處，唯見階前碎月明。」今瑒花即玉蘂花也。介甫以比瑒，謂當用此瑒字。蓋瑒玉名，取其白耳。魯直又更其名爲山礬，謂可以染也。廬陵段謙叔，多聞士也。家藏異書古刻至多，有楊汝士與白二十二帖云：「唐昌玉蘂，以少故見貴耳。自來江南，山山有之，土人取以供染事，不甚惜也。」則知瑒花之爲玉蘂無疑矣。傅子容見此帖，乃作絕句云云。

鄭獬

詠王子安應城新亭

一簪華髮一牀書，盡日新亭適意無。莫道長安天樣遠，長安自不厭江湖。

前年諫獵出長楊，乞得新亭作醉鄉。好把青衫送酒媼，從敎人識御爐香。侯鯖錄

宋翰

題涪陵郡

錦繡洲猶在，熊羆夢已無。文風齊兩蜀，仙洞接三都。白石從天設，青崖見地圖。荔支妃子國，不復爨時輸。方輿勝覽

傅　翼

翼，永豐令。

猨嶠　在建昌軍新城縣

參差茅屋帶村烟，驛路崎嶇石岸邊。風物盡成三谷景，溪山分斷七閩天。夜猨乘月悲霜樹，秋石和雲瀉澗泉。謝守來遊已千載，何人能爲續佳篇？輿地紀勝

史　沆

沆早登進士第，坐事遷謫而死。平生好持人短長，世以凶人目之，雖古人亦妄肆詆訾云。

題琵琶亭

坐上騷人雖有淚，江邊寡婦不難欺。若使王涯聞此曲，織羅應過賞花詩。賓退錄

李沖元

過姑孰作

琉璃萬頃碧如堆，畫棟連雲戶牖開。晴嶂勢吞三楚盡，暮潮聲帶九江來。六朝寂莫惟流水，孤壘荒凉只舊臺。惆悵騎鯨人已老，夜船空棹月明迴。輿地紀勝

房偉

訪古

訪古城西話劫灰，子雲相如安在哉？成都萬事變亦盡，惟有石筍雙崔嵬。成都文類

馬彝

次吳江驛

蘭舟東下泊吳江，暫寄郵亭看渺茫。魯望舊蹤追感歎，季鷹前事入思量。當軒雨過峯巒秀，隔岸風來橘柚香。散髮未能歸未遂，鱸魚時節負秋光。吳江縣志

柳伯達

題濮公仙洞

昔日何人占弋山，波光嵐翠照潨灣。佩蘭隱者今何在？煉石仙人去不還。綠水渡頭空自急，白雲嶺上至今閑。高峯張令祠邊望，古井荒城半草間。汝寧府志

何泳

送成都護戎韓舍人

戎符重析引綸言，愼簡長才護外藩。三載傳榮存北第，二城分職俯南原。嚴堮密侍親中扆，危棧前驅屬左鞬。江泊夜聲頻度枕，山行晴碧互迎軒。歌驪暫愴朋遊遠，叱馭都忘暑氣煩。仄席正求詩禮帥，詔歸非久俟東轅。成都文類

范祥

送成都護戎韓舍人

全蜀兵符重，霄扆注念勞。臨戎號人傑，分組得時髦。軍府威名播，齋壇世閥高。歷橋題駟馬，揚旆啓三刀。鑋鑠前謀大，澄清此志豪。忠臣希子貢，民頌繼王褒。臘市繁千蓋，春江漲萬艘。浣溪雲粉薄，公暇廢援毫。成都文類

蔡若水

若水，庫部員外郎。

痲源靈豐祠

偶因乞雨到痲源，碧澗縈紆亂石間。未省謝公吟賞後，更誰乘月弄潺湲？痲姑集

王子韶

子韶字聖美，太原人。舉進士。歷禮部員外郎。哲宗朝，進祕書監，拜集賢殿修撰，知明州卒。

神宗皇帝挽詞

竇餌方噉玉，金盤忽造冰。周人悲地拆，杞國怨天崩。杳霧霾陰月，鯢膏耿夜燈。傷心歌舞妓，灑血望西陵。

脫屣人寰忽上天，投淵果熟會羣仙。帳宮雲暝龍爲駕；綴幄天寒鶴記年。萬里出師輕衛霍，一朝行事

付談還。功名半古升遐早，獨抱遺弓涕泫然。楊公彦齡筆錄

閻伯敏

朝雲峯 巫山十二峯之三

山頭行雲自朝朝，陽臺暮色連雲霄。朝來暮去變雲雨，送老行客無回橈。

淨壇峯

山頭枝枝竹掃壇，舟子竹枝歌上灘。炷香上廟擲杯珓，但乞如願舟平安。

起雲峯

釵頭婀娜山花枝，裙尾舊纈山䊵衣。朝隨雲起採薪去，暮趁女伴穿雲歸。以上全蜀藝文志

陳純

純字元朴，莆田人。游桃源，與三仙女倡和。

中秋月和桃源夫人

仙源嘗誤到，羈思正蕭然。秋靜夜方靜，月圓人更圓。清尊歌越調，仙棹泛晴川。幽意知多少，重重類楚綿。詩話總龜

饒師道

師道，南城人。

遊麻姑山

拂曉旌幢遠訪眞，洞中和氣一番新。爭迎謝守同遊客，盡是方平舊會人。山峭亭臺多占月，地靈風物只如春。清歡何必笙簧助，自有紅泉碧澗鄰。輿地紀勝

閻孝忠

題黄相山

東帶連山接五羊，西分郴水下三湘。路人到此休南去，嶺外千峯盡瘴鄉。錦繡萬花谷

查仲本

温泉 在重慶府城北

浴罷臨泉一整冠，令人搔首憶長安。御湯搖蕩雙龍影，疑是胡兒簇馬鞍。錦繡萬花谷

宋詩紀事卷三十二

錢唐厲鶚輯
錢唐吳城勘定

許景衡

景衡字少伊，溫州瑞安人。元祐元年進士。高宗朝，官至御史中丞，遷尚書左丞，罷爲資政殿學士，提舉洞霄宫。卒謚忠簡。有横塘集。

寸碧亭

杖履尋常行樂處，不論小逕與幽亭。誰知蒼莽千峯外，尚有仙山一點青。東甌詩集

登仙巖寺

龍穴梅潭抱嶺斜，憶曾同試雨前茶。稍須林壑開雲葉，便倩兒童汲井花。一别仙山空夢寐，三年邊塞走塵沙。合須覓片閑田地，鄰舍如儂有幾家。仙巖寺志

魯百能

百能，吳興人。元祐元年進士。

醉仙崖　在秦州舊天水縣，連鳳山。

高倚青冥揖酒星，山崖誰作醉仙形。從來天地爲衾枕，應笑人間有獨醒。方輿勝覽

李　廌

廌字方叔，陽翟人。少以文字見知于蘇軾。元祐初，軾知舉，意在必得廌以魁多士。及考章援程文，以爲廌無疑，遂以爲魁。既拆號，悵然出院，廌竟無成而卒。有濟南集。

友人董耘饋長沙貓筍廌以享太史公太史公輒作詩爲貺因筍寓意且以爲贈耳廌卽和之亦以寓自興之意且述前相知之情焉

節藏泥滓氣淩空，薦俎寧知肉味重。未許韋編充簡策，已勝絲委誑蛟龍。短萌任逐霜刀重，美榦須煩雪壤封。他日要令高士愛，不應常共宰夫供。師友談紀

苕溪漁隱叢話：李方叔稱范淳甫爲太史公，以其爲國史修撰也。

觀吳正獻眞

次公不許畫麒麟，孝宣妙選知名臣。拜公之像想風度，乃是雲臺子顏之文孫。元豐天子建原廟，玉宇萬棟臨端門。累朝名臣儼冠劍，列聖御坐開乾坤。修廊祕殿鎖春色，彷彿音容皆駿奔。相君相業皆元元，旂常彝鼎定書勛。儀形在歿侍神考，英氣噩噩凝天閽。嗣皇方思服口美，欲考辟公觀列文。君傳茲圖落人世，世人遂得知璵璠。吾知袁公固有後，能平楚獄竟無寃。召公甘棠猶不伐，衞武之德誰能諼。君不見溫公之像滿人間，願廣此圖令並傳。墨畫錄

寒食

千株蜜炬出嚴闉，走馬天街賜近臣。我亦茅簷自鑽燧，煨針燒艾檢銅人。

娛書堂詩話：此詩善述冷淡況味。

飲襄陽沈氏家醉題侍兒小瑩裙帶

旋剪香羅列地垂，嬌紅嫩綠寫珠璣。花前欲作重重結，繫定春光不放歸。墨莊漫錄

驪山歌

君門如天深九重，君王如帝坐法宮。人生難處是安穩，何爲來此驪山中。複道連雲接金闕，樓觀隱隱橫翠紅。林深谷暗迷八駿，朝東暮西勞六龍。六龍西幸峩眉棧，悲風便入華清院。霓裳蕭散羽衣空，麋鹿來遊虚市變。我上朝元春半老，滿地落花人不掃。羯鼓樓高挂夕陽，長生殿古生青草。可憐吳楚兩醯雞，築臺未就已堪悲。長楊五柞漢幸兔，江都樓成隋自迷。由來流連多喪德，宴安鴆毒因奢惑。三風十愆古所戒，不必驪山可亡國。宋文鑑

遊寶應寺

雨後秋風入翠微，我來仍值晚涼時。山遮日脚斜陽早，雲礙鐘聲出谷遲。故國空餘煙冉冉，舊宮何在黍離離。興亡滿眼無人語，獨倚闌干默自知。詩林萬選

劉延世

延世字述之，臨江人。公是先生猶子，少有盛名。元祐初，遊太學，不得志，築堂講業，名曰抱甕。

自題墨竹

酷愛此君心，常將墨點眞。毫端雖在手，難寫淡精神。壹繼

翡翠

避人忽起鳴衣桁，掠水飛來立釣磯。靜處欲留看不足，翠光點破夕陽歸。後村千家詩

和孫公索酒

紫貂寒擁鼻，綠螘細侵唇。蓮燭當時事，壺頭此日春。孫公談圃

種竹

梅蒸方過有餘潤，竹醉由來自古云。掘地聊栽數竿竹，開簾還當一溪雲。歲時廣記

句

靜室焚香盤膝坐，長廊看畫散衣行。

孫公談圃：劉逖之句。趣尙之高，有如此者。

王履

履字坦翁，開封人。元祐初，從父景琚南郊恩爲三班奉職。元符上書，編置新州。入黨籍。靖康初，除相州觀察使，扈駕被留，死之。

臨難歌 曰琯按：此歌宋史作李若水。

矯首向天兮，天卒無言。忠臣效死兮，死亦何愆！三朝北盟會編

喻陟

賀岷州太守种誼破鬼章

周后持盈日，戎夷負固年。廟謀期必勝，閫略制於先。不假天山箭，行聞杕杜篇。凱還俘馘獻，圖像有凌煙。陝西通志

王純臣

賀岷州太守种誼破鬼章

黄塵匹馬捷書來，且喜洮東破虜迴。縱使淮西功第一，未聞生縛七渠魁。陝西通志

鄭至道

至道，莆田人，伯玉之孫。元祐二年，以雄州防禦推官知天台縣。爲政寬簡，邑人悦服，秩滿扳戀，因家于台。今廣龍鄭乃其裔也。

劉阮洞

采藥歸來世代賒，洞門方此掃煙霞。碧流清泚弄明月，翠巘高低飄落花。芳草已迷當日路，白雲空想舊人家。自慙不是浮觴侶，謾向人前醉帽斜。台州府志

王公亮

公亮字明遠。

句

足穀醫還驗，占桑夢已靈。

王得臣麈史：予弟光輔鄰臣，郡以經行應詔。元祐丁卯，賜第。歸未幾，因出墜馬傷甚，十一日而卒，年四十八。王

公尧明遂挽詞云云，衆咸推服。

范子正

子正，忠宣公純仁長子。○鶚按：范忠宣二子：正平字子夷，次正思字子默。范公偁過庭錄云：六伯祖子正，七伯祖子夷，是子正爲忠宣長子。史不載，故佚其名。

孔林

漢陵玉匣盡，秦山銀海空。干戈百世後，獨究先聖宫。樹有千年色，門無數仞崇。盛德包覆載，遂順因所宗。坐若顔閔後，頗聞鄒魯風。撫膺感遺言，零落涕霑胸。過庭錄

寄季顔師顔謪齊州

歷下故人今何在？音書又已隔寒暄。多年别後紛紛事，何日尊前細細論。忍見風霜摧羽翮，空教江漢瀉詞源。聖朝寬大超前古，卽有恩光照覆盆。

范公偁過庭錄：六伯祖子正，丞相長子，有大才，博學，年甫三十二而卒。有文集百卷，魯直爲跋。其後兵火，集散亡，而魯直集中，此跋亦闕。其略云：士之學，期于沒而不朽。君子之道，百世以竢聖人。故壽夭之際，未嘗置言。梟鶴之短長，故物不能齊也。雖然，有連城之璧，操之甚栗，中道而毁，豈能使人無槩于心哉！范子正，余不及友也。予聞其人，又得其言，皆可傳後。問其所遊，則司馬溫公愛之。問其爲吏，則年三十試吏單父。方使者剝膚椎髓，取于民以自爲功，子正以歲饑獨捨單父民錢十九，雖沒可以不朽矣。或謂子正父祖皆名世士，自宜如此。應之曰：文王割烹，武王飪鼎，叔旦舉而用之；管、蔡不食，誰強之？則子正賢于人遠矣。元祐二年三月庚午，豫章黃庭堅書。

范致虚

致虚字謙叔，建陽人。元祐三年進士。徽宗朝，爲尚書左丞。靖康中，知京兆府。高宗卽位，終資政殿學士。

汎松江

黛潑峯巒安用染，鏡澄湖面不須磨。已驚張翰鱸如玉，想見西施髻似螺。目斷樓高知水闊，雲開山盡見天多。吾家本是煙波主，好律漁翁一曲歌。吳江縣志

趙宗印

宗印，汾州孝義人。少爲僧，范致虚令還俗，授河東制置使，提義兵，所向甒下。王師敗於富平，慟哭入華山，不知所終。

題佛刹

七十勞生西復東，鄉關在念感飄蓬。大遼半歲九分盡，全晉一年千里空。周召已亡無善政，蔡童雖死有餘風。華陰乞食商山去，巖谷幽尋四老翁。

封氏編年：范致虚在長安措置兵馬，招募諸色人，借補官資。宗印本姓趙，汾州人，題詩佛刹云云。安撫席益遣人追回，與語，大奇之。薦之致虚，令還俗，爲節制參議。宗印以僧爲一軍，謂之尊勝隊；以行童爲一軍，謂之靜勝隊。軍至陝州，攻奪潼關。

劉㝫

𤏡字無言，長興人，誼之子。元祐三年進士。仕爲祕閣修撰。有見南山集。

上庠錄：元祐間，馬涓、張庭堅等四人，擅名太學，時號「四俊」。劉𤏡，湖州人，年少亦自負。初補太學生，聞而慕之，以刺謁曰：「不識可當一俊否？」涓等詭計以困之，曰：「每誠當預爲一字，限于程試中用之，善者乃預。」既而程試，𤏡請字，涓等曰：「第一句用將字。」其時策問神宗實錄，𤏡對曰：「秉史筆者，權猶將也，雖君命有所不受，而況其他乎？」後果爲第一，聞者服之。因目𤏡曰「挨屁俊」。

同友人汎舟至仁王寺

青秧出水細於鍼，嫩葉初齊綠未深。又是一年春欲盡，杖藜乘興足幽尋。前賢小集拾遺

題召伯埭斗野亭

地勢如披掌，天形似覆盤。三星羅戶牖，北斗挂闌干。晚色芙蕖靜，秋香桂子寒。更無山礙眼，剩覺水雲寬。

庚溪詩話：此詩題梁間，盡得斗野景物。

罨畫溪 在長興

竹林深處杜鵑啼，兩岸青青草色齊。欲識人間眞罨畫，朱藤倒影入清溪。湖州府志

宿華嚴院

夜宿霧山霧，晨茹芝山芝。年來嗜好衰，但與青山宜。登臨意未愜，出戶車已脂。王事有期程，愛山豈余私。崎嶇田野間，食寢將安之。天寒未落日，稅駕忽在茲。二山已陳迹，茲處尤新奇。翠竹與黃

花，一一對山扉。對景自忘言，若與予心期。眠雲飽山色，那得困與飢。山僧喜我來，迎我留新詩。我有愛山癖，山僧知不知？吳氏詩永

郭三益

三益字慎求，常州人。元祐三年進士。仙居令。靖康間，湖南安撫。建炎初，同知樞密院事。

題仙居南峯寺藍光軒

山光竹影交寒輝，下有碧浸吹漣漪。沙痕隱隱白鳥去，石聲鑿鑿扁舟歸。芝蘭發香禪味遠，雲霧吐秀人家稀。須知春事不可挽，杜鵑已遶林中飛。吳禮部詩話

寒巖

道人棲碧山，雲居在空曲。十年海潮音，外物緣已熟。更尋妙高頂，超然具幽築。古木插空青，寒筠抱巖綠。時擕貝葉書，步入深林讀。雲衣冷蕭條，靜對含煙玉。客來境非喧，客去境自足。宵眠護神虎，晝引穿花鹿。庵中三昧語，藥我貪癡毒。何當脫雙凫，藜杖追高躅。天台山志

馬　存

存字子才，鄱陽人。因慕徐節孝道德，寓楚州，卒業于其門。元祐三年進士。爲越州觀察推官。有集。

長淮謠

節孝先生作淮之水贈之，子才答以長淮謠。

長淮之水青如苔，行人但覺心眼開。湘江豈無水，魚腹忠魂埋，但見愁雲結雨猿聲哀。浙江豈無水，鴟革漂胥骸，但見潮頭怒氣如山來。孤臣詞客到江上，何以寬心懷？長淮之水遶楚流，先生家住淮上頭。黄金萬斛浴明月，碧玉一片含淸秋。酒花八面歌一曲，淮上百物無閑愁。合璧事類前集

句

可憐一覺登天夢，不夢商巖夢櫂郎。咏漢文帝 困學紀聞

孫　發

發字妙仲。元祐三年進士，崇仁尉。

絶句

林亭長夏愛重陰，來引茶甌一散襟。忽去卻來蜂个个，自啼還住鳥深深。能改齋漫錄

太史章

章，德淸人。元祐三年進士。

題宴坐石

白雲曾罩定中身，石上雲歸不見人。應有山神長守護，松風時爲掃埃塵。吳興藝文補

張　壆

壆字子厚，武進人。元祐三年進士甲科，養親不仕。蘇軾薦爲校書郎，不出。崇寧初，賜處士號。卒謚正素。

蒙齋筆談：正素處士，淸通遠略，不爲崖異。賀鑄最有口才，好雌黄人物，於子厚亦無間言，每折節事之，稱曰通隱先生。

夢中作

楚峽雲嬌宋玉愁，月明溪淨印銀鉤。襄王定是思前夢，又抱霞衾上玉樓。紫薇詩話

送呂子進

雛鷗雲鵬各有程，匆匆送別未忘情。恨君不在篷籠底，共聽蕭蕭夜雨聲。宋文鑑

宗　澤

澤字汝霖，婺州義烏人。元祐六年進士。靖康元年，知磁州。勤王兵起，康王以澤爲副元帥。建炎間，累遷延康殿學士，京城留守，兼開封尹。連結諸路義兵，方剋日渡河，力請上還京，爲黄潛善、汪伯彦所沮，憂憤，疽發背卒。贈觀文殿學士，謚忠簡。有集。

華陰道上二絕

煙遮晃目初疑雪，日映斕斑卻是花。馬渡急流行小崦，柳絲如織暎人家。

茸茅作屋幾家居，雲碓風帘路不紆。坡側杏花溪畔柳，分明摩詰輞川圖。

詩說紀事：楊用修云：「余嘗見石刻宗忠簡此二絕。」

至洛

都人士女各紛華，列肆飛樓事事嘉。政恐皇都無此致，萬家流水一城花。以上宗忠簡公集

朱之純

之純，華亭人。元祐六年進士。

自題谷陽園湖齋

平湖十頃水汪洋，得意茅齋且屈藏。園種小桃今結子，池栽翠芰更聞香。六龜已兆千年瑞，雙鶴看呈八月祥。居此翛然忘世味，此心尤嬾去龍陽。自注云：予湖上治圃，於桃根獲古龜六枚，其小如錢。雲間有仙鶴觀，每歲中秋夜，有仙鶴下觀，因得名。今余治圃谷水，鄰其地。至元嘉禾志

歐陽闢

闢字晦夫，桂州靈川人，從學於梅聖俞。元祐六年進士。任石康令。

困學紀聞：歐陽闢字晦夫，桂州人。東坡南遷，至合浦，闢時爲石康令，出其詩稾數十幅。注坡詩者以爲文忠之族，非也。

寄京師畫院待詔王公器

有唐畫癖唯王維，自謂前身應畫師。君今畫祖躡神奥，權敵造化爭分持。君今畫品到神處，祖身再生何異疑。宋唐相距更累代，典型尙在寧少隳。正恐聲名出祖上，況早力學工文詞。曩吟佳句每記憶，一字可買堪貧羸。天地兩間府萬物，物物圖繪略不遺。飛潛動植出把握，臻幽造妙窮豪絲。顧堂陸室牆數仞，直發門鑰深探窺。人間流落已足貴，況蔑國手展設施。景靈九殿初締構，九屛博選丹青奇。睿旨屬君亟應命，牡丹孔雀他無爲。雕闌醜石要傑怪，議敢共事纔郭熙。屛間散布十八種，爛然逼眞

生羽儀。南徐西趙不復數，宸翰點賜收高貲。慈聖光獻升仙際，晬容將貌精者誰？都城名輩皆縮手，君特奉詔趨宮闈。重瞳背淚親睠矚，一筆立就難動移。上心中悃愈增慟，金口由此皆歎咨。禁庭內外日唯肖，進秩一等躋官資。聖表神蹤閟天上，盛美空傳萬一知。考牧一圖最卓絶，羊牛爾牧俱來思。羊羣三百牛九十，角耳觺溼訛寢宜。聚無闘觸形甚澤，馴擾畢來肱以麾。地從善利畜得所，或□升降或飲池。牧人負餱荷蓑笠，可禦暑雨仍禦飢。薪蒸用足尚餘力，博取禽獸雄與雌。紛紛事物已曲盡，亡一不合無羊詩。豐年富庶義亦備，舉目如在宣王時。前視未有後鮮儷，獨步詎肯容並馳。不見古人豈君恨，但恨古人不見之。琅玕碾軸蜀錦標，賢王寶祕輕瓌琦。鉅公名卿競題跋，鋒起議論誇淵微。我始鄰居久結好，草廬對雪傳孱衰。喬松瘦竹旁掩映，梅花半拆臨澗湄。素琴横榻書滿架，綠瓶注酒傾椰巵。鑪灰不識炭火爐，坐擁條褐峨接䍦。筵前凌亂舞六出，筆凍硯底方生澌。女奴瞰窗不避冷，青裙赤脚丫髮垂。我無泉石營此景，君畫雖巧令人悲。十年遠別如夢寐，此圖出處嘗自隨。去春京國重會合，愈見極藝覩忘疲。矜我孜孜嗜益篤，爲作秋江四鷺鷥。芙蓉照波蔭寒菊，芰荻獵獵西風吹。感君贈我瀟灑意，意勸把釣江湖歸。煙瀾素闊無寸尺，今縱見勸歸已遲。君嗟五十眼力減，將亦謀隱長掩扉。我擬更求冬月景，知君老筆尚能揮。郢壹集

楊朏

朏字持正，閩人。元祐六年進士。終建寧軍節度書記。入黨籍。

玉泉院荔支軒

曾觀荔支圖，幾費丹青妝。能紅能紫亦能綠，不能寫作天然香。曾讀荔支譜，品品堪第一。較量滋味論高低，大抵聞名不聞實。我疑眞宰推化工，安排百果分番紅。杏梅桃李不足數，先教碌碌隨春風。錦囊玉液相渾淪，百果讓作東南元。別有眞香與色味，一時分付荔支軒。廣羣芳譜

秦覯

覯字少章，觀弟。元祐六年進士。調臨安簿。曰谿案：宋史：觀弟覿，字少章；覯字少儀。天社任淵注陳後山詩云：秦覯字少章，從蘇公學。任淵宋人，當無誤，今從之。

和王直方夜坐

幃幔高深夜漏長，頗從詩酒傲冰霜。燭花漸暗人初睡，金獸無煙卻有香。

王直方詩話：少章初登第，成親後，和余夜坐詩云云。讀者無不笑其貧富之頓異。

呈東坡先生

十里薰風菡萏初，我公所至有西湖。欲將公事湖中了，見說官閑事亦無。

鶴林玉露：東坡守杭、守潁，皆有西湖。故潁川謝表云：「入參兩禁，每玷北扉之榮，出典二州，輒爲西湖之長。」秦少章詩云云。

鮑愼由

愼由字欽止，處州龍泉人。元祐六年進士。徽宗朝，除工部員外郎，歷知明、海二州，卒。有夷白堂小集。

雨餘

礎潤雨欲作，好風每見先。蕭蕭清入簾，令我心灑然。閉門倦永夏，枕書日昏眠。快此風雨餘，端如濯飛泉。盆山有佳趣，草木更幽妍。井華養文石，香篆横雲煙。俯仰方丈間，勝事亦可憐。永懷觸熱子，我勞良獨賢。宋文鑑

謝傳神蔡景直

馳譽丹青有古風，筆端及我未宜蒙。雲臺麟閣遥相望，枉寫褒公與鄂公。能改齋漫錄

夜坐

萬卷堆中種眼花，睡魔亦厭夜深茶。平生不草長門賦，豈有黄金送酒家。後村千家詩

與鄭公華自朐山鄰舟行

舟行有後先，相去能幾許。鏗轟金鼓聲，見面不得語。水花來幽香，岸柳過疎雨。登艫各乘風，解帆會聯浦。閑攜小龍團，睡起就君煮。楊慎清暑錄

周行己

行己字恭叔，永嘉人，師事程伊川。登元祐六年進士。官至祕書省正字。有浮沚先生集。

絕境亭

雲横絕塵境，峻嶫若繩削。羣山列培塿，衆星分脈絡。下瞰萬瓦居，縹緲見樓閣。松風發天籟，泠然衆音作。皛皛天宇清，塵襟一澄廓。東甌詩集

周之深

之深，長興人。元祐六年進士。

遊清果寺

西郊出郭未十里，寺在白雲深處藏。僧爲愛閑長閉戶，客來無路自迴廊。近松古瓦落夜子，傍水小池生暮光。指點依稀飯籮水，不知何處問興亡。吳氏詩永

鄭居中

居中字達夫，開封人。舉進士。徽宗朝，歷少保、太宰，兼門下侍郎，兼知樞密院事，封燕國公，進太保。薨，贈太師、華原郡王，謚文正。

挽顧學正公甫

可惜病相如，誰尋封禪書？雙親千里外，一葉九秋餘。風露翻歸旐，塵埃鎖故廬。虎丘山下路，會葬有鄉車。

廣文官舍冷如冰，幾歎朝衫脫未能。忽買春田埋玉地，猶懸絳帳讀書燈。佳名空綴仙都石，妙偈爭傳海寺僧。一幅粉旌春水漫，惜君誰不涕奔騰。中吳紀聞

崔鶠

鶠字德符，雍丘人，徙陽翟。元祐中，第進士。元符末，上書，入邪等，坐廢三十年。靖康初，擢右正言，以疾乞解官，除直龍圖閣，提舉嵩山崇福宮，卒。自號婆娑先生。有婆娑集。

雲浪齋日記：德符詩所謂：「食鯨老氣横九州」；廬山詩云「遥知金刹近，林表颭幡尾」；滕王閣詩云「小艇元從天上來，白雲自向杯中落」。潁昌富文物，崔鶠、陳恬猶爲下士。郡齋讀書志：鶠長於詩，清婉敷腴，有唐人風。

鄱陽詩

記得詩狂欲發時，鄱陽湖裏月明知。無人爲覓桓伊笛，自卷秋蘆片葉吹。過庭録

會節園梅花下作

去年白玉花，結子深林間。小憩藉清影，低顰啄微酸。故人不復見，春事今已闌。繞樹尋履迹，空餘土花斑。

墨莊漫錄：德符監洛南稻田務時，中官容佐掌宫鑰于洛，郡僚事之唯恐不及，獨德符不肯見之，容極銜之。德符一日送客于會節園，時梅花已殘，與客飲梅花下。已而容奏陳以會節園爲景華御苑，德符初不知也。明年暮春，復騎羸馬，從老兵，徑入園中梅下，哦詩徘徊而去。次日，容見地有馬跡，問園吏，以崔對。容遂劾奏鶠徑入御苑，以此罪廢。

秋日即事

秋草門前已没鞾，更無人過野人家。離離疎竹時聞雨，淡淡輕煙不隔花。

黄州道中

莫愁微雨落輕雲，十里長亭未墊巾。流水小橋山下路，馬頭無處不逢春。以上墨莊漫錄

早秋雨霽圖

我離蜀山來，赤日走東州。奇峯作眼想，一過神已留。翩翩宋公子，新詩藹風流。丹青見新韻，瀟灑出林丘。依微萬里遥，曠朗一雨收。高雲杳褭開，縞日明華秋。風裙映山青，眇眇行李幽。得非送將歸，色有離别憂。念我山海僻，鍼砭不爲瘳。目看孤鴻飛，心已麋鹿游。吾兒能扶犂，此犢便可投。勿言尺寸許，是中有菟裘。

與叔易過石佛看宋大夫畫山水

霜落石林江氣清，隔江猶見暮山横。箇中只欠崔夫子，滿帽秋風信馬行。

觀黄筌畫花

蒼顔白髮我雖陳，見了青紅幾度新。更向黄生毫末裏，全家看盡劍南春。淺淺紅顔與白腮，臥枝斜葉抱新開。何人與作春風面，誑得蜂兒日日來。

和老人觀牧圖

作官畏人嘲，胡孫騎牧牛。卻離大江水，還家整歸舟。還家此計不可移，此樂勿令兒輩知。行歌帶索拾遺穗，耳静不復聞征鼙。功名亦妄爾，吾生去此將何之？趁此青草長，自牧牛與羊。不減九十頭，何翅三百強。沙平水淺南山下，千角萬蹄如此畫。牛腰吹笛遡秋風，不問人間矍鑠翁。以上婺書集

子石硯

石家有兒玉含晶，噓爲雲氣吸爲晴。純精與之相感并，孕育萬狀流千名。黄昏鬼泣不忍聽，且爲白鵝

换黄庭。硯箋

海棠

渾是華清出浴初，碧綃斜掩見紅膚。便教桃李能言語，要比嬌妍比得無？海棠譜

潛心齋　以下三首寄漫叟

雙扉掩餘香，一榻下涼幔。前人嗟不死，萬古映黄卷。時時擷英華，一一詣微遠。鼎食姑置之，此味良不淺。

止遽軒

我如萬斛船，歲久腰已嬾。誰能逐相師，終日問手版。去謀一寸安，輒被三尺挽。憐公謝蠻觸，鼓臥旗亦偃。

丈室

此家英妙姿，玉雪照冠冕。新詩一何似，鸞鵠見蕭散。躡屐往從之，寧復念重趼。以上苕溪漁隱叢話

早春偶題　日鉻按：此詩又見林之奇拙齋集。

寒風淅瀝鳴枯葦，小鴨睡殘猶未起。更教細雨結春寒，坐聽蕭蕭打窗紙。石盆養蒲已抽翠，雕斛栽花先弄紫。擁爐閉閣賦幽香，未怕春冰生硯水。

題積溪雪峯樓

題詩最高處，不爲待人看。記著今朝勝，山明松雪寒。以上宋文鑑

婆娑園 在郟縣西，䳭居此。

晚禽噪竹百千翅，殘菊橫枝三兩花。好在山園養衰疾，風波不到野人家。河南通志

黄葆光

葆光字元暉，黟縣人。賜進士出身。崇寧初，以薦爲太學博士，擢侍御史，守處州。

贈孫至豐

勸農因到好溪頭，把酒相看憶舊遊。三十年來如一夢，可憐空負釣魚舟。

蓉塘詩話：麗水孫薪至豐，元祐中以明經擢第，授荆門軍教授，不赴。質性清介，絶意仕進，與黄葆光爲太學舊游。宣和六年，黄出守處州，薪不屑詣郡謁見。黄約以勸農日會于洞溪僧舍。至期，薪以扁舟來會，黄贈詩云云。

晁詠之

詠之字之道，説之從弟。以蔭入官，復登進士第，又中宏詞科第一。除河中教授。元符上書，罷爲京兆錄事，以朝請郎提舉崇福宫，卒。有崇福集。

曲洧舊聞：崇寧初，凡元祐子弟仕宦者，並不得至都城。晁之道自洛中罷官回，留中牟驛累日，以詩寄京師姻舊，其結句云：「一時雞犬皆霄漢，獨有劉安不得仙。」語傳于時，議者美之。

壽星寺

石磴插青漢，禪宫入渺冥。歸雲侵客坐，流水亂松聲。天近月逾白，竹多山更青。從來丘壑志，不獨付孫登。咸淳臨安志

杭州思歸

丘壑情無盡，田園興有餘。何當厭澤國，不奈憶吾廬。庭戶草應長，江山木已疎。何時整歸棹，八月洞庭湖。杭州府志

句

旌旗太乙三山外，車馬長楊五柞中。柳外雕鞍公子醉，水邊紈扇麗人行。紫微詩話

岑象求

象求字巖起，梓州人。終寶文閣待制。入黨籍。

遊定林院

野闊蓮宮迥，樓臺半倚山。地連巴峽近，門對濮溪灣。柏徑松煙溼，巖房雨蘚斑。白雲邀客住，明月伴僧閑。經梵喧譁外，香燈杳靄間。勝遊或邂逅，危構喜躋攀。世路長何極，塵心久欲還。輶車正催發，緩步出重關。全蜀藝文志

程　頤

頤字正叔，顥弟。元祐初，以薦授崇政殿說書。紹聖中，削籍，竄涪州，徙峽州，卒。入黨籍。學者稱伊川先生。嘉定中，追謚曰正，封伊陽伯，從祀宣聖廟庭。有伊川集。

陸渾樂遊

東郊漸微綠，驅馬欣獨往。舟縈野渡時，水樂春山響。身閑愛物外，趣逸諧心賞。歸路逐樵歌，落日寒

山上。河南府志

司馬槱

槱字才仲，溫公姪孫。元祐中，舉賢良科，調錢唐尉。有夏陽集。郡齋讀書志：才仲喜爲宮體詩，故世傳其爲鬼物所祟。

閨怨

銷盡輕寒不自禁，新愁唯向靜中深。尋常曾入三更夢，咫尺空論萬里心。人去鳳幃雲漠漠，雁回珠箔日沈沈。春風洞口花常在，只許劉郎一度尋。前賢小集拾遺

遊富陽蛻龍洞憩池上

梅萼春前破，松髯雨後滋。石崖鳴野鶴，竹塢竄香狸。山脚重重轉，溪流活活遲。殷勤窺洞府，又到濯龍池。

遊千頃山

在昌化縣。上有龍潭，廣數百畝，禱雨輒應。

欲爲龍池遊，束裝戒蓐食。雞鳴天未曙，呼童蠟雙屐。縈迴湖寒溪，确犖凌亂石。迢迢萬丈嶺，宛轉蒼龍脊。山高吐朝氣，恍不辨咫尺。俯聽雷雨聲，仰逐猨猱迹。委蛇度花塢，綠淨草可席。喜如出籠檻，身輕飛鳥捷。不辭雙足困，遠探蛟龍窟。傳聞此山頂，舊有滄海色。邇來三十年，潭湫變枯荻。至今應江潮，尚有鷗鷺集。至理覔未解，對之空太息。不如西湖遊，揮篙汎瑤碧。以上咸淳臨安志

遊九鎖

撩花踏水細尋香，閑逐孤雲入翠岡。九鎖已深看更好，七人相對話應長。百年空向塵埃老，五月聊乘洞府涼。可笑潛川狂道士，未逢玉室與金堂。洞霄詩集

洛春謠

洛陽春水揚春風，銅駝陌上桃花紅。高樓疊柳綠相向，綃帳金鸞香霧濃。錦裘公子五陵客，拳毛赤兔雙蹄白。金鈎寶玦逐飛香，醉入花叢惱花魄。青蛾皓齒別吳倡，梅粉妝成半額黃。羅屏繡幕圍寒玉，帳裏吹笙學鳳皇。細綠圍紅曉煙溼，車馬騑騑雲櫛櫛。瓊粟杯深琥珀濃，鴛鴦枕冷珊瑚澀。吹龍笛，歌白紵，蘭席淋漓日將暮。君不見灞陵岸上楊柳枝，青青送別傷南浦。古今詩統

遊佛日山淨慧寺

石冷苔生暈，風高竹度涼。道人何處去？春色半滄浪。鐵網珊瑚

句

身既事十主，女亦妃九龍。

娜嬛子集：同州登城縣有九龍廟，只一妃耳。土人云：馮瀛王之女也。司馬才仲戲題詩云云。過客讀之，無不一笑。

司馬棫

棫字才叔，樞弟。登進士第。嘗應賢良，以黨錮不召。有逸堂集。

郡齋讀書志：才叔詩雖纖豔，比其兄稍莊雅。

妾薄命 自注：近有里中舉子棄其妻者，戲爲賦之。

二月東風初不惡，後園桃李先春落。高堂去婦對花愁，君恩非輕妾命薄。憶昔三星光在天，煌煌車馬朱門前。結褵幸得事君子，願託絲蘿千百年。履痕纔徧君家地，相看已覺君心異。門外新歡一破顔，室中舊愛雙垂淚。妾心比玉自堅貞，君眼如星到處明。女子睽離泰山重，丈夫棄置鴻毛輕。莫誇綠鬢紅顔好，女色由來不長保。君不見灞上鑾輿祓禊回，阿嬌已向長門老。

春晚獨遊鳳林園

紅英亂點綠苔錢，林影扶疏翠可憐。飛蝶惹殘花上露，戲魚搖碎水中天。金羈不見尋芳馬，蘭櫂空停載酒船。送盡春歸人亦去，鶯啼花發又明年。

江干小雪

楓落吳江小雪天，三三兩兩捕魚船。蹇驢瘦馬何方客？眼看風波不著鞭。以上前賢小集拾遺

趙鼎臣

鼎臣字承之，衛城人，自號葦溪翁。元祐進士。宣和中，以右文殿修撰知鄧州，召爲太府卿。有竹隱畸士集。

二蘇賢良硯

不見東坡老弟昆，年年曲阜履猶存。計功何必悲周鼎，會使詞林百怪奔。硯箋

句

詞源江海浩奔忙，句法風騷森出入。古來此景歎經歲，今夜誰家不倚樓。中秋待月　以上雪浪齋日記

馬玿

玿，合肥人。生元祐間。

華嚴寺此君亭歌　次韻信安毛漸

八座鎮俗光文翁，政閑鳴珂晚丁東。邀賓尋勝遇郊郭，最愛檀欒森梵宮。虛簷新敞小亭峻，幽徑靜掩閑門重。脩枝應待丹鳳集，勁節只許青松同。根蟠南借秦淮潤，影疎北露鍾山峯。乃知景淡有眞趣，何必花豔羅雕櫳。放懷喜遂開口笑，傳杯不覺酡顏紅。談圍浩浩眞意得，棋戰紛紛嘉興濃。人生倏忽猶逆旅，少壯易失今衰容。得喪何須論塞馬，用捨寧復驚爨桐。逍遙齊物慕蒙叟，澹泊無生師大雄。英游幸陪諸公後，傾蓋夙已披懷胸。芝蘭亦既序蒙盋，切磋願使協于中。佳章每出連戰勝，格調綽有先賢風。顧予酬和不量力，嗟哉寸莛撞巨鐘。景定建康志

梁君貺

春帖

東方和氣斗回杓，龍角聲中轉紫霄。聖主問安天未曉，求衣親護玉宸朝。宋藝圃集

吳則禮

則禮字子副，富川人。中復子，以父澤入仕。晚居豫章，自號北湖居士。有北湖集。

簡田升之時升之赴金陵

建業流風端可憐，石城江色曉鮮鮮。烏窺漢節梅花底，雨溼柁樓春水邊。霜髮讎書有東觀，錦囊覓句屬南天。枯腸不飽大官肉，我種芋魁今十年。宋文鑑

絕句

華館相望接使星，長淮南北已休兵。便須買酒催行樂，更覓何時是太平。

滿船買了洞庭柑，雪色新裁白苧衫。喚得吳姬同一醉，春風相送過江南。

楊誠齋詩話：尤延之嘗誦吳則禮此二詩。

仰忻

忻字大晛，吳興人，徙永嘉，以孝行稱。元祐中，郡守郟亶奏聞。大觀二年，敕贈將仕郎。有永嘉百題詩集。

南湖

酒旗翻野色，漁棹弄秋光。百里荷花境，曾圖入帝鄉。溫州府志

林放

放字達本，仙居人。元祐中，將上禮部，以親死，廬墓不果，遂築草堂於東山隱焉。左譽銘其墓。

東山高臥

三間老屋青山幽，淸風灑灑寒颼颼。脫巾坦腹臥其下，此身直與淵明儔。老松飛翠落夏簟，六月不暑涼

於秋。人生百年一夢幻，世間萬事空悠悠。一聲野鶴忽驚醒，山爐活火茶煙浮。

贈琴僧

霜林凋落雲影垂，朔風獵獵鼓寒威。偶來禪房訪虛寂，上人爲我彈金徽。此調悠悠泯千載，今日忽聞一嗟咨。上人所彈不在指，我亦非于耳聽之。霜天玉磬敲清曉，夜月秋聲動翠微。舉世紛紛愛箏筑，寂寥古意誰能知。過門不知鍾期子，愼勿汗漫調朱絲。以上台州府志

范純粹

純粹字德孺，仲淹第四子，以蔭仕。元祐中，歷寶文閣待制，知熙州。紹聖中，入黨籍。徽宗朝，鄂州安置。

句

慣處賤貧知世態，飽諳遷謫見家風。

風月堂詩話：范德孺崇寧之貶，與山谷倡和甚多，有一聯云云，可以識范氏之名節矣。

林旦

旦字次中，希之弟。第進士。元祐中，歷太僕卿、河東轉運使。

曲水亭　治平中宰定海作

巖溜抱山急，傳觴何太頻。迴看野客醉，還笑濁醪醇。漢曲人方遠，蘭亭跡易陳。勞生無足校，酣放卽天眞。

射圃

百步開新圃，彎弧注采正。尊罍供樂事，金鼓疊歡聲。斂手徒爲妙，中心自要平。何人能舉觶，觀堵定縱橫。以上乾道四明圖經

蘇元老

元老字在廷，眉山人，東坡從孫。舉進士。官太常少卿，坐元祐黨，罷，提點明道宮，卒。有九峯集。

懷安官舍病起九日作

籬菊今年折最繁，繞叢新朵上雕盤。病知嘉節霜風冷，喜對高堂骨肉懽。久廢笑歌慵飲酒，只聞兒女勸加餐。如何猛下藜牀去，又逐鵷鴻振羽翰。古今歲時雜詠

寃亭卞

留題靈巖古詩十韻 石刻在泰山

屈指數四絕，四絕中最優。此景冠天下，不獨奇東州。夜月透巖白，亂雲和雨收。甘泉瀉山腹，聖日穿崖頭。大暑不知夏，爽氣常如秋。風高松子落，天外鐘聲浮。祖師生朗右，古殿名般舟。人巧不可至，天意何所留。老生笑相語，此事常窮求。移出蓬萊島，待吾仙子遊。元祐庚午三月二十八日，東武王瑛書。求古錄

蔡安持

安持字資中，睢陽人。

題靈巖寺

四絶之中處最先，山圍宮殿鎖雲烟。當年鶴馭歸何處？世上猶傳錫杖泉。元祐壬申十月　求古錄

李周

周，元祐初直龍圖閣，充陝西轉運使。

華清懷古

胡雛鐵騎正縱橫，環上羅衣血染腥。蜀道歸來應悔禍，香囊特地泣娉婷。

吾家居處本關西，舊記遺蹤事不迷。屢過華清無一字，恐人笑我不留題。元祐四年春二月　驪山刻石

宋詩紀事卷三十三　江西派

錢唐　厲　鶚　輯
歙　　方士庶　勘定

黄庭堅

庭堅字魯直，洪州分寧人，庶子。舉進士。爲葉縣尉，歷祕書丞。紹聖初，坐修神宗實錄失實，貶涪州別駕，黔州安置。建中靖國初，召還，知太平州，復除名，編管宜州，卒。自號山谷老人。有豫章集、精華錄。

雲麓漫鈔：呂居仁作江西詩社宗派圖，其略云：「古文衰于漢末，先秦古書存者，爲學士大夫剽切之資。五言之妙，與三百篇、離騷爭烈可也。自李、杜之出，後莫能及。韓、柳、孟郊、張籍諸人，自出機杼，別成一家。元和之末，無足論者，衰至唐末極矣。然樂府長短句，有一倡三歎之致。國朝文物大備，穆伯長、尹師魯始爲古文，盛于歐陽氏。歌詩至于豫章始大出而力振之，後學者同作並和，盡發千古之祕，亡餘蘊矣。錄其名字，曰『江西宗派』，其源流皆出豫章也。宗派之祖曰山谷，其次陳師道無己、潘大臨邠老、謝逸無逸、洪朋龜父、洪芻駒父、饒節德操（乃如璧也）、祖可正平、徐俯師川、林敏修子仁、洪炎玉父、汪革信民、李錞希聲、韓駒子蒼、李彭商老、晁沖之叔用、江端友子我、楊符信祖、謝薖幼槃、夏倪均父、林敏功、潘大觀、王直方立之、善權巽中、高荷子勉，凡二十五人，居仁其一也。議者以謂陳無己爲詩高古，使其不死，未必甘爲宗派。若徐師川則固嘗不平曰：『吾乃居行間乎？』韓子蒼云：『我自學古人。』均父又以在下爲恥。不知居仁當時果以優劣銓次，姑記姓名，而紛紛如此。以是知執太史之筆者，戛戛乎難哉！又不知諸公之詩，其後人品藻，與居仁所見又何如也？」

文獻通考：江西詩派一百三十七卷，續派十三卷。

王直方詩話：山谷舊所作詩文，名以「焦尾幣帚」。秦少游云：「每覽此編，輒悵然終日，殆忘食事，邈然有二漢之風。今交游中以文墨稱者，未見其比，所謂珠玉在旁，覺我形穢也。」

西清詩話：山谷詩妙脱蹊徑，言謀鬼神，無一點塵俗氣。所恨務高，一似參曹洞下禪，尚墮在玄妙窟裏。

苕溪漁隱叢話：元祐文章稱蘇、黄，時二公爭名，互相譏誚。東坡嘗云：「魯直詩文，如蝤蛑江瑶柱，格韻高絶，盤餐盡廢。然不可多食，多則發風動氣。」山谷亦云：「蓋有文章妙一世，而詩句不逮古人者。」此指東坡而言也。任天社云：「山谷詩律妙一世，用意未易窺測，然置字下語，皆有所從來。」張巨山云：「山谷古律詩，酷學少陵，雄健太過，遂流而入于險怪。要其病在太著意，欲道古今人所未道語耳。其文專學西漢，惜才力褊局，不能汪洋恣肆，如其紀事立言，頗有類處。」

敖陶孫詩評：黄山谷如陶弘景抵召入宫，析理談玄，而松風之韻故在。

劉後村詩話：國初詩人，如潘閬、魏野，規規晚唐格調。楊、劉則又專爲崑體。蘇、梅二子，稍變以平淡豪傑，而和之者尚寡。至六一公巍然爲大家數，學者宗焉。然二公亦各極其天才筆力之所至而已，非必鍛鍊勤苦而成也。豫章稍後出，會粹百家句律之長，究極歷代體製之變，蒐討古書，穿穴異聞，作爲古律，自成一家，雖隻字半句不輕出，遂爲本朝詩家宗祖。

詩林廣記：豫章先生傳贊云：「山谷自黔州以後，句法尤高，筆勢放縱，實天下之奇作，自宋興以來，一人而已。」東坡云：「讀魯直詩，如見魯仲連、李太白，不敢復論鄙事。雖若不適用，然不爲無補于世。」

題竹石牧牛圖

野次小崢嶸，幽篁相依緑。阿童三尺箠，御此老觳觫。石吾甚愛之，勿遣牛礪角。牛礪角尚可，牛鬭殘我竹。

陵陽室中語：一日，因坐客論魯直詩體製新巧，客舉魯直此詩云，「石吾甚愛之，勿使牛礪角。牛礪角尚可，牛鬬殘我竹。」如此體製甚新。公徐云，「獨漉水中泥，水濁不見月。不見月尙可，水深行人沒」。蓋是李太白獨漉篇也。山谷亦倣此語意耳。

記夢

衆眞絕妙擁靈君，曉然夢之非紛紜。窗中遠山是眉黛，席上榴花皆舞裙。借問琵琶得聞否？靈君色莊妓搖手。兩客爭棋爛斧柯，一兒壞局君不呵。杏梁歸燕空語多，奈此雲窗霧閣何。

洪駒父詩話：余嘗問山谷，云：此記一段事也。嘗從一貴宗室攜妓游僧寺，酒闌，諸妓皆散入僧房中，主人不怪也。故有「曉然夢之非紛紜」之句。

宗室公壽挽詞

昔在熙寧日，葭莩接貴游。題詩奉先寺，橫笛寶津樓。天網恢中夏，賓筵禁列侯。但聞劉子政，頭白更清修。

二老堂詩話：意深語到，可見宗室前肆後拘氣象。

觀伯時畫馬禮部試院作

儀鸞供帳饕蝨行，翰林溼薪爆竹聲，風簾官燭淚縱横。木穿石盤未渠透，坐窗不邀令人瘦，貧馬百萬逢一豆。眼明見此玉花驄，徑思著鞭隨詩翁，城西野桃尋小紅。

苕溪漁隱叢話：此格禁臠謂之促句換韻，其法三句一換，韻三疊而止。此格甚新，人少用之。

題畫屏六言

胡蝶雙飛得意，偶然畢命網羅。羣蟻爭收墜翼，策勳歸去南柯。

桯史：黨禍既起，山谷居黔，有以屏圖遺之者。繪雙蝶翾舞，罥于蛛絲，而隊蟻憧憧其間，題六言于上云云。崇寧間，又遷于宜。圖偶爲人攜入京，鬻于相國寺肆。蔡客得之，以示元長，元長大怒，將指爲怨望，重其貶。會以訃奏，僅免。

水仙花

淤泥解作白蓮藕，糞壤能開黄玉花。可惜國香天不管，隨緣流落小民家。

墨莊漫錄：山谷在荆州時，鄰居一女子，閑靜妍美，綽有態度，年方笄也。山谷殊嘆惜之。其家蓋閭閻細民，未幾嫁同里，而夫亦庸俗貧下，非其偶也。山谷因和荆南太守馬瑊中玉水仙花詩云云，蓋有感而作。後數年，此女生二子，其夫鬻于郡人田氏家，憔悴頓挫，無復故態，然猶有餘妍，乃以國香名之。

青奴

穠李四弦風掃席，昭華三弄月侵牀。我無紅袖堪娛夜，正要青奴一味涼。以上山谷內集

侍兒小名錄拾遺：東坡寄柳子玉云：「聞道牀前唯竹几，夫人應不解卿卿。」又送竹几與謝秀才云：「留我同行木上座，贈君無語竹夫人。」山谷云：「竹夫人迺涼寢竹器，憩臂休膝，非夫人之職。而冬夏青青，竹之所長，名曰青奴。」作詩云云。穠李、昭華，貴人家兩女奴也。

題花光爲曾公袞作水邊梅

梅蘂觸人意，冒寒開雪花。遥憐水風晚，片片點汀沙。

題石牛洞石上

鬱鬱窈窈天官宅，諸峯排霄帝不隔。六時謁天開關鑰，我身金華牧羊客。羊眠草間我世間，高真衆靈思我還。石盆之中有甘露，青牛駕我山谷路。以上山谷外集

方輿勝覽：懷寧縣山谷寺西北，有石牛洞，其狀如牛，唐李翺諸賢題詠甚多。李伯時畫黄魯直坐石牛上，魯直因自號山谷道人，仍題詩石上云云。

牧童

騎牛遠遠過前村，吹笛風斜隔隴聞。多少長安名利客，機關用盡不如君。

桐江詩話：世傳山谷七歲作。

絶句

疊送香羅淺色衣，著來香氣入書帷。到家慈母驚相問，爲説王孫脱贈時。

趙德麟侯鯖錄：魯直入宫，教余兄弟，伯父五開府，酒餘，脱淺色香羅襖衣之，魯直作詩。

周昉美人琴阮圖

周昉富貴女，衣飾新舊兼。髻重髮根急，薄粧無意添。琴阮相與娱，聽絲不停手。敷腴竹馬郎，跨馬要折柳。

墨莊漫錄：龍眠李亮工家藏周昉畫美人琴阮圖，殊有宫禁富貴氣。旁有竹馬小兒，欲折檻前柳者。亮工官長沙時，

山谷謫宜州，過而見之，歎愛彌日，大書一詩於黄素上。此詩不見今集。

觀祕閣蘇子美題壁詩

仁祖康四海，本朝盛文章。蘇郎如虎豹，孤嘯翰墨場。風流映海岱，峻鋒不可當。學書窺法窟，當代見崔張。銀鉤刻琬琰，蠆尾迴綫緗。擢登羣玉府，高閣目生光。春風吹曉雨，禁直夢滄浪。人聲市朝遠，簾影花竹涼。秋荷滴筆硯，怨句挾風霜。不甘老天祿，誠欲升未央。小臣膽如斗，侏儒俸一囊。請提師十萬，奉辭問犬羊。歸鞍飲月支，伏背笞中行。人事喜乖忤，南遷得夜航。此時調玉燭，日行中道黄。柄臣似牛李，傾奪謀未臧。薄酒圍邯鄲，老龜禍枯桑。羣官百郡邸，報賽用歲常。招延青雲士，共醉椒糈觴。俗客避白眼，徵歌舞紅裳。謗書動宸極，牢戶繫桁楊。一網收冠蓋，九衢人走藏。庖丁提刀立，滿意無四旁。論罪等饕餮，囚衣禦方良。姑蘇麋鹿暸，風月有書堂。永無湔祓期，山鬼共幽篁。萬戶封侯骨，今成狐兔岡。邇來四十年，我亦校書郎。雄文終膾炙，妙墨見垣牆。高山仰豪氣，崢嶸乃不亡。張侯開詩卷，詞章尙軒昂。草書十餘紙，雨漏古屋廊。誠知千里馬，不服萬乘箱。遂令駕鼓車，此豈用其長。事往飛鳥過，九原色莽蒼。敢告大鈞手，才難幸扶將。中吳紀聞

答王道濟寺丞觀許道寧山水圖

往逢醉許在長安，蠻溪大硯磨松烟。忽呼絹素翻硯水，久不下筆或經年。一日踏門撼門鈕，巾帽敧斜猶索酒。舉杯意氣欲翻盆，倒臥虛樽將八九。醉拈枯筆嘗墨色，勢若山崩不停手。數尺江山萬里遙，滿堂風物冷蕭蕭。山僧歸寺童子後，漁伯欲渡行人招。先君笑指溪上宅，鸕鷀白鷺如相識。許生再拜

謝不能，乃是天機非筆力。自陳精力初未衰，八幅生綃作四時。早師李成最得意，什襲自藏人已知。貴人取去棄牆角，流落幾姓今知誰？大梁畫肆閱水墨，四圖宛然當物色。自言早過許史門，常賣一聲偶然得。雨雪涔涔滿寺庭，四圖冷落讓丹青。往來睥睨誰比數，十萬酬之觀者驚。客還次第閱冬夏，坐見歲序寒崢嶸。王丞來觀歎嘖嘖，亦如我昔初見日。新詩雌黃初得實，信知君家有摩詰。我持此圖二十年，眼見綠髮皆華顛。許生縮手入黃泉，衆史弄筆摩青天。君家枯松出老翟，頗似破屏有骨骼。一時所棄願愛惜，不誣方將有人識。

聲畫集：此詩正本有二篇，互有不同，今錄其後篇。

絕句

黃葉委庭觀九州，小蟲催女獻工裘。金錢滿地無人費，百斛明珠薏苡秋。

王直方詩話：少游嘗以眞字題月團新碾瀹花甆一絕于邢敦夫扇上，山谷見之，乃于扇背復作小草，題此詩，皆自所作詩也。少游後見之云：「逼我太甚。」

題大年小景二絕

水色烟光上下寒，忘機鷗鳥恣飛還。我來頻作江湖夢，對此身疑在故山。

輕鷗白鷺定吾友，翠柏幽篁是可人。海角逢春知幾度，臥游到處總傷神。

苕溪漁隱叢話：余家有大年畫小景二幅，山谷親書兩絕句其上。今豫章所刻集及他本皆無。

宿錢塘尉廨

平湖繞舍山無盜，官事長閑俸有金。安得終身爲禦寇，不辭兒女作吳音。合璧事類別集

題東丁水

古人題作東丁水，自古東丁直到今。我爲改名方響洞，要知山水有清音。

老學菴筆記：漢嘉城西北山麓有一石洞，泉出其間，良久一滴，清如金石，山谷詩云。

贈宗室大年

揮毫不作小池塘，蘆荻江邊落雁行。雖有珠簾籠翡翠，不忘煙雨罩鴛鴦。

王直方詩話：大年喜微行，而善畫小景，山谷蓋有所譏也。

山礬

北嶺山礬取次開，清風正用此時來。平生習氣雖料理，愛著幽香未擬回。

苕溪漁隱叢話：山谷云：江南野中，有一種小白花，木高數尺，春開極香，野人謂之「鄭花」。王荆公嘗欲作詩，而陋其名。予請名曰「山礬」。野人採鄭花以染黄，不借礬而成色，故名山礬。海岸孤絕處普陀山，譯者以爲小白花，予疑卽此花耳。不然，何以觀音老人端坐不去耶？

句

春將國豔熏花骨，日借黄金縷水紋。題野寺壁　詩人玉屑　人得交游是風月，天開圖畫卽江山。石林燕語　清鑑風流歸賀八，飛揚跋扈付朱三。苕溪漁隱叢話

陳師道

師道字無己，一字履常，彭城人，號后山居士。元祐中，以蘇軾、傅堯俞、孫覺薦，授徐州教授。紹聖初，歷祕書省正字，扈從南郊。不屑服趙挺之衣，以寒疾卒。有集。

朱文公語錄：黄山谷詩云：「閉門覓句陳無己，對客揮毫秦少游。」陳無己平時出行，覺有詩思，便急歸，擁被臥而思之，呻吟如病者，或累日而後起，眞是閉門覓句者也。

詩林廣記：或苦后山之詩，非一過可了，近于枯淡。彼其用意，直追騷雅，不求合於世俗，亦惟恃有東坡、山谷之知也。自此兩公外，政使舉世無領解者，渠亦安暇恤哉。

文獻通考：石林葉氏曰：「世言陳無己每登覽得句，即急歸臥一榻，以被蒙首，惡聞人聲，謂之吟榻。家人知之，即貓犬皆逐去，嬰兒稚子亦抱寄鄰家，徐待詩成，乃敢復常。」

敖陶孫詩評：陳后山如九皐獨唳，深林孤芳，沖寂自妍，不求賞識。

後村詩話：后山樹立甚高，其議論不以一字假借人，然自言其詩師豫章公。或曰：「黄、陳齊名，何師之有？」余曰：「射較一鏃，弈角一著，惟詩亦然。后山地位，去豫章不遠，故能師之。」

妾薄命 為曾南豐作

主家十二樓，一身當三千。古來妾薄命，事主不盡年。起舞為主壽，相送南陽阡。忍著主衣裳，為人作春妍。有聲當徹天，有淚當徹泉。死者恐無知，妾身長自憐。

葉落風不起，山空花自紅。捐世不待老，惠妾無其終。一死尚可忍，百歲何當窮。天地豈不寬，妾身自不容。死者如有知，殺身以相從。向來歌舞地，夜雨鳴寒蛩。

詩林廣記：謝疊山云：元豐間，曾鞏修史，薦后山有道德、有史才，乞自布衣召入史館，命未下而曾去。后山感其知己，不願出他人門下，故作妾薄命。鞏南豐人，歐陽公之客，后山尊之，號曰南豐先生。

丞相温公挽詞

恭默思良弼，詩書正百工。事多違謝傳，天遽奪楊公。一代風流盡，三師禮數崇。若無天下議，美惡併成空。

詩林廣記：謝疊山云：時哲宗諒陰，見上帝賚良弼，非偶然也。周公位冢宰，正百工，以詩書治天下，與熙豐變法者不同。蓋熙豐新法，與温公所志所學皆相反也。

百姓歸周老，三年待魯儒。俗方隨日化，身已要人扶。玉几雖來晚，明堂訖授圖。心知死諸葛，終不羨曹蜍。

詩林廣記：黄山谷見此詩「俗方隨日化，身已要人扶」之句，嘆曰：「陳三直不可及。蓋天不憖遺老，悲盡于此矣。」

少學眞成已，中年託著書。輟耕扶日月，起廢極吹噓。得志寧論晚，成功不顧餘。一爲天下慟，不敢愛吾廬。

詩林廣記：任天社云：「輟耕扶日月，起廢極吹噓。」言公既執政，士大夫得罪於熙豐者，極力薦引而用之。日月、吹噓，字雖不對，而事勢氣象實相等，此詩人之妙也。

嘲秦覯

長鋏歸來夜帳空，衡陽回雁耳偏聰。若爲借與東風看，無限珠璣咳唾中。

王直方詩話：少章登第後方娶，后山作此詩時，猶未娶，故多戲句。帳空、聞雁之語，皆戲其獨宿無寐也。

絕句

書當快意讀易盡，客有可人期不來。世事相違每如此，好懷百歲幾回開。

復齋漫錄云：此無已得意詩也。

寄外舅郭大夫

巴蜀通歸使，妻孥得定居。深知報消息，不忍問何如。身健無妨遠，情親未肯疎。功名欺老病，淚盡數行書。

詩人玉屑：趙章泉先生嘗云：「學詩者莫不以杜爲師，然能如其師者鮮矣。句或有似之，而篇之全似者絕難得。陳后山寄外舅郭大夫詩，乃全篇之似杜者也。後戴式之亦有思家，用陳韻，又全篇之似陳者也。」

會南豐先生挽詞

早棄人間事，眞從地下遊。丘原無起日，江漢有東流。身世從違裏，功言取次休。不應須禮樂，始作後程仇。

精爽回長夜，衣冠出廣庭。勳庸留琬琰，形象付丹青。道喪餘篇翰，人亡更典刑。侯芭才一足，白首太玄經。

珊瑚鉤詩話：此二詩，后山感南豐之薦引未遂而遽亡，故其詞深切。

端硯 原注：寇十一惠。

端溪四山下龍淵，鬱積中州淸淑氣。金聲玉骨石爲容，河江屈流雲作使。滑如女膚色馬肝，探領適遭書生活計亦酸寒，斷甎牛瓦寧求備。似憐陶瓦磨竈煤，龍伯硯。轆轤挽出萬人賀，千歲之藏一朝致。輟贈不減前人志。

小放歌行

春風永巷閉娉婷，長使青樓悮得名。不惜卷簾通一顧，怕君著眼未分明。

當年不嫁惜娉婷，傅白施朱作後生。說與旁人須早計，隨宜梳洗莫傾城。

詩話總龜：山谷云：「無已他日作詩極高古，至于此篇，則顧影徘徊，炫燿太甚。」

賦宗室士暕高軒過圖

滕王蛺蝶江都馬，一紙千金不當價。異材天縱非力能，畫工不是甘爲下。今代風流數大年，含毫落筆開山川。忽忘朽老壓塵底，卻怪飛鴻墮目前。邇來八二復秀出，萬里山河才咫尺。眼邊爭得有突兀，復似天地初開闢。明窗寫出高軒過，便逐愈湜聞吟哦。晚知書畫眞有益，卻悔歲月來無多。官禁修嚴絕過訪，時於僻寺聊稅鞅。秀潤如行琮璧間，淸明似引星辰上。憂悲愉佚百不平，河擘太華東南傾。平生秀句寰區滿，掇拾棄置成丹青。平湖遠岫開精神，陡覺文字生淸新。未許二豪今角立，也知旁有衞夫人。

王直方詩話：無已謂余曰：「近宗子節使使余作一詩，挂名其間，得百千以爲女子嫁資，可乎？」余曰：「詩未成，則錢不可緩；詩已成，則錢不可來。」數日，無已卒，士暕贈以百縑。

寄曹州晁大夫

墮絮隨風化作塵，黄樓桃李不成春。只今容有名駒子，困倚闌干一欠伸。以上后山詩集

菊坡叢話：陳后山此詩自注云：「周昉畫美人，有背立欠伸者，最爲姸絶。東坡爲賦續麗人行也。」任天社云：此篇言徐州風物。后山嘗有詞幷序云：「晁大夫增飾披雲，初欲壓黄樓，而張、馬二子，皆當年樽下，世所謂英英、盼盼者。盼卒英嫁，而盼之子瑩，頗有家風。而曹妓未有顯者，黄樓不可勝也。作南鄉子歌之曰：『風絮落東鄰，點綴繁枝旋化塵。關鎖玉樓巢燕子，冥冥。桃李摧殘不見春。流轉到如今。翡翠生兒翠作衿。花樣腰身宫樣立，婷婷。困倚闌干一欠伸。』蓋前云風絮以屬英，塵化以屬盼，名駒子以屬瑩。瑩母，馬氏也。」

句

昔日剜瘡今補肉，百孔千窗容一罅。拆東補西裳作帶。人窮令智短。百巧千窮只短檠。起倒不供聊應俗。經事長一智。稱家豐儉不求餘。卒行好步不兩得。巧手莫爲無麪餅。巧媳婦做不得無麪餺飥 不應遠水救近渴，留渴須遠井。遠水不救近渴 瓶懸甃間終一碎。瓦罐終須井上破 急行寧小緩。急行趕過慢行遲 早作千年調，一生也作千年調。人作千年調，鬼見拍手笑 拙勤終不補。將勤補拙 斧斫仍手摩。大斧斫了手摩娑 鷩雞透籬犬升屋。雞飛狗上屋 割白鷺股何作難。鷺鷥腿上割股 薦賢仍賭命。

雞肋編：陳無已詩，亦多用一時俚語，如「昔日」云云。而東坡亦有「三杯軟飽後，一枕黑甜餘」，皆世俗語。如「賭命」、「軟飽」猶可解，而「黑甜」後世不知其爲睡矣。如詩之「串夷載路」，書云「弔由靈」，安知非當時之常談也。

潘大臨

大臨字邠老，齊安人。有柯山集。次弟大觀，字仲達，亦入江西派，其詩不傳。

後村詩話：東坡、文潛先後謫黄州，皆與邠老游。其詩自云師老杜，然有空意無實力，余舊讀之，病其深蕪。

潘子真詩話：邠老得句法于東坡，頃與洪駒父、徐師川洎予友善。山谷嘗稱之曰：「天下異才也。」

春日書懷

舟楫淩漳水，風濤接蠡湖。龍媒戒跬步，鼉領脫微軀。樂土供游戲，深文苦縶拘。胸中雖磈磊，牆外或歌呼。老去嵇康嬾，歸來甯子愚。千鍾眞臭腐，十畝借膏腴。春雨何曾密，園花竟自都。小橋藏細柳，方沼出新蒲。酒熟拈巾漉，經傳帶雨鉏。行盤隨所有，坐客幾時無。日轉槐陰暮，門通鳥跡迂。仰頭看哺鷇，引手亦將雛。撫事盆纍繭，勞生戶轉樞。形骸浮大塊，毛髮燎洪爐。世論幾膠柱，人心盡好竽。屠龍非至計，射雉屈良圖。借箸方隆漢，推枰已滅吳。從渠畫麟閣，吾自著潛夫。

答王立之惠書

歸自江南卽定居，漫勞親友問何如。剛腸肯爲藜羹轉，病骨聊憑竹杖扶。南圃土腴千樹橘，東湖春水百金魚。明年生計應堪說，待倩君侯買異書。以上宋文鑑

吳熙老所藏風雨圖

我游匡山夏將杪，赤日青天萬山遶。忽然風雨動地來，震氣乘雷離電繞。一川煙靄失東西，萬里乾坤錯昏曉。香爐高峯危欲墮，石門細路人心剿。江翻那聞得計魚，木拔豈有安巢鳥。須臾雲過雨脚收，依舊晴暉著叢篠。𡺸山歷歷在眼前，恰似憑高日方曉。誰將此景入畫圖，數幅生綃盤礴了。吳丞此畫絕代無，張公此詩古來少。讀詩觀畫興未窮，北窗風涼退自公。使君意消三伏中，未可鞭箠催青銅。

熙老在羅田倚科，不用鞭箠而辦。

贈張聖言畫柯山圖

我昔騎鯨遊九州，上扣天闕望冕旒。羣公侍旁好顏色，將順帝旨成剛柔。抱持日月不自獻，蒙茸塵土歸家丘。結茅竹間今休已，炎暑避舍清飇留。屋頭清溪鳴晝夜，當戶古木蔽馬牛。蒼頭廬兒從高蓋，傳呼不到門巷幽。兩公忘言兒袖手，驅除睡魔須茶甌。誰傳此意到旁郡，解衣盤礴煩張侯。張侯落筆妙天下，未墜學士之風流。欻見柯山入畫圖，丹青知君百不憂。黃公不肯直南省，一麾已具東南舟。請君援筆待公至，畫我迎公竹陰裏。以上聲畫集

江間作

白鳥沒飛煙，微風逆上船。江從樊口轉，山自武昌連。日月懸終古，乾坤別逝川。羅浮南斗外，黔府古河邊。

西山連虎穴，赤壁隱龍宮。形勝三分國，波流萬世功。沙明拳宿鷺，天闊退飛鴻。最羨魚竿客，歸船雨打篷。苕溪漁隱叢話

浯溪中興頌

公泛浯溪春水船，繫船啼鳥青崖邊。次山作頌今幾年，當時治亂春風前。明皇聰明眞晚謬，乾坤付與哥奴手。骨肉何傷九廟焚，蜀山騎騾不回首。天下寧知再有唐，皇帝紫袍迎上皇。神氣倉皇吾敢惜，兒不終孝聽五郎。父子幾何不豺虎，君臣寧能責胡虜。南內淒涼誰得知，人間稱家作端午。平生不識顏眞卿，去年不答高將軍。老來讀碑淚霑臆，公詩與碑當並行。不賞邊功寧有計，不殺奏章猶未語。雨

淋日炙字未訛，千秋萬歲所鑒多。浯溪集

詩東牛腰藏舊稾，書訛馬尾辨新讎。贈賀方回　老學菴筆記

句

八字山頭雁，武昌江上魚。江口　能改齋漫錄

滿城風雨近重陽。

梁溪漫志：謝無逸嘗從潘邠老求近作，邠老答曰：「秋來景物，件件是佳句，恨爲俗氛所蔽。昨日清臥，聞攪林風雨聲，欣然起，題其壁云云。忽催租人至，遂敗意，止此一句奉寄。」

謝逸

逸字無逸，臨川人。屢舉不第，以詩文自娛。有溪堂集。

冷齋夜話：無逸詩「老鳳垂頭噤不語，枯木槎牙噪春鳥」；「貪夫蟻旋磨，冷官魚上竹」；「山寒石髮瘦，水落溪毛凋」等句，大爲山谷稱賞，曰：「晁、張流也。」

後村詩話：紫微評無逸詩似康樂，幼槃詩似玄暉。按：康樂一字百鍊乃出冶，玄暉尤麗密。無逸輕快有餘，而欠工緻；幼槃差苦思，其合玄暉者亦少。然弟兄在政、宣間，科舉之外，有歧路可進身，韓子蒼諸人或自鬻其技至貴顯，二謝乃老死布衣，其高節亦不可及。

亡友潘邠老有滿城風雨近重陽之句今去重陽四日而風雨大作遂用邠老之句廣爲

三絕

滿城風雨近重陽，無奈黃花惱意香。雪浪翻天迷赤壁，令人西望憶潘郎。

滿城風雨近重陽，不見修文地下郎。想得武昌門外柳，垂垂老葉半青黃。
滿城風雨近重陽，安得斯人共一觴。欲問小馮今健否？雲中孤雁不成行。

晚春

蒲芽荇帶繞清池，錦纜牽船水拍隄。好是寒煙疎雨裏，遠峯青處子規啼。
門前楊柳暗沙汀，雨溼東風未放晴。點點落花春事晚，青青芳草暮愁生。

夏日

竹風煙靜午陰涼，飯罷呼童啓北窗。試拂横牀供晝寢，且容幽夢遶清江。以上合璧事類前集

寄隱士

先生骨相不封侯，卜居但得林塘幽。家藏玉唾幾千卷，手校韋編三十秋。相知四海孰青眼，高臥一菴今白頭。襄陽耆舊節獨苦，只有龐公不入州。

送董元達

讀書不作儒生酸，躍馬西入金城關。塞垣苦寒風氣惡，歸來面皺鬚眉斑。先皇召見延和殿，議論慷慨天開顔。謗書盈篋不復辯，脱身來看江南山。長江滚滚蛟龍怒，扁舟此去何當還。大梁城裏定相見，玉川破屋應數間。

豫章别李元中宣德

舊聞諸李隱龍眠，伯時已老元中少。一行作吏各天涯，故人落落疎星曉。西山影裏識君面，碧照暮江

眸子瞭。向來聞道渺多歧，只今領略歸玄妙。老鳳垂頭噤不語，古木查牙噪春鳥。身在幕府心江湖，左胥右律但坐嘯。第愁一葉釣魚舟，不容堂堂七尺表。我今歸臥靈谷雲，君應紫禁鶯花繞。相思有夢到茅齋，細雨青燈坐林杪。以上宋文鑑

題王方之大裘軒

小人拙生事，三冬臥無帳。忍寒東窗底，坐待朝曦上。徐徐晨光熙，稍稍血氣暢。薰然四體和，恍若醉春釀。此法祕勿傳，不易車百輛。君胡得此法，開軒亦東向。蘇公名大裘，意豈在萬丈。但觀名軒心，人人如挾纊。齊東野語

社日

雨柳垂垂葉，風溪細細紋。清歡惟煮茗，美味祇羹芹。飲不遭田父，歸無遺細君。東皋農事作，舉趾待耕耘。瀛奎律髓

南湖絕句　在臨川，地近魏夫人仙壇。

平湖匳鏡靜無塵，地接西壇共一雲。安得御風如列子，更邀明月訪元君。

野情蕭散不便書，老大無心賦子虛。待借南湖雙艓子，綠荷陰裏看游魚。

碧瓦朱甍午影涼，輭風翻袂送秋香。荷花也似知秋近，故斂羞容避夕陽。

擬峴臺　在撫州城東隅，守裴某建。曾文定公爲記。

耿耿抱孤韻，寂寂扃柴扉。東書臥環堵，交游車馬稀。風流佳公子，妙年秉天機。邀予步層雲，目送孤

鴻飛。山影漾清流，翠色侵人衣。漁浦晚煙暝，露雰蒙夕暉。靜言思叔子，悵然憺忘歸。坐有庖丁手，奏刀心術微。萬象含筆端，縑素聊一揮。古來勝達士，欻如朝露晞。吾人各勉力，毋爲鄒湛譏。

廣壽寺

學道護心城，養生戒眉斧。靜知世味薄，老愜野僧語。散步給孤園，邀我會心侶。塵清不眯眼，境靜可冰暑。蓮社宗遠公，竹溪仰巢父。此道不異世，今人豈媿古。當念貧時交，重勿棄如土。以上撫州府志

句

閻浮檀水心無染，優鉢曇花體自香。合璧事類後集

狂隨柳絮有時見，舞入梨花何處尋。江天春晚暖風細，相逐賣花人過橋。

豫章詩話：謝無逸作胡蝶詩三百首，人號謝胡蝶，有句云云。

洪朋

朋字龜父，南昌人，黄山谷之甥。舉進士不第。有清非集。與弟芻駒父、炎玉父、羽鴻父俱有才名，號「四洪」。

王直方詩話：洪龜父嘗有詩云：「琅玕嚴佛界。」山谷改云：「琅璫鳴佛屋。」龜父前後作詩，唯有「一朝厭蝸角，萬里騎鵬背」一聯最爲妙絕，山谷亦嘗歎賞此句。

寫韻亭

紫極宫下春江横，紫極宫中百尺亭。水入方洲界玉局，雲映連山羅翠屏。小楷四聲餘翰墨，主人一粒

盡仙靈。文簫彩鸞不復返，至今神界花冥冥。紫微詩話：作詩至此，殆無遺矣。

春風

春風吹桃李，欻然滿中園。羣動不遑息，胡蝶紛飛翻。我亦感茲時，步屧繞林間。顏色豈不好，持久良獨難。置酒休其下，聊復罄餘歡。君看桃與李，成蹊亦無言。

宿范氏水閣

枕水鑿疏櫺，雲扉夜不扃。灘聲連地籟，林影亂天星。人靜魚頻躍，秋高露欲零。何妨呼我友，乘月與揚舲。

獨步懷元中

淨盡西山日，深行城北村。琅璫鳴佛屋，薜荔上僧垣。時雨慰枵腹，夕風清病魂。所思渺江水，誰與共忘言。

晚登秋屏閣示杜氏兄弟

病人湯熨暫時停，漫向秋屏閣上行。白日忽隨飛鳥去，青山斷處落霞明。林間嘒嘒寒蟬急，江上悠悠煙艇橫。富貴功名付公等，嗟予老矣負平生。以上宋文鑑

李夫人偃竹歌

袖中欻忽生絲竹，眼底鮮飈起寒綠。□□誰能寫此眞，偃蹇一枝生氣足。夫人故有林下風，歲寒落落

此君同。映窗得意偶揮灑，寫出篔簹郭裏千秋之臥龍。夜來風雨吹倒屋，但恐踊躍變化入水渺無蹤。

題胡潛風雨山水圖

胡生好山水，煙雨山更好。鴻雁書遠空，馬牛風塞草。以上登臺集

廬山

山瀑兩道瀉，木葉四時春。日暝不知去，魚鳥會留人。廬山志

洪芻

芻字駒父。紹聖元年進士。崇寧中入黨籍。靖康中爲諫議大夫。汴京失守，坐爲金人括財，流沙門島卒。有老圃集。

文獻通考：陳氏曰：洪氏兄弟四人，其母黄魯直之妹，不淑早世，所爲賦毁璧者也。龜父舉進士不第。其季弟羽鴻父，坐上書，元符中入黨籍終其身。芻、炎皆貴，而芻靖康失節貶廢。羽詩不傳。

劉後村詩話：三洪與徐師川，皆豫章之甥。龜父警句，往往前人所未道，然早卒，惜不多見。駒父詩尤工，初與龜父游梅仙觀，龜父有詩，卒章云：「願爲龍鱗嬰，勿學蟬骨蜕。」是以直節期乃弟矣。駒父後居上坡，晚節不終，不特有愧于舅氏，亦有愧于長君。玉父南渡後爲少蓬，聞師川召，有懷駒父詩云：「欣逢白鶴歸華表，更想黄能出羽淵。」然師川卒不能返駒父于鯨波之外。玉父愛兄之道至矣，余讀而悲之。

蝦蟆

動物類含血，蝦蟆獨無之。雙目但瞠也，一腹亦皤其。龍變或託體，魚腹覦幽姿。罕見三足蟾，詎減六

睟鑑。向來奏賢瑞，背負輪囷芝。坐謾皆下吏，膠車等兒嬉。雖蒙黄金擲，荆卿空爾爲。或以白玉琢，形模妙工倕。咄爾百醜質，詎辱五鼎脂。浪號土底犧，雄誇水中雞。何足汙帝箸，但可充虵飢。作意一池鳴，和我五字詩。事文類聚後集

上墨工

子墨客卿妙一世，懷玉山中五丈夫。峨眉老仙與推轂，谷量牛馬斗量珠。

田家謠

鳩婦勃磎農荷鉏，身披襏襫頭茅蒲。雨不破塊田坼圖，稊稗青青佳穀枯。大婦碓舂頭髮疎，小婦拾穗行餉姑。四時作苦無袴襦，門前叫嗔官索租。以上合璧事類前集

闕題二首

槐下棗花纂纂，麥秋甚子離離。不沽十千美酒，難消三百枯棋。

兩部池蛙當妓，千山飛鳥催沽。引睡直須黄妳，曲肱正要青奴。

雪浪齋日記：此駒父少作也。

擬峴臺

崇臺面空闊，遠眺眞高明。一水來朝宗，彎環抱荒城。連山頗偃蹇，卻略倚翠屏。緬懷青溪上，與與峴山幷。客從豫章來，及此春服成。公子有好懷，良友及兹登。初筵挹溪光，中觴聞雨聲。翠幄列茂樹，金沙漲回汀。鷗鳥舞不下，溪舟縱復横。尚恨夜氣斂，不見白月生。信美非吾土，少留空復

情。江西通志

寄題雙井黃稚川雲巢 稚川名公準，山谷之弟。

雲巢一上十五里，中有今世巢居子。雞鳴犬吠百餘里，不知天際去此幾。平生深契鳥窠禪，㸑茅蓋頭萬事已。宴坐經行飛鳥上，人間榮辱不到耳。蝸牛兩角竟何爲，鷦鷯一枝端自喜。我有一廛落城市，章服裹狙聊復爾。武陵未訪桃花源，修江儻問桃花水。會取櫻桃洞前路，藜杖扶衰自此始。南昌府志

石耳峯

朝踏紅塵暮宿雲，往來車馬漫紛紛。猴溪橋下潺湲水，唯有峯頭石耳聞。廬山志

金陵作

沙觜彎環轉柁牙，一衣帶水遶城斜。飛廉解使馮夷怒，渡口風吹蕎麥花。景定建康志

句

眼中人物東西盡，肺病京華故倦游。送王立之赴官河內 王直方詩話 關山不隔還家夢，風月猶隨過海身。竄海島作 老學庵筆記 深秋轉覺山形瘦，新雨能添水面肥。雲浪齋日記

徐俯

俯字師川，洪州分寧人。以父禧死事，授通直郎。紹興初，賜進士出身。累官端明殿學士，簽書樞密院事，權參知政事。有東湖集。

豫章詩話：師川七歲能詩，山谷嘗曰：「洪龜父攜師川上藍莊詩來，詞氣甚壯，筆力絕不類年少書生。意其行已謂

書，皆當老成解事。熟讀數過，爲之喜而不寐。老舅年衰力劣，不足學，師川有意日新之功，當於古人中求之耳。」

後村詩話：師川，豫章之甥，然自爲一家，不似渭陽高自標樹，藐視一世。在靖康中，朝列有改名避僞楚諱者，師川名婢曰昌奴，朝士至則呼之，以名節自任。諸人所推下之者，不獨以其詩也。

雪浪齋日記：「佳樹冬不凋，橫塘春更綠。」此徐師川詩，頗平淡無雕鐫氣。

次韻可師題于逢辰畫山水

江漢踰千里，陰晴自一川。故山黃葉下，夢境白鷗前。巫峽常雲雨，香爐舊紫烟。布帆無恙在，速上泛湖船。

畫虎行爲吉州假守蘇公作

昔日何人畫於菟，君家獨有他家無。宣城老包骨已朽，紛紛俗子尙誰呼。大虎蹲踞小虎戲，目光注射百步外。名畫多閑內府收，人間豈惜千金費。巉巉巖巖谷中石，老樹穹枝拂秋色。銳頭將軍射不得，卻挂江南使君壁。林間一嘯四山風，麏驚狐號爲墮空。不向南山隨李廣，只愁東海笑黃公。憶昔余頑少小時，先生敎誦荆公詩。祇今耆舊無新語，賴有廬山病可師。

春日登眺遊寶勝諸寺且觀名畫

護法儼神龍，諸天擁梵宮。樓臺春日麗，海岳畫圖雄。浦樹重重綠，園花灼灼紅。微風吹細雨，只在夕陽中。

明皇夜遊圖　呂子廣藏，贊學博士李生所作

歌吹開元曲，鉛華天寶妝。苑風翠袖冷，宮露赭袍光。閶闔連閶闔，驊騮從驌驦。千門還欲曉，九陌乍聞香。

李賀晚歸圖

近代推名畫，諸君作薦書。皇都開藝學，博士是新除。高柳長安道，亂雲昌谷居。丹青聊置此，僕馬晚歸歟。

饒守董侗書令畫史繪釋迦出山相及維摩居士使靈山香火之因不斷復惠臘藥數種皆病所欲也作此寄之

示病毗邪金粟影，出山五祖金仙相。神妙通靈顧虎頭，白蓮香火空諸妄。臘中發藥補衰朽，扶杖清風看花柳。捷書正用此時來，開顏政爾難忘酒。韓門弟子更誰如，即今猶有董安于。更畫承明兩學士，與公相對白髭鬚。以上《肇畫集》

陪李泰發登潤州城樓

十年不復上南樓，直爲狂酋作遠遊。滿地江湖春入望，連天章貢水爭流。青雲聊爾居金馬，紫氣還應射斗牛。公是主人身是客，舉觴登望得無愁。

優古堂詩話：師川此作，絕類劉長卿和樊使君登潤州城樓詩。

題顏魯公畫像

公生開元間，壯及天寶亂。捐軀范陽胡，竟死蔡州叛。其賢似魏徵，天下非貞觀。四帝數十年，一身逢百難。少時讀書史，此事心已斷。老來鬢髮衰，慨嘆功名晚。嗟哉忠義途，捷去不可緩。初無當年悲，只令後世歎。一朝絕霖雨，南畝常亢旱。小夫計雖得，斯民蓋塗炭。長歌詠君節，千載勇夫愞。敬書子張紳，庶幾古人半。容齋三筆

春日游湖上

雙飛燕子幾時回，夾岸桃花蘸水開。春雨斷橋人不渡，小舟撐出柳陰來。後村千家詩

跋韓子蒼代葛亞卿作詩後

夏木陰陰欲放船，黃鸝啼了落花天。十詩盡說人間事，付與風流葛稚川。

同曾戶部諸公尋梅對弈

處處已收南畝稻，閑閑還看北山梅。累觴聊爾酡顏在，對局怡然笑口開。掃徑似知佳客至，杖藜唯可數君來。移松種蔚鄱陽老，章甫風帆歲一迴。

庭中梅花正開用舊韻貽端伯

羌笛何勞塞北吹，江南何處不寒梅。千林寂寂無人看，獨樹亭亭對客開。偏爲咨嗟唯爾念，是誰移種待君來。縱留一曲安能唱，恰似朝歌墨子迴。以上豫章詩話

滕王閣

一日追王造，千年與客遊。雲邊梅嶺出，坐上贛江流。日落迴飛鳥，烟深失釣舟。蟬鳴枯柳外，天地晚風秋。南昌府志

句

一百五日寒食雨，二十四番花信風。歲時廣記　開元天寶間，袞袞見諸公。不聞張與許，名在臺省中。雙廟紫微詩話

離鸞只説閨中事，舐犢那知母子情。今時習主簿，還是魯諸生。過張獻之主簿村居　合璧事類後集

呂氏童蒙訓：徐師川言：作詩立意，不可蹈襲前人。因言慈母溪與望夫山相對，望夫山詩甚多，而慈母溪古今無人題詩。自誦其末兩句云云。

頗知鶴脛緣詩瘦，早棄魚須伴我閑。

困學紀聞：徐師川以諫議召，程致道在西垣，封還除書，言與中貴人倡和「魚須」之句，爲人所傳。朱文公語録云：師川遊廬山，遇宦者鄭諶，與之詩。後村謂徐集不載「魚須」之篇，愚考集中有次韻鄭本然居士云云，本然居士豈即鄭諶歟？

詩如雲態度，人似柳風流。贈張仲宗　詩説雋永

林敏修

敏修字子來，敏功弟。有無思集。

後村詩話：二林詩極少，曾端伯作高隱小傳云：有詩文百二十卷。今所存十無一二。兄弟皆隱君子，不但以詩重。

閻立本畫醉道士圖

破除萬事無過酒，有客何須計升斗。解將富貴等浮雲，醉鄉卽是無何有。昔人繪事亦有神，丹青寫出

盡天眞。尊罍未恥月漸傾，更待曉出扶桑暾。餐霞服氣浪自苦，自厭神仙足官府。脱巾解帶衣淋漓，眼花錯莫誰賓主。君不見炙手可熱唯權門，欲覩佳麗爭怒嗔。何如銜杯樂聖藉地飲，安用醉吐丞相茵。

文湖州作山水横軸吳希全家藏其子誠伯求蘇養直賦詩語特奇妙遂用其韻同賦

明窗十日復五日，出此湖光與山色。前身畫師語不妄，文侯乃是金門客。乍從雲際辨遠岫，爭數喬林誇眼力。波漂菰米歲事空，水濱枉下南飛鴻。欲投曉渡喚舟子，急槳已入昏烟中。徑思天邊問歸路，錯認江鄉舊洲渚。能傳萬里在尺素，豪奪應防卷寒雨。以上聲畫集

張牧之竹溪 有序

張牧之隱於竹溪，不喜與世接。客來，蔽竹窺之，或韻人佳士，則呼船載之，或自刺船與語。俗子十反不一見，怒駡相踵弗顧也。人或以少漫郎，余獨喜與古人意合，乃作竹溪詩。

幽閑古城陰，結屋清溪曲。溪流湛回映，上有青青竹。漫郎欣得之，綠髮詠空谷。高風及前修，勝趣隨遠矚。惡客徒擾人，立談非我欲。麾去寧汝嗔，眞意聊自足。或言不當爾，往往相謗讟。答云豈吾私，恐作林泉辱。源流別涇渭，臭味同草木。肯當百事勝，容此一物俗。獨餘嵇阮輩，蕩槳戒臣僕。濁醪澆古胸，日沒還秉燭。僕忝瓜葛後，意氣頗相屬。平生幾兩屐，共老三徑菊。行年事無定，此計諾已宿。徑須買牛衣，兒亦荷書簏。從子竹間游，溪魚剸寒玉。宋文鑑

洪炎

炎字玉父。元祐末登第。南渡後，官祕書少監。有西渡集。

江西宗派圖錄：玉父重聽，嘗對上曰：「世人皆聾於心，臣則聾於耳。心則了了，惟上所使。」

詠弈

荆璞玉爲子，井文楸作枰。有求唯別墅，不喜得宣城。跕跕飛鳶墮，丁丁伐木聲。破愁逢一笑，無地著虧成。

不作丹朱戲，難禁淸晝長。敢言白玉局，聊取紫羅囊。角道空傳記，乘除自有方。兒童爭畫紙，謾學老夫狂。

葉少蘊出示鄭先覺閱駿馬圖爲作長歌

丹青得名曹將軍，畫馬已來無復人。諸生韓幹受肉法，絕足亦傳沙苑眞。儒林望郎李公麟，曹韓復生能與鄰。心胸可納天西極，紈素頻空冀北羣。鄭生晚識李侯比，自許筆端輕萬里。山川初出大宛城，翰墨猶霑渥洼水。汗血噴沙指顧間，霧鬣風鬟卷中起。戲成十馬皆龍材，前有飛黃後山子。葉公好尚有祖風，苦愛眞龍似畫龍。千金不惜市駿骨，睥睨神物秋豪中。英雄嘗聞妾換馬，意氣欲將詩拔畫。詩工合畫兩崛奇，谷量馬覩未論價。公詩自是生騂騮，恨公不身親李侯，向來曹韓空白頭。

遷居

從官三十載，故山凡幾歸。昔歸尙有屋，再歸已傾攲。今歸但喬木，竹落荆薪扉。上爲鸛鳥都，下爲雞犬棲。相彼東西隅，三畝以爲基。積塊與運甓，實窪而培庳。成茲道傍舍，空我橐中資。堂室取即安，牖戶適所宜。嘉樹三四株，當窗發華姿。馨花入懷袖，似與遷徙期。我今六十老，豈不知前非。骨相

自不媚，況復筋力微。收此衰病身，與汝長相依。松楸幸在望，鄰曲不見遺。葛巾隨里社，庶以保期頤。以上西渡集

再任祕書少監

再入蘭臺逢舊史，重遊東觀閲新書。家徒四壁今無屋，誰爲君王奏子虚？合璧事類後集

絶句

桃花浪打散花樓，南浦西山送客愁。爲理伊州十二疊，緩歌聲裏看洪州。

西江東畔見江樓，江月江風萬斛愁。試問海潮應念我，爲將雙淚到南州。

菊坡叢話：洪玉父舍人，有侍兒曰小九，知書，能爲洪檢閲，洪甚愛之。嘗月夜登滕王閣，洪賦詩云云。後因兵亂失之，洪悵悵不已，又和前詩云云。已而洪復尋得其人。

汪　革

革字信民，自歙徙臨川。紹聖四年，試禮部第一。分敎長沙，又爲宿州敎授。蔡氏當國，以周王宮敎召，不就，復爲楚州敎官，卒。有青溪集。

後村詩話：呂滎陽居符離，信民爲教官，從滎陽學，故紫微公尤推尊信民。其詩云：「富貴空中華，文章木上瘿。要知眞實地，唯有華嚴境。」蓋呂氏家世本喜談禪，而紫微與信民皆尙禪學云。

困學紀聞：饒德操、黎介然、汪信民，寓宿州，作詩，有略詆及時事者。呂滎陽聞之，作麥熟繰絲等四詩以諷之。自此不復有作。

寄謝無逸

問訊江南謝康樂，溪堂春水想扶疎。高談何日看揮麈，安步從來可當車。但得丹霞訪龐老，何須狗監薦相如。新年更勵於陵節，妻子同鉏五畝蔬。

和呂居仁春日

晏坐甕堂一事無，居官蕭散似相如。偶違濁酒風前約，不見繁英雨後疎。以上紫微詩話

李錞

錞字希聲。官至祕書丞。有集。

題宗室公震四時景

九江應共五湖連，尺素能開萬里天。山杏野桃零落處，分明寒食曉風前。

繁陰雜樹映汀沙，三伏江天自一家。欲喚扁舟渡雲錦，平鋪明鏡是荷花。

春鉏寂寞繞疎叢，霜後雲生浦溆風。此處年年報秋色，只應衰柳與丹楓。

剪水飛花細舞風，斷蘆洲外水連空。剡溪幾曲知名處，何似今朝眼界中。瀛奎

句

散盡平生眼中客，暖風晴日閉門居。送王立之　王直方詩話

韓駒

駒字子蒼，蜀之仙井監人。政和中，召試，賜進士出身。除祕書省正字，累除中書舍人，兼權

直學士院。高宗卽位，知江州。有陵陽集。

後村詩話：子蒼蜀人，學出蘇氏，與豫章不相接。呂公強之入派，子蒼殊不樂。其詩有磨淬翦截之功，終身改竄不已。有已寫寄人數年而追取更易一兩字者，故所作少而善。

敖陶孫詩評：韓子蒼如梨園按樂，排比得倫。

和李上舍冬日

北風吹日晝多陰，日暮擁階黃葉深。倦鵲遶枝翻凍影，飛鴻摩月墮孤音。推愁不去如相覓，與老無期稍見侵。顧藉微官少年事，病來那復一分心。

復齋漫錄：子蒼和李上舍冬日詩：「日暮擁階黃葉深」之句，最爲世所推賞。故李彭商老有建除體贈子蒼云：「滿朝以詩名，何獨遺大雅？平生黃葉句，摸索便知價。」蓋是時子蒼自館職斥宰分寧時也。

上元葆眞宮作

玉作芙蓉院院明，博山香度小崢嶸。誰言水北無人到，亦有娉婣勃窣行。

耆舊續聞：宣和間，重華葆眞宮，曹王南宮也，燒燈盛於都下。癸卯上元，館職約集，而蔡老攜家以來，珠翠闐溢，儓僕雜行，諸名士幾遭排斥。已而步過池北，游人縱觀，時少蓬韓駒子蒼咏小詩云云。

恭賦御畫雙鵲圖

君王妙畫出神機，弱羽爭巢並占時。想見春風鳷鵲觀，一雙飛上萬年枝。

舍人簪筆上蓬山，輦路春風從駕還。天上飛來兩烏鵲，爲傳喜色到人間。

墨莊漫錄：宣和初，賜中書何㮚御畫雙鵲，韓子蒼時爲校書郎，賦二絕云云。

戲作冷語

石崖蔽天雪塞空，萬仞陰壑號悲風。纖絺不御當元冬，霜寒墜落冰谿中。斵冰直侵河伯宮，未若冷語清心胸。

劉童子七歲能誦書部使者聞諸朝既至京師會更制不果試其歸也以二小詩送之

七歲瀾翻數萬言，飢鷹引子望騰騫。時平不用甘羅輩，寂寞提書歸故園。

不作西京童子郎，時人已自識黄香。還家更誦五千卷，十八重來詣太常。

題脩師陽關圖

風煙錯漠路崎嶔，倦客羇臣淚滿衿。何事道人常把翫，只應無復去來心。

題楊妃上馬圖

翠華欲幸長生殿，立馬樓前待貴妃。尙覓君王一回顧，金鞍欲上故遲遲。

題湖南清絕圖

故人來從天柱峯，手提石廩與祝融。兩山坡陀幾百里，安得置之行李中。下有瀟湘水清瀉，平沙側岸摇青楓。漁舟已入浦漵宿，客帆日暮猶爭風。我方騎馬大梁下，怪此物象不與常時同。故人謂我乃絹素，粉墨妙手煩良工。都將湖南萬古愁，與我頃刻開心胸。詩成晝往默惆悵，老眼復厭京塵紅。

謝泉州連使君寄子魚

驛騎持書自海旁，開籃剩喜子魚香。紅螺紫蛤俱羞避，獨許渠儂近酒觴。

苕溪漁隱叢話：子魚味鹹，正可噉水飯。若作酒品之物，殊無風味。子蒼之言誤矣。遯齋閑覽：莆陽通應子魚，名著天下。蓋其地有通應侯廟，廟前有港，港中之魚最佳。今人必求其大可容印者，謂之通印子魚。故荆公亦有詩云「長魚俎上通三印」，此傳聞之說也。

題李伯時畫背面仕女

睡起昭陽暗淡妝，不知緣底背斜陽。若教轉盼一回首，三十六宮無粉光。

游赤壁示何次仲　時守黄州

緩尋碧竹白沙遊，更挽藤梢上上頭。豈有危巢尙棲鶻，亦無塵跡但飛鷗。經營二頃將歸去，眷戀群山爲少留。百日使君何足道，空餘詩句滿江樓。

題李伯時畫太乙眞人圖

太乙眞人蓮葉舟，脫巾露髮寒颼颼。輕風爲帆浪爲檝，臥看玉宇浮中流。中流蕩漾翠綃舞，穩如龍驤萬斛舉。不是峯頭十丈花，世間那得葉如許。龍眠畫手老入神，尺素幻出眞天人。恍然坐我水仙府，蒼烟萬頃波粼粼。玉堂學士今劉向，禁直岧嶢九天上。不須對此融心神，會植青藜夜相訪。以上陵陽集

苕溪漁隱叢話：李伯時畫太乙眞人臥一大蓮葉中，手執書卷仰讀，蕭蕭有物外思。子蒼有詩題其上云云，語意絕妙，眞能咏盡此畫也。

郡齋讀書志：王黼嘗命子蒼詠其家藏太乙眞人圖，盛傳一時。

代妓送葛亞卿

劉郎底事去悤悤，花有深情只暫紅。弱質未應貪結子，細思須恨五更風。

優古堂詩話：王建宮詞：「樹頭樹底覓殘紅，一片西飛一片東。自是桃花貪結子，錯教人恨五更風。」韓子蒼反其意而作詩送葛亞卿云云。

絕句

憶將南庫官供酒，共賞西垣敕賜花。白髮思春醒復醉，豈知流落到天涯。

墨莊漫錄：故事：西京歲貢牡丹，例以一百枝及南庫酒賜館職。韓子蒼去國後詩云云。

贈向巨原

老子眞祠地，君來覓紙題。文如士衡俊，年與正平齊。聞說鍾陵郡，官居章水西。涪翁詩律在，佳處可時攜。容齋三筆

李彭

彭字商老，南康軍建昌人，公擇從孫。有日涉園集。

鶚按：王明清揮麈前錄云：「李定仲求不得預蘇子美賽神會，致興大獄。其孫即商老彭，以詩名列江西派中。」此李定，洪州人。

後村詩話：商老，公擇尙書家子弟也。東坡、山谷、文潛諸公，皆與往還。頗博覽強記，然詩體拘狹少變化。

江西宗派圖錄：呂居仁云：「商老詩文富贍宏博，非後生容易可到。」

閻立本醉客圖

酒有何好工作病，頗怪此人喜中聖。藏身麴蘗勝岳幽，寄愁天上呼不醒。春風吹開玉東西，月墮參横斟酌之。吐茵脱帽有妙理，眩朱成碧渾忘歸。右相丹青果馳譽，幻藥調成疑笑語。便覺微綃古意生，似開醉眼卿可去。半生憂患復蕭條，甕中肥遁何須邀。一樽桑落對公等，盡解平時藜莧嘲。

唐明皇夜游圖

開元御極垂衣裳，登三咸五陵羲皇。白環重譯銀甕出，卜夜遨遊離未央。香車翾風秦與虢，羅帊覆鞍眞乘黄。赭袍錯落綴北斗，步輦優游銜鏤錫。寧王玉笛上霄漢，御路花光爭月光。汝陽羯鼓絹帽穩，打徹參旗低建章。太眞霑醉玉攲側，力士傳呼聲渺茫。翠釵挂冠紅粉妝，金貂貫酒白面郎。君臣玩狎樂莫比，清禁喜聞宫漏長。若令姚宋坐廟堂，袖中諫疏神揚揚。萬里橋邊行幸處，後世龜鑑懷苞桑。

魏錬師四松畫圖

四松在澗壑，歲晚乃更奇。蕭然如黄綺，傲岸不可追。誰將談天口，掉舌聊見移。由來拂東絹，寫此霜雪姿。便有松上雨，催我窗間詩。翻思斸青冥，採藥堪扶衰。當年丹青手，開闢造化隨。既有圯下約，子行何後期？

徐叔明校書篆筆奇古復作丹青爲予作漢江暮靄扇材極妙力求鄙句作此以贈

曩時徐騎省，篆古逼秦相。後來得仍孫，毫端溟渤壯。能回頓挫姿，丹青生意匠。餘酣寫便面，萬里烟莽蒼。何許捕魚郎，落日蕩雙槳。無勞竊吳淞，安用置壘嶂。眞欲老是間，塵境孰非妄。憐君俱入妙，

簡遠復清曠。定爲造物瞋，覓句聊分謗。以上聲畫集

題訪戴圖

閑庭秋草積，滿砌蒼苔深。忽向冰紈上，聊窺訪戴心。雪月俱皎皎，風林互森森。縱觀停艫處，猶聞擊汰音。終年剡溪曲，何嘗返山陰。徒言興已盡，眞妄誰能尋。浮生圖畫耳，慷慨爲長吟。嵊縣志

題呂少馮聽雨堂

碧澗寒侵屋，幽雲夜度牆。貪看山入坐，怪聽雨鳴廊。苦乏陰鏗句，聊登孺子牀。非君無汲引，寄傲學潛郎。

夢訪友生

少年結客長安城，妄喜縱酒同章程。支離老去一茅屋，枕書臥聞長短更。友生相望止百里，寒夜寥闃無微聲。夢中乘興輒見戴，剡溪聊爾扁舟行。覺來蘧蘧一榻上，不用僮僕爭驢迎。吹燈弄筆欲書寄，窗前白月方亭亭。

阻風雨封家市

往時李成寫驟雨，萬重古意毫端聚；行人深藏鳥不度，便覺非復鵝溪素。龍眠老阮作陽關，北風低草雲埋山；行人客子兩愁絕，未信蒲萄能解顏。兩郎了了解人意，似是畫我封家市。戲作新詩排晝睡，忽有野雁鳴烟際。

望西山懷駒父

去歲湖湘賦凛秋，聞君江國大刀頭。百年會面知幾遇，十事欲言還九休。照眼遙岑落懷袖，過眉拄杖落汀洲。莫言青山淡吾慮，誰料卻能生許愁。以上宋文鑑

寄希廣禪師

已透雲庵向上關，熏爐茗椀且開顔。頭顱無意掃殘雪，毳衲從來著壞山。瘦節直疑青嶂立，道心長與白鷗閑。歸來天末一回首，疑在孤峯煙靄間。補續高僧傳

食蟹

溪友提攜紫蟹肥，形模郭索就羈縻。抱黄斫雪老饕事，看碧成朱露醉時。大嚼故知羞海鏡，嗜甘易誤食彭蜞。欲將磊落輕爾雅，委頓深憐蔡克兒。蟹略

送妙喜禪師往荆南求準公塔銘于張丞相天覺

落絮霏霏攪客心，鳴鳩歷歷唤春陰。未于蓮社添宗炳，先向蘭亭減道林。遠嶠雲屯鍾磬晚，諸天目斷薜蘿深。詩緣病廢苦無思，爲子送將聊一吟。大慧年譜

春日懷秦髯

山雨蕭蕭作快晴，郊園物物近清明。花如解語迎人笑，草不知名隨意生。晚節漸於春事嬾，病軀卻怕酒壺傾。睡餘苦憶舊交友，應在日邊聽曉鶯。詩林萬選

翻經臺

五千餘卷在高臺，内史翻時蠟屐來。夢斷池塘人不見，年年春色緑成堆。江西通志

晁沖之

沖之字叔用，濟北人，說之從弟。在羣從中獨不第，授承務郎。紹聖以來，黨禍既作，超然獨往。有具茨集。

喻汝礪序云：「咸平、景德中，儒學文章之盛，不歸之平棘宋氏，則屬之清豐晁氏。叔用以文莊公爲曾大父，文元公爲高祖，家藏至二萬卷。紹聖初，晁氏羣從，多在黨中，叔用于是飄然遺形，逝而去之。宅幽阜，蔭茂林，於具茨之下。世之網羅，不得而嬰也。」

劉後村詩話：余讀叔用詩，見其意度宏闊，氣力寬餘，一洗詩人窮餓酸辛之態。其律詩云：「不擬伊優陪殿下，相隨于蔿過樓前。」亂離後追溯承平事，未有悲哀警策於此句者。

廷珪墨詩

君不見江南墨官有諸奚，老超尙不如廷珪。後來承晏頗秀出，喧然父子名相齊。百年相傳紋破碎，彷佛尙見蛟龍背。電光燭天星斗昏，雨痕倒海風雷晦。卻憶當年淸暑殿，黃門侍立才人見。銀鉤灑落桃花牋，牙牀磨試紅絲硯。同時書畫三萬軸，二徐小篆徐熙竹。御題四絕海內傳，祕府毫芒惜如玉。君不見建隆天子開國初，曹公受詔行掃除。王侯舊物人今得，更寫西天貝葉書。

紫微詩話：脫去世俗畦畛，高秀實深稱之。

追往昔二首示江子之

少年使酒走京華，縱步曾游小小家。看舞霓裳羽衣曲，聽歌玉樹後庭花。門侵楊柳垂珠箔，窗對櫻桃捲碧紗。坐客半驚隨逝水，吾人星散落天涯。鬢深釵暖雲侵臉，臂薄衫寒玉照紗。莫作一生惆悵事，鄰州不在海西涯。

春風踏月過章華，青鳥雙邀阿母家。繫馬柳低當戶葉，迎人桃出隔牆花。

墨莊漫錄：政和間，李師師、崔念月二妓，名著一時。晁叔用每會飲，多召侑席。其後十許年，再來京師，二人尚在，而聲名溢於中國，李生者門第尤峻。叔用追往昔，作二詩以示江子之。靖康中，李生與同輩趙元奴及築毬、吹笛袁綯武震輩例，籍其家。李生流落於浙中，士大夫猶邀之以聽其歌，然憔悴無復向來之態矣。

謝胡御史寄茶兼簡朱郎中

諫議茶猶寄，郎官迹已疎。斜封三道印，不奉一行書。會遠長安去，終臨顧渚居。大江清見底，爲問客何如？

戲李相如攜婦還金鄉

舍人固多奇，奉璧登章臺。君王擊缶罷，將軍負荆來。長卿束髮時，亦復悅名字。一從臨邛遊，心迹了不似。茂陵未得仕，要是才足依。高堂援哀琴，月出載婦歸。文君入成都，乃復媿四壁。晚見負弩來，良悔抱頸泣。

以少炭寄江子之

金籍曾通玉虛殿，仙曹擬拜翠微郎。莫嫌薄上溫䆊火，猶得濃熏篤耨香。溫䆊火事，見李義山詩。以上具茨集

江端友

端友字子我，陳留人，鄰幾之孫。以元祐黨，隱居封丘門外。靖康初，吳敏薦，召見，以爲承務郎，賜進士出身，諸王宮教授。上書辯宣仁誣謗，遭黜。渡江，寓居桐廬之鸕鷀源。後爲太常少卿。有七里先生自然菴集。

晁以道壽昌縣君劉氏墓誌云：夫人，劉原父侍讀家女，嫁爲江鄰幾舍人之子婦，男三人，長端禮，次端友、端本。端友等一日白夫人曰：「幸見聽，敢有言。」夫人笑曰：「不欲從科舉乎？是吾素已疑之矣。且汝兄力學能文，屈于有司二十年。嘗爲予言，有司待士之禮薄而法益苛，媿之終其身。汝等尚少，而能不樂于此乎？汝安之，則吾何有？」故端友與弟端本，遂優游于園城數畝之田，人多高之。

牛酥行

有客有客官長安，牛酥百斤手自煎。倍道奔馳少師府，望塵且欲迎歸軒。守閽呼語不必出，已有人居第一先。其多乃復倍於此，台顏顧視初怡然。昨朝所獻雖第二，桶以淳漆麗且堅。今君來遲數又少，青紙封題難勝前。持歸定慚遼東豕，努力明年趁頭市。

能改齋漫錄：宣和初，有鄧姓，守西京，以牛酥百斤遺梁師成。江子我作牛酥行。

韓碑

淮西功業冠吾唐，吏部文章日月光。千載斷碑人膾炙，不知世有段文昌。

庚溪詩話：紹聖、元符間，黨禁興，毀東坡上清儲祥宮碑，命蔡京別爲之，正如唐時仆韓退之平淮西碑，命段文昌改作，後人有詩云云。余於儲祥宮碑亦云。後見韓无咎元吉，云是江子我詩。

九日

萬里江河隔，傷心九日來。蓬驚秋日後，菊換故園開。楚欲圖周鼎，湯猶繫夏臺。東籬那一醉，塵爵恥虛罍。瀛奎律髓

楊符

符字信祖，有詩集。

句

吏道官官惡，田家事事賢。劉後村詩話

謝邁

邁字幼槃，逸從弟。以詩文娩美，時稱「二謝」。有竹友集。

撫州府志：幼槃妻董氏，賢而知學。幼槃每與客論古事，有所遺忘，妻必能記之。李商老嘗來，語及五代時有沙陀將臥疾，僚佐見其錦衾，曰：「爛兮！」怒曰：「我沙陀，安得謂我爲奚？」偶忘其姓名，遣稚子問之，董氏曰：「康福也。」

陶淵明寫眞圖

淵明歸去潯陽曲，杖藜蒲鞵巾一幅。陰陰老樹囀黃鸝，豔豔東籬粲霜菊。世紛無盡過眼空，生事不豐隨意足。廟廊之姿老蓬蓽，環堵蕭條僅容膝。大兒頑頓嬾詩書，小兒嬌癡愛梨栗。老妻日暮荷鋤歸，欣然一笑共蝸室。哦詩未遣愁肝腎，醉裏呼兒供紙筆。時時得句輒寫之，五言平淡用一律。田家酒熟

夜打門，頭上自有漉酒巾。老農時問桑麻長，提壺挈榼來相親。一尊徑醉北窗臥，蕭然自謂羲皇人。此公聞道窮亦樂，容貌不枯似丹渥。儒林紛紛隨溷濁，山林高義久寂寞。假令九原今可作，舉公籃輿也不惡。

題戴崧石鼎聯句圖

衡山道士熊豹姿，夜過劉生逢說詩。止于座隅初莫識，口不能言心自知。坐中淸逸校書郎，新有詩聲誰過之。豈知老子殊不淺，可但逐鬼囚蛟螭。須臾指鼎出佳句，脫略凡韻生新奇。二生得句不敢吐，嗚聲強作秋蟲悲。儳如窘兔避鷹隼，懍如敗將收旌旗。借問舐筆摹者誰，定是欒礴眞畫師。退之斯文有妙處，丹青寫盡初無遺。彌明得道如不死，應在衡山深處棲。端能過我挑詩敵，與君周旋吾敢辭。

吳彩鸞寫眞圖

天上鳳皇難獨宿，人間翡翠本雙棲。丹青不與文簫共，誰遣雉東迷雀西。

次韻李成德謝人惠墨牛

君不見八百里誇王氏駮，嘗敕家童瑩蹄角。綺襦紈袴競奢豪，臥疾不安愁禍作。何如傳寶墨牛圖，不飾靑黃如素樸。向來奇畫購千金，宜在蘭臺天祿閣。兩牛方鬬未雌雄，或奔而從或小卻。其餘三四亦殊絕，或如虎臥鶴俛啄。滕王蛺蝶東丹馬，嘉陵山水靑田鶴。如將優劣比人才，長文何必慙文若？人言愛畫亦一癖，如彼牛羊何用貌。是家持論果非耶？煩君試爲評其略。

題于逢辰畫

踏徧江南岸，歸來試解衣。誰言物外賞，不與筆端違。石帶蒼苔瘦，風凋折葦稀。令人清興發，欲問釣魚磯。

顏魯公祠堂

上皇御宇無長策，牧羊奴子孤恩澤。銀菟分印屬兒曹，二十餘州齊陷賊。常山死守平原拒，公家兄弟聲名赫。平原白首列班行，忠義凜凜眞嚴霜。歷事四朝惟一節，當年舌舐中丞血。豈知丞相面如藍，貌雖夷易心巉巖。老臣何罪死虎口，到今誰爲袪其銜。臨風志士長悲吒，矧瞻遺像嚴祠下。未能立草迎送詞，一奠椒漿淚盈把。

次劉世基韻

兒時窺豹見一斑，晚學一技千金殫。齋房芝草不並秀，且餐秋菊紉春蘭。無心時共白雲出，忘機日對沙鷗閑。窮人與世各異調，敢望一唱仍三歎。昨來卜居向巖邑，玉川破屋纔數間。朝看爽氣出遠岫，夜聽繞舍鳴清湍。幾回欲棹酒船去，賀老不見空稽山。

次韻彥光睡起病目

蝶夢游揚臥碧紗，知君不賞玉釵斜。夢回起坐有佳思，亂觸牙籤書五車。黑蠅著眼君勿嗟，學道乃得青蓮華。商略此意當過我，樵青竹裏爲煎茶。

寄汪信民

縈纜符離日，君行殊未歸。寄書問亳社，有夢過江西。不見揮犀柄，頻驚響馬蹄。殷勤具雞黍，多謝德公妻。

戲詠石榴晚開

靡靡江蘺只喚愁，眼前何物可忘憂。楝花淨盡綠陰滿，纔見一枝安石榴。

鳴鳩

雲陰解盡卻殘暉，屋上鳴鳩喚婦歸。不見池塘烟雨裏，鴛鴦相並溼紅衣。以上竹友集

夏倪

倪字均父，蘄州人，英公之孫。宣和中，自府曹左官祈陽監酒。有遠遊堂集。

劉後村詩話：均父集中，如擬陶、韋五言，亹亹逼真。律詩用事琢句，超出繩墨，言近旨遠，可以諷味。然竦之諸孫。故其詩云：「堂堂文莊公，事業何崢嶸。」孟子曰：「孝子慈孫，百世不能改。」均父欲改之乎？其志亦可悲矣。

江西宗派圖錄：均父文詞富贍，儕輩罕及。嘗以「天寒霜露繁，遊子有所之」爲韻，作十詩留別饒德操，曲盡羊綿之致。赴江守日，張彥寔贈詩云：「未覺朝廷疎汲黯，極知州郡要文翁。」均父朝夕諷誦之。詩文一集，呂紫微爲之序。

次韻漢陽蔡守題陽關圖

君不見季子敝盡黑貂裘，一生車轍環九州。使之負郭有二頃，未必肯相六國侯。此郎亦復何爲者，浪自出入不肯休。東風夾道羅供帳，倚馬欲行那得上。綠尊翠勺浩縱橫，四座哀歌互酬唱。陰雲漠漠天四垂，行子多著短後衣。金羈滴瀝鳴翠珥，負屬蹶倒從盧兒。漁舟微茫出浦溆，遠山無數迎脩眉。傾曦馱醉出關去，縱有離愁渠得知。長安春色濃如酒，乃向斯時別親友。可憐兒女浪辛苦，奔走功名逮

水有蛟鼉獰口眼，陸華首。渴醪百榼胸崔嵬，暮色慘慘羇鴻哀。羊腸鳥道天尺五，爾獨胡爲來此哉。有兕虎潛巖隈。嗟爾游子不顧返，富貴有時終自來。

題宗室永年畫犬圖

公子朝回玉宸裏，戲弄丹青歌扇底。興來貌寫到穠毶，拳尾如搖欲投齣。豐顱闊腋偉骨相，縱逸未饒盧鵲駛。庭除花開春尚寒，屈藏短喙眠朝暾。其一狺狺口若吠，欲前卻立客在門。俗言犬馬最難畫，衆所共識誰面謾。非如鬼物隱幽眇，反覆醜好懸毫端。紛紛衆史坐歎息，筆仗突兀不可扳。乃知心匠本神授，以心運手不作難。我家敗屋依破垣，偷兒踏瓦驚夜眠。四壁雖如長卿第，舊物猶存子敬氈。就君乞取挂牆壁，端能警我窺窬客。

跋聚蟻圖

紛然蟲臂蟻爭環，爭與高人一解顏。不待南柯昏宦畢，始知身寄大槐間。以上聲畫集

和山谷游百花洲盤礴范文正公祠下以生存華屋處零落歸山丘爲韻賦十詩

神文秉周禮，廟樂奏九成。當時夔一足，不待魯諸生。

嘖嘖鵲噪屋，愔愔蛛網門。我來九頓首，生氣凜如存。

堂堂古遺直，心嚴貌無華。人見不嫵媚，何以娛大家。

樸樕復樸樕，何以棟我屋。風雨莫輕搖，南山無老木。

有酒當自酹，有室莫共處。古今一丘貉，何能坐飛語。

夢回四賢篇，長風吹人醒。嗟哉不我見，淚與秋露零。

百代無幾人，九原何可作。不必溫御史，解令君膽落。

寶元乃多故，公時總戎機。胸中百萬兵，要取橫山歸。

公歸今幾時，遺懿何斑斑。公議要難沒，言波可懷山。

我心不可規，滔滔誰與游。向來秉大雅，今復成一丘。范文正公集附

題漢陽郎官湖

太白當年夜郎謫，一尊聊與故人留。南湖乞得郎官號，從此名傳五百秋。豫章詩話

句

猶喜平生蟹螯手，尚能半幅寫行書。

風月堂詩話：王立之、夏均父俱以宗女夫入仕。均父饒財，亦好學。立之晚年中風，以左手作字，均父寄詩云云。

林敏功

敏功字子仁，蘄春人。以春秋鄉薦不第。有高隱集。

尚友錄：子仁年十六，預鄉薦，下第歸，杜門不出者二十年。元符末，詔徵不赴。與弟敏修居比鄰，終老以文字相友善，敏修亦終身不舉進士，世號「二林」。政和中，林震爲郡，首謂吾宗有隱君子，出郊見之。還朝，舉其隱德，賜號高隱處士，旌表其門。子仁謝表云：「自是難陪英俊之遊，何敢妄意高尚之事。臥牛衣而待旦，寒如之何；搔鶴髮以興懷，老其將至。」

江西宗派圖錄：山谷云：「林處士詩甚佳，碧落碑無贋本也。」

書吳熙老醉杜甫圖

清晨出尋酒家門，蹇驢破帽衣懸鶉。年年碧雞坊下路，野梅官柳慣尋春。酒錢有無俱醉倒，改罷新詩留腹稾。兒童拍手遮路衢，拾遺笑倩旁人扶。百年風雅前無古，沈宋曹劉安足數。後來一字人難補，君莫笑渠作詩苦。

子瞻畫扇

夫子江湖客，毫端託渺茫。欑峯埋暮雨，古樹困天霜。偪側餘僧舍，冥濛失雁行。死生隨化盡，此意獨難忘。以上聲畫集

春日有懷

風高收雨急，日薄過窗微。梅蘂初迎臘，春溪欲染衣。形容今日是，遊衍昔人非。節物關愁緒，歸鴻正北飛。宋文鑑

絕句

君心恨不走天涯，不比衰翁只戀家。最是橫塘黃葉路，今年無伴折梅花。方是閑居士小稾

句

嘗憶他年接緒餘，饒三謂德操落拓我迂疏。溪橋幾換風前柳，僧壁今留醉後書。寄夏均父　苕溪漁隱叢話

王直方

直方字立之，汴人。舍人棫之子，補承奉郎。元祐中，延致名士唱和，號歸叟。有詩話幷集。晁以道王立之墓志銘：立之少樂從諸丈人行遊，無他嗜好，惟晝夜讀書，手自傳錄。非其所好，雖以勢力美官誘致之，莫肯自枉也。嘗監懷州酒稅，尋易冀州糴官，僅數月，投劾歸。凡十五年，處城隅小園，嘯傲自適，命其園之堂曰賦歸，亭曰頓有，一時文士，多爲賦詩。彭城陳無已卒于京師，立之割田十畝，以周其孤。病中取平生書畫古器，散之四方朋友無遺。

臘梅

紛紛紅紫雖無韻，映帶園林正要渠。誰遣一枝香最勝，故應有客問何如？

苕溪漁隱叢話：直方自記云：「山谷初見臘梅，作二絕句。緣此臘梅，盛于京師，然交游間亦有不喜之者，余爲解嘲云云。」

淮安園

賢王經別墅，深窈近嚴城。花竹四時好，賓朋一座傾。鬮奩爭弈罷，擊鉢記詩成。明日朝天去，門扃鳥雀驚。文翰類選

上巳游金明池

游絲墮絮惹行人，酒肆歌樓駐晝輪。鳳管遏回雲冉冉，龍舟衝破浪粼粼。日斜黃繖歸馳道，風約青帘認別津。朝野歡娛眞有象，壺中要看四時春。汴京遺蹟志

高荷

荷字子勉，荊南人，自號還還先生。元祐太學生，晚爲童貫客，得蘭州通判以終。有集。

山谷跋云：子勉作詩，以杜子美爲標準，用一事如軍中之令，置一字如關門之鍵，而充之以博學，行之以溫恭，天下士也。

劉後村詩話：子勉親見山谷，經指授，記覽多，如麥城詩押險韻，略無窘態。集中健語層出。

瀛奎律髓：山谷自戎州歸，荷以五言律三十韻贄見，山谷賞之。又和王子予章華碑云：「威強九鼎懼，爽亂一臺成。」又芍藥詩云：「勃興連穀雨，閏位亥花王。」謁馬中玉云：「辨雖豪白馬，讒亦困青蠅。」皆可取。而蠟梅絕句尤奇。

賦國香

南溪太史還朝晚，息駕江陵頗從款。絲毫會詠水仙花，可惜國香天不管。將花託意爲羅敷，十七未有十五餘。宋玉門牆迂貴從，藍橋門戶怪貧居。十年目色遙成處，公更不來天上去。已嫁鄰姬窈窕姿，空傳墨客殷勤句。聞道離鸞別鶴悲，藁砧無賴謾蛾眉。桃花結子風吹後，巫峽行雲夢足時。田郎好事知渠久，酬贈明珠同石友。憔悴猶疑洛浦妃，風流固可章臺柳。寶髻犀梳金鳳翹，尊前初識董嬌饒。來遲杜牧應須恨，愁殺蘇州也合銷。卻把水仙花說似，猛省西家黃學士。乃能知妾妾當時，悔不書空作黃字。王子初聞話此詳，索詩裁與謾淒涼。只今驅豆無方法，徒使田郎號國香。

能改齋漫錄：國香，荊渚田氏侍兒名也。山谷自南溪召爲吏部員外郎，留荊州，乞守當塗，待報。所居與此女子爲鄰，山谷偶見之，以爲幽閑姝美，目所未覩。後其家以嫁下里貧民，因賦水仙花寓意云：「淤泥解出白蓮藕，糞壤能開黃玉花。可惜國香天不管，隨緣流落小民家。」俾高子勉和之。後數年，山谷卒于嶺表，當時賓客雲散。此女既生二子矣，會荆南歲荒，其夫鬻于田氏家。田氏一日邀子勉，置酒出之，掩袂困悴，無復故態。坐間話當時事，相與感歎。子勉客京師，會王性之問山谷詩中本意，因道其詳，且爲賦詩云。

見黄太史

萬里南溪郡，黄香得賜環。盛名喧海内，摧翮返雲間。太史資誠峻，郎官選亦慳。朝廷才特起，堂奥援誰扳。一夢追前事，羣公兀後艱。中傷皆死禍，放逐罕生還。别駕之戎僰，僑居傍葺菅。想知諸鳥道，聞説異人寰。揚子家元窘，王維室久鰥。鵩來心破碎，猨叫淚潺湲。達觀終難得，羇愁必易删。衆情相憫惻，靈物自恬憫。迴閣澄秋晚，幽窗聳夜跧。蜀天何處盡，巴月幾回彎。墜履魂空斷，遺弓涕忽潸。石門凄殿楯，銅雀慘宫鬟。帝統聯仁聖，皇恩感豔頑。網羅疏黨禁，株蔓掃朋姦。點檢金閨彦，凋零玉笋班。尙令宗廟器，遙隔鬼門關？拊髀咨詢及，含香誥命頒。笑談趨赤縣，吟詠落烏蠻。奏記懷東觀，移文領北山。應將九遷待，未補七年閑。士媿千鈞弩，身謀五兩綸。退藏欣望氣，延佇竊窺斑。昌谷詞源窄，浯溪筆力孱。斵輪深類扁，投斧欲隨般。鵠卵眞能伏，龍鱗敢冀攀。不嗔無紹介，試遣略承顔。宋文鑑

蠟梅

少鎔蠟淚裝應似，多爇龍涎臭不如。只恐春風有機事，夜來開破幾丸書。菊坡叢話

句

沙輭綠頭相並鴨，水深紅尾自跳魚。雪浪齋日記

呂本中

本中字居仁，宰相公著曾孫，右丞好問長子。靖康初，官祠部員外郎。紹興中，賜進士出身。歷中書舍人，權直學士院，以劾罷，提舉太平觀。學者稱東萊先生，謚文清。有東萊集、紫微詩話、江西宗派圖。

苕溪漁隱叢話：呂居仁詩，清駛可愛，如：「樹移午影重簾靜，門閉春風十日閑」；「往事高低半枕夢，故人南北數行書」；「殘雨入簾收薄暑，破窗留月鏤微明」。

敖陶孫詩評：呂居仁如散聖安禪，自能奇逸。

江西宗派圖錄：居仁嘗序詩社宗派圖，謂詩有活法，若靈均自得，忽然有入，然後惟意所出，萬變不窮。

暮步至江上

客事久輸鸚鵡杯，春愁如接鳳凰臺。樹陰不礙帆影過，雨氣卻隨潮信來。山似故人堪對飲，花如遺恨肯重開。雪籬風榭年年事，辜負韶光取次回。

題孫子紹所藏摩詰渡水羅漢

問渠褰裳欲何往？彷彿徒倚滄波上。至人入水固不濡，何以有此恐怖狀？我知摩詰意未真，欲以筆端調世人。此水此渡俱非實，摩詰亦未嘗下筆。孫郎寶藏今幾年，往來周旋兵火間。世人險阻更百難，彼渡水者安如山。請君但作如此觀，莫更思惟尋筆端。

還韓城

乍喜全家脱，虚疑匹馬奔。乾坤德盛大，盜賊爾猶存。稻壠秋仍旱，溪流晚自渾。素冠兼白髮，愁絕更誰論。

楊道孚墨竹歌

君不見渭川之陰臥龍横千秋，貌取者誰文湖州。十年筆意閉黄壤，只今妙手唯楊侯。楊侯畫竹盡眞意，巧奪造化令人愁。滿堂回首看下筆，擾擾雲煙亂晴日。大叢縱横高入雲，斜風落葉秋紛紛。小叢攲傾病無力，旁水長根走蒼石。門前車馬汗成川，何得陰風動高壁。楊侯嘻笑辭未工，此意不與丹青同。粉黛初無一錢費，酒炙能使千金空。蟣材遠寄動盈屋，我知子畫無由窮。剡溪寒藤不難致，須君放手爲雙叢。須君放手爲雙叢，與我俱隱南山中。

懷雪童 犬名

老來於世漫多悲，夢幻推移且自知。想得開山藏骨處，卻如搖尾乞憐時。送行識我貧無蓋，閑坐思渠悶有詩。從此窮居添寂寞，夜長誰復遶簾帷。以上東萊集

秦處度與一上人同宿密菴處度爲一畫斷崖枯木

小菴無客亦無氊，遂有高人借榻眠。一夜西風撼枯柳，不知春在石崖邊。

題范才元畫軸後

昔年同過嶺南州，曾見湘江萬里流。妙手可傳詩外意，亂雲寒木更孤舟。以上紫微集

王文孺臞菴

伊洛富山水，家有五畝園。花竹遶瀍澗，不讓桃花源。清時足眞賞，戶戶開層軒。一朝胡塵暗，故家希復存。莽蒼走萬里，始及吳市門。菴廬據形勝，冰壺貯乾坤。亭榭著仍穩，不見斧鑿痕。主人更超邁，雲夢八九吞。植杖邀我坐，笑語清而溫。坐令車馬客，稍識山林尊。十年老朝市，漸見兩目昏。求田與問舍，姑置不復論。但願從我公，不使世誶渾。吳郡志

句

忍窮有味知詩進，處事無心覺累輕。病知前路資糧少，老覺平生事業非。能改齋漫錄

鶚按：善權、祖可、如璧三僧詩，入釋子。

宋詩紀事卷三十四

錢唐 厲鶚 輯
仁和 江源 勘定

任伯雨

伯雨字德翁，眉山人。舉進士。元符中，除左正言。崇寧初，以黨論謫僭州，移道州，遇赦，提點明道宫。紹興初，贈諫議大夫。淳熙中，謚忠敏。

宿西軒

茅簷不動晚風微，獨對爐煙枕半敧。唯有多情沙上月，依然青瑣照人時。

焚香有感

掃地焚香開竹扉，輕煙郁郁間朝暉。卻思昔日延和殿，對罷曾攜滿袖歸。以上前賢小集拾遺

獨坐

小軒搔首坐，斜日滿窗紅。得喪榮枯事，悠悠過耳風。此身猶是幻，何物不爲空。酒聖心常醉，詩窮語更工。瀛奎律髓

句

身投魑魅家何在，澤逮昆蟲罪未除。貶昌化和張才叔贈詩　梁溪漫志

林積

積，元祐中左中散大夫，知福建路。

題州宅巘閣

濟川須用楫，罔水戒行舟。四海風波路，安眠是勝游。淳熙三山志

徐大正

大正字得之，甌寧人。元祐中，築室北山下，名閑軒。秦少游爲之記，蘇子瞻爲賦詩，人以北山學士呼之。

題釣臺

光武初從血戰回，故人長短尙論材。中宵若起唐虞興，未必先生戀釣臺。

建寧府志：得之嘗赴省試，過釣臺賦詩。東坡見之，遂與定交。

邢居實

居實字惇夫，河南原武人，恕子，早卒。有呻吟集。

合璧事類前集：邢惇夫有文，早夭。東坡云：「敦夫自爲童，所與交皆諸公長者。百不一見，遂與草木共盡。」山谷云：「謝師復年未二十，文章不類少年語。方行萬里，出門而車軸折。甚矣，敦夫似吾師復也。」且有絶句云：「詩到隨州更老成，江山爲助筆縱橫。眼看白璧埋黄壤，何况人間父子情。」敦夫父名恕，字和叔，從伊川先生學。元祐初，除御史，後謫隨州。

王直方詩話：惇夫自少便多憔悴感慨之意，其秋懷詩云：「高歌感人心，心悲將奈何。」襄陽道中云：「有意問山神，此生復來否？」已而果卒于漢東。

霅浪齋日記：恕子，年十四，賦明妃引，子瞻見而稱之，由是知名。病羸早夭，王直方編其遺草爲呻吟集。

李伯時畫黄知命騎驢圖爲賦長歌

長安城頭烏欲棲，長安道上行人稀。浮雲卷盡暮天碧，但有明月流清輝。君獨騎驢向何處？頭上倒著白接䍦。長吟搔首望明月，不學山翁醉似泥。到得城中燈火鬧，小兒拍手攔街笑。道旁觀者那得知，相逢疑是商山皓。龍眠居士畫無比，摇毫弄筆長風起。酒酣閉目望窮途，紙上軒昂無乃似。君不學長安游俠誇年少，臂鷹挾彈章臺道。君不能提攜長劍取靈武，指揮猛士驅貔虎。胡爲脚踏梁宋塵，終日飄飄無定所。武陵桃源春欲暮，白水青山起煙霧。竹杖芒鞵歸去來，頭巾好挂三花樹。

王直方詩話：雙井黄知命，初自江南來，與彭城陳履常俱謁法雲禪師于城南。夜歸，過龍眠李伯時。知命衣白衫，騎驢，緣道摇頭而歌；履常負杖挾囊于後，一市大驚，以爲異人。伯時因畫爲圖，敦夫作長歌云云。敦夫時年未二十也。

寄陳履常

十年客京洛，衣袂多黄塵。所交盡才彦，唯子情相親。會合能幾日，歡樂何遽央。春風東北來，飄我西南翔。驪駒已在門，白日行且晚。停觴不能飲，將去更復返。把腕捋髭鬚，悲啼類兒女。人生非鹿豕，安得常羣聚。朝别河上梁，暮涉關山道。匹馬逐飛蓬，離恨如春草。去去日已遠，行行淚横臉。昨日同袍友，今朝離鄉客。來時城南陌，始見梅花白。回首漢江頭，黄梅已堪摘。杖策登高城，極目迴千里。落日下青山，但見白雲起。遠望豈當歸，長歌涕如雨。歸心如明月，幽夢過潁汝。抱膝長相思，故人安可見？忽枉數行書，彷彿如對面。紛紜輦轂下，冠蓋争馳逐。吹嘘多賢豪，肯復念幽獨。空齋聽夜雨，深竹聞子規。此情不可道，此心君詎知？

雨後出城馬上作

既雨天氣佳，微雲淡如掃。欲尋煙際鐘，騎馬河邊草。紫椹飽黄鸝，人家夏蠶老。田婦踏繅車，隔籬語音好。嗟我一何愚，讀書浪枯槁。不及此中人，中年客長道。

秋風三疊寄秦少游

秋風夕起兮白露爲霜，草木憔悴兮竊獨悲此衆芳。明月皎皎兮照空房，晝日苦短兮夜未央。有美一人兮天一方，欲往從之兮路渺茫。登山無車兮涉水無航，願言思子兮使我心傷。

秋風淅淅兮雲冥冥，鴟梟晝號兮蟋蟀夜鳴。歲月徂邁兮忽如流星，少壯幾時兮老冉冉其相仍。展轉反側兮從夜徹明，悵獨處此兮誰適爲情。長歌激烈兮涕泣交零，願言思子兮使我心怦。

秋風浩蕩兮天宇高，羣山逶迤兮溪谷寂寥。登高而望遠兮不自聊，褐言適野兮誰與遊遨？空原無人兮四顧蕭條，猨狖與伍兮麋鹿爲曹。浮雲千里兮歸路遥，願言思子兮使我心勞。以上宋文鑑

明妃引　十四歲作

漢宮有女顔如玉，淺畫愁眉遠山緑。披香殿裏夜吹笙，未央宮中朝理曲。絳紗蒙籠雙蠟燭，簫鼓聲傳

春漏促。玉輦三更別院歸，夜深月照黄金屋。莓苔滿院無行迹，總爲君王未相識。天上天仙骨格別，人間畫工畫不得。嫣然一笑金輿側，玉貌三千斂顔色。羅幃繡戶掩香風，一朝返嫁單于國。金鳳羅衣爲誰縷，長袖弓彎不堪舞。一別昭陽舊院花，淚灑臙脂作紅雨。回頭不見雲間闕，黄河半渡新冰滑。馬蹄已踏遼羯塵，天邊尚挂長門月。黄沙不似長安道，薄暮微雲映衰草。胡兒馬上鳴胡笳，綠鬢紅顔爲君老。西風蕭蕭易水寒，啼痕不斷幾闌干。年年看盡南飛雁，一去天涯竟不還。少年將軍健如虎，日夕撞鐘槌大鼓。寶刀生澀旌旗卷，漢宫嫁盡嬋娟女。寂寞邊城日將暮，三尺角弓調白羽。安得壯士霍嫖姚，縛取呼韓作編戶。合璧事類前集

秋晚

目送閑雲盡日愁，寒來著破舊貂裘。憑誰説與西風道，留取黄花點綴秋。後村千家詩

句

微意平生在江海，塵冠今日爲君彈。寄陳後山　任淵後山詩注

葛敏修

敏修字聖功，廬陵人，從山谷學。登元祐進士。宰確山。元符間，上書願附黨籍。

南華竹軒

不用山僧供帳迎，世間無此竹風清。獨拳一手支頤臥，偷眼看雲生未生。

能改齋漫錄：山谷南遷，還至南華竹軒，令侍史誦詩板，戒勿言姓名。久之，有一絕云云，徐覩之曰：「果吾學子葛

敏修也。」

李才甫

才甫，莆田人。

江西泊舟後作

江水冥冥沙石陰，一舸行盡春已深。浪花緣蔓曳錦帶，短蘆刺水抽玉簪。飢魚未沈波面筒，小舫正横溪上風。清輝濯盡遠山碧，白鳥飛入蒼煙叢。山谷外集自注云：太和小舫板上塵土中得此詩。

蘇邁

邁字伯達，軾長子。官安化令。

夜坐聯句

清風來無邊，明月翳復吐。坡　松聲滿虚空，竹影侵半戶。邁　暗枝有驚鵲，壞壁鳴飢鼠。坡　露葉耿高梧，風螢落空廡。微涼感團扇，古意歌白紵。樂哉今夕遊，獲此陪杖屨。邁　傳家詩律細，已自過宗武。短詩膝上成，聊以感懷祖。坡　蘇文忠公集

句

葉隨流水知何處，牛帶寒鴉過別村。

江鄰幾雜志：蘇伯達，東坡長子。豪邁雖不及其父，而學問語言，亦勝他人子也。少年作詩云云，先生見之，笑曰：

「此村長官詩。」後東坡貶惠州，伯達求湖之安化令，以便饋親，果卒於官。

熟顆無風時自脫，半肥迎日斸先紅。林檎　東坡志林

陳履常

履常，潁州教授。

紀雪中事

掠地衝風敵萬人，蔽天密雪幾微塵。漫山塞壑疑無地，投隙穿帷巧致身。映積讀書今已老，閉門高臥不緣貧。遙知更上湖邊寺，一笑潛回萬寶春。

侯鯖錄：元祐六年，汝陰久雪。一日，天未明，東坡來召議事曰：「某一夕不寐，念潁人之饑，欲出百餘石造餅救之。老妻謂某曰：子昨來陳，見傅欽之言簽判在陳賑濟有功，何不問其賑濟之法？某遂相召。」余笑謝曰：「已備之矣。今細民之困，不過食與火耳。義倉之積穀數千石，可以支散，以救下民。作院有炭數萬秤，依原價賣之，二事可濟下民。」坡曰：「吾事濟矣。」遂草放積穀賑濟奏，檄上臺寺。陳聞之有詩。

蘇過

過字叔黨，軾季子。仕爲權通判中山府。家潁昌，營湖陰水竹數畝，名曰小斜川，自號斜川居士。有斜川集。

送曇秀詩

三年避地少經過，十日論詩喜琢磨。自欲灰心老南岳，猶能繭足慰東坡。來時野寺無魚鼓，去後閑門

有雀羅。從此期師眞似月，斷雲時復挂星河。

東坡題跋：曇秀來惠州見余，余病，已絕不作詩。兒子過，粗能搜句，時有可觀，此篇殆咄咄逼老人矣。特爲書之，以滿行橐。

賦鼠鬚筆

太倉失陳紅，狡兔得餘腐。既興丞相歎，又發廷尉怒。磔肉餧餓貓，粉髯雜霜兔。插架刀矟健，落紙龍蛇鶩。物理未易知，時來卽所遇。穿墉何卑微，託此得佳譽。苕溪漁隱叢話

雪

沈沈五侯居，碧瓦映華棁。獸炭麒麟紅，銀瓶黄封揭。春風繞幄帳，醉面生綺纈。賜宴明光宮，玉色迷金闕。誰憐蓽門士，破壁穿飛屑。事文類聚前集

金陵上吴開府兩絕句

時平無事淸吟好，衞霍貪功未是奇。爭似一篇人膾炙，四方傳誦臥龍詩。自注：開府帥襄陽時，嘗游隆中，爲諸葛孔明賦詩，有「翻覆看俱好」之句，爲世稱誦，故云。

廟堂陶鑄人材盡，流落江淮老病身。又踏槐花隨舉子，思量鄧禹是何人。式古堂書考

劉　發

發，元祐中華亭主簿。

贈鼓琴文照大師

寶琴何所得，所得甚幽微。聊借絲桐韻，還超智慧機。霜風悲玉軫，江月入珠徽。向此諸緣盡，人間孰是非。普照寺纘古錄

王　雍

雍，文正公旦之姪。元祐中，通判濠州。

題三學山

五色琉璃白晝寒，當年佛脚印旃檀。藕絲織出三衣妙，貝葉經傳一偈難。夜看聖燈紅菡萏，曉驚飛石碧琅玕。更聞鸚鵡因緣塔，八十山僧試說看。

方輿勝覽：在蜀金堂縣東北，有佛迹，石理堅潤，瑩白如玉，非世間追琢所能。又有神燈寺，有碧玉佛龕，藕絲袈裟，錦字多心經，貝葉金字涅槃經。寺前檜柏，皆隋、唐故物。又有飛石，乃自雲頂山飛來。又有鸚鵡塔，乃鸚鵡能念佛，死遂瘞于塔。王雍有詩。

高茂華

茂華字秀實。呂居仁稱其人物高遠，有出塵之姿。入元祐黨籍。

城東寄王越州

五年不出青門道，邂逅尋春此一回。忽憶秦川貴公子，桃花落盡合歸來。許彥周詩話

句

中途留眼占星聚，一宿披顏覺霧收。和呂居仁　紫微詩話

周燾

燾字次元，濂溪先生次子。元祐進士。爲貴池令，官至寶文閣待制。

暑雪軒

崇臺窮石照，氣味樂偷閑。南陸朱明馭，西闌白雪山。茶甌回舌本，麈尾落談間。欲綴風煙句，彌高不可攀。成都文類

遊天竺觀激水

拳石耆婆色兩青，竹龍驅水轉山鳴。夜來不見跳珠碎，疑是簷間滴雨聲。咸淳臨安志

王澧

暑雪軒

望處疑蓬島，天長碧海閑。雲霞收玉宇，煙浪湧銀山。茶入清談裏，風生兩腋間。詩成似西嶺，高嶮不容攀。成都文類

田望

暑雪軒

聖福軒重敞，偶來心地閑。因談丁士冢，知是武擔山。人在冰壺裏，天垂玉壘間。賡歌白雪句，巴客強追攀。成都文類

孫竢

暑雪軒

地僻宜逃暑，官卑幸頗閑。虚傳力士擔，始信蜀妃山。嶺雪青霄畔，城煙密樹間。清談容款接，妙句獨難攀。成都文類

周沔

沔，元祐中溧水丞。

句

螢火不知人已去，夜深猶傍竹窗明。題無想寺韓熙載讀書臺　景定建康志

米芾

芾字元章，吳人。一云襄陽人。以母侍宣仁后藩邸恩，補校書郎、太常博士，出知無爲軍。踰年，召爲書畫博士，擢禮部員外郎。大觀二年，罷知淮陽軍。有寶晉英光集。

吳江垂虹亭作

斷雲一片洞庭帆，玉破鱸魚金破柑。好作新詩寄桑苧，垂虹秋色滿東南。

除書學博士初朝謁呈時宰

半生湖海看青山，慣佩笭箵攬轡艱。曉起初馳朱雀路，霜華慙綴紫宸班。百寮卑處瞻丹陛，五色光中望玉顏。浪說書名落人世，非公那解徹天關。

甘露作呈夷曠

欲雨氣不透，庭梧有栖煙。回首望北固，雲藏淨名天。呼童速具輿，凭高覽山川。隱見豈不好，開霽景固全。須臾剛風流，湛湛清露圓。歸塗知有伴，華月上丹淵。

甘露寺　并序

甘露寺壁有張僧繇四菩薩，吳道子行脚僧。元符末，一旦爲火所焚，六朝遺物掃地。李衛公祠手植檜，亦焚蕩。寺故重重，金碧參差。多景樓背山面江，爲天下甲觀，五城十二樓不過也。今所存唯衛公鐵塔、米老庵三間，作詩悼之云。

色改重重構，春歸戶戶嵐。槎浮龍委骨，畫失獸遺眈。神護衛公塔，天留米老庵。柏梁終厭勝，會副越人談。以上寶晉英光集

楊誠齋詩話：潤州大火，惟存李衛公塔、米元章庵，元章喜，題云云。有輕薄子于塔庵二字上添注爺娘二字，元章見之大罵。蓋元章母嘗乳哺宮中，故云。

題嗣濮王畫蘆雁　王名宗漢，字獻甫，安懿王幼子。

偃蹇汀眠雁，蕭梢風觸蘆。京塵方滿眼，速爲喚花奴。野趣分弱水，風花蘙鑑湖。塵中不作惡，爲有鄴公圖。畫繼

答劉巨濟

劉郎收畫早甚卑，折枝花草首徐熙。十年之後始聞道，取吾韓戴爲神奇。邇來白首進道奧，學者信有

髓與皮。始知十襲但遮壁，牛馬便可褒弊帷。巍巍太平老寺主，白紗帽首無冠蕤。武士後立肅大劍，宮女傍侍鬟脩眉。神淸眸子知寡欲，齒露脣反法定飢。世人見服似摩詰，不知六朝居士衣。後人忽把亂唐突，梁時筆法了可知。道子見之必再拜，曹劉何物望藩籬。本當第一品天下，卻緣顧筆在漣漪。畫史

懷南唐硯山

硯山不復見，哦詩徒歎息。唯有玉蟾蜍，向余頻淚滴。

輟耕錄：米元章自記云：「右此石是南唐寶石，久爲吾齋研山，今被道祖易去，中美舊有詩云云。今每誦其詩，必懷此石。近余亦有詩云云。此石一入渠手，不得再見，每同交友往觀，亦不出示，紹彭公眞忍人也。余今筆想成圖，彷彿在目，從此吾齋秀氣，尤不復泯矣。崇寧元年八月望，米芾書。」余二十年前，嘉興吳仲圭爲畫圖，錢唐吳孟思書文。後攜至吳興，燬于兵。偶因淸暇，默懷往事，漫記于此。

琴詩

澹乎無味中，指下淸音發。□□□□□，空山墮涼月。

郭天錫日記云：訪因無礙首座，出觀米老墨跡一冊四幅，此詩歸尋英光集檢之，不見。

開先寺觀瀑布

度峽捫青玉，臨深坐綠苔。水從雙劍下，山挾兩龍來。春暖花驚雪，林空石迸雷。塵纓聊此濯，欲去首重回。廬山紀事

中秋登海岱樓

目窮淮海兩如銀，萬道虹光育蚌珍。天上若無修月戶，桂枝撐損向西輪。清河書畫舫

將之苕溪戲作呈諸友

松竹留因夏，溪山去爲秋。久賡白雪詠，更度采菱謳。縷玉鱸堆案，團金菊滿洲。水宮無限景，載與謝公遊。郁氏書畫題跋記

拜中岳命作

雲水心常結，風塵面久虛。重尋鈞鼇客，初入選仙圖。鼠雀眞官耗，龍蛇與衆俱。卻懷閑祿厚，不敢著潛夫。

瑞巖庵清曉

西山月落楚天低，不放紅塵點翠微。鶴唳一聲松露滴，水晶寒逕道人衣。以上珊瑚網

孔　夷

夷字方平，號滍皐先生。元祐中隱士，劉攽、韓維之畏友。

贈闗淵聖學士

吳越聲飛二十年，緇衣空復歎遺編。紫芝眉宇風塵外，太白文章錦繡前。可是石渠方載筆，未應水國要歸田。他時雪裏相逢處，能記騎驢孟浩然。萬姓統譜

寄王定國

世路難行肯效尤，蒲桃斗酒換涼州。春風不到仲文樹，野水猶沈夢得舟。珍重故家青玉案，徜徉鄉社翠雲裘。淮南千里鶯花老，月照關山笛裏愁。高郵州志

李孝先

孝先字玠叔。元祐間人。爲范忠宣所知，官朝奉郎。

題餘干縣干越亭

吳越猶千地要衝，樹亭危岸勢憑空。春潭倒影黃昏月，古木喧聲白晝風。鷗鷺慣來窺讌集，雲煙無著護簾櫳。淒涼故國多遷變，獨有溪山在望中。周益公題跋

許覺之

覺之，元祐間人。

舜井斷碑

在隨州。碑字漫滅，惟碑陰有五大夫字。相傳秦時碑，舊在舜子巷草間，今在漢東閣下。

一千二百餘年外，萬古銷磨不可尋。舜子井泉誰記古，隨人閭巷祇如今。隸書字雜科蟲體，氏爵名存樂石陰。登覽時來醒醉眼，也勝俗物在園林。方輿勝覽

劉　珵

珵字純父。元祐癸酉守明州，疏月湖，積土爲十洲，隨景命名，與舒亶倡和。又嘗以戶部郎中守蘇州。

西湖十洲詩

淺深豔冶一枝枝，帶露臨風不自持。水上紅雲眞縹緲，多才卻憶退之詩。右花嶼

古渡隋堤千萬縷，年年折盡最長條。誰知煙雨汀洲晚，閑舞東風拂畫橋。右柳汀　延祐四明志

劉韐

韐字仲偃，崇安人。元祐九年進士。累官資政殿學士。靖康中，拜河東、北宣撫副使，召入爲京城守禦使。京師陷，宰相遣韐使金營，金人議立異姓，韐自縊死。建炎初，贈資政殿大學士，謚忠顯。

紫雲巖

萬疊青山入畫圖，最高高處著浮屠。薄雲弄月明還暗，小雨飛空有卻無。山鳥避人疑俗駕，老僧好客點雲腴。我來一笑忘塵慮，倒載歸與日欲晡。建寧府志

曾紆

紆字公袞，布之子。以蔭補官。入元祐黨籍。紹興二年，除直顯謨閣，知衢州。自號空青先生。有集。

孫仲益序云：公文章守家法，而學詩以母夫人魯國魏氏爲師，句法精麗，絕去刀尺，有古詩之風。

戲作冷語

萬山雲雪陰霾空，千林霧凇水搖風。凍河徹底連三冬，嘉平曉獵崤函中。十二律呂相與宮，安得此侯疎煩胸。墨莊漫錄

江樾軒書事

臥聽灘聲濺濺流，冷風凄雨似深秋。江邊石上烏桕樹，一夜水長到梢頭。竹間嘉樹密扶疏，異鄉物色似吾廬。淸曉開門出負水，已有小舟來賣魚。詩人玉屑

宣州水西作

杖藜出郭一水近，石磴古路穿松筠。萬仞絕壁倚天末，百折驚灘當寺門。泉聲飛下錦繡谷，殿影插入玻瓈盆。宣州水西天下勝，閬州城南何足論。方輿勝覽

寧國道中

渡水穿橋一徑斜，潦收溪足露汀沙。牛川雲影前山雨，十里香風晚稻花。異縣悲秋多客思，豐年樂事屬田家。故園正好不歸去，滿眼西風吹鬢華。詩林萬選

客愁

客愁如繭絲，一攪成萬緒。秋風不可奈，又到庭前樹。秋風自有時，客愁了無期。不如飲美酒，誦我山中詩。前賢小集拾遺

余 爽

爽字荀龍，良肱子。以父任授校書郎。元祐末，爲瀛州防禦推官，除名，竄封州。崇寧中，與兄卞入黨籍。

玉京洞

在天台縣北赤城山右，蓋第六洞天。許邁嘗居之。

羽駕歸來洞已扃，洞門深鎖讀殘經。瓊臺一覺仙都夢，不見松根長茯苓。
東臨滄海宴羣仙，誤入桃源小洞天。一局殘棋消幾刻，老龍鬚甲已蒼然。
半山松柏散天聲，芝蓋當年憩赤城。我是上皇芸閣吏，玉京應有舊題名。天台山志

畢漸

漸，潛江人。紹聖元年，進士第一。官膳部員外郎，出知荆南府。

贈林子山

兒童聞說子山名，將謂先生是古人。海上偶經仙洞府，巖前猶見玉精神。南華久徹逍遙夢，兜率重來自在身。攜得新詩天上去，不教辜負到全閩。

捫蝨新語：畢狀元漸使福建日，嘗按部過羅源。時南華翁林子山致仕居南華洞，年已八十餘，以詩送之。有「當年春榜首傳名，對御如君有幾人」之句，畢公和贈，多所獎借。

李朴

朴字先之，虔州興國人。紹聖元年進士。崇寧中，入黨籍。靖康初，除著作郎、國子祭酒。高宗即位，除祕書監，未拜而卒。少從伊川遊，人稱章貢先生。有章貢集。

中秋

皓魄當天曉鏡升，雲閑仙籟寂無聲。平分秋色一輪滿，長伴雲衢千里明。狡兔空從弦外落，妖蟇休向眼邊生。靈槎擬約同攜手，更待銀河到底清。後村千家詩

天竺山

天竺崎嶇絶海邊，何人分作贛江禪。鷲山巧壘三峯石，葛隝深疏兩派泉。一醉風光能幾許，十年塵跡尚依然。欲題豹隱還相笑，望斷長空簇暝烟。

遊通天巖

春烟澄靄色，杖策出郊坰。疊嶂浮空翠，孤雲罨斷青。燕銜泥作壘，僧結草爲亭。萬樹山風裏，鐘聲下界聽。

次韻玉巖應詔

天書遠下事徵求，鄉里同推馬少游。世事已非三不可，年華卻是一宜休。豈緣薄祿貽身累，只爲當時分主憂。筇杖芒鞵留我伴，佇聞談笑即封侯。

擲餌求魚計亦難，長鯨搖曳海波寬。狂風有待三秋起，健翮須教萬里摶。直以逸民朝聖主，不隨計吏上春官。庖刀休用援尸祝，巾笥寧封貢禹冠。

憶玉巖

阿閣曾看紫鳳棲，暮年江國擁旌麾。孤雲南北本無定，浮世悲歡那可期。鶴頂丹砂埋藥竈，鴨頭綠水浸春陂。待公踏徧紅塵地，景物歸來似舊時。

秋風燕雀正關關，忽見籬邊菊又斑。寒雁自知霜露重，海鷗長伴水雲閑。百年往事丹心裏，千古聲名直道間。此意屬公須慷慨，晚雲成雨便歸山。

澉水志林：宋史藝文志李朴集二十卷，逸不傳，今輯得詩數首。

乞巧

處處香筵排綺羅，爲傳神女渡天河。休嫌天上佳期少，已恨人間巧態多。齘舌自應工嫵媚，方心誰更苦鐫磨。獨收至拙爲吾事，笑指雙鍼一縷過。瀛奎律髓

江公望

公望字民表，睦州人。舉進士。建中靖國初，由太常博士拜左司諫，以直龍圖閣出知壽州。入黨籍，編管南安軍，赦還，卒。建炎中，贈右諫議大夫。見孫樵、柳子厚乞巧文

句

春光吳地減，山色上林深。題艮岳

劉後村跋云：江公題艮岳句，比之鄧肅花石綱詩，彼烈露而此含蓄矣。

趙暘

暘字乂若，其先本杭人，徙鄭州及汴中。紹聖元年進士。累官直龍圖閣，提舉江州太平觀。過江，寓信州玉山，家焉。

題劉資仁韓幹飲馬圖

韓幹所畫天閑圖，縣官日給三品芻。不嘶不鳴肥如鳧，時時步作康莊衢。飲之曲江戲短蕪，沙輭風輕樂于于。豈知渥洼眞龍駒，垂頭戢耳困鹽車。圉人太僕反歔欷，瘦骨硉矹甘爲奴。不須驤首顧長途，

局促騎足何時無？聲畫集

奉和姚仲美臘梅

陽和都未見芳菲，初喜寒苞發故枝。絶色夐無朱粉態，眞香寧許燕鶯知。凝愁金谷登樓日，斂黛溫泉賜浴時。寫作新聲傳玉笛，誰人持向月中吹？瀛奎律髓

徐迪

迪，繁昌人。紹聖元年進士。

北園和邑宰蔡確韻

簷影蔭游魚，江聲顫压竹。雲帆天外去，龍刹空中矗。霞明晚渡紅，草暖晴沙綠。澄波見歸鳥，紛靄迷飛鶩。有時雪浪吹，玉馬爭追逐。青霄皓月滿，琉璃瑩顛目。謝傅昔出宰，天葩動驚俗。一讀梁間詩，清風感佳木。太平府志

范沖

沖字元長，祖禹長子。紹聖元年進士。建炎中，官翰林學士，守衢州。坐與趙鼎有連，落職。

贈了空長老

幾回飛錫入紅塵，一任隨緣自在身。琢句不妨明日用，援琴誰與聽陽春。揚眉瞬目如相委，捧腹狂歌即是眞。湯餅藜羹奉朝夕，自憐擔板小乘人。衢州府志

游爛柯山青霞洞天

石梁傑出望南洲，登覽從公破旅愁。棋罷未應消一日，人歸無奈已千秋。塵纓自喜臨流濯，車轄仍逢好事投。莫怪神仙近如許，當年此地絶深幽。爛柯山洞志

吕頤浩

頤浩字元直，其先樂陵人，徙齊州。紹聖元年進士。高宗朝，拜少保、尚書左僕射、同中書門下平章事，罷爲鎮南軍節度使，提舉洞霄宫。卒贈太師，封秦國公，謚忠穆。

次韻張全眞參政退老堂

東郊卜築傍溪流，菡萏香中繫小舟。脱去簪紳歸畎畝，悟來漁釣勝公侯。青雲舊好何妨厚，白雪新詩爲寵留。又指湘潭問行路，一堂風月阻同遊。瀛奎律髓

陳暘

暘字晉之，福州人。紹聖元年，舉賢良方正能直言極諫科。徽宗朝，除太常丞，歷禮部侍郎，顯謨閣待制，提舉洞霄宫。有樂書二百卷。建中靖國初，進禮書。陳祥道用之，其兄也。

缺題

行義當年帝所聞，聲名久矣動簪紳。文場秉筆淵源厚，師席談經業履醇。白髮忽驚蒿里暮，青衫難問若溪春。兩京模範垂芳遠，多少生徒淚滿巾。式古堂書考

吳幵

幵字正仲，滁州人。紹聖丁丑，中宏詞科。靖康中，官翰林承旨。使金被留，仕僞楚。建炎

後，安置永州，移韶州。有優古堂詩話。

靖康傳信錄：金人欲廢趙氏，立張邦昌，令吳幵、莫儔傳道意旨，往返數四，京師人謂之「捷疾鬼」。

擬梅軒

五月霏霏雨不開，若邪溪畔摘楞梅。朱丸忽向靈窗見，疑是雲根越嶺來。

誰家蜜漬借徽酸，小摘曾聞飣玉盤。爭似江南風致在，瓶紅初向綠陰看。

能改齋漫錄：京師中太一宮道士房，有楮，結子如楊梅，徽宗車駕臨幸觀之，名曰擬梅軒。越中楊梅最佳，土人謂之楞梅。又北人以梅汁漬楮，益以蜜，名假楊梅，故正仲及之。

葛勝仲

勝仲字魯卿，丹陽人，書思子。紹聖四年進士。元符庚辰，中宏詞科。累遷國子司業，終華文閣待制，知湖州卒。謚文康。有丹陽集。

題觀音院德雲堂

弱水無風到海山，慈容親禮紫旃檀。亭亭寶刹淩雲近，湛湛淸池漱玉寒。橘瘦晤飄紅萬顆，竹迷曾蒔綠千竿。藕花不是南朝夢，眞有殘香透畫闌。吳郡志

妙行堂

妙行堂前聳碧鮮，壺中軒外疊巑岏。山門靜對靑霄潤，佛殿寬圍碧玉寒。躡屐喜隨談理客，饋漿驚見字民官。開山老偘存遺像，試問何如釋道安？武康縣志

蔣璿

璿，明州人。紹聖四年進士。

和潘良貴題明州三江亭韻

安仁不放二毛侵，爽氣淩虛玉萬尋。談笑薄施三昧手，登臨誰會五湖心？倦遊方戢沖天翼，高賦難賡擲地金。怪得朝雲飛畫棟，夜來曾聽老龍吟。延祐四明志

胡直孺

直孺字少汲，奉新人。紹聖四年進士。靖康間，知南京，爲金所執，不屈，久之得歸。高宗朝，擢龍圖閣直學士，知隆興府，進兵部尚書。有西山老人集。

孫仲益序云：公少工詩，語出驚人，魯直一見，擊節歎賞。他文稱是，筆力雄贍，如行雲流水，自然成文。

同官倡和用山字韻

章句飄飄續小山，古風蕭瑟筆追還。海鵬共擊三千里，鐵馬同歸十二閑。功業會看鍾鼎上，聲華已在縉紳間。他年記憶憐衰老，爲報西川引一班。

桐江詩話：少汲宣和間在河朔作漕日，同官陳亨伯輩倡和山字韻詩，少汲最後成，人皆歎服。苕溪漁隱曰：「元豐間，王平甫有『海鵬未舉三千里，天馬須歸十二閑』之句，甚爲一時所稱道。」

鶚按：此詩當屬少汲。

送春

冷酸梅子漸生仁，鶯老花飛跡已陳。一夜南風搖斗柄，明朝煙柳不關春。能改齋漫錄

春日

風雲吹絮柳飛花，睡起鉤簾日半斜。四海隨人雙燕子，相逢處處作生涯。墨莊漫錄

贈劉邦直

夢魂南北昧平生，邂逅相逢意已傾。楚國山川千疊遠，隋堤煙雨一帆輕。我無健筆翻三峽，君有長才肅五兵。同是行人更分手，不堪風樹作離聲。

詩人玉屑：山谷云：「少汲後生中豪士也。讀書作文，殊不塵埃，使之不倦，雖競爽者未易追也。『同是行人更分手』，佳句也。『邂逅相逢意已傾』，已道了劉三十一矣。」

胡安國

安國字康侯，建寧崇安人。入太學，以伊川友朱長文及潁川靳裁之爲師。紹聖四年，舉進士第三。高宗朝，歷官寶文閣直學士，卒。詔贈四官，謚文定。有武夷集。

舟入荊江東赴建康

長沙渺渺接天浮，萬古朝宗日夜流。洲在尙傳鸚鵡賦，臺高應見鳳凰遊。路經赤壁懷公瑾，水到柴桑憶仲謀。白日幸無雲物蔽，好看澄景對高秋。濂洛風雅

嚴陵釣臺

歸隱桐江知幾春，靜看浮世一鷗輕。此心在世原無著，誤說持竿是釣名。釣臺集

題崔白喧晴圖

黑頭禽笑白頭禽，頭白初因計慮深。棲向柳條猶不穩，從風斜折更關心。式古堂書考

翁彥國

彥國字端朝，彥約弟。紹聖四年進士。累官至御史中丞。靖康之難，爲江淮荆浙制置轉運使，充經制使，領兵入援，貽書切責張邦昌。高宗卽位，兼江南東西路經制使。卒贈少保。

西巖寺

澗行詰曲似乘槎，流水飄裾亂曉霞。紫翠堆中蕭寺隱，隔溪煙樹兩三家。翰墨大全

周仲仁

偶題雪竇和尚親書偈卷

道人詩句從粱得，老筆峥嶸自一家。誰會林間相見事，莫都錯看亂飄花。紹聖四年　志雅堂雜抄

葛次仲

次仲字亞卿，江陰人。勝仲之兄，兄弟皆爲大司成。有集句詩三卷。

崑山慧聚寺集句

全吳臨巨溟，皮日休　青山天一隅。李頎　靜境林麓好，陸龜蒙　勝槩凌方壺。李白　泓泓野泉潔，韋應物　曖曖烟谷虛。韋應物　攀雲造禪扃，韋應物　躋險築幽居。謝靈運　道人刺猛虎，李白　復來薙榛蕪。杜甫　咄嗟檀施開，杜甫　以有此屋廬。韓愈　側疊萬古石，李白　功就豈斯須。賈島　磔砢成廣殿，陸龜蒙　鬼工不可圖。皮日休　有

窮者孟郊，韓愈過此亦躊躇。孟郊賦詩留巖屏，李白詞律響瓊琚。錢起我訪岑寂境，陸龜蒙幸與高士俱。韋應物時升翠微上，李白涼閣對紅蕖。韋應物岸幘偃東齋，韋應物果藥雜紛敷。韋應物上方風景清，白居易華敞綽有餘。白居易高窗瞰遠郊，韋應物萬壑明晴初。齊己賞愛未能去，韋應物赬霞照桑榆。宋孝武老僧道機熟，柳宗元閑持貝葉書。柳宗元秉心識本源，杜甫高談出有無。李白茗酌待幽客，李白頓令煩抱舒。韋應物儒道雖異門，孟浩然意合不爲殊。李白抖擻垢穢衣，白居易惟有牟尼珠。杜甫餘生願休止，賈島投策謝歸塗。錢起崑山雜詠

宋詩紀事卷三十五

錢唐　厲鶚　輯
仁和　趙信　勘定

陳汝錫

汝錫字師予，青田人。紹聖四年進士。浙東安撫使。有鶴溪集。

暮游石門洞

落帆倚芳洲，冷日銜翠壁。沙平野步穩，不費支筇力。邂逅到幽洞，雲水已昏夕。陰崖上蒼穹，杳不見轍迹。巖前月色薄，細路稍可覓。瀑泉號秋聲，飛練不計尺。僧房得少憩，坐久耳方寂。河梁謫仙人，握手見胸臆。囊無一錢看，志有萬里適。拄頰坐西山，琢句愈工績。同游得二妙，筆陣亦勍敵。笑談頗傾坐，酬唱屢卽席。願予舌本強，咀嚼覺清液。林泉信幽奇，歲月尤迅亟。玆游莫辭頻，能著幾緉屐。

句

閑愁莫浪遣，留爲痛飲資。以上括蒼彙紀

葉夢得

夢得字少藴，吳縣人，清臣曾孫。紹聖四年進士。累官龍圖閣直學士，帥杭州。高宗朝，除尚書右丞，江東安撫使，兼知建康府、行宫留守，移知福州，提舉洞霄宫。居吳興弁山，自號石林居士。有石林集。

送模歸卞山幷示僧宗義爲余守西巖者

自我離山間，忽已兩改月。飢人不忘食，未坐先已說。家僮挾書至，驚起慰愁絕。推尋到雞犬，問訊窮曲折。此生豈多爲，一壑萬慮滅。可能復大錯，更鑄八州鐵。自注：江東領八州。汝歸馬蹄輕，初不恨觸熱。殷勤報松竹，吾豈成久別。

端居探幽奇，自謂略已徧。昨登西山巓，雄絕昔未見。溪湖莽吞吐，雲物紛百變。乃知十年閑，尚或遺勝踐。巢成輒棄去，我豈秋社燕。自注：築南山絕頂亭，亭基垂成而來。爲吾課童僕，開闢盡二面。莫言羊腸險，徑小煩屢轉。杖藜不用扶，吾脚猶爾健。

次韻再答激仲

生涯久許捕魚郎，鳧雁相追不亂行。但遣陶廬有松逕，不辭楚酒醉椒漿。交情老柏寒方見，妙語靈珠夜有光。回首漸知歸路好，已看梅柳動初陽。

杜堅大夫作南窗求詩爲賦

意得不願多，心閑本長虛。超然適有契，天地良有餘。頗念彭澤老，所懷常宴如。南窗僅幾何，盤薄萬古初。束帶悟已往，世紛便能疎。懸知千載情，共有三間廬。杜子老不遇，買田賦歸歟。西山鬱攙空，一山繞故墟。衡門閉松菊，亦有琴與書。邂逅一杯酒，安知我非渠？

題晁公毫惠崇溪山

荒林翳宿莽，脱木寒無煙。不知三間茅，中有幾醉眠？山遠尚見雪，江空欲吞天。歸舟定何許，滄波方渺然。

戲方仁聲四絶句

戲弄扁舟泊宅村，卻尋三徑築茅墩。雲邊此意眞難解，賸作新詩與細論。

水檻新開似浣花，傍溪須更作浮槎。祇應屢費王弘酒，時要淸樽對落霞。

不惜囊錢信手空，荒田卻擬望年豐。天公可是憐風月，判遣詩人一例窮。

盧橘楊梅已及時，我歸先自在前期。平生不作宣明面，浪媿將軍建鼓旗。仁聲舊居城東泊宅村，張志和所游也。今徙西溪，作雲茅庵，因東岡爲小亭，號茅墩。欲傍溪開水檻，久無資，會郡守有饋之酒五十壺，不敢飲，亟易之，乃克成。有田數十畝，常苦下潦。余居石林，與雲茅南北正相望，故四章皆及之。以上建康集

景修與吾同爲郎夜宿尚書新省之祠曹廳步月庭下爲言往常以九月望夜道錢唐與詩僧可久泛西湖至孤山已夜分是歲早寒月色正中湖面渺然如鎔銀傍山松檜參天露下葉間蘂蘂皆有光微風動湖水晃漾與林葉相射可久淸癯苦吟坐中淒然不勝寒索衣無所有空米囊覆其背爲平生得此無幾吾爲作詩記之

霜風獵獵將寒威，林下山僧見亦稀。怪得題詩無俗語，十年肝膈湛寒輝。澄懷錄

遊南峯寺 并序

遊南峯寺，獨登待月嶺而還。長老才上人示欲作亭嶺上，以待予再至。因以詩贈云。

澤國鍾下流，有山獨西南。標奇借明眼，夙昔多窮探。腹背眩金碧，鐘魚𦍑精藍。支郎放鶴處，妙解無餘談。高木氣未炎，綠陰正清酣。我嬾倦登陟，茲行吒猶堪。幽尋雖云初，佳處默已諳。久欲謝塵滓，往同彌勒龕。平生術九九，晚識前三三。才也實可人，窮年玩煙嵐。胸中有定水，萬境潛包含。嚴霜掃頳紫，老榦餘楩柟。啖蔗要自佳，食荼亦云甘。坐斷方丈室，天花雨毿毿。笑我窘世網，何殊老眠蠶。我今已解縛，眞理早自耽。但恐愛山意，多求尙成貪。願借待月嶺，重開石頭庵。偃松久傲兀，碧琳故澄涵。言尋覺庵路，更欲從徧參。吳郡志

送嚴𡒊侍郎北使

朔風吹雪暗龍荒，荷橐驚看玉節郎。楛矢石砮音孥傳地產，毉閭析木照天光。傳車玉帛風塵息，盟府山河歲月長。寄語遺民知帝力，勉拋鋒鏑事耕桑。

瀛奎律髓：少蘊以妙年出蔡京之門，靖康初守南京，嘗罷廢。胡文定公以其才，奏謂不當因蔡氏而棄之。然石林詩話專主半山而陰抑蘇、黃，非正論也。秦檜之和，雖萬世之下知其非是。後四句含糊說過，無一毫忠義感慨之意，則猶是黨蔡卞舒，紹述之徒常態也。

劉安上

安上字元禮，永嘉人。紹聖四年進士。歷侍御史、給事中，除徽猷閣待制，出知外郡。有給事集。

淸漣亭泛舟

高樹環清池，波平春正綠。移舟近南岸，倒影見華屋。危橋屬脩徑，幽思生遠目。更登狎鷗亭，可以忘寵辱。

憶鸂鶒

鸂鶒知何許，南園春水多。稻粱隨分有，煙雨想無他。世上貪毛羽，湖邊足網羅。池塘棲息穩，愼勿厭風波。

和左經臣見過

爲愛端居上郡章，里閭何幸得徜徉。買田郭外春耕早，築室湖濱野趣長。且把舊書遮病眼，了無塵事擾中腸。故人訪我留佳句，應笑年來兩鬢蒼。

萬田道中

水闊疑無路，雲深僅有山。兒童划小艇，出沒稻塍間。

花𦾨鎭

下蔡嬉遊地，春風萬杏繁。誰家堪繫馬，青壁竹籬門。

花𦾨誰名鎭？梅妝自古傳。家家小兒女，滿額點花鈿。

舒州西門

拂雲亭外竹千竿，靜聽清聲戛玉寒。卻憶謝公巖下路，水風涼處戰檀欒。以上給事集

寇國寶

國寶字荆山，徐州人。從陳無己學。紹聖四年進士。爲吳縣主簿。

後山集有贈國寶絶句云：「承家從昔如君少，得士於君孰我先。口擬説詩心已解，世間快馬不須鞭。」

題閶門外小寺壁

黄葉西陂水漫流，籧篨風急滯扁舟。夕陽暝色來千里，人語鷄聲共一丘。石林詩話：此詩尤佳，從蘇、黄門庭中來，固自不同。

周知微

知微字明老，吳興人。紹聖四年進士。爲晉州縣尉，到官不數月，不告于州，徑來京師。人問其故，云：「我欲求教授。」至京不得。一夕大醉而卒。

雙頭白蓮圖

君不學叔隗季隗南歸晉，又不學大喬小喬東入吳。一種桃根與桃葉，若爲化作雙芙渠。臨淮政成有餘暇，坐令華屋生瀟灑。鷺溪一幅萬里寬，移得浙川入圖畫。天空水闊江茫茫，想見女英與娥皇。九疑雲深蒼梧遠，冰姿玉泣不成妝。苦心抱恨何時了，香骨應甘没秋草。不如回首謝秋風，分作尹邢來漢宫。苕溪漁隱叢話

浮萍

小醫浮青水拍隄，隄邊草色更相宜。一番穀雨晚晴後，萬點楊花春盡時。解與曲池藏寶鑑，不教新月妒蛾眉。怪來别岸波光闊，知是漁郎艇子移。庚溪詩話

題龜山回文 在盱眙縣北

迢迢綠樹淮天曉，靄靄紅霞海日晴。遙望四山雲接水，碧峯千點數帆輕。方輿勝覽

句

後車鶯燕春聲早，前騎熊羆夜氣遒。邊塞上元游宴口號　暮天斜去空成字，遠地頻來不寄書。詠雁　以上庚溪詩話

疾風甚雨悲游子，峻嶺崇山非故鄉。優古堂詩話

姚舜明

舜明字廷輝，嵊縣人。紹聖四年進士。除直祕閣，提點兩浙刑獄。高宗朝，充江淮荆浙都督府隨軍轉運使，權戶部侍郎，進徽猷閣待制。

贈翠微主僧沖邈

僧臘俗年俱老大，儒書佛教舊精勤。姑蘇一萬披緇客，四事無如彼上人。中吳紀聞

王元甫

元甫，紹聖間居廬山，敕賜高尚處士。蘇東坡過九江，因道士胡洞微求謁之。元甫云：「吾不見士大夫十年矣。」竟不見。

景陽井

動地隋兵至，君王尚宴安。須知天下窄，不及井中寬。樓外鋒交白，溪邊血染丹。無情是殘月，依舊照闌干。能改齋漫錄

黄大臨

大臨字元明，山谷之兄。紹聖中萍鄉令。

後山詩話：魯直有癡弟，畜漆琴而不御，蟲蝨入焉。魯直嘲之曰：「龍池藏壁蝨」，而未有對。魯直之兄大臨，且見牀下以溺器畜生魚，問知乃其弟也。大呼曰：「我有對矣！」乃「虎子養溪魚」也。

寅菴詩寄魯直

手把齊民種蒔書，莎衫臺笠事耘鉏。夏栽醉竹餘千箇，春糞辰瓜滿百區。早秫旋舂營麴糵，新粱炊熟自樵蘇。日西杖屨行山口，招得鄰丁作飲徒。西江詩話

黄叔達

叔達字知命，山谷之弟。鶚按：黄玉林云：「名知命，字元明。」誤。

豫章詩話：黄知命黔中數詩，附山谷集中，殊有家法。或云山谷潤色，以成弟之名。嘗與陳履常謁法雲禪師，夜歸，衣白衫，騎驢，緣道搖頭而歌；履常行于後，一市譁以爲異人。明日，李伯時畫以爲圖，邢惇夫作歌。

行次巫山宋楙宗遣騎送折花廚醞

攻許愁城終不開，青州從事斬關來。喚得巫山強項令，折花傾酒對陽臺。

上南陵坡

風滾水宿六千里，蛇退猿啼百八盤。上得坡來總歡喜，摩圍依約見峯巒。

題小猿叫驛

大猿叫罷小猿啼，箐裏行人白晝迷。惡藤牽頭石齧足，嫗牽兒隨淚陸續，我亦下行莫啼哭。以上山谷集附

劉光

光，紹聖中仙居令。

括蒼洞

古洞藏眞不記年，翠崖蒼壁故依然。怪來一夜淸無夢，身在仙家第十天。赤城志

李元膺

元膺，東平人。南京教官。紹聖間，李孝美作墨譜法式，元膺爲序，蓋此時人也。

十憶詩

憶行

屏帳腰支出洞房，花枝窣地領巾長。裙邊遮定鴛鴦小，只有金蓮步步香。

憶坐

椅上藤花闞面平，繡裙斜綰茜羅輕。踏青姊妹頻來喚，鴛履貪弓不意行。

憶飲

緑蟻頻催未厭多，帊羅香輭襯金荷。從教弄酒春衫涴，別有風流上眼波。

憶歌

一串紅牙碎玉敲，碧雲無力駐晴霄。也知唱到關情處，緩按餘聲眼色招。

憶書

纖玉參差象管輕，蜀牋小硯碧窗明。袖紗密掩嗔郎看，學寫鴛鴦字未成。

憶博

小閣爭籌畫燭低，錦茵圍坐玉相敧。嬌羞慣被諸郎戲，袖映春葱出注遲。

憶歌

漫注横波無語處，輕攏小板欲歌時。千愁萬恨關心曲，卻使眉尖學别離。

憶笑

從來題目値千金，無事羞多始見心。乍向客前猶掩斂，不知已覺鈿窩深。

憶眠

泥嬌成困日初長，暫卸輕裙玉簟涼。漠漠帳煙籠玉枕，粉肌生汗白蓮香。

憶妝

宫樣梳兒金縷犀，釵梁水玉刻蛟螭。眉間要點雙心事，不管蕭郎只畫眉。

墨莊漫録：王全玉作宫體十憶詩，李元膺見之，愛其詞意宛轉。且曰：「讀之動人，老狂不能已，聊復效尤。其情致殊妍麗，自非風流才思者不能也。」

李　釜

釜字元量。元符三年，進士第一。

留題王官谷

司空唐逵士，寂寞臥雲岑。擾擾任羣態，休休信此心。泉聲半山急，柳色舊庭深。彷彿登臨處，遺蹤一訪尋。蒲倅李釜元量解官東還，蒲解巡鹽鄒信子亮、虞鄉酒正周謂德孺、尉孔熈和叔、首山孫鳳聖符，酌餞王官谷。食後至瀑布亭取水試茶，日暮分首。舊有鄙詩一章，因并題焉。王官谷集

張　勸

勸字閎道，永福人。元符三年進士。歷中書舍人，給事中，御史中丞，述古殿學士，知本州，陛辭，除工部尙書。靖康初避去，除名勒停。

山輝堂　在福州東山愛同寺

蘼蘼松竹蔭華扉，更敞虛堂隱翠微。雲露峯巒橫秀色，月低巖壑弄淸輝。分開遠碧鳴泉落，點破寒光白鳥飛。還似山陰秋霽後，照人懷抱欲忘歸。淳熙三山志

安　惇

惇字處厚，廣安軍人。上舍釋褐。元符初，累官御史中丞。徽宗朝，拜同知樞密院，卒。

重遊太虛觀

昔年遊歷訪霓旌，多謝仙師數里迎。今日重來知有意，此身應不爲公卿。

能改齋漫錄：樞密安公惇，元祐末，爲江東漕。因遊廬山太虛觀，未至數里間，有道士紫衣皁巾，領徒七人迎謁，旣而不知所在。至觀，謁陸靜修仙師遺像，則宛然其人也。元符庚辰，公再到賦詩。

向子諲

子諲字伯恭，臨江人，敏中玄孫，欽聖憲肅皇后再從姪。元符初，以恩補官。高宗朝，歷徽猷閣直學士，知平江府，尋致仕。號所居曰薌林。

題王文孺臞菴

仙翁五十鬢猶青，高卧柴門晝亦扃。茅舍已忘鐘鼎夢，蒲輪休過薜蘿亭。陰森門巷先生柳，寂寞江天處士星。晚歲田間農事了，閑鈔甯戚相牛經。吳郡志

題薌林

莫問清江與洛陽，山林總是一般香。兩家地占西南勝，可是前人例姓楊。

樓攻媿集云：香山得洛陽履道坊楊常侍舊宅，薌林得臨江五柳坊楊遵道光祿別墅，有詩云云。

題米元暉横軸

早爲山谷印可，晚陪帝所淸閑。筆力休論扛鼎，神功更解移山。

向日家居道士，今朝碧落仙鄉。胸次山高水遠，筆端雲起風狂。攻媿集跋

石　悉

悉字敏若，蕪湖人。元符三年進士。宣和元年，中辭科，仕止密州教授。有橘林集。

絕句

來時萬縷弄輕黃，去日飛毬滿路傍。我比楊花更飄蕩，楊花只是一春忙。後村詩話

成都歲暮始微寒小酌遣興

革帶頻移紗帽寬，茶鐺欲熟篆香殘。疎梅已報先春信，小雨初成十月寒。身似野僧猶有髮，門如村舍強名官。鼠肝蟲臂元無擇，遇酒猶能罄一歡。詩林萬選

柳絮

苦無筋力太輕柔，何物如今得自由。帶雨飄來成墜雪，卷春歸去作飛毬。全芳備祖

咏雪

鸚鵡杯中未覺貧，寒凝酒面不成鱗。如何飛上參軍鬢，與惱紅樓歌舞人。菊坡叢話

句

鳥聲應爲故人好，梨雪欲將春事空。負郭生涯千畝竹，長年心事四愁詩。千里江山漁笛晚，十年燈火客氈寒。日邊人去雁行斷，江上秋高楓葉寒。天闊鳥雙下，山寒人獨歸。

苕溪漁隱叢話：石敏若橘林集、汪彦章龍溪集，今並行於世。二集之詩，相犯甚衆，不可槩舉，未知果誰作耶？設或皆彦章作，則橘林集中好詩無多。儻去此，遂空冀北之羣矣。

曾誠

誠字存之，孝寬子。元符間祕書監。

獨醒雜志：南豐之曾，曰鞏、曰牟、曰宰、曰布、曰肇；章貢之曾，曰弼、曰懋、曰班、曰開、曰幾，皆以伯仲取科第，致位通顯。南豐之最著者子固、子開，而子宣遂登相位。章貢之最著者叔夏、天猷，若吉甫雖晚遇，亦終夾對。此二

族蓋甲於江南也。泉南之曾，自丞相魯公，一傳而有樞密孝寬，再傳而爲祕監誠，三傳而爲今丞相懷，又曾氏之最著也。

與同舍諸公飲王詵都尉家有侍兒輩侍香求詩求字者以煙濃近侍香爲韻 得潑字

俯仰佳人看墨蹤，和研親炷寶熏濃。詩情過筆當千里，妙思凝香欲萬重。山盎洩雲傾白酒，越羅雲露浥黃封。從來粉黛宜燈燭，妙手憑誰寫醉容。

七夕王都尉邀同舍置酒聽琵琶

寶檻凌雲結綺高，小匳爭巧暮分曹。春葱細撚龍香撥，秀頸偏明邐迤槽。牛衡寫形呈粔籹，馬軍馳酒送蒲萄。淚珠散作人間露，最覺更闌潤錦條。以上墨莊漫錄

田晝

晝字承君，陽翟人。以世父況任爲校書郎。元符間，監廣利門。建中靖國初，召爲大宗正丞，知淮陽軍，卒。有集。

蘭亭續考：潘昉云：「鄒正言浩赴貶所，其友人告之曰：『使君官京師，遇寒疾，五日不汗，死矣。獨嶺海之外能死人哉。友爲誰？田晝是也。』」

墨莊漫錄：許、洛兩都，士大夫之淵藪，黨論之興，指爲許、洛兩黨。崔德符、陳叔易皆戊戌生，田承君、李方叔皆己亥生，並居潁昌陽翟，時號「戊己四先生」，以爲許黨之魁。故諸公皆坐廢之久。

築長堤

築長隄，白頭荷杵隨者妻。背脅傴僂筋力微，以手置胸路旁啼。老夫七十嫗與齊，五尺應門生兩兒。夜來春雨深一犂，破曉徑去耕南陂。南鄰里正豪且強，白紙大字來呼追。科頭跣足不得稽，要與官長修長隄。官長亦大賢，能得使者意。正隄駕軺軒，不復問餘事。終當升諸朝，自足富妻子。何惜桑榆年，一爲官長死。

杜牧

弟病兄孤失所依，當時書語最堪悲。豈圖乞得南州後，卻恨尋芳去較遲。以上宋文鑑

邵伯温

伯温字子文，康節先生子。以薦入仕，爲西京教授。徽宗朝，入元符上書邪等，累遷提點成都路刑獄。有河南集、邵氏聞見錄。

李氏席上有感

翻翻繡袖上紅茵，舞姬猶是舊精神。坐中莫怪無歡意，我與將軍是故人。

過庭錄：子文爲陝西宣撫司馬，與路鈐李君交往甚熟。李家有歎侍婢，每遇歌宴，子文必預。後十餘年，而李君已死，值其妻生辰，命子姪宴子文於書舍，遣舊婢出舞。酒酣，子文感愴宿昔，卽席作詩云云。諸子得之，入呈其母，皆感泣不自勝，乃令謂子文曰：「宅中得公佳句，情緒作惡，難復行酒，卽容別日款會。」子文不終席而退。良久憮然曰：「所謂口乃禍門。」

充城口號

山圍翠合水連雲，萬室樓臺照眼明。地勝風淳眞樂國，四川惟說好充城。錦繡萬花谷

姚舜陟

舜陟，江陰軍簽判。

題常樂寺五雲臺

虛空本無雲，一氣誰所主。雲空兩無礙，起滅自散聚。吾聞心歸源，空殞亦無所。應知不空者，物感自如雨。君看賢首師，自視木與土。與雲亦奚期，況問色有五。云何坐說法，瑞應乃如許。休疑諸天集，未必衆龍吐。雲空法如是，我說無說故。堂中嫡孫在，客至當問取。至元嘉禾志

呂希哲

希哲字原明，公著之子。以蔭入官，用薦爲崇政殿說書。徽宗朝，歷直祕閣，出知曹州。入黨籍，奪職，罷爲宮祠卒。

絕句

水晶宮殿玉花零，點綴宮槐臥素屏。特敕下簾延墨客，不因風雪廢談經。

晁氏客語：原明元祐間侍講，大雪不罷講，講孟子有感，哲廟一笑，喜爲絕句云云。

絕句

老讀文書興易闌，須知養病不如閑。竹林瓦枕虛堂上，臥看江南雨後山。

紫微詩話：公謫居歷陽，閉門却掃，不交人物，有絕句云云。

句

獨抱遺經唐處士，差強人意漢將軍。

呂氏家塾記：楊國寶應之，余從姑之子也，少強學力行。元豐中，會于都城，余見其貧而不屈，老而益壯，以詩贈之云云。

除卻借書沽酒外，更無一事擾公私。

伊洛淵源錄：滎陽公晚居宿州眞、揚間十餘年，衣食不給，有至絕糧數日者。公處之宴然，靜坐一室，家事一切不問，不以毫髮事託州縣。其在和州，嘗作詩云云。閑居日讀一爻，徧考古今諸儒之說，默坐沈思，隨事解釋。夜則與子孫評論古今，商榷得失，久之方罷。

楊道孚

道孚字克一，張文潛之甥。少有才思，爲舅所知。

遺滎陽呂公

雨綠霜紅郭外田，山濃水淡欲寒天。參軍抱病陪眞賞，一檄呼歸亦可憐。

紫微詩話：元符初，滎陽公謫居歷陽，道孚爲州法掾，從公出游，以職事遽歸，遺公詩云云。

李　甲

甲字景元，華亭人。善爲塡詞小令，有聞于時。畫翎毛，有意外之趣，米海岳嘗稱之。

蘇東坡題嘉興景德寺李景元畫竹詩云：「聞說神仙郭恕先，醉中狂筆勢瀾翻。百年寥落何人在？只有華亭李景元。」

題畫

誰潑烟雲六尺綃，寒山秋樹晚蕭蕭。十年來往吳淞口，錯認溪南舊板橋。柘上遺詩

劉定

定字子先，官戶部侍郎。

謝章子厚

故人天上有書來，責我疎愚喚不回。兩處共瞻千里月，十年不寄一枝梅。塵泥自與雲霄隔，駑馬難追騏驥才。莫謂無心向門下，也曾終夕望三台。

高齋詩話：章子厚與劉子先有場屋之舊。子厚居京口，子先守姑蘇，以新醖「洞庭春」寄之。其後隔十年，子厚拜相，亦不通問，寄書誚其相忘遠引之意，子先以詩謝云云。卽召爲宰屬，遂還戶侍。

劉彥祖

彥祖任館職。

句

別後頻芳草，愁邊更落花。

風月堂詩話：晁以道云：「此詩酷似劉夢得。」

張　鎮

送向綜過判桂州

百里常淹展驥材，除書遠自九天來。綠油車上揚旌去，畫鷁舟中疊鼓催。桂嶺花光紛似雪，荔江波色漾如苔。訟庭塵滿無留事，惟伴登臨燕席開。粵西詩載

申屠炯

寶林寺　在越州城中龜山上

欲共高僧話，幽尋入寶林。途分喧寂境，座息是非心。老鶴栖巢穩，靈鰻蟄井深。山中饒勝迹，歲月幾登臨。越咏

封萬里

題錢知監東皋別業

別墅連城郭，超然遠垢氛。蛙明宵閣見，鶴唳曉堂聞。翠滴堦前露，紅鋪水上雲。悠悠持祿者，應媿不如君。至元嘉禾志

陳　肅

肅，都官員外郎。

蔡經宅

巖扉生翠蘚，石壁淩朱霞。草木狀多怪，鸞鶴歸如家。誰嫌狡獪心，滿地投丹砂。麻姑集

張懷

憶吳江

多年樸被玉山岑，鬢雪欺人忽滿簪。駑馬雖然貪短豆，野麋終是憶長林。鱸魚未得乘歸興，鷗鳥惟應信此心。見說新橋好風景，會須乘月濯煩襟。吳郡志

翁緯

緯，新會長官。

使華亭 在莆田城北五里臨溪之西，瀑布高可百尺，先輩徐寅之別墅。

走清奔碧日潺湲，勢與晴江遠接連。沙草翠微驅馬路，岸花紅溼釣魚船。煙生遠店收寒雨，風起高梧咽暮蟬。徐氏舊居人識否？渡南溪下白雲邊。興化府志

林子來

歙硯

瑟瑟方池霧縠紋，麝煙初散墨花春。晴窗靜晝桐陰轉，筆下雲生字入神。硯箋

楊檦

陰平道

棧道險復險，客懷愁更愁。萬山俱絕壁，一水不通舟。陝西通志

陶應

題寶雞縣

雪樓當月動清寒，渭水梁山鳥外看。聞說德宗曾到此，吟詩不敢倚闌干。方輿勝覽

岑碩

碩字希微。

句

金屋暖猶積，玉關寒更深。雪　伯嚭肆讒吻，夫差失霸圖。吳山廟　極目叉芳草，捲簾非故山。旅中春日登樓　歷代吟譜

章造

西樓

高花古柳傍城闉，游目江城次第新。百感中來倍惆悵，滿城煙雨滿城春。吳郡志

胡融

葛洪井　在太平縣丹崖山

荒巔有野井，古意豁宜搜。蘚石已摧剝，雲蘿閟清幽。憶昔抱朴翁，煉液棲高丘。丹成已蟬蛻，巖花幾春秋？台州府志

郭挺

挺字元傑，許昌人。從李方叔學。

挽李方叔

顛頓詞林失俊英，已應精爽在蓬瀛。楷模昔日依元禮，貧病他年累長卿。無復波瀾窺大手，空將日月送虛名。當時潁曲爲耕地，祇有風灘晝夜聲。過庭錄

程之邵

元符中知福建路，提舉陝西茶馬。

碧光亭 在釣龍臺山

寺壓高臺最上頭，一亭新就得清遊。天連遠岫交相碧，地枕長江分外幽。烟際晴光渾不斷，望中詩思浩難收。公餘幸有賓朋樂，聊把狂篇索唱酬。淳熙三山志

宋詩紀事卷三十六

錢唐　厲　鶚　輯
仁和　孫廷蘭　孫廷槐　勘定

張守

守字子固，晉陵人。崇寧元年進士。紹興中，拜參知政事兼樞密院事，以資政殿學士知紹興府。卒謚文靖。有毘陵集。

汴上小雨復霽

隄沙不起潤如酥，坐看飛雲自卷舒。隴陌人閑牛舐犢，柳陂波淺鷺窺魚。殘花糝徑東風後，碧草黏天暮雨初。分付榮枯蝸兩角，濁醪青杏送春餘。前賢小集拾遺

蔡佃

佃字耕道，襄之孫，旻之子。崇寧初進士。蔡京當軸，欲羅致門下，竟不能屈。會星異上疏，責監溫州稅，後以朝請郎提點兩浙刑獄。

文獻通考：直齋陳氏曰：「余嘗宦莆，至蔡忠惠襄居，去城三里，荔子號玉堂紅者，正在其處。矮屋欲壓頭，猶是舊物。京、卞同郡晚出，欲附名閥，自稱族弟。襄孫佃唱名第一，京時當國，以族孫引嫌，降第二，佃終身恨之。」

豁然閣

長風東南來，濁浪撓清鏡。小軒寂寞人，默視心獨靜。扁舟暫淹泊，思與孤鴻迥。洞庭眼中物，何必更

乘輿？頑石謾巑岏，終慚泗濱磬。吳江縣志

雷轟漈 在仙遊縣九鯉湖東

水流石激擬鳴雷，洞裏乾坤別有臺。玉舄扶風飛復下，瓊花帶雨落還開。鐘聲敲斷白雲梟，樹影盤迴黃鶴來。笑道神仙無處覓，空留丹竈冷莓苔。興化府志

曾開

開字天遊，贛縣人，準子，幾之叔兄。崇寧二年進士。歷官權中書舍人。建炎初，累遷禮部侍郎，兼直學士院。忤秦檜，出知徽州。

李伯紀丞相挽詩

先帝收多士，惟公發妙年。清班依日月，讜論薄雲天。終賴高名重，來扶大業全。誰提太史筆，臣主頌俱賢。

太上初傳祚，安危俛仰間。從容回萬乘，指顧復三關。漠北塵沙迴，閩中日月閑。誰知千載後，遺恨在燕山。

追數中興相，公居第一人。初期從北狩，寧料久南巡。此日勞明主，他年憶舊臣。東都朝萬國，不復見簪紳。

一別睢陽後，風霜十五年。勞生俱老矣，流涕獨潸然。丹鼎秋來就，心燈半夜傳。定應眞不死，歸臥白雲邊。梁溪集附

朱勝非

勝非字藏一，蔡州人。崇寧二年上舍登第。高宗朝，累除尚書右僕射、同中書門下平章事，出知湖州。卒謚忠靖。

和同省秋夜省宿

老火未甘退，稚金方力征。炎涼分勝負，頃刻變陰晴。

容齋四筆：政和末，老蔡以太師魯國公總治三省，年已過七十，與少宰王黼爭權相傾，朱藏一在館閣，詩云云。兩人門下士互興譖言，以爲嘲謗，士論指三館爲「鬧藍」。

李　朓

朓字彥淵，富陽人。崇寧二年進士。紹興中，除比部郎。秦檜欲以子與朓女爲婚，朓卻之。丐外，持憲閩部，奉祠，卒。有去嗔居士集。

天聖寺古檜

雷霆起蟄虯，夭矯勢欲上。忽然化此木，尙作拏雲狀。婆娑枝榦垂，生澀紐結壯。圖經不能記，父老那可訪？晉杉定儕類，蜀柏豈輩行。櫟夢何足神，槐語固已妄。自無斧斤憂，未始疑大匠。湖州府志

三學院　在富陽縣

小檻平臨更爽，孤雲徙倚長閑。飛出偶成霖雨，歸來依舊青山。杭州府志

李彌大

彌大字似矩，號無碍居士，彌遜之兄。崇寧二年進士。高宗朝，歷工部尙書，顯謨閣直學士。

遊堯峯院

雲峯何岧嶢，去天餘幾丈。其下蔚華林，幽禪屹相向。我遊先朝暾，海日射巾杖。飛蓋不須持，步步蒼松障。山僧知我來，羅立凫雁行。提攜兩行人，爲我談實相。一種勿弦琴，三嘆無聲唱。開軒面東南，千里入俯仰。西登妙高臺，更欲恣曠望。土斷澤遶山，烟濤渺雲浪。恐是六鼇連，蓬壺墮莽蒼。又疑鯨入海，偃脊起青嶂。時方老火熾，金石流欲煬。須臾變雲雨，爲作雄風壯。翻手回涼秋，掀舞千林響。誰云兔水宮，自是神龍藏。三高如可作，吾欲五湖訪。洗足亘浸心，振衣孤峯上。寄語夸奪流，得飽但相忘。長哦可當歌，踏月下空曠。

游洞庭山 幷序

昔白樂天爲姑蘇太守，遊洞庭山，題詩翠峯寺，有「笙歌畫船」之句。紹興壬子，彌大守平江，越月而張片帆來，首訪翠峯，追懷古昔，擬樂天體，聊繼其韻。時異事別，各遂所適之樂爾。

山浮羣玉碧空沈，萬頃光涵幾許深。梵刹樓臺噓海蜃，洞天日月浴□金。秋林結綠留連賞，春塢藏紅次第吟。擬汎一舟追范蠡，從來世味不關心。以上吳郡志

唐庚

庚字子西，丹棱人。舉進士。受知張商英，擢提舉京畿常平。商英罷相，貶惠州，會赦北歸，卒。有眉山集。

墨莊漫錄：唐子西在惠州，釀酒二種，其醇和者名「養生主」，稍冽者名「齊物論」。詩多新意，不沿襲前人語。

文獻通考：雁湖李氏曰：「唐子西文采風流，人謂爲小東坡。」

內前行

內前車馬撥不開，文德殿下宣麻回。紫微侍郎拜右相，中使押赴文昌臺。旄頭昨夜光照牖，是夕收光如禿帚。明日化爲甘雨來，官家喚作調元手。周公禮樂未要作，致身姚宋也不惡。鄉來兩公當國年，民間斗米三四錢。

獨醒雜志：唐子西內前行，爲張天覺作也。天覺自中書侍郎除右僕射，蔡京以少保致仕，四海歡呼，善類增氣。時彗見而遽沒，旱甚而雨，人皆以爲天覺拜相感召所致。上大喜，書「商霖」二字以賜，故子西具言之。

文獻通考：直齋陳氏曰：「張商英拜相，子西作內前行，坐貶惠州，歸蜀而卒。」

收家書

西州消息到南州，骨肉無他歲有秋。驥子解吟青玉案，木蘭堪戰黑山頭。卽時旅思春冰拆，昨夜燈花黍穗抽。從此歸田應坐享，故山已爲理菟裘。

除夕

患難思年改，龍鍾惜歲除。關河先壟遠，天地小臣孤。吾道憑溫酒，時情付擁爐。南荒足妖怪，此日謾桃符。

夜坐懷舍弟

無雲仍露坐，有月更江皐。沈陸傷吾道，浮生憶爾曹。扁舟應夏口，此夕數秋毫。不見今三載，當時已二毛。以上眉山集

次韻強幼安冬日旅舍

殘歲無多日，此身猶旅人。客情安枕少，天色舉杯頻。桂玉黃金盡，風埃白髮新。異鄉梅信遠，誰寄一枝春？

次韻幼安留別韻

白頭重踏軟紅塵，獨立鵷行覺異倫。往事已空誰敍舊，好詩乍見且嘗新。細思寂寂門羅雀，猶勝纍纍冢臥麟。力請宮祠知意否？漸謀歸老錦江濱。

強行父唐先生文錄云：行父自錢唐罷官，如京師，眉山唐先生同寓于城東景德僧舍。與同郡關注子東日從之遊，退而記其論文之語，得數紙以歸。明年，先生得請宮祠歸瀘，道卒于鳳翔。先生嘗次行父詩二首，蓋絕筆于是矣。集者逸之，故併記云。餘杭強行父幼安記。

秧馬

擬向明時受一廛，著鞭常恐老農先。行藏已問吾家舉，從此馳名四十年。

碧溪詩話：東坡遊武昌，嘗作秧馬歌。唐子西至羅浮，始識此器，作詩云云，亦巧于用事。

謫羅浮作

說與門前白鷺羣，也須從此斷知聞。諸公有意除鉤黨，甲乙推排恐到君。鶴林玉露

蔡薿

薿字文饒，開封人。崇寧五年，進士第一。累官翰林學士，禮部尚書，房州安置。

送宋朝請倅邢州

布衣初喜得相從，淡薄情懷老更同。春酒杯盤花爛漫，夜堂燈火雪冥濛。家傳辭藻喧時譽，地近鄉枌識士風。早晚漢庭褒一鶚，待看霜翮上秋空。詩林萬選

趙鼎

鼎字元鎮，號得全居士，解州聞喜人。崇寧五年進士。紹興初，累官簽書樞密院事，拜尚書右僕射，同中書門下平章事；安置潮州，移吉陽軍，薨。孝宗朝，賜謚忠簡，贈太傅，配享高宗廟庭。有忠正德文集。

老學菴筆記：趙元鎮丞相謫朱崖，病亟，自書銘旌云：「身騎箕尾歸天上，氣作山河壯本朝。」

趨三衢別故人時車駕幸杭州

傖父何由習楚風，家山俱在古河東。相逢憔悴干戈後，追數悲歡夢寐中。摻袂又成千里別，放歌空念一尊同。他年儻有加湌字，試問漁舟鶴笠翁。咸淳臨安志

梅執禮

雨夜不寐

西風吹雨夜瀟瀟，冷燼殘香共寂寥。要作秋江篷底睡，正宜窗外有芭蕉。梅磵詩話

執禮字和勝，婺州浦江人。崇寧五年進士。歷戶部尚書，死靖康之難。高宗朝，贈資政殿學士。

句

有令可干難閉戶，無人堪訪嬾移舟。　天之未喪斯文也，吾亦何爲不豫哉！

庚溪詩話：和勝未冠時，家貧親老，無以爲養。大雪中，以詩謁邑宰云云。邑令延之，令訓其子弟。方應舉未捷，有詩自遣云云。

成無玷

無玷字士磐，武康人。崇寧五年進士。宣和初，官餘杭丞。建炎中，知鄂州。鞅鞨孛董圍急，無玷堅守，晨起巡城，霜滑墜足而卒。

洞霄宮

我欲觀太華，一笑凌險阻。滅跡恨未果，衰容遽如許。東南豈不佳，泉石閟靈府。未訪潛川源，且尋天目乳。一峯拔地起，離立誰敢侮。千年絕附麗，萬壑失媚嫵。有如人中傑，羞與絳灌伍。翠箸藏丹藥，一作砂石洞飛白鼠。遊人倦登涉，異境何由睹。振衣淩絕頂，雲外聽天語。仙人儻予迎，從此遂輕舉。洞霄詩集

廖剛

剛字用中，南劍州順昌人。崇寧五年進士。紹興中，歷官御史中丞，工部尚書，以徽猷閣直學

士提舉亳州明道宫卒。有高峯集。

題楊子光雙溪閣

倚天華棟俯長洲，渺渺雙溪一鑑秋。四馬問津迷去客，新帆分港競歸舟。花飄兩洞紅交浪，影落三山翠合流。淸夜嗚榔何處曲，冷光平泛玉簾鉤。

代祖父次韻酬羅君寶見贈

蕭條門巷陋於顔，老去靑春僅得閑。心畫傳家無計策，手談留客漫機關。靜思往事千年上，俯歎勞生一夢間。多謝光臨無別意，爲聞流水與高山。

題南墩鋪　雨中聞猨聲，素所未識。復渡二峻嶺，蓋亦創見。因紀行役之勞云。

見說龍巖路，猨啼今始聞。深林埋宿霧，高嶺出層雲。天去頭三尺，崖垂足二分。只愁雙目眩，敢恃一杯醺。捫歷泥塗滑，瘏痛日向曛。長安九軌道，誰識此間情？

題渚宫

畫橋紅去卷蛾眉，臺榭遺蹤草樹迷。獨有天然無限意，一池春水浴鳧鷖。

衞州試院次韻盛當時官長寵示絶句

蔓草春深綠更齊，玉鞭何處選芳菲？舊時錦繡叢中蝶，卻傍疎籬野菜飛。

洗眼貪看幼婦詞，玉人空遣暗相思。憑誰爲報歸期近，趁得桃花爛漫時。

題蔡州柳莊鋪

雲垂曠野路漫漫，策策秋聲作暮寒。已分故園天樣遠，不知何處是長安？以上高峯集

吳　倜

倜字公度，烏程人。崇寧五年進士。試禮部第一。仕至敕令所删定官，出爲寧海推官。

宿大滌山

解驂投宿到蓬壺，骨冷魂清夢寐無。可怪春禽曉啼月，又催行李出凡途。洞霄詩集

龔　況

況字濬之，程子。崇寧五年進士。終祠部員外郎，左朝議大夫。自號起隱子。有起隱集。

詠劉伶

逃名以酒轉名高，醉裏張髯買二豪。日月已爲吾戶牖，何妨東海作醇醪？

九日

自古誰無九日詩，詩成須道菊花枝。直饒無菊何妨醉，野蓼村葵總是題。

遊天峯寺

杖藜高踏半山雲，不見此山知幾春。異時人物凋零盡，只有青山似故人。

送唐太監

東門相別又相逢，轉覺衰頹一老翁。子約重來我方去，滿庭黃葉正秋風。

句

貪山借船賞，嗜酒典琴沽。　閑多卷滿新成句，嬾極牀堆未答書。　客疎閑吠犬，庖匱割啼雞。　得句怕難續，避人長轉多。　山色秋難老，池光夜不昏。以上中吳紀聞

史　徽

徽字洵美，鹽官人。崇寧五年進士，累官右司郎中。高宗即位，起爲司農少卿。建炎三年，扈駕江口，遇害。贈觀文殿修撰。

大觀間題南京道河亭

縠雨初晴綠漲溝，落花流水共浮浮。東風莫掃榆錢去，爲買殘春更少留。陶朱新錄

李　光

光字泰發，上虞人。崇寧五年進士，累官司勳員外郎。欽宗擢右司諫。高宗朝，進吏部尚書，除參知政事。因爭和議，安置瓊州，移昌化軍，卒。追復資政殿學士，謚莊簡。

千巖亭

家山好處尋難徧，日日當門只臥龍。欲盡南山巖壑勝，須來亭上少從容。

老學菴筆記：李莊簡奉祠還里，先君築小亭，曰千巖，盡見南山。公來，必終日，嘗賦詩云云。言及時事，憤切興歎，謂秦相曰「咸陽」。一日，舉酒屬先君曰：「某行且遠謫矣。『咸陽』尤忌者，某與趙元鎭耳。趙既過嶠，某何可免？青鞵布韈，即日行矣。」後十餘日，果有藤州之命。

哭子

脫屣塵寰委蛻蟬，眞形渺渺駕非煙。丹臺路杳無歸日，白玉樓成不待年。宴坐我方依古佛，空行汝去作飛仙。恩深父子情難割，淚滴千行到九泉。

賓退錄：李莊簡之子孟博，苦學有文。紹興五年，進士第三人及第。隨父南遷，卒于瓊州。先是數月，孟博夢至一所，海山空闊，樓觀特起。雲霄間有軒，榜曰空明。先世諸父，環坐其中，指一席曰：「留以待汝。」遂寤。臨終，雲氣起于寢，冠服宛然，自雲中冉冉升舉，瓊人悉見之。莊簡有詩悼之云云。

越州雙雁道中

晚潮落盡水涓涓，柳老秧齊過禁烟。十里人家雞犬靜，竹扉斜掩護蠶眠。詩人玉屑

戲贈伴送使臣

日日孤村對落暉，蠻烟深處忍分離。追攀重見蔡明遠，贖罪難逢郭子儀。南渡每憂鳶共墮，北轅應許雁相隨。馬蹄慣踏關山路，他日看來又送誰？

詩人玉屑：公在政府，與秦檜議論不合，爲中司所擊，送藤州安置，差密院使臣送之，公戲贈詩云云。

題廣德州三峯樓

一川花柳擁雕闌，濃綠浮空四面山。便欲攜家來此住，不將名姓落人間。

方輿勝覽：莊簡自記云：「上虞李泰定提兵平宣城寇，回登此留宿。紹興壬子季春五日題。」

智林寺 在常熟縣李墓村

扁舟來訪小叢林，花木通幽院落深。旋拂胡牀成午夢，閑持貝葉動秋吟。竹聲瑟瑟生虛籟，山意峩峩

入素琴。更喜老綱能會事，手擕爐銚自相尋。蘇州府志

輓李忠定 綱

忠言直節動華夷，肯爲投閑便息機。南國忽聞梁木折，中原猶望袞衣歸。平生學術唯心得，晚節功名與願違。老病無因執哀紼，朔風空有淚霑衣。邵武府志

李邴

邴字漢老，濟州任城人，昭玘猶子。崇寧五年進士，累官翰林學士。紹興初，拜參知政事、資政殿學士，寓泉州。卒謚文敏。有雲龕草堂集。

揮麈錄：漢老少日作漢宮春詞，膾炙人口。所謂「問玉堂何似，茅舍疎籬」者是也。政和間，自王省丁憂歸山東，服終造朝，舉國無與談者。方悵悵無計，時王黼爲首相，忽遣人招至東閣開宴，出其家姬十數人，酒半，唱是詞侑觴，大醉而歸。數日，遂有館閣之命。

小學紺珠：南渡三詞人：李邴、汪藻、樓鑰也。

詠梅

綿霜歷雪忍開遲，風笛無情抵死吹。鼎實未成心尚苦，不甘桃李傍疎籬。

能改齋漫錄：李漢老建炎末自簽書樞密遷知院，二三月而罷，爲梅詩以託意。

銅雀硯

魏宮歌舞久成塵，重見陶家幾世孫。銅雀不鳴唯解渴，管城何罪遽遭髡？

硯箋云：徐鉉得銅雀瓦，注水試墨卽滲，鉉笑曰：「豈銅雀之渴乎？」漢老詩蓋因此。

九日

木落霜洲溪水清，登臨滿目是飄零。黃花有意憐幽獨，白酒無聊漫醉醒。闕五六二句。牢愁錯倚西風立，楚些巴渝不可聽。合璧事類前集

宮詞

舞袖何年絡臂韝，蛛絲網斷玉搔頭。羊車一去空餘竹，紈扇相看不到秋。宋藝圃集

謁迪上人

數脊招提四面山，羨師終日掩柴關。憑闌人語風烟上，乞食僧來紫翠間。萬木深藏雲泱莽，一溪空鎖月彎環。十年不踏門前路，只遣松風送我還。清源文獻

琴泉軒次韻

但怪朱絲韻枯木，那知古澗墜寒泉。鳥啼靜夜應傳譜，風入寒松擬續弦。妙體難尋斤斵處，高吟寧墮膝橫邊。欽光到此如欣舞，笑倒雲門逸格禪。南安縣志

寶林寺

青燈映獨宿，世事忽如遺。一榻寒無夢，高齋靜見詩。長空消海氣，遠壑淡幽姿。欲問無生意，高人不可期。

雪軒 在戴山戒珠寺

四山環繞翠岧嶤，想見凌晨雪未消。四萬八千修月手，不知何處琢瓊瑤。以上紹興府志

方惟深

惟深字子通，莆田人，家長洲。崇寧五年，特奏名，授興化軍助教。有方祕校集。

中吳紀聞：子通最長于詩，凡有所作，王荆公讀之，必稱善，謂深得唐人句法。子通遊王氏之門，初無迎合意。後隱城東故廬，與樂圃先生皆爲一時所高。每部使者及守帥下車，必即其廬而見之。前後上章論薦者甚衆，竟絶祿仕意。僧仲殊贈詩，有「依舊淒涼無長物，只餘松檜養秋風」之句，可以見其淸高矣。年八十三卒，無子，一女適樂圃先生之子發。

以詩集呈荆公侑以詩

年來身計欲何爲，跌宕無成一軸詩。嬾把行藏問詹尹，願將生死遇秦醫。丹青效虎留心拙，斤匠良工入手遲。此日知音堪屬意，枯桐正在半焦時。

訪人不遇題壁

何年突兀庭前石，昔日何人種松柏？乘興閑來就榻眠，一枕春風君莫惜。城西今古陽山色，城中誰有千年宅？往來何必見主人，主人自是亭中客。

謁荆公不遇

春江渺渺抱檣流，烟草茸茸一片愁。吹盡柳花人不見，春旗催日下城頭。

中吳紀聞：此詩荆公親書方册間，因誤載臨川集。

和五日郡守開宴會九老于廣化寺韻

使君瀟灑上賓閑，金地無人晝閉關。風靜簫聲來世外，日長仙境在人間。詩成郢客爭揮翰，曲罷吳姬一破顏。此節東南無此會，高名千古暎湖山。以上中吳紀聞

程公闢留客開元寺飲二首

晝錦新坊路稍西，興來攜客就僧扉。尊前倒玉清無比，筆下鏗金妙欲飛。籃轝直須乘月去，榜歌時聽採菱歸。流傳白雪吳城滿，頓覺炎歊一夕微。

仙老論文小往還，多才令尹獨能攀。攜觴步入千花界，借榻清臨一水間。笑語不驚沙鳥去，襟懷猶道野僧閑。城中此地無人愛，坐對西南見好山。

劍池

雲崖倚天開，蒼淵下澄澈。世傳靈劍飛，山石千丈裂。神蹤去不返，今作蛟龍穴。是非莽難詰，歲久多異說。惟當清夜來，靜賞潭上月。

千人石

生公天人師，講法花雨墮。當時聽法衆，並入千人坐。山祇常護持，山鳥不敢涴。野人心茫然，傲蕩多酒過。醉來不肯歸，石上看雲臥。以上吳郡志

和周楚望紅梅用韻

清香皓質世稱奇，試作輕紅更自宜。紫府與丹來換骨，春風吹酒上凝脂。直教臘雪無藏處，只恐朝雲

有去時。溪上野桃何足種，秦人應獨未相知。

瀛奎律髓云：曾裘父艇齋詩話以此爲徐師川十三歲詩，見知東坡，蓋妄也。慶元中，陳剛刊板，已著爲子通矣。

舟下建溪

客航收浦月黄昏，野店無燈欲閉門。倒出岸沙楓半死，繫舟猶有去年痕。

莆陽文獻：此詩荆公愛之，嘗書坐右，後人誤入荆公集中。

王寀

寀字輔道，一字道輔，韶子。登第，官校書郎，翰林學士，兵部侍郎。宣和中，以左道爲林靈素所陷，棄市。

同劉元靜遊嵩山峻極中院作

爛紅一點出浮漚，夜坐嵩峯頂上頭。笑對僧窗談祖德，當年七十四回遊。

風月堂詩話：洛陽劉伯壽築室嵩山下，每登高頂回，則于峻極中院援筆記歲月。捐館之年題云：「予今年若干歲，登頂凡七十四次矣。精力雖疲，而心猶未足也。」王輔道學士與其孫宣義郎元靜遊嵩，至中院，作一絕句示之。

浪花

一江秋水浸寒空，漁笛無端弄晚風。萬里波心誰折得，夕陽影裏碎殘紅。

夷堅志：曹道沖售詩京都，隨所命題即就，羣不逞欲苦之，乃求浪花詩絕句，仍以紅字爲韻。曹謝曰：「非吾所能爲，唯南薰門外菊坡王輔道學士能之耳！」不逞曰：「我固知其名久矣。但彼在館閣，吾儕小人，豈容輒詣？」曹曰：「試齎佳紙筆往拜求之，必可得。」于是相率修謁，下拜有請。王欣然捉筆，一揮而成，讀者歎服。

汪藻

藻字彦章，德興人。崇寧中，第進士。高宗朝，累除中書舍人，兼直學士院；擢給事中，遷兵部侍郎，兼侍講，拜翰林學士，出知外郡。奪職，居永州卒。有浮溪集。

寓簡：秦熺狀元及第，汪彦章以啓賀會之，有云：「三年而奉詔策，固南宫進士之所同；一舉而首儒科，蓋東閣郎君之未有。」本欲屬對之工，而熺父子怒以爲輕己。彦章自此得罪，竄置湖湘。

孫覿汪公墓誌云：公以大手筆稱天下，金華勸講，石室紬書；典册施之朝廷，樂歌薦之郊廟。鴻文碩學，暴耀一世。而詩律高妙，興寄深遠，亦非近世詩人所能。

桃源行

祖龍門外神傳璧，方士猶言仙可得。東行欲與羨門親，咫尺蓬萊滄海隔。那知平地有青雲，只屬尋常避世人。關中日月空萬古，花下山川長一身。中原别後無消息，聞説胡塵因感昔。誰教晉鼎判東西，卻媿秦城限南北。人間萬事愈堪憐，此地當時亦偶然。何事區區漢天子，種桃辛苦求長年？

庚溪詩話：語意新妙，王摩詰、韓退之、劉禹錫、王介甫諸人所未道。

避地西亭野步

今日幸無雨，天空出遥岑。行行不知疲，遂至春江潯。汲路轉籬落，人家在桑陰。平疇漲清波，隴麥如人深。溝畎戲鳧鷺，新蒲映浮沈。我生本樵漁，對此諧初心。風物豈不好，悲來自能任。胡塵暗中原，四海如驚禽。黄屋狩萬里，兩宫隔辰參。龍移螻螘窺，月晦蟾蜍侵。宇宙有顛覆，兹遊豈嶇嶔。銷憂賴濁醪，太息誰能斟？

過臨平

一别九霄路，風烟長滿衣。已成身老大，無復世輕肥。天闊鳥雙下，山寒人獨歸。曉來何處雨，春水滿巖扉。

睡起凉生岸，鉤簾坐小窗。麥風能起柁，梅雨不鳴江。往事心常折，歸塗影自雙。依然蒲柳地，人老故先降。以上浮溪集

春日

一春略無十日晴，處處浮雲將雨行。野田春水碧于鏡，人影渡傍鷗不驚。桃花嫣然出籬笑，似開未開最有情。茅茨烟暝客衣溼，破夢午雞啼一聲。

遊宦紀聞：此篇一出，爲詩社諸公所稱，蓋公幼年作也。

題張資政汝川圖

滄巖書堂

昔人曾此結精廬，故老猶傳井臼餘。今代子房來卜築，要看圯上一編書。

多寶院

每尋踈磬訪支郎，苔竹交陰杖屨旁。絲履氎巾聊取用，風流不減贊公房。

金石臺

花光連接兩臺春，中有眠雲跂石人。莫使鞭笞鸞鳳去，時來重現宰官身。

懷賢菴

履綦行處日蒼苔，犖确深藏月一開。已辦此身同法喜，不應臨感更難裁。

題江南春曉圖

忽從林杪見朝暉，釋嶠孤雲半欲飛。何惜扁舟并畫我，要從海際望春歸。

題大年小景

忽驚坐上江天渺，半幅鵝溪寫霜曉。風低黄蘆潮欲到，平沙無人喧宿鳥。向來著眼應萬里，開卷尺餘那盡了。須知王孫寄筆力，平日氣吞雲夢小。故將點綴調兒輩，不待淋漓翻墨沼。滕王蛺蝶往誰並，曹霸驊騮今已少。坐令好事費百金，窗几短屏横軸繞。君家此本傳幾世，羇客見之先絶倒。江頭歷歷舊行處，好在漁磯落寒潦。浮家汎宅歸去來，還看飛鴻臥林杪。以上聲畫集

題止戈堂

此老胸中百萬兵，暫勞試手沸狠羣。山頭不復望廷尉，柱後何須用惠文。解帶爲城聊戲劇，賣刀買犢便耕耘。三山勝處開華屋，千載人傳舊史名。

千里閩山驛騎飛，天書趣解海邊圍。巽軍方逐蒼頭起，元帥徐將白羽揮。翻就鐃歌春舉酒，收還烽火夜開扉。向來萬事關兵氣，都作風光坐上歸。

桐江詩話：程進道紹興初帥閩中，殄滅諸寇，以武庫爲止戈堂。一時諸公題詠甚多，汪彦章二詩爲絶唱。

士人買妾既而疾以詩戲之

但知瓊樹劚清新，不道三彭接有神。處仲未聞開閤事，維摩空對問禪人。封侯燕頷何妨瘦，伐性蛾眉卻怕顰。從此空花掃除盡，定須嚼蠟向横陳。陶朱新録

賦琴高魚

百川萃南州，水族何磊砢。其間琴高魚，初未列楚些。豈堪陪甕鮮，裁用當肴果。士人私自珍，千里事封裹。遂令四方傳，嘸嚼亦云頗。俗云琴高生，控鯉宛溪左。靈蹤散如烟，遺鬣尚餘顆。向來騎鯨人，逸駕嘗慕我。不應當時遊，反用此幺麽。得無效齊諧，怪者記之過。彭越小如錢，蹤跡由漢禍。越王載王餘，變化更微瑣。因知天地間，人莫窮物夥。區區于其中，臆決蓋不可。僞眞吾何知，且用慰頤朵。

賓退録：涇縣東北二十里，有琴溪，俗傳琴高隱所。溪中有一種小魚，他處所無，俗謂琴高投藥滓所化，號「琴高魚」。歲三月來集，漁者網取，漬鹽暴之。州縣須索，以充苞苴，其來久矣。前輩多形之賦詠，汪浮溪此詩，本集不載。

郊丘書事

琅輿深出未央門，十里圜壇氣象尊。珪璧三千周典備，貔貅百萬漢兵屯。青城浮靄連霜動，黄道微風帶日温。不用靈光符聖武，從來精禋答乾坤。前賢小集拾遺

隆祐太后挽詞

慶源由魏國，奉祀及宣仁。盛德儀中壼，私恩絕外親。長秋期不老，厚夜忽無晨。來歲柔桑綠，誰臨繭館春。

朔漠退征後，南州俶擾時。人心憂社稷，天意屬簾帷。擁佑千齡主，圖回萬世基。中興能事畢，倏與帝鄉期。合璧事類前集

秀水閑居錄：元祐末，哲宗方擇后，京師里巷作打毬戲，以一擊入窠者爲勝，謂之「孟入」，于是孟在女應入宮之選。至紹聖間，禁掖造纈，有匠者姓孟，獻樣，兩大蝴蝶相對，掩以纈帶，曰「孟家蟬」，民間競服之。未幾，后廢處瑤華宮，號華陽教主玉清妙靜仙師，議者皆以爲蟬者，禪也，出家之兆也。靖康中，京師失守，皇族近屬皆詣虜營。以后廢歲久，無預時事，不復取。虜既退，邦昌請后入居延福宮。今上踐阼，迎后至睢陽，上尊號曰隆祐皇太后。建炎三年，車駕至餘杭，有苗、劉之變，后復垂簾，以平內難。紹興元年，崩于會稽，上謚號曰昭慈獻烈，後更謚曰昭慈聖獻。至是前讖乃驗焉。「孟入」者，兩復入也；蟬者，禪御，兩地垂簾之應也。大統中絕而復續，天位暫傾而復正者，后之力可謂異人矣。

宿焦山方丈

明發理烟艇，歡言濟遙岑。盤渦沸風雨，稍辨鐘磬音。行行並疎柳，迎客多幽禽。扶輿上犖确，始見江湖深。臺殿明海色，嵌空憶龍吟。修廊延客步，妙香慰人心。遐眺未云極，千巖忽秋陰。孤月欲生嶺，諸天悉浮金。茲遊信奇絕，況接支道林。夜語不知旦，虛窗對橫參。人間鸞鳶末，物外雄窺臨。稽首悟眞理，微生安所任。蒼崖有奇字，霜乾約重尋。京口三山志

句

人間何事非戲劇，鶴有乘軒蛙給廩。水經注引晉中州記：惠帝爲太子，令曰：若官蝦蟇，可給廩。　困學紀聞

王　雲

雲字子飛，澤州人。舉進士。嘗使高麗，譔雞林志以進，擢祕書郎。靖康中，以資政殿學士副康王使金，次磁州，爲百姓所殺。

程卓使金錄：磁州驛有顯應崔府君廟，高宗爲王尚書雲迫以使金，磁人擊裂王雲。高宗欲退，無馬可乘，神人扶馬載之，南渡河，今立祠西湖。

贈大仰齊禪師

大仰古名刹，師居二紀中。本無一法說，須信萬緣空。體與太虛合，心將諸祖同。唐來三百載，不墜釋迦風。袁州府志

句

爲憐綠葉四時在，不可朱闌一日無。此君軒　錦繡萬花谷

徐　文

文，高郵人。

題雪竇和尚親書偈卷

老子休去歇去，遺墨今傳古傳。相見本來面目，不離當處湛然。崇寧癸未高郵徐文　志雅堂雜抄

宋詩紀事卷三十七

錢唐 厲鶚 輯
歙 汪日焕 勘定

曾幾

幾字吉甫，贛縣人，徙河南，以兄弼恤恩授將仕郎。試吏部優等，賜上舍出身，歷校書郎。高宗朝，歷江西、浙西提刑。與秦檜不合，去位。僑寓上饒，居茶山寺，自號茶山居士。檜死，召爲祕書少監，權禮部侍郎，提舉玉隆觀，致仕。卒謚文清。有集。

詩人玉屑：唐人詩喜以兩句道一事，茶山詩中多用此體。如：「又從江北路，重到竹西亭」；「若無三日雨，那復一年秋」；「似知重九日，故放兩三花」；「次第翻經集，教兒理在亡」；「又得新詩句，如聞謦欬音」；「如何萬家縣，不見一枝梅？」此格亦甚省力也。又云：陸放翁詩本于茶山，故趙仲白題曾文清公詩集云：「清于月出初三夜，澹似湯烹第一泉。咄咄逼人門弟子，劍南已見一燈傳。」謂放翁也。然茶山之學，亦出于韓子蒼，三家句律，大概相似。至放翁則加豪矣。

汪彥章內翰除守臨川以詩賀之

臨川內史詔除誰，里巷傳聞報客知。金馬門深曾草制，水精宮冷近題詩。行看畫隼旌旗入，定把書麟筆札隨。若訪毘耶舊居士，無人問疾鬢成絲。

三衢道中

梅子黃時日日晴，小溪泛盡卻山行。綠陰不減來時路，添得黃鸝四五聲。以上前賢小集拾遺

題訪戴圖

小艇相從本不期，剡中雪月並明時。不因興盡回船去，那得山陰一段奇。賓退錄

茶山

似病元非病，求閑方得閑。殘僧六七輩，敗屋兩三間。野外無供給，城中斷往還。同行木上坐，相與住茶山。清波雜志

謝路憲送蟹

從來歎賞內黃侯，風味尊前第一流。祇合蹣跚赴湯鼎，不須辛苦上糟丘。

娛書堂詩話：內黃侯甚新。

雪中登王正中書閣

對雪誰堪語，登樓似欲仙。人家修月戶，丈室散花天。峯疊鉤簾外，江橫隱几前。寒深落雁渚，清集釣魚船。解病從摩詰，消愁得仲宣。展書明細字，烹茗溼疎煙。月好還同夢，詩成已下弦。明年儻相憶，爲一到關邊。瀛奎律髓

諸人見和返魂梅再次韻

蠟炬高花半欲摧，斑斑小雨學黃梅。有時燕寢香中坐，如夢前村雪裏開。披拂故令攜袖滿，橫斜便欲映窗來。重簾幽戶深深閉，亦恐風飄不得回。

瀛奎律髓：製香者，合諸香令氣味如梅花，號之曰「返魂梅」。詩中數句善形容，前村雪裏、横斜映窗等語，挽而歸之于所聞之香，既雅潔，又標致。

壬戌歲除作明朝六十歲矣

禪榻蕭然丈室空，薰銷火冷閉門中。光陰大似燭見跋，問學祇如船逆風。一歲臨分驚老大，五更相守笑兒童。休言四十明朝過，看取霜髯六十翁。

瀛奎律髓：此紹興十二年壬戌也。

遊張公洞

張公洞府未著脚，向人浪説遊荆溪。欲看直上翠羽蓋，不惜扶下青雲梯。勁風翻動土囊口，暗水流出桃花蹊。卻將深處問兒輩，一夕飛夢窮攀躋。

發宜興

老境垂垂六十年，又將家上鐵頭船。客留陽羨祇三月，歸去玉溪無一錢。觀水觀山都廢食，聽風聽雨不妨眠。從今布韈青鞵夢，不到張公卽善權。

宜興邵智卿天遠堂

目極雲沙靜渺然，邵卿風月過年年。雁行滅沒山横晚，漁艇空濛水接天。南國棠陰春寂寂，東風瓜蔓日綿綿。問君許作鄰翁否？陽羨溪邊卽買田。以上咸淳毗陵志

聞李泰發參政得旨自便將歸以詩迓之

苦遭前政墮危機，二十餘年詠式微。天上謫仙皆欲殺，海濱大老竟來歸。故園松菊猶存否？舊日人民果是非。最小郎君今弱冠，別時聞道不勝衣。菊坡叢話

送倉部呂治先守齊安倉部名大器，字治先，茶山之壻。是生東萊先生成公者。

齊安剖竹要循良，分付吾家坦腹郎。賸有江山連赤壁，終稀獄訟到黃堂。鈴齋晝永宜深念，邊瑣秋高合過防。此地元之遺烈在，風流容易鬢毛蒼。曹氏歷代詩選

程　堂

堂字公明，眉山人。舉進士。爲駕部郎中。善畫墨竹。

題成都笮橋觀音院自畫竹

無姓無名逼夜來，院僧根問苦相猜。擕燈笑指屏間竹，記得當年手自栽。畫繼

翟汝文

汝文字公巽，丹陽人。舉進士。累官浙東安撫使。紹興初，拜翰林學士，參知政事，卒，門人私謚忠惠先生。有集。

焦山

水輪依風負坤輿，百川東流同灌輸。掀巾之陂莽呑受，沃焦之山初不濡。雲根終久插江湖，狂瀾滔天隨卷舒。空神迴標避突兀，海門排霄岌相扶。僧居蠔山迷向背，佛宇蜃氣成吹嘘。我游玄冬崖壑枯，洪濤濺雨吹裳裾。風來駕潮愁海若，溟漲跋浪翻鯨魚。虞淵咸池相蕩潏，月阿日窟漂方隅。此身浮漚

一緣聚，四大涇相彌空虛。鍼鋒懸持妙喜住，蟲睫坐睨焦螟居。山中老禪眼於菟，香飯遣化分彫胡。重淵垂涎舞蛟首，方丈宴寢凝熏爐。夜寒月黑照濁水，乞取壞衲摩尼珠。京口三山志

句

青女霜如失，黄人日故遲。

困學紀聞：符瑞圖：日二黄人守者，外國人來降。翟公巽云云。

張擴

擴字彦實，一字子微，鄱陽人。崇寧中進士。南渡，歷中書舍人。有東窗集。

約兄楚材西湖觀梅次韻

天上新驂寶輅回，看花仍趁雪英開。折歸忍負金蕉葉，笑插新臨玉鏡臺。女堞未須翻角調，錦囊先喜助詩材。少蓬自是調羹手，葉底應尋好句來。

揮麈餘話：彦實知廣德軍，秩滿造朝，除著作郎。其兄楚材爲祕書少監，彦實約觀梅西湖，楚材有詩，彦實次韻云云。時楚材再婚，故及玉鏡臺事。秦會之見之，大稱賞曰：「且夕當以文字官相處。」遷擢左史，再遷而掌外制。

戲成二毫筆絶句

包羞曾借虎皮蒙，筆陣仍推兔作鋒。未用吹毛強分別，即今同受管城封。

揮麈餘話：楊原仲與彦實並居西掖，代言多彦實與之潤色。偶成二毫筆絶句，原仲以爲誚己，愬之會之，訹言路彈之，彦實罷爲宫祠。

送顧景繁暫歸浙西

牆頭飛花如雪委，牆根老柳絲垂地。春正濃時君不留，山路曉風鳴馬箠。濤江入眼浪千尺，想見吳儂問行李。田園久荒漫檢校，親舊相逢半悲喜。行朝諸公訪人材，故人新賜尚書履。袖中有策則可陳，君亦因行聊爾耳。

贈顧景繁

顧侯風味更嚴苦，家貧鬬辦三韭葅。龜腸撐突五千卷，底用會稡箋蟲魚。虎頭文字逼前輩，袞袞顯蒙分尺素。天閑老驥日千里，何用鹽車追蹇步。以上中吳紀聞

詠曾徵言端硯

君家文房珍，尤者一一數。端溪從誰得？不記歲月古。中窪削天成，外鑿餘雷斧。向來萑葦中，險作百碎補。硯箋

蔡居厚

居厚字寬夫，熙寧御史延熙子。第進士。大觀初，拜右正言，累官徽猷閣待制。有詩話。

句

先生萬古名何用，博士三年冗不治。為太學博士和人韻　梅磵詩話

宋肇

肇字楙宗，巫山令。與蘇、黃游。

杜鵑

暖雲無定半陰晴，茅屋紙窗深復明。喬木參天竹千莖，巴山欲曉風露清。杜鵑飛鳴遶江城，魚復四月江水生。林花落盡空含情，瀼東瀼西朝暮聲。全蜀藝文志

三峽堂

林巒十里上巉巖，飛檻初憑縹緲間。夔子風烟依白帝，夜郎耕稼接烏蠻。砌横亂石遥臨澗，門對高峯近帶山。咫尺驚湍吁莫測，每來登此念鄉關。

白帝城

江雨霏霏白帝城，秋草未枯春草生。古來壘壘如雲横，萬里瞿塘斷人行。至今三峽路崢嶸，時清不見更屯兵。荒凉廢堞沒春耕，但見牛羊日西平。以上四川總志

宋京

京，成都人。崇寧進士。

琴臺 蜀事補亡

君不見成都郭西有琴臺，長卿遺跡埋黄埃，千年兎爲狐兎窟，化作佛廟空崔嵬。黄鬟老人猶記得，昔時荒破樵蘇入。鉏犂畏淺牛脚匀，古甃耕開數逾十。乃知昔人用意深，甃下取聲元爲琴。人琴不見甃已掘，唯有鳥雀來悲吟。一朝風流隨手盡，況復千年何所訊。安得雄辭弔汝魂，寂寞秋蕪耿寒燐。

武擔

君不見蜀王妃子墓突兀，成都城中若山積。墓頭寒鏡澀無光，妒月欺烟化爲石。鴻荒無根憑野史，直謂山妖化妃子。臨終未免懷首丘，運土山中葬于此。山名武擔錦江邊，用是得名千萬年。如今佛閣倚空翠，老木盤鬱摩蒼天。晴雲入穴西山出，捲簾坐見嵐光滴。安得文如汲冢書，免使後人疑往昔。以上成都文類

徐遹

遹，閩人。崇寧中，特奏名，仕至朝官，知廣德軍。

瓊林宴罷作

白髮青衫晚得官，瓊林宴罷酒腸寬。平康過盡無人問，留得宮花醒後看。

墨莊漫錄：崇寧二年，徐爲特奏名魁，時已老矣。赴聞喜，賜宴于瓊林苑。歸騎過平康，同年所簪花，多爲羣倡所求。唯遹至寓，花乃獨存，因戲題一絕。

蔣存仁

存仁，崇寧間青田人。

題八角亭　在青田縣南，陳安撫汝錫建。

由來祇說四簷亭，今日先生八角成。最喜瀟瀟春夜雨，一簷分作兩簷聲。括蒼彙紀

葛繁

繁，丹徒人，興祖子，號鶴林居士。崇寧間臨潁主簿，守鎮江。

題雪竇和尚親書偈後

眞機昔振雲門路，祖席今多雪竇孫。傳到慧林花果盛，須知葉落總歸根。志雅堂雜鈔

王　叡

叡號靈殼子。崇寧間人。

解昭君怨

莫怨工人醜畫身，莫嫌明主遣和親。當時不作閼氏去，秖是宮中一舞人。侯鯖錄

柳　交

交字成叔。崇寧丙戌爲袁州別駕。

題洪陽洞 在袁州分宜縣

洞口春歸草木長，洞中流水薜蘿香。眞仙鶴馭今何處？應共白雲朝帝鄉。游名山記

侯彭老

立春

朝來煮菜往鞭牛，已覺江邊雪意休。習習東風收雨脚，暄暄曉日綻雲頭。尊前未放梅花老，鬢上先看柳帶柔。及取春花時一醉，莫敎沈瘦更清秋。合璧事類前集

李夷行

夷行字炳大。崇寧間都水丞，出爲泗州守。入元祐黨籍。

題獨樂園見山臺　臺側盡栽花卉

□□□□□□□，紛紛紅紫簇虚簷。山光不肯饒春色，故向花間出數尖。過庭錄

潘良正

遊洞霄宫

石壇風冷露華凝，羣玉崢嶸簇晝屏。水赤久傳丹作井，山高時借翠爲庭。鶴迎仙馭迷三島，雲入洞天朝百靈。回首武陵歸去路，碧桃零落晚峯青。洞霄詩集

江贄

贄字叔圭，崇安人。初舉八行，游上庠，學士蘇德輿薦其賢，召不赴。政和中，太史奏少微星見，朝命舉遺逸，三聘不起，賜號少微先生。有通鑑節要行于世。

和邑宰韻

一室蕭然傍水灣，應知窮達不相關。釣魚溪遶黄沙路，種粟原通白馬山。何事偶逢天子詔，疎才寧望嗇夫綸。瑶篇總媿非吾事，自信集由别有班。崇安縣志

鄧春卿

春卿字榮伯，長汀人。崇寧間詔舉遺逸、八行，皆不就。

絶句

在陋媿無顔子志，過廬難稱魏公心。望塵不敢希潘岳，雲滿山頭雪滿簪。

萬姓統譜：鄧春卿卜築南山之阿，太守章淸訪之，謝不能肅，有詩云云。

周彥質

彥質，崇寧間直祕閣，權發遣江南東路轉運副使。有宮詞。

宮詞

太一元宵駕幸初，喧闐絲管擁鑾輿。主家夾道金車駐，步障徐開奏起居。
文思主吏籍通闈，逐節供須各品題。知是禁園挑菜日，雕牀十扛進金篦。
翠弁仙衣下玉廊，修眞宮女夜焚香。舒徐有月隨蓮步，綽約無人見靚妝。
名園蹴踘稱春遊，近密宣呈技最優。當殿不教身背向，側巾飛出足跟毬。
端午葺花簇彩鸞，高標寶鑑鏤金盤。不宜夏景銷酥腕，似覺新來百索寬。
賚善諸王就傅初，常宣步輦按觀書。六宮準擬經由處，一一排門候起居。十家宮詞

陳虛中

虛中，崇寧間守臨川。

魏壇觀

夫人在兮若冰雪，夫人去兮仙跡滅。可怕如今學道人，羅裙帶上同心結。

復齋漫錄：臨川距城南一里，有觀曰魏壇，蓋魏夫人經遊之地。具諸顏魯公碑。以故諸女眞嗣續不絕，然而守戒者鮮矣。陳守虛中云云。

陳恬

恬字叔易，堯叟裔孫。居陽翟澗上村，無仕宦意。崇、觀間，朝廷召之，郡守勸駕，不得已而起。建炎初，召赴行在，直祕閣。有澗上丈人集。

過庭錄：隸州陳恬叔易，以才名稱鄉里，自號澗上丈人。里人之子，從叔易學文，而好刷飾頭面，舉止妖嬈，目爲澗上丈母。

郡齋讀書志：陳恬與鮮于綽、崔鶠齊名，號「陽城三士」。又與晁以道同卜隱居于嵩山。大觀中，召赴闕，除校書郎。以道寄詩戲之曰：「處士何人爲作牙？盡攜猨鶴到京華。故山巖壑應惆悵，六六峯前秖一家。」

寄晁以道求嵩山長松

松上花兮松下根，食之年貌與松鄰。君今既是松間客，采送衰翁亦可人。珊瑚鉤詩話

題畫扇

萬里稻粱高興，誰將出入君懷。已訝天邊月上，更疑蘋末風來。聲畫集

子規

暮春春已晚，不見子規飛。莫是無歸處，山禽不勸歸。後村千家詩

謝葛汝州寧卿遺公庫酒肉薪米

不是故人供祿米，初非縣令給豬肝。養賢禮厚隆三簋，拜賜恩深豔一簞。韻語陽秋

江暐

暐字彥明，永新人。喜作詩，事母極孝。崇、觀間，吉守以八行薦，不報。自號轅陽居士。

句

闘草事空猶昨日，惜花心在又明年。獨醒雜志

周子雍

子雍，汝陰人。學詩于陳無己。

句

風生閶闔春來早，月到蓬萊夜未中。

容齋四筆：大觀初，京師元夕張燈時，再復湟郡。徽宗賦詩賜羣臣云：「午夜笙歌連海嶠，春風燈火過湟中。」開封尹宋喬年不能詩，走介求援于其客周子雍，得句云云，爲時輩所稱。

日឴按：耆舊續聞作趙鼐之子雍，未知孰是。

王寘

寘字季達，泉州人。大觀初，遊太學。時蔡京當國，寘與同舍生陳朝老上書攻之，坐遷「自訟齋」十餘年。宣和中，以特奏名補官。

絕句

耕田博飯未爲辱，爲米折腰眞可憐。高臥北窗風颯至，更于何處覓神仙。泉州府志

王安中

安中字履道，陽曲人。第進士。政和中，自大名主簿累擢中書舍人、翰林學士承旨，出鎮燕山府。召除檢校太保、大名府尹，兼北京留守司公事。靖康初，貶象州。有初寮集。

周平園序：公年二十有七，送某曾大父詩云：「不論與汝小一月，政自容君數百人。」專用吾宗公瑾、伯仁事，精切渾成，不類少作。

宣和七年十二月二十一日就睿謨殿張燈預賞元宵曲燕應制　并序

臣比蒙聖恩，召赴禁殿曲宴。其日垂拱奏事退，俟于睿謨外次。花巾絲履，進自東序。促武再拜，陛卽坐席。女樂數千，陳于殿廷南端。袍帶鮮澤，行綴嚴政。酒行歌啓，音節淸亮；樂作舞入，聲度閑美，俱出于禁坊法部之右。于時臘雪新霽，風日妍暖，已作春意。御榻之前有寶檻，植千葉桃花。陛下指示羣臣曰：「杪冬隆寒，花已盛開。」于是皆頓首曰：「陛下神聖，能回造化，草木實被生成之賜，乃先時呈瑞，以悅聖情。」日既中仄，甫畢初筵。有旨許登景龍樓。由穆淸廡外，閣道以東，升望艮嶽，松竹蒼然。南視琳宮，雲烟絢爛。其北則淸江長橋，宛若物外。都人百萬，遨遊樓下，歡聲四起，尤足以見太平豐盛之象，羣臣頌歎久之。既久，復詔覲于穆淸，遂侍宴于平成。萬炬層出，彌望不極，如星挂空，而光彩動搖于海雲濤波之上。戶牖屛柱，茶牀燎爐，皆五色琉璃，綴以夜光火齊，照耀璀璨。從官環繞，則又都合宮簾臺，崇樓傑閣，森羅布濩。臣心目震駭，莫有能測其機緘制作之妙。已而陪從天步，至會寧殿，瓊鋪珠箔，合沓炳煥。其所陳則虞敦夏鼎，商盤紀甗，龍文夔首，雲雷科斗，眞若邃古三代之物。陛下旣于黼坐親取寶器，酌酒臨勸，命宮婢奏細樂于前。玉食嘉果，南珍海錯，手自分賜。載色載笑，雍容無間。羣臣飲德，莫不霑醉，夜分乃散歸，路觀者如堵。他日稱謝，陛下申諭一二輔臣，俾作詩以記，而臣安中預焉。臣猥以凡才，蒙陛下親擢，備位政府。曾未閱月，有此非常之遇。形容頌賞，雖無詔旨，猶當自效。惟是鈞天帝所，昔人夢寐，或有形開而悟，想像莫及。而臣今者身歷邃嚴，目擊奇勝。顧嘗以文字誤被聖奬，且面命之，其榮至矣。序見清波雜志

上帝通明闕，神霄廣愛天。九光環日月，五色麗雲烟。紫氣開三極，瓊璈列萬仙。希夷塵境斷，髣髴玉經傳。妙道逢昌運，眞王撫契賢。龜圖規大壯，龍位正純乾。穹昊親無間，皇居撥自然。剛風同變化，祥氣共陶甄。層觀星潢上，重闉斗柄邊。摩空七雉峻，冠嶠六鼇連。夢想何曾到，階升信有緣。昕朝初放仗，密宴忽聞宣。清禁來鳴佩，脩廊入並肩。獸鋪金半闔，鸞陣繡微褰。露景留庭砌，雷文繪桷梴。宮簾波錦漾，殿榜字金塡。花擁巍巍座，香浮秩秩筵。嵩呼稱萬億，韶奏侍三千。華歲推堯歷，元璣候舜璿。冰霜知臘後，梅柳認春前。造化應呈巧，芳菲已鬭妍。樛枝彤檻小，多葉露桃鮮。錯落飛杯斝，鏘洋雜管弦。承雲歌歷歷，回雪舞翩翩。黼幄祥氛合，銅壺永漏延。鎬京方置醴，羲馭自停鞭。乃聖情深渥，諸臣意更虔。宗藩親魯衞，相芾拱閎顚。側弁恩光浹，中觴詔蹕旋。寶薰攜滿袖，御果得加籩。要賞嬉遊盛，俄追步武遄。騰身複道表，送目夾城瞑。仰揖蒼龍象，旁臨艮嶽巔。謳歌紛廣陌，簫鼓樂豐年。赫奕欑輕幰，珍奇集市鄽。博盧多袒跣，飲肆競蹁躚。蕃衍開朱邸，崔嵬照彩椽。橋虹灣蠹蠹，江練泮濺濺。擊柝周廬晚，張燈別院先。餘霞搖綺暈，列宿舍珠躔。浩蕩三山島，棱層十丈

蓮。再趨天北極，卻立楊東偏。既用家人禮，仍占聖製篇。兒觥從酩酊，蟾魄待嬋娟。轉眄隨親指，環觀得縱穿。曲屏江浪蹙，巨柱赤虯纏。光透垂枝井，晶銜帶壁錢。蕭臺千級峻，重屋八窗全。就席花甃帀，行樽柴袖揎。交輝方爍爍，起立復闐闐。邃宇會寧過，中宵勝賞專。鋪陳尤有韻，清雅不相沿。戶箔明珠串，欄釭水碧棬。規模商甗鑄，款識魯壺鐫。秦曲移箏柱，唐妝儼鬢蟬。窄襟珠綴領，高朵翠爲鈿。喜氣排寒冱，輕飈洗靜便。層琳藉璣組，方鼎灶龍涎。瑪瑙供盤大，玻璃琢琖圓。暖金傾小榼，屑玉釀新泉。帝子天才異，英姿棣萼聯。頻看揮斗盌，端是吸鯨川。推食俱均逮，攘餐及墜捐。海螯初破縠，江柱乍離淵。寧數披緜雀，休論縮項鯿。南珍誇飣餖，北饌厭烹煎。賜橘懷赬卵，酡顏醻寶船。言歸荷慈惠，未節笑拘攣。放鑰嚴扃啓，籠紗逸足牽。冰輪挂銀漢，夜色映華蘤。人識重熙象，功參獨斷權。五辰今不忒，六氣永無愆。天紀承三古，時雍變八埏。比閭增版籍，疆埸罷戈鋋。文軌包夷夏，弦歌徧幅員。恢儒榮藻薦，作士極魚鳶。慶冑貽謀顯，多男景福緜。迓衡常穆穆，遵路益平平。亭障今踰隴，耕耘久際燕。信通鵬海漲，威竄犬戎羶。東擬封云岱，西將款澗瀍。琳科宣蘂笈，玉府下雲軿。帝籍勤初播，宮蠶長自眠。繭絲登六寢，稃米秀中田。廟鶴垂昭格，壇光監吉蠲。靈芝滋菌蠢，甘醴湧潺湲。合敎尨風革，頌經衆疾痊。雨隨親禱降，河避上流遷。執契皇猷洽，披圖福物駢。太和輸槖籥，妙用絕蹄筌。此際君臣悅，應先簡冊編。雅稱魚罩罩，頌迹鼓咽咽。詎比千齡遇，猶聞四始箋。羇臣起韋布，陋質媿駑鉛。驟俾陪機政，由來出眷憐。恩方拜綸綍，報未效塵涓。密席叨臨勸，凡蹤第曲拳。雖無三峽水，曾步八花甎。踰望知難稱，才慳合勉旃。鈞天思盡賦，賸續白雲牋。揮麈後錄宋史本傳：徽宗嘗宴睿謨殿，命安中賦詩百韻，以紀其事。詩成，賞歎不已。令大書于殿屏，凡侍臣皆以副本賜之。

立春帖子

彤霞𦶜霧繞觚棱，樓雪融銀滴半層。別曉擬開延福宴，夾城先試景龍燈。皇帝閣

玉燕翩翩入鬢雲，花風初掠縷金裙。神霄宮裏驂鸞侶，來侍長生大帝君。妃嬪閣　二首政和七年進

幼老春秋：王安中以文章有時名，交結蔡攸，攸善之，引入禁中。太上賜燕飲半酣，是時鄭妃有寵，猶未正中宮，上出之，鄭氏簪玉花，上有雙飛玉燕。攸謂安中曰：「豈可無詩？」安中即作詩進之，太上大喜。

藥笈琅函受祕文，淸虛道合玉晨君。瑤臺夜靜朝眞久，金屋春寒閱籙勤。皇后閣

曈曨曉日上金鋪，的皪春冰泮玉壺。繡戶綠窗塵不到，凝酥點就輞川圖。妃嬪閣　二首重和二年進

墨莊漫錄云：不唯才思淸麗，皆紀當時事也。

題王維畫嘉陵江山圖

江山已晤大同殿，絲管猶喧凝碧池。別寫嘉陵三百里，右丞心事與誰知？

過庭錄：明皇幸蜀，過嘉陵，愛其江山，命吳道子圖于大同殿壁。王維復畫小簇，履道詩云云。

王摩詰釣魚圖

我本江湖人，市朝豈無心。偶然墮世網，如鳥思長林。交親豈不多，之子德我深。賜沐有餘閑，一馬如相尋。茅亭容膝耳，九衢可窺臨。挂壁出古圖，驚笑聊自任。筆墨麤可識，佳處疑非今。佳哉王摩詰，風味我所欽。自狀釣車圖，華間相挐音。有如渼陂遊，一杜挾兩岑。坐令黃塵中，思落淸江潯。秦子

詩思古，清新間雄沈。示我五字句，月杵鳴秋砧。回杯勸摩詰，對畫手自斟。我賞子高趣，子聆我微忱。譬如影與形，妙在同一陰。我時坐其旁，清風溢幽衿。歸來步長廊，缺月戶牛侵。丹鳥已過草，齒頰猶哦吟。煩公有聲畫，相我無弦琴。

次秦夷行觀老杜畫像韻

寒坼天吳圖，飢羅太倉粟。拾遺官在朝，何異老林麓。英風想廉藺，妙手傳顧陸。蒙茸頭傾冠，駛跣鐙脫足。熊兒與阿段，左右相扶逐。生平經綸具，悵望青蒲伏。窮塗付麴糵，放意謝羈束。草堂幸無事，君騎時見辱。清吟動霄堮，逸豔驚魚目。顧茲神明意，豈易丹青卜。當時腰長鑱，憔悴十指禿。聲名乾坤破，生事歲月促。但聞列仙臞，豈見肉食墨。企予攀逸駕，短步羞匍匐。不能師廣袖，乃爾好奇服。嗜詩得雋永，徐味自當肉。不知稟公貴，顧謂何郎俗。窮通等夢幻，思慮自棖觸。苦吟祇效尤，呼醆進蟻綠。

祁陽成逸畫浯溪圖相示爲作長句

少文閱世老不出，自畫雲山滿牆壁。澄懷觀道追所歷，坐覺琴聲隱金石。我亦七年湖外客，夢中猶汎湘江碧。浯溪之圖喜新得，身臥嶺南心嶺北。憶昔留語溪邊僧，異時人讀唐中興。說與此乃秦典刑，三句入韻之罘銘。今欲復作誰可令？似有元結無眞卿。風烟慘淡萬古情，不如且尋畫隱成。以上聲畫集

象州上元

二年白玉堂，揮翰供帖子。風生起草臺，墨點澄心紙。三年文昌省，拜賜近尺咫。紅蓼盼御盤，金幡裊

宮槳。晚爲日南客，環堵隱烏几。朝來聞擊鼓，土牛出城市。幽懷不自閑，欲逐春事起。安得五畝園，種蔬引江水。清波雜志

句

後人誰促漁陽戰，舊守猶遷象郡來。初到象州　中興遺史

馮熙載

熙載字彥爲，衢州西安人。大觀元年進士。宣和間，由尚書左丞遷中書侍郎，出知亳州，提舉洞霄宮。卒謚文節。

宣和七年十二月二十一日就睿謨殿張燈預賞元宵曲燕應制

化工欲放陽春到，先敎玄冥戮衰草。凝冰封地萬木僵，誰向雪中探天巧。璿璣星回斗指寅，羣芳未知時已春。人心蕩漾趁佳節，燈夕獨冠年華新。昇平萬里同文軌，井邑相連通四裔。蘭膏競吐夜烘春，和叔回車避羲轡。巍巍九禁倚天開，溫風更覺先春來。試燈不用雨花俗，迎陽爲卻寒崔嵬。宣和初載元冬尾，瑞白纔消塵不起。穆清先賞屬欽鄰，錦繡雲龍頒宴喜。初聞傳詔開睿謨，步障幾里承金鋪。調音度曲三千女，正似廣樂陳清都。遏雲妙唱韓娥侶，回雪飛花稱獨步。千春蟠木效紅英，獻壽當筵豈金母。上林晚色烟靄輕，景龍遊人歡笑聲。霞裾月佩擁仙仗，翠鳳挾輦趨平戍。銅華金掌散晶彩，翠碧重重簇珠琲。先從前殿望脩廊，日出綺霞紅滿海。神光通透雲母屏，驪龍出舞波濤驚。煌煌黼座承天命，座下錯落如明星。榻前玉案肴核旅，獸炭銀爐夜初鼓。憲天重屋訝雲屯，崇道簫臺疑蜃吐。前

楹火柱回萬牛，藺卿璧碎光色浮。周圍照耀眼界徹，冰壺漾月生珠流。點點金錢盡銜璧，豹髓騰輝粲銀礫。絲篁人籟有機緘，曒繹清音傳屋壁。須臾隨蹕登會寧，如驂鸞鶴遊紫清。彩蟾倒影上浮空，纖雲不點惟光明。四壁垂簾玉非玉，銀釭吐豔相連屬。棼楣横帶碧玻璃，一朵翠雲承日轂。萬光閃爍爭吐吞，燭龍銜耀輝西崑。又如雹母神鞭馳，金虵著壁不可捫。端信奇工通造化，豈比胡人能幻假。丹青漫數顧虎頭，盤礴解衣未容寫。此時帝御鈞天臺，紫垣兩兩明三台。尙方飲器萬金寶，古玉未足誇雲雷。帝傍侍女雲華品，玉立仙標及時韻。四音促柱泛笙簫，應有翔鸞落千仞。龍瓶瀉酒如流泉，御廚絡繹紛珍鮮。榻邊爭欲供天笑，快倒頽類虹吸川。厭厭夜飲方歡洽，玉漏頻催鼓三疊。金門初下醉歸時，正見冰輪上城堞。微臣去歲陪清班，惡詩誤辱重瞳觀。小才易窮眞鼠技，再賦愈覺相如慳。詩話總龜

王漢

漢，太常博士，知潮州。

題湖山立石

如碑卓水濱，磊落未名聞。蘚駁瓊姿出，蝸行篆字分。器渾猶抱璞，勢迥已凌雲。幸免隨金鍛，寧憂與玉焚。螭形徒岌岌，鳥迹欠云云。若使昌黎見，應摛逐鱷文。潮中雜記

宋詩紀事卷三十八

錢唐　厲鶚　輯
歙　汪玉樞　勘定

毛友

友，初名友龍，字達可，三衢人。大觀元年進士。政和間，由翰林學士、禮部尚書出守鄉郡。有爛柯集。

寄題之太尉使燕山

三年淮海靜妖氛，老上龍庭又勘勳。塞外爭看眞太尉，行間猶識舊將軍。塵清漠北烽煙斷，風落山前號令聞。預想歸時如定遠，爭持白玉上青雲。合璧事類前集

盧襄

襄，三衢人，舊名天驥，字駿元。徽宗朝，避天字改名襄，字贊元。大觀元年進士。政和六年，以朝散郎出爲浙東提刑，捕盜入剡。靖康間，拜吏部侍郎，推冊張邦昌。建炎初，安置衡州。

庚溪詩話：贊元詩篇極多，向嘗得其數十首，皆清拔可喜，後因兵火失之。尚記其贈鼓琴者曰：「試將鍾子山水意，一洗退之冰炭腸。」恨失其全篇。

遊南巖山

不蓄烏紗只岸巾，尋山還得愛山人。半空飛雨侵衣潤，入座晴嵐照眼新。風過松杉猶蘊藉，雪消巖壑

更精神。何時亦把任公釣，坐釣日東橫海鱗。

剡溪

愁呵龜手冷搖鞭，乘興來登訪戴船。解事篙師小鳴櫓，恐驚寒雁入晴天。

隱天閣　在嵊縣下鹿苑寺

欲結愛山人，共了尋山債。未有買山錢，愁聞有山賣。小雨溼春風，倦雲遮落日。不若叫風來，吹雲放山出。一眼呑萬山，寸心貯千里。何日上歸舟，教人問春水。殘雪領春來，疎鐘驚夢去。尙憶去年愁，孤舟繫江樹。

瑞香花

入夢生香酒力微，不須金鴨裊孤緋。爲嫌淡白非眞色，故著仙家紫道衣。

登玉虹亭　在下鹿苑寺

飢鼯愁獿號窮冬，層巒秀壁撑晴空。閑拖老藤借餘力，來看霜巖飛怒虹。小奚催呼老款段，瀹鼎篝火烹團龍。餘甘入口齒頰爽，兩腋便欲生清風。悠然千里隨眼界，金篦刮膜開雙瞳。乃知足力不到處，別有天地生壺中。國恩欲報已華髮，征車未去先晨鐘。玉川乘雲紫皇家，謫仙騎鯨河伯宮。聊追二子歸禹穴，碧空轉首山重重。

遊定林寺

寒旋隱隱入花村，小雨初收水帶昏。不憚山城尋寺去，只將詩思與僧論。菱侵水步深藏艇，柳暗人家半掩門。莫厭禪居蕭冷甚，此來一爲訪溪蓀。

上鹿苑寺

鷲峯遊屐少，我獨往多時。僧護翻經石，猨攀嘯月枝。地寒春到晚，山遠夢歸遲。尙被浮雲誤，吾心信自癡。以上剡録

途中書懷寄奉化知縣

自截淵明漉酒巾，食鮭甘作庾郎貧。雖無殘菊簪華髮，賴有青山似故人。幾處鵓鳴牛背雨，經年衣犯馬蹄塵。待攜神武朝衫去，還我烟溪漱石身。乾道四明圖經

春興

雪花初著鴛鴦瓦，疊嶂疎林入圖畫。春工不作兩樣心，盡遣根荄赴陶冶。我昔年少曾買春，著盡榆錢不多價。春應索價來覓人，客氣今猶不相下。待領春風歸去家，家山卻有療愁花。鄰公大段作春計，小圃栽花今數世。但憎赤腳婢惱人，要逐丫鬟同拾翠。合璧事類前集

窗外梅花

已消殘雪豆稭灰，斜壓疎籬一半開。雖我故園無分看，問渠春色幾時來？冷香漸欲熏詩夢，落蘂猶能韻砌臺。定復水邊多屐齒，試令長鬣視蒼苔。

瀛奎律髓：詩見曾慥百家選。

酴醿花　九言

天將花王國豔殿春色，酴醿洗妝素頰相追陪。絕勝濃英綴枝不韻李，堪友橫斜照水攙先梅。瑤池董雙成浴香肌露，竹林嵇叔夜醉玉山頹。風流何事不入錦囊句，清和天氣直挽青陽回。詩話補遺

桐君祠作招仙詞

桐君歸來兮，仙馭遠遊將何之，寧不欲朝玉京兮升紫微？戴日月之冠兮，披紫霞之衣。佩蒼精之龍兮，餐玉田之芝。友王喬與蕭史兮，儼霓旌玉佩而葳蕤。何如歸來！猨鶴慘兮怨空山，澗壑寂兮松桂閑，胡不拂袖烟幌兮開雲關。藉芳草兮歌幽蘭，庶乎遊山之人可以往還。

招隱

有玉人兮山之隅，騎蒼龍兮歌步虛。薜荔衣兮女蘿裾，餐瓊蘂兮披玉書。朝玉皇兮遊上都，搿麟脯兮邀麻姑。胡不捨此而來兮吾與俱。以上宋藝圃集

宇文虛中

虛中字叔通，益州廣都人。大觀二年進士。建炎初，以資政殿學士充祈請使，留金爲翰林學士。紹興中，謀劫金主事泄，全家皆死。淳熙初，贈開府儀同三司，謚肅愍。

在金日作三首

滿腹詩書漫古今，頻年流落易傷心。南冠終日囚軍府，北雁何時到上林。開口摧頹空抱朴，脅肩奔走尙腰金。莫邪利劍今安在？不斬姦邪恨最深。

遥夜沈沈滿幙霜，有時歸夢到家鄉。傳聞已築西河館，自許能肥北海羊。回首兩朝俱草莽，馳心萬里絕農桑。人生一死渾閑事，裂眥穿胸不汝忘。

不堪垂老尚蹉跎，有口無辭可奈何。强食小兒猶解事，學妝嬌女最憐他。故衾媿見霑秋雨，短褐寧忘拆海波。倚杖循環如可待，未愁來日苦無多。

北窗炙輠云：宇文虚中在金，作三詩，所謂「人生一死渾閑事」云云，豈李陵所謂欲一效范蠡、曹沫之事？後虚中仕金爲國師，遂得其柄令。南北講和，大母獲歸，往往皆其力也。近傳明年八月間果欲行范蠡、曹沫事，欲挾淵聖以歸。前五日，爲人告變，虚中覺有警，急發兵，直至金主帳下，金主幾不能脱。遂爲所擒。嗚呼痛哉！實紹興乙丑也。審如是，始不負太學讀書耳！

吴敏

敏字元中，眞州人。大觀二年，辟雍私試首選，擢浙東學事司幹官，蔡京薦充館職。欽宗即位，知樞密院事，拜少宰，謫涪州安置。紹興初，復爲廣西宣撫使，卒。

三朝北盟會編：吴敏，儀眞人，妙齡秀發。政和初，上庠試書義有聲。蔡京愛其丰韻粹美，欲以女妻之，元中辭焉。釋褐，投浙東學事司幹官，除館職，擢記注西掖。時年二十七，玉立鴛鷺行中，一時歆豔。敏有侍兒曰遠山，美姿色，通文理。敏每爲文，使供筆硯之役。一日，有訪敏者，敏方據案運筆，遠山者方磨墨拂紙，時服其風流如此。

題山光寺壁上墨竹

綠髮青衫舊竹君，墨卿揮拂更清新。斷枝活葉風蕭瑟，想見淩雲百尺身。聲畫集

句

醉中擲筆金鑾殿，睡起鳴笳鐵甕城。贈王達可自翰苑出知鎮江　耆舊續聞

先生古人風，文字祖西漢。不令萬錢食，亦合五花判。贈吳正仲　苕溪漁隱叢話

李邦彦

邦彦字士美，懷州人。大觀二年，釋褐第一。宣和中，累遷尚書左丞，拜少宰。靖康初，特進太宰、門下侍郎，兼神霄宫使。建炎初，責潯州安置。

三朝北盟會編：邦彦性俊爽，喜閭閻鄙猥事，自號爲李浪子。每以市井鄙俚之語，綴成小詞，喧傳里巷。邦彦嘗自言：「賞盡天下花，踢盡天下毬，作盡天下官。」都人亦呼之爲「浪子宰相」。

黄陵廟

蒼梧杳靄迷遐躅，晚雲愁入修眉緑。薰風不動五弦空，清血斑斑在山竹。長沙府志

劉才邵

才邵字美中，廬陵人。大觀二年，上舍釋褐。宣和間，仕至尚書。有檆溪居士集。

紀夢

北風吹雲肅天宇，蕙帳寒生月當戶。頽然就枕睡思濃，夢魂悠悠迷處所。仙君勝士肯見臨，促席從容款陪語。自言本事清靈君，學佛求仙兩無阻。雲輧白日降瑤空，天衣飄飄袖輕舉。方諸宫深雲海闊，金碧禪房隔烟雨。與君初有香火緣，聊復東來相勞苦。方遊崑閬還無期，君住世間須善爲。塵勞足厭

何足厭，等是實相夫何疑。前身似是塵外人，端爲世緣縻此身。重聞妙語發深省，若更離塵佛亦塵。方平羽節何時來，道宫佛殿隨塵埃。未須苦説揚塵事，東海波聲政似雷。

獨醒雜志：劉尚書美中，嘗夜夢與一方士談禪，往復辨論宗乘中事甚詳。因問之曰：「仙家亦談佛耶？」方士曰：「仙佛雖二，理豈有二哉？」美中既寤，頗異其事，遂紀以詩。詩中皆其間問答之語。

夜度娘歌

菱花烱烱垂鸞結，嬾學宫妝匀膩雪。風吹涼鬢影蕭蕭，一抹疎雲對斜月。詩話補遺

賈安宅

安宅字居仁，烏程人，收之從孫。大觀三年，進士第一。累遷戶部侍郎。建炎初，爲給事中。

苕溪

廣苕山下泝深源，發此清流去不渾。直抵太湖三百里，滔滔分入海天門。湖州府志

王珩

珩字彦楚，鄞人，説之子。大觀三年進士。官宗正少卿。

夢中作

杖屨步斜暉，烟村景物宜。溪深水馬健，霜重橘奴肥。春罷鷄爭黍，人行犬吠籬。可憐田舍子，理亂不曾知。西溪叢語

和潘良貴題明州三江亭韻

潘郎未覺鬢毛侵，佳致乘閑得得尋。古岸渺茫分遠渡，飛甍虛敞快人心。融樽想見頻頽玉，季諾由來雅勝金。野老固慚東閣客，何妨同作醉翁吟。延祐四明志

倪濤

濤字巨濟，永嘉人，徙居廣德軍。大觀三年進士。歷左司員外郎，貶監朝城縣酒稅。有玉谿集。

偶訪吉甫畫三蝿壁間吉甫有詩次韻

何人刻獼猴，老眼覷荆棘？不如丹青手，快意風雨疾。我窮坐詩豪，九鼎扛筆力。偶然一點污，著紙生羽翼。千言走蚍蜉，寧爲寸紙逼。還當寫君詩，什襲同藏櫐。畫繼

次韻毛達可給事秋懷念歸

結茅遠人村，破屋水牛扉。涼葉墮清響，空山轉斜暉。微官卧江漢，素心久依依。十年天涯秋，搖落幾芳菲。馬蹄歲月去，夢蝶東南飛。平生丘壑志，有言輒乖違。不如孤征鴻，春風自知歸。宋文鑑

七夕

玉殿凭肩共語時，風淸月墜有誰知。梧桐秋雨三山遠，始信生前有別離。錦繡萬花谷

章夏

夏字彥明，寧國人。大觀三年進士。歷潭州通判。有湘潭集。

夕陽洞

暖憑磴薛坐，蔭覓喬松倚。一詣雲屋深，猨鶴頗相喜。霜髯白紛紛，謂我作黄綺。

碧雲洞

褰裳踏寒流，路險仰復傴。崖根乳積雪，石脈泉溜雨。融結知何年，人間閲今古。以上寧國府志

余安行

安行字勉仲，德興人。累舉不第，以經學稱。有石月老人集。

龍游舟中遇立冬 大觀戊子，同應求至京口，予赴試南京。

挂帆朝發龍游浦，天寒正下瀟瀟雨。聞道人間今日冬，連檣處處歡相語。我今與汝共孤舟，寂寞舟中任水流。人生自適乃爲樂，莫把閑腸生寸愁。古今歲時雜詠

張正己

上元口號

繡車簾鼓動香街，鐵鎖龜城度曉開。仙鳳傳香留蜀國，夜龍銜燭上蓬萊。月如流水隨天遠，人似夭桃出洞來。無限風光追不盡，只驚信馬到瑶臺。古今歲時雜詠

白子儀

暑伏偶書呈端祖抑之

歲時三伏每相乘，雨汗居人困不勝。況是五弦均長養，何須六幕苦炎蒸。中乾顧沃仙盤露，上賜堪加凌室冰。安得天風吹煩溽，釋然羣動返清澄。古今歲時雜詠

楊齊

寒食野外

寒食人家事踏青，偶驅羸馬出郊坰。禽聲喚雨嬌相詫，天色和春困不醒。芳草碧來絲作毯，好花紅處錦爲屏。回頭畫角江城晚，人倚鞦韆月半庭。古今歲時雜詠

孫覿

覿字仲益，晉陵人。大觀三年進士。政和四年，中詞科。高宗朝，仕至戶部尙書，提舉鴻慶宮。有鴻慶集。

韻語陽秋：東坡歸宜興，道由無錫洛社，嘗至孫仲益家。時仲益年在髫齔，坡曰：「孺子習何藝？」孫曰：「學屬對。」坡曰：「衡門稚子璠璵器」，孫應聲曰：「翰苑仙人錦繡腸。」坡撫其背曰：「眞璠璵器也，異日不凡。」

呂本中痛定錄：前此上在靑城齋宮無聊，何栗奏：「宜賦詩以遣興。」乃以孫覿、汪藻應制。上詩用時字韻，覿詩曰：「噬臍有媿平燕日，嘗膽無忘在莒時。」藻詩曰：「虜帳夢回驚日處，都城心切望雲時。」有以此達帥酋，因摭此爲名，遂遲留車駕。

楓橋三絕

白首重來一夢中，青山不改舊時容。烏啼月落橋邊寺，欹枕猶聞半夜鐘。

翠木蒼藤一兩家，門依老柳抱溪斜。古城流水參差是，不見吳都舊日花。

三年瘴海臥炎宵，夢隔青楓一水遙。萬里歸來悲故物，銅駞埋沒草齊腰。

宜春臺

聞說宜春好，層臺試一登。巃泉悲瑟瑟，松雪見層層。孤絶烟中寺，微茫樹下僧。詩工傳寫妙，不數晝師能。

棲霞洞

飛仙集三山，弱水環四溟。誰知黃茅嶺，自有白玉京。獨曳一枝筇，梯空上青冥。蟾飛墮八桂，石隕化七星。幽幽炬火然，異狀不可名。垂天紫雲蓋，插地翠羽屏。已無俗士駕，尙有遷客經。敢言居夷陋，妙絶冠平生。

龍隱巖

跳波觸石喧，古木抱崖擁。老蛟厭泥蟠，一笑作潭洞。孤峯起嵽嵲，哀壑浩呼洶。腥風噤鼃涇，涷雨落毛氄。凜凜白晝寒，瘴髮立盡聳。旱氣熏日黃，縮爪但陰拱。悠然四大海，斂此一毛孔。安得化爲霖，蕙葉有光寵。以上鴻慶集

題洞庭山觀音院德雲堂

千丈銀山屹嵩華，浪湧雲屯天一罅。榜舟夜並黿鼉窟，杖藜曉入雞豚社。處處人家橘柚垂，竹籬茅屋青黃亞。牛羊出沒怪石走，蛟龍起伏蒼藤挂。樓殿青紅隱半山，兩腋清風策高駕。飢鼠窺燈佛帳寒，華鯨吼粥僧趺下。世味久諳眞嚼蠟，老境得閑如啖蔗。山靈知我欲歸耕，一夜築垣應繞舍。吳郡志

胡舜陟

舜陟字汝明，自號三山老人，績溪人。大觀三年進士。高宗朝，歷官徽猷閣待制，廣西經略使，封績溪伯。忤秦檜，死于獄。有集。

泛歙溪用老杜詩青惜峯巒過爲韻

港淨千尋碧，峯回兩岸青。鷺飛煙漠漠，猨嘯雨冥冥。鷄犬聞聲地，雲霞蔽隱扃。桃源疑此是，時復問漁舲。

溪山美有餘，自古神仙宅。築室隱宣平，題詩來李白。至今負薪人，聞是餐霞客。不向此尋眞，飄蓬端可惜。

萬山回合處，蔥鬱釣臺峯。道義高千古，簞瓢敵萬鍾。羊裘甘寂寞，鳳闕肯從容。勿謂狂奴態，淸風激懦庸。

草木紛紛落，江山正薄寒。雲藏桐子宅，波急沈郎灘。回首家林遠，多愁革帶寬。靑楓知客恨，塗血點林巒。

覩山如走馬，倏忽千尋過。水從雲際來，舟疑天上坐。羇旅猨失羣，往復蟻旋磨。五韻寫中腸，悲詞成楚些。

苕溪漁隱叢話：先君平日尤喜作詩，手校老杜集，所正舛誤甚多。句法暮年深得其意味。

秉燭賞梅花

蠟烟青繞雪培堆，神女疑乘香霧來。綽約仙姿明醉眼，橫斜疎影入尊罍。

題秋香亭

騷人足奇思，香草比君子。況此霜下傑，淸芬絕蘭茝。氣稟金行秀，德備黃中美。古來鶴髮翁，餐英飲其水。但恐蓬藋傷，課童加料理。

苕溪漁隱叢話：菊以黃爲正，此朱遜之之語。東坡印可，作詩贈之，有「識眞似淵明」之句。余頃歲居泗上，假館官舍，小圃中有一亭，牓曰秋香，環植以黃菊，別無他物，必好事者原東坡之意而作之也。先君題詩云云，附錄于此。

句

含桃紅紫鶯聲老，宿麥青黃燕子飛。苕溪漁隱叢話

左譽

譽字與言，天台人。大觀三年進士。仕終湖州通判。

玉照新志：左與言，天台名士也，錢唐幕府。樂籍有名姝張穠者，色藝妙天下，君頗顧之。如「盈盈秋水、淡淡春山」，及「帷雲剪水，滴粉搓酥」，皆爲穠作。當時都人有「曉風殘月柳三變，滴粉搓酥左與言」之對。似擾之後，穠委身于立勳大將家，易姓章，疏封大國。紹興中，覓官行闕，暇日訪西湖兩山間，忽逢車輿甚盛，中覩一麗人，褰簾顧君而顰曰：「如今若把菱花照，猶恐相逢是夢中。」視之，乃穠也。君醒然悟入，即拂衣東渡，一意空門。

洞霄宮

青山九鎖溪迴縈，擎天一柱何崢嶸。上同天目暎寥廓，下開大滌通滄溟。晉唐人物久寂寞，天台石室

蒼苔生。虛皇臺高步虛冷，仙科玉音神所聽。自憐學道二十年，此心久與青山盟。朅來奉祠此山下，媿無妙句如丹青。木公金母吾未識，且待松根生茯苓。洞霄詩集

晏敦復

敦復字景初，殊曾孫。大觀三年進士。高宗朝，累官權吏部尚書，兼江淮等路經制使，以寶文閣學士出知衢州，提舉亳州明道宮，封臨淄侯，卒。

題梵隱院方丈梅 在定海縣

亞檻傾簷一古梅，幾番有意喚春回。吹香自許仙人下，照影還容高士來。月射寒光侵硐戶，風搖翠色鎖階苔。遊蜂野蝶休相顧，本性由來不染埃。寧波府志

沈汝諧

汝諧，杭州人。大觀三年進士。官金部。

臨平山

山勢分明飲水駝，孤峯西轉鬱嵯峨。不須探問山童藥，且揖朝來爽氣多。咸淳臨安志

李彌遜

彌遜字似之，連江人，居吳縣。大觀三年進士。高宗朝，試中書舍人，再試戶部侍郎，以爭和議忤秦檜，乞歸田，隱連江西山。有筠溪集。

樓大防序云：公以力鬭和議，歸隱西山，凡十六年，不復有仕宦意，詠詩自娛，筆力愈偉。

宿觀妙堂遇雨既度復回一日竟遊九曲而行賦詩二首 堂在武夷山沖佑觀

人間何地寄衰翁，偶到神仙一葦中。可是仙居謝遣客，船頭無處避剛風。

渡口回舟未忍移，淨坊聽雨坐題詩。餘齡儻有尋眞路，試與披雲問鳳兒。

朱子跋云：觀妙堂東楹李公侍郎遺墨，語意清婉，字畫端勁。至其下，輒諷玩不能去。然歲久剝裂，又適當供帳處，後十數年，當不復可讀矣。別爲模刻，授道士，使陷寘壁間，庶幾來者得以想見前輩風度。李公諱某，時以力抵和議，出守臨漳云。慶元乙卯正月，新安朱某謹拜書。

次韻仲輔山中之作

崖陰坐清暝，目爲山光注。妙意不可名，悠然與心晤。疎泉石中鳴，落葉衣上住。泠風起虛籟，還向無中去。三生聽鐘魚，偶失來時步。佛屋倚秋風，團團兩桂樹。卻疑此境中，曾是經行處。

同天隱少章遊嵩山懷元明

秦公我輩士，早踏翰墨場。萬言若投石，十年猶枯囊。苦欲泛江海，有親在高堂。牢落京華春，門無一壺漿。長鞭策瘦馬，送我古道傍。憐我值險艱，赤心寫摧傷。鏗鏘五字句，勢與鵰鶚翔。感此坐矯首，星星鬢成蒼。西風小搖落，雨洗烟嵐光。嶂晚露孤秀，野陰棲暗芳。更攜鮑謝流，屐盡千巖霜。搜奇得幽深，訪古到森茫。月落潭影空，清吟殊未央。緬懷紫芝宇，百憂繞迴腸。三歎已哺食，十起中夜牀。雲埋長安日，魂夢不敢攘。茂苑富山水，結廬余所嘗。我欲放船下，卜鄰俯滄浪。耦耕種秫田，共掃三徑荒。頭白青山裏，長歌樂歲觴。

題趙幹江行初雪圖

瓜步西頭水拍天，白鷗波上寄長年。箇中認得江南手，十里黄蘆雪打船。

自大寧泛舟還涇川

岸梢濃染一溪青，山影歸舟落葉輕。欲學漁郎颸綸手，雨蓑月笛了平生。以上筠溪集

李元亮

元亮字光祿，建昌人，山房公擇侑書族子。大觀中，以牋啓爲蔡嶷所賞，登貢士科。

句

人閑知晝永，花落見春深。　朝雨未休還暮雨，臘寒纔過又春寒。容齋三筆

趙企

企字循道。大觀間，宰績溪。重和初，台州倅。

高齋詩話：趙企循道，以長短句得名；所爲詩亦工，恨不多見。嘗記其警句云：「愁從竹葉杯中去，老向菱花鏡裏來」；「幾夜已生蝴蝶夢，三生辜負鶺鴒斑」；「青銅不覽一兩日，白髮已添三四莖」。

苕溪漁隱叢話：循道宰予桑梓之邦，因此傳錄得循道詩多。大率體格全學白樂天，故句語皆平易。如：「青燈影冷棋三戰，紅火爐溫酒一杯」；「千山來不斷，一水去無窮」。餘不及此者亦多。

題孝南山寺

背日西來眼界明，隔溪遥見梵王城。旌旗夾道蔽山影，笳鼓入林聞谷聲。青鳥向人疑有意，白雲迎客

亦多情。夕陽臨水共歸去，明日紛紛塵事生。赤城志

汎舟晚出北關

舟汎官塘靜，人歸一葉間。影疎行處柳，青遠望中山。道在身從老，詩窮意覺閑。到家秋斂足，有謂掩柴關。

秋日汎西湖

湖光山色共爭秋，一點塵埃無覓處。沈沈水底見青天，畫舸直疑天上去。以上咸淳臨安志

王震

震，開封人，定國之姪。大觀間，知蔡州。

雪

未送餘寒歸嶰谷，先傳春信到花叢。侵凌竹色回新綠，點注梅梢破小紅。後村千家詩

鄭滋

滋，大觀中臨晉縣主簿。

遊王官谷

大廈將顛仆，一木安能支？唐室既頹圮，有才何所施。表聖隱王官，出處適其宜。藩鎮方跋扈，擁兵相雄雌。尾大不可掉，綱紀日淩夷。雖云務姑息，要求無定期。當此誰爲援，欲進速禍基。優遊向泉石，琴酒聊自資。休休復莫莫，終永忘所規。著史以見志，迂闊從人嗤。風馭去不返，幽谷空遺祠。名與

前峯高，挺挺爲表儀。潔與飛瀑並，濁流應忸怩。方今重完節，褒封來非遲。發揚在守土，抗章無媿辭。庶幾慰精爽，光輝于盛時。大觀初，家府君簿臨晉，嘗留詩于祠堂。意以表聖之高名清節，暴白于世，而風采爲可仰也。謹摹諸石，庶永來觀。政和戊戌八月望，男從事郎虞鄉縣令師甫題。王官谷集

莫　儔

儔字壽朋，湖州人。政和二年，進士第一。靖康初，爲翰林學士，使金，留仕僞楚。建炎初，竄全州。

遊破山興福寺

久聞勝地有蓮宮，乘興來遊仗瘦筇。庭老樛枝翠瓔珞，池生並蒂玉芙蓉。飛仙何意來題柱，開澗當年想鬭龍。歸騎迴看樓閣處，雲深隱隱度疎鐘。蘇州府志

譚知柔

知柔字勝仲，金壇人。政和二年進士。通判邵州，終祕書少監。有華陽居士集。

晚醉口占

晚醉扶筇過竹村，數家殘雪擁籬根。風前有恨梅千點，沙上無人月一痕。

苕溪漁隱叢話：此即吳可晚春詩，易其題，改詩中三四字而已。

絶句

漫言無處覓歸田，江北江南水拍天。抖擻十年塵土夢，秋風吹上釣魚船。同上

初夏

霎隴風來翠浪浮，霏微小雨似深秋。野亭終日卷簾坐，清樾對啼黄栗留。事文類聚前集

趙　野

野，開封人。政和二年進士。歷中書舍人、翰林學士，拜尚書左丞。靖康初，爲門下侍郎，責邵州安置。建炎初，復起知密州，盜賊充斥，野棄城去。軍校杜彦作亂，追歸殺之。

句

複道密通繁衍宅，諸王誰似鄆王賢。宣和春帖子　清波雜志

辛次膺

次膺字起季，萊州人。政和二年進士。南渡，寓家浮梁。孝宗朝，累官同知樞密院事，資政殿學士，提舉洞霄宫。

題使宅眉壽堂

多病相如欲倦遊，四年紆綬到三州。君恩乞與歸巖壑，何啻將軍得罷休。淳熙三山志

翁彦約

彦約字行簡，崇安人。政和二年進士。累遷太常博士，提舉河北西路學事，除知高郵軍。

毛竹洞

毛竹連雲路欲迷，洞門深鎖落花遲。曾孫幾度春風老，未了仙人一局棋。建寧府志

羅汝楫

汝楫字彦濟，歙縣人。政和二年進士。高宗朝，仕至吏部尚書、龍圖閣學士，封新安郡開國侯。卒贈少師。有東山稾。

謁蘇仙祠

絳節回白馬，青書收赤龍。仙人在何許？烟霞鎖晴峯。荒祠冠其嶺，千古凛靈蹤。粉堵塵網懸，石凹苔錢重。我來款遺像，再拜虔且恭。檀烟洩雲白，茗粥浮新濃。世事非所期，眞遊誓相從。雲軺幾時來，徽風韻寒松。郴州文志

李　綱

綱字伯紀，邵武人。政和二年進士。靖康初，歷尚書右丞。高宗即位，累官尚書左僕射，兼門下侍郎，落職，鄂州居住。紹興中，除觀文殿學士，湖廣宣撫使，知潭州。卒贈少師。孝宗朝，賜謚忠定。有梁溪集。

張南仲置酒心淵堂值雨

自别西湖日置懷，卻因謫宦得重來。雲深不見孤山寺，風急難乘搖碧齋。未放幽情窮水石，且將離恨汎樽罍。勝遊須徧山南北，何日晴天爲一開。

登鍾山謁寶公塔

寶公眞至人，鳥爪金色身。杖擕刀尺拂，語隱齊梁陳。我登鍾山頂，白塔高嶙峋。再拜禮雙足，聊結香

火因。

恭被詔書褒贈陳公少陽忠義痛感有作

哀痛綸音灑帝章，賜金贈秩喜非常。無心聖主如天地，著意奸臣極虎狠。忠血他年應化碧，英魂今日已生光。先生憤懣誠昭雪，九死南遷豈自傷。

平昔初無半面交，危言幾辨蓋寬饒。幽冥我已慚良友，忠憤誰能念本朝。故國遙看雲杳杳，新阡何處草蕭蕭。撫孤未遂山濤志，誰繼離騷賦大招？

晞眞館詩 幷序

余今夏夢乘舟亂石間，四顧峯巒奇秀，有如玉色者，覺頗異之。及謫官劍浦，道武夷山，小舟泝流，水落石出，徧覽勝槪。至晞眞館，雪作，巖石皆白，恍如舊遊，然後信出處之分定。而斯遊之清絕，已先兆于夢寐，雖欲不到，不可得也。作小詩以紀其事。

清夢先曾到武夷，玉峯積雪倍幽奇。小舟遊罷尋歸路，恰似儵然夢覺時。

奉寄呂丞相元直

出擁琱戈入袞衣，江城重詠我公歸。手扶日月還黃道，足履星辰上紫微。已集羣英熙帝載，好施長策復邦畿。海濱病叟無他望，側耳天聲暢國威。以上梁溪集

李正民

正民字方叔，揚州人，定之孫。政和二年進士。高宗朝，歷官中書舍人，徽猷閣待制。流寓

海鹽。

海月亭

新亭注目了無邊，脱屣塵寰思杳然。萬頃秋濤翻浩淼，一輪明月對虚圓。光生雲漢疑無地，望斷蓬萊別有天。赤水棗花君莫問，新詩賡唱似朱弦。嘉興府志

胡松年

松年字茂老，海州懷仁人。政和二年，上舍釋褐。累遷中書舍人。高宗朝，拜吏部尚書，權參知政事，提舉洞霄宫。

題觀音院德雲堂 并序

余罷自平江，謀居霅川，過洞庭西山，暫寓觀音院德雲堂，坐挹湖山勝概，亦足以少洗簿書役矣。數年兵火之禍，何所不至？獨此地清涼安穩，豈非林屋洞天，金庭玉柱，爲神仙窟宅，有物常護持耶？余願挂冠終老此間也。

小舟乘風飛鳥過，萬頃雲濤縱掀簸。此行要是快平生，無數青山笑迎我。山根隱約見人家，槿籬茅屋埋烟霞。宛似秦人種桃處，川原遠近紛香葩。杖藜巡踏華山去，試問蓮開今何許？路迷絶壑蔭松筠，身到半山聽魚鼓。道人爲我開雲堂，是中境界渾清涼。幽磬時和野鳥語，飛泉暗瀉巖花香。文書照眼本吾事，雁鶩著行敗人意。造物似憐塵世囂，挈置湖山煩一洗。何人夜呼隱去來，向來得喪真山崖。金庭玉柱永不改，人間劫火空飛灰。吳郡志

汪思温

思温字汝直，鄞人。政和二年，以太學上舍中乙科。歷官知臨安府，直顯謨閣，以壽終。

和潘良貴題明州三江亭韻

危亭聳觀與雲侵，勝概何勞杖履尋。回合江山眞有意，去來鷗鷺本無心。歡聲洋溢均千里，好句清新抵萬金。四海正須經濟手，豈容長對白頭吟。延祐四明志

楊景

政和二年三月廿四日鄜延帥府大閱卽席呈獻帥座賈公凱歌 十首存三

旌旗風暖颺春暉，的皪寒光照鐵衣。壯士銜枚聽傳令，邊鴻敢傍陣雲飛。

奏罷清笳聽凱歌，行營細柳拂彫戈。征人盡道從軍樂，城上黃雲喜氣多。

天兵十萬擁貔貅，紫塞年年大有秋。不是頡羌求款附，爲君唾手取靈州。吳禮部詩話

陳公輔

公輔字國佐，臨海人。政和三年，上舍及第。高宗朝，官至禮部侍郎，出知處州，轉徽猷閣待制，提舉江州太平觀。

李伯紀丞相挽詩

豪傑不世出，爲時斯間生。有心安社稷，無計避功名。憂國唯知重，謀身祗覺輕。徒令青史上，永永著英聲。梁溪集附

廣慈院

來時膏雨迷新野，去日薰風吹舊林。寄語主人休惜别，白雲南北本無心。台州府志

陳與義

與義字去非，洛人。一云汝州葉縣人。登政和三年上舍甲科。紹興中，歷中書舍人，拜翰林學士，知制誥，尋參知政事，提舉洞霄宫。有簡齋集。

苕溪漁隱叢話：陳去非詩，平淡有工，如：「疎疎一簾雨，淡淡滿枝花」；「官裏簿書何日了，樓頭風雨見秋來」；「客子光陰詩卷裏，杏花消息雨聲中」。

鶴林玉露：自陳、黄之後，詩人無逾陳簡齋，其詩繇簡古而發穠纖。遭值靖康之亂，崎嶇流落，感時恨别，頗有一飯不忘君之意。如「涼風又落南宫木，老雁孤鳴漢北州」；「乾坤萬事集雙鬢，臣子一謫今五年」；「天翻地覆傷春色，齒豁頭童祝聖時」；「近得會稽消息不？稍傳荆渚路岐寬」；「東南鬼火成何事，終藉胡銓作諍臣」；「龍沙此日西風冷，誰折黄花壽兩宫」，皆可味也。

劉後村詩話：元祐後，詩人迭起。一種則波瀾富而句律疎，一種則煅煉精而情性遠，要之不出蘇、黄二體而已。及簡齋出，始以老杜爲師，墨梅之類，尚是少作。建炎以後，避地湖嶠，行路萬里，詩益奇壯。元日云：「後飲屠蘇驚已老，長乘舴艋竟安歸。」除夕云：「多事鬢毛隨節换，盡情燈火向人明。」岳陽樓云：「登臨吴蜀横分地，徙倚湖山欲暮時。」又云：「乾坤萬事集雙鬢，臣子一謫今五年。」聞德音云：「自古安危關政事，隨時憂喜到樵漁。」五言云：「泊舟華容縣，湖水終夜明。凄然不能寐，左右菰蒲聲。窮途事多違，勝處心亦驚。三更螢火鬧，萬里天河横。腐儒憂平世，况復值甲兵。終焉無寸策，白髮滿頭生。」造次不忘憂愛，以簡嚴掃繁縟，以雄渾代尖巧，第其品格，當

在諸家之上。

題唐希雅畫寒江圖

江頭雲黄天醖雪，樹枝慘慘凍欲折。耐寒野鴨不知歸，猶向沙邊弄羽衣。黄茅終日不自力，影亂弱藻相因依。唯有蒼石如卧虎，不受陰晴與寒暑。舟中過客莫敢侮，閑伴長江了今古。

爲陳介然題持約畫

層層水落白灘生，萬里征鴻小作程。日暮微風過荷葉，陂南陂北聽秋聲。

夏日借五同舍集葆眞宫池上避暑取緑陰生晝静分韻賦詩得静字

清池不受暑，幽討起予病。長安車轍邊，有此萬荷柄。是身唯可嬾，共寄無盡興。魚遊水底凉，鳥語林間静。談餘日亭午，樹影一時正。清風不負客，意重百金贈。聊將兩鬢蓬，起照千丈鏡。微波喜搖人，小立待其定。梁王今何許，柳色幾衰盛？人生行樂耳，詩律已其賸。邂逅一尊酒，他年五君詠。重期踏月來，夜半嘯烟艇。

容齋四筆：自崇寧以來，時相不許士大夫讀史作詩，何清源至于修入令式。政和後，稍復爲之，而陳去非遂以墨梅絶句，擢賓館閣。其葆眞避暑詩，詩成出示坐上，皆詫爲擅場。朱新仲時親見之，云京師無人不傳寫也。

墨梅

粲粲江南萬玉妃，别來幾度見春歸。相逢京洛渾依舊，唯恨緇塵染素衣。

含章簷下春風面，造化功成秋兎毫。意足不求顏色似，前身相馬九方皐。

苕溪漁隱叢話：徽廟召對，稱賞此句，自此知名，仕宦寖顯。

秋夜

中庭淡月照三更，白露洗空河漢明。莫遣西風吹葉落，只愁無處著秋聲。以上簡齋集

山居

耿耿虚堂一榻秋，人間高枕幾王侯。亂雲未放曉山出，片月不隨溪水流。檢校一身渾是嬾，平章千古得無愁。湘波見説清人骨，恨不移家阿那州。

雨過

水堂長日静鷗沙，便覺京塵隔鬢華。夢裏不知涼是雨，卷簾微溼在荷花。

長干行

妾家長干里，春慵晏未起。花香襲夢回，略略事梳洗。妝臺罷鬭鏡，盛色照江水。郎帆十幅輕，渾不聞櫓聲。曲岸轉掀篷，一見兮目成。羞聞媒致辭，心許郎深情。一牀兩年少，相看悔不早。酒權娱藏鬮，園嬉索鬭草。含笑盟春風，同心以偕老。郎行有程期，郎知妾未知。鵠首生羽翼，蛾眉無光輝。寄來紙上字，不盡心中事。問徧相逢人，不如自見真。心苦淚更苦，滴爛閨中土。寄語里中兒，莫作商人婦。

九日家中

風雨吳江冷，雲天故國賒。扶頭呼白酒，揩眼認黄花。客夢蛩聲歇，邊心雁字斜。明年又何處，高樹莫啼鴉。以上瑠璃網

李　乘

乘字德載，政和中崑山令。

題慧聚寺次孟郊張祜韻

千山貯雲房，瓶鉢安空牀。野籟有眞響，天葩無世香。巢鶴羽翮老，睡僧眉宇光。此外足憂喜，勞勞榮辱場。

一寺皆樓殿，雖雄向此吞。雲霞終日影，檜柏幾年根。檻俯水烟國，磬傳鷄犬村。倚窗翻貝葉，宴寂屬空門。崑山雜詠

洪興祖

興祖字慶善，丹陽人。登政和上舍第。高宗朝，召試，授祕書省正字，歷官提點江東刑獄，知眞州、饒州。秦檜當國，以怨望編管昭州，卒。

宋史儒林傳：興祖徙知饒州，初夢持六刀，覺曰：「三刀爲益，今倍之，其饒乎？」已而果然。

拂雲亭 在眞州東園

黃雲收盡綠針齊，江北江南水拍隄。野老扶攜相告語，兒童今始識鋤犂。儀眞縣志

謝　彦

彦字子美，官稱宣句龍圖。

留題驪山

自姚塵容去復來，驪山頂上看崔嵬。誰人得向長安道，曾浴蓮湯十二回。政和丙申三月十八日　驪山刻石

黄伯思

伯思字長睿，自號雲林子，邵武人，履孫。大觀中，官祕書省祕書郎。政和中卒。有東觀餘論。

題河南王氏所藏子敬帖

君家大令書盈紙，筆勢翩翩趣多媚。雖云沓拖如少年，豈至拘攣同餓隸。會稽七子五知名，此公風概尤超詣。太極琁題猶重書，謂不書太極殿榜。一時凛凛標英氣。半袖精械衆爭求，數幅新帬世猶貴。當時親遇得已難，況復傳今僅千歲。龍珠歸浦劍還津，此帖君藏眞得地。才披尺許目增明，鸞跂鴻驚欲飛逝。硬黄響搨若傳吾，完碧摹刊願垂世。東觀餘論

杜子民

望瀛亭

擁傳來觀海，危亭一振衣。雲晴千怪出，浸大百川歸。日月遭吞吐，乾坤入範圍。羣鷗不須避，禪寂久忘機。蓬萊閣詩集

宋詩紀事卷三十九

錢唐　厲鶚　輯
海寧　陳晉錫　勘定

姚孝錫

孝錫字仲純，豐縣人。政和四年登第，調代州兵曹。有雞肋集。

齊東野語：金人寇雁門，州將恇怯，議降，孝錫竟投牀大鼾，不與其議。既得脱去，遂往五臺簿，移疾不仕，因家焉。治生積粟，至數萬石，遇饑歲，盡出以賑貧乏。所居正據五臺之勝，亭榭數十座，花竹百畝。中歲，盡以家事付諸子，日與賓朋放浪山水詩酒間，自號醉軒。

題滕茂實祠

本期蘇鄭共揚鑣，不意芝蘭失後凋。遺老祇今猶涕淚，後生無復識風標。西陘雁度霜前塞，滹水樵爭日暮橋。追想平生英偉魄，淩雲一笑豈能招。齊東野語

睡起

生涯甘分寄耕桑，山色圍門水遶牆。困病久懲耽酒癖，愛閑猶有和詩忙。簷冰滴砌春猶冷，野馬浮川日漸長。舊事老年多記憶，故園歸夢正悠揚。

次韻王無競見寄

客懷重倚仲宣樓，白草黄雲塞上秋。山色不隨塵世改，水聲還抱故城流。隙中畏景那堪玩，鏡裏衰顔

祗自羞。多媿詩人苦相憶，遠傳佳句弔淸愁。

次韻秋興

老畏年光速，愁添旅夢多。西風著梧竹，歸思入烟波。夜永憑詩遣，顔衰得酒和。故溪千樹柳，誰復曬漁蓑。

題柳溪別墅

雨霽風和不動塵，柳邊攜酒賞靑春。頻來溪鳥渾相識，渡水穿花不避人。

次李平子登臺有感韻

落日孤雲帶遠岡，戍樓烟瘴舊邊場。疲民卒歲方懷土，遠客憑高自憶鄉。漢使一朝延四皓，秦詩千古弔三良。行藏此意無人解，聊借靑山送酒觴。以上中州集

句

岸漲魚吹沫，山空石轉雷。谷虛生地籟，境寂散天香。節物後先南北異，人情冷煖古今同。久客交情諳冷煖，衰年病骨識陰晴。玄晏暮年常抱病，子山終日苦思歸。食貧豈復甘秦炙，客病空懷奏楚音。以上齊東野語

張綱

綱字彥正，丹陽人。政和四年，上舍釋褐第一。高宗朝，累官權吏部尙書、參知政事，以資政殿學士知婺州，致仕卒。謚文定，改賜章簡。有華陽集。

聞官軍掩殺城中羣寇次傳道韻

未復錢唐郡，先收鐵甕城。妖星隨月落，殺氣逐參横。已築鯨鯢觀，重新鼓角聲。大江應好在，流恨幾時平？

寄宿隱靜東軒軒外竹引飛泉落池中隔窗聞之如秋雨瀉簷聲

踏殘西日寄僧房，一炷爐熏秋夜長。誰作響泉喧客枕，夢回敧聽雨淋浪。

老夫辭榮里居行年八十酒間漫成拙句述意而已不以示外也

莫笑樽前白髮翁，曾騎竹馬戲元豐。年彌八秩癡頑在，身荷三朝寵眷隆。綠野敢將前哲比，香山幸有老人同。興來尚欲尋幽去，收拾殘春杖屨中。以上華陽集

朱粹

粹，政和中豐城令。

題梅仙觀

書投北闕言無用，吏隱南昌寄此間。身陟九霄歸紫府，名垂千古寄青山。夜壇星斗誰瞻仰，曉殿雲烟自往還。幾疊高峯人罕到，分明眞境異塵寰。梅仙事實

胡景裕

景裕字好問，湘潭進士。

餞范子 范公偁之父

當年邂逅帝王畿，歲月侵尋若電飛。學士榮除靑瑣闥，故人老著白麻衣。尊前且闘閑身健，眼底休論往事非。第恐鋒車促嚴召，片帆明發不輕違。范公偁過庭錄

何㮚

㮚字文縝，仙井監人。政和五年，進士第一。歷官尙書右僕射，兼中書侍郎，死靖康之難。建炎初，贈觀文殿大學士。

上庠錄：政和丙申殿試，何㮚爲狀元，潘良貴亥之，皆年少有丰貌，而第三郭孝友，頗古怪。唱名日，呵出御街，觀者皆曰：「狀元眞何郎，榜眼眞潘郎，第三人眞郭郎也。」

日廢按：政和五年丙申，應作乙未。

在金營題詩

念念通前劫，依依返舊魂。人生會有死，遺恨滿乾坤。三朝北盟會編

潘良貴

良貴字子賤，一字義榮，金華人。政和初，上舍釋褐。建炎初，爲左司諫。紹興中，除中書舍人，出知明州，提舉明道宮歸。李光得罪，以通書坐降二官，卒。有默成居士集。

夜坐聞竹聲示姪

室明窗有燈，夜暗天無月。趺坐依蒲團，竹聲助清絕。初疑小雨至，蕭蕭俄復歇。忽然變軒昂，風湍散巖穴。聽久耳根靜，萬慮皆瑩徹。塵凡不待掃，境妙心自潔。奇哉不二門，欲倩維摩說。

雪中偶成

飛花看六出，俄向臘中來。解驗人情喜，始知天意回。夜闌窗愈白，曉凍日難開。麥熟何時節，飢民正可哀。

贈方仁聲

學道悠悠未見功，敢云凡質有仙風。他年一鉢江湖去，先向苕溪訪葛洪。以上默成居士集

陳光祿挽詩

醜虜登城日，中華將士奔。人皆趨北闕，君獨死南門。祕計無人用，英聲有史存。秋原悲淚落，桂酒與招魂。

庚溪詩話：先君光祿，靖康間爲京城守禦司屬官。嘗以守禦策獻于朝，議者沮之。京城失守，督將士與虜戰，遂以身殉國。潘待制子賤爲挽詩云云。

吳師道敬鄉錄：陳巖肖子象，金華人，父德固，死靖康之難。子象以任子中詞科，仕至兵部侍郎。著庚溪詩話。

題三江亭 守明州日作

假守衰顏病日侵，湖山雖好倦追尋。登城忽覩三江水，快我平生萬里心。聊築小亭怡父老，敢承佳句粲珠金。春濤正待諸君賞，更拂詩牌看醉吟。延祐四明志

沈與求

與求字必先，德清人。政和五年進士。高宗朝，累官吏部尚書、翰林學士兼侍讀，除參知政事，

知樞密院。卒贈左銀青光祿大夫，謚忠敏。有龜溪集。

錢唐賦水母

疾風吹雨回江城，觴牙嘔呀潮欲平。客居喜無人事攖，相與環坐臨前楹。眼中水怪狀若名，出沒沙觜如浮罌。復如緇笠絕兩纓，渾沌七竅俱未形。塊然背負羣蝦行，嗟其巧以怪自呈。凝目㦔視相將迎，老漁旁睨笑發聲。曰此水母官何驚，江流如奔絕滄瀛。潮汐往來月爲程，藏納衆汚無滿盈。浮埃塵滓溷九清，結成此物宜昏盲。使蝦導迷作雙睛，乃能接引蚌與蟶。亦猶巨蛩二體併，離則無目爲光精。江天八月霜葉鳴，罟師得蝦供水征。水母棄擲羅縱橫，試令收拾輸庖丁。絳礬收涎體紓縈，飛刀縷切武火烹。花磁飣餖粲白英，不殊冰盤堆水晶。稻醯齏寒芼香橙，入齒已復能解酲。遣漁止矣忽復評，嗟哉此性愚不更。定矜故態招三彭，且摩枵腹甘藜羹。

秋日閑居

茅屋秋風斗破除，蕭騷渾似浣溪居。青山侍坐從吾好，黃帽籠頭與俗殊。賴有園官能送菜，可無溪友解留魚。從今輒莫慚枵腹，一飽須煩插架書。以上龜溪集

夜書山驛

天寒夜向闌，月出山更靜。風露搖青空，萬象光耿耿。啼螿泣幽草，賓鴻度前嶺。歸來坐孤窗，松竹舞清影。前賢小集拾遺

臞菴　爲王文孺作

地控三州界，池開十丈蓮。桑麻無杜曲，松菊有斜川。別浦歸帆遠，他山晚照妍。江湖春水闊，容與白鷗前。吳郡志

洪　皓

皓字光弼，鄱陽人。政和五年進士。建炎三年，假禮部尚書使金，不屈，被留十五年始還。除徽猷閣直學士，尋謫英州，徙袁州，卒。復官，謚忠宣。有鄱陽集。

名臣言行續錄：永祐陵崩于五國城，公即燕山開泰寺爲文以薦曰：「千歲厭世，莫遂乘雲之仙；四海遏音，同深喪考之戚。況故宮爲禾黍，改館徒饋于秦牢；新廟游衣冠，招魂但歌于楚些。雖置河東之賦，莫止江南之哀。遺民失望而痛心，孤臣久縶唯歐血。伏願盛德之祀，傳百世以彌昌；在天之靈，繼三后而不朽。」故臣讀之，無不流涕。

石碏大義滅親

惡吁及厚篤忠純，大義無私遂滅親。後代姦邪殘骨肉，屢援斯語陷良臣。賓退錄

劉無極

無極字晞顏，丹徒人。政和五年進士。終尚書郎。

漾花池

一池春水綠如苔，水上新紅取次開。閑倚東風看魚樂，動搖花片卻驚猜。墨莊漫錄

秦　檜

檜字會之，江寧人。政和五年進士，中詞科。靖康中，除御史中丞，從二帝北遷。高宗建炎初，

撻嬾縱使來歸，拜禮部尚書。紹興中，拜右僕射、同中書門下平章事，累加太師益國公。死贈中王，謚忠獻。開禧初，追奪王爵，改謚繆醜。

賓退錄：紹興間，禁中呼秦太師爲太平翁翁，見放翁詩注。

題范文正公書伯夷頌後

高賢邈已遠，凜凜生氣存。韓范不時有，此心誰與論。

鐵網珊瑚：長樂郭隆跋云：「片紙三百年，承平碩輔姓字，皦皦如日月，見之東袵盤辟。若檜、若似道亦蝨其間，使人指畫唾罵。然則士不以夷、齊自淑，其不爲文正公罪人者幾希。」

葉廷珪

廷珪字嗣忠，崇安人。政和五年進士。知德興縣。中興，召爲太常寺丞。與秦檜不合，出知泉州。篤學淳雅，名重當時。葉顒、陳俊卿、黃祖舜、鄭丙，皆出其門。有海錄碎事。

末利

露華洗出通身白，沈水熏成換骨香。近說根苗移上苑，休慚系出本南荒。全芳備祖

翁汖

汖字景文，崇安人。政和五年進士。調歸州教授。

貽里中舊遊

偶控星槎到日邊，幾回歸夢入閩川。鄉關阻絕三千里，江海馳驅四十年。白髮應慚梅共放，靑衫漫與

草爭鮮。相逢準約春風裏，梨嶺雲深叫杜鵑。崇安縣志

郭印

印，成都人。政和中進士。

遊大隋山

我聞大隋名，夢寐猶記錄。得檄天彭道，喜氣和可掬。出城六十里，崎嶇轉江曲。山門忽斗上，危步依笻竹。崩石帶烟雲，異草羅澗谷。寂鳥下窺人，㹂猨時挂木。路窮纔見寺，金碧煥雙目。祖師古定光，燈冷無人續。開公生異世，大事如付囑。僧言山長陰，朝暮雲容蹙。兹辰爲我晴，疊岫堆濃綠。虛閣倚秋風，一洗塵土俗。舉手揖丹景，横身跨白鹿。十年勞問訊，親到心始足。坐久燭漸微，借榻雲間宿。山寒寐不成，窗外泉鳴玉。全蜀藝文志

下巖寺

雲安欣及境，小剎爲徘徊。殿閣隨巖轉，軒窗向水開。僧雖持鉢去，客自艤舟來。欲往無留計，幽懷亦暢哉。四川總志

傅崧卿

崧卿字子駿，山陰人，墨卿從父弟。政和五年進士。高宗朝，累官中書舍人、給事中，卒。有樵風溪堂集。

題趙宗萬跋鼈傳後

鶴書東召竟牢辭，一去騎鯨世莫追。會有丹青遺像在，誰將配食季眞祠。

會稽續志：趙宗萬字仲囦，山陰人。築室郡之照水坊，畜一鶴，號丹沙，引以爲侶。祥符中，詔舉遺逸，郡守以宗萬薦。尋被召，乃曰：「吾老矣，不足任事。」獻跛鼈傳以自見。朝廷賜以羽服，崧卿爲賦詩云云。

王珉

珉字中玉，大名人，懿敏公素之後。政和五年，上舍出身。紹興間，歷臺諫、從官。寓家三衢。

還靖師草屨

跣足山行踐綠蕪，道人應念我崎嶇。還將達磨西歸屨，暫作王喬羽化鳧。爲愛輕鬆宜踏石，更憐瀟灑勝聯珠。還君舊物君收取，認得拖泥帶水無？前賢小集拾遺

何大圭

大圭字晉之，廣德人。政和八年，嘉王榜進士。仕爲祕書省著作郎。

偶然作

茅屋松窗小隱家，茶煙漠漠水斜斜。簷間乳燕未成語，庭下石榴爭放花。賴有詩書銷白日，倦隨車馬走黃沙。林泉舊約好徑去，風雨滿江垂釣車。庚溪詩話

薛朋龜

朋龜字彥益，鄞人。政和八年進士。官權工部郎，知興國軍，奉祠。與汪思溫輩結社林下，稱四明五老。

和潘良貴題明州三江亭韻

爽氣寒光四壁侵，青山千仞水千尋。遠觀吾里瀛洲路，悵望誰人魏闕心。春到已多鳴玉佩，酒酣應有解貂金。紫微太守經營巧，消得時賢次第吟。延祐四明志

鄭　㲉

㲉字致剛，建安人。政和八年進士。授安陸府教授。高宗卽位，擢監察御史，拜御史中丞，累遷端明殿學士，同簽書樞密院事。卒謚忠穆。

杜鵑詩

杜鵑飛飛無定棲，寄巢生子百鳥依。園林花老晝夜啼，安得百鳥挾以歸。

建炎復辟記：建炎己酉，苗、劉之變，端明殿學士、同簽書樞密事鄭㲉奏：苗傅、劉正彦等悖逆肆虐，擅行殺戮，朝廷近日差除，多出二人之意。兼聞以簽書樞密院召呂頤浩，以禮部尚書召張浚，又分張俊之兵，以五百人歸陜。及浚不受命，俊不肯分所部兵，遂謫浚以散官居郴州，擢俊以節度知鳳翔，皆出傅等姦謀。使外無强兵謀臣，內生變亂，事不可緩，遂一章乞留呂頤浩知金陵，一章言張浚不當謫。而求有膽氣謹密可共事之人，得奉議郎謝嚮，令爲客旅，徒步如平江，見張浚等，具言城中之事，令嚴兵備，大張聲勢，持重緩進，使其自遁，無致城中之變，驚動三宮。撰杜鵑詩四句，親寫令攜去，執呈諸人，以爲信驗。

梅磵詩話：建炎間，苗傅、劉正彦作亂，是時中丞鄭㲉密遣謝嚮如平江，仍作詩示呂元直、張德遠二公。呂、張得詩，卽起兵，成復辟功，詩不徒作也。

張浚

浚字德遠，綿竹人。政和八年進士。高宗朝，拜右僕射、中書門下平章事，兼都督諸路軍馬。孝宗卽位，封魏國公，除樞密使。卒贈太師，謚忠獻。

李伯紀丞相挽詩

蒼蒼安可料，舊德奄重泉。痛爲黎民惜，誰扶大廈顚。英風摩日月，正氣返山川。丙午功勳在，豐碑萬口傳。梁溪集附

朝陽巖

已覺雲天闊，風聲四面涼。路幽遲晚日，巖古挹流香。客舍長年靜，漁舟底事忙。相逢賢太守，不用管弦將。零陵志

郭奕

奕，川陝宣撫司幹辦公事。

嘲張宣撫

秦山未盡蜀山來，日照關門兩扇開。刺史莫嫌迎候遠，相公新送陝西回。

三朝北盟會編：建炎四年九月，張浚以陝西五路軍軍于富平，爲婁室所襲，不戰而潰。宣撫幹官郭奕爲詩曰：「婁室大王，傳語張老，謝得送到糧草。斗秤不留一件，怎生見得多少。」及退軍，入散關，過漫天坡，又有詩云云。後奕罷官，住晉州，賣蒸餅爲生，晏如也。

王庭珪

庭珪字民瞻，安福人。政和八年進士。紹興中，胡銓上疏乞斬檜，謫新州，庭珪獨以詩送行，坐訕謗流夜郎。檜死，許自便。孝宗召對內殿，除直敷文閣。有盧溪集。

題宣和御畫

玉鎖宮扉三十六，誰識連昌滿宮竹？內苑寒梅欲放春，龍池水暖鴛鴦浴。宣和殿後新雨晴，兩鵲飛來東向鳴。當時妙手貌不成，君王筆下春風生。長安老人眼曾見，萬歲山頭翠華轉。恨臣不及宣政初，痛哭天涯觀畫圖。

和劉美中尙書聽寶月彈桃源春曉

何年鑿源開混茫，桃花兩岸吹紅香。煙消遠浦生微陽，漁舟誤行溪水長。溪迴岸轉山隙光，疑有絳闕仙人房。居民爭出羅酒漿，花間笑語音琅琅。抱琴釋子眉髮蒼，響泉韻磬鳴長廊。能彈往事悲孟嘗，昔時臺沼今耕桑。又如勇士赴敵場，坐令遊子思故鄉。清猨抱木號鴻荒，孤吟劃見丹氣翔。曲終待月西南廂，重調十指初不忙。如見古畫秦衣裳，春天百鳥爭頡頏。桃源歸來今已忘，彈到落花空斷腸。

送胡邦衡赴新州貶所

囊封初上九重關，是日淸都虎豹閑。百辟動容觀奏牘，幾人回首媿朝班。名高北斗星辰上，身墮南州瘴海間。不待他年公議出，漢廷行召賈生還。

大廈元非一木支，身將獨力拄傾危。癡兒不了公家事，男子要爲天下奇。當日姦諛皆膽落，平生忠義只心知。端能飽喫新州飯，在處江山足護持。

娛書堂詩話：胡忠簡以言事忤檜，謫嶺外。王盧溪送以詩，爲邑人歐陽識告訐，竄辰州，檜死而還。

題辰州壁

辰州更在武陵西，每望長安信息希。二十年與搢紳禍，一終朝失相公威。外人初說哥奴病，遠道俄傳逐客歸。當日弄權誰敢指，如今憶得姓依稀。

程史：王盧溪在夜郎，郡守承望風旨，待以囚隸。檜死，郵筒至，張燕公堂以待之。盧溪既得自便之命，題詩壁間，蓋志喜也。

初至行在

望中樓閣入青冥，疑是長安舊帝京。十里荷花開世界，幾年羇旅憶神京。老隨丹詔身猶健，夢入華胥眼尚生。行盡沙河塘上路，夜深燈火識昇平。以上盧溪集

夜蛾兒

碧眼銀鬚粉撲衣，又隨雪柳趁燈輝。怕寒還戀南華夢，凝佇釵頭未肯飛。前賢小集拾遺

滕茂實

茂實字秀穎，杭州臨安人。政和八年進士。初名祼，徽宗賜改焉。靖康初，以工部員外假侍郎使金，見留，終身布衣，稱宋使者，歿于雁門。其友董詵錄其哀詞來獻，詔宣付史館褒錄之。紹興二年，贈龍圖閣直學士，謚忠節。

茂實奉使無狀不復返父母之邦所當從其主以全臣節或怒而與之死幸以所仗旛裹其屍及以所篆九字刊之石埋之臺山寺下不必封樹蓋昔年病中嘗夢遊清涼境界覺而病愈恐亦前緣今預作哀辭幾于不達方之淵明則不可若蘇屬國牧羊海上而五言之作始敢援此例云

齏鹽老書生，繆作王都官。索米了無補，從事敢辭難。殊鄰復盟好，仗節來榆關。城守久不下，川途望漫漫。儉輩果不惜，一往何當還。牧羊困蘇武，假道拘張騫。流離念窘束，坐閱四序遷。同來悉已歸，我獨留塞垣。形影自相弔，國破家亦殘。呼天竟不聞，痛甚傷肺肝。相逢老兄弟，悼歎安得歡。波瀾卷大廈，一木難求安。就不違我心，渠不汗我顏。昔燕破齊王，羣臣望風奔。王蠋獨守節，齊人有甘言。經首自絕脰，感慨今昔聞。未嘗食齊祿，徒以老爲民。況我祿數世，一死何足論。遠或殁江海，近或死朝昏。斂我不須衣，裹屍以黃旛。題作宋臣墓，篆字當深刊。我室年尚少，兒女皆童頑。四海無置錐，飄流倍悲酸。誰當給衣食，使不死飢寒？歲時一酹我，猶足慰我魂。我魂亦悠悠，異鄉寄沈冤。他時風雨夜，草木號空山。

齊東野語：茂實與路允迪樞密、宋彥通翰林修撰，奉使金國，割三鎮太原。尋奉密詔，據城不下。金人怒之，囚于雲中。淵聖北遷，茂實冠裳迎謁，拜伏號泣，請侍舊主俱行，不從。且誘之曰：「國破主遷，所以留公者，蓋將大用。」遂留之雁門，放允迪、彥通南歸。先是，自分必死，遂囑友人董詵以奉使黃旛裹屍而葬，且大書九篆字云：「宋使者東陽滕茂實墓」，復作詩自序云云。後竟以憂憤成疾殂。北人哀其忠，爲之起墓雁門山，歲時致祭焉。後董詵自拔南歸，上所爲詩，賜直龍圖閣。國史甚略，予訪之北方紀錄，得其實焉。

天寧節有感

節臨重十慶天寧，古殿焚香祝帝齡。身在北方金佛刹，眼看南極老人星。千官花覆常陪燕，萬里雲遙阻在庭。松柏滿山聊獻壽，小臣孤操亦青青。汴梁故老云：「徽宗本以五月五日生，以俗忌，移之十月十日，故此詩有重十之句。」

偶成

纖雲卷盡見秋容，古木交陰一掃空。雪壓羣山曉來雨，葉青缺甃幾番風。欲歸未得人將老，屢送還來鬼亦窮。賴得子卿佳傳在，整冠時讀慰飄蓬。

哀隆德守臣張確確浮休張舜民弟嘗爲烏延帥幕獨不廷謁童貫詩弔之

睢陽萬古一張巡，忠義傳家有世臣。顏子伏膺當入室，潘郎望拜肯同塵。圍城抱恨天猶晦，仗劍臨危氣益振。歎子鄰邦盡曹李，偷生端作九泉人。以上中州集

宋之才

之才字廷佐，瑞安人。政和八年，上舍出身。高宗朝，爲考功員外郎。

隆山院

危磴盤雲杪，驚濤漲晚空。江山端有待，杖屨偶相同。孤塔蒼茫外，千帆杳靄中。誰知丘壑趣，未縛軟塵紅。東甌詩集

朱松

松字喬年，徽州婺源人。政和八年，同上舍出身。南渡，歷司勳員外郎，出知饒州，主管台州崇道觀。有韋齋集。

新筍

春風吹起籜龍兒，戢戢滿山人未知。急喚蒼頭斸烟雨，明朝吹作碧參差。

曾端伯百家詩選：朱吏部喬年，儒學決科，刻苦爲詩。紹興初，綦處厚爲翰林學士，每哦其詩，最愛此絕。蓋前人有筍詩曰：「急忙喫著不可遲，一夜南風變成竹。」喬年點化，乃爾精巧。處厚力薦于朝，後爲尚書郎。

春晚書懷

萬里西遊爲覓詩，錦城更付一官癡。脱巾漉酒從人笑，拄笏看山頗自奇。踈雨池塘魚避釣，曉鶯窗戶客爭棋。老來怕與春爲别，醉過殘紅滿地時。

曉過吳縣

舟行有嚴程，越國常曉發。雙櫓兀殘夢，起坐窺落月。人家岸野水，霧雨籠遂闥。遥憐瑣窗人，敧枕聽鴉軋。

坐睡

坐久睡屢兀，手失未了書。清風脱然至，心醒得我娛。起看孤隙光，了不移錙銖。云何短夢中，萬境生須臾。嗟彼市朝子，百巧營其軀。安知非夢境，過眼滅無餘。以上韋齋集

朱槔

槔字逢年，韋齋之弟。有玉瀾集。

三山次潘靜之升書記韻

客路那知歲月長，掀眉一笑苾蒭房。且傾徐邈聖賢酒，不問陳登上下牀。雲影翻空迷海嶠，秋聲隨夢到家鄉。明朝各聽船窗雨，猶憶枯棋戰四郎。

大食瓶

窳質謝天巧，風輪出鬼謀。入窯奔閼伯，隨舶震陽侯。獨鳥藏身穩，雙虹繞腹流。可充王會賦，泰簡寫成周。

六月二十日 次日立秋

天涯明日見秋風，錯莫誰驚覆井桐。豈意楚山招隱處，盡歸蜀客廣騷中。釣魚偶爾針偏直，乞米茫然帖自工。獨卧南軒聽南澗，蠻花猶作杜鵑紅。以上玉瀾集

張叔夜

叔夜字嵇仲，開封人，侍中耆孫。以蔭補官，召試制誥，賜進士出身。累擢中書舍人，遷給事中，出知海、青二州，歷簽書樞密院事。靖康殉難，贈開府儀同三司，謚忠文。

岐王宫侍兒出家

六尺輕羅染麴塵，金蓮步穩襯湘裙。從今不入襄王夢，剪盡巫山一朵雲。

竹坡詩話：樞密張公嵇仲喜談兵，論邊事，面目極嚴冷，而作小詩有風味。

謝舉廉

舉廉字民師，新喻人。政和間，以進士知南康，受知東坡。有藍溪集。

獨醒雜志：東坡嶺南歸，民師袖書及舊作遮謁，東坡覽之，大見稱賞，謂民師曰：「子之文如上等紫磨金，須還子十七貫五百。」遂留語終日。民師著述極多，今其族摘坡語，名上金集，蓋其一也。

戲題指紋鬬牛圖

左者前其角，右者後其足。浼君雙指螺，戰此兩觳觫。草長水遠日悠悠，不向桑間自在休。蝸頭尚可屠蠻觸，壁上從今鬬二牛。擊壤集

西捷口號

聖明陛下如先帝，闢國謀臣似召公。不遣毛嬙嬪漠北，只將魏尚守雲中。百年境土遂巡復，萬里窠巢指顧空。今日版圖非昔日，玉關西有嶺名蔥。苕溪漁隱叢話

句

萬里一時開驥足，百年今始破天荒。

獨醒雜志：江西自國初以來，士人未有以狀元及第者。紹聖四年，何忠孺昌言始以對策居第一，里人傳爲盛事。故謝民師有詩寄忠孺云云，蓋記時人之語也。

尹焞

焞字彦明，洛人子漸之孫。少從伊川學，舉進士。策問欲誅元祐黨籍，不對而出，遂罷舉。靖康中，賜號和靖處士。南渡初，以薦入經筵，擢徽猷閣待制。有集。

自秦入蜀道中作

南枝北枝春事休，啼鶯乳燕也含愁。朝來回首頻惆悵，身過秦川最盡頭。和靖先生集

喻汝礪

汝礪字迪孺，蜀之仁壽人。第進士。靖康中，官祠部員外郎。金人議立僞楚，汝礪不爲屈，遂歸隱于邛山之陽，自號捫膝先生。有捫膝稾。

困學紀聞：後魏葛榮陷冀州，賈景興稱疾不拜，每捫其膝曰：「吾不負汝。」僞楚之僭，喻汝礪捫其膝曰：「此豈易屈者哉。」以捫膝自號，蓋本于此。

謁江瀆廟

坤軸東南傾，大江日夜注。前驅下洛洙，餘濤略吳楚。任勢不坍塝，得意隨所遇。水也初無營，神哉亮誰主。芳蘭沈清華，碧藻舒翠縷。晨鵠戲野岸，春鳬集深渚。均是得所安，而神豈私汝。古來幾精魄，拾此迷所處。淫遊不知還，沙村失烟樹。而我後千載，悠然在江滸。抱嗇貴無競，矜名忌多取。冥冥罨岸風，淫淫打船雨。舞雪窺洪濤，開蘋渡前浦。再拜謝神貺，聊復隨所住。

遊海雲山

渺渺天宇初，便復有此山。清晨及茲遊，遐想百代前。來者幾何人，當時各爲歡。淑質揚妙舞，哀絲遞清彈。樂事坐如昨，芳歲已屢殫。向來所遊人，落葉不復還。迥然散遠目，感之爲長歎。竹林遥舊所，鵲巢豈昔眠。念誰當久存，而不住所緣。破涕聊一怡，山川卻萋妍。未知後世事，誰復當來旋。

清曉坐四天王院

杳杳天宇涼，月墜星亦稀。朝暉下檐隙，遠色開林扉。寂坐無物役，隱几或在斯。曠焉耳目清，擬覺形神歸。溷世跡若近，抱沖心獨微。故殿經幾年，何人所摹規。當時亦姱哉，作者良已罷。快意取一好，于身亮何私。不知壯觀地，徒使來者悲。坐頃又成昔，安知今是非。

遊西臺院暑雪軒觀石鏡

城中苦伊鬱，茲軒獨高褰。連甍動參差，錯畦横阡眠。雪嶠正孤峙，若與我周旋。遠翠浮蕩瀁，輕鷗下聯軒。密竹肎幽逕，新蒲澹清漣。初遊愜餘懷，既久幽念攢。慨彼泉下人，灼灼夸令顏。忽焉墜榛莽，窈窕不可援。一鏡空復情，況乃塊石頑。哀哉彼愚子，婉孌情所牽。差勝茂陵公，更詠方士言。

謁諸葛廟

孤雲何其高，明月不可縶。灼灼抱此心，與世自涇渭。釋耒從所歡，感亂亦歔欷。咨惟今之人，竊國未云恥。匕首入吳市，秋風動燕水。區區袁與曹，等是刺客耳。而我于其間，秉義不敢墜。哀音回衡飈，清義動幽邃。天心固難亮，吾獨信所履。溶溶日間雲，漠漠苔點砌。飢鼯墜蒼瓦，澹薄公所憩。静然想英姿，孤懷亦差慰。

遊琴臺

皐朔語類俳，上頗倡優之。嚴吾數預事，慘懍失所棲。慨彼猜忌姿，公卿命如絲。夫子迺謁閑，□□□□。眷言彼姝子，深情結幽期。浩露泛酒甕，輕雲思琴徽。撫弦覛八荒，頗覺秦岫低。紛紛漢諸子，悟解良獨遲。一朝不自保，頸血霑裳衣。公豈不炯介，慮禍蓋已微。汚已迴前識，達生邁天倪。闊哉昭曠情，豈屑後代嗤。

子雲墨池

讀書豈不好，憂憤還自玆。書中見古人，隱閔惻餘思。遇險理有激，尋分意多隨。娟娟戚姱容，慼慼念幽棲。曾是無間然，孰焉愜所宜。覽之不自聊，悵然起遙悲。不如撥置之，濁酒聊一持。先生頗多事，斯心昧前知。亦復坐奇字，慘戚亡所歸。

晚泛浣花遂宿草堂

扣橈泛澄虛，濯流睇幽芳。晚霙襯奇樹，夕霏媚疎篁。歸鳥亦暫閑，夜魄動初涼。忽焉衆星微，天高月舒光。昔也杜陵子，瀸然此茅堂。客至酒自斟，句得意已忘。云何嘗念飢，零落在道旁。古來技入神，一飯豈所望。吾輩天所窮，慨歌淚霑裳。

草堂詩

燦燦詩翁錦里西，只緣詩好合窮棲。竹鋪冷色雲連寺，柳漾晴絲鳥過溪。凝怨不禁闕樹暗，駐情應恨蜀山低。離人苦怕春歸盡，可忍紅英半著泥。

亂後飄零歇此身，風光無賴更清新。客懷易感酒添病，詩思苦慳花減春。南枝北枝鶯舌巧，前村後村雨脚勻。暫借溪邊老爲客，花心柳眼莫撩人。

上席帥

先公御吏如御兵，迎刃而解如庖丁。掀髯一笑點吏走，蜀中草木知威名。伯兄渠渠天下士，嵩高少室之英靈。妙齡提書陳閶闔，竑議可以諧韶韺。昨年兩作益州牧，西南惡少不敢行。後來繼者有季弟，潭潭大度涵滄溟。指麾萬事不作意，泱背雨雹風烟生。南望峨嵋西玉壘，逸氣夜與銀河傾。幅巾笻杖過何許，閑邀仲元訪君平。小童蓬葆夜吹笙，往往笑倒長庚星。拔劍起舞者誰子，杜陵老翁醉不醒。坐中入眼無俗物，胡爲見我眼自青。武侯廟前有古柏，風吟雨歎蛟龍聲。我來正欲刳爾腹，琢作巨屋丹其楹。琢作巨室丹其楹，繪此落落三名卿。倘使千載知儀型，喻子作詩如鼎銘。以上成都文類

題周昉美人拜月圖

東風元是無消息，獨捲珠簾望春色。風驚紅葉墮珊珊，夢斷行雲泣殘月。悒悒柔情不自持，此心端被月先知。窺窗入戶如相伴，應是嫦娥慣別離。擘壼集

傅　察

察字公晦，孟州濟源人，堯俞從孫。舉進士。歷吏部員外郎。宣和七年，使金，見斡离不不拜，死之。贈徽猷閣待制，謚忠肅。有集。

次申教授直宿

皎皎虚堂帶月清，金風入律露華明。潘郎寓直生秋興，韓子長歌憶短檠。驚鵲繞枝巢未穩，幽蟲臨砌隱餘聲。郤嫌詩思掩歸夢，數盡高城長短更。

李良龍示牡丹長句謹賦

一見奇葩潑眼明，兩川風物寄爭新。十家京洛供長日，萬朶東秦照暮春。評視尚疑傾國女，醉吟猶似謫仙人。定知不是無情物，爲有眞香暗度頻。僕家近洛，而常官青社，故云。　以上傅忠簡集

王仲嶷 一作嶷

仲嶷字豐父，丞相珪少子。政和中，守會稽，後擢待制。建炎初，知袁州，金人入江西，坐失守削籍。時秦檜當國，爲其兄仲山壻，啓懇開陳，詔復元官。

句

白髮衰天癸，丹砂養地丁。　老境得爲丘壑伴，醉鄉還勝子孫扶。詠杖　許彦周詩話

朱載上

載上，舒州人。官黄州教授，翌之父。

句

官閑無一事，胡蝶上階飛。

耆舊續聞：東坡居黄州，客有誦朱公之詩云云，東坡稱賞再三，遂爲知己。

朱　翌

翌字新仲，舒州人，號灊山居士。政和間進士。南渡後，寓家桐廬，爲中書舍人，忤時宰，謫曲江。晚召還，卜居鄞，自號省事老人。有集。

揮麈後錄：朱新仲仕江寧，在王彥昭幕中，有代彥昭春日留客致語云：「寒食止數日間，才晴又雨；牡丹蓋十數種，欲折還芳。」皆魯公帖與牡丹譜中全語也。彥昭好令人歌柳三變樂府新聲，又嘗作樂語曰：「正好歡娛，歌葉樹數聲啼鳥；不妨沈醉，拚畫堂一枕春酲。」又皆柳詞中語。

題顏魯公像

千五百年如烈日，二十四州惟一人。朝衣視坎趨前死，羽服行山即此身。後村詩話

示同會

無奈春寒老不禁，喜看晴日上窗櫺。羣花半露乾坤巧，百刻平分晝夜停。拄杖有時挑菜甲，桔槔無復問畦丁。逢春不出何爲者，來醉誰知可獨醒。瀛奎律髓

競秀閣

輞川遙展右丞圖，盤谷中藏李愿居。龍睡潭深飛客櫂，鳳鳴枝老結吾廬。但令蠟屐去前齒，安用鴟夷託後車。西望子陵三十里，烟雲來往問何如。嚴州府志

句

天氣未佳宜且住，風波如此欲安之。送汪彥章南還　耆舊續聞　三徑誰從陶靖節，重陽惟有傅延年。本草：菊一名傅延年。　困學紀聞　經年不濯子春足，半月纔梳叔夜頭。嬾軒　此時老子興不淺，旦日將軍幸早

臨。招郭侯歆　何以報之青玉案，我姑酌彼黄金罍。以上後村詩話

王庭秀

庭秀字彦穎，明州鄞人。登政和上舍第。建炎中，御史臺檢法官，直祕閣，主管崇道觀。有磨衲集。

同舍弟泛舟西湖登晝錦堂步至紫翠亭望嬾堂景物懷故龍圖舒先生

城中十頃湖，雲水相演漾。春風破冰谷，拍岸新流漲。平鋪鴨頭綠，瀉淹蒲蔃釀。朱甍媚孤嶼，梵宇麗相向。萬瓦生清暉，千花聯錦帳。晨曦照炯炯，芳氣浮泱泱。日暮姿態妍，烟霞渺空曠。誰將水仙境，聊借詩人仗。卧護五年城，追懷老詩將。微吟示清野，鏖戰得閑放。變化無端倪，虚無落名狀。坐令湖上景，勝絶神宇王。當時經行地，藻麗隨屨杖。斯人今則亡，物色亦摧喪。他年牛馬走，曾拜丈人行。塵埃久飄泊，歲月成漫浪。問訊嬾堂君，松竹忻無恙。尚意壁間聲，持賡朱絲唱。撫事重興嗟，陳迹徒悵望。哦公十洲詩，風月爲悽愴。延祐四明志

朱　筠

筠字仲端，青田人。政和中，由上庠特奏名，除蘄春監。有竹軒小集。

和郡守劉巨濟重開石門洞

謝公箕潁流，特擬耽幽棲。蠟屐得洞天，雙鶴頫清溪。擬追玄圃遊，對此爲階基。披榛剪蘿蔦，宿霧暝欲迷。方當誇高標，焉能分徑蹊。鬼物諒奪氣，幽禽亦驚啼。卓哉曠世懷，心與境不攜。俯視囂塵中，

榮枯猶稗荑。孰知東海偏，秦鞭預排驅。付與破荒手，從此淩丹梯。括蒼彙紀

楊友夔

友夔字舜韶，吳郡人。

盜發孫堅墓作

闔廬城南荒古丘，昔誰葬者孫豫州。久無過客爲下馬，時有牧童來放牛。居然珍寶出光怪，識者夜見蹤其由。玉環金盌到廛市，土花不蝕餘千秋。州家亷問亟封守，賊曹掩骼窮姦偷。已知其中有可欲，亦恐未免無窮憂。當時義師奮四海，少日已無袁與劉。英雄異世凛如在，暴露無乃爲神羞。人生浮脆那可料，螻蟻烏鳶從所求。高陵勸爾一杯酒，自古南山能錮不？

吳郡志：吳孫王墓，在盤門外三里。政和間，村民發墓，甎皆作篆隸，爲「萬歲永藏」之文。有東西銀杯，初若燦花，良久化爲腐土。又得金搔頭數十枚。父老相傳云長沙王墓，王卽孫策。郡人楊友夔爲詩，直指以爲孫堅，有「高陵」之句。按史：堅自葬曲阿。紹熙辛亥，郡人舉賢良方正滕宬以史考之，定爲孫策所葬，與世俗長沙王之說稍合。

何鑄

鑄字伯壽，餘杭人。政和五年進士。紹興中，官御史中丞。

龐祐甫卜居白蘋洲走筆寄感

君愛白蘋洲，攜家面碧流。皇程惟百里，宦跡只扁舟。過盡江淮地，何如宛洛游。行宮催種柳，禾黍滿神州。吳興藝文補

宋詩紀事卷四十

錢唐　厲鶚　輯
仁和　顧之麟
錢唐　王瀛洲　勘定

李保

保，政和中醫學博士。

題朱翼中北山酒經 并序

大隱先生朱翼中，壯年勇退，著書釀酒，僑居西湖上而老焉。屢朝廷大典醫學，求深于道術者爲之官師，乃起公爲博士，與余爲同僚。明年，翼中坐東坡詩貶達州。又明年，以宮祠還。未至，余一旦夢翼中相過，且誦詩云：「投老南遷愧轉蓬，會令淨土變夷風。由來只許杯中物，萬事從渠醉眼中。」明日，理書帙，得翼中北山酒經法而讀之，蓋有「禦魑魅于煙嵐，轉炎荒爲淨土」之語，與夢頗契。余甚異，乃作此詩以志之。他時見翼中，當以是問之，其果夢乎非耶？政和七年正月二十五日也。

赤子含德天所均，日漸月化滋澆淳。惟帝哀矜憫下民，爲作醪醴發其眞。炊香釀玉爲物春，投醹酴米授之神。成此美祿功非人，酣適安在味甘辛。一醉竟與羲皇鄰，薰然盈腹皆慈仁。陶冶窮愁孰知貧，頌德不獨有伯倫。先生作經賢聖分，獨醒正似非全身。德全不許世人聞，夢中作詩語所親。不願萬戶誤國恩，乞取醉鄉作封君。續北山酒經

葢嶼

峽，政和中崑山令。

讀沖邈翠微集

聖宋吟哦只九僧，詩成往往比陽春。翠微閣上今朝見，格老辭淸又一人。中吳紀聞

元　勛

勛字不伐，陽翟人。政和間，知寧國縣事。

山門靈巖

諸山深窟宅，石門限塵寰。空洞初不礙，風屛欹雲關。高廣幾何許，百夫可回環。誰託遺蹟在，冥濛煙霧間。羽駕此來往，朝昏想淸班。西風翠屛近，藤蘿莫容攀。因循再閱歲，□見亦以艱。忻玆固殊特，獨冠江南山。少陵惜未到，我語憑誰删？寧國府志

吳　沆

沆字德遠，撫州崇仁人。政和中，與弟澥各獻所著書，澥得免解，沆抵廟諱，罷歸。隱居環溪，號無莫居士。有環溪詩話。

和友人趙寧化

聞君早晚趙寧化，尙有新詩別故人。試問幾程端可到？還憂半載不相親。傷心歲律峥嶸暮，解事梅花摘索新。去去冰霜頻莫厭，庭闈和氣卽如春。環溪詩話

春遊吟

鳥語煙光裏，人行草色中。池邊各分散，花下復相逢。

環溪詩話：李待制云：此所謂詩中有畫。

首夏

積雨有餘潤，游雲無定陰。燕飛華屋靜，鶯囀碧窗深。

環溪詩話：此詩殊有富貴氣象。

句

聖主思文德，元臣獻武功。一言深悟意，五利且和戎。沈給事云：是使事。天地包羞日，山河匿怨中。給事云：太過。儒生別有淚，不是哭窮途。給事云：作詩當如此。氛祲埋金闕，塵沙暝梓宮。古來嘗膽事，泣血望羣公。給事云：好語。環溪詩話

吴濤

濤字德劭，崇仁人，沆之伯兄。

在官阮日作

時乖事轉拙，端居徒含情。不似階前草，春來隨意生。

絶句

遊子春衫已試單，桃花飛盡野梅酸。怪來一夜蛙聲歇，又作春風十日寒。

環溪詩話：予伯兄德劭作詩，磨礎圓淨，都無病處。方休在官阮日，小詩并一絶句，最爲含蓄有氣象。

吳洸

洸字德強，崇仁人，沆之仲兄。

暮春回文

嬌聲囀處藏鸚小，美睡濃時落日斜。橋拂柳溪深漲水，眼驚春雨亂飛花。

環溪詩話：仲兄詩，從蘇、黄中入。

句

日長人靜聞風佩，久雨堂空生水衣。鶯飛謝女雪，徑掃沈郎錢。和發青亭　寫處定移牆上影，捲來如寄隴頭春。墨梅　朱脣不駐曉妝薄，玉頰頻啼夜雨霑。綠萼梅　花覺青春半，山將白晝陰。夢過一年還是魘，心更萬事竟成灰。環溪詩話

徐端崇

端崇字崇之，璹子。政和間，隱居禦兒。

春渚紀聞：東坡帥杭日，與徐璹全父坐雙檜堂，公指二檜曰：「二疏辭漢去」，璹應聲曰：「大老入周來。」公爲擊節久之。繼而其子崇之，亦復少年俊偉，落筆千字。有人得山谷道人清江詞示之，崇之曰：「山谷當今作者，所知漁父止此耶？」或請爲賦，援筆立就，識者奇之。其末云：「魯邦司寇陳義高，三閭大夫心徒勞。相逢一笑無言說，去宿蘆花又明月。」識者奇之。

爲蝨所擾得一絕句

空堂夜合勢如雲，溝壑寧知過去身。滿腹經營盡膏血，那知通夕不眠人。

春渚紀聞：時蔡京引用小人，賦外橫斂。崇之此詩，殆託以規諷云。

方元脩

元脩字時敏，桐廬人，玄英先生之後，殿中侍御史蒙之子。政和初，審察監大觀庫，後通判濬州。

奉同程致道著作次鮑溶多成答客韻送趙叔問奉議歸南都

清秋不相借，白髮日更多。塵埃困煩促，原野懷經過。聊當倚滴潤，賚以生吾禾。豈不念離羣，驚鵲寧釋窠。王孫別都去，瀟若依松蘿。暫別亦復難，賡詩歡無何。我行聊爾爾，渺邈踰江河。賸須□佳句，相我滄浪歌。宋文鑑

翁挺

挺字士特，崇安人，彥約子。政和中，以季父彥國恩補官，調宜章尉。朝臣交薦，改授少府監，終尚書考功員外郎。號五峯居士，有集。

讀許太史祭黃長睿文

祕書丹旐返，旅殯尚丹陽。海路三山遠，江流萬古長。交情惟太史，傳業冀諸郎。誰與銘泉壤，臨文淚數行。東觀餘論附

曾續

續字元嗣，政和間人。

贈呂居仁

呂家三相盛天朝，流澤于今有鳳毛。世業中微誰料理，卻收才具入風騷。紫微詩話

曾　繹

繹字仲成。

還家途中

疎林殘嶺起昏鴉，臘盡行人喜近家。江北江南春信早，傍籬穿竹見梅花。墨莊漫錄

左　緯

緯字經臣，黄巖人。政和中，以詩鳴。有委羽居士集。

石公弼跋云：經臣之詩，六義之雋也。

委羽山

委羽不知何處是，倩人扶上木蘭橈。欲尋去路花梢密，争認行雲酒浪摇。流水忽隨山脚轉，洞天疑把杖頭挑。逡巡不覺東風晚，殆有仙人弄玉簫。

石新婦山

煙蘿爲髻霧爲巾，獨立江邊經幾春。無故被人呼作婦，不知誰是畫眉人。以上赤城志

許少伊被召追送至白沙不及

短棹無尋處，嚴城欲閉門。水邊人獨自，沙上月黄昏。詩人玉屑：此二十字可謂道盡惜别之情，至今使人黯然魂消。

春晚

池上柳依依，柳邊人掩扉。蝶隨花片落，燕拂水紋飛。試數交遊看，方驚笑語稀。一年春又盡，倚杖對斜暉。後村千家詩

臨海崇教寺

只把山爲界，紅塵自此分。竹窗吟聽雪，苔石坐看雲。意靜詩先到，心淸道自聞。深慚王許輩，猿鶴舊同羣。輿地紀勝

梅花

幾度尋春信，空歸及暮鴉。試搖枝上雪，恐有夜來花。望月穿深塢，迎風立淺沙。若同桃李發，誰肯到山家？

送别

騎馬出門三月暮，楊花無賴雪漫天。客情惟有夜難過，宿處先尋無杜鵑。以上詩林萬選

天台道中

亂山深處是仙家，海變桑田日未斜。爲有慈親倚門望，卻愁溪上見桃花。天台山志

句

一別又經無數日，百年能得幾多時。

赤城集：委羽居士集，黃裳序，政和癸巳陳瓘跋，稱其招友句云。

荆溪林下偶談：陳了翁喜左經臣此句，以爲非特辭意淸遠，可玩味也。老於世幻，逝景迅速，讀之能無警乎？然此乃古人已道之句。戴叔倫寄朱山人云：「此別又萬里，少年能幾時。」杜荀鶴送人遊江南云：「能禁幾度別，即到白頭時。」但經臣語尤婉而不迫爾。

巢禽先覺曉，穴蟻未知霜。落葉　荆溪林下偶談

孫邦

邦，杭州人。宣和元年進士。官郎中。

唐氏林亭 在新城

華屋沈沈野外居，茂林淸蔭繞門閭。移花植果心無事，抱子弄孫歡有餘。閑過西疇觀刈穫，嬾尋南郭命巾車。問君爲圃嗟予晚，便擬歸休學二疏。咸淳臨安志

何宏中

宏中字定遠，先世居鴈門。宣和元年，武舉廷對第二。調滑州韋城尉，後爲河東、河北統制。有成眞、通理二集。

齊東野語：定遠爲韋城尉，汴京被圍，獨韋城不下。後爲兩路統制接應副使，以糧盡被禽。金人憐其忠，授之以官，定遠投牒于地曰：「我嘗以此物誘人出死力，若輩乃欲以此嚇我耶？」囚西京獄，久之，免爲黃冠。自號通理先生，

起紫微殿，遷徽宗東華君御容以事之，後病歿。

臨終作

馬革盛屍每恨遲，西山餓死亦何辭。姓名不到中興曆，自有皇天后土知。齊東野語

程俱　毛隨

俱字致道，開化人。以外祖鄧潤甫蔭入仕。宣和二年，賜上舍出身。高宗朝，擢中書舍人，兼侍講，罷，提舉江州太平觀，除徽猷閣待制，卒。有北山集。

石林葉氏曰：致道詩章，兼得唐中葉以後名士衆體。

穹窿葬事回邑有感

生別萬里餘，會面終有期。死別不轉眸，一朝千古非。白日光在天，元陰閟泉扉。盈盈閨中秀，土化成枯骴。冠笄共甘苦，謂見素髮垂。那知生死變，不待桑蔭移。室有病時茵，篋有嫁時衣。了了眼中事，閑妝靜容儀。垂楊手曾折，爲我當春稀。迅流無迴波，落英無還枝。空房闃無迹，新墳草離離。傷心北門道，同來不同歸。

善權洞

嘗聞包山境，中有林屋天。旁通號地脈，岳瀆潛鉤連。玆山豈其類，頹洞皆中穿。二巖岌山足，琤淙激奔泉。牛羊走大石，吐受無窮年。金堂下石液，雪積如烹煎。從來米鹽稱，浪播里俗傳。一洞啓山腹，穹窿亦聯緜。誰題九斗字，大篆仍深鐫。中藏丈五石，屹若龍騰淵。回頭問主人，謂仲嘉我輩定不凡。

云何逐官牒，常得我所耽。向來共幽討，九鎖藏芝巖。而我自林屋，翩然游皖灊。洪崖儻可俯，不在南山南。

詠勸酒胡

簿領青州掾，風流麴秀才。長煩拍浮手，持贈合歡杯。屢舞回風急，傳籌白羽催。深慚偃師氏，端爲破愁來。

墨莊漫錄：飲席刻木爲人，而銳其下，置之盤中，左右攲側，僛僛然如舞狀，久之，力盡乃倒，視其傳籌所至，酬之以杯，謂之「勸酒胡」。或有不作傳籌，但倒而指者當飲。程致道詩云云。

和張敏叔遊滄浪亭

醉倒春風載酒人，蒼髯猶想見長身。試尋遺址名空在，卻笑張羅事已陳。稍置曲欄穿徑竹，別開高閣俯汀蘋。拏舟更欲陪清賞，要看毫端藻繪春。

南園

王子池臺迹已荒，年來華構壓高岡。長林不礙千山月，老榦猶含九夏霜。便覺平泉冠東洛，還依綠水記南塘。蝸廬卻喜通幽徑，岸幘時來一嘯長。

葺蝸廬吳下

四海無廬著此翁，故營松竹儘囊空。明知計出柏馬下，正擬身全木雁中。東郭易成生草舍，南村先怯卷茅風。向來豪氣今如此，敢與元龍較長雄。

九日寫懷

節物驚心兩鬢華，東籬雖繞未開花。百年強半仕三已，五畝就荒天一涯。豈有白衣來剝啄，亦從烏帽自敧斜。眞成獨坐空搔首，門柳蕭蕭噪暮鴉。

龍尾硯同毛彥時隨聯句

歙水清以駛，歙山文且堅。程誰持玉斧琢，製此月樣圓。想當結繩後，要使鳥跡傳。雕鎪見骨格，豈與瓦礫全。毛坡陁百氏圃，澄泓九經淵。墨海不復見，柯嵓那可肩。星稀涵緯象，眉綠生春妍。程規模異銘鐵，濡寫殊懷鉛。正當秋兎穎，發此霜松煙。毛一從毛楮游，幾作蟲魚箋。徵辭想妃子，搵首懷張顚。寧同李生瘞，聊續胡公鐫。程常疑老蚌殼，浸潤成膏研。毛堅逾鵝池鑄，質射銅臺埏。紛紛況多僞，渴雀同梔鞭。程琳坳隱多水，十手寄所宜。池光澂墨色，雲氣開毫聯。翔鸞及垂露，逸勢徒飛騫。毛誰云過珪璧，或用磨戈鋋。吾今欲焚棄，負耒歸園田。程　以上北山集

遊大滌

太湖隱吏踈且頑，手板拄頰看西山。筆牀茶竈向何許，往來洞庭林屋間。側聞餘杭隱大滌，故整煙艇尋苕川。相從喜得二妙士，金庭老客南昌仙。早行不憚踏曉月，逸思自覺奔春泉。岡迴澗轉若無路，但見老翠漫秋煙。中峯一柱萬山表，勢與太華爭擎天。神仙古洞絕壁下，蓬萊別館青雲間。天壇無人石室冷，借問白鶴何時還？人生但爲形體累，會當去之如蛻蟬。金庭客，南昌仙，他時待我乘八景，舉手少別三千年。洞霄詩集

胡　珵

珵字德輝，晉陵人。宣和三年進士。紹興初，史館校勘，出守嚴州。有蒼梧集。

楊誠齋序云：陳少陽上書，德輝視其草，投畀蒼梧。召用爲郎，又以參政李公泰發之客，見惡於秦丞相，坐廢，飢寒困窮以死。

天慶觀觀畫龍

道人龍中來，醉與神物會。寫玆蜿蜒質，日月爲冥晦。崩翻江海姿，素壁起濤瀨。呼吸見雌雄，抉石疑可碎。蕭森殿陰古，衆眞儼飛旆。注觀恐騰躍，夜半失像繪。飛光者明珠，靈祕一何怪。爛爛照甍棟，那得久在外。偷兒伺酣睡，不怕嬰鱗害。願言愼所託，未用期一快。

梁溪漫志：吾州天慶觀龍，姑蘇道士李懷仁所畫。懷仁者，酒豪不羈，嘗呼龍松江之上，狎而觀之，遂畫龍，入神品。過毗陵天慶觀，大醉，索墨漿數斗，曳苕帚，裂巾袂，濡墨號呼奮躑，斯須龍成，觀者失聲辟易，懼將搏也。懷仁後不知所終。而好事者每呼畫工，就龍模寫，工運筆之際，輒眩暈欲仆，竟不能成，觀者駭異。郡人胡德輝，因與客論近世名畫，曰：「予每至畫龍處，輒諦玩彌時不能休。」乃賦古風云云。

遊秀峯寺

攝身下蓬萊，放浪雲水迹。非無簡書畏，心賞寄泉石。亭亭雲間塔，勝地闢自昔。梯空上青冥，如鳥著兩翼。化城出天半，寶甃坦如席。環山劃中斷，裂地開震澤。峨峨東西峯，觀闕倚空碧。千尋采香逕，劍臥漣漪直。當年館娃宮，六月避暑夕。琴臺延薰風，萬女曳阿錫。牛耳爭齊盟，烏喙已薦食。百家甬東村，託足歸無宅。焉知陵谷變，大廈礱千舄。矧茲風塵際，樓殿踊山脊。安隱大火中，顯允象教力。興予浩刼歎，萬法本空寂。

枫橋

朝辭海涌千人石，暮宿楓橋半夜鐘。明日館娃宫裏去，洞庭呼起一帆風。

滄浪亭

昔聞滄浪亭，未到滄浪水。先賢眇遺跡，壯觀亦何侈。飛橋跨木末，巨浸折湖壘。積牀行萬甃，繚牆周數里。廢興固在天，庶用觀物理。緬懷嘉祐世，周道平如砥。相君賢相君，子美東南美。如何一網盡，禍豈在故紙。青蠅變白黑，作俑茲焉始。所有醉翁文，垂耀信百世。無忘角弓詠，嘉樹猶仰止。同來二三子，感歎咸興起。縹瓷醉新汲，毀譽均一洗。恕逢醒狂翁，一別垂二紀。雋哉老益壯，論事方切齒。我欲裂絳幔，推著明光裏。安得上天風，吹落君王耳。以上吳郡志

張致遠

致遠字子猷，南劍州沙縣人。宣和三年進士。高宗朝，歷戶部侍郎、給事中，出知廣州，以顯謨閣待制致仕。

題明月樓

明月樓前可萬家，鳳山菴下日初斜。風流耆舊消沈盡，空睇寒江耿暮霞。

能改齋漫錄：廖尚書剛用中，嘗夢中作詩，其末句云：「家住五湖明月樓。」其後公薨，葬於沙縣二十五里交溪鳳山

之下，其子遂建樓，以明月目之。張給事致遠賦詩。

胡寅

寅字明仲，安國弟淳之子。初生，棄不舉，安國收育之。舉宣和三年進士。高宗朝，歷官禮部侍郎，兼侍講直學士。忤秦檜，以徽猷閣直學士奉祠致仕。坐通李光落職，新州安置。檜死，復元官。卒謚文忠。學者稱致堂先生。有斐然集。

紙帳

細皺卷寒波，輕明籠白霧。何以相徘徊，歲晚正凝冱。枕攲一尺竹，被展幾幅布。賢哉楮先生，不以貧不顧。夜玉團紅綃，羞澀強自賦。書生說富貴，志士安貧素。風驚銀海潮，春在明月庫。先生睡方濃，不覺糟牀注。翰墨大全

和趙宣

冠月裾雲佩綠霞，百年將此送生涯。愁心別後無詩草，病眼燈前有醉花。落筆擅場聊寫意，背山臨水遂成家。也須南畝多栽秫，休似東陵只種瓜。瀛奎律髓

劉一止

一止字行簡，湖州歸安人。宣和三年進士。紹興初召試，除祕書省校書郎，歷給事中，進敷文閣待制，致仕。有苕溪集。

識舟亭

渺渺歸帆江北渚，脈脈相望那得語。舟中賈客嬋娟女，朝樂瀟湘暮荆楚。我欲招之問計然，浮名唾去如飄煙。買魚沽酒嘯儔侶，撾鼓弄笛殘彫年。

宿溪口

溪聲來天邊，風水共豪縱。夜氣劇奔馬，侵曉不能控。書生有清癖，詠雪寧忍凍。胡爲枕寒流，故遣不成夢。

和繼嶅二子寒食少天色五字

霧雨昏不醒，東風曉能酸。我食日不足，寧憂三日寒。

人言二月時，霏雨生樹杪。天色何時無，要問寒食少。里語：春雨樹頭生。

聞杭州亂

飢來命餉寒索衣，官家養兵如養兒。時平軍健久玩弛，轅門笑歌驕莫隨。往時金陵囚刺史，今者杭州漕臣死。稽天烈焰竆朝昏，千丈紅霞炫江水。鄰州之兵如此兵，嗚呼世難何時平？

睡足齋

此地誰令著此翁，角巾攲倒鬢如蓬。與高絶壁松聲外，夢破寒花啅雀中。睡債幾時償賽足，書淫前日洗除空。故人若問安心法，一酌村酤薦晚菘。

次韻宋希仲侍郎見貽

今日宦游此作客，每逢佳處欲忘年。頗將幻境觀塵世，始信臞儒是列仙。野色分橋山帶邑，晚雲藏寺水黏天。公身未屬煙波管，莫向津頭買釣船。

冥冥寒食雨

冥冥寒食雨，客意向誰親。泉亂如爭壑，花寒欲傍人。生涯長刺促，老氣尚輪囷。不負年年債，淸詩斷送春。

訪石林

山行不用瘦藤扶，度石穿雲意自徐。夜過西巖投宿處，滿身風露竹扶疎。

過梅溪省妻父臧翊善墳感歎

寂寞松岡鎖暮煙，平生忠信事茫然。臧孫有後眞虛語，伯道無兒可問天。以上苕溪集

李質

質字文伯，參知政事昌齡曾孫。爲內侍梁師成所引，授右列睿思殿應制。

揮麈後錄：質少不檢，文其身，賜號錦體謫仙，後隨從北狩。

艮嶽百詠 奉詔同曹組作，存十八首。

艮嶽

勢連坤軸近乾岡，地首東維鎭八方。江不風波山不險，子孫千億壽無疆。

極目亭

千里飛鴻坐上看，山川風月在憑欄。不知地占最高處，但覺恢恢天宇寬。

跨雲亭

地高天近怯憑欄，下視浮雲咫尺間。只怪輕雷起宮際，不知飛雨過山前。

散綺亭

斷虹飛雨過天涯，碧落浮雲不復遮。明日陰晴眞可卜，倚欄來此看餘霞。

蟠桃嶺

不到瑤臺白玉京，海中仙果但聞名。何人爲報西王母，嶺上如今種已成。

三秀堂

窗戶深沈晝不開，鳳凰時下九層臺。月明夜靜聞環佩，知有霓旌羽扇來。

書館

蓮燭詞臣在外庭，青錢學士已登瀛。回廊屈曲隨巖阜，挾策何妨取次行。

林華苑

連雲複道映樓臺，茂苑奇花日日開。但得如春天一笑，芳菲何必曉風吹。

和容廳

白羽流星一點明，上林飛雁幾回驚。弓開月到天心滿，風外惟聞中的聲。

漱瓊軒

淺碧分江入衆山，山深無處不潺湲。開軒最近寒溪口，噴薄松風響佩環。

嵓審堂

桂影亭亭漾碧溪，尋芳曾被晤香迷。碧桃開後晴風暖，花外幽禽自在啼。

鑑湖

水天澄澈瑩寒光，一片平波六月涼。移得會稽三百里，不教全屬賀知章。

蘆渚

萬葉梢梢秋意初，斜風細雨憶江湖。誰知雪壓波澄後，更與宮中作畫圖。

松谷

雲藏煙鎖晝蒼蒼，得地何須作棟梁。聞道九龍扶輦過，一山風又作笙簧。

蠟梅屏

冶葉倡條不受羈，翠筠輕束最繁枝。未能隔絕蜂相見，一一花房似蜜脾。

紫硯壁

沒水攀蘿琢馬肝，齋持堅潤出風湍。潛藩每恨端谿遠，疊作山中峭絕看。

濯龍峽

山東蒼煙細路通，噴泉飛雨灑晴空。眞龍豈許尋常見，故作雲間飲澗虹。

柳岸

牽風拂水弄春柔，三月花飛滿御樓。不似津亭供悵望，一生長得繫龍舟。

揮麈後錄：元符末，掖庭訛言祟出。有茅山道士劉混康者，以法籙符水爲人祈禳，且善捕逐鬼物。上聞，得出入禁中，頗有驗，崇恩尤敬事之，寵遇無比，至於即其鄉里建置道宫，甲于宇內。祐陵登極之初，皇嗣未廣，混康言京城東北隅地叶堪輿，儻形勢加以少高，當有多男之祥。始命爲數仞岡阜，已而後宫占熊不絕，上甚以爲喜。繇是崇信道教，土木之工興矣。一時佞倖，因而逢迎，遂竭國力而經營之，是爲艮嶽。宣和壬寅歲始告成，御製爲記，命睿思殿應制李質、曹組共作百詠。

僧祖秀陽華宫記略：政和初，天子命作壽山艮岳於禁城之東陬，詔閹人董其役，工已落成，上命之曰陽華宫。大抵衆山環列，于其中得平蕪數十頃，以治園圃，以闢宫門於西，入徑廣于馳道，左右皆大石林立，僅百餘株，以神運、昭功、敷慶、萬壽峯而名之。獨神運峯廣百圍，錫爵盤固侯，居道之中，東石爲亭以庇之，高五十尺，御製記文，親書，建三丈碑，附於石之東南陬。其餘巨石並與賜名。惟神運峯前巨石，以金飾其字，餘皆青黛而已。此所以第其甲乙者。又有大石二枚，配神運峯，作亭庇之，寘于寰春堂者，曰玉京獨秀太平嵒；寘于萼綠華堂者，曰慶雲萬態奇峯。括天下之勝，藏古今之美，於斯盡矣。靖康元年閏十一月，大梁陷，都人相與排牆避虜於壽山艮嶽之巔。時大雪新霽，丘壑林塘，宛若畫本。祖秀周覽累日，咨嗟驚愕，信天下之傑觀，而天造有未盡也。明年春，復遊陽華宫，而民廢之矣。

曹緯

緯字元象，一字彥文，潁昌人。有俊才，釋褐即物故。

自齊山借舟汎湖還家

十里平湖漫不流，晚風吹浪打行舟。定知歸得侵燈火，家在菰蘆最盡頭。宋文鑑

客有遺予畫梅者淡墨暈成因命之梅影

憶昔神遊姑射山，夢中栩栩片時還。冰膚不許尋常見，故隱輕雲薄霧間。聲畫集

雁

雲飛水宿過炎涼，回想來時道路長。夜月照驚惟弔影，朔風吹斷不成行。人間無處逃矰繳，歲晚何曾飽稻粱。儻以能鳴免烹死，繫書猶可到衡陽。後村千家詩

次韻曹好謙負春

作計尋芳不屬貧，可憐風物自良辰。飛花有意能留客，啼鳥多情解喚人。涉世乍驚翻手薄，論交多語白頭新。十年異縣傷流落，來往山州枉過春。

春日憶西湖簡家弟元寵

天涯孤客意堪哀，病眼逢春只強開。閉戶不知花老去，捲簾方覺燕歸來。風休漢水光如拭，雨霽箕山翠作堆。遙想西湖圖畫裏，幾多車馬踏青回。以上詩林萬選

曹組

組字元寵，潁昌人，緯弟。宣和三年進士。召試中書，換武階，兼閤門宣贊舍人，仍給事殿中，官止副使。有箕潁集。

艮嶽百詠 奉詔同李質作，存十八首。

介亭

雲棧横空入翠煙，躋攀端可躡飛仙。介然獨出諸山上，磊磊排衙石滿前。

璿波亭

水影搖暉動碧虚，日華凌亂上金鋪。安知不是鮫人寶，往往淵中得美珠。

飛岑亭

黴雲將雨洗層巒，石磴莓苔路屈盤。正是江南最佳處，仰看蒼翠俯澄瀾。

嗈嗈亭

聖主從來不射生，池邊羣雁恣飛鳴。成行卻入雲霄去，全似人間好弟兄。

八仙館

蟠桃初熟玉京春，圓屋如規戶牖新。盡是瑤池高會客，豈容塵世飲中人。

蕭閑館

書草吹來種種香，好風移韻入松篁。丹臺紫府無塵事，偏覺壺中日月長。

梅池

玉鈿勻點鑑新磨，香逐風來水上多。應爲横斜詩句好，故教疏影寫平波。

絳霄樓

翼瓦飛甍跨閬風，捲簾滄海日曈曨。佳時自有羣仙到，笑語雲霞縹緲中。

萬松嶺

飛來峯

衆香芬馥著人衣，雲母光寒露未晞。圍得春風勝繡幕，紛紛紅紫鬭芳菲。

百花屏

夾徑梨花玉作英，年年寒食半陰晴。要看雪色無邊際，十二樓前月正明。

霅香徑

潤通河漢碧涵空，影倒山光曉翠重。聞說巨魚時駭浪，只應風雨是神龍。

景龍江

月團攜下九重天，來試人間第一泉。正在水聲山色裏，六花浮動紫甌圓。

汎霅廳

萬本琅玕密不開，林深明碧鎖高臺。更無一點遊塵到，但覺雲隨步步來。

躡雲臺

玉關金鎖一重重，只見桃源路暗通。行到水雲空洞處，恍如身世在壺中。

滑虚洞天

綠萼承趺正蘂輕，清香續續度簷楹。天教不雜閑桃李，賜與神仙物外名。

萼綠華堂

蒼蒼森列萬株松，終日無風亦自風。白鶴來時清露下，月明天籟滿秋空。

突兀初驚倚碧空，翠嵐仍與瑞煙重。吳儂莫作西來認，眞是蓬萊第一峯。

敷春門

帝力無私萬國通，尙思寒谷待春風。欲將和氣均天下，都在熙熙造化中。以上揮麈後錄

輦下寒食

海棠時節又清明，塵斂煙收雨乍晴。幾處靑帘沽酒市，一竿紅日賣花聲。綵毬時向梭門過，繡轂遙隨輦路行。日暮人人醉歸去，熙熙春物見昇平。事文類聚前集

鴛鴦

蘋洲花嶼接江湖，頭白成雙得自如。春晚有時描一對，日長銷盡繡工夫。

翡翠

鏡魚潛立小荷圓，照水飛鳴更碧鮮。鬭草人歸尋墜翼，綺窗將去補花鈿。以上前賢小集拾遺

夜歸曲

飢烏啞啞啼暮寒，回風急雪飄朱闌。瑣窗繡閣豔紅獸，畫幕金泥接彩鸞。吳粧秀色攢眉綠，能唱襄陽大隄曲。酒酣橫管咽孤吹，吹裂柯亭傲霜竹。遠空寒雲渾不動，老狐應過黃河凍。暗回微暖入江梅，何處荒榛挂幺鳳。歸來穩跨靑連錢，貂茸擁鼻行翩翩。籠紗蜜炬照飛霰，十二玉樓人未眠。古今詩統

邵彪

彪字希文，鎭江人。宣和三年進士。歷國子監丞，知楚州。

丹陽懷古

故里詩人去，湖山最寂寥。草深張祜宅，花暗許渾橋。鳳髓何時續，蓬萍觸處飄。鴻冥杳難及，霜鬢兩蕭蕭。鎮江府志

范宗尹

宗尹字覺民，襄陽鄧城人。宣和三年，上舍登第。高宗朝，歷尙書右僕射、同中書門下平章事，退居台州。

遊大有空明洞 在黃巖委羽山

暫到山中禮法壇，空明雲氣逼人寒。當年孤鶴知何處，遙想天風墜羽翰。台州府志

雞肋編：范覺民作相，方三十二歲，肥白如冠玉。旦起與裹頭、帶巾，必皆攬鏡，時謂之「三照相公」。

張邵

邵字才彥，烏江人。宣和三年，上舍登第。建炎初，可直龍圖假禮部尙書使金通問，欲降之，不屈，徙于會寧府。和議成，及洪皓、朱弁南歸，升祕閣修撰、敷文閣待制，知池州，奉祠卒。有輶軒倡和集。

待制張公行實：公在會寧，士多從之授書。生徒斷木，書于其上，捧誦既過，削去復書，中圓如瓠，而首尾尖，目之曰「木橄欖」。蓋其俗兒童誦習率以此。

句

蘇氈久絶寢衣想，姜被忽分挾纊香。謝樞密王公倫惠綿衾 待制張公行實

張嵲

嵲字巨山，襄陽人。宣和三年，上舍中第。紹興中，官司勳員外郎，擢中書舍人，升實錄院修撰。有集。

劉後村詩話：巨山，陳簡齋之表姪，詩法似之。

夷陵

吳越相持地，江山直險固。昔聞焚夷陵，今茲但遺堵。山遠欲連天，江寬疑浸樹。左顧渚宮塗，右眺襄陽路。野迥無居人，荒村但豺虎。依依念鄉井，愴愴悲墳墓。月淡江風寒，雲深楚山暮。佇立小踟躕，蒼蒼歸鳥去。

防江

大漠與吳越，天南天北頭。虜尤涉吾地，飲馬長淮流。飲馬猶尙可，莫使學操舟。

後村詩話：語意高簡，意味幽遠。

絶句

犖确南山路，叢筠冒水生。寒梅銷落盡，猶有數花明。

十日濃陰飛細雨，清川初漲水平沙。幽人閉戶春已半，開徧山南山北花。

故園墳樹想靑葱，寒食風光淚眼中。自痛不如傖父子，紙錢猶挂樹頭風。

一行疎樹對柴門，又見荒煙上晚村。日日牆陰覷日影，人生消得幾朝昏。

日炙櫻桃已半紅，更薰花氣滿襟風。路傍謁舍蹲遺獸，應有荒墳在麥中。以上後村詩話

馬擴

擴字子充。中嘉王榜武舉。宣和四年，與趙良嗣使金，議割燕山，特除武翼大夫、忠州刺史，兼閤門宣贊舍人。紹興初，爲湖南宣撫司參議官。有茅齋自敍。

使金和趙良嗣

未見燕銘勒故山，耳聞殊議骨毛寒。願君共事烹身語，易取皇家萬世安。茅齋自敍

句

未敢此時非趙括，已愁他日類田豐。

三朝北盟會編：紹興二年，曹成執湖南安撫使向子諲，據道州。宣撫司參議官馬擴遣使臣張布齎劄子招成，成受招安，乃放出子諲。參謀范直方曰：「曹成受招安，保之使赴行在。」馬曰：「彼既不願遠出，促之，是使散而爲亂也。」宣撫使吳敏惑直方之議，馬以詩獻敏云云，遂拂袖歸。又數日，敏以資學宫祠之命到城，成卽復亂，湖廣被其害，直方得郡而去。

王次翁

次翁字慶曾，濟南人。禮部別頭試第一。南渡，知處州。附秦檜，屢遷至參知政事，奉祠居明州。

聞馬擴辭職作

徙薪曲突論無憑，太尉山中混耦耕。頭額爛焦曾采錄，參謀先已享專城。

近來出處事何如，先輩風流掃地無。忽有子充驚末俗，一言未契便長驅。三朝北盟會編

傅墨卿

墨卿字國華，山陰人。以大父恩補官。宣和四年，使高麗有功，賜同進士出身，進龍圖閣學士，提舉杭州洞霄宮。

句

百鍊鑑從天上鑄，五時花向帳前施。端午帖子　容齋五筆

曹勛

勛字功顯，陽翟人，組之子。宣和五年，賜同進士出身。紹興中，僑居天台，以韋太后北還迎鑾功，官至昭信軍節度使。孝宗朝，加太尉、開府儀同三司。卒贈少保，謚忠靖。有松隱文集。

夷堅志：紹興中，曹勛使金，好事者戲作小詞，其後闋曰：「單于若問君家世，說與教知，便是紅窗迥底兒。」謂勛父元寵，昔以此曲著名也。

乾道聖德頌　并序

臣恭惟皇帝陛下，膺上聖之期，繼中興之統，紹登四載，恭勤百爲。迺乾道改元，政事具舉，營戍罷屯，黎民於變時雍，廷臣小大率職。致淮北之蝗，入境自斃，秋成之積，歲登大有。是皆陛下聖德昭

著，雖黃童白叟，所不待言而知。臣以草莽之賤，迫桑榆之年，際遇四朝，叨塵二府，豈不知清明之時，方深貪戀。大懼榮祿浮實，莫允淸議。故控露忱悃，仰瀆天聰，特蒙賜俞，已幸晚境，安處閑退，日聽康衢熙熙之謠。顧老臣不當以翰墨輒塵宸扆，然抃蹈之餘，有不能自已者。謹擬元和之作，極思選言，撰成乾道聖德頌，昧死上進。雖未能形容聖德之萬一，庶少伸臣子歸美之誠。其辭曰：

維聖有作，紹隆興運。天經地義，宗堯越舜。風俗惇厚，日星明潤。冰天桂海，咸祗成訓。皇矣藝祖，肇開宗祊。用集大命，再造羣生。卜世卜年，周室與京。德懋聖孫，區宇再寧。龍潛出震，握符御極。恭儉慈仁，已隆燕翼。勵精治具，羣工惟辟。斯皇聖德，以受方國。躬秉要道，化成斯民。問寢侍膳，克勤日新。刑于四海，率土興仁。至矣聖孝，怡安嚴親。猾夏餘種，久失我重。稍恢雄略，盡還尊奉。復修絳樂，亟續霈貢。布昭聖武，式皇鉅宋。洪宣景命，爰振皇綱。詔令諭旨，紛澤八荒。宸奎逸彩，龍鳳騫翔。煥乎聖文，彬彬日彰。誕敷武節，克柔強鷙。風靜邊柝，煙沈晚燧。穡夫力田，塞馬垂轡。巍巍聖功，允格康濟。光啓元良，鶴禁建儲。遴擇端方，贊翊詩書。濬哲文思，日親睿謨。於赫聖明，有開令圖。當天執籙，了無玩好。貴異獻輸，蕩然一掃。力敦嘉靖，詢謀政要。丕鑠聖斷，坐臻是奥。從容總攬，用體乾剛。文武一道，督以經常。王化溥博，景風丕祥。格天聖治，時雍時康。咫尺威顏，豁達方寸。日角珠庭，金聲玉振。穆穆皇皇，天儀明潤。洪惟聖表，萬寓朝覲。乃武乃文，止戈好生。華夏蠻貊，底於丕平。罔或反汗，克斷惟明。長策遠馭，奕奕天聲。寶緒重光，密荅純祐。既協皇極，昭報方茂。堯父舜子，撫封增舊。行復九有，亘萬萬壽。大哉乾元，萬物資之。赫赫明世，吾君繼之。

熾昌隆祚，惟皇造之。億萬斯年，惟皇保之。

獨不見

獨不見，誰相憶？花影上珠簾，明月穿窗隙。翡翠暗無光，蒼苔點行跡。鸞鑑挂珊瑚，寶匳銷金碧。彷彿聞簫韶，夢想見顏色。爲我報新人，好好承恩澤。君看後庭花，芳菲能幾日？

楊花曲

春光誰占得，楊花獨自知。未到傳消息，將歸送別離。隨風飛更急，入戶舞還低。大有撩人處，妝臺惱畫眉。以上松隱集

沈　晦

晦字元用，錢塘人，遘孫。宣和六年，廷對第一。歷知建康府。高宗朝，進徽猷閣直學士，出守衢州，提舉太平興國宮。

上方山居

月斜樹影穿窗入，雨過山泉繞舍鳴。野寺中宵人不睡，蒲團布衲悟前生。

天畔羣山一草亭，半溪煙雨花冥冥。老翁投老得此景，日與溪山同醉醒。

此生眞與世相忘，投老生涯寄上方。洗足關門枕書睡，連山松檜雨浪浪。括蒼彙紀

邵　棠

棠字仲甘，號西坡，南康軍都昌人。宣和六年進士。

道經柘溪靜林寺

青山萬壘倚晴空，中有招提一逕通。老衲不關塵世事，黄花紅葉共秋風。詩林萬選

萬松嶺老僧

佛屋三間破冷開，半通雲氣半蒼苔。行人莫問僧年紀，嶺上喬松是手栽。杭州府志

王洋

洋字元渤，山陽人，御史資深子。以省試第二名中宣和六年甲科。官博士，歷典三郡，晚守鄱陽。洪忠宣以使金歸，人無敢過其居，洋獨候舍，坐免去。有東牟集。

琵琶洲

塞外風煙能記否？天涯淪落自心知。眼中風物參差是，只欠江州司馬詩。

容齋三筆：吾州餘干縣東干越亭，有琵琶洲在下，唐劉長卿、張祜輩皆留題。王洋一絶句云云，眞佳句也。

李長民

長民，揚州人，正民之弟。南渡，寓家海鹽。

題鹿苑寺一擊軒

我聽風篁是梵音，如何俗耳等閑聞。自來擊處無人會，千古知心只此君。海鹽縣圖經

祖秀實

秀實字去華，浦城人。弱冠，釋褐第一，除國子博士。高宗朝，拜禮部郎中。

寄吳睎遠

官路聲名二十年，江鄉舊仰貳車賢。推將事業歸塵外，收得功夫到酒邊。解榻幾聞招隱士，炷香終日對韋編。公朝況是登耆哲，早晚蒲輪穩著鞭。

萬姓統譜：吳駿字睎遠，中元豐八年進士，調潞州上黨簿。太宰張商英首加薦引，知虔化縣，通判永州。未幾告老，祖秀實以詩寄之云。

綦崇禮

崇禮字叔厚，高密人，徙北海。登上舍第。高宗朝，拜翰林學士，退居台州。有北海集。

題石梁瀑布

林麓陰森徑曲盤，漸驚危步入重巒。地分寶刹臨空翠，天設飛梁跨急湍。霜暗雲蒸山氣肅，雪翻雷輥水聲寒。我來不作多求想，試出神光徧現看。天台勝紀

宋詩紀事卷四十一

錢唐　厲　鶚　輯
平湖　陸　銘一（鑾）　勘定

王晞韓

晞韓，興化軍人。宣和六年進士。紹興間，樞密樓炤宣撫關、陝，辟爲屬，改京秩。朝廷欲借兵西夏，犄角金人，差管押生蕃三百餘口歸夏國，道無疎虞。累遷大理少卿。方庭實宣諭陝西，贈以詩，晞韓和之。時秦檜方主和議，誣以他獄，欲置之死。上閔其勞，移潯州，赦歸卒。

和方廷實見贈

誰憐定遠不生還，驛騎翩翩出漢關。未肯西風回馬首，要傳飛檄過千山。莆陽文獻

張　闡

闡字大猷，永嘉人。宣和六年進士。高宗朝，累遷宗正少卿。孝宗朝，遷工部尚書、顯謨閣學士，奉祠卒。謚忠簡。

奉祠後作

八請犯天顏，今朝出漢關。渾如倦飛鳥，日暮傍巢還。合璧事類後集

王之道

之道字彥猷，號相山居士，無爲軍人。宣和六年進士。建炎中，保山寨，攝鄉郡。尋以議和忤

秦檜，晚起漕湖南，官樞密使。有相山集。

蒙城早行

蒙城在應天府，汴河西上入京路。

殘月千家閉，荒城萬木號。擧頭華蓋近，回睇啓明高。野迥霜迎面，風清冷透袍。十年河上路，從此步金鼇。瀛奎律髓

繡溪

畫橋雕檻接招提，新有幽人傍繡溪。千頃波明天上下，兩匜光映水東西。飛樓湧殿參差見，古木修篁咫尺迷。此景此時君信否？綠楊影裏囀黃鸝。廬州志

詹度

度，宣和中資政殿學士，同知燕山府。

送宣撫童貫平燕班師

長途春色送英雄，滿目江山映日紅。劍戟夜摇楊柳月，旌旗曉拂杏花風。行時一決平戎策，到後須成濟世功。爲報燕山諸將吏，太平取在笑談中。三朝北盟會編

蔡柟

柟字堅老，南城人。嘗爲宜春別駕。宣和以前人，歿于乾道庚寅。曾公卷、呂居仁輩皆與倡和。有雲壑隱居集、浩歌集。

泊釣臺

高臺百尺淩空碧，維舟夜久霜月白。瘿木窣窣捨枯藤，寒瀨潺潺落蒼石。先生退隱知幾年，漢家鍾鼎徒淩烟。高風千古磨不盡，山水照映長明鮮。我來俯仰慚羈旅，衝寒愁怕玄冬暮。此身不負白鷗盟，暫此遲留亦何預。起來搔首江茫茫，孤鴻卻逐雁隨陽。人生遊行豈易得，惟有此夕難相忘。釣臺集

登郡學稽古閣晚望

簷外川原迴，煙中草樹微。山城暮吹角，客子淚霑衣。歲月經身老，行藏與願違。歸禽帶落日，渺渺背人飛。

詠新荷 堅老嘗謁韓子蒼，令賦此詩。

朱闌橋下水平池，四面無風柳自垂。疑是水仙吟意嬾，碧羅箋卷未題詩。以上江西通志

陸元光

元光字蒙老，歸安人，博學善吟詠。宣和初，爲嘉興令，後改晉陵。

詠蟬

綠陰深處汝行藏，風露從來是稻粱。莫倚高枝縱繁響，也須回首顧螳螂。

庚溪詩話：蒙老宰晉陵時，州幕官有好譏謗同列者，一日同會，聞蟬，蒙老即席賦此，其人聞而少戢。

嘉禾八詠 存二首

金魚池

池上春風動白蘋，池邊淸淺見金鱗。新波已縱游魚樂，調笑江頭結網人。

五柳橋

五柳先生倦折腰，孤眠千載仰風標。青衫令尹頭如雪，不厭朝昏過此橋。至元嘉禾志

鄭　強

強，閩人。宣和中萍鄉令。

化成巖

城郭囂塵外，江山勝槪中。鏗然一灘水，和以萬松風。夾徑森奇石，危亭納大空。蒼巖不能語，曾識贊皇公。袁州府志

程　瑀

瑀字伯寓，饒州浮梁人。宣和中，太學試第一。官屯田郎中，謫監漳州鹽稅。高宗朝，累除兵部尚書，龍圖閣學士，提舉江州太平宮，卒。有飽山集。

拜程剛愍公墓

早從賓客傳青雨，晚舉絲綸對紫微。忠憤欲先同列死，胡塵驚繞屬車飛。墓間挂劍心猶在，帳下談經事已非。太學諸生皆白髮，汪汪老淚溼征衣。

饒州府志：公名振，字伯玉，樂平人。少入太學，徽宗幸學，以右職除官，累擢國子司業，兼太子舍人。靖康元年，以吏部侍郎尹開封，金兵至，及于難。高宗立，贈端明殿學士，賜謚剛愍。墓在樂平懷義鄉。

李　芬

芬，宣和進士。

吳將軍元瑜丹青妙當世吳王命扁舟下海陵貌徐神翁像以歸故爲詩敍其事以贈

秦皇寤寐茅盈語，銳意長生欲輕舉。徐福藥就仙骨成，雲海茫茫但延佇。東西日月秋復春，海變桑田更幾人。忽思重看舊寰宇，驂鸞直下江淮濱。布衣野叟不耕藝，自向琳宮操祕箒。祕語親書悟世人，一坐忽驚三十歲。淮南奉道聞眞蹟，命使扁舟訪消息。晝手從來獨擅長，一見仙風心自得。歸來目斷蒼烟垠，三尺生綃醉墨翻。軸上神翁不解語，彷彿白鶴乘孤雲。海陵相望一千里，嗟我塵勞未云已。授書圯上會有期，誠心願取黃公履。宣和畫譜

黃次山

次山字季岑，豐城人。宣和進士。建炎中，官吏部郎中，提點湖南刑獄。有三餘集。

田家春日

緯竹梁溪面，誅茅舍道傍。臘收冰下紙，春課社前蠶。露草牛羊長，風花杖屨香。人生但如此，官獨爲誰忙？前賢小集拾遺

趙良嗣

良嗣，本遼人馬植。因童貫來降，改姓名李良嗣。薦于朝，獻策伐遼，賜國姓。累官延康殿學士、光祿大夫，以罪奪職。靖康初，戮于柳州。

宣和四年使金作

朔風吹雪下雞山，獨暗穹廬夜色寒。聞道燕然好消息，曉來驛騎報平安。馬擴茅齋自序

上京作

建國舊碑胡月暗，與王故地野風乾。回頭笑向王公子，騎馬隨軍上五鑾。

程史：趙良嗣，絳人，來降，以能文爲裕陵眷遇。曾彙史局，令續通鑑長編。重和元年十二月，推修四朝會要帝系、后妃、吉禮三類，賞良嗣以參詳，轉秩。後坐誅。余讀北遼遺事，見良嗣與王瓌使女眞，隨軍攻遼，上京城破，有詩云。五鑾乃上京殿名，保機之故巢也。

劉佖

佖，宣和間爲昌國尉。

投洩潭龍宮

未躍天衢臥寂寥，碧潭流溢海山腰。埋藏頭角雖經歲，際會風雲在一朝。既若有心成變化，豈能無意及枯焦。神蹤許爲蒼生起，願擊香車上九霄。延祐四明志

李處權

處權字巽伯，洛陽人，邯鄲公淑曾孫。宣和間，與陳叔易、朱希眞以詩名。南渡後，嘗領三衢。有崧菴集。

送二十兄還鎭江

此行檢校幽棲事，佳處知公故未忘。新筍豈應過母大，舊松想已及人長。老來對客須靈照，貧後持家

籍孟光。世亂身危何處是，二年孤負北窗涼。瀛奎律髓

吳可

可字思道，金陵人。宣和末，官至團練使，責授武節大夫。有詩名。

孫仲益作汪彥章墓誌云：大璫梁師成用事，小人朋附，目爲隱相。武人吳可者，師成許以能詩，至出入臥內。公罷符寶，可過公，致師成意曰：「聞名久矣。幸不鄙過我，禁從可拱而俟也。」公謝不往。客曰：「吾曹望隱相之門，如在天上。召而不往，何故？」公曰：「若使我與可輩爲伍耶？」

李端叔跋云：思道詩妙處，略無斧鑿痕，字字皆有來歷。

病酒

無聊病酒對殘春，簾幙重重更掩門。惡雨斜風花落盡，小樓人下欲黃昏。

戲作冷語

□□□□□□□，□□□□□□□。□□□□思如冬，露下紫薇花影中。長哦白雪明光宮，衆泉涌此萬卷胸。

春霽

南國春光一半歸，杏花零落淡胭脂。新晴院宇寒猶在，曉絮欺風不肯飛。以上墨莊漫錄

小醉

小醉初醒過竹村，數家殘雪擁籬根。風前有恨梅千點，溪上無人月一痕。

次韻劉元舉子規

蜀魄悲鳴楚國春，試憑清些與招魂。柔腸欲斷雲横嶺，幽夢初回月挂村。客舍花光隨野水，故園柳色負柴門。飽聞錦里無窮樂，早晚歸來訪子孫。

遊清涼寺

延步石城塢，迢迢去興長。野田耕晚雨，寒樹倚斜陽。載酒追狂客，論才得漫郎。無因遂高蹈，時復借山房。以上前賢小集拾遺

贈戴彥衡

病來謾喜折釵股，老去尙懷雙脊龍。他日扁舟會乘興，摩挲圭璧小從容。

羅願新安志：新安墨，以黃山名，數十年來，造者乃在婺源黃岡山，戴彥衡、吳滋爲最。彥衡自紹興八年以薦作復古殿等墨。其初降雙角龍樣，是米待制元暉所畫。繼作圭璧及戲虎樣。時議欲就禁苑爲窯，稍取九里松古松爲之。彥衡以松生道旁平地，不可用。其後衢池工者，載他山松往造，亦竟不成。彥衡未幾死。嘗出貢餘一圭示米公，米以爲罕有其比。詩人吳可贈詩云云。

句

東風可是閑來往，時送紅梅一陣香。

優古堂詩話：李方叔喜吳可小詩云云。殊不知張芸叟酴醾詩亦云：「晚風亦自知人意，時去時來管送香。」

趙季西

季西，宣和間人。

丹青閣

跨壑飛簷屋數楹，上横山色下溪聲。等閑題作丹青閣，未必丹青畫得成。

方輿勝覽：在建寧府開元寺側，元豐初，太守石禹勤建。宣和中，趙季西命名，且賦詩云。

章　憲

憲字叔度，吳郡人。宣和中，監漢陽酒税。有復軒集。

吳郡志：章甫字端叔，自建之浦城，徙居于吳。崇寧初，除都官郎中，尋挂冠歸。藏書萬卷，讎校精密。年六十二卒。子八人，憲其一也。憲樂道好德，操履高潔，鄉里謂之隱君子。其學師事王信伯，而與朱子發、呂居仁等游。嘗自作復軒記，謂葺先人之廬，治東廡之軒，以貯經史百氏之書，名之曰復，以警其學。其後圃又有清曠堂，詠歸、清閟、遐觀三亭，以慕古尚賢，皆有詩。

登齊雲樓

飛樓縹緲瞰吳邦，表裏江湖自一方。曲檻高窗雲細薄，落霞孤鶩水蒼茫。固知興廢因時有，獨覺江山共古長。回首中原正愁思，不堪殘日半規黃。

題處士顧禧漫莊

何許明人眼，松間見古堂。泉聲到棐几，山影覆繩牀。愛酒陶元亮，聽蛙孔德璋。紛紛戰蠻觸，丘壑信難忘。

遐觀亭

吾慕陶靖節，處約而平寬。涉園自成趣，矯首復遐觀。我亦散遊目，俯仰天地間。雲烟自舒卷，湖嶺相回環。永與形役謝，豈有俗慮干。想像斜川遊，千載乃相關。

松江謁王文孺令宰

暑退涼生過雨天，鳧飛鷺浴暮江前。秋風小浪鴨頭水，斜日輕帆燕尾船。青眼卻欣逢地主，白頭相對聳詩肩。林塘勝處開尊俎，只欠冰輪特地圓。以上吳郡志

挽著作王先生 蘋

伊洛流風在，丘軻道益尊。遺經啓幽眇，後學有淵源。鑽仰知由戶，衰遲阻及門。三年思晬面，一旦絕微言。西觀才黔突，題輿卻佐州。濟時卑管晏，齋志在春秋。曖曖孤雲沒，沈沈厚夜幽。升堂聞禮樂，終覺媿程仇。王著作集附

連南夫

南夫，宣和末以太常少卿使金。紹興中，知泉州，不附和議，落職。

滴水巖

滴水巖高路欲窮，佩環聲響玉玲瓏。一天星斗墮青漢，萬斛珠璣瀉碧空。滄海遥歸朝夕會，曹溪不隔本源通。何妨凝竚龕巖下，更沐如來灌頂功。廣東通志

許安仁

安仁字仲山，襄邑人。晚以特奏名得官，調南劍州順昌尉。

許彥周詩話：季父仲山所著瓟奇集，自序曰：「水激之以亂石則有聲，爵藏之以褻器則罄。齊不下者二城，田單因而縱兵。文獨不待瓟而後奇乎？」

和徽宗御製宮詞

輕寒慘慘透衾羅，玉箭銅壺漏水多。常是未明供服御，夢回頻問夜如何？許彥周詩話

夢中作

山色濃如滴，湖光平如席。風月不相識，相逢便相得。

許彥周詩話：季父病中，夢至一處泛舟，環水皆奇峯可愛，賦詩云云。旣寤而言之，後數日卒。

植竹吏隱堂後因題

珍重勞君慰遠遊，繁聲疎影一堂秋。主人看即官期滿，分付風塵與子猷。

斸破中庭一畝苔，主人白髮手親栽。即今誰信清貞節，須向三冬雪後來。能改齋漫錄

題善山院

瓦爐栢子裊殘烟，午夢醒時一暢然。不悟功名負終老，荒山飢走又三年。延平府志

周邦

邦，海陵人，居錢唐。右文殿修撰知廣州穜之孫。官迪功郎，江東帥幕。著政和大理入貢錄。

次陳彥育遊鍾山韻

雄壓吳頭控楚腰，千峯環拱冶城橋。黃旗紫蓋旋歸漢，古刹淒涼尙號蕭。都后化蟒之地鹿苑院，士人名爲蕭帝寺。北嶽經行匪濫巾，相陪來現隱淪身。春蘿秋桂還吾輩，白浪紅塵付若人。清波雜志

范周

周字無外，文正之姪孫，純古之子。負才不羈，安貧自樂，所居號范家園。

中吳紀聞：范周少負不羈之才，工于詩詞，不求聞達，所居號范家園亭。安貧樂道，未嘗屈折于人。盛季文作守時，頗嫚士，嘗于元宵作寶鼎現詞投之，極蒙嘉獎，因遺酒五百壺。其詞每遇燈夕，諸郡皆歌之。

巡夜絕句

自古輕儒孰若秦，山河社稷付他人。而今重士如周室，忍使書生作夜巡。

中吳紀聞：方臘之亂，郡中令總甲巡護，雖士流亦不免。無外率府庠諸生，冠帶夜行，首用大燈籠，書一絕于其上。郡將聞之，亟爲罷去。

題崑山絕頂

萬疊青巒厭亙崑，四垂空闊水天分。夜光寒帶三江月，春色陰連百里雲。桂子鶴鳴空半落，天香僧出定中聞。不將此境遻張盆，三百年來屬老文。中吳紀聞

木香

暖風吹麝入鉛華，不肯隨春到謝家。半夜粉寒香泣露，也應和月怨梨花。墨莊漫錄

范公偁

公偁，文正公之後。著過庭錄。

無題

赤縣東城尉，乞年業舊儒。老爲知道馬，中有報恩珠。歲月侵餘齒，風埃上短鬚。賴逢同志友，襟韻不相孤。過庭錄

燕照鄰

照鄰字明仲，陽翟人。隱居不仕。

絶句

女駿兒癡十口餘，進時無業退無廬。一窗風雨韓城夜，火冷燈青照舊書。過庭錄

范仲温

仲温字元實，祖禹之子，秦少游之壻，呂居仁之表叔。學詩于黄山谷，有潛溪詩眼。

鐵圍山叢談：仲温嘗預貴人家會，有侍兒喜歌秦少游長短句，坐中略不顧及。酒酣懽洽，侍兒始問：「此郎何人？」仲温遽起叉手而對曰：「某乃山抹微雲女壻也！」聞者爲之絶倒。

句

夷甫雌黄須倚閣，君卿脣舌要施行。紫微詩話

陸宰

宰字元鈞，佃子。官朝請大夫，直祕閣。贈少師。

施宿會稽志：紹興十三年，始建祕書省于臨安天井巷之東，詔求遺書于天下。首命紹興府錄直祕閣陸宰家書來上，凡萬三千卷有奇。

句

奴愛才如蕭穎士，婢知詩似鄭康成。

陸游劍南集云：先少師宣和初有贈晁公以道詩云云，晁公大愛賞。今逸全篇。偶讀晁公文集，泣而足之：「士不逢時勇退耕，閉門自號景迂生。遠聞佳士輒心許，老見異書猶眼明。奴愛才如蕭穎士，婢知詩似鄭康成。早孤遇事偏多感，欲續殘章涕已傾。」

崔子方

江上逢晁適道

渺渺連江雨，微微到面風。主人留一餉，佳士得相逢。會面嗟何晚，論詩許有功。君家好兄弟，更覺此心同。宋文鑑

田亘

亘字元邈，陽翟人。與陳叔易、崔德符善。建炎中，以察官召，卒。

江梅

千林含凍鬱蒼蒼，只有江梅獨自芳。晴吐幽香穿別院，半攲斜影入寒塘。冰膚宛是姑仙女，粉面端疑騎省郎。若是蜜奴曾拂掠，肯收紅豔貯蜂房。

瀛奎律髓：元遨梅詩三首，前二首云：「趁暖不隨千卉折，凌寒先伴六花開」；「臨流照影爲誰好？映竹無人空自憐。」皆佳。惟用索笑事不叶，故不錄。

飛鳶

旋旋晴空作鶻盤，仰空誰不羨高閑。豈知盡日勞心眼，只在塵寰腐鼠間。

瀛奎律髓：此蓋譏相國寺前資聖寮僧而作，其爲人可知也。

王晉卿圖瀛山筆畫精緻京師貴遊蓄之爲希代之寶自圖書棄擲于路陽翟張飛卿見而得之過九江以遺友人傅延之延之出以示余余悲而賦詩

他日緘縢屬貴遊，詎知遷徙過南州。天涯與汝共淪落，淚溼溢江烟雨秋。清河書畫舫

張茂宗

茂宗，徽宗朝知潭州。

留題衡嶽觀

靈嶽峯前遊古觀，此中何別蘂珠宮。五雲仙客形皆異，十洞烟花景不同。鍊藥爐香金石氣，醮星壇冷薜蘿風。因聞大道修眞訣，咫尺三清路可通。南岳總勝集

李先輔

先輔，廬陵人。

題朱陵洞水簾

一片挂蒼崖，分明不惹埃。蹙成珠顆白，垂下水簾來。野燕飛難入，山風卷不開。聲聲去朝海，無意戀巖隈。南岳總勝集

蘇庠

庠字養直，澧州人，伯固之子。初以病目，自號眚翁。後徙居丹陽之後湖，更號後湖病民。紹興間，居廬山，與徐俯同召，不起。卒年八十餘。有後湖集。

鶴林玉露：紹興間，養直與徐師川同召，師川赴，養直辭。師川造朝，便道過養直，留飲甚歡。二公平日對弈，徐高于蘇。是日，養直拈一子，笑覷師川曰：「今日須還老夫下此一著。」師川有媿色。

清江曲

屬玉雙飛水滿塘，菰蒲深處浴鴛鴦。白蘋滿櫂歸來晚，秋著蘆花兩岸霜。扁舟繋岸依林樾，蕭蕭兩鬢吹華髮。萬事不理醉復醒，長占烟波弄明月。

苕溪漁隱叢話：東坡云：「此篇若置在太白集中，誰復疑其非也？」

後清江曲

層波渺渺山蒼蒼，輕霜隕木蓮葉黃。呼兒極浦下笭箵，社甕欲熟浮蛆香。輕帆淅瀝鳴秋雨，日暮乘流

自相語。一笛秋風萬事休，白鳥翩翩落烟渚。苕溪漁隱叢話

賦王文孺臞菴

王郎臞菴摩詰詩，烟花遶舍江遶籬。石渠東觀了無夢，筆牀茶竈行相期。古人已往不可作，甫里顧有今天隨。東鄰蟹舍肯著我，請辦蓑笠懸牛衣。

中吳紀聞：吳江王份字文孺，自號臞菴。嘗築圃于松江之側，買樹作址，計三百萬錢。圃成，極東南之勝，蘇庠詩云云。

前題

笛弄松江明月，蓑披笠澤歸雲。若道青霄快活，五侯何處如君？

浮天閣

玉蟾飛入水晶宮，萬頃琉璃碎晚風。詩就雲歸不知處，斷山零落有無中。

秋落空江動碧虛，黃蘆洲渚雁飛初。我來欲訪鴟夷子，爲挂西風十幅蒲。

平遠堂

柳外西風六幅蒲，野塘睡鴨對春鉏。如何喚得王摩詰，畫作江南烟雨圖。

吳郡志：臞菴在松江之濱，邑人王份有超俗趣，營此以居。圍江湖以入圃，故多柳塘花嶼，景物秀野，名聞四方。一時名勝喜遊之，皆爲題詩。圃中有與閑、平遠、種德及山堂四堂，烟雨觀、橫秋閣、凌風臺、鬱峨城、釣雪灘、琉璃沼、臞翁澗、竹廳、龜巢、雲關、缬林、楓林等處，而浮天閣爲第一，總謂之臞菴。份字文孺，以特恩補官，嘗爲大冶令，

歸休老焉。

送子經歸臨安

牛背行將老，鷗沙盟已寒。尊鱸付張翰，書札報任安。古學飽胸次，驚瀾翻筆端。西湖十頃月，留取醉時看。

宿飛來峯下

吳中未歷佳山水，湖上懷思去悃然。雲去雲歸兩峯寺，鷗飛鷗沒夕陽天。客愁官渡落花雨，歸夢下湖春水船。想得對牀成夜話，何須隴月向人圓。以上咸淳臨安志

題張公洞

銅官之南山復山，捫蘿絶壁苔蘚斑。只今何處可容足？乞我石房雲一間。毘陵志

德友近在咫尺乃不相過因成一詩

十日已吹梅信風，絶憐未許一尊同。喜君不減習主簿，媿我殊非龐德公。

德友求薝蔔花栽戲作小詩代簡

問訊雲蘿小隱家，剡藤醉墨半攲斜。酒餘落筆已殊絶，發興不須薝蔔花。

鐵網珊瑚：紹興中，建安徐謌跋云：蘇公隱丹徒，五召不起。周君德友主縣簿，願從之遊，文書往來，委曲如類。求之古人，未易一二也。

題塘埧山風漪軒

竹陰既疎明，流泉復清駃。佳響聞山泉，涼風澹然至。幽人此安禪，閱世一遊戲。何必周八埏，是中有能事。

至湖上

沙晚水痕碧，蕭蕭蒲葦秋。鴻飛遵遠渚，木落見滄洲。藤杖吟還倚，風帘行可休。有懷誰共語，暝色起林丘。以上鎮江府志

張彥智

句

兩岸更無通步路，四時常有避風船。

咸淳毗陵志：蔣三舍，在宜興縣西汧浰，四圍皆澤國。宣和間，張寶文彥智遇風寄宿，贈以詩，有句云云，和者盈卷。

薛然

答賈支使寄鶴

瑞羽奇姿踉蹌形，稱爲仙馭過蒼冥。何年厚祿曾居衞，幾世前身本姓丁。幸有遠雲兼遠水，莫臨華表與華亭。勞君贈我清歌侶，將去田園夜坐聽。合璧事類別集

楊軒

牡丹

楊妃歌舞態，西子巧讒魂。利劍斬不斷，餘妖鍾此根。光華日已盛，闌檻豈長存。寄語尋芳者，須知松

桂尊。合璧事類别集

鄭鋼

鋼，宣和中承議郎。

題資州東巖

巡轉得幽谷，雲巖屹相向。谽谺偃重簷，彎環依疊嶂。緬想融結初，鑱鑿自天匠。了無斧鑿跡，但覺盤根壯。深可數千尺，廣逾八九丈。洞穴既窈窕，松門亦昭曠。廓舍三千界，中列五百像。巨楠布幢蓋，翠蔓垂帷帳。木靈不知名，境幽或難狀。我時馳征軺，奔走倦塵鞅。獲此一段奇，欣然愜微尚。欲去興未闌，行行重回望。名勝志

宋詩紀事卷四十二

錢唐 厲鶚 輯
錢唐 許松 勘定

陳序

序字彥育，句容人。從蘇庠學詩，受知于浙漕向伯恭，邀與同行，妻以愛姬。姬，寇萊公玄孫也。伯恭聞于朝，授和州文學，終刪定官。有碧巖集。

遊鍾山題八功德水菴壁

寒騎瘦馬度山腰，目斷清溪第一橋。盡是帝王陵墓處，野風荒草暝蕭蕭。

十年塵土暗衣巾，亂走江鄉一病身。西第將軍成底事，北朝開府是何人？清波雜志

方千里

千里，官舒州簽判。

題眞源宮

萬歲丹霞府，千函藥笈書。時時瞻絳節，往往下雲車。近與剛風接，高連上帝居。登前望南岳，清蹕滿空虛。宋藝圃集

錢惟岳

曹娥碑

曹娥廟貌樹豐碑，千古行人誦色絲。苦恨當年題八字，不旌賢孝只旌辭。方輿勝覽

胡致隆

致隆字藏之，臨江人，自號蕭灘居士。父彥明，與山谷進士同年，故藏之以詩取知于山谷。無子，遺稾不傳。

題吳生畫桃源圖

王宰十日畫一石，左思十年賦三都。誰似今時吳道子，咄嗟能辦武陵圖。武陵不與人間隔，可憐舊日無尋覓。蒼蒼烟水只依然，試倩漁舟問消息。聲畫集

題瘞鶴銘

當年誰爲裹玄黃，潮打孤城草木荒。華表竟無新信息，斷碑空有碎文章。雲埋紫蓋峯何在，烟鎖青田路正長。遙想華亭披道氅，夜隨明月過錢唐。蘆浦筆記

星子樓

葛巾藤杖竹籧篨，靜夜江樓縱目初。海獸擎山出彭蠡，玉龍銜水下匡廬。三更雲盡猨啼露，十里月寒人捕魚。已問湖山借圭角，他年來此老樵漁。方輿勝覽

山谷坐上分題賦藕

平生冰雪姿，七星羅心胸。豈無有絲毫，上裨天子聰。而不自見達，胡爲乎泥中。沈痾正無賴，安得君從容。其子亦可憐，風味如乃翁。合璧事類別集

喜曹劉二從事見過

蕭蕭細雨鎖柴門，喜見風流二使君。俊逸萬春猶錄事，清新子建尙參軍。飄零世路詩千首，寥落江湖酒一尊。多病揚雄謝來往，暮年誰更可論文？詩林萬選

羅從彥

從彥字仲素，南劍州羅源人。從龜山遊，以累舉，恩授惠州博羅縣主簿。紹興初卒。學者稱豫章先生。淳祐間，諡文質。有集。

題一鉢菴

可憐萱草信無憂，誰謂幽蘭解結愁。欲得寸田荆棘斷，祇應長伴赤松遊。豫章集

熊蕃

蕃字叔茂，建陽人。宗王安石之學，長于吟詠。嘗作茶錄。

登金山

注海銀成壑，浮空玉作堆。鼇翻三島出，鷲駕一峯來。塔影波搖動，鐘聲潮拍回。猶嗟禪伯老，虛入妙高臺。金山志略

何麒

麒，張丞相商英外孫。

外大父丞相初登科爲雒縣主簿經攝垍窯鎭稅官留詩護國寺中令狐監征錄以見寄謹

再拜追和而記其後

傳翁遺墨賸咨嗟，四海當年尚一家。大老不爲今日用，小詩徒遣後人誇。興來思跨巴滇馬，歸去方乘下澤車。燕麥兎葵僧舍裏，何如夢得訪桃花。成都文類

虎丘

平地涌巖壑，棱層驚大雄。何曾遠人世，眞欲傍天宮。白虎威靈在，赤烏緣影空。生公能說法，音與塔鈴同。吳郡志

龍多山

世路聱牙赤水過，故升天險問龍多。書中舊識唐公昉，圖裏又聞馮蓋羅。方輿勝覽：在合州赤水縣北。按：唐孫職方樵龍多山錄，有至道觀，東有大池，即唐武后時放生池。中峯有唐鶖臺院，東有佛慧院，有萬竹，竹徑圍尺。有東巖，廣五十丈，多唐人刻字。又有靈山院，泉自巖出，瀦爲方池，大旱不竭。其山高明窈深，變態萬狀。有駕鶴軒，下視涪水如帶，烟雲出沒，山之偉觀也。圖經云：「廣漢人馮蓋羅，煉丹于此。晉永嘉三年，舉家十七人仙去。何麒詩云云。」

董嵒老

黃彥與從無逸求妻埋銘以硯謝之無逸邀予作歌

君不見昌黎翁，南遷益覺文章工。滑稽戲作毛穎傳，陶泓之族稱弘農。又不見東坡翁，生涯寄食破硯中。詆訶龍尾尊鳳咮，更誇丹石蒸赤紅。古來文士耽翰墨，十有八九坐此窮。怪君落筆妙言語，四壁

才堪蔽風雨。幾年結柳送奴星，文窮跳梁推不去。硯能窮人君不鄙，爾來諛墓得龍尾。緹巾什襲不妄觀，碑字三縑何足擬。玉堂視草乃稱之，只恐玄文似揚子。君誇此硯文似羅，奈君鹿裘帶索何。我雖忍窮亦好事，倘能搜句爲君歌。嗚呼魯公乞米家食粥，不費銀鉤寫珠玉。前賢小集拾遺

杜柬之

雲安玉虚觀南軒感事偶書

古觀久荒涼，寂然外人境。草木既榛蕪，風雨亦頽隕。我來一糞除，地淨窗爲冋。晨光散桐陰，夕照落柏影。置以六尺牀，度此三伏永。終朝饜清涼，半夜或淒冷。客至共浮瓜，睡餘獨煮茗。遥聞斗筲兒，爭奪沸蛙黽。街頭米十千，旱井費縻綆。對我脱粟盤，徐餐休衹鯁。

䔳梧值歲首，擢起青琅玕。其葉大如掌，其陰匀若攤。弱幹尋丈展，氣已雲霄干。期之四五載，定足容棲鸞。我老無定居，僦屋蝸螺跧。平生輞川宅，面勢胸中盤。何當遂誅茅，規庭十步寬。非無松栢堅，未易蒼龍摶。種此南窗下，醉眠風雨寒。

至自雲安題淨戒院

山口出雲鳩喚雨，三月巴山蒸溽暑。濁流來作虎眼文，一葉孤舟命如縷。道傍綠樹清陰涼，中有金仙古道場。去家纔餘二百里，且復看此青篔簹。出門滿目傷羈旅，歸舍還煎碎兒女。欲問闍黎借榻眠，卧對龕燈淡無語。麥芒焦，桑椹紫，田家夫婦忙欲死。蠶入蔟，麥登場，夫婦飽煖孰可當。道傍書生空有婦，不蠶而衣眞汝負。功名富貴老不來，書劍風塵一生誤。何時即買百株桑，身耕婦織策最良。董生

莫厭徵租吏，蘇子無由黑貂弊。

雲安下巖

濤江翻雪卷湖灘，晚泊巖扉暫解顔。夙有淨緣逢寺喜，老無生理伴僧閑。殘雲已斷獨飛雨，落日將沈卻照山。半夜秋聲驚客夢，一簾珠貝冷珊珊。以上全蜀藝文志

李祁

祁字蕭遠。尙書郎，謫監漢陽酒稅。

郎官湖春日

兩山收雨暗平沙，遮斷溪梅隔水花。留得烟林作圖畫，依稀松磴有人家。

空山玉蘂照瓊瑰，到處尋花共往回。欲識春風最奇處，試來同看雨中梅。

朦朧花影月黃昏，著意春風入酒痕。知是江梅喜佳客，倒垂花蘂照清樽。

十日春陰到水亭，水邊楊柳一時青。梅花過盡桃花惡，乞取山礬入淨瓶。能改齋漫錄

張師中

楓橋寺

吳門多精藍，此寺名尤古。距城七里餘，冠蓋日亭午。古巡通采香，遠岫對棲虎。巖扉橫野橋，塔影落前浦。霜樓鳴曉鐘，夕舸軋雙櫓。方丈中有人，學佛洞禪語。跡忙心已閑，道樂行彌苦。不爲喧所遷，意以靜爲主。何必深山林，峯巒繞軒戶。吳郡志

徐　忻

西清詩話：徐忻作詩，有唐人風氣。嘗和雪詩云：「著衣輕有暈，入水淡無痕。」

劍池

劍去池空一水寒，遊人到此凭闌干。年來是事消磨盡，只有青山好靜看。西清詩話

周　李

李字德紹，海陵人，燀之季父。

悅川碾茶

獨抱遺經舌本乾，笑呼赤脚碾龍團。但知兩腋清風起，未識捧甌春筍寒。清波雜志

晁載之

載之字伯宇，仕封丘丞。有封丘集。

晁公武郡齋讀書志：世父封丘府君，黄魯直薦于蘇子瞻云：「晁伯宇謹厚守文，從遊多長者，願一語教戒之。」子瞻答云：「晁伯宇詩騷，細看甚奇麗。信乎其家多異材也。」

感時事作

森森月裏栽丹桂，歷歷天邊種白榆。雖未乘槎上霄漢，會須沈網取珊瑚。

曲洧舊聞：政和以後，花石綱浸盛。晁伯宇有詩，人多傳誦。

昭靈夫人祠

殺翁分我一杯羹，龍種由來事杳冥。安用生兒作劉季，暮年無骨葬昭靈。能改齋漫錄

劉旦

旦，敞之孫，樞密奉世之子。

句

膺門昔忝登龍客，董墓今悲下馬人。

能改齋漫錄：劉仲馮樞密之子旦，能詩，傅康伯嘗薦之。旦後過公墓，賦詩，人多稱傳。

祖德恭

德恭字肅之，無擇弟提刑無頗之子。宣、政間待普州太守闕，寓居安陸。

致政張安卿承事挽詩

重歎張夫子，神襟遽弗寧。摧山傾嶽算，萎哲奄椿齡。舊室惟圖像，新阡但刻銘。何堪聽歌挽，埋玉在幽坰。祖龍學集附

翟望

望，汴京人。大父光圖，爲安定靖王教授。望年二十，喜讀騷經，寓詞蘅杜間。每水邊沙外，屬思幽放，人莫測其意。

寄言

洞簫吹兮春烟綠，風光粲兮人如玉。搴木蘭兮溯流波，懷彼美兮憂心若何。曹勛松隱文集

李 忞

忞字去言，公擇尙書猶子。

春晚

花瘦烟羸可奈何，不關渠事鳥聲和。無人掃地驚□□，分付輕紅上碧莎。墨莊漫錄

句

去國春城桃李花，楓林葉病倚天涯。今年九日風前帽，北客扁舟雨後沙。蒼黃避地小兒女，漂泊連牀老弟兄。紫薇詩話

晁貫之

貫之字季一。日琯按：朱弁風月堂詩話稱爲晁季一檢討，又云晁察院季一，蓋其歷官也。

春渚紀聞：晁季一生無他嗜，獨見墨丸，喜動眉宇。其所製銘曰「晁季一寄寂堂造」者，不減潘、陳。

句

草堂不見杜陵老，折得青松度水歸。訪杜師與不遇 紫薇詩話

晁謙之

謙之字恭道，居信州。紹興間，以敷文閣直學士知建康。

南巖

南巖夫何爲，山作天倚蓋。山南谽山複，飛頂壓其外。當空横廣額，架屋喉舌內。嘗聆釋氏說，仰覆各

世界。千間未可著，五畝良不隘。清冷氣射人，熱惱從此潰。崖奔木疎瘦，谷遠鳥幽怪。竭予與二子，高興偶相戒。松舟下清江，毛髮數蝦蟹。籃輿上峻嶺，幢節望杉檜。李侯勳門胄，文彩山作繪。趙君儒林孫，嫮美蘭結佩。不爲城府遊，繼此日于邁。寧知老逾拙，意在精力退。得居溪南山，食飲與山對。夔魖入奧突，雲雨出紳襘。顧此誠未逢，欣然與心會。彭湖兩崖蹙，泉作一綫霈。禪月古臺空，靈境自明晦。平生所驅使，詩酒俱好在。天涯得吾侶，物外從所快。便欲登赤城，一覿天宇大。廣信府志

章綍

綍字伯成，楶之子。終戶部郎中，權知揚州。

句

船尾淮山青未了，馬頭隋柳綠相迎。送龔校書　中吳紀聞

范季隨

季隨學詩于韓子蒼。有陵陽室中語。

南源寺

嬾逐兒曹載酒行，竭來蕭寺作清明。江湖萬里此身健，風雨一春今日晴。露地野花雙戲蝶，並湖烟樹獨啼鶯。挂冠神武何時見，只合深藏諱姓名。撫州府志

呂知止

知止，本中從叔。

絶句

彭澤有琴嘗無弦，大令舊物惟青氊。我亦四壁對默坐，中有一牀供晝眠。

初涼

西風吹木葉，庭戶作涼時。夜有愁人歎，寒先病骨知。以上紫微詩話

許彥國

彥國字表民，青社人。有詩集。

周邦彥云：寬平優游，中極物情，惜乎流落不偶，故世人知之者或寡也。

紫騮馬

黄金絡頭玉爲鞿，蜀錦障泥亂雲葉。花間顧影驕不行，萬里龍駒空汗血。露牀秋粟飽不食，青芻苜蓿無顔色。君不見東郊瘦馬百戰場，天寒日暮烏啄瘡。

秋雨歎

曰潞按：此詩宋藝圃集作許顗。

霖雨不出動隔旬，門外秋草長于人。江湖浩渺欲無岸，錦石最小猶生雲。微陽片月何曾見，只有荐苔昏筆硯。田家禾穗未暇悲，茅屋且爲螢火飛。以上宋文鑑

虞美人草行

鴻門玉斗紛如雪，十萬降兵夜流血。咸陽宮殿三月紅，霸業已隨煙燼滅。剛強必死仁義王，陰陵失道非天亡。英雄本學萬人敵，何須屑屑悲紅妝。三軍敗盡旌旗倒，玉帳佳人坐中老。香魂夜逐劍光飛，

凊血化爲原上草。芳心寂寞寄寒枝，舊曲聞來似斂眉。哀怨徘徊愁不語，恰如初聽楚歌時。滔滔逝水流今古，楚漢興亡兩丘土。當年遺事總成空，慷慨尊前爲誰舞？

苕溪漁隱叢話：冷齋以此詩爲曾子宣夫人魏氏作。余昔隨侍先君守合肥，嘗借得許表民家集，集中有此詩。又合肥老儒郭全美，乃表民席下舊諸生，云親見渠作此詩。今曾端伯編詩選亦列于表民詩中，覽者可以無疑，亦知冷齋之妄也。

采蓮吟

湖邊日落鴛鴦飛，羅衣香轉蘭舟移。蓮根斷處手滿絲，手滿絲，不能理；秋雲深，隔君子。

臨高臺

高臺跨崇岡，簷宇鎖空霧。新晴洗雙目，千里在跬步。霏霏漁浦烟，冉冉富春樹。風花不我私，何以理愁緒？誰疏白玉窗，中有浮雲度。浮雲吹不開，不見行人去。以上前賢小集拾遺

漁父

榮辱從來總不知，幾間茅屋對漁磯。江鷗散處夜無伴，荷葉老時秋有衣。後村千家詩

晚宿江漲橋

鳥徑青山外，人家苦竹邊。江城懸夜鎖，魚市散空船。岸靜涵秋月，林昏宿水烟。又尋僧榻臥，夜冷欲無眠。咸淳臨安志

葉大年

挽王學正偉

書劍當年遊上都，賢關蟲篆校諸儒。文華燦燦九苞鳳，俊氣駸駸千里駒。妙質競誰揮堊墁，白頭空此死樵蘇。遺編殘槀應猶在，搔首令人益歎吁。

遺文膾炙在吾鄉，賦罷誰能少薦揚。聲迹有妻先夢蝶，行藏無子付洴方。雲蘿烟蔓新泉宅，秋月春花舊野堂。交倡彩牋眞翰墨，幾人知爲寶巾箱。

中吳紀聞：王偉字康國，居太學，有聲。鄉人謂之王學正，識與不識，皆尊敬之。有堂名逸野，以累試不利，日遊適其中，讀書自娛。其持身治家，鄉中率以爲法。生平無子，王氏舉族祀之不絕。葉大年挽之云云。

李遠

遠字器之。

僕久客錢唐有吹笛月下者同旅聞之淒然皆有歸思屬令賦之

柯亭之椽不復得，蘄州黃竹今尙存。蒼崖翠壁產修幹，千頃蕭索烟雲昏。羌人眼力發天巧，長笛裁成鳳膺飽。老龍餘響出空星，欲噴炎天作秋曉。西湖夜寂涼風生，山頭一鉤新月明。商聲悽悲羽聲壯，行子忽忽難爲情。時無綠珠淸音激皓齒，野王臨風三弄亦已矣。唯有愁端無古今，舉刀不斷東流水。深閨蘭燈照空牀，笛聲不如離恨長。曲終人散一惆悵，回首江山非故鄉。萬事浮雲過寥廓，且醉杯中琥珀薄。君不見玉管橫吹黃鶴樓，江城五月梅花落。前賢小集拾遺

陳君嚮

絶句

無情今古垂楊岸，客舍不禁風絮亂。佗年若解拂人頭，只恐青青顔色換。陶朱新録：君嚮少年在京，悦一小鬟作。

李若水

若水，本名若冰，欽宗賜名若水，字清卿，曲周人。靖康初，以上舍登第，由太學博士歷吏部侍郎。京師陷，從欽宗幸金營，不屈死之。建炎初，贈觀文殿學士，謚忠愍。有集。

靖康小雅：靖康之難，死節之士，公爲第一。弔之詩曰：「烈烈李公，實備全德。義動幽冥，氣貫金石。扈蹕虜營，爰定忠烈。杞人之憂，廢立大厄。公挺不顧，二酋面叱。勇甚雷霆，天地動色。命輕鴻毛，名高斗極。燎原之火，不變藍璧。滔天之溺，砥柱獨立。死得其所，震耀方册。」

奉使太原途中呈王坦翁副使

舊持漢節媿前人，消息傳來苦不眞。五鼓促回千里夢，一官妨盡百年身。關山吐月程程遠，詩界含秋句句新。孤館可能忘客恨，脱巾聊進一杯春。三朝北盟會編

衣襟中詩

胡馬南來久不歸，山河殘破一身微。功名誤我等雲過，歲月驚人和雪飛。每事恐貽千古笑，此心甘與衆人違。艱難唯有君親重，血淚斑斑染客衣。能改齋漫録

化成巖

翠石黏雲溼，寒巖帶蘚深。樹函懷古意，水印讀書心。經濟神猶在，幽棲逕可尋。青氈吾舊物，税駕卧山陰。江西通志

句

東風無迹秀芳草，野鳥不言銜落花。一庭鳥跡天書怪，八尺簟紋人字寒。蛩聲千里暮，雁影一天秋。合璧事類後集

毛寶

寶字文友。靖康元年，以朝請大夫、延康殿學士知杭州。

冷泉亭詩 并序

昔人以爲冷泉未極其妙，因加小亭。然冷然水光，滃然山翠，以故去者過半。予以謂不必加工，但去其尤贅者，斯善也。如明鏡而加繢畫，非不美好，所以爲清明者逝矣。拂拭菑翳，舊觀復還。

面山取勢俯山中，亭外安亭自蔽蒙。眼界已通無礙物，胸中陡覺有眞空。試尋櫓響驚時變，洞中事卻聽猨啼與舊同。白猨事萬事須臾成壞裏，我來閱世一初終。咸淳臨安志

富直柔

直柔字季申，弼之孫。以父任補官。靖康初，賜進士出身。高宗朝，累除同知樞密院事，提舉洞霄宫。

題萬象亭 并序

燕堂後本登覽勝處，窘于短垣叢薄中，未見識拔。觀文葉公政成之暇，命鑿垣築臺，建亭其上，遂爲一府面勢殊特之觀。落成有日，謹賦拙詩，少見欣快之意。

堂後山川面面通，向來奇觀窘蒿蓬。元戎小試經綸手，萬象都歸指顧中。雨罷卷簾憑爽氣，酒酣極目送飛鴻。明年鳳閣鸞臺上，好寄新詩下北風。淳熙三山志

鄧肅

肅字志宏，沙縣人。欽宗朝，召對，補承務郎。張邦昌僭位，奔赴南京，擢左正言，罷歸家居。紹興三年卒。有栟櫚集。

花石詩

蔽江載石巧玲瓏，雨過嶙峋萬玉峯。艫尾相銜貢天子，坐移蓬島到深宮。

浮花浪蘂自朱白，月窟鬼方更奇絕。繽紛萬里來如雲，上林玉砌酣春色。

皇帝之圃浩無涯，日月所照同一家。北連幽薊南交趾，東極蟠木西流沙。

安得守令體宸衷，不復區區踵前蹤。但爲君王安百姓，圃中無日不春風。栟櫚集

宋史本傳：肅少入太學，時東南貢花石綱，作詩十一章，言守令搜求擾民。用事者見之，屏出學。欽宗嗣位，召對便殿，補承務郎。

寄朱韋齋

歸帽納毫眞得策，要錢留帶計還疎。公如買菜苦求益，我已忘腰何用渠。閉戶羽衣聊自適，推窗柿葉對人書。帝都聲價君知否？寄付新傳折檻朱。

陸文裕溪山餘話：韋齋觴客，栟櫚以冠帶寓之，醉起，韋齋曰：「留以質紙筆。」明日如約，韋齋受筆還冠；而以紙少，留帶，曰：「儻無千幅，終不還。」故栟櫚爲寄此詩。前輩風流調笑，藹藹如此。

曾如驥

如驥，泰和人。爲寶慶通判，死金兵之難。建炎改元，贈敷文閣待制，謚忠愍。

題考功印紙

謹將節義二字，結果印紙一宗。了卻神遊何處，澄江明月清風。

豫章詩話：金兵薄寶慶，通判泰和曾公如驥遣弟如駿歸曰：「吾旣以身許國，不得顧先人宗祀矣。汝其圖之。」涕泣與別。復取考功印紙，題其上云云。澄江，指泰和故鄉也。事亟矣，書舍生取義一章于壁，以明己志。城將陷，左右請迎降，公叱之，登子城，投資江死。郡人義而斂厝之。明年，建炎改元，太學生上書敍其功。

何迂叟

迂叟字次仲，黄州人。

遊赤壁和答韓子蒼

兒時宗伯寄吾州，諷誦高文至白頭。二賦人間眞吐鳳，五年溪上不驚鷗。盤嘗見水人猶怒，鵲有危巢孰敢留。珍重使君尋故跡，西風悵望下城樓。

能改齋漫錄：東坡謫居于黄五年，赤壁巨鶻，棲于喬木之上。後賦所謂「攀栖鶻之危巢，俯馮夷之幽宫」是已。韓子蒼靖康中守黄州，三月而罷。因遊赤壁，而鶻已去，作詩示何次仲迂叟，次仲和答。

王以寧

以寧字周士，湘潭人。由太學生仕鼎澧帥幕。靖康初，徵天下兵，以寧走鼎州，乞師解太原圍。建炎中，以宣撫司參謀制置襄鄧。有詞一卷。

道中聞九里香 即木犀花，湖南呼九里香。

不見江梅三百日，聲斷紫簫愁夢長。何許緑裙紅帔客，御風來獻返魂香。墨莊漫錄

句

人情千里白頭浪，世事幾番黄葉風。和人　苕溪漁隱叢話

熊彦詩

彦詩字叔雅，安仁人。靖康中太學博士。

三朝北盟會編：自帝蒙塵，虜人館于齋宫，日遣蕭慶須索城中物。校書郎劉才邵、傅宿，國子監主簿葉將、博士熊彦詩、上官悟等五人，押經書印板并館中圖籍，往營中交割。

屏山夜雪 和劉彦沖潭溪四景之一

夜深寒妥帖，前村人斷絶。何許小茅茨，開門滿山雪。翰墨大全

司馬朴

朴字文季，溫公之姪孫。以外祖范純仁恩補官。欽宗時，爲兵部侍郎，以奉使見留。金人挾以北去，居于祁陽，授以官，不可，竟握節而死。高宗贈兵部尚書，謚忠潔。

無餘居士齋壁有沈傳師遊道林岳麓詩石刻穆仲等和之因亦次韻

湘西勝景豈易論，羣山騰闖萬里奔。鶴泉一麓鶱鵬噣，松風十里藏祇園。當時侍御偶題寫，筆力孰敢爭榮尊。東京少年妙詞藻，南陽舊族齊陰樊。天心月脇出奇語，使我展讀忘朝昏。差差戈劍隱一敵，落落旗鼓嚴千屯。無餘居士勵幽志，細研六藝方專門。凍肝嬌兒慣腸莧，啼飢瘦婦餘淚痕。唯君德義允相愜，每窮道妙角與根。他人勸酒逐驚魂，二子頻酌勤空樽。醉中詩成渺江海，風外帆影徒飛翻。卷藏篋笥何戢戢，風生襟袖何軒軒。嗟乎我亦有餘腐，陋哉羊政因華元。中州集

句

積雪日出杲，雪飛梅已殘。朋遊要及時，閣鄰有遐觀。乘此蕪穢平，快覽天宇寬。霽色混銀界，曠望連江干。山如白毫相，混溢清揚端。一氣轉浩渺，萬里皆瀰漫。優哉賦梁苑，想像排廣寒。

中州集：文季工書翰，有晉人筆意。興陵萬機之暇，嘗購其遺墨學之。有雪霽同韓公度登圓福寺閣和李效之詩，今略載于此云云。此下不可讀，當俟善本考之。

季炳

炳號寄菴。

弔危翁一

南鄉老人危翁一，歲晏雨晴扶杖出。驚聞二帝塵再蒙，歸闔柴門哭三日。眼空愁絶聲遂止，里人唁翁翁死矣。凛然生氣申包胥，萬古千秋葬忠義。

邵武府志：危翁一，光澤人，家貧業樵。聞二帝北狩，哭三日，骨立而死。季寄菴以詩弔之。

余淳禮

淳禮，靖康丙午海康令。

題遺直軒

二蘇翰墨仙，同謫百蠻裏。時有田舍翁，結茅住行李。邇來三十年，聞名輒掩耳。天定能勝人，稍復蒙料理。公卿尋斷編，臺隸藏敝屣。敗屋亦見修，變故乃如此。開軒畫遺像，凛凛有生氣。卻恨封德彝，不見盛時死。兄弟對牀眠，此意孤一世。騎鯨儻相逢，笑人眞好事。

廣東通志：海康城南吴國鑑館蘇子由之所。時子瞻亦謫儋耳，同處月餘。靖康丙午，令余淳禮買地開軒，繪二公像于中，且賦詩。

顔博文

博文字持約，德州人。靖康初，官著作佐郎。金人立僞楚時，充事務官，草勸進表。南渡初，竄澧州，移賀州死。

清河書畫舫：顔持約晚有鄭虔之貶，作山水，横看頗有清致。在五羊賣畫自活，竟死瘴鄉。

末利花

竹梢脫青錦，榕葉隨黃雲。嶺頭暑正熯，見此莩綠君。欲言嬌不吐，藏意久未分。最憐月初上，濃香夢中聞。薾然六曲屏，西施帶微醺。叢深珊瑚帳，枝轉翡翠裙。譬如追風騎，一抹萬馬羣。銅瓶汲清泚，聊復爲子勤。願言少須臾，對此髯參軍。

墨莊漫錄：末利，嶺外人或云抹麗，謂能掩衆花也。顏持約謫官嶺表時，作詩云云。

題李叔班山水橫卷

青山爲誰高，影壓三百里。竹深已迷橋，荷密半藏水。區區名利人，坐瞑眞可鄙。慨想雲屋中，恐是古君子。

通江石泉滑，崩崖朝雪重。牧兒心苦飢，牛寒挽不動。誰人倚長松，胸有九雲夢。西風吹屋動，一笑無與共。後村詩話

王希深合和新香烟氣清灑不類尋常可以爲道人開筆端消息

玉水沈沈影，銅爐裊裊烟。爲思丹鳳髓，不愛老龍涎。皁帽眞閑客，黃衣小病仙。定知雲屋下，繡被有人眠。香譜

宋齊愈

齊愈字文淵。靖康初，官諫議大夫。建炎初，以推舉僞楚論死。

絕句

向來松檜喜無恙，坐久復聞南澗鐘。隱隱修廊人語絕，四山滴瀝雪鳴風。

宮詞

禁城春水碧溶溶，洗出桃花萬片紅。葉上細看無一字，始知無女怨春風。

睢陽道中

竹溪噎絶雨纔通，無數深紅間淺紅。山店落英春寂寂，青旗吹盡柳花風。以上能改齋漫錄

張激

激字達明，舒州人。靖康初，官監察御史。建炎南渡，至尚書右丞，寓居臨川。有澹巖集。

源潭

露㯳依灘急，霜飈入鬢凊。秋痕到晴樹，江勢擁孤城。野鶴疑仙羽，檣烏伴水程。故園千嶂外，白首不勝情。撫州府志

仰山

蕭寺藏幽谷，谿流燕尾分。松蘿諸澗合，鐘鼓上方聞。寶塔開晴日，龍潭隔暮雲。躋攀窮勝境，猨鶴似爲羣。袁州府志

賀允中

允中字子忱。靖康中爲郎中。紹興中，拜參知政事。

李伯紀丞相挽詩

已矣經邦業，茫然造物心。人生固有定，天意頗難諶。此日嗟亡鑑，當年用作霖。吾皇方願治，十事想

遺箴。梁溪集附

李儔

儔，汴京留守。靖康間陷于金。

挽張忠文公叔夜

命世文章伯，鴻樞柱石臣。殞身因衛社，嗣德豈無人？丹旐西原路，輀車萬里春。一門蒙待遇，徒有淚霑巾。

雲麓漫抄：張忠文公叔夜稽仲，靖康間以南道總管知鄧州，首提兵勤王。以不推戴異姓，取過軍前。既議和，傳到訃音，云：「靖康丙午閏十一月內提兵夾安上門，除簽書樞密院，在國子監街東陶潛園子內住。十二月二十五日，京城破，以不推戴異姓，取過軍前。丁未年三月二十七日，離京北去，道中不食，至白溝，或曰：『過界河也。』仰天大呼，遂不復語。明日薨在易州孤山寨，五月十六日也。擡三程，遂火化。第六子仲熊，字慈甫，隨行祭祀。丁巳年十一月十八日，到東京相國寺慧林禪院，後于天壽院前幕士馮直家下。戊午年十月十七日，葬于陽翟縣旌忠功德墳寺，及錄到挽詩四首。」

上官仲恭

句

君不見喬木參天獨樂園，至今猶是溫公宅。

朱子語類：蔡京父子，在京城之西南坊對賜甲第四區，極天下土木之工，一曰太師第，乃京之自居也；二曰樞密第，乃攸之居也；三曰駙馬第，乃絛之居也。攸妻劉，乃明達、明節之族，有寵而二劉不能容，乃出嫁攸，權寵之盛，亞之京、攸。四第對開，金碧相照。嘗見上官仲恭詩一編，其間有城西曲，言蔡氏侈奢敗亡之事，最爲豪健，末句云云。仲恭乃上官彦衡之子也，惜其詩不行于世。

呂渭老

渭老字聖求，嘉興人。宣、靖間朝士。

有感

塵斷征車杳，雲低毳帳深。古今那有此，天地亦何心。檇李詩繫

宋詩紀事卷四十三

錢唐　厲鶚　輯
錢唐　汪啓淑　勘定

朱弁

弁字少章，徽州婺源人。建炎初，授修武郎，借吉州團練使。副王倫使金通問，被拘凡十九年。紹興十三年，始與洪皓、張邵南歸，易宣教郎，直祕閣，主管佑神觀，卒。有聘遊集、輶軒唱和集、曲洧舊聞、風月堂詩話行世。

宋史本傳：弁留金，王倫先歸，以弁奉送徽宗大行之文爲獻。其辭有曰：「歎馬角之未生，魂消雪窖；攀龍髯而莫逮，淚灑冰天。」帝讀之感泣。

北人以松皮爲菜予初不知味虞侍郎分餉一小把因飯素授廚人與園蔬雜進珍美可喜因作一詩

吾老似出家，晚悟媿根鈍。滋旨卻羶葷，禪悅要親近。偉哉十八公，茲道亦精進。舍身充刀几，割體絕嗔恨。鱗皴老龍皮，鳴齒溢芳潤。流膏爲伏龜，千歲未須問。便堪奴筍蕨，詎肯友芝菌。跏趺得一飽，萬事皆可擯。侍郎文懿後，落落衆推俊。濟然世味薄，內典得所信。香廚留淨供，頻食不言頓。宴然默不語，草木雷音震。得法於此公，骨髓傳心印。應憐持節人，餉此爲問訊。欲將無上味，爲我洗塵坌。食之不敢餘，感激在方寸。

予以年事漸高氣海不能熟生暖冷旅中又無藥物遂用火攻之策灼艾凡二百壯吟呻之際得詩二十韻

不作漳濱臥，年侵氣血衰。據鞍思少壯，攬鏡歎清羸。有病方求艾，無營莫問蓍。心知出下策，理勝遇中醫。陽燧神逾速，銅仙術盡施。論功鄙炮製，取穴辨毫釐。火帝恩光異，炎官績用奇。書螢比差似，珠蟻迫方知。忖物嗟炮鼈，觀形笑灼龜。煙微初炙手，氣烈漸鑽皮。閉目書徒展，支頭枕屢移。發狂還自哂，賈勇僅能支。宋鵲追風日，吳牛喘月時。忠言勞緩頰，善謔爲開眉。服氣工夫遠，燒丹歲月遲。衛生防後患，伐性釋前疑。展轉那成夢，呻吟且當詩。因心念民瘼，出位歎身卑。欲已七年病，當從百世師。保身將保國，未可廢箴規。

元夕有感

朔雪餘千里，東風徧九州。關河中土異，燈火上元愁。綠蟻嘗新釀，青貂戀故裘。紫姑無問卜，世事正悠悠。

炕寢三十韻

風土南北殊，習尚非一躅。出疆雖仗節，入國暫同俗。淹留歲再殘，朔雲滿崖谷。禦冬貂裘敝，一炕且跧伏。西山石爲薪，黝色驚射目。方熾絕可邇，將盡還自續。飛飛湧玄雲，焰焰積紅玉。稍疑雷出地，又似風薄木。誰容鼠棲冰，信是龍銜燭。陽曦助喘息，未害搖空腹。惠氣生袴襦，仍工展拳足。豈惟脫膚鱗，兼復平體粟。負暄那用詫，執熱定思沃。收功在歲寒，較德比時燠。雖餘炙手焰，寧有爛額酷。矧當凝沍晨，炎帝獨回轂。玄冥眞退聽，祝融端可錄。嗟予亦何者，萬里歌黄鵠。偃仰對窗扉，妍暖謝衾褥。壯懷羞竈媚，晚悟笑突曲。因思墮指人，暴露苦皸瘃。頻年未解甲，蹈此鋒刃毒。遙知革輅中，旰食安豆粥。陪臣將命來，意懇誠亦篤。有奇不能吐，何術止南牧。君心想更切，臣罪何由贖。此身雖自溫，此志轉煩促。論武貴止戈，天必從人欲。安得四海春，永作蒼生福。聊擬少陵翁，秋風賦茅屋。

客懷

兵氣常時見，客懷何日開？形骸病自瘦，鬢髮老相催。已負秦庭哭，終期漢節回。風雷識我意，一雨洗氛埃。

白髮

白髮使車前，煙波思渺然。霜清穫稻日，風急授衣天。客館但愁坐，釣舟誰醉眠。乘槎會有便，眞到斗牛邊。

劉善長出示李伯時畫馬圖

俯首舉尾拳一蹄，掣韁欲嗅驕不嘶。奚官聳肩兩足垂，意貌自與造父齊。雞目麟鬐鳳凰臆，玉山禾遠未容食。籋雲追電有餘地，置之畫圖人豈識？精神權奇孰可班，當在白兔青龍間。君知此馬從何來？龍眠胸中十二閑。

謝崔致君餉天花

三年北饌飽羶葷，佳蔬頗憶南州味。地菜方爲九夏珍，天花忽從五臺至。崔侯胸中散千卷，金甌名相傳雲裔。愛山亦如謝康樂，得此擷歸豈容易。應憐使館久寂寥，分餉明明見深意。堆盤初見瑤草瘦，鳴齒稍覺瓊枝脆。樹鷄溼爛慚叩門，桑蛾青黄漫趨市。赤城菌子立萬釘，今日因君不知貴。乖龍耳僅免一割，沙門業已通三世。偃戈息民未有術，雖復加飡祇增媿。雲山此去縱不遠，口腹何容更相累。報君此詩永爲好，捧腹一笑萬事置。

送春

風煙節物眼中稀，三月人猶戀褚衣。結就客愁雲片段，喚回鄉夢雨霏微。小桃山下花初見，弱柳沙頭絮未飛。把酒送春無別語，羡君纔到便成歸。

攄抱

客滯殊方久，山園絶塞深。秋風入横笛，夜月傍霑襟。造膝他時語，捐軀此日心。飛霜滿明鏡，髮短不勝簪。

李任道編錄濟陽公文章與僕鄙製合爲一集且以雲館二星名之僕何人也乃使與公抗衡獨不慮公是非者紛紜於異日乎因作詩題於集後俾知吾心者不吾過也庚申六月丙辰江東朱弁書

絶域山川飽所經，客蓬歲晚任飄零。詞源未得窺三峽，使節何容比二星。蘿蔦施松慙弱質，蒹葭倚玉怪殊形。齊名李杜吾安敢，千載公言有汗青。濟陽公，謂宇文叔通。叔通受官，而少章以死自守，恥用叔通見比，故此詩

以不敢齊名自詫。至於害年爲庚申，與稱江東朱弁者，豈亦有深意云。以上中州集

句

平生所愛曾莫倦，天遣花王慰吾願。姚黄三月開洛陽，曾觀一尺春風面。謝苑祖平朝散惠姚花　曲洧舊聞

陳東

東字少陽，鎮江丹陽人。以貢入太學。欽宗時，率其徒伏闕上書，論蔡京、王黼等誤國姦狀，又上書請留李綱。高宗卽位，召至行在，上書乞罷黄潛善、汪伯彥。會布衣歐陽澈亦上書言事，潛善遽以語激怒高宗，與澈同死于市。越三年，高宗感悟，贈東承事郎。紹興四年，加朝奉郎、祕閣修撰。有盡忠錄。

戴埴鼠璞：靖康中，孫覿論太學生陳東誘衆伏闕爲亂；建炎中，黄潛善竄東極刑。覿、潛善不足道也。張魏公亦奏胡珵筆削東書，欲使布衣挾進退大臣之權，幾至召亂，遂以諷諭狂生，規摇國是，將珵追勒編置。或謂魏公乃潛善客，珵則李綱客也，因借此去之。公爲一代人物宗主，亦復有此失。高宗特以靖康之鬨爲懼，不欲伏闕，卻不以言罪人。他日贈東官，祭東墓，瞻其家而官其後，以生前布衣，爲身後法從，于東亦無憾。嘗曰：「朕卽位，聽用非人，至今痛恨之。贈官推恩，未足稱朕悔過之意。死者不可復生，追痛無已。」聖心惻怛如此，予深爲魏公惜之。

與虞章舜卿二表弟季明游兼勝亭有作

野曠湖山遠，林深松竹幽。舊題看壁立，前事逐萍浮。荏苒荒三逕，依稀度九秋。故人應念我，雅會莫遲留。

與士繇遊金山翌日分袂

早別金山恰曉鐘，離帆分破一江風。瓜洲渡口波聲遠，後夜相思明月中。以上盡忠錄

句

飛廉四下酆都獄，急使飛雪作水流潺潺。東方出日還照耀，坐令和氣生人寰。大雪在太學作　梅磵詩話

歐陽澈

澈字德明，撫州崇仁人。建炎初，徒步走行在，伏闕上書，請誅汪、黄等，與陳東俱死于市。紹興中，贈祕閣修撰。有飄然先生集。

秋試下第有感

籬菊金英歎異香，杜門岑寂獨持觴。風掀脱葉横斜舞，雲襯平林淺淡黄。塞管有情增哽咽，野花無緒伴凄涼。不禁景物撩秋眼，剩與新篇付錦囊。

重游寥陽洞有感

尋眞曾到寥陽殿，小立廊腰花影轉。飛瓊仙子下瑶臺，綽約雲鬟眼波剪。水沈煙斷一簾秋，醉睡海棠紅玉輭。武陵歸去探年華，揚州夢覺江波遠。重來風物恰依然，愛日融融素煙卷。洞門寂歷鎖長春，異木槎枒插天牛。霞衣冉冉媚東風，緑瑣窗前重識面。酒酣春筍理琵琶，曲終依約含幽怨。人間名利幾時休，馬蹄不駐空留戀。桃花流水古猶今，回首碧雲人不見。

戲促朝宗酒約

雨收雲海湧金盆，簾卷香絲破篆紋。雙陸無心酬白璧，十千有約醉紅裙。哦詩誤許聯師服，載酒眞當過子雲。待遣秋娘呈妙舞，春衫已把水沈熏。

臨溪弱柳

柳弄嬌黄暖律催，臨溪約略笑殘梅。鴨頭春水回環綠，龜甲屛山掩映開。媚日依依籠霧閣，搖風裊裊拂煙桅。柔絲恨不同攀折，獨立江皐首重回。

曉發吳城山

風掃陽侯雪陣平，雨催摩詰畫圖成。氣呑浦溆重林盡，秋著江湖去鳥明。厚祿故人無一字，長年三老伴餘生。會須滿意開懷抱，到眼廬山不世情。以上飄然先生集

曲端

端字平甫，一字師尹，鎭戎軍人。建炎初，累官威武大將軍，涇州防禦使。爲張浚所忌，誣以反，下恭州獄，糊其口，熁之以火，乾渴求飲，予以酒，九竅流血死。

三朝北盟會編：張浚旣失全陝，退保蜀中，復欲用曲端。王庶曰：「不可。富平之戰，宣撫與曲端有勝負之約，今日宣撫以何面目見端？」吳玠亦懼端之嚴明，乃書「曲端謀反」四字於手心。浚雖有殺端之意，而未有罪。庶等曰：「曲端作詩題柱，有指斥乘輿之意，曰：『不向關中興事業，卻來江上泛漁舟。』此其罪也。」浚乃送端萬州羈管，復令恭州取勘。康隨先在鳳翔遭端決背一百，浚以康隨爲提點刑獄公事。端聞之曰：「吾其死也！」呼天者數聲。端有馬名鐵象，日馳四百里，惜之過於子息，連呼「鐵象可惜」者又數聲。旣死，不旬日鐵象亦斃。

蜀中作

破碎江山不足論，何時重到渭南村？一聲長嘯東風裏，多少未歸人斷魂。賓退錄

鶴林玉露：曲端在陝西，甚有威望，張魏公宣撫擢用之。金人萬戶婁室與撒離曷等寇邠州，端擊敗之。至白店原，又大敗之。撒離曷乘高望師，懼而號哭，金人因目之爲「啼哭郎君」。後以端恃功驕恣，廢不用；又懼其得士心，竟殺之。自端之死，衆心稍離。金人再戰于富平，我師詐張端旗以懼敵。婁室知端已死，撫掌笑曰：「何紿我也！」于是盡銳力攻，我師敗績。自是陝西非我有矣。宋淳熙間，高廟配享，洪景盧擧此爲魏公罪，迄不得侑食。昔孔明斬馬謖，已爲失計，魏公襲其事，幾于自壞萬里長城。至于詐張端旗，大爲拙謀，徒足以召敵人之笑，沮我師之氣。且端亦知書，嘗作詩云：「破碎山河不足論，幾時重到渭南村？」昔人詩：「欲挂衣冠神武門，先尋水竹渭南村。」卽此事也。

岳　飛

飛字鵬擧，相州湯陰人。宣和間，應眞定宣撫募，累立戰功。南渡，歷少保、河南北諸路招討使，進樞密副使，封武昌郡開國公，罷爲萬壽觀使。爲秦檜所陷，殞大理寺獄。淳熙六年，賜謚武穆。嘉定四年，追封鄂王。淳祐六年，改謚忠武。有集。

題鄱陽龍居寺

巍石山前寺，林泉勝境幽。紫金諸佛相，白雪老僧頭。潭水寒生月，松風夜帶秋。我來屬龍語，爲雨濟民憂。

池州翠微亭

經年塵土滿征衣，特特尋芳上翠微。好水好山看不足，馬蹄催趁月明歸。以上岳武穆王集

題青泥市寺壁

雄氣堂堂貫斗牛，誓將眞節報君讎。斬除頑惡還車駕，不問登壇萬戶侯。

賓退錄：紹興癸丑，岳武穆提兵平虔吉羣盜，道出新淦，題詩青泥市蕭寺壁間。淳熙間，林令梓欲摹刻于石，會罷去不果，今寺廢壁亡矣。其孫類家集，惜未有告之者。

雩都華嚴院

手持竹杖訪黃龍，舊穴空遺虎子蹤。雲鎖斷崖無覓處，半山松竹撼秋風。贛州府志

題池州翠光亭

愛此倚欄干，誰同寓目閑。輕陰弄晴日，秀色隱空山。島樹蕭騷外，征帆杳靄間。予雖江上老，心羨白雲關。清河書畫舫

毛國英

國英，衢州人。

投岳侯

鐵鎖沈沈截碧江，風旗獵獵駐危檣。禹門縱使高千尺，放過蛟龍也不妨。

娛書堂詩話：毛國英，澤民之從子也，以詩自鳴。嘗經岳侯駐兵之地，江禁方嚴，國英投詩云云。侯曰：「詩人也，委

舟以渡之。」

李易

易字順之，江都人。建炎二年，高宗駐蹕維揚，策進士爲第一。授簽書江陰軍判官。紹興元年，爲太常博士，轉工部員外郎，爲太常少卿，遷中書舍人，改直祕閣，知揚州，官至敷文閣待制，提舉江州太平觀，卒于秀州。

貴門卜築

亂後亦擇居，筮山山輒許。居民百餘家，喜甚手欲舞。云久聞公名，此幸殆天與。感茲鄉重意，時節共雞黍。剡川非沃野，地僻民更窶。趁時務擷茗，餘力工擣楮。寡婦念遺秉，汚池憐數罟。我欲教耦耕，盡力循南畝。桃杏種連山，深居可長處。東鄰有節士，酒酣乃發語。公昔起布衣，高誼掩前古。親擢類平津，洪見逢眞主。兩宮佇六飛，萬乘思一舉。交侵正倔強，蠭起竝旁午。浩然公獨歸，偶出寧有補？默塞復何言，長歎汗如雨。

剡溪幽居

勝絕剡溪邊，巢枝度半年。燕回銜落絮，魚涌接飛泉。丹鼎山頭氣，茶爐竹外煙。幽居已成趣，佳致若爲傳。以上剡錄

竹西懷古

淮南昔繁麗，富庶天下稱。管弦十萬戶，夜夜鬧喧騰。不徒竹西寺，歌吹相豪矜。一朝烽火急，廛市爲

溝塍。風月無歡場，睥睨皆射堋。荒荒野月白，照地如寒冰。自從晝江守，歲歲輸金繒。蕭條閭井間，水旱又頻仍。我來經故里，日暮此一登。隋唐條已往，遺跡幾廢興。江山極蒼莽，望之涕沾膺。揚州府志

俞處俊

處俊字師郝，新淦人。登建炎龍飛乙科，未及仕而卒。

傷春

黏天芳草綠蒙茸，久客傷心望不窮。山色自隨人遠近，鶯聲只在水西東。

搜春

千林欲暗稻秧雨，三月尚寒花信風。九節老筇應不惜，步隨流水看殘紅。以上合璧事類前集

句

叫月子規喉舌冷，宿花蝴蝶夢魂香。獨醒雜志

胡銓

銓字邦衡，廬陵人。建炎二年，進士甲科。紹興五年，以賢良方正薦除樞密院編修官。抗疏詆和議，累謫吉陽軍。孝宗朝，歷權中書舍人，兼國子祭酒，權兵部侍郎，以資政殿學士致仕。卒謚忠簡。有澹菴集。

鶴林玉露：胡澹菴十年貶海外，比歸，飲於湘潭胡氏園，題詩云：「君恩許歸此一醉，傍有梨頰生微渦。」謂侍妓黎倩也。後朱文公見之，題絕句云：「十年浮海一身輕，歸對梨渦卻有情。世上無如人欲險，幾人到此誤平生。」

瀛奎律髓：紹興十八年，新州編管人胡銓，移吉陽軍編管。先是，廣東經略使王鈇問知新州張棣曰：「胡銓何故未過海？」銓嘗賦詞云：「欲駕巾車歸去，有豺狼當轍。」棣奏銓倡和毀謗，而有是命。棣選使臣游崇，部封送小項筒過海，銓徒步赴貶，人皆憐之。至雷州，守臣王趯捕游崇私茗械治，厚餉銓。趯後亦得罪。

雷州和朱彧秀才詩時欲渡海

何人著眼覷征驂，賴有新詩作指南。螺髻層層明晚照，蜃樓隱隱倚晴嵐。仲連蹈海徒虛語，魯叟乘桴亦謾談。爭似澹菴乘興往，銀山千疊酒微酣。澹菴集

到瓊州和李參政

落網從前一念斜，崖州前定復何嗟。萬山行盡逢黎母，雙井渾疑似若邪。行止非人十年夢，廢興有命一浮家。此行所得誠多矣，更願從今泛北槎。

貶朱崖行臨高道中買愁村古未有對馬上口占

北往長思聞喜縣，南來怕入買愁村。區區萬里天涯路，野草荒煙正斷魂。以上方輿勝覽

題自畫瀟湘夜雨圖

一片瀟湘落筆端，騷人千古帶愁看。不堪秋著楓林港，雨闊煙深夜釣寒。梅磵詩話

題畫扇

誰向生綃白團扇，畫將羈客攧征鞍。南遷萬里知前定，壁上崖州莫怕看。

陳郁話腴：胡澹菴於福州僉廳分扇，得一扇，畫古木間一人騎驢向西南行。及有新興之行，方知爲先兆也。

登南恩望海臺

君恩寬逐客，萬里聽歸來。未上淩煙閣，先登望海臺。山爲翠浪涌，湖拓碧天開。目斷飛雲處，終身愧老萊。

豫章詩話：時孝宗登極，起爲祕書少監，將歸朝作。

句

盈尺子魚來丙穴，一瓶女酒敵新興。

夷堅志：胡邦衡獲罪來福州，黄思憲致子魚紅酒爲餉，胡報以詩。以子對女，丙對新爲工。新興酒，閩人重之。

陳宗古

宗古字逊之，候官人。建炎二年進士。終朝奉郎。

遊大滌山

洞天三十六，奇邃此無儔。笙鶴有時下，神仙何處遊。巖花自照水，谷鳥不啼秋。盡日松陰底，閑聽寒澗流。洞霄詩集

鄧　柞

柞字成林，沙縣人。建炎二年進士。累官知隆興府，江西安撫使。有焦桐集。

題白蓮院

古樹紛紛千嶂雨，遠寺鳴鐘迷處所。一水東流浮落花，隔雲應有秦人住。海風不斷長松路，萬籟寒生

蒼玉塵。此去江南山更深，桄榔葉暗猨啼苦。南安縣志

陳剛中

剛中字彥柔，閩清人，詳道從子。建炎二年進士。紹興間，任太府丞，應詔上封事。胡銓貶詔州，剛中作啓事賀之。忤秦檜，謫定遠縣卒。

陽關詞

客舍休悲柳色新，東西南北一般春。若知四海皆兄弟，何處相逢非故人。北窗炙輠

石材廟題柱

疏爵新剛應，論功舊石材。能形文母夢，還訝佞人來。海市爲誰出，衡雲豈自開。乞靈如見告，逐客幾時回？

鶴林玉露：寺丞南行，時吉州江濱有石材廟，隆祐太后避金兵，泊舟廟下，夢神告以兵至，即發舟指章貢。金兵追至造口，不及而還。寺丞題詩廟柱云云。卒不如願，悲夫！

飛來峯

寒峯插天出，玲瓏萬菡萏。微風起松際，怪石勢搖撼。上有百尺松，幽花綴紅糝。野猨忽躍去，滴下露千點。回首冷泉亭，天鏡光瀲瀲。游姬脩眉青，嬌童兩髦髧。平生山水癖，如人嗜昌歜。對此一壺酒，玉色酡醉臉。路逢老衲髮，絳袍金光閃。茲山信自佳，恨爲緇塵染。置之且復醉，天竺鼓紞紞。咸淳臨安志

阮　閱

閱字閎休，舒城人。宣和中，知郴州。建炎初，知袁州。有詩話總龜、松菊集。

郴江百詠 并序 存六首

郴，古桂陽郡。陳迹故事，盡載圖史。亦間見于名人才士歌詠，如杜子美寄聶令入郴州，韓退之郴江，柳子厚登北樓，沈佺期望仙山，戴叔倫過郴州之類是也。山川寺觀之勝，城郭臺榭之壯，未經品題者尚多，亦可惜爾。余官于郴三年，常欲補其闕，愧無大筆雅思可爲。然因暇日，時強作一二小詩，遂積至於百篇。雖不敢比迹前輩，使未嘗到湖湘者觀之，亦可知郴在荆楚，自是一佳郡也。宣和甲辰二月中和日，舒城阮閱序。

東樓

危城雉堞對東山，誰搦高樓十二欄？獨鶴不來松已老，春風動處日三竿。

山陰堂

脩竹蒼蒼似剡川，浮觴可繼永和年。不知誰有羲之筆，欲寫蘭亭第二篇。

碧虚亭

筇竹枝彎屐齒搖，登臨身覺在煙霄。千峯險似三川峽，一水深如八月潮。

湖亭

城外高堂俯碧灣，山如螺黛水如環。有時鼓棹來尋勝，直到斜陽未欲還。

蘇仙觀

寂寂星壇長綠苔，井邊橘老又重栽。城頭依舊東樓在，未見當時鶴再來。

東山

藜杖芒鞵過水東，紅裙寂寞酒尊空。郡人見我應相笑，不似山公與謝公。以上郴州文志

宣風道上

馬蹄西去夕陽催，濃淡寒山翠作堆。北鴈無情怕秋熱，帶將寒信過江來。

題春波亭

數葉荷衣一短蓑，春波亭上倚斜暉。無人會得詩中畫，凭盡闌干又獨歸。以上袁州府志

胡嶧

嶧字仲達，崑山人。建炎初，任安遠尉。有如村稾。

遊慧聚寺

政欲相攜紫翠間，不堪風雨徑催還。何時更上月華閣，細認仙山是假山。玉峯詩纂

黃大輿

大輿字載萬。南渡初蜀人，號岷山耦耕。嘗輯梅苑。

華亭山房象山

客游厭城市，僧房見巖壑。偉石羅衆峯，寒砂結層堮。爲谷旣窈窕，置嶺復緜邈。溪源互相注，花草紛已錯。空聞先王夢，徒覩楚臣作。行雲在俛仰，北渚應酬酢。天機契如幻，意匠起冥漠。周流屬多豫，

寤寐欣所託。有懷山中人，從爾芳杜若。成都文類

王銍

銍字性之，汝陰人，自稱汝陰老民。南渡，寓居剡中。建炎初，爲樞密院編修官。有雪溪集。

追和周昉琴阮美人圖

龍眠李亮工家藏周昉畫美人琴阮圖，兼有宮禁富貴氣象。旁有竹馬小兒，欲折檻前柳者。亮工官長沙，而黄魯直謫宜州，過見之，嘆愛彌日，大書一詩於黄素上曰：「周昉富貴女，衣飾新舊兼。髻重髮根急，薄妝無意添。琴阮相與娱，聽弦不覷手。敷腴竹馬郎，跨馬要折柳。」此畫後歸禁中，胡馬驚塵，流落何許，而詩亦世不傳。獨僕舊見之，位置猶可想像也。病中追和其詩，當令善工試圖之耳。

丹青有神藝，周郎獨能兼。圖畫絶世人，眞態不可添。卻憐如畫者，相與落誰手？想像猶可言，雨重春籠柳。

雪後渡西溪

雪後孤村一段煙，晴光遠照玉山川。酒旗隔步招閑客，獨上西溪渡口船。

上方

松間清月佛前鐙，菴在孤峯更上層。犬吠一聲秋意靜，敲門知有夜歸僧。以上雪溪集

王文孺矅菴

全家高隱白雲關，事不縈懷夢亦閑。欸乃交撐漁市散，隔江城郭是人間。

山村

家依溪口破殘村，身伴渡頭零落雲。更向空山拾黃葉，姓名那有世人聞。墨莊漫錄

雲門寺

青山春又到，白髮策烏藤。已是他鄉客，還同寄住僧。瘦松黏凍雪，流水帶寒冰。更覺蒼崖路，雲深不可登。越咏

周　芑

芑字秀實，錢唐人，邦彥弟邦式之子。南渡初，廬陵倅。

贈劉美中尚書

劉郎校書天祿閣，太白下覩光照灼。心知漢祀厄中天，夜半瞻星涕零落。

獨醒雜志：宣和中，太白見甚高。尚書劉公才邵時在中祕，見而歎曰：「是兵象也，國家其有外患乎？」因與僚友同觀，憂形于色。未幾，虜犯畿甸。後周芑秀實來倅廬陵，贈詩云云。

鄭　昺

昺字彥明，南渡初人。

題閻立本十八學士圖

閻公十八學士圖，當時妙筆分錙銖。惜哉名姓不題別，但可以意推形模。十二匹馬一匹驢，五士無馬應直廬。五鞍施狨乃禁從，長孫房杜王魏徒。一人醉起小史扶，一人欠伸若挽弧，一人觀鶩憑闌

立，一人運筆無乃虞。樹下樂工鳴瑟竽，八士環列按四隅，笑談散漫若飲徹，盤盂杯勺一物無。坐中題筆淸而癯，似是率更閑論書。其中一著道士服，又一道士倚枯株。三人傍樹各相語；一人繫帶行徐徐。後有一人豐而髯，獨吟芭蕉立踟蹰。一時登瀛客若是，貞觀治效眞不誣。書林我昔曾曳裾，三局腕脫幾百儒。雄文大筆亦何有，餐錢但日糜公廚。邦家治亂一無補，正論出口遭非辜。時危玉石一焚掃，覽畫思古爲嗟吁。

獨醒雜志：予嘗得登瀛圖本，規模布置，氣象曠雅，每思刱始者必非俗筆。又有石本，皆書名氏，後有李丞相伯紀贊跋，乃欽廟在東宮得閻立本此畫，親爲題識，以賜詹事李詩。二本絕不同。嘗見鄭昺所賦長句云云，考其所序列，意鄭必爲畫本賦之。然長孫、王、魏，元不在其中，不知鄭詩何爲及之耶？按翰林盛事記：開元中，張燕公等十八人爲集賢學士，於東都含象亭圖寫其貌。意二本必居其一，而後人皆以爲貞觀學士耳。

李　宏

宏字彥恢，宣州人。宣和初，以左丞直郎署涇縣。建炎中，呂好問知宣州，得士四人：詹友端、周紫芝、王相如與宏也。紹興初，李光爲守，復檄署縣，累遷轉運使。

遊金泉觀

昔時謝女昇天處，此日遺蹤尙宛然。蟬蛻舊衣留石室，龍飛勝地涌金泉。碑書故事封蒼蘚，殿寫眞容鎖翠煙。薄暮松巓聽鶴唳，凌空髣髴是神仙。四川總志

許　顗

顗字彦周。建炎中襄邑人。有詩話。

夢中作

閑花亂草春春有，秋鴈社燕年年歸。青天露下麥苗溼，古道月寒人迹稀。

彦周詩話：宣和己亥，僕在洪州，宿城北鄭和叔家。夜夢行大路中，寒沙沒足，其傍皆田苗丘隴，一婦人皁衣素裳，行田間曰：「此中無沙易行。」僕從之，不能登，婦人援僕手登焉。月明如晝，彌望皆野田麥苗，婦人求詩，僕藉草坐，有矮甎臺一，上有紙筆，僕題詩四句云云。拍筆甎上，有聲驚覺，宛然記憶。是歲大病，後亦無他故。

秋雨

零雨不出動隔旬，門前秋草長于人。江湖浩渺欲無岸，錦石最小猶生雲。微陽片月何曾見，只有莓苔昏筆硯。田家黍穗未暇悲，茅屋且爲螢火飛。宋藝圃集

秦　湛

湛字處度，少游子。

句

大勝商山老，同居一木奴。

詩說雋永：秦處度爲韓膺胄作枝巢詩。建炎間在會稽，先得兩句以語伋，未知成篇不？

蔡　向

建炎中承議郎，提舉兩浙常平事。

題隱眞宫

福地流傳號隱眞，麻姑曾款蔡翁門。臼舂雲子自堪飽，井溢丹泉便可呑。山露五峯疑指爪，溪盤百疊想裙痕。我來既躡靈蹤後，知是仙家第幾孫？赤城志

聞人偲

偲，天台寧海尉。

淨因院建炎兵火獨存紀事

湖海浮家二十年，重來春色尚依然。杏花籬落歆紅霧，楊柳林塘護緑煙。草暖邦人出游地，鳩鳴刺史勸耕天。覺場獨在三災外，試問支郎第幾禪？至元嘉禾志

張瓊

瓊官舒州守。

雨中自萬壽宫歸

草草登臨未擬回，烟昏雨溼賦歸哉。山寒未放遷鶯出，地勝先聞駕鶴來。老去春光都是夢，嬾邊心事總如灰。歸尋藥裹扶筋力，準擬東風得屢陪。安慶府志

顔岐

岐字夷仲，復子。建炎中，累官至門下侍郎。

句

念昔從學日，同升夫子堂。

萬姓統譜：顔夷仲嘗從滎陽呂公學。呂居仁爲濟陰主簿時，夷仲適在曹南，贈居仁詩云云。夫子蓋謂滎陽公也。居仁罷官歸，作詩留別夷仲云：「昔日同升夫子堂，如今俱是鬢蒼浪。」蓋用其語也。

李方敬

秋蝶

粉蝶爾何知，秋深尚戲飛。憐渠迷節物，猶若弄春暉。露葉今非昔，霜叢疇可依？籬邊菊無幾，薄命寄餘菲。合璧事類别集

陳石齋

葵花　俗名一丈紅

恐是牡丹重換紫，又疑芍藥再翻紅。嬌饒不辨桑間女，蔽芾深迷苧下翁。合璧事類别集

徐月溪

麗春花

照眼裝新就，扶頭酒半醒。妖姿隨變化，薄命易飄零。合璧事類别集

唐　觀

南郊仗迴

傳警千門寂，南郊綵仗迴。但驚龍再見，誰識日雙開。德澤施雲雨，恩光變燼灰。閱兵貔虎振，聽樂鳳凰來。合璧事類外集

陳貫道

貫道字致一，閩人。

題嚴陵釣臺

足加帝腹似癡頑，詎肯折腰求好官。明主莫將臣子待，故人只作友朋看。

庚溪詩話云：自出新意。

程宿

送葉善卷致仕歸吳

衛尉新除蓋次公，便抛簪紱向江東。秋鱸正與蓴絲美，夜鶴休驚蕙帳空。滿腹詩書元未試，會心林壑許誰同。自憐華髮無歸處，慚媿冥冥物外鴻。吳郡志

唐耜

耜，南渡初人。

題巫山神女廟

楚澤隱巫山，翠壁開鴻濛。萬流束長峽，怒浪日簸舂。朝暉瀉高唐，岧阿閟彤宫。罘罳散烟霧，榮光繞長虹。恭聞雲華君，少陰體沖融。受道紫清闕，飛化凌三空。徜徉江海上，千騎馳蒼龍。羽節回天津，

央央弨層峯。悽惻下士人，昏墊無所容。寶書授神禹，百靈倏奔從。蛟螭委鞭策，山川奠西東。九州免爲魚，遂成萬世功。嗟余晚聞道，蓬心蔽倥侗。維舟垂崖邊，再拜望遺蹤。嶙峋山頭石，雲衣尙溶溶。縹緲玉瑛臺，如在指顧中。童律不可問，至言誰擊蒙。仰首天壇下，松柏悲回風。名勝志

令狐慶譽

慶譽，南渡初人。

題雲安下喦

地遠塵寰絶點埃，懸崖屈曲寄層臺。山頭玉溜隨檐滴，喦下金容就石開。寺影不妨流水過，松香長逐好風來。徧游未盡無窮景，爲報舟人且莫催。名勝志

宋詩紀事卷四十四

錢唐　厲鶚　輯
江都　陸鍾輝
吳江　王藻　勘定

何薳

薳字子遠，號韓青老農，浦城人，去非之子。東都遺老，入南渡尚存。著春渚紀聞。

章序臣得銅雀硯屬余作詩

阿瞞示姦雄，挾漢令天下。惜時無英豪，磔裂異肩髁。終令盜坏土，埏作三臺瓦。雖云當塗高，會有食槽馬。人愚瓦何罪，淪蟄翳梧檟。錫花封雨苔，鴛彩晦雲罅。當時丹油法，銅雀瓦用鉛丹雜胡桃油擣治，火之，取其雨過即乾。實非謀諸野。因之好奇士，探琢助揮寫。歸參端歙材，堅澤未渠亞。章侯捐百金，訪獲從吾詫。興亡何足論，徒足增忿罵。但嗟瓦礫微，亦以材用捨。徒令瓴甓餘，當擅瓊瑰價。士患德不備，不憂老田舍。春渚紀聞

何薖

薖字子薦，薳從兄，寓居餘杭。與友張圖南伯鵬俱早世。薳集二人遺句，名南金錄。

句

不使翠分旁牖去，卻緣清甚畏人知。賦藏筠軒　春渚紀聞

張圖南

圖南字伯鵬，餘杭人。

句

坐中競病分明久，驢上推敲兀未栽。

春渚紀聞：圖南督予分韻詩未就，有詩云云。用事精穩，如老作者，惜乎天不少假之年，以觀其所止也。

鄭魁

賦林叔睿端硯

仙翁種玉芝，耕得紫玻璃。磨出海鯨血，鑿成天馬蹄。潤應通月窟，洗合就雲溪。常恐魍魎奪，山行亦自攜。

春渚紀聞：永嘉林叔睿所藏端石，馬蹄樣，深紫色，厚寸許，面徑七八寸。下鄭魁銘詩，隸字甚奇，末句所寄，旨哉。

莊綽

綽字季裕，清源人。官鄂州守。有雞肋編。

程致道云：季裕著本草蒙求三卷，甚工。

軒渠錄：莊季裕年未甚老，而體極尫瘠，洪析仲本呼爲「細腰宫院子」。

建炎三年七月寓長洲白馬澗張氏舍題壁

昔年隨牒作邊侯，愁望長安向戍樓。今日衰頹來澤國，又看烽火照長洲。雞肋編

和吳正仲觀李廷珪墨

賴召陳玄典籍傳，肯教邊腹擅便便。竟誇削木眞餘事，卻笑磨人得永年。三友不居毛穎後，五車仍在楮生前。祇愁公子從醫說，火煅生分不直錢。

雞肋編：吳正仲家蓄唐以來諸李所製墨，無出廷珪之右者，其堅利可以削木。王彥若墨說云：「趙韓王從太祖至洛行宮，見架上一篋，取視，皆李氏父子墨也，因盡以賜王。後王之子婦，蓐中血運，危甚，醫求古墨爲藥，因取一枚，投烈火中，研末，酒服，卽愈。諸子欲各備產乳之用，乃盡取墨煅而分之，自是李氏墨世益少得。」

姜光彥

光彥字仲謙，號松菴，淄州人。

己酉中秋任才仲陳去非會飲岳陽樓上酒半酣高談大笑行草間出誠一時俊遊也爲賦之

岳陽樓高幾千尺，俯視洞庭方酒酣。萬頃波光天上下，兩山秋色月東南。興來鸞鵠隨行草，夜永魚龍駭笑談。我欲煩公釣鼇手，盡移雲水到松菴。岳州府志

周莘

莘字尹潛，錢唐人，邠之孫。爲岳陽決曹掾，與陳去非爲友。

野泊對月有感

可憐江月亂中明，應識逋逃病客情。斗柄闌干洞庭野，角聲凄斷岳陽城。酒添客淚愁仍濺，浪卷歸心

暗自驚。欲問行朝近消息，眼中羣盜尙縱横。瀛奎律髓

康與之

與之字伯可。渡江初，以詞受知高宗，官郎中。有順菴樂府。

鶴林玉露：建炎中，大駕駐維揚，伯可上中興十策，名聲甚著。後秦檜當國，乃附會求進，擢爲臺郎。値慈寧歸養，兩宮燕樂，伯可專應制，爲歌詞諛豔粉飾，于是聲名掃地，世但以比柳耆卿輩矣。檜死，伯可亦貶五羊。

題宣和御畫扇

玉輦宸遊事已空，尙餘奎藻繪春風。年年花鳥無窮恨，盡在蒼梧夕照中。

桯史：康與之在高皇朝，以詩章應制，與左璫狎適。睿思殿有徽祖御畫扇，上時持玩流涕。璫偶下値，竊攜至家，而康適來，留之燕飲，漫出以示。康給璫入取肴核，輒泚筆几間，書一絕于上。有頃璫出，見之大恐，而康已醉，無可奈何。明日，伺間叩頭請死。上大怒，亟取視之，天威頓霽，但一慟而已。

僻居

巷僻過從少，柴門盡日關。鶯聲常在柳，雲影不離山。有道難言□，雖貧未厭閑。川原煙四暝，春思有無間。

鷺

春暗汀洲杜若香，風標公子白霓裳。碧天片雪忽飛去，何處人家水滿塘。

琵琶

夜深琵琶聲似裂，一曲霓裳一庭月。曲終人影在西階，因倚東風步搖折。

可惜

簾幕重重下玉鉤，隔簾春在柳梢頭。東風著意相料理，吹去楊花不自由。以上前賢小集拾遺

題清江慧力寺

天涯芳草盡綠，路傍柳絮爭飛。啼鳥一聲春曉，落花滿地人歸。

江上濃陰曉未開，瘦笻支我上蒼苔。春寒前日去已盡，今日又從何處來？詩人玉屑

招眞詞 并記

自姑蘇出齊門，沿而北望，山如巨黿，常熟縣之虞山也。邑去江不及程，陂湖畝澮之積，自南至者，傾馳會于江。江河既應，則迅瀾倒流，二水相制，移時而不能去。山無奇谷，惟荒墟白草，醜石陂陀。迤邐而西，有修林橫抹，隱見于兩山之間，其中爲招眞菴。元祐中，道人申氏，海陵徐處士弟子也，松林森茂，庭宇簡寂，如隱君子之居。通州道士喻抱元增治之。舊名竹陵，自是更以招眞，請記于僕，乃歌招眞之詞以系之曰：

白鶴集兮丹井空，蓬山杳兮煙霞濛。陵谷變兮今古，木葉下兮秋風。飛仙去兮朝太微，黃冠野服兮以遊以嬉。餐霞臥月兮世不我違，與世滌映兮天門可馳。蒼龍嘷兮雲漫扉，石泉冽兮山芋肥。俯仰宇宙兮日月蔽虧，靈秀回薄兮野芳呈姿。山中之樂兮萬化莫移，仙人不來兮隱者曷追。蘇州府志

李唐

唐字希古，河陽三城人。徽宗朝，補入畫院。建炎間，太尉邵宏淵薦之，授成忠郎、畫院待詔，賜金帶。

圖繪寶鑑：李唐年近八十，善畫人物山水，筆意不凡，尤工畫牛，高宗雅重之，嘗題其長夏江寺卷云：「李唐可比唐李思訓。」

畫繼補遺：建炎南渡，李唐如杭，得幸高宗。余家有唐畫胡笳十八拍，高宗親書劉商辭，留空絹，俾唐圖寫，亦見高宗雅愛唐畫也。

題畫

雲裏煙村雨裏灘，看之容易作之難。早知不入時人眼，多買燕脂畫牡丹。

郁氏書畫題跋記：錢唐宋杞云：「唐初至杭，無有知者，貨楮畫以自給日，甚困。有中使識其筆，曰：『待詔作也。』唐因投謁，中使奏聞。而唐之畫，杭人卽貴之。嘗有詩云云。」

張九成

九成字子韶，號無垢居士，開封人，徙家錢塘。紹興二年，進士第一。歷宗正少卿，兼侍講，權刑部侍郎，累謫南安軍，起知溫州，丐祠。卒贈太師，封崇國公，謚文忠。有橫浦集、心傳錄、日新錄、論語詩。

南安寶戒院作

苦無人事擾閑居，贏得終年學著書。今日欣然出門去，秋風吹意滿芙蕖。橫浦心傳錄

菩提寺

高僧居物外，有戶晝常扃。海闊知天大，泉甘識地靈。一簾春月靜，數點別山青。便卜歸歟計，移文休勒銘。詩林萬選

遺樊茂實硯 詩刻硯後

端溪石硯天下奇，紫光夜半吐虹霓。不隨凡石追時好，眞與日月爭光輝。韜藏久矣不亂用，唯恐翰墨汙染之。樊子文章有餘地，汪汪萬頃誰能窺。賸君此硯無輕棄，經史妙處其發揮。飛流濺沫徧天下，要使咳唾皆珠璣。游宦紀聞

施德操

德操字彥執，鹽官人。與張九成子韶、楊璇子平，號「三先生」。著北窗炙輠。

廣福禪院 在鹽官。有雪峯禪師手鑿井。

何處登臨眼最明？雪峯佳處一川平。潮從海月生時上，峯在雲天盡處橫。幢蓋神扶喬木影，風雷井閉古泉聲。靈蹤鑿盡翻惆悵，何日□山報道成。咸淳臨安志

楊璇

璇字子平，鹽官人。與施德操同時，里人號德操爲持正先生，璇爲謹獨先生。

東山廣福院 在鹽官。院有葛仙翁井。

檥櫂青山下，來尋薊子家。人魚皆靜樂，水木亦清華。松老已成蓋，菊寒殊未花。何須覓句漏，此地有丹砂。咸淳臨安志

西山廣福院　在海寧紫微山

地勢連滄海，名山號紫微。景閑僧坐久，路僻客來稀。峽影清相照，河流石自圍。塵喧都不到，安得此忘歸。海寧縣志

刁文叔

文叔，不知其名。張橫浦子韶之友。

春日旅中

來時江梅散玉蘂，歸去麰麥如人深。桃花只解逞顏色，惟有垂楊知客心。

橫浦心傳錄云：思致尤遠，不止工也。

陳　棠

棠字德召。紹興二年進士。官祕書少監。

晚步

晚步沙頭倚小晴，南山正與暮雲橫。棲鴉啼處野煙合，飛鳥去邊孤月生。樹暗風微花氣度，溪深雨漲水痕平。夜闌衣溼迷歸路，髣髴前村燈火明。前賢小集拾遺

鄭仲熊

仲熊字行可，衢州西安人。紹興二年進士。累官權參知政事，忤秦檜，落職。孝宗即位，復端明殿學士。

桂花

天公憐我太岑寂，每歲殷勤兩度開。收拾落英將底用？博山香裏薦清杯。全芳備祖

鄭剛中

剛中字亨仲，婺州金華人。紹興二年進士。累除祕書少監，出爲四川宣撫使。爲秦檜所忌，罷謫桂陽軍，徙封州，卒。檜死，復原官。謚忠愍。有北山集。

老學菴筆記：蜀人任子淵，好謔。鄭宣撫剛中自蜀召歸，其實秦檜欲害之。鄭公有惠政，衆皆太息。或曰：「鄭不來矣。」子淵對曰：「秦少恩哉！」人稱其敢言。

方萬里跋：北山文簡古，詩峭健，在封州詩尤佳。

脩脩窗前蘆

脩脩窗前蘆，孤瘦倚青玉。心虛知夜涼，風葉亂相觸。使我入幽夢，如在江湖宿。方兹困炎曦，愛爾眼中綠。奈何柔脆姿，行犯秋霜肅。霏霏霜露中，菱荷等摧覆。大抵無勁節，不及歲寒竹。

過越江見人家臨水竹可愛

何人此地得幽居，水竹中間宅一區。無盡江山千萬里，有情花木兩三株。應無俗客來驚犬，時有扁舟過賣魚。我欲他時成卜築，更添幾架古人書。

寒意

嶺南霜不結，風勁是霜時。日落晚花瘦，山空流水悲。棲鴉尋樹早，凍蟻下窗遲。季子家何在，衣單知不知？

辛未元夜

輕寒擁山城，遠綠生春草。迎神樂元夜，笑語閧蠻獠。惟有團圓月，報我時節好。寸燈豈爲孤，巵酒未爲少。微醺短檠旁，人靜茅屋小。以上北山集

范達夫硯

范郎紫玉餘半圭，翻手作雲雨雹隨。龍蛇起陸孔翠飛，雲收雨霽千首詩。硯箋

王伯庠

伯庠字伯禮，鄞人，參政次翁之子。紹興二年進士。官至夔州路安撫。

和潘良貴題明州三江亭韻

使君不受二毛侵，杖履逍遥得勝尋。撥遣簿書聊永日，登臨山水亦何心。殘梅隨雪垂垂白，弱柳搖春淡淡金。倚屬大江供一笑，幾多襦袴在謳吟。延祐四明志

陳棲筠

和潘良貴題明州三江亭韻

紅塵一點不相侵，下瞰澄江幾萬尋。地接海潮分鼎足，簷飛鳳翼峙天心。三山有路雲垂幕，午夜無風

月湧金。欲識龔黄報新政，滿城爭唱使君吟。延祐四明志

贈泊宅翁方勺

學道悠悠未見功，敢云凡質有仙風。他年一鉢江湖去，先向苕溪訪葛洪。金華府志

謝伋

伋字景思，上蔡人，參政克家之子。官至太常少卿。紹興初，侍父寓居黄巖，自號藥寮居士。

有藥寮叢稾。

妙庭觀

蕭蕭六轡天邊路，雲竹風松正歲寒。欲洗衰顔換凡骨，應須九轉大還丹。

雲軿一去遠難追，丹鼎埋光固不疑。承露仙人辭漢後，幾重深杳隔瑶池。杭州府志

陳用中

用中字彥才，永嘉人。

戲作

賦命安能比鉅公，偶然年月與時同。只因日上爭些子，笑向連江作醉翁。

竹坡詩話：紹興初，有退相寓永嘉，獨陳用中彥才，雖鄰不謁。及再相，有薦之者，止就部注邑連江，戲作小詩云云。蓋其所生年月時，適與時宰同，但日差異耳。

陳逑

逑，紹興初知袁州。

化成巖

出郭二三里，覽勝適願言。羣山接天際，一水經巖根。參差崖上屋，蕭閑松下門。眞趣自往古，聊可開清尊。袁州府志

董穎

穎字仲達，德興人。紹興初，從汪彦章、徐師川遊。有霜傑集。

江上

萬頃滄江萬頃秋，鏡天飛雪一雙鷗。摩挲數尺沙邊柳，待汝成陰繫客舟。前賢小集拾遺

句

雲壑釀成千嶂雨，風蘋吹老一川秋。夷堅志

高登

登字彦先，漳浦人。宣和間，爲太學生，與陳東等上書，乞斬六賊，不報。紹興二年，廷對極言，授富川簿，轉古縣令。以不肯祠秦檜父，胡舜陟誣奏，下靜江獄。會舜陟以他事下獄死，乃得白，編管容州，卒。有東溪集。

思歸

忽忽已秋杪，言歸欣有期。接物想吾廬，青藥繁東籬。流匙白雲子，薦甲黄鵝兒。對此憶羈旅，多應歌式微。喜慰倚門心，愁銷舉案眉。穉子鬧檐隙，繞膝牽人衣。歸心念如許，兼程猶苦遲。明朝秋色裏，烏帽風披披。

冒寒行風雨有感

號風撼枯枿，凍雨凝路塵。乾坤祕日月，八荒同一雲。遥知沙漠寒，黯黮愁殺人。天涯望不極，流淚滿衣巾。

水漲謝邑宰送米

心知一字不堪煮，矻矻窮年黄卷中。食粥由來未爲拙，儲瓶況乃嗟屢空。令君好賢媲韓愈，賤子受賜慚盧仝。春水從教繞舍北，癡兒不復啼門東。

中秋對月

纑江再見中秋月，歲去月圓人尚缺。相望千里共嬋娟，苦恨亭亭照離别。今夕一樽誰與同，孟光舉案對梁鴻。衆雛立侍儼成列，以此持杯壽乃翁。乃翁看月揩病目，手足傾頽頭髮秃。但願團欒三十秋，不計東西與南北。以上東溪集

劉儀鳳

儀鳳字韶美，普州人。紹興二年進士。孝宗朝，累官祕書少監、兵部侍郎，斥歸，復起知漢州、果州。

詠范志元

誰家遊冶郎，闖首窺幽闥。但見臉如花，不知心是鐵。一夕變其軀，雪姿映雲髮。昔爲桃李顏，今作松篁節。

方輿勝覽：純陽山，在合州石照縣北，唐女冠范志元得道處。天寶間，天使任安者至山中，慕之，而志元變爲男子。劉儀鳳有詩。

自歸州陸行至夔州

戶口村無幾，犂鉏力不堪。林荒樗櫟壽，月黑虎狼貪。幽絕雲眠穩，淸閑谷飲甘。故山深未極，壤斷蓋茅菴。

曠野無人宿，危亭犯雨過。嶺雲堆贔屓，刹海現兜羅。酒觸秋懷壯，天留暮色多。不勝行役苦，裁入竹枝歌。顧氏積書巖選

李衡

衡字彥平，號樂菴，江都人。紹興二年進士。累遷監察御史，出知溫、婺、台三州，召除起居郎、祕閣修撰，致仕。居崑山。

慧聚寺作

盡日用登陟，跏趺聊對牀。巖空炫層碧，草細涵幽香。弔古漫秋思，開尊已月光。隨身有竿木，作戲且逢場。

天面無纖靄，平川灝氣吞。揹筇臨閣道，拂石憩雲根。柳映山前路，煙搖水北村。醉歸風滿袖，斜月在蓬門。

樂菴初成

老子平生百不足，菴成那平管食無肉。終朝閉戶只讀書，四面開窗都見竹。以上玉峯詩纂

薛　靖

靖，鄞人。紹興二年進士。

望金山

一柱支空立，濤聲春寺聞。消來巴地雪，飛到潤州雲。寂寞江山色，縱橫盜賊羣。不堪形勝裏，北望渺紛紜。薛氏世風集

孫雄飛

雄飛字翬之，吳郡人。紹興二年進士。祕書省正字。

靈隱寺蓮峯堂

堂開金色界，梵客爲鉤簾。山影碧侵座，水聲淸繞簷。粉雲埋石脚，珠露泫松髯。終擬攜孤笛，凭闌喚玉蟾。咸淳臨安志

楊　愿

愿字謹仲，淸江人。紹興二年進士。歷簽書樞密院事，兼參知政事，罷，提舉太平觀。

伏承駒父祕校惠示見和鄙句七言四韻二首降歎之餘因成二絕往謝

冷官廳事客來稀，衆綠陰陰結夏帷。忽得君詩愜人意，陶家風到北窗時。

只今侍讀周夫子，屢說君詩似杜詩。速把冠塵盡彈卻，玉堂宵直伴王維。愿數見侍讀侍郎周公，盛稱駒父詩有句法，故後篇及之。周益公題跋

汪應辰

應辰字聖錫，玉山人。紹興五年，進士第一。孝宗朝，歷吏部尚書、翰林學士，出知平江府。卒謚文定。有集。

輓宣撫吳郡王

節義家傳久，艱難始見忠。一心惟徇國，百戰竟平戎。環列周廬肅，官儀道路同。細看麟閣上，誰得似初終？

太傅元功首，汾陽異姓王。恩榮兼二美，聲迹遠相望。名載風雲會，神遊水月鄉。維師空賵典，無復見鷹揚。

分韻送胡丈歸建康

先生高臥武夷巔，一旦趨朝豈偶然。報國自期如皦日，歸田曾不待來年。懷鉛共笑揚雄老，鞭馬今輸祖逖先。冊府風流久寥落，送行始復有詩篇。以上汪文定公集

湯莘叟

莘叟字起莘，寧化人。紹興五年進士。終饒州推官。

馬上吟

宿雨洗山新綠嫩，曉風吹杏淺紅乾。沙頭路暖日初上，行客揚鞭不覺寒。

句

葛巾簪下無多髮，茅舍門前有好山。幽居　以上汀州府志

孫起卿

起卿，吳郡人。紹興五年進士。

江纂墓碑

家有古冢碑，近自田家獲。藏之五六年，未甚見省錄。古苔侵文理，封結殆莫識。偶然嗟其窮，一一爲磨剔。始若漫無文，細尋適可讀。文云晉江纂，長夜垂茲刻。貞石殊不用，塊然但埏埴。合葬無別銘，背面書反覆。一字不涉華，本枝記明白。二父遂兼書，于逌乃宗嫡。自注：誌云：養父誥，本父逌也。考諸晉史篇，眞是小出入。字畫亦嶮勁，然不類鐫斲。漢魏尚豐碑，茲獨何褊迫。豈時丁喪亂，不暇治品式？于時義熙季，處次實庚戌。五胡剖中華，典午竄南極。苟簡理宜爾，寧詒不孝責。窆訂昭昭然，疑去喜自適。歷年七百餘，瞥爾駒過隙。名節苟不傳，埃化先庀石。寘茲當眼前，用代銘几席。

吳郡志：江纂，江逌子也。木瀆孫起卿頃于天平山下地名上沙獲墓碑，乃以大方甎刻之，字畫俱存，與石無異。起卿爲賦詩。

吳詠

詠字永言，仙居人，芾從兄。紹興五年進士。仕西安令。有西安集。

殊聖寺和孟戎幕韻

院靜僧疑少，門幽客自稀。山寒雲近屋，巡狹石侵衣。松鬣蒼髯古，蘆芽紫筍肥。騷人詩戰罷，踏月夜深歸。台州府志

魯訔

訔字季卿，號冷齋，海鹽人。紹興五年進士。仕至太府卿。注杜詩行于世。

樂郊私語：杜少陵集，自遊龍門至過洞庭詩目次第，爲此州先正魯季卿編定。大都一循少陵生平行跡，可以見其詩法升降，隨其年自少而壯、而老，愈入于細而化也。

春詞

疊穎叢條翠欲流，午陰濃處聽鳴鳩。兒童賭罷榆錢去，狼藉春風漫不收。詩林萬選

沈作喆

作喆字明遠，吳興人，丞相該之姪。紹興五年進士。嘗爲江右漕屬。作哀扇工歌，忤洪帥魏良臣道弼，据深文劾之，奪三官。有寓山集。

哀扇工歌

黄州竹扇名字著，織扇供官困追捕。史君開府未浹旬，欲戴綸巾揮白羽。新模巧製旋剪裁，百中無一

中程度。犀革鐫柄出蟲魚，麝煤熏紙生煙霧。蕺山老姥羞翰墨，漢宮佳人掩紈素。衙內白取知何名，帳下雄拏不知數。供輸不辦箠楚頻，一朝赴水將誰訴？史君崇重了不聞，嗚呼何以慰黎庶！閗道園家賣菜翁，又説江南打魚戶。號令亟下須所無，官不與錢期限遽。歸來痛哭辭妻兒，宿昔投繯挂枯樹。一雙婉婉良家子，吏兵奪取名爲顧。弟兄號叫鄰里驚，兩家吞聲喪其嫗。死者已矣可奈何，寃魂成羣夜號呼。去聲殺人縱欲勢位尊，貪殘無道天所怒。邦人蓄憤不敢言，君其樹馬章臺路。清波別志

鶚按：韋居安梅磵詩話云：「哀扇工詩不傳，今從清波別志檢得無名子哀扇工歌一首，當卽是沈詩，佚其姓名爾。」陳直齋云：「哀扇工詩罵而非諷，今讀之良然。仍以還沈。」

鄭若谷

若谷，鄞人。紹興五年進士。

和潘良貴題明州三江亭韻

遠望登高萬象侵，元戎端不爲花尋。未誇駕鶴蓬山路，應壯斬鯨遼海心。小艇鱸肥盤膾玉，危闌客醉椀揮金。中流擊楫雄圖遠，回笑三閭澤畔吟。延祐四明志

關注

注字子東，景仁子，澥弟。紹興五年進士。教授湖州，至太常博士。自號香巖居士。有關博士集。

記夢

玄衣仙子從雙鬟，緩節長歌一解顔。滿引銅杯效鯨吸，低回紅袖作弓彎。舞留月殿春風冷，樂奏鈞天曉夢還。行聽新聲太平樂，先傳五拍到人間。

墨莊漫錄：宣和二年，睦寇方臘起幫源，浙西震恐。關注子東在錢塘，避地攜家於無錫之梁溪。明年，臘就擒，子東貧未能歸，僑寓毗陵郡崇安寺古柏院中。一日，忽夢臨水有軒，主人延客，年可五十，儀觀甚偉，玄衣而美須髯，揖坐，使兩女子以銅杯酌酒，謂子東曰：「自來歌曲新聲，先奏天曹，然後散落人間。他日東南休兵，有樂府曰太平樂，汝先聽其聲。」遂使兩女子舞，主人抵掌爲節。已而恍然而覺，猶能記其五拍。子東以詩紀之云云。

松聲

夢破松聲枕上聞，睡魔夜半戰吟魂。初疑夜雨連江岸，乍覺寒潮上海門。招引好風來古寺，追隨月色下前村。晚行欲向聲來處，鬱鬱蒼波盡日奔。南窗紀談

句

鐘聲互起東西岸，漁火遥分遠近村。

春渚紀聞：此余友關子東西湖夜歸所作。非身到西湖，不知此語形容之妙。

夜長何時旦？苦寒不成寐。

强行父唐子西先生文錄：關子東一日寓辟雝，朔風大作，因得句云云。以問唐先生云：「詩律雖不到，對亦似不穩。」先生云：「正要如此，一似藥中要存性也。」

朱敦儒

敦儒字希眞，洛陽人。以薦起。紹興五年，賜進士出身。爲祕書省正字，兼兵部郎官，遷兩浙東路提點刑獄。上疏乞歸，居嘉禾。晚除鴻臚少卿。有巖壑老人詩文一卷，又有獵較集。

二老堂詩話：希眞詩詞，獨步一世。秦丞相晚用其子某爲删定官，欲令希眞教秦伯陽作詩，遂落致仕，除鴻臚少卿，蓋久廢之官也。蜀人武横作詩嘲之。未幾，秦丞相薨，希眞亦遭臺評。高宗曰：「朕用明橐薦，以隱逸命官，置在館閣。豈有始恬退而晚奔競耶？」其實希眞老愛其子，而畏避竄逐，不敢不起，識者憐之。

小盡行 避地廣中作

藤州三月作小盡，梧州三月作大盡。哀哉官曆今不頒，憶昔昇平淚成陣。我今何異桃源人，落葉爲秋花作春。但恨未能與世隔，時聞喪亂空傷神。竹坡詩話

絶句

輕陰小雨晚難收，柳瘦梅窮卻似秋。可恨水仙花不語，無人共我說春愁。

春怨

梨花雨送海棠風，不借胭脂作小紅。幾日無人吹玉笛，鴛鴦飛入館娃宮。以上後村詩話

絶句

青羅包髻白行纏，不是凡人不是仙。家在洛陽城裏住，臥吹銅笛過伊川。

澄懷錄：陸放翁云：「朱希眞居嘉禾，與朋儕詣之，聞笛聲自煙波間起，頃之，櫂小舟而至，則與俱歸。室中懸琴、筑、阮咸之類，簷間有珍禽，皆目所未覩。室中籃、缶，貯果實脯醢，客至，挑取以奉客。其詩云云。」

句

過時不語鶯解事，怕客深藏魚見機。　人間萬事老無味，天下四時秋最愁。　翦茅編鶴屋，篩米聚雞糧。　燈昏鼠窺硯，雨急犬穿籬。後村詩話

孫松壽

松壽字嵩老，郫縣人。紹興五年，類試進士。嘗爲漢嘉守。除直祕閣。

觀古魚鳧城　在溫江縣北十五里，有小院。

野寺依脩竹，魚鳧迹半存。高城歸野壠，故國靄荒村。古意憑誰問，行人謾苦論。眼前興廢事，煙水又黄昏。

賦成都碧雞坊李氏石君　原注：事見成都古今記中。蓋湖石之最大而奇者，著名舊矣。

造化小兒斲山骨，幾年流落蛟龍窟。太湖一碧浸玻瓈，瀾呑浪吐窮奔突。瑰奇未許困泥沙，漂出江皐空傲兀。淸寒偃蹇如高人，肯向蓬蒿念埋沒。規模豈但肖五岳，氣象直欲凌三神。曩聞上苑饒奇珍，千形萬狀高嶙峋。一朝胡馬窺城下，倒隨矢石荒荊榛。憐君分落幽人手，不逐爾輩汙塵垢。首陽寂寞伯夷淸，瀟湘冷落三閭瘦。李侯胸中飽雲夢，得君不用斯瓊玖。館之舊隱與周旋，竹士松賓三益友。相看一洗名利心，眉宇更淸元德秀。君今幾世德未衰，霜寒玉立癯而壽。咄嗟世眼多嗜好，玩形忘理十八九。奇章所蓄森琅玕，名標甲乙空紛然。到溉奇礓高崒嵂，一擲徒爲負進錢。石君於汝非不厚，較其所得無何有。願公世濟此君爲不朽。以上成都文類

王灼

灼字晦叔，遂寧人。嘗佐總幕。有頤堂先生集。

贈王道成

龍鍾健兒須如棘，幼事秦府持鞭靮。戰塵撲面心已灰，徑上三峯弄泉石。乾坤變化五百年，人間未識地行仙。布囊落魄荆州市，丹經祕法爲君傳。散盡千金何所有，腹中氣作蛟龍吼。功成直欲投紫霄，尚愛岷峨山下酒。年來我亦厭樊籠，乞取微言爲指蹤。君不見葉縣雙鳧緱嶺鶴，古來度世多吾宗。

夷堅志：王道成先生者，夔州人，射利江湖間爲賈客。政和六年，忽遇異人傳內丹之妙，遂破家從王鼎學道，遨遊東西二蜀。鼎亦時見荆南市中，不與人交一談，無能識其誰何者。身長七尺，廣目美髯，狀貌如四十許人，荆南父老自兒童時蓋已見之。一日，與道成飲，自通姓名，曰：「吾洛陽人，唐武德初，事秦王爲御者，奔走兵間。後得仙法，隱華岳山中，以至於今。」酒酣别去，不知所往。道成本愚民，不能從其詢訪大業、武德中事，且驗其是否。紹興六年，道成見王灼晦叔於金川，講巖盟之好，爲作古風一篇與之。此篇見頤堂集中，不綮言道成之究竟也。

銅馬歌 并序

郫城村民鑿古墓，遂得一銅馬，高三尺許，制作精妙。前簡池守景季淵取以歸，中宵風雨，輒聞嘶聲，怪之，不敢留，移送佛寺。紹興丙子，予以事至成都，黄伯淵見索作銅馬歌。

君不見武皇逸志凌九垓，追風躡影思龍媒。魯班門外立銅馬，天廄萬匹皆塵埃。又不見伏波將軍破交賊，歸來殿前獻馬式。據鞍習氣殊未衰，想見老子真矍鑠。兩京翻覆知幾秋，只有山河供客愁。孤煙落日蠶叢國，出此神物于荒丘。千年黄壤誰作主，猶把歸心泣風雨。但恐一朝去無蹤，有似豐城寶劍化雙龍。以上頤堂集

宋詩紀事卷四十五

錢唐　厲鶚　輯
仁和　徐元杜　勘定

陳淵

淵字知默，初名漸，字幾叟，南劍州沙縣人，瓘之從孫。紹興五年，賜進士出身。累遷右正言，終宗正少卿。有默堂集。

錢淸堰待潮

江潮來去自有時，扁舟閣淺心如飛。岸容霜竹靑照眼，春信梅花香撲衣。天寒鄞江道路阻，歲晏錢淸風俗非。故園回首二千里，落日看盡行雲歸。

題綠波亭

南浦江波綠，陽關柳色靑。夕陽千古恨，分付短長亭。

寄內

明月向人圓，愛之不能睡。坐久風露寒，忽忽心如醉。念君一適我，所遇無懽意。況乃久別離，相思到夢寐。我生百不堪，謬學屠龍技。于今半世人，升斗亦未遂。賴有室中友，素懷隱居志。肯與梁伯鸞，扁舟共東逝。

天姥寺

浮雲作秋陰，細雨如朝霧。放形山水間，意適無艱步。忽遇古招提，空翠森回互。倚杖聽泉鳴，悠然不能去。

季修舍舟趨諸暨謁劉元成獨泛錢清江有懷其人

人遠牛羊暮，春深草樹滋。野橋低映水，浦岸曲縈籬。風雨江湖思，乾坤杖履疑。論心竟誰是，短棹欲何之？

邑中諸公見和再用前韻

看盡愁人萬點紅，曉來雙鬢白于茸。他時儻記江南夢，畫我黄梅細雨中。

錢唐江

湖頭駕月銜殘夢，水色浮空送峭寒。十幅輕蒲連夜發，不知身到海門山。以上默堂集

題善山院

拄頤長劍上凌烟，自古功名亦偶然。鍾鼎山林俱不惡，一瓢可飲盡吾年。延平府志

秦　梓

梓字楚材，檜弟。歷知台、秀、袁、太平、常、湖六州，除翰林學士，出知宣州，再移湖州，進資政殿學士，致仕。

溧陽貞女祠

史氏之女生寒門，白璧粲粲貞義存。上無所天漂爲業，春風三十報母恩。斬奢芟侈白日昏，子胥脱身

間道奔。遠來困窮乞于此，分以壺漿救虛餒。子胥還吳雪讎恥，貞女可憐身已死。一飯之德古必償，遺以千金投瀨沚。謫仙高才解幽沈，奕奕穹碑照江水。有客停舟臨古祠，涼飇動木興遐思。蕉黃荔丹幾千古，焄蒿悽愴若見之。更憐抉目人已去，姑蘇臺上草萋萋。貞烈集

鄭樵

樵字漁仲，莆田人。居夾漈山中，自稱溪西逸民。紹興中，以薦召對，給札歸鈔所著通志。書成，入爲樞密院編修官。有夾漈遺稾。

北山巖

西風洩洩片雲閑，一夜寒泉臥北山。倚杖巖頭秋獨望，稀疎煙壠是人間。興化府志

黃公度

公度字師憲，莆田人。紹興八年，進士第一。簽書平海軍節度判官，累仕考功員外郎。有知稼翁集。

悲秋

萬里西風入晚扉，高齋悵望獨移時。迢迢別浦帆雙去，漠漠平蕪天四垂。雨意欲晴山鳥樂，寒聲初到井梧知。丈夫感慨關時事，不學楚人兒女悲。知稼翁集

包孝肅清心堂

千里有餘刃，一堂聊賞心。庭虛延遠吹，簷敞受繁陰。休吏簾初下，忘懷機自沈。人間足塵土，無路到

清襟。肇慶府志

分水嶺

嗚咽流泉萬仞峯，斷腸從此各西東。誰知不作多時别，依舊相逢滄海中。

肇慶府志：黄公度爲祕書省正字，貽書臺官，言者謂其譏訕時政，罷爲主管台州崇道觀，過分水嶺，有詩云云。及公歸莆，趙丞相鼎謫居潮陽，讒者傅會其説，謂公此詩指趙而言，將不久復偕還中都也。秦檜怒，令通判肇慶府。

題嵩臺二絶

四山如畫古端州，州在西江欲盡頭。漫道江山解留客，老夫歸思甚東流。

松菊壺山手自栽，二年羈宦客嵩臺。無端卻被東風誤，又作恩平一夢回。廣東通志

陳俊卿

俊卿字應求，莆田人。中紹興八年進士。累遷尚書右僕射、同中書門下平章事，兼樞密使。淳熙二年，除少保，判建康府，以少師、魏國公致仕。卒贈太保，謚正獻。有集。

共樂堂在興化軍治西州峯之顛，爲城中登眺勝處。

共樂堂前花木深，登臨當暑豁塵襟。紅垂荔子千家熟，翠擁篔簹十畝陰。老退已尋居士服，清歡時伴醉翁吟。憑闌四望豐年稼，差慰平生憂國心。方輿勝覽

哭林艾軒

出爲嶺嶠澄清使，歸作甘泉侍從臣。百擔有書行李重，十金無産槖中貧。經旬把臂言猶在，昨日題詩

墨尚新。清曉訪君呼不起，寢門一慟淚霑巾。合璧事類續集

流水三間屋，公曾半席分。帝嘗招此老，天未喪斯文。人去留青竹，山空只白雲。升堂時想像，金石怳猶聞。莆陽文獻

題夾漈草堂

方翥

翥字次雲，莆陽人。紹興八年進士。調閩淸尉，召對，除祕書省正字，補外，卒。翥與鹽官施廷先遊，傳楊龜山之學，林艾軒亦定交焉。

癸酉冬赴部除夜宿信州客舍

隔屋青燈一點明，臥聽簷雨落三更。無因作得還鄉夢，門外兒童爆竹聲。

讀老子

且柅流沙青犢車，葱葱佳氣滿城闉。白頭不解家人語，枉學司空城旦書。

呈柔立兄

雞犬還家自識村，重營生理長兒孫。時平戰地逢華屋，歲久他鄉是故園。別後塵埃如我老，歸來耆舊幾人存。雁行疇昔從遊者，莫話凋零恐斷魂。以上林處齋續集

寺中別林謙之兼寄諸鄭

遊從忘朝晡，尊酒輕招呼。笑語恣玩狎，翻覆雲雨疎。我友數君子，古心相與娛。每見輒賓敬，衣裳儼

而趣。惡石寓規誠，美疢疾佞諛。深山足風雨，零落梅花株。亭亭巖上松，霜姿一何孤。感兹各努力，勿以歲事徂。莆陽文獻

句

秋明河漢外，月近斗牛旁。楊誠齋詩話：林謙之嘗稱其友方次雲句。

山寒一杯酒，歲晚兩窮人。和鄭處易溪邊贈別　可惜聽泉夜，還當殘月時。游石泉　林慮齋續集

龔茂良

茂良字實之，興化軍人。紹興八年進士。孝宗朝，累除敷文閣待制，禮部侍郎，尋拜參知政事，安置英州，卒。後復官，謚莊敏。有靜泰堂集。

靈源菴

遲回不忍去，復作抱衾留。斷續雲間雨，蕭騷木末秋。勞生那有此，漸老欲相投。最愛千山暮，鍾鳴處處幽。莆陽文獻

王之望

之望字瞻叔，穀城人。紹興八年進士。孝宗朝，附湯思退，拜參知政事，僉同知樞密院事，罷爲資政殿學士，知溫州。有漢濱集。

浯溪中興頌碑

蜀日既衰洛日亡，前星靈武騰光芒。元功百戰兩京復，萬里阿瞞歸故鄉。干戈紛紛徧四海，浯碑已立湘江旁。太師艱難喜初定，作此大字龍鸞翔。紙摹縑搨四百載，家家傳寶踰琳琅。唐文中世未變古，燕許偶儷爲班揚。次山之文可也簡，此頌未追周魯商。祿山滔天等窮濞，春秋之法誅無將。賜兵二字斥邊將，此語豈足懲姦強。末篇三章頗辭費，筆力不復能鏗鏘。磨崖勒銘亦何有，反復自贊乃爾詳。向來各人過許與，舉世附和無雌黃。淮西仆碑無墨客，惜哉不得逢鍾王。

房公湖 在漢州，又名西湖。房琯上元間爲牧，始鑿湖。治平間，韓㯝序云：「今亭館皆非房公時事。」

金雁橋南二頃湖，房公遺墨未湮蕪。人遊杜牧晚晴賦，境對王維別墅圖。經始園林心自巧，折衝廊廟術何迂。常時只作幽人計，留得陳濤四萬夫。以上方輿勝覽

過石城

滄浪渡口莫愁鄉，萬頃寒烟落木霜。珍重使君留客意，一樽芳酒對斜陽。

江上危亭思黯然，追遊陳跡欲經年。別來西望應相憶，郢樹荆門共一川。湖廣總志

陳長方

長方字齊之，號唯室，福州長樂人，徙居吳中。紹興八年進士。終宣敎郎，江陰軍教授。有唯室集。

題定武本蘭亭

昭陵一入見無從，鐫石猶將贋本供。八法典刑今在此，華山天外立三峯。

不須苦恨厭家雞，自是臨車後月題。弄筆數行書紙背，莫教人喚庾安西。此甥此舅兩風流，翰墨相傳不誤投。大似曹溪付衣鉢，臨池他日看銀鉤。

蘭亭續考跋：吾友胡少明教官，以王文正家所得蘭亭，惠其甥王立之。定武石刻屢經牧守私易，此本信非近年橅搨失真者所能髣髴也。紹興乙卯上元日，閩人陳長方齊之題于笠澤寓舍。

葛立方

立方字常之，丹陽人，徙吳興，勝仲之子。紹興八年進士。隆興間，官至吏部侍郎。有西疇筆耕、韻語陽秋、歸愚集。

避地傷春

洛陽宮闕半成灰，草草花枝濺淚開。國色天香消息斷，妝臺誰奉紫金杯？石門連日動征鼙，花柳無情自繞溪。回首故園今好在，杜鵑花落子規啼。

新城道中

已去日邊遠，宜春程尚賒。呼童秣征馬，帶月趁啼鴉。橋斷復揭水，路窮還渡沙。誰能飾廚傳，裹飯野人家。以上歸愚集

喜子郯登第

吾家五世十三人，競擷丹枝撼月輪。慶曆賢科開後裔，隆興儒業繼前塵。泥金帖報家庭喜，燒尾筵開帝里春。從此傳芳應未艾，桂香早已襲天倫。

余居吳興泛金溪上暇日率同志拏小舟載魚鼈蝦蟹命五比丘誦寶勝佛名若十二因緣法作梵唄捨之溪中坐中有請作詩以紀事者余輒爲書云

漁師竟日漁，水族作斤賣。小捐使鬼兄，滿載獲鱗介。鯤鯨未易羅，所得亦殊態。青蛙盡公私，朱鮪彙小大。霜鱸尙貫針，土負或黏塊。輪囷積文螺，郭索走蒼蟹。涇沫相呴濡，自分煮薑芥。豈知惻隱人，規作江湖貸。因呼小青翰，收留舞澎湃。趺坐延黑衣，號佛指淸瀨。經飛流水篇，流水長者事見金光明經梵起魚山唄。傾盆帶寒藻，圉圉看于邁。驚疑或依蒲，喜躍或生喝。快若鷹辭韝，歡如囚破械。定非校人池，恐是餘不派。願汝藉佛力，永脫鉤網債。口腹聊爾耳，香餌莫渠愛。以上韻語陽秋

李燾

燾字仁父，號巽巖，眉州丹稜人，唐宗室曹王皐之後。紹興八年進士。孝宗朝，歷官祕閣修撰，同修國史，拜禮部侍郎，除敷文閣學士，致仕。卒贈太師，謚文簡。

從何使君父子遊墨池分韻得名字 成都縣治前，有洗墨池，揚雄草太玄經處。

蜀學擅天下，馬王先得名。簣如巧言語，于道蓋小成。子雲最後出，振策思遐征。斯文大一統，欻使聖域淸。富貴盡在我，紱冕非所榮。旁皇天祿閣，聊亦觀我生。懷哉不能歸，舊宅荒荆榛。寂寞竟誰顧，正路今莫行。使君蓬萊仙，弭節歸赤城。門無俗賓客，家有賢父兄。慨念此耆老，不登漢公卿。臨池一尊酒，尙友千載英。拜呼嚴與李，月旦共細評。區區可無憾，彼重適我輕。竭來成都市，塵土汙冠纓。古人不可見，見此眼自明。請爲懷古詩，玉振而金聲。成都文類

客懷

寂寞三秋節，凄涼萬里風。關河盡形勝，人物幾英雄。秦葉隨流水，周禾滿故宫。此心懸象闕，夢繞浙西東。

久客厭塵土，幽居懷翠微。只餘清夜夢，長作故山歸。菊已開三逕，松應長十圍。晨鐘忽驚覺，猶有露霑衣。曹氏歷代詩選

登金山

金山何處好？四顧不相連。窗迥前無地，波澄下有天。堂留三楚客，門泊五湖船。暝色闕詩思，江籠兩岸烟。金山志略

陳巖肖

巖肖字子象，東陽人。紹興八年，以任子中詞科。仕至兵部侍郎。著庚溪詩話。

洗竹

直榦解新籜，低枝蔽舊叢。芟繁留嫩緑，引月更添風。庚溪詩話

范正國

正國嘗爲太和通判。

重經快閣　時紹興庚申，閣燬，獨跨牛菴存。

僑寓窮滄海，心棲快閣間。烟雲浮四座，几席對千山。闌檻何由見，神明悵未還。興崇應有待，高躅付

誰攀？快閣紀存

王　逵

逵，壯節王公之孫，倚之子。

送田諤

兩地音塵隔死生，十年常效執珪吟。羨君已作遼東鶴，顧我空存魏闕心。日下既蒙新眷遇，海邊休忘舊知音。儻憐萬里親庭在，爲向雲山處處尋。

蘆浦筆記：王復字景仁，淄川人，高宗詔公知徐州。黏罕寇徐，公領兵閉城拒守，城陷不屈，爲虜殺，凡闔門百口俱遇害，時建炎三年正月二十九日也。天子震悼，特贈資政殿學士，謚壯節。先是公長子倚以太僕丞從高宗過淮陽，紹興八年和好成，奏乞訪先臣遺骸，優詔許之。行至泗州，馬上得疾暴卒。倚子逵，留淄川，南北隔絶。紹興十年，承宣使田諤扈從顯仁太后回鑾，逵以詩送諤云云。詩至而倚卒已一歲矣，聞者哀之。

洪　适

适初名造，後更今名，字景伯，皓長子。紹興十二年，中博學宏詞科。孝宗朝，歷尙書右僕射、同中書門下平章事，兼樞密使，提舉太平興國宫。卒謚文惠。有盤洲集。

寧國寺

幾日山南北，端期汗漫遊。水痕秋雨過，竹色曉烟收。宦海何時了，僧房爲少留。卻尋歸去路，餘興漫回眸。

秋夢不能曉，起行山徑迷。小車驚宿鷺，列炬誤鳴雞。冷怯霜華重，光瞻斗柄低。金庭有佳處，芳桂想幽棲。

曉發泰安驛　在臨海

題三瑞堂

久矣馳魂夢，今登三瑞堂。故山有喬木，近事話甘棠。展驥慚充位，占熊憶問祥。白雲留不住，極目是吾鄉。以上盤洲集

方輿勝覽：洪公弼爲寧海主簿時建。適以荷花、桃實、竹幹有連理之瑞，已而生适。故适以貳車行縣，題詩云云。

書懷

早歲那知世事艱，中原北望氣如山。樓船夜雪瓜洲渡，鐵馬秋風大散關。塞上長城空自許，鏡中衰鬢已先斑。出師一表眞名世，千載誰堪伯仲間？詩林萬選

洪遵

遵字景嚴，皓仲子，與兄适同中博學宏詞科，賜進士出身。歷徽猷閣直學士，出知平江府。孝宗朝，召除翰林學士承旨，拜同知樞密院事，江東安撫使，資政殿學士，提舉洞霄宮。卒謚文安。有小隱集。

丁香花

來自丁香國，還應世所稀。叢生盛花葉，亂結買巾衣。冷豔矯爲色，低枝翠作圍。蔓連疑鎖骨，時見玉

塵飛。全芳備祖

洪邁　黄介　許子紹

邁字景盧，鄱陽人，皓季子。紹興乙丑，中博學宏詞科。孝宗朝，累遷中書舍人，兼侍讀，直學士院，拜翰林學士，進煥章閣學士，知紹興府，以端明殿學士致仕。卒贈光祿大夫，謚文敏。有野處類稾、容齋五筆、夷堅志、萬首唐人絶句行于世。

四朝聞見錄：洪邁歸鄱陽，與兄丞相适酬唱觴詠于林壑，甚適。偶得史氏璠花，種之别墅，名曰璠野，樓曰璠樓，圃曰璠圃。

秋日漫興

江湖久客日思家，坐覺微霜上鬢華。節序又催秋後雁，風光爭發雨前花。倦遊已夢莊生蝶，不飲何憂廣客蛇。怪底朝來衣袖薄，一川白露下蒹葭。

一夕西風木葉飛，畫梁落月淡餘輝。銀燈夜照還家夢，金剪親裁寄遠衣。霜信早隨新雁至，素書深訝故人稀。無因爲謝東曹掾，鱸熟蓴香莫便歸。野處類稾

鎖院同葉晦叔作兼簡謝景思　紹興十九年，晦叔爲福建帥屬，予嘗因春補諸生，白于府主，邀與同考校，鎖宿貢院兩旬。

沈沈廣廈清如水，市聲人聲不到耳。一閑十日豈天賜，慙媿紛紛白袍子。相逢更得金玉人，久矣眼中無此士。連牀夜語不成寐，往往雞聲忽驚起。是中差樂眞難名，昔者相過安得此。但憐時節不相謀，

正墮清明寒食裏。梨花已空海棠謝，外間物色知餘幾。只恐風雨摧折之，負此一春吾過矣。謝公尋山飽閑暇，應笑腐儒黏故紙。錦囊得句應已多，萬一相思頻寄似。容齋三筆

車駕宿戒幸玉津園命下大雨將曉有晴意已而天宇豁然至晚歸邁進一詩歌詠其實

五更猶自雨如痲，無限都人仰翠華。翻手作雲方悵望，舉頭見日共驚嗟。天公的有施生妙，帝力堪同造物誇。上苑春光無盡藏，可須羯鼓更催花。容齋五筆

和朱子淵賦石柏

海底靈根石效奇，山經地志不曾知。凝紅幻出珠千顆，染紫裝成玉一枝。鶴骨龍姿隨質見，鸞棲鳳宿與香宜。元戎高唱眞難和，媿我年來筆力衰。夷堅志

寄題兄景伯清閟堂　台州通判廳

昔聞王子猷，借宅亦種竹。此君固可喜，人亦清不俗。伯氏貧而癯，一飯不飽肉。堂前自經始，護此無盡綠。一官歲強半，餘日如轉燭。待其長稚子，而已牽歸轂。何由享嘉蔭，償我志願足。應煩彼邦人，日報平安福。赤城志

王龜齡王嘉叟木蘊之同過小園用郡圃植花韻

節到中和暖尙賒，東風隨後起芳華。自慙翳翳松三逕，相對蕭蕭馬五花。老去醉鄉爲日月，年來痼疾在烟霞。午橋別墅歸公手，早定淮西取白痲。文翰類選

泛舟遊武夷九曲

武夷之山如畫圖，中有玉洞藏仙都。一溪穿空舞澎湃，九曲度盡方盤紆。細看直疑路中斷，已轉始覺川平鋪。諸峯削成鳥亦怖，危磴豈復人能踰。機巖學館第傳授，鼓樓石牀知有無。坐令丹梯化一鶴，又喚立筍成三姑。遊人來覲但借問，道士指說猶驚呼。神君曾孫在何許，想見幔亭空藥爐。千崖萬壑心賞倦，正喜松風清坐隅。歸舟瞥然箭脫手，醉目眩我雙明珠。武夷山志

秀川館聯句 并序

鄱陽洪邁景盧，還自衡岳，道宜春，買舟東下，永嘉方雲翼景南置酒秀川館餞之，邵武黄介景達、開封向濋巨源、歷陽許子紹季韶與焉。坐中，屬聯送行，且强景盧同之。人賦十許韻，賓主皆醉，不復續。惟巨源止酒，不開涓滴，獨又唱出八十字以成章，且書之，明日以遺景盧云。紹興二十七年九月乙亥，景南序。

江聲牀捲寒，山色窗拗綠。方歸舟著沙邊，客夢遶鄉曲。洪簪盍豁秋悲，筵開從夜卜。黄黄花散疎籬，蒼竹闖破屋。向詩豪爭擊銅，談劇屢消燭。許借君五言城，洗我萬斛愁。方主人意無窮，客子去敢速。洪杯寬怯鯨吞，詞澀媿貂續。黄注瓦亦傾銀，聯珠仍綴玉。向天迥月明洲，霜清風隕木。許飛齊水擊鵬，揮退日斜鵩。方臭味漆投膠，芬芳蘭間菊。洪味甘一臠嘗，話勝十年讀。黄未用賦驪駒，方看舉鴻鵠。向行當歲九遷，勿憚晝三宿。許妙語子嬋嫣，孤蹤吾鹿獨。方一老上星辰，三君進鳧鶩。洪平生仰高山，此夕霑賸馥。黄飛龍十九章，金馬三千牘。向儻非論石渠，定是讐天祿。許筆健翻狂瀾，辯雄噴飛瀑。方抄傳疲小胥，侍立倦更僕。洪力舉六鼇連，肘運千兔禿。方庖廚洗玉盤，萍豆鄙金谷。向豈無麟脯羞，亦有熊蹯熟。同上不須羅

轋輂，安用窮水陸。許搜尋到蹲鴟，飣餖兼苜蓿。方但畏酒樽空，寧知更漏促。黃勸頻難固辭，意厚敢虛辱。許一一罄餅罍，紛紛吐茵蓐。方茶甘旋汲江，火活乍然竹。向聊烹顧渚吳，更試蒙山蜀。洪清風生玉川，石鼎壓師服。黃忍醉興方新，語離情轉篤。洪明朝轉船頭，西風飽帆腹。黃去櫓響嘔啞，歸車聲轣轆。墨突諒難黔，曹裝行復促。便揚武林鑣，勿戀番江粲。聖神攬權綱，賢俊登肅穆。向君恩晉接三，臣職坤用六。方夷路合騰驤，上心資啓沃。許吾道竟何憂，斯文欣有屬。洪執政猶股肱，天官乃眉目。當堦紅藥翻，規地青蒲伏。遙知此數途，歷徧財一蹙。長吟美且箴，細酌壽而祝。端期千一逢，毋諱再三瀆。德進朝廷尊，河潤京師福。前修庶拍肩，能事當繼躅。君無廢此篇，隨車編卷軸。向　袁州府志

句

天上長留滕六在，人間會有葛三來。

困學紀聞：野處雪句葛三事，出太平廣記，葛仙翁第三子。

向滈

滈字巨源，開封人。有葵齋雜稾。

從吳傅朋遊芝山登五老亭以駕言出遊分韻賦詩　得駕字

茲山何巍巍，氣欲等嵩華。從公二三子，勝日飽閑暇。躋攀謝車輿，自辦兩不借。捫蘿覓幽磴，行椒得孤榭。側送夕陽移，俯視高鳥下。登臨記曩昔，歲月驚代謝。卻數一周星，復命千里駕。身從泛梗流，事與浮雲化。竭來共一尊，似爲天所赦。明發還問塗，合離足悲吒。

題吳傳朋遊絲書

先生著名節，百世追延陵。我評先生賢，不以能書稱。功成磨蒼崖，盛德頌日昇。勿書凌雲榜，華顛踏高層。以上容齋三筆

方雲翼

雲翼字景南，永嘉人。

題寶積寺

暫脫塵闉馬足埃，僧窗高臥白雲堆。青山影裏春酲解，黄鳥聲邊午夢回。坐嬾且推書冊去，吟清時喚茗甌來。要知門外無車轍，十日新生一逕苔。袁州府志

李端民

端民字平叔。

和元徽之春遊韻寄洪景伯

東閣經年別，窮愁客路難。望塵驚岳峙，懷舊各雲散。茵醉恩逾厚，檣攲興未殘。馮唐嗟已老，范叔敢言寒。玉燭調魁柄，陽春在筆端。應憐揣門役，白首滯江干。容齋五筆

葉南仲

紹興乙丑仲春遊崧臺作

斗峯遥憶舊崧臺，爲勸農耕特地來。短李高名光翠壁，僞劉陳迹沒蒼苔。洞天日永風埃淨，巖壑雲收

霽色開。好景最宜供宴樂，操觚欲賦媿非材。嵩臺石室志

胡憲

憲字原仲，文定公從子。紹興中，貢入太學，賜進士出身。授左迪功郎，添差福州教授。以母老，求監南嶽廟歸。起爲福建路安撫司屬官，復請祠。秦檜方用事，家居不出。檜死，以大理司直召，未行，改祕書正字。既至，病不能朝，詔改秩，與祠歸，卒。學者稱籍溪先生。

答朱元晦

幽人偏愛青山好，爲是青山青不老。山中出雲雨太虛，一洗塵埃山更好。

濂洛風雅：朱子跋云：「右衡山胡子詩也。初，紹興庚辰，某臥病山間，親友仕于朝者，以書見招，某戲以兩詩代書報之曰：『先生去上芸香閣，閣老新裁豸角冠。留取幽人臥空谷，一川風月要人看。』『甕牖前頭列畫屏，晚來相對靜儀刑。浮雲一任閑舒卷，萬古青山只麼青。』或傳以語胡子，子謂其學者張欽夫曰：『吾未識此人，然觀此詩，知其庶幾能有進矣。特其言有體而無用，故吾爲是詩以箴之，庶其聞之而有發也。』明年，胡子卒。又四年，某始見欽夫，而後獲聞之，恨不及見胡子而卒請其目也。因叙其本末而書之于策，以無忘胡子之意云。」

胡宏

宏字仁仲，文定仲子。幼事楊時、侯仲良，卒傳其父之學。紹興中，以廕補右承務郎，卒。學者稱五峯先生。有集。

題上峯寺

百年身似客，浩蕩世間遊。入望青山好，夢魂偏我留。我家巫山十二峯，浮江直過巴陵東。瀟湘水與蒼梧通，環遶衡嶽青冥中。扁舟白雲不可度，杖藜蠟屐乘春風。山光浮動可攬結，雲舒霞卷飛煙虹。深巖大壑翠巘巘，足力已到心無窮。羣峯迤邐勢不競，上盡祝融五千仞。祝融峯高天更高，太空人世如牛毛。風雲萬變一瞬息，紅塵奔走眞徒勞。

西林寺廓然堂有懷

超然峯頭秋氣清，廓然堂延秋月明。我乘清秋弄明月，中有所感思冥冥。峯勢淩蒼穹，上有烟林封。去天不盈尺，路斷心忡忡。虛名過耳如松風。以上五峯集

李　侗

侗字愿中，南劍州劍浦人。從羅仲素遊，學者稱延平先生。謚文靖。有語錄行世。

和靜菴山居

勝如城市宅，花木擁簷前。一雨曉來過，羣峯翠色鮮。採荆烹白石，接竹引清泉。車馬長無跡，逍遥樂葛天。延平府志

李　繒

繒字參仲，號鐘山，婺源人。所著有論語、西銘解義等書，朱子尊稱之。

曉步

曉步閑隨蛺蝶行，村南村北雨新晴。山花野草自幽意，布穀一聲春水生。新安文獻志

張元幹

元幹字仲宗，長樂人，向伯恭之甥。紹興中，坐送胡邦衡詞，得罪除名。有蘆川歸來集。

苕溪漁隱叢話：余宣和間居泗上，于王周士處見張仲宗詩一卷，因備錄之。後三十年，于錢唐與仲宗同館穀，初方識之。因戲謂仲宗曰：「三十年前已識公于詩卷中。」仲宗請余舉其詩，渠皆不能記，反從余求之。

夜宿宗公丈室求詩甚勤爲賦五字

林表登層閣，秋聲聽暮鐘。鴉鳴苦竹寺，雨闇亂雲峯。屢乞留新句，重來訪舊蹤。松門罕車馬，似喜老夫逢。

次韻晁伯南飲彥達官舍心遠堂

今夕知何夕，眞成累十觴。爐薰飄月影，蜜炬剪花香。政爾還詩債，無從發酒狂。故人憐久客，舞袖要須長。以上蘆川歸來集

瀟湘圖

落日孤烟過洞庭，黃陵祠畔白蘋汀。欲知萬里蒼梧眼，淚盡君山一點青。艇齋詩話

鄭汝諧

汝諧字舜舉，青田人。紹興中進士。官吏部侍郎，徽猷閣待制，致仕。有東谷集。

題盱眙第一山

忍恥包羞事北庭，奚奴得意管逢迎。燕山有石無人勒，卻向都梁記姓名。

齊東野語：南北通和時，聘使往來，旁午于道。凡過盱眙，例遊第一山，酌玻瓈泉，題詩石壁，以紀歲月，遂成故事，鐫刻題石幾滿。紹興癸丑，國信使鄭汝諧一詩，可謂知言矣。

題石門洞

每移征棹並雲根，便覺幽懷謝世喧。皓色飛來天際雪，紅塵不到水邊門。破荒康樂名猶在，紀勝元章字不存。但有好山容老子，何須更訪武陵源。括蒼彙紀

蘇雲卿

雲卿，廣漢人，與張魏公浚爲布衣交。紹興間，結廬南昌之東湖，灌園織屨自給，人稱曰蘇翁。浚爲相，訪知所在，馳書函金幣，屬洪州帥漕禮致之。翁力辭不可，期以詰朝上謁，比遣使迎之，則扃戶闃然。排闥入，則書幣不啓，家具如故，翁已遁矣。

還張德遠書幣題詩蔬圃壁間

多年別作一番風，誰料聲名達帝聰。自有時人求富貴，莫將富貴汙蘇公。四朝詩

米友仁

友仁，一名尹仁，字元暉，自稱嬾拙老人，襄陽人，芾之子。紹興中，擢工部侍郎，終敷文閣待制。

畫繼云：米友仁，元章之子，幼年，山谷贈詩曰：「我有元暉古印章，印刓不忍與諸郎。虎兒筆力能扛鼎，教字元暉繼阿章。」遂字元暉。宣和中，爲大名少尹。所作山水，草草而成，不失天眞風氣，每自題曰「墨戲」。被遇光堯，既

貴，甚自祕重。衆嘲之云：「解作無根樹，能描懵懂雲。如今供御也，不肯與閑人。」

題禊帖

圖契朴琱推聖智，萬古奔沈餘末伎。蘭亭醉墨更無加，始信功名皆儻爾。庾翼兒郎豈不黠，自是家雞慙野雉。退之強聒六藝疎，見處纔能到姿媚。相公有官那得取，不與官家深自祕。卻因同好露心胸，謾使蕭郎誇末計。摸金不必曹阿瞞，溫韜家有昭陵器。披沙只恐取黃金，剔軸誰能收故紙。天章寶塔高嵯峨，永表文皇好文藝。至今油蠟傳未休，善本何辭萬金弃。蘆浦筆記

題定武本蘭亭

翰墨風流冠古今，鵝池誰不賞山陰？此詩雖向昭陵朽，刻石猶能直萬金。紹興十六年歲次丙寅，孏拙翁米元暉在行朝天慶觀東私居之北窗跋。蘭亭續考

自題大姚村圖

廣文當日官雖冷，可奈才名振世何！他日君家須炙手，而今聊復雀堪羅。老年尙喜管城子，更愛好山江上青。武林秋高曉欲雨，正若此畫雲冥冥。紹興戊午季春十一日，書于大姚五湖田舍。

自題山水

霄壤千千萬萬山，東南勝地孰躋攀。古人作語詠不得，我寓無聲縑楮間。紹興己未，除守瑯琊，待次平江，寓居大姚村妹家戲作。

寓意編：按米氏襄陽人，而宋史以爲吳人。觀海岳撰樂圃墓表云：「予昔居郡，與先生遊。」今觀畫跋，則米老父子皆嘗居吳，故其女嫁大姚。其實非吳產也。

題董源夏山圖

崇山過新雨，蒼翠濃欲滴。林深不通人，溪迴有吟客。日落古道空，天靑暮雲碧。何處一聲蟬，幽棲仍自得。

題自畫横披與翟伯壽

山中宰相有仙骨，獨愛嶺頭生白雲。壁張此畫定驚倒，先請喚人扶著君。以上淸河書畫舫

司馬端衡

端衡，溫公後人，與米元暉同時。

題自畫杜詩意圖 潺潺石澗溜

峯迴石路轉，足可娛瞻聽。其中如有屋，便是醉翁亭。郁氏書畫題跋記

吳芾

芾字明可，自號湖山居士，台州仙居人。紹興中進士。孝宗朝，歷官禮部侍郎，終龍圖閣直學士。卒謚康肅。有湖山集。

見市上有賣海棠者悵然有感

連年蹤跡滯江鄉，長憶吾廬萬海棠。想得春來增絕麗，無因歸去賞芬芳。偶然擔上逢人賣，猶記樽前

爲爾狂。何日故園修舊約，賸燒銀燭照紅妝。海棠譜

和胡經仲郎事

世事憑誰論，羇懷只自諳。風烟悲蜀魄，桑柘老吳蠶。晚步惜殘照，春衫怯曉嵐。日來鼙鼓近，牢落愈無堪。赤城詩集

北望二首

延福池臺荆棘深，上皇無復更登臨。寂寥崇觀當年事，愁絶關河萬里心。

漠漠黄雲塞草稀，年年空説翠華歸。孤臣淚盡仍嘗膽，白首江湖雁北飛。台州府志

熊克

克字子復，建陽人。紹興進士。累除起居郎，兼直學士院。

壽芮祕書三首

帝調玉燭召春還，仙袂同時度九關。萬品欲霑何處得，東風今起道家山。

歸來未對小延英，便向蓬萊作主人。要督仙宫讐玉籍，卻收衆妙入經綸。

冊府都無未見書，毫端萬斛瀉明珠。若爲池上星辰履，謾與瀛洲作畫圖。翰墨大全

沈樞

樞字持要，一作持正德清人。紹興間登第，歷官太子詹事。

百福寺　孝豐縣東南

築室最高處，軒窗八面通。鑿山流乳液，開戶納薰風。巾屨隨涼設，茶瓜與客同。我來資解愠，不羡楚王雄。湖州府志

仲　并

并字彌性，江都人。紹興中進士。歷光禄寺丞，淮東安撫司參議。有浮山集。

句

政恐崖州如有北，卻應未肯受譏夫。

困學紀聞：仲彌性詠韋執誼不看嶺南圖詩，誅姦諛之斧也。

唐文若

文若字立夫，眉山人，庚之子。第進士。仕至直敷文閣，知溫州，遷中書舍人。孝宗朝，參贊張浚都督府軍事，卒。

登金山

江流出岷蜀，萬折東南傾。茲山若巨舫，勢欲扼滄溟。天高象教尊，海岳朝百靈。雲水渺四極，下上涵日星。朱甍倚霄漢，倒影魚龍驚。重遊十年舊，挂席鷗鳥驚。維揚魏公幕，回首劍戟明。行都望北固，鐵甕高崢嶸。孤舟繫烟月，六尺僧窗横。印師支遠儔，靜對如風鈴。曠懷憐此翁，得法世慮平。塵勞霜鬢秃，風月冰壺清。乞詩寫崖壁，指月雙浮萍。金山志略

陳世守

世守字端厚，崑山人。

紹興壬申五月臥病東禪之北窗惟庭柯相對手植綠橘枇杷皆森然出屋枇杷已著子橘獨十年不花各賦一詩

枇杷昔所嗜，不問甘與酸。黄泥裹餘核，散擲籬落間。春風拆句萌，樸樕如榛菅。一株獨長成，蒼然盛屋山。去年小試花，瓏瓏犯冰寒。化成黄金彈，同登桃李盤。大鈞播羣物，斡流不作難。樹老人何堪，挽鏡覓朱顔。頷髭爾許長，大笑敧巾冠。

綠橘生西山，得自彝翁家。云此接活根，是歲當著花。俛仰乃十霜，垂蠹紛相遮。芳意竟寂寞，枯枝謾槎牙。風土諒非宜，翁言豈余夸。會令反故山，高深謝汚邪。石液滋舊根，山英擢新葩。黄團挂霜實，大如崆峒瓜。當有四老人，來駐七香車。崑山雜詠　鶚按：二首又見范成大石湖集。

宋詩紀事卷四十六

錢唐 厲鶚 輯
歙 洪振珂 勘定

周紫芝

紫芝字少隱，宣城人。紹興中登第，歷官樞密院編修、右司，知興國軍。自號竹坡居士。有太倉稊米集及竹坡詩話。

方萬里跋：少隱嘗謂：作詩先嚴格律，然後及句法。得此語於張文潛、李端叔。

越臺曲

玉顏如花越王女，自小嬌癡不歌舞。嫁作江南國主妃，日日思歸淚如雨。江南江北梅子黃，潮頭夜漲秦淮江。江邊雨多地卑溼，旋築高臺勻曉粧。千艘命載越中土，喜見越人仍越語。人生腳踏鄉土難，無復歸心越中去。高臺何易傾，曲池亦復平。越姬一去向千載，不見此臺空有名。

方輿勝覽：在建康府縣西七里，今尉廳後。故老相傳云：「昔越王女嫁於此，懷土思歸，故越王築臺以居之，慰其懷土之思。」

秋蘭

褻蘭當九畹，蘭生香滿路。紉君身上衣，光明奪縑素。孤芳一衰歇，凋零溼秋露。佩服君子心，亦足慰遲暮。

弔洪氏女幷兩侍兒

就死由來不自疑，玉顏那爲賊鋒低。了知今日投淵婦，猶勝當年斷臂妻。

敵騎駸駸戰艦驕，春江漫漫溼金翹。但將紅袖供歌舞，卻爲周郎笑二喬。

梁溪漫志：中興死節之士固不乏，而女子守節者亦多有之。洪鴻父羽之女適繁昌焦洧，一日遇巨盜於江中，欲逼之，女義不受汙，投江而死。兩侍兒，大曰宜恩，小曰匀奴，姓吳氏，女兄弟也，俱有色藝，亦相隨赴水死。焦之甥徐伯遠傳其事，竹坡周少隱爲之賦二詩云云。

黄文若攜秦別駕侍兒像見過戲題二絕

能事空傳王右丞，句如徐庾轉難名。明眸正似溪光樣，自古無人畫得成。

謝家林下小梅花，不著紅藍染絳紗。莫笑畫師無國手，玉肌元不受鉛華。

題錢少愚四畫

鴛浦

一點傷春恨，看成兩鬢霜。如今無此夢，莫畫兩鴛鴦。

釣雪

一作東吳去，回頭又十年。可憐江上雪，空落釣魚船。

蘭亭

事去空千載，何曾有若人。只應煙樹裏，便是永和春。

秋觀

雨足三湘岸，煙含七澤秋。可能無尺地，分得庾郎愁。以上太倉稊米集

題淨空院

誰穿巨石貯清泉，不見超公舊講筵。龍伴白雲歸寶藏，魚隨流水下春田。咸淳臨安志

元忠作胡人下程圖

單于獵罷卧錦紅，解鞍休騎荒磧中。蒼駒騧駱六十四，隱谷映坡分尾鬉。九駝五牛羊頗倍，沙草晚牧生寒風。貴賤大小只五百，執作意態皆不同。二鷹在臂二鷹架，駿犬當對能爭功。穹廬鼎列帳幕擁，鼓角未吹驚塞鴻。上山高高置烽燧，毛囊貯獲閑刀弓。水泉在側挹其上，長河沓沓流無窮。素紈六幅筆何巧，胡瓌盡妙誰能通。今日都城有別識，別識共許劉元忠。

許貴州出蘇叔黨樹石

老坡騎鯨上天去，小坡落筆如風雨。能添老樹著巖間，爲石傳神自翁語。兩坡俱死眞可惜，君有一拳何處得。誰向九原呼此翁，爲我五日畫一石。以上畫繼

題湖上壁

寒食風埃滿客巾，西湖煙雨送愁頻。日高未起鳥呼夢，春晚不歸花笑人。前賢小集拾遺

戲作小詩用少陵事

百尺寒松老榦枯，韋郎筆妙古今無。何如莫搨鵝溪絹，留取天吳紫鳳圖。

竹坡詩話：使少陵尚無恙，當爲我一捧腹也。

句

設客元無琴裏曲，供官尚有篋中詩。

太倉稊米集云：東坡嘗言：「古今語未有無對者。琴家謂琴聲能娛俗耳者，爲『設客曲』。頃時有作送太守詩者，僕嘗問之，其人曰：此『供官詩』，不足觀。于是『設客曲』乃始有對。」戲作俳體詩云云。

闞耆孫

耆孫字壽卿，蜀人。紹興間進士，官著作佐郎。

送劉朝美侍郎歸蜀

清議久不作，世無公是非。祇因翻故紙，不覺蹈危機。東壁夢初斷，西山蕨正肥。十年成底事，贏得載書歸。

庚溪詩話：兵部侍郎劉朝美儀鳳，蜀之普州人。性酷嗜書，喜傳錄。初以禮部侍郎攝祕書少監，後即眞，凡祕府書，傳寫殆徧。如國史之類，又置副本；親自校讎，至杜門絶交。遷兵侍，猶傳寫不絶。張持國之綱爲副端，言其書癖，至曠廢職事，以是罷歸蜀。闞壽卿以詩贈行。

鶚按：宋史劉儀鳳傳亦載此事。

劉倜

倜字寬夫，吉水人，沆孫。紹興進士，官至待制。

青原臺 在廬陵郡西射圃東南隅

春臺百尺枕蕪城，傑檻層軒入紫清。坐嘯風雲生畫棟，劇談河漢瀉朱甍。山圍蘭若青螺遠，江帶蘋州白練横。挂席會淩南斗去，羽人遼海看騎鯨。豫章詩話

陳鵬飛

鵬飛字少南，永嘉人。紹興進士，官太學博士，崇政殿説書。忤秦檜，謫居惠州，卒。有羅浮集。

文獻通考：陳氏曰：「秦檜子熺，嘗從之游。在禮部時，熺爲侍郎，文書不應令，鵬飛輒批還之，熺浸不平。鵬飛説書崇政殿，因論春秋母以子貴，言公羊非是。檜怒，謫惠州以死。」

贈邕管察推陳仲輔

幕下誰人識杲之，徽聞賛畫向蓮池。登樓不恨鄉關遠，拄笏只言山色奇。直道自能消鬼魅，高人何處不軒羲。佗年坐上話銅狄，可是蓬萊清淺時。惠州府志

唐仲友

仲友字與政，金華人。登紹興進士，復中宏詞科，累官知台州。爲同官高文虎譖于提刑，劾罷，主管武夷沖道觀。有説齋集。

遊蓋竹山 在台州臨海縣

籃輿東出初雨收，衆山捲霧奔蒼虬。麥田幪幪連千疇，去年見種今有秋。農家椀大即快活，使君不去能無羞。春光欲盡誰挽留，千林蕤蕤新緑柔。桐花遠近澹無色，自開自落那關愁。洞天爲我暫晴霽，

使我蠟屐窮冥搜。天門發秀萬馬下，水口離立羣峯稠。瀑泉對面瀉絶壁，寶劍卻倚丹鳳樓。溪聲噴薄雷震動，石色古怪神剜鎪。洞門谽谺風颼颼，香爐峯下蛟龍湫。中岑特秀小爲貴，左右旌節森戈矛。幾時祕奥一日睹，談笑指示君知不。精廬但欲占勝處，專事棟宇非良謀。飛閣跨水納佳氣，突兀殿堂居上頭。軒窗高下有奇致，洗滌肺腑明雙眸。我將于此棲羽流，鳳笙鶴駕應來遊。丹成一舉淩九州，下視濁世如浮漚。靈祠款謁路阻脩，層巖傾澗邃且幽。經營輪奂亦未就，揮金爾助何須求。晚雲漠漠鳴雨鳩，僕痡泥滑吾欲休。虹橋列炬趣歸騎，城鼓已報初更籌。追攀別乘聊復爾，乘興何如王子猷。習池不爲倒載去，兒童不用拍手攔街謳。赤城志

折彦質

彦質字中古，雲中人，涇原帥可適之子。紹興間，官樞密使。爲趙鼎所薦，秦檜指爲黨，謫昌化軍。後移郴州，復官。

過太平州拜李端叔遺像

東來逐數月，弛擔已渺茫。猶喜畱患身，獲登先生堂。肅衣拜遺像，依然雙頰光。宛若侍坐側，妙語發天藏。厄窮出天意，人理難度量。所幸言不朽，與世爲文章。齎此復何恨，私淑良不忘。小郎出見我，問知雛鳳凰。他年起門戶，塵滓濯秋陽。世事幾變滅，人生真黄粱。置之不足道，感慨涕淚滂。我行方有程，墳山空相望。

跋浯溪造極圖

浯溪未到已登臨，筆力能窮造化心。我是零陵新逐客，披圖一一可追尋。

跋湘西清絕圖

與山分淺正傷神，蠟屐明朝陌上塵。誰寫湘西清絕景，巧移林壑慰行人。以上鑒壹集

湘山

寓久渾忘客，臨行似别家。途窮身更怯，秋老鬢先華。生計黄茅合，歸期碧海賒。湘山今夜雨，留我意無涯。桂林府志

超然亭

超然亭上鬢毛斑，浩蕩秋風小立間。豈爲詩情堪過海，祇緣脚力要尋山。峭峯斷續天容缺，高壘縈紆地勢慳。回首不堪東北望，桂林萬里是秦關。粵西詩載

謝許君瑤

東坡遺物來歸我，兩手摩挲思不窮。舉取吾家阿堵物，愧無青玉案酬公。

廣東通志：東坡移廉州，以茶盂惠許君瑤。後爲折樞密所得，有詩謝許云云。

何耕

耕字道夫。紹興中，守蜀之嘉州，有惠政。與何逢原、孫松壽、宋誨號四循良，民繪像祀之。

青羊宮　按：趙閱道成都記載：宫乃老子乘青羊降其地，今有臺存焉。

一再官錦城，咫尺望琳宫。未始得得來，正墮役役中。今朝弄晴雨，策蹇隨春風。頗愛意象古，停驂小

從容。縹緲百尺臺，突起淩半空。憑闌俯脩竹，泱背明孤鴻。信哉神仙宅，不受塵垢蒙。稽首五千言，衆妙一以通。靜觀萬物復，豈假九轉功。區區立訓詁，亦陋河上公。癡人慕羽化，心外求鴻濛。要騎白鶴背，往訪青羊蹤。

題龍華佛閣

西川鑿山三大像，突兀皆在江之湄。脩覺九頂見略盡，獨此恨未瞻容儀。朅來勝地了疇昔，輕軒瘦馬相追隨。百尺金軀信雄傑，三乘寶閣何瑰奇。燃犀不用照幽鬼，擊鼓自合趨馮夷。前人開創願力廣，下與舟楫扶傾危。六月灘濤劇奔吼，一分性命爭毫釐。篙工落膽行者泣，彈指乞活天人師。人心狎水水多禍，佛力在人人不知。慈悲但作布施想，江神雖怒將何爲。

普通山距府東十數里青州禪師洪杲道場也自龍華歸過之棟宇頹落僧徒鄙野良爲可惜是夜雨大作因書所聞所見爲長韻

錦城之東山培塿，突起伽藍壓山口。入門氣象頗不凡，在昔規模定非苟。黃絹碑詞著眼看，青州老衲知名久。自披榛徑結茅屋，不翦霜華散蓬首。市門有女捧巾盥，衣裓無花生穢垢。至今一轉鵒鴿語，散作諸方獅子吼。祖燈寂寞何人繼，窣堵岧嶢惟鬼守。法席草長深沒膝，僧榻屋穿光見斗。似聞占籍多衍沃，合選名緇振頹朽。我來不覺三歎息，眼底盡空諸所有。自開粗席掃塵坌，聊寄閑眠憩奔走。夢回中夜雨鳴檐，臥聽東風寒入牖。明朝散步轉山脊，好語相呼聞野叟。抽芒已見麥翻浪，擣麨懸知香滿手。須臾日影散林樾，絢練春光被花柳。僕夫催歸屢不應，景物殊佳寧忍負。出山騎馬更躊躇，乘

暇應須重載酒。以上成都文類

李　彙

彙，紹興中添差台州通判。

游九鎖山

何人能識洞中天，勝地興從漢武年。石作雙門標俗駕，路爲九鎖折溪泉。四山松檜相迴合，五洞煙霞暗接連。浮世功名何日已，挂冠來結此山緣。洞霄詩集

鄭昌齡

昌齡，紹興中太府寺主簿。

李忠定公挽詩

炎圖第一相蕭公，王謝風流愧下風。力正君臣先僞楚，不將金帛問和戎。輸忠自昔忘夷險，注意如今見始終。駐馬佳城天莫問，寒空慘淡沒孤鴻。梁溪集附

吳　岡

岡，紹興中閩縣尉。

李忠定公挽詩

夢卜庸眞相，艱難倚大儒。英風起衰懦，直氣懾姦諛。琳館終高卧，燕然漫壯圖。哀榮看贈典，猶足慰寰區。梁溪集附

頓起

起，汝南人。紹興中，提點西川刑獄。

贈成都寓舍賢婦二喻詩

嘗聞趙清獻，恤孤慰亡友。至今西蜀人，談美不容口。二喻出儒家，清貧一無有。零丁依老母，破屋僧堂後。相對誦詩書，未嘗窺戶牖。圭折玉彌方，山寒松更茂。縣宰初聞名，咨嗟爲之久。從容語其配，夫人曾見否。長者二十三，次亦十八九。青裾長蔽膝，荆簪短在首。我欲效清獻，言不爲人取。近於吾邑中，選壻得豪右。夫人相宰意，魚蔬薦尊酒。屈致二喻來，呼名老與壽。長曰安壽，次曰安老。女子當有行，詩稱遠父母。飢寒日月長，蓬蓽風雨漏。大喻前致詞，灑淚溼衣袖。荷德固已深，緘情亦須剖。上言親未葬，心欲土自負。下述妹未笄，婷婷無傅姆。還家復獻書，自敍貧且陋。鉛華世所悅，銅臭非吾偶。肯效閭閈間，碌碌逐雞狗。世無梁伯鸞，應嫌孟光醜。孔明若再生，承女甘箕帚。陳義一何高，夫人驚拊手。至今書稾在，光輝射星斗。董子慕高風，喜曰眞吾婦。吾親雙白髮，吾弟室未授。晚言姊妹賢，可以相先後。五兩幣雖輕，意則千金厚。輜軒雙造門，觀者競奔走。女子尙能爾，男兒宜自守。重聘或不來，豈欲終畎畝。畜德尙未充，高位亦虛受。寄語事君者，愼勿輕去就。成都文類

范浚

浚字茂明，蘭溪人。紹興間，舉賢良方正。以秦檜當國，不起。學者稱曰香溪先生。有集。

讀長門賦

阿嬌負恃顔姝好，那知漢帝恩難保。一朝秋水落芙蕖，幾歲長門閉春草。自憐長世等前魚，舊寵全移衞子夫。獨夜不眠香草枕，東箱斜月上金鋪。曉驚永巷車音近，失喜疑君枉瑤軫。臨風望幸立多時，卻是輕雷聲隱隱。年年織女會牽牛，百子池邊侍宴遊。自從一落離宫後，無復穿鍼更上樓。

淩霄花

栽松待成陰，種漆擬作器。人皆笑艱拙，往往得後利。君看植淩霄，百尺蔓柔翠。新花鬱煌煌，照日吐妍媚。風霜忽搖落，大木亦凋瘁。視爾託根生，枯莖無殘蔕。先榮疾蕭瑟，物理固難恃。淩霄亟芳華，衰歇亦容易。以上香溪集

馬純

純字子約，自號樸樕翁，默之孫。紹興中，爲江西漕。隆興初，以太中大夫致仕。居越之陶朱鄉，有陶朱新錄。

題能仁寺壁

十年衰病臥林泉，鴻鷺羣飛競刺天。黄紙除書猶到汝，固知淸世不遺賢。

會稽志：僧宗昂住會稽能仁寺，有故相寓寺中，已而復相，宗昂被敕住持，郎官馬子約題詩法堂壁。

呂愿中

愿中字叔恭。紹興中，知靜江府。

宋史秦檜傳：靜江府，驛名秦城。愿中率賓僚賦秦城王氣詩媚檜，由此得召。

郡守呂叔恭以甲戌季春七日游中隱巖山水膏肓之興未已後兩日再拉機宜劉子思監州朱國輔經屬陳朝彦同至新洞所見愈奇眞所謂倒餐甘蔗聊書五十六字

爽塏虚明小洞天，巉巖垂乳類鋒銛。薰風習習來三面，夏雨蕭蕭欠一檐。指顧羣山勞應接，徘徊歸騎縱觀瞻。門前綠水泓澄淨，底處應須是谷簾。桂勝

蔣璨

璨字宣卿，宜興人，之奇從子。紹興中，以集賢殿修撰知蘇州，除敷文閣待制，提舉洪州玉隆宫。

沖寂觀去南莊數里肇建於有唐逮今數百年中間衰弊吾家曾祖太傅公爲司出納且主盟興起之相繼累世不墜兵火之後殿宇久廢弗理房舍荒寂璨今再至不勝感歎故作二詩紹興甲子季秋某拜呈

䨥井橋邊鴟首横，過逢仍怯近鄉情。路人失喜交頭語，鄰犬何知掉尾迎。重到雲房驚落寞，直須金闕早崇成。百年香火追先志，始信吾宗世濟榮。

慣見琳宫全盛時，朅來荒梗倍傷悽。虚堂不復瞻遺蹟，自注：先考通奉書壁，在八蔣院，今不復存。敗壁纔容覓舊題。自注：伯考樞密太師題三史院，僅留數字。帝傅前修皆渠嫂，雲孫後裔合攀躋。興衰補弊應商略，徙倚脩廊日欲西。式古堂書考

丁宣 一作卜

宣字宗旦，延陵人。紹興中，處州通判。

仙都山

世上洞天三十六，縉雲第二十九區。古木參天駕雲屋，總眞靈跡號仙都。獨峯壁立三千尺，淩空聳翠屹然孤。仰瞻絕頂煙嵐際，曾開菡萏名鼎湖。舊說軒轅駐車轍，雲軿風馭經此涂。石釜烹煉丹砂就，乘龍帝鄉在須臾。紫虛碧落超塵世，侍臣無路攀龍鬚。唐朝天子仙李裔，德格天心來瑞符。祥煙嘉氣慶雲布，山中九轉萬歲呼。步虛一作櫩對峙雲斷續，東西互竦高下殊。澗邊幽徑登鳥道，上有鏡巖如方壺。崖中乳水瀝嵌罅，滴石成穴如仰盂。水一晝夜斛加斗，潦不泛溢旱不枯。魯望曾記周景復，絕粒餐霞黃老徒。棲眞妙入懸珠會，八十年餘隱此居。千古寥寥桑海變，仙跡縹緲還有無。石門瀑布雖云好，此間殊甚未易居。特然造化鍾神秀，虎頭妙手亦難圖。仙都山志

胡升

升字子上，括蒼人。紹興間，官湖北提舉。

仙都山

鼎湖不可見，巍然但孤峯。特立亙萬古，氣壓諸山雄。黃帝久得仙，游行跨飛龍。至今世俗傳，尙指聳路通。頗如昇天檜，追求白鹿蹤。常言貴荒唐，厥見眞兒童。顧惟此山奇，實宜仙所宮。水聲來泠風，和以萬本松。客枕久未穩，笙簫滿虛空。頗疑九成音，不在二典中。但恐蚩尤旗，犖犖舒長虹。雖能獨不死，忍覷斯民窮。君看涿鹿戰，萬古蒙其功。鼎湖何足道，帝德彌蒼穹。仙都山志

程元祐

贈朱童子虎臣

浮梁人。年九歲，紹興間武殿試，十二矢中九的。講孫子兵法、諸葛八陣圖。賜金帶武狀元，補承信郎。

我聞汪錡生列國，能執干戈衛社稷。孺子可敎緊復誰，張良授書爲帝師。寥寥厥後不復繼，棘門老將反兒戲。邇來忽得朱虎臣，九歲知兵及古人。僕姑十上九破的，玉帳七書咸誦臆。壘石布作常山蛇，指陳八陣橫復斜。天姿安勇亞二子，腦脂壯士應羞死。虎生三月定欺牛，勿謂渠小將何求。志在奇功平禍亂，自許多多□益辦。欲造天閽試所長，中興君相正明良。拔萃爲將上不惜，好獎此郎明勸激。凌烈九歲初無謀，猶呼虎子封亭侯。觀君頭頷合食肉，膽大于軀早驚俗。皇家祐武喜逢時，洗眼行看得意時。饒州府志

張表臣

表臣字正民。右承議郎，通判常州。與晁以道遊。紹興中，爲司農丞。有珊瑚鉤詩話。

觀高郵寺壁曹仁熙畫水

曹生畫手信有神，豪端風雨生𣶏㳍。波濤不合來翻屋，鮫鰐何須欲噬人。湯湯此水勢方割，陽侯鬱怒馮夷搏。鼇擲鯨呿海岳驚，霧塞雲昏光景薄。開元將軍愛驊騮，權奇滅沒隘九州。時危此物豈易得，寫此尙可銷人憂。未有乃孫能畫水，逋客見之心欲死。雷奔電擊走中原，魚怖龍愁寧忍視。先生道眼高崑崙，聊將妙語破迷津。中流險絕待舟檝，四海浩蕩須經綸。我襄廿作淮海客，身脫垂涎頭雪白。驚心未定畏崩湍，欲覓平波泛家宅。此身端的老江湖，雨笠烟蓑是所圖。他年但飽揚州米，今日寧論璧

社珠。珊瑚鉤詩話

題睢陽雙廟

漁陽突騎滿關東，百戰孤城挫賊鋒。唐室興亡繫公等，九原可作更誰從。

珊瑚鉤詩話：睢陽雙廟，俗謂之五侯廟。蓋南雷賈與同功，皆受封爵，亦作其像于廊廡耳。古今歌詠，唯王荆公、黄豫章爲警策。予官宋城，題詩，自以爲無媿前人。

聽琵琶

白鴿潛來入紫槽，朱鸞飛去唳青霄。江邊塞上情何限，瀛府霓裳曲再調。謾道靈妃鼓瑤瑟，虚傳仙子弄雲璈。小憐破得春風恨，何似今宵月正高。

珊瑚鉤詩話：客有獻李衛公以古木者云：有異。公命剖之作琵琶槽，其文自然成白鴿。予嘗語晁次膺曰：「公綠頭鴨琵琶詞誠妙絶。蓋自『曉風殘月』之後，始有移船出塞之曲。然某亦曾有一詩云云。」公曰：「詩亦不惡。」

和陳叔易就晁以道求長松

暫隱嵩高六六峯，未乘雲氣御飛龍。自餐白石求黄石，更採長松寄赤松。

句

碧藕連根絲不斷，紅蕖著子意何多。

山塘莫車水，梅雨正分龍。婺州道中　珊瑚鉤詩話

鄭望之

望之字顧道，彭城人。官吏部侍郎。僑居上饒。

有雙鬟小鬟者，頗慧黠，宏父令誦東坡先生赤壁前後二賦，客至代謳，人多稱之。後歸上饒，時鄭顧道、呂居仁、晁恭道俱爲寓客，日夕往來。顧道教其小獲亦爲此技，宏父顧鄭笑曰：「此眞所謂效顰也。」

揮麈後錄：舅氏曾宏父生長綺紈，而風流醞藉，聞于搢紳。長于歌詩，膾炙人口。紹興中，守黄州，

除夕

可是今年老也無，兒孫次第飲屠蘇。一門骨肉知多少，日出高時到老夫。清波雜志：鄭顧道侍郎，居上饒，享高壽。嘗見其除夕小詩親筆云。

何俌

俌字德揚，龍泉人。紹興甲科，爲吏部郎官，除福建提舉。有玉雪堂小集。

王文孺臞菴

多羨王居士，心閑事事幽。山從天末見，江近枕邊流。春圃千葩秀，霜林百果收。更能窮物理，濠上看魚游。

柳外長虹卧，江邊小市圜。水搖千嶂影，窗納五湖天。隔岸誰家圃，開帆何處船。非關臺榭好，此地最堪憐。吳郡志

蒙與義

王文孺臞菴

一島風烟水四圍，軒亭窈窕更幽奇。眼中泉石論溪買，行處壺觴逐境移。勸馬虺隤前日路，寒松偃蹇

舊年枝。自嗟老去殊癡絶，一月春愁屢作詩。吳郡志

李彌正

彌正，連江人，彌遜之弟。官吏部郎，兼史館。

王文孺臞菴和祝鎰韻

勞車發危坂，勌艘失飛湍。滔滔褦襶子，疾走殊未闌。鶴仙擺名宦，結廬松江干。笑拍萍風浮，瞬視草露漙。圖川不媿輞，序谷寧先盤。門豈俗駕拒，室無哀箏彈。按行松菊間，澹然有餘歡。蓮巢來香聚，浮天百憂寬。秋光斂洲渚，暮翠籠峯巒。我來挾良朋，道故盟未寒。錬顏仰孤標，耐久同蒼官。終當役薪水，刀圭卻衰殘。吳郡志

徐作

王文孺臞菴

藜莧幽人室，丘園隱者居。一原青嶂合，萬水綠陰疎。手把歸田賦，腰懸種樹書。桑麻連畛秀，網罟入溪漁。吳郡志

程敦厚

敦厚字子山，眉山人。紹興間，官中書舍人。附檜坐謫。

朝野遺記：程子山爲中舍時，秦檜善之。一日，呼入內閣，坐候終日。獨案上有紫綾褾一册，書聖人以日星爲紀賦，末有類貢進士學生秦塤呈，文采豔麗。子山兀坐靜觀，幾成誦。及晚竟不出，乃退，子山叵測也。又數日，差知貢

舉，乃大悟，以此命題，乃孫果首選。

王文孺臞菴

壁上烟蘿子，窗前鴻素書。短籬開窈窕，嫩竹轉扶疏。世事霜前葉，聲名澗底樗。柴桑陶靖節，日暮荷歸鉏。吳郡志

惜海棠開晚

今年春色可勝嗟，二月山中未見花。長憶去年今夜月，海棠花影到窗紗。海棠譜

題陳閎中畫明皇太眞聯轡圖

並轡春風禁籞遊，外間底事上心頭。騎驢後日嘉陵道，料得君王始欲愁。高似孫緯略

曾惇

惇字宏父，紆之子。紹興中，守台州、黄州。有詩集。

獻秦益公絕句　紹興壬戌，既罷三大將，議和，惇守黄州作。

黄泥坂下雪猶深，赤壁磯頭江欲平。驛吏西來聞好語，番人已出蔡州城。

和戎詔下破羣疑，無復旄頭彗紫微。屈指銷兵宜有報，先看長樂板輿歸。能改齋漫錄

題東湖

三年領客醉東湖，欲去猶擕竹裏廚。誰解挽留狂太守，風荷十頃翠相扶。赤城志

龍溪新亭

懷玉知名寺，諸峯翠插天。淩雲飛略彴，照水舞蜿蜒。午日孤穿屐，新涼定著鞭。更須煩惠遠，小立虎溪邊。廣信府志

向滈

滈字豐之。紹興間，爲萍鄉令。有樂齋詞。

莞爾堂夏日偶成

槐影參差日轉廊，時看野鳥下橫塘。閑窗綠映篔簹淨，流水紅浮菡萏香。座有琴觴眞道院，徑通花木似禪房。文楸珍簟珠簾裏，與子同消夏日長。袁州府志

陳仲平

仲平，紹興中，知瓊州軍。

吏隱堂 在瓊州城北隅，仲平建，李光命名。

海山地僻少迎將，心逸身閑白日長。儘欲吟哦追沈謝，不求名迹擬龔黃。旋移泉石成雲壑，時引笙歌入醉鄉。吏散簾垂公事省，清風一榻傲羲皇。廣東通志

葉黯

黯字晦叔。嘗除敕令所刪定官。紹興中，爲福建帥屬。

和洪容齋鎖院作

文章萬言抵杯水，世上虛名徒爾耳。我常自笑一生癡，那更將癡笑羣子。大屋沈沈餘百年，到今所閱

知幾士。看渠得失自偶然，其間悲喜從何起。君聞我言亦大笑，爲說萬事總如此。缺兩句急須了卻公家事，門外不知春有幾。缺三句飛雨時聞打窗紙。他年萬一復相從，未必從容今日似。

送容齋自福倅滿歸

一門伯仲知誰似，四海文章正數君。何事與予如舊識，由來于世兩相聞。閑官各喜光陰賸，勝地空多物色分。忽復翻然從此去，便應變化上青雲。

此地相從驚歲晚，登臨況是客歸時。卻將襟抱向誰可，正爾艱難唯子知。情到中年工作惡，別于生世易爲悲。梅花盡醉清江上，黯澹西風凍雨垂。以上容齋三筆

張　昌

昌字師言。紹興中，以參知政事出知潭州。

遊眞源宮

漠漠山雲閣雨，離離澗草搖風。看處行穿空翠，不妨小駐孤筇。

木末輕風索索，雲邊小雨斑斑。行盡丹霞林樾，皖山下看灊山。宋藝圃集

郭　浩

浩字充道，順德軍中安堡人，涇原鈐轄成之子。充渭州兵馬都監。紹興中，歷金房開達州經略安撫使，樞密院都統制。卒贈檢校少師。謚恭毅。

隴口作

隴口山深草木荒，行人到此斷肝腸。耳中不忍聽鸚鵡，猶在枝頭說上皇。

蓉塘詩話：建炎筆錄云：浩按邊至隴口，見紅白二鸚鵡鳴于樹間，問上皇安否？浩詰其因，蓋隴州歲貢鸚鵡，徽宗置在安妃閣，教以詩文。及宣和末，使人發還本土，二鳥猶感恩不忘。浩因賦詩。

陳　煥

煥字少微，博羅人。紹興中特科，調高要簿。

梅花

雲裏溪橋獨樹春，客來驚起曉妝勻。試從意外看風味，方信留侯似婦人。（鎏慶府志）

李若川

若川字子至。紹興中，江南東路轉運判官。乾道初，以吏部尚書使金。

途中阻雨

高雲無急雨，飛灑如絲輕。幽人動羇思，冒雨登歸程。風來曉烟亂，雲破春山明。眷言憩荒館，我懷有餘情。壺中載濁酒，飲罷還自傾。酒盡興不盡，關關山鳥鳴。

理舟

爲客始逾月，迢迢若經年。晝永空館寂，古木參雲烟。我生聞道淺，未能超世緣。念此方寸地，憂來相縈纏。今晨動幽興，沙岸泊歸船。岸遠望不極，歸思隨長川。

村社歌

淸曉鼕鼕鳴社鼓，前村後村走兒女。田家醵錢共賽神，謝神時晴復時雨。案有肴酒爐有香，老巫禱祝躬案傍。願得年年被神福，秋宜稻穀春宜桑。人淳禮簡酒無數，歌笑喧闐日將暮。田翁攲側醉歸來，山頭明月山前路。以上前賢小集拾遺

司馬伋

伋字季思。紹興中，官處州通判。淳熙中，以敷文閣待制守蘇州。

老學菴筆記：紹興末，謝景思守括蒼，司馬季思佐之，皆名伋。劉季高以書與景思曰：「公作守，司馬九作倅，想郡事皆如律令也。」聞者絕倒。

點易亭　在舊治南園

洞天占勝作新亭，曲檻危簷揖翠屏。四顧風烟入懷袖，一灣溪水抱沙汀。羽人不見論平昔，雙鶴猶存舊典型。幸得官閑成吏隱，何妨續說舊羲經。處州府志

送汪尙書大猷歸鄞

憶昔銓衡地，爲郎得並遊。惟公合明陟，顧我分夷猶。功業行將遂，軒車去莫留。祠庭固誠請，帝眷益綢繆。

日者眞奇中，春風晝鷁行。東山須繼起，南浦獨傷情。越岸江山麗，都門祖道榮。里閭高臥際，趣詔遂追程。寧波府志

陳　克

克字子高，臨海人。紹興中，爲敕令所删定官。自號赤城居士，僑居金陵。有天台集。

李庚跋云：删定，余鄉人也。詩多情致，詞尤工。

三朝北盟會編：紹興七年，命呂祉節制淮西軍馬，辟陳克子高爲參謀，子高欣然應其辟。葉夢得曰：「呂安老非馭將之才，子高詩人，非國士也。」勸止之，不從。夢得贈以詩曰：「解談孫破虜，那厭庾征西。」克留其家，以單騎從軍。後酈瓊之變，終于不免。

代王正平從諫掾乞畫凭肩美人扇子二首

道人已悟孩提事，棄擲泥兒壞紙鳶。聞道近來都識破，丹青便面亦輕捐。

難陀已幻登伽女，童子猶參蘇密多。正士逡巡不應受，可能分供病維摩。

跋趙朝議江行初雪圖

我本孤舟蓑笠翁，雪崖烟樹一生中。如今不向江湖去，鬭艦旌旗照水紅。

謝曹中甫惠著色山水抹胸

曹郎富天巧，發思綺紈間。規模寶月團，淺淡分眉山。丹青綴錦樹，金碧羅烟鬟。爐峯香自湧，楚客杳難攀。政宜林下風，妙想非人寰。飄蕭河官步，羅抹陵九關。我家老孟光，刻畫非妖嫺。繡鳳褐顛倒，錦鯨棄榛菅。忍將漫汗澤，敗此脩連娟。緘藏寄書篆，曉夢生斕斑。

曹夫人牧羊圖

日長永巷車音細，插竹灑鹽紛妒恃。美人零落涇水寒，雨鬢風鬟一揮淚。柔毛䬠䬠與人羣，兒女恩怨徒紛紛。洞房那復知許事，但畫遠牧連空雲。槲葉飄蕭晚風勁，殺攊相追寒鵲並。短童何處沙草深，族走羣飛各天性。向來鞍馬曹將軍，文采斑斑今尚存。林下美人更超絕，新圖不作五花文。以上聲畫集

瑞香

佳人在空谷，雙星思銀河。契闊不自命，盛時豈蹉跎。娟娟匡廬秀，如此粲者何。幽窗下團圞，微風自婆娑。寂寥千載初，戢戢蓬艾多。何階計方便，千金聘綺羅。赤闌青篾舫，丁寧護根窠。泥沙亦天幸，扳聯入宣和。誰令蘭蕙徒，憔悴守巖阿。苕溪漁隱叢話

陽羨春歌

石亭梅花落如積，吐鮫斕斑竹茹赤。祝陵有酒清若空，煮稷蒸魚作寒食。長橋新晴好天氣，兩市兒郎櫂船戲。溪頭鐃鼓狂殺儂，青蓋紅裙偶相値。風光何處最可憐，邵家高樓白日邊。樓下遊人顏色喜，溪南黃帽應羞死。三月未有二月殘，靈龜可信滄水乾。葑草青青促歸去，短簫横笛説明年。咸淳毘陵志

返魂梅次蘇藉韻

誰道春歸無覓處，眠齋香霧作春昏。君詩似説江南信，試與梅花招斷魂。

老夫粥後惟耽睡，灰暖香濃百念消。不學朱門貴公子，鴨爐烟裏逞風標。

漫道君家四壁空，衣篝沈水晚朦朧。詩情似被花相惱，入我香奩境界中。香乘

句

淚眼生憎好天氣，離腸偏觸病心情。贈别

許彥周詩話：韓偓、溫庭筠未嘗措意及此。

鳥聲妨客夢，花片攪春心。西溪叢語

臨春結綺今何在，屹立巉巉終不改。可憐江總負君恩，白頭仍作北朝臣。三品石　苕溪漁隱叢話

姚寬

寬字令威，宏弟，嵊人。以父舜明任補官，權尚書戶部員外郎、樞密院編修官。有西溪集。

春晴

風雨惜春殘，新晴爲啓關。白雲歸去盡，還我舊青山。後村千家詩

春暮送碧雲闍黎歸靈巖

歸意太悤悤，逢春去住中。澹香花逕雨，薄影絮行風。覓句愁何許，談玄學未窮。因緣知有處，祇莫恨飄蓬。詩林萬選

天台夜雨

瘴海遠黏天，山城入瞑煙。春潮生蛤暈，夜雨長蝸涎。燈几花時落，風簾客未眠。平生懷此地，今夕意茫然。天台山志

古博嶺　在越城西

宿大雄寺　在諸暨縣

北風獵獵駕寒雲，低壓平川路欲昏。人馬忽驚俱辟易，一聲乳虎下前村。

解榻無凝塵，雲房愜幽素。清寒薄衾枕，微涼散庭戶。夢彼流水聲，鉤簾捲山霧。時與靜者俱，爲擬湯休句。以上紹興府志

姚宏

宏字令聲，剡人，舜明子。宣和中，在上庠。南渡後，初任監杭州稅，調知衢州江山縣。秦檜以宿怨，追赴大理而死。

夢筆驛　江淹舊居

一宵短夢驚流俗，千載高名挂里閭。遂使晚生矜此意，癡眠不讀半行書。

庚溪詩話云：可警後學。

錢端禮

端禮字處和，臨安人，徙台之臨海。惟演四世孫，少師忱之子，以恩補官。孝宗朝，累除參知政事，兼權知樞密院事，出知紹興府。卒謚忠肅。

題米元暉瀟湘圖

畫手自高前輩，雲山已屬吾曹。若會瀟湘物色，便合醉讀離騷。郁氏書畫題跋記

劉岑

岑字季高，吳興人。高宗朝，官徽猷閣待制，嘗知鎮江。

皇宋書錄：劉公能書，縱逸而不拘舊法，蓋有自得之趣。有婆嚀齋，號杼山。

齊東野語：紹興以來，文散階皆有左右字，以別有無出身，惟嘗犯贓者則去之。劉季高得罪秦氏，坐贓廢後，復去其左字。季高署銜，不以爲媿也。

貞女祠

貞女已云遠，芳名聞至今。烟波瀨江上，松柏古祠深。暮色留殘照，悲風動遠林。謫仙文不死，讀罷爲霑襟。貞烈集

李茂之

茂之，邵武人，忠定公綱之子。自稱蕭然羈客。

侍家君詣洞霄宮道出天竺山紀興

九里松陰路，三天竺國山。日蒸巖霧紫，花點石苔斑。谿盡寺方到，雲深僧獨還。吟行隨杖屨，蹤跡出人間。天竺寺志

劉韞

韞字仲固，韐之弟。以門蔭入仕。

建寧府志：仲固歷倅三州，典二郡，歸隱于崇安縣南。所居有家山堂、拙致堂、昉齋、仙人方丈、龜峯樓、月波臺、積芳園、藥圃、春谷、香界、晚蔬、秋香徑、曲池軒、前村、秀野，朱晦翁爲作十五詠，以紀其勝。

場南寺

曉起陰霾喜絕收，急忙扶酒爲春留。落花千點野亭寂，啼鳥一聲春事幽。施食臺高禽易啄，長明燈暗

鼠潛偷。山僧摘茗吹茶竈，留客殷勤學趙州。建寧府志

劉子翬

子翬字彦沖，號病翁，崇安人，韐季子。以蔭補承務郎，除通判興化軍。尋以宿疾辭歸。與胡憲、劉勉之講學，學者稱爲屏山先生。有集。

吳傅朋游絲書歌

圓清無瑕二三月，時見游絲轉空闊。誰人寫此一段奇，著紙春風吹不脫。紛紜糾結疑非書，安得龍蛇如許臞。神蹤政喜縈不斷，老眼只愁看若無。定知苗裔出飛白，古人妙處君潛得。勿輕漠漠一縷浮，力遒可挂千鈞石。眷予弟兄情不忘，軸之遠寄悠然堂。謝公遺髯凛若活，衞后落鬟搖人光。翻思長安夜飛蓋，醉哦聲落南山外。亂離契闊四十秋，筆意與人俱老大。政成著脚明河津，外家風流今絕倫。文章固自有機杼，戲事豈足勞心神。

容齋三筆：吳傅朋游絲書，賦詩者以百數。劉彦沖古風一篇，尤爲馳騁痛快。且卒章含譏諷，正中傅朋之癖。

聞筝

月高夜鳴筝，聲從綺窗來。隨風更迢遞，縈雲暫徘徊。餘音若可玩，繁弦互相催。不見理筝人，遥知心所懷。寧悲舊寵棄，豈念新期乖。含情鬱不發，寄曲宣餘哀。一彈飛霜零，再撫流光頹。每恨聽者稀，銀甲生浮埃。幽幽孤鳳吟，衆鳥聲難諧。盛年嗟不偶，況乃容華衰。道同符片諾，志異勞事媒。棲棲牆東客，亦抱淩雲才。

遊朱勔園

晨暉麗丹極，翼翼倴帝居。向來堂上人，零落烟海隅。聯翩際時會，振跡皆刑餘。閨帷尙帝主，阜隸乘軒車。流威被東南，生殺在指呼。樓船載花石，里巷無袴襦。至今江左地，風雲亦嗟吁。叨榮已過量，受禍如償逋。荒涼戟門路，尙想冠蓋趨。客船維岸柳，鄰人罾池魚。徘徊極幽覩，曲折迷歸途。夜月扃綺戶，春風散羅裾。繁華能幾時，喪亂實感予。曹鄶予何譏，此曹眞人奴。

汴京紀事

空嗟覆鼎誤前朝，骨朽人間罵未消。夜月池臺王傅宅，春風楊柳相公橋。

篙㮇清香步障遮，並桃冠子玉簪斜。一時風物堪魂斷，機女猶挑韻字紗。

萬炬銀花錦繡圍，景龍門外輭紅飛。凄涼但有雲頭月，曾照當時步輦歸。

橋上遊人度鏡光，五花殿裏奏笙簧。日曛未放龍舟泊，中使傳宣趣鄆王。

盤石曾聞受國封，承恩不與倖臣同。時危運作高城礮，猶解捐軀立戰功。

梁園歌舞足風流，美酒如刀解斷愁。憶得少年多樂事，夜深燈火上樊樓。

倉黃禁陌夜飛戈，南去人稀北去多。自古胡沙埋皓齒，不堪重唱蓬上聲蓬歌。

輦轂繁華事可傷，師師垂老過湖湘。縷衣檀板無顏色，一曲當年動帝王。

瀛奎律髓云：不減唐人。

題胡原仙山居

寂寂臨湖屋，湖風爲掩門。鳥聲幽谷樹，山影夕陽村。好事長留客，雖貧亦置尊。平生枯淡意，出此有誰論。

泊舟

莽莽荒茨岸，回回亂石灘。雨寒收市早，風急泊舟難。寓縣兵猶鬬，乾坤網正寬。殷勤囑龍劍，莫久臥波瀾。

開善寺

寒聲蕭蕭霜葉秋，石路磽确穿林幽。雲横遠岫若平斷，風約小溪如倒流。偶經名藍亦終日，喜有勝士同茲遊。移牀果茗咄嗟辦，杖屨欲歸仍更留。

悠然堂　在崇安潭溪

吾廬猶未完，作意創此堂。悠然見南山，高風邈相望。賓至聊共娛，無賓自徜徉。

宴坐巖　在潭溪

青青槻樹林，下蔭蒼蘚石。幽人宴坐時，懷抱忘其適。不見暮樵歸，寒山雨中碧。以上屏山集

陳晉錫

晉錫，明州人。紹興十二年進士。

題衆樂亭

神襟百慮不容侵，勝概乘閑偶訪尋。趺坐豈無觀水術，臨流應有濟川心。斂將蓬島溶溶氣，散作陽春字字金。郢曲調高人寡和，微生何敢綴雄吟。乾道四明圖經

宋詩紀事卷四十七

錢唐　厲鶚　輯
吳　毛德基　勘定

楊由義

由義字宜之，開封人，避地鹽官。與漕薦，不第。以父奉直恩補右階，監贍南軍庫。隆興初，以閤門祇候使金，不屈而還。孝宗嘉歎，累遷太府卿，兼刑部侍郎。徽國朱文公曾受業焉。

弔王忠肅 名稟。靖康時，堅守太原，城陷，父子同赴水死。

太原城下屹行宮，雲樹蘢蔥掩碧空。鐵馬無聲汾水急，滿天風雨泣英雄。海寧縣志

李浩

浩字德遠，臨川人。紹興十二年進士。孝宗朝，歷官直寶謨閣，知靖江府。召還，擢權吏部侍郎，旋予祠，除祕閣修撰，帥夔部。卒贈集英殿修撰。

東西船行

東船得風帆席高，千里瞬息輕鴻毛。西船見笑苦遲鈍，汗流撐折百張篙。明日風翻波浪異，西笑東船卻如此。東西相笑無已時，我但行藏任天理。合璧事類外集

沭陂 在臨川縣

數椽臨蒼波，我目得以寓。長溪山根來，澄潭一回互。萬象森可掬，翛翛澹淸素。草短牛羊飢，沙暖鳧

鶖聚。枯槎自斷岸，孤艇横野渡。荒寨何代城，隱翳尙門戶。昔時歌舞地，今日採樵路。回薄萬古心，斜陽在烟樹。

出疎山

忙中安得此身閑，杖策西風自往還。今日已償雲水債，籃輿帶雨下疎山。以上撫州府志

陳知柔

知柔字體仁，號休齋，永春人。紹興十二年進士。知循州，徙賀州。

萬年寺

古寺來投宿，雲巖第幾層。有詩堪供佛，無事且依僧。小閣泉喧枕，修廊雨暗燈。好峯看未足，幽夢幾回登。天台山志

九日宴蓮花峯

多病登臺今古情，菊花搖動午涼生。山前木落石巖出，海上潮來秋渚平。野興已隨芳草遠，歸鞭更傍落霞明。媿無十丈開花句，獨臥禪房心自淸。南安縣志

魏杞

杞字南夫，壽春人，徙居鄞。紹興十二年進士。孝宗朝，累遷宗正少卿，拜參知政事、尙書右僕射，兼樞密使，出知平江府。卒贈特進，謚文節。有山房集。

送左彥武歸鄉

折桂歸來日，西風萬里秋。錦衣天上客，紅葉渡頭舟。把酒難爲别，題詩更欲留。明朝山水隔，何日是重遊。寧國府志

李庚

庚字子長，臨海人。紹興十二年進士。歷官監察御史，知袁州。有集，號詅癡符。

樓大防序云：「海邦貨魚于市者，夸詡其美，謂之『詅魚』。字書以爲詅，衒賣也。顔黄門之推家訓曰：『吾見世人至無才思，自謂清華，流布醜拙，亦已衆矣，江南號爲詅癡符。』公之意蓋出于此，特謙詞耳。

畫扇

睡起小樓春又殘，半垂雲袖傍闌干。楊花飛過秋千索，一陣東風作曉寒。前賢小集拾遺

劉珙

珙字共父，忠顯公韐孫，忠定公子羽之子。紹興十二年進士。孝宗朝，累官同知樞密院事，知建康府，江東安撫使，行宫留守，進觀文殿學士。卒贈光禄大夫，謚忠肅。

帥潭日勸駕詩

十載湘江守，重來白髮垂。初無下車教，再賦食苹詩。天闊摶鵬翼，春融長桂枝。功名儻來事，大節要堅持。詩人玉屑

送元晦

翩翩雙黄鵠，結巢相因依。一爲天風便，矯翮西北飛。歲華及晼晩，霜露侵征衣。此行亦良苦，千里以

爲期。堂上玄髮親，榮祿當及茲。人生會有役，不復情凄洏。徘徊都門道，欲語行且遲。念子抱孤桐，窈窕弦古詞。清商奮逸響，激烈有餘悲。不辭彈者勞，正恐知音稀。知音何足貴，我顧不可追。翰墨大全

留　正

正字仲至，泉州永春人，居惠州。紹興十二年進士。孝宗朝，拜右丞相。光宗卽位，進左丞相。寧宗朝，終少保、觀文殿大學士，封魏國公。卒贈太師，謚忠宣。

中興編年：慶元僞學之禁，凡五十九人。宰執四人：趙汝愚、留正、王藺、周必大。待制以上十三人：朱熹、徐誼、彭龜年、陳傅良、薛叔似、章穎、鄭湜、樓鑰、林大中、黄由、黄黼、何異、孫逢吉。餘官三十一人：劉光祖、呂祖儉、葉適、楊方、項安世、李𡌴、沈有開、曾三聘、游仲鴻、吳獵、李祥、楊簡、趙汝談、汝讜、陳峴、范仲黼、汪逵、孫元卿、袁燮、陳武、田澹、黄度、張體仁、蔡幼學、黄灝、周南、吳柔勝、王厚之、孟浩、趙鞏、白炎震。武臣三人：皇甫斌、范仲任、張志遠。士人八人：楊宏中、周端朝、張道、林仲麟、蔣傅、徐範、蔡元定、呂祖泰。朝野類要：初入仕，必具鄉貫三代名銜，謂之脚色。崇、觀間，當書云不係元祐黨籍。紹興間，卽云不係童蔡朱王等親屬。慶元間，加不是僞學，方與銓除。

羅浮天漢橋

霏霏細雨溼芝田，短短桃花照水妍。可惜洞門關不盡，彩虹天外著飛泉。惠州府志

史　浩

浩字直翁，鄞縣人。紹興十五年進士。孝宗朝，累擢中書舍人、翰林院學士，知制誥；歷右丞

相，封魏國公，進太師，卒。追封會稽郡王，謚文惠。嘉定中，改謚忠定，封越王，配享孝宗廟庭。有鄭峯眞隱漫錄。

淳熙丁酉九月丙辰宣召錫宴澄碧殿抵暮送以金蓮燭宿玉堂直廬應制古詩三十韻

季秋中澣日，淳熙隆四禩。朝回攬轡閒，中使俄傳旨。少頃日轉申，宣詔陪燕喜。預令掃玉堂，深夜備棲止。悚懼跽承命，鳴騶亟穿市。絳闕聳皇居，非烟常靡靡。入自東華門，熊羆森爪士。詔許乘肩輿，安徐無跛倚。復古距選德，相望幾數里。脩廊接雲漢，岧嶢璨珠蘂。中途敞金扉，恍若蓬壺裏。羣山擁蒼壁，四顧環弱水。山既日夕佳，水亦湛無滓。冰簾映綺疏，瓊殿中央峙。澄碧耀宸奎，龍神爭守視。蹈舞上丹墀，天威不違咫。奉觴祈萬壽，時蒙一啓齒。餘波丐鼠腹，酒行不知幾。徘徊下瑤席，緩步煩玉趾。從遊至清激，錫坐談名理。泉聲韻琴瑟，一洗箏笛耳。皇云萬機暇，觀書每來此。論道及帝王，直欲齊其軌。堯舜禹湯文，前身無乃是。臣言匪獻諛，道實由心起。旣然明是心，要在力行爾。登橋酬餘醫，餘興未容已。金蓮引雙燭，再拜離階戺。玉音寵諭臣，此會宜有紀。歸途感恩榮，占寫忘骫骳。

青槅子

羽幰新從帝所回，餘歡未盡玳筵開。醉抛青子香泥上，留與仙家取次栽。

恭和御製翠寒堂詩

禁籞葱葱擁瑞雲，雄樓傑閣環金碧。花光草色媚芳辰，鳳輦春容惟所適。中有虛堂玉作楹，冰雪玲瓏周四壁。不知跬步是瑤臺，何須八駿殷勤覓。青松萬箇拱簷牙，生香不滅芝蘭室。更欲相看飽歲寒，疎梅瘦竹爲三益。吾皇土木未嘗興，爲詢此景從何得。神運元從德壽來，天成豈假人工役。

進明堂慶成詩

六閱淳熙禩，秋高日仲辛。大君敷渙號，重屋薦明禋。玉輅輿清廟，龍旂旦紫宸。雲陰連夜解，霽色一朝新。周禮樽罍備，虞韶樂舞陳。合宮天地並，侑席祖宗均。峻城登三獻，脩楹秩百神。肅祗申睿意，肸蠁降高旻。宣室宜膺福，慈闈亟拱宸。篸花馳萬騎，歸胙見雙親。鳌事超隆古，年齡肇億春。蓼蕭覃有截，成命播無垠。惠餕朌羣后，恩波逮老臣。祝堯非健筆，徒學華封人。

江倅出家樂

泛泛春酌話綢繆，花月行船看拍浮。手束柔荑調雁柱，袖翻紋錦出香毬。未攀青子猶如豆，欲膾頳鱗始上鉤。蓬島古來無覓處，我曹今此得眞游。

游雨花臺

試扶鳩策上烟霞，尙想當年天雨花。潮熟野航歸別浦，雪乾宿鷺點晴沙。高連西竺三千界，俯眺南陽十萬家。更欲雲開窮遠目，鬱葱起處認中華。以上鄧粢眞隱漫錄

王　淮

淮字季海，金華人。紹興十五年進士。累官翰林學士。孝宗朝，拜右丞相，兼樞密事。薨贈少師，諡文定。

題福祐王廟 在闗溪亭峯之巔，祀楚亞父范增。

關中失鹿人爭逐，一去鴻門不可尋。千古英雄死遺恨，封侯廟食亦何心。湧幢小品

莫濟

濟字子齊，吳興人。紹興十五年進士。甲戌中宏詞科，官祕書監。

次韻梁尉秦碑 并序

秦會稽石刻，唐人如張守節、司馬貞，皆嘗援以證史記。紹興初，舅氏姚令威刪定登山弔古，見碑石猶存。後二十餘年，分敎是邦，以語簽判王龜齡，勉邑尉梁君求之，則石已缺，字不可見矣。以詩記其事。龜齡既賡之，以濟首發其端，書以示濟。按會稽秦頌德碑，凡二百九十六字，視秦世泰山、之罘諸刻，獨此碑字爲最多。唐李嗣眞云：斯小篆之精，古今妙絶。秦望諸山及皇帝玉璽，猶千鈞強弩，萬石洪鐘；豈徒後學之宗匠，亦是傳國之遺寶。周越法書苑獨載封禪碑數十字而已。至歐陽公、趙德父集錄天下金石遺文殆盡，亦不復有秦望山碑。姚令威紀鵝鼻山頂石屋所插一碑，今石屋故在，碑蓋無有。梁次張所模片紙，指爲秦碑，乃在何山，其去鵝鼻，尤爲隔絶。盡記本末，以俟後之君子。

六王失國四海歸，秦皇東刻南巡碑。法因史籀有增減，名與蒼頡爭飛馳。自言功德可歌頌，黔首箇箇愚無知。海神何故獨拒命，風濤塞路蟠蛟螭。羣臣諂佞仙藥遠，死生治亂分兩歧。山靈不可守碑記，片段應作龜趺支。陵谷雖存世代異，耳目雙被誑者欺。只餘紙本落人世，千古遺臭東南崖。我聞秦望最高峻，城域所見非昔時。何山距縣四十里，符合傳記壯且奇。衆峯乃是子孫行，古木幾換蛟龍枝。

指東作西未足怪，父老流傳從小兒。政如塗山玉帛會，漫不可考歲久之。梁君吏隱年甚少，鬱鬱寸角初解廌。裹糧挈榼訪古跡，氣味蕭散如分司。忽聞片石在絕頂，小篆無乃斯翁爲。手披荆棘訶虎兕，拄杖直叩山頭皮。模糊豈復有字畫，此物及見秦亂離。當時威勢振天下，不言慘毒民嗟咨。乘輿所至爲刀鋸，方嶽何暇安禮儀。關中屢弃百二險，歷數浪指億萬期。君臣乃爾自賢聖，鯁論不復相瑕疵。陳迹安知百世後，樵夫牧子笑脫頤。興亡俄頃三歎息，撫掌重閱太史辭。假使玉筯餘筆畫，文過其實世所嗤。早知金石不可恃，相君應悔燔書詩。閩門志略

鄭耕老

耕老，莆田人。紹興十五年進士。國子監簿，分教四明。

句

開懷溪一曲，養拙屋三間。題木蘭溪書堂　興化府志

湯思退

思退字進之，青田人。紹興十五年，中宏詞科。歷相兩朝，官至特進、觀文殿大學士、左僕射，封岐國公。隆興初，責居永州，卒。

詠石僧

雲作袈裟石作身，巖前獨立幾經春。有人若問西來意，默默無言總是眞。

湖海新聞：宋高宗一日坐寢殿，湯丞相思退侍立。上曰：「卿家處州，有何異迹？」思退曰：「臣鄉有石僧，題詠云云。」

遂大稱旨。本無此詩，徹夜遣人歸，刻石石僧之旁。

句

虞妃從梧野，啓母祔稽山。

二老堂詩話：湯岐公題仁皇后挽詩云云。顯仁初以賢妃從徽宗北狩，其後祔葬徽宗永祐陵。虞妃，爲徽宗也；啓母，爲高宗也。用事可謂的切。

林仰

仰字少瞻，侯官人。紹興十五年進士。終朝奉郎。

桃源洞

深樹冥冥一徑風，溪流應與十洲通。仙家日月無人識，只愛桃花三月紅。天台山志

鄒定

定字應可，奉新人。紹興十五年進士。官奉議。

楊誠齋云：定詩上遡山谷，以入少陵戶牖。

過杜工部祠

嚐昔哦詩憶耒陽，茲因奉檄過祠堂。一生忠義孤吟裏，千載凄涼古道旁。自是風霜侵病骨，非干牛酒涴詩腸。明朝解纜秋江上，問訊先生一瓣香。詩人玉屑

汪大猷

大猷字仲嘉，思溫之子。紹興十五年進士。官至吏部侍郎，兼權尚書。慶元中，進敷文閣學士。與甥陳居仁、樓鑰並居翰苑，人稱舅甥三學士。有適齋存稾。

和姜梅山

投分雖深迹卻疎，君居東婺我西湖。兒曹方喜承毛檄，父執應容敎鯉趨。慨念舊遊多宿草，舊同官六十餘人，今惟大猷與公獨存。僅餘二老見霜鬚。詩來喚起相思夢，又向梅山得楷模。鄞縣志

楊僎

僎字子寬，崞縣人，居臨安，和王存中之子。紹興十五年進士。仕至權工部侍郎。

紹興己巳遊洞霄

青山九鎖隔凡緣，福地潛通小有天。古洞落花春寂寂，空山亂石水涓涓。金丹翠箬藏千歲，芝草琅玕定幾年。惆悵何時謝塵事，山中長作地行仙。洞霄詩集

王剛中

剛中字時亨，樂平人。紹興十五年進士。孝宗朝，累官禮部尚書，端明殿學士，同知樞密院事。卒贈光祿大夫，謚恭簡。有東溪集。

彌牟鎮八陣圖

我稽八陣圖，規模載方冊。竭來鎮西川，夔門觀壘石。賦詩數百字，字字究來歷。進涉漢川西，彌牟鎮

之北。平原列堆阜，灘石同一式。細思作者意，孔明有深策。高岸或爲谷，灘石存遺跡。滄海變桑田，平原猶可覓。故令兩處存，千載必一得。再歌遂成篇，當有智者識。成都文類

楊汝南

汝南字彦侯，龍溪人。紹興十五年進士。初調贛州教，以薦知古田縣。

夜宿龍頭

江流如箭路如梯，夜泊龍頭烟靄迷。兩角孤雲天一握，曉光不覺玉繩低。漳州府志

黄 徹

徹字常明，莆田人。紹興十五年進士。官辰州。有䂬溪詩話。

句

但遣一枝居巧婦，不殊大厦供嘉賓。

䂬溪詩話：予題友人居云云。蓋用爾雅注：鷦鷯，俗呼巧婦。炙轂子雀，一名嘉賓。

圜冠思得多于鯽，刻木惟宜少似彪。

䂬溪詩話：北夢瑣言載：江陵在唐世，號衣冠藪澤。琵琶多如飯甑，措大多如鯽魚。退之酬崔少府伊陽詩云：「下言人吏稀，惟足彪與虥。」余官辰溪時，士人皆可喜，而不多得。近城人虎雜居，戲爲對云。

鄭伯熊

伯熊字景望，永嘉人。紹興十五年進士。累授太子侍讀，宗正少卿。謚文肅。有集。

赤城志：鄭伯熊爲黄巖尉，人呼爲石蓮縣尉，以其年少而堅不可礲也。

枕上

飄風不崇朝，驟雨不終日。清寒入絺綌，御袷有餘鬱。天時不能調，人事那可必。清燈耿孤窗，萬籟助颼飅。憂愁從中來，起坐髮屢櫛。丈夫屬有念，功名乃餘物。突兀萬間屋，此意何時畢。長吟答寒螿，四壁轉蕭瑟。東甌詩集

周麟之

麟之字茂振，海陵人。紹興十五年進士，中宏詞科，擢知制誥，翰林學士。終于知樞密院事。有海陵集。

金瀾酒

金瀾酒，皓月委波光入牖。冰臺避暑歷瓊艘，火炕敵寒揮玉斗。追歡長是秉燭遊，日高未放傳杯手。生平飲血狐兔場，釀糜爲酒氊爲裳。猶存故事設茶食，金剛大鐲胡麻香。五辛盈柈雁粉黑，豈解玉食羅雲漿。南使來時北風冽，冰山峩峩千里雪。休嗟北酒不醉人，別有班觴下層闕。或言此酒名金瀾，金數欲盡天意闌。醉魂未醒醜未覆，會看骨肉爭相殘。一雙寶榼雲龍翥，明日朝辭倒壺去。只留餘瀝酹昭臺，帝鄉自有薔薇露。

海陵集：予憩燕京會同館，有梁大使者，先朝内侍官也。入館傳旨，賜金瀾酒二瓶、銀魚、牛魚二盤。瓶盤皆金銀爲之，升龍交錯，形製甚精古，且並令留之。古樂府曰「月穆穆以金波」，金瀾之名，其取諸此乎？然金瀾，金運其將

闕也。銀魚長尺餘，比南方者尤大。牛魚出混同江，其大如牛。或云：可與牛同價，故名。又燕中暑月，于冰窖造御酒，甚清冽。使至，嘗被賜。女眞人多釀糜爲酒，醉則殺人。盛饌以雁粉爲貴，以木柈貯之，其瀋黑色，以生葱、蒜、韭之屬置于上，臭不可近。又俗重茶食，阿姑打開國之初，尤尙此品，若中州餅餌之類，多至數十種，用大盤累飣高數尺，所至供客，賜宴亦用焉。一種名金剛鐲，最大。

二老堂雜志：周樞密𬭭之充金哀謝使，金主愛之，享以所釣牛魚，非舊例也。樞密糟其首，歸獻于朝。同館王龜齡目爲魚頭公。聞金人甚貴此魚，一尾之直，與牛同。

董德元

德元字體仁，永豐人。少魁鄉舉，累試禮部不第，就特奏名，補文學。初任寧遠簿，復預漕司薦。紹興戊辰，試禮部合格，遂爲第一。秦檜援引，至參知政事。檜死，以言章罷，歸廬陵。

登第報家人

御筆封題墨未乾，君恩重許拜金鑾。故鄉若問登科事，便是當初老榜官。

獨醒雜志：廬陵之俗，謂特奏名爲老榜。初，體仁既預漕舉，謁一達官，干東上之資。達官語坐客，有老榜之語，體仁頗不能平，故其詩及之。

尤　袤

袤字延之，無錫人。紹興十八年進士。累遷樞密院正，兼左諭德。孝宗朝，進權禮部侍郎，直學士院。光宗朝，除禮部尙書。卒諡文簡。嘗取孫綽遂初賦以自號，光宗書扁賜之。有遂初小稾、梁溪集。

方萬里䟦：宋中興來，言詩必曰尤楊范陸。誠齋時出奇峭，放翁善爲悲壯，公與石湖，冠冕佩玉，度騷婉雅。

落梅

清溪西畔小橋東，落月紛紛水映紅。五夜客愁花片裏，一年春事角聲中。歌殘玉樹人何在，舞破山香曲未終。卻憶孤山醉歸路，馬蹄香雪襯東風。

劉屯田墓壯節亭　劉名渙，字凝之。

西澗當年卜考槃，便于神武挂衣冠。後生無復知前輩，故老猶能説長官。三尺荒墳埋玉冷，百年壯節倚天寒。表章賴有羣賢力，誰把生芻奠一餐。

玉簪花一名鷺鷥

一種幽花迥出塵，孤高恥逐豔陽辰。瑤枝巧插青鸞扇，玉蘂斜攲白鷺巾。難與松筠爭歲晚，也同葵藿趁時新。西風昨夜驚庭綠，滿院清香惱殺人。

送吴待制守襄陽　待制名琚，吴璟之弟，高宗吴后之姪。

方持橐侍西清，忽領雄藩向外行。誰謂風流貴公子，甘爲辛苦一書生。詞源筆下三千牘，武庫胸中十萬兵。從此君王寬北顧，山南東道得長城。以上梁溪遺稾

淮民謡

東府買舟船，西府買器械。問儂欲何爲，團結山水寨。寨長過我廬，意氣甚雄粗。青衫兩承局，暮夜連句呼。句呼且未已，椎剝到雞豕。供應稍不如，向前受笞箠。驅東復驅西，棄卻鉏與犂。無錢買刀劍，

典盡渾家衣。去年江南荒，趁熟過江北。江北不可往，江南歸未得。父母生我時，教我學耕桑。不識官府嚴，安能事戎行。執槍不解刺，執弓不能射。團結我何爲，徒勞定無益。流離重流離，忍凍復忍飢。誰謂天地寬，一身無所依。淮南喪亂後，安集亦未久。死者積如麻，生者能幾口。荒村日西斜，破屋兩三家。撫摩力不給，將奈此擾何。

三朝北盟會編：紹興三十一年，金主亮傾國入寇，嘗以淮南置山水寨擾民。泰興縣令尤袤竊哀之，作淮民謠。

庚子歲除前一日遊茅山

犯寒出行邁，值此歲云除。剛風駕飆輪，送我遊清都。華陽第八天，仙聖之所居。洞房劣容人，中寬如室廬。橫前大谿水，于焉限塵區。其右萬石林，錯落空翠圖。茅菴著深秀，細路緣崎嶇。幽泉見客喜，頗亦類逃虛。山深日易曛，捷徑趨元符。琳宮照金碧，天籟鳴笙竽。側睨白雲峯，前瞻赤沙湖。金壇聳百丈，陰洞通七塗。俯視人間世，擾擾眞蟲蛆。早以卑陋質，忝分赤城符。豈悟夙昔緣，復造神霄墟。平生夢寐處，怳若登華胥。歸來拜綠章，足力尚有餘。珍館十六所，安能徧遨娛。窮探恨不盡，太息仍躊躇。茅山志

遊張公洞 并序

舟次湖㳇，侍季父伯兄遊洞靈。步行五里，夾道皆喬木參天，鶴巢其上若欬。澗水淲淲，鳴聲甚悲，殆不類人間也。入洞靈宮，覽前賢留題，徘徊久之。由石徑里許，達于洞，深數十丈，磴道險絕，俯僂僅可下。下寬廣，容數百人。大石離立，或下聳欲落，若劍盾矛戟相撐拄；或甍連蜿起而不斷，若虎

豹蹲伏俯踞而拏攫。中有小門，持炬乃得入，丹竈井臼在焉。由石罅而上，皆亂石，怪形無窮。其狀旁行屈曲，益深遠不可到。其陽有懸崖，滴乳水，水流澗谷，乍細乍大，自成宮商。横澗得小閣可憩。朱藤纏絡崖上，丹花簌簌下墜，芬芳襲人，毛髮凛然。欲少留，而大風作，遂歸。余遊名山多矣，茲游最可紀，因成五百字，貽我同志，以備他日觀覽焉。

吾聞荆溪南，有地仙所宅。十年勞夢想，今日著脚歷。扁舟下湖洑，水漲投沙磧。結纜小橋旁，杖藜從此適。平岡面陂陁，疊嶂堆嶐積。行行兩三里，夾道喬木植。其大幾合抱，其高乃千尺。風生萬壑響，日照四山赤。時搖樹林杪，忽見屋宇脊。宮門何峥嶸，古道頗脩直。長廊景暄暄，崩殿人寂寂。寥落昔賢題，摩挲壁間墨。捫蘿上層巔，俯瞰得深窟。危梯交枝撐，鳥道穿詰屈。投身乍寬閑，跼步仍偪窄。攀援愁顛躋，傲睨驚險僻。懸崖朵頰頷，亂石拱劍戟。白雲何時横，乳溢或自滴。正中空澒洞，了不見天隙。冥行迷近遠，傴僂猶擿埴。巉巖豈人工，隱軫入地脈。窗幽或篝火，俯跪僅容席。仙壇尚故處，丹竈儼遺跡。山蟲鳴咿嚘，野鼠聲嘖唶。傳聞老父語，以往眞莫測。中有白玉堂，横絶巨石塞。傍連洞庭野，欲去不可極。潛窺目先旋，縱走膝無力。邅迴步仄徑，突兀出峭壁。樅風高枝樛，藤蔓青陰羃。芳草何芊綿，丹花亦狼藉。躊躇古亭上，頫仰幽澗碧。丁當下流水，磊磈欲落石。雖云培塿高，氣與嵩華敵。其南有空穴，瀯潁殷幽黑。陰風訝谷吐，冷氣森噴逼。蛟龍久伏藏，金玉閟簡册。靈蹤信茫昧，幻怪紛慘慼。將無神物守，欲與世壤隔。平生丘壑志，早歲泉石癖。豈不思三山，所恨無六翮。樂哉茲晨遊，逸興潛有激。仙翁在何許，綠髮尚如昔。髣髴笙簫聲，徘徊鸞鶴翼。俗緣磨不盡，塵境坐形役。何當築衡茅，幽討窮日夕。風雨西北起，天地忽改色。倉皇促歸旆，造物豈戲劇。良遊易乖忤，眞賞難再得。寄語山中人，重來儻相識。荊溪外紀

重登斗野亭　在江都邵伯鎭梵行院之側

野色涵空闊，平蕪接渺瀰。江淮天設險，星斗地分維。喬木千年意，滄波萬古悲。老僧猶好事，見客索題詩。揚州府志

題米元暉瀟湘圖

萬里江天杳靄，一村烟樹微茫。只欠孤篷聽雨，恍如身在瀟湘。

句

淡淡曉山橫霧，茫茫遠水平沙。安得綠蓑靑笠，往來泛宅浮家。郁氏書畫題跋記

去年江南荒，趁逐過江北。江北不可往，江南歸未得。無題　胸中襞積千般事，到得相逢一語無。寄友人　送客漸稀人漸遠，歸途應減兩三程。台州秩滿歸　後村詩話

雍有容

有容字德裕，資州盤石縣人。紹興十八年進士。

富樂山　在巴西縣東。劉備自荆州入蜀，劉璋延之于此山。望見蜀之全盛，飲酒樂甚，故得名。

當時四海一劉備，至此已堪悲失脚。出語翻爲樂國想，是人止可偏方著。大漢曾封隆準翁，聞道山河錦繡中。安能鬱鬱久居此，睥睨三秦日欲東。方輿勝覽

陳天麟

天麟字季陵，宣城人。紹興十八年進士。累官集賢殿修撰，歷知饒州、襄陽、贛州、鎮江。有攖寧居士集。

登上嶺遊黃山

朝陽滉漾水朦朧，曉烟横抹天微風。三十六峯不著色，點綴淡墨排秋空。小山連延大山倨，林深無人但雲樹。平生愛山眞成癖，我以意行本無住。黃山之路何敧危，黃山之溪何漣漪。登山度水亦勞止，正要行役發吾詩。仙家與世不相遠，徑入桃源亦良便。向來父老亦嘗行，竹籬桃花大于扇。黃山志

石壁道中

雲山疊疊石齒齒，山色溪聲三十里。霜餘木葉半丹青，道上松風雜宮徵。捨車而徒度險艱，邇來趼足愁躋攀。官閑無祿與王事，不妨拄杖對潺湲。

旌陽道中

山邑無郵傳，農夫半甲兵。石樓横斷岸，草徑入荒城。聞道甘泉駕，將臨細柳營。風塵何日靜，留眼看昇平。

勝因寺

山行詰曲到禪林，臺殿丹青歲月深。薄晚春寒生几席，逼人空翠撲衣襟。客塵冉冉凌淸思，俗狀紛紛費苦吟。若得一丘容我老，便攜藜杖事幽尋。

風玉亭

夜聞騷屑此君語，晨起急登風玉亭。一笑相逢珍重別，不隨人改舊時青。以上寧國府志

呂城舟行晚晴

楊柳隄長月一灣，芙蓉花小蓼初斑。孤帆白鳥無邊水，殘日斷雲何處山。遠客自應歸興動，新詩都在晚晴間。功名有底催人去，只合漁樵作往還。宛雅

葉衡

衡字夢錫，婺州金華人。紹興十八年進士。孝宗朝，拜右丞相，兼樞密使。責授安德軍節度使，郴州安置，復官與祠。

句

水花分塹弱，山木抱雲稠。更宿招提境，還同惠遠遊。鹿田寺集杜　謝翱金華遊錄

石才孺

才孺字伯元，鄭州管城人。紹興十八年進士。

青陽驛　在順政縣東

幸蜀奔波爲祿兒，聞鈴夜雨有餘悲。青陽一夕難高寢，黼幄千官減盛儀。方輿勝覽

莫汲

汲字子及，吳興人，濟弟。紹興十八年進士。爲學官，以言獲罪。南遷石龍。

談鑰吳興志：莫磻字彦輔，君陳之子。有子曰伯鎔，字器之，年五十，即歸休，以迎師教子爲事。子三人，曰濟、曰汲、曰沖，皆有峻聲，擢進士第，時號「三莫」。後濟、沖又中博學宏詞科。

石龍泛海作

一飃點破碧落界，八面展盡虛無天。柁樓長嘯海波闊，今夕何夕吾其仙。

齊東野語：石龍地並海。子及素負邁往之氣，暇日，具大舟，招一時賓友之豪，泛海以自快。將至北洋，海之尤大處也。舟人畏不敢進，子及大怒，脅之以劍，不得已從之。及至，四顧無際，浪涌舟掀，簸如桔槔。見三魚，皆長十餘丈，浮弄日光，衆皆戰慄，不能出語。子及命大白連酌，賦詩數絶，興盡乃返。

芮　曄

曄字國器，一字仲蒙，烏程人。紹興十八年進士。歷官御史、司業、祭酒，卒。呂東萊再娶，乃其女也。

董斯張吳興備志：芮國器官左從郎，仁和縣尉。嘗和沈長卿牡丹詩云：「寧知漢社稷，變作莽乾坤。」秦檜惡之，坐竄化州。檜死，始召還。

從沈文伯乞娑羅樹碑

楚州淮陰娑羅樹，霜露榮悴今何如。能令草木死不朽，當時爲有北海書。荒碑雨侵澀苔蘚，尚想墨本傳東吳。容齋四筆

題鶯花亭

人言多技亦多窮，隨意文章要底工。淮海秦郎天下士，一生懷抱百憂中。後村詩話：秦少游嘗謫處州，後人摘「柳邊沙外」詞中語，爲鶯花亭，題詠甚多。

羅浮寶積寺

木落天寒山氣沈，年華客意共蕭森。偶于佳處發深省，其實宦遊非本心。紅日坐移鐘閣影，白雲閑度石樓陰。還家莫話神仙事，老不寬人雪滿簪。瀛奎律髓

芮煇

煇字國瑞，國器弟。同登紹興十八年進士。仕至尚書。

更戴溪亭爲興盡亭仍賦詩

溪山之興無時盡，興盡名亭意可知。出岫孤雲含細雨，投林宿鳥愛深枝。風流已是千年事，公案今成七字詩。短棹悠然隨所適，人生出處要如斯。渕鑑

宋詩紀事卷四十八

錢唐厲鶚輯
歙方輔勘定

朱熹

熹字元晦，一字仲晦，世爲徽州婺源人。父韋齋先生松，宦遊建陽之考亭，遂家焉。紹興十八年，中王佐榜進士。寧宗朝，歷官寶文閣待制。僞學禁起，落職奉祠，卒。累贈寶謨閣直學士，謚曰文。理宗朝，贈太師，追封徽國公，從祀孔子廟庭。曾結草堂于建陽蘆峯之雲谷，扁以晦菴，亦號雲谷老人。既又創竹林精舍，更號滄洲病叟。最後因筮遇遯之同人，更名遯翁。有文集。

齋居感興二十首 并序　存十首

余讀陳子昂感寓詩，愛其詞旨幽邃，音節豪宕，非當世詞人所及。如丹砂、空青、金膏、水碧，雖近乏世用，而實物外難得，自然之奇寶。欲效其體，作數十篇。顧以思致平凡，筆力萎弱，竟不能就。然亦恨其不精于理，而自託于仙佛之間以爲高也。齋居無事，偶書所見，得二十篇。雖不能探微索眇，追迹前言，然皆切于日用之實，故言亦近而易知。既以自警，且以貽諸同志云。

崑崙大無外，旁薄下深廣。陰陽無停機，寒暑自來往。皇犧古神聖，妙契一俯仰。不待窺馬圖，人文已宣朗。渾然一理貫，昭晰非象罔。珍重無極翁，爲我重指掌。

人心妙不測，出入乘氣機。凝冰亦焦火，淵淪復天飛。至人秉元化，動靜體無違。珠藏澤自媚，玉韞山含暉。神光燭九垓，懸思徹萬微。塵編將寥落，歎息將安歸。

静觀靈臺妙，萬化此從出。云胡自蕪穢，反受衆形役。厚味紛朵頤，妍姿坐傾國。崩奔不自悟，馳騖靡終畢。君看穆天子，萬里窮轍跡。不有祈招詩，徐方御宸極。

涇舟膠楚澤，周綱已陵夷。況復王風降，故宫黍離離。元聖作春秋，哀傷實在兹。祥麟一以踣，反袂空漣洏。漂淪又百年，僭侯荷爵珪。王章久已喪，何復嗟歎爲。馬公述孔業，託始有餘悲。拳拳信忠厚，無乃迷先幾。

東京失其御，刑臣弄天鋼。西園植姦穢，五族沈忠良。青青千里草，乘時起陸梁。當塗轉凶悖，炎精遂無光。桓桓左將軍，仗鉞西南疆。伏龍一奮躍，鳳雛亦飛翔。祀漢配彼天，出師驚四方。天意竟莫回，王圖不偏昌。晉史自帝魏，後賢盍更張。世無魯連子，千載徒悲傷。

晉陽啓唐祚，王明紹巢封。乘統已如此，繼體宜昏風。麀聚瀆天倫，牝晨司禍凶。乾綱一以墜，天樞遂崇崇。淫毒穢宸極，虐焰燔蒼穹。向非狄張徒，誰辦取日功。云何歐陽子，秉筆迷至公。唐經亂周紀，凡例孰此容。侃侃范太史，受說伊川翁。春秋二三策，萬古開羣蒙。

放勛始欽明，南面亦恭己。大哉精一傳，萬世立人紀。猗歟歎日躋，穆穆歌敬止。戒獒光武烈，待旦起周禮。恭惟千載心，秋月照寒水。魯叟何常師，删述存聖軌。

顔生躬四勿，曾子日三省。中庸首謹獨，衣錦思尚絅。偉哉鄒孟氏，雄辨極馳騁。操存一言要，爲爾挈裘領。丹青著明法，今古垂焕炳。何事千載餘，無人踐斯境。

飄飄學仙侶，遺世在雲山。盜啓元命祕，竊當生死關。金鼎蟠龍虎，三年養神丹。刀圭一入口，白日生羽翰。我欲往從之，脱屣諒非難。但恐逆天道，偷生詎能安。

西方論緣業，卑卑喻羣愚。流傳世代久，梯接凌空虚。顧盼指心性，名言超有無。捷徑一以開，靡然世争趨。號空不踐實，躓彼榛棘塗。誰哉繼三聖，爲我焚其書。以上大全集

贈上封諸老

夜宿上封寺，翛然塵慮清。月明殘雪裏，泉溜隔松聲。楮衲今如許，綈袍邪復情。爐紅虚室煖，聊得話平生。

醉下祝融峯

我來萬里駕長風，絶壑層雲許盪胸。濁酒三杯豪氣發，朗吟飛下祝融峯。

路出上背仰見上封寺遂登絶頂聯句 同張敬夫林擇之

我尋西園路，徑上上封寺。竹輿不留行，及此秋容霽。磴危霜葉滑，林空山果墜。崇蘭供清芳，深壑遞幽吹。不知山益高，但覺冷侵袂。路回屹陰崖，突兀聳蒼翠。故應祝融尊，羣峯拱而峙。金碧雖在眼，勇往詎容憩。絶頂極遐觀，脚力聊一試。昔遊冰雪中，未盡登臨意。兹來天宇肅，舉目淨纖翳。遠邇無遁形，高低同一眡。永惟元化功，清濁分萬類。運行有機緘，浩蕩見根柢。此理復何窮，臨風但三喟。

自上封登祝融峯絶頂聯句

衡岳千仞起，祝融一峯高。羣出畏突兀，奔走如曹逃。我來雪月中，歷覽快所遭。捫天滑青壁，俯壑崩銀濤。所恨無十犗，一掣了六鼇。湍歸青蓮宮，坐對白玉毫。重閣一徙倚，霜風利如刀。平生山水心，眞作貨食饕。明朝更淸徹，再往豈憚勞。中宵撫世故，劇如千蝟毛。嬉游亦何益，歲月今滔滔。起望東北雲，茫然首空搔。以上南岳倡酬集

寄劉珙胡憲一絶

先生去上芸香閣，胡閣老新峩獬豸冠。劉除御史留取幽人臥空谷，一川風雨要人看。翠屏筆談

九日登天湖分歸字韻

去歲瀟湘重九時，滿城寒雨客思歸。故山此日還佳節，黃菊淸樽更晚暉。短髮無多休落帽，長風不斷且吹衣。相看下視人寰小，祇合從今老翠微。詩林萬選

次陸子靜韻

德義風流夙所欽，别離三載更關心。偶扶藜杖過寒谷，又枉籃輿度遠岑。舊學商量加邃密，新知培養轉深沈。只愁說到無言處，不信人間有古今。

庶齋老學叢談：晦菴、象山二先生，不惟以書往復辨論無極，鵝湖倡和，尤見旨趣。象山詩云：「墟墓生哀宗廟欽，斯人千古最靈心。涓流積至滄溟水，拳石崇成太華岑。簡易工夫終久大，支離事業竟浮沈。欲知自下升高處，眞僞先須辨古今。」晦菴次韻云云。

枕屏秋景

山寒夕颷急，木落洞庭波。幾疊雲屏好，一生秋夢多。

遠游篇　十九歲作

舉坐且停杯，聽我歌遠遊。遠遊何所至，咫尺視九州。九州何茫茫，環海以爲疆。上有孤鳳翔，下有神駒驤。孰能不憚遠，爲我遊其方。爲子承尊酒，擊鋏歌慨慷。送子臨大路，寒日爲無光。悲風來遠壑，執手空徊徨。問子何所之，行矣戒關梁。世路百險艱，出門始憂傷。東征憂暘谷，西遊畏羊腸。南轅犯癘毒，北駕風裂裳。願子馳堅車，躐險摧其剛。峩峩既不支，瑣瑣誰能當。朝登南極道，暮宿臨太行。睥睨卽萬里，超忽淩八荒。無爲蹩躠者，終日守空堂。

虞帝廟樂歌

皇胡爲兮山之幽，翳長薄兮俯清流。渺冀州兮何有，眷兹土兮淹留。皇之仁兮如在，子我民兮不窮以愛。沛皇澤兮橫流，暢威靈兮無外。潔尊兮肥俎，九歌兮韶舞，嗟莫報兮皇之祜。皇欲下兮儼相羊，烈風雷兮暮雨。以上濂洛風雅

挽沈菊山

愛菊平生不愛錢，此君原是菊花仙。正當地下修文日，恰值人間落帽天。生與唐詩同一脈，死隨陶令葬千年。如今忍向西郊哭，東野無兒更可憐。

杭州府志：沈菊山，袁州宜春人。由進士知錢唐，嘗植菊數百本以自樂。晚節益堅，適以九月九日歿，朱文公挽之

云云。

月波臺

潺湲流水注回塘，中作平臺受晚涼。四面不通車馬跡，一樽聊飲芰荷香。韓公無復吟花島，楚客何妨賦葯房。少待須臾更清徹，月華零露洗匡牀。

衢州府志：月波臺，在開化縣金錢山北，宋山長江天然建。朱子過訪，作此遺之。

德興縣葉元愷家題

葱湯麥飯兩相宜，葱煖丹田麥療飢。莫道儒家風味薄，隔鄰猶有未炊時。大全集補遺

張 祁

祁字晉彥，烏江人，邵弟，號總得居士。以子安國魁多士，秦檜羅織下獄。檜死獲免。官至淮南漕運判官。

答人覓茶

內家新賜密雲龍，只到調元六七公。賴有家山供小草，猶堪詩老薦春風。清波雜志

渡湘江

春過瀟湘渡，眞觀八景圖。雲藏岳麓寺，江入洞庭湖。晴日花爭發，豐年酒易沽。長沙十萬戶，游女似京都。瀛奎律髓

題靈仙觀

樓殿起山巔，無塵地自偏。松廊暗雲霧，粉壁豔神仙。名姓藏丹府，衣冠訪洞天。幼輿丘壑質，定合老松泉。安慶府志

田如鼇

如鼇號癡叟，贛州人。紹興中，左宣教郎，知道州。

題司馬端衡米元暉詩意卷

萬頃長江水接天，中有峯巒聳蒼綠。青霄影蘸白蟾蜍，浩浩澄波晃寒玉。少陵詩名冠古今，一生苦吟吟不足。端衡寫作無聲詩，留與拙堂伴幽獨。

郁氏書畫題跋記：如鼇跋云：「司馬君實、米元章，德行文采，皆本朝第一等人，恨余生晚，不見前輩。今觀二公墨妙，追想終日，爲之慨然。二公非畫師，何乃精絶至是？豈鳳雛驥子，其天資超詣，種種自不同乎？紹興十八年九月廿六日。」

沈少南

儲福宮玉眞公主像

儲福宮，在蜀天倉峯下，有唐睿宗女玉眞公主及明皇像，乃公主修眞之地。有天峯閣，望青城山三十六峯，如列屏焉。

剗盡齊封奉魯元，更開沁水占名園。何如帝子空山外，落日騎驢芳草原。方輿勝覽

胡叔豹

儲福宮

棄形如遺但養神，阿兄爛醉梨園春。人百摵之耳不聞，何物女子乃獨醒。徑來空山臥白雲，不見漁陽胡馬塵。方輿勝覽

歐陽鈇

鈇字伯威，號寓菴，廬陵人。少與周益公同場屋，連戰不利，篤意于詩。有脞辭集。

絶句

攣樹殘紅澀不飛，楊花雪落水生衣。年來百念成灰冷，無語送春春自歸。

桑麻得雨更青葱，芍藥留春結晚紅。怪得鳥聲如許好，此身還在亂山中。

爲憐紅杏亞枝斜，看到斜陽送亂鴉。又是一春躭不死，天敎留眼看鶯花。

篷窗臥聽疎疎雨，卻是芭蕉夜半聲。烟浪蔽天天倚蓋，略容一點白鷗明。

示二子

先君以官貧，今乃遺以安。但願兩兒健，扶持一翁孱。何須待門生，悠然柴桑間。

遊愚堂

聞說名園尙脩竹，花壓頹垣筍穿屋。雨痕半掩壁間題，飢鼠跳梁狐晝啼。前人已爲後人笑，後人更使誰人悼。嗚呼全盛幾時奈衰何，古來興廢何其多。以上詩人玉屑

禾山秋興

生計嗟烏有，誰人問子虛。西風五更雨，南雁數行書。衰朽兒童笑，飄流歲月餘。秋深新病起，吾志在

吾廬。

夜起集萬感，胡爲淹此留。　詩成夔子國，人在仲宣樓。　絡緯聲中淚，芭蕉雨裏愁。　遙知屢門倚，應念有方游。以上詩林萬選

句

細雨雙飛鷺，寒蓑獨釣船。　誰知花過半，纔與酒相尋。　故人驚會面，新恨說從頭。　天上張公子，人間陸士龍。　夢回千里外，燈轉一窗深。　月白玄猨哭，更殘絡緯悲。　語離遽如許，話舊復何時。　風色似傳花信到，夕陽微放柳梢明。　巷南巷北人招飲，一雨一晴花耐看。　有客過門湖海士，隔籬呼酒咄嗟間。　夢回金馬玉堂上，文在冰甌雪椀中。　青山如故情非故，芳草喚愁詩遣愁。　擾擾征人相顧語，蕭蕭落木不勝秋。　千里歸來人事改，十年猶幸此身存。

詩人玉屑：楊誠齋跋云：鳥啼花落，欣然會心處，酌大白，嘸伯威詩，欲馭風騎氣也。

晁公休

公休，公武之兄。

夏日過莊嚴寺僧索詩爲留絕句拉舍弟同賦

十里溪橋梵宇新，那知陌上漲紅塵。　老僧苦要題名姓，不道林泉皆故人。

病起支離倚瘦筇，幅巾芒屩竹陰中。　聞蟬未有驚人句，且受禪牀一榻風。成都文類

晁公武

公武字子止，鉅野人，沖之之子。秦檜辟爲四川總領財賦司幹辦公事。乾道中，以敷文閣直學士爲臨安府少尹。有郡齋讀書志、昭德文集。

夏日過莊嚴寺僧索詩爲留絶句

出門散策烟棲樹，歸路扶輿月蜕雲。十里江村入圖畫，野橋沙路杳難分。成都文類

笑脱塵衫撲輭紅，杖藜徙倚水光中。最憐林葉深深處，遮盡斜陽不礙風。

遊焦山

江勢東傾劇建瓴，中流巖壑隱禪扃。遊僧誰渡降龍鉢，過客爭摸瘞鶴銘。脩竹捎雲淩北固，桃花吹浪漲南溟。上人勸賦斯山境，乞與微吟勒翠屏。京口三山志

登金山

東游尋勝卽登臨，浮玉知名冠古今。萬壑波濤喧海口，千年巖岫據江心。雨篷烟棹征帆遠，曉磬昏鐘佛屋深。詩客分留風景在，憑君一爲發長吟。金山志略

晁公遡

公遡字子西，公武之弟。有嵩山集。

秋江

秋江水清不勝緑，還與漢江顔色同。望中白鳥忽飛去，落日丹楓相映紅。

詠瓶中梅

折得寒香日暮歸，銅瓶添水養横枝。書窗一夜月初滿，卻似小溪清淺時。

感事

征衣消盡洛陽塵，泣向東風拭淚痕。不及青春歸有信，一年一到樂遊園。

有感

不見罘罳闕，于今已十春。素衣不忍棄，爲有洛陽塵。以上嵩山集

合江舟中作

雲氣昏江樹，春流沒釣磯。如何連夜漲，似欲送人歸。亂石水聲急，片帆風力微。舟師且停櫓，白鷺正雙飛。成都文類

吴説

説字傅朋，錢唐人，廣陵王逢原之外孫。官至郎中。

樓大防云：錢唐吴傅朋游絲字，前無古人。

酬次李辰甫所寄三首

近知盡室入烟霞，兒女甘貧慣食鮭。方外何人差可友，嵗闌底處定爲家。江城潮盛渴秋鹵，驛道風高捲糞沙。子拾墮樵歸未得，能無借地種桃花。

桐花竹實幾時生，桑野秋枯繭未成。肯信飢寒能累道，唯餘寂寞許尋盟。年顔已媿神仙事，江海難忘故舊情。何日往來同井徑，清談清坐到天明。

扁舟東下初乘興，明月南飛竟失羣。田父語言時近道，世人嘲笑尙論文。九山斂氣橫寒野，一塢朝陽聚暖雲。勝處借人敎暫看，後來何必問靈氛。見眞蹟詩帖

題仙都山

佳處從來說鼎湖，茲游直欲到淸都。參天玉筍千尋許，墮地金蓮十丈無。江觀便思眠一柱，海山今喜識方壺。直須買取鵝溪絹，要畫滄洲水墨圖。仙都山志

吳　環

環，高宗吳后姪。以待制帥襄陽，歷少師，致仕。贈永安郡王。

句

飽看七寶山頭月，慣聽三茅觀裏鐘。瀛奎律髓

曾　慥

慥字端伯，晉江人，孝寬曾孫，丞相懷之從兄。官尙書郎，直寶文閣，奉祠閑居銀峯。集百家類說，凡六百二十餘種。自號至游居士。

白帝城

白帝城頭路，逶迤一徑遙。高堂臨峽尾，暴水沒山腰。隔岸漁施網，橫江鐵貫橋。神妃翻覆手，願賜雨連宵。全蜀藝文志

題蘇養直詞翰軸後

元祐文章絶代無，爲主盟者眉山蘇。舊聞宗匠爲詩匠，今見東湖説後湖。原注：徐師川號東湖居士。寂寞香山老居士，浩蕩烟波古釣徒。瀾翻翰墨驚人眼，一段清冰在玉壺。鐵網珊瑚

郭章

章字仲達，崑山人。少入太學，以守城恩拜官。被知己薦居帥幕，久之，官至通直郎。

歸省賦別同舍

菽水年來屬未涯，羞騎款段出京華。漲塵回旋風頭緊，綺照支離日脚斜。掠過短莎驚脱兔，踏翻紅葉鬧歸鴉。不堪回首孤雲外，望斷淮山始是家。

也知隨俗調歸策，卻憶當年重出關。豈是長居戶限上，可能無意馬蹄間。中原百變知誰運，今日分陰敢自閑。儻有寸功裨社稷，歸來恰好試衣斑。中吳紀聞

方豐之

豐之字德亨，莆田人。監豐國鎮。及與呂紫薇交游，陸放翁序其詩。

歷崎道中

漠漠春陰接海低，濛濛晚雨傍山飛。半攲古埭無人過，時有村童護鴨歸。後村詩話

章淵

淵字伯淵，惇之後。用蔭入仕，不就，卜居長興之若溪。有槁簡贅筆。

子夜吳歌 并序

齊梁以來，江南樂府詞，多采方言，用之穩帖，不覺爲俗語。吳中下里之曲有云：「消梨應郎心上冷，甘蔗應郎心上甜。」又云：「羅裙十二褶，小妻也是妾。」皆有類樂府詞。余因爲子夜吳歌二章云。

消梨得能冷，甘蔗復能甜。總應郎心上，爲儂素比纖。

桃根復桃葉，羅裙十二褶。阿郎歡自濃，小妻也是妾。槁簡贅筆

妙庭觀

桃花流水小橋斜，古觀臨溪翠竹遮。聞道雙成有遺跡，欲求金鼎看丹砂。杭州府志

曾協

協，南豐人，肇孫。以詞賦魁胄監。終于知永州。有雲莊集。

芭蕉

炎蒸誰解喚清涼，扇影搖搖上竹窗。準擬小軒添睡美，夢成風雨夜翻江。全芳備祖

康執權

執權官待制，奉祠，寓居永嘉。

戲爲妓山氏作

昔日緹縈亦如許，盡道生男不如女。河陽滿縣皆春風，忍使梨花偏帶雨。

庚溪詩話：永嘉籍妓中有山姓者，頗慧麗，康時命之侑尊。一日，妓之父以事繫縣，當坐罪，妓涕泣，歷求救于士大夫。康憫之，戲爲一絕云云。明日，妓詣縣投狀，乞代父罪，且連此詩于狀前，邑宰笑而釋之。

曾季貍

季貍字裘父，號艇齋，南豐人，文定公弟宰之孫，大理司直晦之子。再舉進士不第。師事韓子蒼、呂居仁，又與朱晦翁、張南軒書問往復。郡守張孝祥、樞密劉珙薦，皆不起。有艇齋雜著。陸放翁序：文辭簡遠，讀之者遺聲利，冥得喪，如見東郭順子，悠然意消。然可傳之作，尚不止此，遺珠棄璧，識者興歎。屬郡博士趙去華訪其遺集以補之。

秦女行 并序

靖康間，有女子爲金人所掠，自稱秦學士女，在道中題詩云：「眼前雖有還鄉路，馬上曾無放我情。」讀之者悽然。余少時常欲紀其事，因循數十年，不克爲之。壬辰歲九月，因讀蔡琰胡笳十八拍，慨然有感于心，乃爲之追賦其事，號秦女行云。

妾家家世居淮海，郎罷聲名傳海內。自從貶死古藤州，門戶凋零三十載。可憐生長深閨裏，耳濡目染知文字。亦嘗㬆學謝女詩，未敢女中稱博士。年長以來逢世亂，黃頭鮮卑來入漢。妾身亦復墮兵間，往事不堪回首看。飄然一身逐胡兒，被驅不異犬與雞。奔馳萬里向沙漠，天長地久無還期。北風蕭蕭易水寒，雪花席地經燕山。千杯虜酒安能醉，一曲琵琶不忍彈。吞聲飲恨從誰訴，偶然信口題詩句。眼前有路可還鄉，馬上無人容我去。詩成吟罷只茫然，豈意漢地能流傳。當時情緒亦可想，至今聞者猶悲酸。憶昔中郎有女子，亦陷虜中垂一紀。暮年不料逢阿瞞，厚幣贖之歸故里。惜哉此女不得如，終竟老死留穹廬。空教詩語傳悽惻，不減胡笳十八拍。梅磵詩話

金沙寺

古寺同眞率，君家更秩筵。酒杯無算飲，橘樹不論錢。勝日攜佳客，曾來是去年。莫嫌頻至此，直爲主人賢。

宿正覺寺

古寺荒涼甚，秋風更颯然。殿焚猶有礎，僧老不知年。但可扶藜至，無因假榻眠。鐘魚久寂寞，誰施一囊錢。

疎山道中 在金谿縣西南

村深谷鳥近人鳴，暮靄收時雨又晴。極目春山隨處好，筍輿穿盡綠陰行。

江南九月未飛霜，木葉蕭蕭已半黃。行徧疎山山下路，滿山惟有桂花香。

雲谷山 城東三十五里，有山曰芙巨。荀伯子臨川記云：巖内有石人，坐盤石上，體塵則風，潤則雨，晴則瑩潔。今日東巖嶺。其東南爲靈谷，諸峯連拖如障，多石，其上祀三仙，曰隱眞觀，有謝靈運墨池。

舊聞伯子記，已得靈谷名。隱然望此州，奇勝稱山靈。懸崖瀉瀑布，如高屋建瓴。喬松數十丈，下有千歲苓。仄足行鳥道，勢欲摶青冥。仙事雖渺茫，幽討未忘情。高秋八月後，擇勝來經行。黄冠三兩人，淡然亦忘形。烟霞到几席，爽氣來戶庭。瘦笻閑指點，老瓦同注傾。慙非換鵝手，不敢臨黃庭。或可聯石鼎，未必讓彌明。重陽無十日，黃菊漸向榮。佳哉此天氣，一笑未易營。但願脚力健，年年此尋盟。以上撫州府志

韓元吉

元吉字无咎，號南澗，許昌人，維四世孫，寓居信州。隆興間，官吏部尙書。有南澗甲乙稾。

朱熹云：韓无咎詩，作著者儘和平，有中原之舊，無南方嘲哳之音。

黄玉林云：南澗名家文獻，政事文學，爲一代冠冕。

玩鞭亭

黄鬚鮮卑勇無策，自馳巴馬來窺賊。賊奴但怪日繞營，起看飛塵已無迹。寶鞭不惜棄道旁，坐令老嫗知興亡。百年社稷有天意，姦鋒逆燄徒鴟張。孤城遺跡森在目，平湖無復春草綠。卻對青山憶謝公，父老猶嫌人姓木。邊兵已重朝士輕，中原有路何由行。柙中虎兕不可制，江左夷吾浪得名。方輿勝覽

雨中聞伯恭至湖上

莫嫌鞭馬踏春泥，茶鼎詩囊偶共攜。山色雨深看亦好，湖光烟接望還迷。連天花絮飛將盡，夾道蒲荷長欲齊。官事得閑須洗眼，蓬壺只在帝城西。

送陸務觀福建提倉

舴船相對百分空，京口追隨似夢中。落紙雲烟君似舊，盈巾霜雪我成翁。春來茗葉還爭白，臘盡梅梢盡放紅。領略溪山須妙語，小迂旌節上淩風。原注：僕爲建安宰，作淩風亭。以上瀛奎律髓

題北齊校書圖　并序

齊文宣天保七年，詔樊遜校定羣書，供皇太子。遜與諸羣秀高乾和、馬敬德、許散愁、韓同寶、傅懷

德、顧道之、季道子、鮑長暄、景孫，及梁王主簿王九元、水曹參軍周子深等十一人，借邢子才、魏收諸家本，共刊定祕府紕繆，于是五經諸史，殆無遺闕，此圖之所以作也。黄太史所謂士大夫十二員，今范明州謂逸其半者，皆是矣。至唐已隔周、隋二代，不知何自得其形容髣髴邪？高氏起索虜，以兵力奮，然敦尚儒風，立石經，興黌序，定尚書于涼風堂，質經義于春宫，意當時文士歆豔之，故相傳于圖畫哉？流及後裔，文林之館既興，御覽之書既作，無愁之聲已播于天下，不救其亡，故余感而賦。

齊高校讎誰作圖，一時紬書亦名儒。網羅卷軸三千餘，俗傳非眞類迂愚。雌黄是正定不無，虚文末學徒區區。豈識治道通唐虞，文林高館希石渠。後來御覽嗟何書，修文偃武事益誣。轉頭鄴城已丘墟，峨冠廣袖長眉鬚。丹青寫此猶不渝，高鬟侍女曳紅裾。兩雕帕鞍立奚奴，罷琴涉筆傾酒壺。蘭臺供擬信樂歟，不知畫手安用摹。無乃逞巧聊自娱，千年覩之一欷歔。君不見文皇學士十八人，謀猷事業皆功臣。瀛州舊圖應更眞，請君尋觀爲拂塵。硯北雜志

隆興甲申歲閏月遊焦山

荒村日晴雪猶積，繫纜焦公山下石。江翻斷崖石破碎，瘞鶴千年有遺跡。瘦藤百級躋上方，浮玉南北江中央。檣竿如林出烟浦，酒船遠與帆低昂。老鴟盤風舞江面，殺氣淮南望中見。神龍只合水底𧤃，爲洗乾坤起雷電。觀音巖前竹十尋，大士不死知此心。醉歸更喚殷七七，膹種好花開鶴林。鎮江府志

雲洞 在信州西

揮策度絶壑，撐空見樓臺。丹崖幾千仞，中有佛寺開。老僧如遠公，臨門走蒿萊。下馬問所適，褰衣指

崔嵬。飛闌倚石磴，曠蕩無纖埃。坐久意頗愜，爽氣生樽罍。仙棺是何人，蜕骨藏莓苔。舉酒一酌之，慨然興我懷。丹砂固未就，白鶴何時來。不若生前樂，長嘯銜此杯。廣信府志

高元之

元之字端叔，武烈王瓊之七世孫。南渡，家明州。五上禮部，不第。人號萬竹先生。有荼甘甲乙稾。

題雪竇飛雪亭

危亭上拂烟霧光，蒼崖深到蛟螭穴。天河飛來破山翠，寒入疎林風自發。翻珠錯玉無時歇，巖前散作千秋雪。寒聲蕭蕭凜毛髮，白雲朵朵翔空滅。飛流濺沫入毫端，天與一詩爲題絕。延祐四明志

大小晦山

大晦出小晦，過盡山峯翠。寒雲抱幽谷，枯卉老壖瀨。沿流路偪側，當道屋破碎。卻立重回首，瀑布瀉雲背。甬上耆舊集

句

灑窗蠶食葉，入竹蟹行沙。

娛書堂詩話：四明高端叔，博學能詩，鄉里所推重，嘗有雪詩一聯云云。竟坎壈不仕。樓攻媿挽之云：「弟子皆藍綬，先生竟白袍。」

曾逮

逮字仲弱，幾季子。仕終敷文閣待制。有習菴集。

淸樾軒　在信州廣敎寺，卽文淸所居。

開軒在獨園，繞屋得淸樾。不知何年樹，殆爲今日設。窗扉落林影，時復亂風月。喧聲了不聞，幽弄極可悅。玉溪僧所廬，無似許明潔。頗疑三昧手，斷取從三浙。禪房花木深，此語信佳絕。何以落其成，爐烹薦茗雪。廣信府志

王　鈇

鈇字承可，秦檜舅氏王本觀復之子。檜薦于朝，除樞屬，仕至貳卿。

墨梅

前身姑射冰相似，今代潘妃玉不如。坐對眞成在江國，淡烟微雨暗扶疎。聲畫集

絕句

津頭短短長長柳，陌上朱朱白白花。一段風烟三百里，杜鵑愁絕客思家。錦繡萬花谷

李　牧

牧字子牧。

次韻曾端伯晚過青山

怪底塵勞破，青山在眼中。竹橋低跨水，林磬小鳴風。半嶺暮雲碧，一村霜葉紅。禪枝棲衆鳥，回首意無窮。前賢小集拾遺

刁麟游

麟游，南徐人。失其名，以字傳。

賦竹馬

小兒騎竹作驊騮，猶是東西意未休。我已童心無一在，十年渾付水東流。竹坡詩話：南徐刁氏子，字麟游，十歲時，作竹馬詩。後十歲卒。客有志其墓者，以比李長吉。

張堯臣

堯臣，陳留人。入南渡。

寄洞霄道士王竹菴

一笑相逢已隔秋，人間多事苦相留。亂雲有路通仙境，淸夢何因訪昔遊。白日無情傷老大，青山此地可藏修。與君宿有誅茅約，爲卜來賢一室幽。洞霄詩集

何　晒

晒號唯齋。

贈竹菴王先生

巾盂肯復聽齋鐘，隱處何妨作退翁。一榻但留詩軸伴，萬緣都付酒杯空。松顚舞月歸巢鶴，竹下敲門採藥童。風定雲眠人不到，倚闌凝目看飛鴻。洞霄詩集

朱謙之

朱買臣廟

貧賤難堪俗眼低，區區何事便雲泥。會稽乞得無他念，祇爲歸來詫故妻。

談藪：嚴州壽昌縣道旁有朱買臣廟，其地有朱池村，朱謙之詩云云。

姚述堯

述堯，錢唐人。有蕭臺公餘詞。

句

簇簇魚鹽喧古市，聲聲弦誦徧儒家。過青田　方輿勝覽

顧　發

發字休文，崑山人。

待潮顧浦宿耕者張欽舍

海近雲氣昏，禹跡開茫茫。晴林列障邏，什伍屯千岡。頃遭七年旱，驟見九秋黃。腰鎌喜復悲，泥水新圃場。縣侯初下敎，官賦無豐荒。錯揮製錦刀，戲作編氓創。身上催租瘢，短褐愁蓋藏。課爲五邑最，薦飛十剡章。逡巡掌邦計，跬步封侯王。江淮十萬師，待飼正顑頷。禾麥今已登，婦子戒勿嘗。行侯天雨粟，飽食均四方。崑山雜詠

宋詩紀事卷四十九

錢唐　厲鶚　輯
錢唐　金肇鐸　勘定

林季仲

季仲字懿成，永嘉人。南渡時太常少卿，守婺州。

送會稽虞仲琳 虞頗通性理之學

男兒何苦弊羣書，學到根源物物無。曾子當年多一唯，顏淵終日只如愚。水流萬折心無競，月落千山影自孤。執手沙頭休話別，與君元不隔江湖。

題赤松山皇初平祠

路轉溪回草木香，有人荷笠山之陽。定知我是金華守，笑道牧民如牧羊。羽仗霓旌去不還，空餘匊水落人間。至今山下無苦旱，便是田家九轉丹。以上庚溪詩話

劉無降

遊秀峯寺

曉乘輕舸出江城，晚上籃輿卻倦行。盡日松風響巖谷，小窗聽作亂泉聲。吳郡志

聞人武子

武子，紹興間人。張綱有聞人武子改官制。

墨梅

隴首人歸信息稀，愁看冰楮破寒枝。瑤姬駐立緣何事，直到霜飛月墮時。（擊壤集）

王鎬

鎬字從周，永嘉人。仕至忠州守。

移竹後雨

洗紅窣窣烏藍雨，落紫飂飂皁角風。挂起北窗聊問訊，新移來竹定惺鬆。（詩人玉屑）

句

髮爽帶風梳，齒疎和月漱。（早行）未知眞是岳，祇見半爲雲。（望岳）避喧那厭雨，宜睡不思茶。（觀橋寓樓）雲學催詩黑，風仍作誦清。（將雨）凍雪寒梅雙蠟屐，澄江明月一竿絲。（紹師覓詩）催租例擾潘邠老，付麥誰憐石曼卿。（送潘文叔）山色兩間供步障，松陰半畝當郵亭。（出春陵）籍通上界神仙府，身見甘泉侍從臣。（上何尚書　以上娛書堂詩話）

葉采

采字仲圭，號平巖。

書事

雙雙瓦雀行書案，點點楊花入硯池。閑坐小窗讀周易，不知春去已多時。（濂洛風雅）

陳光道

光道字不矜，南城人。

夢中贈神女蔡箏娘 十首存四

長恐凡材不合仙，喜逢神女熱因緣。雲中隱隱開金鎖，路入麻姑小有天。

海石榴花暎綺窗，碧芙蓉朵亞銀塘。青鸞不舞蒼虯臥，滿院春風白日長。

老聃西逝卽浮屠，莫怪窗間貝葉書。長哂楊妃仙格劣，卻敎鸚鵡誦眞如。

玉女倚天多喜笑，素娥如月與精神。假饒不許長年住，猶勝人間不遇人。夷堅志

劉士季

次韻何漕司小紅翠亭

少陵遺蹟瀼西東，端的高齋在此中。今日花枝弄烟雨，前時蔬甲臥霜風。自注：此地舊爲蔬畦。根株移取他山翠，跗萼輸來別圃紅。收拾陽春無盡藏，夔人端說兩詩翁。全蜀藝文志

劉王孟

題呂先生畫像

短褐長條大布巾，雲霞嘯嗽九天春。可憐世上屠沽子，喚作尋常賣墨人。聲畫集

曾揆

揆字舜卿，南豐人。

題資福院平綠軒

終日勤勞雁鶩行，偶然來訪贊公房。扶疎草木四圍合，縈繞溪流一帶長。倚檻豈能成傑句，把杯多是

說名方。問師乞取安心法，宴坐蒲團對佛香。至元嘉禾志

林歆

吳中寒食

寒食家家蹋曉晴，好風吹我出重城。幾灣野水迎人白，數點家山刮眼明。已有鴿原聯乘樂，何須鴿尾並僥行。山前父老應相笑，爲我頻來學送迎。吳郡志

朱明之

崑山慧聚寺 并序

離常熟至崑山，泊慧聚寺，而詩情尤壯，復爲二章，附于五題。蓋山雞自愛其尾，亦欲以多爲貴也。

古寺有遠名，欲遊先夢生。飛猨硐底嘯，靈烏雲間鳴。影密樓臺衆，香繁草樹榮。何年照佛火，燦燦長光明。

石林高月生，薜閣疎磬鳴。宿鳥夢難就，定僧魂更淸。香風動花影，巖瀑飛玉聲。遙夜坐來短，但餘天外情。吳郡志

胡循

滄浪亭

竄逐本無罪，羇窮向此忘。野烟含悵望，落日滿滄浪。亂草荒來綠，幽蘭死亦香。楚些招不得，秋水似瀟湘。

吳郡志：滄浪亭，在郡學之南，積水彌數十畝，旁有小山，高下曲折，與水相縈帶。錢氏時，廣陵王元璙池館。或云：近戚中吳軍節度使孫承祐所作。慶曆間，蘇舜欽子美得之，作亭曰滄浪云。

毛玕

玕字平仲，三衢人，友之子。仕止宛陵、東陽二州倅。有樵隱集。

泊釣臺

洲渚寒雲薄暮天，蕭蕭燈火落帆邊。嚴陵灘下孤舟遠，一夜歸心聽雨眠。釣臺集

蔡雋

題汀州蒼玉洞

向來曾醉呼猨洞，亂石崩雲擁坐隅。誰料七閩煙瘴底，半巖風物似西湖。錦繡萬花谷

鄭子覃

題苕溪道觀壁

紛紛紅雨入蒼苔，密蔭新成鶯友來。擬逐幽人夢蓬島，一聲裂竹故驚回。苕溪漁隱叢話

周仲卿

月泉

石罅玉爲髓，月梭金作梭。蒼苔誰鑿破，白雪自堅凝。穿豈太山霤，淸于萬壑冰。此中無六月，門外氣如蒸。

湖州府志：月泉，在德清縣慈相寺，出石罅間，形如半月。呂東萊疏云：「斷崖吐月，纔出半規；古甃涵星，尙懷全璧。久矣寶匳之廢，時哉玉斧之修；護此淸寒，祓其氛翳。名高詩社，再傳和仲之符；價重帝城，復値文饒之運。」周仲卿有詩。

王寚

寚字德升，新淦人。困躓場屋，入玉笥山，依道士潘與齡，獨居白雲齋十餘年，卒。

繄山道中

濺石蘋寒泉，依稀言語處。回頭覺無人，又上前溪去。

山樵

山樵竹裏居，略彴纔堪度。落日淡平疇，牛羊點寒暮。

獨醒雜志：語意蕭散，非遠外聲利者不能也。

許志仁

志仁字信叔。

寄衣曲

貂裘雖云溫，非妾手中迹。唯此萬里衣，一鍼三歎息。歎息恐人聞，縫時常避人。開緘勿嫌涴，中有雙淚痕。江南十月雁初飛，邊地纔秋塞草衰。衣成妾手君寧見，寒到君邊妾自知。寄書問征夫，好在何當還。西風吹妾夢，夜度魯陽關。

和姚令威春晚即事

臥看遊絲娟遠天，起尋幽徑卻茫然。句成落絮飛花裏，心在殘霞夕照邊。無復雙魚傳尺素，空餘寶瑟思華年。年來情味人應笑，白首傷春祇醉眠。以上前賢小集拾遺

俞似

似官廣州鈐轄。

題英州金山寺壁

轉食膠膠擾擾間，林泉高步未容攀。興來尚有平生履，管領東南到處山。

容齋隨筆：似妻趙夫人親書此詩于寺壁，字畫徑四寸，遒健類薛稷。

王度

度字武臣，豫章新吳人。

句

雲生坐來石，風掩讀殘書。　危紅賒晚景，漲綠上平沙。　鴉分供餘食，鴿亂著殘棋。　樵斧和雲斫，漁蓑帶雪披。

娛書堂詩話：王武臣吟詩，有警句，皆清奇可誦，張紫微、謝艮齋極稱賞之。

王蓑漪

梅

不受塵埃半點侵，竹籬茅舍自甘心。祇因誤識林和靖，惹得詩人說到今。西溪叢語

李　樸

樸字德卲，廣陵人。

端硯

巖石凝清粹，端然絕世珍。聲清輕楚玉，色潤勝燕珉。硯箋

李似權

記夢

碧玉山頭碧玉泉，琮琤聲裏數流年。不知曾與何人到，笑想丹題似昔緣。

石壁蒼苔露未乾，小池射日石團團。弄泉漱玉歸何暮，風捲橫雲細細看。能改齋漫錄

俞　疇

疇字叔惠，南渡初人。

跋山谷書范滂傳帖

貂璫羣雛擅天網，手驅名流入鉤黨。屯雲蔽日日光無，卯金神器春冰上。汝南節士居危邦，志剗蕭艾扶蘭芳。致君生不逮堯舜，死合夷齊俱首陽。千年輿壞眞暮旦，殷鑒詎應如許遠。安知後人哀後人，又起諸賢落南歎。宜州老子筆有神，蟬蛻顏楊端逼眞。少樸龍爪已名世，晚用鷄毛亦絕人。平生孟博吾尙友，時事駸駸建寧舊。胸蟠萬卷老夔鄉，獨感斯文聊運肘。老子書名橫九州，一紙千金不當醻。此

書豈但翰墨設，心事悢悢關百憂。人言老子味禪悅，疾惡視滂寧爾切。須知許國本精忠，不幸爲滂甘伏節。九原莫作令人悲，遺墨敗素皆吾師。從君乞取宜州字，要對崇寧黨籍碑。程史

柴中守

跋山谷書范滂傳帖

小春晝日如春晚，飲罷披圖清興遠。夜光照屋四座驚，金薤銀鉤眞墨本。當年太史謫宜州，腸斷梅花樓戍樓。拾遺不逢東道主，翰林長作夜郎囚。蠻烟瘴雨森鈇鉞，更值韓盧搜兔窟。老色上面歡去心，惟有忠肝懸日月。郡丞嗜好殊世人，投箋乞字傳兒孫。平生孟博是知己，筆下寫出精神騫。興亡萬古同一轍，黨論到頭不堪說。刊章下郡漢道微，清流入河唐祚絕。先朝白晝狐亦鳴，正氣消盡邪氣生。殿門斷碑仆未起，中原戎馬來縱橫。生蛟入手不敢玩，往事淒涼重三歎。蘭亭瘞鶴徒爾爲，好刻此書裨廟算。程史

宗道傳

道傳，南渡初人。

伏波巖　曰蕗按：顧氏選本作賈黃中，字句小異。

銅柱威聲凜百蠻，肯貪捆載溷溪山。無人爲起文淵問，端的珠還薏苡還。桂勝

馬　益

益，福州通判。

奉和蔡公寒食遊二山作

屬吏參陪宴二山，金杯滿沃酒腸寬。公私不禁三朝火，風雨都無一日寒。花引遊蜂香四座，人穿齋寺景千般。清明休假歡心洽，飽德咸知有上官。淳熙三山志

蒲瀛

次韻袁升之遊海雲寺鴻慶院山茶之什

山茶兩本上連空，疊葉棲枝占佛宮。雀尾有金輸紺碧，鶴頭無火讓殷紅。優于峽茗稱呼異，劣與梅花氣候同。誰識諸天雨花外，道人宴坐雪霜中。

遊呪土寺西臺

偶到城西寺，人言呪土墳。夕陽臺半出，秋草徑斜分。地下無紅粉，天邊有碧雲。徘徊追往事，風急葉紛紛。以上成都文類

許尹

尹字覺民，紹興中處州守。

和吳謹思題仙都山

黃帝得仙從此去，鼎湖傳說幾經年。龍髯墮地成青草，直到如今不上天。仙都山志

吳謹微

謹微，紹興中縉雲人。

遊仙都山

薄宦驅人畏簡書，金柔暑濁倦征途。歸來有意尋眞境，路入仙都不憚迂。山下霏微雨灑塵，門前嘹唳鶴迎人。遂成一覺仙都夢，更訪遺蹤得隱眞。仙都山志

楊咸亨

江郊亭新成賦二十三韻

蜀江千里東南傾，峽門橫鎖千丈鯨。吳帆蜀檝過如織，府主四海皆弟兄。城西門前二十里，客去當送來當迎。藤梢橘刺密無路，短亭四壁荒榛荆。春風淡淹酌客處，我陪後乘同郊行。碧油紅旆駐沙尾，連宵急雨鼓不鳴。元戎玉皇香案吏，俛仰茅屋無乃輕。擘山鞭石相原隰，釘頭瓦縫粟縷盈。偉哉幻出此奇觀，丹楹畫棟光峥嵘。山長波迴目力短，空濛宜雨高宜晴。危嵐滴翠染窗戶，空江倒影翻甍甍。天長地久設相待，更爲佳處題佳名。梁間橫陳大手筆，龍蛇飛動神鬼驚。高齋百篇子美唱，峴首千載羊公情。試呼小隊訪新館，壯遊始與勝概幷。披雲喚月星斗動，放舟聞鶴天水明。練光渺渺風力壯，疊鼓西上帆東征。舳艫冠蓋兩歎息，謳謠晝亂通樵聲。元戎故是活國手，山河指顧風塵清。淒涼三峽小遊戲，樸斲丹黝安足程。明堂梁棟要杞梓，天闕一柱須公擎。紛紛故吏萬里外，燕雀行慶大廈成。賦詩抵掌者誰子，夜郎野老楊咸亨。全蜀藝文志

沈　東

東字元敍，崑山人。

遊滄浪亭

草蔓花枝與世新，登臨空復想清塵。只今唯有亭前水，曾識春風載酒人。中吳紀聞

沈長卿

長卿字文伯，湖州人。爲常州倅，忤秦檜，貶化州。

句

翠蛾環坐憶洲錢。

至元嘉禾志：洲錢市，在崇德縣西北二十七里。宋南渡初，士大夫來寓者，殆二十家。贈申國趙公不求父子，寓踰一紀。慶公善應，字彥遠，詩翰尤妙。蘇計屬師德仁仲、呂顯謨正己仲發，迭主詩盟，即祇園精舍爲簪盍之所，詩人沈文伯有句云云。

柴援

援嘗爲小吏，自言周室之裔，頗能詩。

寄遠

別時指我堂前柳，柳色青時望子時。今日柳綿吹欲盡，尙憑書去說相思。

客舍

雙影寄空館，蕭然飢鶴姿。秋風北窗來，問我歸何時。以上卻掃編

張頔

清淮樓 在濠州

觀魚惠子臺蕪沒，夢蝶莊生冢木秋。唯有清淮供四望，年年依舊背城流。方輿勝覽

邵稽仲

龍州

峭壁陰森古木稠，亂山深處指龍州。猨啼鴉噪溪雲暮，不是愁人亦自愁。方輿勝覽

許表

項王廟 在烏江，號靈惠廟。

千載興亡莫浪愁，漢家功業亦荒丘。空餘原上虞姬草，舞盡春風未肯休。方輿勝覽

史幹

題鵜鼻山

龍泉五盞張帆去，鵜鼻三杯衣錦歸。寄與長泉後來者，年年盛事莫相違。

方輿勝覽：山在眉州青神縣長泉北。長泉，士人每登科而歸，鄉人迓之于此，三酌。史幹有詩。

宋诗纪事

［清］厲鶚　輯撰

三

宋詩紀事卷五十

錢唐厲鶚輯
錢唐桑調元勘定

陸永仲

永仲字維之，一名凝之，字子才，餘杭人。隱大滌洞天之石室，因以石室稱之。有石室集。

四朝聞見錄：光堯嘗幸大滌，憲聖亦侍，進主觀者，問以山中詩客，以維之對。進其行卷，光堯讀之太息曰：「布衣入翰林可也。」憲聖曰：「山林隱士，不要人知，要他出山，卻是苦他。」遂止。

西湖志餘：永仲少與計偕入汴，羣法徒邀令雜坐，命道人相之。道人指永仲曰：「秀才。」問以科第，曰：「且還山。」及別，道人以粒丹授之曰：「緩急用之。」永仲下第，循汴而歸，怒濤大作，以丹投之，風浪恬息。岸有呼永仲姓名者，則道人也，遂出家，隱大滌山。

洞霄宮

天柱峯前古洞霄，我生來此避塵囂。半牀明月琴三弄，四座青山酒一瓢。當戶老松如對立，隔花啼鳥似相招。斷金一去無消息，唯有寒梅共寂寥。洞霄詩集

絶筆

岳南之館白雲端，鳳笛龍簫徹廣寒。一鶴曉飛沖碧落，羣仙笑倚玉闌干。咸淳臨安志

駱適正

西園席上記事

花隨春盡覓無痕，尙續餘歡侑素尊。一曲未終人已去，西園燈火欲黄昏。

清波雜志：煇居建康，春晚赴張德，共會於西園。呼數輩侑酒，酒酣，忽有傳府呼其人。時張安國開府方兩日。其人臨去，求自解之説，衆但以實告，況社中二客不至，必留鈐齋。翌日詢之，如所料焉。歌者既去，坐客駱適正即席賦詩云云。

劉博文

博文字元素，宣城人。

柳眼

青眼初垂已可知，精神渾在豔陽時。只因嫁得東君後，兩淚相看是別離。

竹坡詩話：元素内子朱賢，善事其夫。一日，元素與客飲，分韻得柳眼，詩成，坐客皆不悦。後數日，而其妻亡，蓋詩讖也。

劉棐

棐字仲忱。

咸陽

父老壺漿迓義旗，秦氏誰復爲秦悲。不曾被虐曾蒙德，十二金人各淚垂。

玉殿珠樓二世中，楚人一炬逐煙空。卻緣火是秦人火，只與焚書一樣紅。

墨莊漫錄：詩律殊有風致，類唐人題詠，他詩亦稱是。

劉敬

觀滄浪亭石感而有作

蘇君在朝人不知，蘇君既沒人悲之。流風遺書見稱道，高文大句爭提撕。壁間草隸亦不置，剝苔椎土無棄遺。乃知死不與人共利害，而後不爲時所疑。滄浪亭空卉木老，古石蒼蒼顏色好。無脛猶疑千里來，致身忽在都門道。帝都王侯好事多，相看自悔取不早。君不見吳興長史春襴衫，閉門抱恨長枯槁。吳都志

薛揚祖

揚祖字元祖，鄞人。歷知漳州，召爲大理丞。

與張樞密話舊作

羸軀苦善病，日與藥裹親。藉彼參苓功，扶此憂患身。思君若飢渴，相憐同病人。余身本蒲柳，寧竢秋風晨。君誠松栢姿，何患不長春。容面一若丹，鬢髮一若銀。來日安可期，往事曷足陳。不能罄君罍，奚以浣我塵。吹笙將鼓瑟，慚余非嘉賓。甬上耆舊集

薛居實

居實字去華，鄞人，朋龜子。歷官淮東安撫使，直祕閣。有集。

皇太后挽歌

夾日光先業，寒星聚夜臺。慈名千古重，哀詔九天來。地底雞人少，雲中鶴使催。宫門芳草徧，從此不須開。

老妓自稱汴京宫人泣而贈之

薄粧自敍老深宫，一曲悲歌聽不終。黑髮尚霑梁苑雪，素衣還帶上林風。殘春柳葉蕭條緑，破國桃花冷落紅。收拾琵琶蹙眉黛，教人同在淚痕中。以上甬上耆舊集

仲　昂

昂字明舉，紹興中廣漢人。

題西門外笮橋下觀音院

雨砌風亭長緑苔，壁間題字半塵埃。城南蕭寺無人跡，幾度曾因送客來。全蜀藝文志

何錫汝

錫汝，紹興閒人。

玉虹泉　在羅田縣東五十里，詩刻石上。

百尺雲巖佛閣前，晚鐘疎葉思悠然。岸邊酌酒和清露，石上題詩染翠煙。半嶺泉鳴通古澗，數峯秋盡隔寒川。西風似欲吹人起，去逐騎鯨汗漫仙。湖廣總志

劉望之

望之，蜀人，自號觀堂。

新都驛遠平軒

霜晴木落送歸鞍，袖手微吟此慰顏。賸欲憑欄招白鳥，更煩翳樹出青山。晚悲薄祿非三釜，賴許清詩見一斑。自注：軒有外氏周次元帥蜀時詩。看到遠平纔得恨，我寧偃臥尺椽間。

沱江

尚勝三年謫，終慙萬里馴。極知行路澀，可忍在家貧。歲晚沱江綠，雲深錦樹新。相思肯如月，夜夜只隨人。

發成都

落拓平生載酒行，如今憔悴鬢絲生。無金得買青樓笑，空負閑愁出錦城。以上成都文類

紹興中作

一紙盟書換戰塵，萬方呼舞卻霑巾。崇陵訪洗空遺恨，郢國憐懷若有人。收拾金繒煩廟算，安排鐘鼎頌宗臣。小儒何敢知機事，終望君王赦奉春。

程史：紹興中，和議成，蜀士劉望之作詩云云。時語禁未大嚴，無以爲風者。望之它詩，多諂秦檜，所謂奉春，不知指何人也。

白 麟

合江探梅

艇子飄搖喚不回，半溪清影漾疎梅。有人隔岸頻招手，和月和霜翦取來。成都文類

任續

續，紹興間人。

還珠洞呈桂林帥呂叔恭

山林自空闃，遊人事幽討。岫幌與雲關，來躋可堪埽。艮離矗孤峯，玉簪倚天杪。桂水流灘碧，洄伏皆縈繞。豁谺巖穴深，虯龍雙夭矯。坤倪露幽祕，造化殫奇巧。勝概絕塵寰，髣髴蓬萊島。悠悠世俗情，是非苦膠擾。水中盤何罪，徒勞卹心悄。人厄困無妄，礫石埋深窈。風月幾年恨，山光慘蘿蔦。星郎太嶽孫，長城隱南表。戎旃整且暇，高情恣登眺。郊坰擁小隊，一見顏色愀。舊觀俄頃復，洞戶天重曉。傷心日月過，人世幾番老。山川不相似，歲久依然好。呂巖標強名，往事人能道。孟公漫驚坐，子夏冠非小。桃符錄餘慶，邲勝成濮兆。冥數今乃驗，常幸定誰考。哦詩記貞石，則有若樽醥。桂勝

強彥文

彥文，溧陽丞。

句

空有青山自龍虎，可堪荒冢更衣冠。金陵道中　遠山初見疑無路，曲徑徐行漸有村。船中燈火十年話，枕上江湖萬里心。滄波別志

李璜

璜字德劭，江都人，流寓四明。有檗菴集。

樓大防序云：德劭少負雋才，恥從進士舉。後寓四明，蕭散骯髒，以終其身，不娶無子。晚從宏智禪師，于言下有省，寫照自題其上云：「分明便是龐居士，又卻無人賣罩籬。」不可謂無所得，然亦可哀也已。

以二貓送張子賢

家家入雪白於霜，更有皺鞍似罽裝。便請爐邊叉手坐，從他鼠子自跳梁。

銜蟬毛色白勝酥，搦絮堆綿亦不如。老病毗邪須滅口，從今休歎食無魚。墨莊漫錄

唐恕

恕字端仲，淮海張邦基之表舅。

賦漢建安時侯印

關中金印豈秦關，想見風流漢已還。大篆似書譙縣石，蘭亭寧數會稽山。空餘此日歸囊橐，曾是當年雜佩環。萬戶況將取如斗，此章何足繫腰間。

題宗室趙大年橫卷爲張邦基作

聞君新得小山川，畫手來從邵雍賢。不學農夫焉用稼，若爲王子豈知田。我眞壠上躬耕客，親見人間小隱天。始識何年京樣熟，菊籬寧似景龍邊。菊籬，景龍門下景也。

墨莊漫錄：米南宮謂大年作畫清麗，雪景類王維，汀渚水鳥，有江湖意。予嘗得大年所作橫卷歸田圖，竹籬茅舍，煙林蔽虧，遙岑遠水，咫尺千里，葭葦鷗鷺，宛若江鄉。表舅唐端仲題詩云云。

裘相如

相如，號豹隱，餘杭人。

遊洞霄宮

人間三十六洞天，各有邃道通神仙。茲山九鎖路曲折，中間五洞棲雲煙。東遊大滌望天柱，西登石室觀飛泉。窮幽討勝足未倦，明月忽墮青崖顛。山中道士借一榻，夜半猨鶴驚人眠。明朝又復出山去，白雲回首空悽然。洞霄詩集

龔明之

明之字熙仲，崑山人。祖母李病且革，明之禱于天，乞減五齡以益李壽。灼頂聞腦中有爆裂聲，不爲動，李病尋愈，竟五年卒。明之以特恩廷試，授高州文學。年老，敕監潭州衡嶽，致仕。超授宣教郎。著中吳紀聞。

芝華亭

誰道休祥繫上穹，民心元自與天通。政平訟理爲眞瑞，何必金芝產梵宮。玉峯詩纂

蘇　籀

籀字仲滋，轍之孫，遲之子。官至監丞。南渡，居婺州。有雙溪集。

蘼蕪

葉葉秋聲中，霏霏蚤英蔌。介特有如松，繁華匪甄菊。勃蔚襲軒墀，薰藹滿衣服。情人擢纖指，拾藥動

盈匊。蘼蕪見離騷，苓藿入譜錄。

遊鼓山 自注：孫子安見招。

呼船起柁乘潮平，掠窗飄箔踈雨傾。漱石枕流東道主，櫛風沐雨吾曹行。百尋懸瀑瀉紳佩，兩邊喬木翔枅甍。乞漿滿甌牛乳粥，縱横下筯駝蹄羹。躋摩頂踵歷磴術，牽挽葛藟披荊榛。荒浪攙差復奄靄，巉嶭贔屭仍棱層。嗥煙嘯雨猨鶴宅，絕山航海樵漁能。草衣穴處避世士，木食澗飲安禪僧。芝房雲閣無盡藏，月屏風幌長明燈。笑看闤闠一蟻垤，揮斥氛祲投蠻藤。經行石竇解縢屩，飲灌匏杓談淄澠。莫嗔踏碎蒼苔色，莫嫌汲濁陰井清。膏肓泉石有裁鑒，騰踔巖崿試股肱。要識石鼓眞面目，立置枕几非繪繒。風吹楊葉此山下，欲問故老知誰譍。市朝一夢爭奪際，山海蕭散堪伏膺。

和卷中韓子蒼梅花

先開媚晴昊，孤豔斷魂時。繞樹沈煙度，凌寒檀暈披。參横明月觀，雪細影娥池。結實冥冥雨，君看雀啅枝。以上雙溪集

蘇 簡

簡字伯業，籀弟。有山堂集。

次韻張正民遊智者寺

養拙何所詣，白晝門常關。剝啄有好懷，遶郭横秋山。佛剎在山麓，清淨非人間。曳杖得唔語，幽尋爲歡顏。寺同喬木古，僧與白雲閑。一鳥不復鳴，流泉自潺湲。山林作勝踐，世事羊腸艱。金華詩粹

吴璋

璋，沇子。

環溪夜坐

江天閑晚已斜陽，静倚柴門對草堂。葉落轉枝翻鵲影，星飛横水帶螢光。微風得雋驅殘暑，新月出奇生嫩涼。坐覺秋容轉清爽，一聲漁笛在滄浪。

句

惜别有情空執手，贈行無緒不成章。閑中坐作蜘蛛隱，夢裏逃成燕雀禪。弈棋但以忘憂耳，縱酒無如作病何。以上環溪詩話

胡仔

仔字元任，舜陟子。仕爲晉陵令，卜居吴興。號苕溪漁隱，著有叢話。

苕溪絶句

三間水閣買耘老，一首佳詞沈會宗。無限當時好風月，如今總屬績溪翁。

苕溪漁隱叢話：賈耘老舊有水閣，在苕溪之上，景物清曠。東坡作守時，屢過之，題詩畫竹於壁間。沈會宗又爲賦小詞。其後水閣屢易主，今已摧毁久矣。遺址正與予小閣相近，同在一岸，景物悉如會宗之詞，故予嘗有句云云。

春寒

小院春寒閉寂寥，杏花枝上雨瀟瀟。午窗歸夢無人唤，銀葉龍涎香漸消。

苕溪漁隱叢話：西清詩話云：「長沙徐仲雅宮詞曰：『內人曉起怯春寒，輕揭珠簾看牡丹。一把柳絲收不盡，和風搭在玉闌干。』其富貴瀟灑可愛。」余嘗作春寒絶句云云，聊效其體也。

對月用促句換韻格

青玻瓈色瑩長空，爛銀盤挂屋山東，晚涼徐度一襟風。天分風月相管領，對之技癢誰能忍，吟哦自恨詩才窘。掃寬露坐發興新，浮蛆琰琰拋靑春，不妨舉醆成三人。

題苕溪漁隱圖

余卜居苕溪上，日以漁釣自適，因自稱曰苕溪漁隱。臨流有屋數椽，亦以此命名。僧了宗善墨戲，落筆頗瀟灑，爲余作苕溪漁隱圖。覽景攄懷，時有鄙句，皆題之左方云。

溪邊短短長長柳，波上來來去去船。鷗鳥近人渾不畏，一雙飛下鏡中天。

秋雲漠漠煙蒼蒼，蘆花初白蓮葉黄。釣船盡日來往處，南村北村秔稻香。

卷起綸竿撇櫂歸，短篷斜掩宿漁磯。日高春睡無人喚，撩亂楊花繞夢飛。

和人七夕

乞巧筵開玉露秋，一鉤涼月挂西樓。人間百巧方無奈，寄語天孫好罷休。以上苕溪漁隱叢話

左　鄯

題湘中郵亭壁

疊疊山腰繄冷雲，踈踈雨脚弄黄昏。松聲更帶溪聲急，不是行人也斷魂。苕溪漁隱叢話

賴鑄

鑄字成之，號竹莊。

送鄭居之

窗前落葉正蕭蕭，夜雨寒燈共寂寥。君是居人余是客，明朝相候合江橋。詩家鼎臠

龔相

相字聖任，處州遂昌人，兵部侍郎原之孫。知華亭縣，遂家吳中。

濡須塢 在巢縣東南

南北安危限兩關，迅流一去幾時還。淒涼千古干戈地，春水方生鷗自閑。方輿勝覽

邵博

博字公濟，伯溫子。有西山集。

題智永上人瀟湘夜雨圖

曾擬扁舟湘水西，夜窗聽雨數歸期。歸來偶對高人畫，卻憶當年夜雨時。畫繼

題相如琴臺

長卿本豪傑，禮外安可處。手彈南風琴，心謂東鄰女。雜身傭保中，初不忌笑侮。大者固已立，下此皆可補。三賦爭日星，一書起今古。其餘不自祕，輒爲人所取。兒曹爾何知，杯酒那可汙。故臺已丘墟，勝絕誰敢據。我來訪遺跡，低回不忍去。詩成欲叫君，雲車隔煙霧。成都文類

雲安下巖偶成

輕波颭鴨頭，小艇翔燕尾。風沙三十程，雲水一千里。雪盡晚寒輕，日長春睡美。汀蕪翹碧茅，岸樹裹紅藥。江浮清鏡中，山入翠屏裏。蜀鳥已驚心，巴猨猶側耳。竹節數名灘，桃花驗新水。谷鶯歌佝慵，檣燕舞何喜。落日浪鎔金，殘花風翦綺。斯遊興最多，了不知行止。全蜀藝文志

王汶

汶字希道，一字道原，汝陰人，回之子。有詩集，雪溪王銍序之。

寄韓澗泉

在困多促促，長懷特棲者。崔嵬玉山岑，其誰秣余馬。朝隨澗雲浮，暮逐澗泉瀉。光儀儼神交，晤言冀心寫。食魚不知肥，采菊不盈把。願垂白日影，照我蔀屋下。

送應顯夫之上饒

細雨杏花斑，飛飛燕子還。人隨煙櫂去，門對釣磯閑。曉月偏驚夢，春雲不離山。定知多好句，音問盍相關。以上前賢小集拾遺

張子文

墨梅二絕

筆端喚醒玉梅魂，滿袖春風不見痕。未許卷簾新月上，卻教煙雨惱黄昏。

憶昨江湖倒載歸，暗香夾路雨霏微。誰人貌得春風景，遠看如煙近卻非。

次韻秦會之題墨梅

南枝春色弄微溫，記得清香撲酒尊。今日相逢隔煙霧，揚州殘夢足銷魂。以上聲畫集

陸士規

黃陵廟

東風吹草綠離離，路入黃陵古廟西。帝子不知春又去，亂山無主鷓鴣啼。

鶴林玉露：陸士規，布衣，工詩，秦檜喜之。嘗挾秦書干臨川守，餽遺不滿意，升堂嫚罵。守懼，以書白秦自解。秦怒陸甚，陸請見不出，然猶令其子小相者見之。問其近作，陸誦黃陵廟一絕，小相入誦之。秦吟賞再四，即接見，待之如初。

周必大

必大字子充，一字洪道，廬陵人。紹興二十一年進士，中宏詞科，權中書舍人。孝宗朝，歷右丞相，拜少保，進益國公。寧宗朝，以少傅致仕。卒贈太師，謚文忠。有平園集。鶚按：宋史：必大紹興二十年進士。據咸淳臨安志：紹興二十一年趙逵榜，無二十年榜，宋史誤也，今訂正。

賞心亭醼會

晉人誇新亭，暇日輒高會。中間伯仁輩，未免楚囚對。江山猶古昔，人物已曖昧。東郊今保釐，翠華記行在。佳麗壓淮楚，迢遞盛冠蓋。茲樓貫城雉，于邁無小大。令威雖不歸，靈光故無礙。煙雲互明滅，川郭相映帶。當年烏衣遊，此日思勝概。從容值休沐，登臨多慷慨。幽懷忽軒豁，細故絕芥蔕。已尋

詩社盟，更訂飲朋戒。嘉賓滿坐上，好詩來天外。舟移白鷺遠，目送飛鳥快。方種淵明秫，粗免監河貸。一醉儻可期，與君時倒載。

遊茅山道中口占須偏遊乃成章

千峯溧陽來，勢若西南奔。遥拱三茅峯，不敢迫至尊。三茅如軒懸，次序儼弟昆。正西闢夷途，羣仙之所門。至今下泊宫，往往弭旗旛。

過池州作

千古風流杜牧之，詩材猶及杜筠兒。向來稍喜唐風集，原注：荀鶴詩集名唐風集。今悟樊川是父師。

二老堂詩話：池陽集載牧之守郡時，有妾懷妊而出之。以嫁州人杜筠，後生子即荀鶴也。

高宗皇帝挽詞

社稷興中否，干戈靜四溟。生年同藝祖，慶壽似慈寧。人憶庚庚兆，天傾九九齡。向來懷夏禹，今祔越山青。

太極乾元父，清都大帝宫。宴酣忘御駿，仙去任遺弓。晉遏堯仁遠，旻號舜孝隆。孤臣臺閣舊，淚血灑春風。

會同年楊謹仲周孟覺賞芍藥嘗櫻桃次謹仲韻

清晨自掃落花飃，小甕新篘竹葉青。簪盍莫辭過陋巷，臚傳相與記彤廷。階翻紅藥曾重見，僕兩直西掖敕賜朱櫻亦屢經。老去飄零無此夢，詩來吟咏有餘馨。

題九華化成峯

攀蘿度險捷猱猨，石角鉤衣屐盡穿。莫訝遠尋金地藏，也曾徐步玉階前。

贈棲賢寺藏王可昇 與予同庚

我比同年百不能，只餘霜鬢媿師兄。殷勤覓句無言說，共撥寒灰聽水聲。以上省齋文稾

元宵煮浮圓子前輩似未嘗賦此坐間成四韻

今夕知何夕，團圓事事同。湯官循舊味，竈婢詫新功。星燦烏雲裏，珠浮濁水中。歲時編雜詠，附此說家風。

訪誠齋

楊監全勝賀監家，賜湖豈比賜書華。回環自鬭三三徑，頃刻能開七七花。門外有田供伏臘，望中無處不煙霞。卻慙下客非摩詰，無畫無詩只謾誇。以上平園續稾

鶴林玉露：慶元間，周益公以宰相退休，誠齋以祕書監退休。益公嘗訪誠齋於南溪之上，留詩云云。誠齋和云：「相國來臨處士家，山間草木也光華。高軒行李能過李，小隊尋花到浣花。留贈新詩光奪月，端令老子氣成霞。未論藏去傳詒厥，拈向田夫野老誇。」好事者繪以爲圖。

蕭德藻

德藻字東夫，閩人。紹興二十一年進士。嘗令烏程，後遂家焉。所居屏山，自號千巖老人。有千巖擇稾。

楊誠齋序：近世詩人，若范石湖之清新，尤梁溪之平澹，陸放翁之敷腴，蕭千巖之工致，皆余所畏也。

采蓮曲

清曉去采蓮，蓮花帶露鮮。溪長須急槳，不是趁前船。

相隨不覺遠，直到暮煙中。恐嗔歸得晚，今日打頭風。後村詩話

古梅二首

湘妃危立凍蛟脊，海月冷挂珊瑚枝。醜怪驚人能嫵媚，斷魂只有曉寒知。

百千年蘚著枯樹，三兩點春供老枝。絕壁笛聲那得到，只愁斜日凍蜂知。

詠虞美人草

魯公死後一抔荒，誰與竿頭薦一觴。妾願得生墳土上，日翻舞袖向君王。以上全芳備祖

呂公洞

復此經過三十年，唯應巖谷故依然。城南老樹朽爲土，簷外稚松青拂天。枕上功名祇擾擾，指端變化又元元。刀圭乞與起衰病，稽首秋空一劒仙。賓退錄

次韻傅惟肖

竹根蟋蟀太多事，喚得秋來籬落間。又過暑天如許久，未償詩債若爲顏。肝腸與世苦相反，巖壑嗔人不早還。八月放船飛樣去，蘆花叢外數青山。

登岳陽樓

不作蒼茫去，眞成浪蕩遊。三年夜郎客，一柁洞庭秋。得句鷺飛處，看山天盡頭。猶嫌未奇絕，更上岳陽樓。以上瀛奎律髓

句

乾坤生長我，貧病怨尤誰。　秋浩蕩中遙指點，一螺許是定王城。　稚子推窗窺過雁，數峯乘隙入西窗。　秋陽直爲田家計，饒得漁村一抹紅。後村詩話

查籥

籥字元章，海陵人。紹興辛未進士。乾道中，戶部郎中，總領四川財賦司。

題臥龍山

山顚祠貌儼丹靑，千載懷人爲一登。隱隱故營連白帝，茫茫恨水向西陵。石根蘭芷香無價，雲頂松杉翠作層。人事天機古難料，詩成試語定中僧。全蜀藝文志

萬州湖灘寄王夔州十朋

滿目暮山平遠，一池雲錦淸酣。忽有鐘聲林際，直疑夢到江南。王梅溪集附

郭知運

知運字次張，鹽官人。弱冠，登紹興二十一年進士。秦檜強與爲姻，知運勿樂，訖停昏焉。仕至荆州守，倦求祿仕，自號息菴老人，卜居雙廟之西。有猥槀。

題雙廟

唐祚中不振，孽胡恣姦驕。君德弗克終，治亂在一朝。渠魁睥神器，四海俱動搖。向來爲厲階，其迹已冰消。中興功孰甚，張許冠百僚。堂堂二公烈，千古名不凋。義膽極華岳，忠肝齊斗杓。平生慕節義，卜居祠匪遥。丹青就湮鬱，古屋風蕭蕭。英靈如可問，激懦討悖妖。咸淳臨安志

林　桷

桷字子長，一字景安，長溪人。紹興二十一年進士。秦熺之壻，官右司郎中。有横堂小集。

太白五松書院

翰林最愛五松山，嘗說千年未擬還。而我抗塵良自媿，來遊祇得片時閑。池州府志

方汝疆

汝疆字南夫，繁昌人。紹興二十一年進士。

江上晚行

疎雲薄日冷吳江，江色蘆花共渺茫。四五點山烟靄淡，兩三枝槳水雲長。遊魚避網驚微浪，幽鷺窺汀下夕陽。興罷歸來更回首，滿身明月踏溪霜。

舟行

平林漠漠暝烟齊，竹樹蕭森望眼迷。相喚幾聲何處雁，斷霞明處一行低。以上太平府志

陳居仁

居仁字安行，莆田人，家明州。紹興二十一年進士。孝宗朝，累官中書舍人、華文殿直學士，

提舉太平興國宫。卒謚文懿。

西湖感舊

蘇公隄畔采蓮船，蘸碧樓臺動管弦。山色湖光宛如昔，心情不似十年前。咸淳臨安志

史正志

正志字志道，江都人。紹興二十一年進士。累除司農丞。孝宗朝，仕至右文殿修撰，知靖江府。歸老姑蘇，號吳門老圃。

新亭

龍盤虎踞阻江流，割據由來起仲謀。從此但誇佳麗地，不知西北有神州。

忽枉王人六轡馳，新亭有酒便同持。坐中不作南冠歎，江左夷吾是素期。景定建康志

宋翔

翔字子飛，建陽人。紹興二十一年進士。官湖南安撫參議。有梅谷集。

紹興樂府　時韋太后歸慈寧宫

天意回，皇母歸；戢烽燧，儆宫闈，朝陽赫奕明鞠衣。惟皇之孝，惟母之慈。陳仙仗，薦壽巵，從之家后與庶妃，奏之一作以九成與咸池。沓珍瑞，駢福祺，山陬水裔咸熙熙。惟天之相，與帝之宜。千萬年，無窮期。建陽縣志

程大昌

大昌字泰之，休寧人。紹興二十一年進士。孝宗朝，官至權吏部尚書、龍圖閣直學士。卒謚文簡。有集。

宿直後出玉堂留詩示周子充

抖擻身章卻冒塵，褭蹏顧影也逡巡。鑾坡寓宿非其地，蓮燭操文自有眞。□直由來同古語，位高兼復見今人。迎潮有諾無輕爽，季老當年不諉貧。

玉堂雜記：淳熙丙申八月庚辰，德壽宮遣大璫張去爲至都堂傳旨，立翟貴妃爲今上皇后。明日午後，執政奏事，皇后歸姓謝氏。乙酉晚，快行家來宣鎖院。是日，侍講刑部侍郎程泰之已宿直，呼馬而出。予至內前，適與之遇，泰之揚鞭云：「留詩案上矣。」

和劉侍郎夔九日登女郎臺

霜枝凋翠雁橫秋，莫倚危樓動旅愁。菊有清香樽有酒，茱萸不插也風流。能改齋漫錄

次韻陸務觀海棠

喚回殘睡強矜持，淺破朱脣倚笛吹。千古妖妍磨不盡，長隨春色上花枝。海棠譜

句

戲作風枝斜，再惱玉堂宿。題洪內翰侍兒翠翹畫竹 圖繪寶鑑

劉知過

知過字與機，天台人。未冠，領鄉薦。紹興二十一年，中特科，監南嶽廟。與弟知變，俱以文

名，尤工于詩。參政賀允中題其詩曰「江東天籟」。

春日

濃起香塵十里晴，晚來烟雨忽斜橫。花開花落淸明候，山北山南杜宇聲。追念舊遊渾似夢，退思良計不如耕。人中喜有彌天釋，時吐淸文慰此情。台州府志

秦熺

熺字伯陽，本檜妻兄王喚孽子，檜乞養爲後。紹興二十一年進士。累官翰林學士，知樞密院事，進少師，致仕。

齊東野語：熺本王氏子，檜素不悅。檜畏內，妾嘗孕，其妻逐之。生子爲仙游林氏子，曰一飛，以檜故，仕至侍郎兼給事中。曹泳嘗勸檜還一飛，未果而檜死。

送舅氏知湖州

暫別甘泉豹尾中，隼旟仍駐水晶宮。文昌地禁論詩少，燕寢凝香簿領空。可但龔黃宜共理，便應顏謝與同風。飽聞回老榴皮事，試問溪頭鶴髮翁。

雲麓漫鈔：說者謂呂仙嘗到湖之東林，訪沈東老，留詩。既而登東林寺，于壁間以榴皮自畫其像。人初不知，及秦伯陽送舅氏王亨道知湖州詩出，觀者如堵。

林之奇

之奇字少穎，福州侯官人。紹興二十一年進士。尉長汀，召爲校書郎，以病除大宗正丞，提舉

本路市舶，再任本路參議官，終朝奉郎。有拙齋集。

新晴山月 曰瑄按：宋文鑑作文同。

高松漏疎月，落影如畫地。徘徊愛其下，夜久不能寐。怯風池荷卷，病雨山果墜。誰伴余苦吟，滿林啼絡緯。

江月圖

冥冥一月輪，不知水與天。獨于灝氣中，仰見素璧圓。超然狂道士，起視清夜闌。自拈白玉笛，吹此江月寒。想當萬籟息，逸響流空烟。我從江海來，形留意先還。何當買漁艖，追此水月仙。

早春偶題

寒風淅瀝鳴枯葦，小鴨熏殘猶未起。更教細雨結輕寒，坐聽蕭蕭打窗紙。石盆春蒲已抽翠，雕斛栽花未生紫。擁爐閉閣賦幽香，未怕春冰生硯水。以上拙齋集

黄巨澄

巨澄，餘姚人。紹興二十一年進士。官吏部侍郎。

登四明山

會稽東南秀，四明名更佳。蜿蜒三百里，慘淡青蓮花。伊昔天地初，山川始萌芽。六丁運神斧，斲削如人家。四牖遺古制，玲瓏吐雲霞。側聞劉樊徒，于此鍊丹砂。耕烟種青穤，結實大如瓜。揮手謝衆士，

身登鳳凰車。至今石窗底，青天守龍蛇。玉女四五人，緑髮垂鬖髿。時來聽潺湲，意態靜不譁。我夜闖其旁，月黑星如麻。顧慙無靈氣，悵望空咨嗟。姚江逸詩

宋詩紀事卷五十一

錢唐 厲鶚 輯
錢唐 葉世紀 勘定

張孝祥

孝祥字安國，歷陽烏江人。紹興二十四年，廷試第一。孝宗朝，累遷中書舍人，直學士院，領建康留守。尋以荆南湖北路安撫使請祠，進顯謨閣直學士致仕，卒。有于湖集。

題定山寺 時年十六歲

蹇驢夜入定山寺，古屋貯月松風淸。正聞挂塔一鈴語，不見撞鐘千指迎。

題夏氏莊

平湖漠漠雨霏霏，壓水人家燕子飛。欲向湖東問春色，杏花無數點春衣。以上于湖殘藁

賀郊祀慶成

漢統千齡接，虞衡七政齊。德馨天自顯，容備古猶稽。輿衞鉤陳北，衣冠觀闕西。雨先淸道蹕，寒避禮神圭。方士朝仙仗，宫垣挾御隄。廟芝楹疊璧，帝樂宇連奎。虚次尤祗慄，懷親極慘悽。珠旒依玉色，蘭炬映璇題。兩相初扶翼，崇壇六降隮。高靈森欲墮，諸福應如攜。燎夜壇三燭，淩霜甲萬犀。宗燔申寶酌，祕檢護金泥。奉引星辰爛，旋歸錦繡迷。端門臨五鳳，步輦駐雙霓。日照雲裳委，風含綵簋低。和聲翔四表，嘉澤浸羣黎。盛事眞寥廓，微生荷獎提。侍祠叨執爵，著籍繆通閨。巽讓何其報，孤忠誓

不睽。裁詩獨愁晚，猶得並鳧鷖。

椰子酒榼

矮胡生南方，託家碧山崖。採擇供貢篚，扶持上天街。媿此愿慤姿，欲售久未諧。道傍麴先生，風味固自佳。逢渠卽傾蓋，輸寫能開懷。刮削出光采，規繩去攲衺。金玉豈足貴，膠漆眞吾儕。客來有佳招，二士往必偕。婆娑止坐隅，供饋煩金釵。矮胡雖木強，醇德眞無涯。虛心實其腹，居然外形骸。微物幸見用，棄置理則乖。毛穎有封國，陶匏薦禋柴。大藥起世痾，炮燔及根荄。願子自洗濯，勿受塵埃薶。暇日肯相從，醉經坐高齋。

舟行大雨戲作呈張立之及同行諸公

我船千斛初甚遲，上灘下灘風薄之。百夫撐挽纔得過，水淺舟大行無期。同來賓客笑鈍滯，一葉自買如鳧鷖。驚波急槳亂藻荇，瞬息不見飇車馳。忽然昨夜雷雨作，墨雲頽山風卷壑。龍門春漲魚鼈亂，牛渚宵明鬼神惡。篷翻纜斷泊不得，客只一身無處著。長年叫客強驚起，一浪先掀半船水。囊衣漂盡到巾屨，終夜奔茫沙石裏。我時酣寢殊不覺，但怪颼颼風到耳。起來呼酒自勞苦，水滿涼生差可喜。向來笑者今卻悲，人生淹迷那能知。明朝轉舵我船快，喚客同船莫嫌隘。以上合璧事類外集

贈滕使君

千騎東方白玉鑣，十眉環坐紫檀槽。安南都護來鼇禁，建武將軍握豹韜。瘴雨蠻烟驚鼓角，朔雲邊雪滿旌旄。夕烽不到甘泉殿，尺一徵還近赭袍。

贈甘法曹

北岳仙人汗漫遊，斯文曾到海邊州。誰憐詩禮甘公子，牢落青衫到白頭。以上合璧事類後集

可賦軒 在西湖寶林院

光明獵獵上烏巾，不那西湖爛漫春。借我繩牀對修竹，爲君一洗輭紅塵。咸淳臨安志

東坡

繫船著西日，曳杖到東坡。暗井蛙成部，荒祠鳥作窠。老仙騎鶴去，稚子飯牛歌。興廢何須問，斯文自不磨。方輿勝覽

玉淵亭

靈源直上與天通，借路來從五老峯。試向闌干敲拄杖，爲君喚起玉淵龍。

方輿勝覽：亭在廬山棲賢寺門外，澗中白石不以數計，如臥羊，故曰玉淵。張安國書二字，仍作詩。

萬杉寺

老榦參天一萬株，廬山佳處著浮圖。祇今買斷山中景，破費神龍百斛珠。

桯史：王阮偕張紫微游廬山萬杉寺，紫微大書二章。阮憮然曰：「先生氣吞虹霓，今少卑之，何也？」别去兩旬，而得湖陰之訃，紫微于此絶筆。

題蔡濟所摹御府米帖

生前官職但執戟，身後一字萬金直。當時雷電下收拾，世間不復有遺逸。整整十卷字尤溼，光采激射

海爲立。平生我亦有書癖，對此㦬怳心若失。口呿汗下屢太息，十日把玩不得食。作牋天公拜稽首，乞我此老生時一雙手，爲君痛飲百斛酒。墨池如江筆如帚，一掃萬字不停肘。後村詩話

浯溪中興頌　在永州祁陽縣

繡綳兒啼思塞酥，重牀燎香驅羣胡。黃裙錦韤無尋處，一夜驚眠搖帳柱。朔方天子神爲謀，三郎歸來長慶樓。樓前拜舞作奇祟，中興之功不贖罪。日光玉潔十丈碑，蛟龍盤拏與天齊。北望神京淚雙落，只今何人老文學。浯溪集

元風洞　在桂林七星山，陰風襲人，凛如冰雪。

山入烏蠻連越嶲，天開斗野對珠宮。應憐桂海長炎熱，乞與清涼萬竅風。桂林府志

張堅

堅，鎮江人。紹興二十四年進士。

鶴廟松　聞采茯苓者傷其根，遂枯其半。

誰種飛仙百丈梯，風摧雨折昔人非。憑誰寄語楊員外，留取孫枝待令威。茅山志

虞允文

允文字彬甫，隆州仁壽人。紹興二十四年進士。累除中書舍人，直學士院。被命犒師，立功采石。乾道中，歷左丞相、同中書門下平章事，兼樞密使，封雍國公，以少保宣撫四川。卒贈太傅，謚忠肅。有集。鶚按：咸淳臨安志：紹興二十四年張孝祥牓，無二十三年牓，宋史誤也，今訂正。

過瀘江亭

映水林巒影顚倒，濟川舟檝勢峥嶸。東行萬里欲乘輿，更待一篙春水生。全蜀藝文志

錢良臣

良臣字友魏，華亭人。紹興二十四年進士。孝宗朝，拜參知政事，罷知鎭江。

顧野王讀書堆

伊昔邊烽備不虞，太平移作梵王居。而今江表全無事，借我三椽更讀書。松江府志

梁安世

安世字次張，括蒼人。紹興二十四年進士。淳熙中，桂林轉運使。有遠堂集。

石芥

擷根山石貯瓶罌，桂後緘題見者頳。風味莫嫌無醖藉，杯柈也解作聰明。覼言嘖嘖傳心事，搔首躊躕散宿酲。最是徂徠明道地，至今姦膽亦魂驚。蘆浦筆記

秦碑一紙并古詩呈王梅溪太守

公生博物好奇古，勸我搜求秦望碑。我來稽陰且三載，夢寐絕頂雲俱馳。事非近代問父老，鼻祖已來猶不知。或云其山多虎狼，囷湫鰐井蟠蛟螭。魍魎木客忌人到，陰霾賊霧迷羊歧。樵夫懸磴懼失勢，一落萬丈誰能支。吾意此如鍾乳穴，民昔畏擾相譸欺。曩時山東之眾石，磅礴入海無津涯。固知秦人遊戲餘，非民之利寧一時。暇日登臨雲門寺，僧曰若耶溪上奇。山曰何山勢最峻，丹鶴夜宿天孫枝。南

望天台西錢唐，下覷峯岫如羣兒。李斯篆書眞刻本，昔人避亂此見之。裹糧遂偕墨工往，扳崖貫木如鹿麋。舉觴酹酒山之神，千古呵護煩神司。銷鑠僅存三尺許，龜趺就鑿山石爲。剜苔剔蘚隨手剝，面節背角摧霜皮。老龍脱甲蛇解蜕，鋪紙拭墨漫披離。收藏入袖恍若失，遐想往昔還嗟咨。我聞太古功德盛，鋪寫不盡乾坤儀。詩書紙上自不朽，金石還有磨滅期。秦皇不慕仁義業，直謂堯舜猶瑕疵。焚書欲蓋前代美，寧聞伏生傳有頤。後生不廢丞相書，歌頌雖在皆浮辭。惜哉此紙無一畫，欲記存亡人應嗤。他年好事繼追訪，姑願首尾觀吾詩。雲門集

雙溪

春霖漲合兩溪平，雪浪中浮桑柘青。南市喚船撐未到，一番蓑笠滿津亭。金華府志

句

蕃馬步銜青苜蓿，羌兒卧唱白銅鞮。吹劍錄

何　異

異字同叔，號月湖，崇仁人。紹興二十四年進士。累擢監察御史，遷右正言。寧宗朝，歷刑部侍郎，權工部尚書，以寶謨閣學士致仕。

一犂春雨圖

負郭先疇二頃餘，飽看雨後著耕夫。輭紅塵裏家山夢，卻就君家閲畫圖。詩家鼎臠

題李國博東園

東園吟思玉蟾清，園客開門古意生。冰硯雲燈深洞宇，春花秋草舊宮城。入藏密樹尋聲見，鷺下寒池照影驚。三十分司泉石主，馬蹄塵外得聞名。

章少機建小閣用陳伯強韻

樓居草草假三間，便覺星辰手可攀。最喜坐中先得月，不妨睡處也看山。林疎啼鳥秋彈曲，天闊飛鴻曉捲班。對鏡清吟無限好，典衣舊債幾時還。以上瀛奎律髓

句

天近風轉清，地高日難晚。

賓退錄：何月湖尙書少時登高峯壇，有句云云。林黄中侍郎見之，即知其異日必貴且壽。

范端臣

端臣字元卿，蘭溪人，浚從子。紹興二十四年進士。累官中書舍人、右史。有文集。

題小三洞石磴

短筞將我影，照盡山前溪。夤緣入風磴，歷覽窮攀躋。不須藉梧桐，自倚青冥梯。金華府志

范成大

成大字致能，號石湖居士，吳郡人。紹興二十四年進士。孝宗時，累官權吏部尙書，拜參知政事，進資政殿學士，提舉洞霄宮。卒謚文穆。有石湖集。

楊誠齋序：大篇決流，短章斂芒；縟而不釀，縮而不窘。清新嫵媚，奄有鮑謝；奔逸雋偉，窮追太白。求其隻字之

陳陳，一唱之嗚嗚，不可得也。

齊東野語：文穆范公成大，晚歲卜築于吳郡盤門外十里，蓋因闔閭所築越來溪故城之基，隨地高下，而爲亭榭。所植皆名花，而梅尤多，別築農圃堂，對楞伽山，臨石湖，蓋太湖之一派，范蠡所從入五湖者也。孝皇嘗御書石湖二大字以賜之。公作上梁文，所云吳波萬頃，偶維風雨之舟，越戍千年，因築湖山之觀是也。又有北山堂、千巖觀、鏡閣、壽櫟堂，他亭宇尤多。一時名人勝士，篇章賦詠，莫不極鋪張之美。

州橋　南望朱雀門，北望宣德樓，皆御路也。

州橋南北是天街，父老年年等駕迴。忍淚失聲詢使者，幾時眞有六軍來。

市街　京師諸市皆荒索，僅有人居。

梳行訛雜馬行殘，藥市蕭騷土市寒。惆悵軟紅佳麗地，黃沙如雨撲征鞍。

金水河　在舊封丘門外，河中多大石，皆艮嶽所隤。

菜市橋西一水環，宮牆依舊俯清灣。誰憐磊磊河中石，曾上君王萬歲山。

欒城　縣極草草，伴使怒頓餐不精，欲撈縣令，跪告移時，方免。

頹垣破屋古城邊，客傳蕭寒爨不烟。明府牙緋危受杖，欒城風物一凄然。

出塞路　安肅北門外大道，容數車方軌。

當年玉帛聘遼陽，出塞曾歌此路長。漢節重尋舊車轍，插天猶有萬垂楊。

琉璃河　又名劉李河，在涿州北三十里，極清泚，茂林環之，尤多鴛鴦，千百爲羣。

烟林葱蒨帶回塘，橋眼驚人失匯鄉。健起褰帷揩病眼，琉璃河上看鴛鴦。此河大中祥符間路振乘軺錄亦謂琉璃河。惟嘉祐中宋敏求入番錄乃謂之六里河。

灰洞 在涿北燕南之間，兩旁皆高岡，無風，而路極狹，塵土坌積，咫尺不辨人物。

塞北風沙漲帽簷，路經灰洞十分添。據鞍莫問塵多少，馬耳冥濛不見尖。

會同館 燕山客館也。授館之明日，守吏微言，有議留使人者。

萬里孤臣致命秋，此身何止一漚浮。提攜漢節同生死，休問羝羊解乳不。遼人館本朝使，已謂之會同館。

挽王提刑彥光

喻蜀三年戍，還吳萬里船。雲歸雙節後，雪白短檠前。百世春秋傳，一墟陽羨田。浮生如此了，何必更淩煙。

日者悲離索，公乎又杳冥。門人辨韓集，子舍得韋經。此去念築室，空來聞過庭。路遙人不見，千古泣松銘。

中吳紀聞：王葆字彥光，崑山人，擢宣和甲辰第。紹興中，除監察御史，出知漢州，移浙東提刑，歸鄉，卒。其學長于春秋，著集傳十五卷，備論兩卷。姪彥嘉登第，彥光監裁甚精。今參政周公初登第，愛其博洽，納之爲壻；壽卽榮遇。參政范公挽詩云。

丁酉重九藥市呈坐客

莫向登臨怨落暉，自緣羇宦阻歸期。年來厭把三邊酒，此去休哦萬里詩。烏帽不辭攲短髮，黃花終是

欠東籬。若無合坐揮毫健，誰嗣西風楚客悲。以上石湖詩集

澄懷錄：范石湖云：「淳熙己亥重九，與客自閶門汎舟，徑横塘，宿霧一白，垂垂欲雨。至綵雲橋，氛翳豁然，晴日滿空，風景閑美，無不與人意會。四郊刈熟，露積如綠垣。田家婦子，著新衣，略有節物。挂帆遡越來溪，潦收淵澄，如行玻瓈地上，菱花雖瘦，尚可采擷。檥櫂石湖，扣柴荆，坐千巖觀下菊叢中，大金錢一種，已爛漫穠香。正午，薰入酒杯，不待轟飲，已有醉意。其傍丹桂二畝，皆盛開，多欒枝，芳氣尤不可耐。攜壺度石梁，登姑蘇後臺，躋攀勇往，謝去巾輿筇枝，石稜草滑，皆若飛步。山頂正平，有坳堂，蘚石可列坐，相傳爲吳故宮閑臺別館所在。其前湖光接松陵，獨見孤塔之尖。少北，墨點一螺，爲崑山。其後西山競秀，縈青叢碧，與洞庭林屋相賓。大約目力踰百里，具登高臨遠之勝。始余使虜，是日過燕山館，嘗賦水調，首句云『萬里漢家使』。後每自和，桂林云『萬里漢都護』；成都云『萬里橋邊客』。明年，徘徊藥市中，頗款倦游，不復再賦，但有詩云云。今年幸甚，獲歸故園，偕鄰曲二三子醻酢佳節于鄉山之上，乃復用舊韻，首句云：『萬里吳船泊，歸訪菊籬秋。』」

致爽軒 在永康軍

夕陽塵外漲郊墟，六六峯頭夢覺餘。竹色喚人來下馬，亂蟬深處有圖書。方輿勝覽

馬大同

大同字會叔，嚴州人。紹興二十四年進士。歷官戶部侍郎。

提刑少卿嚴陵馬大同以職事循行過九嶷謁舜祠下而祠宇圮甚顧瞻慨歎乃留錢百千屬邑尉鄒安道爲之繕葺因賦小詩聊序一時之勝云淳熙癸卯冬至前一日

帝德于今祀萬年，如何遺像託疎椽。憑誰爲假丹青手，付與梅仙十萬錢。九疑山志

甄龍友

龍友字雲卿，永嘉人，遷樂淸。紹興二十四年進士。官至國子監簿。

觀洞庭

風定澄空氣渾然，恍疑太極未分前。祇因有浪知爲水，若遇無風卽是天。舊說君山張帝樂，新聞老木識飛仙。而今大洞黄庭客，又看題詩紀歲年。東甌詩集

徐夢莘

夢莘字商老，臨江人。紹興二十四年進士。紹熙中，爲荊湖北路安撫司參議官。著三朝北盟會編，除直祕閣。

江西鄉人同仕廣右者十有二李蹊成叔、郭有遯充誠、潘脩文叔、李石韞玉、徐夢莘商老、王璪李文、張坦明仲、蔡誂子羽、陳公璟師宋、魏沐蕢父、王思詠詠之、孟浩養正。淳熙重光赤奮若仲秋中澣講鄉會于湘南樓過彈子巖

吾儕生江南，遠近且鄰鄉。一官皆爲貧，餬口走四方。遇合良獨難，動如參與商。誰知自有時，朋盍聚炎荒。外臺參計畫，幕府佐紀綱。出宰得壯縣，司敎涖郡庠。曹掾勝三語，簿領眞仇香。不止似人喜，頓覺吾輩張。合坐尊序齒，避席敬行觴。宕洞縱登覽，杖屨倍徜徉。棋矢以相娛，嘯歌情意長。舉酒起祝規，愛我藥石良。古人尙植立，君子道其常。平生學忠孝，餘力從文章。臨節不可奪，當官有何強。窮乃見節義，老當志彌剛。鴻鵠在寥廓，騏驥終騰驤。願言各勉旃，富貴無相忘。桂勝

楊萬里

萬里字廷秀，吉水人。紹興二十四年進士。光宗朝，歷祕書監，出爲江東轉運副使；再召，皆辭。寧宗朝，以寶謨閣學士致仕。卒謚文節。有誠齋集。

周益公題跋：誠齋大篇短章，七步而成，一字不改，皆掃千軍、倒三峽、穿天心、透月脇之語。至于狀物姿態，寫人情意，則鋪敍纖悉，曲盡其妙，筆端有口，句中有眼。

困學紀聞：誠齋讀貞觀政要云：「拔士新豐逆旅中，懷賢鴨綠水波東。酒傾一斗鳶肩客，醋設三杯羊鼻公。」羊鼻公，謂魏鄭公，見龍城錄。

觀太平寺畫水長句

太平古寺劫灰餘，夕陽惟照一塔孤。得得來看還不樂，竹莖荒處破殿虛。偶逢老僧聽僧話，道是壁間留古畫。徐生絕筆今百年，祖師相傳妙天下。壁如雪色一丈許，徐生畫水纔盈堵。橫看側看只麼是，分明是畫不是水。中有清濟一線波，橫貫萬里濁浪之黃河。雷奔電卷儘渠猛，獨清元自不隨他。波痕盡處忽掀怒，攪動一河秋水暮。分明是水不是畫，老眼向來元自誤。佛廬化作金柁樓，銀山雪堆風打頭。是身飄然在中流，奪得太一蓮葉舟。僧言此畫難再覓，官歸江西卻相憶。并州剪刀剪不得，鵝溪匹絹官莫惜。

費袞梁溪漫志：吾州太平寺，郡人徐友畫清濟貫河，一筆紆遶，長數十丈不斷。卻立而觀，濤瀾洶湧，目爲之眩。仰首近之，凜然若飛流之濺于面也。楊誠齋爲太守，爲賦長句。

游豐湖

三處西湖一色秋，錢塘潁水更羅浮。東坡元是西湖長，不到羅浮便得休？

梁溪漫志：杭、潁皆有西湖，東坡連鎮二州，故表謝云：「入參兩禁，每玷北扉之榮；出典二邦，輒爲西湖之長。」晚謫惠州，州有豐湖，亦名西湖。淳熙中，楊祕監使廣東過之，賦詩云云。

寄陸放翁

君居東浙我江西，鏡裏新添幾縷絲。花落六回疎信息，月明千里兩相思。不應李杜翻鯨海，更羨夔龍集鳳池。道是樊川輕薄殺，猶將萬戶比千詩。

鶴林玉露：放翁晚年爲韓平原作南園記，除從官。楊誠齋寄詩云云，蓋切磋之也。然南園記唯勉以忠獻之事業，實無諛辭。

題牧牛亭秦太師墓

函關只有一穰侯，瀛館寧無再帝丘。天極八重心未死，台星三點坼方休。只看壁後新亭策，恐作移中屬國羞。今日牛羊上丘隴，不知丞相更瞋不？自注：秦暮年起大獄，必殺張德遠、胡邦衡等五十餘人，不知諸公殺盡，將欲何爲？奏垂上而卒，故有新亭之句。然初節似蘇子卿而晚謬。

桯史：金陵牧牛亭，秦氏之丘隴在焉，楊誠齋嘗題詩壁間云云。檜墓前豫碑，宸翰在焉，有其額而無其辭，臥一石草間。曰：「當時將以求文，莫之肯爲。」檜在虜，撻嬾縱之逃歸，不知何以似子卿也？

明發南屏

新晴在在野花香，過雨迢迢沙路長。兩度立朝今結局，一生行客老還鄉。猶嫌數騎傳書札，賸喜千峯入肺腸。到得前頭上船處，莫將白髮照滄浪。以上誠齋集

鶴林玉露：孝宗朝，誠齋爲祕書監，論高宗配享，出守高安。其去國時詩云云，可謂無幾微見于顔面矣。

過楚州淮陰侯廟

鴻溝祇道萬夫雄，雲夢何銷武士功。九死不分天下鼎，一生還負室前鐘。古來犬斃愁無蓋，此後禽空悔作弓。兵火荒餘非舊廟，三間破屋兩株松。

桯史：音節悲壯，倫擬抑揚，徧壁間殆無繼者。

惠迪

迪字楙吉，宜興人。紹興二十四年進士。官大理司直，改國子博士。

婆餅焦

夢破一聲婆餅焦，吳音未穩帶春嬌。不禁風力遙飛去，卻引餘音過別條。前賢小集拾遺

句

小屋牽蘿補，高軒偃蓋過。

孫覿惠公墓誌云：楙吉少時，治一室，讀書其中，予過賦小詩，楙吉和答云云，予讀之驚歎。

王十朋　毛虞卿

十朋字龜齡，樂清人。紹興二十七年，進士第一。孝宗朝，累遷起居舍人，侍御史，改吏部侍

郎，歷四郡守，以龍圖閣學士致仕。卒諡忠文。有梅溪集。

劉珙序云：公平居無所嗜好，顧喜爲詩，渾厚質直，懇惻條暢，如其爲人。

會稽秦頌德碑丞相李斯篆世傳在秦望山莫知所在教授莫君好奇嗜古搜訪尤力有言碑在何山者莫以語某何山見于圖經在秦望東南疑其眞秦望也某欣然欲往職有所拘以告會稽梁尉慨然而行登山果見之碑石僅存字磨滅已盡墨片紙而還作古風長韻具記始末因次其韻且記吾三人好事之癖亦以示後人也

姬嬴遺蹟存者稀，世傳石鼓稽山碑。石鼓揄揚得韓子，文與二雅爭驅馳。秦碑誇大頌功德，埋沒草莽無人知。或言山頂石猶在，上有虎豹龍蛇螭。神藏鬼護荆棘蔽，崖懸磴絶登無歧。廣文好奇探禹穴，梅仙好事尋僧支。我贊其行要親覩，勿受世俗流傳欺。望秦秦望兩嶄絶，何山壁立東南涯。豐碑屹植最高處，不知磨滅從何時。剔苔掃墨了無有，模糊片紙亦足奇。濃雲靆靆黯將雨，古木槎枒蟠老枝。歸來走筆出險語，訶叱政斯同小兒。詩成得得寫寄我，辭嚴意偉法退之。我聞秦人滅六國，酷若犬傑臨海麋。先王法爲秦所負，負秦況有秦有司。五經灰飛儒濺血，堯舜周孔何能爲。上蔡獵師妙小篆，奴視俗體徒肥皮。東封泰山南入越，大書深刻光陸離。沙丘風腥人事變，鬼飢族赤誰嗟咨？漢興萬事一掃去，惟有篆刻餘刑儀。磨厓欲作不朽計，其如曆數不及期。蚩尤五兵□漆器，人物美惡能相疵。我雖過秦愛遺畫，南山入望頻支頤。不須嶧陽訪棗刻，不用還史觀雄辭。虛堂默坐對此紙，閉眼暗想君勿嗤。要知秦碑沒字本，卻類周雅無辭詩。

悼張安國舍人

天上張公子，少年觀國光。高名一枝桂，遺愛六州棠。出世纔成佛，修文遽作郎。長沙屈賈誼，宣室竟淒涼。

悼亡

燕寢焚香老病身，細君相對坐如賓。而今一榻維摩室，唯與無言法喜親。

偕老相期未及期，回頭人事已成非。逢春尚擬風光轉，過眼忽驚花片飛。

東屯

少陵別業古東屯，一飯遺忠甽畝存。我輩月叨官九斗，須知粒粒是君恩。

方輿勝覽：東屯有青苗陂，杜詩云：「東屯稻田一百頃，北有澗水通青苗。晴浴狎鷗分處處，雨隨神女下朝朝。」又云：「東屯復瀼西，一種住青溪。」東屯之田，可得百許頃，稻米爲蜀第一。郡給諸官俸廩，以高下爲差，帥漕月得九斗，故王詩云云。

初至泉州示七邑宰

九重天子愛民深，令尹宜懷惻隱心。今日黃堂一杯酒，使君端爲庶民斟。

十日同知宗提舶游九日山延福寺

十日同登九日山，山中好處略躋攀。桑田改變松猶在，車馬往來僧自閑。昨日風應吹紫帽，今朝菊已帶衰顏。登臨稍愜南來意，好逐飛飛倦鳥還。

和韻題秦隱君系故居

山中高韻欲逃名，不謂名隨隱處成。鑿石一泓詩數首，也曾攻破五言城。

夜聽雙瀑同劉方叔毛虞卿聯句

夜聽雙瀑喧，遥聞疑雨來。澗壑生清風，襟宇捐纖埃。龜齡 飛鳴撼半空，暗想飄瓊瑰。前覩阻步屧，側耳成徘徊。虞卿 蕭然山館間，此與何悠哉。子晉不復見，月白空簫臺。方叔 以上梅溪集

王孝子詩

臣子大節孝與忠，父母仇讐天下同。賢哉會稽王孝子，感慨有古烈士風。松楸一夕盜破冢，親獲鼠輩聞之公。有司守法貸其命，孝子銜恨無終窮。誰謂書生膽如許，貌若尫羸中甚武。手斬凶人提髑髏，請死伸冤詣公府。君不見齊襄內行世所羞，春秋賢之緣復讎。又不見子胥鞭屍報父怨，太史爲之作佳傳。君今枕戈志已伸，更須移孝爲忠臣。他年當作傳介子，誓斬樓蘭雪國恥。

梅磵詩話：王公袞吉老，會稽山陰人。紹興甲戌，登進士第，仕至左司郎中。盜劫其母墓，成獄，盜不死，吉老手殺之，詣州自言。兄宣子，請納所居官，以贖其罪。時梅溪王公十朋爲簽幕，賦詩以美之。

吴已正

已正，溫州人。

句

舉頭不忍看王十，回面猶欣見李三。

二老堂詩話：紹興二十七年，御筵進士四百二十六人，溫州王十朋爲之首，其鄉人吳巳正綴末。特奏狀元之後，則福州李三英例賜出身，附名正奏之後。巳正有詩云云。

何德獻

德獻，官饒州提點。

送王龜齡自饒州遷夔州饒人遮道挽留公易轎由間道而去

斷橋截鐙亦堪憐，始信林間別有天。微見兵機第一義，朱轓暫席廣文氈。梅溪文集附

趙十朋

十朋，台之黃巖人。紹興間隱士。

絕句

四枚豚犬教知書，二頃良田儘有餘。魯酒三杯棊一局，客來渾不問親疏。

見王梅溪集後，梅溪和之云：「薄有田園種斗升，兩兒傳授讀書燈。客來一局三杯酒，王十朋如趙十朋。」

姜大呂

大呂字渭叟，王梅溪之友。

懷王龜齡

左原消息杳無聞，令我愁懷似亂雲。多病廢詩兼廢酒，青春孤我亦孤君。要同學問文章樂，無奈東西南北分。況是一簷殘雨後，落花飛絮兩紛紛。王梅溪集附

劉鎮

鎮字方叔。紹興間人，登戊辰科。與王梅溪十朋游。有待評集，梅溪爲序，今不傳。

書王龜齡述恨詩後

山北山南春雨足，漠漠柔桑秀如沃。儂家荆婦幾時歸，西疇獨自驅黄犢。王詩有「剩栽桑柘敎妻蠶」之句。梅溪集附

唐立夫

以日者命狀寄王龜齡

試把流年子細看，休將蠖屈比鵬摶。渠家大有回天力，不易區區作好官。王梅溪集附

孫皜

皜字子尙，開封人。紹興間，家于會稽，與王十朋友善。

往浙西別王龜齡

中原回首尙胡塵，世事徒驚日月新。羇旅不堪頻作別，壯懷雖在已甘貧。南來求友傳三益，西去論心有幾人。別後夢魂何處是？祇應來往愼江濱。王梅溪文集附

王秬

秬字嘉叟，安中孫，寓居泉南。紹興間，官至刑部侍郎。

題王龜齡詹事祠堂

當時孤論偶相同，終始知心每媿公。纔見安車延綺季，遽嗟石室祀文翁。百年公議分明在，一餉紛華究竟空。白髮舊交衰甚矣，尙能留面對高風。自注：始予與龜齡別，嘗謂：「吾輩會合不可常，但令常留面目，異時可復相見。」龜齡再三擊節。後一見，必誦此言。貴耳集

句

柳色知春淺，鐘聲覺寺深。避虎連村靜，分魚一市腥。後村詩話

聞人符

符，嘉興人。紹興二十七年進士。餘杭尉。

題清習閣

清曉捲書坐，開簾揖遠峯。膩雲留宿潤，膏雨沐春容。世味生來薄，詩愁晚更濃。溪山看未足，還聽暮樓鐘。咸淳臨安志

劉清之

清之字子澄，臨江人。紹興二十七年進士。累官知衡州。

洞霄宮

青山鎖斷紅塵路，石柱干霄藏洞府。老蛟據窟不可窺，千古流泉替渠舞。眞墟容我輒躋扳，心曠方知白日閑。飛仙一去忽已遠，坐對松梢雲往還。洞霄詩集

洞庭湖

天孫歲晚會湘靈，倒瀉銀河合洞庭。上下天光唯一白，中間山色不多青。荆潭萬里收塵滓，宇宙連宵失晦明。莫道人間少仙境，詩思酒魄一時醒。岳陽紀勝

遊洪陽洞

朝來拔脚塵埃底，共訪人間小有天。唤醒幾年朱墨夢，胸中丘壑故依然。袁州府志

李南金

南金字晉卿，自號三谿冰雪翁，樂平人。紹興二十七年進士。光化軍教授。

江頭吟

兒時盛氣高于山，不信壯士有飢寒。如今一杯零落酒，風雨蝕盡征袍單。側立崑奴面鐵色，楚客不言未吹笛。關山有月無人聲，自是江頭潴花發。潴花春少未得妍，凝立青山圍水天。杜鵑故態不識事，盡情叫入青楓烟。壯士未握邊頭槊，旄頭如月幾時落。如今世界不愛賢，看取清風白雲角。嗚呼一歌兮歌已怨，壺中無酒可續嘯。

鶴林玉露云：詞旨清婉可愛。

茶聲

砌蟲唧唧萬蟬催，忽有千車捆載來。聽得松風幷澗水，急呼縹色綠瓷杯。

登第後畫師以冠裳寫眞戲題

落魄江湖十二年，布衫闊袖裹風烟。如今各樣新裝束，典卻清狂賣卻顛。

鶴林玉露云：一時戲語，亦自有味。

喻良能

良能，義烏人。紹興二十七年進士。補廣德尉，累遷工部郎官，出知處州，奉祠歸，卒。有香山集。

秋曉野步

幽居邇郊原，出戶目已瞭。閑攜一枝竹，散步及秋曉。寒烟引輕素，澹澹縈木杪。矯首矚層穹，轉盼失飛鳥。野潦淨荒陂，驚飈泛枯篠。世態徒營營，此心殊了了。佳處誰與論，聊用付清醥。

三月二十四日再朝永祐陵

扁舟投曉出重城，春浪初肥綠滿汀。竹裏幾聲泥滑滑，河邊十里草青青。人家桃葉驚飛燕，水面楊花入翠萍。漸近昭陵佳氣集，五雲松柏喜重經。以上義烏縣志

謝諤

諤字昌國，臨江軍新喻人。紹興二十七年進士。孝宗朝，累官監察御史。光宗朝，除御史中丞，權工部尚書，請祠歸，卒。初居縣南竹坡，名其燕坐曰艮齋，人稱艮齋先生。

清常寺

佛廬塵不到，客枕夢頻驚。淅淅山風響，纖纖隙月明。烟雲春漸暖，鐘磬曉逾清。蹤跡奔馳裏，飄浮媿此生。

藷溪

數板小橋横晚晴，兩行古木弄春榮。不知多少夜來雨，水到岸頭渾欲平。

玉山觀

徹明燈火夜堂幽，聽徹絲桐萬慮休。骨冷魂清眠不得，竹風蕭瑟滿庭秋。以上撫州府志

沈清臣

清臣字正卿，鹽官人。紹興二十七年進士。上書貶封州，放還，終祕閣修撰。有晦巖集。

遊道場山

松篁十里緑成谿，短短籃輿入翠微。回首青山已陳迹，隴頭猶見白雲飛。湖州府志

京　鏜

鏜字仲遠，豫章人。紹興二十七年進士。寧宗朝，拜左丞相。卒贈太保，謚莊定。有松坡集。

曹操疑冢

疑冢多留七十餘，謀身自謂永無虞。不知三馬同槽夢，曾爲兒孫遠慮無？中州題詠集

吳　儆

儆字益恭，初名偁，避秀邸諱改名。紹興二十七年，第進士。歷朝散郎，廣南西路安撫使，主管台州崇道觀。卒謚文肅。有竹洲集。

汪叔耕見訪不數日别去惡語爲贈兼簡子用子美二友

負釁得老窮，掃軌事幽屏。跫然羅雀門，有客頎而整。悲歡十年別，尊酒清夜永。妙句時驚人，盈軸肯傾廩。三日語未休，霜寒夢歸省。臨流分別袂，波光照孤影。重念吾故人，雪屋青燈冷。天晴風日佳，何日過鼪徑。石鼎然豆萁，冰葅煮湯餅。

寓郡城客舍熱不可寐與程彥舉坐語達旦

淡月微雲對倚樓，無聲河漢自西流。高城忽起梅花弄，散作晴空萬里秋。以上竹洲集

梁克家

克家字叔子，晉江人。紹興三十年，進士第一。累遷中書舍人。孝宗朝，拜右丞相，封儀國公。卒贈少師，謚文靖。知福州時，嘗修三山志。

賦九月梅花

老菊枯殘九月霜，誰將先煖入東堂。不因造物于人厚，肯放南枝特地香？九鼎燮調端有待，百花羞澀敢言芳。看來冰玉輝相應，好取龍吟播樂章。

梅磵詩話：梁鄭公克家未第時，爲潮州揭陽宰館客，寓縣治東齋，齋前有梅一株，忽于九月中盛開。嶺外梅著花，固早于江浙間，必至冬方有之，邑人殊以爲異，邑士多賦詩，往往詔令君。梁公亦賦一篇云云。明年廷對，魁天下，孝宗朝拜相。

次陳休應烹茗廓然亭見送韻

已行更爲玉泉留，好景煩公傑句收。紫帽峯前雙鷺下，幾多清與滿滄洲。南安縣志

沈瀛

瀛字子壽，湖州人，號竹齋。紹興三十年進士。葉水心云：子壽少入太學，仕宦四十餘年，絀于王官。再入郡，三佐帥幕。其生平業嗜文字，若性命在身，非外物也。

石人 在德清縣南戴巷，邑人呼爲石人頭。

檢點行程歲歲同，石人頭畔且從容。向來奉口溪邊月，此夜乾元寺裏鐘。湖州府志

王質

質字景文，號雪山，鄆州人，寓居興國軍。紹興三十年進士。孝宗朝，爲樞密院編修官，出判荆南府，奉祠山居。有雪山集、紹陶錄。

何處難忘酒

何處難忘酒，英雄太屈蟠。時違聊置畚，運至卽登壇。梁甫吟聲苦，干將寶氣寒。此時無一盞，拍碎玉闌干。貴耳集

東流道中

山高樹多日出遲，食時霧露且霏霏。馬蹄已踏兩郵舍，人家漸開雙竹扉。冬青帀地野蜂亂，蕎麥滿園山雀飛。明朝大江載吾去，萬里天風吹客衣。瀛奎律髓

居句曲山辭 通明

林屋兮峨嵋，岱宗羅浮兮繚之。幅員既長兮無極，杳烟壑兮雲陂。谷高雲深兮矧昭陽穹廬之翻覆，萬春千秋兮句曲。東麓兮南岡，桂椒蕭艾兮同香。滮汧溪兮永碧，岌茵山兮長蒼。紹陶錄

蓋經

經字德常，華亭人。紹興三十年進士。官戶部侍郎。

遊大滌洞天

暇日尋幽入洞霄，攀蘿捫石自忘勞。地環九鎖仙都閟，山倚一峯天柱高。夜靜仙人吹鳳笛，月明帝子下雲旄。佩環寂寂中庭曉，時有胎禽唳九皐。洞霄詩集

王信

信字誠之，處州麗水人。紹興三十年進士。孝宗朝，歷官中書舍人，給事中，出知紹興府。有是齋集。

詠揚州后土祠瓊花

愛奇造物翦瓊瑰，爲鎮靈祠特地栽。事紀揚州千古勝，名傳天下萬花魁。何人折卻依然在，是處移將不肯開。謾說八仙模樣似，八仙那得有香來？處州府志

高文虎

文虎字炳如，餘姚人。紹興三十年進士。寧宗朝，歷中書舍人、翰林學士。

集高亭

山亭十月晏溫朝，倚檻一聲婆餅焦。舌澀力微寒氣早，不成清亮卻成嬌。

入剡詠桂花

溶溶漠漠秋光澹，耿耿寥寥夜色清。不是靈根涵爽氣，如何醞得此香成。以上剡錄

林外

外字豈塵，晉江人。紹興三十年進士。官興化令。有孏窠類稾。

題西湖酒家壁

藥爐丹竈舊生涯，白雲深處是吾家。江城戀酒不歸去，老卻碧桃無限花。

齊東野語：林外詞翰瀟爽，詼譎不羈，飲酒無算。在上庠，暇日獨遊西湖幽寂處，得小旗亭飲焉。外美風姿，角巾羽氅，飄飄然神仙中人也。豫市虎皮錢篋數枚，藏腰間，每出其一。入酒家保，傾倒使視其數，酬酒直，即藏去。酒且盡，復出一篋，傾倒如初。逮暮，所飲幾斗餘，不醉，而篋中錢若循環無窮者，肆人皆驚異之。都下甚傳其酒家肆有神仙至云。

曰璐按：庚溪詩話亦載此詩，以爲必神仙語，不知爲外詩也。陶宗儀又以爲龍川藍喬作，只數字不同。西溪叢話則以爲終南仵磐監青州酒稅題酒樓所作一詩，互異如此。

向豐之

豐之，向后裔。

句

人情甚似吳江冷，世路眞如蜀道難。

湖海新聞：豐之才調極高，貧窶則甚，有句云云。誠齋楊少監奇之。

胡澄

和葉樞相芍藥

鶗鴂一聲春已歸，蝶蜂無計戀花時。筆頭挽得春光住，卻是先生芍藥詩。四朝詩

鍾炤之

炤之字彥昭，樂平人。

句

霖作商巖雨，薰來舜殿風。

夷堅志：鍾炤之長于詞賦，紹興己卯，春夜讀書窗下，聞有哦句于外云云。至秋試，以膏澤爲豐年詩，鍾押豐字韻，用此兩句入第五聯，考官稱歎，竟置高第。

謝處厚

紀事

誰把杭州曲子謳，荷花十里桂三秋。那知卉木無情物，牽動長江萬里愁。

劉一清錢塘遺事：孫何帥錢唐，柳耆卿作望海潮詞贈之，有「三秋桂子，十里荷花」之句。此詞流播，金主亮聞之，欣然起投鞭渡江之志。謝處厚詩云云。予謂此詞雖牽動長江之愁，然湖山之清麗，使士大夫流連于歌舞嬉游之

槃，遂忘中原，是則深可恨耳！」

林宋偉

宋偉字力叟，號橘園。

題忠毅姚公廟

赤心許國自平時，見敵捐軀更不疑。權忌皋庸皆遁走，同時死難只青獅。青獅，乃姚馬名，每親飼之，若通其語言。時取斗酒投大盆中，與馬同飲，曰：「吾與汝同力報國。」竟與馬同死。

農父犁田出寶刀，銅花浸血冷侵毛。神鋒凜凜衝星斗，未許豐城劍氣高。耕者得姚所用大刀，重六十斤。

歲歲烝嘗九月期，西風笳鼓萬人悲。山邊走馬神旗閃，遙望君侯復下來。軍民每當重九侯生日，集祠下祭酹，往往見飛騎來遶山，謂太尉來降。

兩日經行舊戰場，卻來祠下謁堂堂。偷生諸將今何在？萬古英靈獨耿光。

梅礀詩話：紹興辛巳之冬，金主亮傾國入寇，如林之族充塞淮甸。尉子橋之戰，大將王權先遁，統領姚興獨以所部四百騎當虜六十萬，自辰至午，凡十戰，斃數百人。虜相謂曰：「使更數人如此，吾曹何可當？」權不遣一卒援，部將戴皋亦玩視不救，興竟沒于陣。朝廷憫其忠，厚加恤典，謚以忠毅，立廟淮甸，迨今血食。橘園林宋偉力叟題四絕于廟。

婁乾德

潺湲閣 在袁州仰山廟右廡下

一派泠泠遶檻淸，塵襟洗滌自涼生。夜深好夢纔驚破，疑是半天風雨聲。方輿勝覽

鄒杞

杞，廬山人。

游洞霄宫

天柱古名山，形勢友列嶽。神人巢其巔，咳唾半天落。白晝見雲旗，淸夜聞笙鶴。花源或流虹，仙禽猶擣藥。長歌不可見，淸風灑寥廓。洞霄詩集

寇元德

登岳陽樓

城頭雲氣壓層樓，城下江聲送客舟。天岳一峯靑卓玉，洞庭千頃遠涵秋。繁華今古饒中土，形勢東南有此州。我欲浮家陵浩渺，不妨吟釣伴沙鷗。岳陽樓詩集

劉度

度，紹興中祕書省校書郎。

挽郭彥鄒

孝友追前輩，雍容具典刑。人榮老萊服，天隕少微星。玉潤聯三傑，金籯擅一經。平生塾巾操，不媿伯恭銘。石洞遺芳集

陳良祐

良祐，紹興中樞密院編修官。

挽郭丈彥鄰

誰起相如疾，空悲武子亡。平生有高志，屬意在諸郎。夢斷駒過隙，風高雁折行。莫陪千乘送，妙選媿東牀。石洞遺芳集

左璵

璵字次琰，黄巖人，緯子。紹興中特科。

題馬世功豁野堂

歡言赴幽期，作意理烟艇。曳纜松篁陰，未覺心地迥。捨舟登爽塏，微步水雲淨。扶輿登斯堂，遐眺方一騁。開軒納野色，秋思浩千頃。心隨片雲遠，目送孤鴻影。坐久襟宇寬，萬事詎容省。永願陪清游，棲身白鷗境。黄巖英氣

馮楫

楫字濟川。紹興中知邛州，龍門遠禪師法嗣。

自詠

公事餘閑喜坐禪，少曾將脇到牀眠。雖然現出宰官相，長老之名四海傳。五燈會元

陸升之

升之，山陰人。

皇后閤春帖子

內仗朝初退，朝曦滿翠屛。硯池渾不凍，端爲寫蘭亭。桑世昌蘭亭考：憲聖慈烈吳太后居中宫時，嘗臨蘭亭，山陰陸升之代劉珙春帖子云云，刻石吳琚家。

王嵎

嵎字季夷，北海人。紹、淳間名士，寓居吳興。陸務觀與之厚善。有北海集。

登更好堂同景思少卿表丈韻

萬里同行一瘦筇，撥雲問水有先容。更窮天姥投南路，已過台山第幾重。自此又隨雙澗月，何妨曾聽五峯鐘。卻從更好堂前望，滿眼詩材思不供。吳興藝文補

宋詩紀事卷五十二

錢唐 厲鶚 輯
仁和 趙世鴻 勘定

呂及之

及之字周輔，成都人。

梅林分韻得愛字 并序

紹興庚辰十二月既望，縉雲馮時行從諸朋舊，凡十有五人，攜酒具，出西梅林。林本王建梅苑，樹老，其大可庇一畝，中間風雨剝裂，仆地上，屈盤如龍，孫枝叢生直上，尤怪古者凡三四。酒行，以「舊時愛酒陶彭澤，今作梅花樹下僧」爲韻，分題賦詩。客既占韻，立者倚樹，行者環繞，仰者承瓣，頫者拾英，吟態不一，皆可圖畫。是行也，余被命造朝，行事薄遽，重以大府衣冠謁報，主人饋勞，酬對犇馳，形神爲之俱敝。諸公導以斯游，江流如碧玉，平野秀潤，竹塢桑疇，連延彌望。十十五五，籬落雞犬，比閭相親，不愁不嗟。余散策其間，蓋不知向之疲薾厭苦所在也。昔人謀于野則獲，閑暇清曠，有爽于精神思慮，游不可廢如此哉！又況所與游皆西州名俊喜事者耶？詩成，次第不以長少，以所得韻之後先聯成軸。客有十五，韻止十四，呂義父別以詩字爲韻。又有首眩詩不成者，缺樹字一韻。余過沈犀，樊允南監鎮稅，語允南補之。諸公又屬時行爲之序。十五人者：成都楊仲約、施子一、呂周輔、義父、智父、澤父、宇文德濟、呂默夫、杜少訥、房仕成、楊舜舉、綿竹李無變、潼川于伯永、正法寶印老、縉雲馮當可。

去城十里南郊外，突兀老梅餘十輩。玉雪爲骨冰爲魂，氣象不與凡木對。我來窮冬煙雨晦，把酒從公對公酹。人言此實升廟堂，埋沒荒村今幾歲。清芬不爲無人改，捐棄何如本根在。瑰章妙語今得公，國色天香眞有待。歸路從公巾倒戴，俗物汚人非所愛。我公行向日邊歸，此段風流入圖繪。成都文類

馮時行

時行字當可，巴縣人。紹興中，官奉禮郎，以斥和議坐廢。隆興初，提點成都刑獄。有縉雲集。

重陽登翠圍亭亭廢十年竹柏蓊然殊蔽遠眼命寺僧芟除翦伐屛翳豁開林巒杳靄殆丹山之絕勝處也與同遊分韻賦詩以老杜開林出遠山爲韻得遠字

林樾失洗沐，叢灌老偃蹇。坐令軒豁地，雍穆成奧閫。千年李峨眉，孤調絕攀挽。徑欲剗君山，笑看湘水遠。我來此亭上，造化閱舒卷。何堪浩蕩意，鬱鬱仰若俛。蘭蕙生當門，尙爾付鉏畚。大材廊廟具，顧此何衮衮。石角礪霜斧，一斬三百本。圖事欲大快，不復計小損。天地英氣歸，川原勝魂返。鏡開水灩灩，龍轉山蜿蜿。臥虹踏歸市，融雲護春錖。晴光蕩芳酌，中筵舞蹲蹲。黃花壓客帽，胡牀秋風穩。萬象競參揖，相見一何晩。通塞有時運，明晦理相反。干戈天地閉，撫事切深悃。痛澆磈磊胸，不復效老阮。

和嘉州通判賈元升見贈

山城烏鵲喜，佳句來春風。浣手三過讀，散我磈磊胸。當年過秦論，千載猶爲雄。今覩妙好辭，蹀躞追

前蹤。文章信有種，字字含徵宮。少城初識面，輭語開沖融。秋月耿高懷，春冰瑩清衷。俱墮人事海，煩促難春容。況乃燕雀卑，未易參鸞鴻。別來邛筰外，一笑誰與同。羨君對賢牧，快飲如渴虹。何當款齋閣，餘瀝借衰紅。所幸九河潤，密邇千乘封。臭味譬草木，我輩情所鍾。夢隨沫若水，下與九頂通。更願洗老眼，見君攀翔龍。

中秋飲張仁甫家探韻得玉字

數日及中秋，迎月試新醁。清暉困屏翳，頑陰費驅逐。廣座迷樽俎，高堂燦燈燭。未用卹一眚，何妨縱百沃。見人如見月，張家呼小玉。

至日

至日寒無賴，今朝愁奈何。兩宮黃屋遠，二老白頭多。聖主今嘗膽，皇天忍薦瘥。乾坤爲回首，慷慨一悲歌。

自行在解維宿長安閘下回望天竺諸山依依在目微臣去國撫事感傷因成此詩

歸家豈不好，去國意如何。主聖憂思切，時危習俗訛。山高更回首，天闊阻悲歌。一寸丹誠地，餘生感憤多。

和子應游萬州岑公洞

泉細或疑雨，巖深微見天。暫來如可老，長往不難仙。石髓層層落，松聲樹樹傳。欲歸重回首，明月傍船舷。以上縉雲集

梅林分韻得梅字

霜朝馬蹶無纖埃，錦城城西江之隈。金蘭合沓俱朋來，白沙鱗鱗江水洄。梅花傍江高崔嵬，人言猶是王建栽。豪華過眼浮雲哉，下馬酌酒聊徘徊。飛英送香來酒杯，酒酣疾呼竹籬開。走尋屋角如龍梅，梅龍雖多此其魁。睡龍屈盤肘承胲，風皴雨皵封蒼苔。孫枝迸出誰豚胎，天公撫摩春爲回。愼勿變化隨風雷，年年開花照尊罍。我欲結茅買芋煨，與梅周旋送衰穨。成都文類

張積

馮先生訪梅于成都西郊同游十五人分韻哦詩而積不與翊日先生分僧字屬積作之

春回九地陽潛升，南枝破臘如酥凝。疎籬度香竹梢短，寒沙倒影溪流澄。魁然老株忽駭目，雪鱗矯矯雙龍騰。天公一叱困仆地，掀髯弄爪高曲肱。長林望斷千百株，奮首直欲青雲淩。黎明太守和羹手，十里往看車呼登。西江破曉郊路淨，盍簪者誰金蘭朋。懽笑藉草飛大白，行廚載酒多于澠。風花飄搖落杯面，漱齒澆胸如嚼冰。湘流之清峴山瘦，千古邂逅一笑興。卻踏東風急回首，侵夜霜月寒生稜。入門未坐亟相詑，曰今見之生未曾。成都勝事多四蜀，我欲問津雲水僧。先生功成早匄身，未老重來倚醉藤。成都文類

于格

格字伯永，潼川人。

梅林分韻得彭字

庭柯臥蒼虬，閱世如冊彭。朔風破檀蘂，零露滋玉英。江空人響絕，影落千丈清。今代文章籙，縉雲主齊盟。躍馬覘春色，觴客江上亭。三嗅韻勝華，霜霰飽曾經。及時剝其實，可用佐大烹。幸因輶軒使，錫貢充廣庭。王明儻予燭，和羹登簠鉶。成都文類

施晉卿

晉卿字子一，成都人。紹興進士。

梅林分韻得下字

郊原宿雨餘，雪重雲垂野。春信初動搖，欲往豈無駕。使君早著鞭，問路逢耕者。深尋烟雨村，共作詩酒社。庭荒六老樹，氣象自儼雅。一笑呼酒來，大盆注老瓦。最後看枯株，何意當大廈。夭矯待風雲，有年天實假。須知羹鼎調，嘉實係用捨。我欲壽使君，罇罍更傾瀉。明朝得楚騷，健甚無屈賈。君今有賜環，詔落九天下。蜀江雪浪來，棹趁船人把。留滯以諸生，斯文要陶冶。惟應郢中歌，倡絕和自寡。更聞督熊兒，夜賦燭餘灺。它年看無雙，聲譽出江夏。卻笑昌黎公，阿買字能寫。成都文類

李流謙

流謙字無變，綿竹人。

梅林分韻得時字

巾冠墮城府，桔槔無停時。胸脾貯黃埃，非復林壑姿。涎流方外勝，秦人望軒羲。萬金買閑日，駕言一舒眉。冒踏衆俊場，更從百代師。食魚得河魴，熊蹯佐其滋。翾翾煙雨村，霜條出冰蕤。烏鵲噪寒

暝，玉立山差差。置尊扶疎下，老榦虯蛟馳。落葉不動塵，初無犀駭雞。羞我木石資，闕公瓊琚詞。深酌起自勸，滕莒吾封圻。公行對宣溫，雲霧生攣蹐。能來玩墟落，疋馬卻蓋麾。胸蟠萬蝃蝀，區寰眇毫絲。以茲接羣動，白羽坐指撝。笑彼參外者，組紱爲之鞿。它年駟馬還，梅花當十圍。識此黄公墟，下車挽客衣。未覺邈山河，一醉也大奇。成都文類

樊漢廣

漢廣字允南，沈犀監税。

沈黎使君與客飲王建梅林分韻作詩過沈犀以詩相示闕樹字令漢廣補之

牆頭冉冉新陽露，忽作玲瓏玉千樹。老蛟偃蹇獨避人，卷回飛雪江皐暮。何處鳴禽來好音，四月枝垂起黄霧。摧折霜餘初不懼，笑看春光等閑度。百年夢幻欲無言，吹落吹開豈風故。時來薦鼎眞偶爾，小住疎籬非不遇。我知天地絶茫茫，無爲展轉獨多慮。爲花悽斷卻回頭，爾亦微酸苦難茹。成都文類

楊大光

大光字仲約，成都人。

梅林分韻得陶字

蟠根寄荒絶，擢榦空櫹槮。鄉來聞妙語，翦拂到兒曹。垂老猶亘墕，開落幾徒勞。不謂勤杖屨，惠然排蓬蒿。尙能領諸生，相就醉澄醪。眞賴旁輝暎，併覺標韻高。酒闌興未已，分韻看揮毫。籍湜俱可人，冥搜爭過褒。乃知天地間，一等爲賢豪。横飛與陸沈，亦各係所遭。再煩起窮邊，國柄行當操。盡期

如此花，曉夕幸甄陶。得備和羹用，寧不出伊咎。百年幾春風，勿令心忉忉。成都文類

呂凝之

凝之字默夫，成都人。

梅林分韻得花字

出郭豈憚遠，滿城無此花。新枝開玉雪，老樹臥龍蛇。臨水互蔥蒨，傍籬忽橫斜。詩聲寫奇怪，畫本出槎枒。老子晉彭澤，諸公賈長沙。不尋龍李盟，來嗅露霜華。杖屨穿茅舍，壺觴倩酒家。飢餐香馥郁，醉藉影參差。月白雁成字，江清魚可叉。風流一時勝，野意十倍加。祇恐天上去，迹陳錦江涯。歸來馬蹄疾，驚飛滿林鴉。成都文類

呂商隱

商隱字義父，成都人。

梅林分韻得作字

一樹知獨秀，十里方出郭。江流浩淸泠，露氣凝淒薄。胡爲此行色，疲馬外踴躍。玄冥正擅令，植物困搖落。喜見南北枝，粲然秀冰壑。千林色輝映，百畝香旁礴。首破春風荒，獨傲淸雪虐。坐令芳信傳，芬菲到羣萼。如一君子信，茹連俱有託。相期飲此意，浩蕩放杯酌。更應護攀折，嘉賓須若若。終收調鼎功，傅巖眞可作。持問縉雲老，一尊笑相酢。成都文類

吕宜之

宜之字澤父，成都人。

梅林分韻得詩字

寒梅如高人，冰雪凛風期。霜威淩萬木，孤芳綴疎枝。古來歲寒心，肯與時節移。家家浣溪南，横斜映笆籬。老樹更崛奇，蟜蟜蛟龍姿。中有調鼎味，幾年江之湄。征衫十年寒，霜蹄快追隨。先生羊叔子，到處英名垂。對花有妙語，豪氣無百卮。興來屬湛輩，同出春容詩。成都文類

題文州安静堂

峽東秋空一綫青，萬山深處長官廳。此堂虚曠無餘物，面面爲開碧玉屏。方輿勝覽

辛棄疾

棄疾字幼安，號稼軒，濟南歷城人。耿京聚兵山東，節制忠義軍馬，留掌書記。紹興三十二年，令奉表南歸，高宗召見，授承務郎。寧宗朝，累官浙東安撫使，加龍圖閣待制，進樞密都承旨，卒。德祐初，以謝枋得請，贈少師，謚忠敏。

歸潛志：党懷英、辛棄疾少同舍，屬金國初亂，辛率數千騎南渡，顯于宋。党在北擢第，入翰林，二公皆有榮寵。後辛退閑，有鷓鴣天詞云：「壯歲旌旗擁萬夫，錦襜突騎渡江初。燕兵夜捉銀胡𩎮，漢箭朝飛金僕姑。　思往事，歎今吾，春風不染白髭鬚。都將萬字平戎策，换得東郊種樹書。」

武夷玉女峯

玉女峯前一櫂歌，烟鬟霧鬢動清波。游人去後楓林夜，月滿空山可奈何。方輿勝覽

元日

老病忘時節，空齋曉尚眠。兒童喚翁起，今日是新年。

送別湖南部曲

青衫匹馬萬人呼，幕府當年急急符。愧我明珠成薏苡，負君赤手縛於菟。觀書到老眼如鏡，論事驚人膽滿軀。萬里雲霄送君去，不妨風雨破吾廬。後村詩話

幔亭峯

山上風吹仙鶴聲，山前人望翠雲屏。蓬萊枉覓瑤池路，不道人間有幔亭。建寧府志

尹穡

穡字少稷，兗州人，僑居玉山。紹興三十二年，與陸游同賜進士出身。孝宗朝，累官殿中侍御史，右諫議大夫，以言者劾罷。

後村詩話：少稷及接呂居仁、曾吉甫議論，在山中讀書二十年，名論極重。晚爲大坡，因符離之敗，攻張魏公父子，以附和議，遂爲公議所貶，甚可惜也。

庸醫行

南街醫工門如市，爭傳和扁生後世。膏肓可爲死可起，瓦屑蓬根盡珍劑。歲月轉久術轉疎，十醫九死一活無。北市醫工色漸動，大字書牌要驚衆。偏收棄藥與遺方，□□神丹亦無用。實者爲虛熱爲寒，

幾因顛倒能全安。君不見形神枵然臥一室，醫方爭工藥無必。左手檢方右顧金，兩手雖殊皆劍戟。後村詩話：似諷當時主和戰者。

句

景龍只是當時路，不見金錢打著人。靖康元夕　異日是非憂史謬，終身寒餓羨錢愚。後村詩話

黃銖

銖字子厚，號穀城翁，建安人。少師事劉屏山，與朱子爲同門友。有穀城集。其母孫夫人道絢，號沖虛居士，能文有詞。

鐵笛亭

一聲蒼壁裂，再奏蛟龍悲。事往迹猶在，山空人不歸。詩家鼎臠

梅花

玉簫吹徹北樓寒，野月崢嶸動萬山。一夜霜清不成夢，起來春意滿人間。

秋日

曉日初浮萬里暉，西風搖蕩送秋歸。冥鴻直上三千丈，社燕春鶯不敢飛。以上詩人玉屑

送仲晦

靡靡歲時晏，亂山紅葉稀。端居已無悰，況與親故違。駕言臨廣路，惜此須臾期。祖燕未云洽，雞鳴促再馳。晨裝儼然隊，天澹風凄凄。迤邐征人行，悵惘離言悲。令德本高世，誠思開聖微。虎豹文采異，

幾年丹詔垂。眷茲皇華寄，那得淹遐躋。君王久延佇，去矣翔天墀。顧我抱幽獨，已爲淸世遺。冥鴻聿高擧，蜩鷽何由追。縈縈西郊道，晻晻朝陽暉。出處自殊迹，操袪胡不怡。明當逐雲月，依舊東岡陂。翰墨大全

楊杞

杞字元卿，廬陵人。

絕句

三間茅屋獨家村，風雨蕭蕭可斷魂。舊日相如猶有壁，如今無壁更無門。

詩人玉屑：楊誠齋云：先太中貧，嘗作茅屋三間，而未有門扉，于元卿求之。元卿送扉，侑以此詩。

鄭裕

裕，紹興間莆田人。

一經堂詩 宋進士方萬，留意經術，朱文公扁其堂曰一經。在興化郡治東廂。

莆之甲姓，實維大方。紫囊錦帳，閥閱膏粱。有子盈之，乃其最良。心志乎道，視之如忘。博究六藝，幷包五常。東家尼父，北窗羲皇。日相討論，兼收並藏。五經在笥，一經名堂。謙以自牧，雖晦而光。實浮于名，雖抑而揚。伊昔孟氏，排墨與楊。斯文羽翼，吾道棟梁。豈特詩書，獨稱其長。諸儒之說，于孟何傷。吾子命名，旣擇而詳。通而貫之，渾涵汪茫。剖破藩籬，無門無旁。默契韶濩，能宮能商。正蒙析滯，起廢鍼肓。以一知萬，名實孔彰。人知同好，絺句繪章。玄酒太羹，子獨先嘗。經術之門，驤

騶康莊。典謨之文，鳳鳴朝陽。學報天子，業纘星郎。以經名家，非子誰當。興化府志

吳曾

曾字虎臣，崇仁人。高宗朝，以獻書得官，累遷至吏部郎中，出知嚴州，致仕，卒。有得閑文集、能改齋漫錄。

羅山

兒時聞羅山，窟穴居神仙。念之每欲往，終爲俗累牽。茲晨復何夕，風日媚晴暄。偶與二三子，徑來踐前言。崎嶇涉岡澗，峭蒨凌雲烟。崖斷或如瀉，坡平俄若川。有泉自何來，但覺聲涓涓。縈紆若蛇走，往注山腹田。徘徊一濯足，入袖風翩翩。俄登最高嶺，中觀屋數椽。嶙峋老石像，摩挲不記年。桃花破叢菅，一笑爲嫣然。石屏與翠壁，擁從相後先。物色恣觀覽，萬界滿眼前。適問同遊人，茲爲第幾天。不然何秀拔，不與衆峯連？長安在何許，無乃落日邊？十年若搶攘，戰血腥戈鋋。誰知塵外客，一壑能自專。茲遊恐難再，遲留不能旋。如何林間月，弄影明娟娟。催歸猶恨早，正恐陵谷遷。撫州府志

謝完璧

村景卽事

綠徧山原白滿川，子規聲裏雨如烟。鄉村四月閑人少，纔了蠶桑又插田。西溪叢語

徐　珩

珩字公飾。

醉歌

得誰釀法乃爾佳，連引數杯極口誇。須臾忘物亦忘我，是非榮辱不可加。兒童相隨拍手笑，阿翁醉也扶歸家。平生故人趙半刺，遣騎折送園中花。插花飲酒不待勸，夜如何其月欲斜。倒著接䍦自起舞，笛聲趁拍鼓三撾。陶陶兀兀意有得，小姬在傍雙髻丫。軀令磨墨具紙筆，滿幅大草飛龍蛇。婦云汝醉當止矣，明日酒醒不媿耶？

和虞智父登金陵青谿閣

葉脫林梢處處秋，壯懷易感更登樓。日斜鍾阜烟凝碧，霜落秦淮水慢流。人似仲宣思故國，詩如杜老到夔州。十年前作金陵夢，重撫闌干說舊遊。以上前賢小集拾遺

陳元老

元老，福安人。有城山集。

寒食

至後百五日，春光無火晨。金鈿沽酒妾，羅韈弄毬人。鶯語如留意，花枝不賣貧。東園舊桃李，紅白盡成塵。合璧事類前集

胡清

清，崑山士人。

壓雲軒 在崑山

誰建危亭壓翠微，畫簷直與暮雲齊。有時一片巖隈起，帶與老僧山下歸。

賦軒旁小柏

栽傍巖隈未足看，謂言斤斧莫無端。他時直入掄材手，不獨青青保歲寒。

中吳紀聞：後有一文人作浙漕，因到山中，見詩大喜，尋訪其人，厚禮以待之。既憐其貧，遂給官田，胡由此致富。

薛循祖

循祖，鄞人。掌機宜文字。有映音。

題采藥圖

江上奇峯雨後多，千層飛瀑灑青蘿。扶笻亦覺溪橋滑，尚有幽人采藥過。甬上耆舊集

潘　矩

矩字方仲，會稽人。安吉尉。

獻沈詹事

昔年單騎赴筠州，覓得歌姬共遠遊。去日正宜供夜直，歸來渾未識春愁。禪人尚有香囊媿，道士猶懷炭婦羞。鐵石心腸延壽藥，不風流處也風流。

癱元英談藪：沈詹事持正以坐秦丞相論恢復，貶筠州。沈方售一妾，年十七八，攜與俱行，處筠州凡七年。既歸，呼妾父母，以女歸之，猶處子也。時人以比張忠定公詠。安吉尉潘矩方仲獻詩云云。

厲德斯

德斯字直方，餘姚人。

送曹泳貶新州

斷尾雄雞不畏犧，憑依撥禍復奚疑。八千里路新州瘴，歸骨中原是幾時？

談藪：曹泳侍郎妻碩人厲氏，餘姚大族女。方泳盛時，鄉里奔走恐後，獨碩人之兄厲德斯不然。泳怒，帥越時，德斯爲里正，泳風邑官脅治百端，竟不屈。會之甫殂，乃遣介致書于泳，啓封乃樹倒猢猻散賦一篇。及泳貶，德斯以詩送之云云。

耿時舉

時舉字德基，居太學，不第而卒。曰琯按：吳郡志作耿元鼎。

賦姑蘇西樓

西樓一曲舊笙歌，千古當樓面翠峨。花發花殘香徑雨，月生月落洞庭波。地雄鼓角秋聲壯，天迥闌干夕照多。四百年來無妙手，要看風物似元和。

中吳紀聞：紹興中，郡守王㬇重建郡治西樓。時賦詩者甚衆，獨耿爲擅場。

何元泰

元泰，紹興間人。

祕閣修撰陳少陽先生挽辭

在昔虞庠日，嘗陪陳少陽。詞傾三峽水，忠烈九秋霜。藥石塵丹扆，琅玕寶皁囊。後來門下士，多有紫

薇郎。盡忠錄附

馬俌

俌，紹興間人。

過子美草堂

棲遲九月錦水行，獨過草堂西出城。村樹苒苒秋照白，浪花漪漪江水明。溪邊三重結茅屋，松蘿翳疎晚雨清。往來沽酒且有客，胡爲奔走不自停？四海紛然鼃嚥多，我憂豈但白馬盟。藜藿未足飽我腹，況又一頃供耕耘。只今騎驢望八極，終日飄飄浪如許。可堪顔色太癯生，憂愁盡入篇章苦。信眉一笑古復作，卻似韓宣適東魯。此生蕩漾胡能留，兩脚風塵奚所休。此道滄浪付一漚，嗅之千古與爾謀。吾亦往矣作春秋。成都文類

曾伋

伋字彥思，南豐人。紹興末，以大理寺丞出知袁州。慶元間，居海昌。

題張許雙廟

國憑節義壯洪基，激厲頹風屬聖時。曾屈帝尊親降輦，高宗嘗幸其廟可因祈福幸公祠。杭州府志

葉祖義

祖義字子由，婺州人。登科爲杭州教授。

句

醉來黑漆屏風上，草寫盧仝月蝕詩。

夷堅志：子由少游太學，天資滑稽，嘗曰：「世間有不分曉事，吾以一聯詠之。」

木待問

待問字蘊之，永嘉人，洪容齋之壻。隆興元年，進士第一。仕至焕章閣待制，禮部尚書。

千里思

君行千里輕所歷，妾馳千里心匪石。春房酌酒意悤悤，愁不在離愁在憶。鴛鴦瓦上昏無色，鸚鵡杯中塵更積。燈前獨坐製君衣，淚溼翦刀裁不得。

郊寺

紅委牆陰花寂寂，翠滋亭角草纖纖。風翻書葉常交案，雨壓爐烟不過簾。以上東甌詩集

呂祖謙

祖謙字伯恭，尚書右丞好問之孫，倉部郎大器之子。上世文靖公夷簡居壽州，至右丞從駕南渡，始居金華。祖謙登隆興元年進士，復中博學宏詞科。累除直祕閣著作郎，國史院編修，卒。理宗朝，賜謚曰成，爵開封伯，從祀孔子廟庭。有東萊太史集。

西興道中

鳧鷖迎船自有情，隨波故起綠鱗鱗。野花照水開無主，誰信春歸一兩旬。

賀車駕幸祕書省

麟臺高柳識琱輿，共記中興幸省初。黄道再傳天子蹕，青編重入史臣書。需雲下際君恩盛，湛露高張樂節舒。若寫鴻猷參大雅，定非周鼓頌畋漁。

春日

短短菰蒲綠未齊，汀洲水暖雁行低。柳陰小艇無人管，自送流花下別溪。

野步

石梁俯清流，苔髮明可數。茅檐春晝長，寂寂亭陰午。鳥啼花徑深，風絮浩無主。幽人不可覿，棊聲時出戶。

王龜齡詹事挽章

諸老收聲盡，佳城又到公。蒼天那可問，吾道竟成窮。旌卷莆田雨，簫橫霅浦風。今年襟上淚，三哭萬夫雄。芮祭酒、劉太史皆於今歲下世。

與同館游張氏園分韻得日字

出日厭囂塵，入門倦佔畢。竊言城北園，滯思頓消釋。方池環修篁，廣陌衞行栗。先雪梅已苞，後霜草猶茁。上躋極高明，旁穿復深密。主人眞喜事，秀句屢盈帙。招呼文字飲，及此三餘日。山林與鍾鼎，零茂本非四。斯遊豈偶然，書板記甲乙。

寄章冠之

章侯平生一詩囊，酬風酢月徧四方。浩歌姑孰酒淋浪，醉呼太白同舉觴。遂登浮玉臨淼茫，江濤挾筆益怒張。沙頭倚檣樂未央，輿闉忽上秋浦航。門前槐花日夜黃，閉門琢詩聲繞梁。白袍紛紛渠自忙，飄然邂逅非所望。自言久厭世鎖韁，合眼已夢廬山蒼。君材甚碩氣方剛，身雖欲隱文則彰。江湖故人半朝行，左推右挽摩天翔。而我戢翼甘摧藏，不能與俗相迎將。徑當行前掃山房，俟君功成還故鄉，卻駕柴車迎路傍。以上東萊呂太史集

樓鑰

鑰字大防，鄞人，异孫。隆興元年進士。累官中書舍人，給事中。寧宗朝，歷翰林學士，同知樞密院事，進參知政事。卒贈少師，謚宣獻。有攻媿集。

送王仲言倅海陵

遂初陳迹邈凄涼，擊節青箱極薦揚。談笑于儂情易厚，典刑使我意差強。重屏唐畫論中主，古殿遺文話阿章。舊事從今向誰問，尺書時許到淮鄉。

揮麈三錄：明清晚識遂初尤延之先生，一見傾蓋，若平生懽。公任文昌，一日忽問云：「天臨殿在于何時邪？」明清云：「自昔以來，蓋未有之。紹聖初，米元章爲令畿邑之雍丘，遊治下古寺，寺僧指方丈云：頃章聖幸亳社，千乘萬騎經從，嘗憩宿于中。元章即命彩飾建鴟，嚴其羽衞，自書榜之曰天臨殿。時呂升卿爲提點開封府縣鎮公事，以謂下邑不白朝廷，擅創殿立名，將按治之。蔡元長作內相，營救獲免。聞有自製殿贊，恨未見之。」尤即從袖間出文書，乃元章所書贊也。云：「才方得之，公可謂博物洽聞矣。」翊日入省，形言稱道于稠人廣衆中焉。樓大防作夕郎，出示其近得周文矩所畫重屏圖，祐陵親題白樂天詩于上。有衣帽中央而坐者，指以相問云：「此何人邪？」明

淸云：「頃歲大父牧九江，于廬山圓通寺撫江南李中主像藏于家，今此繪容，卽其人。文粲丹青之妙，在當日列神品，蓋畫一時之景也。」亟走介往會稽，取舊收李像以呈，其面貌冠服，無毫髮之少異。因爲跋其後，樓深以賞激。繼而明淸丐外得請，以詩送行，後一篇云云。

跋山谷書范滂傳帖

宜人初謂宜于人，榮肚老人竟不振。承天院記顧何罪，一斥致死南海濱。賢哉別駕眷遷客，不恤罪罟深相親。哀哀不容處城闉，夜遣二子從夫君。一日攜紙匄奇書，引筆行墨生烟雲。南方無書可尋問，默寫此傳終全文。補亡三篋比安世，偶熟此卷非張巡。巖巖汝南范孟博，淸裁千載無比倫。坡翁侍母嘗啓問，百謫九死氣自伸。別駕去官公亦已，身雖旣衰筆有神。我聞此書久欲見，摹本尚爾況其眞。輟君淸俸登堅珉，可立懦夫羞佞臣。

程史：余若著倅宜州日，因山谷謫居是邦，慨然爲之經理舍館，遂遣二子滋、濟從之游。時黨禁甚嚴，士大夫例削札掃迹，惟若著敬遇不怠，率以夜遣二子奉几杖執諸生禮。一日攜紙求書，山谷問以所欲，拱而對曰：「先生今日舉動，無媿東都黨錮諸賢，願寫范孟博一傳。」許之，遂默誦，大書盡卷，二子相顧愕服。山谷顧曰：「漢書固非能盡記也。如此等傳，豈可不熟？」聞者敬嘆。若著滿秩，持歸上饒家居寶藏之。再世散逸，歸東武周氏，又歸忠定家。其六世孫伯山僅傳摹本，其子子壽鑄爲四明制屬，攜之笈中之官。

白醉閣

陶內翰淸異錄首載：開元時，高太素隱商山，起六逍遙館，各製一銘。其三曰冬日初出，銘曰：折膠墮指，夢想炙背。金鑼騰空，映簷白醉。余愛其言，取以名閣。陳進道惠示大篇，次韻。

處世難獨醒，時作暎檐醉。年少足裘馬，安知老夫味。天梳與日幘，且復供酒事。謫居辛三適，得此更慙媿。向來六逍遥，特書見濤異。君家老希夷，相求諒同氣。曲身成直身，朝寒俄失記。醉中知其天，不飲乃同意。書生暫奇温，難語純綿麗。

西山資國寺

野溪清淺度危橋，徑策枯笻上紫霄。曉霧暗蒸山寺雨，松風深隱海門潮。浮杯水漲人何在，洗鉢池清意已消。又上樂亭臺上看，雲山萬疊更逍遥。

題雪竇錦鏡橋亭

兩溪赴壑若奔虯，此地端能截衆流。三板放開千丈雪，一奩照破四山秋。幾年空自存公案，今日重新指路頭。珍重老師成勝事，清名當與此山留。

題蘇文忠武昌西山贈鄧聖求詩蹟次韻

黨論一興誰可回，賢路荆棘爭先栽。竄留多能擅筆墨，四拘或可爲鹽梅。雪堂先生萬人傑，論議磊落心崔嵬。向來羅織脱一死，至今詩話存烏臺。凭高望遠極宏放，眼界四海空無埃。黄岡蹋徧興未盡，絶江浪破琉璃堆。鄧郎神交信如在，石爲窊尊勝金罍。鄧侯先曾訪遺跡，銘文深刻山之隈。山空地僻分埋没，二公前後搜莓苔。元祐一洗人間怨，天地清寧公道開。玉堂同念舊游勝，筆端萬物挫欲摧。時哉難得復易失，弟兄遠過崖與雷。北歸天涯望陽羨，買田不及歸去來。我爲長歌弔此老，慟哭未抵長歌哀。

題楊妃上馬圖

金鞍欲上故徐徐，想見華清被寵初。後日延秋門下路，不應有暇作躊躕。以上攻媿集

林光朝

光朝字謙之，興化軍莆田人。隆興元年進士。累官國子祭酒，兼太子左諭德，除中書舍人，兼侍講，以集英殿修撰知婺州。卒謚文節。有艾軒集。

奉題游洋張明府流香亭時以薦章數下涉秋月馬首且欲西矣因以寄意云

封題青李數緋桃，處分園林意自豪。旋出篇章陪樂府，更憑花木續離騷。酴醿架下攜春榼，薝蔔林中滴夜槽。卻是秋風生馬耳，未應老大笑牛刀。

哭徐删定德襄

修文巷裏暮春前，欲上旗亭問客船。忽有短箋無寄處，漁梁卻在淚痕邊。以上艾軒集

袁樞

樞字機仲，建安人。隆興元年進士。累官權工部侍郎，國子祭酒。寧宗朝，擢右文殿修撰，知江陵府，奉祠歸。

武夷九詠　存五

仁智堂

此身本無累，動靜隨所寓。結廬在巖谷，自適山水趣。朝來挹雲氣，日夕沐風露。坐觀天地心，詎忘仁

智慮。

寒棲館

巖前風入松，谷口泉漱石。寫之五弦琴，聲在函丈席。竹間有餘地，營館招羽客。靜夜緪高弦，待月寒林隙。

晚對亭

落日鬱蒼烟，空山轉寒碧。石屏倚天立，端峭一千尺。無言獨與對，足以終日夕。何用向時流，抵掌恣談劇。

釣磯

投轄出東溟，持竿歸九曲。溪翁來問訊，笑失雙鬢綠。潭邊舊釣石，瑩滑磨青玉。竟日謾垂綸，忘機看鷗浴。

茶竈

摘茗蛻仙巖，汲水潛虯穴。旋然石上竈，輕汎甌中雪。清風已生腋，芳味猶在舌。何時棹孤舟，來此分餘啜。武夷山志

鄭伯英

伯英字景元，伯熊弟。隆興元年進士。擢秀州判官。有歸愚翁集。

和清卿雪溪泛舟晚登華蓋亭

滿江風雨釀淸愁，坐嘯煙波一葉舟。目送飛花千里去，身隨空碧一鷗浮。兜羅世界成遊戲，欸乃聲中自唱酬。試問剡溪回棹客，可能乘興上南樓？東甌詩集

王阮

阮字南卿，德安人。隆興元年進士。仕至撫州守，歸隱廬山。有義豐集。

廬山萬杉寺

劉後村跋：義豐詩高處，逼陵陽、茶山。

昭陵龍去奎文在，萬歲靈杉守百神。四十二年眞雨露，山川草木至今春。

重過萬杉寺題碑陰

碧紗籠底墨才乾，白玉樓中骨已寒。淚盡當時聯騎客，黃花時節獨來看。

桯史：王阮嘗從張紫微學詩，紫微罷荆州，偕游廬山。有萬杉寺，本仁皇所建，奎章在焉。紫微大書二詩，別去兩旬，而聞湖陰之訃。阮是時亦自有二十八字，紫微大擊節，以爲不及。旣而復過是寺，又題碑陰云云，亦紆徐有味。

題四羊圖

三百維羣世不見，乃以四羊爲一圖。人言此圖出韋偃，不知韋偃有意無？巖巖參天一古木，下有輕莢滿郊綠。雪髯隱約黑昏中，沙肋微茫筆端足。昔聞韋侯畫馬工，杜陵長歌歌古松。孰知畫羊更如此，世間絕藝誰能窮。蘄春太守好事者，珍藏有此希世畫。嗟予得此雙眼明，此一轉語久難下。三羊遊戲

芳草茵，一羊輒登枯木根。安得添我作牧人，爲公鞭此一敗羣。以上義豐文集

袁說友

說友字起巖，建安人。隆興元年進士。除祕書丞，歷寶文閣學士。嘉泰中，同知樞密院、參知政事。爲四川安撫時，輯漢以下迄宋淳熙蜀中詩文，彙爲五十卷，目曰成都文類。

巫山十二峯二十五韻

平生磊塊山林姿，一丘一壑貪成癡。寸峯拳石瞥眼過，張皇攫覓惟憂遲。東南佳山多秀麗，就中所欠雄與奇。飽聞巫山冠巴峽，奇峯十二相參差。昔年圖畫嘗一見，欲見此山無路之。扁舟西泝上三峽，千巖萬壑爭追隨。終朝應接已不暇，心目洞駭俱忘疲。驀然鐘鼓高唐上，峯巒二六排旌旗。一峯霞彩迥在望，一峯展翠開屏帷。望霞峯翠屏峯無心出岫雲吐色，偃蓋平巒松並枝。朝雲峯松巒峯仙蹤鶴駕羽衣近，壇石瑤臺閶闔低。集仙峯聚鶴峯淨壇峯上昇峯白雲一起鳳皇下，清泉四合蛟龍嬉。起雲峯聖泉峯栖鳳峯登龍峯羣峯角立變態異，一一大巧乾坤爲。外堪擊拊試聲律，中含造化分四時。天下名山亦多矣，未有列岫奇如茲。九華一景固天巧，惜與江流相背馳。南北兩峯喧衆口，妝抹卻恨同西施。何如此峯無限好，行行列列横江湄。烟雲漠漠出寸碧，風雨時時横黛眉。舟人漁子漫回首，騷士墨客勞支頤。我來穿水入天去，貂裘章甫生塵緇。昂頭見此大奇特，躋攀不上空嗟嘻。吾將欲訪三島登九嶷，上蓬萊道山之壁，絕泰華終南之嵋。飛梟去鳥嘯滄海，卻來巫峽溫前詩。全蜀藝文志

題米敷文瀟湘圖卷

水際天低岸遠，山腰霧卷雲舒。擬喚松江小艇，歸來好趁蓴鱸。郁氏書畫題跋記

李嘉謀

次袁尚書巫山十二峯二十五韻

道人愛山出天姿，自謂計點人嫌癡。獨游名山看不足，每得勝處行爲遲。誰人能知物外賞，世上自有壺中奇。一行作吏困汩沒，便與好景相參差。脫兔投林今適願，窮猨得木吾何之。芒鞋竹杖恣來往，烟蓑雨笠長相隨。青山愈好足力盡，此意未止駑駘疲。路逢行人說大尹，正見諭蜀揚舲旗。好賢招邀每虛席，問俗疾苦時褰帷。才華落落清廟器，詩筆粲粲珊瑚枝。胸吞楚澤八九盡，氣壓巫峽羣山低。大峯連娟爭媚嫵，蒼壁徙倚共遊嬉。巴東巴峽古所重，作雲作雨今胡爲。有情飛鳶送迎客，無數棹歌來往時。昔日圖畫曾見者，何意忽此今逢茲。邇來豐碑在人口，已與流水爭東馳。政用中和得大體，智出毫末非全施。不獨英聲流上國，已有詩卷傳江湄。狼烟長閑士鼓腹，耕隴不見愁生眉。都門髣髴記分袂，蜀道脩阻常支頤。持謁見公敢論舊，撫髀顧我清無緇。樽俎頻開閑共語，歌謳聊與民同嘻。忽然晨日在東壁，但見山月來峨嵋。行吟何獨壯三峽，在處山靈未乞詩。全蜀藝文志

毋丘恪

次袁尚書巫山十二峯二十五韻

纖素巧貌溪山姿，寶藏昔笑虎頭癡。何人夜半胠篋去，信爲羽化無疑遲。魏明不惜萬夫力，鑿山累土誇神奇。景陽突起芳林苑，穀城文石光參差。葉公好龍廣射虎，大方安能不笑之。至人于物特寓目，

遠象過眼心弗隨。我公看山正如此，肯趨無窮脚力疲。胸中五嶽鎮地軸，眼底三辰昭旂旗。擢由漢庭寵分鉞，來撫蜀郡初褰帷。巫山一覽窺妙處，寫入長歌賡竹枝。坐令十二峯增重，已覺氣壓嵩華低。太室少室敢聱行，小孤大孤何兒嬉。岱宗日觀峻徒爾，崑崙天柱高安爲？出雲作雨均有是，泥金鏤玉彼一時。所謂造化一尤物，不在九華眞在茲。中山前言恐遂廢，公之妙論已四馳。半語尤在大公正，蟠胸經濟看設施。要令利澤均四海，無論山崖與水湄。祇今蒼生方屬望，休戚在公顰伸眉。願公更爲天下重，所養自養觀諸頤。量陂誰復能澄撓，德表居然無磷緇。巖石巍巍具瞻在，孰不歎仰聲噫嘻。又何必東望瀛，南望嶷，北有天後之劍嶺，西有雲表之峨嵋。與君高名並不朽，配以今日巫山詩。全蜀藝文志

閭丘泳

次袁尚書巫山十二峯二十五韻

舟行觀山無定姿，篷底兀坐眞兒癡。層崖複嶺正雜遝，平岡橫阜俄逶迤。晴嵐參天固競秀，深崖挺石尤多奇。遙岑浮眉綠點點，飛瀑懸劍鋒差差。飽聞巫山妙天下，今誦公詩如見之。蓬仙來應人間世，妙齡便有聲名隨。日談經術輔主聖，久領國計嗤駑疲。共推經邦濟川楫，暫建分陝元戎旗。百城聽令仰賜履，三邊制勝如籌帷。長江高唐神女峽，萬里崑崙分一枝。峯巒森立入霄漢，塔廟選勝居高低。響山猨啼聲若嘯，迎櫂鴉舞來如嬉。金母介畀神靈職，孰云朝暮陽臺爲。琅函蕊笈發天祕，贊禹治水唐虞時。英辭一洗千載陋，寫之琬琰宜自茲。人思傳本快先睹，蔡邕石經車馬馳。北暢威名被沙漠，西奠夷落連黔施。帝遣雲軿鎮南極，祠宮姑寓江之湄。湘君時過鼓瑤瑟，宓妃豈復揚蛾眉。金闕已侔坐少

廣，丹經孰授踰期頤。野人塵客粗知學，素守亦復涅不緇。朅來乘軺職飛輓，兩見祈穀歌噫嘻。疲民崎嶇上轉粟，舊業荒落南窺疑。勞生屢已度劍棧，淸游頗念登峨嵋。從今嵩高雅頌手，那數韓子南山詩？全蜀藝文志

黄人傑

人傑字叔萬，盱江人。

次袁尙書巫山十二峯二十五韻

文昌老仙絶俗姿，愛山成癖非兒癡。胸中況自有丘壑，攬結瑰異常恐遲。坤維謀略出分閫，江山致助爭出奇。尋幽選勝上巫峽，斷崖怪石懸參差。十二峯前弭征棹，枝藤直上窮所之。雲烟變態千萬狀，過眼神動驚天隨。人疑躋攀脚力盡，公自樂此良不疲。瑤華眞妃似夙駕，風馬晝下揚旛旗。層巒好處起蒼壁，丹霞望門開赤帷。登壇定可拾瑤翠，卻老未應無玉枝。仰天一笑睨寥廓，俯視培塿丘陵低。頗疑遊龍出飛躍，恍若棲鳳猶娭嬉。喬松跨鶴遠近集，雲雨濟人朝暮爲。壇維野翠有餘潤，泉拖脩帛無窮時。一經盼睞便改觀，陽臺價重當由茲。惜哉牙纛不久駐，鷁首未轉檣烏馳。輕縑素練欲摹寫，畫師難著五色施。筆端機杼始潛運，悠然寄與滄洲湄。章成密簡繡衣使，繡衣翰墨今白眉。珠酬玉唱兩相尙，三歎盡解騷人頤。好刊蒼珉示千古，磨而不磷涅不緇。紛紛我輩小巫耳，健讀數過徒噫嘻。待從兩公奠西極，安南嶷，收關河百二之險，劃岷峨萬仞之嵋。大書有宋中興頌，東還更和巫山詩。全蜀藝文志

項寅賓

寅賓字彦周，崑山人。與范石湖倡和。

和范至能元日

獻歲身留外，思家恨滿中。桃符禳厲鬼，椒酒勸山童。出謁憑羸馬，題詩附去鴻。青春應時節，斗柄夜指東。

和鄭逢辰元宵韻

憶昔先皇賞露臺，鼇山半影落蓬萊。羣方欲識龍顏喜，雙闕時瞻雉尾開。十里天香濛碧霧，六宮韶樂隱新雷。神仙舊事渾如夢，只有春風每歲催。以上崑山雜詠

鍾孝國

孝國字觀光，崑山人。

千里翁蓄陶酒尊係以筠籠形狀勃窣某酒後以短項翁目之不謂誤中遂成佳號彦平功成二兄皆有褒詠可使韓子蒼縮肩短項之句北面矣某不揆鄙拙勉強續貂幸諸丈斤斧之

少陵先生時不偶，老瓦盆中醉林莽。江湖散人名益窮，魚殼傾尊不論斗。孤風異行同襟期，食鮭未必富三九。淩烟功名舉世事，不直兩公一杯酒。會稽夫子有古心，嗜好眇追千載友。陶尊中産同蒼筠，短項不肯鍾罍羣。章綬黃篾羞緇塵，肺腸桑落心崑崙。始知其中殊陋貌，一點不受泥沙渾。時從往古

窮元微，坐隅兀側長相隨。逆子醉鄉謝膠擾，回頭轉覺人間小。崑山雜詠

樂備

備字功成，一字順之，其先自淮海徙崑山。與范成大、馬先覺結詩社。官至軍器監簿。

比同彥平謁希顏千里千里留醉短項翁彥平有作鄙拙者亦不能已勉強亂道幸笑覽

君不見便腹邊先生，齁齁晝眠貯五經。又不見長頭賈都尉，喋喋問事聒人耳。兩人挾策煩天機，俱亡其羊迺其理。不如此翁不知書，肩高頤隱形侏儒。胸中無物祇嗜酒，酒至輒盡寧留餘。有時花帽賓客前，清辨傾倒如流泉。不辭伴客竟佳夕，第恐吻燥舌本乾。主人從今莫言窮，有此自足當萬鍾。但令時與聖賢對，勿學鄙士中空空。我昔已自聞其風，向來一笑欣相逢。他時訪戴不必見，竟須麥戶呼此翁。崑山雜詠

姚中之

中之字崧卿，崑山人。隆興元年進士。

寓居全吳江上

一雨通宵蒻韭畦，波棱生甲晚菘齊。朝來赤脚語言好，醒酒杯羹有宿齏。幅巾蕭散一枝笻，身在水雲千頃中。抹野亂山隨意碧，梟林霜葉可憐紅。崑山雜詠

宋詩紀事卷五十三

錢唐 厲鶚 輯
宛平 查爲仁 勘定

陳讜

讜字仲甫，莆田人。隆興元年進士。累官兵部侍郎，乞補外，以集英殿修撰知寧國府；再乞致仕，封清源郡侯。

過溪南韓氏宅

曾覽溪南勝，重來四十年。樹如人老矣，山共水依然。香玉紛堆案，晴虹對跨川。吾廬今咫尺，乘興且盤旋。莆陽文獻

句

竹密不知雲欲雨，山高盡見水朝宗。

四朝聞見錄：莆陽陳讜，文人也，刻金字于靈壁石，以壽韓侂胄，至稱曰「我王」。韓敗，遂爲言者所彈。陳留題吳山三茅觀梅亭句云云，繼是猶未有和者。

方有開

有開字躬明，淳安人。隆興元年進士。嘗官淮西運判。有溪堂集。

方仙翁祠

眞仙祠觀鎖晴嵐，下瞰平疇十里寬。譜牒尙遺唐篆額，風儀仍是漢衣冠。紫芝白兔靈如昨，石碣丹湖事不刊。千載仍孫牛馬走，敬瞻遺像仰高寒。青溪詩集

張良臣

良臣字武子，汴人，避寇來鄞，因家焉。隆興元年進士。官止監左藏庫。有雪窗小集。

樓大防書集後云：武子閉門讀書，室無一物。性嗜詩，不輕作，或終歲無一語，故所作必絕人。

春詞

後主搴香復倚春，潘嬙梳洗最輕盈。南朝破後無詞客，燕子桃花古石城。

曉行

千山萬山星斗落，一聲兩聲鐘磬清。路入小橋和夢過，豆花深處草蟲鳴。

賦

柳暗旗亭不忍看，臨江愁殺晉衣冠。傷心明月揚州路，十里珠簾蕙草寒。

示長蘆仁禪師

叢叢竹雀鬧人家，農事春來漸有涯。品字柴頭煨正煖，不知風雪到梅花。

梅市道中

連雨疎篷不耐闗，脩眉如失更晴慳。越王故國無人問，艇子穿花自往還。

西湖晚歸

帖帖平湖印晚天，踏歌遊女臂相牽。鳳城半掩人爭路，猶有胡琴落後船。

留題吳興投老菴

白鷺悠悠去不還，渚雲汀草一生閑。暮年不入西州路，空倚梅花說住山。

九日書呂季慈室

上池入寺見承平，影落南州迹易陳。手把黃花看新雁，風烟愁殺舊京人。

感舊

三十六陂春水綠，四十九年人事非。揚子江頭永嘉後，吳儂蕩槳北人稀。

過西溪

罨畫層波蕙草荒，冷雲客雁兩回皇。梅花到得吹成雪，盡是清愁不是香。

遣家書

家住鄱陽小洞天，經年烹鯉尚茫然。幾回鵲喜無消息，吹殺燈花獨自眠。

小破

小破燕支鈿早梅，雪雲平淡越江遲。青山歲晚行人少，鴨鴨羣飛淺草時。以上雪窗小集

上雪竇山奉慈院

迢迢嶺外雪雲明，猶憶塵中見偉人。沙上豈無新到雁，附來莫厭尺書頻。延祐四明志

長松丹井

九轉丹砂煉得成，飄飄仙袂入青冥。一泓寒水留眞汞，千歲長松產茯苓。雲門志略

句

客向愁中都老盡，祇留平楚伴銷凝。樓攻媿集跋

張縯

縯字季長，蜀之唐安人。隆興元年進士。官大理少卿。

奉陪安撫大卿登八陣臺覽觀忠武侯諸葛公遺像偶成長句

白帝城西魚復浦，十月江平見津滸。當年累石紛成行，此地臥龍經講武。轅門外建嚴中權，自注：陣有壁壘，一門東出。列陣相承存後伍。自注：八陣相承，又列數陣于後。何人蛇勢識常山，未數魚麗矜鄭拒。懸知精神貫金石，尙想號令嚴鉦鼓。老兵料敵應疑生，川后澄波其敢侮。向令赤伏有餘符，下睨皇州眞指取。云何遺跡司神明，獨斬豐功被寰宇。高城置酒共臨眺，往事興懷增歎撫。巍然王佐三代前，信矣名言照千古。全蜀藝文志

題沔州諸葛武侯廟

赤伏終休運，前營落大星。皇王空禮樂，江漢閟英靈。斷壠牛羊入，空山草木靑。經時須此收，淸淚灑泉扃。陝西通志

黄度

度字文叔，新昌人。隆興元年進士。寧宗朝，累官禮部尙書，以煥章閣學士知隆興府。

青溪閣

江家舊宅枕溪頭，誰向溪灣著小樓。無奈當年亡國恨，潮生潮落幾時休。景定建康志

楊方

方字子直，長汀人，自號淡軒老叟。隆興元年進士。嘗受學于朱子之門，仕至直寶謨閣、廣西提刑。

趙南塘跋云：公暮年詩精淸簡遠，與俗異軫。

淳熙辛丑自武寧丞攝靖安作

毛竹山頭雲雨昏，靖安橋下小谿渾。高陂約水歸田急，不管湍聲入縣門。

堂上官人似野人，村甿相見可相親。開門坐對臨溪樹，故是水邊林下身。

對縣誰家數畝園，竹亭茅宇雜花繁。同官不可無𥡴局，通管溪南水竹村。

題武寧丞廳

暮年叢薄寄鷦鷯，搔首巡簷歲月銷。留與後人還要否，一軒松竹冷蕭蕭。

館中簡張約齋

書生賦分合窮愁，官與休辰不肯休。淸曉犯寒開省戶，誰家見雪似瀛洲。

爛銀宮闕雲中見，素奈園林月下遊。說與南湖張祕閣，速來同直道山頭。以上後村詩話

傅伯壽

伯壽字景仁，晉江人。隆興元年進士。紹熙中，官浙西提刑。

一段奇軒 在西湖淨相院

門外紅塵走利名，庵中白髮任浮生。羨師法窟能深入，厭我詩壇已屢盟。渺渺水光簾萬疊，離離梅影雪三更。何人薦取眞消息，試鼓瑤琴一再行。咸淳臨安志

一眺石

一眺人間萬事非，海鷗山鳥便忘機。林端髣髴見帆影，知有扁舟天際歸。南安縣志

張抑

一段奇軒

雲山爛漫本難名，收拾閑情付此生。出處自知無上策，往來聊欲試同盟。門多賢轍人便靜，琴鎖師堂歲幾更。六月岸巾來借榻，頻遊應不禁船行。咸淳臨安志

傅伯成

伯成字景初，其先濟原人。祖忠肅公察，父自得，避地居泉州，爲晉江人。隆興元年，與兄伯壽同舉進士。理宗朝，官至寶文閣學士，提舉祐神觀。卒贈開府儀同三司，謚忠簡。有竹隱集。

素馨花 自注：素馨，南漢宮女名。

昔日雲鬟鎖翠屏，祇今烟冢伴荒城。香魂斷絶無人問，空有幽花獨擅名。全芳備祖

許及之

及之字深甫，溫州永嘉人。隆興元年進士。寧宗朝，歷官參知政事，知樞密院事。有北征紀行詩集。

廢冢

石人猶自立蒿萊，拂讀殘碑字字哀。鄰冢已澆寒食酒，野風分送紙錢來。東甌詩集

孫逢吉

逢吉字從之，龍泉人。隆興元年進士。寧宗朝，歷祕書監，兼吏部侍郎，出知太平州，丐祠。卒謚獻簡。

茅亭 在泉州，陳洪進宴游之地，今廢。

陳氏當年爲勝概，吾徒今日作良游。時遷代謝皆如此，細雨燈花莫浪愁。方輿勝覽

程　迥

迥字可久，寧陵人，家于沙隨。隆興元年進士。仕爲德興丞，調上饒令。迥深于經學，學者稱沙隨先生。有南齋小集。

題玉眞書院 在德興縣玉眞山麓，邑人吳紹古建。陸九淵有經德堂扁。

吳侯所築居，密近玉眞麓。翳薉祕幽奇，千載空喬木。一朝做虚境，劃見神仙躅。拄杖步危磴，遠寄千

里目。鶴遻子晉笙，鳧舉王喬足。信是隱君子，名入丹青錄。冥搜得佳句，隱然可騷僕。早聞雲錦溪，鳴榔到巖谷。寄我輞川圖，居然媚幽獨。何當櫂輕舠，飛鳥送遐矚。饒州府志

自題晒怡齋

乞得膠膠擾擾身，霜筠露菊便相親。勸君莫厭虀藜藿，違己由來更病人。

六月松風萬籟寒，笙竽頻到枕屏間。夜深夢繞匡廬阜，瀑布濺珠過藥闌。

葵花已過菊花開，萬里西風拂面來。問字今朝幾人至，細看屐齒破蒼苔。困學紀聞

吳鎰

鎰字仲權，崇仁人，曾弟。登隆興元年乙科。累官司封郎中，極言罷歸。有雲巖集。

崇仙觀二首

浮丘仙袂風中挹，子晉吹笙月下聞。翠蓋霓裳君過我，尻輿神馬我從君。

人生塵土不可耐，天上高寒定自嘉。但約麻姑擘麟脯，莫尋句漏問丹砂。撫州府志

送客香山寺

十里香山寺，三年到幾回。不嫌送客遠，端是愛山來。老木依山住，閑雲爲我開。歸鞍意未足，城鼓莫相催。郴州文志

陸游

游字務觀，越州山陰人。佃之孫，宰之子，以蔭補登仕郎。隆興初，賜進士出身。范成大帥蜀，

爲參議官。人譏其頽放，因自號放翁。累知嚴州。嘉泰初，詔同修國史，兼祕書監，升寶章閣待制致仕，卒。有渭南集、劍南集。

直齋陳氏云：游幼爲曾吉父所賞識，詩爲中興之冠；他文亦佳，而詩最富，至萬餘篇，古今未有。

四朝聞見錄：陸公早退居，往來雲門、若耶。韓侂冑固欲其出，落致仕，除次對，公勉爲之出。韓喜附己，至出所愛四夫人，擘阮琴起舞，索公爲詞，有「飛上錦裀紅皺」之語。公臨終，以詩示其家云：「王師剋復中原日，家祭毋忘告乃翁。」公之心方暴白于易簀之時矣。

臨安春雨初霽

世味年來薄似紗，誰令騎馬客京華。小樓一夜聽春雨，深巷明朝賣杏花。矮紙斜行閑作草，晴窗細乳戲分茶。素衣莫起風塵歎，猶及清明可到家。

後村詩話：放翁少時調官臨安，得句云：「小樓一夜聽春雨，深巷明朝賣杏花。」傳入禁中，思陵稱賞，由是知名。

陳阜卿先生爲兩浙轉運司考試官時秦丞相孫以右文殿修撰來就試直欲首送阜卿得予文卷擢置第一秦氏大怒予明年既顯黜先生亦幾陷危機偶秦公薨遂已予晚歲料理故篋得先生手帖追感平昔作長句以識其事不知衰涕之集也

冀北當年浩莫分，斯人一顧每空羣。國家科第與風漢，天下英雄惟使君。後進何人知大老，横流無地寄斯文。自憐衰鈍辜真賞，猶竊虚名海內聞。

恩封渭南伯唐詩人趙嘏爲渭南尉當時謂之趙渭南後來將以予爲陸渭南乎戲作長句

老向人間久倦遊，君恩乞與渭川秋。虛名定作陳驚坐，好句眞慙趙倚樓。棧豆十年需病馬，烟波萬里著浮鷗。就封他日輕裘去，應過三峯處處留。

示兒

死去元知萬事空，但悲不見九州同。王師北定中原日，家祭無忘告乃翁。以上劍南集

絕句

碧玉當年未破瓜，學成歌舞入侯家。如今顦顇篷窗底，飛上青天妒落花。

懷成都舊游二首

金鞭朱彈憶春游，萬里橋邊罨畫樓。夢倩曉風吹不斷，書憑春雁寄無由。鏡中顏鬢今如此，席上賓朋好在否？篋有吳牋三百箇，擬將細字寫春愁。

裘馬淸狂錦水濱，是繁華地作閑人。金壺投箭消長日，紅袖傳杯領好春。幽鳥語隨歌處拍，落花鋪作舞時茵。悠然自適君知否，身與浮名孰重輕。

齊東野語：陸放翁在蜀日，有所盼，嘗賦詩云云。出蜀後，每懷舊遊，多見之賦詠云云。

沈園二絕　慶元己未作

夢斷香銷四十年，沈園柳老不飛綿。此身行作稽山土，猶弔遺蹤一悵然。

城上斜陽畫角哀，沈園無復舊池臺。傷心橋下春波綠，曾是驚鴻照影來。

禹蹟寺南有沈氏小園四十年前嘗題小詞一闋壁間偶復一到而園已三易主讀之悵然

紹熙壬子作

楓葉初丹槲葉黃，河陽愁鬢怯新霜。林亭感舊空回首，泉路憑誰說斷腸。壞壁醉題塵漠漠，斷雲幽夢事茫茫。年來妄念消除盡，回向蒲龕一炷香。

歲暮夜夢遊沈氏園兩絕 開禧乙丑作

路近城南已怕行，沈家園裏更傷情。香穿客袖梅花在，綠蘸寺橋春水生。

城南小陌又逢春，只見梅花不見人。玉骨久成泉下土，墨痕猶鎖壁間塵。

齊東野語：陸務觀初娶唐氏，于其母夫人爲姑姪，伉儷相得，而弗獲于其姑。既出，而未忍絕之，則爲別館，時時往焉。姑知而掩之，雖先知挈去，然事不得隱，竟絕之。唐後改適同郡宗子士程，嘗以春日出游，相遇于禹蹟寺南之沈氏園。唐以語趙，遣致酒餚，翁悵然久之，爲賦釵頭鳳一詞，題園壁間，實紹興乙亥歲也。翁居鑑湖之三山，晚歲，每入城，必登寺眺望，不能勝情。未久，唐氏死，嘗作詩共五首云。

紀夢

白首歸修汗簡書，每因囊粟歎侏儒。不知月給千壺酒，得似蓮花博士無。

趙章泉梅課云：嘉泰壬戌九月，陸放翁夢一故人相語曰：「我爲蓮花博士，鏡湖新置官也。我去矣，君能暫爲之乎？月得酒千壺，亦不惡也。」遂以詩紀之云云。

致爽軒 在永康軍

黃塵赤日汗霑裾，竹裏煎茶喜有餘。堪笑放翁窮意巧，就君池館讀君書。方輿勝覽

感姚將軍事題青城山上清宫壁

造物困豪傑，意將使有爲。功名未足言，或作出世資。姚公勇冠軍，百戰起西陲。天方覆中原，殆非一木支。脱身五十年，世人識公誰。但驚山澤間，有此熊豹姿。我亦志方外，白頭未逢師。年來幸廢放，儻遂與世辭。從公遊五岳，稽首餐靈芝。金骨换緑髓，欻然雲外飛。

庶齋老學叢談：姚將軍，靖康初以戰敗亡命。建炎中，下詔求之，不可得。後五十年，乃從吕洞賓、劉高尚往來名山，有見之者。放翁感其事作詩。

感趙宗印事

我夢游太華，雲開千仞青。擘山瀉黄河，萬古仰巨靈。往者禍亂初，氛祲干太寧。豈無卧雲龍，一起奔風霆。時事方錯繆，三秦盡羶腥。山河消王氣，原野失天刑。將軍散髪去，短劒斸茯苓。定知三峯上，爛醉今未醒。

庶齋老學叢談：靖康、建炎間，關中奇士趙宗印，提義兵出戰，有衆數千，所向輒下，敵不敢當。會王師敗于富平，宗印知事不濟，大慟于王景略廟，盡以金帛散其下，披髪入華山，不知所終。放翁感其事，作詩云云。

韓幹馬

唐人畫馬如相馬，口口不在驪與黄。天機入神即揮灑，氣脱毫素先騰驤。昔年曾畫穆王游八極，八龍之駿雲五色。後來又寫越影超光脱丹碧，後來又寫漢武窮渥洼。復見神駒來漢家，勢走滅没開風沙。壯哉此馬健且雄，玉花徧身雲滿鬉。首如渴烏眼如電，皎如疋練横晴空。使之陷陣當破敵，萬馬不敢先秋風。如何解鞍脫其轡，縱爾傲儻如游龍。君不見四海罷征戰，九夷盡梯航。方將卻爾宛水之西，歸爾華山之陽。幸逢韓供奉寫爾神，杜拾遺歌爾良。賭爾支道林，愛爾神駿懸高堂。珊瑚網

句

積憤有時歌易水，孤忠無路哭昭陵。

娛書堂詩話：唐制，有寃者哭昭陵下。李洞策夜獻籬詩云：「公道此時如不得，昭陵痛哭一生休。」陸務觀亦有句云云。

虞儔

儔字壽老，寧國人。隆興初，入太學，舉進士。以太常少卿使金，累官兵部侍郎，奉祠，卒。有尊白堂集。

過千秋嶺

輕陰漠漠雨斑斑，嶺上風來一解顏。已是去天纔尺五，卻令緩步有躋攀。飛泉百道縈羅帶，列岫千峯擁翠鬟。應是北堂春正滿，幾迴回首望家山。寧國府志

馬之純

之純字師文，金華人。隆興進士。慶元間，主管江東轉運司文字。著金陵百詠。世號野亭先生。孫光祖，有名。

玄武湖

萬頃冥茫水拍隄，當時于此習舟師。長江天險雖堪恃，鬭艦人謀可勿施。莫使黑龍離舊窟，且敎玄武入新詞。如何又作蓬瀛景，時節來遊看水嬉。

東冶亭

舊時祇說東西冶，今日轉爲長短亭。無奈梅花臨水白，可堪柳色向人青。十分瀲灩苦難把，三疊凄涼誰忍聽。不道離愁堆滿屋，往來車馬放敎停。以上景定建康志

郭明復

明復，成都人，印子。隆興癸未登科，仕爲宗丞。

題琵琶亭 幷序

白樂天流落湓浦，作琵琶行。其放懷適意，視憂患死生禍福得喪爲何物，非深于道者能之乎？賈傅謫長沙，抑鬱致死；陸相竄南賓，屏絶人事。至從狗竇中度食飲，兩公猶有累乎世，未能如樂天逍遥自得也。予過九江，維舟琵琶亭下，爲賦此章。時淳熙己亥中元日。

香山居士頭欲白，秋風吹作湓城客。眼看世事等虛空，雲夢胸中無一物。舉觴獨醉天爲家，詩成萬象遭梳爬。不管時人皆欲殺，夜深江上聽琵琶。賈胡老婦兒女語，淚溼青衫如著雨。此公豈作少狂夢，與世浮沈聊爾汝。我來後公三百年，潯陽至今無管弦。自注：公詩有「潯陽小處無音樂」之句。長安不見遺音寂，依舊康廬翠掃天。

容齋三筆：賈誼自長沙召還，後爲梁王傅乃卒，前所云少誤矣。

題三峽堂

三峽堂前五月風，吳檣蜀柁古來通。山如肺附重相掩，水似環連去不窮。躍馬孤城憐倔強，臥龍八陣想英雄。憑闌千載興亡事，何異邯鄲一枕中。

大人按部過雲安下巖留題命同賦

道人昔日來開山，山鬼悔泣門不關。一時梵宇借嵓麓，千載絕景歸人間。松蘿蓬勃樹旌纛，水泉丁東鳴佩環。兩蘇寂寞涪翁死，杖屨誰與同躋攀。以上全蜀藝文志

陳　翊

翊字君正。

甲申仲冬侍親由行在所還毘陵舟泊村渚

日暮成孤泊，棲遲得小安。雪融沙觜露，雲拂雁翎寒。過櫓冰痕薄，通村水汊寬。詩情如廢井，膹覺起波瀾。前賢小集拾遺

黃　然

然，豫章人。隆興中，官右朝請郎，知台州。

涪翁亭 在蜀嘉陵

清音妙絕東坡老，方響名高太史公。水遶烏飛談笑外，江連洪雅畫圖中。方輿勝覽

張維

維字仲欽，延平人。隆興中，通判建康府事。乾道中，廣西經略安撫使。

留守舍人張公安國聞維築亭爲題其榜曰朝陽既去而亭成復爲賦詩次韻

日邊清切以文鳴，立對朝陽欲問程。筆落春生變寒谷，詩來將喜破愁城。簷前水到乘槎便，天際山横與檻平。準擬公歸道過此，小留觴詠集簪纓。景定建康志

題張公洞

年來行樂與民同，探穴追蹤太史公。幽洞初開名易著，蒼崖新刻句難工。風驅俗駕松扉外，雲鎖仙丹石室中。付與山僧司管鑰，勿教勝地草蒙茙。桂勝

蔡勘

勘字定夫，莆田人，襄之後。乾道二年進士。除祕書省正字，知江陰軍。

題盱眙

自古東南第一山，于今無異玉門關。亂雲衰草蒼茫外，赤縣神州指顧間。擊楫何人酬壯志，凭闌終日慘愁顔。中原父老應遺恨，祇見氊車歲往還。錦繡萬花谷

徐似道

似道字淵子，號竹隱，黄巖人。乾道二年進士。歷官權直學士院，遷祕書少監，終提點江西刑獄。有竹隱集。

貴耳集：淵子嘗爲少蓬，朝聞彈疏，坐以小舟，載菖蒲數盆，翩然而去，道間爭望若神仙。

九日

衰容不似秋容好，坐上誰憐老孟嘉。牢裹烏紗莫吹卻，免教白髮見黃花。鶴林玉露

偶題

老去功名不挂懷，高眠之外祇清齋。偶因種竹便多事，風葉掃餘還滿階。詩家鼎臠

買硯

俸餘擬辦買山錢，卻買端州古硯甎。依舊被渠驅使在，買山之事定何年。

鶴林玉露：劉改之賀徐直院啓云：以載鶴之船載書，入覲之清標如此；移買山之錢買硯，平生之雅好可知。用其詩語也。

廬山得蟹

不到廬山辜負目，不食螃蟹辜負腹。亦知二者古難并，到得九江吾事足。廬山偃蹇坐吾前，螃蟹郭索來酒邊。持螯把酒與山對，世無此樂三百年。時人愛畫陶靖節，菊籬東遶手親折。何如更畫我持螯，共對廬山作三絕。貴耳集

蓴虀

千里蓴絲未下鹽，北遊誰復話江南。可憐一筯秋風味，錯被旁人舌本參。

送春

圓蒲相將結僧夏，荷葉蒲茸綠相亞。浮花浪蘂自飄零，小院迴廊正瀟灑。葉如青幄花成茵，細腰起舞來送春。紙光如銀墨如漆，落筆四座驚有神。輕衫短帽付餘子，花前醉倒輸閑人。以上全芳備祖

舟行

大官連檣十萬艘，小官僅得一葉如漁舠。其中何所有，白髮翁媼幷兒曹。赤脚婢三後執爨，蒼頭奴子前操篙。玄眞筆牀問茶竈，吏部酒杯兼蟹螯。書緘一箱半魚蠹，詩東百軸成牛腰。平鋪稾秸薦貓犬，賸買棗栗供猨猱。新花鬱屈作萎木，清酒搖蕩成濁醪。篷低日覺巾角折，竈近時聞羹釜轑。高驤正難望鵠首，緩進豈敢爭龍標。全家窟拘歎跧跼，長物屏當隨迴遭。桑樞駟馬各是累，人肝薇蕨俱成饕。不須彼此更相笑，未必鬱林之石賢胡椒。後村詩話

虞仲房司馬遊園約予不赴因次其韻

祕書行處有歌鐘，身在名園錦繡叢。試問高吟粱苑雪，何如共快楚臺風？人鷗不去機方息，魚我相忘樂未窮。待得芙蓉濯雲錦，弄花翻水與君同。赤城詩集

自笑

黄昏茅店帶星入，清曉竹輿蒙露行。客路三千年五十，對人猶是說歸耕。東甌詩集

句

胸中着雲夢，皮裹有陽秋。自作先生傳，誰爲故吏碑。挽錢覲　鬲上村坊酒，眉尖野店茶。天寒不知翠袖薄，日煖但覺玉烟生。水仙花　索醉寧傾問字酒，忍飢不取作碑錢。駒入隙來元不礙，蠅

穿紙出定何妨。紙閣　北風萬籟自宮徵，寒日一軒眞袴襦。以上後村詩話

婁機

機字彥發，嘉興人。乾道二年進士。寧宗朝，累官禮部尚書，兼給事中；權同知樞密院事，兼太子賓客，進參知政事，提舉洞霄宮。

日哦軒

高軒多暇日，宴寢獨怡神。風俗無今古，雲山自主賓。灘平分燕尾，松老半龍鱗。徙倚清陰下，吟懷媿昔人。杭州府志

羅願

願字端良，號存齋，汝楫子，以蔭補承務郎。中乾道二年進士，守鄂州。有小集。

題興善寺碧玉軒木犀 在新城縣

老照軒前翠已空，忽驚嘉樹碧玲瓏。幽芳自出禪枝外，圓相長標法窟中。過客莫辭三宿戀，道人已費十年功。要須共結團圞坐，賞盡清秋面面風。

送邕州吳使君

題輿纔赴日邊程，便擁油幢鎮列城。地望素高唐五管，人才今似漢三明。時淸市駿非無意，歲晏逢花好寄聲。太學英名湖海氣，此行持論要平平。以上鄂州小集

黄希

希字夢得，宜黄人。乾道二年進士。終永新令。有補注杜詩，未竣而卒，子鶴續成之。

題石砮 注見鄒極詩

誰賦阿房未霽虹，祇誇複道峭淩空。那知海石驅來處，都在巖花晏坐中。鯨背遠衝千嶂雨，鼇頭高占一天風。漫郎更有中興頌，倩把蒼崖仔細礱。撫州府志

周孚

孚字信道，濟南人，寓家京口。乾道二年進士。終眞州教官。辛稼軒刊其集，曰蠹齋鉛刀編。

贈蕭光祖

之子固絶俗，少年甘寂寥。田園一蟲睫，書卷百牛腰。雪徑晴猶凍，烟江晚不潮。箇中勤著語，老耳待聞韶。

宋公佐席上分韻得樓字

誰謂子青眼，不嫌予白頭。共穿康樂屐，來醉仲宣樓。風定江猶怒，雲高雨欲休。西山多爽氣，吾忍賦悲秋。

寄辛幼安

我屋與君室，濟河南北州。相逢楚天晚，卻看蜀江流。老境渾能迥，妖氛竟未收。何時一廛地，歸種故園秋。

次韻朱得裕見贈予病初起

蓋世功名黍一炊，驚心歲月轂雙馳。五漿先饋那須爾，二豎相陵少避之。種種鬢毛吾欲老，翩翩書札子能奇。黃花無語秋將暮，莫惜玄談與解頤。以上蠹齋鉛刀編

薛澄

澄，鄞人。乾道二年進士。

效朱公叔絕交詩

東山有梟，不祥其名。惡木是息，惡聲是鳴。食不棄腐，飲不擇清。宜飛求伏，以晦爲明。凶殘滿志，嗜欲惟攫。伸頸招鳳，使鳳自驚。豈有鳳口，而和梟聲。奈何伊人，弗審物情。請從此別，各自謀生。甬上耆舊集

許開

開字仲啓，丹徒人。乾道二年進士。官中奉大夫，提舉武夷沖祐觀。有志隱類稾。

水仙花

定州紅花瓷，塊石藝靈苗。芳苞茁水仙，厥名爲玉霄。適從閩越來，綠綬擁翠條。十花冒其顛，一一振鷺翹。粉蘂間黃白，清香從風飄。回首天台山，更識膽瓶蕉。全芳備祖

洞霄宮

珠宮梁柱太平年，福地從知接洞天。曲檻一峯飛怪石，幽亭三峽迸流泉。驪龍睡重時方旱，白鶴歸來

客欲仙。殿上紅雲西日暎，此身如在玉皇前。洞霄詩集

謝深甫

深甫字子肅，臨海人。乾道二年進士。累官知樞密院，兼參知政事，拜右丞相，以少傅致仕。理宗朝，以孫女爲皇后，追封魯王，謚惠正。有東江集。

天台道中

溪繞青山路繞溪，山長溪曲路高低。晴灘淺澀舟如盪，危磴棱層石作梯。晚照荒村飛鳥入，秋風落葉敗蟬嘶。碧雲四合長天暮，轉使鄉關望眼迷。台州府志

王　枬

枬字木叔，永嘉人。乾道二年進士。累官監進奏院。坐僞學，罷知江陰軍；遷大理丞，歷吏部郎中、祕書少監，知贛州。有合齋集。

南康泊舟欲遊廬山値雪

春風浩蕩江湖客，咫尺廬山風雨急。門前老樹最關情，一夜相思頭盡白。東甌詩集

倪　思

思字正甫，歸安人。乾道二年進士。寧宗朝，累官禮部尙書，以寶謨閣直學士知福州。卒謚文節。有齊齋甲乙稾、翰林前後稾。

延平港灘

長幾贛石三百里，險過瞿唐十八灘。幸有溪旁平穩路，何須欲速冒驚湍。方輿勝覽

慈感寺東軒

水花風葉暮蕭然，靄靄雲山帶瞑烟。竚立東軒未能去，更看明月湧晴天。湖州府志

周泊

泊字子及，天台人。乾道二年進士。國子監主簿。

拜卞忠貞墓 在金陵冶城

晉鼎踣旎姦人窺，孰謀國者如兒嬉。陷穽弗設延虎貔，虓闞搏噬嬰者摧。羣公奔潰不敢誰，卞公力疾起督師。謂事迫矣奚生爲，以肉餧虎吁可悲。公則死矣二子隨，偉哉忠孝萃一時。維公忠義天所資，向來謀國如蓍龜。不用吾言至于斯，爲社稷死則死之。冶城之麓江之湄，荒冢突兀餘豐碑。半生讀史長歔欷，拜公之墳涕霑頤，死者可作吾誰歸！嗟哉江左固多士，往往所欠惟一死。元規兒輩何足罪，王公偃仄石頭裏，氣息奄奄有如泉下鬼。蘇武之節不如是，視公胡不顡有泚。男子之死一言耳，死而不亡公父子。景定建康志

楊甲

甲字鼎卿。乾道二年進士。仕不顯。

遊長松寺宿石門僧舍以石門霜露白爲韻得露字

疾風吹輕衣，駕我雲脊路。人間一回首，驚絕不敢顧。鳥投虛無底，渺渺不知處。蜂窠蟻丘垤，與世同

所鶩。試看一蒼莽，誰有不平慮。尚憐野僧屋，佛面荒苔蠹。斷崖劃呀吻，洶洶崩石怒。我來得奇觀，拄杖叩巖樹。青山有驕色，斯客不能句。平生二三子，慰我一相遇。娟娟松間月，幽夕亦可度。夜闌更小語，風遏遺響去。酌君無多酒，繼以木蘭露。

登安福浮圖以高標跨蒼穹爲韻得跨字

誰能於虛空，千仞擢修架。層梯高寥寥，可歷不可跨。疑從地上涌，幻手聊一化。飛龍送千柱，雷雨天一借。巍巍大勝妙，突兀此其亞。道人豈澄觀，佛事了閑暇。指揮三百尺，斤斧隨叱咤。當時奮赤手，意闊已遭罵。後來見奇特，世眼一驚詫。塹山作平地，海闊梁可駕。哀哉耳目陋，未信猶疑嚇。淩高更回首，落日在雲罅。蒼蒼野浮樹，漠漠水分汊。悲涼豪傑窟，野冢埋王伯。百年眼前是，俛仰閱榮謝。惟當快飲酒，醉聽風鈴夜。

朱眞人祠

一濯巖下溪，再拜巖中庭。清風蕭然來，吹我衣上腥。仙人芙蓉冠，乘月下雲軿。山空雜佩響，夜靜朝百靈。似聞客欲去，小語猶丁寧。肅肅上松柏，急以兩耳聽。寂寥古壇外，但挂斗與星。天明恐是夢，恍惚遺心形。去飲石上水，再讀幽人銘。青山無行迹，霧雨松冥冥。

寒食游學射山

疾風吹沙天茫茫，日落未落原野黄。山空無人石磷磷，路長馬飢石齧足。荒苔古林翳雲族，何人剗嵓縛層屋？當時萬騎塡山谷，至今拾寶多遺鏃。故國山川愁遠目，人世悲歡風雨速。淩高舉手天爲蹙，手攀嵓樹叩雲木。何人唱我淒涼曲，與亡一眼冥冥綠。野水平蕪飛雁鶩。

靈泉山中

野色山園盡，風烟更可憐。客情牛鐸外，農事藕花前。聚汲松根井，寬愁石底泉。雲安須斗水，詩興亦超然。

勝地仙靈宅，微官也謫居。焚香他日夢，隱几向來書。小睡便山雨，長齋稱野蔬。逢人問無恙，滿意説樵漁。以上成都文類

曾　懷

懷字欽道，晉江人，孝寬曾孫。建炎初，爲金壇簿，知眞州。乾道初，賜同進士出身，參知政事，拜右丞相，封魯國公，奉祠，卒。

恭和御製玉津園宴射

名園佳氣靄非烟，冠佩朝宗似百川。五品並令陪宴射，四鍭端欲序賓賢。恩涵春意魚翻藻，威入秋聲雁落弦。竣事更容窺典雅，宸章應陋柏梁篇。

夢粱錄：城南玉津園，在嘉會門外四里。紹興四年，北使來賀天中節，遂宴射其中。孝廟常臨幸，命皇太子、宰執、親王、侍從、五品以上官，及管軍官，講宴射禮。孝廟御製詩，宰臣曾懷恭和云云。

鄭　僑

僑字惠叔，興化人。乾道五年，進士第一。簽書鎮南軍節度判官。光宗朝，權吏部尚書。寧

宗朝，拜參知政事，以觀文殿學士致仕。

題夾漈草堂

杪秋尋遠山，幽懷鬱沖沖。草堂跨層崖，夕陽山影空。高人辭天祿，結交杖藜翁。游氛暗九土，歲晚余曷從。泠泠夾漈水，謖謖長松風。思之不可見，淚落秋雲中。莆陽文獻

王希呂

希呂字仲行，宿州人；渡江，居嘉興。乾道五年，登進士。累除中書舍人、給事中，轉吏部尚書，以端明殿學士知紹興府。

入直學士院作

玉堂晝永暑風微，歘歘飛花落小池。徙倚幽欄憑問訊，夏鶯飛出萬年枝。

玉堂雜紀：學士院東閣窗下，甃小池，久無雨則涸。傍植金沙、月桂之屬，又有海棠、郁李、玉繡毬各一株。西偏植金橘，逼城，根枝不能大。花開時，香滿院，結實雖小而甘，浙中未易得也。王仲行詩云云。

湖山十詠　存四首

瑟瑟輕冰拆御溝，溝邊柳色弄春柔。數聲啼鳥破幽夢，斷送西湖尋舊游。

石罅微泉咽淺沙，沙頭細草換年華。疎籬酒旆管春事，倚馬短檐梅著花。

雨挾東風作嫩寒，短牆園水柳藏烟。游人不出西湖靜，白鷺飛來在畫船。

露葵抱蘂未全開，翠竹陰涼蔽綠苔。貪看青林飛白鳥，丁丁啄木又驚回。咸淳臨安志

本覺寺三過堂

門外驚風吹細沙，入門水氣湛清華。呼童試向林間看，巖桂應開第二花。

嘉興府志：熙寧間，有文長老住寺中，東坡三過之，故名。王希呂有詩。

陸埈

埈字子高，本高郵人。建炎初，徙海鹽。乾道五年進士。知和州，官至尚書。有益齋集。

醜梨 醜梨，出崇德之東。貌雖惡，而味絕勝，聞嘗進御，因賦。

灰貌疑淸古，霜津溢脆甜。面嫌湯後白，心慰邑中黔。美實鍾寒谷，珍嘗近御匳。彼姝徒冠玉，爭得似無鹽？至元嘉禾志

曾丰

丰字幼度，撫州樂安人。乾道五年進士。官德慶太守。恬于仕進，築室曰撙齋。有緣督集。

賀皇太子生日

運轉黃河舊，波澄少海淸。菊籬浮喜色，蘭殿沸歡聲。岐嶷親王羨，聰明左右驚。英姿涵玉裕，冊禮建金旌。入省龍樓曉，歸休鶴禁晴。講筵心會道，賓苑禮通情。誕日愉謠滿，儲庭瑞彩盈。兩宮筵具渥，六佾舞儀輕。靜念孤蹤遠，曾叨四友榮。倘稽陪用綺，遙祝壽籛鏗。

登滕王閣

故閣崢嶸已劫灰，又看新閣上煙煤。斷碑無日不濃墨，古砌雖秋猶淺苔。江闊鳥疑飛不過，風輕帆敢

趁先開。天高眼迥詩囊小，收拾不多空一來。以上緣督集

嚴子陵

周家刑不上大夫，法固不足禮有餘。何人不願立朝路，未老誰肯甘田廬。秦阬學士寘勿論，漢嫚大臣眡如奴。逸民不出朝士去，前有兩生後二疏。世祖聰明失之察，待臣少禮多以法。當時祿位列三公，危似千金懸一髮。先生識帝貧賤時，富貴何妨與共之。云胡君房留不住，無乃平日窺其微。龍顏之疎顧豈忍，烏喙所伏那可知。初來高蹈疑矯世，從後逆覩信知幾。退身不勇公孫賀，明泣危機終自墮。先生明甚勇如之，天地萬物莫吾挫。將星羣立客星孤，羣恐難調孤易禍。帝座旁邊睡熟閒，夢魂已在桐江臥。將星耿耿亙今明，不比客星明更大。釣臺集

疎山　在金谿縣

草徑蜿蜒十里閑，雲關若在畫圖看。萬松密翠地無影，一水長清天自寒。撫州府志

句

不可以風霜後葉，何傷于月雨餘雲。

陳郁話腴：曾撙齋遭論歸，賦自省詩，中一聯云云。託物寄情，得坡之意。

王藺

藺字謙仲，廬江人。乾道五年進士。歷官禮部尚書，樞密使。卒謚獻肅。有軒山集。

中塔悟空禪院　有引

予前年自江西召還，以十二月六日抵修門。雨後微雪，宿接待院。今得罪去國，復以是日雪中來。明日過皋亭，見福公長老，言及相與歎息，因留三絶。紹熙改元，軒山居士王藺。

重到招提恰兩年，北窗風雪擁衾眠。客來休説邯鄲夢，世事端知不偶然。

富貴危機豈獨今，且從麋鹿逐山林。祇慙莫報君恩重，敢廢惓惓畎畝心。

皋亭回首輭紅塵，晴日僧房暖似春。禪老眈眈如卧虎，相逢一笑問來因。三首見皋亭中塔院石刻

蕭之敏

之敏，潯陽人，官御史。

滴翠樓 并序

乾道五年三月十八日，寓堪村。逆旅主人徐季登飲予小樓之上，且求樓名。予曰：亂山滴翠衣裘溼，此東坡昌化之詩也。請以滴翠名之，可乎？季登曰：唯唯。賦兩絶以志之。

一溪流水漾殘春，上有高樓碧瓦新。溪路晝陰元不雨，卻愁空翠溼衣巾。咸淳臨安志

楊簡

簡字敬仲，慈溪人。乾道五年進士。寧宗朝，累官將作少監，出知溫州，以寶謨閣學士致仕。卒謚文元。學者稱慈湖先生。有慈湖甲稾。

絶句

淨几横琴曉寒，梅花落在弦間。我欲清吟無句，轉煩門外青山。

鶴林玉露云：句意淸圓，足覘其所養。

題仙山院默齋

漸漸疎鐘動，深深一徑開。炎光隔林麓，淸與逵崔嵬。擬作臨流賦，應須倩雨催。小窗宜挂起，且放竹風來。富陽縣志

黄景説

景説字巖老，號白石，閩人。乾道五年進士。嘉定中，直祕閣，知靜江府。有白石丁稾。

鶴林玉露：姜白石、黄巖老學詩于蕭千巖，巖老亦號白石，詩亦工，時人號雙白石云。

梨嶺遇雨

黑風吹雨又黄昏，雞犬數聲何處村。身在嶺雲飛處溼，不關別淚濺成痕。詩人玉屑

陸九齡

九齡字子壽，撫州金谿人。乾道五年進士。官全州教授，卒。寶慶中，贈朝奉，直祕閣，賜謚文達。

與僧淨璋

自從相見白雲間，離別嘗多會聚難。兩度逢迎當汝水，數年隔闊是曹山。客來濯足傍僧怪，病不烹茶侍者閑。不是故人尋舊隱，祇應終日閉禪關。瀛奎律髓

陸九韶

九韶字子美，九齡弟。築室梭山，講學其中，號梭山老圃。有文集。

月石 金谿縣南翠雲山，有巖竇，正圓如月，曰月石。

玉兎愛佳泉，飲泉化爲石。規圓立山趾，萬古終不息。應厭舊星躔，盈稀多缺夕。自從寄茲蹤，表表無晦蝕。光彩雖暫埋，體素得不易。神物豈終潛，早晚照九域。

試茗泉 在翠雲山

邂逅成山行，往往有異景。奇怪爭呈露，獨不見試茗。逶迤即道周，泓澄得幽井。淆之不可濁，凝然如自省。龜蒙於越來，儻亦煮石鼎。豈爲渴者甘，醉夢當一警。以上撫州府志

陸九淵

九淵字子靜，九韶弟。乾道八年進士。調靖安簿，累官著作丞。光宗即位，除知荆門軍務。卒謚文安。嘗結精舍于貴溪之象山，學者稱象山先生。有集。

疎山 在金谿西南

村靜蛙聲幽，林芳鳥語譽。山礬分皓葩，隴麥搖青穎。離懷付西江，歸心薄東嶺。忽忘飢歎憂，翻令發深省。

子規

柳院竹亭茅店，雲蕪風樹烟溪。聽徹殘陽月下，不論巴蜀東西。以上象山集

馬先覺

先覺字少伊，崑山人。乾道初進士。累遷兵部架閣。號得閑居士。有慚筆集。

喜樂功成招范至能入詩社

燕圃將軍善主盟，新封詩將一軍驚。范家老子登壇後，鼓出胸中十萬兵。

慧聚寺神濟善醫能知人死生既享高壽臨終甚了了作詩哭之

端的西來了世緣，有身寧肯自謀安。殷勤療病肱三折，去住無心指一彈。貝葉翻餘淸磬在，梵香飄斷暮鐘殘。祇今雙樹婆娑影，空鎖靈山片月寒。崑山雜詠

王時會

時會，明州奉化人。乾道中進士。

徐凫巖

絕壑攙空雲與平，橫飛寒瀑萬年聲。杖藜過盡人間險，獨向千山頂上行。雪竇寺志

陳　蒙

游雲門

杖策耶溪寺，風流憶晉唐。門深雲未散，梁古帖猶香。晩翠千峯遠，春深一澗長。徘徊松影下，覓句向斜陽。雲門志略

范　偃

偃字公武。乾道中，知晉陵縣。

題慧聚寺次孟郊張祜韻

散策欲薄暮，疎鐘猶殷牀。風烟函古趣，巖壑生幽香。仰首逼象緯，俯視眇川光。向來非突兀，幾成虎豹場。

飛閣臨無地，具區平可吞。高巖聳怪石，老木纏雲根。人散魚蝦市，帆歸葭葦村。每來豁塵慮，不妨頻款門。崑山雜詠

王寧

寧，常州人。乾道中進士。

和樓守浮遠堂留題

久去鄉關始一來，竹輿行樂亦佳哉。還尋童子釣游處，又趁史君旌騎迴。風物于人隨意好，江山如畫得天開。向來紀勝歸名筆，喜爲重鑱置石崖。咸淳毘陵志

彭正建

正建，乾道中以詩名。

絕句

天與蓮峯作逸民，舊時相識幾人存。家書千里嬾開眼，僦屋兩間長閉門。萬姓統譜

宋詩紀事卷五十四

錢唐厲鶚輯
錢唐許梓勘定

胡朝潁

朝潁字達卿，淳安人。乾道八年進士。官提刑。有靜軒集。

風鈴

風不能調碎玉聲，宮商濫奏竟難名。誰家稚女敲方響，一曲從頭學不成。

旅夜書懷

十日春光九日陰，故關千里未歸心。遙憐兒女寒窗底，指點燈花語夜深。以上前賢小集拾遺

小金山

天光雲影碧相涵，百頃玻璃一望間。綠水遶門迷客渡，白雲終日伴僧閑。疎鐘破曉潛蚪動，老木成陰倦鳥還。喚取頭陀磨石壁，爲渠題作小金山。淳安縣志

王孝巖

孝巖，吳興人。乾道八年進士。淳熙間處州推官。

舫齋 孝巖建

我本湖滑一漫郎，生來住處波茫茫。時尋畫舸破烟水，菰蒲滿路荷花香。一川窈窕詫紅蓼，兩岸蘆葦

明秋霜。船頭鷗鳥日來往，溪上風月相迎將。一行作吏便相失，合眼靈運春池塘。紛紛雁鶩實可厭，紙尾姓字隨低昂。簿書終是俗人甚，江湖到了難相忘。公餘頼有數椽在，疎櫺兩行如船裝。不知風波世路險，穩著萬斛隨風檣。人生短篷何日近，向來苕霅今括蒼。江山轉柁千萬里，故人兩地遙相望。誰能爲我幻竹葉，頃刻泛宅歸滄浪。祇憑平生氣湖海，隨所寓處爲艅艎。夜寒滿載明月歸，北風打頭人不忙。動來況自不如靜，悔吝不到虛舟傍。胸襟五湖與三江，是中莫測誰望洋。直須喚取李郭輩，相與共泛無何鄉。處州府志

陳傅良

傅良字君舉，温州瑞安人。乾道八年進士。寧宗朝，累遷中書舍人，除寶謨閣待制。卒謚文節。有止齋集。

止齋即事

斂子時開卷，逢人強整襟。最貧看晚節，多病得初心。地僻菱蓮好，山低竹樹深。寄聲同燕社，明日又秋砧。

題仙巖梅雨潭

衮衮羣山俱入海，堂堂背水若重闉。怒號懸瀑從天下，傑立蒼崖夾道陳。晉宋至今堪屈指，東南如此豈無人。結廬作對吾何敢，聊向漁樵寄此身。

癸丑冬車駕過宫留相還朝

一聲警蹕接天齊，馳道無塵馬不嘶。月御順行隨日轂，乾端和氣帀坤倪。三槐相繼歸公袞，細柳還須聽將鼙。老矣尚能歌二聖，不應專美在浯溪。以上止齋集

劉爚

爚字晦伯，建陽人，受學晦翁、東萊之門。乾道八年，第進士。寧宗朝，累遷國子司業。奏乞罷僞學之禁，擢權工部尚書，兼太子右庶子。卒贈光祿大夫，謚文簡。有雲莊外集。

金國賀正旦使人到闕紫宸殿宴

榆關玉塞靜無塵，嘉定于今第四春。兩國交馳通好使，八方同作太平人。翠鼉鼓奏娛嘉客，白獸樽浮賞諫臣。聖歷欲兹天共遠，年年玉帛會楓宸。

瑞慶聖節集英殿宴

皇家卜世過周唐，天啓眞人應運翔。抱日預占恭邸夢，飛龍曾報皖山祥。翠雲影外來金母，紅霧香中擁玉皇。樂府賦工無以祝，願將金鑑代珠囊。

東宮

鶴駕通宵入問安，龍墀淸曉狎朝班。天顏喜見重輪月，春色先回萬歲山。

皇帝閣春帖子

東風昨夜入簾帷，便覺深宮漏影遲。一曲涼州花盡放，不須更作報春詩。以上雲莊外集

李大異

大異字伯珍，隆興府新建人。乾道八年進士。仕至諫議大夫，知建康府。

曾兄惠然見臨篤敍世契示以先哲遺墨稽首敬觀因題其後 嘉泰壬戌七夕前三日

家傳文獻六經香，袖有驪珠日月光。喬木陰陰人已遠，祇應故笏在甘棠。鐵網珊瑚

姚宋佐

宋佐字輔之，郴州人。乾道八年進士。爲靜江府教授。

梅月吟

梅花得月太清生，月到梅花越樣明。梅月蕭疎兩奇絶，有人踏月繞花行。詩人玉屑

丁逢

逢，晉陵人。乾道進士。官至寶謨閣待制，知郴州。

次袁尚書巫山十二峯二十五韻

半雨半晴山弄姿，溼雲吹風不成癡。靡蕪漸徧楚宫碧，蒲萄未漲巴江遲。西南大尹初涉境，山川效職加瑰奇。翠屏窺窗故娟妙，松巒暎枪相參差。浮雲擊汰睨青壁，靈君一去今安之？吟情浩蕩隘宇宙，萬景敢云驕莫隨。當年楚境半天下，孱王醉夢方昏疲。珊珊玉佩赤帝女，星鬢羽蓋蜺旌旗。錫符賜策豈無意，侍臣託諷褻幬帷。尹今文采繼騷雅，夢得詩魂羞竹枝。吾行一百八盤上，鑽天但覺雲天低。荒荒野驛虎豹怒，陰陰嶺樹猨猱嬉。危登險陟倦三伏，口呿背浹嗟胡爲。豈知舟行有奇觀，山靈祕惜留歸時。青簾白舫夙已具，芭蕉布韈將從兹。胸中丘壑未塵土，頭上歲月從驅馳。雖無勝具逐支許，

尚有樂趣同周施。何當投劾便歸去，登船打鼓清江湄。更催尺一喚公覲，同看二六浮脩眉。常山蛇陣想魚復，建溪龍焙傾蓋頤。攤錢晝浪看三老，杖藜晚岸尋名緇。昔人汶嶺寄書帖，更歌蜀道先吁嘻。未若尹外岳牧中丞疑。愛春江之赴滄海，淸明秋月之挂峨嵋。盡驅三峽波濤筆，第入思齊訪落詩。全蜀藝文志

到郴

眼界山逾碧，腰輿步轉高。未疑禦魑魅，自笑尹踞猱。末路成三折，衰年感二毛。次山雖漫仕，安敢遽辭勞。郴州文志

蔡幼學

幼學字行之，瑞安人。乾道進士。寧宗朝，累官權兵部尚書，兼太子詹事。卒諡文懿。有育德堂集。

田園

野水萍無主，晴風草自香。庭陰新似染，物色去如忙。岸樹魚依綠，畦花蜨鬬黃。家園向來夢，靜數四年強。東甌詩集

廖德明

德明字子晦，南劍人，受業朱子之門。登乾道進士，歷官吏部，左選郎官，奉祠。有槎溪集。

鬱林郡城

荒烟漠漠雙江上，往事悠悠野戍孤。春到偏臨青草渡，夢中猶記白鷗湖。粵西詩載

石孝友

孝友字次仲，南昌人。乾道進士。以詞名，有金谷遺音。

釣臺

桐江波上一羊裘，釣得聲名隘九州。天子曷嘗遺故舊，先生不肯事王侯。釣臺集

張貴謨

貴謨字子智，遂昌人。乾道中進士。光宗朝，除吏部郎中，使金，轉朝散大夫。嘉泰中，直敷文閣，知靜江府。

題睢陽五老圖

駟馬鮮能容白髮，萬釘終不潤黄壚。烏韡席帽紅塵裏，幻出睢陽五老圖。鐵網珊瑚

王　炎

炎字晦叔，婺源人。乾道進士，始令臨湘。慶元中，官著作佐郎，出守湖州。有雙溪集。

題徐參議所藏唐人浴兒圖

右相嘗慚呼畫師，技癢仍復拈毛錐。逼眞誰作此贗本，亦有妙意生姸姿。中庭燕坐必主婦，綠雲高髻香羅衣。嫣然嬪妾左右侍，前浴能言丹鳳雛。娉婷及笄女公子，素腕擁項相攜扶。兩兩爲朋四髫齔，乳盧隨逐爲諧嬉。掌中看珠二少艾，捧頤卻立鴉鬟奴。屏間擁膝袖玉笋，疑是夢闌顰翠眉。側身背面

按箏者，冰肌綽約不自持。牀前跪起各姝麗，爲兒理髮拭淚洟。有犬斕斑受摩撫，與人習熟無猜疑。梳妝淡薄服製古，如見永徽貞觀時。若非侯家及主第，人物無此美且都。荆釵布襦小家子，生子不如山下麗。

題姜堯章舊遊詩卷

出郭栽花涉小園，歸調琴譜輯詩編。少年豪健今揫斂，休羨騎鯨李謫仙。以上雙溪集

林　淳

淳，三山人。乾道八年，以嘉議郎爲涇縣令。修復古塘，民多稱之。

琴溪

湛湛長溪水，飛橋遠近通。客喧墟市合，仙去釣臺空。欲辨磨崖字，忽聞遵渚鴻。僧無贊公趣，誰與論崖中。寧國府志

滕　珂

珂，南郡人，宣城縣丞。

謁梅都官墓

百年詩老臥空山，猶憶當時語帶酸。贏得兒童喚夫子，可憐名位祇都官。手編新史唐文備，骨立殘碑漢籀漫。落日牛羊上丘隴，草埋翁仲獨峩冠。宛陵集附

李　石

石字知幾，資陽人。乾道中，以薦任太學博士，出爲成都倅。有方舟集。

文獻通考：李石，紹興末爲學官；乾道中爲郎，歷麾節，以論罷。趙丞相雄，其鄉人也，素不善石，石是以晚益困。其自序云：「宋魋魯倉，今猶古也。」

瞿唐峽

我行江南上峽來，繫舟夜泊雲雨臺。行到西川一萬里，杜鵑聲急桃花開。

到夔門呈王待制

手挈東風上水關，鳳書迎日看新班。五湖家世烏衣巷，三峽樓臺赤甲山。晝戟門開春晝永，臥龍帳穩海波閑。安危大計須公等，天定應知卽賜環。以上全蜀藝文志

禮殿

漢人祀周公爲先師，故鍾會記云：「周公禮殿。」范蜀公鎭云：「屋制甚古，非近世所爲，秦漢以來有也。」內翰王素云：「其屋制絕異今制，後之葺者，惜其古，不敢改作。」

蜀侯作領錦水湄，先聖先師同此室。巍然夫子據此座，殿以周公名自昔。聖人兩兩如一家，均是周人先後出。東家想見中夜夢，猶與古孫同衮舄。斯文授受乃關天，不爲漢唐加損益。我時來視俎豆事，重是漢人斤斧跡。漢宮制度九天上，散落人間此其一。多因豐屋起戎心，獨此數椽綿歲歷。規摹嵥嵲東魯似，氣象縹緲西岷敵。竹松猶是斯干詩，風雨方知隆棟吉。雖然漢獻來至今，閱時已多駒過隙。中間豈無鳥鼠慮，妙斲不知難輒易。工師不揆亂如麻，敢向殿門言匠石。詩書譬彼尙闕文，後學如何補遺逸。祖龍非意竊登牀，科斗有心求壞壁。舊章僅在命如絲，誰勸吾詩勝丹浹。成都文類

句

留船買魚作寒節。元遺山詩注

錢竽

竽字仲韶，端禮姪。乾道間，直祕閣，出守處州。

少微閣　在處州治後，郡守關景暉建，米芾書額。

少微閣應少微星，點點雲間分外明。過雨曉來添練水，好山晴後見蓮城。昔年人物不常有，近世英豪多間生。顧我把麾慚坐隱，落霞孤鶩看題名。括蒼彙紀

林憲

憲字景思，吳興人。乾道中特科，監南嶽廟。參政賀子忱愛其才，以孫女妻之，因寓居天台。賀亡，挈其孥居城西之蕭寺。有雪巢小集。

梅磵詩話：鄉人雪巢林憲景思，紹淳中前輩，後居天台。少從侍郎徐敦立度游，度得句法于魏昌世衍，實後山陳公嫡派也。梁溪尤公延之序其詩，言景思喜哦，初不鍛鍊，而落筆立就，渾然天成，無一語蹈襲，唐人之精于詩者不是過。楊公廷秀亦云：景思之詩似唐人，尤楊二公，少所許可，其論景思詩，如出一口，非溢美也。近世三衢鄭景龍編宋百家詩續選，摘出「羣花飛盡楊花飛，楊花飛盡無可飛」，「天空霜無影」等句，謂其超出詩人準繩之外，亦非虛語。

文獻通考：陳氏曰：「景思人高尚，詩清澹，五言四韻古句尤佳，殆逼陶謝。」

讀陶詩作

吾觀淵明詩，了不在言賦。有如泰和氣，周行不停駐。時與春爲風，融和物華布。未嘗見用力，萬物榮處處。時與秋爲月，浩然無點注。江山滋淸絕，宇宙靡纖汚。乃知淵明詩，本不在詩故。邂逅吐所有，氣象隨所寓。乞食不爲拙，華軒不爲慕。歸來不爲高，折腰不爲沮。羲皇平步超，無懷眞雅素。簡談豈能盡，學者謾馳步。獨有無弦琴，明明一斑露。劉後村詩話

梅花

野梅空山中，正爲照人開。如何綠窗底，珠暎帶蒼苔。頗似古君子，無人自不諧。竹徑酒初醒，一信淸香來。全芳備祖

寓天台水南

春雨暗前山，春雲行遠林。月落雞犬靜，誰聞梁父吟。巍巍兮高山，泠泠兮好音。誰聞梁父吟，唯恐山不深。

台州兜率寺

春江潑天明，蕭寺踞山塢。荒堦下鳥雀，古木颯風雨。徐行石苔花，徙倚望江渚。日暮山更寒，簷頭鈴自語。

寺門瞰南江，江勢浩相嚮。風雲互吞吐，山色豁林莽。潮頭捲飛烟，白雨挾春漲。中夜鵝鶩喧，誰家海船上。以上赤城詩集

句

柔櫓晚潮上，寒燈深樹中。　汲水延晚花，推窗數新竹。　天空霜無影。誠齋詩話

王從

從字正夫，文正公五世孫。乾道中，添差台州倅，知信州。有三近齋餘錄。

次韻張彦晉秋日

地迥高樓目，天寒故國心。江鷗無萬里，雲木自千尋。門掩斜陽下，人歸落葉深。風前悵何許，入耳越鄉吟。前賢小集拾遺

句

涼風回遠笛，暝色帶歸舟。　塵心依水淨，歸鬢與山青。　一番風雨催寒食，千里鶯花想故園。　身閑更得湛陵酒，花早殊非愛惜春。以上誠齋詩話

王素

素，乾道中漢中郡守。

重修山河堰

晝隼精明破曉暾，恰逢寒食過江村。輕烟飛絮漢中道，白葦黄茅渭上屯。人力萬工支水派，天心兩邑溉川原。柳營一飽源頭看，夜雨新肥拍岸痕。陝西通志

滕𡼖

慮，乾道間人。

桂林西湖再開呈張經略 維

隱然重望壓邊城，號令風行玉帳兵。詩思江山眞得助，威聲草木盡知名。要令萬頃窺黃憲，不把千畦付麴生。坐使勝遊還舊觀，追隨那得勝公榮。桂勝

梁竑

題陸賈大夫廟

劉郎辛苦逐秦鹿，尙欲長鞭及馬腹。蠻夷大長夢不驚，海邊椎髻乘黃屋。江淮貔貅始閑暇，忍使驅令渡篁竹。陸生手持尺二組，喚起老子同分肉。詩書尙曉罵儒翁，豈憂桀驁難拘束。築壇再拜受王印，雄辨泠泠聽不足。當時未有北人輔，留寓年深染汙俗。乍聞高論耳目清，如掩笙簧奏冰玉。境中勝處應更履，更泝餘皇到山麓。大夫何獨粵人重，漢廷公卿俱竦服。陳平奇計須深念，張子全身甘辟穀。此外侯王希識字，帶礪功存半誅戮。惟君坐使將相歡，燕喜優游劉氏福。年少終軍學高步，空有英稱命難續。乃知智者應世間，妙似庖丁奏刀熟。往事浮雲變滅盡，越水悠悠浸山綠。荒祠寂寞傍僧居，日暮飢鴉噪喬木。我來三歎重遲留，爲酌寒泉薦秋菊。

夷堅志：乾道間，梁竑入都，檥舟廟下。夜夢一客，自稱陸大夫，云：「我抑鬱于此千餘歲矣，君幸見過，願留一詩。」遂題詩于壁而去。

單夔

夔，錢塘人。乾道中，以奉議郎知湖州，官至侍從。

次楊咸亨江郊亭新成二十三韻

瞿塘一門江水傾，羣趨激射隨奔鯨。舟車冠蓋湊蜀道，孰問張丈連般兄。相逢來往問地主，太守詎敢忘將迎。白崖候館久茅葹，近郎野處披榛荆。屏修啓剔作廬舍，夙戒里旅遲留行。有如授館及郊勞，舉國定制誰先鳴。錢唐鄙人何所似，抵掌自覗鴻毛輕。食焉抑畏墮偷懦，汎觀彼己同虚盈。山蹊水滸肆登賞，靡嗜傑閣誇崢嶸。朋從簪盍得衆雋，塵譚冰釋欣初晴。鼎新賔我築斯館，棟宇不貴朱連甍。入門便足庇風雨，揭榜卻借江郊名。時哉蓮幕有嘉客，落筆能令風雨驚。聯篇累牘溢我目，粲在麗藻舒我情。人生悟合良快意，胡爲四美嗟難幷。日光天際發豐蔀，此去可並依離明。直排閶闔出灩澦，肅肅東首歌宵征。循崖履坦夐無阻，爲君留取能詩聲。此榜與詩儻不朽，此館想同江水清。我來歲月媿銷縮，整纓輯履圖歸程。遺名肯復計身後，謹慮第虞槃水擎。始終感慨遇僚友，遂事且喜相須成。勉旃功業早期就，發軔自是天衢亨。四川總志

鄭鑑

鑑字自明，連江人。淳熙元年，太學釋褐，授國子學正。召試，除校書郎，累遷太子侍講，終宣教郎，知台州。

香爐山 在連江縣

峙立交輝紫翠間，疎簾半卷鎮長閑。神仙似有祈年術，一縷青煙起博山。淳熙三山志

詹騤

騤，會稽人。淳熙二年，進士第一。

遊雲門

輕裘肥馬春三月，到此經遊花正紅。欲覓上方幽隱處，老僧笑指白雲中。雲門志略

陳孔碩

孔碩字膚仲，號北山，侯官人。淳熙初進士。紹熙中，邵武宰，終祕閣修撰，知惠州。有北山集。

絕句

臘雪逢春次第消，等閑著脚上溪橋。柳條畢竟如兒女，一夜東風眼便嬌。全芳備祖

寄題劉濬夫于蔿于齋

聞昔子元子，愛歌于蔿于。遺風今有繼，此意古爲徒。犢價踰刀劍，原飴變堇荼。聞弦知豈弟，聯袂此懽呼。近事先苞篚，何人問牧芻。聚星亭澗好，容我受廛無？

後村詩話：余曩宰建安，扁便齋曰「于蔿于」，北山陳公寄詩云云。

林夢英

夢英字伯虎，閩清人，徙撫州，游陸象山之門。登淳熙二年進士，歷祕書丞。學者稱山房先生。

金石臺

雲作巖扉風自關，淸陰半壑樹中間。傍廂更著茅亭好，放入西南一面山。江西通志

碧澗書堂

臨川遇鄒君，示我銅陵辨，相邀游其間，百聞須一踐。自從雙耳聾，已辨兩足繭，武夷乃招隱，仙都輒策蹇。遙睇麻源村，夢思勞輾轉。今披碧澗記，華岡訂訛舛。疑信吁莫論，是非爭之徧。但欣泉石奇，堂成書可鞾。晁侯雲夢胸，妙處參墳典，家有萬竹坡，琳琅闕營翦。徘徊康樂舊，此興尤不淺。人生貴自得，假物非至善。山川偹遭逢，所託各偕顯。嚴光釣越灘，叔子登楚峴。氣象不低摧，吾徒志當勉。相思邀未到，烟霞自舒卷。唯應原上月，共照人孤狷。撫州府志

孫應時

應時字季和，自號燭湖居士，餘姚人。從學朱子之門。淳熙乙未，第進士，知常熟縣，移判邵武軍，未上而卒。有集。

嚴子陵

簿書流汗走君房，那得狂奴故意降。努力諸公了臺閣，不煩魚雁到桐江。困學紀聞

歸舟晚泊

日落風更起，江頭船不行。凄涼大夫宅，蕭瑟故王城。一醉重樓晚，千秋萬古情。愁邊寒角動，夜久意難平。

益昌僧寺靜境軒

落照久未夕，斷雲低不飛。孤舟上水急，歸鳥度山微。蕭颯天涯鬢，淋浪醉後衣。憑闌一笑去，客夢轉頭非。

武擔山

小飲不成醉，清談多所欣。秋聲搖落日，野色盪寒雲。心事長千里，腰圍更幾分。西風叢桂發，倚檻得相聞。

武擔西臺

西臺在何許，秋草暮雲間。十畝有餘竹，一窗無數山。望遠足離思，憂時多苦顔。相看終惜醉，更挈酒瓶還。

新灘見桃杏書事

今晨明客眼，桃杏照江紅。鳥哢蒼山曲，人聲翠竹中。獨遊空遠思，一笑負春風。便想荆州道，簪花醉渚宫。

陳仲弓

清濁無心陳仲弓，圓機聊救漢諸公。末流不料兒孫誤，千古黄初佐命功。以上吴禮部詩話

登仙木 在四明山，漢劉綱妻樊夫人登此木上昇。

劉樊蟬蜕此登仙，老木當年已插天。玉骨半枯猶秀潤，蒼皮新長更榮鮮。蟠桃待熟三千歲，銅狄重摩

五百年。化鶴未歸山寂寂，徘徊誰與問因緣。姚江逸詩

吕　定

定字仲安，新昌人。歷殿前都指麾、龍虎上將軍。有說劍集。

登彭城樓

項王臺上白雲秋，亞父墳前草樹稠。山色不隨人事改，水聲長近戍城流。空餘夜月龍神廟，無復春風燕子樓。楚漢興亡俱土壤，不須懷古重夷猶。

登越王臺

海上荒臺草樹平，登臨不盡古人情。白雲萬里懷親舍，紅日中天望帝京。百粤山川秋歷落，三城樓閣晚峥嵘。醉來徙倚闌干曲，聽徹西風畫角聲。以上四朝詩

項安世

安世字平父，括蒼人，徙家江陵。淳熙二年進士。除祕書正字，遷校書郎。寧宗朝，以僞學黨罷。開禧中，以直龍圖閣爲湖廣轉運判官。有平庵悔稾。

永州

日日長沙岸，看雲祇念家。如何永州夢，偏愛在長沙。

欸乃曲

靄迺出深樹，湘山日落時。若非堯女哭，卽是楚臣啼。

次韻羅郢州送別

江上相留不肯留，渡江沿岸卻回頭。漢江東去人西去，不見高城始是愁。

儲州路口小雨

三十年前過此時，一雙青髩綰青絲。如今舊雨猶相記，祇傍星星白處吹。

春日隄上

高高下下十五里，白白紅紅千樹花。總在疎籬斷垣裏，背隄臨水小人家。

吹帽臺

千山搖落萬林空，數點黃花酒盞中。半破接䍦誰耐管，已將身世付西風。

拋毬

綵毬丹柱倚春風，寒食清明罷繡工。漠北將軍貪蹋鞠，豈知兵法在吳宮。

糟蟹和潘德父

大戴笑汝無穴空雙螯，小戴笑汝有筐如子皐。太玄笑汝長郭索，入穴慚蟺升慚猱。知心但有畢吏部，臥起與汝同酒糟。後來愛者蘇長公，亦祇許汝中山醪。固知合向一丘老，安得上與三辰翱。長公貌喜心未敬，雖羨微生尤惡饕。我疑吳儂修稻怨，和秫醞汝償民膏。雖然因此得長醉，痛貶未必非深褒。又疑畢吏妒劉掾，曾以螟蛉輕二豪。故回左手就箕踞，持螯藉糟成兩高。以上後村詩話

釣臺

辣闥山頭破草亭，祇須此地了生平。崎嶇狹世纔伸足，又被劉郎賣作名。

君房足下覓成訣，祇是韓歆已破除。豈有江湖釣竿手，與君臺閣奉文書。方輿勝覽

羅點

點字春伯，撫州崇仁人。淳熙二年進士。光宗朝，累遷試兵部尚書。寧宗朝，拜端明殿學士，簽書樞密院事。卒贈太保，謚文恭。鶚按：宋史作淳熙三年，誤，今訂正。

雨夜

夜窗疎雨不堪聽，獨坐寒齋萬感生。今夜故人江上宿，如何禁得打篷聲。後村千家詩

巴山喜雨 在崇仁縣南，漢豫章守欒巴隱此，唐改臨川山。

淑元不冠椎兩髽，縈青綰綠如堆鴉。髻鬖遠望毛髮古，日日惟聞餐暮霞。吾家公遠更清絕，帶眼不穿衣不結。好風吹袂任飄飖，夜夜惟聞弄明月。餐霞弄月固不惡，不道農田布龜灼。令君盛服道民苦，偃然祖裼猶不怍。敬持此意款浮丘，浮丘乃與合同憂。急呼風馬駕雲車，二仙方覺裸裎羞。旋加冠巾更束帶，一見浮丘望塵拜。便將凶歲變豐年，談笑之間作霧霈。油然雖出南北峯，開端實自浮丘翁。浮丘詩家老仙伯，故知憂國願年豐。邦人一飽誰所賜，父應詔子兄詔弟。若還此雨後五日，將見索汝枯魚肆。撫州府志

陳造

造字唐卿，高郵人。淳熙二年進士。調繁昌尉，尋宰定海，倅房陵，至淮浙安撫使參議。晚號

江湖長翁。有集。

百花樓

樓中香飄百和濃，樓上錦纈翻東風。玉樽美酒清若空，吳姬妝面相映紅。人生一笑不易得，是間一醉千金直。元龍百尺君勿論，芳時且可金杯側。

都梁

淮汴朝宗地，孤埤祇眼前。譙樓西日淡，戍鼓北風傳。破竹非無計，澆瓜亦自賢。客愁渾幾許，撫劍倚吳天。

開塞淒涼處，青徐指顧邊。如何漢正朔，不盡禹山川。將略輕三捷，天威重萬全。諸公不愒日，老子判留年。

題趙秀才壁

日日危亭凭曲欄，幾層蒼翠擁烟鬟。連朝策馬衝雲去，盡是亭中望處山。

泛湖

荷面跳珠小濺衣，酒邊團扇已停揮。溼雲收盡人間暑，卻度西山載雨歸。以上江湖長翁集

任希夷

希夷字伯起，號斯庵，伯雨四世孫，家邵武。淳熙二年進士。寧宗朝，累遷禮部尚書，兼給事中，進端明殿學士，遷簽書樞密院兼參知政事，提舉洞霄宮。卒贈少師，謚宣獻。鶚按：宋史作淳

熙三年，誤，今訂正。

郊壇齋宮

帝籍傍連繭館桑，禁林喬木畫陰涼。卻從射殿臨江閣，中有通衢夾苑牆。

後省紫薇花

清曉開軒俯鳳池，小山經雨石增輝。琉璃葉底珊瑚榦，立出池邊是紫薇。

檢院卽事

禁路風清飛早鴉，官卑難望紫宸衙。了無公事鉤簾坐，一本冬青落細花。

左司史侍班

虎旅分行鐵作撾，殿前拜舞一聲譁。輔臣對罷無公事，日照金鋪扇影斜。

德壽宮卽事

金爵觚稜曉色開，三朝喜氣一時回。聖人先御紅鸞扇，天子龍輿萬騎來。

霜曉君王出問安，寶香傳輦護朝寒。五雲深處三宮宴，九奏聲中二聖歡。

宴歸還駕七香車，一夕天開六出花。瑞色先凝紫宸殿，春光重到玉皇家。

萬年觴舉慶重華，百辟需雲始拜嘉。壽宴開時先雪宴，天花舞罷帶宮花。

宗祀慶成

合宮三歲縟儀收，太室先期肇自周。玉瓚黃流躬祼鬯，大圭元冕薦嘉羞。靈臺畢舉三千禮，鑾路安行十二斿。導從郤歸齋殿去，詰朝壯璧對天休。

紫宸朝罷御端門，天宇澄清景氣溫。丹鳳樓中黃纛立，金雞竿上綵旗翻。萬人聳聽風雷號，四海均霑雨露恩。須信卑宮勤肆禮，君王雅意在元元。

宴玉津園江樓

風靜潮痕減，江空夕照多。星星波上艇，隱隱岸邊莎。

風光連北闕，景物傍西湖。禁籞濤江上，兹樓天下無。

虛齋留御榻，小徑近層崖。再拜觀奎畫，渾疑侍玉階。

參天宮柏翠，布地禁花紅。臺沼如文囿，規摹有汴風。以上咸淳臨安志

海棠

紅妝翠袖一番新，又向園林作好春。郤笑華清誇睡足，至今羅襪久無塵。後村千家詩

題陳亞之集後

如彼流泉心有源，陳家詩律自專門。后山得法因鹽鐵，不減唐時杜審言。陳副使集

劉　褒

褒字伯寵，崇安人。淳熙五年進士。除司門郎中，官至朝請郎，知西全州。自號梅山老人。有梅山詩集。

題小槳

去日春蠶吐素絲，歸時秋菊剝金衣。沙鷗不入鴛鴻侶，依舊滄浪遶釣磯。

詩人玉屑：伯寵，武夷文士，嘗宦于朝，以臺評而歸，有句云云，怨而不怒之辭也。

葉適

適字正則，號水心居士，永嘉人。淳熙五年進士。寧宗朝，歷權吏部侍郎、寶文閣待制，知建康府，沿江制置使，兼制江淮，終寶文閣學士。卒謚忠定。有水心集。

吳子良林下偶談：水心詩早已精嚴，晚尤高遠。如：驛梅吹凍蘂，柁雨送春聲。綠圍齊長柳，紅綫半含桃。聽雞催謁駕，立馬待紬書。野影晨迷樹，天文夜照城。曬書天象切，浴硯海光翻。地深湘渚浪，天遠桂陽城。置杜集中，何以辨？乃若：遣臘冰千筋，句春柳一絲。燐迷王弼宅，蒿長孟郊墳。門邀百客醉，囊諱一錢存。又特其細者。

趙振文在城北廂兩月無日不游馬塍作歌美之請知振文者同賦

馬塍東西花百里，錦雲繡霧參差起。長安大車喧廣陌，問以馬塍云未識。酴醾縛籬金沙牆，薜荔樓閣山茶房。高花何啻千金直，著價不到宜深藏。青鞵翩翩烏鶴袖，嚴勞引前金蔣後。隨園摘蘂煎凍酥，小分移牀獻春酒。陳通苗傅昔弄兵，此地寂莫狐貍行。聖人有道賁草木，我輩栽花樂太平。知君已于苕水住，盡日櫓聲搖上渚。無際滄波蓼自分，有情碧落鷗偏聚。追逐風光天漫許，拋擲身世人應怒。君不見南宮載寶回，何如趙子穿花去？

贈杜幼高

杜子五兄弟，詞林俱上頭。規模古樂府，接續後春秋。奇崛令誰賞，羈棲浪自愁。故園如鏡水，日日抱村流。

送潘德久

每攜瘦竹身長隱，忽引文藤令頗嚴。聞道將軍如郤縠，不妨幕府有陶潛。江當闊處水新漲，春到極頭花倍添。未有羽書吟自好，全提白下入詩匳。

永嘉橘枝詞

蜜滿房中金作皮，人家短日挂疎籬。判霜翦露裝船去，不唱楊枝唱橘枝。以上水心集

前日入寺觀牡丹不覺已謝惜其穠豔故以詩悼之

牡丹乘春芳，風雨苦相妒。朝來小庭中，零落已無數。魂銷梓澤園，腸斷馬嵬路。盡日向欄干，躊躕不能去。珊瑚網

趙振文

和葉水心馬塍歌

昔年家住長安里，春風盡日香塵起。紛紛車馬過綺陌，買花人多少人識。王侯第宅連苑牆，粲若瓊蘂敷丹房。花窠近取馬塍本，曲闌高檻深密藏。主歡對客小舉袖，擊鼓吹簫滿前後。真珠一斛聘國姝，琥珀千杯酌天酒。幾年農器不鑄兵，雨耕雲穫歌且行。種花土腴無水旱，園稅十倍田租平。孥音來近菰蒲住，瀇瀁迴溪通枉渚。霜晴沙淺橘林明，日暮水渾魚網聚。東門故侯應自許，霸陵醉尉寧須怒。何當學稼隨老農，荷鉏驅犢田中去。咸淳臨安志

白　巽

東屯行

雨足稻畦春水滿，插秧未半青短短。馬塵追逐下關頭，北望東屯轉山坂。一川洗盡峽中想，遠浦疎林分氣象。溝塍漫漫堰源低，灘瀨泠泠石磯響。中田築埸亦有廬，翬飛夏屋何渠渠。李氏之子今地主，少陵祠堂疑故居。

名勝志：陸務觀高齋記云：少陵居夔，三徙居，皆名高齋。其詩：「次水門」者，白帝城之高齋也；「依藥餌」者，瀼西之高齋也；「見一川」者，東屯之高齋也。東屯李氏，居已數世，上距少陵，纔三易主，大曆中故券猶在。白巽東屯行云云。

宋詩紀事卷五十五

錢唐厲鶚輯
滿洲舒瞻勘定

郭晞宗

晞宗字宗之，仙居人。淳熙五年進士。仕終瓊管安撫。有漫齋稾。

白紵詞

遙夜迢迢夜未央，井梧月白啼寒螿，感時念往誰不傷。婕妤寵絶辭昭陽，手中團扇篋中藏。吳姬纖紵秋蟬翼，一絲往復千情積。金粟尺量金斗熨，爲君裁袍爲君惜，同盛同衰莫相失。

姑蘇臺

春花開，秋雁來，長風幾度姑蘇臺。不見臺上人，臺下月徘徊，一樹梧桐生綠苔。以上赤城詩集

楊濟

濟字濟道，淳熙五年進士。歷著作郎，出知果州。有鈍齋集。

文獻通考：陳氏曰：「京鏜帥蜀，上巳出遨，濟爲樂語云：『三月三日，豈無水邊麗人；一觴一詠，亦有山陰禊事。』又云：『良辰美景，賞心樂事，四者難幷；崇山峻嶺，脩竹茂林，羣賢畢至。』一時傳誦。」

雲安龍脊灘

洞庭老龍時出沒，萬斛舟航皆辟易。此龍脊背已鐵石，肯逐時好作人日。我呼邦人來踏磧，恍然如見

河圖出。大巫雞卜占云吉，小巫竹枝歌轉激。飄石揚沙障江色，塵埃何處不相襲。摩挲石刻聊偃息，恐有老人來橫笛。四朝詩

章良能

良能字達之，麗水人，居吴興。淳熙五年進士，除著作佐郎。寧宗朝，官至參知政事。弁陽周公謹之外大父也。有嘉林集。

題玲瓏山 在吴興

短鍤長鑱出萬峯，鑿開混沌作玲瓏。市朝可是無巇嶮，更向山林巧用工。癸辛雜識

題李伯時飛騎習射圖

禁營貔虎天廄龍，技癢不奈芻粟豐。聞道寶津嘗護駕，前期踴躍矜驍雄。紅綃低繫柳枝碧，滿滿彎弓斫鬉射。偶然穿葉未爲奇，截下紅綃方破的。綵繩長曳綵毬輕，閃爍眩轉如奔星。弦頭霹靂起馬脚，回看一箭落欃槍。烏紗帽穩春衫薄，文韉煥爛青絲絡。千步場深隔九閽，畢景馳驅有餘樂。李侯應奉隨春官，日晏歸穿衛士班。平生抵死憐神駿，絶藝那能不細看。不學閻公伏池側，倉皇丹粉供宣索。他年乘輿試追尋，妙處祇須憑子墨。十六蹄翻意態眞，罄控應節顧眄親。當時騎士盡應爾，尚想元豐兵制新。慨今多事困供億，養兵殆且殫民力。未聞士歌馬騰槽，安得從容觀戲劇？

吴禮部詩話：李伯時畫飛騎習射圖，其手帖云：「公麟元豐初點檢南宫試卷畢，陪預集英殿門應奉廷試，因得至衛士班。見飛騎習射、挖毬楊枝戲，人偉馬駿，妙天下選。時乘輿幸寶津有日，督課勝負，窮景不休，故頗遂縱觀。今

追圖大概，以奉雌堂清玩。若氣勢不至差俗，則丹青可屛，當蒙照恕也。元祐丁卯臘日謹題。」又云：「第一斫鬉射，最難引弓，然多中。中者自脣而下，平截斷之。射毬鮮中，以飛礎故，十發三四中爲精矣。」尤延之、楊廷秀、樓大防皆有題詩。朱文公跋云：「觀龍眠飛騎圖，及讀延之、廷秀、大防三君子佳句，因思法雲秀公語。尤物移人，甚可畏也。」後又有古體詩二首，其一云奉題太丞丈龍眠騎射圖，下有叔簡字，不著姓。其一題嘉定庚午四月二十日章良能。考續通鑑長編：「紹熙元年庚戌秋八月，校書郎王叔簡與禮部郎李巘、著作郎鄧馹，同檢視劉季榮所造新曆。」叔簡必王叔簡也。

王叔簡

叔簡字敬文，渠江人。淳熙五年進士。紹熙中，官校書郎。

題李伯時飛騎習射圖

飛毬飲羽柳如截，馬氣橫生人更傑。不作遊觀御寶津，騎戰還應一當百。天家行樂少人知，龍眠屬從天上歸。意象慘淡研精微，曹霸以來無此奇。壯夫披圖雙淚垂，時危那得生致之？吳禮部詩話

曾躍麟

躍麟字子龍，南恩州人。淳熙五年進士。官監察御史。

聞西浦漁歌作

西浦鳴榔下釣磯，歌聲欸乃送斜暉。扣舷互答驚鷗夢，拍手歡呼看鷺飛。山接素琴仙子過，洲連青草使君歸。海天空闊家長在，一任蘆花雪點衣。廣東通志

甘同叔

同叔字異，豐城人。淳熙五年進士。官桂州民曹，攝荔浦縣。有節軒集。

題昌山聖姥廟

分宜古縣環清溪，重岡複嶺如奔馳。行逢山斷水流處，閟城廟枕山之西。我來落日在前嶺，摩挲一讀盧肇碑。嗟唐今去亦已久，尚餘文字光陸離。云昔秦人有天下，鏖戰六國愚黔黎。碭山雲氣望不見，神物乃降江之漦。雷轟電合助光怪，蜿蜒墮地偕羣兒。赤龜王鮪奉鼎俎，追逐甘旨憐姥慈。姥先仙去環佩冷，安能蟠蟄從兒嬉。劉累不出浮俗隘，況肯委質嬴與斯。珠宮貝闕世所希，銅鐶十二白玉扉。紉蘭作佩香披披，招摇手掉芙蓉旗。哀彈清瑟和宓妃，大川擊鼓勞馮夷。巨魚踴躍黿鼉隨，蝦蟹瑣細不得追。廟門開闔風颸颸，千年萬載龍居之。野巫便伺薦酒巵，簫鼓坎坎來宮祠。五彩不辨虺與螭，聊以幻化驚羣迷。嗟我四海久望霓，無復空抱明月輝。好施膏澤雨六合，豈止但慰袁人思。歷階酌水致此辭，退以遺誼傳于詩。才慳語纇論甚卑，龍兮謹勿相訶譏。袁州府志

張　釜

釜字君量，綱之孫。淳熙五年進士。累遷端明殿學士，簽書樞密院事。

送鶴還齊雲

胎仙誰遣到塵寰，盡日清吟伴我閑。不作沖天支遁想，頗疑攜箭佐卿還。欲追鸞駕煙霞上，肯處雞羣伯仲間。爲語齊雲好看取，他年我欲訪緱山。茅山志

閻蒼舒

蒼舒字才元。淳熙中，以試吏部尚書使金，賀正旦。見金史交聘表。

皇宋書錄：蒼舒工正書，雄健而有楷則，尤工扁榜。今陳相堯佐家將相堂大字，乃其所書。

贈揚州郡帥郭侯

東南形勝惟揚州，介江負淮作襟喉。有國以來幾百戰，弔古千載空悠悠。哀哉荒王與蕩子，鈍盡鐵劍崇倡優。迷樓九曲爛如畫，珠簾十里半上鉤。當年二十四橋月，曾照三十六宮秋。平山堂上一長歎，但有衰草埋荒丘。歐仙蘇仙不可喚，江南江北無風流。何人復誦廣陵散，黯然悲恨不可收。祇今英主正用武，增五萬竈屯貔貅。金城堅築壯營壘，綺段細錯良田疇。神謨廟算萬全舉，天時既至須人謀。將軍山西名將種，家聲直到青海頭。男兒有死必報國，正當爲上分此憂。勉旃速辦古人事，貂蟬本自出兜鍪。揚州府志

席天祐

天祐，樂平人，精醫。嘗從劉武忠軍，采用兵之勢寓于棊，遂成絕藝。

淳熙六年冬醉臥僧房作

霜侵古屋月侵窗，撥盡寒灰夜未央。仗劍起看吳楚分，將星今見幾分光。夷堅志

程端蒙

端蒙字正思，德興人，朱子門人。淳熙七年鄉貢，補太學生，對策不合，罷歸。

絶句

滿城塵土汚人甚，出郭青山入眼多。挐取小舟烟霧裏，此生眞箇老漁蓑。饒州府志

黄由

由字子由，長洲人。淳熙八年，進士第一。寧宗時，仕至刑部尚書，兼直學士院。自號盤隱居士。

歸來

歸來三閲月，無事一關心。刈草尋花徑，開池漾竹陰。江邊問明月，天際數歸禽。幸有高賓至，相逢似竹林。吳江縣志

莫若拙

若拙，仁和人，寓家崇德。淳熙八年進士。

題資福院平綠軒

結屋地猶淺，鉤簾景盡還。嵐光烟樹外，野色酒杯間。别墅從渠樂，淸吟屬我閑。狎鷗時點白，機事不相關。至元嘉禾志

吳柔勝

柔勝字勝之，宣州人。淳熙八年進士。屢遷司農寺丞，出知隨州，除祕閣修撰，主管亳州明道宫。卒謚正肅。

春晝

深巷寂無人，鳥聲花塢春。蓽門長日掩，天地一閑身。宛雅

李廷忠

廷忠號橘山，於潛人。淳熙八年進士。

游大滌

清溪路入武陵源，雞犬人家隔近村。拔地一峯危作柱，棲雲五洞窄開門。空庭有客掃松影，古徑無人踏蘚痕。我欲白雲巖畔宿，月明一夜聽啼猿。洞霄詩集

陳銘

銘字日新，玉山人。淳熙八年進士。

春波漁市

瀕溪有居廛，兩岸舟競檥。風含水氣腥，曉作漁人市。魚羹何處無，無錢買金鯉。嘉興府志

于革

革字去非，號竹田，豐城人。淳熙八年進士。知房州。

春晚

舍南舍北草萋萋，原上行人路欲迷。已是春寒仍禁火，楝花風急子規啼。詩人玉屑

詠箋

七八葉蘆秋水裏，兩三箇雁夕陽邊。筆頭到處渾無礙，掃破寒潭一簇烟。後村千家詩

清都觀

高崖雨洗月華清，白袷青藤曳復行。老檜不知仙馭遠，屋頭猶帶玉簫聲。南昌府志

俞烈

烈字若晦，臨安人。淳熙八年進士。累除中書舍人。嘉定初，知鎮江府，權吏部侍郎。有盤隱詩編。

題清虚堂　在臨安淨梵院

天清蠶麥餘，綠結桃李實。老僧詩銜袖，過我語言質。懷山意先行，如病夢芝朮。去山才一舍，鞭策不終日。堂簷新結束，空洞無長物。風來舞翠杉，土煖榮病橘。欲行意先清，舌評驥不及。何由解鞍臥，夜枕雨蕭瑟。談玄契參同，酒旨妙眞一。懷新辜雅趣，意嬾□健筆。亦如罷參僧，野禪縛枯律。咸淳臨安志

孫元卿

元卿，樂清人。淳熙八年進士，仕至國子監丞。

與錢孝先游洞霄

玄冥相我作山行，捲卻重陰放曉晴。但見峯巒互扃鎖，不知宮闕隱峥嶸。雲根洞穴篝燈入，井底波瀾撫掌生。喚客入山還送客，淙琤猶有石泉聲。洞霄詩集

傅誠

誠字至叔，仙游人，嘗從朱文公游。淳熙八年，第進士。調永春尉，從侍郎黃艾參政使北。張巖開督府于京口，奏辟幕僚，著述皆出其手。遷太常博士。子彥卿，能文，以疾卒。誠哭之過哀，輪對間，卒于殿下。

妙庭觀 在富陽縣董雙成故宅

會宴瑤池阿母家，九霞光繞翠瓊車。坐中一曲山香舞，帽上看看有落花。杭州府志

朱師古

師古，蜀人。孝宗朝著作郎。

句

集英殿下初登第，神虎門前便挂冠。

建炎以來朝野雜記：淳熙辛丑，孝宗策士，有昌元王昂應詳者，既賜第，調潼川府司戶參軍，自言年踰六十，不願出仕。上嘉之，特賜承務郎致仕。蜀人在朝者，皆以詩送之，著作郎朱師古一聯，最爲的切。

句昌泰

昌泰，蜀人。淳熙中浙東提刑。

題新繁句氏盤溪

客至輒命酌，爲言花已開。靑山長委髻，白骨舊生苔。不飲固癡絕，能詩宜數來。頗憂明日雨，紅紫落

成堆。成都文類

馮仲柔

仲柔，山陰人。

淳熙壬寅沿檄游大滌洞天

洞府深沈別有天，翬飛樓閣聳晴烟。詩傳玉局驚凡目，丹就金爐記昔年。翠湧千波橫絶壁，風吹萬籟入飛泉。他年待我功成後，卜室青山絶世緣。洞霄詩集

衛涇

涇字清叔，號後樂居士，崑山人。淳熙十一年，進士第一。除祕書省正字，累官參知政事。寶慶二年卒，追封秦國公，謚文節。有後樂集。

游澱山湖

疎星殘月尙朦朧，閒入烟波滿棹風。始覺舟移楊柳岸，直疑身到水晶宮。烏鴉天際墨千點，白鷺灘頭玉一叢。欸乃數聲回首處，西山渾在有無中。松江府志

徐得之

得之字思叔，夢莘弟。淳熙十一年進士，有靜安作具。徐氏世有史學，從子天麟，譔西漢會要、東漢會要，皆行于世。

試雙井茶

先生老作宜州鬼，誰與一甌同注湯。至今捧著雙井椀，猶帶是翁書傳香。方輿勝覽

句

洒翁畫灰教兒書，嬌兒赤骭玉雪膚。厥妻曝日補破襦，弊筐何有金十奴。題貧樂圖 鶴林玉露

謝直

直，元名希孟，避寧宗諱，改名直；字古民，台州黄巖人，伋之孫，從陸象山遊。淳熙十一年進士。歷太社令、嘉興府通判。

龐元英談藪：謝希孟與鄉人陳伯益，好相調戲，伯益面狹多髯，希孟見寫眞挂壁上，題云：「伯益之面，大無兩指，髭髯不仁，侵擾乎其旁而不已，于是乎伯益之面，所餘無幾。」伯益病之，莫能報。希孟後改名直，伯益于是以兩句詠其名：「炊餅擔頭挑取去，白衣鋪上喝將來。」聞者絶倒。

遺懷寄致道

貧者士之常，富亦我所欲。得常詎可厭，逐欲何由足。荒哉化蝶翁，微歟監河粟。人生命如綫，日須不盈匊。俯仰天地間，何由謝羈束。前賢小集拾遺

俞應符

應符字德瑞，錢塘人。淳熙十一年進士。累官參知政事。

曹公疑冢

生前欺天絶漢統，死後欺人設疑冢。人生用智死即休，何用餘機到丘壟。人言疑冢我不疑，我有一法

君未知。直須掘盡疑冢七十二，必有一冢藏君屍。七修類稾

俞應奎

秦皇石　在昌化縣百丈山

祖龍盛氣役神鞭，壁立無移只屹然。定是先朝陳寶化，陰靈寂寂笑求仙。杭州府志

高似孫

似孫字續古，餘姚人，文虎子。淳熙十一年進士。歷官校書郎，守處州。有疎寮小集。

文獻通考：陳直齋云：「似孫少有俊聲，登甲科，不自愛重，爲館職，上韓侂胄生日詩九首，皆暗用『錫』字，爲清議所不齒。晚知處州，尤貪酷。其讀書以隱僻爲博，其作文以怪澀爲奇，至有甚可笑者；就中詩猶可觀也。」

癸辛雜識：高疎寮守括日，有籍妓洪渠，慧黠過人。一日，歌眞珠簾詞，至「病酒情懷猶困嬾」，使之演其聲，若病酒而困嬾者，疎寮極稱賞之。適有客云：「卿自用卿法。」高因覘洪云：「吾亦愛吾渠」，遂與落籍而去。以此得嘖言者。

入餘杭縣

明發遵西陸，驅車月流光。佳山迎車來，知是古餘杭。危樹露如雨，平野日未陽。支流滄清源，弱羽無高翔。人家叢灌下，世載山水鄉。扣門作午憩，白飯羞文魴。邂逅有足歡，離合非其常。主人不予鄙，予留亦徜徉。

憩昌化民家

晚程息勞轍，白日流西暉。水鳥得魚去，耘夫荷鉏歸。川原杳芊綿，林野雜依霏。一來叩竹館，相邀入

荆扉。重巖吐清溜，澄陰布殘翀。曰予考此室，十世相因依。左右桑果足，歲日雞豚肥。豐猶未至裕，歉亦無能飢。予聞良自愜，欲謀北山薇。有田可同耕，有蠶當共衣。車夫猝無情，此志仍重違。

答李才翁

素意杳難尋，殘爐屬晚陰。花知西洛事，雁叫北人心。客共艱難盡，詩隨老大深。金陵書不到，消息又沉沉。

答宇文文學

無能應俗苦皇皇，詩不驚人筆事荒。天下無山如飯顆，人間有水自滄浪。左杯右蟹一舟足，早韭晚菘三畝強。莫謂覺來無可嗜，逢人猶自覓花忙。

燕文貴山水圖

道山堂上御府畫，展卷猶能記老燕。十日何由辨水石，千金那可分江天。楚湘兩岸風落木，海嶽三秋雁度川。大山小山俱好隱，江南夢去曲肱眠。

答武昌吳廣文

平生不識武昌樓，官柳青青好在不。庾亮笛吹黃鶴月，簡棲碑駁碧苔秋。山横赤壁含情斷，水出瞿唐快意流。何處叫君同一醉，並舟秦女擘箜篌。

琵琶引

人生聚散難爲別，何況怱怱作胡越。梅梢帶雪下昭陽，明朝便隔關山月。長城不戰四夷平，臣妾一死鴻毛輕。回憑漢使報天子，爲妾奏此琵琶聲。長安城中百萬戶，家家競學琵琶譜。酸聲苦調少人知，食雪天山憶蘇武。西風吹霜雁飛飛，漢宫月照秋砧衣。嫖姚已死甲兵老，公主公主何時歸？

銅雀硯歌

曹公夜讌淩雲臺，一言契闊含餘哀。分香老妓各雲雨，歌舞不盡蓬蒿萊。漠漠頹基鄴山下，萬里烟塵無一瓦。井榦尊酒自平生，烏鵲飛南播遺雅。老農墾雨開荒寒，一礫千金苔未乾。世人好奇不好近，眞比周篹仍商盤。老璞渾渾殊質魯，得水猶能發妍嫵。更與人間作瓌古，月明夜盜西陵土。

黄居中瀟湘圖歌

天晅而雨斷兮，作蒼梧九疑之高秋。風行而川怒兮，洩瀟湘洞庭之奔流。樹不知名兮山抱複嶺，沙不計程兮水趨他洲。波作止兮蛟舞蛟蟄，雲晦明兮猨呼猨愁。原不可作兮蘭亦塵土，賈傅歸漢兮鵩其何尤。誰呼魚兮北墅有酒，誰鼓枻兮南津有舟。懷斯人兮杳靄千里，目悵望兮吾其歸休。

騎鸞引

夜騎白鶴出琳闕，千萬仙官鏘佩玦。雲雷帖妥過剛風，左推日丸右扶月。一息瑤池翠水家，阿母迎謁龍驅車。青娥彈絲玉妃酒，折盡蟠桃紅玉花。九天丈人來問道，太極之前天不老。丹霞一氣玉虚宫，寶笈金繩容探討。井君沐浴波五色，洞房光芒上奔日。天上傳呼六丁直，星斗離闌礙鸞翼。以上疎寮小集

由校書郎授徽倅道出金陵投留守吳雲壑

四朝渥遇鬢微絲，多少恩榮世少知。長樂花深春侍宴，重華香暖夕論詩。黄金籯滿無心愛，古錦囊歸

有字奇。一笑難陪珠履客，看臨古帖對梅枝。四朝聞見錄

絕句 曰琯按：東皋雜錄作陳天錫

舍南舍北雪猶存，山外斜陽不到門。一夜冷香吹入夢，野梅千樹月明村。全芳備祖

延祥觀

水明一色抱神州，雨壓輕塵不敢浮。山北山南人喚酒，春前春後客憑樓。射熊館暗花扶扆，下鵠池深柳拂舟。白髮都人能道舊，君王曾奉上皇遊。

武林舊事：四聖延祥觀，西依孤山，爲林和靖故居。花寒水潔，氣象幽古。三朝臨幸。有韋太后沈香四聖像、小蓬萊閣、瀛嶼堂、金沙井、六一泉，高疎寮有詩。

聚景園

翠華不向苑中來，可是年年惜露臺。水際春風寒漠漠，官梅卻作野梅開。

武林舊事：聚景園，在清波門外，孝宗致養之地。嘉泰間，寧宗奉成肅太后，亦嘗臨幸。其後蕪廢不修。高疎寮詩云云。

游九鎖

洞門金畫翠琅玕，杳不多花月溜寒。借得御書經自讀，松風淨洗石棋盤。洞霄詩集

汪強中郎中送蟹

連日天街候駕歸，且呼酒對早梅飛。從來吏部高情別，右手分將老蟹肥。蟹略

水西

抱崖一水限僧居，空翠冥濛畫不如。落日遊人山窈窕，清風啼鳥竹蕭疏。詩家鼎臠

楊嗣勛惠茯苓

道是青神谷，元通白帝厓。有松如壯士，其魄化嬰兒。雲溼侵鴉觜，天寒翦兔絲。堯初香摘髓，秦後雪凝脂。穴動龍蛇窖，山空鳥獸悲。惟將千歲力，自了一生奇。

都下

柳生春思拂京華，不管閑人也憶家。添盡好香那睡得，月痕如水浸梨花。

答辛幼安

青天不惜日，壯士偏知秋。自古有奇畫，如今空白頭。彼時當再來，吾老不可留。天推璧月上，星入銀河流。驪度若此急，人生與之浮。終夜自起舞，無人共登樓。典謨有陳言，河洛非故州。黃鶴呼不來，誰能理殘裘。以上後村詩話

別雲門

回首雲邊更看松，風流王謝舊行蹤。不知誰繼諸賢後，夜半來聽六寺鐘。雲門志略

石橋

一石上負崑崙柱，一水西奔牛女渚。玉榦獰鱗萬松古，夜夜神光干帝宇。石滑苔危水一縷，四海長依開闢雨。月落未落半規吐，雨足敲泉龍擺舞。

蔡山渡

江上人家破竹門，潮生水長浸籬根。鯗魚一尺枇杷小，放溜船來酒滿尊。以上甬上耆舊集

句

汾獻升雲鼎，秦遺蝕雪碑。賀硯　沙冷雁一二，天長帆有無。曹娥江　白浪不侵魚復陣，青苔猶護劍關銘。送蜀客　旋作池來分剡曲，略敎花處似蘇隄。池西　後村詩話　天差鶴管烹茶水，風夾花吹煮蟹烟。蟹略

莫若沖

若沖字子謙，若拙弟。淳熙十一年進士。歷官至大理寺丞，丐外，除知永州，不赴，卒。有語溪集。

初春趙仁父寓資福院平綠軒見招

平綠題詩四十年，尋幽不厭水雲邊。一犂還又耕春後，三白重來醉臘前。自笑挂冠林下客，獲陪揮麈坐中賢。絶嫌幻色撩人思，快覩晴川接遠天。嘉興府志

過崇福院　在青鎭南

首歲融春卜有秋，曉行猶自索貂裘。身閑暫脱微官縛，市隱何如此地幽。一水相望三里近，十年重到片時留。買田擬作終焉計，直是飄然不繫舟。烏青文獻

程卓

卓字從元，大昌從子。淳熙十一年進士。歷官同知樞密院事，封新安郡侯，贈特進、資政殿大

學士。謚正惠。有集。

遊金焦二山

揚子長江天際來，中流有山何壯哉。深根盤礴千萬丈，寸土不受雙崔嵬。金山屹據上流險，四面佛屋相環回。來帆去槳別艫舳，住僧過客煩追陪。排空傑閣揖滄海，海山亂點浮纖埃。龍潭列聳石峯巧，獨立野鶴慵毰毸。堂前回首指遺像，坡翁印老留青煤。其人已去詩尚在，唱酬風月相徘徊。再三瞻我二山去，縹緲又入雲濤堆。焦山一望二十里，舟師駕櫓如奔雷。行行滉蕩呼吸頃，縈繞确犖登山隈。山中僧少竹木古，瘦根迸石穿莓苔。幽姿野態隨步出，勝處往往多樓臺。洪厓路轉尋瘞鶴，幾年浪打風雨摧。遺銘破碎石剝落，摩挲細讀心眸開。同行韻遠心未盡，飛仙亭上傾尊罍。酒酣我爲發絕唱，底須方外求蓬萊。金山志略

雲巖

石門一望路迢迢，五老峯高聳碧霄。泉挂珠簾當洞口，烟拖練帶束山腰。香爐捧出仙人掌，鞏輅行過織女橋。午夜月明天似水，鶴歸松頂聽吹簫。齊雲山志

鞏豐

豐字仲至，號栗齋。其先鄆州須城人，渡江，爲婺州武義人。少游呂東萊之門。淳熙十一年進士。嘗知臨安縣，稍遷提轄左藏庫，卒。有東平集。

葉水心墓誌云：仲至片詞半牘，皆清朗得言外趣，尤工爲詩，多至三千餘首。

曉起甘蔗洲

曉起東風惡，晴嵐忽變昏。船隨山共走，霧與水相呑。鉦鼓遥知寨，桑麻略辨村。雨來無準則，容易逕柴門。

湖嶺下十里是爲黯澹灘行者多至此捨舟

急流方了又高岡，日永周旋未覺忙。壁上字多知店老，嶺邊松茂喜車涼。叢叢亂篠承攲石，帖帖新荷繳小塘。黯澹惡灘應笑我，爲虞魚復犯羊腸。以上瀛奎律髓

翠蛟亭泉出天柱之趾將至洞霄門數折下墜方盛時如蛟飲澗亭當木石最奇處舊取東坡詩語名以舞翠客謂不若直名翠蛟爲不費答知宫事王君思明欣然改之爲賦一首

木石相因依，妙處在得水。遇其相合時，澗壑水多止。巍巍天柱峯，雙洞空無底。怪石抱山迴，灌木參天起。青蛟走玉骨，元脈貫石髓。曲折暫得伸，掀舞如掉尾。亭成自何年，不陋亦不侈。秋深泉久縮，亭影照清泚。忽遇水飛流，亭入銀濤裏。怒蛟捲亭去，相距不盈咫。一落墜兩拱，力竭勢方已。終疑入江湖，赴海日千里。咋夜山雨號，梧竹盡風靡。轟雷與石鬭，蛟怒幾欲死。吾亭方宴然，清曉見窗几。因擕一樽來，與客相料理。賸擬畫將歸，題詩卻留此。

翠微亭 就亭舉杯，落葉滿地。知宫王君請和韋蘇州「落葉滿空山」之句。

行跡年來到處稀，獨于巖壑有深期。鵝溪道士能相屬，請和空山落木詩。

洞霄即事

積蘚青蹤一寸痕，山靈守護幾千春。長藤橫繫巖邊木，何日重來挂葛巾。以上洞霄詩集

炊熟日有愴松楸

小樓吹斷玉笙哀，春半餘寒去復來。五歲不澆墳上土，望鄉心折刺桐開。濂洛風雅

楊安誠

安誠字道父，蜀人。

白帝廟 并序

白帝廟神，舊傳以爲公孫氏，以余考之，非也。公孫氏享國日淺，轍迹未嘗至夔，獨遣田戎、任滿戍江關。岑彭入江關，不復爲戍守，公孫氏無從廟食。按酈道元水經注，瞿塘灘上有神廟，甚靈，刺史二千石過其下，不敢伐鼓鳴角，恐致風雨。舟人上水，以布裹篙足，不令觸石有聲，蓋不謂其神爲公孫氏。瞿唐天下至險，必有神物司之，但有廟偶連白帝城，俗遂從而訛爾。余往來三峽，皆託神之庇，輒爲賦此，庶來者有所考云。淳熙十一年正月晦日，西蜀楊安誠道父書。

蜀江萬壑俱東奔，瞿唐喧豗爭一門。驚濤駭浪建瓴下，顚崖仆谷相吐吞。朋妖窟宅恃幽阻，正晝噴薄陰霾昏。靈宮奕奕鎭地險，衆瀆稟令川祇尊。赤甲後聳黃熊躍，灩澦前峙青猨蹲。舳艫銜尾下吳楚，約束蛟鰐如雞豚。舊傳鼓角致雨雹，裹篙不觸撑舟痕。綜理脈絡盡西徼，帝假之柄攸司存。子陽祚國十年近，此地未省東其轅。連江列炬鐵鎖斷，戎滿奔北無留屯。江關回首盡漢幟，遺黎何自知公孫。血食漢代定不爾，但有故壘山之樊。子美誤信齊東語，感慨勇略招英魂。山川之靈載望秩，僭僞詎可同

時論。向來名實久淆溷，薦祼無乃瀆俎膰。請從酈元爲考證，神理昭昭斯可原。全蜀藝文志

謝牧

題洪陽洞石上

特特擕笻探洞房，中藏精氣凛寒芒。神仙久覷知難學，乞取逍遥物外方。淳熙乙巳冬書　遊名山記

馮端榮

端榮，崇安令。

題武夷 淳熙丙午

花滿晴烟樹滿雲，我來寧是學仙人。願將九曲溪頭水，散作年年百里春。武夷詩集

李持國

壽興國守 九月三日

縹緲黄堂擁瑞烟，神光照社記當年。風雲慶會千齡際，萸菊佳辰六日前。蕩節已嘗煩出使，輔藩聊復賴于宣。廟堂參贊猶虚位，飛詔行看下九天。聖宋名臣獻壽集

劉季裴

季裴字少度，福安人。孝宗朝，終祕閣修撰。

壽朱守

康鼎談經世少雙，一時文物動虞庠。江湖雖隔金閨籍，衣袖仍聞玉案香。墨客幾年陪畫隼，板輿平日

到蕺堂。時淸身健堪行樂，未見荆榛老鳳凰。聖宋名臣獻壽集

李獻可

獻可，吉水人。

賦宮人午睡

御手指嬋娟，青春白晝眠。粉勻香汗溼，髻壓翠雲偏。柳妒眉間綠，桃嫌臉上鮮。夢魂何處是，知繞帝王邊。

吉安府志：獻可六歲能詩，孝宗召入宮。時宮人正午睡，帝命爲詩，獻可即賦云云。帝拊其背曰：何不作我家兒。命宮人繡御掌于背以賜歸。

王正己

正己，四明人，珩之子。淳熙中官太府卿。

題天開圖畫亭 幷序

姚伯愿使君，築亭眞州子城西北隅，盡得江山之勝。乞名于四明王正己，因誦山谷「天開圖畫卽江山」之句，遂以名亭，又爲賦此詩。

夜來殘暑鏖西風，秋聲摵摵先井桐。纖雲四卷天開容，一碧萬里磨青銅。使君退食新涼逢，厭看凝寢香雲濃。領客欲送孤飛鴻，城隅高亭溼青紅。曠野四望開心胸，前瞻江山勝而雄。琉璃波光羣玉峯，水墨正爾難爲工。天開地闢今古中，此景自若無初終。天豈爲我施新功，我心得之眼相從。收入几席無遺蹤，錦囊得助防詩窮。李成郭熙將無同，撫掌一笑浮金鍾。儀眞縣志

宋詩紀事卷五十六

錢唐　厲　鶚　輯
臨潼　張四科
錢唐　陳　章　勘定

裘萬頃

萬頃字元量，新建人。淳熙十四年進士。嘉定初，除吏部架閣，遷大理司直，力丐外任，添差江西撫幹，卒。有竹齋詩集。

歸興

新築書堂壁未乾，馬蹄催我上長安。兒時祗道爲官好，老去方知行路難。千里關山千里念，一番風雨一番寒。何如靜坐茅齋下，翠竹蒼梧子細看。

娛書堂詩話：裘元量性恬退，不樂仕，以薦者召爲司直，在朝嘗賦歸興云云。

閑居

閑居最與性相便，懶即繙書嬾即眠。終日閉門眞省事，有時面壁似耽禪。大椿歲篇祈親壽，斷簡生涯聽子傳。待問洪崖覓丹訣，白雲深處引寒泉。以上竹齋詩集

危稹

稹字逢吉，號巽齋，又號驪塘，撫州臨川人。淳熙十四年進士。歷屯田郎官，出知潮州，又知漳州，忤部使者，請祠歸。有巽齋小集。

借詩話于應祥弟有不許點抹之約作詩戲之

我有讀書癖，每喜以筆界。抹黄飾句眼，施朱表事派。此手定權衡，衆理析眣澮。歷歷粲可觀，開卷如畫繪。知君篤友于，因從借詩話。過手有約言，不許一筆壞。自語落我耳，便覺意生械。明朝試靜觀，議論頗澎湃。讀到會意處，時時欲犯戒。將舉手復止，火側禁搔疥。技癢無所施，悶懷時一噫。只可捲還君，如此讀不快。千駟容可輕，君抱亦不隘。昨問雞林人，尚有此編賣。典衣須一收，吾炙當痛嘬。

經從豐城謁于房州于令侍姬歌舞進酒

蛾眉對酒舞涼伊，舞身還逐歌聲齊。卷花萬段忽進酒，鬬高蛺蝶飛來低。

春日卽事

麥風翻隴潑濃綠，花露摘枝黏老紅。小立樓頭檢春事，一絲暖日墜青蟲。

郭公

郭公郭公，聞爾失國春秋時，何事到此猶悲啼。郭公前言亡國故，當時祇緣臣子誤。百年社稷不得歸，而今家住柘岡西。滿目春風都是恨，聲聲說與齊侯知。郭亡矣，君勉之。以上巽齋小集

送柴中行出守章貢

力爲君王乞得州，補天未了石還收。人才自係國輕重，吾道亦關公去留。殿角纔辭槐影日，船頭便轉荻花秋。競誇祖帳東門外，誰識眉攢杜甫愁。豫章詩話

宋史本傳：嘉定中，番陽柴中行去國，禎作詩送之。迕宰相，出知潮州。

王居安

居安字資道，台州黃巖人。淳熙十四年進士。累遷右司諫，兼崇政殿說書，權工部侍郎，帥隆興府，升龍圖閣直學士。卒贈少保。有方巖集。

吳子良序云：公之文明白夷暢，絕類其胸襟；詩尤圓妥曠遠，嘗有句云：「高下水痕元自定，後先花信不須催。」公于出處去就，此二語可以占矣。

僧居簡北磵詩集云：方巖王侍郎江西破賊歸，小舟迫窄，自笑曰：「今爲摺疊侍郎矣。」

送劉改之

不識劉郎莫便語，酒酣耳熱未全疎。士當窮困能無慊，我自斟量媿不如。横渠賦詩俱有分，輕裘緩帶特其餘。當今四野無塵土，宜有奇英在草廬。瀛奎律髓

潘德久有龍眠三馬而失其一俾予賦詩

三馬往往皆龍駒，精神肯與凡馬俱。忽不見者其前驅，定應飛上天之衢。君得其二已有餘，我欲與君分此圖。駑才患多不患無，四十萬疋將何如。龍眠已往不可呼，愈少愈貴宜寶儲。赤城詩集

句

祇教人種菜，莫誤客看花。題園屏　後村詩話

郭綽

綽，嵊縣人。淳熙十四年進士。

枕流軒 在安吉州殿眞觀

招提避雨寄孤眠，夜靜溪聲到枕邊。引得五湖清入夢，拍天波浪一漁船。西吳里語

王溉

溉官太府少卿，兼知臨安府，除權兵部侍郎。

淳熙丙午游大滌山

山合羣峯路屈盤，溪行九折勢蜿蜒。雲根長伴仙人迹，元蓋潛通大滌天。玉殿香銷人寂寂，石壇花落草芊芊。黃冠解識尋幽興，爲洗寒鐺煮碧泉。洞霄詩集

徐僑

僑字崇甫，號毅齋，婺州義烏人。淳熙十四年進士。理宗朝，仕至工部侍郎，寶謨閣待制，奉祠，卒。謚文清。有集。

毅齋卽事

自吾齋外付諸兒，除卻詩書總不知。苔色上侵閑坐處，鳥聲來和獨吟時。十分秋色重陽近，一味新涼老者宜。調得身心能自慊，止吾所止復何疑。濂洛風雅

陳峴

峴字壽南，溫州平陽人。淳熙十四年，中博學宏辭科，賜進士出身。官中書舍人，直學士院。

依綠亭

脩林平治久荒埃，招領春風一笑回。淨掃莓苔分徑岸，謄添桃李結亭臺。粵西詩載

林宗放

宗放字問禮，宣城人。淳熙丁未進士。通判廣州，乞祠歸。

陪郡守游西園

倒影扶闌印碧溪，玻璃盤上玉東西。落紅那得愁如海，舉白難逃醉似泥。郎宿高明香霧起，客星華耀燭花低。波心夜半魚龍舞，都轉天風入鼓鼙。宛雅

鄭克己

克己字仁叔，青田人。淳熙中進士，仕至福建提刑司幹官。

水國

水國烟霞客，春來始定居。老逢人事嬾，貧覺舊交疎。隙影窺蟾滴，芸香散篋書。西湖風月好，不到一年餘。

送中書王舍人使北

細馬褸金鞍，文星使可汗。袖中天詔重，帳外節旄寒。烽火燕城急，塵沙朔野寬。安邊存大體，何必斬樓蘭。

浙江十六夜對月

急槳寒天闊，長江得月遲。最憐新缺後，全勝未圓時。夜雪潮千丈，秋風桂一枝。潛蛟易翻動，怨笛莫驚吹。

青衫

青衫著破禁中羅，楚澤吳江幾度過。仕宦宛如杯水淡，朝廷空有故人多。漁村疎竹明風旆，煙浦斜陽起暮歌。欲買田園歸海上，此身無奈客愁何。以上前賢小集拾遺

旅中遇故人

雲薄清溪水，天寒黃葉風。鄉關三載別，客路一尊同。舊事如昨日，問年俱老翁。相看今夕意，淚冷菊花叢。詩家鼎臠

繆瑜

瑜字珍叟，龍南人。淳熙進士，官進賢令。有崆峒詩集。

遇災感應詩　并序

辛酉歲，錢唐火災，延燒居民，以七萬計，惟吳山上一老翁家獨全。翁平時誦經樂施，火起之夕，以老憊不能去，遣兒與婦令亟走，竟不忍相捨離，處烈焰之中，全家昏然熟寐，至于蒲萄架亦不焚灼。夫善積于平日之間，而孝感于一念之頃，其爲神物護持如此。行道之人，相與言者，必曰：「蒲萄架。」因詩之，以爲世人好善者之勸云。

鬱攸屬者潛煽災，韮廉縱風相與偕。林林生齒七萬戶，連甍接棟燒成灰。如何老翁一區宅，間不以寸獨不烄。玉石俱焚勢應爾，豈有幻術能然哉。聞之翁乃好善者，平時事佛經卷開。有餘必以濟貧乏，不以利欲縈其懷。倉卒遂蒙鬼神護，萬目注視咸驚猜。厥初巨燄爇天起，左顧右盼如燔柴。翁知無地可脫免，委身甘作燼與煨。𪐝兒與婦令亟走，誓死不去無違乖。全家酣寢越信宿，如聞大浪聲喧豗。及其夢覺火亦息，依然一室當崔嵬。徼如蒲萄不熏灼，而況梁棟與桷榱。蒼蒼表善有如此，餘自作孽何足哀。作詩誌往勸來者，勿以斯語同優俳。咸淳臨安志

句

後村詩話云：予初筮仕江西，有老選人繆瑜來訪，有句一聯云云。

有客去遊丞相閣，無人來問孝廉船。調官

李　壁

壁字季章，燾子。用父任入官，後登進士第。寧宗朝，累遷權禮部尙書，直學士院，同知樞密院事，歷資政殿學士，致仕。卒謚文懿。有雁湖集。

使北作

四朝聞見錄：開禧初，韓平原欲興兵，遣張嗣古覘敵。張還，大拂韓旨，復遣李壁。壁還，與張異辭，階是進政府。壁使北，有詩云云。

天連海岱壓中州，煖翠浮嵐夜不收。如此山河落人手，西風殘照嬾回頭。

玉堂留題

雲影沈沈玉一方，倚闌人意似濠梁。獨憐雪裏山茶樹，也向春風伴海棠。咸淳臨安志

酬曾景建

新有千絲明曉鏡，舊無一畫費宵衣。閑吟此外唯須飲，老覺人間萬事非。後村詩話

青雲亭

平林野水帶孤城，倦客登臨太瘦生。過眼千花競紅紫，可憐霜鬢轉分明。撫州府志

句

一杯謾道愁能遣，幾度醒來錯喚君。悼亡　憂時鐵石孤忠在，閱世風花老眼空。送楊子直知吉州　後村詩話

董居誼

居誼字仁夫，臨川人。淳熙進士。歷官四川制置使，奉祠歸。有集。

戚姑山

重上危樓意豁然，倚闌檢點舊山川。身離城郭塵囂裏，眼到雲天杳靄邊。祇恐老松添歲月，長敎脩竹障風烟。回思燈火書窗下，僂指如今六十年。撫州府志

盛璲

璲字溫如，豐城人。領淳熙中鄉薦，以平山寇功，授奉節郎。創書院于盛家洲，朱文公嘗過訪，贈以詩。

朱元晦過訪

蒼松翠竹映斜暉，野菊花開過客稀。葉底黄蟲作寒繭，雨餘蝴蝶滿園飛。

梅花樹下三間屋，挂壁枯桐盡日閑。有客過門彈一曲，斷雲殘雪滿空山。皇華紀聞

李　泳

泳字子永，號蘭澤，廬陵人。淳熙中，嘗爲溧水令，又爲阮治司幹官。與兄洪子大、漳子清、弟浙子秀、淦子召，著李氏華萼集。

題甘將軍廟卷雪樓

卷雪樓前萬里江，亂峯卓立森旗槍。上有甘公古祠宇，節制洪流掌風雨。甘公一去踰千年，至今忠氣猶凜然。我來再拜攬塵跡，斜陽白鳥横蒼烟。

夷堅志：大江富池縣，有甘寧將軍廟，殿宇雄偉，行舟過之者，必具牲醴祗謁。李子永嘗自西下，舟次散花洲，有神鴉飛立檣竿，即遇便風，晡時抵岸，青蛇箭激而來，至舟尾不見。是夕檥泊，明日賽神。其前大樓七間，尤偉壯。郡守周少隱釆東坡詞語，扁爲卷雪，子永作詩云云。初題梁間，本云「英威凜然」，如有人掣其肘，乃改爲「忠氣」。

王　亘

亘字伯通，福州人。淳熙間，知南恩州。

十洲圖

山川如幻閣長秋，一島飛來伴九洲。不礙漁樵雙槳過，何妨羅綺四時遊。雲疑泰華分張去，水憶蓬瀛

散漫浮。禁苑未知湖海樂，生綃寫取獻中州。延祐四明志

次胡澹菴題挹翠軒韻

西山排闥來，周遭自環翠。俗眼少見之，一覽忘世味。平生三徑心，蚤早賦歸計。縱落塵土居，不與草木敝。公餘事幽尋，清風拂衣袂。最喜軒中人，所挹多爽氣。蓬蒿天地寬，萬境發詩思。白雲未能閑，時出過窗几。簷花聽夜雨，池草生春媚。山靈若相知，好風爲裂眥。餘光雖力挽，回次那得致。肇慶府志

韓彦古

彦古字子師，延安人，蘄王世忠之子。淳熙中，知平江府；終敷文閣待制，戶部尚書。

大智院明月巢 在富陽縣

清風去無塵，白雲來無心。一笑玉溪上，落花流水深。杭州府志

黄敏德

敏德號存菴，淳熙中句容令。

入洞霄九鎖路間

綠蘿垂地白日暗，落葉滿徑行人稀。青童走入報迎客，驚罷先生一局棋。

舞翠亭觀泉

坐來毛骨覺蕭然，百尺飛流下碧天。杯酒未終身世換，盡移三峽到尊前。以上洞霄詩集

程九萬

九萬字鵬飛，池州人。淳熙間，知武康縣，有賢名。慶元中守歷陽。有集。

重建東堂 前令毛滂建

宦游偶落雲水鄉，恥以貪墨爲吏商。三年寄傲南窗月，一瓣爲炷東堂香。翛然清風揖佳客，好古博雅眞揚揚。舊題湔祓古寺壁，濁酒呼索鄰家牆。淋漓醉墨鸞鳳舞，警語峭厲淩冰霜。大碑小碣共檢校，次第安置堂中央。竭來弦歌有餘暇，逸興賸欲希韓湘。

證道寺追和毛澤民韻

二載塵勞薄宦身，雙峯幾憶舊家鄰。甫能再上陽城考，更有一年孤負春。以上武康縣志

葛郛

郛，立方長子。淳熙中，以朝奉郎判鎮江。

留友人

良友久間闊，春事遽如許。勞君下鷗沙，一葉繫春渚。昨夢墮前山，再見欣欲舞。聊呼花底杯，酒面點紅雨。狂歌謝貫珠，清論雜揮麈。驪駒未可歌，妙句須君吐。韻語陽秋

杜旟

旟字伯高，金華人，嘗登呂成公之門。淳熙、開禧間，兩以制科薦。有橋齋集。

白頭吟

長安春風萬楊柳，新人妖妍舊人醜。貧賤相從富貴移，舊時犢鼻今存否。長門作賦價千金，不知家有

白頭吟。金華雜識

句

君勿笑新亭相對泣，卻勝蘭亭暮春集。題蘭亭序　後村詩話

劉孝韙

孝韙字正夫。乾、淳間，以門蔭仕。累官直祕閣，提舉兩浙常平，除直徽猷閣。

題佘山宣妙寺

水定浮春岫，鴉盤落遠林。上方鐘送夕，隱几興何深。松江府志

吳億

億字大年，蘄春人。仕至靜江倅。有溪園集。

摩崖中興頌

借問江頭人釣魚，爲言靈武事何如。摩崖豈是當時意，兩字噫嘻金鏡書。浯溪集

錢聞詩

聞詩字子言，成都人。淳熙中，知南康軍。有廬山雜著。

題米元暉瀟湘圖

太湖水入霅溪寒，疊巘連山幾萬般。此景古今無盡藏，總歸嬾拙一毫端。郁氏書畫題跋記

錢聞禮

閈禮，嘉興人，第進士。

簡寂觀

先生舊隱在廬山，幽谷千年竹萬竿。偃松拂盡煎茶石，苦筍撐開禮斗壇。方輿勝覽

章甫

甫字冠之，鄱陽人，居眞州。有易足居士自鳴集。

貴耳集：冠之多從于湖交游，飄蕩不受拘覊。淳熙間，淮有三士：舒之張用晦、和之張進卿、眞之章甫冠之也。

寄荆南故人

餘生自拚一虚舟，未害尋詩慰客愁。梅欲飄零猶醖藉，柳纔依約已風流。關心弟妹無黄犬，入夢江湖有白鷗。别後故人相念否，東風應憶仲宣樓。貴耳集

湖上吟

誰家短笛吹楊柳，何處扁舟唱采菱？湖水欲平風作惡，秋雲太薄雨無憑。近人白鷺麾方去，隔岸青山喚不譍。好景滿前難著語，夜歸茅屋望疎燈。前賢小集拾遺

林升

升，淳熙時士人。

題臨安邸

山外青山樓外樓，西湖歌舞幾時休。暖風熏得遊人醉，直把杭州作汴州。西湖志餘

俞國寶

國寶，臨川人。淳熙太學生。有醒菴遺珠集。

武林舊事：淳熙間，德壽三殿遊幸湖山。一日，御舟經斷橋旁，有小酒肆，頗雅潔，中飾素屏，書風入松一詞于上，光堯駐目稱賞久之，宣問何人所作？乃太學生俞國寶醉筆也。其詞云：「一春長費買花錢，日日醉湖邊。玉驄慣識西泠路，驕嘶過、沽酒樓前。紅杏香中歌舞，綠楊影裏鞦韆。東風十里麗人天，花壓鬢雲偏。畫船載取春歸去，餘情在、湖水湖烟。明日再攜殘酒，來尋陌上花鈿。」上笑曰：此詞甚好，但末句未免儒酸。因爲改定云：「明日重扶殘醉」，則迥不同矣。即日命解褐。

山茶

花近東溪居士家，好攜樽酒款攜茶。玉皇收拾還天上，便恐筠陽無此花。全芳備祖

許　尙

尙，華亭人，號和光老人，生淳熙間。有華亭百詠。

華亭百詠　存十首

陸機茸　在谷水東。吳陸遜生二孫，常于此遊獵，今名桑陸，又名吳王獵場。

二陸爲童日，馳驅屢忘歸。至今桑柘響，禽鳥尙驚飛。

三女岡

三殯知無有，香魂計已銷。頻來吟楚些，歲久若爲招。

征北將軍墓 即陸褘墓，在崑山，有碑。村人疲于官吏征索，遂碎其碑。

崎嶇尋古隧，衰草隱寒原。欲讀將軍事，豐碑祗半存。

顧亭林

旦暮潮流急，東西徑路斜。無從質疑字，共屬野王家。

白龍洞 在橫雲山頂，下通澱山湖，每風雨夜，有龍出入洞中。

呼吸湖中水，山椒寄此身。洞門風雨夜，電火逐霜鱗。

俞塘 府東五里，往來之舟，皆可揚帆。諺云：雖有珠千斛，不賣俞塘北。

延袤三鄉外，東流與海通。河神屢加惠，帆借往來風。

普照寺 晉陸機捨宅爲寺

高門收畫戟，即此見精藍。施予恩雖在，緇流絶不談。

陸瑁養魚池 即西湖也，今爲放生池。

誰得陶朱術，修治一水寬。皇恩浹魚鼈，不復敢垂竿。

唳鶴灘 湖之東南隅

養鶴人何在，湖邊水尚清。唤回中夜夢，灘上戛然聲。

湖光亭 風月堂之西

日暮蝦鬚卷，亭中雅燕閑。微風起蘋末，波影動尊罍。 以上華亭百詠

陳善

善字敬甫，號秋塘，淳熙間豪士。有雪篷夜話。

句

不知筋力衰多少，但覺新來嬾上樓。吹劍錄

春風一日歸深院，巫峽千山鎖暮雲。書貴家扇　聞說平生輔漢卿，武夷山下啜殘羹。送輔漢卿過考亭　以上貴耳錄

童敏德

敏德，臨川人。生乾、淳間，不仕。

湖州題顔魯公祠堂

挂帆一縱疾于鳥，長興夜發吳興曉。杖藜上訪魯公祠，一見目明心皦皦。未說邦人懷使君，且爲前古惜忠臣。德宗更用盧杞相，出當斯位誠艱辛。生逆龍鱗死虎口，要與乃兄同不朽。狂童希烈何足罪，姦邪嫉忠假渠手。乃知成仁或殺身，保身不必皆哲人。此公安得世復有，洗空凡馬須騏驎。

容齋三筆云：語意超拔。

許玠

玠字介之，襄邑人。有東溪詩稾。曰蓉按：劉後村云：「端平以來，與江西曾無疑、金華杜叔高、九華葉子眞同聘召之士，有衡陽許介之。」蓋介之南渡，寓家衡陽，晚年始被召也。

染絲上春機

錦江之水來蜀西，女紅染絲上春機。可憐欲織未織時，思君意緒如亂絲。亂絲尚可理，妾愁渺無際。寒窗軋軋千萬梭，斷魂隨梭暗來去。蕩子醉花月，妾辜鸞鏡妝。寒蛩只解趣機杼，爭卻情如刀劍傷。織成回紋詩，寄與白玉郎。願郎勿棄置，上有雙鴛鴦。覷看雙鴛鴦，忍敎孤妾守空房。梅磵詩話

漢宮春夜

虛輪絢采千門外，窗眼滲光金箔碎。渴烏滴水續銅壺，籥馬呼風搖玉佩。宮車聲斷翠箔幽，珠簾閑卻珊瑚鉤。眉山兩點亦何有，中鎖萬斛相思愁。蜀羅蜜炬光明滅，紅淚難澆守宮血。遙夜春寒聽曉鐘，角聲滿地梨花雪。詩家鼎臠

趙希弁讀書附志云：周益公嘗親寫許介之漢宮春夜、朱陵洞詞、古離別、出塞曲四篇而跋之。

吳琚

琚字居父，號雲壑，汴人，憲聖太后之姪，太寧郡王益之子。歷尚書郎、部使者、直學士。慶元間，以鎮安節度使留守建康，遷少保。卒謚忠惠。有雲壑集。

佩楚軒客談：吳琚節使蓄雷琴，號「九霄環佩」。

書史會要：吳居父，太寧郡王益之子，世稱吳七郡王。性寡嗜好，日臨古帖以自娛，字畫類米芾，以詞翰被遇孝宗，大字極工。

續光宗詠安榴

細疊輕綃色倍醲，晚霞猶在綠陰中。光宗 春歸百卉今無幾，獨立清微殿閣風。琚

四朝聞見録：孝宗崇憲聖母弟恩，故稱琚兄弟曰哥。光宗體孝宗之意，故稱琚兄弟曰舅。琚尤被聖眷。後苑安榴盛開，光皇以黄團扇自題聖作二句，命琚足成，上稱歎久之。

劉光祖

光祖字德修，號後溪，簡州陽安人。登進士第。寧宗朝，遷起居郎、右文殿修撰，終顯謨閣直學士，提舉嵩山崇福宫。謚文節。有鶴林集。

鶴林寺

竹院逢僧話，山門掃地迎。英雄猶有迹，般若太無情。玉樹春陰密，琅玕晚暑清。半年來往屢，只合送行旌。鶴林寺志

龔　準

準，知江陰軍。

題天慶觀碧玉堂　張安國書扁

清曉叩玄關，憂時鬢已斑。何如閑道士，隔竹看君山。咸淳毘陵志

任　璡

璡字國器，黄巖人。淳熙中，上舍釋褐，授校書郎。

山居歲暮

讀罷羲文先後天，蕭然一室裊寒烟。山中歲月那知得，但見梅花又一年。黄巖英氣

何坦

坦，東陽人。淳熙間，官沿海制置司幹辦公事。

乞蜂兒榧于郭德誼二首

味甘宣郡蜂雛蜜，韻勝雍城駱乳酥。一點生春流齒頰，十年飛夢繞江湖。

銀甲彈開香粉墜，金盤堆起乳花圓。乞君東閣長生供，壽我北堂難老仙。

乞釀于郭伯瞻

洗醆試邀從事釀，臥罍忽報步兵厨。良辰不與清樽共，今夜儻羞明日無。未論一缸分雪乳，已拚千日醉雲腴。宜黄漫尉今狂甚，聽我酣歌入五湖。以上石洞遺芳集

吳有定

九鯉湖

昔聞九仙靈，今登九仙地。裊裊一爐香，寥寥千載事。九鯉湖志

葉時

時字秀發，仁和人，晚居嘉興。淳熙中進士。官終龍圖閣學士。有竹埜詩集。

還桑澤卿蘭亭考

書法光芒晉永和，後來摹寫不勝多。考論又得桑夫子，蘭渚風流轉不磨。檇李詩繫

傅子平

子平，淳熙中鳳州守。

絶句

珍珠不見小櫓紅，遐想柔荑剝嫩葱。唯有萬條羅帶緑，年年依舊舞春風。

鳳縣志：鳳之爲州，當秦蜀之衝，以手、柳、酒三絶名世。風塵一起，號爲邊鄙者四十餘年。淳熙初，鳳州守傅子平詩云云。

宋詩紀事卷五十七

錢唐 厲鶚 輯
錢唐 金 京 勘定

張栻

栻字敬夫，廣漢人，浚子，以蔭補官。孝宗朝，歷左司員外郎，除祕閣修撰，歷知江陵府、荆湖北路安撫使，卒。嘉定中，謚曰宣，從祀大成殿。有南軒集。

謁陶唐帝廟詞

宋淳熙四年，靜江守臣張某既新陶唐帝祠，以二月甲子，率官屬祗謁祠下，再拜稽首，退而歌曰：

溪交流兮谷幽，山作屏兮曾丘。木偃蹇兮枝相樛，皇胡爲兮于此留。藹冠佩兮充庭，潔芳馨兮載陳。純衣兮在御，東風吹兮物爲春。皇之仁兮其天，四時序兮何言。出門兮四顧，渺宇宙兮茫然。

胡文定公碧泉書堂 在崇安縣籍溪

入門認碧溪，循流識深源。念我昔此來，及今七寒暄。人事經幾變，寒花故猶存。堂堂武夷公，道義世所尊。永袖霖雨手，琴書賁丘園。當時經行地，尙想笑語溫。愛此亭下水，炯若玻瓈盆。晴看浪花湧，靜見潛鱗翻。朝昏遞日月，俯仰信乾坤。因之發深感，倚檻更無言。

三月七日城南書院偶成

積雨欣始霽，清和在茲時。林葉既敷榮，禽聲亦融怡。鳴泉永不窮，湖風起淪漪。西山卷餘雲，遙覺秀色滋。層層叢綠間，愛彼松柏姿。靑靑初不改，似與幽人期。坐久還起來，隄邊足逶迤。游魚傍我行，野鶴向我飛。敢忘昔賢志，亦復詠而歸。寄言山中友，和我和平詩。

朱熹跋云：久聞敬夫城南景物之勝，常恨未得往游其間。今讀此詩，便覺風篁水月，去人不遠。

題榕溪閣　昔山谷南遷，維舟榕下，後人爲作榕溪閣。

寒溪瀠容與，老木枝相樛。其誰合二美，名此景物幽。太史昔南騖，於焉嘗少休。想當下榻時，請與耳目謀。品題信要領，亦有翰墨留。我來訪遺址，密竹鳴鉤輈。稍令舊觀復，還與佳客遊。樹影散香篆，水光泛茶甌。市聲不到耳，永日風颼颼。所忻簿書隙，有此足夷猶。平生丘壑願，如痼不可瘳。雖知等喧寂，終覺靜裏優。更思濯滄浪，榕根浮小舟。

故太子詹事王公挽詩　十朋

大節元無玷，中心本不欺。排姦力扛鼎，憂國鬢成絲。方喜三旌召，俄興一鑑悲。西風吹淚眼，吾豈哭吾私。

睿主龍飛日，如公舊學臣。忠言關國計，淸節映廷紳。歲月身多外，江湖澤在民。當年遺直歎，千古更如新。

題城南　曰谿按：此首本集不載。

城頭望西山，秋意已如許。雲影度江來，霏霏半空雨。

東渚

團團淩風桂，宛在水之東。月色穿林影，卻下碧波中。

麗澤

長哦伐木篇，佇立以望子。日暮飛鳥歸，門前長春水。

濯清亭

芙蓉豈不好，濯濯清漣漪。采去不盈把，悵惆暮忘飢。

西嶼

繫舟西岸邊，幅巾自來去。島嶼花木深，蟬鳴不知處。

采菱舟

散策下亭阿，水清魚可數。卻上采菱舟，乘風過南浦。以上南軒集

鶴林玉露云：六詩平淡簡遠，德人之言也。

馬上口占

向來一雪壓霾昏，曉跨征鞍傍水村。七十二峯皆玉立，巍然更覺祝融尊。

方廣寺睡覺

僧舍孤衾寄此情，莊生夢破梵鐘聲。浮漚蹤跡原無定，惆悵西風一夜清。

十六日下山各賦二篇 存一

歸袂隨雲起，籃輿趁雪明。山僧可留客，世故卻關情。小倚枯藤杖，聊聽絕澗聲。如何山下客，一笑已

來迎。以上南岳倡酬集

書花光墨梅

一枝已清妍，交枝更媚嫵。見之已愁絶，那復隔烟雨。錢唐千頃春，想見西津渡。他日到南屏，莫忘孤山意。

題王介甫遊鍾山圖後

林影溪光靜自如，蕭疏短鬢獨騎驢。可能胸次都無事，擬向山中更著書。以上聲畫集

劉芮

芮字子駒，東平人。官永州決曹掾。有順寧集。

敬夫寄斜川詩敍往年之約殊不知芮今病矣非如昔時獨心心不忘耳勉和一章以敍謝意

病著不任事，淹臥心自休。經時不出門，況復斜川遊。每覩節物換，怳驚時序流。少年喜追逐，聚散水上鷗。沈舟枯木畔，風帆春樹丘。我病正爾許，懷念老朋儔。有酒不能飲，徒有獻與酬。故人酌佳日，亦復我念否？佳章寫懷抱，一讀寬百憂。吾君念遠民，歸計未易求。式古堂書考

薛季宣

季宣字士龍，永嘉人。起荆南帥辟書，薦爲大理寺主簿，歷大理正，出知常州。有浪語集。

遊竹陵善權洞

萬古英臺面，雲泉響佩環。練衣歸洞府，澗水倒流，入水洞中。香雨落人間。蝶舞疑山魄，花開想玉顔。幾如禪觀適，遊衲戲澄灣。寺故祝英臺宅。唐昭義帥李蠙，嘗見白龍出水洞而爲雷雨，今小水洞存鱁魚，四足。

左右蝸蠻戰，晨昏燕蝠爭。九星寧曲照，三洞獨何營。世事嗟興喪，人情見死生。阿誰能種玉，還爾石田耕。山有三洞、九斗壇，故更寺觀者不一。再有李後主斷還僧寺批札石記，語極可笑。大水洞有石田數十町，奇絶。

觀岳侯石像

萬死何如獄吏尊，威名蓋世古難存。二桃豈是功高賜，一舸不容身退論。幾爲飲江思道濟，謬因圖像削王敦。沈碑千古蛟川恨，留與無窮客斷魂。以上浪語集

王彦和

彦和，崇德人。

題扇

天邊一線征鴻沒，山色淺深墨未勻。別浦漁舟待歸去，夕陽渡口兩三人。

嘉興府志：彦和書此于中貴人扇上，光堯見之稱賞，令盡進所作，賜金帛。

游次公

次公字子明，建安人，號西池，定夫諸孫，禮部侍郎操之子。范石湖帥桂林日，參內幕。有唱酬詩卷。

漁父

竹裏茅茨竹外溪，粼粼白石護漁磯。想應日日來垂釣，石上蓑衣不帶歸。詩人玉屑

畫虎圖

平生射虎裴將軍，馬獰如龍弓百鈞。手撚白羽旁無人，注虎使虎不敢奔。須臾叢薄斕斑出，人馬不知俱辟易。矢如蓬蒿弓減力，將軍得歸幾敗績。徐行爪牙無不露，眈眈垂頭若微顧。尾翦霜風林葉飛，倏忽山頭日光暮。包家畫出眞於菟，我尙不敢編其鬚。昔人作詩譏畫圖，吁嗟畫圖今亦無。合璧事類別集

耒陽道中

山頭磴石危梯險，山下荒田野草悲。更著秋風吹兩鬢，不消幾日盡成絲。詩家鼎臠

潘　時

時字德鄜，良貴之兄子，李莊簡光之壻也。孝宗朝，官至尙書左司郎中。

嚴先生祠

古屋巔巖上，荒祠落葉中。乞靈無俗駕，垂世有高風。鳥語谷相答，魚游溪若空。徘徊欲忘去，船背夕陽紅。釣臺集

張　鎡

鎡字功甫，號約齋，西秦人，居臨安，循王諸孫。官奉議郎，直祕閣。有南湖集。

誠齋詩話：功甫詩「斷橋斜取路，古寺未關門」，絕似晚唐人。詠金林檎花云「梨花風骨杏花妝」，寫物之工如此。予歸自金陵，功父送末章云：「何時重來桂隱軒，爲我醉倒春風前。看人喚作詩中仙，看人喚作飮中仙。」此詩超

然矣。

楊誠齋贊功甫像云：「香火齋祓，伊蒲文物，一何佛也。襟帶詩書，步武璚琚，又何儒也。門有朱履，坐有桃李，一何佳公子也。冰茹雪食，凋碎月魄，又何窮詩客也。約齋子，方內歟？方外歟？風流歟？窮愁歟？老夫不知，君其問之白鷗！」

謝李仁父送茯苓

岷峨山中千歲松，枝虯幹直摩青空。雪霜剝落中不槁，膏液下與靈泉通。龜蹲蟲伏自磊砢，金堅玉凍仍豐融。篝燈夜取喜得雋，煮鼎朝聽如吟風。杵成坐上香霏雪，更和乳酪收全功。當知至味本無味，子若服之壽無窮。巽巖脊梁硬如鐵，冠峨切雲佩明月。百好都隨春夢空，大業獨傳鴻寶訣。中宵咀嚼不搖頭，玉池生肥咽不輟。憐我百慮形早衰，裹贈扶持意何切。丹砂著根謾爾傳，脂澤釀黍計已拙。由來妙道初不煩，此法莫從兒輩說。徑思舉袂揖浮丘，下視塵世眞一吷。朱顏留得亦何爲，追逐同堅歲寒節。全芳備祖

游九鎖山

九鎖非凡境，烟雲路不分。山寒長帶雨，洞古不收雲。夜宿聽林鶴，晨炊擷野芹。黃冠皆好事，添炷石爐熏。

涼蟬亂叫朝暮雨，獨鶴不迷前後山。芎葉煮湯勝茗椀，栗花然火照松關。洞霄詩集

釣臺

絳衣騎日扶桑上，三精九縣開靈貺。趙梁雍代跡俱空，馮吴寇鄧勳相望。客星何處潛光芒，雙臺壘巘摩穹蒼。釣絲千丈捲烟雨，俯瞰一碧玻璃江。羊裘坐穩無心動，蒲輪纁幣知何用。故人聊爲小周旋，君房謬欲相推送。寥寥歲月今幾秋，山寒松吹多颼飀。春來日暖花氣發，極浦浪轉魚龍遊。先生有臺人共高，虚庭忍見生蓬蒿。斷碑敗壁蠹荒蘚，灌木野鳥捐枯巢。一朝鐘梵交雲際，簷楹改觀輝杉桂。非關好事取時名，此中恥但稱能吏。卻經祠下羅清樽，試歌此詩當招魂。先生出兮佩蘭蓀，明璣耀旃駕璐璠，黄麟道前翠虯奔。先生去兮山雲屯，玉妃金童從繽紛。吹簫鼓瑟聲冥冥，目斷暮靄棲遥林。釣臺集

宿吴江塔院

宿雲斂空溪冥濛，我船曉繫紅蓼叢。破程約涉一舍外，遠目未快千山供。岸旁小店換馬去，氊裘障冷披蒙茸。須臾巾蓋不容展，莽莽暗霧逢逢風。偕行客輿屢掀簸，適值官騎來憧憧。弓刀負帶競硉矹，驢驪騮驖騅騄驄。爭前迭進步殊窘，迫暮始望橋垂虹。石塘百丈捍駭浪，間有灘磧紛漁筒。鴉羣黑白混鷗起，颿影亂點還波中。筆牀茶竈住此地，得句未必慚龜蒙。浮圖老屋且投宿，解擔正聽黄昏鐘。紗籠炙燈照佛古，藺席布榻便吾慵。怳驚足履未游地，逸興恐失難重逢。案邊紙盡莫翻寫，不覺紅日看生東。百城烟水

句

燕子初歸曾識面，牡丹未放已知名。桐江續集　一櫂徑穿花十里，滿城無此好風光。玉照堂觀梅　齊東野語

曾覿

覿字純甫，號海野老農，汴人。紹興中，以寄班祗候，與龍大淵同爲建王內知客。孝宗受禪，以潛邸舊人，除權知閤門事。淳熙中，除開府儀同三司，加少保、醴泉觀使。

老學菴筆記：曾覿字純甫，偶歸，正官蕭鷓巴來謁。既退，復一客至，其所狎也。因問曰：「蕭鷓巴可對何人？」客曰：「正可對曾鵓鵏。」覿以爲嫚己，大怒，與之絶。

玉環山 在太平縣西南楚門港中，原名木榴山，避錢王諱，改焉。

天寶風塵暗兩京，禍從妃子笑中生。玉環兩字眞堪惜，好與青山改別名。台州府志

題楊補之雪梅卷

筆端造化出天巧，寫出江南雪壓枝。誰道春歸無覓處，橫斜全似越溪時。式古堂書考

龍大淵

大淵，紹興中，與曾覿同爲建王內知客。孝宗受禪，自左武大夫除樞密副都承旨，知閤門事，出爲江東總管。

齊東野語：思陵妙悟八法，留神古雅，當干戈俶擾之際，訪求法書名畫，不遺餘力。又于榷場購北方遺失之物，故紹興內府所藏，不減宣政。惜乎鑒定諸人，如曹勛、龍大淵、張儉、鄭藻、平琰、黄冕、魏茂實、任源等，人品不高，目力苦短，凡經前輩品題者，盡皆拆去。故今御府所藏，多無題識，其源委授受，歲月考訂，邈不可求，爲可恨耳。

遊九鎖

峯巒九鎖路縈盤，翠色霑衣作晚寒。日暮神仙歸洞府，雨餘星斗下天壇。人生何用千鍾貴，老去須求

一室安。會得谷神元不死，世間何事可相干。洞霄詩集

彭九萬

九萬字好古，崇安人。淳熙間，國學立禮齋長。

淩波辭

歲芳兮婉冉悲，江空兮蘭椏歸。人嬋媛兮胡來遲，憺風魂兮佩誰思。素衣兮儼黃裏，玉繻兮蒙翠被。明波渟渟兮渺愁予，含香懷春兮中心苦。昔遺褋兮今契闊，佇佳期兮窅倏絕。幻塵緣兮奢中憂，時既晏兮不可留。汎雲軿兮水裔，紉予瑟兮難理。人奚歸兮路蒼茫，湘有皐兮春綠起。萬姓統譜

楊炎正

炎正字濟翁，廬陵人。鶚按：炎正工詞，有西樵語業一卷。毛氏汲古閣刊本誤作楊炎號止濟翁。予見舊鈔本作楊炎正濟翁，是炎正其名，濟翁其字也。今考武林舊事有楊炎正詩，全芳備祖有楊濟翁詩，即是一人，毛氏之誤可見矣。

錢唐迎酒歌

錢唐妓女顏如玉，一一紅妝新結束。問渠結束何所爲，八月皇都酒新熟。酒新熟，浮蛆香，十三庫中誰最強？臨安大尹索酒嘗，舊有故事須迎將。翠翹金鳳烏雲髻，彫鞍玉勒三千騎。金鞭爭道萬人看，香塵冉冉沙河市。琉璃杯深琥珀濃，新翻曲調聲摩空。使君一笑賜金帛，今年酒賽真珠紅。畫樓突兀臨官道，處處繡旗誇酒好。五陵年少事豪華，一斗十千誰復校。黃公壚下謾徜徉，何曾見此大隄倡。惜無顏公三十萬，往醉金釵十二行。

武林舊事：行都官酒庫，每歲清明前開煮，中秋前賣新。先期，諸庫呈樣點檢所，所以呈府。既中，擇日開沽，以白布三丈餘揭竹竿頂，題曰「某庫選到酒匠某人醞造上等醲辣無比高酒」，三五人扶之而行，以鼓樂、妓女、雜技前導，聯鑣穿市，觀者如堵。酒匠則紫衣新巾，乘馬從之。以府中所賞綵帛錢會銀椀，馱負馬前，謂之迎酒。楊炎正詩云云。

桂花

翠圍侍女擁紅幢，霞臉調朱笑額黃。共醉東君千日酒，更翻西母九霞觴。人間天上高低影，月下風前自在香。輸與廣寒宮裏客，年年綠鬢賞秋光。全芳備祖

遼老寄龍涎香

瘴海驪龍供素沫，蠻村茉莉挹清滋。微參鼻觀猶疑似，全在爐烟未發時。翰墨大全

龐謙孺

謙孺字佑甫，籍之曾孫。南渡，居吳興。有白蘋集。

奉使過汴京作

蒼龍觀闕東風外，黃道星辰北斗邊。月照九衢平似水，胡兒吹笛內門前。詩人玉屑

郊居九日

樹夾門方正，谿侵岸欲隤。水搖雲影動，風抑鳥聲回。籬缺舟常過，庭空客不來。故人經歲月，又見菊花開。前賢小集拾遺

時瀾

瀾號南堂，從學呂成公之門。

從先生明哲道中呈伯廣炳道

燕子楊花各自飛，雨乾溪路綠初肥。無人會得風雩意，可是千年瑟竟希。濂洛風雅

王子俊

子俊字才臣，號格齋，廬陵人。周益公、楊誠齋之客，以薦官成都帥幕。有三松集。

代漕使讌賀帥平蠻轉官樂語

紫橐仙人雲錦裳，碧油幢下受降羌。三邊外掃烟塵靜，一札中含雨露香。天上卽歸扶日轂，尊前莫惜醉霞觴。主賓情分今如許，飲罷相攜入帝鄉。三松集

賀彥澤新得子

君不見白居易，五十八歲方得嗣。當時立名曰阿崔，香綳繡襦胎髮膩。又不見元微之，五十八歲方生兒。當時立名曰道保，可望成家得力時。西鄰有親曰彥澤，天與明珠堪愛惜。今年年方四十三，甲庚少似唐元白。葛仙溪前燕子樓，燕子未老人風流。一年一度作湯餅，但願年年逢麥秋。翰墨大全

句

大兒阻飢頗廢書，小兒忍寒粟生膚。婦縱有褌無一襦，不敢緣此相庸奴。題貧樂圖和徐思叔韻　鶴林玉露

來梓

梓字子儀。

四朝聞見錄：來子儀與周洪道實布衣交，洪道爲樞使，子儀入都訪洪道，館于嘉會門外表忠觀，置酒極歡。示以近詩，子儀盡卷，笑曰：「周樞使詩也，非周洪道詩也。」洪道問所以，子儀曰：「昔徐師川少工詩，晚爲樞府，詩寖不逮昔，人以爲向來徐師川詩，後自是徐樞使詩。」洪道笑而容之。

子猷訪戴圖

四山搖玉夜光浮，一舸玻璃凝不流。若使過門相見了，千年風致一時休。

杜甫遊春

典盡春衣不肯歸，熊兒扶道瀼溪西。傷時懷抱深于海，掠眼風光醉似泥。以上前賢小集拾遺

沈約之

挽張于湖

氣概淩雲孰敢先，中興事業冠英躔。朝廷議論一言定，翰墨風流四海傳。恰跨鼇頭升紫闥，忽騎箕尾上青天。竹林笑傲今陳迹，撫櫬江皋涕泫然。錦繡萬花谷

施士衡

士衡字德求，湖州人。嘗爲宣州簽幕。有同庵集。

挽張于湖

十年帥鉞倦馳驅，適意方謀一壑居。賈誼有才終太傅，薛收無壽處中書。傷心風月江山在，過隙光陰

夢幻虚。紅紫飄零春色盡，後凋松柏獨蕭疏。錦繡萬花谷

姜特立

特立字邦傑，麗水人。靖康中，父綬死難，補承信郎。孝宗召爲太子春坊。光宗即位，除知閤門事，累官浙東馬步軍副總管、慶遠軍節度使。有梅山稾、續稾。

和陸放翁見寄

遥知三徑長荒苔，解組東歸亦快哉。津岸紛紛羣吏去，船頭袞袞好山來。平時佳客應相過，勝日清尊想屢開。若許詩篇數還往，直須共挽古風回。

和陸郎中放翁

午庭風雨撼高槐，一洗城頭十丈埃。老子坐間尋句好，故人門外寄詩來。勁鋒久服穿楊妙，鈍思深慚擊鉢催。清佩左符君未可，要聽吟思發春雷。

寄汪尚書大猷

五十年間歎闊疎，相忘兩地復江湖。書來筆底驚强健，詩去吟邊想步趨。好對青山看歌舞，莫嫌紅粉笑髭鬚。鳳毛已有哦松韻，尚記金華舊範模。

冬夜不寐

宵柝迢迢警睡魔，静思甘分老林坡。忍胞向有嵇康嬾，扣角曾無甯戚歌。不起安心思世事，祗將閑意養天和。時人休説長生術，學著長生事轉多。

李仲永墨梅

寫竹如草書，患俗不患清。畫梅如相馬，以骨不以形。墨君囊有文夫子，蟬腹蛇跗具生意。當時一派屬蘇公，雨葉風枝略相似。花光道人執天機，信手掃出孤山姿。陳玄幻卻西施面，此妙俗人那能知。近時賞愛楊補之，補之嫵媚不足奇。李生于梅卻有得，高處自與前人敵。倒暈疏花出苦心，暝雲暗谷藏春色。我一見之三歎息，意足不暇形模索。君若欲求之點畫，胡不去看江頭千樹白？

漁舍新成

旋規漁舍傍溪山，山轉溪迴翠竹間。閑看羽觴行詰曲，戲拈竿線弄潺湲。浮家不入分風浦，歸棹休尋落照灣。漫說五湖烟浪好，幾人險處得心閑。以上梅山續稾

方孝能

孝能，福州司理。

福唐元夕

街頭如晝火山紅，酒面生鱗錦障風。佳客醉醒春色裏，新妝歌舞月明中。

薄薄春衫新縷金，樽前風細怯輕陰。酒香隱約生紅粉，正與桃花共淺深。

燈外風搖沽酒旆，月中人數買花錢。少年心緒如飛絮，爭逐遺香拾墜鈿。淳熙三山志

張履信

履信字思順，號遊初，鄱陽人，侍郎南仲之子。嘗監京口鎮，官至連江守。

飛來峯

飛來何處峯，木杪夜千尺。愁猨喚不譍，月色同一白。

冷泉亭

水石一闌干，僧歸四山靜。攜琴譜澗泉，月浸夜深冷。

翠微亭

朝朝烏北出，夜夜烏南歸。所謀在一食，所息在一枝。人生竟何得，與烏同此機。身世忽過慮，泉石良自怡。月上飛來峯，更誰登翠微？以上咸淳臨安志

訪丹陽玉乳泉已變昏黑因賦詩　淳熙十三年

觀音寺裏泉經品，今日唯存玉乳名。定是年來無陸子，甘香收入柳枝餅。游宦紀聞

徐　逸

逸字無競，號抱獨子，天台人。

仇遠稗史：徐抱獨少與朱文公爲友，公提舉浙東日，過其家，然燈夜話，至鐘鳴而別。公嘗托無競作謝恩表，書云：「可放筆力稍低，使人見之，無假手之議也。」其推獎如此。

晝眠治平寺　在西湖北山

頻年游覽不暫寘，野艇往來無水程。雨休最好是鷗浴，風靜更清聞鶴聲。酒家新熟欠前債，僧榻借眠餘宿酲。崧高泰華未挂眼，鬢影蕭颯難爲情。咸淳臨安志

孤山

咸平處士風流遠，招得梅花枝上魂。疎影暗香如昨日，不知人世幾黄昏。全芳備祖

蔡開

開字子明，崇德人。淳熙間進士。官至漕憲。弟闢，字子正。慶元間進士。官至國子祭酒。

題資福院平綠軒

瞰水地仍敞，開窗望不迷。良疇連遠近，秀野混高低。曉起烟千樹，春耕雨一犂。道人深樂此，壞衲且幽棲。

至元嘉禾志：觀音資福院，在崇德院西南一里，西廡有軒瞰流，扁平綠。陳炳退菴、蔡開畏齋、武林莫若拙、輔廣潛齋、王用亨、釣臺江表祖、張掞敬齋、長樂王益祥、南豐曾揆、苕水莫柯、陸德輿魯齋，皆有詩。

李安期

安期字泰伯，邵武人。以詩游江湖間。一日，謁四川茶馬使王淮，淮將以賢良薦，因弈爭道，遂拂衣而去。

賦白鷺

漁父家風不設罾，錦鱗爲飯水爲羹。銀袍祇當蓑衣著，自在江湖過一生。邵武府志

盧蹈

蹈字叓父，青社人。寓犍爲郡夾江縣，佳士也。

絶句

客懷耿耿自難寬，老傍京塵更鮮歡。遠夢已回窗不曉，杏花同度五更寒。放翁題跋

應廓

廓，閩縣令。

七夕

烏鵲成橋架碧空，人間天上此歡同。仙查逐浪浮銀漢，青鳥傳音到帝宮。牛女佳期情不斷，古今遺恨意難窮。綵樓乞巧知多少，直至更闌漏欲終。淳熙三山志

王佐才

佐才字呂輔，崇安人，少游邑庠。范汝爲叛，總義兵禦賊建陽，以功補承信郎。後爲吉州水軍統領，與賊魁殊死戰，中流舟壞而沒，吉人廟祀之。

答秦兵部求墨竹

夜到茅亭近竹籬，影隨寒月下苔墀。吟餘未嬾蕭疎興，曾寫離披一兩枝。

贈徐子虛畫魚

我嘗放意游江湖，喜從釣叟觀眞魚。有時臨溪行復坐，秋水無風魚自如。鮮鱗滑鬣隨上下，回旋戲躍形皆殊。兩兩相逢若對語，聚頭戢戢搖雙鬚。忽然散漫背游去，一半掉尾潛菰蒲。往來得所弄晴色，員波觸動生浮珠。因依垂楊看不足，盡日忘歸誰與俱。自從北走塵土窟，十年不復瞻尊鱸。憑誰畫出

江湖趣，東海今聞徐子虚。毫端奪得生時意，京師好事爭傳摹。寫成雙幅輒遺我，展舒活動驚堂隅。窮搜前古少奇筆，此本祇恐人間無。任教涸轍强濡沫，對面相忘千里書。以上聲畫集

陳國材

國材，廬陵人。

句

紅日晚天三四雁，碧波春水一雙鷗。

鶴林玉露云：周益公、楊誠齋盛稱之。

周鄭

鄭，吴江縣尉。見陸游入蜀記。

三高亭懷范石湖

蓴脆鱸肥酒細傾，浩歌悲壯欲誰聽。沈迷簿領頭將白，彈壓江山眼自青。魚躍紫鱗銜葦岸，鷗翻白雪下沙汀。西風散髮危亭上，醉倚豐碑照日星。百城煙水

邵經國

經國，永嘉人。

上樓參政

聞道先生欲挂冠，先生幾日出長安。去時莫待淋頭雨，歸日須防徹骨寒。已遂平生多少志，莫令末路

去留難。二疏畢竟成何事，留取他年作畫看。吹劍錄：樓攻媿既參大政，屢欲丐閑，至繪二疏以見意。邵經國作詩云云。

傅大詢

大詢字公謀，宜春人。

鶴林玉露：傅公謀尤工作駢文，嘗作無遮榜語云：「紅旗渡口，淒涼芳草夕陽天；白紙山頭，慘淡落花寒食節。」

賀雨　爲分宜宰許及之作

獅子關前半篆烟，二龍飛下卓簹泉。銀河掣電連宵雨，綠野翻雲四月天。便覺春生花一縣，會看秋熟米三錢。何時卓魯登黄閣，都與寰區作有年。袁州府志

劉　鄂

鄂字國相。

讀許右丞翰所作陳少陽先生哀詞

并州更作桑乾客，道逢舍者來爭席。掀髯對坐有鉅人，開口劇談如舊識。試問客子從何方，與言扼腕微有傷。吾祖昔遑卹緯計，屢以直論干君王。讒訣弄國賢者避，禍福相乘呼吸異。懸知必有代庖責，被髮纓冠赴東市。大明既爭日月光，眞與天地同久長。嗟予之生後長者，卻識前輩奚其詳。大臣罔上擅行戮，揚以浮言蓋私曲。誅姦發德示後世，右丞之文端可復。中興名門凡幾門，聖朝報稱非少恩。芄蘭袖出承命帖，猶幸及識公之孫。春秋愛賢許之宥，十世已往未爲厚。況今公議方大明，叩天大叫君

無後。故人夢想規大賢，仰止高山思執鞭。典刑方及見故物，倏爾長別良依然。土田未足爲君勸，官爵未足酬君願。行矣志意勿倦遊，歸而視之有家傳。盡忠錄附

楊輔世

輔世字昌英，廬陵人，誠齋之族。

南溪

碧玉寒塘瑩不流，紅蕖影裏立沙鷗。便教不作南溪看，當得西湖十里秋。詩人玉屑

游開

開字子蒙，建安人，定夫從孫。

和劉叔通

昨夜劉郎叩角歌，朔雲寒雪滿山阿。文章無用乃如此，富貴不來爭奈何。鄭向嘗依北海，晁張今復事東坡。吹噓合有飛騰便，未用溪頭買釣蓑。

朱子語類云：詩須不費力方好，此等詩，使蘇、黄見之，定當賞音。

丁世昌

世昌字少明，號竹坡，黄巖人。

次虞仲房司馬送秋韻

自入秋光能幾時，無端又賦別秋詩。夜長月冷蟲鳴急，天闊風高雁過遲。三徑黄花存舊節，半欄紅葉

墮殘枝。往來畢竟乘除法，何用年年宋玉悲。黄巖英氣

聞人滋

滋字茂德，嘉興人。嘗爲勑局删定官。

陸游老學菴筆記：嘉興聞人茂德，老儒也，喜留客食，不過蔬豆而已。郡人求館客者，多就謀之。多蓄書，喜借人，自言作門客牙，充書籍行，開豆腐羹店。予少時嘗與之同在勑局爲删定官，談經義，亹亹不倦，發明尤多，尤邃於小學云。

早秋游靈巖

凭闌山翠溼濛濛，佛閣依然水殿風。欲採蓮花何處所，年年金井落梧桐。檇李詩繫

王用亨

用亨字子安，自開封徙崇德。淳熙間進士，分教襄陽。

平緑軒 在資福院

禪窗虚敞瞰西南，野色溪光接畫簷。雲去碧天無間斷，一眉依約見山尖。檇李詩繫

宋詩紀事卷五十八

錢唐 厲鶚 輯
德清 徐以坤 勘定

劉宰

宰字平國，金壇人。紹熙元年進士。調江寧尉，眞州司法。寧宗朝，韓侂冑枋國，不復仕，自號漫塘病叟。寶慶初，除將作少監，進直敷文閣，知寧國府，不拜，卒。謚文淸。有漫塘集。

北固山望揚州懷古

北固城高萬象秋，煙竿一縷認揚州。試乘綠漲三篙水，要見珠簾十里樓。淚溼宮衣朝霧重，愁薰寒草夕陽浮。隋隄舊事無人問，兩兩垂楊繫客舟。

秋懷

一抹紅綃日脚霞，千林暮靄納歸鴉。西風捲盡梧桐葉，乞與中庭散月華。

雲邊阻雨

薔薇籬落迸春闌，筍蕨園林早夏閑。牛背牧兒酣午夢，不知風雨過前山。以上漫塘集

張嗣古

嗣古，宜春人。紹熙元年進士。歷起居舍人，中奉大夫，直龍圖閣。

仰山龍湫

崎嶇鳥道開烟蘿，長空偃蹇聲蕩摩。白龍怒吼拄絕壁，蒼兕離立迎清波。枯竹拄破青苔色，雷雨收功神斂迹。窮源不得空歸來，掬雪搏珠三歎息。

登妙高亭

雨餘山石洗孱顔，臥虎蹲羊各自閑。杖屨貪穿秋色好，不知衣惹蘚痕斑。以上袁州府志

聶子述

子述字善之，建昌軍南城人。紹熙元年進士。嘉定中四川制置使，曾以顯謨閣學士使金。卒謚文定。

曾公道夫出示先世手澤斂衽拜觀之餘敬題二小詩　嘉定壬午下元日

香瓣平生滿意熏，更參曲阜問關津。祗宜黄閣官尊貴，不敢近前丞相嗔。

一門翰墨森圭璧，諸老題評粲錦花。珍重雲仍好收拾，夜虹貫月定君家。鐵網珊瑚

李塈

塈字季永，燾次子。紹熙元年進士。理宗朝，歷官同知樞密事，四川宣撫使。有悅齋集。

離巫山晚泊棹石灘下

黄昏風雨阻江濱，翠綰羣峯暮色勻。一夜子規啼到曉，孤舟愁殺未歸人。

上巳從史巫山祓飲江皐

風沙一夕卷冥冥，曉色曈曨上翠屏。薄宦驅人成老大，佳時得酒慰飄零。紅餘晚樹迷幽谷，綠漲晴波

失遠汀。卻是崇山兼峻嶺，看來渾不減蘭亭。以上全蜀藝文志

詹義

義，都昌人。紹熙元年進士。

登科後解嘲

讀盡詩書五六擔，老來方得一青衫。佳人問我年多少，五十年前二十三。清夜錄

詹義

遊武夷

石廩巖前繫小舟，娟娟明月照清秋。仙人一夜吹長笛，三十六峯雲盡收。武夷詩集

滕岑

岑字元秀，嚴州建德人。紹興乙卯，領鄉薦，屢上南宮，不第。紹熙元年庚戌，特奏名，仕爲溫州平陽縣丞。有無所可用集。

方萬里序：回至郡，讀釣臺集，見有曰「月色搖江如汞走」；又有所謂「七里風煙萬里寬」者，心異之。細視，則郡人龍嶺老樵滕公作也。

嚴州府志：元秀平生苦吟，與陳塤相倡和，佳處自謂高視大曆十才子。詩凡三千首，趙汝歷知郡日，借其集不還，故傳者甚少，大抵皆江西體也。後宋景濂序睦州詩派，岑實與焉。

秋晚

槭槭霜風勁，鬖鬖物象雕。屢遷憐蟋蟀，一敗笑芭蕉。林葉疏逾響，山雲薄易消。雖無遠行役，對此亦何聊。瀛奎律髓

句

斷橋測水露半影，野渡搊泥留亂痕。拄杖送僧　嚴州府志

鄭興裔

興裔字光錫，顯肅皇后外戚也。紹熙初，知揚州。

瓊花

春晚驅車到古祠，看花復誦舊題詩。少年嘗記六七月，大暑曾開三五枝。醉酒輒來思往事，凭闌欲去立多時。八仙髣髴休疑似，相隔仙凡只一絲。瓊花譜

董道輔

道輔，武陵人。于湖張孝祥門人。

紹熙庚戌中秋後三日拜于湖先生墓

曉出白下門，瘦馬踏秋色。鍾山度蒼翠，慰我遠游客。暮投清果寺，花草獻幽寂。長廊靜無人，落日照東壁。平生張于湖，萬里去一息。翩然九州外，汗漫跨鯨脊。乾坤能幾時，安用較顏跖。文章失津梁，所念斯道厄。夜闌耿不寐，搔首聽蕭瑟。懷人感西風，翁仲守孤柏。景定建康志

張　浤

沄字聲父，吳興人。紹熙二年發解。

詠苔梅

老龍全身著艾蒳，不耐久蟄潛拏空。爪頭撥動陽春信，香在霜痕雪點中。

題黃巖酒肆

東風吹雨水平沙，下卻籃輿訪酒家。行役不知春早晚，牆頭紅杏欲飛花。以上梅磵詩話

歐陽謙之

謙之字希遜，廬陵人，學于朱子。

題睢陽五老圖 款題紹熙壬子

厚德良多積善根，賢才他日在兒孫。當知相里非凡壻，豈有陳平久席門。五老繪圖千載譽，羣公詩禮百年存。憑君挾取傳家學，青史賢良有後昆。鐵網珊瑚

韓　梴

梴，蘄王世忠孫。紹熙初，官直祕閣，知眞州。

游洞霄宮

雲去山空鶴自來，天壇石室已蒼苔。洞前石鼓叩卽應，巖上仙眞挽不回。明月照人山霧合，東風吹澗野蘭開。高眠百尺長松下，閑看飛花落酒杯。洞霄詩集

韓松

松，樅弟。

游棲眞洞

黄冠具竹輿，邀我游棲眞。山家雜水樹，野徑横荆榛。長松卧蒼蛟，亂石錯紫鱗。委曲至洞府，積雪開雙門。結頂寶蓋高，下可容百人。神仙獨何之，棊局今猶存。翠子拂不落，衣袖生清芬。山門局未終，浮世三千春。安得從之游，一笑淩層雲。洞霄詩集

陸淞

淞字子逸，號雲溪，山陰人。官辰州守，放翁雁行也。

耆舊續聞：陸辰州子逸，左丞佃之孫。晚以疾廢，卜築于秀野，越之佳山水也。放傲世間，不復有營念，對客則終日清談不倦，尤好語前輩事。

鄉校頌 并序

鄉校海鹽縣大夫能敎育人材而成之也

維鄉有校，示民有知。敎始豫遜，迪于訓彝，維風化是裨。維校在鄉，示民有防。入孝出悌，爲忠爲良，斯邦家之光。鄉校有基，如德弗虧。劉侯遷之，魏侯新之，李侯能成之。其遷者初，其新者中。肄業傳道，有師有宗，緊李侯之功。

樂只君子，孰後孰先。顯有嘉聞，於斯萬年，維大夫之賢。

鄉校五章章五句

海鹽縣圖經：李直養字無害，維揚人，正民之孫。紹熙中爲海鹽令，興學校，修大成殿，置書籍祭器，兼設小學，擇師教之。陸淞有詩。

陳亮

亮字同父，婺州永康人。淳熙中，詣闕上書。光宗紹熙四年策進士，擢第一，授簽書建康府判官廳公事，未至而卒。端平初，謚文毅。有龍川集。

及第謝恩和御製詩韻

雲漢昭回倬錦章，爛然衣被九天光。已將德雨平分布，更把仁風與奉揚。治道修明當正宁，皇威震疊到遐方。復讐自是平生志，勿謂儒臣鬢髮蒼。龍川集

梅花

疏枝橫玉瘦，小萼點珠光。一朵忽先變，百花皆後香。欲傳春信息，不怕雪埋藏。玉笛休三弄，東君正主張。全芳備祖

崔與之

與之字正子，廣州增城人。紹熙四年進士。理宗朝，累除廣東安撫使，拜參知政事、右丞相，致仕，卒。累封南海郡開國公，謚清獻。有菊坡集。

送夔門丁帥赴召

議論方前席，功名早上坡。去帆瓜蔓水，遺愛竹枝歌。同志星辰少，孤愁暮雨多。倚風窮望眼，碧色淼平莎。

峽山飛來寺

萬里星槎海上旋，名山今喜得攀緣。猿揮孫恪千年淚，月照維摩半夜禪。磴長荒苔人跡少，厓攢古樹鵲巢懸。江流上溯曹溪水，時送鐘聲到洞前。以上菊坡集

孫伯温

伯温字南叟，豐城人。紹熙四年進士。知臨湘縣。

游廝姑山瀑布泉

九官守不嚴，失卻兩玉龍。塵世著不得，忽來此山中。雷電白日間，冰雪詩人胸。天公不汝尤，爲人作年豐。

娱書堂詩話：廝姑山瀑布，分作兩派而下，灌溉甚廣，豐城孫南叟嘗賦古風云云，甚有西江體。

馮多福

多福，常州人。紹熙四年進士。寶慶中，以直寶謨閣出守鎮江。

鶴林寺

春郊躬勸相，税駕擬禪關。院古深藏竹，堂虚淨對山。日曛農父醉，雲伴老僧閑。暇日還攜茗，同來瀹

虎斑。鶴林寺志

喬行簡

行簡字壽朋，婺州東陽人。紹熙四年進士。理宗朝，拜左丞相、平章軍國事，封肅國公。及請老，加少保，保寧軍節度使、醴泉觀使，封魯國公。卒贈太師，謚文惠。有孔山集。

池荷

萱草軒窗處處幽，酒中不著客中愁。芭蕉葉上無多雨，分與池荷一半秋。全芳備祖

游三丘山

在東陽縣南。晉義熙間，殷仲文爲東陽守，嘗登此山，後人思之，若襄陽之羊祜，故又名峴山。

疑是乘風到九天，不知身在此山巔。萬家攢簇炊煙底，一水縈紆去鳥邊。便覺塵緣輕似羽，何妨詩思湧如泉。停杯更待林梢月，歸去家僮想未眠。東陽縣志

程珌

珌字懷古，休寧人。先世本洛州，自號洛水遺民。紹熙四年進士。理宗朝，累官禮部尚書、翰林學士，知制誥，歷端明殿學士，致仕。卒贈少師。有洛水集。

流觴西湖用范左史韻

畫船同載若登仙，卻笑泥韉馬不前。要識冷烟催穀雨，須知濬日養花天。千條翠柳隨風舞，一樹夭桃照水妍。始信人生行樂耳，虛名那用世間傳。

出南郊清甚

春風吹屣到南園，著酒塗酥花正繁。更喜滿前無俗物，横塘疏竹渭南村。以上洺水集

句

黄麻方草罷，紅藥正花翻。省試紅藥當階翻詩　吹劍錄

許景迂

景迂，舊名閎，山陰人。紹熙癸丑進士。有野雪吟稾。

詠虞美人草

合歡枝葉想腰身，不共長安草木春。若聽楚歌能楚舞，未央空有戚夫人。全芳備祖

詠芰

翠葉森森劍有棱，柔條鬆甚比輕冰。江湖若借秋風便，好與蓴鱸伴季鷹。蘇州府志

句

野店青窺戶，春船綠漲篙。梅磵詩話

周熚

熚字昭禮，邦之子，樞密麟之之族姪。南渡，寓居臨安府之清波門。著清波雜志。曰琯按：今刊本清波雜志作煇，舊本有紹熙四年張貴謨序，書中俱作熚，宜從之。

句

捲簾試約東君問，花信風來第幾番。春詞　清波雜志

尹德鄰

德鄰字直卿，永豐人。紹熙中太學生。

問寢龍樓曉

父母人皆有，儀刑自冕旒。問安趨燕寢，拂曉過龍樓。鶴駕嚴晨衛，雞人徹夜籌。慈闈天語接，飛棟月華收。萬姓齊歌舞，三宮款獻酬。小儒憂國切，幾白九分頭。

鶴林玉露：光宗以疾不能過宫。德鄰初參太學，簾引，詩題出問寢龍樓曉，詩成，學官擊節，人皆傳誦。

周震

震，紹熙中知泉州惠安縣。

春月勸農至華林寺

飛廉怒見海天明，十里籃輿出勸耕。隴麥低頭須雨意，林花仰面笑春晴。熙寮連轡勤因事，父老傳杯識至情。及物無功慚竊廪，豐年有願是忠誠。泉州府志

馮椅

椅字奇之，都昌人。紹熙四年進士。充江西運司幹辦公事，攝上高令。

詠歸亭 在筠州上高縣

弓轉寒溪月一灣，下臨虎豹踞斕斑。林烟闊處飛層閣，雲影窮頭護遠山。衿佩光陰弦誦裏，丹青人物畫圖間。紅塵堆案那能到，只有漁船自往還。瑞州府志

俞灝

灝字商卿，世居杭。紹熙四年進士。歷麾節，皆有聲。寶慶二年致仕，築室九里松，自號青松居士。有集。

武康道中

竹窗聽雨自安眠，不道驚湍近屋前。省得去年桃葉渡，水痕祇到樹旁邊。前賢小集拾遺

湖隄晚行

暝色俄從草色生，管弦羅綺盡歸城。不應閑卻孤山路，我自扶藜月下行。咸淳臨安志

孫惟信

惟信字季蕃，號花翁，開封人，居婺州。光宗時，棄官隱西湖。有集。

文獻通考：陳氏曰：「花翁在江湖，頗有標致，多見前輩，多聞舊事，善雅談，長短句尤工。」

劉後村花翁墓誌：季蕃貫開封，少受祖澤，調監當，不樂，棄去。始昏于婺，後去婺游，留蘇杭最久。一榻之外無長物，躬爨而食，書無乞米之帖，文無逐貧之賦，終其身如此。名重江浙，公卿間聞花翁至，爭倒屣，所談非山水風月，一不挂口。長身緼袍，意度疎曠，見者疑爲俠客異人。其倚聲度曲，公瑾之妙；散髮橫笛，野王之逸；奮袖起舞，越石之壯也。

賦女冠還俗

疊卻霞綃上醮衣，女童鬟髻綠楊垂。重調螺黛爲眉淺，再試弓鞵舉步遲。紫府烟花鶯喚醒，丹房雲雨

鶴通知。簾低紅杏春風暖，淸夢應曾見舊師。詩人玉屑

垂絲海棠

嫋嫋垂絲不自持，更禁日炙與風吹。仙家見慣渾閑事，乞與人間看一枝。後村千家詩

禪寂之所有賣花聲出廊廡間淸婉動耳

曲巷深房憶帝州，賣花庭宇最風流。窗紗破曉斜開扇，簾繡籠陰半上鉤。少日喜拈春在手，暮年羞戴雪盈頭。泉南寺裏蕭蕭雨，婉婉一聲無限愁。詩家鼎臠

劉過

過字改之，號龍洲道人，吉州太和人。嘗伏闕上書，請光宗過宮；復以書抵時宰，陳恢復方略，不報，放浪湖海間。有龍洲集。

多景樓 開禧乙丑作

金焦兩山相對起，不盡中流大江水。一樓坐斷天中央，收拾淮南數千里。西風把酒閑來游，木葉漸脫人間秋。關河景物異南北，神京不見雙淚流。君不見王勃詞華能蓋世，當時未遇庸人耳。翩然落托豫章游，滕王閣中悲帝子。又不見李白才思眞天人，時人不省爲謫仙。一朝放跡金陵去，鳳凰臺上望長安。我今四海游將徧，東歷蘇杭西漢沔。第一江山最上頭，天地無人獨登覽。樓高意遠愁緒多，樓乎樓乎奈爾何。安得李白與王勃，名與此樓長突兀。

題謝耕道一犂春雨圖

阿耘無田食破硯，養親日糴供朝飯。凝塵壁上挂瓶罌，寒日窗前照藜莧。汝父訓汝汝當知，有田無田未可期。有田不耕汝嬾病，無田說田眞畫餅。畫田之外更畫牛，捕風捉影何時休。頭上安頭又詩軸，全家不應猶食粥。

寄湖州趙侍郎

桑柘村村烟樹濃，新秧刺水麥梳風。舟行苕霅雙溪上，人在蘇杭兩郡中。鼓角麗譙喧旦暮，旌旗小隊閒青紅。主人夙有神仙骨，合住水晶天上宮。以上龍洲集

賦羊腰腎羹

拔毫已付管城子，爛胃曾封關內侯。死後不知身外物，也隨樽俎伴風流。

挽張魏公

背水未成韓信陣，明星已隕武侯軍。平生一點不平氣，化作祝融峯上雲。

山房隨筆：辛稼軒帥浙東時，晦菴、南軒任倉憲使，劉改之欲見，辛不納。二公爲之地云：「某日公宴，至後筵便坐，君可來，門者不納，但喧呼之，必可入。」既而改之如所教，門下果諠譁，辛問故，門者以告，辛怒甚。二公因言，改之豪傑也，善賦詩，可試納之。改之至，長揖，公問能詩乎？曰：「能。」時方進羊腰腎羹，辛命賦之。改之對：「甚寒，願乞卮酒。」酒罷，乞韻，時飲酒手顫，餘瀝流于懷，因以流字爲韻，即吟云云。辛大喜，命共嘗此羹，終席而去，厚餽焉。席散，南軒邀至公廨，置酒語之曰：「先君魏公，一生公忠爲國，功厄于命，來挽者竟無一章得此意。願君有意，爲發幽潛。」改之即賦一絕云云，南軒爲之墮淚。今龍洲集中不見此二詩，豈遺珠耶？

朱晞顔

晞顔字子囦，新安人。慶元中，廣西漕使。

慶元改元寒食日陪都運寺丞遊白龍洞時牡丹盛開小酌巖下夕陽西度並轡而歸

小溪漱碧響潺潺，路入龍宫杳靄間。佳節漫添新白髮，故人賴有舊青山。花朝幾共湘南醉，萍迹何年嶺北還。歸路聯鑣紅日晚，多慚龍卧白雲間。粤西詩載

白嶽寄懷

林間留我住多時，似與烟霞夙有期。野老烹茶來獻客，巖猨偷果去呼兒。静思世上千年事，不值山中一局棋。欲説行藏舒卷意，洞天惟有白雲知。齊雲山志

鄒應龍

應龍字景初，邵武軍太寧人。慶元元年，進士第一。理宗朝，累官端明殿學士，簽書樞密院事，知慶元府，兼沿海制置使。

遊寶蓋巖

夙有斯巖約，今朝喜踐盟。路從支澗入，人在半空行。六月如霜候，四時長雨聲。願求容膝地，著我過浮生。邵武府志

林士表

句

有書來進御，無語不關農。進農書

陳伯震

句

修眉濃淡裏，寸碧有無間。開簾出遠山

鄧伯秀

句

在我時舒卷，從他自去留。鈎簾宿鷺起

朱縉

句

冰玉詞新吐，塵埃氣不留。清文媲皇猷

陳瑄

句

似嫌秦閣小，欲際楚天浮。風幔不依樓

吹劍錄：省題詩雖場屋末技，間有以此見長，如林士表諸人句，皆主司所刮目。

鶚按：以上皆南宋中葉人，不可詳其次第，姑附于此。

羅椿

椿字永年，自號就齋，廬陵人。楊誠齋高弟。

寄楊誠齋 慶元初，誠齋與朱文公同召，誠齋力辭。

不愁風月祇憂時，髮爲君王寸寸絲。司馬要爲元祐起，西樞政坐壽皇知。苦辭君命驚凡子，清對梅花更與誰。夢繞師門三稽首，起敲冰硯訴相思。

送永豐汪令

錦纜梅花浦，江南作縣歸。新來薦鶚牘，驚動袞龍衣。歲晚情難別，心親事卻違。恐君天上去，扶病出烟霏。

句

露溼看花脚，鶯啼欲曉山。　春消千嶂雪，清逼五湖秋。以上鶴林玉露

林亦之

亦之字學可，號月漁，福清人。林光朝嘗講學莆之紅泉，及卒，學者請亦之繼其席。趙汝愚帥閩，嘗以亦之行業上于朝，未幾卒。學者稱網山先生。景定間，謚文介，贈迪功郎。有集。曰琯

按：明王應山云：縣志贈官，不言賜謚，三山續志稱文介先生，蓋私謚也。

劉後村跋：網山律詩，高妙者絕類唐人。

題林稚春菊花枕子歌

故人所説菊花枕，似把冰丸月下飲。秋水一雙明烱烱，數在青囊第一品。狂風江上吹蒹葭，往往得之

嵇阮家。閉門讀書二十載，眼睛損盡生空花。建陽小作箸頭書，殘更燈火亂蟲魚。石渠文字大如斗，場屋歲月又不偶。卻來南山青草邊，東西盡爲菊花田。手提長筐向山曲，一下收拾三百斛。昨者昏迷才起來，解把蠅頭小字讀。乃知妙物通羣仙，一切藥裏應棄捐。

丁亥九月十六夜偕李監倉宿龍臥山中聽雨看月同時事也所謂魚與熊掌兼得之賦詩一篇以紀其事

相喚此山來，狂風吹我衣。把酒桂花下，山雲片段飛。掩門雨初滴，開門月還上。倚門看月明，半山聞雨響。人間有佳景，詩句頗發越。何曾似今夕，聽雨還看月。

九日下水口

黃花時候苦思鄉，急水還家一日強。不道南風打頭上，客船搖櫓作重陽。

寄表弟章由之爲理曲堆屋廬

苦來爲客竟何爲，宅舍荒村誰與治。別墅雖無輞川畫，生涯堪入杜陵詩。身如燕子年年去，家似漁舟處處移。丹井西頭曲堆下，更煩歲晚定疎籬。

輓光澤朱君　諱賚，字師賢。

諸老蕭蕭似卷塵，不堪再見素旌新。白頭縣尉答簪浦，夜雨寒窗是舊人。以上綱山集

曾從龍

從龍字君錫，晉江人，公亮四世從孫。慶元五年，進士第一。累官知樞密院事，兼參知政事。

卒贈少師。

題衢州順溪館

紅照西洸暫解鞍，偶然假館豈求安。新豐獨酌誰爲侶，坐對窗前竹一竿。

娱書堂詩話：曾參預從龍赴省時，館于衢之順溪，題一絕云云，識者已韙之矣。是年竟至大魁，致身政府。至今其館扁爲「狀元」。

魏了翁

了翁字華父，號鶴山，邛州蒲江人。慶元五年進士。理宗朝，累官簽書樞密院事，改資政殿學士，福州安撫使。卒贈太師，諡文靖。有鶴山集。

題謝耕道一犂春雨圖

牀頭夜雨滴到明，村南村北春水生。老婦攜兒出門去，老翁赤脚呵牛耕。一雙不借挂木杪，牛破夫須銜曉行。耕罷洗泥枕犢鼻，卧看人間蠻觸爭。

題上亭驛

紅錦繃盛河北賊，紫金盞酌壽王妃。弄成晚歲郎當曲，正是三郎快活時。原注：俗所謂快活三郎者，即明皇也。

十二月九日雪融夜起達旦

遠鐘入枕報新晴，衾鐵衣稜夢不成。起傍梅花讀周易，一窗明月四簷聲。

梅礀詩話：後二句寄興高遠，人所傳誦。

紫宸殿御筵即事

蛾眉班捲戴花回，遙望君王玉色開。晝楯諸班謝茶酒，尻高首下一聲雷。以上鶴山集

題米南宮雲山圖

漠漠雲林小小山，誰家茅屋隱松間。石橋雨過天台遠，采藥仙人去未還。式古堂畫考

盧祖皋

祖皋字申之，又字次夔，號蒲江，永嘉人，樓攻媿甥。慶元五年進士。嘉定中，爲軍器少監，權直學士院。

貴耳集：蒲江貌宇修整，作小詞纖雅，詩如舟中獨酌云「山川似舊客懷老，天地何言春事深」；及玉堂有感、松江別詩，余領先生詞外之旨。

黃玉林云：蒲江乃趙紫芝、翁靈舒諸賢之詩友，其詞甚工，字字可入律呂，浙東西皆歌之。

玉堂有感

兩山風雨故留寒，九陌香泥苦未乾。開到海棠春爛漫，擔頭時得數枝看。

松江別詩

明月垂虹幾度秋，短篷長是繫人愁。暮烟疎雨分攜地，更上松江百尺樓。以上貴耳集

廟山道中

粉黃蛺蝶遶疎籬，山崦人家挂酒旗。細雨嫩寒衫袖薄，客中知是菊花時。梅磵詩話

酴醾

雪榦雲條一架春，酒中風度夢中聞。春風不是無顏色，過了梅花便是君。全芳備祖

讀書

細字燈前老不便，小齋新冷夜無眠。數聲牆竹蕭蕭雨，一縷銅爐淡淡煙。

種橘

小擘枝頭滿袖香，纍纍秋實正宜霜。每來長是移時去，爲爾風流似故鄉。以上僧居簡北磵集附

雨後得月小飲懷趙天樂

梅花此夜稀，嘉月弄光輝。不飲强呼酒，欲眠重啓扉。語高驚鶴睡，坐久見烏飛。想見湖居友，扁舟不肯歸。東甌詩集

周師成

師成字宗聖，號雉山，長興人。慶元五年進士。

貴耳集：宗聖少年秀麗，讀書善記，議論古今，落落可聽；有詩高遠，愛作選格。仕不得志，晚年若有所遇，如遊仙散聖之徒。

梅

采采芳梅枝，瑣碎白雲姿。在山千花怨，出山百鳥啼。操持思所寄，轉趾逝所思。清拔太始風，寒應太虛月。一日拂人衣，三歲香不歇。貴耳集

敖陶孫

陶孫字器之，長樂人。慶元五年進士。官泉州簽判。有臞翁集。

次韻馮孔武雪中簡閩人薄乞炭

君不見朱門煌煌多近臣，豹胎煮麋蠟爲薪。庭中盛設潑寒戲，炙手欲近還嗔人。誰知曝背茅簷下，欲獻要是山林眞。兒童抑搔皮肉輭，日輪過中方欠伸。懸鶉結駟兩相笑，百年俱成一窖塵。先生自是冷官樣，要看入火紅麒麟。撚鬚自作詠雪句，祕思早與相如親。蒲團擁衾結僧坐，別有絺綌君南鄰。願迴六龍照后土，施與萬國無邊春。屑瓊鏤玉入肺腑，拍手一笑吾未貧。

奉寄旌德尉劉中之

諸劉兄弟賢，一一無可選。竹林銳頭郎，風味吾小阮。平生天機深，善閉得內楗。邇來卿何曹，不辦折腰本。稍傳詩語東，朝日照蘭畹。伊余戰紛華，心旆凡幾偃。劃逢君家語，雋永初一臠。識遺飽新得，友勝悟夙損。細懷歌商地，蕭瑟松澗遠。陰陰蕪菁花，碧蝶相與晚。是中著高士，物意自偃蹇。向來白衣宰，雲壑論補衮。優游濟艱難，如以禹代鯀。劉郎秀眉宇，秋隼立高巘。端能謝師匠，萬卷自鉏墾。時須閱世諦，一及城門鍵。功名頭上簪，日月風中幰。何時會吳下，春動長洲苑。以上臞翁集

題三元樓壁

左手旋乾右轉坤，如何羣小恣流言。狼胡無地居姬旦，魚腹終天弔屈原。一死固知公所欠，孤忠幸有史長存。九泉若遇韓忠獻，休道如今有末孫。

四朝聞見錄：慶元初，韓侂胄既逐趙忠定，太學諸生敖陶孫賦詩于三元樓云云。方書于樓之木壁，壁已不復存。陶孫知捕者至，急更行酒者衣，持煖酒具下，捕者與交臂，問敖上舍在否？對以若問太學秀才耶？飲方酣。陶孫亟亡命歸，走閩，後登乙丑第。

西樓

祇有西樓日日登，闌干東角每深凭。一層已是愁無奈，想見仙人十二層。（後村千家詩）

蘇大璋

大璋字顒之，古田人。慶元五年進士。官著作佐郎，出知吉州。

鳳翀峯　在古田縣五花石

早起聯鑣上翠微，瞰虛歷級步嶔嶔。昔聞華頂蓮生藕，今見南山菊滿籬。縱眼橫看天地闊，壯懷唯有鬼神知。安期引我丹霄路，十里雲烟特地披。（福州府志）

眞德秀

德秀字希元，浦城人。慶元五年進士，中詞科。紹定中，拜參知政事，進資政殿直學士，提舉萬壽觀。卒謚文忠。學者稱西山先生。有集。

挹仙亭

漢宮葦篋兒呱呱，濟南梓柱陰扶疎。富平家人正媮樂，安昌帝師工獻諛。子眞東南一尉耳，黃綬淒涼百僚底。手持短疏叩天閽，義激丹衷淚橫背。翩然一朝徑拂衣，愛君無路空依依。人傳九江已仙去，吳門再見是邪非？神仙茫茫那可測，上帝從來賞忠直。天上果有驂鸞人，合領羣真朝北極。自從舉手謝世間，千年白鶴何時還。玉簫聲斷杉檜冷，祇餘丹竈留空山。谷口之孫古屬使，亭斷青冥挹仙袂。耿耿應懷貫日忠，飄飄那羨淩雲氣。我來快讀華星篇，清徹毛骨風冷然。何當結屋最高頂，一榻容我分雲烟。

會長沙十二縣宰作

從來守令與斯民，都是同胞一體親。豈有脂膏供爾祿，不思痛癢切吾身。此邦祇以唐時古，我輩當如漢吏循。今日湘潭一巵酒，直須散作滿懷春。

蓉塘詩話：西山先生帥潭時作。

皇后閤端午帖子

記得當年夢月符，浴蘭節後恰旬餘。欲知天錫無疆壽，認取仙蜍領下書。

瑤池十丈藕花香，清賞尤便水殿涼。聞說內家多樂事，前星親自捧霞觴。

贈張童子

虎頭燕頷及鳶肩，自笑都無一事全。惟有數條瓜樣骨，尚堪山澤作臞仙。如瓜骨，出人倫書。

聞君早號張童子，顧我初非韓退之。可惜浪拋洙泗業，祇看風鑑學希夷。以上西山集

易　祓

祓字彥章，潭州人。第進士。開禧官左司諫。

浯溪中興頌

湘江東西直浯溪，上有十丈中興碑。誰鑿豐碑鎮山曲，溪邊美人美如玉。想當歌頌大業時，胸蟠星斗光陸離。鼇頭蠆尾更清勁，凜凜襟懷冰雪瑩。水部之文魯公書，兩翁寥寂千載餘。後來更有黄太史，健筆題詩起翁死。一派溪流徹底清，溪邊鏡石堅而明。我思古人不可見，水石猶作瓊瑰聲。偶來眞仙訪遺跡，烟雨淒迷山路溼。野叟蒙頭看打碑，君其問諸水邊石。浯溪集

葉秀發

秀發字茂叔，金華人。慶元進士，知休寧縣。

題龍吟寺

曉色愁征轡，疎鐘忽斷林。荒溪窮虎跡，古寺到龍吟。竹影殘燈暗，苔痕落葉深。客懷無共説，攲枕聽霜砧。黄山志

吳豐

豐官韶州經幹。

贈胡彥忠

古羊人物舜風餘，子姓傳來秖舊廬。爲愛一門能守義，相承五世不分居。

廣東通志：胡彥忠，曲江人，五世同居。慶元己未，經幹吳豐假宿其家，深加奬歎。爲言于臺閫，列上其事，旌表其門。

俞成

成字元德，東陽人。著螢雪叢説，慶元庚申自爲序。

題釣臺

千古英風想子陵，釣臺緣此幾人登。誰知避諱更嚴氏，灘與州名總誤稱。螢雪叢説：嚴子陵本姓莊，避顯宗諱，遂稱嚴氏。若釣臺，若七里灘，亦皆以嚴命名，無非循習之訛，而莫知其非也。宣和間，方臘寇江浙，改睦州爲嚴州，蓋本于此。至如范蔚宗操東漢之史筆，初不究其姓氏之由，遽曰嚴光而傳之，無乃以田千秋爲「車千秋」乎？

黄元夫

句

葦村風下鴉千點，麥隴天垂月一梳。螢雪叢説

王廉清

廉清字仲信，汝陰人，雪溪先生銍長子。問學該博，與弟明清齊名。著有京都歲時記、廣古今同姓名錄、補定水陸章句、新乾曜眞形圖。

題玉霄亭 在台州子城上，曾守𫍲父建。𫍲父，廉清之舅氏也。

憶昔新亭做玉霄，使君聳舅意飄飄。春風瀲灩黄金琖，明月參差紫玉簫。歌吹舊蹤空草木，風流閑話屬漁樵。凭欄無限淒涼意，寂寞寒江落暮潮。赤城志

王明清

明清字仲言，汝陰人，雪溪先生銍之次子。慶元間，寓居嘉禾。官泰州倅。著有揮塵三錄、玉照新志、投轄錄、清林詩話。

句

淒清寶鈿初分處，愁絕清光欲破時。

玉照新志：紹興間，乙卯，張安國爲右史，明清與仲信兄、鄭舉善、郭世禎、李大正、李泳，多館于安國家。春日同游西湖，至普安寺，于窗戶間得玉釵半股，青蚨半文，想是游人歡洽所分授，偶遺之者，各賦詩以紀其事，明清云云。

葉樾

樾，慶元初監海鹽澉浦鎮稅。

三里塘掐梅

扶疎不耐繁華，意足自然清絕。壁間幻出橫斜，祇欠紗窗明月。澉水志

孔夢斗

追詠鄒道鄉所植揚州學四柏

道鄉採芹暇，手植四株柏。相對有眞味，愛此歲寒格。忠言賈奇禍，幾削諫臣跡。柏亦助道鄉，每號風雨夕。柏死公不死，大名日皦白。後人補種之，存棠思召伯。亭亭儼相持，撐雲空百尺。是柏出雖晚，風致猶古昔。我來跂遺芳，清坐假一席。徘徊意難捨，猛把闌干拍。寄語景行人，用意謹勿窄。維揚志

倪屋

屋，淮南節度判官。

追詠鄒道鄉所植揚州學四柏次前韻

斯文以道重，所取不但柏。借彼剛特姿，昂然見標格。歲華閱如流，蒼髯尚陳跡。田晝亦奇士，三歎子革夕。人生運窮達，敢愛母頭白。泠泠淸風間，媿死幾侯伯。誰歟繼遺響，高臥樓百尺。袖擕萬斛珠，一笑俯今昔。知心古槐樹，交蔭上簾席。大開多士鑪，韶竽辨節拍。所養貴所用，量廣滄海窄。維揚志

薛寘

寘字持志，明州昌國人。慶元五年進士，調衡陽簿。

洩潭瀑布

秋高水壯雪飛濤，巖木招風怒竅號。不是玉虹低澗飲，白龍拖雨下山腰。大德昌國州志

宋詩紀事卷五十九

錢唐　厲鶚　輯
錢唐　金肇鑾　勘定

鄭域

域字中卿，號松窗，三山人。慶元中，嘗隨張貴謨使金。著燕谷剽聞二卷。官幹辦行在諸軍糧料院。

玉蘂花

維揚后土廟瓊花，安業唐昌宮玉蘂。判然二物本不同，喚作一般良未是。瓊花雪白輕壓枝，大率形模八仙耳。山谿野路多見之，樵斧摧殘如獮薙。比之玉蘂似實非，金粟冰絲那有此。花鬚中有碧膽瓶，別出玲瓏高半指。清馨靜夜徹九天，招隱瑤臺女仙子。乘風躍馬汗漫遊，偷折繁香分月姊。紫莖柘葉茶蘼條，少到尋常人眼底。翰林內苑集賢閣，雨露承天近尺咫。後人不識天上花，又把山礬輕比擬。葉酸而澀供染黃，不著霜緌偏入紙。江鄉老少知此名，鄭梠瑒音無正字。方言土諺隨舌訛，烏馬成焉固應爾。

山丹

團欒絳蘂發枝間，鉛鼎成丹七返還。乞與幽人伴幽壑，不妨相對兩朱顏。以上全芳備祖

黃楊巖

暮秋訪幽隱，謝屐淩崩空。行到山根門，還與平地同。舉手抉層雲，下視無高峯。疎藤挂赤蚪，枯苔黪青茸。回首三神山，縹緲滄海東。指點笑語高，吹聲半天中。安得大鵬背，載我遊無窮。延平府志

林　嘌

嘌，三山人。右科首選。慶元中，以閤門舍人守潮州。

題觀稼亭　在潮州西北一里湖山下。唐貞元間，御史中丞李宿建。

咫尺移文喚卽鷹，此亭便可配韓亭。溪流横過一灣碧，山色平分兩岸青。落日鐘聲鳴遠樹，半空塔影倒寒汀。雲烟滿目皆親種，留與邦人作畫屏。廣東通志

呂祖儉

祖儉字子約，成公弟。用父蔭入官，爲太府丞。疏論韓侂冑，安置韶州，改吉州，量移筠州，卒。理宗朝，賜謚曰忠。有大愚叟集。

泛舟至竹洲　沈煥叔晦所居

朝光拍天浮竹洲，隱然一面城之幽。中有高士披素裘，我欲從之恐淹留。探囊百金辦扁舟，又煩我友著意修。微風一動生波頭，飛棹來往倦則休。兀兀坐曹如縶囚，吏餘祗有萬斛愁。一生安坐無幾求，今日棲遲如置郵。脫帽露頂固狂流，俯首折腰亦可羞。誓將入海登之罘，棄置人間繞指柔。蒼然暮色下羊牛，出處語默兩悠悠。九原可起柳柳州，燕坐相與未始遊。至正四明續志

題史子仁碧沚

相家小有四明山，更葺桃源渺莽間。四面樓臺相映發，一川烟水自灣環。

中川纍石勢嵯峩，城外遙岑聳翠螺。舊說夕陽無限好，此中更得夕陽多。寧波府志：子仁名守之，心非叔父彌遠所爲，著昇聞錄，以寓規諫。避勢遠嫌，退處月湖，與慈湖諸公講肄爲樂。寧宗御書碧沚字賜之。

呂祖昇

祖昇，東萊人。

呈洞霄孫元素

四馬先來破曉雲，千章喬木翠繽紛。山圍道院窗窗見，泉出丹池處處分。酒好便能澆磈磊，飯香何必御羶葷。明朝又踏紅塵去，多羨烟霞總屬君。洞霄詩集

張　震

震字東父，號無隱居士，蜀之益寧人。慶元中，知湖州，除福建提刑。

遂寧府作

春苗半沒脛，社酒期滿腹。肩輿太守醉，燈火歸騎趣。唯有漢月明，依然照山曲。方輿勝覽

錢　鍪

鍪，慶元間衡州守。趙忠定汝愚謫永州，至衡，道病，鍪窘之，暴薨，天下聞而寃之。

次袁尚書巫山十二峯二十五韻

文昌仙伯天人姿，愛山尋勝如書癡。忽摩台符歷參井，麾幢泝峽春遲遲。山林川后總效職，萬壑千巖俱獻奇。就中巫山絕雄勝，插天紫翠相參差。神妃來下佩聲遠，駐此名地相安之。峯旋地轉自前後，屹立萬馬如追隨。兩山有川幻天巧，禹功到此神應疲。仰天照眼如疋練，舟行掣電翻雲旗。迅帆競惜峯巒過，艅艎望眼裳褰帷。懸崖下有欲落石，古木上有參天枝。龍登鶴聚仙既集，雲昇雨暗天如低。從來三峽號至險，高牙穩泛相遊嬉。揚旌一覽天下勝，詞源倒峽知優爲。嘗聞奇觀天亦惜，遇賢輒與因其時。少陵寓此雖窮寂，妙語驚人多在玆。彫鐫萬象發天閟，衙官屈宋聲爭馳。公今曳履星辰上，調元妙手行將施。天敎來作東道主，歡聲和氣生江湄。公來頓覺雪山重，青城增氣連峨眉。首驅巫陽入新句，一洗前作堪解頤。英詞從此徧蜀道，迥出塵表無纖緇。嘗憂此地難久駐，轉首絕景成嗟嘻。直欲使拂素練圖翠巘；寫松巒起雲之狀，模翠屏栖鳳之嵋。終朝誦公有聲畫，卻來看此無聲詩。全蜀藝文志

趙蕃

蕃字昌父，暘之曾孫，其先鄭州人。南渡，寓信州之玉山。用蔭入仕，監衡州安仁贍軍酒庫。理宗立，除太社令，不拜，轉承議郎，直祕閣，致仕。卒謚文節。有章泉集。

劉漫塘志墓云：先生在太和，便坐有齋，榜曰思隱。葢當筮仕之初，已有山林之思。在官清苦，唯以賦詠自娛，以是受知于吉之鄉先生楊公萬里，贈詩有云：「西昌主簿如禪僧，日飡秋菊嚼春冰。」又云：「勸渠未要思舊隱，且與西昌作好春。」又贊云：貌恭氣和，無日下推敲之勢；神清骨聳，非山頭瘦苦之容。一笑詩成，萬象春風。

劉後村跋云：近歲詩人，唯趙章泉五言有陶阮意。

挽趙丞相汝愚

五王不解去三思，石顯端能殺望之。未到浯溪讀唐頌，已留衡嶽伴湘纍。生前免見焚書禍，死後重刊黨籍碑。滿地蒺藜誰敢哭，漫留楚些作哀辭。方輿勝覽

答施榮甫

昨韻村中好客希，今吟臨水送將歸。笑談未了風吹斷，何日重來款竹扉。詩家鼎臠

上巳

朝來一雨快陰晴，東郊百鳥間關鳴。受風柳條不自惜，蘸水桃花可憐生。不見山陰蘭亭集，況乃長安麗人行。東西南北俱爲客，且送江頭返照明。瀛奎律髓

哭蔡西山

鶗叫春林復遞詩，雁回霜月忽傳悲。蘭枯蕙死迷三楚，雨暗雲昏礙九疑。早歲力辭公府檄，暮年名與黨人碑。嗚呼季子延陵墓，不待鑱辭行可知。

柳溪詩話：朱晦菴書西山墓碣云：「嗚呼有宋蔡季通父之墓。」效夫子之書延陵墓也。當時哭詩，推此篇爲首。

句

青雲道遠龍媒老，白雪詞高鬼膽寒。贈阮梅峯　桐江文集

韓淲

淲字仲止，元吉之子。有高節，從仕不久，卽歸信上。嘉定中卒。有澗泉集。

書姜白石昔遊詩後

平生未踏洞庭野，亦不曾登南嶽峯。因君談舊游，恍如常相從。江淮歷歷轉湘浦，裘馬意氣傳邊烽。吾嘗汎大江，祇見匡廬松。乘風醉臥帆影底，高浪直濺嵐光濃。日暮泊船時，是時方嚴冬。雪花壓船船背重，纜搖柁鼓聲如鐘。當年意淺語不到，無句可寫波濤舂。君詩乃如許，景物不易供。盡歸一毫端，狀□□飛龍。人間勝處貴著眼，雖有此與無由逢。錢唐山水亦自好，奈何薄宦難從容。南高北高一千丈，潮頭日夜鳴靈蹤。應有隱者爲識賞。青鞵布韈扶杖笻。君無詫彼我媿此，急還詩卷心徒忪。白石道人詩集附

懷古

近城人語雜，深山人語少。重露滴烟嵐，野水見魚鳥。稻粱豐稔外，耕鑿願溫飽。所以桃源人，不與外人道。

少壯旣奚爲，老矣復難強。紫芝未必仙，采之亦可餉。耆耄八九十，道可無俯仰。所以商山人，辭漢寧獨往。

戴石屏哭澗泉詩云：雅志不同俗，休官二十年。隱居溪上宅，清酌澗中泉。慷慨商時事，淒涼絕筆篇。三篇遺稾在，當並史書傳。自注：聞時事驚心，得疾而死。作「所以桃源人」、「所以商山人」、「所以鹿門人」三詩，蓋絕筆也。

七月

水石雲山裏，歸來已九秋。隔城如淺近，鄰寺始深幽。慧遠逢修靜，文淵說少游。徑荒殊不掃，風葉上牽牛。

雨多極涼冷

焉知三伏雨，已作九秋風。木葉涼應脫，禾苗潤必豐。地偏山吐月，橋斷水浮空。雞犬鄰家外，魚蝦小市中。

晚雨可愛

燈火涼秋夜，空山雨到簷。吹聲初甚少，落勢近頻添。籬菊叢叢潤，畦蔬種種霑。沈思仍靜聽，香鼎伴書籤。以上瀛奎律髓

余儔

儔字季倫，號癡齋，鄱陽人。有蛙吹集。

題韓仲止壁

謁入久不出，兀坐如枯荄。蒼頭前致詞，問我何因來？士節久凋喪，人情易嫌猜。本無性命憂，不去安待哉。

游宦紀聞：余癡齋，吾鄉詩人也。章泉雅愛之，作書使訪韓仲止，及門，候謁甚久，猶未出。余題詩壁間，拂袖去。仲止見詩，使人追之，不返。

范模

模字叔範，豐城人。有竹林類稾。

哭趙忠定

日月開黃道，乾坤奠渾儀。斯人今已矣，吾道竟何之。玉鉉憂思苦，金縢感慨遲。仆碑今復立，恨不見封彝。

鼂蕫青冥上，夔龍紫極邊。五龍方夾日，九虎已當天。夷險丹心直，安危白髮卷。弔湘人不去，何用解膠弦。南昌府志

姜夔

夔字堯章，鄱陽人。蕭東夫識之于年少客游，妻以兄子。因寓居吳興之武康，與白石洞天爲鄰，自號白石道人。慶元中，曾上書乞正太常雅樂，得免解，訖不第而卒。有白石詩集。

題嚴州烏石寺

諸老凋零極可哀，尚留名姓壓崔嵬。劉郎可是疎文墨，幾點胭脂涴綠苔。

鶴林玉露：嚴州烏石寺，在高山之上，有岳武穆飛、張循王俊、劉太尉光世題名。劉不能書，令侍兒意眞代書，姜堯章詩云云。

姑蘇懷古

夜暗歸雲繞柁牙，江涵星影鷺眠沙。行人悵望蘇臺柳，曾與吳王掃落花。

送朝天續集歸誠齋時在金陵

翰墨場中老斲輪，眞能一筆掃千軍。年年花月無閑處，處處江山怕見君。箭在的中非爾力，風行水上自成文。先生祗可三千首，回施江東日暮雲。

鶴林玉露：姜堯章學詩于蕭千巖，琢句精工，有姑蘇懷古詩云云。楊誠齋喜誦之，嘗以詩送江東集歸誠齋云云。誠齋大稱賞，謂其冢嗣伯子曰：吾與汝勿如姜堯章也。報之以詩云：「尤蕭范陸四詩翁，此後誰當第一功。新拜南湖爲上將，近差白石作先鋒。可憐公等皆癡絕，不見詞人到老窮。謝遣管城儂已晚，酒泉端欲乞疏封。」南湖謂張功父也。

除夜自石湖歸苕溪

細草穿沙雪半銷，吳宮烟冷水迢迢。梅花竹裏無人見，一夜吹香過石橋。

美人臺上昔歡娛，今日臺空望五湖。殘雪未融青草死，苦無麋鹿過姑蘇。

黃帽傳呼睡不成，投篙細細激流冰。分明舊泊江南岸，舟尾春風颭客燈。

千門列炬散林鴉，兒女相思未到家。應是不眠非守歲，小窗春色入燈花。

三生定是陸天隨，只向吳淞作客歸。已拚新年舟上過，倩人和雪洗征衣。

沙尾風回一櫂寒，椒花今夕不登盤。百年草草都如此，自琢春詞翦燭看。

笠澤茫茫雁影微，玉峯重疊護雲衣。長橋寂寞春寒夜，祗有詩人一舸歸。

桑間篝火卻宜蠶，風土相傳我未諳。但得明年少行役，祗裁白苧作春衫。

少小知名翰墨場，十年心事祇淒涼。舊時曾作梅花賦，研墨于今亦自香。

環玦隨波冷未銷，古苔留雪臥牆腰。誰家玉笛吹春怨，看見鵝黄上柳條。

文獻通考：直齋陳氏曰：「楊誠齋賞此十絶，以爲有裁雲縫月之妙思，敲金戛玉之奇聲。」

過垂虹

自作新詞韻最嬌，小紅低唱我吹簫。曲終過盡松陵路，回首烟波十四橋。以上白石詩集

硯北雜志：小紅，順陽公青衣也，有色藝。順陽公之請老，姜堯章詣之。一日，授簡徵新聲，堯章製暗香、疎影二曲，公使二妓習之，音節清婉。公尋以小紅贈之。其夕大雪，過垂虹，賦詩云云。順陽公即范石湖。

嘉泰壬戌上元日訪全老于淨林廣福院觀沈傳師碑隆茂宗畫贈詩

深衣跨羸驂，杳杳春山路。入寺君未知，閑看移桂樹。

沈碑含秀潤，隆畫出神奇。道人那得此，老子乃耽之。

龍井

年時六月海揚塵，遥見青山起白雲。聞有高僧來誦咒，巖前抛玟問龍君。以上咸淳臨安志

燈詞

燈已闌珊月氣寒，舞兒往往夜深還。祇應不盡婆娑意，更向街心弄影看。

南陌東城盡舞兒，畫金刺繡滿羅衣。也知愛惜春游夜，舞落銀蟾不肯歸。

武林舊事：都城自舊歲冬孟駕回，已有乘肩小女、鼓吹舞綰者數十隊，以供貴邸豪家幕次之翫。而天街茶肆，漸已

羅列燈毬等求售，謂之「燈市」。三橋等處，客邸最盛，舞者往來最多。每夕樓燈初上，則簫鼓已紛然自獻于下。酒邊一笑，所費殊不多。往往至四鼓乃還。姜白石有詩云云。

沙河雲合無行處，惆悵來遊路已迷。卻入靜坊燈火空，門門相似列蛾眉。

遊人歸後天街靜，坊陌人家未閉門。簾裏垂燈照樽俎，坐中嬉笑覺春溫。

武林舊事：邸第好事者，如清河張府、蔣御藥家，間設雅戲烟火，花邊水際，燈燭燦然，游人士女縱觀，則迎門酌酒而去。又有幽坊靜巷好事之家，多設琉璃五色泡燈，更自雅潔，靚妝笑語，望之如神仙。白石詩云云。

珠絡琉璃到地垂，鳳頭銜帶玉交枝。君王不賞無人進，天竺堂深夜雨時。

武林舊事：西湖諸寺，惟三竺張燈最盛，往往有宮禁所賜，貴璫所遺者。都人好奇，亦往觀焉。白石詩云云。

貴客鉤簾看御街，市中珍品一時來。簾前花架無行路，不得金錢不肯回。

武林舊事：元夕節物，婦人皆戴珠翠、鬧蛾、玉梅、雪柳、菩提葉、燈毬、銷金合蟬、貂袖、項帕，而衣多尚白，蓋月下所宜也。節食所尚，則乳糖圓子、䭔飳、科斗粉、豉湯、水晶膾、韭餅，及南北珍果，并皁兒糕、宜利少、澄沙糰子、滴酥鮑螺、酪麪、玉消膏、琥珀餳、輕餳、生熟灌藕、諸色龍纏、蜜煎、蜜果、糖瓜蔞、煎七寶薑豉、十般糖之類，皆用鏤鍮裝花盤架車兒，簇插飛蛾紅燈綵盞，歌叫喧闐。幕次往往使之吟叫，倍酬其直。白石亦有詩云云。

自題畫像

鶴氅如烟羽扇風，賦情芳草綠陰中。黑頭辦了人間事，來看凌霜數點紅。硯北雜志

句

小山不能雲，大山半爲天。

瞿佑歸田詩話：姜堯章句。造語奇特。

屋角紅梅樹，花前白石生。

愛日齋叢鈔：姜堯章居苕溪上，與白石洞天爲鄰，潘德久字之曰白石道人，有句云云。白石生，見神仙傳中，黄丈人弟子也。歲煮白石爲糧，時號白石生。堯章用此三字，蓋有據。

蘇石

石，慶元中溧陽令。

句

所幸小紅方嫁了，不然啼損馬塍花。

硯北雜志：堯章每喜自度曲，吹洞簫，小紅輒歌而和之。堯章後以疾歿，故蘇石挽之云云。宋時花藥，皆出東、西馬塍。西馬塍皆名人葬處，白石歿後葬此。

葛天民

天民字無懷，山陰人。有小集。

癸辛雜識：葛無懷，初爲僧，名義銛，字朴翁。其後返初服，居西湖上，一時所交皆勝士。有二侍姬，一曰如夢，一曰如幻。

絶句

夜雨漲波高二尺，失卻搗衣平正石。天明水落石依然，老夫一夜空相憶。

看山

我本田夫作比丘，也知騎馬勝騎牛。如今馬上看山色，不似騎牛得自由。

訪端叔提幹

月趁潮頭上，山隨柁尾行。大江中夜滿，雙櫓半空鳴。雁冷來無幾，鷗清睡不成。平生師友地，此夕最關情。

西湖泛舟入靈隱山

晴嵐漠漠水溶溶，落葉遮船翠蓋重。秋色盡爲漁者占，山光多向道人濃。雲連合抱前村樹，磵繞飛來小朵峯。送罷夕陽迎素月，樓臺高下自鳴鐘。

孤山後寫望

凭高每歎昔人非，空有峯峯礙落暉。大雅風流誰舉似，長安秋草又衰微。寒花負約開猶嬾，幽鳥忘機趁不飛。來往半生堪記處，西村燈火夜船歸。

卽事

寒食少逢天氣佳，十日九日雨如麻。新巢初見燕生子，小巷已無人賣花。

六月一日與堯章泛湖

六月西湖帶雨山，小舟終日傍鷗閑。風烟如許關情久，賓主相推下語難。幾點送君歸大雅，一涼今夜滿長安。江湖遠思知多少，歸去風前各倚闌。

荷葉浦中

急雨捎荷分外奇，珠璣狼藉錦紛披。下塘六月關心處，西塞扁舟入手時。卻傍青蘆深處宿，還思白石去年詩。平生浩蕩烟波趣，月淡風微祇自知。

正月二十七日雨中過蘇隄

一隄楊柳占春風，柳外羣山細雨中。人苦未晴渾不到，祇宜老眼看空濛。

清明訪白石不值

花薺懸燈柳插簷，老懷那復似餳甜。畫船已載先生去，燕子無人自入簾。以上無懷小集

絕句

二十四友金谷宴，千三百里錦帆遊。人間無此春風樂，樂極人間無此愁。

貴耳集云：朴翁絕唱。

嘗北梨

每到邊頭感物華，新梨嘗到野人家。甘酸尚帶中原味，腸斷春前不見花。山家清供

船子釣灘

澤國茫茫水接天，孰云無法與人傳。見成風月難迴避，盡在華亭一釣船。松江府志

周文璞

文璞字晉仙，號方泉，又號野齋，又號山楹，陽穀人。有方泉先生集。

貴耳集：野齋周晉仙嘗語余曰：「花間集祇有五字絶佳：『細雨溼流光』，景意俱微妙。」野齋灌口二郎歌、聽歐陽琴行、金銅塔歌，不減賀白。

姜堯章金銅佛塔歌

白石招我入書齋，使我速禮金塗塔。我疑此塔非世有，白石云是錢王禁中物。上作如來捨身相，飢鷹餓虎紛相向。拈起靈山受記時，龍天帝釋應惆悵。形模遠自流沙至，鑄出今回更精緻。錢王納土歸京師，流落多在西湖寺。錢王本是英雄人，白蓮花現國主身。蛇鄉虎落狗脚朕，何如紅袍玉帶稱功臣。天封坼開卽退聽，兩浙不聞笳鼓競。歸來佛子作護持，太師尙父尙書令。一枚傳到白石生，生今但有能詩聲，同袍秦外銛師兄。哦詩禮塔作佛事，同喫地爐山芋羹。何曾薰陸綺牀供，但見相輪銅綠明。哦詩禮塔猶未畢，蘆葉低飛山雨溼。

南華陽洞

稽首游名山，駕言入華陽。南洞極祕怪，松草泉水香。曲几妙隸畫，殘碣刊靈章。俯首試一窺，冷風襲綃裳。守菴敬愛客，暖我紫朮湯。遺我鵝眼錢，云是洞所藏。往有尋幽徒，入見黃金牆。侈心或已起，幾受奇鬼戕。身儻獲會遇，敢恨飛蓬霜。更丐一片土，小築安閑房。朝披神芝圖，暮試飢飯方。

金牛洞

淩競下危梯，俛傴入深穴。回身避雲霧，偃面眎日月。藥苗護谽谺，竹節巀嶭孽。安知幽蹊下，有此大奇絶。金牛鏟光景，仙諜尙可閲。岡頭春已半，枸杞如點血。便恐顛風輿，橫吹石崖裂。

道中望茅山有感

危亭對名岳，畢景扶鉤闌。白鷺伺察過，低昂若弓彎。去歲負笈遊，最佳元符閒。櫟林帶脩竹，派流清珊珊。離留叫晝靜，洞天生春寒。偉哉老宗師，作屋雲雨端。竟爲殺蟲蟻，不活升龍鸞。遺體但解蛻，故宮亦燒殘。今創已半舊，萬柱扶元壇。遂以兩不借，一筇履巑岏。入宅問玉斧，采芝投金環。墨沼篆結字，丹臺氣成盤。將謂便隱遁，遽亦羅間關。夷甫麈尾墮，荀令香爐閑。再拜望奇秀，恍然神觀還。如見大仙伯，初髮緑映山。兩君控鶴從，俱著漢小冠。俗累當復馳，煮藥鼎欲翻。

吳中秋日

郊原落葉已離離，尚有孤花鬬短籬。小醉不成憐病後，苦吟未了説愁時。鬭雞走狗袁絲喜，臨水登山宋玉悲。豆角已收無別事，待同野老赴襟期。

歸憩仁王寺

重到招提未覺遲，鉢單初副袷衣時。僧房齋院門門閉，梅子枇杷樹樹垂。蟻蔭經牀求託化，龍纏佛座學慈悲。長年無事閑來此，坐對空山諷小詩。

山居書事

荼蘼架倒無人架，全似老夫狂醉時。昨夜一番溪雨横，又漂苔蘚到花枝。

歐陽琴歌

嗚呼箇是文忠琴，嗚呼此琴今尚存。堂中圖書散失盡，留得七弦傳子孫。六字自書書在腹，古錦梅花留不得。嗣孫賢者能忍貧，不向豪家博珠玉。初鼓如撼昭陵松，雍原流水青溶溶。三宗龍袞在帝左，留把鈞天賜與公。再鼓似播清潁水，祇將漱流肯洗耳。曾蘇兩生招不來，自寫新聲付兒子。堯四山，舜放野，自茲以下不平苦。與君所得歸女謗，此日一洗清萬古。小儒昔誦五季傳，頗訝春秋體微變。今來再聽七弦琴，南薰遺製喜復見。浮雲流盡白日逃，何用廣陵與離騷。譜成祇度歐公曲，秋聲賦共廬山高。琴有公題

晨起

閉門不與俗人交，玄晏春秋日日抄。清曉偶然隨鶴出，野風吹折白櫻桃。

訪梅

幽花墜在石根傍，幾欲攜將近草堂。草草一尊聊爾爾，跨驢歸去月荒涼。

山樂官

山樂官，爾誰魂？逃河入海俱奔奔，伶倫梨園何可論。山樂官，予欲爾兮無言；如有言，爲予歌雲門。

大滌洞

嵌空纔入泉潏潏，隔凡倒懸若錐立。道士云是閭丘公，入向華陽便門出。

題鍾山

往在秦淮問六朝，江樓祇有女吹簫。昭陽太極無行路，幾處鵝黃上柳條。

壽星寺聞子規

莫向空山惱病僧，暮雲臺殿異鄉人。多時不識巴江路，守著濃花哭過春。以上方泉先生詩集

題洞霄宫

久知靈境無緣到，今被春風引得來。上帝殿頭聞雨過，仙人石面欠花開。便燒沈水禮三拜，快引流霞酹一杯。落日斷霞催去緊，掉巾祇等白鴉回。洞霄詩集

潘檉

檉字德久，永嘉人。舉進士，不第；用父賞授右職，爲閤門舍人，福建兵鈐。有轉菴集。

葉水心序：德久十五六，詩律已就，永嘉言詩者，皆本德久。讀書評文，得古人深處。

劉後村跋：元祐間，最爲本朝文章盛時，惟賀方回、劉季孫不緣師友，頡頏其間，雖坡谷亦深嘉屢歎。其後有劉翰武子、潘檉德久，尤爲項平菴、葉水心賞重。

送友人游金陵

酒盡談餘意轉新，北風一舸下寒津。遥知白下登樓處，正欠黄初著句人。往事生來多歲月，舊遊疎似曉星辰。牛山斜日荒涼寺，更有殘碑待拂塵。

出郭

酤酒三家市，題詩十里塘。薄雲鷗外影，空翠馬頭香。出郭知無事，尋僧有底忙。終當成野逸，小築近滄浪。

歲暮懷舊

白髮將朱顏，一去幾時返。懷哉不能寐，展轉復展轉。雀噪曉窗白，雞鳴芳歲晚。梅花眼中春，故情千里遠。

還自錢塘道中

江上青山落照邊，江頭歸客木蘭船。春鷗自共潮回去，一點飛來是柳綿。

自滁陽回至烏衣鎮

行人元不恨長途，下馬旗亭酒可沽。回首琅邪山不見，西風吹起豆田烏。以上前賢小集拾遺

姜堯章自號白石道人贈之以詩

世間官職似摴蒱，采到枯松亦大夫。白石道人新拜號，斷無繳駁任稱呼。

書姜白石昔游詩後

我行半天下，未能到瀟湘。君詩如圖畫，歷歷記所嘗。起我遠游興，其如鬢已霜。何以舒此懷，轉軫彈清商。以上白石道人集附

鷺

銀潢何限鵲查查，看得橋成度寶車。如許風標無用處，年年分占水葓花。詩家鼎臠

麗春花

梁苑花銷去，黃臺早自薰。不同鶯子粟，別是石榴裙。婀娜纔勝掌，參差莫夢雲。王郎尋水竹，駐屐幾殷勤。合璧事類別集

題釣臺

蟬冠未必似羊裘，出處當時已熟籌。但得諸公依日月，不妨老子臥林丘。英雄陳迹千年在，香火空山萬木秋。自笑黄塵吹鬢客，愛來祠下繫孤舟。

上龜山寺

菜花開處認遺基，荒屋殘僧未忍離。寺付丙丁應有數，岸分南北最堪悲。金鈴塔上如相語，鐵佛風前亦皺眉。野匠不知行客意，競磨濃墨打殘碑。以上瀛奎律髓

遇舊有感

人間百寒暑，正似須臾期。當年同袍子，一見雪滿頤。不惟形容改，亦復聲音移。坐定問姓字，始省從師時。見此發永歎，勞生果何爲。不如多飲酒，滿腹同鴟夷。

客舍

急雨鳴空壁，輕寒上薄幃。愁多空被酒，夢短不成歸。暗想桃花落，遥憐燕子飛。偷兒欺客寢，夜靜卷春衣。

霅上簡婁舜章

雞頭旋煮蓮新拗，簇鳳排花鱠更鮮。清夜故人忻客到，小船載酒大船邊。

平江道中

不載圖書載酒杯，姑蘇臺下小徘徊。東風不識人心老，擺柳吹花一併來。以上東甌詩集

沈繼祖

繼祖，富川人。慶元中御史。有梔林集。

寄題新昌簿廳綠陰亭

洛下追收黃耳信，林間閒創綠陰亭。千章古樹虛簾接，四月清風羽扇停。兄弟頭顱時感歎，江湖歲月久飄零。對牀夜話知他日，幽賞何如得細聽。瑞州府志

王遂

遂字去非，一字潁叔，金壇人。嘉泰二年進士。理宗朝，歷江西安撫使，權工部尚書。卒謚正肅。

題蘇端明書天慶觀乳泉賦後 陵陽李心傳云：此軸蓋蘇公元符北歸所書。

天一生兮上浮，羽人俟兮丹丘。遡儋耳兮東注，夾崑崙兮倒流。式古堂書考

曹豳

豳字西士，號東畎，溫州瑞安人。嘉泰二年進士。擢祕書丞、倉部郎，累遷知福州、寶章閣待制，致仕。卒謚文恭。

暮春

門外無人問落花，綠陰冉冉徧天涯。林鶯啼到無聲處，春草池塘獨聽蛙。後村千家詩

題括蒼馮公嶺二首

平蕪千里綠迢迢，水宿山行好耐勞。最是愁人最奇崛，馮公之巘浙江潮。

村南村北梧桐樹，山後山前白柰花。莫向杜鵑啼處宿，楚鄉寒食客思家。梅磵詩話

楊柳

春至風花各自榮，就中楊柳最多情。自從初學宮腰舞，直至飄綿不老成。詩林萬選

詠緣竿伎

又被鑼聲送上竿，者番難似舊時難。勸君著脚須教穩，多少旁人冷眼看。

齊東野語：趙南仲以誅李全之功，見于趙淸臣史揆，每左右之，遂留于朝。其後恢復事起，遂分委以邊面。赴鎭日，朝紳置酒以餞，適有呈緣竿伎者，曹賦詩云云，師果不競。

劉　鎮

鎮字叔安，南海人。嘉泰二年進士。學者稱隨如先生。有隨如百詠，刊于三山。

贈隱者

夫子生東野，經年不到城。愛吟無俗趣，貪晝得閑名。荒徑侵山影，虛堂出燕聲。我慙爲謫吏，泉石負幽情。後村千家詩

鄭郥夢

郥夢，建安人。

游洋州崇法院

曉色熹微麥隴間，杖藜徐步扣禪關。兩澆水足東西堰，一抹雲收南北山。世路飽諳驚歲晚，佛巖燕坐覺身閑。故園早辦歸來計，莫待星霜滿鬢斑。

陝西通志載此詩跋云：建安先生得句法于石湖范公，早以文章名世。今觀是詩，如藍田之珍，荆山之璞，不假雕琢，而自爲至寶。僧正顯刻之精藍，當山水清絶處，乃復著此澄澹簡潔之語，使讀之，當有蕭然脱去世網之意者矣。嘉泰癸亥四月既望，洋州教授張縝跋。

龔頤正

頤正，本名敦頤，光宗受禪，改今名；字養正，相之子。嘉泰中，國史院檢討官。著芥隱筆記，及元祐黨籍列傳、譜述、續釋常談。

泰伯廟迎享送神辭三章

翼翼兮新宫，蘭橑兮枅桂。氛總總兮高靈下隊。君視八紘兮昔何殊于棄屣。今復何有兮一席之遺。惠我吳人兮曷日以弭。吁嗟君來兮我心則喜。君來不來兮我忘食事。迎神

登歌兮堂上，屢舞兮堂下。君來享兮清酤。溪毛陸離兮筐筥。鯽鱸芳鮮兮亦有肥羜。君不來兮使我心苦。享神

車兮載旃，舟兮揚颿，鼓咽咽兮君當還。君肯來兮尚盤桓。我心煢煢兮其無端。君不我留兮下土囂，福我吳人兮無疾與患。千秋萬歲兮，歌至德以何言。送神　吳郡志

張達明

達明，嘉泰中知吳江縣。

題吳江甘泉 在石塘第四橋下。陸羽茶經品爲第四，張又新品爲東南第六。

橋下四㮬水，人間六品泉。松陵無魯望，山茗爲誰煎？吳江縣志

朱軧

軧字叔止，翌之姪。嘉泰間知南劍州。

題汪浮溪先生墓

名高從昔毁相隨，未免羣兒著力擠。一日狼心萌偃月，十年豹霧隱愚溪。不逢華旦開昌運，終抱沈埋返故棲。已矣九原寧可作，蕭蕭古木亂蟬嘶。游宦紀聞

宋詩紀事卷六十

錢唐　厲　鶚　輯
德清　徐以坤　勘定

黄順之

順之字佑甫，邵武人。開禧元年進士。

聽悟師彈招隱

悟師手攜清風琴，爲我再奏招隱吟。九原靈均不可作，後人遺恨空沈沈，我今聽之淚霑襟。楚山日落秋聲起，古猿啼月空山裏。千年愁思上青楓，幽蘭無香桂花死，吾道非耶何至此。曲中歷歷分明道，苦怨王孫負春草。歲晚山中難久留，憶君一夕令人老。王孫王孫知不知，琴心招君胡不歸？下沿湘江之水流，上逐湘山之雲飛。一彈一招一太息，水流雲飛朝復夕。

送葉靖逸

山高積雪明，歲序冉以逼。佳人抱書去，西湖失顏色。淸夜獨慷慨，詩壇夢生棘。我有雙鯉魚，對之不敢食。

初寓横涇

十年泉石夢，及此始依然。野迥天垂地，身閑日抵年。稍欣聞見少，漸與土風便。分得漁樵席，白雲相共眠。

題九曲尼院

曾是霓裳第一人，曲終認得本來身。多年不作東風夢，閑卻薔薇一架春。

觀冷水峪桃花

石家步障久成塵，移作包山一段春。惆悵日斜原上路，年年紅雨打行人。以上前賢小集拾遺

韜光菴

瘦筇拄到古韜光，分得山僧半榻涼。幽鳥一聲春夢斷，溼雲漠漠護殘香。咸淳臨安志

李宗勉

宗勉字強父，富陽人。開禧元年進士。理宗朝，拜參知政事、左丞相，兼樞密使。卒贈太師，謚文清。

題六和塔

經從塔下幾春秋，每恨無因到上頭。今日始知高處險，不如歸去臥林丘。咸淳臨安志

危和

和字祥仲，逢吉弟，號閑靖居士，又號蟾塘。開禧元年進士。知德興縣。有蟾塘集。

積翠樓

著我高遠堂，恍若非人世。一榻臥白雲，清寒不成寐。松竹四山秋，颼颼驚客耳。誰在隔窗中，朱弦寫流水。撫州府志

陳垓

垓字漫翁，閩縣人，密學襄六世從孫。開禧元年進士。官至淮東提刑。

絶句

硯乾筆秃墨糊塗，半夜敲門送省符。擲得幺幺監嶽廟，恰如輸了選官圖。

吹劍録：陳漫翁監轉般倉，與鎮江守喬平章爭一事，平章乞回避，漫翁得嶽祠，吏持牒索回文，漫翁就書一絶云云。

華岳

岳字子西，貴池人，爲武學生。開禧元年，上書請誅韓侂胄、蘇師旦，下大理鞫治，編管建寧圜土中。侂胄誅，放還。登嘉定武科第一，爲殿前司官。以史彌遠當國，謀去之，事覺，下臨安獄，杖死東市。有翠微南征録。

春暮

麥擎豆莢雨生肥，閑緑園林粉蝶飛。賸置好花安四壁，不教人道是春歸。

游溪西寺次府判湯丈韻

寺覺重遊好，僧期後會賒。青蟲雕病葉，白鳥篆平沙。水瘦石生齒，山寒梅未花。功名應有待，且謁惠公茶。

別館卽事

十年客裏過春光，客裏逢春分外狂。半堵碧雲蝸路溼，一簾紅雨燕泥香。衡山西日辭香閣，拍岸春風

趁夜航。莫向錢塘蘇小説，東吴新髻李紅娘。以上翠微南征録

呂聲之

聲之字大亨，新昌人。官宿松尉，徙平陽丞，終昭信軍節度推官。有沃洲雜咏。

賀葉司業兼中書舍人

英妙才華四十年，山林朝市姓名傳。何妨萬斛横江上，不礙千帆過目前。我肯尾書千木紙，人饒首著祖生鞭。金鑾何日商風雅，伴直能呼孟浩然。

丹丘道中

夜宿溪頭十里村，數星魚火照雞門。鴈山峭絶經行處，猶帶煙霞入夢魂。以上四朝詩

嚴大猷

大猷，蒼溪人。特奏名，官隆慶府參軍。

句

笏未到身難擊泚，兵如入手易擒吴。

萬姓統譜：吴曦僭蜀，大猷詩云云。

王　翥

翥字一飛，成都人，篤學尚氣。吴曦謀反，來請，翥陽病風痹，潛往安丙謀誅曦。事定，匿巴中，爲農終身。

送張判官歸巴州

回首三巴曲，平生萬里橋。衣冠無賴客，花月可憐宵。

灌口秋漲

所向愁無地，窮源欲上天。蛟龍胡爾怒，鷗鷺更誰憐。萬里朝宗意，羣兒跋扈年。生涯秋色裏，獨立問漁船。

吳宣撫故宅

社稷疲奔命，乾坤服至誠。扶持三蜀在，出入兩朝榮。豕犬有遺恨，麒麟空復情。家聲隤已盡，國法用猶輕。成季翻無後，花卿浪得名。門庭黃鳥語，几杖綠苔生。威福何偏重，精神恐不平。庶幾蒙世立，凡百愼持盈。

憶舍弟

藥物吾仍病，花時汝未歸。不眠愁月落，獨立看雲飛。詩禮自持律，飢寒誰解圍。遙知理舟檝，西望涕沾衣。以上谷音

方信孺

信孺字孚若，興化軍人。以廕補官。開禧中，假朝奉郎使金，三往返不詘。歷淮東轉運判官，知眞州，至廣西漕。有好菴游戲詩境集。

劉後村序：公詩文操筆立成，宮羽協諧，經緯麗密。

題龍隱巖

春波飽微綠，斗柄涵空明。方舟貫巖腹，鵝鸛相酬鳴。仰窺穹窿頂，宛轉百怪呈。僅餘鱗甲碎，不見頭角獰。下闞清泠淵，演迤萬頃澄。但同魚鳥參，勿遣蛟龍驚。抉苔撫奇篆，倚櫂看題名。三將標殊勳，自與山不傾。誰歟贅小築，政恐嗔山靈。南洞更幽絕，仙佛依崢嶸。太虛可爲室，豈復資欒楹。乳泉助茗椀，中有冰雪清。何須驂鸞去，此卽白玉京。鼎來不速客，抱琴忽遲迎。愛此無弦曲，巖溜同一聲。爲我洗塵耳，喚我詩魂醒。祗愁白衣到，好句無緣成。

桂州黃潭舜祠

西風攪桂樹，落日明楓林。遊子懷歸期，余悲渺登臨。虞山一何高，湘水一何深。英皇僅枯冢，寂寞南薰琴。我欲奏古曲，俗耳更哇淫。古器不可見，聊作相思吟。相思長相思，相思無古今。一歌衆鳥聽，再歌萬籟沈。推手君勿歌，有酒且孤斟。落落此時意，寥寥千載心。五弦毋庸絕，四海誰知音。

重題龍隱巖

愛山那惜走千回，生怕前驅後騎催。石上參差鱗甲動，眼中在處畫圖開。驂鸞未辨乘風去，浮鷁何妨載雨來。人事百年俱變滅，祗應題字不塵埃。以上曹氏歷代詩選

游九言

九言字誠之，建陽人。父𡺉，湖南安撫參議官。九言筮仕古田尉。開禧中，知光化宰，充荆鄂宣武參謀官，卒。端平中，特贈直龍圖閣，謚文靖。有默齋遺稾。

金陵野外廢寺

寒花窈嫋蔓頹牆，古寺蒼苔晝掩房。犬吠屋頭山杳杳，蟲鳴階隙草荒荒。池塘淡日蒹葭冷，籬落西風橘柚黄。六代江山金碧地，斷碑留得管興亡。

聽鄭三彈雙韻子歌

寒窗積雪生虚明，玉壺風折層簷冰。朱霞秀色妙公子，理弦燈下高亭亭。遊絲兩兩挂孤月，雙聲應手無留停。月寒坏戶砌蟲泣，雲凍出浦邊鴻征。蒼蠅撲紙窗欲透，蜾蠃穴桑兒未成。琵琶寬詳雙韻切，含悽盡向弦中説。酒酣疏綺雜娱嬉，誰道壯夫心更折。一從氊毳被河山，學得聲容難辨别。鷓鴣金屋沸歌吹，鼠頭實陌行韡韈。帕腰慢舞作彎弧，捉耳酾觴眞折馘。眼前猶聽舊歌辭，鳳韶豈獨鏘虞時。罷彈三喟寢不熟，風定寒江静夜悲。以上默齋遺稾

美人倚樓圖

簷頭燕子説春寒，胡蝶悠悠午夢殘。睡起高樓多少恨，天涯小雨怯闌干。

溪上

烟開曉日照溪頭，溪上人家岸下舟。啼鳥不知春已老，數聲啼破碧巖幽。以上詩家鼎臠

游儀

儀字伯莊，長平之勝士。早遊京師，自北方縱覽名山。已而浮洞庭，歸隱武溪之上。

黄鶴樓

長江巨浪拍天浮，城郭相望萬景收。漢水北呑雲夢入，蜀江西帶洞庭流。角聲交送千家月，帆影中分兩岸秋。黄鶴樓高人不見，卻隨鸚鵡過汀洲。

詩人玉屑：按柳溪呂炎近錄云：「伯莊此詩，膾炙人口，游默齋嘗書寘南樓。游受齋漕湖北日，復爲之刻石。」

游倜

倜字憲武。

金精山歌

鏾裙蹙鳳金屈盤，秦釵□鬟香添寒。洞庭波橫嬌不起，舞娥拂桂棲孤鸞。寶□□色元宮閟，碧峽瑤草春漫漫。霜刀如泥割蒼玉，□綃閣綺白日閑。楯花紅飛洞雲溼，驚雷挾空老蚪泣。崖前紅落霞不流，縞衣丹使杓衡急。君不見石髮流漿翻柱礎，弱水液橫天上乳。西方七宿欃槍熒，長沙地遠豐鐘鳴。金精風月

趙雝 一作雍

雝號竹潭，忠簡後人。開禧間，爲處州太守。

雪夜黄州城下

雪後人家早閉門，江寒水落見沙痕。黄州城下東坡路，月浸梅花正斷魂。詩林萬選

煙雨樓 在處州

畫棟飛雲暮靄寒，樓臺城堞有無間。煙收雨霽曾看否，見盡東南萬疊山。括蒼彙紀

高孝璹

孝璹字公純，臨邛人。生開禧中。魏了翁表叔。

臨安西湖

朱簾白舫亂湖光，隔岸龍舟艤夕陽。今日懽遊復明日，便將京洛看錢塘。魏鶴山題跋

李丙

丙字仲南。官左修職郎，監臨安府都鹽倉。

夜夜曲

玉窗結怨歌幽獨，弦絕鸞膠幾時續。銅龍漏促春夜長，冷雨酸風亂心曲。閑熏翠被鬱金香，拂拭繡枕屏山綠。飛飛乳燕歸不歸，寂寞流蘇帳前燭。前賢小集拾遺

高翥

翥字九萬，餘姚人。有菊磵小集。

過臨平

征帆一似白鷗輕，起揭篷船看曉晴。梅子著花霜壓岸，自披風帽過臨平。

春日湖上

清波門外放船時，盡日輕寒戀客衣。花下笑聲人共語，柳邊檣影燕交飛。曉風不定棠梨瘦，夜雨相連薺麥肥。最憶故山春更好，夜來先遣夢魂歸。

重午懷舊

獨守空庭日欲晡，滿斟濁酒不須沽。白頭兄弟三年别，青眼交游一字無。醉看葵榴懷舊事，饞思櫻笋夢吾廬。向時癡絶今愁絶，自讀離騷些老夫。

初聞雷

二月寒猶在，春雲溼未開。灑窗終夜雨，發軔數聲雷。薺麥緑生腦，棠梨紅拆腮。西湖花事動，從此日徘徊。

無題

風竹蕭蕭淡月明，孤眠眞箇可憐生。不知昨夜相思夢，去到伊行是幾更？

秋興

數聲新雁夜初長，曉起開門衣袂凉。籬菊褪黄秋興嬾，瓦溝才試一痕霜。

題二小姬扇

慶娘顰翠眉，春瘦怯羅衣。笑問采花蝶，如何成對飛。

湘湘未識羞，獨坐抱箜篌。貪學耆婆舞，擡身拜部頭。

恭跋思陵宸翰拓本卷後

淡黄越紙打殘碑，盡是先皇御賜詩。白髮内人和淚讀，爲曾親見寫詩時。

下塘二首

河水新添三尺高，河邊蘆葦有龜巢。波流夜夜飄魚箔，空點籃燈照樹梢。

日出移船日又斜，蘆根時復見人家。水鄉占得秋多少，岸岸紅雲是蓼花。

葦下酒市多祭二郎祠山神

簫鼓喧天鬧酒行，二郎賽罷賽張王。愚民可煞多忘本，香火何曾到杜康。

過平原故相宅

拂曉官家簿錄時，未曾吹徹玉參差。旁人不忍聽鸚鵡，猶向雕籠喚太師。以上菊磵小集

齊東野語：韓侂胄久用事，欲立奇功以固位，首謀北伐。出師，諸將相繼潰敗，金人渡淮，圍楚州，遣方信孺奉使通謝。信孺回言：「金人欲太師首級。」侂胄怒，謀再用兵。楊后俾榮王入奏，復命史彌遠、錢象祖、衞涇、王居安、張鎡誅侂胄。時開禧三年十一月二日，侂胄愛姬三夫人號滿頭花者生辰，張鎡移庖府中，酣飲至五鼓。其夕，周筠聞其事，遂以覆帖告變。侂胄已被酒，叱曰：「誰敢！」遂升車而去。甫至六部橋，殿司夏震聲諾於道旁曰：「有旨，太師罷平章事，日下出國門。」語未竟，健卒百餘人，擁其轎出，至玉津園夾牆內撾殺之。

西湖暮歸

風荷百頃占漣漪，煙樹冥濛乳燕飛。買斷小舟休喚客，晤穿萍葉載詩歸。咸淳臨安志

感懷

漂泊南州又過年，恰如杜子客鄜川。酒堪度日難爲醉，詩怕傷時未可傳。店舍無烟兵火後，街坊有月試燈前。荒凉古驛聞吹笛，老淚縱橫落枕邊。

拜林和靖墓

玉函香骨老雲根，占斷孤山水月村。薦菊泉香涵竹影，種梅地冷帶苔痕。生前已自全名節，身後從誰問子孫。惟有年年寒食日，遊人來與酹清尊。以上詩林萬選

春詞

鬬草歸來上玉階，香泥微汚合歡鞵。全籌贏得無人賞，依舊春愁自滿懷。貴耳集

李熙輔

題眞空閣

括蒼山上雲，山好雲亦好。可憐山下僧，看雲不知老。赤城志

李　迎

迎字彥將，濟源人。通判明州。有濟溪老人遺稾。

句

籍甚人言易已柬。

陳振孫書錄解題：李迎彥將，永嘉周浮沚先生之壻，與先大父爲襟袂。集中有送先君子赴戊子秋試詩，首句云云，蓋先君治易故也。

朱　鼐

鼐字子大。

奉題周南仲正字所藏閻立本畫蘇李別

少卿昔在河梁别，執手踟蹰不能發。萬古初傳五字詩，努力相期在明德。子卿海上氊爲食，故人竭來重相覿。不覺看羊度歲年，卻因射雁傳消息。人間此是長別離，少卿在虜子卿歸。歸歟尙握漢臣節，留者永衣胡人衣。天長地闊半尺絹，滿眼雲愁風景變。一人仰叫頭脱冠，一人橫涕袖著面。閻君國相稱畫師，未必想像能爾奇。前身恐是胡婦子，曾見兩公分袂時。前賢小集拾遺

陳炳

炳，龍泉人。官提轄文思院。有退菴集。

資福院平綠軒

水屋圍春綠，雲嵐送晚青。無心向朝市，信步到禪扃。野境連天遠，疎鐘隔岸聽。杯行莫辭醉，簷月笑人醒。

白髮流年迅，青春盡日閑。烟消漁舍出，風約櫓聲還。往事空搔首，微官祗強顏。漂零那對此，歸夢繞雲山。至元嘉禾志

柯夢得

夢得字東海，莆陽人。屢上春官不第。後以特科入仕。有抱甕集。

陌上桑

朝采陌上桑，暮采陌上桑。一桑十日采，不見薄情郎。正是吳頭桑葉綠，行人莫唱江南曲。

見舊題壁

小遲點筆醉還嗔，畫斷蕭梁古佛塵。今日重來應抵掌，十年分付未逢人。

晚望

無數寒鴉來遠鐘，物華心跡偶然同。不知海北江南路，更有愁人立晚風。以上前賢小集拾遺

夢蝶

一覺千年一轉機，覺來還是夢還非。當時夢裏知爲蝶，便好穿花傍水歸。劉後村詩話

吴伯凱

伯凱字虞賓。

夏夜書所見

吴牛見月喘，引重不得休。孤螢出露草，意行淩九秋。形大苦見役，物微長自由。世無漆園吏，持問逍遥遊。前賢小集拾遺

鮑壄

壄字份甫。

仰止亭

昔年曾此戀青山，幾度秋風入夢寒。想得玉岑迴合處，夕陽依舊滿朱闌。前賢小集拾遺

李叔達

叔達字穎士。

舟中聞木犀

地近孤城水合流，天風吹下廣寒秋。巖花似喜幽人至，先遣清香到小舟。前賢小集拾遺

馬　幷

幷，淮南人。

金庭觀

右軍學業隱林丘，世隔年餘景尚幽。苔鎖一泓殘墨沼，雲遮三級舊書樓。欣逢羽客開金闕，快覩仙童侍玉旒。自怪今朝脱肌骨，飛身得向洞天遊。剡録

金嘉謨

魚簖

芒葦織簾箔，横當湖水秋。寄言魚與蟹，機穽在中流。蟹略

蔣廷玉

廷玉字太璞。

淨刹

碑上文難讀，開山失所傳。巖松秋落子，石井夜添泉。地曠常多月，廚寒不起烟。昔年曾有虎，來到寺門前。前賢小集拾遺

揚州

一馬揚州路，桃花幾樹花。春光無揀擇，淮地亦繁華。日沸長江水，風昏古壘沙。爭雄舊時事，君去莫思家。揚州府志

霍洞

洞字太清，武進人。崇寧大魁端友從孫。居城東梅坡，自號筠寮。

宿田舍

北風吹晴屋滿霜，翁兒赤體悲無裳。閨中幼婦飢欲泣，忍飢取麻燈下績。一身豈暇私自憐，鳴機軋軋明窗前。織成五丈布，翁作襴裙兒作袴。明朝官中催租急，依然赤體當風立。

歲饑太守春遊呈以絶句

朝來五馬去尋春，誰信家家甑有塵。枕藉道傍宜細問，恐非芳草醉眠人。以上咸淳毗陵志

朱峕

峕字介然。

采菊亭

霜降草木落，園菊發幽姿。風流賢史君，採掇訢忘疲。雅尚已千載，載詠閑居詩。佳處要領略，坐見花陰移。前賢小集拾遺

張德象

寄沈菊山

八十乾淳老，生涯半子虛。久無朝士餽，空有故人書。詩道窮方進，塵緣老盡除。茫茫天壤闊，誰復是知予。翰墨大全

惠端方

端方字敬之，迪之子。永嘉丞。

梅花

美人在空谷，抱志苦貞潔。素衣飄白雲，容色貶春雪。臨風一笑粲，皓齒何瑩徹。破鏡忽上天，寒影浸瑤闕。前賢小集拾遺

張道元

金山行次梁必大韻

二山砥柱江流中，下有水府之幽宮。巨靈設此天險重，怒濤欲起兩伏龍。山光對面山淡濃，朝暮雲起相過從。鐘聲兩槳飄江風，撞驚大夢醒塵胸。海門茫茫直其東，江山第一麗且雄。六朝形勝留遺蹤，天荒地老代不同。登臨此地閱幾翁，公獨硬語盤高穹。長江滔滔去不已，千古名山占蕭寺。白髮印公心水止，嗟予勞生竟何似。人間平地風波起，誰能釣舟煙波裏。千年門限鐵臺址，不如流芳向文字。州縣之職徒勞耳，丈夫封侯待時至。以道事人直如矢，豈但弦歌化州里。人兮山兮有如此，我願學者梁夫子。金山志略

費震

次梁必大金焦行

太倉一米梁魏中，梵王坐處如天宫。硨磲瑪瑙珊瑚重，護法更有諸天龍。醍醐浮香甘露濃，我欲問訊當何從。惟有一席西津風，快哉八九雲夢胸。海門直指扶桑東，金鼇兩角爭豪雄。蒜山房客送墨蹤，妙高千偈佛印同。衲衣玉帶知何在，至今詩句撐蒼穹。江山如畫人往已，雲鼉浪打寺復寺。華陽眞逸曾至止，鶴銘筆法蘭亭似。老綸敗壁扶不起，沙戶祈蠶脩竹裏。處士蝸牛空舊址，留得名山作焦字。年來俗事怕到耳，神尻氣輿隨所至。從渠烏兔走如矢，白雲之鄉吾故里。桑榆斥鷃安識此，大鵬逍遙問莊子。金山志略

金遁初

金山行次梁必大韻

江春淮水通吳中，深有萬丈天吳宫。珠樓貝闕知幾重，魚身人面赤如龍。紫雲赫奕青霞濃，天帝下降百神從。鮫鯨無端怒生風，敕移三山塡其胸。日躔月緯分西東，戴鼇方知策強雄。馬塵轍跡絕遊蹤，仙境直與蓬萊同。千濤萬浪插兩峰，屹然對拱摩層穹。金山蜿蜒勢未已，焦山縈迴藏古寺。大覺仙聖所廬止，人間畫圖那得似。鏡銅摩青鳥飛起，浮圖倒影澄波裏。六朝陵闕存故址，百戰功名數行字。相去清風半帆耳，此身未遊心已至。君詩到手破的矢，我詩刻畫慚下里。三分之句豈辦此，舉杯一酹問蘇子。金山志略

朱渙

渙字濟仲。

蟻飲研槽歌

晴窗棐几風日舒，呼童汲水供蟾蜍。涓流入研玄潁濡，一蟻蠢蠢爰來趨。須臾十百與之俱，前後有行不亂踰，宛若徙穴昇腐餘。想應燥吻脣頰枯，清夢思欲吞江湖。搖尾羞作涸轍呼，奮迅恰如東海魚。物生天地小大殊，飢食渴飲皆同途，矧爾有靈非至愚。大槐南柯名利區，一夢而覺驚幻虛。爾其聽我毋睢盱：爾吭既沃腹既腴，歸安其藏勿浪逋。階前羣兒正嬉娛，以指劃土糜爾軀。

題徐禮部家歸去來圖

古木參天叫杜鵑，春愁渾在夕陽邊。看君此畫還三歎，憶得西江上水船。以上前賢小集拾遺

項詵

詵字宜甫。

便橋泊舟

身寄一葉舟，擾擾又行役。不知寒襲人，但覺酒無力。霜剝岸石裂，風激水波逆。望眼浩無涯，遠山相對碧。前賢小集拾遺

李清叟

清叟，縉雲人。

金庭觀

山屬蓬壺第幾重，奇峰翠岫繞靈宫。雲藏毛竹深深洞，煙起香爐裊裊風。放鶴已歸天漢上，養鵝無復小池中。羽人盡得飛章法，神與寥陽路暗通。剡錄

蔡宰

宰字仲平。

望洞陽

歲事今無幾，淸霜苦見侵。寒深落雁渚，風急擣衣砧。翠縠紋秋水，斑綃纈霧林。洞陽棲隱地，樓觀白雲深。前賢小集拾遺

李謙

謙字恭甫。

秋懷

西風入商管，衆木夜有聲。候蟲竟何爲，聒聒終夕鳴。彼亦有所思，感此歲月征。人生豈異適，長嘯一拊楹。

敗壁鳴莎鷄，涼月照虛堂。南鄰機杼聲，熠熠燈火光。遙聞誰家砧，已趣公子裳。佳人在何許，葉落山中霜。前賢小集拾遺

郭從範

從範字世模。

烏衣啼

碧煙障樓天欲暮，飛烏夜絕蕪城戍。雲外畢逋銜泥來，月明𦛢膊同枝語。樓中有人輟機杼，玉笙怨咽凝江霧。惆悵幽懷夜未闌，桂樹秋風蘭葉露。前賢小集拾遺

歐陽光祖

和朱文公九曲櫂歌 九首存一

玉女峰臨二曲流，刳心學道幾春秋。東風不信心如鐵，卻放石楠花滿頭。武夷詩集

趙民則

題張家店壁

舍策投牀睡便濃，覺來涼葉動西風。驚秋念遠無窮意，客裏知誰此夜同。誠齋詩話

潘葛民

葛民字子倘。

胡蝶花

風光白日長，胡蝶飛過牆。飛飛不停去何忙，牆外誰家菜花黃。出門不知南陌路，心隨胡蝶尋郎處。

前賢小集拾遺

江朝宗

朝宗，括蒼人，有詩名。

梅花

小小人家短短籬，冷香逕雪兩三枝。寂寥竹外無窮思，正倚江天日暮時。剡錄

黄復之

復之字幼張。

過臨平

孤蹤逐浪萍，幾度過臨平。人語水相應，帆移山倒行。鷺飛秋嶼冷，虹飲晚川明。不是還詩句，丹青寫不成。

題扇面六言

峽東天圍漸小，林穿日脚微明。竹居有徑誰掃，水碓無人自鳴。以上前賢小集拾遺

楊冠

上揚州太守

古人肉食無遠謀，腰錢騎鶴向揚州。春風十里珠簾捲，但看竹西歌吹樓。天朝選用詩書帥，上策公言須自治。屏翰堅持保障功，江淮益壯金湯勢。北騎不敢縱南牧，關塞烟迷芳草綠。健兒歌舞樂昇平，一曲梅花細柳營。揚州府志

李大方

大方字允蹈，膺之孫。

句

三百年來今幾秋，天地自老江自流。笛聲吹起白玉盤，正照御前楊柳碧。可憐一代經綸業，不抵鍾山幾首詩。後院落花人不到，黄鸝飛下石榴陰。

詩人玉屑：楊誠齋云：李方叔之孫大方，字允蹈，晚得一鶡冠，今爲雜買場。寄予詩一編，多有警句。

鄭天錫

天錫字景輔。

江西宗派

西江一水活春茶，寒谷春燈夜撥花。人比建安多作者，詩從元祐總名家。宫商迭奏弦邊雁，鼓吹都慚井底蛙。身在天南心太史，幾番搔首夕陽斜。前賢小集拾遺

宋詩紀事卷六十一

錢唐　厲　鶚　輯
臨潼　張四科
江都　閔　華　勘定

鄭性之

性之字信之，初名自誠，福州人。嘉定元年，進士第一。理宗朝，累官寶章閣待制、知樞密院、參知政事，出知福州。鶚按：咸淳臨安志：自誠爲嘉定元年榜首，宋史作四年，誤。四年榜首趙建大也，今訂正。

落梅

夜來幾陣隔窗風，便恐明朝已掃空。點在青苔眞可惜，不如吹入酒杯中。後村千家詩

章　樵

樵號峒麓，昌化人。嘉定元年進士。歷官知漣海軍，授朝散郎，知處州，卒。

伽溪　在昌化縣

試將生計問農家，兒大扶犂女漚麻。燒筍爨葵供午餉，山中樂事自無涯。杭州府志

諸葛興

興字仁叟，會稽人。嘉定元年進士。爲彭澤、奉化兩丞。嘗作會稽九頌。有梅軒集。

曹娥祠

瞻靈祠兮江之湄，懍予心兮肅祇。表卓行兮尙之祀，垂妙辭兮淳之碑。嗟窈窕兮踐天性，一念烈兮萬

古鏡。山眉兮蒼蒼，江練兮茫茫。江之水兮可竭，娥之靈兮不可滅。會稽續志

杜範

範字成之，黄巖人。嘉定元年進士。端平中，拜監察御史，累遷禮部尚書。淳祐二年，拜右丞相。卒贈少傅，謚清獻。有集。

戊辰冬和湯南萬韻

春初走京華，秋杪歸舊廬。簡編廢已久，開卷澀且疎。誰能擊其蒙，石田或可腴。雁山有佳士，讀盡天下書。足跡半九州，不憚道里迂。陋邦何足臨，而亦來我居。相從一樽酒，未厭園中蔬。笑談欣有合，浩若縱壑魚。人生惟所適，所適各有塗。胸中苟不迷，到處皆通衢。簞瓢有眞樂，顏氏何其臞。沒沒嗟我生，未知終焉圖。論交須論心，所論在不塗。願君示一語，令我反三隅。君無金玉音，請誦一束芻。

良月遊水樂

久矣聞水樂，邂逅作此遊。林立攢萬石，曲徑穿深幽。谽谺開古洞，下有淸淺流。惜哉非古音，噴薄皆人謀。流觴飲山淥，風鬟吹飀飀。欲歸興未盡，攜手湖上樓。斜陽獻萬狀，浩以雙目收。白鳥去復還，翩翩良自由。我本山林人，對此多慚憂。歲月不我與，宴閑其可偷。便作合歸計，老矣安所投。世事皆漫爾，政恐空白頭。

和澧州喜雨韻

秋色在何許，浮嵐疊翠間。江濤雙鳥渡，天闊片雲閑。雅量肩文舉，新詩壓子山。更深聽遠溜，哦詠答

潺潺。

送湯仲熊國正以直去國

朔風巋木末，碩果懸孤危。邈矣冥飛鴻，異哉聞鳴鵙。莫雲結愁陰，送君江之湄。去者挽莫留，留者良自悲。何當謝塵鞅，鼓枻相追隨。以上杜清獻公集

薛師點

師點，鄞人。嘉定元年進士。

酬答張安撫伯玉先生

寡交率天性，積痾攻妙藥。干祿念烝嘗，著書恣談謔。永矣離畏途，何況縻好爵。感子故人意，屏吏延鈴閣。時剖千秋心，兼訂三山約。風流張平子，文采謝康樂。潛魚娟幽潭，高鳥昵林薄。物類既參差，天地亦寥廓。但愁霜霰多，石出兼水落。甬上耆舊集

洪咨夔

咨夔字舜俞，於潛人。嘉定元年進士。理宗朝，累官刑部尚書、翰林學士、知制誥，加端明殿學士，提舉萬壽觀。卒謚忠文。有平齋集。鶚按：咸淳臨安志有嘉定元年鄭自誠榜，無二年榜，宋史誤，今訂正。

仇遠稗史：洪平齋新第後，上衛王書，自宰相至州縣，無不捃摭其短。大概云：昔之宰相，端委廟堂，進退百官；今之宰相，招權納賄，倚勢作威而已。凡及一職，必如上式，但用「而已」二字。時相怒，十年不調，洪有桃符云：「未得之乎一字力，祇因而已十年間。」

贈石室朱修行

響泉一派落天風，人在浮雲柳絮中。亭午柴扉猶未啓，碧玲瓏底拒霜紅。

直玉堂作

禁門深鎖寂無譁，濃墨淋漓兩相麻。唱徹五更天未曉，一池月浸紫薇花。

題東山 在臨安縣西三里，相傳謝安石高卧之地。

金堂玉室舊相羊，被髮依然下大荒。風送嬋娟飛落蘂，雲移縹緲溼疎篁。桓伊箏外深情酒，幼度棋邊定力香。萬事古今開闔眼，樓頭吹面水風涼。

天目山招隱歌

雲氣斂兮天目之巔，濤江綫横兮海門濺濺。扶桑子半兮陽烏翻，可俯而掬兮，嘯以天井無聲之泉。子其隱乎，吾與子兮拾荃。

正月十九日孟享從駕

黄繖中間一點紅，繡雲鹵簿海棠風。鈞容聲出雲霄外，馬上誰憐有老聾。

壬辰小雪前奉親游道場何山

何山如幽人，道場如大家。穰穰衲子脚，剌剌騷翁牙。挾雋控寒颸，披光躡晨霞。危顛矯窣堵，平嶠略汙邪。巖泉跑虎湧，徑松髯龍拏。鐘梵破深寂，金碧開芬葩。修廊步履峻，傑閣望眼賒。山勢佩玦壚，湖光鏡匳谺。淸節杳鸖入，古弁空濛遮。列翠不可唾，羣籟無敢譁。坐我栴檀林，酌之槍旗茶。宇定岫出雲，語妙天雨花。吾生久墮甑，昔遊慣乘槎。夷猶廬阜陽，宿留岷江涯。高僧留嶠棧，卑或搜崖窪。舊夢難歷省，此行足雄誇。老親八十健，閑儔二三佳。拍浮一葉渺，收覽萬景奢。富貴上蔡犬，貧賤東陵瓜。未須笑落鐸，誰能苦鰭沙。候門占噪鵲，旋橈趁歸鴉。奇事恐沒沒，舉詩屬僧伽。

感王荆公事

君臣一德盛熙寧，厭故趨新用六經。但怪畫圖來鄭俠，何期奏議出唐坰。掌中大地山河舞，舌底中原草木腥。養就禍胎身始去，依然鍾阜向人青。以上平齋集

梅磵詩話：荆公行青苗、免役等法，引用一等小人，天下受其苦，卒召六十年後靖康之禍。洪平齋有詩云云。按國史：俠嘗從安石學，坰乃安石所薦，皆以新法不便攻之。此詩乃五十六字史論。

都城火

九月丙戌夜未中，祝融漲焰通天紅。層樓傑觀舞燧象，綺峯繡陌奔燭龍。始從李博士橋起，三面分風十五里。崩摧洶洶海潮翻，填咽紛紛釜魚死。開禧回祿前未聞，今更五分多二分。大塗小撤噤不講，拱手坐視連宵焚。殿前將軍猛如虎，救得汾陽令公府。祖宗神靈飛上天，痛哉九廟成焦土。

梅磵詩話：紹定辛卯，臨安大火，九廟俱燬，獨丞相史彌遠賜第，以殿司軍救撲而存。洪平齋哭都城火詩云云。末意規諷時宰甚切，聞之者足以戒。

吳泳

泳字叔永，號鶴林，潼川人。嘉定元年進士。理宗朝，仕至起居舍人，兼直學士院，權刑部尚

書，終寶章閣學士，知泉州。有鶴林集。

嘉熙丁酉七月上澣遊大滌題住山龔沖妙艮泓軒

舊與清泉白石盟，身閑方作洞霄行。青山延客元無鎖，碧澗流花似有情。古洞欲隨仙隱去，高岡終待鳳來鳴。道人喚我松間飲，坐拂寒雲月未生。洞霄詩集

沈大椿

大椿，嘉定中眞州判官。

自維揚回眞州

一官安敢問青氊，形影相看祗自憐。黄鵠已登青漢去，白鷗空占淺沙眠。杏花開徧揚州雨，柳色渾鋪瓜渚烟。老眼生疎堪自笑，浪驚風物向淮天。

青蒲短短柳斜斜，入眼新愁亂莫遮。雨潤固應宜筍蕨，風饕端不貸鶯花。春來止酒常因病，客裏逢人祗問家。安得扁舟下荆水，一歸老我舊生涯。維揚志

胡　榘

榘字仲方，廬陵人，銓之孫。嘉定中，官工部尚書，出知福州。

嘉定二年秋重遊洞霄

重尋九鎖躡丹梯，回首空驚歲月移。風虎守關寧易到，冰龍候路卻先馳。松筠老去俱全節，猨鶴迎來盡故知。更拂棲眞洞間石，弟兄同記勝游時。

餘杭泉石欠幽探，淨拂衣塵入翠嵐。九鎖山門雲上下，一峯天柱殿西南。元封舊事無人記，德壽仙游有客談。痛飲丹泉臥磐石，松風滿耳夢初酣。洞霄詩集

句

自孤花底三更月，卻怨樓前一笛風。落梅　鶴林玉露

呂午

午字伯可，歙縣人。嘉定四年進士。歷官浙東提刑、監察御史，遷起居史院官。卒贈華文閣學士。有竹坡類藁。

馬城花窠　寓居臨安馬城作

老子西城住，今踰十載期。栽花成茂樹，種柳長高枝。移接從渠巧，誇傳到處知。擔頭挑賣去，一一是趨時。竹坡類藁

和岳王廟壁上韻　祁閶西一舍，有菴曰東松。紹興初，岳鄂王提兵經吾郡西上，士卒秋毫無犯，卒宿人門外，足不敢一越限內，嘗憩是菴，留題。

當年唯說岳家軍，紀律森嚴孰與鄰。師過村村皆按堵，功成處處可鐫珉。威名千古更無敵，詞翰數行俱絶塵。擬取中原報明主，亦勞餘刃到黄巾。新安文獻志

徐文卿

文卿字斯遠，號樟丘，玉山人。嘉定四年進士。與趙昌父、韓仲止齊名。有蕭秋詩集。

葉水心序云：斯遠淹玩衆作，淩暴偃蹇，情瘦而意潤，貌枯而神澤，方于西江宗派，斯又過之。

游洞巖

跨馬絕風烟，夜與雲俱宿。彈琴向窗間，微月挂森木。曉行巖上路，一溪緣淨綠。路窮入其中，溪流貫山腹。巖開類天設，石亂疑鬼伏。水從何自來，乃爾瑩心目。巖前野僧居，種桃滿空谷。惜已過芳時，不見花芬馥。平生靑霞志，恥受紅塵辱。老我茅三間，玆山疑可卜。前賢小集拾遺

偶題

緑樹何稠疊，淸風稍羨餘。枕縈雲片片，簾透雨疎疎。修篔通泉壑，殘碑出野鉏。丘陵知幾變，耕稼雜陶漁。

雨後到南山村家

衝雨入窮山，山民猶閉關。橘垂茅屋畔，梅暎竹籬間。奇石依林立，淸泉繞舍灣。吾思隱玆地，凝立未知還。以上瀛奎律髓

周端朝

端朝字子靖，永嘉人。從朱晦菴武夷讀書，登嘉定四年進士。官至刑部侍郎，謚文忠。

三江口

吳門臺北竹樓隅，三日追陪漫叟居。曉夢驚辭赤壁鶴，夜棲看打武昌魚。橫洲遙溯分燈影，落月斜河運斗車。回伏三江問漢口，陸離蘭葉響環琚。東甌詩集

程公許

公許字季與，一字希頴，號滄洲，敍州宣化人。嘉定四年進士。理宗朝，累官中書舍人，禮部侍郎，進權刑部尚書。有塵缶集。

牡丹

春工殫巧萬花叢，晚見昭儀擅漢宮。可惜芳時天不惜，三更雨歇五更風。全芳備祖

黄子信

子信，長泰人。嘉定四年，特奏名第二人。調新會鹽場。有散翁集。

投楊帥

六年兩度拜宸旒，換得青衫白上頭。飛鵲祗因無樹繞，窮猨何暇擇林投。明知著脚當來誤，幾欲抽身不自由。安得有錢了官債，便無三徑也歸休。

歸時作

笑倩西風拂舊埃，歸時行李似初來。也知三載清貧好，博得一家強健回。

漳州府志：子信初調新會鹽場，帥楊長孺以其老榜爲監當，心易之，常捃摭其簿書。子信將拂衣而去，因投以詩云云。

周假菴

題趙千里夜潮圖 款書嘉定庚午仲夏一日

烟蒼蒼，江茫茫，明月夜挂天中央。奔潮不盡當日恨，金波怒捲虯龍長。浦口秋飛揚，鷗雁不眠聲周章。風高沙漲望難到，羽翰但逐潮低昂。窗間簾炷香，開卷有素商。何須八月上錢唐，對此秋濤生錦囊。珊瑚網

袁甫

甫字廣微，鄞人。嘉定七年，進士第一。歷官吏部侍郎，兼國子祭酒，權兵部尙書。卒贈少傅，謚正肅。

題陳和仲尊明亭

亭在山巔，氣象巍然。山從何來，蜿蜿蜒蜒。我坐亭上，極目一望。羣峯畢朝，尊無與抗。我撫亭下，萬象難寫。一一分明，入我醯斝。有時攜笻，偕我朋從。莫知我心，獨撫孤松。甬上耆舊集

徐淸叟

淸叟字直翁，浦城人。嘉定七年進士。理宗朝，歷官廣東安撫使，權兵部尙書，拜端明殿學士，知樞密院事，兼參知政事，提舉佑神觀，出知泉州。卒贈少師，謚忠簡。

淨明院梅巖恭和高廟御製

偶因祀事訪丹霞，寺古山深石徑斜。衝凍細尋梅信息，枝頭喜見狀元花。咸淳臨安志

贈建寧妓唐玉

上國新行巧樣花，一枝聊插鬢雲斜。嬌羞未肯從郎意，故把芳容半面遮。刻歷紀談

陳耆卿

耆卿字壽老，臨海人。嘉定七年進士。官至國子司業。著有篔窗集、赤城志。

葉水心云：陳君之作，馳驟羣言，特立新意；險不流怪，巧不入浮。

艱食行

新穀未升除穀罄，窶人托麥以爲命。今年種麥如去年，去年滿屋今空田。吁嗟皇天毋乃戾，去年浙右當死歲。湘中死寇淮死兵，留得東州僅旒綴。祗今艱食遽如斯，豈是造物有乘除。我無一語活四海，對之泣下徒霑裾。催租官吏如束溼，里正打門急復急。安得君眼如月長，灼破田家蓑與笠。全芳備祖

王伯大

伯大字幼學，號留耕，福州人。嘉定七年進士。理宗朝，累官端明殿學士，拜參知政事。

贈戴石屏

詩老相過鬢已星，吟魂未減昔年淸。揮毫不著塵埃語，盡把梅花巧琢成。梅磵詩話

丹青閣

傑閣岧嶤倚碧蒼，菊花時節此持觴。市聲一段隔秋水，橋影半空横夕陽。挺挺霜筠排壑立，涓涓石溜引山長。人言絕頂多奇觀，安得閑身宿上方。詩家鼎臠

郭磊卿

磊卿字子奇，仙居人。嘉定七年進士。端平初，拜右正言，尋擢右史，以直言爲史嵩之所忌，

除起居郎。卒謚正肅。有兌齋集。

偶題

更無清興在杯觴，不用蒲葵扇自涼。月色靜時山鶴叫，一庭清景藕花香。宋藝圃集

李　劉

劉字公甫，號梅亭，崇仁人。嘉定七年進士。仕至中書舍人，直學士院，寶章閣待制，卒。有詩文類稾。

孫雲翼李梅亭先生小傳：劉嘗從眞德秀游，丏詞科文字，留飮書室。指竹夫人爲題曰：蘄春縣君祝氏可衞國夫人。劉援筆立成，末聯云：「於戲，保抱攜持，朕不忘乙夜之寢；展轉反側，爾尙形四方之風。」德秀擊節歎賞。嘉熙己亥四月，誕皇子告廟祝文，劉以學士當筆，以四柱作一聯云：「亥年巳月，無長蛇封豕之虞；午日丑時，有歸馬放牛之兆。」時方有蜀警，人咸賞其中的。有梅亭四六行世。

記夢

壯志已違黃鵠下，老身合占白鷗前。夜來耿耿江湖夢，秋水長天一釣船。前賢小集拾遺

聞笛

何處桓伊酒力雄，分明嚼徵更含宮。倚樓三弄西風急，不覺梅花大半空。後村千家詩

項容孫

容孫字仲履，號雲藪，江陵人。嘉定七年進士。理宗朝，官殿中侍御史。

山中憶兄弟

鴻雁不成行，飄零歲月長。一身三處夢，半夜九回腸。積雪欺茅屋，孤燈照錦囊。何當聽夜雨，卻話此淒涼。詩林萬選

吴昌裔

昌裔字季永，號青蓮山人，中江人。嘉定七年進士。理宗朝，歷官知婺州，加集英殿修撰，以寶章閣待制致仕。卒謚忠肅，有集。

攜客山行詠陶嘉月自雙徑來洞霄丹巖翠壑林立環擁神剜鬼刻不可名狀餐雲漱月偶得八吟留之山中以紀幽踐嘉熙三年三月穀雨　存三首

上界神仙住九華，故留靈鎖護烟霞。雲根欲斷溪回處，流出山中幾片花。九鎖山

鑿破千年渾沌心，石楠當戶洞愔愔。詩臞猶怯春寒在，捫石梯雲不敢深。棲眞洞

誰鑿巖扉石竇開，懸崖飛瀑轉風雷。須臾白浪從天下，野客不知何處來。飛玉亭　洞霄詩集

吴　淵

淵字道父，寧國人。嘉定七年進士。累官江東安撫使、行宮留守，兼屯田使，拜參知政事，封金陵侯。有退菴遺集。

登南城

江城一眺思悠悠，平楚蒼然野水流。衰草寒烟梅丈墓，敗垣斜日謝公樓。江山有恨英雄老，天地無私

草木秋。萬古興亡俱是夢，不知何者爲身謀。

句

一帶天分南北限，兩眉烟鎖古今愁。峨眉山　以上退菴遺集

吳　潛

潛字毅夫，寧國人，淵弟。嘉定十年，進士第一。淳祐中，歷官特進、左丞相，封許國公。以沈炎論劾，謫化州團練使，循州安置。有履齋遺集。

睡起行北園

睡起卸冠簪，園行獨自吟。山昏知雨到，樹密覺春深。竹外童相報，門前客見尋。歸來即敗意，誰者是知心。

即事

春陰漠漠護輕寒，春晝無聊午夢閑。幽鳥不知人意改，銜花飛傍小闌干。以上履齋遺集

聞同官會碧沚

碧沚堂前瞰水官，祇應喚作玉壺看。頗聞秩秩玳筵展，莫遣悤悤銀燭殘。酒付別腸寧怕窄，詩由廣舌不憂乾。老夫孤坐三更月，欲往從之道路難。

萬頃湖光浩不收，花汀竹嶼思悠悠。黃公舊隱知何地，賀監言歸乞此洲。良夜最佳唯午夜，今秋偏好是中秋。舉杯酒露月同吸，仰面青天可問不？

占春亭卽事

桃花幾片隔牆飛，獨自危樓徙倚時。目送斷鴻雲外沒，東風吹淚落天涯。

見他門戶插垂楊，懊恨江南客子腸。春夢誰云無準托，連宵合眼是家鄉。

題暗香疏影詞後用潘德久贈姜白石韻

人生浮脆若菰蒲，四十年前此丈夫。擬向西湖酹孤魄，想應風月易招呼。以上開慶四明續志

和人賦琴魚

仙人藥苗化爲魚，身雖纖細味豐腴。土人涉溪如採荇，以布爲網猶恐疏。不比吳王耽嗜鱠，松江千古留腥滓。好似春茶槍與旗，俯視銀條不足數。人生所樂在家鄉，何必定食河之魴。琴高仙游不可躡，自向崑崙朝玉皇。玉皇一笑倚天末，乞與五湖任囊括。扁舟烟雨歸去來，臥聽魚槎聲濊濊。

吳禮部詩話：宣城涇縣，有琴高山，有琴高溪，俗傳控鯉而升之所。每歲三月中，有小魚數十萬，一日來集，亦傳以爲投藥滓所化。至今人待此日盡網之，曝以爲乾，味甚美。吳履齋嘗賦詩和人韻云云。

絕句

編茅爲屋竹爲椽，屋上青山屋下泉。半掩柴門人不見，老牛將犢傍籬眠。

句

楊柳年年人老大，江山處處客淒涼。以上全芳備祖

汪立中

立中，四明人。

甲戌廷對後到洞霄丙戌假守新安又得寄徑成詩紀游

憶昔尋幽興未終，重來洞府訪仙翁。十年塵土身將隱，千里華陽路暗通。山水祗如前日好，松杉似與老人同。明朝又入黄塵去，回首青山一夢中。洞霄詩集

丘岳

岳號煦山，丹徒人。嘉定十年進士。江淮制置使。

自淮栶代歸領累偕親友游虎丘偶成影語以紀歲月淳祐庚戌七月二十五日

一目四蒼莽，突然見林丘。飛來靈鷲峯，幻出蓬萊洲。浮圖高崒嵂，石徑通深幽。生公講經臺，曾聞石點頭。劍池杳無底，脩綆汲寒流。千古詫異傳，此事還是不。我來秋向深，良苗帀平疇。憂國願年豐，一稔銷百憂。虎丘志

陳塤

塤字和仲，鄞人。嘉定十年進士。歷尚書吏部侍郎，國子司業。日琯按：方氏瀛奎律髓注云：陳塤字伯和，號習菴，其先陽翟人，寓居桐廬。

分水道中

午困思茶無處煎，溪橋側畔認炊烟。松窗竹牖人家静，旋借沙瓶汲澗泉。前賢小集拾遺

山居次滕元秀韻

解組滄溟畔，攜家紫翠間。地臨雙港勝，天與兩年閑。茅屋靜聞雨，竹籬疎見山。所慚鄰舍老，句險不容攀。瀛奎律髓

釣臺第十九泉

十年不泛釣臺船，夢想高風日月邊。今日偶來無住著，再嘗灘下煮茶泉。嚴州府志

遊虎丘

老龍拕雨過平川，曉影初開樹色鮮。有片白雲收不盡，日高猶在講臺邊。

碧玉千尋劍影寒，夜深光怪逼危闌。句吳霸略成塵土，空有青山覆石壇。虎丘志

王邁

邁字實之，號臞軒居士，興化軍仙遊人。嘉定十年進士。調南外睦宗院教授，召試學士院，改通判漳州。應詔直言，爲臺官所劾，削二秩。淳祐中，知邵武軍，予祠。卒贈司農少卿。

飛翼樓　舊傳説范蠡故址

亭前一望海東流，更有雄樓在上頭。燕子飛來春漠漠，鴟夷仙去水悠悠。神交故國三千里，目斷中原四百州。日暮片雲棲古樹，昔人留與後人愁。詩家鼎臠

除夕

憶昔都門值歲除，高樓張燭戲呼盧。久依淨社參尊宿，難向新豐認酒徒。天子未知工草賦，鄰人或倩寫桃符。寒宵别有窮生活，點勘離騷擁地爐。後村千家詩

賀林簿新娶

金華門外厭京塵，烏帽山前結帨巾。翁壻相看冰映玉，庭闈一笑頰生春。昔言爾爾嫌隨俗，今喚卿卿喜有人。來歲夢蘭嘉兆叶，犀錢玉果出娛賓。輸墨大全

句

未知死所先期死，自笑狂生老更狂。

齊東野語：王實之邁，有文名，落魄不羈。爲正字日，因輪對，及故相擅權，理宗宣諭曰：「姑置衞王之事。」邁卽抗聲曰：「陛下一則曰衞王，再則曰衞王，何容保之至耶？」上怒不答，徑轉御屏曰：「此狂生也！」邁歸鄉里，自稱「敕賜狂生」，嘗有詩云云。

羅必元

必元字亨父，號北谷，隆興府進賢人。嘉定十年進士。度宗朝，累官直寶章閣，兼宗學博士。

金陵作

六朝遺跡舊山川，萬里長江當守邊。一念易驕人事廢，不關飛渡北來船。

凭高懷古思悠悠，遥想騎驢白下遊。不是龍眠圖畫裏，如今親到蔣山頭。景定建康志

宋詩紀事卷六十二

錢唐　厲鶚　輯
吳　毛德基　勘定

李元白

元白字希太，奉化人。嘉定十年進士。任永州通判。有四家胡笳詞。曰豁按：陳鳴鶴東越文苑，有李元白者，寧化人，工詩，嘗集杜句爲一編。又集大觀昇平詞進之，授初品官。二人未知孰是。

廢寺

鶚按：詩林萬選作李杜。

溪沙橫漲水痕平，閑扣雲關壁半傾。殿上土花人不到，斷甎支匭岸蟬鳴。後村千家詩

陸德輿

德輿字載之，崇德人，垓之諸從孫。嘉定十年進士。官至吏部尚書。

題資福院平綠軒

帶市人煙遠，連村野色幽。山從天際出，水抱檻前流。茅屋無端礙，松醪有意留。因懷陵谷感，無語對沙鷗。至元嘉禾志

鄭清之

清之字德源，鄞縣人。嘉定十年進士。史彌遠薦爲魏憲王府教授。理宗嗣位，以定策功，累拜太傅、左丞相，封魏國公，致仕。卒封魏郡王，謚忠定。有安晚集。

癸辛雜識：清之淳祐再相，政事多出姪孫太原手，昏繆貪汙。有人作詩譏之云：「先生自號爲安晚，晚節何爲不自安。」

香山貓食粥

梵宮新遣兩貍奴，晨粥飢餐食肉如。料是伊蒲三昧熟，不知遶膝訴無魚。

詠茄

青紫皮膚類宰官，光圓頭腦作僧看。如何緇俗偏同嗜，入口元來總一般。

冬瓜

剪剪黃花秋後春，霜皮露葉護長身。生來籠統君休笑，腹內能容數百人。以上安晚堂集

淨明院 郊壇齋宮

齋宿虛閑只淨明，俗氛暫洗覺身輕。半山雲脚炊烟溼，一枕松聲澗水鳴。對語老禪眞法器，譯經新譜出僧榮。歸翻貝葉蓮花頌，猶帶招提月影清。咸淳臨安志

題雪竇妙高峯

陸地芳洲擁翠翹，巨靈穿石滾雲濤。摶空蒼鳳欲飛舞，奔海玉龍爭怒號。萬象横陳坤軸富，一亭平挹月輪高。獨醒未覺孤清景，笑酌寒泉讀楚騷。延祐四明志

姚鏞

鏞字希聲，號雪篷，又號敬菴，剡人。嘉定十年進士。吉州判官，以平寇功，擢守贛州，貶衡陽。有雪篷集。

寓霅川

王戴溪頭小隱仙，漁翁引上霅溪船。幾回倦釣思歸去，又爲蘋花住一年。

春夜曲

金魚鎖合蘭釭小，酒不支愁尋睡早。梨花欲墮風更寒，燕子不歸春自老。流蘇護帳香雲結，三十六簧清吹咽。緘書欲寄湘水深，城烏啼落花西月。

桐廬

兩岸山如簇，中流鎖翠微。風帆逆水上，江鶴背人飛。野廟靑桐樹，人家白板扉。嚴陵臺下過，不敢浣塵衣。

訪中洲

踏雨來敲竹下門，荷香清透紫綃裙。相逢未暇論奇字，先向水邊看白雲。以上雪篷集

題衡岳

萬山環拱祝融尊，紫蓋前趨若駿奔。火德中天扶日月，炎方一柱鎭乾坤。久無執贄來侯牧，空有穹碑立廟門。北望中原靑一髮，淒其四岳正塵昏。

離衡州

天恩下釋湘纍客，心事悠悠月滿船。種藥已收思病日，著書不就負殘年。雜花怪石分人去，老竹荒亭入畫傳。歸夢鑑湖三百里，白鷗相候亦欣然。

法華寺

入門松逕幽，樹杪見鐘樓。客至犬迎吠，香消僧出游。水花迎晚照，風葉引涼秋。欲作居山計，吾盟在白鷗。以上梅磵詩話

秋風

灝氣薄衣襟，疏聲集暝林。鴈驚烟塞夢，鱸入故鄉心。靜落階前葉，淸傳月下砧。更憐茅屋破，愁絶少陵吟。後村千家詩

趙東野

東野，贛州人。

題姚雪篷騎牛像

騎牛無笠又無蓑，斷隴橫岡到處過。暖日暄風不常有，前村雨暗卻如何。

鶴林玉露：姚鏞爲吉州判官，以平寇論功，不數年，擢守章貢。嘗令畫工肖其像，騎牛於澗谷之間，索郡人趙東野題云云，蓋規切之也。居無何，忤帥臣，以貪劾之，貶衡陽，人服東野先見。

王埜

埜字子文，號潛齋，金華人。嘉定十三年進士。理宗朝，拜端明殿學士，簽書樞密院事，提舉洞霄宮，卒。有文集。

劉後村跋：潛齋詩，本學術，隆師友，扶忠賢，絀邪佞，愛君如愛親，憂民如憂己，合於詩人之所謂「六義」者。

絶句

雨重垂楊綠未乾，一渠流碧弄潺潺。暝鴉過盡東風惡，獨倚衡門看遠山。全芳備祖

贍凝神菴朱高士

拋卻林泉趣，卓菴臨近村。兩窗吞日月，一室養乾坤。菊露秋雛重，松風午枕喧。蒲團數胎息，不肯學傍門。赤松山志

上霄洞

吾聞北山陽，巖壑寶相竅。何年開鴻濛，隨地通窔奧。朝真高難攀，冰壺深莫料。詭怪者雙龍，崖室最蒼峭。上霄雖晚出，煙霞寄孤嶠。尋源陟空山，訪仙款遺廟。始探頗褊窄，稍入亦窈窕。上穴由梯升，傍穿須火照。青厂既鬱鬱，白乳仍嚼嚼。旁通多曲折，幽眇轉奇妙。窮探豈不欲，所畏自微燿。昏昏蝙蝠飛，悄悄鼪鼯叫。或疑洞靈出，或恐山鬼嘯。又聞村中氓，鑿石供灰燒。俄然得深竇，傾城盡登眺。何人不好事，窒塞迷其要。此雖幸獨存，荒僻委蓬藋。儻移傍京邑，車馬日號召。了知神仙事，茫昧不堪弔。豈無隱淪士，巖築像唯肖。畬田沃可耕，澗水清可釣。平生愛泉石，自謂飢可療。喜茲近吾隱，來往足談笑。此意復誰論，行行逢荷蓧。金華府志

清明日游鶴林寺

蒿目黃塵擾擾間，出門偶到鶴林山。仙花僧竹俱陳迹，白日青天祇自閑。

竹院閑來春正遲，籜龍猶自有孫枝。野夫豈識尋芳意，爲愛光風面面吹。鶴林寺志

李仲之

仲之，官統制。爲金人所獲，不屈死。

獻帥府經歷

一飯感恩無地報，此心許國已天知。胸中千古蟠鍾阜，一死鴻毛斷不移。

劉祁歸潛志：貞祐南征，獲一統制官李仲之者，帥府經歷官劉達卿召而飲之，且誘以降，將宥焉。仲之獻詩云云，竟就死。

蔣重珍

重珍字良貴，無錫人。嘉定十六年，進士第一。理宗朝，歷官集英殿修撰、刑部侍郎，致仕。卒謚忠文。

題蕭岳英常州朱氏畫草蟲卷

常州草蟲天下奇，女郎新樣不緣師。未應好手傳輪扁，便恐前身是郭熙。筆端生意已如生，點綴沙蟲機不停。淺著鵝黃作胡蝶，深將猩血染蜻蜓。咸淳毗陵志

自題雲龍小隱

龍山錫山兩山雲，出能爲雨入氤氳。雲山之氣有斂散，斂散之理斯爲神。我廬山下有小隱，雲爲動兮山爲靜。悠然而出物之澤，屹然而峙地之鎮。我見雲山喜與俱，雲山無情不見余。我比雲山多此見，日月相看兩不厭。常州府志

徐鹿卿

鹿卿字德夫，隆興豐城人。嘉定十六年進士。理宗朝，累遷太府少卿，兼右司，權給事中，歷禮部侍郎，提舉鴻禧觀，致仕。卒謚清正。有泉谷存稿。

湛泉酌餞黎丈有詩壁間遂次其韻

幾人林下賦歸休，公獨翩然汗漫遊。味道不妨寒似水，入時須用曲如鉤。從來鄰父邀皆去，底事官曹挽不留。後夜相從那復得，月明千里故山秋。

鬱孤洞天

夢跨長虹海上遊，寒生肌骨一壺秋。好風吹得詩魂醒，自寄人間羣玉樓。以上泉谷存稿

章鑑

鑑字君玉，號藝齋，昌化人。嘉定十六年進士。官至華文閣待制。

林洪山家清供云：章藝齋宰德清時，雖槐古馬高，尤喜延客，然飲食多不取諸市，恐旁緣以擾人。

金錢花

巧治都由造化爐，風磨雨洗好形模。花神果有神通力，買斷春光用得無？合璧事類別集

牟子才

子才字存叟，其先井研人，家湖州。嘉定十六年進士。理宗朝，歷官權禮部尚書，兼直學士院，國史實錄院修撰，以資政殿學士致仕。卒謚清忠。有存齋集。

南園

買家喜傍水精宮，正是南園故址中。我欲築堂名六老，追還慶曆太平風。

齊東野語：慶曆六年，吳興太守馬大卿會六老於南園，酒酣賦詩，教授湖學安定胡先生爲序其事。六人者：工部侍郎郎簡，年七十九；司封員外郎范說，年八十六；衞尉寺丞張維，年九十一；俱致仕。劉維慶，年九十二；周守中，年九十五；吳琰，年七十二；皆有子弟列爵于朝。詩及序刻石園中，後園廢爲牟氏之居，存齋詩云云。

趙以夫

以夫字用甫，號虚齋，長樂人。嘉定進士。知漳州。理宗朝，歷資政殿學士、吏部尚書，同修國史。

詠蘭

一朶俄生几案光，尙如逸士氣昂藏。秋風試與平章看，何似當時林下香。全芳備祖

戴栩

栩字文子，永嘉人。嘉定中進士。湖南安撫司參議。

松臺王綽云：永嘉之作唐詩者，首四靈。繼四靈之後，則有劉詠道、戴文子、張直翁、潘幼明、趙幾道、劉成道、盧次夔、趙叔魯、趙端行、陳叔方者作。而鼓舞倡率，從容指論，則又有瓜廬隱君薛師石焉。

白鶴寺

子晉昔游處，平臺片石成。寺名猶記鶴，松響卻疑笙。巖壁飛雙瀑，金沙照一泓。野人豈仙伴，隨鹿過

溪行。前賢小集拾遺

送廬陵胡季昭夢昱以上濟邸封事貶象州

古郡荒凉象跡新，君行况是去裝貧。此愁欲別柳邊雨，明日初程桂外人。從古不多如意事，加飡宜惜未歸身。春風未必天涯盡，木斛花開瘴水深。象臺首末

李義山

義山號後林，嘉魚人。嘉定中進士。樞密院編修。

題梅壇毛慶甫雲悦樓

雲本無心悦者誰，華陽去後少人知。欲分半席無因到，一片飛來是覓詩。梅仙事實

幸元龍

元龍字震父，高安人，舉進士。理宗朝，任朝奉郎，郢州通判。有松垣集。

遊越山

上得越山半，方壺紫翠環。山幽春溜響，花落午陰閑。梵刹依松外，仙家在竹間。小窗借高枕，風定鳥綿蠻。松垣集

陸㞳

㞳號盤隱。官府判。嘉定中，與僧居簡倡和。

冷泉亭放閘水

泉聲飛出閘，委折綠陰間。此地原無暑，多時不入山。草敧疑石墜，水定見魚還。難得同猨鶴，游吟半日閑。咸淳臨安志

留　碩

碩字仲志，魏公正之子。嘉定間，守南恩州。

陽江勸農

春風句引出郊行，小隊迢迢草路平。自笑田蕪不歸去，三千里外勸人耕。肇慶府志

錢　厚

厚字悳載。嘉定中常熟令。號竹巖嬾翁。有竹巖拾稾。

漱石軒

危石參差上霄漢，中涵萬壑冰玉淸。與誰流出洗塵滓，遺我一林風雨聲。洞霄詩集

崔起之

起之，嘉定中爲宣城尉。

題萬翠亭 亭在旌德，姚司戶建。

名山繞旌川，未易千百計。棲眞聳其西，一幕靑扞蔽。柳山與龍山，連亙殆無際。大鼇從東出，石鼓相軒輊。華容接鶴形，蔓衍若難制。擁南有梓山，盤屹萬里勢。有殿曰甘露，岡巒插天地。玉壺枕其北，鳧山復相比。磣嶺介鳳凰，大洞闢天祕。姚君天韻奇，氣概高一世。胸中飽丘壑，作亭非壯麗。獨能

極遐觀，領略萬山翠。蒼玉無遁形，秀色歸一覗。卻笑昔人非，所見殊無異。東亭亂清暉，僅得翠微意。東山羅紅裙，未免聲色累。唯君別幽趣，徜徉樂清致。青山不改舊，領客時一醉。寧國府志

史彌寧

彌寧字安卿，鄞人，浩之姪。嘉定中，以國子舍生滋春坊事，帶閤門宣贊舍人，知邵陽。有友林乙稾。

寄雲夫

黔國相逢地，蒼燈共夜籌。雲龍念東野，柏馬歎之罘。郵傳一分手，河山再見秋。交情如繾綣，不在寄書稠。

鄭中卿惠蛸蟀

客窗不作侯鯖夢，隨分魚鰕薦一杯。食指怪生違夜動，敲門郭索送詩來。

寄慥齋弟

鷗鷺逢人問歸信，三年作客負滄洲。詩袍醉帽黃埃底，羞見扶風馬少游。

春暮同社會飲張園小樓得飛字

殘紅委地水平池，楊柳陰陰鶯亂飛。山色滿樓新雨後，一簾風絮卷春歸。以上友林乙稾

史彌鞏

彌鞏字南叔，浩從姪。嘉定中進士。江東提刑。

題羊左墓

餘耳當年刎頸交，所爭利害僅毫毛。一朝泜水相屠戮，豈識羊哀左伯桃。景定建康志

史安之

安之字子田，浩之孫。嘉定初，知嵊縣，求高似孫作剡錄，邑之文獻，藉以不墜。

高山堂和節度梁公韻 在寶積寺後，僧擇璘建。

閣憑嵬構敞軒扃，一望塵凡目暫醒。巖嶂遠供千疊翠，松篁還聳四時青。登臨雅愛恣吟筆，圖畫尤宜作座屏。我欲從君遊未得，壯心方欲翥南溟。嵊縣志

李訦

訦字誠之，號臞菴，晉江人，雲龕居士邴之孫。嘉定中，以朝議大夫、敷文閣待制守建州，後爲戶部侍郎。

謁丞相祠觀八陣圖

人言忠孝不磨滅，神物護持存水滸。千家陵谷幾變遷，此石不移自章武。本由黃帝古兵法，六十四以八爲伍。髯孫且懼仲達走，賊操遊魂何敢拒。刻銘沙沒水底碑，敎戰石存山下鼓。一片丹心天地間，萬世聞風猶禦侮。我來起敬凜如生，再拜一言公必取。瀼流東齧陣圖前，寖隳城壁頹民宇。能安拳石止波流，顧回瀼患恩民撫。常使夔人知感公，踏磧年年弔千古。

捡巴臺次韻

誰道地拘偪仄，須知天閟幽妍。一段丹青臺閣，何人淡掃松煙。以上四川總志

楊長孺

長孺字伯子，號東山，萬里子。嘉定間守湖州，後爲番禺帥。端平初，累辭召命，以集英殿修撰致仕，家居卒。

跋大人論配享書稾

覆羹眞得阜囊書，錦水元來勝石渠。但寶銀鉤幷鐵畫，何須玉帶與金魚。

鶴林玉露：高廟配享，洪容齋在翰苑，以呂頤浩、趙鼎、韓世忠、張俊四人爲請，蓋文武各用兩人，出孝宗意也，遂令侍從議。識者多謂呂元直不厭人望，張魏公不應獨遺。楊誠齋時爲祕書少監，以書爭之，以專、欺、私三罪斥容齋。且言魏公有社稷大功，五建復辟之勳，發儲嗣之議，誅范瓊以正朝綱，用吳玠以保全蜀，卻劉麟以定江左。於是有旨，再令詳議。越數日，上忽諭大臣曰：「呂頤浩等正合公論，更不須議。洪邁固是輕率，楊萬里亦未免浮薄。」于是二人皆求去。容齋守南徐，誠齋守高安。當苗劉作亂時，矯隆祐詔，貶竄魏公。高宗在昇暘宮，方啜羹，左右來告，驚懼，羹覆于手，手爲之傷。暨復辟，見魏公，泣數行下，擧手示公，痕跡猶在。

題湖州畫像

面有憂民色，天知報國心。三年風月少，兩鬢雪霜深。更莫留形跡，何曾廢古今。不如隨我去，相伴老山林。

鶴林玉露：嘉定間，楊伯子爲湖州守，治聲爲三輔冠。郡士相與肖像，祠于學宮，與工部尚書戴少望並祠，伯子意不悅。會持浙東庾節，將行，辭先聖先師。禮畢，與校官諸生坐講堂，命取畫像，題詩其上，遂卷藏而行。當時士子有

戲和其詩者，末句云：「可憐戴工部，獨樹不成林。」

茭菰花

折來趁得未晨光，清露晞風帶月涼。長葉剪刀廉不割，小花茉莉淡無香。稀疎略糝瑤臺雪，升降常涵翠管漿。恰恨山中窮到骨，茭菰也遣入詩囊。全芳備祖

句

三間破屋一牀書，錦心繡口冰肌膚。自叙枯葉作袴襦，此君便是長鬚奴。題貧樂圖和徐思叔韻 鶴林玉露

吳晦之

晦之，寧國人。

寄石魯瞻

憶昔從遊杖履中，有山亭上醉春風。主人已作騎鯨客，自注：時仲和已歿。誰識當年兩病翁。寧國府志

寧國府志：嘉定中，與韓沆仲和、石巖魯瞻相友善。沆善書，嘗手書晦之十絶句，自爲跋。世稱吳詩韓字，可謂並美。

彭仲衡

仲衡，清江人。

丫頭巖

前峰號龜今是龜，近巖謂月亦匪月。世間景幻語未眞，説著丫頭便癡絶。蒼然頑石由天成，道旁過者皆含情。我來於此發浩歎，乃知有色能傾城。蘆浦筆記

胡偉

偉字元邁，嘉定間新安布衣，寓吳中。有宮詞集句。

鶚按：玉照新志云：胡偉元邁，新安人。父舜申，作乙巳泗州錄、己酉避亂錄。據此，當是胡仔元任之從兄弟也。

宮詞集句

雞人唱曉五門開，宮女更番上直來。御仗催班元會集，遥聞索扇一時回。羅鄴　花蘂夫人　王禹玉　王建

披香仙殿試春衣，等候官家未出時。整了翠鬟勻了面，大家裝著鬬時宜。晏同叔　花蘂夫人　宋子京　王禹玉

殿前香騎逐飛毬，一樣眞珠絡轡頭。誇道自家能走馬，掉鞭橫過小紅樓。張籍　王禹玉　王建　花蘂夫人

映林先發幾枝梅，準擬君王便看來。競走巾車迎鳳輦，殿前排宴賞花開。元微之　王建　吳可　花蘂夫人

美人弄鏡插梅花，抹月批雲自一家。三十六宮春信早，不應青女妒容華。鄭毅夫　饒節　蔡文饒　洪玉父

新生帝子浴潸瀾，頻奏仙韶喜誕筵。願上玉宸千萬歲，大家恩賜洗兒錢。宋白　吳可　王禹玉　吳贖　十家宮詞

汪莘

莘字叔耕，休寧人。嘉定中，以布衣應詔，上封事，不果用。有方壺存稿。

秋日飲錢塘門外雙清樓

西湖日日可尋芳，樓上憑闌意未忘。斫取荷花三萬朵，作他貧女嫁衣裳。

次潘別駕韻

野店溪橋柳色新，千愁萬恨爲何人。殷勤織就黃金縷，帶雨籠煙過一春。

夏日西湖閑居

十里湖山苦見招，柳隄荷蕩赤闌橋。待他朝市人歸後，獨泛扁舟吹玉簫。

露冷風清斗柄遷，芙蕖零落謝家船。都人正作黄粱夢，獨占西湖明月天。以上方壺存稾

詹初

初字子元，休寧人。以薦入太學，爲學錄。與汪莘善。有流塘集。

出心原 心原在流塘南

行行陟南原，遥望北山岑。上有千尺崖，下有高樹林。高林轉幽隩，戛然啼雙禽。流水自迅逝，白雲濳無心。策杖者誰子，閒來坐春陰。相逢篳林下，攜手溪水濱。對之兩無言，悠然鳴素琴。素琴淸且越，暢以披沖襟。沖襟良自爾，那知春已深。流塘集

留元剛

元剛字茂濳，永春人。嘉定間，直學士院。有雲麓集。

武夷九曲棹歌 存二首

七曲催船快上灘，好山留與漫郎看。經行雪瀑仙屏下，恍記齋堂夜帳寒。

九曲遥岑更鬱然，板橋漁市引長川。喚回白馬賓雲夢，來看桑麻萬里天。鐵網珊瑚

王益祥

益祥，長樂人。寧宗朝，官監察御史。

題資福院平綠軒

丈室無餘地，生涯小有天。推窗成曠闊，俯檻遶清漣。載酒日邊客，聞歌柳外船。隔牆人易與，賸著買山錢。至元嘉禾志

陳宓

宓字師復，丞相俊卿子，以父任入官。寧宗朝，歷軍器監簿，出知南康軍，改南劍州，寶慶初致仕。

城山

轂城巖穴似飛來，十里湖光鏡面開。夜雨松窗僧榻靜，秋風柳岸釣船回。尋幽便叩生雲洞，乘輿還登呼月臺。每到西湖吟詠處，令人偏憶故山梅。興化府志

張潞

潞字東之，吉之永新人。牧昭州。詩師誠齋、石湖。有張昭州集。

句

策勳蓑笠上，自是一雲臺。嚴瀨　憂兄行不得，勸客不如歸。答二禽　獨木乘危涉，勞薪帶溼炊。秋雨　紫垂戶外瞻天近，綠墜樓前到地香。紫牡丹　後村詩話

陳墉

墉，俊卿之後。知南安縣。

謝趙憲副使惠建茶

貢餘自合到侯王，誰遣甘芳入莧腸。野客驚看龍鳳銙，家人學試蟹魚湯。題來諫議三封印，分到尚書八餅綱。盡灑從前腥腐氣，時時澆取簡編香。莆陽文獻

曾　槃

槃字樂道，幾之孫，左司逢之子。官工部。

句

還持病眼將昏力，來看仙山未了青。題武夷　合璧事類續集

吳　機

機字子發，天台人。嘉定中知眞州。

題烟雨奇觀樓　在眞州，吳機建。取葉石林「半空烟雨」之句。

此景儀眞亦有年，何人管領向樓前。江淮自昔雖南北，烟雨從來肯變遷。萬里孤帆遺恨在，半空佳句至今傳。諸公欲會當時意，且對滄波汎酒船。儀眞縣志

宋詩紀事卷六十三

錢唐　厲鶚　輯
錢唐　許承模　勘定

黄榦

榦字直卿，號勉齋，閩縣人。受業朱子之門，以子妻之。寧宗朝，補將仕郎，歷知漢陽軍，主管武夷沖祐觀；復知安慶府，主管亳州明道宫，致仕。卒謚文肅。有集。

答曾伯玉借長編

白露下百草，迅商薄秋林。幽人起長歎，感此節物深。攬衣自徘徊，撫劍還悲吟。丈夫各有志，莫作兒女心。涉遠當疾趨，晨影須就陰。願言理輕車，去上南山岑。

訪高簽判故居

遠樹分高下，平洲接有無。短亭低密竹，小艇隱寒蘆。轉浪魚深入，斜陽鵶亂呼。自慚貴公子，未老賦歸歟。

侍文公飲浮翠亭用劉叔通韻

涼風振幽壑，陰雲翳前山。高情厲清秋，適意林莽間。煙横萬家井，水浄雙溪灣。徙倚暮忘歸，人境相與閑。遊子獨何爲，千里方言還。陪此杖屨遊，忘彼道路艱。心期更他日，依巖結柴關。

過翠微

古寺殘僧少，孤村碧樹圍。明朝山下路，愁絶望煙歸。以上勉齋集

陳淳

淳字安卿，龍溪人，受業朱子之門。嘉定中，以特奏恩授安溪簿。有北溪字義。

題江郎廟

三石參天作柱擎，自從開闢便峥嶸。何爲末俗好奇怪，盡道江郎魄化成。四朝詩

輔廣

廣字漢卿，號潛齋。父逵，本河朔人，南渡，居秀州之崇德縣。從呂成公游，後登朱子之門。自祠官歸隱，以著書爲己任。有六經注釋、四書問答等藏于家。

題資福院平綠軒

名區與利壠，羊腸盡攀躋。誰能爲芳草，四曠成幽棲。春風一憑闌，秀色無高低。山遙不作障，水近何妨堤。只恐金氣寒，黄枯變碧萋。坐令羣目驚，有似七聖迷。人心無天游，六鑿相攘擠。但于平處觀，衆有何端倪。日月互賓送，景物隨乖暌。彼昏如執著，惟君試金篦。至元嘉禾志

蔡元定

元定字季通，建陽人。從朱子游。尤袤、楊萬里薦于朝，以疾辭。韓侂胄設僞學之禁，爲言者所詆，謫道州，卒。後贈迪功郎，賜謚文節。學者尊之曰西山先生。

自勵詩

數閒茅屋環流水，布被藜羹飽暖餘。不在利中生計較，肯于名上著功夫？窗前野馬閑來往，天際浮雲自卷舒。窮達始知皆有命，不妨隨分老樵漁。武夷山志

蔡淵

淵字伯靜，號節齋，元定長子。

仲弟未歸歲晚有懷

明月照席寒，生我愁百端。冉冉歲云徂，游人不顧還。相送荷花碧，相望楓葉丹。高樓日千回，散步東林隈。攀條復攬秀，日暮空徘徊。金杯白玉臺，猶能對寒梅。寄書豈不早，三月千里道。敢怨歸軒遲，但念堂中老。春風萱草生，更樹堂前庭。詩家鼎臠

蔡沈

沈字仲默，元定子。少游朱子之門，從父謫道州，護喪還隱，居九峯。卒謚文正。

遊西山

柴荆相依倚，綠篠自蒙密。秋蘭澗中花，山果路邊實。沿岡引霜藤，臨流坐寒石。日暮陰崖開，雲收遠山出。疎籬尚存菊，荒庭舊垂橘。絲桐想虚堂，簡策見靜室。俯仰今幾時，漫然已陳迹。摩挲蒼苔痕，屐齒不可識。建寧府志

贈琴士翁明遠

膠漆本無意，絲桐非有情。因緣醉翁指，發此無窮聲。蕭蕭秋風引，葉落渭水濱。喧喧陽春歌，花明錦

江城。離鸞月徊徊，別鶴雲冥冥。清冷灑毛髮，震蕩驚雷霆。曲度神莫測，調高妙難名。時方多艱虞，掩耳誰爲聽。無爲恩怨兒女語，敵場勇士軒昂行。詩家鼎臠

武夷山天柱峯

才既非時用，性本愛岑寂。決策名山游，幽隱遂成癖。春風百花紅，秋月千嶂碧。煙霞結綢繆，猿鳥自噏昔。乘閒撫深曠，噴薄鳴鐵笛。笑挹天柱峯，高寒幾千尺。

大隱屏

昔余隱屏東，扁舟夾雙龍。浩歌碧雲裏，萬壑生清風。羣仙幔亭宴，玉女雙鬟蓬。夕景落寒巖，照耀金芙蓉。

昔余隱屏北，飄然度巖側。誰知神仙居，自與塵世隔。瑤草冬更青，琪花雪爭白。橫玉吹寒空，萬里天一色。以上武夷山志

章才邵

才邵字希古，崇安人，以父蔭補官。嘗守臨賀、辰陽。晚歲與朱子游，世稱爲篤實君子。

過清遠峽

嵓頭風急樹攲斜，溪畔漁樵十數家。老盡往來名利客，年年秋水映蘆花。錦繡萬花谷

釣臺

短櫂夷猶七里灘，人亡依舊水光寒。漢家名節君知否，盡在君家一釣竿。釣臺集

劉子寰

子寰字圻父，號篁嵲，建陽人，居麻沙。早登朱文公之門。有篁嵲集。

杜若

欽州五月土如炊，滿山杜若芳菲菲。素英綠葉紛可喜，勁烈不避炎歊威。採之盈掬薦蔬食，臧獲失笑庖人譏。君不見屈平夕餐賦秋菊，魂兮無南盍來歸。又不見坡公服食得枲耳，扣角自嘆從前非。伊予假祿二千石，竊比二子猶庶幾。湌花嚼蘂有眞樂，一飽何必謀甘肥。尚餘升合漬生蜜，從他薏苡生珠璣。全芳備祖

金鳳花

天霜凋九陵，梧桐日枯槁。鳳德何其衰，鸞飛下幽草。九苞空髣髴，衆彩各自好。黄中獨含章，見晚更傾倒。託根幔亭峯，弱質深自保。便翾金翅短，淡泊乃幾道。俗眼迷是非，人間跡如掃。合璧事類別集

劉　炎

炎字潛夫，號撝堂，學於朱子。

王剛仲惠詩醉筆聊和

君不見山澤之癯蒙野服，如彼隰桑還自沃。又不見侯門公子貴且驕，飽豢膏粱猶未足。人生貴賤不難分，唯有聖賢無等倫。朝爲塗人暮爲禹，窮崖斷壑看回春。君方妙齡截不住，萬里飛黄又騰去。王良造父不得施，耳側風聲未爲遽。我思古人愛其宇，青蘋堂兮杜若廡。芰荷可裳菊可餐，肯介纖埃與塵

土。是中非聲亦非色，安得與君一憑軾。鵾鵬變化不可量，要指天地爲一息。悠悠此道誰能將，從知可玩不可望。慎勿隨風學飄絮，春光駘蕩成飛揚。濂洛風雅

楊與立

與立字子權，浦城人。受業朱子之門。嘗知遂昌縣。因家蘭谿，學者稱船山先生。

幽居

柴門闃寂少人過，盡日觀書口自哦。餘地不妨栽竹木，放教啼鳥往來多。濂洛風雅

林用中

用中字擇之，號東屏，古田人。從遊朱晦庵之門，偶偕晦翁走潭州，訪守張敬夫，因有南嶽之游。著倡酬詩百四十餘首。

敬夫用晦翁定王臺韻賦詩同次韻

寂寞番君後，光華帝子來。千年餘故國，萬事只空臺。日月東西見，湖山表裏開。從知爽鳩樂，莫作雍門哀。

後洞山口晚賦

西嶺更西路，雲嵐最窈深。水流千澗底，樹合四時陰。幽絕無僧住，閑來有客吟。山行三十里，鐘磬忽傳心。

贈上封諸老

上封臺觀靜，夕靄景偏清。月下聞禪語，風中有磬聲。龍池留古迹，鴈塔寄餘情。借問房前樹，東窗忽偃生。以上南嶽倡酬集

方士繇

士繇字伯謨，號遠菴，莆田人，豐之之子。從朱子游，稱高弟。有集。

昇山卽事

一徑西風裏，閑房客未歸。砌苔侵野屐，林葉上秋衣。黄卷經心嬾，青綸入夢稀。還書報妻子，莫厭故山薇。詩林萬選

崇安分水道中

溪流清淺路横斜，日暮牛羊自識家。梅葉陰陰桃李盡，春光已到白桐花。詩家鼎臠

武夷山

丹厓石氣凝高秋，碧溪上引天河流。金堂石室不可到，玉棺莓苔生古愁。仙人昔乘紫雲去，白馬搖鞭在何處。茫茫塵世那得知，幔亭空記當年事。君不見茂陵松柏已蕭疎，乾魚酳祭同亭祠。莆陽文獻

章　康

康字季思，浦城人，居吳，隱居不仕，人稱曰聘君。從學於朱晦菴。淳祐中卒。有集。

破山寺

名山久相望，今日爲著屐。到寺第一義，古松足蟠屈。一一龍蛇形，風雷氣蕭瑟。瓔珞檜兩株，皆數百

年物。佛燈耿青熒，像設暗金碧。雲廊極徘徊，老屋共崒兀。僧房小盤薄，西原訪泉石。于其最幽絶，似可便築室。因而思古人，多有愛山癖。要之亦何爲，一賞事已畢。上方不及登，尙或俟他日。無非會心處，妙同箭鋒直。山靈謂何如，移文玆不必。作詩留山中，併可告來轍。破山寺志

程先

先字傅之，休寧人。與子永奇俱從朱子學。有東隱集。

和人感秋韻

疾風拔枯楠，天作破瓦色。古殿無飛塵，過者見瑟瑟。秋風

憶昔遊吳甸，新知結項容。松江楓落後，貌得洞庭峯。秋山　新安文獻志

程永奇

永奇字次卿，新安人。嘗登朱子之門。有格齋集。

題耕隱卷

山下巢雲夢亦淸，隴頭耕雨綠蓑輕。時人共指龐居士，爲借農書一到城。新安文獻志

劉淮

淮字叔通，號溪翁，建陽人。朱文公之高弟。

朱熹跋云：叔通之詩，不爲雕刻纂組之工，而平易從容，不費力處，乃有餘味。

韓家府　嘉定初作

寶蓮山下韓家府，鬱鬱沈沈深幾許。主人飛頭去和虜，緑戶雕牆鎖風雨。九世卿家一朝覆，太師之誅魏公辱。後車不信有前車，突兀眼前看此屋。

四朝聞見録：韓侂胄居太廟三茅之旁，後山爲閱古堂，爲閱古泉，舊名青衣，有青衣童見泉上，故名。爲流觴曲水，泉自青衣下注于池，凡有十二折。旁砌以瑪瑙，泉流而下，瀦于閱古堂，渾涵數畝。有桃坡，十有二級。夜宴則殿巖用紅燈數百，出于桃坡之後以燭之。其雲巖之最奇者，曰雲岫。侂胄居之既久，歲累月積，剔奇抉勝，窈窕渟深，疑爲洞天福地之居，不類其爲在天衢咫尺，舊皆寧壽觀中地也。韓敗，有旨盡給還寧壽，復爲禁地。建陽劉淮賦詩云云。

平遠臺

海天漠漠水雲寬，開到梨花正自寒。卻擁重裘上平遠，愁心千疊倚闌干。詩家鼎臠

劉仙倫

仙倫，一名儗，字叔儗，廬陵人。有招山小集。

得蟹無酒

水鄉秋晚得白蟹，望斷碧雲無酒家。此意淒涼何所似，淵明醒眼對黃花。

西林

路入廬陵西復西，翠煙深處著招提。山僧幾輩雪垂領，水鳥數聲雲滿溪。莫對青山談世事，且循粉壁看留題。禪房夜臥衣裳冷，夢破鐘聲落月低。

盱江驛舍中有婦人書一憶字筆勢頗姿媚游子明王相之皆題詩其後率予同賦

陽臺雨歇行雲杳，天闊鴻稀春悄悄。鸂鶒孤眠怨芳草，夜夜相思何日了。妾非無聲不敢啼，妾非無淚不敢垂。柔情欺損青黛眉，夢魂暗逐胡蝶飛。春風著人鎖窗綠，綠窗書字寄心曲。細看香翰婉且柔，中有閑愁三萬斛。向隅棄筆惆悵時，此情默默誰得知。無緣相見空相憶，不如當日休相識。

以騎驢鍾馗送秦先之

聱翁矍鑠老據鞍，曾入大內見阿瞞。幞頭垂脚藍綬皺，不知班簿爲何官。天寒歲晚日云暮，霜風吹驢耳卓豎。老臧負笠衣裳單，反袂掩目趾穿屨。蓽門我恐難留君，收卷送似秦將軍。將軍文事有武備，眉骨自是淩烟人。汝當訶護謹厥職，勿但縮頭徒挂壁。將軍來歲在殿巖，豈汝牲醪作除夕。

贈岳周伯

昔年搥鼓事邊庭，公相身爲國重輕。四海幾人思武穆，百年今日見儀刑。筆頭風月三千字，齒頰冰霜十萬兵。天亦知人有遺恨，定應分付與中興。

題岳陽樓

八月書空鴈字聯，岳陽樓上俯晴川。水聲軒帝鈞天樂，山色玉皇香案煙。大舶駕風來島外，孤雲銜日落吟邊。東南無此登臨地，遣我飄飄意欲仙。以上招山小集

岳珂桯史云：余兄周伯喜誦之。

劉植

植字成道，永嘉人，號漁屋，安上曾孫。

過彭澤

井邑已非舊，柴桑里尚存。春風三畝宅，落日數家村。隔樹聞鷄犬，編民半子孫。頽然孤隴上，寒菊遶松根。東甌詩集

劉翰

翰字武子，長沙人。吳雲壑居父之客。有小山集。

翠屏曲

小亭簾幕垂陰陰，梅香入枕春生屏。西窗月落翠被冷，鳥聲殘夢東風醒。三年不喚清溪渡，夢裏瀼西春水路。江頭女兒雙翠眉，能唱劉郎芳草句。

種梅

淒涼池館欲棲鴉，彩筆無心賦落霞。惆悵後庭風味薄，自鉏明月種梅花。

石頭城

離離芳草滿吳宮，綠到臺城舊苑東。一夜空江煙水冷，石頭明月雁聲中。

鴻門宴

江東遙遙八千騎，大戰小戰七十二。劉郎曉鞭天馬來，蹴踏長安開帝里。子嬰已降隆準公，君王置酒

鴻門東。張良已去玉斗碎，三月火照咸陽紅。繡衣歸來日將夜，可惜雄心天不借。當時已失范增謀，尙引長戈到垓下。刁斗乍急營壘驚，夜深旗尾秋風橫。玉帳佳人不成夢，月明四面聞歌聲。拔劍相看淚如雨，我作楚歌君楚舞。明朝寶馬一聲嘶，江北江東皆漢土。

吳門行

吳歌婉婉淸如水，西風曉自閶門起。雙橈艇子采蓤來，翠荇綠蘋香十里。芙蓉影落已知秋，濺溼羅衣眉黛愁。回身蕩槳入門去，明月家家秋水流。

立秋日

乳鵶啼散玉屛空，一枕新涼一扇風。睡起秋風無覓處，滿街梧葉月明中。

客去

送客歸來月滿簷，梅花微笑隔疎簾。酒醒今夜銀屛冷，沈水熏爐旋旋添。以上小山集

劉應時

應時字良佐，慈溪人。有頤菴集。

旅舍

草市欲黃昏，吾行恰到門。僕夫思憩息，燈火喜溫存。一夜催花雨，數家臨水村。征途雖得句，默坐與誰論。

早行

登輿睡思尚昏昏，斗柄衡山月在門。鷄犬未鳴潮半落，草蟲聲在豆花村。

曹直夫水石短軸

奔流出峽響如雷，筆力浮天亦壯哉。吳蜀興亡千古恨，白鷗時逐浪花來。

雪夜

迎春寒色愈嚴凝，小閣爐殘冷欲冰。寂寞黃昏愁弔影，雪窗怕上短檠燈。以上頤菴集

李翔高

翔高號羽軒。

句

春愁自是無重數，又被東風揭繡簾。

貴耳集：李羽軒善爲絕句，盧蒲江甚愛之，有句云云。老子興不淺也。

劉學箕

學箕字習之，屏山先生子翬之孫，七者翁玶之子。有方是閑居士小稿。

劉叔通云：居士詩摩香山之壘，詞拍稼軒之肩。

不如歸去　禽言

不如歸去，愁綠怨紅春欲暮。汝勸行人歸，行人勸汝住。鳴聲不住良苦辛，啼得血流無用處。不如歸去吾今歸，千聲萬聲爾何爲。

環洲江氏園

欲覽環洲勝，維舟步石磯。踏青隨野色，穿翠任春霏。地迥知山遠，村灣覺水圍。東風輕薄甚，桃李亂荊扉。以上方是閑居士小稿

武衍

衍字朝宗，汴人。有適安藏拙餘稾。

方蕙嵒跋云：東坡見齊安朱廣文小詩云：「官閑廳事冷，胡蝶上階飛」，謂其可入畫圖。適安此卷絕句，摹寫景物，吟詠情致，多有可筆於丹青者，惜不遇坡之品題。

宮詞補遺

開元廣寒詞

牡丹春瓣正穠華，有旨今年不賞花。蓊落金盤三百朶，內批分賜近臣家。

桂華珠殿水精樓，梠袖籠香乙夜遊。飛下銀橋人不覺，月明三十六宮秋。

聞角呈宗謚方蕙巖

曉角吹愁客夢寒，一聲聲落畫屏間。吳兒可殺無風味，老卻梅花只當閑。

柳枝詞

靈和殿裏最風流，三月飛花滿御樓。換得玉人眉樣巧，一春渾不下簾鉤。

秋夕清汎

弄月吹簫過石湖，冷香搖蕩碧芙蕖。貪尋舊日鷗邊宿，露溼船頭數軸書。

春日湖上

飛鷁鳴鑣鼓吹喧，繁華應勝渡江前。吟梅處士今還在，肯住孤山爾許年。

長橋月夕

捲來滄海黄銀浪，飛出層雲白玉團。千古垂虹奇絶處，獨還三百赤闌干。

老宮人

侍輦看花上苑春，太皇宣索鳳笙頻。如今猶記當時曲，對譜閑教小内人。
寶髻無光玉貌昏，銜悲空感舊承恩。君王愛問先朝事，時許車兒到殿門。

湖亭席上贈商素

一曲春風已擅場，淺顰低囀更傳觴。令人憶殺香山老，舊日玲瓏也姓商。

貴游

鈿車轣轆碾芳塵，步障香移一片春。花下玉盤行禁臠，御前宣勸到湖濱。

清明湖上

榆火初傳禁漏殘，滿城和氣在湖山。接天楊柳風煙裏，照水桃花圖畫間。舊路人穿新路去，長橋船出斷橋還。吾皇應喜民胥樂，歲許西門入夜關。

飲湖亭

寒食梨花月，新晴楊柳風。愁消山色裏，興極酒杯中。綠髮日夜變，青春今古同。忍教行樂地，容易夕陽紅。以上適安藏拙餘藁

戴敏

敏字敏才，號東皐子，台州黄巖人，石屏之父。有東皐集。

小園

小園無事日徘徊，頻報家僮送酒來。惜樹不磨修月斧，愛花須築避風臺。引些渠水添池滿，移箇柴門傍竹開。多謝有情雙白鷺，暫時飛去又飛回。

初夏遊張園

乳鴨池塘水淺深，熟梅天氣半晴陰。東園載酒西園醉，摘盡枇杷一樹金。以上東皐集

句

人行躑躅紅邊路，日落秭規啼處山。劉後村詩話

桑世昌

世昌字澤卿，淮海人，居天台。陸放翁諸甥。著蘭亭博議、回文類集、莫菴詩集。

句

翠添鄰塹竹，紅照屋山花。

葉水心題跋：君詩尤工，其卽事句，蓋著色畫也。

王大受

大受字仲可，鄱陽人。有拙齋詩集。

四朝聞見錄：水心先生葉適題王大受拙齋詩稾云：紹熙四年，光宗疾，不能朝重華，諫者傾朝，謗者盈市。憲聖后兄子琚最賢，大受因琚奏孝宗：「陛下惟一子，不審處利害，恣國人騰口取名，於家計大不便。且羣臣以父子禮故，諍不敢止。陛下何不出手詔云：『皇帝體不安，朕所深知，卿且勿言。須秋涼，朕自擇日與皇帝相見也。』」孝宗喜其策，會晏駕，不果用。攻媿樓公憤其前與族兄鑰有間，且毁其文，力言之于史相，期以必竄大受。史遂命去大受袍笏，編置邵武。琚之子鋼以稾上于朝，而刓大受姓名。

遊鹿苑寺

鷲峯遊屐少，我獨住多時。僧護翻經石，猨攀礙月枝。地寒春到晚，山遠夢歸遲。倘被浮名誤，吾心信自癡。詩林萬選

水樂洞

歷孱寒空六六天，更來洗耳聽春泉。迅湍激石浮清磬，樹溜行沙寫素弦。路口林亭三四面，洞中日月幾千年。何人獨得開收律，譜入宫商與世傳。咸淳臨安志

句

君不見牛奇章與李衞公，二人平生不相容。門前冠蓋互呷軋，惟有愛石心則同。題李季章石林　四朝聞見錄

徐　照

照字道暉，一字靈暉，號山民，永嘉人。有芳蘭軒集。「四靈」之一。

葉水心誌徐山民墓云：山民有詩數百，琢思尤奇。皆橫絕欻起，冰懸雪跨，使讀者變踔愕慄，肯首吟歎，不能自已。然無異語，皆人所知也，人不能道爾。

文獻通考：陳氏云：「徐照、徐璣、翁卷、趙師秀四人，號『永嘉四靈』，皆晚唐體也。惟師秀嘗登科，改官亦不顯。」趙東閣汝回云：唐風不競，派沿江西；永嘉四靈，乃始以開元元和作者自期，治擇淬鍊，字字玉響，雜之姚賈中，人不能辨也。

梅磵詩話：永嘉徐照題子陵釣臺詩云：「梅福神仙者，新知是婦翁。」子陵爲梅公壻，傳記不載，詩必有所本。

石門瀑布

一派從天下，曾經李白看。千年流不盡，六月地常寒。灑木跳微沫，衝崖作怒湍。人言深碧處，常有老龍盤。

江心寺

兩寺今爲一，僧多外國人。流來天際水，截斷世間塵。鴉宿腥林徑，龍歸損塔輪。卻疑成片石，曾坐謝公身。

楊柳

嫩葉因風不自持，淺黃微綠映清池。玉人未識分離苦，折向堂前學畫眉。

贈徐璣

一舸寒江上，梅花共別離。不來相送處，愁有獨歸時。去夢千峯遠，爲官三歲期。思君何可見，新集見君詩。

題桃花夫人廟

一樹桃花發，桃花卽是君。空祠臨野水，何處覓行雲。事迹樵人說，爐香過客焚。雨添碑上蘚，難讀古詩文。以上芳蘭軒集

徐璣

璣字文淵，一字致中，號靈淵，永嘉人。官長泰令。有泉山集、二薇亭集。「四靈」之二。

初夏遊謝公巖

又取紗衣換，天時起細風。淸陰花落後，長日鳥啼中。水國乘舟樂，巖扉有路通。州民多到此，猶自憶髯公。

吾廬

蓬戶閉還開，深居稱不才。移荷憐故土，買石帶新苔。藥信仙方服，衣從古樣裁。本無官可棄，何用賦歸來。

投楊誠齋

名高身又貴，自住小村深。淸得門如水，貧惟帶有金。養生非藥餌，常語是規箴。四海爲儒者，相逢問信音。以上二薇亭集

翁卷

卷字續古，一字靈舒，永嘉人。有西巖集、葦碧軒集。「四靈」之三。

寄遠

秋氣日淒清，秋衣殊未成。在家猶不樂，行路若爲情。幾處看山色，暮天聞雁聲。思君有幽夢，夜夜出江城。

石門菴

山到極深處，石門爲洞名。嵐蒸空壁壞，雪映小齋清。果落羣猨拾，林昏一虎行。山僧何所事，高坐若無情。

冬日登富覽亭

未委海潮水，往來何不閑。輕烟分近郭，積雪蓋遙山。漁舸汀鴻外，僧廊島樹間。晚寒難獨立，吟覓小詩還。

夢回

一枕莊生夢，回來日未銜。自煎沙井水，更煮岳僧茶。宿雨消花氣，驚雷長荻芽。故山滄海角，遥念在春華。以上葦碧軒集

野望

一天秋色冷晴灣，無數峯巒遠近閒。自上山來看野水，卻於水底見青山。詩家鼎臠

句

梅花分地落，井氣隔簾生。曉對　千年流不盡，六月地常寒。瀑布　一階春草碧，幾片落花輕。春日

分石同僧坐，看松見鶴來。遊寺　移花連舊土，買石帶新苔。吾廬　貴耳集

鶚按：四靈詩派中，趙紫芝師秀，號靈秀，入宗室。

戴復古

復古字式之，號石屏。嘗登陸放翁之門，以詩鳴江湖間。有石屏集。

姚雪篷跋：式之之詩天然不費斧鑿處，大似高三十五輩。晚唐諸子，當讓一面。

方萬里跋：石屏詩清健輕快，自成一家。

瞿佑歸田詩話：戴式之嘗見夕照映山，峯巒重疊，得句云「夕陽山外山」，自以爲奇，欲以「塵世夢中夢」對之，而不愜意。後行村中，春雨方霽，行潦縱横，得「春水渡傍渡」之句以對，上下始相稱。然須實歷此境，方見其奇妙。

湘中遇翁靈舒

天台山與雁山鄰，只隔中間一片雲。一片雲邊不相識，三千里外卻逢君。

白紵歌

雪爲緯，玉爲經；一織三滌手，織成一片冰。清如夷齊，可以爲衣。陟彼西山，于以采薇。

思家　用后山韻

湖海三年客，妻孥四壁居。飢寒應不免，疾病又何如。日夜思歸切，平生作計疎。愁來仍酒醒，不忍讀

家書。

淮村兵後

小桃無主自開花，烟草茫茫帶晚鴉。幾處敗垣圍故井，向來一一是人家。

題釣臺

萬事無心一釣竿，三公不换此江山。平生誤識劉文叔，惹起虚名滿世間。

娱書堂詩話：嚴子陵釣臺，題詠尚矣。天台戴式之一絶，亦新意可喜。

新安寒食

不擬今年到歙州，要知行止豈人謀。一百五日客懷惡，三十六峯春雨愁。老矣此身猶道路，淒其歸夢遶松楸。花瓢仙子無由見，千里江山負遠遊。

遊九鎖

天柱峯頭一振衣，雲開巖路雨晴時。登臨欲訪神仙事，紀實都無漢晉碑。拍手數聲龍井躍，簪蹬一覽洞天奇。林間安得棲身處，欲煉金丹餌玉芝。

毘陵天慶觀畫龍呈王使君

姑蘇道士天酒星，醉筆寫出雙龍形。墨蹟縱横奪造化，蜿蜒滿壁令人驚。一龍翻身出雲表，口吞八極滄溟小。手弄寶珠珠欲飛，握手掌中拳五爪。一龍排山山爲開，頭角與石爭崔嵬。波濤怒起接雲氣，不向九霄行雨來。萬物焦枯天作旱，兩龍壁隱寧非嬾。眞龍不用只畫圖，猛拍欄干寄三歎。

烏鹽角行

鳳簫鼉鼓龍鬚笛，夜宴華堂醉春色。豔歌妙舞蕩人心，但有歡娛別無益。何如村落捲桐吹，能使時人知稼穡。村南村北聲相續，青郊雨後耕黃犢。一聲催得大麥黃，一聲喚得新秧綠。人言此角只兒戲，孰識古人吹角意。田家作勞多怨咨，故遣聲音召和氣。吹此角，起東作；吹此角，田家樂。此角上與鄒子之律同宮商，合鍾呂；形甚朴，聲甚古，一吹寒谷生禾黍。

袁州化成巖李衛公謫居之地

一巖端坐挹千峯，三兩亭臺勝概中。江水驟生連夜雨，松聲吹下半天風。因思世故吾頭白，獨步林皋夕照紅。欲吐草茅憂國志，誰能喚起贊皇公。

括蒼石門瀑布

少泊石門觀瀑布，明知是水卻疑非。亂抛玉雪從天下，散作雲烟到地飛。夜聽蕭蕭洗塵夢，風吹細細溼人衣。謝公蠟屐經行處，聞有留題在翠微。以上石屏集

句

詩談天下事，愁到酒樽前。秋懷　　鶯啼花雨歇，燕立柳風微。晚春　　詩骨梅花瘦，歸心江水流。城西

客愁茅店雨，詩思柳橋春。春日　　黃花一杯酒，白髮幾重陽。九日　以上貴耳集

馮取洽

取洽字熙之，號雙溪翁，延平人。

送劉篁嵲

來似孤雲出岫閑，去如高月耿難攀。若爲化作修修竹，長伴先生篁嵲山。詩人玉屑

自題交游風月樓

平揖雙峯俯霽虹，近窺喬木欲相雄。一溪流水一溪月，八面疎櫺八面風。取用自然無盡藏，高寒如在太虚空。落成恰值三秋半，爲我吹開白兔宫。

詩人玉屑：「一溪流水」一聯，詩林皆以爲秀傑之句。

劉正之

正之字子正，臨江人。

送別趙紫芝

夫君落落天馬姿，聲名早與賀白馳。錦囊千首不療飢，非詩窮人窮乃奇。憶昔聞君未識面，獨傳句法誇清健。竭來白下一相逢，傾蓋論心曾幾見。劃然起柁春江流，我亦江頭尋去舟。人生相聚會有別，江水江花無盡愁。萬事不如歸去好，石田茅屋生春草。如君自是玉堂仙，輕車緩轡長安道。春日遲遲柳依依，攀柔條兮送君歸。翰墨大全

上官良史

良史字偉長，號閬風山人。

尋巖丹丘東潭居二首

愛子東溪幽，抱被來同宿。山家無膏火，然薪代明燭。閑窗何所有，古書三五束。烏棲月上時，還見簷前竹。

山齋檽㰆疎，水月連春霧。今夕定何夕，清心忻所遇。如從天姥游，似得招提趣。幽夢出雲時，恩恩山鳥曙。

河梁值雨有懷嚴羽

葦岸逢殘雨，河橋對暮流。倚鞭一悵望，客思暫夷猶。楓葉滿江色，夕陽終古愁。遙憐君亦苦，不共故園秋。以上詩家鼎臠

晚泊

渺渺復迢迢，楓林帶野橋。沙寒初上月，浦暗已回潮。霜葦多先折，江花或後凋。今宵何處雁，相伴宿蘭橈。後村千家詩

蘇洞

洞字召叟，山陰人，丞相頌四世孫。有泠然齋集。

除夕呈主人

臘節梅花外，椒盤淚眼邊。山川非故國，笳鼓咽新年。機事鷗偏覺，家書雁不傳。細箋今夕恨，萬一故人憐。

錢塘渡

百年鬢髮春風晚，十二闌干落照微。多事錢塘江上水，送人離別送人歸。以上詩林萬選

金陵

朱雀街頭觀闕紅，角門東畔是春風。人家一樣垂楊柳，種入宮牆自不同。詩家鼎臠

嚴羽

羽字丹丘，一字儀卿，邵武人，自號滄浪逋客。有滄浪吟。

滄浪詩話：論詩如論禪，漢魏晉與盛唐之詩，則第一義也。大曆以還之詩，則小乘禪也。晚唐之詩，則聲聞辟支果也。盛唐諸人，惟在興趣，羚羊挂角，無迹可求。故其妙處透徹玲瓏，不可湊泊，如空中之音，相中之色，水中之月，鏡中之象，言有盡而意無窮。近代諸公，乃作奇特解會，遂以文字爲詩，以才學爲詩，以議論爲詩，夫豈不工，終非古人之詩也。蓋於一唱三歎之音，有所歉焉。國初之詩，尙沿襲唐人。王黃州學白樂天，楊文公、劉中山學李商隱，盛文肅學韋蘇州，歐陽公學韓退之古詩，梅聖俞學唐人平澹處。至東坡、山谷，始自出己意以爲詩，唐人之風變矣。山谷用工尤爲深刻，其後法席盛行海內，稱爲江西宗派。近世趙紫芝、翁靈舒輩，獨喜賈島、姚合之詩，稍稍復就淸苦之氣，江湖詩人，多效其體。一時自謂之唐宗，不知止入聲聞辟支之果，豈盛唐諸公大乘正法眼者哉。

答友人

湘江南去少人行，瘴雨蠻烟白草生。誰念梁園舊詞客，桄榔樹下獨聞鶯。

閨怨

昨夜中秋月，含愁顧影頻。空留可憐影，不見可憐人。

懊儂歌

君子如白日，願得垂末光。妾心如螢火，安得久照郎。船在下江口，逆風不得上。結束作男兒，與郎牽百丈。朝亦出門啼，暮亦出門啼。蛛網挂風裏，搖思無定時。

喜友人相訪擬韋蘇州

朝朝竹林院，閉户讀殘書。几閣晨風入，荒郊寒露餘。故人步屧至，濟坐喜踟蹰。輟卷還留興，漱泉同飯蔬。

霏雪録：嚴滄浪之于詩，刻意古作，卓然不爲流俗所染，五言如閨怨等云云。

廬陵客館雨霽登樓言懷寄友

終日坐汾澳，邈然無少欣。登樓一周覽，始見萬山羣。微雨洗殘暑，青天卷浮雲。襟懷兩廓落，朗若見夫君。見君君何在，顧影還獨笑。吏非金門游，隱異滄浪調。江明秋月白，山空夜猨嘯。徒事百卷文，未返一竿釣。留滯豈勝愁，非君誰與謀。水寒終赴海，鴈遠暫賓秋。舉世不可語，猶當傲巢由。贈君三尺劍，永駕五湖舟。

山居卽事

稍欣入林深，已覺煩慮屏。霜果垂秋山，歸禽度風嶺。紛紛葉易積，漠漠雲欲盛。磵户寂無人，松蘿窅然暝。唯聞山鳥啼，月出柴門靜。終歲寡持鄙，延歡聊煮茗。羣書北窗下，帙亂誰能整。

還山吟留別城南諸公

日暮望寒山，惆悵歸思發。如何山中客，歷看城頭月。山中月明女蘿秋，石磴潺湲寫碧流。巖猨久別應惆悵，澗鳥相呼亦共愁。城南故人與我好，令我忘卻歸山道。昨夜西風夢到家，忽驚千嶂芝花老。朝來舟子促辭君，回首空江語尙聞。別後莫嗟難見面，相思只望嶺頭雲。

懷南昌舊游

昨在南昌府，清遊不可窮。杯行江色裏，棹進月明中。樓笛吹晴雪，菱歌漾晚風。坐來懷舊迹，萬里亦飄蓬。

訪益上人蘭若

獨尋青蓮宇，行過白沙灘。一徑入松雪，數峯生暮寒。山僧喜客至，林閣供人看。吟罷拂衣去，鐘聲雲外殘。

客中別劉表叔季高

悠悠遠別半生悲，白日相逢又語離。海內風塵驚不定，天邊消息到何時。洞庭旅雁春歸盡，瓜步寒潮夜落遲。惆悵孤舟從此去，江湖未敢定前期。

和上官偉長蕪城晚眺

平蕪古堞暮蕭條，歸思憑高黯未消。京口寒烟鴉外滅，歷陽秋色雁邊遙。清江木落長疑雨，暗浦風多欲上潮。惆悵此時頻極目，江南江北路迢迢。以上滄浪吟

嚴仁

仁字次山，號樵溪，邵武人。有欸乃集。

塞下曲

漠漠孤城落照間，黄榆白葦滿關山。千枝羌笛連雲起，知是胡兒牧馬還。詩林萬選

平遠樓

湘中病客思歸日，城上高樓獨倚時。半樹夕陽鴉集早，一江秋色雁來遲。詩家鼎臠

嚴參

參字少魯，自號三休居士。與丹丘、次山齊名，世號三嚴。

梅

衣染龍涎與麝臍，裁雲剪月作冰肌。小瓶雪水無多子，只簝橫斜一兩枝。後村千家詩

看雪

天遠正難窮，樓高不堪倚。醉夢入江南，楊花數千里。詩家鼎臠

嚴肅

肅字伯復，號鳳山。

落花

片片落花飛，隨風去不歸。如何臨欲別，不得傍君衣。詩家鼎臠

羅之紀

之紀字國張，高安人。嘉定中孝感尉。

句

吾道非耶眞可恥，此君豈是折腰人。

西江詩話：之紀尉孝感，攝邑雲夢，上官不爲禮。之紀因雪壓竹，賦詩云云，遂棄官歸。

蕭彥毓

彥毓號梅坡。楊誠齋有句跋其詩卷云：「西昌有客學南昌。」蓋西昌人也。

西湖雜咏

花心亭上坐，滿眼是湖光。只爲便幽趣，能來倚夕陽。水邊春寺靜，柳下小舟藏。不待清明近，鶯花已自忙。

梁家渡

遠水環沙翠作灣，紅塵飛不入青山。涼風一枕秋宵夢，夢繞千巖萬壑間。

清明日早出太平門

江頭楊柳暗藏鴉，江上鵝兒浴淺沙。早起一風如此惡，路旁落盡刺桐花。以上詩人玉屑

吳　錡

錡字信可，永福人。鄱陽張世南與定交，僅百日而卒，世南悲悼之，錄其一詩。

遊永福方廣巖

曾訪神仙巖洞來，人言偉觀似天台。藤蘿足下猨猱嘯，鐘鼓聲邊日月開。燈續佛光凝紫翠，雲將蜃氣作樓臺。最憐貫石神龍尾，猶帶天東雨露回。游宦紀聞

胡時可

稼軒命賦滕王閣

滕王高閣臨江渚，帝子不來春已暮。鶯啼紅樹柳搖風，猶似當年舊歌舞。

隨隱漫錄：辛稼軒觴客滕王閣，詩人胡時可通謁，閽人辭焉，呵詈愈甚。辛使前曰：「既稱詩人，先賦滕王閣，有佳句則預坐。」即題首句，衆大笑；再書云云，迺相與宴而厚賙之。

彭止

止字應期，崇安人。自號漫者。有刻鵠集。

題辛稼軒齋中

棊子聲乾案接塵，午窗詩夢煖於春。淸風不動階前竹，誰道今朝有故人。

建寧府志：彭止詩筆甚高，嘗謁辛棄疾，值其晝寢，題一絕于齋而去。稼軒覺，遣人追之，延留累月。

左次魏

跋誠齋論高廟配享書稾後次伯子韻

鑾坡蓬監兩封書，道院東西各付渠。乾道聖人無固必，是非付與直哉魚。鶴林玉露

史文卿

文卿字景望，鄞人。

種梅

呼童耕雲種瑶樹，斗挂青冥下風露。隔林野鶴不知寒，爲我飛來復飛去。

素與梅花自有緣，又移幾本種庭前。鏡中一半閑風月，不屬王郎載雪船。

秋詞

寫就秋詞雁影稀，背燈無語獨眠遲。畫闌點滴芭蕉雨，一夜將愁向阿誰。

枯梅

樛枝半著古苔痕，萬斛寒香一點春。總爲古今吟不盡，十分清瘦似詩人。以上前賢小集拾遺

黄洪

絶句

龍舟大半沒西湖，此是先皇節儉圖。三十六年安靜裏，櫂歌一曲在康衢。

四朝聞見錄：張巨濟字宏圖，福清人。嘉泰間，上書寧宗，以慈懿欑陵今在湖曲，若陛下游幸，則未免張樂，此豈履霜露之義？寧皇感悟其言，旋轉一秩。由此湖山遂無清蹕之聲，御舃至沈于波臣，非特儉德也。黄洪詩云云。

武林舊事：茂陵在御，略無游幸之事。西湖離宫别館，不復增修。黄洪詩云云。

余良弼

良弼，順昌人。

教子詩

白髮無憑吾老矣，青春不再汝知乎？年將弱冠非童子，學不成名豈丈夫！幸有明窗并淨几，何勞鑿壁與編蒲。功成欲自殊頭角，記取韓公訓阿符。

萬姓統譜：良弼子大雅，與游敬仲同時，從朱子游，深得求放心之旨。兩捧鄉書，良弼有教子詩云云。

宋詩紀事卷六十四

錢唐厲鶚輯
平陽喬光復
錢唐施安勘定

丁黼

黼字文伯，號涎溪，池州人。寶慶初，官成都制置使。嘉熙三年，北兵至，力戰死之。賜額立廟，謚恭愍。

送錢尉入國

正是朔風吹雪初，行縢結束問征途。不能刺刺對婢子，已是昂昂眞丈夫。常惠舊曾隨屬國，烏孫今亦病匈奴。不知漢節歸何日，準擬殷勤說汴都。益部談資

陳起

起字宗之，錢塘人。開書肆于睦親坊，亦號陳道人。寶慶初，以詩禍爲史彌遠所黥。有芸居乙稾。

瀛奎律髓：寶慶初，史彌遠廢立之際，錢唐書肆陳起宗之能詩，凡江湖詩人，俱與之善，刊江湖集以售，劉潛夫南岳稾亦與焉。宗之賦詩有云：「秋雨梧桐皇子府，春風楊柳相公橋。」本改劉屏山句也。或嫁「秋雨」「春風」句爲敖器之所作，言者併潛夫梅詩論列，劈江湖集板，二人皆坐罪，而宗之坐流配。于是詔禁士大夫作詩，紹定癸巳，彌遠死，詩禁解。

秋懷

又見街頭賣紫萸，老懷擾擾類催租。客來喜得吳江紙，欲寫新吟一字無。

過三橋懷山堂

賣花聲裏憑闌處，沽酒樓前對雨時。景物如初情自老，夕陽波上燕差池。

挽許梅屋

桐陰吟社憶當年，別後攀梅結數椽。湖海有聲排逸韻，弓旌不至歎遺賢。兒收殘稾能傳業，自誌平生不媿天。航便雙魚無復得，夾山西望淚潺湲。以上芸居乙稾

夜過西湖

鵲巢猶挂三更月，漁板驚回一片鷗。吟得詩成無筆寫，蘸他春水畫船頭。梅磵詩話

鄭斯立

斯立字立之。

贈陳宗之

昔人耽隱約，屠酤身亦安。矧伊叢古書，枕藉于其間。讀書博詩趣，鬻書奉親歡。君能有此樂，冷淡世所難。我本抱孤尚，爲貧試彈冠。欲和南薰琴，秋風欻戒寒。恬無分外想，賸有日晷閑。閱書于市廛，得君羈思寬。誦其所爲詩，刻苦雕肺肝。陶韋淡不俗，郊島深以艱。君勇欲兼之，日夜吟辛酸。京華聲利窟，車馬如浪翻。淡妝誰爲容，古曲誰爲彈。桐陰覆月色，靜夜獨往還。人皆掉臂過，我自刮眼看。

百年適志耳，豈必身是官。不見林和靖，淸名載孤山。（前賢小集拾遺）

翁定

定字應叟，建安人。有瓜圃集。

劉後村跋：應叟尤工律詩，送人去國之章，有山人處士疎直之氣；傷時聞警之作，有忠臣孝子微婉之義；感知懷友之什，有俠客節士死生不相背負之意。

送胡季昭竄象郡

應詔書聞便遠行，廬陵不獨詑邦衡。寸心祗恐孤天地，百口何期累弟兄。世態浮雲多變換，公朝初日盍淸明。危言在國爲元氣，君子從來豈顧名。

鶴林玉露：季昭，廬陵人。寶慶初元，爲大理評事，應詔上書，言濟邸事，竄象郡，翁定諸人送行云云。兄子建、弟國賓，皆懷奇負氣，友愛最隆。得罪之日，囊無一錢，子建挈家歸，賣文以活；國賓奮然徒步，從其兄于貶所。季昭歿，詔許歸葬，贈朝奉郎，官其一子。洪舜俞草贈官制，詞云：「朕訪落伊始，首下詔求讜直，蓋與諫鼓謗木同意。以直言求人，而以直言罪之，豈朕心哉。爾風裁峭潔，志概激壯，繇尉廷平，上書公車，言人之所難言。方嘉貫日之忠，已墮偃月之計。開塗胥口，訪事瀧頭，曾無幾微見于顏面，何氣節之烈也。仁祖能全介于遠謫之餘，孝祖能拔銓于投荒之後，撫今懷往，魂不可招，潦霧墮鳶，悲悔何及。陟階員外，仍官厥子。用旌折檻之直，且識投杼之過。爾雖死，可不朽矣。」

胡炎

炎，寶慶初太學生。

送胡季昭竄象郡

一封朝奏大明宫，嘘起廬陵古直風。言路從來天樣闊，蠻荒誰使徑旁通。朝中競送長沙傅，嶺表爭迎小澹翁。學館諸生空飽飯，臨分憂國意何窮。鶴林玉露

李昴英

昴英字俊明，番禺人。寶慶丙戌，廷對第三。淳祐初，官吏部郎，累擢龍圖閣待制、吏部侍郎。歸隱文溪。卒謚忠簡。有文溪集。

久住白雲呈鎮長老

桑下戒三宿，我此尚留戀。曹溪悟一夕，我復無知見。鎮公房遜客，所須如執券。園丁曉供茹，行者時灌硯。飯奴更芻馬，紙帳費香篆。主人眞好事，答應了無倦。欲歸輿未闌，坐享伊蒲饌。

酌别張子元 并序

子元已注今年班籍。去臘，余以言職免歸，子元不待引見，毅然相隨南還。兹再入京，送之至鑒空閣下，用東坡韻爲别。

南士如君幾，妙處方寸境。撑腸五千卷，落筆擅三影。喜談狂朱雲，恥作諛谷永。憂時點髭雪，未肯疎鏰鏡。摩挲匣中龍，起覗斗牛耿。每同晝灰語，寒夜僮僕屛。吾儕期歲晏，世俗任炎冷。江亭揮别酒，譃笑闘機警。景文兄弟情，畝異禾同穎。日邊多便驛，頻書來越嶺。

景泰寺

樹合疑山盡，攀緣有路通。遠鴉追夕照，低雁壓西風。瀑勢雷虛壑，松聲浪半空。凭闌僧指似，漲霧是城中。

送舶使周甲

堂堂山立舊朝簪，久屈清流晉獻琛。風送連艘出獅國，浪吹殘句到雞林。平生不隔同年面，中歲難禁惜別心。歸見耆英定相問，祇言閉戶萬山深。以上文溪集

送湛師回華首寺

翩然拂袖忽然回，帶得羅浮面目來。乞食又還雙足繭，坐禪豈是寸心灰。故依華首從三靖，旋摘茶芽供一杯。蘭若苦空君不厭，可能爲我掃蒼苔。羅浮山志

洪夢炎

夢炎字季思，號然齋，淳安人。寶慶二年進士。歷官武學博士，出知衢州。有集。

高齋桂窟

植桂不在多，種德如種樹。前人能種後人傳，自有清陰滿庭戶。高枝淩雲低覆闌，晴光翠色生晝寒。人家多愛種桃李，幾日春風紅滿地。何如此花開獨遲，蟾宮窟裏秋香細。課兒讀書書滿牀，更將幽興引壺觴。半酣獨臥高齋下，啼鳥數聲清晝長。淳安縣志

徐經孫

經孫字仲立，初名子柔，豐城人。寶慶二年進士。累遷刑部侍郎、太子詹事，拜翰林學士、知

制誥。忤賈似道，罷歸，閑居十年。卒謚文惠。有矩山存稾。

病中有感

習嬾多成病，旬餘久覆杯。帳中聞燕語，瓶裏看花開。醫已肱三折，愁來腸九迴。何時得疎散，屐齒印蒼苔。

送太庾黎丞

客懷秋易惡，送客更當秋。薄宦相從久，孤征肯暫留。酒輕離思重，目短大江流。黃菊聊持贈，寒香晚不羞。

福州即景

一別居諸歲月增，遙聞此景畫難能。潮田種稻重收穀，石路逢人半是僧。城裏三山千簇寺，夜間雙塔百枝燈。當年六月東山裏，地湧寒泉漱齒冰。以上矩山存稾

吳子良

子良字明輔，臨海人。寶慶二年進士。官至湖南運使，大府少卿。有荆溪集。

葵花　俗名一丈紅

花生初咫尺，意思已尋丈。一日復一日，看看衆花上。全芳備祖

馬光祖

光祖字華父，金華人。寶慶二年進士。仕至寶章閣直學士，沿江制置使，江東安撫使，知建康

府，拜知樞密院事，以金紫光祿大夫致仕。卒謚莊敏。

汝南灣

當時只號汝南灣，後有三人住此間。自謂逸民須隱約，並稱賢士想高閑。祇緣水味都殊異，且欲鄰居數往還。好事有時相就飲，不妨鐺脚對青山。

焦氏筆乘：汝南灣當秦淮曲折處。齊陸慧曉清介自立，家于灣前；張融牽船住岸，卜鄰以居；劉瓛及弟璡二人，并居其間。水有異味，時共酌飲之。馬制使光祖有詩。

翁甫

甫字景山，崇安人。寶慶二年進士。累官江西轉運使，改知泉州。有浩堂類稾。

九日

秋風兩度身爲客，已見重陽未到家。村酒不堪供節事，祇將青眼看黃花。全芳備祖

程元鳳

元鳳字申甫，歙人。紹定二年進士。累遷參知政事，拜右丞相，兼樞密院使；罷充醴泉觀使。度宗卽位，拜少傅右丞相，進封吉國公，致仕。卒謚文清。

明堂大禮慶成詩

翼心翼翼對蒼穹，歲事明禋協肅雍。玉輅曉升香霧滃，紫壇夜款瑞烟濃。風聲應律諧簫管，月色澄空映璧琮。丹鳳樓前恩施溥，歡呼三祝效堯封。

森嚴羽衞擁和鑾，咫尺龍顔侍至尊。禋祀儀文勤聖問，敬天實意進芻言。百神受職來鴻祉，多士承休肅駿奔。右饗不常威可畏，載歌周頌報皇恩。

寶祐五年史院修高孝光寧四朝國史成上進九月明堂升侑高宗禮成進詩三章稱賀

聖主嚴恭德意眞，兩儀合饗鑒精純。九筵五室儀章舊，一祖三宗侑典新。風日益溫鑾輅駕，月星明槪玉巵陳。元良式獻邦家慶，共祝吾皇壽萬春。

格天盛德素躬全，肸蠁交通心即天。供幣用將祈永命，奉粢端爲告豐年。寬條日布民安業，捷幟星馳將護邊。虎拜紫宸稱賀處，祥光縈繞御爐烟。

愚臣何幸際明時，才本疎庸玷宰司。未報聖恩懷夕惕，更叨使領侍親祠。駿奔重屋儀文肅，雞揭端門惠術施。歸美慚微天保頌，畏威願繼我將詩。以上明良慶會錄

李曾伯

曾伯字長孺，覃懷人，居嘉興。理宗朝，歷官四川宣撫使，賜同進士出身，爲湖南安撫使，進觀文殿學士，又知慶元府，兼沿海制置使。有可齋類稾。

題二水光華軒

歷歷湖南道，駸駸嶺右州。感時僧解夏，觸事客驚秋。雨洗流金虐，風生落木愁。一泙如寄耳，往夢付悠悠。

寧廟挽詞

德化勤三紀，仁聲溢九州。澣衣昭禹儉，昃食軫文憂。潤色恢鴻業，艱難啓燕謀。中興宗漢廟，端自敬天休。

自聽山東詔，甘泉息夜煙。璽膺新玉帛，圖貢舊山川。望切堯民日，憂形杞國天。中原尤感泣，不獨老臣然。

利州登棧道

足跡初來劍北州，試登危棧瞰江流。萬山西接地窮處，一水東歸天盡頭。欲訪殽函無健馬，相忘楚漢付輕鷗。丈夫要了中原事，未分持竿老釣舟。

偶得希眞巖壑舊隱正在小圃因賦

數峯佳致藹前修，心匠玲瓏小更幽。公去我來幾傳舍，人非物是一虛舟。矗天柳色新條改，垂地藤陰舊迹留。坐對黃花誰領會，猶疑胡蝶是莊周。以上可齋類稿

厲文翁

文翁字聖錫，號小山居士，東陽人，唐詩人御史元之後，父少保模。理宗朝，以郊恩入仕，累官權戶部尚書、端明殿學士、兩浙制置使，兼知臨安府，封東陽郡開國侯。

庭竹

渭川未暇栽千畝，庭檻聊須種數根。最愛深秋羣木脫，獨欺風雨戰黃昏。全芳備祖

句

暮雲春雪江南北，回首人生歎路歧。松　且喜卧龍常自在，新詩特地報平安。松　全芳備祖

岳珂

珂字肅之，號亦齋，又號倦翁，忠武王孫，敷文閣待制霖子。管內勸農使，知嘉興，歷官戶部侍郎，淮東總領。有玉楮集。

無題

秋水芙蓉試早妝，半軒微雨灑鴛鴦。細腰正欠酬金餅，奮翼何堪卸玉梁。髮髩釵横人在牖，繩低斗轉月侵牀。無情花影雲來去，都作一天風露涼。

試廬陵賀發竹絲筆

此君素以直節名，延風揖月標韻清。何人心匠出天巧，縷析毫分匀且輕。居然束縛復其始，即墨紆朱封管城。世門官爵豈必計，且幸一家同汗青。

九月十三日始就郊墅拜寶謨閣直學士提舉江州太平興國宮之命

槐影西清舞翠鸞，竹宮高接五雲環。職陪溫洛圖書地，名在元封卜祝間。晝訪未承龍閣問，晨香猶廁羽衣班。祠官到處無公事，且聽松聲老此山。以上玉楮集

鶴林寺

秋枕竹鳴屋，晝棊松掩關。雨晴猶溼徑，雲薄不藏山。未洗中原恨，誰消永日閑。西風動征隰，空媿鬢

毛斑。鶴林寺志

董太初

保應廟 在新昌縣十四都，隋諸王避難，歿葬其地。水旱疾疫，祈禱輒應。寶慶二年，從鄉民之請，建廟賜額。

廟食空山八百年，衣冠猶是李唐前。汴河十里垂楊柳，何似松陰數畝田。紹興府志

顔頤仲

頤仲字景正，龍溪人，煥章閣學士師魯孫。以祖蔭補官，累擢吏部尚書、寶章閣學士，提舉玉隆宫，卒。

柳

柳漸成陰萬縷斜，舞腰柔弱弄韶華。一庭春色無人管，簷雨聲中飛盡花。廣羣芳譜

祝穆

穆字和父。曾祖確，歙之名士，于朱文公爲外祖。父康國，始從文公居崇安。穆少與弟舉同事文公于雲谷，得其緒論。嘗著事文類聚、方輿勝覽行世。

山礬花

玲瓏葉底雪花寒，清晝香熏草木閑。移植小軒供宴坐，恍疑身在普陀山。全芳備祖

楊棟

棟字元極，青城人。紹定二年進士。度宗朝，官同知樞密院事、參知政事，出知慶元府，卒。有

平舟集。

淨土寺追和東坡韻　在臨安，吳越王建。

令君督來期，書郵日旁午。世事不足論，清游乃先務。朝朝叩禪關，復此得淨宇。淺斟琥珀濃，細嚼銀絲縷。味雋問牛酥，軒高來燕乳。曲折溪屢横，尖圓峯可數。萬頃喧桑田，一簇靜松塢。由來鏡中人，不殊草頭露。越主朝汴宫，蜀客盡吳語。剝蝕淨土碑，荒殘峽山路。桑梓如之何，誰能忘一顧。日詢錦橋新，三歎清流俯。咸淳臨安志

蔡抗

抗字仲節，號九軒處士，元定孫沈之子也。紹定二年進士。累官擢吏部尚書，端明殿學士，同知樞密院事，拜參知政事，以忤時相落職，奉祠。卒謚文簡，改文肅。

大隱屏

脫略塵世慮，仙巖共夷猶。乘源得風便，快楫行扁舟。神仙現奇怪，古木横巖陬。振衣萬仞高，天風動衣摳。巍巍隱屏峯，擎天峙中流。良朋論心事，感慨悲新秋。浩歎復浩歌，一飲還一酬。南陽豈終卧，東山諒同憂。斟酌素有定，今焉試爲籌。西方起暝色，歸袂不可留。去去惜離别，後會良悠悠。武夷山志

陳松龍

松龍字應初，號三嶼，閩縣人。紹定二年進士。仕爲京口倅，大理司直。

荼蘼

布葉叢條翠作圍，自生芒刺護裳衣。莫嫌野興難拘束，祗伴春風亦見幾。全芳備祖

曾原一

原一字子實，號蒼山，贛州寧都人，領鄉薦。紹定中，與戴石屏結江湖吟社。

賦楊妃襪 七歲作

萬騎西行駐馬嵬，淩波曾此墮塵埃。誰知一掬香羅小，踏轉開元宇宙來。梅磵詩話

鄭會

會字有極，號亦山。

江亭夜坐呈曾蒼山

江梅欺雪樹槎牙，梅片飄零雪片斜。夜半和風到窗紙，不知是雪是梅花。詩林萬選

游金精山

春風棧閣曉雲寒，中有潺潺玉一灣。白石棊盤青石磴，蘚花猶帶漢時斑。金精風月

題邸間壁

酴醾香夢怯春寒，翠掩重門燕子閑。敲斷玉釵紅燭冷，計程應說到常山。宋藝圃集

陳夢庚

夢庚字景長，閩人。紹定中廣西路漕幕。

大隱屏

大隱屏前風月閑，何人手種萬琅玕。深深五曲東流水，合作千年洙泗看。武夷詩集

徐元杰

元杰字仁伯，信州上饒人。紹定五年，進士第一。歷著作佐郎，兼兵部郎官，進太常少卿，兼給事中，國子祭酒。卒謚忠愍。

湖上

花開紅樹亂鶯啼，草長平湖白鷺飛。風物晴和人意好，夕陽簫鼓幾船歸。西溪叢語

孫子秀

子秀字元實，餘姚人。紹定五年進士。開慶初，歷提點兩浙刑獄，除太常少卿，兼知臨安府。

游丹山

四明洞天居第九，巨靈擘石開窗牖。捫蘿陟巘不憚勞，同行況遇忘年友。老苔護石蒼虎閑，飛瀑懸崖玉龍吼。豁然人與境俱勝，未必醉翁眞在酒。徘徊步月醉忘歸，世事浮雲竟何有。姚江逸詩

朱繼芳

繼芳字季實，建安人。紹定五年進士。有靜佳乙稾。

登眺

破帽任風吹，天知鬢已絲。大江流禹蹟，老樹見秦時。北際山如礪，南溟水似池。夜涼無夢到，久已歎吾衰。

江湖偉觀　葛嶺壽星院上有閣，曰江湖偉觀，安撫趙與懃建。

吳山表裏水爲池，百有餘年壯帝畿。天目舊將雙鳳下，海門新拱六龍飛。胥濤白雪生秋思，太乙紅雲駐夕暉。江上沙鷗湖上舫，柳絲風裏兩依依。

次韻野水花朝之集

睡起名園百舌嬌，一年春事說今朝。鞦韆庭院紅三徑，舴艋池塘綠半腰。苔色染青吟屐蠟，花風吹暖弊裘貂。主人自欠西湖債，管領風光是客邀。

吳歌

雁影江潭底，秋聲浦溆間。吳兒歌一曲，月子幾回彎。

揚州

金陵王氣水東流，流到淮南古岸頭。夜半一聲天上曲，錦帆天子下揚州。

用前韻謝野水郎君招飲

爲有池臺無限嬌，遊人歌舞尙朝朝。淸漪浴日開金面，晴呀調風袞綠腰。騷客五花唐殿馬，主家七葉漢庭貂。丁寧紅紫休開徧，約住春風待見邀。

題李秋堂盟鷗集

相逢已恨十年遲，買酒吳山一夜時。明日送春仍送客，柳花風颺鬢邊絲。

辛亥二月望祭齋宮因遊甘園

朝霏作雨連天溼，花氣熏人到骨香。四望水亭無正面，有花多處背湖光。

老眼看花興未厭，不知頭上雨廉纖。流鶯浪語東風恨，誰拗花枝插帽檐。

滄浪風月

我登滄浪亭，復歌滄浪曲。歌竟復長歌，杳杳山水綠。天風吹散髮，山月照濯足。爲謝獨醒人，漁家酒初熟。以上靜佳乙稾

靈芝寺

黄金帀地小橋通，四面清平納遠空。雲氣長扶天子座，日光浮動梵王宮。殘碑幾字莓苔雨，疎磬一聲楊柳風。沙鳥不知行樂事，背人飛過夕陽東。

武林舊事：寺在湧金門外，錢王故苑，芝生其間，捨以爲寺。高宗、孝宗凡四臨幸。朱靜佳有詩。

六言

柳下白頭釣叟，不知生長何年。前度君王遊幸，賣魚收得金錢。

武林舊事：淳熙間，壽皇以天下養，每奉德壽三殿，游幸湖山。凡游觀買賣，皆無所禁，小舟時有宣喚賜予。如宋五嫂魚羹，嘗經御賞，人所共趨，遂成富媼。朱靜佳六言詩云云。往往修舊京金明池故事，以安太上之心，豈特事遊觀之美哉。

薛師傅

師傅，鄞人。紹定五年進士。有雪蓑集。

六橋閑步

出郭青岑近，臨流白鳥飛。笙歌春雨歇，草樹夕陽微。山色邀藜杖，湖風颭葛衣。處士，不見鶴來歸。甬上耆舊集

俞桂

桂字希郄，仁和人。紹定五年進士。有漁溪詩稾。

過湖

舟移別岸水紋開，日暖風香正落梅。山色濛濛橫畫軸，白鷗飛處帶詩來。

虎丘

突兀浮圖插翠微，吳王事迹總成非。寺僧未晚山門閉，不放閑雲一片飛。

松江送人

西風蕭瑟入船窗，送客離愁酒滿缸。好記此時分袂處，暮烟微雨過松江。以上漁溪詩稾

方岳

岳字巨山，號秋崖，祁門人。紹定五年進士。兩爲文學掌故，官中祕書，出守袁州。有秋崖先生小稾。

泊歙浦

此路難爲別，丹楓似去年。人行秋色裏，雁落客愁邊。霜月敧寒渚，江聲驚夜船。孤城吹角處，獨立渺

風烟。

約黄成之觀瓊花予不及從以詩代簡

杜宇聲中鬢欲華，春風將緑又天涯。欠隨江夏無雙士，共看揚州第一花。想像烟雲人跨鶴，淋漓詩句字棲鴉。蹇驢不管唐衫溼，醉兀歸鞍暮雨斜。

立春都堂受誓祭九宫壇

輦路春融雪未乾，雞人初唱五更寒。瓊幡第一番花信，吹上東皇太一壇。

湖上

沙暖鴛鴦傍柳眠，春來亦嬾避湖船。佳人窈窕惜顔色，自照晴波整翠鈿。

今歲春風特地寒，百花無賴已催殘。馬塍曉雨如塵細，處處筠籃賣牡丹。

緑波如畫雨初晴，一岸烟蕪極望平。日暮落花風欲定，小樓弦管壓新聲。

游人抵死惜春韶，風暖花香酒未消。須向先賢堂上去，畫船無數泊長橋。

清明日舟次吳門

篷窗恰受夕陽明，楊柳梨花半月程。老去不知寒食近，一篙烟水載春行。

趙昭儀春浴

紅薇滴露護輕寒，微髻香絲卸玉鸞。祇道春風庭院祕，外間已作畫圖看。以上秋崖小藳

陸　壑

巹字景思，號雲西，會稽人，佃五世孫。紹定五年進士。官禮部員外，崇政殿說書。謝皋羽編天地間集，列于文、謝諸公後。

絕句

采藥人歸聞朮氣，尋仙路遠夢桃花。買來山釀全如水，亦解昏昏到日斜。

野槿扶疎當縛籬，山深不用掩山扉。客來踏破松梢月，鶴向主人頭上飛。全芳備祖

退宮人

破篋猶存舊賜香，輕將魂夢別昭陽。祗知鏡裏春難駐，誰道人間夜更長。父母家貧容不得，君王恩重死難忘。東風二月垂楊柳，猶禁飛花入苑牆。天地間集

湯巾

巾字仲能，安仁人。官制幹。

以廬山三疊泉寄張宗瑞

九疊峯頭一道泉，分明來處與雲連。幾人競賞飛流勝，今日方知至味全。鴻漸但嘗唐代水，涪翁不到紹熙年。從茲康谷宜居二，試問眞巖老詠仙。

游宦紀聞：廬山三疊泉，于紹熙辛亥歲始爲世人所見，從來未有以瀹茗者。紹定癸巳，湯制幹仲能主白鹿教席，始品題，以爲不讓谷簾，寄張宗瑞云云。

張輯

輯字宗瑞，履信之子。馮深居目爲東仙。有欸乃集。

朱湛盧序其詞云：東澤得詩法于姜堯章，世所傳欸乃集，皆以爲采石月下，謫仙復作，不知其又能詞也。

次湯制幹寄三疊泉韻

寒碧朋尊勝酒泉，松聲遠壑憶留連。詩于水品進三疊，名與谷簾眞兩全。畫壁烟霞醒昨夢，茶經日月著新年。山靈似語湯夫子，恨殺屏風李謫仙。

游宦紀聞：紹定癸巳，湯制幹仲能主白鹿教席，始品題三疊，以爲不讓谷簾，常以詩寄二泉，張賡之云云。九疊屏風之下，舊有太白書堂。

蕭𣂏

𣂏字則山，號大山，臨江人。紹定進士。以太府丞奉祠。

贈陸冰詩

標格眞清映雪霜，每聽新語覺神傷。茶分鴻漸經中味，菊愛龜蒙賦裏香。圓積玉多知學飽，囊裝金少爲貧忙。向來笑疾難醫在，老筆空抄十卷方。

梅磵詩話：純用陸姓事，與東坡贈張子野詩頗相類，鴻漸龜蒙的對。

荻芽

江客因貧識荻芽，一清塵退雜魚蝦。燒成味挾濠邊雨，掘得身離雁外沙。春饌且供行釜菜，秋江莫管釣船花。食根思到蕭騷葉，痛感邊聲咽戍笳。

荔子

選荔過于選士難，味佳能有幾登盤。林家新出金釵子，合入君謨譜後看。

句

雨過亂蓑堆野艇，月明長笛和菱歌。以上全芳備祖

章謙亨

謙亨，湖州人。紹定中鉛山令。

淨惠院

淨惠荒涼寺，平林淺阜間。殿存碧支佛，門對鵝亭山。遶屋竹陰翠，沿階苔暈斑。雨中來託宿，卻羨白鷗閑。廣信府志

安如山

如山字汝止，廣漢人。善擊劍、左右射，讀經史百氏之書。端平甲午，安撫曹友聞辟掌書記，不起。友聞戰死，如山往收其骨，藏諸其先人之側。乃東下，老于會稽。

曹將軍

將軍精悍姿，齒齒碎鐵石。在昔童稚中，但聞飽經術。縱橫騁柔翰，丹雘間金碧。有司塞明詔，敝邑屈詞伯。芹香春水生，冠玉侍重席。脫略章句陋，搜抉窮理窟。未及文化成，其如王士窄。丈夫報主願，

豈必蒙清秩。蒼然請去位，滿面秋栗烈。糾合熊虎羣，旌旆揚廣陌。正當摩厲間，一鼓拔勁敵。屯兵沔水源，千里斧截截。浩蕩排烟旻，西極安屼嵲。奈何國無人，腐儒秉旄鉞。賞予入私門，金湯授盜賊。公時奮臂爭，反遭獻玉刖。三軍視馬首，慟哭下天壁。功成坐齟齬，憤怒鬚插戟。中宵拔劍赴，肅肅整勁翮。吐氣風雲生，搴旗陷堅列。貫穿死生地，蹀血天地黑。勢雖衆寡懸，形未雌雄決。路窮斷首尾，衆盡乃手格。豈知龍虎逝，黯淡山川色。百萬尚震驚，嗚呼死諸葛。長城但自壞，千古痛稠結。肉食無遠謀，野史有直筆。酒酣歌節士，皛皛霜月白。

下瞿塘

去去如奔馬，來來無盡船。人心似江水，日夜向吳天。以上谷音

黎宙

宙號月潭。

游金精山

不到金精久，山空花自香。殿梁唐歲月，石鼓漢文章。洞杳多雲氣，崖高易夕陽。酌泉消世慮，吾亦正徜徉。金精風月

宋詩紀事卷六十五

錢唐厲鶚輯
吳毛德基勘定

陳均

均字平甫，號雲巖，莆田人，俊卿從孫。肄業太學。嘗輯宋編年舉要、備要二書。端平初，有言于朝者，敕賜迪功郎，不受。卒。

九江聞雁

烟波渺渺夢悠悠，家在江南海盡頭。音信稀疎兄弟隔，一聲新雁九江秋。詩家鼎臠

鶴林寺

知有楓林坐竹間，每尋紆路試登山。虛簷忽見籠中鶴，似我愛閑身未閑。

竹遶高僧逢話處，花留仙者舊開枝。道身虛淡元無著，付與東風爛漫吹。鶴林寺志

杜旃

旃字仲高，旟弟，與弟斿叔高、旝季高、旞幼高，俱博學工文，人稱「金華五高」。嘗占湖漕舉首。有癖齋小集。

綠珠行

蜀絲殷空金作谷，珊瑚成林珠百斛。彼姝千花萬花簇，明月出胎波照綠。鏡中飛鸞掌中身，夜月春花

看不足。悲歡倚伏爲禍福，西里憐鄰東市戮。願將舊意奉新人，此別它生定難卜。君因妾死莫多怨，妾死君前君眼見。高樓直下如海深，璧玉一碎沙中沈。平時感君愛妾貌，今日令君知妾心。

讀杜詩斐然有作

王澤久淪浹，正聲皆雅言。百川忽西流，青黄雜犧尊。騷經吹死灰，明燭日月昏。綺麗兆建安，淳古還開元。夫子握元氣，大音發胚腪。明婁失毫芒，神羲隘乾坤。再變六義彰，一日五典惇。上該周南風，下返湘水魂。仲尼不容删，餘子何足呑。五季兵戈繁，嘲哳蟲鳥喧。頽波既瀰漫，新奇尙西崑。吻喙生譏訐，神鬼懷憤寃。王蘇發醯甕，黄陳窮河源。煌煌百年間，後學同推尊。時時或嘗鼎，往往猶戴盆。倣摹惑銅槃，箋釋訛金根。顧予小子旃，獨受罔極恩。神融淚交墮，思苦心屢捫。相望五百載，如接顔色溫。爐冶無停工，況復忝諸孫。斯文誠尙存，庶以起九原。

陸務觀赴召

四海文章陸放翁，百年漁釣兩龜蒙。數關天地吾何與，老作春秋道未窮。李耳守官逾二代，張蒼職史到三公。坐令嘉泰追周漢，此是君王第一功。以上癖齋小集

杜旃

旃字叔高。端平初，以布衣召入館閣校讎。

陳同甫跋云：叔高之詩，如干戈森立，有虎食牛之氣，而左右發春妍，以輝映于其間。

嚴先生釣臺

斯人眞隱處，寂寞使人愁。正著雙臺在，還從一老遊。涼風動陰壑，斜日下滄洲。灘畔沈沈水，潛魚亦避鉤。釣臺集

游九功

九功字勉之，建陽人。用蔭補官，除湖北運判，知鄂州，召爲兵部郎官，出知泉州。端平初，仕至司農少卿、寶謨閣直學士。與兄九言，自爲師友，講明理學。號受齋先生。謚文淸。

絶句

烟翠松林碧玉灣，捲簾波影動淸寒。住山未必知山好，卻是行人得細看。全芳備祖

答黃叔暘

冥鴻倦雲飛，斂翼退遵渚。秋蟲感時至，自野來在宇。老我久合歸，溪山況延佇。俯此沙水淸，面彼烟塵聚。藴斷旣衙衙，瀾倒亦詡詡。豈無砥中立，而不改風雨。忽忻遠寄聲，秀句盈章吐。璀璨爛寒芒，晴空見冰柱。頗聞詞場筆，漫焉棄如土。黃粱枕上過，得之亦不處。獨行固不移，尤在審去取。詩家鼎臠

李伯玉

伯玉字純甫，饒州餘干人。端平二年，進士第二。仕至敷文閣待制，權禮部尙書，兼侍讀，卒。有斛峯集。

懷湯尙書伯紀

一曲淸歌一弄琴，十千美酒十分斟。江流不動潮初上，斗柄將垂夜向深。沙觜露溥孤鶴警，潭心月冷

老龍吟。此時最是懷鄉國，雲裏征鴻閒遠砧。饒州府志

潘牥

牥字庭堅，閩人。端平二年，進士第三。歷太學正，通判潭州。有紫巖集。

齊東野語：庭堅，富沙人，初名公筠，後以詔歲乞靈南臺神，夢有人持方牛首與之，遂易名牥。理宗殿試第三人。跌宕不羈，爲福建帥司機宜文字，日醉騎黃犢，歌離騷于市。嘗約同舍置酒瀑泉，酒行，令曰：「有能以瀑泉灌頂，而吟不絕口者，衆拜之。」庭堅被酒豪甚，脫巾髽髻，裸立流泉之衝，高唱濯纓之章，衆謬爲驚歎，羅拜以爲不可及。歸卽臥病而殂。庭堅年六七歲時，嘗和人詩云：「竹纔生便直，梅到死猶香。」識者知其不永。劉潛夫誌其墓云：庭堅爲文，脫去筆墨蹊徑，秀拔精妙。結字有顏筋柳骨，小楷尤工。廷試第三，策傳京師紙貴。初遠相擅國，諱聞綱常，端平親政，奮發獨斷，雪故王，收人望。乙未策士，庭堅對曰：「陛下手足之愛，生榮死哀，反不得視士庶人。宜厚東海之恩，裂淮南之土，以致人和。」時對者數百人，庭堅語最直。

澧陵

一郭依稀隔渡頭，解鞍來倚店家樓。已攀桂樹吟招隱，因看梅花賦遠游。市上俚音多楚語，橋邊碧色是湘流。江南鄉國三千里，目送羈鴻起暮愁。後村千家詩

題嶽麓寺道鄉臺

坡仙不諱黃，黃應無雪堂。道鄉不如新，此臺無道鄉。青山非其人，山靈能頡頏。一落名勝手，境與人俱香。悲吟倚空寂，臨眺生慨慷。道鄉不可作，承君不可忘。困學紀聞

景靈宮恭謝駕回丞相以下皆簪花

輦路安排看駕回，千官花壓帽簷垂。君王不輟憂勤念，玉貌還如未插時。隨隱漫録

落梅

一夜風吹恐不禁，曉來零落已鬖鬖。忍看病鶴和苔啄，空遣飢蜂繞竹尋。稚子蹒跚看不掃，老夫索寞坐微吟。窗前最是關情處，拾片殷勤在掌心。夢粱録

英烈夫人廟

淮海豔姬毛惜惜，蛾眉有此萬人英。恨無匕首學秦女，向使褁頭真杲卿。玉骨花顔城下土，冰魂雪魄史間名。古今無限腰金者，歌舞筵中過一生。

高郵州志：毛惜惜，郵之官妓也。端平二年，榮全據城叛，召惜惜佐酒，不屈，罵賊死。詔封英烈夫人，賜廟。潘牥有詩。

曹娥江

一川紅日漲晴波，黄絹碑漫閉碧蘿。不止但爭三十里，曹瞞元不識曹娥。娥江題詠

林希逸

希逸字肅翁，福清人。端平二年進士。歷官翰林權直，兼崇政殿説書，直祕閣，知興化軍。有鬳齋續集、竹溪十一稾。

劉後村跋：乾淳間，林艾軒始好深湛之思，加鍛鍊之功，有經歲累月繕一章未就者。一傳爲網山林氏，名亦之，字

學可；再傳爲樂軒陳氏，名藻，字元潔；三傳爲竹溪。詩比其師，槁乾中含華滋，蕭散中藏嚴密，窘狹中見紆餘。

題馬和之覓句圖

先生隱几奴煨火，斜插疎枝破瓦尊。鶴夢未回更幾轉，吟成應是月黄昏。

明皇聽笛圖

壽王妃弄寧王笛，對面三郎背老伶。卻恨馬嵬西去路，無人吹出雨淋鈴。

題江貫道山水四言　此畫疋絹作，石林、簡齋有詩跋。

遠山叢叢，遠樹濛濛。咫尺萬里，江行其中。短長何岸，高低何峯。彼坻彼峙，彼瀑彼洪。晴嵐乍豁，煙靄蔥籠。或斷或屬，且淡且濃。爾峯奚寺，爾盤奚宮。或垣陰翳，或梁嵌空。有吠者厖，有樵者翁。危檣落碇，短棹掀篷。往來異趣，寂動殊容。羃翠其庭，豈非盧鴻。略彴而渡，豈非龜蒙。昔我經行，雲山萬重。若淮南北，與江西東。亦蓑而雨，亦帽而風。乃今追維，夢境相從。及此開卷，恍然昔同。誰居作者，造化論功。淹總其裔，熙成是宗。聲聞九陛，既召而終。謂彼樹白，貫道畫林木如算子，其身皆白。識其身窮。其然豈然，訊之天公。此名穹壤，嗃曰不逢。

題達磨渡蘆圖

白頭浪中碧眼胡，赤脚笑蹋雁銜蘆。太平寺主不知我，觀音後身誰詆渠。是身如幻本來空，偶然游戲非神通。當年涉海向震旦，扁舟本與商胡同。君不見壺丘弟子御風飛，猶有所待冏笑之。又不見横拋錫杖渡氺僧，回瞻黄檗稱大乘。此胡法器更奇在，何曾以此爲聖解。蕭郎不悟義不留，欲要時人略驚怪。異時埋骨寄熊耳，萬里西歸提隻履。忽從葱嶺遇宋雲，雅意依然今日是。此圖誰筆面如活，客來卻詠臨波襪。若將底事比渠儂，老胡暗中定羞殺。以上竹溪十一稾

曾三異

三異字無疑，號雲巢，新淦人。以隱逸召爲祕閣校勘，除太社令。

鶴林玉露：雲巢，周益公門人。博學工文，尤精考訂。以隱逸召，立朝逾年，未及有所開陳，奉祠而歸，年九十乃終。

攜茶訪楊東山

搴衣不待履霜回，到得如今亦樂哉。泓穎有時供戲劇，軒裳無用任塵埃。眉頭猶自懷千恨，興到何如酒一杯。知道華山方睡覺，打門聊伴茗奴來。

鶴林玉露：端平初，楊東山累辭召命，以集英殿修撰致仕家居，年八十，曾雲巢攜茶訪之，詩云。

陳容

容字公儲，自號所翁，福唐人。端平二年進士。倅臨江，入爲國子監主簿，出守莆田。

圖繪寶鑑：所翁詩文豪壯，善畫龍，得變化之意，潑墨成雲，噀水成霧，醉餘大叫，脫巾濡墨，信手塗抹，然後以筆成之。或一臂一首，隱約不可名狀，曾不經意，皆得神妙。

題浯溪中興頌

銀旗金甲渡巴西，靈武城樓已萬幾。一札祇聞元帥命，五牋合待使臣歸。未聞請表更追表，且看黃衣換紫衣。天性非由人僞滅，何緣尙父結張妃。

六等勝如誅獨柳，二張縱活亦何顔。太師死後猶書法，水部刑章托頌間。最憶海青投樂器，絶憐甄濟隱青山。中興碑下姦臣懼，天道何嘗不好還。隨隱漫錄

張道洽

道洽字澤民，號實齋，衢州開化人。端平二年進士。嘗爲池州簽判，後辟襄陽府推官，卒。平生作梅花詩三百餘首。

方萬里序：實齋先生詩，無一語不平淡，而豪放之氣，自不可掩。詠梅詩極多，篇有意，句有韻。

梅花

行盡荒林一徑苔，竹梢深處數枝開。絶知南雪羞相並，欲嫁東風恥自媒。無主野橋隨月管，有根寒谷也春回。醉餘不睡庭前地，祇恐忽吹花落來。瀛奎律髓

李山節

山節，汾州人，金亡歸宋。

詠楊妃菊

命委馬嵬坡畔泥，驚魂飛上傲霜枝。西風落日東籬下，薄倖三郎知不知。

山房隨筆：端平中，朱湛盧復之使北，展覲八陵，引李與王仲偕南。李初任鄉郡節制司幹，後任浙西倅。時正倅陳三峴松龍會僚友于多景樓，賞楊妃菊，令諸妓各持紙筆，侍衆官請詩。李自江下後至，酒一行，起背手數步，吟云云。辭致精切，或至閣筆。

陳振孫

振孫字伯玉，號直齋，安吉縣人。端平中，仕爲浙西提舉，改知嘉興府。嘗著書録解題。

題張氏十詠圖

平生聞說張三影，十詠誰知有乃翁。逢世昇平百年久，與齡耆艾一家同。名賢敍述文章好，勝事流傳繪素工。遐想盛時生恨晚，恍如身在畫圖中。齊東野語

朱復之

復之字幾仲，號湛盧，建安人。端平中使北，展謁八陵。

楓

鳳山高兮上有楓，青女染葉猩血紅。莫辭老紅嫁西風，一夜憔悴成禿翁。全芳備祖

句

忽聽夏禽三五弄，新紅突過石榴枝。初夏　紅蕖老去羞明鏡，推讓朱榮上蓼梢。秋日　後村詩話

周弼

弼字伯弼，文璞之子。有端平詩雋。

建寧浦城李頻行祠

建安梨嶽老梨木，刻作唐朝建州牧。香爐忽動吹寒灰，浦城環翠陰風來。嶺頭頑石盡能走，澗下奔泉皆倒回。猨猱啼兮鬼嘯野，六玄虯兮四驪馬。想須吟遶碧草亭，舉手高翻白雲寫。峯爲文通名夢筆，

楊公書堂曾散帙。麗月鮮霞付與誰，烟墅有人還築室。田父何所祈，贈爾青麰黑桑椹。里儒何所求，贈爾黄粱布囊枕。萬歲兮千秋，既往兮復留。拙蘭心，拆椒口，簸南箕，挹北斗；不假竹枝歌，何須折楊柳。祇用秦原妙絶詞，傳入神弦薦春酒。

寄杜北山

一曲小湖濱，幽居不厭貧。坐容禪子憩，家就麴生鄰。簷竹侵燈來，攡花落竈頻。幾時吟得句，寄與豫章人。

孫伯符墓

梧葉蕭蕭墓草長，夢魂曾斷九迴腸。空聞絳帊離漳水，誰見黄旗入洛陽。虎跱有基宫樹老，龍盤無廟石城荒。赤烏不識桑田變，猶自棲棲戀白楊。

山居春晚

索居牢落動關心，但覺悤悤歲月侵。無夢不因憐晝静，有懷多是惜春深。草香稚蝶銷胡粉，花落蠻鶯變楚金。最是不禁芳樹色，能涵幾日又成陰。

荻港

波眼沄沄浪復輕，稍蘇羈束過清明。倩人覓路先尋酒，久客懷鄉始見餳。松下紫芽肥野菜，竹間青葉帶山櫻。自從一别齊安後，直到今朝始聽鶯。

中和節

時節悤忙過隙駒，可堪岑寂就船居。不禁衰病慵耽酒，無益閑交嬾報書。風暖暮田歸海燕，雨酣春水上潮魚。客中自是光陰速，纔見新正又月初。

釣臺

晴江漾漾綠波來，惆悵君房去不回。秦苑山河歸故國，越鄉風雨閉荒臺。春風一道江蘺長，落日千峯杜宇哀。欲訪釣舟無處所，野花如雪滿汀開。

野廟

野廟荒蕪倒掩扉，寂寥香火客來稀。年年歸燕相看覷，空滴春泥損畫衣。

夜深

虚堂人靜不聞更，獨坐書牀對夜燈。門外不知春雪霽，半峯殘月一溪冰。

題僧子温畫水墨葡萄

裊裊多應半熟時，落斜高挂冷攢枝。分明記得山窗下，一架寒藤帶雨垂。

除夕思歸

山妻書到多日，野渡舟橫幾回。想見溪邊亭上，故人待我銜杯。以上端平詩雋

陳瀧

瀧字伯雨，其先汴人，徙于吳。鄉薦、漕試皆不利。晚號碧澗翁。與湯仲友、高常、顧逢，皆吳中端、淳名士。

題蘇子美滄浪亭　有甃井方石，上刻字兩行云：滄浪亭弈局。

甃履上飛虹，風高退酒容。葉黃翻亂蝶，樹老臥蒼龍。古徑秋霜滑，空山暮靄濃。滄浪棋石在，題筆暗塵封。硯北雜志

樓扶

扶字叔茂，號梅麓，鄞人。端平中，沿江制置司幹官。淳祐中，知泰州軍事。

句

夜深更擁寒衾坐，明月梅花共一窗。全芳備祖

張端義

端義字正夫，自號荃翁，鄭州人，居姑蘇。端平中，應詔三上書，韶州安置。有貴耳集。

賦秋江圖

浪靜風平月正中，自摇柔櫓駕孤篷。若無三萬六千頃，把甚江湖著此翁。

貴耳集附自作小傳：大父雲莊公，登辛未榜。先君詠齋，爲淮南漕。光宗卽位初年，應詔上書，下後省看詳，羅紫薇點，劉左史光祖極稱賞之，將上，爲時宰所沮。予少苦讀書，肆舉子業，勇于弓馬。嘗拜平齋項先生于荆南，如慈湖、說齋、鶴山、菊坡、習菴，皆從之遊。愛作詩賦小詞。盧蒲江取「碧雲千里暮，紅葉十分秋」之句。周晉仙取「怨春紅豔冷」之句。孟藏春取蝶詩「不因花退素，必是夢殘時」之句。凡海內名勝來吳，必訪樂圃之張。書桃符曰：「江湖且過，詩酒叢林。」應端平詔，上第三書，得旨韶州安置。以螻蟻之微，嬰斧鉞之威，人皆危之。當國者云：

「詔以直言，罪以直言，非祖宗制。幸脱萬死。」考之典故，安置待宰執侍從，居住待庶官，聽讀待士子，自效待軍將，小臣用大臣之法，誤矣。或者以安置爲竄謫之極典，又非也。余三十年前，賦秋江圖一絶，今白髮種種，儻符此詩語，吾志畢矣。余生于淳熙之己亥，書于淳祐之辛丑，年六十有三。有上皇帝三書，詩五百首，詞二百首，雜著二百篇。曰荃翁集。

挽周晉仙

策杖辭朋友，形骸已可憐。無錢親藥裹，冒雨上歸船。官竟生前棄，詩應死後傳。空餘京洛月，愁照夜臺邊。詩家鼎臠

盧方春

方春號柳南，永嘉人。嘉熙戊戌進士。

送陸郎中歸越

喈喈風雨餘，出晝思何如。鏡裏無慚色，囊中有諫書。寒崖立松柏，清廟擲璠璵。四海看霜月，光明祗似初。詩林萬選

窄嶺

危嶺惡有名，窄嶺險無數。石鼻卷我車，石牙隱我步。空岡蟲九頭，黑身眼四顧。擲之聲愈厲，飛前使人怖。想當開闢時，已是樵獵路。茅臭不成山，瀑斷不成布。丫凿升惡猨，蹄涔立飢鷺。蘆花大如錢，況乃時寒沍。遐征誤假道，撫景自作怒。林壑非出倫，筆硯不入務。脚怠宿未投，天低日俄暮。東甌詩集

錢時

時字子是，號融堂，淳安人，受學慈湖之門。嘉熙二年，以薦授祕閣校勘，出佐浙東倉幕，召爲史館檢閱。有蜀阜前後集。

十六渡

頗聞十六渡，客子良間關。一雨落澗谷，湍氣怒潺潺。我來屬秋晚，霜葉初斕斑。窈窕行竹輿，鳴禽相與閑。複嶺互交鎖，淺瀨隨回灣。路斷一罅通，石磴危躋攀。時見荷鋤者，行歌語蠻蠻。採山有薇蕨，結廬有茅菅。安知避世人，不曾巢其間。何時一枝筇，溯流到黄山。桃源事荒怪，誰謂非人寰。

蜀阜精廬無風自涼方欣然出戶見竹雞將雛砌外

蒼蔔淨如洗，蒼筤清且深。依巖自幽潤，況無日影侵。亭午一升階，忽若投㳌陰。涼氣颯以入，肅肅生衣襟。大火浮炎埃，虛堂抱雲林。安得冰霜顏，聽我山中吟。盤桓去未忍，砌外行山禽。一母將四雛，出沒叢草陰。我非有馴德，渠自無機心。欣然歸北窗，戲弄南風琴。

袁尙友座中王屯田出與可竹甚奇歸成古調

我生不識須菩提，薛鶴楊梅郎星聚頭金地麓，十月夜堂春昱昱。屯田博古到名畫，座上忽展牛腰束。我生不識須菩提，薛鶴楊梅姑置之。寒梢八幅奇更偉，上有巴中與可題。蒼蛟滑足石詰曲，鐵鉤怒掃連蛇腹。攲風灑雨淸逼人，恍疑身在篔簹谷。千尋雙榦劍拔雄，筆力有盡意無窮。冥冥上與風霆會，拭目變化洪陂龍。長憶東坡一轉語，與可德人非畫史。輪囷寫出歲寒心，正要諸公來料理。薛稷鶴、楊補之梅、並唐畫須菩提，皆座上所觀。

新晴

宿雲穿日薄，商略作新晴。燕子先期社，海棠今日春。溪山雙白鬢，天地一閑身。無語東風裏，飛花亂撲人。

安素午睡

禾黍秋相近，溪山日自長。午窗千嶂雨，幽夢一簾香。以上蜀阜集

溪南遇雨

溪風颯颯雨霏霏，秋滿蘋汀獨步歸。丹㗔園林棠葉老，錦纏籬落豆花肥。眼前風景依然在，箇裏光陰得者稀。憶著歲寒雲壑上，山禽對雨傍人飛。嚴州府志

登蜀阜

秋暮如京歲暮還，春來更墮藥瓢間。眼前有底閑風月，忍得經年不上山。青溪詩集

賈似道

似道字師憲，號秋壑，天台人。姊爲理宗貴妃，詔赴廷對，登嘉熙二年進士。累拜少傅、右丞相。度宗朝，拜太師，平章軍國重事。德祐初，元兵破鄂州，出督師，潰于魯港，謫高州團練使，循州安置。至漳州木綿菴，監押鄭虎臣拉殺之。

盧熊蘇州府志：鄭虎臣宅，在鶴舞橋東，其家鉅富，居第之盛，號鄭半州。四時飲饌，各有品目，著集珍日用一卷，并元夕閨燈寶錄一卷。當宋末，殺賈似道于木綿菴，即其人也。虎臣字景召。

歸葛嶺舊居

罷官歸舊宅，山水得頻過。息影隄邊樹，淸心湖面波。勞無功可紀，頑有命相磨。見說連朝雨，田家正翦禾。

題孤山

半是樓臺換卻春，幾回獨立更消魂。斷隄野水梅花宅，千古春風月一痕。

紫薇嶺　在昌化縣

西風落葉路漫漫，衣袂微生旦暮寒。祇隔片雲家便到，遠山移作夢中看。

鳳山　在於潛縣

數家烟火深村裏，幾處牛羊落照中。客久不歸心事遠，梧桐葉葉是秋風。

宿天竺通元菴

十里高楓樹，松邊屋數間。客同終夜語，心是一般閑。燈色難禁雨，秋聲不離山。明朝分手後，俗事不相關。

咸淳庚午冬大雪遺安撫濳侍郎

臘前又放玉園林，一片花飛一片心。濫奕端由人所召，燮調多媿病難任。乾坤浩浩無偏處，田野穰穰更自今。但得諸賢成此樂，櫂舟我欲去山陰。以上咸淳臨安志

芍藥

又是揚州芍藥時，花應笑我賦歸遲。滿堂留客春如畫，對酒何妨鬢似絲。玉立黄塵那可到，錦幃紅蠟最相宜。買山若就當移種，此際誰能杖屨隨。

梅花

朔風吹面正塵埃，忽見江梅驛使來。憶著家山石橋畔，一枝冷落爲誰開。

山北山南雪未消，村村店店酒旗招。春風過處人行少，一樹疎花傍小橋。

閨怨

燕子樓前柳色新，畫眉人去鏡生塵。年來羞結空牀夢，閑撥琵琶過一春。以上全芳備祖

寒食

寒食家家插柳枝，留春春亦不多時。兒孫祇解花前醉，青冢能消幾箇悲。

三朝野史：寒食詩云云，此賈秋壑于德祐元年上母墳回至集賢堂所作，豈非亡國之讖。

天台石橋

古寺行終日，僧房出翠微。瀑爲煎茗水，雲作坐禪衣。尊者難相遇，遊人又獨歸。一猨橋外急，便是不忘機。天台山志

句

梅花見處多留句，諫草藏來定得名。送朝客　深雪偶談

朱南杰

南杰，丹徒人。嘉熙二年進士。溧水令。有學吟。

同陳如叔遊湖

四月湖邊冷若秋，先賢堂下繫扁舟。山頭積翠來新意，波面飄紅憶舊遊。無奈楊花欺倦客，已多荷葉覆輕漚。隄邊誰道春歸了，猶有一聲黄栗留。

題吳梅菴和靖索句圖

童寒鶴冷雪霏霏，正是先生得句時。一段孤清圖不盡，梅花從此厭人詩。以上學吟

錢默

默號梅谷，時子。

秋思

坐擁遺衾百尺樓，湘簾高捲不勝秋。半窗涼月三更夢，一枕淒風萬斛愁。青溪詩集

錢槱

槱，默弟。

溪上

秋老蘆花冉冉飛，曉天寒氣襲人衣。輕橈權入鷗羣去，釣得鱸魚帶雨歸。青溪詩集

蔡公亮

公亮，嘉熙中監岳。見孫夢觀雪窗文集附錄。

一字天

石室陰幽卻朗然，仰窺長罅見清元。不知誰把如椽筆，畫出光明一字天。武夷詩集

翁逢龍

逢龍號石龜，四明人。嘉熙中平江通判。

天津橋

下馬過天津，聽傳禁漏頻。惟憐一橋月，曾照六朝人。金剝宮門字，紅飛粉壁塵。中官來宿內，因問帝鄉親。景定建康志

曹娥江

再拜靈娥廟，魂清若可招。幡風吹古渡，帆月落殘潮。碑有行人讀，香多野客燒。迎神漢朝曲，時聽起雲霄。娥江題詠

杜耒

耒字子野，號小山，盱江人。

鶴林玉露：嘉熙間，山東忠義李全，跋扈日甚。朝廷擇人帥山陽，見士大夫無可使，遂用許國。許國，武人也，特換文資，除太府卿，以重其行。國至山陽，偃然自大，受全庭參，全軍忿怒，因而殺之。幙客杜子野，詩人也，亦死焉。

送胡季昭竄象郡 事見翁定詩

廬陵一小郡，百歲兩胡公。論事雖小異，處心應略同。有書莫焚槀，無恨豈傷弓。病媿不遠別，寫詩霜月中。鶴林玉露

寒夜

寒夜客來茶當酒，竹爐湯沸火初紅。尋常一樣窗前月，纔有梅花便不同。

同紫芝宿雙嶺

本作翠巖游，反成雙嶺留。雲深山易晚，雨過寺如秋。野水連青竹，殘僧半白頭。上方成共宿，劇語到玄幽。以上前賢小集拾遺

苕溪

風掠篷窗兩鬢秋，生涯無歲不扁舟。吟詩本欲相消遣，及到吟成字字愁。詩林萬選

趙范

范字武仲，號中菴，衡山人。少從父方軍，累官淮東安撫，與弟葵討平李全，進工部尚書，沿江制置使，尋知襄陽府。北軍內叛，言者劾范落職，送建寧府居住。嘉熙初，復官，卒于家。

絕句

半窗圖畫梅花月，一枕波濤松樹風。不是客愁眠不得，此山詩在此香中。全芳備祖

趙葵

葵字南仲，號信菴，范弟。少從父方軍中，補承務郎，以淮東提刑平李全有功，進兵部侍郎。淳

祐中，拜右丞相，兼樞密使。咸淳初，特授少師，武安軍節度使，封冀國公。薨贈太傅，謚忠靖。有集。

劉後村跋：少保丞相魯國信菴趙公，事兩朝，出將入相，四十餘年。發曠懷于翰墨，寓雄心于杯酒。其訏謨定命，則雅人之致；家庭唯諾，則萬石之訓；結交氣義，則河梁之作；望古慷慨，則梁父之吟。至于陶寫性情，賞好風月，雖玉臺、香奩諸人，極力追琢者不能及也。

雪夜

酒力欺寒淺，心淸睡較遲。梅花擎雪影，和月度疎籬。

雪

玉龍昨夜起天涯，曉看園花一尺圍。莫放妝臺簾卷上，怕驚釵畔寶鸞飛。以上後村千家詩

避暑水亭作

水亭四面朱闌遶，簇簇游魚戲萍藻。六龍畏熱不敢行，海波煎徹蓬萊島。身眠七尺白蝦鬚，頭枕一枚紅瑪瑙。公子猶嫌扇力微，行人多在紅塵道。

昨非菴日纂：趙葵嘗避暑水亭，作詩六句已成，葵遂睡去。有侍婢續二句云云。

惠山寺

古木森森映碧苔，嵯峨樓閣倚天開。山僧不問朝天客，自注冰泉浸野梅。常州府志

林興宗

興宗字景復，莆田人。官曲江守。

句

形容變盡頭如雪，不改當時一寸心。最是北來詩料少，地寒難得見梅花。

梅磵詩話：宋嘉定、寶、紹間，叛將李全駐兵淮東之山陽，驕悍難制。戕許國、逐姚翀，殺命士荀夢玉、杜耒，士大夫覩山陽，不啻如蛇鄉虎落。時莆人林興宗景復授法曹以往，時論壯之。安晚鄭公在瑣闥餞行，有詩云：「淮海轅門立奇士，要看左袒爲劉時。」蓋勉其盡節也。景復到任後，改淮安令。辛卯春，全破通泰，犯揚州，爲王師掩擊，殪城下。其妻楊姑姑懼朝廷必討，遂掃衆盡俘執南官北去。景復羈囚山東凡十年，挺節無所汙。安晚餞詩，可無負矣。信菴趙公遣間物色，損金資得之以反，縣國印與告身俱存。趙公奏乞旌擢，以勸盡節者。朝廷錄用，官至曲江守。景復北地詩云云，江湖間多稱之。

葉夢鼎

夢鼎字鎭之，寧海人。嘉熙上舍釋褐。淳祐中，爲祕書郎。寶祐初，以集賢殿修撰知贛州。咸淳間，特拜右丞相，惡與賈似道同政，力辭。益王即位，召爲少師，道梗不能赴，南向慟哭而還，卒于家。

瀛洲亭 在撫州西北

汝城高處著危欄，人在蒼寒縹緲間。下瞰無邊春境界，西來第一好江山。酒拈重碧酣詩思，柳曳輕黃

入笑顏。閤老可能專此勝，蛾眉花底又催班。撫州府志

許棐

棐字忱夫，號梅屋，海鹽人。嘉熙中，隱居秦溪。于水南種梅數十樹，自號梅屋。有梅屋詩稾、融春小綴。

許梅屋嘗自序其藏書目云：予性喜書，舊積書千餘卷，今不啻倍之。人有奇編，見無不錄，以故環室皆書。今卽老而貧乎，而人不鄙夷予之貧，鬼不揶揄予之貧，皆書賜也。

訪潘叔明

一室寬于養鶴籠，荻簾疎透雪花風。怪來几案無寒色，春在題詩卷子中。

明妃

漢家眉斧息邊塵，功壓貔貅百萬人。好把香閨舊脂粉，豔妝顏色上麒麟。

元夕後湖上作

自從樓閣罷燒燈，未有今朝一日晴。暖拆葑邊冰翼破，寒留山頂雪痕輕。驕驄已印尋芳跡，小妓新翻鬻唱聲。每箇旗亭啇一醉，也應排日到清明。

枯荷

萬柄綠荷衰颯盡，雨中無可蓋眠鷗。當時乍疊青錢滿，肯信池塘有暮秋。

泥孩兒

收瀆一塊泥，裝塑恣華侈。所恨肌體微，金珠載不起。雙罩紅紗廚，嬌立瓶花底。少婦初嘗酸，一玩一心喜。潛乞大士靈，生子願如爾。豈知貧家兒，呱呱瘦于鬼。棄臥橋巷間，誰或顧生死。人賤不如泥，三歎而已矣。以上梅屋詩稾

筍蕨虀

趁得山家筍蕨春，借廚烹煮自炊薪。倩誰分我杯羹去，寄與中朝食肉人。山家清供

黄簡

簡一名居簡，字元易，號東浦，建安人，寓吳，工詩。嘉熙中卒，通判翁逢龍葬之虎丘。有東浦集、雲壑談雋。

挈春操爲謝耕道作

東山兮雲浮，東澗兮雨流。失今不勤兮，曷其有秋。水涇兮石齧，田碻磝兮一畦九折。予勞兮何辭，牛奚罪兮從予以羸。眇良疇兮彌野，獨功倍兮刈寡。雖然不愈于無田而遊兮，歲晏淒其桑落之下。

招荆江蕩子

衝風逐飛雲，庭葉紛墮槁。蕩子久不歸，佳人坐中老。蕭蕭楚山晚，湛湛江水流。經從望夫石，那得不回頭。以上前賢小集拾遺

柴望

望字仲山，號秋堂，衢州江山人。嘉熙間，爲太學上舍，除中書奏名。淳祐六年丙午元日，日

食，詔求直言，上丙丁龜鑑，忤時相意，詔下府獄。趙節齋疏救，得放歸田里，因又號歸田。景炎二年，端宗登極，三山孔大諫奏薦，特授迪功郎，史館國史編校，辭歸山中。宋亡後，稱宋遺臣。有道州台衣集、詠史集。

月夜溪莊訪舊

困學紀聞：淳祐丙午，衢士柴望上丙丁龜鑑，其表云：「今來古往，治日少而亂日多；主聖臣賢，前車覆而後車誡。」

山山明月露，何處認梅花。石室冷疑水，溪流白是沙。清吟幽客夢，華髮故人家。相見即歸去，已應河漢斜。天地間集

靈芝寺別祖席諸友

落日寒城暮雨餘，滿斟離酒意何如。見妻還指張儀舌，痛國誰憐賈誼書。羸馬病童旋雇倩，寺禽山獠亦欷歔。長安可是深居處，更向深山深處居。

鶚按：淳祐六年，秋堂以上丙丁龜鑑下獄，趙京尹節齋疏救之，放歸田里。設祖道湧金門外者，爲三山鄭震、邵武吳陵、建安葉元素、松溪朱繼芳、錢唐翁孟寅、田井、陳麟、黃溱、南康馮去辨、西江趙崇嶓、晉原一、盱江黃載、汶陽周弼。時晚色涵岫，商飈振林，各賦詩爲別，見蘇幼安所撰墓誌中。靈芝寺正在湧金門外。

和王景陽越中寄別韻 王名億之，號松同。

故人書祗問平安，分已還山豈願官。猨鶴不驚松徑夢，貂蟬難換竹皮冠。長安落葉秋深見，故國斜陽雨後看。莫道剡中吟不盡，不成吟處亦停鞍。

送宋南山開蜀閫

殿上傳宣內引官，一封歷歷奏忠肝。八千里路先聲至，百萬都人夾道觀。節度晉公先授鉞，淮陰韓信舊登壇。擎天正要中流柱，莫擬人間蜀道難。

和通判弟隨亨書感韻

風沙萬里夢堪驚，地老天荒祇此情。世上但知王蠋義，人間唯有伯夷淸。堂前舊燕歸何處，花外啼鵑月幾更。莫話淒涼當日事，劍歌淚盡血霑纓。

沛中歌

秦時日月漢山河，家計今誰與仲多。天子不知天下貴，酒中唯唱沛中歌。以上柴氏四隱集

戴昺

昺字景屛，號東野，石屛之從孫。嘉熙己亥，授贛州法曹參軍。有東野農歌集。

秋日過屛山菴

淒切抱葉蟬，間關棲樹禽。入山本避喧，復愛聆此音。微飅動夕爽，薄雲散秋陰。衆籟閴以靜，片月生東林。

有感

著身平地更多憂，一棹思爲泛宅謀。昨夜西風邊報急，防江也要釣魚舟。以上農歌集

高子鳳

子鳳字儀甫，華亭人。嘗注杜詩，林竹溪爲序。

題楊補之墨梅卷

雛根玉瘦兩三枝，爲繞吟香夜不歸。安得密林千畝月，仰眠吹笛看花飛。松風餘韻

宋詩紀事卷六十六

錢唐厲鶚輯
平湖陸銘三
馮溥勘定

徐儼夫

儼夫字公望，平陽人。淳祐元年，進士第一。官至禮部侍郎。

直鈎和韻

一曲湖邊一釣磯，桃花風定柳綿飛。漁人豈識濠梁趣，祗解沙頭盡醉歸。東甌詩集

王應麟

應麟字伯厚，其先汴人，後居鄞。淳祐元年進士。寶祐四年，中博學宏詞科。度宗時，官禮部尙書，兼給事中，入元始卒。有深寧集。

唐開成年墓誌石

元至元二十七年，城中握蘭橋旁民家，築室穿土，得誌石一片。其文乃唐開成四年太原王夫人之墓誌，謂其曾祖王元涪在玄宗時拜諫議大夫、左庶子，慕巢、由之志，辭疾不就。前宋尙書王應麟爲詩以紀其事。

鴻濛肇開闢，變嬗幾成毀。寥寥斷竹歌，瓦𡈼創姚姒。周墳典以族，詎認青烏子。公琴記咎繇，邢山稱重里。葛淸失之殤，璠璵過于侈。焉知宮夾墓，莫識龜言水。銅槃字十六，銘自比干始。延陵有孔子，

烏虖牛辟止。漢甎猶簡樸，石章侈華靡。無媿惟有道，媢俗多虛美。七松談士良，何以懲不軌。載筆鮮南董，襲浮謬臧否。豈悟冢中人，三百年不死。婦名弗出閫，古未有碑誄。謚見春秋初，誌起典午氏。簪蒿隱士妻，芳刻垂千祀。楊高託不朽，習之文中理。或犯葵丘禁，息國事何恥。蛾眉爲黃土，磨滅更誰紀。宰如比何人，雒邑之士女。逸民儒仲裔，冰雪濯紈綺。采儷古鄮州，儉勤終暮齒。□問幾何年，頗與銅人似。雖徵黃絹辭，亦質而不俚。丘夷池又平，蓬顆今廛市。聚盧寒劫灰，餘光輝泥滓。或行松柏下，勢榮朝菌爾。隆碣牛礪角，翁仲臥荆杞。蘭艾均一塵，玉珉同一燬。孤竹夢茫然，柳下壟孰是。片石幸有傳，詩以貽彤史。王尚書遺稾

澤民廟

唐大曆間，明州刺史吳謙築九里堰，民德而祀之。

城西有祠臨水涘，翠松列植路如砥。問之耆老此爲誰，唐大曆中吳刺史。刺史爲民開陂湖，故蹟猶傳堰九里。年年簫鼓報豐穰，決渠爲雨潤澤美。遺愛有橋名懷恩，姓名不載太史氏。昔漢吳公治第一，列傳寂寂名無紀。刺史豈其苗裔歟？明州政亦河南比。堂上大書荆公詩，蘭菊春秋百世祀。地誌祗稱王長官，有功于民蓋一揆。吾聞是邦多賢守，裴王碑字顏與李。惟侯盛德著人心，彼石可焚祠弗圮。廣德湖爲鴻隙陂，召棠欒社誰敢毀。秔稌充羨侯之賜，廟食長存如此水。延祐四明志

錢端琮

端琮，淳安人。淳祐元年進士。

暮春

園林深處綠成堆，更著松陰一徑苔。煙欲過牆風約轉，水將爭港石銜回。斷雲收雨鳩呼婦，嫩麥盈隄雉應媒。獨有殘紅春不管，等閑飛入酒卮來。四朝詩

馮去非

去非字可遷，號深居，南康都昌人，椅子。淳祐元年進士。幹辦淮東轉運司。寶祐四年，召爲宗學諭。

江上

清秋不可奈，先自嬾登樓。一雁叫寒水，數峯生遠愁。乾坤消劍氣，江海笑詩流。不解人間事，眠鷗儘自由。

所思

雁自飛飛水自流，西風不寄小銀鉤。斜陽何處橫孤篴，十二闌干一樣愁。以上詩家鼎臠

金陵鳳凰臺

許大乾坤裏，那無一鳳鳴。臺攲紅日晚，梧拂翠雲生。瑣瑣六朝夢，悠悠千古情。寒潮如有恨，時打石頭城。景定建康志

偶成

春風吹送笑談香，玉漏銀燈破夜涼。歸去東華聽宮漏，杏花落盡六更長。

愚見紀忘云：宋時內樓，五更絕，梆鼓交作，謂之蝦蟇更，禁門方開，百官隨入，所謂六更也。馮去非詩云云。

句

茶疎緣睡少。全芳備祖

曾紘

紘字宏父。

題鳳山書院

暮春浴罷振春衣，正是流觴修禊時。世事藏機應落落，人情忘我總熙熙。醉能辭醉原非醉，詩到無詩乃是詩。偉矣蘭亭衆君子，不將文字立藩籬。

禊帖綜聞：宏父跋云：宏父創鳳山書院于廬陵，去郡城遠不二三里，深得林泉之勝。雖夏旱多涸，滂流自如。稍東，即泉所發源地，鑿石引水以爲池，號流杯池，置亭其上。友人維揚倅朱行父閒拉十數親友，緬蹈前躅，因刊禊圖，并考訂所以，親爲小詩贅于後。時淳祐改元，歲次辛丑，斗柄插亥，上澣甲子日也。

董史

史字良史，號閑中老叟。有皇宋書錄三卷。淳祐壬寅自序。

題米元章書蹟拓本

書家寶晉殆猶龍，妙用通神五指中。墨海波瀾無定勢，玄雲夭矯欲隨空。格高韻勝存人品，脚闊頭空笑俗工。建紹聖人精鑒賞，奪眞移在玉屏風。

皇宋書錄：高宗裒集米芾墨跡，爲十卷，元章劇跡咸萃焉。史家藏拓本，嘗妄贊其後。

俞文豹

文豹字文蔚，括蒼人。著吹劍錄。淳祐三年自序。

徐進齋得古銅香爐具象鼻眼博古圖謂之象鬲屬余賦之雖不足言詩聊記曾見

在象數前鍾鼻眼，出囂塵外鑄形模。傳香到手親曾見，全勝人看博古圖。

願得身遊海外天，蓬萊頂上覓沈箋。爲君喚起槐安夢，細讀南華內外篇。自注：泉州守王庭珪香譜云：箋次于沈，出占城國。　吹劍錄

王平子

平子，吳郡人。尤工小詞。

題雪獵圖

烽火一息三千年，漢家將軍畫淩煙。胡兒不識征戰事，龍沙萬頃今桑田。麗譙聲裏梅花月，雲暗雪深風色惡。長嘶一騎驄蟬聯，狠帽氊裘寒矍鑠。韝鷹走犬登平岡，狂狐剔眼夢飛揚。貫鵰落雁眞戲劇，高鳥略盡良弓藏。鳳鳴居士□雙碧，少年讀書勇無敵。但知橫行翰墨場，豈料一禽終不獲。向來百非今已無，筆端有口聊自娛。故將胸中磊落事，寫作人間雪獵圖。吹劍錄

盧鉞

鉞字威仲，永福人。淳祐四年進士。官太學博士。咸淳中，以顯謨閣學士知隆興府，官至侍郎。

吳興舟中

笠澤高風寒凜凜，苕溪凝雪白皚皚。扁舟我獨乘歸興，自是不因安道來。後村千家詩

和太師平章魏國賈公大雪遺潛侍郎之作

底用封書禱梵林，瑞霙先臘感由心。豫知農畝宜禾稼，復喜邊儲足輦任。民樂齊宫誇往昔，捷歌周戍屬斯今。燮調妙造推元老，洽象陽明無伏陰。咸淳臨安志

陳合

合字維善，長樂人。淳祐四年進士。官知樞密院，終資政殿學士。謚文惠。

題陳經國龜峯詞後

西晉風流自一家，憶君魂夢到梅花。梅花深處無人跡，明月一枝霜外斜。龜峯詞，有所齋諸兄爲之跋，安用復贅語？漫書癸卯冬所作懷舊一絶繫于後，陳合維善。龜峯詞

汪立信

立信字誠甫，號紫源，先世新安人，自浮梁徙六安。淳祐七年進士。歷官端明殿學士、江淮招討使。元兵至建康，扼吭死之。贈少傅。

金陵懷古

勝地尚存龍虎氣，荒臺已失鳳凰蹤。六朝文物山川古，霸氣終歸指顧中。新安文獻志

葉隆禮

隆禮號漁林，嘉興人。淳祐七年進士。官建康府西廳通判，改國子監簿。

烟雨樓和朱南杰韻

傍家亭館占湖東，寂寞爲鄰祗陸公。竹樹一隄如有礙，乾坤萬象自無窮。櫂歌遠入秋波綠，塔影中分晚照紅。尊酒待遊烟雨候，畫圖著我笠蓑翁。至元嘉禾志

馬廷鸞

廷鸞字翔仲，號碧梧，饒州樂平人。淳祐七年進士。度宗朝，歷官參知政事，兼同知樞密院事，拜右丞相，以觀文殿大學士提舉洞霄宮。瀛國公即位，召不至，自罷相歸。又十七年，卒。

贈程楚翁

汗竹丹鉛側，空花粉黛中。尙懷丞相亮，肯署大夫雄。有客來今雨，誇予邁古風。幽情傾不竭，渺渺碧雲東。新安文獻志

程　瑞

瑞字希鳳，號梧岡，饒州人。幼與同郡馬廷鸞相友，隱居自娛。馬登政府，未嘗以仕進干之。

詠梅

清淺溪橋水，高低籬外枝。這些風骨異，瘦盡古今詩。中洲野錄

陳鑒之

鑒之字剛父，閩縣人。淳祐七年進士。有東齋小集。

過吴江

垂虹四年别，淼淼來夢境。今晨整芒屨，柳風吹鬢影。春光徹重淵，蛟困綠波靜。遠帆有無處，小立爲徐領。浩歌翁自得，白髮亂垂頸。一室世誰知，三萬六千頃。平生卜鄰意，此際味差永。翁肯平分鰍，吾其辦漁艇。

晚登京口倅廳富覽

窮途逢偉觀，小閣江萬里。薄暮岸幅巾，寒烟四山起。天河注平淮，斗柄臥蘆葦。欲返還少留，燈青客船尾。

京口江閣和友人韻

良辰仍我輩，斗酒大江邊。小閣納萬里，一帆來九天。世塵黄鵠外，詩與白鷗前。地勝吾衰矣，長懷李謫仙。

題鄭承事所作蕙蘭

蘭如君子蕙如士，此評吾得之涪翁。有餘不足姑勿論，畢竟清幽氣類同。

有感

霖雨何人記子桑，朱門車馬漲塵黄。百年友誼須英概，畫虎何妨效季良。

同劉叔泰放步湖邊入靈芝寺坐依光良久叔泰誦坡仙好把西湖比西子之句予因賦古

風一首

劉郎喚我出，勝處意所便。清寒柳桃風，濃淡杉檜煙。僧廬自生香，步遶古佛前。依光偶不扃，坐數禽聯翩。平林度清磬，遙隄簇歸船。湖山露眞態，鷗點溶溶天。形容幾吟筆，剛道妝抹妍。莫作西子看，正如姑射仙。相知喜值予，微笑生清漣。

探梅

驢蹇蹤寒獵帽貂，吟肩山聳酒微醺。彎彎竹徑霏霏雪，小小溪橋淡淡雲。忽邂逅時眞得侶，向空濛處細飄芬。回天力量知誰似，笑挽春來首策勳。

與客夜飲蠟燭有花客請賦之

圍蒲促坐話情眞，蠟炬能花似有神。畢竟蜂鬚膏馥在，酒邊依舊十分春。

同潘孔時飲總宜園孔時出賓晉數帖呼道人吹簫次日有詩予用韻答之

六橋秋新宜醉吟，舉杯共聽巖鶴音。危亭三面立老竹，賓晉數帖清人心。涼蟬不敢喧夕曛，洞簫聲遶山腰雲。搖搖歸艇水紋裂，山紫天青河漢白。想君獨立對空闊，一鷺毛寒藕花月。

題村學圃

田父龍鍾雪色髯，送兒來學尙腰鐮。先生莫厭村醪薄，醴酒雖醲有楚鉗。以上東齋小集

湯漢

漢字伯紀，安仁人。江東提刑趙汝騰薦于朝，免解，差充象山書院堂長。赴禮部別院試，正奏

名，授上饒簿。淳祐中，差充史館校勘。度宗朝，仕至刑部侍郎，權工部尚書，提舉玉隆宫，以端明殿學士致仕。卒謚文清。有集。

寄劉後村

唐朝空自貴宏詞，科目何嘗得退之。掌制徒聞誇子厚，殘篇僅見命敦詩。堪嗟實錄無完傳，太息淮西有後碑。寄語莆田紫薇老，文章蓋世例如斯。後村詩話

自儆六言

春秋責備賢者，造物計校好人。一點莫留餘滓，十分成就全身。困學紀聞

黄　畬

畬字子耕，分寧人。山谷諸孫，從朱文公學。登淳祐進士，累遷軍器監丞，匄外，知台州，終袁州守。有復齋漫稾。

葉水心墓誌云：子耕詩詞，如徑幽薄，超高丘，宇宙寄曠，風露綽約。人謂非子耕所能，魯直遺墨散落，收拾未盡爾。

題桃源　台州郡圃

本自深村老圃來，偶分符竹到天台。漫山幸可容桃李，莫待劉郎去後栽。赤城志

常　楙

楙字長孺，海鹽人。淳祐中進士。度宗朝，累官浙東安撫使。德祐初，拜參知政事。宋亡，里居，卒。

題平江集仙宮

松菊新來入夢頻，公餘乘興得尋眞。紅塵物外常清境，白日壺中不老春。柏子灰寒烟寂寂，桃花風暖水粼粼。逍遥羽士閑如許，媿我浮名役此身。海鹽縣圖經

劉克莊

克莊字潛夫，號後村，莆田人，以蔭仕。淳祐中，賜同進士出身，官龍圖閣直學士。卒謚文定。有後村集。

題孺子亭

孺子亭前插酒旗，遊人那解薦江蘺。白鷗欲下還飛起，曾見當年解榻時。

題忠勇廟

士各全軀命，惟侯視死輕。張巡鬚盡怒，先軫面如生。短刃猶梟寇，空拳尚背城。新祠簫鼓盛，人敬此神明。

隨隱漫録：紹定庚寅春，汀寇入譙，趙守竄，殿司裨將胡斌領弱卒二百巷戰，矢盡刀折，易雙鐵鞭，所殺尤衆，死焉。坐執雙鞭，屢日不僵。民賴其力，多獲竄免。守臣王埜聞于朝，贈武節大夫，贈廟額忠勇。

秋風

黃葉蕭蕭忽滿街，獨騎瘦馬踏章臺。莫將宋玉心中事，吹上潘郎鬢畔來。

周漢國公主挽詞

孝謹親顔悦，溫恭婦德修。鵲橋方紀節，鸞扇忽驚秋。魯箏王姬卒，湘弦帝子愁。顧言寬聖抱，況返蘂宮遊。

賜館恩通內，妃塋詔卜鄰。來應自仙佛，去尚戀君親。望逖龍綃溼，封崇鶴表新。不能秉彤管，羞媿作詞臣。

庶齋老學叢談：理宗聖學高明，尤工于文。周漢國公主薨，誌銘詔楊平齋撰，挽詩以劉後村爲第一。

落梅

一片能教一斷腸，可堪平砌更堆牆。飄如遷客來過嶺，墜似騷人去赴湘。亂點莓苔多莫數，偶黏衣袖久猶香。東風謬掌花權柄，卻忌孤高不主張。

病後訪梅

夢得因桃卻左遷，長源爲柳忤當權。幸然不識桃并柳，也被梅花累十年。以上後村集

瀛奎律髓：寶慶初，史彌遠廢立之際，錢唐書肆陳起宗之能詩，凡江湖詩人，皆與之善。宗之刊江湖集以售，劉潛夫南岳稾與焉。宗之詩有云：「秋雨梧桐皇子府，春風楊柳相公橋。」哀濟邸而誚彌遠，本改劉屏山句也。或嫁爲敖臞菴器之所作，言者併潛夫梅詩論列，劈江湖集板，二人皆坐罪。初彌遠議下大理逮治，鄭丞相清之在瑣闥，白彌遠中輟，而宗之坐流配。于是詔禁士大夫作詩。如孫花翁季蕃之徒，改業爲長短句。紹定癸巳，彌遠死，詩禁始開。潛夫爲病後訪梅絶句云云，此可備梅花大公案也。

齊人少翁招魂歌

夜月抱秋衾，支枕玉鸞小。髑骨泣紅蕪，茂陵三十老。臥聞秦王女兒吹鳳簫，淚入星河翻鵲橋。素娥剗韈跨玉兎，回望桂宮一點霧。粉紅小蝶沒柳烟，白茅老仙方瞳圓。尋愁不見入香髓，露花點衣碧成水。

東阿王紀夢行

月青露紫翠衾白，相思一夜貫地脈。帝遣纖阿控綵鸞，崑崙低小海如席。曲房小幄雙杏坡，玉梟吐麝熏錦窠。輭香蕙雨裙衩溼，紫雲三尺生紅韡。金蟾呑漏不入咽，柔情一點薔薇血。海山重結千年期，碧桃小核生孫枝。陳王此恨屏山知。

趙昭儀春浴行

花奴一雙鬟垂耳，綠繩夜汲露桃蘂。青桂寒煙溼不飛，玉龍呵暖紅薇水。翠韡踏雲雲帖妥，燕釵微卸香絲嚲。小蓮夾擁眞天人，紅梅犯雪敧一朵。鸞錦屏風畫水月，鵁鶄抱頸唼蘭葉。劉郎散卻金餅歸，笑引香綃護癡蝶。以上詩人玉屑

句

判花人競誦，詩草士深藏。贈洪使君　藝林伐山

劉克遜

克遜字無競，號西墅，後村之弟。仕爲古田令。

送楊帥

累詔登華省，當時已避蹤。身閑名轉重，道大世難容。南國因鋤薙，東山得倚筇。何當投劾去，短褐許相從。詩林萬選

劉黻

黻字聲伯，號質翁，樂清人。淳祐中，試入太學，由學官試館職。度宗朝，累官吏部尚書，端明殿學士，擁二王入海及羅浮。卒謚忠肅。有蒙川集。

大龍湫

總是佳山水，龍居又不同。神明專一壑，氣勢壓羣雄。派想從天落，湫疑與海通。矩邪看不厭，宴坐雨聲中。

寶界寺 在南安軍。張無垢讀書于此，雙趺隱然。

城中惟一寺，僧老雪盈頭。曾識神仙到，仍多諫議游。鐘聞香火夕，碑隱桂杉秋。可惜高堂上，雙趺石不留。

題江湖偉觀

柳殘荷老客淒涼，獨對西風立上方。萬井人烟環魏闕，千年王氣到錢塘。湖澄古塔明寒嶼，江遠歸舟動夕陽。北望中原在何所，半生盈得鬢毛霜。以上蒙川集

方岳

岳字元善，寧海人。有深雪偶談。

感舊　并序

淳祐初，僧友自南，嘗從天竺歸隱溪之南岡。余冬夕踏落葉訪之，小厖迎吠，時佛燈猶在，啓關煮茗。既而侶行溪間，篙小舟自拜龍巖順流東下，誦坡、谷詩，徘徊久之。舍舟登岸，借僧裘禦寒而返，僂指二十霜矣。

昔年訪月寒溪頭，霜高洒劣棱生裘。溪僧輟寢從吾幽，共移不繫漁父舟。斷崖老木紛金虯，又如蘋藻涵清流。鶴骨浸煩風露憂，妙語滿地無人收。深雪偶談

鷺

聳兩吟肩似我愁，菰蒲葉下一身秋。溪風昨夜吹魚落，飛過前灘看水流。陳郁話腴

方逢辰

逢辰字君錫，淳安人。淳祐十年，進士第一。初名夢魁，理宗御筆改今名。累官兵部侍郎、國史修撰，兼侍讀。宋亡，元世祖詔起之，辭不赴，卒于家。有蛟峯集。

被徵不赴

萬里皇華遣使輈，姓名曾覆御前甌。燕臺禮重金爲屋，嚴瀨風高玉作鉤。丹鳳喜從天外落，白駒須向谷中求。敲門不醒希夷睡，休怪山雲著意留。

贈樵隱

樵仙深入琴棋境，一笑出門天地寬。人世已非存朽斧，土音不改只南冠。弦中自有冰心在，局外何妨

道眼觀。霽月光風元屬我，飯牛何謂夜漫漫。以上蛟峯集

袁立儒

立儒號溪翁，建安人。淳祐中，提點兩浙刑獄，除侍右郎官。

題駙馬都尉王晉卿所作夢游瀛山圖

珍木文禽玉佩環，淸都絳闕色琅玕。香山居士蓬萊院，借與王郎夢裏看。淸河書畫舫

楊伯巖

伯巖字彥瞻，號泳齋，楊和王諸孫。淳祐間，除工部郎，守衢州。錢唐薛尙功之外孫，弁陽周公謹之外舅也。著有六帖補、九經補韻行于世。

遊九鎖

曉山雲樹碧生秋，乘輿閑爲洞府游。片石卻將仙路隔，負人平昔慕浮丘。

亭前絕壁下飛瀑，天風夜半吹韶咸。疑是銀河天上水，壯士挽落千丈巖。洞霄詩集

徐偃王廟

當年大德瑞朱弓，仁在斯民千古同。故國已無徐子土，靈祠今有梵王宮。水流簷影晴江上，山接鐘聲暮靄中。攬轡此行因致敬，蒲團分坐聽談空。衢州府志

施淸臣

淸臣號東洲，淳祐間人。

牽牛花

一泓天水染朱衣，生怕紅埃透日飛。急整離離蒼玉佩，曉雲光裏渡河歸。詩林萬選

王同祖

同祖字與之，號花洲，金華人。淳祐中建康府通判，改添差沿江制置司機宜文字。有學詩初集。

太乙宫即事二首

金殿重重晝不開，盤窠蒼柏兩行栽。角門東畔瞻宸几，仙仗曾迎翠輦來。

綠陰密處著危亭，佳氣葱葱王武林。一片紅塵飛不入，杜鵑啼處白雲深。自注：山後有亭，乃武林山。

夜步内門

静夜孤燈人未眠，等閑行過内門前。一聲唱徹連珠喏，皇城夜間唱連珠喏。碧月朱闌綠柳邊。

春日雜興

迢迢清夜静無譁，月色千門噪亂鴉。吳山月明，則鴉羣噪。坐久忽驚寒力重，不知殘雪在梅花。

天津橋　橋在金陵行宫前，昔人謂山如洛邑，水如瀍澗，因以名之。

行闕千重鎖暮烟，山如洛邑水如瀍。黄塵障斷中原路，悲立橋頭聽杜鵑。

冬日金陵制幕書事五首

督制堂堂兩重臣，駐師移府夾江濱。資糧犀㔶多多辦，更有舟車乞與鄰。自注：時督制兩閫，移屯江岸應援。淮

城東闕，亦自維揚提兵會合。軍需等物，多本司貸之。

官軍聞說定廬州，破虜功成一滴油。自注：一滴油，寨名。智勇功名付元凱，王三錫命到康侯。自注：此詩爲合肥作。金人以重兵三十萬圍城者四十餘日，制帥杜公于援兵未至前，不動聲色而破之。父子俱奏雋功，受上賞。

城中守將方投死，陣面將軍已賣降。版築紛紛成底事，那知靠後是長江。自注：此詩爲滁州作。金人圍滁城凡兩月，守臣陳廣竭力拄之，已有退志。會援師築城于江堧未進，廣以中傷死，有內變，金人遂入，而城亡矣。

薄晚官軍得勝歸，家家戶戶挂旌旗。陣前紀律明于日，師入城來半不知。自注：爲往來過軍作。

三五同寮出幕遲，公餘終日意遲遲。歸來又被梅花惱，撥冗銅彝插數枝。以上學詩初集

陳允平

允平字衡仲，一字君衡，四明人，號西麓。有西麓詩稾。

香匳體

小院薰風滿，閑庭白晝長。蜻蜓楊柳岸，鸂鶒芰荷塘。雲合朱簷卸，山高翠閣涼。蔓滋青薜荔，芽長紫良薑。簾幙深深地，闌干曲曲廊。淡烟瑤草細，流水碧桃香。幡影重門靜，苔痕小篆荒。螭盤丹鼎雪，龍吸露臺漿。琴古翻新調，笙沈艷舊簧。雨聲犀角枕，月色象牙牀。掌上雙鸚鵡，屏間兩鳳皇。石函藏寶劍，金鑰啓瑤箱。扇雉團清影，匳鸞試曉妝。霞綃衣窄索，雲錦佩玎璫。鬢攏金蟬盝，釵橫玉燕翔。袂飄天水碧，裙濺鬱金黃。太液簫初遠，蓬壺漏未央。流星飛碧落，零雨下銀潢。去去人千里，迢迢天一方。斷腸春洛浦，殘夢夜瀟湘。

題胡月山吟屋

蘇公隄上路，日日課新吟。流水行花影，斜陽臥柳陰。斷橋春聽樂，矮屋夜鳴琴。皎皎山門月，如君一片心。

吳江道上

夜半扁舟出洞庭，客帆初挂早潮平。社風纔過海鷹至，嵐霧未收江鵠鳴。吳岫亂雲擎古塔，楚皋寒棄擁荒城。垂虹橋外連天水，無限別離生杜蘅。

后土廟

塵擁妝臺翡翠翹，瓊花開盡玉魂銷。崑崙山上天風落，二十四橋吹洞簫。

江南謠

柳絮飛時話別離，梅花開後待郎歸。梅花開後無消息，更待明年柳絮飛。

秋夜遊東墅

雲壓高空雁陣低，江城歷歷草離離。樓臺秋淡玉簫遠，簾幙夜寒銅漏遲。明月鷺鷥菱葉浦，西風蟋蟀豆花籬。一尊酒盡銀河落，猶有殘鐘出古祠。

閨情

閑拈花片貼紗窗，繡幙斜飛燕子雙。細數歸期相次近，倚樓日日望春江。

吳山雪霽

九天宮闕春風滿，陸地樓臺夜月寒。鐵笛一聲吹雁落，片雲不到玉闌干。

馬塍道上

閑拖瘦竹筇，獨步馬塍東。鳥影青山外，春愁碧樹中。麥潮風化蝶，櫻熟雨生蟲。莫過溪頭去，溪頭多落紅。

小樓

寒空漠漠起愁雲，玉笛吹殘正斷魂。寂寞小樓簾半卷，雁烟萋雨又黃昏。

登西樓懷湯損之

楊柳飄飄春思長，綠楊流水遶宮牆。碧雲望斷空回首，一半闌干無夕陽。以上西麓詩稾

句

石屋雨來春樹暗，海門潮起暮雲高。

方虛谷桐江集云：予淳祐中，偶至靈隱冷泉。時京尹盡去，楣間詩板僅存者二，其一云云。此四明陳允平詩，蓋許渾體也。

鄭霖

霖字景說，天台人。淳祐中知平江府。

淳祐己酉月正人日春雨堂宴三學同舍卽事

十年隨牒訪三高，不覺星星上鬢毛。尙憶齋鹽形夜夢，聊因椒柏薦春醪。文明再會知何日，臭味相投

屬我曹。總是虞庠舊培植，致君當不媿夔皋。吳郡志附

王學可

學可字亞夫，襄陽人，參知政事之望孫。淳祐間臨安府倅。

洞霄宮

天柱峯高萬壑分，故留九鎖限塵氛。泉飛竇牖長爲雨，日上岡巒半是雲。洞壁陰崖通遠岫，石生暗暈作奇紋。聖朝每爲民祈福，絕笑求仙漢代君。洞霄詩集

石橋

天巧何年路，千峯亂入雲。瀑飛雙澗合，崖斷一橋分。樹色春猶凍，猨聲夜或聞。靈蹤如可見，煮茗共爐熏。天台山志

題蘇端明書乳泉賦後

蘇公早聞道，文章乃其戲。乳泉出重海，作賦聊記異。玉池嚥中夜，挈瓶非小智。氣者水之生，此語可深味。式古堂書考

李彭老

彭老字商隱，號篔房。淳祐中沿江制置司屬官。

元夕

斜陽盡處蕩輕烟，輦路東風入管弦。五夜好春隨步暖，一年明月打頭圓。香塵掠粉翻羅帶，蜜炬籠綃

鬬玉鈿。人影漸稀花露冷，踏歌聲徹曉雲邊。武林舊事

弔賈秋壑故居

瑤房錦樹曲相通，能幾番春事已空。惆悵舊時吹笛處，隔窗風雨剝青紅。

齊東野語：景定三年正月，詔以魏國公賈似道有再造功，命有司建第宅家廟。賈固辭，遂以集芳園及緡錢百萬賜之。園故思陵舊物，古木壽藤，多南渡以前所植者。積翠四抱，仰不見日，架廊疊磴，幽渺逶迤，極其營度之巧。猶以爲未也，則隧地通道，抗以石梁，傍透湖濱，架百餘楹，飛樓層臺，涼堂燠館，華麗精妙。前揖孤山，後據葛嶺，兩山暎帶，一水橫陳，各隨地勢以構架焉。堂榭之有名曰蟠翠（古松）、雪香（古梅）、翠巖（奇石）、倚繡（雜花）、挹露（海棠）、玉蘂（瓊花、荼蘼）、清勝（假山，已上集芳舊物，高宗扁）、西湖一曲奇勳（理宗御書）、秋壑遂初容堂（度宗御書）、初陽精舍；山之坳曰無邊風月、見天地心；水之濱曰琳琅步歸舟（早船），通名之曰後樂園。又以爲未足，則于第之左數百步，瞰湖作別墅，曰光漾閣、春雨觀、養樂堂、嘉生堂（千頭木奴）、生意瀟然、生物之府，通名之曰養樂園。又于西陵之外，樹竹千挺，架樓臨之，曰秋水觀、第一春、梅塢、剡船亭，則通謂之水竹院落焉。近世以詩弔之者甚衆，李彭老一絶云云。

程 洙

洙，珌族弟。淳祐十年進士。景定初爲上元簿。德祐乙亥，建康守將以城降元，洙不屈死。

有南窗稾。

秋晚懷友

長亭一樽酒，猶記别時斟。碧草思前夢，黃花見此心。關河秋北望，天地日西沈。遥想山中桂，何人月

下吟。新安文獻志

曾淵子

淵子字廣微，南豐人，宰六世孫，鈺之子。淳祐十年進士。累官右正言，監察御史，權戶部尚書，浙西制置使，拜同知樞密院事，罷知雷州。端宗在碙州，自雷來覲，拜參知政事，廣西宣諭使。元兵至，走安南，卒。

九日登翰苑臺　在筠州新昌縣

翰苑臺邊拂舊題，歲華荏苒壯心違。看萸喜得親猶健，對菊猶慚令未歸。秋水一江鷗共瘦，雲山千里雁初飛。宦情有暇無風雨，把酒相酬此會稀。瑞州府志

客安南見□□使回口占

安南莫道是天涯，歲歲人從薊北回。江北江南親故滿，三年不寄一書來。四朝詩

陳必復

必復字无咎，閩人。淳祐十年進士。有山居存稾。

山居

接砌斜通徑，緣籬矮結牆。地卑蝸篆屋，山暖蜜分房。過雨林亭靜，落花春晝長。幽居差省事，猶有課詩忙。

客枕

客枕偏饒睡，春歸尚擁綿。屋深燈易暈，漏短夢難圓。棲烏驚凉夜，鬧蛙喧雨天。一聲柔櫓過，何處上溪船。

贈張駉自號牧隱

乍見語相合，苦吟心更親。老于琴得趣，隱與牧爲鄰。一夜巖花雨，十年江樹春。所交半湖海，恨晚識斯人。

宿龍山精舍

偶貪禪宇靜，襆被到深林。夜榻僧同話，寒簷客自吟。窗明疑積雪，樹黑怪常陰。猶恨匆匆出，丁寧約重尋。

舟中效東坡用韻

底事京塵踏軟紅，又隨征棹過吳淞。人家半在桑柘住，春水忽迷蘆葦叢。赤蟹白魚今稍稍，紅櫻紫筍已悤悤。船窗盡日看山色，多少好山供眼中。以上山居存稾

蕭立之

立之字斯立，寧都人。淳祐庚戌進士。知南城縣，歷南昌推官、辰州判，遭世亂，歸隱蕭田。有集。仲子士贇，爲李白詩分類補注行于世。

桃源

桃源花發幾番春，聞説漁郎此問津。秦帝漫勞方士遣，神仙已是避秦人。全芳備祖

杜鵑

思歸言語苦悲辛，啼老江南綠樹春。莫倚巴西君故土，巴西風景近愁人。

秋日

野店聊爲一枕謀，五更歸夢入鄉愁。溪流清淺春鉏曉，籬落荒涼絡緯秋。以上梅礀詩話

落梅

玉龍戰退鹿胎乾，好在晴沙野水看。舞翠夢回仙袂遠，射鵰人去露崖寒。連環骨冷香猶暖，如意痕輕補未完。誰在高樓吹笛處，輕衫當戶獨凭闌。小窗清紀

陳杰

杰字壽夫，分寧人。淳祐十年進士。制置司屬官。有自堂存稾。

題梅壇毛慶甫雲悦樓

白衣蒼狗無猜物，翻手悲歡變古今。輸與道人長快活，看渠起滅不關心。梅仙事實

王時彦

時彦，蜀人。

題梅壇毛慶甫雲悦樓

一生活計一身閑，日與白雲相往還。五百年間知此味，華山去後到梅山。梅仙事實

朱渙

渙字行父，號約山。大理寺丞，守衡州。

題梅壇毛慶甫雲悅樓

和衣高臥白雲堆，門倩雲封不妄開。留向山中自娛悅，莫教一片出山來。梅仙事實

姚勉

勉字述之，高安人。寶祐癸丑廷對第一。除校書郎，兼太子舍人。有雪坡集。

余評事惠龍團獸炭香瓔臮實且許以百丈山楮衾而未至

青禽銜雲落蓬壺，風奩快讀光眉鬚。百朋珍貺羅庭隅，一一皆可當清娛。建溪龍焙香雲腴，香瓔巧製來東吳。鬅鬙獸炭奇形模，辟斜天祿獅熊貙。王家舄種君家臮，晴沙暖抱明月珠。雅意下照仙人臞，矮窗醉兀詩情孤。蒲團松拂燒紅爐，蝸廬積凍春潛驅。侍兒金珞香玉膚，月鐺煮雪煎春酥。窗前笑玩嬌黃雛，能言直可貢上都。其波及晉皆君餘，獨欠一幅横雲鋪。王孫醉擁紅氍毹，楮生長揖非吾徒。藤牀紙帳恰此須，能供梅花清夢無？

新晴曉步

晴曉芳蹊潤，幽情得自怡。霧黏行草蝶，風舞罥花絲。竹靜聞鄰話，林虛度客棋。意行無伴侶，池上只鷺知。

放生池納涼晚歸

湖面輕煙起，前山漸不分。鐘聲連寺答，人語隔船聞。吟客衣生月，歸僧笠帶雲。及城門未掩，燈火已

紛紛。

題西湖竹閣寺二首

入門纔見萬琅玕，便覺玲瓏日影寒。峯勢近環簷外立，湖光更好竹中看。煙霞古淡僧容瘦，風露清高鶴夢殘。已占兩亭涼坐足，再須登閣倚闌干。

千古清風白樂天，昔時曾此飽談禪。自從西閣無吟迹，唯有東坡嗣舊傳。來往祇應湖上寺，聽聞誤說海中仙。我來再拜祠堂下，笑摘巖花薦井泉。以上雪坡集

時少章

少章字天彝，金華人。寶祐癸丑進士。官史館檢閱。

冬狩行

北庭十月百獸肥，夜植虎落朝打圍。倒榛伏棘一千里，疊鼓欲渡繩林西。西風吹塵黯如霧，賀蘭花驄踏風去。老虆鈹交作兒啼，橫飛一矢貫兩麏。將軍十指撮矢笑，四合周陸皆絕叫。牛酒過山酺爾曹，今年拔城如拔毛。金華詩粹

孫炳炎

炳炎字起晦，餘姚人。寶祐癸丑進士。權吏部郎，出知饒州，除軍器監。

題元實弟姚山別業

別業倚嶙峋，幽居寓目新。閑花繁覆砌，靜燕語通人。野翠生窗晚，林香入戶春。顧因張老祝，持以奉

芳辰。四明山志

林泳

泳字太淵，號弓寮，希逸長子。寶祐元年進士，出宰安溪。有集。

岳武穆王墓

天意只如此，將軍足可傷。忠無身報主，寃有骨封王。苔雨樓牆暗，花風廟路香。沈思百年事，揮淚灑斜陽。武林舊事

郭爊

爊，東陽人。

挽內子

山嵬嵬兮日西，望吾侶兮不歸。惆悵兮階前，物換兮人非。春去兮花殘，春歸兮芳菲。老不可以再壯，君胡爲而先馳。石洞遺芳集

章雪崖

雪崖，平江人。問道于朱子。

偶作

掩關作夏計，長日獨清坐。戎葵競自花，安榴粲成朵。時芳詎容歇，幽賞無不可。微風忽吹來，諒亦深知我。車若水脚氣集

宋詩紀事卷六十七

錢唐　厲鶚　輯
歙　汪大成　勘定

危昭德

昭德字子恭，邵武軍人。寶祐元年進士。歷官起居舍人、殿中侍御史，權工部侍郎，兼同修國史實錄院，致仕。有春山集。

春晚

晴天楊柳絲千緒，淡月梨花玉一庭。又是東風去時節，數聲啼鳥不堪聽。後村千家詩

王翔龍

翔龍，四明人。寶祐元年進士。

遊澤山 在慈谿

獨俯空堂夜，無人境自寬。高風河影動，斜月竹身寒。湖海秋聲闊，山林客夢安。坐來更幾點，北斗已闌干。延祐四明志

樂雷發

雷發字聲遠，舂陵人。寶祐元年，特科第一。有雪磯叢稾。

寄姚雪篷使君 時姚貶衡州

湘鱗六六寄相思，疎柳新蟬想別時。今夜各聽三楚雁，秋風又老一年詩。梅花且補離騷闕，薏苡應爲史筆知。翦竹疑峯新製笛，待銜霜月訪桓伊。

寄許介之

惹得詩名徧九州，酒徒棋伴半公侯。離騷甘隱魚鱗屋，樂府多傳鳷鵲樓。醉葉幾窠藏菊徑，蠹荷三畝護漁舟。中原應有樓蘭國，空鎖吳鉤到白頭。

送丁少卿自桂帥移鎭西蜀

瓊海收兵玉帳閑，又移齋艦泝涪灣。三邊形勢全憑蜀，四路封疆半是山。魏將舊聞侵劍閣，漢兵今欲卷函關。時會有三京之役。細傾瑞露論西事，想在元戎指顧間。

舜祠送桂林友人

堯山分手舜山逢，呼酒旗亭兩鬢蓬。客思且須論契闊，詩交應不計窮通。兒曹富貴秋烟外，前輩風流落葉中。明日吟船又何處，渡江衣冷荻花風。

讀繫年錄紹興八年以後事

婁敬金繒滿去輈，便看雷雨潤遐陬。諸賢自抗排雲議，宰相方深偃月謀。湘國乍聞悲鵩鳥，秣陵還聽唱符鳩。九原晏老今知否，搔首青編恨未休。

秋日村路

兒童籬落帶斜陽，豆莢薑芽社內香。一路稻花誰是主，紅蜻蜓伴綠螳螂。

題昭州田廷亮書稾後

少海無波鶴禁虚，滿朝閉口養曹蜍。白袍烏帽和寧外，卻有山人請建儲。以上雪磯叢稾

游紫霞洞歌

猗歟奇哉，紫霞之洞眞天開。千變萬化不可逃，恍如幻出方壺與蓬萊。湘妃兩姝不敢到，悵望蒼梧雲縹緲。邇來三千三百年，斑龍空臥金花草。我探姹女江華濱，是爲三十六帝之外臣。右提綠玉杖，左攜紫金經。長歌天上謠，一呼開仙扃。列炬照深窈，懸身事幽討。羣仙喜我來，驚笑欲絶倒。何侯撫我項，偉遠拍我肩。綠華贈我金條脱，安期分我虹景丹。借問此何地？指言太虚天。翠霞紫雲張寶幄，懸黎結綠盤瓔珞。萬壘蒼苔荒石田，誰呼青龍耕紫烟。虎獄銅牆未徧識，擬開寶藏紅雲笈。嗟我水際披蓑翁，應是籛鏗釣神龍。仙人仙人何多事，驚眩世俗變靈異。或跣巨足垂天雲，或叩短趾留沙潯。或見姑射處子身，粉霞紅綬藕絲裙。或見普陀大士形，或簪楊柳垂寶瓔。或插鏤象管，或結火齊珍。或琢玄圃玉，或布祇園金。洞中之深不知幾百里，但見縈紆曲折一里一澗水。人言有路通桂林，乘輿欲尋日華君。吾聞洞中大小洞天三十六，帝遣列眞分治局。上界官司應更多，定知此地應誰屬。猗歟奇哉，紫霞之洞眞天開。我上會稽探禹穴，復浮滄海登天台。巖谷豈無奇，視此何塵埃。摩挲崖石題惡句，記我杖屨蔽雲來。黄涪翁，元漫叟，目力一生空宇宙。澹巖陽華有何奇，枉費詩篇刻石竇。九嶷山志

嚴椿齡

乙卯禱雨梅壇

大隱淸名格帝閽，眞人新寵粲王言。南昌補吏官雖小，北極通班道更尊。諫疏不容彊漢室，仙風聊復傲吳門。我來物色朝玄處，山遶星壇水遶村。梅仙事實

王洧

洧號仙麓，閩人。曾爲浙帥參。

西湖十景

蘇隄春曉

孤山夜月趁疎鐘，畫舫參差柳岸風。鶯夢乍醒人未起，金鴉飛上五雲東。

段橋殘雪

望湖亭外半青山，跨水修梁影亦寒。待伴痕邊分草色，鶴驚凍玉啄闌干。

雷峯夕照

塔影初收日色昏，隔牆人語近甘園。南山遊徧分歸路，半入錢塘半暗門。

麯院風荷

避暑人歸自冷泉，步頭雲錦晚涼天。愛渠香陣隨人遠，行過高橋方買船。

平湖秋月

萬頃寒光一席鋪，冰輪行處片雲無。鷲峯遙度西風冷，桂子紛紛點玉壺。

柳浪聞鶯

如簧巧囀最高枝，苑樹青搖萬縷絲。玉輦不來春又老，聲聲訴與落花知。

花港觀魚

斷汊惟餘舊姓傳，倚闌投餌說當年。沙鷗曾見人興廢，近日遊人又玉泉。

南屏晚鐘

涑水崖碑半綠苔，春遊誰向此山來。晚烟深處蒲牢響，僧自城中應供回。

三潭印月

塔邊分占宿湖船，寶鑑開匳水接天。橫玉叫雲何處起，潭心驚覺老龍眠。

兩峯插雲

浮屠對峙絕攀躋，積翠浮空霽靄迷。試向鳳凰山上望，南峯天近北峯低。以上咸淳臨安志

寶祐丙辰余奉漕檄經從得識九鎖山面目咸淳乙丑歲除前五日以帥檄遵奉朝旨四縣疎決回塗重游時積雪初霽瓊瑤境界恍非人世得七言一章錄呈菊巖龔先生

九鎖山寒玉作圍，紅塵世事可曾知。峯迴似覺前無路，身到因思舊有詩。雲掩巖扉龍蟄冷，月明華表鶴歸遲。梅花笑我眞迂闊，踏雪重游臘盡時。洞霄詩集

文天祥

天祥字宋瑞，一字履善，吉安人。寶祐四年，進士第一。度宗朝，累遷直學士院，知贛州。德

祐初，除右丞相，兼樞密使。元兵至，奉使軍前，被拘，亡入眞州，泛海至溫州。益王立，拜右丞相，以都督出江西，兵敗被執。囚于燕京四年，不屈，死柴市。有指南、吟嘯等集。

敬和道山堂慶瞻御書韻

墨灑天奎映籀紅，斯堂殿閣與俱隆。方壺圓嶠神仙宅，溫洛滎河造化工。列聖文章千載重，諸孫聲氣一時同。著庭更有邦人筆，稽首承休學二忠。著作之庭，乃胡忠簡公書，周文忠公立。

游青原

鐘魚閑日月，竹樹老風烟。一徑溪聲滿，四山天影圓。無言都是趣，有想便成緣。夢破啼猨雨，開元六百年。

空庭横蝃蝀，斷碣偃龍蛇。活火參禪筍，眞泉透佛茶。晚鐘何處雨，春水滿城花。夜影燈前客，江西七祖家。以上文山集

南華山

北行近千里，迴復迷西東。行行望南華，忽忽如夢中。佛化知幾塵，患乃與吾同。有形終歸滅，不滅惟眞空。笑看曹溪水，門前坐春風。

金陵驛

草舍離宮轉夕暉，孤雲飄泊復何依。山河風景元無異，城郭人民半已非。滿地蘆花和我老，舊家燕子傍誰飛。從今別卻江南日，化作啼鵑帶血歸。以上指南錄

遇異人指示作五言八句

誰知眞患難，悟此大光明。雲散天仍在，風休水自淸。功名幾滅性，忠孝太勞生。此意如能會，神仙亦可成。

上元懷舊

禁門三五金吾夜，回首靑春忽二毛。池上昔陪王母宴，斗中今直貴人牢。風生江海龍游遠，月滿關山鶴唳高。夢到鈞天燈火鬧，依然彩筆照宮袍。以上吟嘯集

理宗度宗 在燕京獄中

先帝弓劍遠，永懷侍芳茵。今朝漢社稷，爲話涕霑巾。

誤國權臣 似道喪邦之政，不一而足。其羈虜使，開邊釁，則兵連禍結之始也，哀哉！

蒼生倚大臣，北風破南極。開邊一何多，至死難塞責。

京城

當宁陷玉座，兩宮棄紫微。北城悲笳發，失涕萬人揮。

陵寢

五陵花滿眼，霜露在草根。冥冥子規叫，重是古帝魂。以上文山集杜

邳州哭母小祥 九月七日

我有母聖善，鸞飛星一周。去年哭海上，今年哭邳州。遙想仲季間，木主布筵几。我躬已不閑，祀事付

支子。使我早淪落，如此終天何。及今畢親喪，于分亦已多。母嘗教我忠，我不違母志。及泉會相見，鬼神共懽喜。

過淮

北征垂半年，依依只南土。今辰渡淮河，始覺非故宇。故鄉已無家，三年一羈旅。龍朔在何方，乃我妻子所。昔也無奈何，忽已置念慮。今行日云近，使我淚如雨。我爲綱常謀，有身不得顧。妻兮莫望夫，子兮莫望父。天長與地久，此恨極千古。來生業緣在，骨肉當如故。

亂離歌六首

有妻有妻出糟糠，自少結髮不下堂。亂離中道逢虎狼，鳳飛翩翩失其凰。將雛一二去何方？何處國破家又亡。不忍舍君羅襦裳，天長地久遠茫茫。牛女夜夜遥相望，嗚呼一歌兮歌正長，悲風北來起彷徨。

有妹有妹家流離，良人去後攜諸兒。北風吹沙塞草淒，窮猨慘淡將安歸。去年哭母南海湄，三男一女同歔欷。惟汝不在割我肌，汝家零落母不知，母知豈有暝目時。嗚呼再歌兮歌孔悲，鶺鴒在原我何爲。

有女有女婉清揚，大者學帖臨鍾王，小者讀字聲琅琅。朔風吹衣白日黃，一雙素璧委道旁。雁兒雁兒秋無粱，隨母北去誰人將？嗚呼三歌兮歌愈傷，非爲兒女淚淋浪。

有子有子風骨殊，釋氏抱送徐卿雛。四月八日摩尼珠，榴花犀錢落繡襦。蘭湯百沸香似酥，欻隨飛藿飄泥塗。汝兄十三騎鯨魚，汝今三歲知在無？嗚呼四歌兮歌以吁，燈前老影明月孤。

有妾有妾今何如，大者手將玉蟾蜍，次者親抱汗血駒。晨妝靚服臨西湖，英英雁蕩飄璃琚。風花亂墜鳥嗚呼，金鏡沉淪浮汙渠。天摧地裂龍虎徂，美人塵土何代無。嗚呼五歌兮歌鬱紆，爲爾迎風立斯須。

我生我生何不辰，孤根不識桃李春。天寒日短空愁人，北風吹隨鐵馬塵。初憐骨肉鍾奇禍，如今骨肉更憐我。汝在空能嬰我懷，我死誰當收我骸。人生百年何醜好，黃粱得喪俱草草。嗚呼六歌兮勿復道，出門一笑天地老。收柳女信，痛割腸胃。人誰無妻兒骨肉之情，但今日事到這裏，于義當死，乃是命也。奈何奈何！途中有三詩，今錄至。言至于此，淚下如雨。一讀此三詩，便知老兄悲痛眞切之情。事至于此，爲之奈何！兄事祗待千二哥至，造物自有安排。一可將此詩呈嫂氏，歸之天命。乃語靚妝、璚英，不曾周旋得，毋怨毋怨。徐妳以下，皆可道達吾此意。當此天翻地亂，人人流落，天數。奈何奈何！一可令柳女、璟女好做人。爹爹管不得。淚下哽咽，哽咽。一此詩本仍可納之千二哥。兄天祥家書，達百五賢妹。鐵網珊瑚張翥跋云：右文信公遺墨，前參知政事本齋王公所藏。公歿已久，家人理筐篋，書尺叢積，顧是紙損爛，將裂以拭巵匜。公之子季境適至，識爲信公書，咄唶驚異，亟命裝池以完。嗚呼！豈非有神物守護之歟？不然，英靈之氣不泯而致之歟？先賢尺牘，人尙皆藏弆之。矧信公之精忠偉烈，震耀古今，翰墨光芒，垂示臣子者乎！不惟王氏寶之，百世而下，固夫人之所同寶也。史官河東張翥書。

羅椅

椅字子遠，號磵谷，廬陵人，饒雙峯高弟。寶祐四年登第。以秉義郎爲江陵教，改潭州，及宰贛之信豐，遷提轄榷貨。度宗升遐，失于入臨，論罷。

吳江雪霽圖

天上清流雪片，人間名勝吳淞。兩賢相厄已甚，賴得斜陽半峯。詩家鼎臠

次劉孟元見贄韻

坐久不知夜，飢鼯窺瓦檠。詩徒吟樂國，酒不打愁城。白雪夫君句，黄花老我情。商量能住否，賸欲飲公榮。翰墨大全

寄危驪塘贈以古鑑

百尺樓頭山雨長，夢提白髮濯滄浪。從渠金帶花成簇，何處魚羹飯不香。語妙囊中了今古，騷成肘後繫瀟湘。山寒歲晚蘭苗盛，欲當包茅獻草堂。詩林萬選

幼輿折齒歌

秋衫未成錦機語，棠梨半花鳳一羽。象牀雪綜小龍梭，細穴銀光口冰縷。西鄰郎君東海歸，芙蓉半白杏雨肥。十二闌邊説幽怨，勸織南浦鴛鴦飛。匿蘭含蕙無消息，春醒彤霞漾玉色。小龍呼出風雨聲，奔騰觸裂雙白石。白石國城三十六，女子軍來兩城覆。鸞歌猨嘯强激昂，百戶風來如箭鏃。章臺公子眞豪縱，復以微言相感動。郎君切莫更癡心，忍作甘心可人痛。乾坤清氣

吳琳

琳字禹玉，號存吾，潛之子。寶祐四年進士。倅婺州。

題鹿田西寺壁

爲從吏隱招提宿，相望城中隔幾塵。雲暗雨來疑是晚，山深寒在不知春。鋤松得石添幽徑，接竹通泉隔近鄰。此去又尋三洞約，初平應怪我來頻。吳禮部詩話

唐天麟

天麟，嘉興人。寶祐四年進士。

烟雨樓

百尺樓高足賞心，我來猶記舊登臨。四時天色有晴雨，一片湖光無古今。遠塔連陰知寺隱，小舟穿柳覺春深。凭闌多少斜陽景，分付漁歌替晚吟。至元嘉禾志

陳　著

著字子微，號本堂，鄞人。寶祐四年進士。仕爲著作郎，出知嘉興；忤賈似道，改臨安通判。有本堂集。

題勝國院　在奉化縣

轉路便幽深，曾來不用尋。寺依仙石脚，僧識老巖心。是處鬼無墓，此山松自林。滔滔未涯事，分付一蟬吟。延祐四明志

陸夢發

夢發字太初，歙人。寶祐四年進士。官太府寺丞。德祐乙亥，歿于上海。有烏衣集。

梅花

城中忙失探梅期，初見僧窗一兩枝。猶喜相逢那恨晚，故應更好半開時。今冬不雪何關事，值伴孤芳卻欠伊。月落山空正幽獨，慰存無酒且新詩。梅花鼓吹

薛嵎

嵎字仲止，一字賓日，永嘉人。寶祐四年進士。終長溪簿。有雲泉集。

趙東閣曰：雲泉詩本用唐體，物與理稱，自成一家。

歲暮書懷

園林春又近，老態更無懽。添歲兒童喜，照貧燈火寒。直心嗟道喪，多事識才難。已種梅千樹，從今爛漫看。

寄宋希仁兄弟

咫尺不相見，閉門唯苦吟。聽殘寒夜雨，灰盡壯年心。身外一貧在，燈前百慮深。所欣交友義，白首到如今。

省試舟中

闕下春光近，囊金又一空。霜風吹敗絮，星斗隔疎篷。世道誰能挽，妻孥見未同。青燈對黃冊，銷盡幾英雄。

漁村

生涯小小落溪灣，妻子知時不說難。畢竟直鉤爲計拙，晚來無酒可銷寒。

松風隆首座住雲際禪院

山門開望海，鐘鼓動魚龍。人具慈悲相，秋生寂寞容。隨身惟一鉢，留偈別雙松。後夜橋西月，支筇失所從。

自君之出矣

自君之出矣，抱此離恨情。春蠶不作絲，纏綿過一生。以上雲泉集

陸秀夫

秀夫字君實，楚州鹽城人。寶祐四年進士。累擢宗正少卿，兼權起居舍人。元兵入臨安，益王立于福州，進端明殿學士，同簽樞密院事。崖山破，負王赴海死。

鶴林寺

歲月未可盡，朝昏屢不眠。窗前多古木，牀上半殘編。放犢飲溪水，助僧耕種田。寺門久斷掃，分食餽農賢。鎮江府志

句

曾聞海上鐵斗膽，猶見雲中金甲神。挽張郢州世傑　山房隨筆

謝枋得

枋得字君直，號疊山，信州弋陽人。寶祐四年進士。咸淳中，爲江東提刑，江西招諭使。景炎帝以枋得爲江東制置使，即弋陽起義兵，軍潰，隱于閩。元徵聘，累辭不就。後福建行省魏天祐迫脅至燕，不食死。門人諡之曰文節先生。有疊山集。

北行別人

雪中松柏愈青青，扶植綱常在此行。天下豈無龔勝潔，人間不獨伯夷清。義高便覺生堪捨，禮重方知死甚輕。南八男兒終不屈，皇天上帝眼分明。

求紙衾

避世知無地，危身只信天。寧持龔夬一作勝扇，不著挺之綿。養性眞同道，知心有宿緣。紙衾加惠絮，晴日臥雲邊。

春日聞杜宇

杜鵑日日勸人歸，一片歸心誰得知。望帝有神如可問，謂予何日是歸期。

慶全菴桃花

尋得桃源好避秦，桃紅又見一年春。花飛莫遣隨流水，怕有漁郎來問津。以上疊山集

武夷山中

十年無夢得還家，獨立青峯野水涯。天地寂寥山雨歇，幾生修得到梅花。天地間集

菖蒲歌

有石奇峭天琢成，有草夭夭冬夏青。人言菖蒲非一種，上品九節通仙靈。異根不帶塵埃氣，孤操愛結泉石盟。明窗淨几有宿契，花林草砌無交情。夜深不嫌清露重，晨光疑有白雲生。嫩如秦時童女登蓬瀛，手攜綠玉杖徐行。瘦如天台山上聖賢僧，休糧絕粒孤鶴形。動如五百義士從田橫，英氣凜凜摩青冥。清如三千弟子立孔庭，回琴點瑟天機鳴。堂前不入紅粉意，席上常聽詩書聲。怪石篠簜皆充貢，此物

舜廟當共登。神農多智入本草，靈均豴賢遺騷經。幽人耽翫發仙興，方士服餌延修齡。綵鸞紫鳳琪花苑，青蚪玉麟芙蓉城。上界眞人好清淨，見此靈苗當大驚。我欲攜之朝上帝，太清瑤草不敢專芳馨。玉皇一笑留香案，賜與有道者長生。人間千花萬草盡榮豔，未必敢與此草爭高明。宋遺民集

柴隨亨

隨亨字剛中，號瞻岵居士。寶祐四年進士。知建昌軍事。宋亡，與其兄望、弟元亨、元彪隱于櫸林九際之間，人稱「柴氏四隱」。

題白雲菴

散策入禪扉，愁城酒解圍。泥黃肥客屐，雲淡護僧衣。心事溪相照，吟情雨帶歸。未盟泉石隱，林鶴背人飛。

江行卽事

讀罷騷經手自抄，紉蘭歸計勝誅茅。新蠶食葉將成繭，舊燕銜泥旋補巢。菜老花隨黃麥落，草長色與綠楊交。一春過盡三之二，閑倚東風憶孟郊。

錢唐寒食

絮花如雪草如茵，寒食清明處處春。惆悵錢唐門外路，今年人哭去年人。以上柴氏四隱集

舒岳祥

岳祥字舜侯，台州寧海人。寶祐四年進士。官奉化尉，終承直郎。宋亡不仕。有篆畦稾、蝶

軒稾、竹梧里稾、蓀墅稾。學者稱閬風先生。

古意

客從南方來，遺我薰風琴。薰風未易致，且奏易水吟。高浪忽起立，四顧變愁陰。征馬立躊躕，旁人淚霑襟。壯士不畏死，怒髮豎森森。長揖辭四座，秦關無阻深。燕客覩秦王，已若罝中禽。一朝事不成，易水有悲音。請君且勿彈，此曲傷人心。

一春四十日天氣未佳花事行復已矣太息成吟

積翠林塘十畝陰，雨中不覺□□□。江山萬里登樓眼，宇宙千年隱几心。有客不來還日暮，掩書無語自春深。倚闌欲數排簷竹，故故飛花點客襟。以上赤城詩集

天門山

烟樹連天遠，漁樵兩地分。仙舟滄海路，僧錫石橋雲。落日人行少，空村犬吠聞。誰知隱淪者，絕迹在人羣。

石臺紀遊

蒼山面長溪，勢若飲奔馬。層臺跨其脊，萬古絕蕭灑。登臨惟茲時，朋從未云寡。迢迢歷榛莽，靡靡眺原野。白雲與翠霞，負在屨舄下。窮秋向搖落，霜菊摘盈把。賞心孰與同，幽抱欣已寫。邈矣千載期，名山俟來者。以上台州府志

楊白花

楊白花，懊惱隨風渡江水。將心莫託少年郎，少年一行輕萬里。楊條插地便生根，花性飄揚似夢塵。恨不築城高萬丈，花飛莫放出重門。珠簾繡柱香雲護，祇有黄鶯知去路。宋藝圃集

唐元齡

元齡，新建人。寶祐進士，樂安令。

鬱林寺

一徑通深窈，叢林獨蔚然。神仙棲佛屋，香火當僧田。罕見催租吏，誰談文字禪。吳儂來拜朔，僂指滿三千。西江詩話

潘希白

希白字懷古，號漁莊，永嘉人。寶祐中登第。幹辦臨安府節制司公事。德祐中，起爲史館檢校，不赴。

送蔣朴之維揚

隋家天子愛揚州，四十離宫取次遊。荆棘久迷秦隴路，柳絲空拂汴河流。君才清似庾開府，世事難于孫仲謀。莫爲青山怯騎馬，卻將風景付閑愁。

入南溪

沙頭落月照篷低，杜宇誰家樹底啼。舟子不知人未起，載將殘夢上南溪。以上東甌詩集

史季溫

季溫字子威，眉山人，舉進士。寶祐中，官祕書少監。

遊鼓山

上到瓊峯第幾間，御風騎氣渺人寰。天高陡覺星辰近，地迥偏饒日月閑。去海茫茫疑十里，望州隱隱見三山。武夷榜墨千年在，任使重厓蘚字斑。鼓山志

朱杰

杰字子俊，金華人。寶祐中豐城令。

遊九鎖山

九天虎豹不守關，瑤京夜半墮塵寰。化爲青山故曲折，中有玉殿開仙班。白龍天來三百丈，飛沫直下琉璃灣。神仙可望不可接，桃花伴我歸人間。洞霄詩集

侯畐

畐字道子，樂清人。以武舉仕寶祐間，爲海州通判。李松壽據山東，突出漣泗，濠城下死之。賜廟旌忠，謚節毅。有霜崖集。

暮雨

暮雨生寒衣袂薄，楚鄉客子正傷情。扁舟莫向蘆邊宿，夜半西風有雁聲。東甌詩集

曾極

極字景建，臨川布衣，文定公弟宰之後。以詩語訕謗，謫道州，卒。有春陵小雅、金陵百詠。

寄蔡西山時在道州貶所

四海朱夫子，徵君獨典刑。青雲伯夷傳，白首太玄經。有客憐孤憤，無人問獨醒。瑤琴空鎖匣，弦絶不堪聽。後村詩話

往春陵作

挾策行行訪楚囚，也勝流落嶠南州。鬢絲半是吳蠶吐，襟血全因蜀鳥流。徑窄不妨隨繭栗，路長那更聽鉤輈。家山千里雲千疊，十口生離兩地愁。

鶴林玉露：渡江以來，詩禍殆絶，唯寶祐間中興，江湖集出，劉潛夫詩云：「不是朱三能跋扈，祗緣鄭五欠經綸。」又云：「東風謬掌花權柄，卻忌孤高不主張。」敖器之云：「梧桐秋雨何王府，楊柳春風宰相橋。」曾景建云：「九十日春晴景少，一千年事亂時多。」當國者見而惡之，並行貶斥。景建謫春陵，死焉。往春陵詩云云。

送曾泉州

隱然風節動朝行，屢叩龍墀貢皁囊。未促相如歸蜀道，翻令汲黯去淮陽。使藩自足榮萊服，邃殿誰當補舜裳。急召諸賢固根本，璽書早晚出明光。濂洛風雅

和謝康樂華子岡韻

隱仙無定在，館宇非一山。華子出商洛，巢雲俯渴泉。嬴顛劉蹶際，師生自爲賢。頗哀區中人，峯頂起新阡。決絶目下事，駕鴻凌紫煙。身隱焉用文，滅跡托空筌。雲仍散洲渚，世漁業相傳。笭箵挂虎落，舴艋當門前。蹇予厭世慮，企石聽潺湲。山空月明時，足音自跫然。

遊華子岡紅泉碧澗

去城纔半驛，深谷自逶迤。藤絡崩厓石，松垂倒地枝。寒山東毛髮，碧澗照須眉。霜氣全消歇，空存太傅祠。以上撫州府志

金陵百詠 存二十九首

覆舟山 在城北五里。晉北郊壇，宋藥園壘、樂遊苑、冰井、甘露亭，皆在此山。

六代興亡貉一丘，繁華夢逐水東流。操蛇神向山前笑，三百年前幾覆舟。

秦淮 在縣南三里。始皇時，望氣者云金陵有天子氣，使朱衣鑿山爲瀆，以斷地脈，改金陵爲秣陵。晉陽秋：秦開，故曰秦淮。或云：淮水發源，屈曲不類人工。

鑿斷山根役萬人，祖龍凝絶更東巡。石城幾度更新主，贏得淮流尚繫秦。

西浦 張碩遇杜蘭香處

珠璫錯落江皐佩，羅襪輕盈洛浦妝。欲採蘋花擲春信，停橈難覓杜蘭香。

桃葉渡 一名南浦渡。金陵覽古：在秦淮口。桃葉者，晉王獻之愛妾名也。獻之詩云：「桃葉復桃葉，渡江不用檝。但渡無所苦，我自迎接汝。」不用檝者，謂横波急也，獻之歌此送之。

裙腰芳草抱長隄，南浦年年怨別離。水送横波山斂翠，一如桃葉渡江時。

臙脂井 陳末，後主與張麗華、孔貴嬪投景陽井以避隋兵。舊傳云：欄有石脈，以帛拭之，作臙脂色，又名辱井，在法華寺。或云：白蓮閣下有小池，面方丈餘。或云：在保寧寺覽輝閣側。

寒泉玉甃沒春蕪，石染臙脂潤不枯。杏怨桃羞嬌欲墮，猶將紅淚灑黃奴。

射殿 有七十間，旁多槐竹。

鶴蓋陰陰覆苑牆，更添蒼雪助清涼。高皇儉德規模遠，不作南朝石步廊。李賀詩：「春熱張鶴蓋，兔目宮槐小。」蘇子瞻竹詩：「蒼雪紛紛落夏簟。」丁公言詩：「困憶南朝石步廊。」

古龍屏風 宣和舊物，高宗攜之渡江，後壞爛，宮官惜之，翦裁背成屏風，立殿上。

乘雲遊霧過江東，繪事當年笑葉公。可恨橫空千丈勢，翦裁今入小屏風。

新亭 在城南十五里。金陵覽古：在江寧縣十里。洛陽四山圍，伊、洛、瀍、澗在中。建康亦四山圍，秦淮、直瀆在中。故云「風景不殊，舉目有山河之異」。李白云「山似洛陽多」，許渾云「祗有青山似洛中」，謂此也。蔡薿作天津橋，亦以此。

青山四合遶天津，風景依然似洛濱。江左于今成樂土，新亭垂淚亦無人。

賞心亭 下臨秦淮，盡觀覽之勝。丁晉公謂建。嘗以周昉所畫袁安臥雪圖張于屏，後太守易去。續志又云：丁始典金陵，陛辭之日，眞宗出八幅袁安臥雪圖，付丁謂曰：「卿到金陵，可選一絕景處張此圖。」謂遂張于賞心亭。柱上有蘇子瞻題名，猶存。

柱上題名客姓蘇，江山清絕冠吳都。六花飛舞凭闌處，一本天生臥雪圖。

同泰寺 在臺城內。梁武帝窮竭帑藏，造大佛寺，閣七層，爲天火所焚。

布薩關齋涕泗揮，大通基在昔人非。此身終屬侯丞相，誰辦金錢贖帝歸。

宋興寺 劉裕故居也

晉至昌明祚已終，讖文猶有兩昏童。桓玄偷得宮中璽，卻屬新河伐荻翁。

八功德水　在蔣山悟眞菴後。按梅摯亭記：梁天監中，有胡僧曇隱，寓錫于此山中，乏水。時有龐眉叟相謂曰：「予山龍也，知師飲渴，措之無難。」俄而一沼沸成。後有西僧繼至，云本域八池，已失其一，似竭彼盈此也。其泉一淸、二冷、三香、四柔、五甘、六淨、七不饐、八蠲疴，故名八功德水。自梁以後，常取給。

數斗供廚替八珍，穿松漱石瑩心神。中涵百衲煙霞色，不染齊梁歌舞塵。

謝玄廟

兒輩能軍國未危，更令朱序助聲威。秦人若有全師集，雲母車盛晉鼎歸。

蔣帝廟

白馬千年繫廟門，爐煙浮動袞龍昏。闔棺謾說榮枯定，靑骨猶當履至尊。

吳大帝陵

老瞞虎裂橫中州，何物生兒作仲謀。四十帝中功第一，壞陵無主使人愁。

卞將軍墓

握節顏公拳透爪，歸元先軫面如生。晉陵發掘今無主，獨有忠魂只冶城。

張麗華墓　在賞心亭天井中。間有光氣如匹練，掬之如水銀，漸流散。

伴侶聲沈王氣銷，香魂血涴有誰招。蓬科三尺光塵在，猶作臺城花月妖。

臺城

紫蓋横天整復斜，興亡接翅似昏鴉。舊時石闕摩雲處，荻屋荆扉一兩家。

李氏宫 本朝修李氏宫，掘地，得水銀數十斛，宫娥棄粉膩所積也。事見湘山野録。

埋愁無地奈君何，可是黄墟飲恨多。玉鏡臺前棄脂水，深泉流汞尚盈科。

華林園

羽葆來臨鼓吹停，華林暢飲倒長瓶。萬年天子瞢騰眼，錯認長星作酒星。

昇元閣鐸 今之昇元閣，非古基矣。石柱二，見屹立右軍教場中。昇元閣，一名瓦棺閣，乃梁朝建，高二百四十尺。

摩挲石柱蘚痕斑，亡國如鴻去不還。無復切雲三百尺，祇傳風鐸在人間。

孫陵鵝眼錢

六代初終幾變遷，孫陵無樹起寒煙。青蚨細薄如榆莢，猶是當年買笑錢。

澄心堂紙 王直方詩話：澄心堂紙，江南李後主所製。劉貢父詩：「當時百金售一幅，澄心堂中千萬軸。」

楮生玉面霧深藏，未肯横陳翰墨場。一幅降牋何用許，價高緣寫宋文章。

德慶堂字 李主所書，南唐但餘此物。李主筆法，有鐵鉤鎖。

森然筆勢聚千將，氣軋鍾王未肯降。惆悵當年鐵鉤鎖，可能無意鎖長江。

三段石 上元縣南三十里有段石岡。丹陽記云：有大碣石，長二丈，折爲三段，紀吴功德，其文東觀令華覈作，其字大篆。或又云皇象書也。今移在府中。

凛然皇象法書存，重屋應無野火焚。割據英雄餘一念，斷碑千載尚三分。

校官碑 在溧陽縣官廨

風摧雨剝校官碑，集古先生竟不知。同是光和千歲刻，未容苦縣獨稱奇。

石步道中有石麒麟數十

地悴天荒丘隴平，難從野老問衰興。蒼烟落日低迷處，折足麒麟記壞陵。

鳳州柳 鳳州柳，蜀主與江南結婚，求得其種，鳳州出手、柳、酒。

蜀主函封遣使時，芳根元自鳳州移。柔荑纖醾今安在，唯有青絲拂地垂。

青松路 王介甫手種松

致君堯舜事何難，投老鍾山賦考槃。愁殺天津橋上客，杜鵑聲裏兩眉攢。以上方輿勝覽

翰墨大全：羅碉谷謝景建惠金陵百詠書云：「黍苗離離，麥秀芃芃。弔古宮于荒畦，撫頹城于野草。僕悲馬懷之歎，至百詠極矣。」不知景建是何肺腑，能辦此等惱人言語于千載之下耶？

宋詩紀事卷六十八

錢唐　厲　鶚　輯
錢唐　金志章
丁　敬　勘定

吴大有

大有字有大，號松壑，嵊縣人。寶祐間，遊太學，率諸生上書言賈似道姦狀，不遂。退處林泉，與林昉、仇遠、白珽等，以詩酒相娱。元初，辟爲國子檢閲，不赴。

餞陳隨隱歸臨川

我昔見君方成童，長吉才華驚鉅公。人間科第不屑就，直使聲名聞九重。乃翁引上凝華殿，子虚不待他人薦。入直來來凡幾年，天上奇書盡曾見。翩然歸去大江西，二疏父子還相隨。故鄉分得雲水地，卻喜不爽漁樵期。春雨騎牛對烟草，何如振衣隨龍五雲表。秋霜黄獨煨地爐，何如駝峯犀筯食天廚。林間拾葉抄詩句，何如宫妃捧硯揮毫處。溪邊照影著荷衣，何如龍門應制奪錦時。鈞天夢斷難回顧，浩然合在山中住。金石臺前伴白雲，六年不踏西湖路。今日重來發長吁，忍看清平破草廬。盡拈書籍向人賣，歸買田園供荷鋤。乃翁齒髮落，倚門待兒斜日薄。孤山梅花帶不歸，卻唤扁舟載童鶴。隨隱漫錄

遊天竺

編茅爲屋住，結葉作衣裳。不試燒金訣，唯尋煮石方。洗瓢溪月冷，采藥野雲香。常有仙家鶴，飛來繞石牀。天竺寺志

雜詩

兩年書問斷，湖海竟悠悠。一見心雖滿，相看淚忽流。彩烟山色暮，碧瀨月痕秋。明日登程去，鶺鴒沙上愁。

山中多雨水，秋晚正妨農。病菜和根煮，新粳帶溼舂。擁沙埋廢井，墮石折枯松。寂寂猿啼晝，白雲藏數峯。

客行情最苦，草草共清尊。萬水千山路，今朝好出門。

雁聲低度水村深，中有人敲月下砧。滿屋秋風燈欲暗，江山千里故園心。以上珊瑚網

陳仁玉

仁玉號碧棲，仙居人，第進士。開慶中，禮部郎中，兼崇政殿說書，除直祕閣、浙東提刑，兼知衢州，直敷文閣。

南峯寺藍光軒懷吳直翁

懷佳人兮山扃，躡烟霏兮步輕。蹇獨立兮山上，空山無人兮寒松自聲。懷佳人兮何許，白雲封關兮猨鶴看戶。羌有懷兮曷愬，風虛徐兮簷鐸語。辭佳人兮未來，聊逍遥兮容與。吳禮部詩話

遊洞霄宮

天柱峯頭疊紫烟，遙看萬玉聳相連。雲深九鎖疑無路，深豁一區俄有天。爽氣襲人森石樹，嗔雷飛雨響山泉。翛然不類人間世，今日自驚平地仙。洞霄詩集

題蘇端明書乳泉賦後

坡公謫海上，人傳已仙去。道逢章子厚，端復返塵路。至言想世驚，猶閟乳泉賦。遥憐嵩山丘，千古不可駐。式古堂書考

陳宜中

宜中字與權，永嘉人。景定三年，進士第二。德祐元年，除知樞密院、參知政事，拜特進、右丞相。元兵至臨安，宜中宵遁入閩，益王以爲左丞相。井澳之敗，宜中如占城，不反，後歿於暹。

如占城經吳川極浦亭

顛風吹雨過吳川，極浦亭前望遠天。有路可通環嶼外，無山堪並首陽巔。溪雲起處潮初長，夜月高時人未眠。異日北歸須記取，平蕪盡處一峯圓。廣東通志

丁開　張中行

開字復見，長沙人。負氣敢言，安撫向士璧被問，開獨詣闕上疏，具陳士璧有大功，軍府小費，不宜推究。書奏，羈管揚州，歲餘卒。

可惜

日者今何及，天乎有不平。功高人共嫉，事定我當烹。父老俱嗚咽，天王本聖明。不愁罹黨禍，揮淚向孤城。

漂泊岳陽遇張中行泛舟洞庭晚宿君山聯句

元氣無根株，開地脈有斷絕。中行日月互吞吐，開雲霧自生滅。中行楚妃結幽想，開巴客答清吷。中行寧知莽蒼中，不假巨鼇力。勢閱南紀浮，開思隨西風發。形影寄孤舟，中行吾道成鴃舌。笑談正淩傲，開俯仰不傴側。每與景物會，中行未省歡娛畢。疊翠晚愔愔，開墮黃秋的的。魚龍負贔屭，中行獨鳥去不息。曠原眇周抱，開異境超慌惚。徑度萬頃空，中行忽得一拳碧。稍稍雞犬近，開依依鐘梵夕。推門月微墮，中行煮茗香初歇。衣裳識霜信，開瓶缽了禪悅。事定心源清，中行夢回斗柄直。周游與欲盡，開長往計未決。出門更回首，中行沙水邊虛白。美哉神禹功，開已矣三苗國。山川長不朽，中行愚智俱可惜。神交正冥冥，開指點空歷歷。甚勿語俗人，中行桃源恐相失。開

建業

誰遣淒涼滿眼中，蘋花渺渺又秋風。龍蹲虎踞江山大，馬去牛來社稷空。縱有千人惟諾諾，本無百歲更悤悤。乾坤顛倒孤舟在，聊復殘生伴釣翁。

揚州歲莫

萬國回春日，層城晚眺餘。江聲隔吳楚，原色到邳徐。大閱軍容壯，狂歌客禮疏。百年寒荻裏，風雨憶吾廬。以上谷音

呂人龍

人龍字首之，淳安人。景定三年進士。終承務郎。有鳳山集。

春歸

過郤清明豔冶天，梨花飛雪柳森烟。欲憑鶯燕留春住，無奈東風信杜鵑。青溪詩話

宿建興寺

路入招提晚更深，萬山秋老薄寒生。芙蓉枝上無多雨，自把孤懷滴到明。嚴州府志

方逢振

逢振字君玉，逢辰弟。景定三年進士。歷國史實錄院檢討，遷太府寺簿。宋亡，歸隱風潭。有山房集。

風潭精舍偶成

茅屋三間一塢雲，此窩眞足養吾神。不知逐鹿斷蛇手，但見落花啼鳥春。石几梅餅添水活，地爐茶鼎煮泉新。古今天地何窮盡，媿我其間作散人。山房集

徐天祐

天祐字受之，山陰人。景定三年進士。與王修竹齊名。

洛思山　在蕭山。昔有洛下人，隨太尉朱儁來會稽三年，不得返，乃登山北望而歎，故名。

歸去蹉跎歲月深，羇愁無奈故鄉心。人生畢竟俱懷土，莊舄當時自越吟。

方干島　在鑑湖中，一名筍莊。

平生心事白鷗知，一卷雲菴處士詩。占得鏡中奇絶處，祇緣身值廣明時。

白樓亭　世說：孫興公、許玄度共在白樓亭，商略先往名達。林公既非所屬，聽訖云：二賢故自有才情。

江左名流共往還，白樓何許只青山。不須商略閑今古，物换星移俯仰間。

許詢園 在蕭山。許詢嘗登永興縣西山，築室其上，蕭然自放，乃號其岫爲蕭山。

高棲不受鶴書招，北榦家園久寂寥。明月空懷人姓許，故山猶自岫名蕭。

錢王祠

石鏡山前結駟遊，故鄉霞錦徧林丘。祇今東府空遺廟，露立唐碑老樹秋。以上紹興府志

宗必經

必經字子文，南昌人。景定三年進士。通判瑞州。宋亡入元，世祖詔求江南人才，留夢炎、程文海交薦，固辭，械至燕，繫獄三歲，放還。有玉溪集。

孺子亭

連天大廈莫容身，小向湖邊一問津。心事説知林下郭，姓名誤入府中陳。半篙緑水三間屋，一榻清風百世人。只有青青隄上柳，至今猶是漢時春。

滕王閣

高閣連城十二闌，西風領客共躋攀。半簾烟雨長空外，千里江湖咫尺間。雁帶秋聲歸别浦，鶯分春色過巴山。當年蛺蝶知誰畫，一夢莊周去不還。以上南昌府志

家坤翁

坤翁號頤山，眉州人。景定三年，以戶部郎中知撫州。

遊金石臺　撫州羊角山北崖，有石岡，南向，曰金石臺。

廬陵遊樂夕陽山，太守何人若是班。三島幻成一丘小，五峯對峙兩溪環。竹間庭院鄰翁卜，木杪樓臺仙者寰。紫笑扶疎枝幹老，春來得與頗開顔。撫州府志

陳郁

郁字仲文，號藏一，臨川人。理宗朝，充緝熙殿應制。景定間，充東宮講堂掌書兼撰述。德祐乙亥卒。

撫州府志：度宗嘗贊郁像云：文窺西漢，詩到盛唐；侍予左右，知汝忠良。

石湖歸途

人與西風結約來，芙蓉花氣撲吟杯。曲塘好處都行徧，帶得一身秋色回。

東園書所見

娉婷游女步東園，曲徑相逢一少年。不肯比肩花下過，含羞卻立海棠邊。

城東看柳

翩𦒘爲寒一信風，畫橋南北岸西東。春歸楊柳無私意，深淺青黄自不同。

蘇隄曉望

荷邊清露襲人衣，風裹明蟾浴曉池。涼影潤香吟不得，手扳堤柳立多時。

景靈宫恭謝駕回丞相以下皆簪花

幸驂恭謝覲繁華，馬上歸來戴御花。老婦稚兒相顧問，也頒春色到詩家。以上隨隱漫録

賦翁仲 限久字韻

銅仙擎露秋風表，珍重劉郎千萬壽。老瞞攘鼎貽孫謀，因逼此仙俱受垢。仙寧折骨拒非招，恥爲姦雄效奔走。汚名翁仲俾司門，口不能言心自否。洛陽宫殿一灰飛，天上此標獨長久。君不見堂堂冠劍隱滕城，萬古六丁驅鬼守。

隨隱漫録：抱獨山人跋云：紹定壬辰九日，徐逸觀陳藏一所作翁仲詩，命意布辭，灼見魅鄉，呼魄指寃，俾受言獎，如在荆棘中，流涕而話往事。嗚呼！如詩人忠憤之心，隨事而見，可勝歎哉。因執筆惘惘而書。

劉辰翁

辰翁字會孟，廬陵人，少登陸象山之門。補太學生。景定壬戌，廷試對策，忤賈似道，置丙第。以親老請濂溪書院山長，薦居史館，又除太學博士，皆固辭。宋亡，隱居卒。有須溪集。

蘇李泣別圖

事已矣，泣何爲？蘇武節，李陵詩。噫！

送李鶴田入浙赴趙春谷招

天下南北車書通，行人點點過汴宫。空餘艮嶽一拳土，黯慘如雪吹不融。平乘樓上王夷甫，一流中外淚如雨。西風羽扇不障塵，更是蓮子隨根去。政事堂中三相公，往往退食如夔龍。少年慟哭不見用，一語不合面發紅。八年流落無處所，合眼當朝覔如許。忠魂不到海門潮，别殿芙蓉廢爲圃。茫茫古路

日平西，不信金銅不淚垂。浮沉親故嬾相問，白髮唯有春風知。李侯髀肉堪流涕，同谷哀吟越州弟。買絲刺繡刺未成，公子翩翩雁書至。飄飄起望白雲間，裘雪牛車度赤山。年餘七十能幾見，我且欲往窮當還。平生高李經行處，寂寞斷橋漂落絮。不知到日似枯魚，淚入黄河别魴鱮。當空殿閣密雪圍，曾和薰弦接羽翰。至今尙留花石否，杜鵑再賦長恨端。蘇州正念東鄰女，傷心更遇楊開府。語言憔悴敢分明，買酒行澆茂陵土。

讀杜拾遺百憂集行有感

我生行年將六十，不知何者爲憂戚。富貴不驕貧賤安，以此存心度朝夕。往年承乏佐中書，大官羊膳供堂食。只今賜老作編氓，衣食信天無固必。陋巷簞瓢如素居，不管茅茨春雨溼。門前載酒求賦詩，錦軸牙籤日堆積。在官不置附郭田，旣老翻得稽古力。毁譽都忘月旦評，姓名不上春秋筆。朝米不煩鄰僧送，暮米不煩太倉糴。我亦一飯不忘君，文人相輕所不及。傷哉白首杜拾遺，入蜀還秦勞轍迹。文章蓋世亦何爲，妻子相看百憂集。

龍霧洲雪

此處幾人行，隔波搖暮晴。洲迴江似玦，山遠雪如城。離合看雙櫓，荒寒又一程。今年梅未醉，最覺别來輕。

夜雨

夜半起雷車，天門報曉衙。何消如此雨，又有未開花。繡被人中酒，茅簷客夢家。一晴天地闊，稽首見重華。

清明日偶成

海日高高天欲斜，斷橋無復聽嘔啞。墓中酩酊已千載，陌上清明有幾家。已老愈疎唯酒盞，更晴相覓是梅花。年年春怨深如昨，莫把無涯恨有涯。

春晴

江柳長天草色齊，新晴何物不芳菲。無因化作千胡蝶，西蜀東吳款款歸。

探梅

江天欲雪未雪時，絕江探梅驢倒騎。空中著我方成畫，亂後逢花且賦詩。以上須溪集

初晴

初日入高樓，歸雲雜江樹。魚游新雨晴，鳥語晨光吐。天容起復覩，烟色轉輕素。牆草麗車前，巷溝映泥路。窗明袪宿潤，礎泫滑微步。會朝有宿客，過午無來屨。沿砌上蘋衣，虛庭竿犢袴。人生足無事，世故非所慮。彼語吾不聞，清風有時度。

戲題

無人知坦腹，水影半簾苔。驚謂青蟲墮，垂絲忽上來。

春歸

留春一日不可，種樹十年未成。芳草斷腸花落，綠窗攜手鶯聲。以上天下同文集

宣和雙蟹圖卷 款題己未前史臣某

講餘幾暇諫書空，艮嶽江湖入眼中。郭索能令天一笑，畫圖何必面春風。郁氏書畫題跋記

錢舜選

舜選號春塘，吳江人。

景定癸亥特旨以布衣陳隨隱除東宫掌書作詩賀之

吟筆何須管用銀，日供謀述聖恩新。只今已脱凡塵去，便作金丹换骨人。夜泛孤篷載月船，静搜吟料六橋邊。詩成上達宸聽了，流落人間到處傳。

紀夢

翠峯嵯峨三十六，寒泉落空響哀玉。甃花石路勢縈紆，玉闌干護脩筠緑。雪髯老人負紫瓢，金絲麈尾遥相招。紅螺酌酒湛湛碧，坐倚蒼石吹洞簫。孤鶴來傳天上詔，老人挽余偕一到。飄飄高舉淩青冥，直過罡風履黄道。祥光樓閣倚崢嶸，神虎守闕森衛兵。雙闔朱扉忽微啓，中有靈官來遠迎。絳衣持斧立丹陛，玉皇手中玉如意。雲璈風瑟自宫商，天聲清越非人世。帝旁青童傳帝宣，文華宫中呼謫仙。謫仙顧余笑且言，子宜亟反來他年。探懷贈我五色筆，子當寶之慎勿失。濃香氤氲迷帝所，長揖老人下西廡。身從日月上頭行，俯視斗杓分子午。雲氣相隨步武生，過耳但覺松風鳴。覺來握筆紀佳夢，月明樓鼓撾三更。以上隨隱漫録

示姝

才過中年百念輕，獨於風月未忘情。貧將入骨詩方好，事不縈心夢亦清。萬卷難圖金馬貴，一簑當與白鷗盟。幸然不作諸侯客，猶恐江湖説姓名。詩家鼎臠

韋居安

居安，吳興人。宋季進士，司糾三衢。著梅磵詩話。

景定壬戌得數椽於城南慈感渡側，詢之故老，云距賈耘老水閣舊址不遠，因作五言八句卜居求靜處，喜傍碧溪灣。隔岸高低柳，當軒遠近山。天開圖畫久，人共水雲閑。聞説賈耘老，舊曾居此間。梅磵詩話

凌萬頃

萬頃字叔度，號松臞，崑山人。景定進士。

劉龍洲墓

嘗隨薦鶚上天閽，肯信荒山泣斷魂。百歲光陰隨酒盡，一生氣概祗詩存。冢傾平地藤蘿合，碑倚空巖霧雨昏。縱是紙灰那得到，落花寒食不開門。崑山縣志

錢　選

選字舜舉，號玉潭，吳興人。景定間鄉貢進士。家有習嬾齋，因自稱習嬾翁。霅川翁、清臞老人，皆其別號也。

清河書畫舫：錢舜舉與趙子昂同里，並在吳興八俊中。至元間，子昂徵入，功名赫赫，諸人皆依附取官，獨舜舉齟

齬不合，流連詩畫以老。

春暮

晴日溪光動草堂，兩峯浮翠瞰滄浪。獨揮羽扇成何事，更嘆芒鞵爲底忙。一水澄淸魚避影，萬紅狼藉蝶分香。東風自是無情物，白日楊花莫漫狂。

友人判太平歸來詩卷

宮錦翩翩五色麟，如君端合侍楓宸。山中老去陶弘景，湖曲歸來賀季眞。上界神仙足官府，此身城郭舊人民。還鄉我結同盟社，只看桃花莫問春。

春日卽事

十日春風暄且妍，溪頭花柳競相鮮。美人遙隔山川外，社雨忽來尊俎前。白髮青春猶故我，夕陽幽草自新阡。五陵公子莫相笑，曾散黄金樂少年。

雜書

地僻秋深戎馬間，一尊隨處且開顏。誰思銅雀埋黄土，但憶金人出漢關。六合茫茫天共遠，五湖杳杳雁飛還。中年陶寫無絲竹，王謝風流莫强攀。以上丘吉吳興絕唱

仇書圖

兩兩挾策遊康衢，聚戲不異同隊魚。忽然兒態起爭競，捐棄篋笥仇詩書。

自題浮玉山居圖

瞻彼南山岑，白雲何翩翩。下有幽棲人，嘯歌樂徂年。叢石映清泚，嘉木淡芳妍。日月無終極，陵谷從變遷。神襟軼寥廓，興寄揮五弦。塵影一以絕，招隱奚足言。

題桃源圖

始信桃源隔幾塵，後來無復問津人。武陵不是花開晚，流到人間卻暮春。

題洪厓先生像卷

神駕馭景飈，太虛時總轡。玄道不可分，直悟天人際。羣從皆成仙，玩世不計年。何當事神遊，許我笑拍肩。

題竹林七賢圖

昔人好沈酣，人事不復理。但進杯中物，應世聊爾爾。悠悠天地間，媮樂本無媿。諸賢各有心，流俗無輕議。以上珊瑚網

題秋茄圖

憶昔毗山愛寫生，瓜茄任我筆縱橫。自憐老去翻成拙，學圃今猶學不成。

霅溪翁雪霽望山圖 幷引

至元二十九年，余留太湖之濱，雪霽，舟行溪上，西望弁山，作此圖，且賦詩云。

弁山之陽冠吳興，巑巘巀嶭望不平。煥然仙宮隱其下，衆山所仰青復青。雪花夜積山如換，乘興行舟須放緩。平生不識五老峯，且寫吾鄉一奇觀。

倚天蒼弁獨崔嵬，仙闕遨遊媿不才。攬鏡頻嗟雙鬢改，推窗三見六花開。山中酒戶衝寒去，城裏行人踏雪來。安得時晴風日好，竹林深處且銜杯。以上郁氏書畫題跋記

何基

基字子恭，金華人，師事黄勉齋。景定五年，薦舉賢良。咸淳授史館校勘，兼崇政殿說書，不受，卒。學者稱北山先生。賜謚文定。有集。

春日閑居

輕陰薄薄籠朝曦，小雨斑斑溼燕泥。春草階前隨意綠，曉鶯花裏盡情啼。宋藝圃集

李芾

芾字叔章，其先廣平人，徙汴。南渡，徙衡州，以蔭入仕。咸淳中，知潭州，兼湖南安撫使。德祐元年，元兵圍城，力盡死之。贈端明殿學士，謚忠節。

浯溪讀中興頌

羯鼓梨園跡已荒，斯文猶在日星光。我來細拂青苔石，不憶三郎憶漫郎。永州府志

江萬里

萬里字子遠，號古心，都昌人，太學上舍出身。度宗朝，同知樞密院事，進參知政事。忤賈似道，退居鄱陽。元兵至，城陷，赴止水死。贈太師、益國公，謚文忠。

水亭

結亭臨水似舟中，夜雨瀟瀟亂打篷。荷葉曉看元不溼，卻疑誤聽五更風。

絕句

草際春回殘雪消，強扶衰病傍溪橋。東風不管梅花落，自釀新黄染柳條。以上全芳備祖

章　鑑

鑑字公秉，寧州人。以别院省試及第。累官權參知政事，遷同知樞密院事。咸淳十年，拜右丞相，兼樞密使。元兵逼臨安，鑑託故去，遣使召還，罷相予祠。季年屏居山中。有杭山集。

送道士歸得日觀

風月詩幾卷，江湖屐一雙。斷蛟懷劍石，跨鶴叩禪窗。土潤巖生雨，林幽寺隔江。歸當訪仙隱，相對酒盈缸。

杭山

買得漁磯繫釣船，魚龍吹浪駭鷗眠。從來白石清泉地，勝似壺山小洞天。以上南昌府志

許月卿

月卿字太空，婺源人，後字宋士，人稱山屋先生。理宗朝進士。歷承直郎，浙西運幹。賈似道當國，試館職，言不合，罷去。閉門著書，號泉田子。宋亡不出，十年而卒。有先天集。

追賦暮遊 并序

余庚子冬，絜絜離廣陵，將肄奉常試業于京師。舟泊無錫，日已暮，與王希聖微服遊南禪，蓋訪古也。

參寥題名壁無恙。寺記有碑，碑陰結字甚偉，視之蔡京也。出門烟樹蒼然，數僧偶語而已。余與希聖卻立四顧曰：此佳景也，當寫之爲詩。而舉子業亂其中，不能就。暇日追想，宛在其目，爲詩以寄希聖，其明年冬十一月也。歲月驅人，又可一慨。

錫山舟泊似荒村，微服南禪古跡存。壁上姓名今已遠，碑陰人物了能言。薄遊草草寒侵袖，遠思悠悠風滿軒。攜手出門煙樹密，數僧離立語黃昏。

厭厭

厭厭夜飲忘更深，客不來辭主有情。僮僕觸屏成蝶夢，姬姜擪笛作蟬聲。月如有待行行慢，風不生嗔細細清。萍散人生何可料，嬋娟千里共交盟。

吟蛩

吟蛩不管興亡事，舞蝶那分夢覺身。別浦連檣歸遠客，高山小徑過樵人。以上先天集

丁石

石字賓道，黃巖人。

景定壬戌除夜

羅列椒盤人未眠，紅爐圍坐笑燈前。時光過隙那知老，纔到雞鳴又一年。黃巖英氣

宋詩紀事卷六十九

錢唐厲鶚輯
海寧陳晉錫
錢唐汪沆勘定

歐良

良，南城人。官司戶。劉後村序其詩。

句

璧固君所奇，鏡亦妾所惜。乍可返君璧，妾鏡不可得。雜興

紅黃冬樹葉，紫翠夕陽山。後村題跋

黃昇

昇字叔暘，號玉林。

胡季直云：玉林蚤棄科舉，雅意讀書，間從吟詠自適。游受齋嘗稱其詩爲晴空冰柱。樓秋房聞其與魏菊莊友善，併以泉石清士目之。

游金精山 在贛州寧都縣，道書三十五福地。漢女仙張麗英生有異質，長沙王吳芮強委禽焉，麗英乘雲空中，語人曰：「吾金仙之精，降治此山。」言訖，沖天而去。

曳履江城北，逍遙訪仙鄉。捲卻千里恨，愛此六月涼。雲根埋宿雨，木末酣斜陽。峭崖列嵒竇，老樹攀穹蒼。地坼三關暗，天開一隙光。青霄麗太白，應此金之芒。雙桃幾日熟，冷笑癡吳王。洞開人已去，剛風舞霓裳。仙凡本相近，此理自可量。學詩未學仙，凡骨生慚惶。金精風月

吴汝式

汝式字伯成，盱江人。有雲卧詩集。

游石仙分韻得觀字

閑攏兩袖秋，步入沖寂觀。古樹老雲中，仙居毀巖半。是時霧雨高，葉脱西風亂。怪禽走何忙，澀水流不漫。那知張郎仙，譎幻敢懸斷。雷書貯紅崖，愚下浪傳贊。符碑儻長靈，鬼物豈歌唤。尚云劍埋山，安得急推斷。冷翁亦張徒，精氣不如散。死坐豫樟空，鑿竅競窺看。何不葬山原，不然棄江泮。烏鳶與螻蟻，豈食吾一貫。獨流天地間，萬古亙光燦。神仙固渺茫，此事良可惋。忍哉偷兒狂，更擣泥腹爛。我來擬少休，亭壓不敢玩。黄冠三四人，拙野只欲竄。延坐無好言，令我任涼館。飯餘且從觀，逸興薄霄漢。琴鳴著高彈，弈勝出奇算。嘯咏壺隱樓，撫事發長歎。大書同人名，聊欲記遊翫。陰霾沴輕寒，日色倏昏晏。倩人買村醪，煮芋壘肴案。清坐二更深，一睡各鼻鼾。曉來登巖頭，棘路解羈絆。劃開天蓋寬，遠景過飛翰。幽叢摘新查，窺險身發汗。居然束歸裝，重下西巖畔。我思古之人，豈只局窮閈。觀海登泰山，深高世間冠。斯巖雖荒榛，樂事實昭焕。人心本然同，今古未容判。終當駕風雲，高蹈無畔岸。作詩示兒童，茲游吾豈憚。雲卧詩集

李顯卿

溪行

枯木扶疎夾道傍，野梅倒影浸寒塘。朝陽不到溪灣處，留得横橋一板霜。後村千家詩

陳天錫

絶句

舍南舍北雪猶存，山外斜陽不到門。一夜冷香清入夢，野梅千樹月明村。東皐雜錄

劉祖尹

祖尹字怡堂，義烏人。

題石壁精舍

結廬投老瞰羣峯，隱隱松杉曲徑通。剩種池邊千竿竹，近鶯林下一巢風。攲眠盡絶春來夢，趺坐閑看月墮空。檢點吾生婚嫁了，子孫無事惱衰翁。義烏縣志

劉仕龍

仕龍字時甫，祖尹子。知廉州。

知廉州條上邊事落職主管台州崇道觀賦感

人生百年中，窮通無定跡。譬如風前花，榮謝亦頃刻。當時牧牛豎，尊貴誰與敵。顛頷種瓜翁，乃是封侯客。丈夫苟得時，糞土成拱璧。一朝恩寵衰，黄金失顔色。古今諒皆然，我獨何歎息。義烏縣志

曹旣明

過林和靖舊址

短棹不歸雙鶴去，一丘烟草寄山陰。水邊疎影黄昏月，無限風騷在客心。

有懷湖山留題惠因院

湖山平生鄰，松竹亦瓜葛。深期説情話，跬步成契闊。豈無朝夕思，或以塵累奪。何當淡相從，長年席不割。

冷泉亭

朱簷日轉軒窗上，碧嶂雲低草樹香。山影倒沈波底月，夜闌相對瀉寒光。

與同舍待浴靈芝寺中

一雨洗秋色，湖山增眼明。翻翻水中荷，作此凄涼聲。我輩本憔悴，客飯千里程。顧言滌塵土，冠蓋臨華京。

夜宿浙江亭

夜半潮聲撼客牀，卧聽柔櫓鬧空江。驚迴倦枕鄉關夢，海日烘山上曉窗。以上咸淳臨安志

吳珩

龍興寺　在昌化縣千頃山

松檜陰中六月清，異花靈草不知名。客從瓊液山頭過，人在水晶宫上行。千尺翠嵐分月色，一軒寒籟動秋聲。登臨不厭躋攀峻，貪看雲從舃下生。

梵安院　在昌化縣石筍山

山腰小徑細如繩，山鳥關關喜弄晴。黄菊有情留客醉，白雲無事伴人行。野流合處堪分字，草藥枯來

欲問名。回首渡頭詩思逸，漁舟一笛晚風淸。以上咸淳臨安志

黄文雷

文雷字希聲，盱江人。有看雲小集。

晚立

獨游得荒蹊，晚意與心會。水聲遠纔聞，山色靜可對。鳥語林塘邊，犬吠籬落外。柴門未須關，月在東峯背。

西域圖

大哉天地間，品類不可齊。誰爲好事人，貌此縣度西。松花瑣碎沙草肥，是間可牧羊千蹄。可憐羣鹿正走險，或爾剝割衣其皮。啜湩樹樺尙有理，穴顙插齒吁何爲。吾聞中原全盛時，重譯四走朝京師。懷方象胥飭乃事，幻人詭伎何能奇。還君此畫雙涕洟，願賦周官王會詩。

二橋圖

翔龍下卷江東土，孫郎初得橋家女。橋家本是重曹瞞，雙雞斗酒空酸楚。衿情正用留阿瑜，尙得人前稱胏腑。百年王氣竟銷沈，妙寫丹靑嬌欲語。香閨搦管記何書，並蔕芙蓉按花譜。那知不是未嫁時，本末無從勘彤史。詞人多事管閑愁，銅雀紛紛底歌舞。儘強被髮向黄壚，只與東阿傳洛浦。

昭君行 并序

自石季倫始賦昭君曲以後，作者寖多，不容措手，每恨沿襲之誤，作漢初和親意著詠，非也。又按：竟

寧元年，呼韓邪既壻漢氏，其年五月，宮車晏駕矣，因併著之。不惟袪詞人之失，亦以解昭君於地下云。

君不見未央前殿羅九賓，漢皇南面呼韓臣。無人作歌繼大雅，至今遺恨悲昭君。內殿春閑鬬馮傅，掖庭新花隔烟霧。嫖姚枉奪燕支山，玉顏竟上氈車去。人生流落那得知，不應畫史嫌蛾眉。癡心只恐琵琶語，歸夢空隨鴻雁飛。穹廬隨分薄梳洗，世間禍福還相倚。上流厭人能幾時，後來燕啄皇孫死。野狐落中高臺傾，宮人斜邊曲畤平。千秋萬歲總如此，誰似青冢年年青。

往年因讀岳王傳嘗爲之賦今過東林睹其遺像感而申頌之

欲壞長城豈自由，江人重唱白符鳩。熏天富貴還須盡，從古忠良類若讎。獄吏但能書牘背，相公終欲割鴻溝。書生志念閑無用，長想朱雲地下遊。

冬郊

冬郊見初晴，空林夕陽暖。歸牛無人驅，欲涉行轉緩。新稾明屋山，失喜雀爭喚。絕勝門外人，流宂及歲亂。以上看雲小集

胡仲參

仲參字希道，清源人。有竹莊小稾。

晚雨

勃姑鵶鼻叫樓西，春色陰晴景不齊。濃墨四垂收不起，明邊一片夕陽低。

雪晴泛湖

雪後湖清淺，令人心眼開。林疎知寺近，冰合礙舟回。寒色欺吟鬢，斜陽入酒杯。山行已清絶，況復是尋梅。

過永春縣

距城纔百里，世路便難平。碣石唐人墓，桃源晉地名。危譙依嶽勢，荒市帶溪聲。往日罹兵火，頹垣蔓草生。

寒夜作

生計尚茫茫，微吟思故鄉。羈愁消不盡，寒夜未爲長。門掩梅花月，禽翻竹葉霜。挑燈裁錦字，明發有歸航。

和伯氏春雨中韻

兩隄楊柳拂新亭，怪底遊人嬾踏青。手撚梨花成小立，半窗湖水雨冥冥。以上竹莊小槀

陳伯山

伯山號東溯寓客。

同廖繼道游洞霄

勝日事幽尋，乘興從所適。西風飄杖屨，偶作洞霄客。穿雲渡澗岡，捫蘿轉空碧。七人今何在，九鎖峯巒密。黄冠喜我輩，傾懷論宿昔。汲泉煮山苗，異氣穿几席。區區名利人，到此塵機息。洞霄詩集

程以南

以南，理宗朝官祕閣校理。

苕溪晚泊

一笑苕溪上，徵茫駐日曛。鷺沙行个字，魚浪出圓紋。晚色三家市，秋容幾樹雲。行藏知有分，莫誦北山文。湖州府志

杜東

東字晦之，號月渚。

緑珠

以色危身豈不知，甘心死別不生離。樓前甲士紛如雪，正是花飛玉碎時。

平山堂

平山堂下水雲重，孤笛淒涼淡月中。不見龍蛇飛素壁，只餘狐兔戍離宮。仙翁已去風流盡，世事俱隨夢幻空。廣武無人同此意，慨然止有淚臨風。以上詩家鼎臠

何宋英

題六和塔下秀江亭

吳國山迎越國山，江流吳越兩山間。兩山相對各無語，江自奔波山自閑。風帆烟棹知多少，東去西來何日了。江潮淘盡古今人，只有青山長不老。咸淳臨安志

薛師魯

師魯，鄞人，官郡判。

苦雪

六出夫何甚，經旬散野堂。喜心翻作厭，瑞物恐爲殃。歲晚思薪火，天寒望太陽。荒村風雪裏，賴有隔年糧。甬上耆舊集

陳俞

雨後過瑪瑙寺

借屋傍精廬，無事數來往。披草通泉流，刻樹記筍長。微風四山落，小立領松響。詎名息諸緣，暫喜脱塵網。咸淳臨安志

潘中父

題釣臺

焚阬禍作逃園綺，明哲保身寧餓死。溺冠漫駡又一秦，織畚鼓刀恬不恥。子房託疾封留歸，齊魯大臣那可比。此意寥寥二百載，阿諛往往居帝師。中興天幸有光武，下士謙恭冠千古。布衣本以道義交，不問故人登九五。揭來過我路幾程，征衫猶作戰血腥。睡餘伸脚稍加腹，安得細事關天星。歸歟宜審苞桑戒，勿念潔身增感慨。君持□□理乾坤，我把絲綸老湍瀨。釣臺集

李時

途中遇雪

天寒鴉欲棲，客路尚遲遲。泥滑寒驢澀，風斜破帽欹。雲藏山斷絕，梅苦雪禁持。客裏愁無著，愁邊卻有詩。後村千家詩

吳季先

季先，臨川人。

遊梅壇有感

小立仙壇挹斗箕，著身高處覺天低。南昌吏隱清風在，喚醒時人一枕迷。梅仙事實

陳亦梅

梅花

江郊車馬滿斜輝，爭赴城南未掩扉。要識梅花無盡藏，人人襟袖帶香歸。全芳備祖

聞人祥正

宮詞　集句

春風院院落花堆，花氣濃熏入酒杯。日午殿頭宣索鱠，小舟撐出柳陰來。王建　鄭獬　花蘂夫人　徐師川

珠簾約住牡丹風，金殿香銷翠綺櫳。應作巫陽春夢句，日高猶睡綠窗中。宋景文　李商隱　晏叔原　白居易

珠箔輕明拂玉墀，漢宮仙掌露淋漓。金釵墜鬢分行立，等候官家未出時。李商隱　文潞公　歐陽公　花蘂夫人

學畫蛾眉獨出羣，越羅巴錦不勝春。承恩數上南薰殿，無奈宮中妒殺人。潘閬 張睪 杜甫 李白 後村千家詩

黄祖潤

祖潤，官戶曹。有和劉濳夫百梅絶句。

梅花

天籟消沈斗柄斜，繞枝忽起護巢鴉。素娥青女新梳洗，來鬬寒梅半夜花。

林間翠羽啄枯槎，邂逅孤笻亥水涯。飛過小溪留數語，殷勤報有隔橋花。後村題跋

黄鑄

鑄字亦顔，號乙山。日磻按：絶妙好詞作晞顔。

贊見洪帥

風烟入暝少人行，獨鶴來依帝子城。華表柱頭霜月冷，□□清夢到鐘聲。詩家鼎臠

趙愚齋

客中清明

紅塵烏帽寄他鄉，欲語春愁怕斷腸。惆悵清明歸未得，借人門戶插垂楊。梅礀詩話

陳琰

琰字粲山。

題二陸祠

塵暗香殘二俊祠，可憐詞藻妙當時。聯鑣入洛成何事，一段淒涼鶴不知。梅磵詩話

郭君舉

天聰洞

混沌何年鑿，天聰亦強名。我疑龍窟宅，人說鬼經營。梯向巖邊接，雲從洞裏生。此行頑健甚，脚力十分輕。雁山志

龔桂馨

題桃花源

碧樹花開醉晚春，靈槎幾度汎天津。可憐太守仙緣薄，不是衣冠不屬秦。桃花源集

金子潛

子潛，休寧人。潭州司戶。

雲巖

丹崖何突兀，與客共躋攀。一嘯九天闊，斷雲千古閑。杖行龍虎背，袖拂斗牛間。願言覓刀圭，乘風弄羽翰。齊雲山志

王月浦

荷花

雨餘無事倚闌干，媚水荷花粉未乾。十萬瓊珠天不惜，綠盤擎出與人看。

瓊花

蕃釐觀裏瓊花樹，天地中間第一花。此種從何探源委，東風無處著繁華。千鬚簇蝶團淸馥，九萼聯珠異衆葩。幾見朱衣和露翦，金瓶先進帝王家。以上全芳備祖

程元岳

元岳字申甫，歙人。理宗朝，官工部侍郎。

雲巖

直上雲巖絕頂峯，始知塵世有仙蹤。懸崖薜潤經年雨，滿地花飄昨夜風。日月往來蒼翠杪，烟霞舒卷畫圖中。瑤臺禮罷笙簫歇，萬壑松聲自羽宮。齊雲山志

薛師石

師石字景石，永嘉人。有瓜廬詩。

東閣趙汝回序云：瓜廬翁每與四靈聚吟，獨主古淡。融狹爲廣，夷鏤爲素，神悟意到，自然淸空。

荆山劉植跋云：瓜廬耕釣于會昌湖上，多肥遯之辭。舒性情之正，得象外之趣，酌繩尺之嚴。

瓜廬

近來有新趣，買得薛能園。疎壤延瓜蔓，深鋤去草根。花前長載酒，月下只開門。最識田家樂，辛勤更不言。

漁父詞

鄰家船上小姑兒，相問如何是別離。雙墜髻，一彎眉，愛看紅鱗比目魚。

春融水暖百花開，獨棹扁舟過釣臺。鷗與鷺，莫相猜，不是逃名不肯來。

題南塘薛圃

門對南塘水亂流，竹根橘柢自成洲。中間老子隱名姓，只聽漁歌今白頭。

送葉宰赴豐城

君往爲官處，江西寇已平。獄閑空劍氣，堂靜響琴聲。有法催常稅，無私得衆情。時方急賢路，名定達公卿。

大龍湫

昔聞天下士，衡嶽稱崇丘。又聞天下水，江漢爲巨流。古有山海經，歷歷敘九州。李唐三百載，詩書無一留。及觀酈道元，此地亦不收。不知諸矩那，何事能窮搜。我來玄妙境，萬丈懸清湫。石壁去無極，百里彌道周。雲氣冒羣岫，龍宫深以幽。輕輿巖壑底，竟日涉溪游。陰晴異瞻矚，遠近難搜摟。飄如飛素練，粲若散琳璆。風掀一潭雨，佛坐四時秋。喧呼勢益驟，洶湧聲彌遒。變化有如此，溥博誰與儔。吾謂神龍力，豈繫人鬼謀。稽首荷元遇，久坐勞雙眸。一杯卻嵐暑，旋步轟雷稠。以無濟世慮，欻起杞人憂。何當騎天狠，滿引射斗牛。以上瓜廬詩

句

半洞容千佛，諸峯共一雲。游雁山　泉涌龍頻躍，山靈鳥不來。石橋　瓜廬詩王汶跋

李炎子

炎子號竹溪。

定王臺

長安輦土築高臺，帝子規模亦壯哉。世事幾經羊胛熟，邊愁多趁雁聲來。城頭煙樹旌旗合，柳外雲山水墨開。萬里乾坤歸老眼，不堪西望正風埃。詩林萬選

徐寶之

寶之，理宗時貢士。

句

炊熱風瓢動，吟歸雪硯枯。　盡日飛花急，隔溪芳草深。後村題跋

黃大受

大受字德容，南豐人。有露香拾稾。

鄭安晚跋云：黃君詩如行澗谷，秋空月曉，松竹策策有聲，再世屈于右階，會有知者，其勿嗇過一丁字。

油口夜飲醉臥一室及覺三鼓矣秋夜新冷雨霪蟲鳴展轉不能成寐於是浩然有歸志

一榻翛然著醉儂，沈沈清夜大槐宮。夢回作惡酒氣重，枕上不眠歸興濃。點滴落階添悶雨，清哀遶壁訴寒蟲。計行良未成端緒，何處高樓撞曉鐘。

寧化白水磜

雪瀑從天下，餘流亦建瓴。雙崖逼秋氣，九地殷雷聲。虎穴山川險，蛟涎草木腥。負鹺由此徑，異日不堪行。

枝江九日簡周宰

日車不照出郊車，門外天陰雲尙麤。青州未有居士供，白衣知是誰家奴。江山有恨横飢眼，萸菊無情對臥壺。羸得間關吟苦句，定無人敢喚催租。以上露香拾藁

葛起耕

起耕字君顧，丹陽人。有檜庭吟藁。

記夢

綺寮縹緲敞虚明，鵠峙鸞停護碧城。珠蘂一枝春共瘦，玉環雙佩月同淸。曾題洛賦緘新意，卻拊湘弦寄遠情。十二闌干風細細，覺來依約記棊聲。

次子泉韻

月轉庭花玉一闌，寶釵不卸待郎看。丁香擬結相思夢，無奈東風作祉寒。

樓上

樓上何人吹玉簫，數聲和月伴春宵。斷腸喚起江南夢，愁絕寒梅酒半銷。

宮詞

銀漏疎風透玉屏，碧梧枝上雨三更。依稀似寫華清恨，雲冷香消夢不成。以上檜庭吟藁

陳子予

秋思

柳岸風條頓老，橘林露葉猶香。門對一天秋色，人行十里斜陽。詩家鼎臠

薛　泳

泳字叔似，一字沂叔，天台人。

游洞霄宮

羣山皆玉立，中有一峯危。天近秋容薄，松深夜月遲。洞因尋藥入，席爲聽泉移。此趣無人會，臨風酒一巵。洞霄詩集

句

柳斷橋方出，烟深寺欲浮。新堤小泛　歸心如病葉，一片落江城。早秋歸興　深雪偶談

馬宋英

宋英，溫州人，以畫名。

游淨慈寺寫古松于壁因題

磨出一錠兩錠墨，掃出千年萬年樹。月明烏鵲誤飛來，踏枝不著空歸去。

圖繪寶鑑：丁大全丞相賞其詩畫，急命索之。人忌其能，閟不令出，卒不遇。

楊潜

題釣臺

遐想當年隱富春，生涯只寄一絲綸。幸逢白水爲眞主，肯向青山訪故人。試問勒功依日月，何如占象動星辰。回頭四七皆陳迹，獨有先生迹未陳。釣臺集

黄宜山

題竹閣

移自孤山占北山，荒涼老屋萬琅玕。櫻桃楊柳空花夢，千古清風滿閣寒。

題和靖墓

墳邊疎影尙横斜，鶴老苔荒處士家。獨立東風難著語，只攜樽酒酹梅花。以上咸淳臨安志

李仁本

仁本號裕齋。

桂殿秋辭

飛翠蓋，走籃輿，亂山千疊爲先驅。洞天迎目深且窈，滿耳天風吹步虛。洞霄詩集

陳元鑑

元鑑號東澗。

金陵懷古

英雄戰守幾春秋，虎踞龍盤古石頭。北固只憑江水在，中原長對夕陽愁。曹劉漫有經營志，王謝空遺富貴羞。舉目便懷千古恨，鳳凰臺上不須游。詩家鼎臠

沈說

說字惟肖，龍泉人。有庸齋小集。

紙衾

繭面新乾帶露揉，春回斗帳伴吟愁。殘年已辦蒙頭過，風雪從教打戍樓。

溪樓

心遠俗塵隔，樓高野興多。稻花黄雀雨，山影白鷗波。灘澀推船上，橋危挽客過。日斜闌倚徧，無句奈愁何。

馮公嶺

曉上馮公嶺，艱難見客情。雨和殘葉落，身逐亂雲行。野店山腰出，秋泉石罅生。若將世途比，此路更爲平。

晚春

白頭何計是生涯，日日尊前臥落花。緑滿池塘無一夢，夜來風雨過誰家。以上庸齋小集

魯應龍

應龍字子謙，嘉禾人。有閑窗括異志。

題飛星石

錦石雙飛下翠微，忽看移入小巖扉。靈光夜靜歸山徑，翠影秋寒上佛衣。滇海始知鯨欲動，零陵不獨燕能飛。只今五色曾何補，自採奇峯築釣磯。

閑窗括異志：陳山觀音殿，曩年忽有兩石從半山闢墜而下，一從殿後壁滾入大士座下，一墜殿之西，屋瓦無損，不知從何而入。今二石尚存，留題者甚多。余乙卯歲，到祠下，嘗賦詩于壁以記其事云。

李　堅

題宜興沖寂觀

玉兔朝天去不回，空餘露井薦晨杯。屋鈴不語明如掌，無復淩波逸士來。

咸淳毗陵志：沖寂觀在縣西北六十里，唐周長官所居。井有白龜千歲，舍爲觀。南唐隱者許堅至此，浴滆湖，履波而逝。李堅詩云云。

邵梅溪

梅溪，錢唐人。

曹娥江

客舟艤盡江頭月，忽聽寒潮聲哽噎。那知江上無情波，總是曹娥眼中血。娥江題詠

錢唐厲鶚輯
歙吳震生　錢唐汪臺勘定

宋詩紀事卷七十

謝耘

耘字耕道，天台人。

送石深之歸沃洲

嬾踏紅塵地，結廬巖壑間。酒催清夜別，身伴白雲還。賀老湖邊月，支公屋外山。沃洲吟不盡，天與老翁閑。東岬志略

句

路深容馬窄，樓小插花多。

貴耳集：謝耕道，自號謝一犂，有犂春圖。諸公喜于納交。善滑稽。三十年間，天下詩人未有不至其室，詩軸不知幾牛腰。巾高二尺餘，方口大面，行于市，孰不曰謝一犂？因是名滿京洛。壁間寫詩，中有一聯云云。事繼母極孝，母九十七八，該慶典初封，人榮之。

吳浚

浚字允文，盱江人。有集。

重過瑞金江

水瘦灘聲健，天寒霜意新。犬牙舟過石，魚貫路行人。到眼心應識，回頭跡易陳。時平刀劍息，失喜問遺民。

客中

斷雁嘯雲天雨霜，客中何事不凄涼。玉梅約住東風信，更讓黃花半月香。

春日

畫堂簾箔碧籠葱，午夢模糊燕語中。微雨嫩晴天似醉，鬧紅吹上海棠風。以上吳允文集

張濡

濡號松窗。

遊大滌山

危樓拱翠出層空，畫棟朱闌縹緲中。客散月明風露下，一區天棘伴絲桐。洞霄詩集

韓準

準號鶴山。

九月梨花

粉膩迷春月滿枝，誤隨秋日弄芳菲。料應潛作春宵夢，剛被西風不放歸。詩林萬選

陳叔堅

叔堅字堅甫，號遯齋。

送素上人遊方

不是無衣鉢，師心酷愛山。自言行脚好，卻厭住菴閑。野水寒林外，孤雲夕照間。淸遊何處寺，須寄好碑還。詩家鼎臠

葉善夫

芹溪小隱在建陽

芹溪處士古人風，寶劍塵埋未化龍。舊隱至今名不朽，扁題原出紫陽翁。建寧府志

仇從簡

從簡號芋田。

句

雪翻夜鉢裁成玉，春化寒酥剪作金。詠酥黃芋　山家淸供

周彥夫

天津橋二首

下車聊復問何如，尙憶重來四紀餘。鍾阜秦淮俱好在，祇憐雙鬢自蕭疎。

聯鑣去作蔣山遊，路轉天津遶御溝。忽作故都禾黍恨，洛陽宮殿鎖千秋。景定建康志

黃文度

文度號小園。

白藕

白藕花前一信風，颯然吹雨到梧桐。可憐一段淒涼意，併入西窗客夢中。詩林萬選

劉清軒

句

可笑吳癡忘越憾，卻誇范蠡作三高。

陳郁話腴：嘗見有人彈范蠡文云：吳江「三高」，即越之范蠡、晉張季鷹、唐陸魯望也。范蠡越則謀臣，吳爲敵國，假扁舟五湖之名，居笠澤「三高」之首。況當無邊勝地之上，著此不共戴天之讐，其視菰菜蓴羹，敝屣名爵，筆牀茶竈，短棹江湖者，豈容與之並駕臨風，聯鑣釣雪耶。劉清軒云云，見識固已深矣。

薛琦

琦，鄞人。

題荆浩畫青山白雲卷

渺渺山上山，隱隱樹邊樹。雞犬不聞聲，居人在掐處？甬上耆舊集

李㮚

㮚號碧山。

有約

楊柳垂隄水遶門，可人清景近黃昏。明朝有約誰先到，手掐花梢記月痕。詩林萬選

王輝

輝，古汴人。

楊柳枝

密密陰陰漢將營，春風吹斷皷鼙聲。少年不說封侯事，柘彈銅丸落曉鶯。詩家鼎臠

史繩祖

繩祖字慶長。曾遊魏鶴山之門。著學齋佔畢。

紅莧

易稱紅莧美柔英，夬決窮陰日旅辰。不以色紅爲貴尙，何因赤莧有仙人。圖經：明州赤莧山，土傳赤莧仙人所種。學齋佔畢

周伯仁

伯仁字及之，南昌人。

句

照天不夜梨花月，落地無聲柳絮風。春雪　桃源手聽

易寓言

杜鵑花

輕𧄍梢頭薄薄羅，子規湔血恨難磨。園林莫道香飛盡，嫩綠枝頭不用多。全芳備祖

曾蘭墅

西湖夜景

閑窗放入四山青，古篆無烟氣自清。風不鳴條花著露，一湖春月萬蛙聲。咸淳臨安志

李軏

畫楊妃扇

頗憶前身是謫仙，硯煩親捧玉堂前。如今再閱嬋娟面，不覺人間五百年。翰墨大全

王公煒

梅花

枯霜翦盡千林葉，纔放江頭第一春。瘦影看來天愛畫，孤根生處地無塵。夜郎歲晚逢羈客，谷口寒雲見似人。絕是精神吟不盡，好枝和月插紗巾。後村千家詩

葉豈潛

豈潛字潛仲，金華人。佐廣西漕幕。

蟬

柳邊曉立看蟲蛻，化作風餐露宿身。林靜晝長吟不絕，騷騷清苦似詩人。

鱖魚

漁翁今度笭箵富，政是桃花水膩時。網得文鱗如墨錦，貫來楊柳是金絲。以上後村千家詩

黄登

登字瀛父，號南溪。有適意集。

山中曉行

上到山巔曉色分，眼看殘月待朝昕。望迷四顧渾如海，立欲移時祇是雲。隱隱樓臺平地見，行行鐘磬半天聞。舉頭頓覺青霄近，我欲乘風謁帝君。後村千家詩

黄師參

師參字子魯，號魯菴。

過廬陵

昔年棲迹處，今訪不知門。華屋半塵土，故人餘子孫。少留誰共語，欲去轉銷魂。落日江樓遠，江山空復存。

李鹹谷歌

李鹹谷，眞詩人，無枝可棲雲水身。去年縣官爲架屋，纔有數枝堪寄宿。朝廚無烟吟正高，癡兒叫怒吟轉豪。人間六月盡絺服，獨著春衫凉自足。黄雞白酒東家留，西家欲留還住休。鑿池養魚未盈掌，有客過門須舉網。網收魚盡鏡匳空，菜羹作供尤春風。谷之山，窈復深，誰其友之紫芝民。谷之水，清且泚，誰其似之巢父耳。再拜號君鹹谷子，白頭結交從此始。以上詩家鼎臠

潘亥

亥字幼明，號秋巖，樫子。

寄趙紫芝

長安獨跨驢，一別二年餘。朝士不能薦，承明空有廬。窗虛桐影薄，櫂冷桂花初。莫怪無書札，心親迹任疎。前賢小集拾遺

社日

聽得東風急，吹乾小徑泥。雨多花放早，水滿燕飛低。貧女不知緯，幽人只此棲。依依懷去歲，摘茗白壇西。東甌詩集

葉茵

茵字景文，笠澤人。有順適堂吟稾。

偶成

春來晴復陰，因物悟浮生。杜宇鄉心重，楊花世事輕。知非蘧伯玉，覺是晉淵明。此意誰人會，騎牛訪耦耕。

蘇隄

南北山匳翡翠隄，隄邊綠漲輭琉璃。參差臺榭無餘地，雜遝輪蹄了四時。楊柳又多前日樹，梅花祇少近人詩。停篙不看春風面，閑伴漁翁理釣絲。

山行

青山不識我姓字，我亦不識青山名。飛來白鳥似相識，對我對山三兩聲。

室人墓下

楚愴埋香地，卿須念稾砧。齊眉中道訣，同穴百年心。刀尺凝餘澤，松梧帶老陰。可能如饁婦，相對白頭吟。

有所思

仰天有所思，心遠目苦短。西風驅殘雲，千里月華滿。

元夕

夢想傳柑宴，村醪可試沽。漫酬元夕爾，不復去年吾。舊事思湾汴，幽情卜紫姑。六分春已一，秉燭步通衢。

香匳體

千里相思兩寂寥，東陽應減舊時腰。書中喜有歸來字，攔傍紅窗把筆描。以上順適堂吟稾

潘鄭臺 一作鄖臺

詠梔子花

未說司花刻玉工，已知名與佛相同。可憐結了薰風子，依舊身歸色界中。全芳備祖

周吟軒

蒿

野蔬山芋慣寒酸，虀綠齏黃頓頓餐。及到新年立春日，卻無生菜上春盤。全芳備祖

李濤

濤字養源，臨川人。有蒙泉詩稾。

登高丘而望遠海

登高丘，望遠海，萬里長城今安在？坐使神州竟陸沈，夷甫諸人合菹醢。望遠海，登高丘，知我者謂我心憂，不知我者謂我何求。歸枕蓬萊漱弱水，大觀天地眞蜉蝣。蒙泉詩稾

黃深源

深源字益長，三山人。

秋日寄懷友人

幾度裁書無雁休，思君天闊水悠悠。自從席上飛花後，又見江頭落木秋。背壁一燈憐瘦影，誰家雙杵動新愁。不知今夜西風裏，人倚月明何處樓？詩家鼎臠

周承勛

承勛字希稷。官瑞州新昌尉。

題度門院 在瑞州

才入度門寺，先觀覺範詩。昔人吟不盡，今日到方知。地僻寒來早，山高月上遲。池邊老修竹，曾映蓋生幃。自注：龔龍圖端書堂在焉。

宿玉龍宫

夜爇松明火，朝焚柏子香。舉家來萬壽，佳節遇重陽。雨止雲穿日，風高天欲霜。吾廬籬下菊，應怪未還鄉。以上娛書堂詩話

鄧林

林字性之，號四清社友，臨江人。有皇荂曲。

蕭小山跋云：皇荂曲詩，古如洞庭，樂其思幽；律如嶰谷，筩其和宣；絕如喬木，嚶其音洽。

玉兒

金蓮華上俞尼子，永壽神仙羅繡綺。苑中荆荻布令嚴，玉像支離瓦官寺。六宫鴨劃起淫風，大白便應縣妲己。此身肯許兜鍪夫，猛爲東昏判一死。到今羞殺賣降人，去作練兒梁姓臣。

朱彥和

文如玉海動時流，曾以書棊伏隱侯。武德閣前消幾語，卻令梁氏缺金甌。

任蠻奴

千里旌旗已渡江，蠻奴苦諫喚蕭郎。卻持官裏黄金去，望拜韓擒石子岡。

石崇

梓澤神仙第一居，爭豪不惜碎珊瑚。荆州使客知何罪，未必亡身爲綠珠。

送衡山琴書張道士

滿天風月澹蕭騷，三尺孤桐古調高。不敢問君聽別操，請彈二十五離騷。

滿空煙雨澹模糊，三尺霜縑老墨枯。不敢問君求別景，請描七十二峯圖。

九里松

松是山靈一手栽，堯天長就棟梁材。龍髯怒起春風急，似怪游人喝道來。以上皇耆曲

鄭㷆

㷆字君瑞。

句

月似故人能赴約，鷺如小友可忘年。和劉後村　後村詩話

王默

默字識之。

梅花

知己林和靖，論心何水曹。平生懷玉雪，獨立占風騷。月落香方覺，天寒韻更高。搜吟吟未就，清夢滿江皐。詩林萬選

張仲節

仲節，建安人。有玉澗槀。

句

蝴蝶似知春夢熱，穿花飛度畫屏東。閩思　後村題跋

吳　鋼

鋼，琚之子。官臨安京倅。

崇壽寺　在西湖方家峪，高宗朝劉妃建。

坳徑石䃮𨁎，梅枝礙竹斜。舊封妃子院，殘照覺王家。亭砌旋風葉，巖流出洞花。飽參塵世味，得似野僧茶。

天申萬壽圓覺寺　在西湖之九里松，高、孝兩朝皆臨幸。

梵室香飄隔竹聞，壁間肆筆爛奎文。山深翠輦經行處，猶卧從龍數點雲。以上咸淳臨安志

姜補之

補之字伯玉。

雪夜問梅

一年春事五更初，夢覺寒香乍有無。門外不知深淺雪，祇應消瘦玉肌膚。前賢小集拾遺

方菊田

絕句

數葉芭蕉數葉秋，燈長雨久不眠愁。靈溪寺裏夜曾聽，又聽靈溪溪水流。全芳備祖

全大用

海棠

少陵不賦海棠詩，留待風流相國詞。聞種錦窩三百本，春風纔起蜀人思。全芳備祖

姚　顯

顯，霅川人。

遊九鎖山

九鎖碧陰涼，行人古道長。四山松雨過，一路稻雲香。怪瀑驚危磴，殘蟬亂夕陽。長安金屋好，夢不到山房。洞霄詩集

徐　珏

珏號耕巖。

遊洞霄

凡世纖塵不敢侵，瑤關自鎖白雲深。地靈佳木有仙意，山靜啼禽多好音。五洞暗通蓬島路，九峯密拱石壇陰。步虛聲了幽人暇，一穟爐香三弄琴。洞霄詩集

蕭汎之

讀秦紀

築了連雲萬里城，春風弦管醉中聽。淒涼六籍寒灰裏，宿得咸陽火一星。梅磵詩話

徐介軒

桂花

翠葉金花小膽瓶，輕拈款嗅不勝情。從教失陷沈烟裏，驀地薰心夢也清。全芳備祖

謝幼謙

酴醾

香雪支離半墜風，柔條無奈不成叢。阿蠻如許風流骨，打困秋千細雨中。全芳備祖

郭忠謨

溪居

鑿破青山骨，初營數畝丘。泉分幽竇乳，峽束大江流。漁唱來花徑，山光落釣舟。沙鷗驚笑語，片片起滄洲。後村千家詩

黃今是

漁父詞

青烟何處淡孤洲，有客經年業一鉤。芳草渡頭新貰酒，碧雲天際已歸舟。宋藝圃集

吳陵

陵字昭武。

盱眙郡樓

風物淒涼天地秋，憑高不盡古今愁。關河北望三千里，淮泗東來第一州。日暮邊聲傳畫角，早寒霜氣襲重裘。干戈澒洞何時靜，王粲長吟獨倚樓。詩林萬選

甘邦俊

題梅壇

火德中微否未傾，朝陽一疏鳳先鳴。如公忠論能旋聽，彼莽姦謀未易成。萬古仙名香宇宙，幾人遺臭腐公卿。至今風吼松聲怒，似爲先生訴不平。梅仙事實

任拙齋

酴醾

一年春事到荼蘼，香雪紛紛又撲衣。盡把檀心好看取，與留春住莫教歸。全芳備祖

吳明老

明老，建陽人。

小園解后錄：明老剛介有志操，詩文雖不純，意趣亦殊可采。

偶成

西風颯颯動長林，斗酒沽來伴月斟。慷慨未應憂短褐，悲歌元不爲秋砧。誰云塞馬年年健，自是君門浩浩深。世祖丰神似高帝，楚囚珍重莫霑襟。詩人玉屑

陳嚋

題釣臺

故人已了中興事，贏得溪頭伴釣竿。喚起先生同一笑，青山自在白雲閑。（釣臺集）

謝堯仁

詠芍藥

花蓓大如拳，花面或徑尺。紫者棲紫鸞，黄者浴黄鵠。或似扶桑枝，推上一輪赤。或似玻璃盆，稍久擎無力。又有似平叔，愛矜素粉白。又有似蜀人，喜染天水碧。或似包綠錦，未放丹砂坼。或似浴青囊，未放沈麝發。應須和露翦，莫使見顔色。庶幾精神全，免笑花無骨。（全芳備祖）

徐安國

安國號春渚。

大滌洞

大滌山藏碧玉函，神龍護穴虎馴巖。華陽邃道通仙處，始見玄同骨不凡。（洞霄詩集）

妙庭觀

玉笙聲絶瑶池杳，桂殿風生幾度寒。空使時人慕雞犬，掃除欒鼎舐遺丹。（杭州府志）

王堅

梅壇

曾向梅窗覓隱仙，誰知結屋此山顛。讀書堂下三更月，燒藥爐中幾度煙。鸞影已隨天上去，虹光空盼世間傳。疾邪一疏吾能抗，隱世高名媿獨賢。後村千家詩

孫抗

題隱山南華洞

峭徑入蒼烟，他山盡一拳。上盤朱鳥翼，中寓漆園仙。清可攜壺賞，涼堪枕石眠。九疑生接境，曾此按薰弦。桂林府志

鄭夢周

漁父

披卻蓑衣翁自漁，青荷包飯柳穿魚。歸時坐在短篷底，白占一溪雲水居。後村千家詩

李春伯

鷺鷥

春暗汀洲杜若香，風標公子白霓裳。碧天片雪忽飛去，何處人家水滿塘。後村千家詩

宋詩紀事卷七十一

錢唐 厲鶚 輯
吴 毛德基 勘定

葉紹翁

紹翁字嗣宗，建安人。有靖逸小集、四朝聞見録。

西湖秋晚

愛山不買城中地，畏客長撑屋後船。荷葉無多秋事晚，又隨鷗鷺過殘年。

秋日游龍井

引道煩雙鶴，擕囊倩一僮。竹光杯影裏，人語水聲中。不雨雲常溼，無霜葉自紅。我來何所事，端爲聽松風。

出北關一里

脱衣命僕浣塵埃，籬落人家未見梅。出得城門能幾步，船頭便有白鷗來。

嘉興界

平野無山盡見天，九分蘆葦一分烟。悠悠緑水分枝港，撑出南鄰放鴨船。

九日呈眞直院

秋風吹客客思家，破帽從渠自在斜。腸斷故山歸未得，借人籬落種黄花。

賦葛天民栽葦

葉礙漁舟入，叢分水國寬。低回藏鷺渚，髣髴釣魚竿。蕩戶和萍送，溪翁當竹看。所憐如許節，不耐雪霜寒。

西溪

一條横木過前溪，村女齊登采葉梯。獨立衡門春雨細，白雞飛上樹梢啼。以上靖逸小集

猫圖

醉薄荷，撲蟬蛾。主人家，奈鼠何。隨隱漫録

漢武帝

殿號長秋花寂寂，臺名思子草茫茫。尚無人世團圞樂，枉認蓬萊作帝鄉。齊東野語

黄榮仲

江上晚眺

十里滄波自在流，滿天風月下蘆洲。待攜六幅生綃去，畫出江南水墨秋。後村千家詩

王君良

江行

暮雲含雨意，江路轉淒清。秋泊扁舟處，時聞孤雁聲。莫愁秋欲老，只是客關情。不信他鄉恨，吟邊分外生。後村千家詩

劉翼

翼字躔父，福唐人。有心游摘稾。

林鬳齋序云：躔父與予同事樂軒先生，鄙夷場屋之技，獨力于詩。晚而傲世自樂，盡去繩墨法度，自爲樂軒一家之言。如娑羅林中，最後說法，六師諸魔，聞者益懼矣。

伯言見和拙作以漢隸書之謝以七韻

李潮善八分，求歌杜陵叟。有人和我詩，半紙餘科斗。風雲生其懷，劍戟出其手。石經中郎蔡，新樣元和柳。元常文不傳，退之書何有。待我農隙時，載筆隨君後。袖手眼亦明，聊與之飲酒。

山寺聽雨

問道論詩也一宗，燒柴煨芋佛家風。要知眞樂人間少，聽雨空山破寺中。以上心游摘稾

周端臣

端臣字彥良，號葵窗。御前應制。

內人燒香圖

花底燒香深閉門，宮鴉棲了已黃昏。君王未識無人妒，雖不承恩卻感恩。詩家鼎臠

落梅

條脫空嗟萼綠華，俗塵誰見駐香車。數聲畫角單于塞，一曲山香阿母家。墮砌尙疑妝後粉，點衣猶認唾時花。別來埋沒春風面，幾度虛窗歎月華。

買木犀花

拚卻杖頭沽酒物，湖邊博得木犀花。西風可是無拘束，一路吹香直到家。以上後村千家詩

古斷腸曲

條風窗戶柳陰陰，雲碧春衫護水沈。花裏小闌人不到，流鶯啼起去年心。

依舊斜陽燕子樓，共誰把酒話閑愁。韋娘去後西風老，爛漫黄花滿院秋。詩林萬選

褒親崇壽教寺

萬竹蒼寒擁寺門，寺碑金字御書存。榮華肯信當年事，儀制空留後世恩。影閣有聲塵網暗，殯宮無月土花昏。見梅不敢輕扳折，恐是春風水際魂。

西湖遊覽志：寺在清波門外方家峪，俗稱劉娘子寺。宋紹興十八年，劉貴妃建。妃臨安人，入宮爲紅霞帔，得幸。累遷才人、婕妤、婉容，尋進貴妃，專掌御前文字，工書畫，上用奉華堂印。父懋，因金人南侵，獻錢二萬緡以助軍費，高宗嘉之，遂令建寺以爲功德。有泉自鳳凰山而下，注爲方池，命曰鳳凰泉，于湖張孝祥書刻。內有松雪亭、觀音洞、筆架池、偃松、交枝檜，壁間陳公儲畫龍，甚奇。周端臣詩云云。

題葉靖逸東菴

一菴自隱古城邊，不是山林不市廛。落月半窗霜滿屋，臥聽宰相去朝天。宋藝圃集

施文熇

金陵作

紫蓋東南久寂寥，石城烟霧壓岧嶢。登臺倦客懷千古，宿内閑人夢六朝。御苑雲浮曾拾翠，舊橋月落尚吹簫。諸公不説新亭事，目斷空江半日潮。景定建康志

鄧夢杰

夢杰，盱江人。

賡梅山壁間韻

媿我身名墮褐冠，無因安得到仙壇。子眞雖隱名難隱，萬古高風凛凛寒。梅仙事實

張　粲

粲，南徐人。

題雨花臺

莫説南朝勝概繁，祇今近郭已江村。臺荒浪紀曼花墜，事往空餘古意存。甌餗正緣輕納景，鼎分誰謂不如孫。滔滔千載興亡恨，盡付憑欄對月樽。景定建康志

徐獻可

獻可，永嘉人。官至泉州守。

書齋

十日書齋九日扃，春晴何處不閑行。瓶花落盡無人管，留得殘枝葉自生。東甌詩集

聞九成

九成，餘杭人。

洞霄山隱齋

餘杭之山天柱峯，下有石洞蟠蒼龍。齋居無塵山四合，仙人宴坐空翠中。夜挹北斗罡氣接，晨吸東日精光通。醉淩高風駕白鶴，笑覩黄庭驅玉童。人間自有赤松子，方外或友洪崖公。丹泉吹陰曉霧碧，野果變色秋山紅。獻酬且盡琉璃鍾，笑談便是蓬萊宫。肯如金粟衰病翁，散花丈室談虚空。洞霄詩集

徐千里

茉莉

炎州綠女雪爲肌，十二朱闌月未移。香逼簟紋眠不得，爲渠醒到打鐘時。後村千家詩

饒良輔

良輔字昌朝，號竹溪。

竹徑步月

素月流空天不夜，清輝散入疎林下。下有幽人獨往來，杖藜縹緲誰能畫。詩家鼎臠

朱承祖

鶴林寺

鶴林古竹院，馬素舊松關。草合門前路，雲埋寺後山。花神千載去，僧話片時閑。滿壁瑰奇句，慙窺豹

一斑。鶴林寺志

鄭雲林

海棠

貪詩閑費一生心，水際雲崖到處尋。可惜春光吾老矣，海棠烟雨閉門深。全芳備祖

范仁仲

題梅仙山

說到神仙事渺茫，壽春亙古此靈場。松邊白隱千年鶴，嶺外紅拖幾夕陽。霞馭月寒時弄影，斗壇風冷夜聞香。先生不必眞人號，自與乾坤共久長。梅仙事實

蔣夢炎

寒食

不暖不寒寒食天，小橋楊柳未飛綿。三分春有一分在，十日晴無兩日全。桐角喚回前嶂曉，子規啼破隔江烟。麻裙素髻誰家女，哭向墦間送紙錢。後村千家詩

馬知節

知節字介卿，環溪人。曰璐按：宋史：馬正惠知節，字子元，祥符人。此字介卿，環溪人，見宋刊詩家鼎臠。所選俱南渡人詩，蓋與正惠同姓名者。

枯梅

斧斤戕不死，半蘚半枯槎。寂寞幽巖下，一枝三四花。詩家鼎臠

阮南溪

梨花

繽紛紫雪浮鬟細，冷淡清姿奪玉光。剛笑何郎曾傅粉，絕憐荀令愛熏香。合璧事類別集

呂　防

防，臨川令。

題梅壇

封事悠悠即挂冠，蒼煙古木鎖空壇。當時不識蓬萊客，祇作南昌一尉看。梅仙事實

王安之

安之字叔安，號藥窗。

寄友

憶昔青燈夜□□，吟猨聲裏早梅香。一從去櫂衝寒雪，幾度憑闌到夕陽。秋思漸于蟬外覺，別愁空入雁邊長。梧桐解得離人意，不遣西風葉盡黃。詩家鼎臠

張　巽

巽，新昌人。

題梅壇

上疏歸來日已酉，山中旋製薜蘿衣。謀身豈爲金丹祕，去國應知火祚移。風露滿林蟬幾蛻，松杉遶屋鶴孤飛。瓣香僕僕非公願，自有忠誠天地知。梅仙事實

賈仲穎

仲穎，永嘉人。

句

燈花寒影裏，詩句雨聲中。盡開窗戶容秋月，偏倚闌干看晚山。後村詩話

葛逸

虎丘呈元機上人

樓觀倚雲端，烟收陸海寬。蒼厓留劍跡，古木見龍蟠。石徑青苔滿，霜林木葉乾。憑闌千里豁，爽氣逼人寒。虎丘志

富嚴

游虎丘

繚繞禪關鎖翠微，游人到此便忘歸。古今不盡春風恨，一劍清泉浸落暉。虎丘志

謝子才

柳

嫩葉吹風不自持，淺黄微綠映清池。玉人未識分離恨，折向堂前學畫眉。後村千家詩

宋自適

自適字正父，金華人，號清隱。

早行

西郊雲起白漫漫，近樹遥峯欲辨難。山下幾多迷路者，人間方夢大槐安。梅磵詩話

柳

絲絲烟雨弄輕柔，偏稱黄鸝與白鷗。纔著一蟬嘶晚日，西風容易便成秋。全芳備祖

句

江湖多少盟鷗地，莫近平津閣畔行。送愿父弟　眞西山題跋

路德章

盱眙旅舍

道旁草屋兩三家，見客擂麻旋點茶。漸近中原語音好，不知淮水是天涯。詩人玉屑

王顯世

顯世字子亦，南安人。官寧都令。有容安稾。

烏駐道中

蹲鵶用事謝黄獨，木奴弄色陵烏椑。落日人行桑柘裹，西風雁過稻粱時。故山秋晚正如此，遊子天寒何所之。一笑沙禽忽驚去，水邊的皪早横枝。詩家鼎臠

尤煓

煓，袤諸孫。理宗朝，官臨安府倅，浙東提刑。

題蘇端明書乳泉賦後

萬籟既寂，一氣孔神。吸彼沆瀣，沃此肺膺。至陽之精，天一所生。欽哉此詞，展也大成。式古堂書考

喻汝楫

征夫

白骨茫茫散不收，朔風吹雪度瓜洲。殘陽欲落未落處，照盡行人今古愁。詩人玉屑

丁木

木字子植，天台人。

次揚州何安撫節機韻

送別邗江路，梅花作暮愁。關情何水部，回首古揚州。雁影明寒水，冰澌澀去舟。想應今夜宿，霜月滿瓜洲。詩家鼎臠

葉元素

元素字唐卿，號苔磯。

絕句

家住夕陽江上村，一灣流水護柴門。種來松樹高于屋，借與春禽養子孫。後村千家詩

吳吉甫

句

眞水黄芽長，香風玉杵鳴。不爲三窟計，永伴一輪明。漕試擣藥兔長生詩　困學紀聞

李　杜

杜號棗坡。

過廢寺

溪沙横漲水痕平，閑扣雲關壁半傾。殿上土花人不到，斷甎支睡聽蟬鳴。詩林萬選

高鵬飛

鵬飛字南仲，餘姚人。有林湖遺稾。

湖上

好景難逢奈老何，十年此地絶經過。山如得意晚猶碧，雨亦知愁秋更多。造化從渠旋磨蟻，功名笑汝撲燈蛾。湖邊直欲呼船去，更共漁人挂綠蓑。林湖遺稾

李　龏

龏字和父，號雪林，笠澤人，家吳與三匯之交。效元白歌詩，不樂仕進，年登耄期，有漱石吟、梅花衲、翦綃集。

佩楚軒客談：和父自作墓誌云：「孰生予，孰死予，予不自知。爲文之徒，詩之徒，今瘞于斯，孰知伯道之無兒。」未幾

死，趙文曜爲誌，葬之何道兩山間，樹梅百株。趙德符題碣曰：「宋詩人雪林李君之墓。」

梅花集句

林蘿深處過溪橋，眼底青山映寂寥。林逋 蘇養正 又 可正平 眞態生香難畫得，一枝春瘦雪初消。梅花衲

吹殺梅花影裏燈，淒涼一似觀堂僧。張鎡 周文璞 羅鄴 貫休 滿山明月東風夜，茶煮西嵒瀑布冰。

公無渡河

屈平沈湘不足慕，公無渡河兮公苦渡。行搔短髮提壺漿，玉白蘭芳不相顧。驚波不在黯黮間，顏色錯漠生風烟。其下無底旁無邊，何用將身自棄捐。李賀 王叡 李咸用 溫飛卿 齊己 盧仝 白居易 王建

重宿吳林居園亭逢雪

小隱西亭爲客開，舊題詩句沒蒼苔。銀河風急驚沙度，酒作凌澌火作灰。許渾 鄭谷 李咸用 姚合

寒食

一年唯此兩三辰，落拓東風不藉春。歌酒家家花處處，何曾紫陌有閑人。熊孺登 李山甫 白居易 羅鄴 以上翦綃集

盧梅坡

春日

紅芳滿眼鬭風流，誰信春來有客愁。惆悵不干桃李事，故山烟雨憶松楸。

閔雨

百萬人家井水黄，江南大半田無秧。乖龍豈是爲霖物，貪弄明珠鏇日光。以上後村千家詩

季履道

履道號澄江。

龜山

濁酒三秋館，青燈半夜花。故人渾在目，幽夢暫還家。淮近風偏惡，山高月易斜。新霜何處雁，片影落平沙。詩林萬選

葉杲

杲字謙夫，永嘉人。官史館檢閲。

東山堂

何處著詩癯，巖邊有隱廬。雲生春樹合，魚響夜潭虚。住久無他姓，山空應讀書。平分謝池月，吾亦百年居。東甌詩集

方景絢

景絢字武子，莆陽人。擢第，終于郡掾。

題壁

明月照齊州，玉龍棲欲起。壯士腸夜迴，寒衾潑秋水。劉後村題跋

何洪

洪號梅境，淳安人。

溪居冬夜

茅屋瀕溪只數椽，讙雞黄犬枕莎眠。柴門不掩松梢月，恐有山陰泛雪船。青溪詩集

車瑾

瑾字元瑜，黄巖人，號敬齋。

馬家山 在黄巖縣

山頭紅日生，山下螘蛙爭。朝市誰能問，煙雲我自耕。胡牀調紫蕨，黄獨煮香秔。無意隨園綺，逃名更得名。台州府志

朱輔

虎丘

自許胸中著一丘，飽于世路合休休。未陪靖節遠公社，且與景常元慧游。四野凍雲催雪到，五湖春浪蹴天浮。不將拾翠相隨去，碾罷新茶卽泛舟。虎丘志

宋詩紀事卷七十二

錢唐　厲鶚　輯
錢唐　許承權　勘定

張堯同

堯同，嘉興人。有嘉禾百詠。

嘉禾百詠　存十首

殳山

丹竈功成後，寥寥掩石扉。但聞蟬已蛻，不見鶴來歸。

蘇小小墓

泉下骨應朽，幽魂獨未銷。幾番清夜月，孤影度南橋。

韭溪

終與雙溪接，分流入市來。市橋人影合，不解洗塵埃。

朱買臣墓

世事春風轉，榮枯一夢間。繡衣人不見，孤冢舊家山。

天心湖

拍岸浮春綠，菰蒲四遠生。網羅人不到，魚鳥亦忘情。

月波樓

天闊冰河淨，溪平玉鑑寒。卷簾看晚色，鷗鳥傍闌干。

列岫亭

吾州風物好，唯是欠青山。忽有洞庭色，來從一笑間。

跨塘橋

路接張涇近，塘連谷水長。一聲清鶴唳，片月在滄浪。

樂郊亭

竹下清風好，時來挂幅巾。待逢田叟問，誰是樂郊人。

長水鄉 古鄉也。故楞嚴大師子璿作楞嚴疏文，謂之長水疏。

古來名未滅，人好水還清。一讀高僧疏，塵勞悟此生。以上嘉禾百詠

梁佐

佐，理宗時人。與史安之倡和。

高山堂

危巔層閣倚雲平，一凭危闌醉魄醒。霽雨亂山生淡碧，帶風寒竹有餘青。孤猨傍石來深磵，幽鳥銜烟入畫屏。卻讓高僧占仙景，蓬萊不獨在滄溟。嵊縣志

毛珝

珝字元白，三衢人。有吾竹小稾。

李龏和父序云：柯山毛元白，詩人之秀者也。惜其少文自晦，不求聞于時，吟稾一帙，清深雅正，跡前事而寫芳襟，有沈千運獨挺一世之作。

廬山栖賢寺

名重于諸刹，前賢舊隱蹤。無人知有路，隔樹忽聞鐘。瀑壯山疑裂，雲深寺若封。或傳遺稾在，三叩昔時松。

墨龍

眞人尸居雷八荒，斲甎殘墨生蒼茫。鯢桓下睬九淵墨，神光倒射角與亢。平聲　明明元氣淋漓蹟，水底焚槐海波赤。周流萬化元無極，姑使人心識天則。

浙江

白鷗舊事隨波去，太極陰陽自吞吐。長虹夜貫黑頭船，四紀沙迎相公路。馮夷作劇眞等閑，五都有客雄其間。上林三官浪憂國，千年海底生銅山。

丹陽館

渡江南來第一驛，幾度華堂延雁客。百年運逐曉雲空，愁殺鞮官老無職。南徐今日古陽關，不斷歌聲祖離席。國讎已復事尤多，折損年年春柳碧。

富池廟

船頭蜀錦三千尺，倒影長虹浸寒碧。相逢不是紫髯郎，鸚鵡洲邊眼生棘。江頭簫鼓雜靈鴉，人道陰兵曾護國。安知樓下雪千堆，不是呑曹氣衝激。

滄浪亭

濯纓人去水空寒，事屬明時欲問難。日暮客歸園館閉，鷺鷥飛上石棋槃。子美故物，唯石枰存。

石湖

一片湖光接薜蘿，功名餘事屬吟多。至今魚鳥皆堪敬，曾見烏巾照碧波。以上吾竹小稾

黄伯厚

晚泊

片帆寂寞繞孤村，茅店鷩寒半掩門。行草不成風斷雁，一江烟雨正黄昏。後村千家詩

范大中

立春寄梅壇楊逸老

仕路蹉跎又見春，區區深厭走紅塵。未能解脱無窮事，長憶逍遥自在人。瓦缶汲泉朝灌藥，羽衣濛露夜朝眞。灑然物外清虚境，呼吸淳元養氣神。梅仙事實

劉瀾

瀾字養源，號江村，天台人。初爲道士，還俗，干謁無成，卒。

劉後村跋云：天台劉君瀾詩四卷，短篇如新戒縛律，大篇如散聖安禪，詩之體製略備。

桐江曉泊

風蕭蕭，冰瑟瑟，淡烟空濛冠朝日。灘頭枯木如畫出，鸜鵒飛來添一筆。梅磵詩話

夜訪倪直翁

踈瓴亂見星，危坐冷無燈。索句髮先白，餐蔬貌盡青。棲禽翻麓雪，墮栗破溪冰。昨夜中峯頂，因看海日昇。瀛奎律髓

句

東風半綠官圩草，西日遙紅別岸山。梅磵詩話

李　億

柳

倚岸依依一兩株，溪風吹影暮烟踈。青條拂水長如線，釣叟折來穿白魚。後村千家詩

劉允升

繭漆花

凊晨步上金雞嶺，極目漫山繭漆花。雪蘂瓊絲亦堪賞，樵童蠶婦帶歸家。全芳備祖

易元矩

斑竹

一别虞妃去不還，愁雲空鎖九疑山。世間多少相思淚，灑徧脩篁染不斑。全芳備祖

何應龍

應龍字子翔，錢塘人。有橘潭詩稾。

春寒

博山熏盡鷓鴣斑，羅帶同心不忍看。莫近闌干聽春雨，樓高無處著春寒。

有别

樓上佳人唱渭城，樓前楊柳綰離情。一聲未是難聽處，最是難聽第四聲。

臨安僦樓

過了燒燈望燕歸，春寒刬地勒芳期。杏花深巷無人賣，細雨空簾盡日垂。

芍藥

金蘂絲頭茜染成，五雲樓映玉盤傾。謝郎一入中書後，二十四橋空月明。以上橘潭詩稾

傷春

玉纖輕揭繡簾開，行到花前淚滿腮。正爾春心無處託，一雙蝴蝶忽飛來。後村千家詩

蔡槃

槃號遂菴，永嘉人。

瓜洲

烟際繫孤舟，蘆花兩岸秋。江空雙雁落，天迥一星流。急鼓西津渡，殘燈北固樓。商人茅店下，沽酒話揚州。東甌詩集

羅竹谷

竹谷，廬陵人。羅大經之父，名字未詳。

送曾雲巢被召

泰華山人上赤墀，上嗟安在見何遲。老于尚父投竿日，少似轅生對策時。怨鶴驚猨辭舊隱，鞭鸞笞鳳總新知。早陳經國平邊策，歸領雲巢舊住持。

送胡季昭竄象郡

好讀牀頭易一編，盈虛消息總天然。峥嶸齒頰皆冰雪，肯怕炎方有瘴烟。以上鶴林玉露

羅大經

大經字景綸，廬陵人。登第，爲容州法曹掾。著鶴林玉露。

茶聲

松風檜雨到來初，急引銅瓶離竹爐。待得聲聞俱寂後，一甌春雪勝醍醐。鶴林玉露

陪桂林伯趙季仁遊桂林暗洞列炬數百隨以鼓吹市人從之者以千計已而入申而出入自曾公巖出于棲霞洞入若深夜出乃白晝恍如隔宿異世季仁索余賦詩紀之

瑰奇恣搜討，貝闕青瑶房。方隘疑永巷，俄敞如華堂。玉橋巧横溪，瓊戶正當窗。仙佛肖髣髴，鐘鼓鏗

擊撞。㝡㝡左顧龜，狺狺欲吠尨。丹竈儼亡恙，芝田藹生香。搏噬千怪聚，絢爛五色光。更無一塵涴，但覺六月涼。玲瓏穿數路，屈曲通三湘。相傳與九疑通。神鬼妙刻刻，乾坤眞混茫。入如深夜暗，出乃皦日光。隔世疑恍惚，異境難揣量。鶴林玉露

王荆公

錯認蒼姬六典書，中原從此變蕭疎。幅巾投老鍾山日，辛苦區區活數魚。

鶴林玉露：王荆公新法煩苛，毒流寰宇。晚歲歸鍾山，作放魚詩云：「物我皆畏苦，舍之寧啖茹。」其與梁武帝窮兵嗜殺，而以麪代犧牲者何殊。

吳規父

蛙

斂藏鼓吹寂無言，跧跳何曾離草根。舉世盡貪生處樂，坎中應自有乾坤。後村千家詩

劉汝進

汝進號山翁，漫塘幼子。

與客九日遊龍山以塵世難逢開口笑分韻得口字

縱步龍山顚，放舟尤蕩口。羣然雁鶩行，雜之牛馬走。我拙不能詩，我病不能酒。試問賞花人，還有菊花否？山房隨筆

呂炎

炎字仲明。

閨思

夜久香銷翡翠匳，十分春恨上眉尖。荼蘼謝了櫻桃過，人影參差月半簾。詩林萬選

車若水

若水字清臣，號玉峯山民，黄巖人。從杜清獻公游。有脚氣集、玉峯冗藁。

江湖偉觀

十年不向此凭闌，景象依然一望間。龍蜃吐雲天入水，樓臺倒影日銜山。僧于僻寺難爲隱，人在扁舟不是閑。孤鶴似尋和靖宅，盤空飛下復飛還。咸淳臨安志

庚申

襄陽耆舊總堪羞，只有龐公已入州。自向芭蕉眠夜雨，不堪更鼓在牀頭。赤城詩集

陳嘉言

嘉言，侯官人。仕爲建州司戶。咸淳末，築室台嶼，人稱書隱先生。

題太姥墓

太姥山，在福寧州東。堯時有種藍老姥，家於路傍，有道士求漿，姥飲以醪，因授丹砂，服之，七月七日乘龍上升，有虛墓存焉。

吾聞堯時種藍嫗，世代更移那可數。帝堯朽骨無微塵，此間猶有堯時墓。墓中老嫗知不知，五帝三王

奚以爲。狠貪鼠竊攫尺土，斵木未枯已易主。君不見仙人掌，分明指取青天上。騎龍謁帝大羅天，不逐華蟲挂塵網。又不見石棋盤，人去盤空局已殘。當時勝負此何有，爭先劫奪摧心肝。請君絶頂試披寫，左望東甌右東冶。山川不見無諸搖，但見烽烟徧郊野。野老吞聲掩淚哀，茫茫滄海生蓬萊。名勝志

羅與之

與之字與甫，螺川人。有雪坡小稾。

玉梁道中雜詠

清商汎西來，刺刺滿林塢。草木儵變衰，柯葉不相顧。昔時翳空雲，今作連山雨。菊花猶強項，籬邊爭嫵媚。

泠泠澗底泉，破碎山根翠。似欲留佳客，曲折二十四。我行無定止，蠟屐信所詣。偶來儵舍去，乘興聊復爾。

濛鴻玉梁境，縹緲雲霞仙。月壇白雲洞，遺址空依然。千年唯亂石，蹲踞秋山烟。徘徊莫可覓，酌盡丹井泉。

山居

雨作糟牀注，秋生鱸鱠思。卷簾了清景，流水裊烟絲。

一夜

潦收野水淨，雲陣布重陰。一夜西風急，千山黃葉深。身猶披暑服，耳已厭寒砧。對此無心者，還應雪

滿簪。

寄衣曲

愁腸結欲斷，邊衣猶未成。寒窗剪刀落，疑是劍環聲。

爲言

日薄寒濃春意微，花鬚柳眼尚依稀。爲言羯鼓休頻打，催得先開卽早飛。

山行

盡日流連興未闌，寒鴉背負夕陽還。遙知今夜空窗夢，只在江南水石間。

倦倚

蟬聲燕語細相和，池雨纔浮點點荷。倦倚闌干消永日，葡萄陰薄柳風多。以上雪坡小稾

陳東之

游沃洲山

我本名山人，屢作名山興。天台一住三十年，盡日捫蘿陟雲磴。上攬四萬八千丈之高秋，參差明河兩肩並。下瞰三百六十度之朝暾，滅沒飛烟八荒淨。或隨仙氣得丹牀，雙闕夜深看斗柄。今年積雨天地晴，一策快作西南征。沃洲最佳天姥勝，連山直下秋崢嶸。竹萌修纖會稽箭，芝莖菌蠢商山英。秋陽不碎空翠影，絕壑倒瀉銀河聲。山腰細路如絲直，三兩漁樵行落日。炊烟暝色小茅屋，松子秋聲斷崖石。溪流飯屑胡麻香，土輭春膏霜朮白。送書松際有猨公，問酒磵陰多木客。青冥樓閣仙人家，鬱藍

流光瀉晴碧。霓旌隊下鶴萬羣，絳節朝回雲五色。人間但有桃花源，桃花春香流水渾。三生凡骨不得到，兩耳夜半空聽猿。李白尋眞不得返，支遁卜築遠費錢。至今山靈護光怪，石蘿山薜餘秋妍。陳郎故宅更深閟，雞犬林塘隔塵世。清秋著屐一登之，路僻夕陰門半閟。盤陀石在長楠陰，脫略塵纓換秋意。晴窗示我兩山圖，老眼摩挲觀一二。便揮健筆寫我詩，惜哉賞音今絕稀。謫仙一去五百載，人間山水無清輝。舊時仙人白雲唱，怪我白首歸何時。我生白首歷浩劫，眼中億萬蟲沙春夢非。陳郎挽我十日住，掉頭不顧自有南山期。餐霞絕粒鍊精魄，長生之學非荒嬉。三千年前有宿約，來已不早歸不遲。長揖羣仙謝兒輩，倒挾萬里冥鴻飛。越詠

保應廟

投迹空山計已非，江都消息亂來稀。廟前幾種春香草，錯怪王孫去不歸。

新昌縣志：縣之十四都，隋諸王避難，歿葬其地，水旱疾疫，祈禱輒應。宋寶慶二年，從鄉民之請，建廟賜額。陳東之有詩云云。

吳濟

濟字巨川，號廉靜。

鮑家田

播旆家家酒，扶犁處處村。草深迷井口，槿密擁籬根。綠水明秧本，青山失燒痕。多應忌蠶事，晝客閉柴門。

咸淳臨安志：鮑家田，在錢塘門外東山衖之北，吳越相鮑君福賜田于錢塘，因以名焉。吳廉靜有詩。

野外即事

横木渡前溪，藤深路欲迷。瘦笻諳亂石，老屐帶新泥。盡目綠陰合，有時黄鳥啼。多情雙蛺蝶，飛傍帽簷低。前賢小集拾遺

劉蕭仲

子規

深藏密葉人難見，斷送春光夢一空。啼後血流成底事，只應都作映山紅。後村千家詩

丁先民

游大滌山

我欲避塵囂，乘風入洞霄。循溪山作路，駕水石爲橋。臺殿黄金鎖，神仙碧玉簫。拂衣天柱頂，清思欲飄飄。洞霄詩集

張　簡

簡號槎溪。

天津橋月夜

行闕獨崔嵬，垂楊夾道栽。河通桃葉渡，門對雨花臺。世事棋千變，人生夢一回。誰知今夜月，曾照六朝來。詩林萬選

吴震齋

玉簪花

素娥昔日宴仙家，醉裏從他寶髻斜。遺下玉簪無覓處，如今化作一枝花。全芳備祖

馬楞山

瓊花

三月淮南鼓戰塵，無雙亭下隘遊人。此花不解興亡意，也向年年鬨一春。全芳備祖

王琮

琮字中玉，括蒼人。監永嘉酒税。有雅林小稾。

題獨醒小亭 東嘉酒舍，予所創。

退食多留此，翛然一散襟。涼從曉來覺，秋向雨中深。牆竹侵山色，檐茅雜柳陰。有誰能載酒，過我共幽尋。

秋夜有懷醉書十韻

秋風從何來，颼颼入窗牖。殘燈耿不寐，照我客顏厚。故園豈不佳，亦頗興懷否。黄金桂百樹，碧玉池十畝。猨鶴響空山，亭臺映疎柳。觥籌雜野蔌，筆硯得佳友。愁無彈鵲句，雋有持螯手。人生行樂耳，功名有時有。點檢屐幾兩，土苴米五斗。浩然歸去來，萬事不如酒。

舟過孤山

寂寞梅花處士墳，竹圍巖脚一泉深。偷瞻翠輦曾遊處，水鑰年年護緑陰。以上雅林小稾

李景文

景文號東谷，黄巖人。有東谷詩稾。

病後感興寄車玉峯先生

折梅寄故人，故人青雲間。青雲杳無路，夢裏相往還。我愛梅花媚，彼惜桃李顏。相逢不相契，何事勞追攀。守此歲寒心，持以遺所懽。

盧墓有感

流水遶門去，愁雲壓徑斜。無人燒柏子，有客問梅花。橘熟猨窺樹，池空鳥啄沙。自傷寒谷日，不及照昏鴉。以上台州府志

陳以莊

以莊字敬叟，號月溪，建安人。

劉後村跋云：敬叟才氣清拔，力量宏放，轂城黄子厚之甥也，故其詩酷似云。

闕題

鳳簫一去幾經年，古木青蘿鎖洞天。黠鬼不量曾竊藥，眞人豈礙作飛仙。細看丹竈凝烟地，知有清朝應世賢。欲下蒼崖卻回首，何時著我弄雲泉。後村千家詩

春興

輕衫短帽久塵埃，零落香籌媿麝煤。春半工夫花繡了，社邊消息燕銜來。豈無緑野供千騎，幸有黄封可一杯。明日清明能出否，憑誰先爲掃莓苔。詩林萬選

吳惟信

惟信字仲孚，霅川人，寓吳中。有菊潭詩集。

蘇堤清明卽事

梨花風起正清明，游子尋春半出城。日暮笙歌收拾去，萬株楊柳屬流鶯。

西湖雨吟

溼了荷花雨便休，晚風歸柳澹於秋。一生不作機心事，合轉船頭向白鷗。

曉吟

翠帳香清捲碧紗，風梢殘雨溼檐牙。蜻蜓亦被涼勾引，清曉低飛入水花。

秋夕

南風吹露下秋空，烏鵲無聲占碧桐。天氣微涼人好睡，闌干閑在月明中。

野望

閑與蘆花立水邊，歸心客思兩茫然。夕陽收盡天風急，一樹寒鴉落野田。

拜和靖墓

墳草年年一度青，梅花無主自飄零。定知魂在梅花上，只有春風喚得醒。

自序

一劍辭家竟陸沈，夢思空向故廬深。槎迷河漢千年恨，樹隔關山萬里心。衣垢正憐貧未去，鏡明忽有老相尋。春歸不與人爲約，青草催詩亦懶吟。

秋夕

雨聲雲氣暮蕭蕭，羅扇恩疎井樹凋。心事暗隨歸夢去，壁燈留與可憐宵。

詠貓

弄花撲蝶悔當年，喫到殘糜味卻鮮。不肯春風留業種，破氈尋夢佛燈前。以上菊潭詩集

絶句

白髮傷春又一年，閑將心事卜金錢。梨花瘦盡東風懶，商略平生到杜鵑。

齊東野語：糜先生，吳之老儒也。時吳仲孚客吳，一日遇諸塗，叩以近作，仲孚誦絶句云云。糜老屈膝拜曰：「子謫仙人也！老夫每欲效顰，則漢高祖唐太宗追逐不少置矣。」

翁元龍

元龍字時可，號處靜，四明人。杜清獻成之之客。

題曹娥墓

自從西子入吳宮，幸有英娥可勸忠。同姓最慙曹孟德，垂名只許叔先雄。虚生浪死人何限，白日青天古一同。看得冢頭三寸草，也嫌桃李嫁東風。娥江題詠

葉維瞻

維瞻號石軒。

題西陽嶺

杜鵑啼處花成血，燕子忙時麥未胎。舉世但知春易老，不知春老幾人來。詩林萬選

徐存

存號寓軒。

遊洞霄宮

清眞羽士舊仙官，日奉琳宮紫翠間。五洞烟霞龍窟宅，一壺天地道家山。滌泉盤轉冰涵沼，隱石屏開玉敞關。可笑濯纓來覽勝，輸他高臥白雲閑。洞霄詩集

馮輗

輗，慈谿人。

題慶安寺古松

寒松一幹老蒼蒼，古寺門前歲月長。匠伯偶圖舟楫利，禪翁方患斧斤傷。得全此日同齊櫟，勿翦他年比召棠。可但與君期久遠，相將俱列大夫行。

陳郁話腴：明之慈谿縣慶安寺前，有古松夾道，綿亙數里。其一最巨，蜿蜒若龍，飛偃如蓋，臨池之上。邑長沈時升有造舟之役，睥睨茲松，將斤焉。里士馮文學輗作詩以遺沈，賴以不伐，松因詩而壽焉。

劉元茂

元茂號石澗，性愛菊。

繙帙得菊葉

何年霜後黄花葉，色蠹猶存舊卷詩。曾是往來籬下讀，一枝閑弄被風吹。山家清供

陳潤道

潤道，天台人。

吳民女

吳民嗜錢如嗜飴，天屬之愛亦可移。養女日夜望長成，長成未必爲民妻。百金求師敎歌舞，便望將身贍門戶。一家飽暖不自憐，傍人視之方垂涎。朱門列屋爭姸麗，百計逢迎主人意。常時疎棄自悲啼，一旦承恩多妒忌。古人怕爲蕩子婦，夜夜孤眠淚如雨。今人甘爲貴人妾，得意失意花上月。蕩子不歸寧空房，主人喜怒多不常。

陳郁話腴：吳下風俗尙侈，細民有女，必教之樂藝，以待設宴者之呼。使令莫逆，奉承惟恭，蓋覬利贍家，一切不顧，名爲私妓，實與公妓無異也。長大鬻爲妾，狼戾則籍之官，動以千計，習俗薄惡，莫此爲甚。天台陳潤道作吳民女一篇，殊益風教。

施樞

樞字知言，號浮玉。有芸隱横舟稿。

龜溪市橋見月

樓臺疊翠遶清溪，淺澹雲邊月一眉。行到市聲相接處，傍橋燈火未移時。

滄浪亭

長史遺蹤二百年，直敎名字到今傳。渚香細浥蓮須雨，野色輕圍竹尾烟。但得幽情關水石，何煩隱跡痼林泉。客中正有塵纓在，來此清遊亦是緣。

晚思

客路悠悠强自安，亦因吟事可相寬。小窗過了廉纖雨，細與東風説晚寒。

開爐次夕以不禁離抱來訪宏菴挑燈細語漏促忘歸卽事有賦時黄滄翁在焉

客裏情懷不自如，夜深來訪子雲居。挑燈細按新翻曲，拂案同看舊架書。梧葉敲風蛬砌冷，菊香消雨鶴庭虚。相逢且與開眉笑，莫遣吟邊酒琖踈。以上芸隱横舟稾

龔炳

炳字文伯，高郵人。

閑詠

年踰八袠雪蒙頭，時對親朋話舊遊。萬事無心閑日月，一杯有味小公侯。癡兒毎爾逃譏議，家訓從來戒克掊。世道漸難宜勇退，爲吾間早理松楸。陳郁話腴

鄒登龍

登龍字震父，臨江人。有梅屋吟。

眞西山跋：鄒君之詩，言造理，句入律，金至百鍊而精，珠穿九曲而巧。

戴石屏跋：讀震父詩卷，如行春風巷陌，見時花游女，動人心目多矣。使其加以苦心，進進不已，野夫它日當避三舍。

題杜少陵草堂圖

背郭好林塘，誅茅作草堂。因吟白鶡谷，爲卜碧雞坊。籠竹和烟靜，江梅帶雪香。四松經喪亂，閱世幾風霜。

梅花

約臂金寒拓綺疏，搔頭玉重壓香酥。含章簷下新妝額，試啓菱花得似無。

王氏山居

聞道山居好，林深遠俗情。茶烟熏壁暗，蘿月射窗明。學稼脩禾譜，栽花識藥名。無人覺幽隱，爲有讀書聲。以上梅屋吟

余觀復

觀復字中行，盱江人。有北窗詩稾。

次韻

榴簇殷紅竹迸青，風驚檐玉一時鳴。晚來幽趣無人解，流水聲中看月行。北窗詩稾

左瀛

瀛字睿之，黄巖人，緯玄孫。咸淳初卒。有委羽續集。

妾薄命

妾貌微微改，君恩漸漸疎。本期爲匹鳥，深恐作前魚。卻月無心畫，香雲信手梳。佳人多薄命，不必重欷歔。黄巖英氣

胡子期

子期，黄巖人。理宗時太學生。

訪閒公不遇

獨步小菴淸，憑軒數曉星。霜華連野白，山色滿門靑。風定松猶響，香銷室自馨。孤雲何處宿，案上掩蓮經。黄巖英氣

李景雷

景雷號小幘翁，黄巖人。

和宋伯仁韻

自笑馮唐老未侯，短衣匹馬異鄉遊。卧聞破屋蕭蕭雨，坐聽西風葉葉秋。鄴下已非公幹在，周南徒歎子長留。丈夫蓋世英雄氣，肯學世間兒女愁。黄巖英氣

宋詩紀事卷七十三

錢唐　厲鶚　輯
休寧　汪庭堅　勘定

王柏

柏字會之，金華人。初號長嘯，後更號魯齋，受業何北山之門。郡守蔡抗、楊棟，台守趙景緯，相繼聘主麗澤、上蔡兩書院，四方從學者日衆。咸淳十年卒。賜謚文獻。有集。

催雨

人世如居甑，驕陽不可鉏。未聞芻作狗，安得夢維魚。賦斂民生槁，干戈國計虛。安危關一飽，雨意莫躊躇。

題定武蘭亭副本

玉華末命昭陵土，蘭亭神蹟埋千古。率更搨本入堅珉，盥帝歸裝投定武。薛家翻刻愚貴游，舊石宣和龕御府。胡塵横空飛渡河，中原荆棘穴豺虎。維揚蒼茫駕南轅，百年文物不堪補。紛紛好事競新模，傾敧醜俗無遺矩。如今薛本亦罕見，髣髴典刑猶媚嫵。清歡盛會何足傳，右軍它帖以千數。託言此筆不可再，慨然陳迹興懷語。今昔相視無已時，手掩塵緗對秋雨。

八詠樓

樓壓重城萬井低，星從天闕下分輝。傷心風月詩應瘦，滿眼桑麻春又肥。山到東南皆屹立，水流西北

竟何歸。倚闌莫問齊梁事，斷石淒涼卧落暉。以上魯齋集

王仁

仁字剛仲，號立齋。劉撝堂、何北山之門人。

冬日雜興

庭際幽蘭手自種，託根不與春華共。苒苒同風數竿竹，襟期元作幽人供。如何江湖浪征逐，芳信卻因鴻翼送。多慚獨處歲將晚，尙想清聲形曉夢。濂洛風雅

饒魯

魯字伯輿，又字仲元，自號雙峯，餘干人。從黄榦、李畚學，累薦召不起。卒，門人私謚曰文元。

琵琶洲

潯陽江上譜無傳，化作沙汀越水邊。一段遺音人不識，夜深幽咽下灘泉。饒州府志

陳藻

藻字元潔，福唐人。林網山之高弟。有樂軒集。

劉后村序云：樂軒七十五迺卒，年出于其師，而窮猶甚于其師。城中無片瓦，僑居福清縣之横塘，開門授徒，不足自給。至浮游江湖，崎嶇嶺海，積錙得百千，歸買田數畝，輒爲人奪去。今讀其文，講學明理，浩乎自得，不汲汲于希世求合。螢窗雪案，猶宗廟百官也；茱虀脫粟，猶堂食萬錢也。入則課妻子耕織，勤生務本，有拾穗之歌焉；出則與諸生弦誦，登山臨水，有舞雩之詠焉。

寄劉八

六度封書向小孤，一度逢人寄書無。劉郎嗔我無短吟，素書百紙難論心。我愛劉郎可無詩，劉郎愛客還答兒。我爲父執倍其年，見我呼兄挾渠賢。撥棄勿復陳，對君吟此身。憶昔在桂堂，瘧鬼羅我殃。世情疎客病，移我君家牀。兒女不辭勞，僕妾何憚忙。秋風黄葉飛，明燈藥爐傍。我身何日殞，此念何時忘。丘嫂晚歲歸，敬我如小郎。他年山下結吾廬，朝暮往來摩白鬚。我抱子，君抱孫，卻使相敍爲弟昆。

題劉氏翠微亭

舊屋紅葉外，新亭綠樹傍。江晴孤棹見，雨近衆山藏。學圃未成趣，催詩何太忙。他年多橘柚，此地一瀟湘。

福州城北吴氏新樓之作

千山匼帀繞三山，盡屬危樓一覷間。雲漢星辰隨道遠，鄰家花木不容慳。憑闌要取西湖盡，落葉尤宜朔吹寒。況是先生莊列輩，眼高人境幾層看。

融州除夜

臘月牂柯三十日，相思覔句上譙樓。遥知今夜柴爐會，說我無家更遠遊。

春日

獨上譙樓日一迴，春風桃李滿城開。狂夫欲語無人聽，呼取閑雲共酒杯。以上樂軒集

林尚仁

尚仁字潤叟，長樂人。有端隱吟稾。

陳必復序云：林君詩專以姚合、賈島爲法，而精妥深潤則過之。

適越留别

江亭飲罷起離愁，何事西風又遠遊。潮信欲來人欲去，夕陽紅蓼滿汀洲。

春日

未逢知己媿蹉跎，又見春風長徑莎。杜宇一聲詩思減，楊花三月客愁多。從人乞米貧如舊，借吏抄書字半訛。嬾說江湖十年事，近來平地亦風波。

春晚

春事又無幾，陰晴苦不齊。久貧交味薄，多病語聲低。落絮行風徑，歸雲度晚溪。故鄉二千里，日夜子規啼。以上端隱吟稾

嚴粲

粲字坦叔，邵武人。登第，官清湘令。有華谷集。

風雨宿湖心

渺渺平湖四接天，孤舟曾繫夜來船。折鞭又入風塵去，卻憶秋篷聽雨眠。

秋入

秋入白蘋風浪生，癡雲未放楚天晴。青山湖外知何處，中有斜陽一段明。

二水聞角

少日鄉關不解愁，閑聽畫角起譙樓。西風依舊闌干月，獨自瀟湘萬里愁。

寄張輯

不見吾張輯，新詩何處吟。身留江介遠，秋入夜涼深。燈影還家夢，蛩聲倦客心。歸來及佳節，細把菊花斟。

宿石潭寺寄黃炳

昨夜湖心共泊船，一天星露宿寒煙。朝來極目無洲渚，知採蘋花何處邊。

午憩僧房

黃塵吹不到禪房，窗紙風翻葉葉涼。觸熱行來牽晝夢，孤篷聽雨下瀟湘。以上華谷集

秋風

門與姑山對，溪邊有故廬。別來三徑菊，閑卻一樓書。水碓長腰米，村船巨口魚。秋風歸去好，留滯意何如。

兵火後還鄉

萬屋烟消餘塔身，還家何處訪情親。舊時巷陌今誰問，卻問新移來住人。以上詩人玉屑

句

風池行落葉。

梅磵詩話：止一句，爲鄭安晚稱賞。次日，有中舍之除。

陳景沂

景沂，天台人，號肥遯。著全芳備祖。

風雨

風雨瀟瀟夕，春寒燈較昏。茅簷數椽屋，荻浦幾家村。網到江鱗活，沽來市酒渾。烘衾供結局，一覺眇乾坤。全芳備祖

林洪

洪字龍發，號可山，泉州人。有西湖衣鉢。

梅磵詩話：泉南林洪，字龍發，號可山，肄業杭泮，粗有詩名。理宗朝，上書言事，自稱和靖七世孫，冒杭貫，取鄉薦。刊中興以來諸公詩，號大雅復古集，亦以己作附於後。時有無名子作詩嘲之曰：「和靖當年不娶妻，只留一鶴一童兒。可山認作孤山種，正是瓜皮搭李皮。」蓋俗語以强認親族者爲「瓜皮搭李樹」云。

西湖

煙生楊柳一痕月，雨弄荷花數點秋。此景此時摹不盡，畫船歸去有漁舟。後村千家詩

釣臺

三聘殷勤起富春，如何一宿便辭君。早知閑脚無伸處，只合青山卧白雲。釣臺集

陳昉

昉字叔方，號節齋，溫州平陽人。以父任入官，累除吏部尚書、端明殿學士。卒謚清惠。

宫詞

桂影婆娑玉殿涼，風傳花漏夜聲長。内人亦有思仙者，月下吹簫引鳳皇。後村千家詩

寒食湖上

花瘦水肥三月天，畫橈雙動木蘭船。人家盡換新榆火，唯有垂楊帶舊烟。咸淳臨安志

洪燾

燾，於潛人，咨夔子。以朝奉大夫、祕閣修撰、兩浙轉運副使兼知臨安府，除戶部侍郎。咸淳四年，除吏部尚書。

咸淳戊辰餘月下澣去郡歸里因訪菊巖龔先生用平舟楊公韻題蓬山堂泉石

人生囂塵中，幾若駒過隙。安得坐此山，枕流復漱石。洞霄詩集

張蘊

蘊字仁溥，揚州人。官幹辦行在諸司糧料院。有斗野文稾。

江湖偉觀

隄柳朝朝送酒船，一闌山色越帆烟。蓬萊雲氣東溟外，閶闔星辰北斗邊。突兀向來無此屋，登臨當日有諸賢。夕陽過雁慵回首，吟入關河萬里天。

西湖清明

芳天新霽惠風和，輭綠平隄凝不波。桃李無言看客慣，樓臺如畫占山多。游裙匝路填車馬，翠榜開筵鬬綺羅。寂寂寒烟生水面，白鷗奈此月明何。

酥

氣味醍醐外，分身乳酪中。江南鳴穲穉，塞上寄飛鴻。乾雨看如幻，生鹽訝漸融。臘殘猶有待，煎取牡丹紅。

食蠣次韻芸隱

相黏成什伯，峯聳若山王。(史：南人呼明駝爲山王。)攻處須犀鐵，持來出蟹湯。梅花霜後味，竹葉酒邊香。坐憶游閩樂，今年始得嘗。

重游大滌洞天

澗水泠泠石髮新，松花香靚翠崖深。雲生不沒仙人跡，丹化猶啼擣藥禽。洗眼人多求聖水，醒心吾獨愛清吟。杖藜更欲過新洞，無奈春空又作霖。

霅川次鶴田韻

苕霅雙流合，帆檣萬里通。連山黄獨雪，一雁白蘋風。酒戶春醅淺，魚村晚市同。舊游蕉鹿外，未老已成翁。

秋思

暑退涼生體氣佳，卷簾聽雨感年華。西風葉葉梧桐冷，開徧庭前白鶴花。

垂虹

四岸俱無只有天，烟檣如雨落鷗前。不知笠澤翁何許，波上清風一萬年。

憶著前遊十四年，三高祠下夕陽船。無錢買得鱸魚膾，吟就橘花香裏眠。

惠山

石苔滑汰屋連斜，第二泉邊古佛家。一壑松風聽不了，卻留僧坐自煎茶。

毘陵天慶觀龍

殿陰壁老懷仁筆，頭角崢嶸春起蟄。有時麾斥惠山雲，行雨歸來半身溼。

金山

江身臺殿切空雲，夜月魚龍影不分。八十老僧相引說，潮痕不上郭公墳。以上斗野支稾

琴蛟亭呈孫元素鍊師二首

道人鎖蛟天柱半，客來蹤蛟作奇觀。飛風動地輷晴雷，雄拏怒攫石欲開。明珠萬斛撒成雨，忽趁流雲入銀浦。仙田種玉耕春烟，潤流九里無凶年。問蛟飛去何時還？道人仰笑意自閑。月中攜手聽潺湲。

熒熒星虹白日寒，山香一曲落雲端。乘蚪道士排空去，怒雨聲搖碧玉巒。洞霄詩集

劉霆午

霆午，清江人。

題梅仙壇

吏隱淸風幾百年，長松脩竹滿壇前。漢皇若聽三書諫，未必先生便肯仙。梅仙事實

張弋

弋字彥發，河陽人。有秋江烟草。

丁晦夫跋：張君彥發，湖海豪士，不喜爲舉子業，專意於詩，每以賈島爲法。所著僅成帙，清深閑雅，宛有唐人風致。

舊名奕，字韓伯，世爲孟之河陽人。

貴耳集：張韓伯名弋，又名奕，頎然而長，面帶燕趙色，口中亦作北語。許定夫館于麾下，欲命官，不受。後死于建業，定夫葬之蔣山下，題曰「大宋詩人張奕墓」。

春晚

萬事今吾飛絮輕，此身如燕又巢成。暗思庾信家邊竹，綠籜新添有幾莖。

楚州

落帆停鼓鸛湖頭，兩度因循到楚州。柳下人家曾識面，笑求新句寫粧樓。

豫章別紫芝

吟苦事俱廢，拙深貧未除。年來如旅燕，秋至即移居。古道行黃葉，空囊貯素書。一生江海恨，惟子最知予。

子山寺

迢遞前朝寺，經過遂一遊。白雲鴉樹曉，黄葉鳳臺秋。僧擧開山話，人消在世愁。殿廊經劫火，已費十年修。以上秋江烟草

寄秋塘

五湖風雪分頭去，千里淮山信脚行。涉世眞成妄男子，談詩長憶老先生。塘邊瓜茹須頻灌，郭外田疇粗可耕。莫倚瘦笻吟白髮，浪傳詩句入都城。貴耳集

蕭泰來

泰來字則陽，號小山，臨江人，山則之弟。理宗朝，爲御史。附謝丞相，爲右司李伯玉所劾。有小山集。

題梅壇毛慶甫雲悦樓

樓立梅峯最上頭，日隨元氣與沈浮。道心快活雲心似，飛去飛來得自由。梅仙事實

句

官卑豈願乘肥馬，食儉惟知取瘦羊。臘祭謁告作　梅磵詩話

黄靜齋

桃花

雨後桃花作片飛，風前柳絮點人衣。春歸不用怨風雨，無雨無風春亦歸。全芳備祖

張至龍

至龍字季靈，建安人。有雪林刪餘。

宿靈巖

樹杪鐘樓出半層，佛牀黠鼠弄殘燈。五更石上僧猶定，頭滿清霜喚不譍。

齊雲寺

雨疎分點下，略彴界横塘。接竹通生水，搴蘿補壞牆。字塗窗眼黑，香染佛衣黃。未晚螢先出，蕭然兩畫廊。

宿易沖道院

松髮經寒亂不梳，夜來風減屋茅疎。吟邊凍指僵如鐵，袖裏枯筇畫雪書。

擬韓偓體

一聲阿鵲顫鸞雙，學調新詞未得腔。拜了夜香郎喚睡，旋收鍼線背銀釭。

古別離

扶上花驄酒半醺，望沈鞭影暗消魂。離情恐被行人見，背拂菱花補淚痕。以上雪林刪餘

吳公敏

泊舟

潭影靜沈沈，維舟傍竹林。鄉心寄孤雁，寒信起疎砧。犬吠人家近，燈明樹影侵。客愁元不寐，夜雨更蛩吟。後村千家詩

姚　寅

寅號雪坡。派出關西名將。後居湖州東林。

養蠶行

南村老婆頭欲雪，曉傍牆陰採桑葉。我行其野偶見之，試問春蠶何日結。老婆斂手復低眉，未足四眠那得知。自從紙上掃青子，朝夕餧飼如嬰兒。只今上箔十日許，食葉如風響如雨。夜深人靜不敢眠，自遶牀頭逐飢鼠。又聞野祟能相侵，典衣買紙燒蠶神。一家心在陰雨裏，只恐葉溼繰難勻。明朝滿簇收銀繭，軋軋車聲快如剪。小姑促湯娘剝紕，嬉嬉始覺雙眉展。繰成白雪不敢閑，錦上織成雙鳳團。天寒尺寸不得著，盡與乃翁輸縣官。君不見長安女兒嫩如水，十指不動衣羅綺。我曹辛苦徒爾耳，依舊績麻冬日裏。吹劍錄

投戴岷隱分教

重席先生間世才，相逢青眼必須開。手遮紅日汗如雨，不是雪中乘興來。梅磵詩話

劉文晦

種梅

佳人天一方，歲暮音書絕。一枝持贈君，猶帶去年雪。後村千家詩

利　登

登字履道，號碧澗，金川人。有骳稾。

梅川莫令君拉蒼山諸詩友用予松風首句爲韻招予游金精至而盜作不果游走佛巖有感

此行爲山來，至此事已非。雲火四地動，御風誰與期。劍牀漸及膚，欲去迷所之。蒼黃走澗谷，勝遊翻在斯。石梯盤七折，頓豁萬里奇。擁巖千脩篁，中著寒泉飛。天壤有此景，惜哉前不知。逃難乃邂逅，自愧還自悲。山風送萬里，開闢知誰爲。亦有如我徒，慷慨來登茲。羅難本因此，不悔乃扳窺。天亦無如何，更供愛日暉。平生江海眼，此志良未癡。忽憶家山遠，寒鳥鳴相依。母子各一方，而皆窘賊圍。欲歸莽無從，痛毒霑我衣。

田家

小雨初晴歲事新，一犂江上趁初春。豆畦種罷無人守，縛得黃茅更似人。

癸巳十一月二十五日辭家雪甚作愴然有懷

歲暮游子歸，余始爲行客。朔風萬里長，吹雪犯巾幘。臨行不言苦，不忍母心惻。乾坤迫短景，寒日易傾仄。冰池綠骨皴，凍車瓊網澀。一寒忍已熟，浪出還自責。撫劍睨前岡，雲重楚天黑。

早起見雪

折竹風高曉夢驚，寒鴉一陣噪冬青。起來檐外無行處，昨夜三更猶有星。以上皷藁

張澮川

寒食

江城吹笛晚風斜，城郭人稀噪亂鴉。火冷烟青寒食過，家家門巷掃桐花。後村千家詩

馬子巖

子巖字莊父，號古洲，建安人。

烏林行

荆州兒曹不足恃，何物老瞞欺一世。兵書浪語十三篇，不料烏林出奇計。隆準雲孫驅伏龍，紫髯強援要江東。戈船植羽蔽寒日，雪浪崩崖驚晚風。行間一卒如兒戲，持火絶江人不意。灰銷漢賊終老心，功入喬家少年壻。君不見華容道傍春草生，魂銷不聽車馬聲。哀猨夜啼霜月冷，空餘野燐沙邊明。

詩人玉屑：此詩辭意精深，不減張王樂府。惜世無知者，錄遺後人，共評之。

宋伯仁

伯仁字器之，苕川人。有雪巖集、馬塍稾。

戲作

青梅黄盡雨無多，柳影重重午日過。忽聽隔籬人語笑，採蓮船子上新河。

寓西馬塍　嘉熙丁酉五月寓京，遭爇，僑房西馬塍。

十畝荒林屋數間，門通小艇水彎環。人行遠路多嫌僻，我得安居卻稱閑。尊酒相忘霜後菊，一時難盡雨中山。何年脱下浮名事，只與田翁臏往還。

羊角埂晚行

葛裙蒲履帽烏紗，迤邐乘涼到水涯。數寺晚鐘聲未歇，滿身涼月看荷花。以上馬塍稾

秋晚

西風吹破墨貂裘，多少江山惜倦游。紅葉已霜天欲雁，綠蓑初雨客吟秋。後村千家詩

魏慶之

慶之字醇父，號菊莊，建安人。與玉林黄昇友善。有詩人玉屑。

過玉林

一步離家是出塵，幾重山色幾重雲。沙溪清淺橋邊路，折得梅花又見君。梅磵詩話

張廣漢

宿梅仙壇

夜宿梅壇境，山寒萬籟空。無才供吏隱，有夢憶仙翁。石齒含殘雪，松髯奮急風。竈烟如可舐，跨鶴問鴻濛。梅仙事實

徐集孫

集孫字義夫，建安人。有竹所吟稾。

智果寺覩東坡墨蹟參寥泉

煮茗評詩歲月深，堂堂遺像篆烟沈。數間老屋關興廢，一段清名無古今。碑斷亂雲封字脚，亭荒落葉覆泉心。斜陽影裏夷猶處，仰止高風不敢吟。

水樂洞

路穿巖竇折羊腸，處處亭臺御墨香。流水不隨人事去，尚餘絲竹舊宫商。

重拜和靖先生墓

秋聲爾許悲，懷古若爲思。菊老泉堪薦，山孤草亦萎。高風留塑鶴，殘雨暗荒碑。依舊梅千樹，無花香似詩。

湖西納涼

小艇撐過第一橋，酌泉橋下擲詩瓢。來遊道院分荷供，擬拉吟僧遣鶴招。暮靄直從漁笛起，月華高過塔燈遙。且於靜處偷清福，人海驚人湧似潮。

玉岑

一抹斜陽挂淺林，細聽山鳥説春心。千年古寺多奇迹，讀了豐碑看玉岑。以上竹所吟藁

徐用亨

用亨，括蒼人。

偶作

誰把先生號冷官，令名深媿馥秋蘭。孟公豈是陳驚坐，子夏元非杜小冠。涇渭合流雖若混，雲泥敻絶不相干。寄言世上多風鑑，一笑何妨改眼看。

吹劍錄：吾鄉潘元龜，授婺州教授。鄰居徐用亨亦呼教授，因作詩云云。

劉遂初

閤皁山作

春山靈草百花香，誰識仙家日月長。滿院莓苔綠陰帀，棋聲何處隔宮牆。詩人玉屑

沈中行

中行號野逸。

游九鎖

青山倚天分九峯，或踞虎豹蟠蛟龍。奔霆白晝鞭玉虹，鐵花冰激青濛濛。中有浩劫元皇宮，彷彿崑閬雙衡嵩。洞門誰掣烟霞封，玉鼠石燕巢嵌空。列炬仰見仙人蹤，枰棋布子局未終。冥懷欲喚洪崖翁，共駿紫鳳驂飛鴻。一笑弱水三萬里，他年相見方壺中。洞霄詩集

劉應子

應子號錦山。

游九鎖

大滌仙山不易尋，仙人樓閣倚林坰。地環九鎖溪爲路，殿合諸峯石作屏。落日烟嵐呈紫翠，清秋木石寫丹青。我生素負元龍氣，東望滄溟醉眼醒。洞霄詩集

宋詩紀事卷七十四

錢唐　厲鶚　輯
海寧　陳延賞　勘定

吳會

會號北山。

訪別嚴儀卿寄郭招甫

言將遠行邁，來宿故人家。愛爾時相顧，回舟日欲斜。論心付杯酒，別路正梅花。不待江湖去，今朝鬢已華。詩林萬選

黄君瑞

題草堂寺

草堂禪寺北山陲，想見鳴騶入谷時。猨鶴如懷海鹽令，魚龍猶護紹興碑。排巖樹老秋來早，上殿僧稀曉散遲。我亦于今抗塵土，臨風慙讀孔璋移。四川總志

儲泳

泳字文卿，號華谷，雲間人。著華谷祛疑説。

題隱者所居

盡日掩柴門，何人得見君。祇因喧寂異，似有聖凡分。瀑近夜疑雨，山深晴亦雲。傳聞九霄翮，落羽正

紛紛。後村千家詩

秋夕懷友

樓高不敢眺，愁思滿滄洲。有夢隔千里，無書過一秋。晴風吹野樹，落日照寒流。客裏添蕭瑟，何時得共游。詩家鼎臠

遊東皋園登漣漪閣

傑閣接平川，秋光淡遠烟。窗開園外景，影占水中天。野色歸吟事，征帆過客船。危闌人倚徙，縹緲十洲仙。至元嘉禾志

潘嶼

嶼，四明人。

客中九日

破帽西風急，寒窗敗葉飛。重陽今日是，三徑幾時歸。擔上多黃菊，門前少白衣。吟情澹如水，一雁叫斜暉。詩家鼎臠

顏員嶠

古詩

庭梧驚秋風，葉葉凋萎紅。行人何不歸，委魂逐孤鴻。去日良已賒，客身轉飄蓬。千里各一涯，關山月明中。兩臂恨不羽，飛逐君西東。全芳備祖

楊巽齋

巽齋，失其名。

牽牛花

青青柔蔓繞脩篁，刷翠成花著處芳。應是折從河鼓手，天孫斜插鬢雲傍。

茉莉

麝腦龍涎韻不侔，薰風移種自南州。誰家浴罷臨妝女，愛把閑花插滿頭。以上全芳備祖

蔣梅邊

梔子

清淨法身如雪瑩，肯來林下現孤芳。對花六月無炎暑，省爇銅匜幾炷香。全芳備祖

湛道山

荼蘼

雨後溪流半沒沙，粉牆賣酒是誰家。客中不覺春深淺，開了荼蘼一架花。

一春多雨少晴光，眼底青春去意忙。已恨點衣紅作陣，絕憐滿架雪生香。全芳備祖

朱正中

正中號力菴。

洛陽橋觀水

點點風帆底處還，似無似有海門山。白鷗卻怕潮頭惡，閑卧汀花野草間。梅磵詩話

徐橘隱

秋日

紅蓼黄花取次秋，籬笆處處碧牽牛。風烟入眼俱成趣，祇恨田家歲薄收。全芳備祖

虞詔

詔號可齋。

絶句

短長亭外柳依依，念我思歸未得歸。粉蝶不知行客恨，也隨飛絮點征衣。

荷花

晚來一棹鑑湖東，隊隊峯巒入短篷。一色藕花三十里，淡粧濃抹錦雲中。以上全芳備祖

周登

登號月窗。

泛舟西湖

湖邊無日欠春風，金碧樓臺面面同。白鳥慣隨船上下，畫橋分斷水西東。百年樂事浮雲外，一段傷心落照中。老盡風流無問處，藕花今是幾番紅。詩林萬選

陳熙

熙號月泉，樂清人。

病起

病起不知老，山妻笑長卿。一貧眠古屋，多雨落春城。掃案藥香在，開牕樹葉生。因思行樂地，前月是清明。東甌詩集

江奎

茉莉

靈種傳聞出越裳，何人提挈上蠻航。他年我若修花史，列作人間第一香。

玉簪

雖無艷態驚羣目，幸有清香壓九秋。應是仙娥宴歸去，醉來掉下玉搔頭。以上全芳備祖

鍾穎

遊九鎖

大滌通華陽，仙家碧雲上。飛泉舞蒼蛟，絕壁浮翠浪。泉石有聲詩，雲烟無盡藏。落日青山多，臨風一長望。洞霄詩集

翁元廣

漁父

吴江楓落荻花秋，漁子飄然一葉舟。柔櫓數聲沈晚浦，寒燈幾點泊蒼洲。瀟瀟細雨篷初閉，漠漠輕烟網乍收。何日功名如范蠡，五湖風雨伴沙鷗。後村千家詩

題臨江茶閣

門外黄塵沒馬韉，溪山對此獨翛然。一杯春露暫留客，兩腋清風幾欲僊。可但喚回槐國夢，不妨更舉趙州禪。凭闌得句未易寫，盡日孤烟白鳥邊。詩林萬選

林逋山

牽牛

圓似流泉碧蒻紗，牆頭藤蔓自交加。天孫滴下相思淚，長向秋深結此花。全芳備祖

程鐘

鐘，鄱陽人。

游大滌洞

松風吹客衣，縹緲凌絕頂。古洞不見日，篝燈入幽暝。蒼苔暈石花，奔泉弄雲影。仙游願初遂，秋山魂未省。我生有宿約，結屋天柱頂。洞霄詩集

彭昌詩

昌詩號雅林。

游金精山陳千峯索和

仙去時移境尙同，巖花開落爲誰容。歌沈石鼓泉空響，局冷紋枰霧半封。山上丹桃無核種，甑頭青飯自機春。翠眉不是人間儷，笑殺王孫不再逢。金精風月

徐觀

觀字庚生，永嘉人。

秣陵秋望

諸史六朝事，同爲遠望空。幾年無王氣，今日但西風。客舍秦淮上，行宮夕照中。數株霜後葉，猶傍壞陵紅。東甌詩集

丁南

南號鶴林，歸安人，居烏墩。

宴沈知丞園

曲徑方塘百畝園，更無煩暑礙風煙。當春庭院花如錦，入夜樓臺月滿天。鄴架插書金屋底，秦箏度曲綠衣前。主人愛客歸休早，銀燭高燒酒似泉。烏青文獻

陳茸芷

絶句

夢回歷歷雨聲中，窗影分明曉色紅。出戶方知是黃葉，更無一片在梧桐。全芳備祖

程登庸

題唐顥孝饒娥墓

悠悠古憤倚中流，飽閱川陵四百秋。水際叢祠猶昨日，人間坏土幾荒丘。故鄉愛說饒饒姓，往事空傳柳柳州。滿目夕陽凝睇久，桐花飛落釣魚舟。

饒州府志：饒娥，饒人，饒姓，娥名。父醉漁溺死，娥求屍不得，哭三日，耳鼻流血，氣盡伏死。明日屍出，黿魚浮死萬數，鄱民葬之鄱水西横道上。事詳柳子厚碑記。宋程登庸詩云云。

胡平仲

平仲號虎溪。

游金精山

人去壇空幾歷年，塵埃難没漢山川。竇門深入壺中地，環壁遥開甕外天。致雨土龍如解化，隨時木鶴亦能仙。要知萬劫長生處，古篆惟存石鼓篇。金精風月

黃初菴

遊靈鷲寺

屋畔危岑聳佛青，客歸僧定掩雲扃。洞猨寥寥循牆過，几上偷翻貝葉經。咸淳臨安志

董將

題眞如院怪石 在鹽官縣

玆山翠成堆，峭骨乃如許。化工妙融結，石罅走青乳。當年女媧氏，煉此不及補。岧岧至于今，丈室枕

其股。我來手摩挲，松陰日亭午。初疑道士羊，亦類將軍虎。坐久飢腸鳴，試作先生煮。咸淳臨安志

黄極

極字舜舉，豐城人。

秋日渡江

雁落平沙一雨收，淡烟斜日荻花洲。憑誰與作王摩詰，爲寫江南水墨秋。南昌府志

林季謙

客中立春

鬢絲無力受風幡，把酒聽歌意不歡。千里同風亦同俗，客懷終作異鄉看。

春寒

梢零數竹綠翛翛，春半餘寒苦似秋。故紙叢中雙倦眼，樵青催喚酪蒼頭。

元夕

燒燈城市又新年，璧月樓臺萬管弦。獨有廣文窮相眼，一篝燈火照殘編。

扇

分無紅粉轉歌喉，入手輕紈意自秋。不見乘鸞月邊女，一雙胡蝶自風流。以上後村千家詩

林稹

稹號丹山。

冷泉

一泓清可浸詩脾，冷暖年來只自知。流向西湖載歌舞，回頭不是在山時。武林舊事

林逢子

逢子字德遇。見劉後村送赴省諸友詩。

鏡香亭

綠楊深處兩三家，幾度凭闌聽吠蛙。雲錦已空煙水闊，空教人憶舊時花。嘉興府志補

上官辰

辰號古簡。

游大滌山

山蟠鼇足雲千丈，溪折羊腸路九迴。神骨肯穿秦斧鑿，古壇曾見漢樓臺。秋山風雨銀河下，月夜笙簫玉佩來。山自青青泉自潔，百年蹤跡幾蒼苔。洞霄詩集

趙戣

戣字成德，休寧人。三請漕貢，試南宮不利，遂隱居，徜徉池園以自娛，號真詮，又曰吟嘯。

白杜鵑花

雲樹重重和淚冷，故宮遺廟有知音。秦吳萬里皆芳草，染到山花恨最深。廣羣芳譜

趙克非

克非字志仁，永嘉人，號荷畔老漁，又號尋樂翁。

上冢

步入巾峯去，冥濛一徑深。重泉千古恨，寸草百年心。花發空林色，嵐生古壁陰。徘徊歸向夜，薄露溼衣襟。東甌詩集

俞煜

煜號省齋，餘杭人。

游大滌山

萬山低伏天柱起，鬱鬱琳宮鎖幽邃。泉聲瀉入松風寒，山光滴破雲根翠。仙人不歸白日暮，箬下還丹已千歲。天高遼鶴不可呼，夢魂夜落青山外。洞霄詩集

倪龍輔

龍輔字魯玉，號梅村。

宮怨

翠袖無香鏡有塵，一枝紅瘦不藏春。十年不識君王面，始信嬋娟解誤人。詩林萬選

陳月潭

桃花

雙槳春風款款移，斜陽平半落芳池。不妨暫向橋邊駐，更爲桃花了一詩。全芳備祖

雷震

村晚

草滿寒塘水滿陂，山銜落日浸寒漪。牧童歸去横牛背，短笛無腔信口吹。宋藝圃集

洪漸

漸字陸翁，號茁巖，淳安人。

舟泊港口

月浸蘆花水浸天，漁翁醉後正堪眠。夜深何處孤猨咽，不管江邊有客船。青溪詩集

施眞卿

西湖

一曲新腔紫玉簫，䕶晴簾幙窣蘭橈。柳迷遠近花張錦，小泊危紅第六橋。後村千家詩

鍾詵

題梅壇

萬松䕶嶺與天齊，中有眞人舊隱棲。井冷尚留丹汞暖，壇高近拜斗星低。回思漢室成惆悵，浪費今人爲品題。我欲從之無路去，同昇不似許仙雞。梅仙事實

林楚良

題黄氏小園

多少名園錢甃地，金鈴撼雀護千花。君家無此豪華事，七尺慈孫導母車。詩人玉屑

陳庚生

庚生，樂清人，善畫。

賀家湖

風流誰似賀知章，乞得平湖任草荒。今日藕花三百畝，折來依舊屬君王。東甌詩集

程嘉量

題温州江心寺

東西兩寺絶塵囂，齋飯全憑早晚潮。解事江流更分斷，爲君題作小金焦。江心寺志

高彦竹

彦竹號野泉，永嘉人。

送胡彦龍過金陵

金陵往事已成虚，江水淸淸只見魚。遺廟空存元帝像，故家多有二王書。秋風出塞調生馬，夜月吟淮跨蹇驢。借問新亭諸老淚，而今煙景復何如？東甌詩集

宋诗纪事

［清］厲鶚 輯撰

四

宋詩紀事卷七十五

錢唐厲鶚輯
吳興毛德基勘定

文及翁

及翁字時學，號本心，綿州人。登進士第，歷官參知政事。

和賈魏公大雪遺潛安撫侍郎

身遊廊廟意山林，六出花開一片心。平地尺書叨載史，瞻天班賀齒諸任。屢豐歲事嘗如昔，太素風光直到今。收斂神功放晴景，白河半夜掃層陰。咸淳臨安志

山中夜坐

悠悠天地間，草木獻奇怪。投老一蒲團，山中大自在。天地間集

陳存

存，咸淳中官侍郎。

和太師平章魏國賈公大雪遺潛侍郎之作

先臘催開萬玉林，人心悅處卽天心。山河洞徹重疆遠，宮闕高寒一柱任。瑞應崆峒知有日，塵清洄曲在斯今。神功變化無留迹，便放陽春捲積陰。咸淳臨安志

曹元發

元發，咸淳間官侍郎。

和太師平章魏國賈公大雪遺潛侍郎

乾坤滿眼盡琪林，擎玉詩傳魏國心。寫琰已增天府重，掌冰匪媿地官任。三千界内清無際，數十年來瑞獨今。喜雪未幾還喜雨，老農歌舞愛春陰。咸淳臨安志

曹　邃

邃字擇可，號松山。御前應制，又爲賈師憲之客。

寄豫章詩社諸君子

向來心事劍能知，曾結仙人汗漫期。南浦看花春載酒，西園刻燭夜吟詩。淒涼風月隨殘夢，零落江湖似斷棋。千里洪崖秋水隔，暮雲無處説相思。詩林萬選

南徐懷古呈吳履齋

西馬來逢塞草秋，淮雲一片隔神州。黄昏燈火西津渡，白晝風烟北固樓。猶有斷碑知晉宋，誰將遺石問孫劉。天荒地老英雄盡，落日長江萬古愁。詩家鼎臠

何夢桂

夢桂字巖叟，初名應祈，字申甫，嚴之淳安人。咸淳乙丑，廷對第三人。授台州軍事判官，歷

仕至大理寺大卿，引疾去。至元累徵不起，築室小西源。有潛齋集。

擬古

杞國天柱傾，哀我鞠子疚。蒼鵝飛沖天，妖星大如斗。簾下玉牀移，山摧失鼇負。河南弔遺黎，原野骨未朽。北邙望孤陵，古木叫猨狖。朔風吹塵沙，天寒薄翠袖。南雲山萬重，去去莫回首。

寄王南叟

歌盡驪駒落日寒，相思無處問平安。客愁白髮三千丈，世路青泥百八盤。夜月梅花頻入夢，秋風菰米強加餐。高山如故絲弦在，嬾向旁人取次彈。

哭橋陵

百年弓劍入橋陵，豈料三泉化劫塵。空有魚燈照荒土，忍將玉軸問遺民。蒼梧日落啼丹雀，金粟雲深臥石麟。寒食家家上丘冢，六宗盂飯屬何人。

弔維揚瓊花

雙鶴揚州問故家，一樽后土弔瓊花。人間驚破霓裳舞，天上徵回玉女車。死蘗記曾霑雨露，落英誓不污泥沙。後庭玉樹今誰主，猶得臺城葬麗華。

己卯春過西湖和諸公

白髮星星紗帽烏，怕隨年少過西湖。清明上冢行人少，寒食開門宮使無。半世行藏隨杖屨，百年悲樂寄樽壺。歸來第五橋邊路，半樹殘陽噪畢逋。

題川無竭寄傲窗

南山有路滑如苔，多少人從半嶺回。不是老僧空傲世，世人自不上山來。以上潛齋集

贈留中齋歸

昆明灰劫化塵緇，夢覺功名黍一炊。鍾子未甘南操改，庾公空作北朝悲。歸來眼底吳山在，别後心期浙水知。白髮門生羞未死，青衫留得裹遺尸。

庶齋老學叢談：何探花夢桂，留中齋知舉日及第。留歸，贈詩云云。按留夢炎，宋大魁，降元。

黄公紹

公紹字直翁，邵武人。咸淳元年進士，隱居樵溪。有在軒集。

競渡櫂歌

望湖天，望湖天，綠楊深處鼓𩋶𩋶。好是年年三二月，湖邊日日看划船。

䰯輕橈，䰯輕橈，雪中花卷櫂聲摇。天與玻璃三萬頃，儘教看得幾吳舠。

櫂如飛，櫂如飛，水中萬鼓起潛螭。最是玉蓮堂上好，躍來奪錦看吳兒。

建雲斿，建雲斿，土風到處總相猶。朝了霍山朝岳帝，十分打扮是杭州。

蹋青青，蹋青青，西泠橋畔草連汀。撲得龍船兒一對，畫欄倚徧看遊人。在軒集

夢粱錄：二月初八日，錢塘門外霍山路有神曰祠山眞君誕聖之辰。其日，龍舟六隻，戲于湖中。其舟俱裝十太尉、七聖、二郎神、神鬼、快行、錦體浪子、黄胖，雜以鮮色旗傘、花籃、鬧竿、鼓吹之類。其餘皆簪大花、捲腳帽子、紅綠

戲衫，執棹行舟。帥守出城，往一清堂彈壓。令立標竿于湖中，挂錦綵、銀椀、官楮。有一小節級，披黄衫，頂青巾，戴大花，插孔雀尾，乘小舟抵湖堂，横節杖，聲喏，取指揮，以舟回，朝諸龍舟，小綵旗招之，俱鳴鑼擊鼓，分兩勢划棹旋轉，遠列成行，再以旗招之，龍舟並進者二，又以旗招之，其龍舟遠列成行，而先進者得捷取標賞，聲喏而退，餘者以錢酒支犒也。

史蒙卿

蒙卿字景正，鄞人，司封郎中彌鞏之孫。咸淳元年進士。江陰軍教授。宋亡不仕，自號靜清處士。

感事

宮花攢曉日，仙鶴下雲端。自是傷心極，那能著眼看。風沙兩宮恨，烟草八陵寒。一掬孤臣淚，秋霖對不乾。

有感

途窮那免哭，哭罷一高歌。白日催年急，青山閱世多。浮生從潦倒，遺恨不消磨。何許南來雁，殷勤掠暝過。以上吳禮部詩話

史唐卿

唐卿，與兄蒙卿同登咸淳元年進士。

鳳鳴洞

何年雷斧鑿山裂，千尺蒼崖瀉飛雪。青天半夜玉簫寒，喚醒幽人弄明月。甬上耆舊集

汪宗臣

宗臣字公輔，婺源人。咸淳二年，兩中亞選。入元不仕。有紫巖集。

稼穡

稼穡病多雨，蕪菁種待晴。壘空驚燕去，池淨襯鷗明。野碓鳴秋杵，風簷響夜箏。山中涼意早，蚊蚋已無聲。

十一月宿於潛

蜂迷蜜甕朮絲香，蟻泛花甆碧玉漿。縣僻人稀寒日晚，古松樛翠出危牆。以上新安文獻志

范師孔

師孔字學大，崇安人。咸淳丁卯恩薦，充講書。有晝餅稾。

高樓

高樓高登天，美人美如玉。美人坐高樓，更彈天上曲。飛聲落人間，誰不注耳目。安知妾此心，長恐晝夜促。莫羨高樓高，莫羨美女美。樓頭瞻明月，樓下看流水。月明圓易缺，水流去如駛。獨愛山中蘭，幽香抱枝死。

武夷山

幾與溪山絕世緣，重來猨鳥只依然。懸崖野瀑飄成雪，近午嵐霏晻盡天。水尚未疏須識禹，山如深入

定逢仙。洞中石鼎烹雲處，此夜還來借榻眠。以上四朝詩

鮑壽孫

壽孫字子壽，新安人。咸淳丁卯，領江東漕舉。

句

我無孤雁句，君有倚樓詩。 一樽浮大白，千里策飛黄。 但喜親庭健，何悲客路長。 少日從游今老矣，殘冬話別各淒然。方回桐江集

陳文龍

文龍字志忠，一字君賁，興化軍人。咸淳四年，廷對第一。累遷參知政事。元兵至杭，文龍乞歸養。益王立于福州，復拜參知政事，充閩廣宣撫使，即興化軍開閫。元兵攻城，通判曹澄孫降，俘至杭，餓死。訃聞行朝，諡忠肅。

三柳軒雜識：陳文龍，度宗朝狀元也。德祐末，歸守本州。北兵入閩，不屈，生縛之，至杭，病卒于杭之貓兒橋巷。初，文龍入太學，累試不利。太學守土之神，岳侯也。一夕，夢神請交代，意必老死于太學，常悒悒不樂。既而赴廷對第一，仕宦日顯，前夢不復記矣。及守鄉州，又夢神通書，閱書前面曰：「交代。」後書年月至元，心甚慢之。未幾，國亡城陷，家殘身俘，至杭，幽于太學之側。

元兵俘至合沙詩寄仲子

斗壘孤危勢不支，書生守志定難移。自經溝瀆非吾事，臣死封疆是此時。須信纍囚堪釁鼓，未聞烈士

樹降旗。一門百指淪胥盡，唯有丹衷天地知。興化府志

李璀

璀，興化軍人。咸淳戊辰進士。

挂冠詩

人言學古恩入官，我謂學易而官難。平生透出夢覺關，本來面目只儒酸。吾親不俟若爲懽，不如歸去臥林間。殿前三策罄忠肝，多謝皇恩天地寬。戲衫卸了白衣還，扁舟飛過子陵灘。前修亦有逋與摶，聖世許之俱寬閑。何物秫放太厚顔，山鬼移文伐其姦。此行無復出閩山，休音息影谷之盤。今朝釃酒酹雩壇，便向錢塘門挂冠。

古杭雜記詩集：度宗戊辰龍飛，狀元興化陳文龍、同郡李璀、太學貫道齋上舍，係第三甲正奏名，于唱名之後，乞以本身官致仕，恩例盡以回贈父母。上書畢，辭先聖及三魁同舍，出錢唐門，脱緑袍，挂于門之上，泛舟而去。時三魁同舍皆送別，璀有詩云云。

童潮

潮，彭澤人。咸淳進士，官工部尚書。

小孤山

長江萬里來，一砥中流峙。巨浸沒根深，孤峯插漢起。倒回三峽流，獨據九江水。眞是海門關，波濤險莫比。西江詩話

汪薦

薦一名韶，字東美，黟人。咸淳四年進士。

演雅

布穀不稼不穡，巧婦無褐無衣。提壺不可挹酒，絡緯匪來貿絲。後村題跋

句

秋風駝臥棘，春雨燕巢林。

後村題跋：汪君此句，感時傷事，有足悲感。

胡次焱

次焱字濟鼎，號梅巖，婺源人。咸淳四年進士。授湖口縣主簿，改貴池縣尉。德祐乙亥，微服歸，敎授鄉里以終。

媒問嫠

媒問嫠，汝何傷？汝爲國秀時，辛苦事蠶桑。倜瑟順爲正，婉娩禮自將。笥中有練裙，衣上無明璫。貧女古難嫁，賣犬辦資裝。中年得夫壻，憧憧拜姑嫜。肅容采蘋藻，洗手供羹湯。良人正少年，相期家道昌。良緣天所妒，夫壻奄云亡。自從夫壻亡，十年守空房。素帷代錦幬，苦席易牙牀。孤眠耿夜半，單立黯昏黃。煢煢影徘徊，鞅鞅情彷徨。皓月照孤衾，暴雨頹垣牆。獨寐誰呼喚，獨語誰交相。如凌空失翼，如涉川無梁。嫠來吾語汝，琴瑟貴更張。汝饈既單薄，汝門復淒涼。汝寒何以衣，汝飢何以糧？

紡績終難給，春汲勞欲僵。死者不復起，生者宜自詳。鄰有美丈夫，顒顒更昂昂。牛羊量用谷，金玉堆滿堂。畫梁青瑣闥，珠簾氍毹廂。瑚戶金彈丸，寶鞍青絲韁。旌旗明晚霞，劍戟磨秋霜。奴隸厭綺紈，犬貓棄餦餭。門下粲珠履，庭前沸笙簧。出則專城居，入則侍明光。一呼千夫諾，一指萬夫張。一笑生羽翼，一怒起鋒芒。吾慕者蹇脩，與汝解佩纕。以此窈窕婦，配彼駔儈郎。花樹戲蛺蝶，蓮浦浴鴛鴦。無煩賦藕花，且喜華枯楊。何妨鸞舞鏡，應被鳳求凰。人無百歲人，倏忽如風狂。莫將泡影身，徒置冰炭腸。死後留名節，身朽魂茫茫。生前受富貴，志得意洋洋。人生行樂爾，二者試裁量。蔬食不日給，孰與飫膏粱。荆釵不自謀，孰與雲霞裳。年滔滔不反，貌鬖鬖已蒼。敗棋須換局，作戲且逢場。文君慕相如，悏女喚江郎。有髮可重結，有耳何自戕。試問東夷子，何如聲伯孃？信書不如無，未必有共姜。鬼妻變人婦，毋作老死孀。

嫠答媒

嫠答媒，妾自憐。妾家貧如洗，妾貌妝不妍。中年方擇配，幸逢夫婿賢。藍橋凝仙會，紅葉開良緣。俯以奉箕帚，仰焉供豆籩。粤從定六禮，穩圖偕百年。渠疑有家願，倏罹中道捐。城崩哭呦呦，竹斑淚濺濺。空房照明月，幽隴淒寒煙。禽鳥喧墓門，魄降魂翩翩。蛜蝛滿窗戶，心結目涓涓。寮室昔華屋，埋玉今荒阡。恨不即同穴，何忍續斷弦。翻思合巹初，參透老婆禪。如魚水游泳，如蔦蘿纏綿。奈何死生闊，泛泛水中船。綢繆為夫婦，反覆如市廛。徒貽楊華醜，寧免柳絮顛。妾頗親筆硯，亦嘗閱簡編。女不踐二庭，婦不再移天。陶嬰寡鵠吟，衛妻孤燕篇。或刑耳自誓，或斷髮自全。或劓鼻偃蹇，或毀面迍邅。吾足幸可刖，吾臂不可牽。卓卓節操立，表表鳳孤騫。藐茲未亡人，有意奉周全。媒雖憫妾寡，媒適重妾愆。妾命春葉薄，妾心頑石堅。栖栖謀尺布，豈不羨罽氈。皇皇圖斗粟，豈不思葷羶。胝手任舂汲，孰與奴婢千。鞠躬跧衡茅，孰與疏綺便。枯荄欣回春，缺月喜再圓。世誰不此樂，妾意獨不然。理義自有閑，物欲常無厭。三少穢難洗，五嫁醜莫鐫。浮榮瞥似電，遺臭流如川。媒言頗喋喋，媒意遽拳拳。之死矢靡他，斯言當眞詮。文姬殊妖媚，易安亦嬋娟。失身再事人，彤管無取焉。節義日以頹，文章何足詮。王母有差事，青鳥信頻傳。毋乃墮人慾，反以汙天仙。嫦娥豈不嫁，空抱老金蟾。所以廣寒宮，萬古淸鑒懸。寧貧任勞漉，寧賤受磨研。寧凍如寒蠅，寧餓如飢鳶。終不以快樂，而易此憂煎。井底水不汲，山頭石不遷。再拜謝媒妁，歸來雙淚漣。什襲藏破鏡，他年會黃泉。

新安文獻志：右釐媒答問，宋鄉先生胡公次焱濟鼎之所作也。先生登宋咸淳四年第，授迪功郎，江州湖口縣主簿，以母老，改授池州貴池尉。德祐乙亥，天兵將至，池州都統制張林潛納款，請以城降。先生奉母亡歸，教授鄉里，或勸之仕，先生賦是詩以見意。大德十年，以壽終于家。後三十二年，復爲至元之三年，文自黄竹入郡，其孫師中適在郡中，出是詩俾文書之。嗚呼，讀柳子河間傳，知邪之得以敗正；讀先生是詩，知正之所以勝邪。天理之在人心，猶日月之在天也；可以缺蝕，而不可以喪其光明。若先生之心，孰得而缺蝕之哉？雖與日月爭光可也！鄉後學程文謹記。

梁棟

棟字隆吉，其先湘州人，後遷居鎭江。登咸淳四年進士。選寶應簿，調錢塘仁和尉。宋亡，弟柱字中砥，入茅山從老氏學，棟往依焉。乙巳，無疾卒。有梁隆吉詩鈔。

四禽言

脫卻布袴，貧家能有幾尺布？寒機翦盡無可裁，可人不來康叔度。脫卻布袴。
不如歸去，錦官宮殿迷烟樹。天津橋上兩三聲，叫破中原無住處。不如歸去。
提葫蘆，今年酒賤頻頻沽。衆人皆醉我亦醉，哀哉誰問醒三閭？提葫蘆。
行不得也哥哥，湖南湖北秋水多。九疑山前叫虞舜，奈此乾坤無路何。行不得也哥哥。

山房隨筆云：寓意甚遠，諸作不及。

金陵廢宮

六代俄然又一唐，青山坐閱幾興亡。心知江左非王業，口說中原是帝鄉。落日有時登北固，春風吹夢過錢唐。荊墳檜宅依然在，留與烏衣話短長。

金陵三遷有感

憔悴城南短李紳，多情烏帽染黃塵。讀書不了平生事，閱世空存後死身。落日江山宜喚酒，西風天地正愁人。任他蜂蝶黃花老，明月園林是小春。

送李北山歸建康

人生無百年，胡爲在遠道。遊子歸故鄉，王孫怨芳草。有田歸去來，無田歸亦好。以上梁隆吉詩鈔

登大茅峯

杖藜絕頂窮追尋，青山世路爭嶇嶔。碧雲遮斷天外眼，春風吹老人間心。大君上天寶劍化，小龍入海明珠沈。無人更守元帝鼎，有客欲問秦皇金。巔崖誰念受辛苦，古洞未易潛幽深。神光不破幽暗惱，山鬼空作離騷吟。我來俯仰一慷慨，山川良昔人民今。安得長松撐日月，華陽世界收層陰。長嘯一聲下山去，草木爲我留清音。至正金陵新志

至正直記遺編：宋末士人梁隆吉，有詩名，以其弟中砥柱爲黄冠，師三茅山，嘗往還。一日，登大茅峯，題壁賦長句。有黄冠訴于句容縣，以爲訕謗朝廷，行省聞之都省，收梁于獄，禮部免罪放還。嘗觀其詩集云云，其意亦可悲矣。

哀毗陵 德祐元年，元兵攻常州。城破，知州事姚訔、統制王安節等死之。

荆溪水腥泊船早，落日無人行古道。髑髏有眼不識春，東風吹出青青草。荒基猶認是人家，敗栅曾將當城堡。當時壓境兵百萬，不脫韡尖墈蹴倒。短兵相接逾四旬，毒手尊拳日攻討。內儲外援兩消沈，一縷人心堅自保。孤臣守土輕性命，赤子效死塗肝腦。朝廷有爵媿降附，幽壤無恩澤枯槁。願箋司命錄英雄，收拾忠魂畀穹昊。毗陵忠義錄

送存書記

一聲兩聲松子落，一片兩片楓葉飛。夕陽在山新月上，道人相伴一僧歸。清河書畫舫

句

千枝守紅死，一點反魂啼。雪中見山茶　癡兒嬌勿啼，不久當澄霽。久雨　家貧忽暴富，菜種一十七。

癡兒不解事，問我何從得？於義苟有違，吾寧飢不食。賦蔬　至正直記遺編

莫崙

崙字子山，號兩山，江都人，寓家丹徒。咸淳四年進士。入元不仕。

癸辛雜識：梁棟隆吉，鎮江人，登第授尉，與莫子山甚稔。一日，有客訪子山，留飲，偶不及棟，棟憾之，遂告子山作詩有譏訕語。官捕子山入獄，久之得脱而歸，未幾病死。余挽之詩云：「奏邸獄成杯酒裏，烏臺禍起一詩間。」紀其實也。

湛困靜語：莫子山暇日山行，過一寺，頗有泉石之勝，因誦唐人絶句以快喜之云：「終日昏昏醉夢間，忽聞春盡强登山。因過竹院逢僧話，又得浮生半日閑。」及叩其主僧，庸僧也，與語略不相入，屢欲舍去。僧意以爲檀施，苛留作午供，鬱鬱久之，殆不自堪，因索筆，以前語錯綜其詞，書于壁曰：「又得浮生半日閑，忽聞春盡强登山。因過竹院逢僧話，終日昏昏醉夢間。」

傷丁氏故基題一絶于太虚堂

疎雨斑斑灑葉舟，前山喚客作清游。芳華消歇春歸後，野草荒田一片愁。山房隨筆

張鎮孫

鎮孫字鼎卿，南海人。咸淳七年，進士第一。通判婺州。

謝恩詩

當宁宵衣務得賢，草茅何足副詳延。天人要語垂清問，仁敬陳言上奏篇。媿乏謀猷裨乙覽，忽驚姓字

首臚傳。乾坤大德知難報，誓秉孤忠鐵石堅。雙槐歲鈔

林一龍

一龍字景雲，永嘉人。咸淳辛未進士。官至史館檢閱。時稱爲石室先生。

山中夜坐

寒灘遠嘶月，遺響到巖壁。悠悠千古心，悄悄一卷易。燈微夜氣分，星冷山露滴。危坐獨何爲，人間匪方黑。

十四夜觀月張氏樓

只隔中秋一夕間，蟾光應未少清寒。時人不會盈虛意，不到團圓不肯看。以上東甌詩集

厲元吉

元吉字无咎，號半村，餘姚人。咸淳辛未進士，仕爲烏程尉。德祐末，歸隱從山。至元中，訪求前宋故臣，元吉遯跡湖海，白首始歸。有半村集。

黃宗羲云：半村出尉烏程，謝疊山送之詩云：「十二街頭三尺雪，駿馬健行如跛鼈。生懷故人厲半村，拂袖前行何勇決。疊山居士強欲吟，凍筆如椎硯欲裂。京國青衫十載交，欲言不言情哽咽。願君勿作繞指柔，願君勿作在鑛鐵。甘雨幽遐寃草甦，清風宇宙貪泉竭。循良寧困聖明時，玉燭光華待調爕。」疊山詩文，零落無幾，余從厲氏子孫，見其墨跡如新。

雨過

漠漠輕雲過野牆，新楓矮柏色蒼蒼。平田鶴迹留殘雨，深塢鸝聲帶夕陽。

句

免冠思脱三塗難，吐舌甘從五鼎烹。吐鐵　以上姚江逸詩

趙溍

溍字元晉，號冰壺，忠靖公葵之子。咸淳中沿江制置使，知建寧府。北兵至，其弟淮被執，死于瓜洲。溍自京口還金陵，棄家南徙，不返，死葬海旁山上。

焦山

丹石無光古刹存，蘆沙漁鼓□朝昏。江淮門戶天分合，日月軒窗海吐吞。沙足半沈曾瘞鶴，雲腰中斷□呼猨。丁寧爲我留佳處，茅屋三間護竹根。

焦山刻石云：頑石爲山出色，冰壺欲援東坡故事，爲我佳處留茅菴。因説偈言，請師作證。咸淳壬申九月。

林景怡

景怡字德和，號曉山，溫州平陽人，霽山之兄。

曉起

天雞弄喔咿，殘星在斜漢。整衣出幽扉，山城漏初斷。微微水風生，冉冉田露散。此時遊葛天，淡然空百羨。海色上寒梢，漸識梅花面。天地間集

林景熙

景熙字德陽，號霽山，溫州平陽人。咸淳辛未，上舍釋褐，授泉州教授，歷禮部架閣，轉從政郎。宋亡不出，與王脩竹、鄭樸翁、胡天放輩，尋歲晏之盟，往來吳越。庚戌，卒于家。有白石樵唱。

徐沁金華游錄注云：楊璉眞伽發陵事，諸書紀載歲月不同。按元史，世祖至元二十一年九月丙申，以江南總攝楊璉眞伽發宋陵冢所收金銀寶器修天衣寺。又按宋文憲書穆陵遺骼事及丘文莊續資治通鑑皆云：至元二十一年甲申，僧嗣古、妙高上言，欲毀宋會稽諸陵，江南總統楊璉眞伽與丞相桑哥表裏爲奸，明年乙酉正月，奏請如三僧言，蓋其謀始于甲申，而成于乙酉，與周草窗密癸辛雜識年月正同。是時會稽唐玉潛珏、永嘉林景熙德陽、鄭宗仁樸翁，與皐羽咸主王監簿家，協謀收掩陵骨，故別玉潛作冬青樹引，以紀其事。而景熙答皐羽詩，亦有「夜夢繞勾越，落日冬青枝」，豈非諸公共事之明證乎？彭山季本以皐羽引中有「白衣種年星在尾」之句，謂與羅雲溪有開唐義士傳歲次戊寅之說相合。善乎彭瑋解之曰：「星在尾者，寅月也，此即乙酉正月耳。」

鶚案：鄭明德遂昌雜錄云：當發陵時，林景熙故爲丐者，背竹籮，挾竹夾，遇物夾投籮中，潛鑄金牌，繫腰間，賄西僧，求得高孝兩陵骨，貯兩函，葬東嘉。故夢中作詩，有「雙匣親傳竺國經」之句。六陵遺骨，癸辛雜識、輟耕錄俱云葬蘭亭。若云高孝兩陵林攜葬東嘉，則詩中所云「水到蘭亭轉嗚咽，不知眞帖落誰家」，又何謂耶？當以周草窗、陶南村所紀爲是。而景熙則共事之人也。夢中詩係唐玉潛作，云景熙作者，非。

商婦吟 寓思君之意

良人滄海上，孤帆渺何之。十年音信隔，安否不得知。長憶相送處，缺月隨我歸。月缺有圓夜，人去無回期。回期儻終有，白首寧怨遲。寒螿苦相弔，青燈鑒孤幃。妾身不出幃，妾夢萬里馳。

鄭宗仁會宿山中 宗仁，樸翁也，號初心，平陽集下人。太學釋褐出身，仕至國子學正。

挑燈懷舊夢，移席近春泉。共話忽深夜，相看非少年。斗垂天末樹，燐出雨餘田。亦有茅簷下，飯牛人未眠。

獨夜

客鬢雙蓬老拾遺，一燈明滅酒醒時。百年回首忽成夢，萬竅有聲皆是詩。殘夜月枝烏未穩，故鄉水草雁多飢。裌衣初試新霜冷，欲折黃花寄所思。

寄林編修 名千之，字能一，平陽人。

大雅凋零尚此翁，醉鄉一笑寄無功。衣冠洛社浮雲散，弓劍橋山落照空。東魯有詩藏古壁，西湖無樹挽春風。巾車莫過青華北，城角吹愁送暮鴻。

曉意

僧鐘覺曙鳥，紛飛弄林光。宿雲漸離石，我起開秋房。南山忽入几，相對各老蒼。我老幾何年，山曾見鴻荒。流泉送日月，危石支興亡。問山山無言，啼猨起前岡。

秋夜

片月相隨過竹居，風生荷葉酒醒初。窗扉半掩秋蟲急，猶有殘燈守故書。

新春

衰顏憑酒潤，故國得春新。兵革兒童長，風霜天地仁。草心懸落日，柳眼看行人。擾擾紅塵者，知誰效角巾。

答鄭卽翁

初陽蒙霧出林遲，貧病雖兼氣不衰。老愛歸田追靖節，狂思入海訪安期。春風門巷楊花後，舊國山河杜宇時。一種閑愁無著處，酒醒重讀寄來詩。

山窗新糊有故朝封事稾閱之有感

偶伴孤雲宿嶺東，四山欲雪地爐紅。何人一紙防秋疏，卻與山窗障北風。

酬謝皐父見寄

入山采芝薇，豺虎據我丘。入海尋蓬萊，鯨鯢掀我舟。山海兩有礙，獨立凝遠愁。美人渺天西，瑤音寄青羽。自言招客星，寒川釣煙雨。風雅一手提，學士屨滿戶。行行古臺上，仰天哭所思。餘哀散林木，此意誰能知。夜夢繞句越，落日冬青枝。

重過虎林 虎林山，在錢唐舊治北半里，亦曰武林，今爲郡稱。

漠漠江湖夢，蕭蕭禾黍秋。清笳吹落日，白髮過西州。池涸神龍逝，山空老鳳愁。唯餘關外水，寂莫自東流。

故宮

驚風吹雨過，歷歷大槐蹤。王氣銷南渡，僧坊聚北宗。烟深凝碧樹，草沒景陽鐘。愁見花飄月，荒秋咽亂蛩。

飛來峯 在武林

何年移竺國，秀色發棱層。淸極不知夏，虚中欲悟僧。樹幽嵐氣重，泉落乳花凝。猶憶烹茶處，閑來語葛藤。

京口月夕書懷

山風吹酒醒，秋入夜燈凉。萬事已華髮，百年多異鄉。遠城江氣白，高樹月痕蒼。忽憶凭樓處，淮天雁叫霜。

宋武帝居今爲壽丘寺

青衣夢破滿林烟，一擲乾坤亦偶然。僧屋翠微看月上，江山猶似永初年。

石翁嫗 在丹陽

東艾楚俗愚，鑄金秦民怖。何年斸雲根，偶立此翁嫗。千春衣莓苔，偕老食風露。世人輕結髮，覆水或旦暮。乃習無情緣，永與天壤固。停舟一訪古，久欲袪此錮。父老向我言，曾是梁朝墓。衣冠化黄土，古丘亦成路。當年殉金棺，兹物獨如故。閲世如過客，興亡了不悟。時借牛礪角，敲火戲童豎。

立春郊行次唐玉潛 越州人

道人淸事飯溪蔬，無酒閑愁已破除。五夜雪聲梅角底，一春烟景竹笻初。園林芳信愁醒蝶，田野豐年入夢魚。冰下流泉淸老耳，東風先已到郊居。

夢回

夢回荒館月籠秋，何處碪聲喚客愁。深夜無風蓮葉響，水寒更有未眠鷗。

冬青花 冬青，一名女貞木，一名萬年枝，漢宫嘗植，後世因之。宋諸陵亦多植此木。

冬青花，花時一日腸九折。隔江風雨清影空，五月深山護微雪。石根雲氣龍所藏，尋常螻蟻不敢穴。移來此種非人間，曾識萬年觴底月。蜀魂飛繞百鳥臣，夜半一聲山竹裂。

送春

蜀魄聲聲訴緑陰，誰家門巷落花深。游絲不繫春暉住，愁絕天涯寸草心。以上白石樵唱

邵桂子

桂子字德芳，淳安人。咸淳七年進士。敎授處州，棄官，寓家松江。有雪舟脞稾。孫亨貞知名。

次韻方虚谷遷居

家住千峯落照邊，移家三泖白鷗前。東鄰舊日秦侯隱，西路新巢衞叟還。當日釣游頻入夢，何時婚嫁送歸田。會須共跨青溪鶴，點易寒窗伴老仙。嚴州府志

蔬屋詩爲曹雲西作

草菜可食，總名曰蔬。品題有譜，樹藝有書。衡縱町疃，周繞屋廬。繚以樊垣，經以濱渠。晨出抱甕，夕歸荷鉏。有蔓必薅，有蝗必驅。風披雨沐，日烜露濡。稗甲怒生，嘉苗蔚敷。芥薑杞菊，韭薤蒜葫。薇蕨藜藿，瓜瓞匏瓠。椿雞桑鵝，籜龍櫻魚。馬齒鹿角，鼠尾虎鬚。薯蕷蔓菁，杜蘅蘼蕪。茵陳莪蘿，

芄蘭茹藘。赤莧銀茄，翠荇墨菰。酸漿辣蕁，甘薺苦荼。庖人調膈，園丁拮据。錡釜鬵㸑，筐筥貯儲。椒橙內交，醯醢效劬。以芼以湘，可茹可菹。惟昔仲尼，瓜祭齋如。飲水曲肱，其樂只且。召南蘋藻，韓奕筍蒲。知味羡黃，咬根歎胡。葵蓼飫顒，葱韭厭徐。火芋明瓚，山菌接輿。庾郎三種，石生一盂。劉參玉版，蘇傳冰壺。巢字元修，鮒姓豆盧。菘羔抱孫，蹲鴟將雛。絲滑露葵，練淨土酥。野薺餛飩，水苔脯膴。餅炊菠薐，鮓釀葵蘆。胡麻饋餾，罌粟醍醐。萍齏西晉，蓴羹東吳。芹擷泥坊，藤采豐湖。沼沚有蘩，江漢有蔞。岡有常枲，洲有接余。雁門天花，黃河蘑菇。大宛苜宿，太華芙渠。瓌滁野蕨，盤谷山茹。地饒所產，天茁此徒。菲葑是采，口腹以娛。落英未莎，初篁未篵。霜根旋挑，露葉半舒。烹泉石鼎，養火地爐。色炫匕箸，香浮杵杅。氣含土膏，味逾天廚。肥生華池，響鳴輔車。商顏飢解，文園渴甦。前招麴生，後引酪奴。饌非羶葷，餉非苞苴。園無羊踏，壤有鼠餘。彼哉肉食，俎列豢芻。心炙椎牛，項臠割豬。春羔秋麛，冬鱻夏朐。猩脣豹胎，麋臡蟹胥。緇裙解鼈，銀絲膾鱸。羊尾截肪，錦襖脫膚。山殺雉兔，澤羞雁鳧。北饌潼酪，南烹鼉蜍。嗜鼠則鴟，甘帶則蛆。乃笑鄭老，爛蒸瓠壺。乃笑坡翁，夢餐雞蘇。屬厭饕餮，飽死侏儒。語以蔬味，能知否乎。予雅嗜之，日不可無。乃顏茲屋，羞供是須。寧蔬而癯，毋肉而腴。易牙司味，敢告膳夫。

餞魏州判鵬舉

松下吟哦幾唱酬，郤擕螃蟹餞監州。穩挑書擔去環碧，頻寄詩筒來雪舟。異姓弟兄千里月，故山泉石一天秋。葛峯隱者如相問，爲道瓜侯已白頭。以上雪舟脞稾

孫銳

銳字穎叔，吳江人。咸淳七年舉于鄉。宋亡，隱居平望之綦磐村。有耕閑先生集。

漁父詞

平湖千頃浪花飛，春後銀魚霜更肥。菱葉飯，蘆花衣，酒酣載月忘呼歸。

石湖別墅

山水遙通西渡頭，亂雲零落樹還稠。先生唱罷村田樂，戴月披蓑理釣舟。

荻塘柳影

日出烟銷春晝遲，柳條無力萬絲垂。韶光新染鵝黃色，偏愛東風款款吹。以上耕閑先生集

龔潗

潗字深父，高郵人，徙吳。官司農卿。宋亡，隨例北行，至莘縣，不食卒。子璛，入元爲江浙儒學副提舉。有存悔齋集。

劍池橋梁久就傾圮方丈霑公大禪師挺出新意刊石伐木以遞汲且併陳樓悉改舊觀試下轉語請師舉似石侍者肯一點頭不

涓涓劍池泉，削厓出石乳。流傳歲千百，評列品三五。輿梁見何時，樓與姓俱古。坐令丘壑觀，凛作巖牆懼。霑公大勇猛，咄嗟見未覩。攲傾變略彴，岝崿移朽腐。連筩稱深汲，惠澤徧下土。幽尋穩登眺，清意逼肺腑。何須鐵作限，只爾天可補。傳聞橋下雲，已作前山雨。虎丘志

宋詩紀事卷七十六

錢唐　厲鶚　輯
歙　吳震生　勘定

馮坦

坦字伯田，號秀石，普州安岳人。兩魁浙漕。咸淳辛未，推恩任滁之江津夾漕務，西總之龍灣酒庫。

絶句

山腰一抹雲，雲起知何處？急渡小橋尋，天風忽吹去。

鸕鷀源樵歌

綺羅巷陌總成塵，誰識擔柴老買臣。自笑賣柴元似舊，買柴換卻舊時人。

句

飄風驚日月，落葉滿乾坤。皇吳履齋　井在丹誰煉，碑殘墨欲枯。廬山白鶴觀　因聽敲竹雨，便碎賞花心。鷗趁湍流下，魚藏石罅間。桐廬澗水　每向宋清求善藥，閑從詹尹卜新年。燈影照殘孤枕夢，雨聲滴碎兩年心。除夕　以上方回桐江集

劉應鳳

應鳳字堯舉，號書臺，安福人。咸淳中登第，授建康軍簽判。入元不仕。

王炎午吾汶藁云：堯舉聞文山再執北行，有句云：「天留中子墳孤竹，誰向西山飯伯夷。」予問其下句，曰：「伯夷久不死，必有飯之者矣。」案：堯舉與炎午，均爲未識文山之心者。然其志亦可尙矣。

聞文文山北行

喚得嵐鄉昨夢回，東風萬里上金臺。出關曾解婆娑否，枝北枝南一種梅。四朝詩

龔孟夔

孟夔字龍友，臨川人。咸淳對策中第，仕終儒林郎。

送孟和卿平陽尋母

杜羔念母心最苦，豈意一朝逢澤潞。母驚兒貌似乃翁，兒抱母啼淚如雨。五十孺慕朱壽昌，刺血寫經毛髮蒼。間關同州晚相見，迎侍親輿歸故鄉。人生百年一彈指，母恩未報情曷已。團圞尊前舞綵衣，大勝世間朱與紫。子行萬里涉風沙，誓不見母不還家。兒今髮落母應老，道傍看者還咨嗟。臨川孟氏號雍睦，家世來此瀍淵族。婆娑老慕紫荊花，料想春風依舊綠。四朝詩

李謹思

謹思字明道，號養吾，餘干人。咸淳中，試禮部，釋褐第一。入元，卒。

題文丞相吟嘯集

南人不識兩膝貴，曲摺百態卑且勞。斯人護膝不護頭，故以頸血濡君刀。蟠胸孤憤擘不碎，殺氣千丈纏旌旄。援桴親鼓壽南海，背水更用蠻丁鏖。俘來吮血語神語，咄咄向與天爭豪。須臾赤日滅顏色，

玄雲莽莽風颷颷。或言巨靈收拾付眞宰，讀罷掀臆生長號。又言豐隆列缺對愁絶，疾指玉鞭鞭六鼇。雨瓢倒翻水怪舞，斗樞横軋天籟號。憐伊肝膽苦復苦，亦見曩昔眞離騷。刧灰滿地莫挂眼，蓬萊雖遠容輕舠。長驅癘鬼尙堪戰，儘閑未許飛仙遨。乃言興廢在爾不吾與，吾死吾主吾焉逃。魯叟聞言拍手笑，斯人六經爲骨爲皮毛。斯人捲取六經去，空將贋本傳兒曹。吳禮部詩話

補疎齋題鵝湖

客來誰與期，微鍾度山椒。松風如起予，間以笙與簫。逸響諒斯存，幽蹤莽難招。天下同文集

贈李節婦

猝猝多觝屈，幽幽獨雉經。借渠施粉黛，聊與照丹青。孤櫬何年寄，重泉底處扃。有人能縮地，不隔短長亭。

郭天錫詩文雜記：謝疊山，字君直，妻李節婦，以君直故，與二子繫金陵獄。一將官欲納之，李紿曰：「爾能脫我械繫，乃可議此。」將以爲然，禱上下釋其獄，李卽具湯沐，約翼日出。是夕，伺二子熟寐，解衣帶自經死，稾葬城東壕，二子放還。後數年，子定之復往裹骨歸葬，養吾李先生謹思贈云云。

寄進士熊退齋

猶存火後書，罕識卷中字。無筆補玄經，有金酬載記。漫漫歲月馳，忽忽春秋閟。欲辨已忘言，涕淚空垂泗。

殉義若殉財，避名如避箭。況當喜懼交，肯與寵辱踐。百年元亮心，一日宣明面。朱門轍跡多，山路微

如綫。四朝詩

董師謙

師謙號南江，三山人。咸淳辛未，別院省試魁，仕爲平江府教官。

錢塘懷古

歷歷庚申事，分明在眼前。講和如有弊，飛渡定無船。北使三千里，眞州十四年。釀成亡國恨，一部福華編。

玉牀搖帝座，青蓋出都城。巷哭千家淚，燕歌四面聲。乾坤遽如許，風雪可憐生。淸曉宮門外，猶聽打六更。

衣帶一條水，靴尖三百州。市朝陳迹在，圖籍別人收。南渡衣冠盡，西湖歌舞休。久知事當爾，曾記五更頭。

行人指新寺，云此舊宮城。坐殿幾朝帝，開山何處僧。日邊行塔影，天外送鐘聲。王氣元無了，何消鑿秣陵。翰墨大全

俞德鄰

德鄰字宗大，號太玉山人，永嘉人，徙居京口。舉咸淳癸酉進士，入元不仕。有佩韋齋集、佩韋齋輯聞。

過釣臺

行色苦迢遞，人烟渺淒涼。泊舟值嚴瀨，濯纓感滄浪。赤符讖龍關，白水瞻鳳翔。涼風協元德，落星隱寒芒。桑溟忽變易，草木猶芬芳。嗟予遘屯蹇，垂老悲興亡。溪湍兀小艇，嵐氣昏戰場。安得釣臺釣，尙友狂奴狂。

題白廷玉所藏白馬圖

八尺龍駒蹄削玉，霜毛雪鬣超凡俗。驕嘶顧影食場苗，朝暮逍遥在空谷。詔書欻下徵騏驎，香街紫陌驚行人。金環壓轡出天廐，不數駃騠騮騆。三品豆芻飽終日，終日不鳴鳴輒黜。何如不縶亦不維，騰霧籋雲全玉質。

秋日客中

楓落秋江塞雁賓，客懷依舊憶鱸蓴。百年三萬六千日，半世東西南北人。滿目空村爭虎豹，何時高閣繪麒麟。由來管葛皆天意，霄漢泥塗任此身。

書齋

寂寂書齋萬慮空，恍然赤甲古城東。烏呼幽夢日方午，花惱醉吟春正中。軍將送茶驚諫議，門生載酒過楊雄。飛詩識字皆爲累，閑殺江頭獨釣翁。

登六和塔

僧舍倚松北，浮圖界竹西。江通嚴瀨遠，雲壓越山低。槐里三原隔，褒城七聖迷。臨風悲往事，月落凍烏啼。

老病

老病幽棲覺嬾吟，眼觀時態獨關心。古今不泯春秋筆，天地難欺暮夜金。幸有别腸堪貯酒，未愁短髮不勝簪。柴門一閉從春盡，桃李飛花葉又陰。

淮安天慶觀夜坐

邊城寂寞歲將闌，濁酒頻斟醉不歡。一點青燈霜月白，野鳧風起石窗寒。以上佩韋齋集

宋慶之

慶之字元積，一字希仁，永嘉人。咸淳進士。有飲冰詩集。

劉後村跋云：含蓄有餘思，要是世間好詩。

戍婦詞

君去無還期，妾思無已時。軍中無女子，誰爲補征衣。後村題跋

開爐日賦

筋力已非舊，逢寒亦自憐。風霜在簷外，妻子語燈前。紙被添新絮，茶甌煮細泉。雖云方寸地，春意一陶然。

項園即事

時節飛花盡，幽林亦自香。閑來看新水，獨立又斜陽。簷角鳥鳴霽，樹根魚就涼。一春風雨過，遊事極相妨。

寓武昌報恩寺

孟宗祠下竹依然，借得空房竹樹邊。貧寺少逢僧過夏，遠鄉多是客經年。倩人汲水時煎茗，就佛分燈夜照眠。家信不來心欲斷，明朝又買漢陽船。以上東甌詩集

句

城中豈云隘，我見無夷途。所以龐德公，車不向此驅。斜陽挂林杪，野花續春餘。和陶　數年何處客，昨夜獨歸船。喜弟歸　飄泊知何處，艱難亦到僧。送僧　更長初過雁，蟄後稍無蚉。旅夜　多年翁仲在，寒食子孫稀。廢墓　以上後村題跋

吴錫疇

錫疇字元倫，休寧人，儆諸孫。咸淳間，南康守葉閶聘爲白鹿洞書院堂長，不赴。有蘭臯集。

春望

春事今如此，憑高興未闌。半簾疎雨過，一院落花閑。草色迷幽徑，禽聲出晚山。東風能育物，不改鬢毛斑。

春日

韶光大半去悤悤，幾許幽情遞不通。燕未成家寒食雨，人如中酒落花風。一窗草逆濂溪老，五畝園私涑水翁。無賦招魂難獨笑，且排春句答春工。

方岳跋云：予嘗于何人卷中，見左史公稱「說著梅花定說君」之句，不知其竹洲後人也。意王愷之珊瑚扶疎二尺，

美止此矣。比吳君過予崖下，出其實，則三四尺六七株，如「燕未成家寒食雨，人如中酒落花風」者，尚多也。子其祕之，毋使豆粥韭齏，爲帳下兒所賣。彼愷輩，那得與君爭長？寶祐甲寅十月既望，秋崖方岳拜手。

林和靖墓

遺稾曾無封禪文，鶴歸何處認孤墳。清風千載梅花共，說著梅花定說君。

山中雜言

小小柴門傍竹開，幽深不慣有人來。頗嫌老鶴無情思，啄損庭前一徑苔。

山居寂寥與世如隔是非不到榮辱兩忘因憶秋崖工部嘗教以我愛山居好十首追次其韻聊寫窮山之趣 存四首

我愛山居好，蔬畦間蒔花。筧泉歸爨舍，篝火乞鄰家。茁嫩貓頭笋，焙芳雀舌茶。野人曾拜號，何用給黃麻。

我愛山居好，荒磯一釣竿。白鷗春水闊，黃犢綠坡寬。徑菊香秋晚，溪梅報歲寒。人間幽意足，詩思倚闌干。

我愛山居好，枌榆老故丘。好峯當戶立，遠水護田流。鼓響移秧日，鵊鳴穫稻秋。年豐身老健，一飽外無求。

楊花

爲見春風不久歸，顛狂上下弄晴暉。只饒天與無拘束，入幕穿簾任意飛。以上蘭皋集

汪若楫

若楫字作舟，休寧人，官宣城令。咸淳間，爲紫陽書院山長。有秀山集。

絶句

萬木驚秋各自殘，蛩聲扶砌訴新寒。西風不是吹黃落，要放青山與客看。新安文獻志

尤冰寮

冰寮，錫山人，袤曾孫。咸淳中，官新安別駕。有扣角吟。

句

三條椽下歸空榻，百尺樓中透遠峯。晚鐘　蟻返愁尋穴，鴉歸喜見巢。落葉　方回桐江集

宋自遜

自遜字謙父，金華人，自適弟，號壺山居士。

瀛奎律髓：慶元、嘉定以來，乃有詩人爲謁客者，干求一二要路之書，謂之闊匾，副以詩篇，動獲千萬緡。如壺山宋謙父，一謁賈似道，獲楮幣二十萬，以造華居是也。錢唐湖山，此曹什伯爲羣。阮梅峯秀實、林可山洪、孫花翁季蕃、高菊磵九萬，往往雌黃士大夫，口吻可畏。

五月菊

東籬千古屬重陽，此本偏宜夏日長。會得淵明高臥意，故來同占北窗涼。後村千家詩

一室

一室冷如冰，梅花相對清。殘年日易晚，夾雪雨難晴。身計繭千緒，世紛棋一枰。麴生差解事，談笑破愁城。瀛奎律髓

阮秀實

秀實號梅峯，興化軍人。早見知于趙昌甫，僑居吳門，游賈秋壑之門最久，人號阮怪。咸淳初，攝蕪湖茶局。

孟享仰瞻聖駕

紫烟斂翠碧天長，柳蔭旌旗午尙霜。一朶彩雲擎瑞日，光華盡在舜衣裳。

景靈宮恭謝駕回丞相以下皆簪花

宮花密映帽簷新，誤蝶疑蜂逐去塵。自是近臣偏得賜，繡鞍扶上不勝春。以上隨隱漫錄

鄧克中

景靈宮恭謝駕回丞相以下皆簪花

輦路春風錦繡張，裁紅剪綠鬬芬芳。黃羅傘底瞻天表，萬疊明霞捧太陽。隨隱漫錄

歐陽慶甫

慶甫，咸淳中道州處士。

白魯井石刻詩

地僻人稀能幾家，清泉漱玉石攲斜。客來訪我慙無具，洗甑炊香更點茶。永州府志

牟巘

巘字獻之，其先蜀人，徙居湖州，端明學士子才之子。擢進士，官至大理少卿。宋亡，時獻之已退，不任事，與子應龍，一門父子自爲師友，討論經學，以義理相切磨，應龍遂以文章大家見推于東南。獻之有陵陽集。

東坡九日尊俎蕭然有懷宜興高安諸子姪和淵明貧士七首余今歲重九有酒無肴而長兒在宜興諸兒蘇杭溧陽因輒繼和

驚飈舉落葉，意氣何軒軒。秋高百卉盡，寂寞但空園。何異富與貴，變滅隨雲烟。緬懷陶彭澤，平生極幾研。朗吟貧士詩，相對如晤言。今人之所恥，古人以爲賢。

翁媼共白髮，蕭然老江干。大兒荆溪游，折腰豈爲官。諸兒走異縣，亦各營一餐。別多會面少，端復坐飢寒。諸幼且眼前，笑語開我顔。勿問賢與愚，懷抱俱相關。

好惡豈不察，鑿垣植蒿蓬。而比庭前菊，鋤灌少人工。此物抱至潔，有似楚兩龔。留香待嚴凛，意與烈士同。糞士笑伯始，金錢鄙鄧通。千載一元亮，舍此安將從。

送妻伯高游吳

桃花水暖清明前，長隄柳色青如烟。男兒年少重意氣，春風買醉吳江船。西湖三月春更好，笙歌錦繡神仙島。紫燕樓深翠黛閑，碧羅天淨楊花老。興亡往事置勿論，千金不惜酹歌尊。酒酣莫作後庭曲，游人思斷江南魂。去去知君訪陳迹，吳山吳水青歷歷。花殘鈿碎館娃空，春草年年爲誰碧。君行正樂我爲愁，白髮送君思舊遊。平生漫浪無似我，努力功名須黑頭。

贈厲白雲上人

雙徑聞鐘罷，而今但熟眠。事須紅日上，身在白雲邊。古貌應違俗，高吟不礙禪。爐頭煨芋火，相對各欣然。

和雨中

但聽四簷滴，眞成萬事休。空村誰就飯，高樹繫吾舟。那忍田翁笑，還憐木偶流。老人渾忘事，略記酉年秋。

四安道中所見

蒼涼初日破林霏，幾度言歸不得歸。兀兀籃輿續殘夢，門前兒女挽人衣。以上陵陽集

家鉉翁

鉉翁號則堂，眉州人。以廕補官，賜進士出身。歷端明殿學士，簽書樞密院事。元兵至杭，以參知政事介丞相吳堅等充祈請，從留燕。宋亡，守志不仕，改館河間。至成宗即位，放還，賜號處士，以壽終。

寄江南故人

曾向錢唐住，聞鵑憶蜀鄉。不知今夕夢，到蜀到錢唐？天地間集

寄洞霄道友清溪翁

漢家中郎年七十，霜鬢垂垂人不識。冬深破屨踏層冰，暑到露頭走赤日。窮堅老壯本分事，百年未死爲形役。洞天九鎖鬱嵯峨，古來相傳神仙宅。我嘗結茅天柱前，屐齒蒼苔印行跡。劫火洞然城郭非，清境不壞還如昔。安期羨門我輩人，圓嶠方壺一咫尺。夢魂幾度如相逢，別來已久知相憶。願分仙家九轉丹，服之身輕生羽翼。周遊八表任去來，跳出陰陽寒暑域。洞霄詩集

九日登瀛臺

此地無山喜有臺，南瞻北眺兩宜哉。衰翁無事日傾倒，佳客何人時一來。孤鶴飛鳴知我在，征鴻嘹唳爲誰哀。老來萬事如歸宿，不爲憂愁強把杯。河間府志

李珏

珏字元暉，號鶴田，又號廬陵民，吉水人。年十二，通書經。召試館職，除祕書省正字，批差充幹辦御前翰林司，主管御覽書籍，除閤門宣贊舍人。宋亡後，不出，年八十九而終。有雜著四集、錢塘百詠行于世。

劉詵桂隱集題李鶴田穆陵大事記後云：「宋自穆陵升遐，元氣盡矣。時攢宮屬官李珏記其本末頗詳，橋山劍舄，歷歷如見，異代覽之，亦爲淒然。因用鶴田先生昔陵下元夕韻以識感慨云：『陵寢嵬峩十二闌，西興吹角浙江寒。老臣無限遺弓淚，寫與人間異代看。』」

南郊紀事

嚴更頻報夜何其，萬甲聲傳遠近隨。梔子燈前紅炯炯，大安輦上赴壇時。武林舊事

題汪水雲湖山類稾

天地事如許，英雄鬢已斑。淚添東海水，愁壓北邙山。湖山類稾附

雪中寄友

石角雲層道路難，黑風三日晝漫漫。吟筇直指西湖柳，合與梅花共此寒。皇元風雅

題王右丞輞川圖

園圖親畫早流傳，已是人間五百年。凝碧池頭秋句在，當年幾負此林泉。珊瑚網

題崇元觀

舟維楊柳岸，來拜晉英靈。碑古龍紋暗，劍寒蛟血腥。江春牛篙綠，山曉一樓青。燈火旌陽殿，鐘聲過客聽。四朝詩

句

此水自當兵十萬，昔人曾有客三千。

梅磵詩話：江陰乃春申舊封，浮遠堂瞰江對淮，爲一郡佳境。李鶴田一聯云云，人多傳誦。

陳世崇

世崇字伯仁，崇仁人，一作臨川。郁子。隨父入宮禁，仍充東宮講堂說書，兼兩宮撰述，後任皇城司檢法。賈似道忌之，遂歸于鄉。入元，著隨隱漫錄，多述宋季事。

題曾氏諸帖

南豐而後艇齋君，忠義詞章萃一門。手澤流芳凌劫火，欽承猶得到來孫。鐵網珊瑚

呂三餘

三餘號雪屋。

賀陳隨隱以布衣除東宮掌書

青宮樓觀近堯階，班列屏風間坐開。人羨杜閑生杜甫，天教蘇頌繼蘇瓌。馬歸禁苑行邊柳，鶴伴平山隱處梅。我恨長鑱斸黃獨，老年無計策衰頹。隨隱漫錄

柳桂孫

桂孫號月磵。

賀陳隨隱以布衣除東宮掌書

鏤玉裁冰字字奇，少年親結九重知。君臣際遇榮千載，父子推敲冠一時。疊進楚蘭春奏雅，餅分陶菊夜聯詩。五雲樓近開黃道，金紫連班進赤墀。隨隱漫錄

劉彥朝

彥朝字雷厓。

贈陳隨隱

坎止流行只任天，吟廬新傍紫薇邊。夜窗低過宮花月，曉巷深橫御柳烟。五字肯同餘子說，一燈親自乃翁傳。雖然不作功名念，卻恐功名逼少年。隨隱漫錄

張彝

彝號溪居。

贈陳隨隱歸江西

醞藉中涵廊廟姿，詩文都好見宸批。只蒙四字君王寵，幾蝨微臣不用題。隨隱漫録

吳石翁

石翁字一齋。

贈陳隨隱

大隱君家小隱君，得名大半忌人聞。秋窗吟共緱山月，曉榻眠分華嶽雲。鶯欲引雛先出谷，馬纔生驥便離羣。新詩卻要多拈出，突過郎罷張我軍。隨隱漫録

杜汝能

汝能字叔謙，號北山，太后諸孫。居西湖之麴院。有能詩聲。

秋日

寂寥雞戶入泉聲，不見山容亦自清。數日雨晴秋草長，絲瓜沿上瓦牆生。全芳備祖

贈陳隨隱

父子名相繼，如君又出奇。乾坤鍾秀氣，湖海誦新詩。放鶴春風遠，橫琴夜月遲。未應隨大隱，閑過聖明時。隨隱漫録

黃力敍

力敍號梅堂，江西人。

贈陳隨隱歸江西

詩在天地間，風清月明處。若爲深閉門，而可覓佳句。夫君小元龍，豪氣隘區宇。青春發詩材，秀茁長膏雨。流水與行雲，吾不見滯住。乘月滌吟毫，玉椀三危露。超詣自透脫，悟在觀劍舞。入宮畫蛾眉，胡爲衆女妒。君詩亦何憾，千載一時遇。向也詩道昌，吟聲喧禁籞。應制沈香亭，龍巾曾拭唾。今焉詩道厄，短筇策江路。悲嘯梁父吟，侘傺離騷賦。浮雲時卷舒，睨此知出處。此其隨之義，大隱會境趣。天地梅又春，風緊雪飛絮。一笠灞橋驢，吟詩向臨汝。得句從人傳，傳今亦傳古。要知是家傳，審言以傳甫。傳之而又傳，衣鉢傳宗武。隨隱漫錄

黃鵬飛

鵬飛字桂隱，莆田人。

送陳隨隱游廬山

天下廬山第一奇，西風楚楚送行時。晦菴白鹿書猶在，非是游山只愛詩。

曾從圖畫識廬山，山好誰知畫亦難。畫好不如詩好讀，就煩詩筆畫來看。隨隱漫錄

虞德觀

德觀，亡其名，蜀郡人。

句

我因國破家何在，君爲脣亡齒亦寒。

虞集道園遺稾云：從兄德觀父，與集同出滎州府君，宋亡，隱居不仕而歿。集來吳門，得兄遺蹟，有句云云，不知爲誰作也。

宋詩紀事卷七十七

錢唐　厲鶚　輯
海寧　陳沆　勘定

曹棐

棐，官著作郎。

登南山塔

平生登塔與登樓，亂盡鄉心送盡愁。試上南山山下塔，依前懷古復悲秋。咸淳臨安志

李敷

敷，臨安縣令。

雙林院

雙林高寺秀峯環，我欲題爲小徑山。炎月一遊神骨爽，天風相送出松關。咸淳臨安志

李邦美

題句容酒肆壁

青裙白面閑挑菜，茅舍竹籬疎見梅。春事隔年無信息，一聲啼鳥喚將來。山房隨筆

趙萬年

萬年，南渡時，從武科備戎行于襄陽，屢却敵人。有裨幄集。

程機宜宅喫豆粥

豆紅米白間青蔬，髣髴來從香積廚。異日大官還飽飫，不應忘卻在蕪蔞。

偶成

一心憂國不憂家，掠面黄塵帶晚沙。郵傳不通音問隔，家人夜夜卜燈花。以上曹氏歷代詩選

王執禮

執禮號竹寮，金華人。

遊玉仙洞題碧雲石崖 在臨安縣

已從鹿巖遊，更入龍洞去。横足螃蟹行，連臂猨猱度。徑滑鏗蠟屐，陰屋然樺炬。振策扶顛隮，捫蘿猛攀附。塗險幾欲窮，境勝思有遇。谽谺通石竇，參差流石乳。形開趣彌深，興集理自裕。便將遺世紛，且復滋幽步。紆徐窮冥搜，淹留迫頹暮。題詩識蒼壁，聊寫心跡素。重遊豈無期，恐忘來時路。

錢王太廟

數間老屋半塵埃，宗祏雖存沒草萊。尚有遺民呼太廟，可堪游鹿上荒臺。花開陌路空餘恨，麥被陵陂不盡哀。三節還鄉平日志，化爲杜宇定歸來。

錦溪

微雲淡日半昏明，初換春衫步屐輕。行到小橋幽絶處，高吟詩句答溪聲。以上咸淳臨安志

周芝田

芝田，浙人。

彈琴

膝上横陳玉一枝，此音唯獨此心知。夜深斷送鶴先睡，彈到空山月落時。

句

淋漓滿腹藏春雨，突兀半拳生曉雲。石上兩竹　草香花落後，雲黑雨來時。以上山房隨筆

盛雪巢

偶作

皐夔不著書，周召不決科。端坐廣堂上，四海臻泰和。吾道固如是，後來文藝多。嗒然空山中，獨抱明良歌。吳禮部詩話

陳柏

柏字茂卿，號南塘。

懷友

擕書入空山，幾若與世絕。俯仰一室間，頗見古人別。良朋令人思，思君意彌切。食芹差自甘，那得共君啜。吳禮部詩話

趙聞禮

聞禮字立之，號釣月。見絕妙好詞。

句

西風昨夜摧黃葉，秋亦無心在菊花。全芳備祖

張樞

樞號雲窗。

游大滌

一曲朱闌百尺餘，仙人自是愛樓居。松風不動千山靜，月滿天壇人步虛。洞霄詩集

林次麟

曲竹 出臨平山，相傳唐丘隱士丹成羽化，植杖于此，其竹皆曲。

直節棱棱是此君，耳孫卻以曲爲名。首陽山下知難種，只可斜封向管城。咸淳臨安志

樓楚材

句

晚歸烟樹立猶見，曉向雪汀飛若無。鷺　有時移向西堂去，一座青山逐手來。屏風　方回桐江集

張偉

偉號芝田。

馬塍

水拍田塍路半斜，悄無人跡過農家。春風自謂專桃李，也有工夫到菜花。

薦菊泉 一名寒泉

近來湖上風光改，古蹟三賢亦就遷。獨有菊泉能定力，歲寒堅守此山前。以上咸淳臨安志

李介山

梅雨潭

靈源分左界，千仞落飛泉。散作一空雨，長如四月天。挂嵒寒練直，濺席水珠圓。湫石龍應在，山屏浮翠烟。仙巖寺志

俞琰

琰字玉吾，長洲人。咸淳末，應舉無成。入元，隱林屋山，以讀易自娛。有林屋山人集、書齋夜話、席上腐談。

焦山寺夜坐偶作

夜宿焦山寺，月明聞櫂歌。蜀江到吳盡，海舶過淮多。風浪翻龍窟，霜林露鳥窠。詩成忽有酒，不飲欲如何。

客裏送春

擠排落絮隨風去，分付殘花趁雨飛。自笑鶴身歸未得，卻從客裏送春歸。

贈華陽道院琴士商碧山

來往晴巒縹緲中，滿身空翠溼衣濃。相尋欲聽蓬萊曲，還在華陽第幾峯。以上林屋山人集

海牒

生以鰕爲目，來從水母宮。堆槃凝凍結，停筯便消融。瑩緊玻瓈白，㜲爛瑪瑙紅。酒邊嘗此味，牙頰響秋風。書齋夜話

鄭震

震，更名起，字叔起，號菊山，連江人。所南翁，其子也。有倦遊槀、清雋集。

宿虎丘

到晚歸不去，因而此宿休。雲深千古寺，月冷一天秋。崖裂池如束，天虛塔欲浮。最宜初日上，高處看雲收。

餘杭道上

五年茲路上，頻往又頻還。歲月孤松老，風霜苦竹斑。溪流天目水，雲出洞霄山。馬上因閑眺，蜉蝣宇宙間。

歸去

歸去豈不好，平田帶淺林。春猨鳴雪澗，晴日轉雲岑。世久無鳴犢，時當學展禽。吾生今老矣，梁甫豈能吟。

荊南別賈制書東歸

來時秋雨滿江樓，歸日春風度客舟。回首荆南天一角，月明吹笛下揚州。

卜居

久欲謀歸力不任，浮雲蹤跡謾巢林。功名未入屠龍手，貧賤常懷買鶴心。月下開門微雨過，樓頭聞笛二更深。世間萬事俱陳迹，空倚西風閲古今。以上清雋集

王夢應

夢應字聖與，一字靜得，長沙攸縣人。咸淳十年進士。調廬陵尉。元兵陷臨安，起兵勤王，兵敗，奔永新，卒。

鄧光薦文丞相督府忠義傳：吳希奭、陳子全、王夢應，皆攸縣士人，自通于同督府，與趙璠相應。景炎即位，事聞，承制授官各有差。

東歸

一櫂仍爲别，他鄉復避兵。客隨風雨老，春著鼓鼙輕。宇宙關何事，艱危得此生。門前一溪水，幾日到江城。

甲申元日

上日仍漂寄，尊前客又非。鄉心眠聽雨，病骨晚添衣。街鼓春將動，簾燈寒未歸。梅花經一雪，幾片不曾飛。

呈李書史

火龍騎日雪飛空，勁草亭亭不見風。臣亮南陽今未老，一鉏雲碎日猶紅。以上四朝詩

陳觀

觀字國秀，奉化人。咸淳十年進士。調新城尉。有蚓竅集。

題甄氏訪山亭

水流花落日生雲，日靜風暄草欲薰。老去風流猶未減，一丘一壑要平分。

雨後西山翡翠堆，結亭直欲近巖隈。從今記取溪頭路，一日須來一百迴。四朝詩

熊鉌

鉌字位辛，初名禾，字去非，世居建陽之鼇峯。咸淳十年進士。授寧武州司戶參軍。有勿軒集。

遊武夷山

我來武夷山，遠意超千古。嘗疑混沌開，疏鑿未經禹。峽山猶古梁，洪濤莽回互。行舟留大壑，營巢餘斷樹。垠崖波濤痕，隱隱皆可覩。陶然上古民，要服固深阻。秦威何桓桓，薄海猶廣土。六合皆湧沸，一枝豈寧處。嘗言十三君，隱隱避秦侶。一日厭塵寰，泠然遂高舉。上山娛賓雲，下山滿豺虎。神仙何渺茫，虹橋想虛語。桃源亦其類，好事自誇詡。風氣日已開，蛇斷出眞主。遂令閩山陬，盡入職方宇。漢志名始彰，祠堂用魚脯。流傳世代久，琳宮粲衣羽。至今此山名，號爲神仙府。恭惟我遯翁，辟闢厥功溥。于焉卜精廬，溪山九曲五。圖書盡在是，斯地儼鄒魯。我以負笈生，來茲有年數。自慚仁智心，

未覩高深趣。斯遊亦何意，會心覬眞遇。侃侃平生友，惠然肯來顧。攜手敦夙好，抗志企遐慕。招我山中遊，兹遊適予素。巍巍大隱屏，屹屹天一柱。前瞻晚對亭，考槃固其所。何當同心人，相與薙榛莽。長松期歲寒，脩竹倚日暮。我自愛此山，躊躕不忍去。

擣衣曲

北望悠悠音信少，空房遠念心常早。流螢熠熠夜稍青，塞雁嗈嗈寒已到。細絲清水練方新，在椸半溼日中明。隔籬翁媼寐不熟，月落尚聞砧杵聲。將軍錦帳環歌舞，百戰尙遲歸寸土。老農肩米肉成瘡，思婦裁衣淚如雨。以上勿軒集

曾子良

子良字仲材，號平山，南豐人，徙金谿。咸淳進士。仕爲淳安令。宋亡，隱陶塘。

輓知臨安府兼浙西制置使曾公 淵子

德祐思良弼，江西出大臣。報忠昭漢議，靖獻有殷仁。皦日五朝老，清風百世人。幾時歸袞繡，秋草臥麒麟。

永紹傳賢啓，慈元拱女堯。鼇山猶贔屓，鵬海極扶搖。宮殿春旗曉，簾帷社飯朝。龍髯攀不及，鸞馭去何遙。

立海終風黑，洗光雙日紅。餘波濺渤澥，仙仗岌崆峒。宗廟神靈在，公師禮數崇。平生精履屐，尙覺小臣忠。

返轎榮歸寢，帷堂哭設衣。神情如夢叶，滄海悵心違。百世功言立，千年城郭非。任安猶未死，哀淚不堪揮。忠義集

吳龍翰

龍翰字式賢，號古梅，歙人。咸淳鄉貢，後以薦，授編校國史院實錄院文字。至元丙子，鄉校請充教授，尋棄去。有古梅吟稾。

程訥齋元鳳云：閱吳君詩稾，句老而意新，咀之雋永，殊非苟作。

樂府

妾心江岸石，千古無變更。郎心江上水，倏忽風波生。製衣寄夫壻，妾有冰雪段。中間連理枝，不忍翦教斷。

方虛谷云：式賢詩有驚人語，如樂府諸篇，尤予所深喜者。

重陽客中

愁裏重陽近，他鄉酒易沽。秋風詩鬢短，寒夜客燈孤。篛笠月穿破，荷衣霜打枯。有懷吟不就，端不爲催租。

晚舟過臨平

烟鐘喚起夕陽愁，淼淼臨平春事幽。唯有風蒲愛吟客，岸邊撩亂縮行舟。

嚴灘對月憶雪壺六弟

共君看月此徘徊，今夜月明君不來。安得清光刀剪破，爲分一半到泉臺。

題荆公讀書堂

六籍紛紛盡可奴，翻騰字說乃菑畬。可知山半青燈夜，只讀商君一卷書。以上古梅吟稾

登金陵鍾山絕頂

萬仞鍾山著屐登，中原今隔幾崚嶒。自憐不及天邊雁，歲逐春風到八陵。新安文獻志

汪涯

涯字萬頃，漢陽人，事母孝。宣撫賈似道請爲客，當作露布獻捷，涯瞋目曰：「啗人以利而退其師，又兒弄主上！」似道大怒，擿殺之。其母曰：「汝以直死，我則不辱，可以下報先君矣。」亦自沈。

江帆

江帆去去可腸斷，千古萬古越王臺。掃空黃葉晚風定，飛盡碧烏青天回。半生無成坐筆硯，萬事不理問尊罍。年年看梅今白首，已矣英雄留七哀。

江行

江陵白魚如斫玉，挂帆獨去風日寒。封題兩甕寄白髮，兒涯不是作魚官。

秋光蕩漾滿行色，鄰舟吹笛不堪聞。洞庭濯足一尊酒，夫君不來空白雲。以上谷音

高晞遠

晞遠字照菴，通州人。咸淳、德祐間，通判平江府。

心遠堂

種竹期十年，栽橘盈千頭。雖云多遠慮，無乃爲身謀。高人絕塵累，俟德居此丘。泰宇無畦畛，虛空有天游。仁義尙蘧廬，道德成安流。結茅依翠微，極目際平疇。白雲度寥廓，黄鵠下滄洲。百世此周覽，我志尙可求。祇應柴桑翁，眞趣共悠悠。四朝詩

曹良史

良史字之才，號梅南，錢唐人。咸淳故老，與周草窗游。有詩詞三摘。

俞宗大序云：曹君故宫詞十九首，與夫拜景靈、游湖曲、登北城，悼今思古，所謂哀而不傷，怨而不怒，忠厚而悱惻者也。

句

雲生畫佛壁，葉落病僧房。閑來閉門處，認得讀書聲。牆圍敗屋知無主，風響荒林似有人。深樹月昏神火出，斷烟雪霽獵人回。

方虛谷跋：曹君良史，錢唐人。衣冠佳盛，湖傲山酣，則有咸淳詩摘；兵火變遷，江淮奔走，則有梅南詩摘，句如「雲生畫佛壁」云云。展轉征旗戰鼓，十年間筆力益老矣。

錢穎

穎號菊友。

賦翁仲

魏明帝景初元年，徙長安銅人承露盤。盤折，聲聞數十里，重不可致，留于霸城。大發卒，鑄銅人二，號翁仲，列坐司馬門外。

武皇騎龍朝帝后，露溼銅仙古苔繡。景初命名翁與仲，無復衣冠仍漢舊。桓圭大劍高嵯峩，不動如山嚴鎮守。豈知屹立司馬門，九鼎暗移司馬手。變遷陵谷亦何易，洛陽塵埃一回首。因嗟寵辱非可常，世間何者爲長久。君不見後來荆棘埋銅駞，坐想失身橫隴畝。隨隱漫錄

秋胡子

郎恩葉薄妾冰清，郎說黄金妾不應。若使偶然通一笑，半生誰信守孤燈。詩林萬選

家之巽

之巽字志行，宋季臨安府倅。

定林寺二首 王荆公讀書處

功名良苦賦歸歟，兩鬢霜花百念枯。鍾鼎樓臺渾一夢，數間茅屋亦浮屠。

十載浮雲幾變更，歸來鐘阜碧嶙峋。早知山色無今古，只與青山作主人。景定建康志

福勝院 在臨安縣福全山

三過山中寺，勞生有底忙。梵書蟲蠹紙，佛界燕巢梁。曉日光明藏，野花知見香。豐碑如會意，讀罷更彷徨。咸淳臨安志

劉敏求

斂求字好古，號松菊老人，泰和人。長于詩，宋末累舉不第。

題滕王閣

閣中環佩知何處，游子再來春欲暮。鶯啼紅樹柳搖風，疑是當年舊歌舞。古來興廢君莫嗟，君看紅日西山斜。西山不改舊顏色，換盡行人與落霞。南昌府志

劉光

光字元輝，生宋季。有曉窗吟卷。

句

仙館無人春寂寂，一林紅日鍊櫻丹。曉來多謝梁間燕，盡把春愁舉似人。山翁何事衝寒往，知有梅花在隔溪。方回桐江集

韋奇

奇字學易，號若溪，居安衣子，二十五歲殀。

題倪文昌玉湖書院

齊齋老子今安在，一去人間餘卅載。白衣蒼狗幾千回，惟有溪山長不改。吳興勝概誇玉湖，鵝溪一幅元暉圖。天光上下渺無極，寒玉倒浸清冰壺。晴波萬頃瑩如洗，一卷石向波心起。先生具眼此結廬，收拾溪山入詩裏。漁人艇子時往還，笭箵擲下前溪灣。一聲欸乃水天碧，回頭卻羡沙鳥閑。樓高望極惰思遠，前揖衡山後蒼弁。陌頭楊柳幾春風，當年曾識齊齋面。我今懷古心悠悠，古人不見今人愁。夕

陽收盡冥烟浮，扁舟載月歸來休。梅磵詩話

俞演

演字則大，臨安人。

句

殘燈吟夜雨，破榻臥秋山。方回桐江集

徐子美

子美號芝石，武林人。

句

杯行曲水春如昨，字入昭陵土亦香。蘭亭　方回桐江集

俞君錫

君錫字仲疇，苕溪人。有竹屋詩稾。

句

洗瓢魚隱石，掃葉蝶移家。　荒店難尋酒，長途半趁船。　蛩聲依壞砌，樹影倒寒池。方回桐江集

江石卿

石卿，有得一文稾。

句

太傅數日別，劉公一紙書。方回桐江集

汪崇亮

崇亮，有白雲漫稾。

青溪主客歌

野王手奏淮淝捷，門戶歸來有旌節。仲眉一笑紫髯秋，袖中猶挾柯亭月。山陰主人載雪舟，掀篷繫纜青溪頭。平生耳熱欠一識，若爲牽挽行雲留。一聲橫玉西風裏，蘆花不動鷗飛起。馬蹄依舊入青山，柳梢不動天如水。方回桐江集

方至

至號天慵，分水人。

句

缺多圓少人如月，盛極衰來物易秋。方回桐江集

曾澈

澈，盱江人。鮑輗過盱江，遇一童子，眉目疎朗，語必援古今，驚問，逆旅主人子也。明年載訪，死矣。得其詩一首于其同舍生。

九齡行

我生九齡氣食牛，嗐嗚頓挫無匹儔。白雲無根起天末，一身萬事同悠悠。低頭拱手事先覺，談笑未了

成仇讐。一譽不足勝百毀，言語起滅如浮漚。聖賢可與知者道，麟鳳豈在山中遊。蘧然夢覺大槐國，江花昨夜生涼秋。谷音

孫璉

璉字器之，大庾人。家貧，嗜書，善吟詠，不應舉，躬耕織屨以爲食，壽百歲。

述懷

坐倦秋樹根，攝衣步前丘。橫河瀠如練，破月西南流。獨持一尊酒，悠然發清謳。俯仰無不足，吾生焉所求。谷音

薛美

美號獨菴，永嘉人。

薛瓜廬吾宗人也吾不得而見之得見其詩斯可矣太息而題于卷杪

結廬兄弟近長安，弊卻儒冠竟不彈。自如芝來輕漢召，肯將瓜去博唐官。貧多樂事清無盡，手寫新詩墨未乾。史筆須評隱君傳，姓名應作古人看。瓜廬詩附

詠柳

一撮嬌黃染不成，藏鴉未穩早藏鶯。行人自謂傷離別，枉折無情贈有情。全芳備祖

許庚

庚字伯先，號萬松，武林人。

句

花盡辜啼鳥，厤深没過人。　硯潤浮殘墨，琴乾響斷弦。方回桐江集

黃潨

潨，昭武人。

句

橋影不隨流水去，漁歌偏帶夕陽來。　當年不作南行客，他日應無北狩人。題鄭介夫祠　方回桐江集

戚明瑞

明瑞字子雲，檇李人，讀書會稽五雲山。

句

舊夢不堪游螘國，生涯只合在漁舟。　鵂鶹歡喜舞南風。　望帝花飛春尙寒。方回桐江集

王儀

儀字仲履。

題婺源江氏琅玕閣

詩仙長倚玉闌干，句脱塵凡妙不難。六月雪霜侵几研，一生煙火隔心肝。鳳凰管偏風旋應，翡翠窗深露不乾。記得月明扶醉上，骨輕毛竪怯清寒。

偶作

五月蘋花思渺然，綠波憶蕩浦西船。寧穿布襪青鞵底，不醉琵琶綠繭弦。山郭鶯啼春又暮，蕭齋人靜澹無烟。一言滿慰三年別，借枕風前對榻眠。以上吳禮部詩話

李商

記化蝶事

碧梧翠竹名家兒，今作栩栩蝴蝶飛。山川阻深網羅密，君從何處化飛歸。

癸辛雜識：楊昊字明之，娶江氏少艾，連歲得子。明之客死之明日，有蝴蝶大如掌，徊翔于江氏傍，竟日乃去。及聞訃，聚族而哭，其蝶復來繞江氏，飲食起居不置也。蓋明之未能割戀于少妻稚子，故化蝶以歸耳。李商作詩記之。

王庭

庭，金華人。賈似道幕官，似道敗，自殺。

明堂侍祠

唱徹嚴更鳳鑰開，侍祠濟濟列崇陔。小臣亦忝廊西獻，惟秉溫恭對越來。

玉佩珊珊出禁扉，金蓮分炬散芳菲。祠班咫尺臨黃道，惹得天香滿袖歸。咸淳臨安志

宋詩紀事卷七十八

錢唐　厲　鶚　輯
錢唐　汪啓淑　勘定

蔣　捷

捷字勝欲，陽羨人。德祐進士。自號竹山，遁跡不仕，以詞名。

東坡田

老去紅灰酒瓮前，向來青草瘴江邊。卜居自爲溪山好，不是區區爲買田。毘陵志

王易簡

易簡字理得，號可竹，山陰人。宋末登進士，除瑞安主簿，不赴，隱居城南。有山中觀史吟。

九鎖山十詠　存二首

大滌洞

蕭灑殊庭西，玉室甚孱顔。華陽隱遂道，元蓋浮塵寰。紞紞天鼓鳴，爛爛巖石斑。誰懸隔凡石，此石非人間。羣仙本容物，爲我開重關。

來賢巖

絕壁中嵌空，秀石下插地。緬懷玉局仙，于此冠蓋萃。雲泉儼昨遊，卉木遺古意。青山日迎客，何者傳姓字。斯人千載名，覽勝乃餘事。以上洞霄詩集

奉題高房山尚書夜山圖

高侯妙筆生夜光，李侯正倚牛斗傍。公略，浙江行省照磨，寓居吳山。淒涼看盡吳山月，玉鏡臺前翠鳳凰。鐵網珊瑚

游寶林寺

玄度存遺跡，玄英有舊詩。城中獨高處，雪後最佳時。拂壁書行紀，逢僧問一作談故祠。闌干頻徙倚，不奈朔風吹。越詠

錢大椿

大椿字坦仲，淳安人。宋末舉進士。

春夜

燕子銜泥已下簾，深深庭院薄寒天。海棠枝上黄昏月，楊柳梢頭淺澹煙。句引芳情春夢蝶，頻催愁緒夜啼鵑。踏青年少歸來晚，斗酒花陰枕石眠。青溪詩集

盧珏

珏字登父，淳安人。宋末舉進士。有可菴集。

天邊風露樓漫題

十二闌干俯碧溪，憑高一覽衆山低。晴灘歷歷輕帆上，烟樹重重幽鳥啼。但覺與隨流水遠，不知身與白雲齊。年來欲問東皇信，多種梅花在竹西。嚴州府志

眞山民

山民，自呼山民，或云名桂芳，括蒼人。宋末進士。李生喬歎以爲不媿迺祖文忠西山，以是知其姓眞。痛値亂亡，深自湮沒，世無得而稱焉。惟所至好題詠，因流傳人間。張伯子謂爲宋末一陶元亮云。有山民集。

幽居雜興

松桂小菟裘，山扉幽更幽。蜂王衙早晚，燕子社春秋。鬢禿難遮老，心寬不貯愁。年來把鋤手，無復揖公侯。

山亭避暑

怕礙清風入，丁寧莫下簾。地皆宜避暑，人自要趨炎。竹色水千頃，松聲風四簷。此中有幽趣，多取未傷廉。

泊白沙度

日暮片帆落，渡頭生暝烟。與鷗分渚泊，邀月共船眠。燈影漁舟外，湍聲客枕邊。離懷正無奈，況復聽啼鵑。

渡江之越宿蕭山縣

昨夜大江舟，今宵小驛樓。隻身千里客，孤枕一燈秋。市酒難成醉，鄉書莫寄愁。胸中無史記，浪作會稽遊。

兵後劉秀寬見過

冉冉歲云暮，閑居安所知。途窮身是累，痛定語猶悲。衰鬢數莖雪，空囊一卷詩。儒衣例如此，惜也不逢時。

東粤廟

頽闌斜照網蛛絲，陳迹淒涼萬古悲。枯木尚鳴亡國怨，山松曾見受封時。碑因苔蝕無完字，城爲田侵失舊基。當日東甌知幾戰，如今贏得一荒祠。

三峯寺

寂寞烟林噪亂鴉，青鞋步入野僧家。雲深不礙鐘聲出，日轉還移塔影斜。廊下蝸黏沿砌蘚，佛前蜂戀插瓶花。竹牀紙帳清如水，一枕松風聽煮茶。

梅仙山

西都不知壽，安用獨長年。縱有丹爐在，難吹漢火然。

九日

嬾把黄花插滿頭，正緣老大見花羞。年來頗恨儒冠誤，好倩西風吹去休。以上山民集

吳仲軒

仲軒，進賢人。宋末進士，隱居教授。元初，程鉅夫疏薦，不起。

謝程鉅夫學士

抱疾經年久，何期徵詔臨。芸窗書已蠹，竹葉徑尤深。空返皇華使，難忘鷗鳥心。懷君雖感激，衰鬢不勝簪。西江詩話

汪元量

元量字大有，號水雲，錢唐人。以善琴事謝后、王昭儀。宋亡，隨三宮留燕。後爲黄冠師，南歸，往來匡廬、彭蠡間，世莫測其去留。長身玉立，修髯廣額，音若洪鐘，江右人以爲神仙，多畫其像祀之。有水雲集、湖山類稾。

李鶴田湖山類稾跋云：往時讀泣血録，爲之淚下。因歎德祐之事，意必有杭之文章鉅公，書于野史，後人見而悲之，未必不若余今日之讀泣血録也。一日，吳友汪水雲出示類稾，紀其亡國之戚，去國之苦，間關愁歎之狀，備見于詩。微而顯，隱而彰，哀而不怨，欷歔而悲，甚于痛哭，豈泣血録所可並也。開元、天寶之事，紀于草堂，後人以詩史目之。水雲之詩，亦宋亡之詩史也。其詩亦鼓吹草堂者也。其愁思抑鬱，不可復伸，則又有甚于草堂者也。噫，水雲留詩與後人哀耶？留詩與後人愁也。可感也，重可感也！敬賦二十字書綴卷尾云：「天地事如許，英雄鬢已班。淚添東海水，愁壓北邙山。」

錢塘歌

錢塘江上龍光死，錢王宮闕今如此。白髮宮娃作遠遊，漠漠平沙千萬里。西北高樓白雲齊，欲落未落日已低。古人不見今人去，江水東流烏夜啼。

醉歌

亂點連聲殺六更，熒熒庭燎待天明。侍臣已寫投降表，臣妾僉名謝道清。

湧金門外雨晴初，多少紅船上下趨。龍管鳳簫無韻調，卻撾戰鼓下西湖。

賈魏公府

湖邊不見碾香車，斷珥遺鈿滿路塗。門徑風輕飛野馬，亭臺火盡及池魚。海棠花下生青杞，石竹叢邊出紫蘇。卻憶相公游賞日，三千衞士立階除。

送琴師毛敏仲北行

西塞山前日落處，北關門外雨來天。南人墮淚北人笑，臣甫低頭拜杜鵑。

蘇子瞻喫惠州飯，黄魯直度鬼門關。今日君行清淚落，他年勛業勒燕山。

北征

北師有嚴程，挽我投燕京。挾此萬卷書，明發萬里行。出門隔山嶽，未知死與生。三宫錦帆張，粉陣吹鸞笙。遺氓拜路傍，號哭皆失聲。吳山何青青，吳水何泠泠。山水豈有極，天地終無情。回首叫重華，蒼梧雲正橫。

秋日酬王昭儀

愁到濃時酒自斟，挑燈看劍淚痕深。黄金臺迥少知己，碧玉調高空好音。萬葉秋風孤館夢，一燈夜雨故鄉心。庭前昨夜梧桐語，勁氣蕭蕭入短衿。

太皇謝太后挽章

大漠陰風起，羈孤血淚懸。忽聞天下母，已赴月中僊。哀樂浮雲外，榮枯逝水前。遺書乞骸骨，歸葬越山邊。

女道士王昭儀仙游詩

吳國生如夢，幽州死未寒。金閨詩卷在，玉案道書閑。苦霧蒙丹旐，酸風射素棺。人間無葬地，天上有僊山。

瀛國公入西域爲僧號木波講師

木老西天去，袈裟說梵文。生前從此別，去後不相聞。忍聽北方燕，愁看西域雲。永懷心未已，梁月白紛紛。

全太后爲尼

南國舊王母，西方新世尊。頭顱歸妙相，富貴悟空門。傳法優婆域，誦經孤獨園。夜闌清磬罷，趺坐雪花繁。以上湖山類藁

題賜硯

斧柯片石伴幽閑，堪與遺民共號頑。試憶當年承賜事，墨痕如淚盡成斑。

改蟲齋筆疏：水雲以善琴供奉，國亡，隨三宮入燕。久之，請爲黄冠，南歸。藏有賜硯，背刻「天錫永寶」四字，分書；右刻水雲二篆字，左刻楷書絕句云云。其北征古詩云：「北師有嚴程，挽我投燕京。挾此萬卷書，明發萬里行。」則硯必並載入燕。以詩書授瀛國公，皆此硯矣。

李吟山

贈汪水雲

青雲貴戚玉麟兒，曾逐鸞車入紫闈。王母窗前窺面日，太眞膝上畫眉時。滄溟水闊龍何在，華表秋深鶴未歸。三尺焦桐千古意，黄金誰與鑄鍾期。水雲集附

吳仁傑

送汪水雲入湘

碧水波翻海亦摧，奮身鼇背護蓬萊。忍隨天上紅雲散，卻馭關中紫氣回。天道有常須變化，玄關無鑰任敲推。攜琴更拜蒼梧野，□想南薰入調來。水雲集附

游古意

送謝疊山先生北行

滿懷忠孝有天知，不管人間事已非。萬里乾坤雙草屨，百年身世一麻衣。行藏自信牀頭易，臥病惟餐隴首薇。儻過宗周見禾黍，幾多新淚灑殘暉。疊山集附

葉愛梅

送謝疊山先生

后土茫茫兩屨行，綱常事重此身輕。大江有士一人□，千載見君雙眼明。俯仰元無媿今古，英雄何必盡公卿。早知莫賣成都卜，省得人知大隱名。疊山集附

毛靜可

送謝疊山先生

一襟書傳日星懸，湖海聲名五十年。事不求知惟此理，文之未喪豈皆天。人方驚怪歐陽子，我獨悲傷魯仲連。看鏡倚樓秋已暮，風巾霜屨重依然。疊山集附

魏天應

天應號梅野，建安人，疊山門人。

送疊翁老師北行和韻

先生心事炳丹青，頭影何曾媿獨行。商嶺芝能如橘隱，首陽粟不似薇清。綱常正要身扶植，出處端爲世重輕。安得寒泉來會宿，參同極論到天明。疊山集附

蔡正孫

正孫號蒙齋，疊山門人。

送疊翁老師北行和韻

山色愁予渺渺青，平生心事杜鵑行。霜饕雪虐天終定，歲晚江空水自淸。肩上綱常千古重，眼前榮辱一毫輕。離明坤順文箕事，此是先生素講明。疊山集附

陳達翁

達翁，建安人。

送疊山先生

流落崎嶇二十年，幾回灑血杜鵑前。一雙芒屩乾坤窄，萬古丹心日月懸。案上靈龜元不食，樊中孤鶴且安眠。逃名不得名終在，行止非人亦有天。疊山集附

王濟淵

濟淵字道可，疊山門人。

送疊山先生

希夷何意出山中，心事當年漢臥龍。行止但憑天作主，別離初不淚霑胸。定知晚菊能存節，未必寒松肯受封。大義昭明千載事，前程儘更好從容。疊山集附

謝鑰

鑰字君殷，號草堂，晞髮道人翺之父也。

翫月有感

入夜茶甌苦上眉，眼花推落石牀棋。舉頭卻恨天邊月，顛倒山河作樹枝。天地間集

謝翱

翺字皋羽，一字皋父，閩之長溪人，後徙浦城。咸淳中，試進士不第。丞相文信公開府延平，署咨議參軍。信公被執後，避地浙東。在浦江，主吳渭家，與方鳳、吳思齊遊。度釣臺南地爲文冢，名會友之所曰汐社，期晚而信。集同好名氏作許劍錄，取吳季子意。乙未八月，寓杭，

終于婦劉氏舍。友人方鳳、吳思齊輩歸其骨，葬于釣臺，從初志也。有晞髮集。

鄧牧心謝皋羽傳略云：皋父性耿介，不以貧累人，所居產薪若炭，率秋暮載至杭，易米卒歲。少裕，則資遊江海，訪前代故實，著宋史，補唐詩人無傳者三十餘篇，傳近世隱逸數篇。歲甲午，與杭人鄧牧相遇會稽，結爲方外友。牧因爲言：「杭大都會，文士輩出，余知若干人，盍往見之？」旬日別去。逮牧歸杭，君已挈家錢唐江上，問所從遊，皆前所聞者，其信好學也。乙未秋，牧薄遊山水間，君病篤，望牧不至，懷以詩曰：謝豹花開桑葉齊，戴勝芊生草藥肥，九鎖山人歸未歸？蓋絕筆于此。

任松鄉謝處士傳略云：皋羽常布衣杖策，參人軍事。晚登子陵西臺，以竹如意擊石，歌招魂之詞曰：「魂來兮何極，魂去兮江水黑。化爲朱鳥兮，其咮焉食！」歌闋，竹石俱碎，失聲哭，何其情之悲也！

方韶卿謝皋羽行狀略云：君遺稾，在時舊所爲悉棄去。今在者手抄詩六卷、雜文五卷、唐補傳一卷、南史贊一卷、楚辭等芳草圖譜一卷、宋鐃歌鼓吹曲、騎吹曲各一卷、睦州山水人物古積記一卷、浦陽先民傳一卷、東坡夜雨句圖一卷、浙東西遊錄九卷，春秋左氏續辨、歷代詩譜未脫稾，選唐韋柳諸家及東都五體，在集外。

烏棲曲擬張司業

吳宮草深四五月，破楚門開烏啼歇。美人軍裝多在船，歸來把弓蹋弓弦。越羅如粟越王獻，宮中養蠶不作線。轆轤出屋井水淺，梔樹花萎子如繭。烏栖烏啼宮燭秋，越女入宮吳女愁。

廢居行

海濤翻空秋草短，白蛇入窠啗雀卵。經年廢屋無居人，孕婦夜向船中產。歸來多雨臼生魚，穴蟲祝子滿戶樞。鄰家置屋供官役，買得沂王園令宅。

古釵歎

刑徒鬼火去飄忽，息婦堆前殯齊發。白烟淚溼樵叟來，拾得慈獻陵中髮。青長七尺光照地，髮下宛轉金釵二。持歸薰沐置高堂，包裹恐爲神所將。妻兒朝拜復暮拜，冉冉臥病不得瘥。省知天物厭凡庸，夜送白龍潭水中。叩頭卻顧祈免死，永入幽宮伴龍子。

瓊花引

后土祠前車馬道，天人種花無瑤草。英雲蘂珠欲上天，夜半黃門催進表。酒香浮春露泥泥，二十四橋雪如洗。陰風吹雪月墮地，幾人不得揚州死。孤貞抱一不再識，夜歸閬風曉無蹟。蒼苔染根煙雨泣，歲久游魂化爲碧。

後瓊花引

揚州城門夜塞雪，揚州城中哭明月。墮枝溼雲故鬼愁，西來陰風無健鶻。神鴉愁空衆芳歇，一夕蒼苔變華髮。宮花纖簾塵掩襪，玉華無因進吳越。灘灘淮水山央央，誰其死者李與姜。

飛仙引遊沃洲水簾谷作

赤城後門桃花尾，溼浸蘼蕪洗蒼耳。小支菩提海上來，天風吹下谷簾水。斜珠界左轉復右，華蓋縣肝三葉紫。內間肉芝承乳流，鬼母仙姝臨洗胃。蒼龜守闕朝太微，色阻譏神誣奏事。海桑男子在謫籍，驅鹿行車閏年至。

和靖墓

山中處士白麻履，死後無書獻天子。青童玄鶴晝上天，夜下玉棺葬湖水。湖隄四合葑如髮，芳樹玲瓏倚春雪。百年鳳舞雲霧空，玉椀人間出句越。宮嵐塔雨恍如失，飛網繞湖冠聚鷁。琳宇焚芝秋寂歷，斗下無人祠太乙。

冬青樹引別玉潛

冬青樹，山南陲，九日靈禽居上枝。知君種年星在尾，根到九泉雜龍髓。恆星晝霣夜不見，七度山南與鬼戰。願君此心無所移，此樹終有開花時。山南金粟見離離，白衣人拜樹下起，靈禽啄粟枝上飛。

翠鎖亭避雨

自注：亭有魏王妃所題字，尚新。王嘗以王子成德軍節度使鎮明，故妃至其處。

客有遊山衣，著久如薜荔。行行萬翠亭，忽作風雨憩。仰面無所覩，梁間有題字。問此何人書，婉娩有弱氣。云昔魏王妃，書字學李衞。乘雲到此山，灑墨在空翠。塵風吹土花，倏忽景物異。疑此夢與仙，不類人間世。

聽雨

山廚歷炊烟，野雨起薄暮。孤客臥空牀，不識門前路。回風已若休，入壑忽如赴。荒林啼鬼車，往往不見處。鄰翁起厭勝，咒作禹餘步。聽雨雜咒聲，起歌和其語。咒靜雨亦止，還眠向窗曙。

佽飛廟迎神引

劍歌兮擊筑，菱青兮蓼綠，夕濟甬兮沈玉。步巫兮禹孫，葺神藩兮楚軍，神之乘兮海雲。嘆芳兮越咒，斬將兮神祐。秋零露兮爲酹，春集鴉兮神語。風蕭蕭兮滿旗，雲之車兮來思。

鴻門讌

天雲屬地汗流宇，杯影龍蛇分漢楚。楚人起舞本爲楚，中有楚人爲漢舞。鸊鵜淬光雌不語，楚國孤臣泣俘虜。他年疽背怒發此，芒碭雲歸作風雨。君看楚舞如楚何，楚舞未終聞楚歌。

有洗舊誥綾作青色鬻將以爲緣以紺繒易得之作手卷賦小樂章求好事書其後

吳宮輦路傷行客，繭冰壓雲凝曉色。門前新掃染家鄰，借人鋪設殘衣帛。官花翦綾連院號，覆取翻看成一道。織紋宛轉敕字新，知是初誰六尺誥。城霞失彩宮蘚病，中與海圖上衣領。改顏倖售緣所遭，褪藥元香洗藍影。青綢易得淚承睫，擊筑楚歌無故業。歌殘求書好事人，異代儻傳誥綾帖。

雪中方四隱君訪宿有詩憶鹿田風雨舊遊奉和併呈吳六贊府

金華入北山，空響出靜竚。鹿田在其顛，肺石鳴風雨。有客六七人，昔遊至其處。唯我愁不眠，起坐蹴君語。謂此定何聲，百感生離緒。玩非琴與瑟，復異砧將杵。醉者呼不應，愁者自爲苦。空欞冷孤衾，展轉如巢樹。溼歌散餘悲，以足拊柱礎。爾來又七年，欲至困覊旅。傳聞老桑門，已復蟬蛻去。入山惡少年，巾鉢空其聚。乃知人世間，何者爲客主。而我同懷人，忽復異處所。夢中遙相望，各抱不售賈。有客不同遊，亦是同懷者。地主況有期，輿馬不待假。儻規宿山中，畸人不應舍。

效孟郊體

閑庭生柏影，荇藻交行路。忽忽如有人，起視不見處。牽牛秋正中，海白夜疑曙。野風吹空巢，波濤在孤樹。

閨中玻瓈盆，貯水看落月。看月復看日，日月從此出。愛此日與月，傾瀉入妾懷。疑此一掬水，中涵濟與淮。淚落水中影，見妾頭上釵。

哭正節徐先生

淒涼攜子女，冠佩赴重陰。埸井千年事，青天此夜深。哀辭山石刻，卹典海舟沈。里族南薰夢，東都直至今。

送汪十

多年隱賣漿，此去結山房。掃菌侵花落，種松如草長。老期秋欲至，貧味水初嘗。歲晚逢樵獵，音書定不忘。

哭所知

總戎臨百粤，花鳥瘴江村。落日失滄海，寒風上薊門。雨青餘化血，林黑見歸魂。欲哭山陽笛，鄰人亦不存。

山陰道中呈鄭正樸翁

楊柳遠天色，野風來水涯。異鄉同夢客，今雨故人家。越樹夜啼鳥，禹陵冬落花。悠悠江海意，爲爾鬢先華。

寒食姑蘇道中

頻年感烟草，荒冢幾人耕。吳楚逢寒食，山村見獨行。天陰月不死，江晚汐徐生。到海征帆影，悠悠識此情。

秋日憶過秦國公主園

野影林檉盡，山昏瓦塔齊。涼宵風雨過，一雁西南啼。嵐霧洗巾帨，井泉生蒺藜。傷心拂塵塵，衣淚溼空梯。

西臺哭所思

殘年哭知己，白日下荒臺。淚落吳江水，隨潮到海迴。故衣猶染碧，后土不憐才。未老山中客，唯應賦八哀。

萬松道中望南太白

筍輿行萬山，中有十里亭。老樹祇一色，野公逾百齡。柴關當太白，藥氣近樵青。罔草黏枯翼，巢枝落退翎。期探幽谷水，共斸松根苓。艾納下天雨，塵風吹冥冥。

採藥候潮山宿山頂精藍夜中望海

蛟門南去鳥，此地望迢迢。積溼侵幡黑，生寒入夢飄。見燈歸舶夜，聞偈解衣朝。土植皆爲藥，山枝不滿樵。晤光珠母徙，秋影石花消。擬候槎回漢，寧甘客老遼。卻尋徐福島，因問秦皇橋。于彼看日出，羽旌焉可招。以上晞髮集

過杭州故宮

禾黍何人爲守閽，落花臺殿暗銷魂。朝元閣下歸來燕，不見前頭鸚鵡言。

紫雲樓閣讌流霞，今日淒涼佛子家。殘照下山花霧散，萬年枝上挂袈裟。

重過

隔江風雨動諸陵，無主園池草自春。聞說就中誰最泣，女冠猶有舊宮人。

春閨詞

手觸殘紅頭嬾梳，香隨蝴蝶上衣裾。暖風吹睡無言語，又向牀頭看夢書。

山中道士

山中道士服朝霞，二十修行別故家。留客一杯清苦蜜，蜂房知是近梅花。

秋夜詞

愁生山外山，恨殺樹邊樹。隔斷秋月明，不使共一處。

秋社寄山中故人

燕子來時人送客，不堪離别淚霑衣。如今爲客秋風裏，更向人家送燕歸。以上晞髮道人近稾

方鳳

鳳字韶卿，一字景山，婺州浦江人。試太學，舉禮部不第，特恩授容州文學。歸隱仙華山，同里義烏令吳渭闢家塾，敬事之。疾革，命子樗題其旌曰容州，示不忘也。時稱爲巖南先生。有存雅堂稾。

龔聖予評巖南詩云：由本論之，在人倫，不在人事。等而上之，在天地，不在古今。

北山道中

起犯春霜一徑寒，清遊乘興約吟鞍。眼中最恨友朋少，塵外頻聞山水寬。溪落舊痕枯野埠，樹浮空翠溼危欄。巖頭幾處懸冰白，已作羣羊化石看。

西鹿田寺聽雨

禪棲投倦客，山雨起更闌。窗葉散幽響，石林生峭寒。洞深猶暗瀑，江遠忽風湍。想像雲蘿外，應宜晚色看。

賦三洞

金華北山三洞天，垂髫欲往金華顛。春風吹衣雨洗屐，瘦筇忽拄蒼山烟。山高地平走幽澗，根絡石上森梗楠。步從飛橋瞰石洞，厓色閱世知幾年。風痕霧迹化異物，龍首昂左尾右旋。就中暗穴如蓋頤，急水瀉碧鳴媧弦。遡流束炬照徒涉，肩背擦石行拳攣。水窮路夷内景得，以炬交燭窮幽玄。細紋蹙波湧浪接，皓彩凝雪飛霜鮮。大爲獅子虎犀象，瑣碎亦復蜂屯然。蜿蜒雙蟠角尾具，一一玉爪拏蒼堅。穹龜負甲色深墨，長蛇白質相縈纏。鐘能鐘聲鼓能鼓，不假樅虡知誰懸。直欞斜檻藏湢室，短畦長町移原田。青雲白霓五色霞，笑畫敗絮留丹鉛。中途經過最深窅，伏身低跳洞口泉。空明一隙隔遠見，秋蟾浴海光嬋娟。左巖架衣頗横亙，疊摺衆皺垂褊襹。自餘神怪不可極，似鑿非鑿鐫非鐫。出登山腰叩中洞，外視石井聞潺潺。入深蹈險思絙綆，長竿揭炬後且先。水簾可俯心爲掉，到此十九歸言謚。嗜奇不憚歷磊砢，足以㠯牧差輕便。翻身卻望水簾處，銀河天落懸吾前。常情疑復下百尺，積水定作神龍淵。石乾徑闢卻易進，玉筍拔地修而圓。宜爲淵處乃爲屋，亦或摩蘚題新篇。同遊疑我久未出，笑謂豈欲井底眠。林幽風起日已晚，猶睨高洞山之巔。薪蒸可買樵我導，不遠數里仍攀緣。傍從右壁入深坼，如鐵戶限瓊爲楞。儼然海相挂珠絡，熟視豈信非夸傳。左爲朝眞正面入，便想笙鶴遨羣仙。雲霞波濤仙衣裳，奇詭豈必下洞專。欻然修梁架巖起，左右蒼白龍形全。望中極底勝漆黑，雙扉隱隱起半邊。天光一道燭扉內，知此明罅從何穿。霤深壁峭不可往，安得插羽如飛鳶。嗟余茲遊尙牽俗，身所驟歷辭難宣。但思乞水學坡老，洗眼看字消餘年。

金華紀遊詩

赤松上下雨霏微，八詠樓頭重拂衣。西港晴來汀草長，北巖幽處洞泉飛。風藏定磬鹿春過，月滿丹臺鶴夜歸。歷覽因知古詞客，盛誇雲夢未全非。以上存雅堂遺稾

哭陸秀夫

祚微方擁幼，勢極尙扶顚。鼇背舟中國，龍胡水底天。鞏存周已晚，蜀盡漢無年。獨有丹心皎，長依海日懸。金華雜識

仙華山

仙華矗萬仞，我乃廬其東。日夕與山對，今茲踏岑巃。起左信奔鹿，當前任唏狘。大嘯崖石裂，一覽天宇空。蒼松飽風雨，絕壑挂老龍。樵斧不得睨，撫根憩吾躬。邈哉軒轅氏，問道由崆峒。龍髯一以遠，千載悲遺弓。猶傳少女靈，鍊玉于焉宮。山林重帝胄，香火明民衷。我來重懷古，攬涕臨西風。何當

速刺飛，一洗磊落胸。 金華府志

吳思齊

思齊字子善，括蒼人，家永康。由任子入官，監新城稅，調嘉興丞。宋亡後，主浦陽吳渭清翁家，與謝皋羽、方韶卿交好。同皋羽登嚴陵西釣臺，哭文丞相。皋羽卒，又與同人會哭于小爐峯。嘗與韶卿倡和，皋羽序而題其編曰風雨集。 曰琯按：皋羽西臺慟哭記，語多廋詞，稱文山爲唐宰相魯公，三友人爲甲乙丙。明初，張孟兼丁注：以甲爲吳思齊，乙爲馮桂芳，丙爲翁衡。程敏政宋遺民錄：思齊由任子入官，爲嘉興縣丞，洪提刑起畏辟置類田吏。用事者言，辦此可通籍。思齊曰：以民怨藏，非得也。賈氏柄國，上將以鹵簿臨其母喪，文侍郎及翁將上疏論之，懼禍中止。思齊以書勗之曰：吒嗟，而母婢也，公不可默。俄不願仕，請監南嶽廟，流寓桐廬。值宋亡不出，獨與方鳳、謝翺、方爋友善，自號全歸子，大德辛丑卒。宋濂吳思齊傳：思齊所著書，有左氏傳闕疑、擬周公瑾平荆州碑、司馬子贊、汐社詩集。

題鹿苑寺壁閒記魯簡肅公羅漢見夢事

是法本平等，無怠亦無敬。如何證無生，卻來見參政。 姚桐壽樂郊私語

詹本

本字道生，建安人。溫言正行，丞相江萬里薦爲郎，先致書本，本方坐門前石上釣，使者至，問本居，本曰：前！即持竿渡溪去，不知所終。

春日攜客游武夷

山脚健枝梧，百里插蒼峭。粼粼石可把，曙色坐遠釣。風水眞笙竽，歷落太古調。衣冠帶莽蒼，山鬼驚二妙。雲月正忘年，花鳥更索笑。迴船翠淩亂，吾道付長嘯。

閑中

萬事問不知，山中一樽酒。掃石坐松風，綠陰滿巾袖。

宿天台

風泉隔西屋，獨夜寒自生。開窗失山色，白雲歷前楹。累盡得瀟灑，去住俱不驚。鼻息答僧鐘，霜露入殘更。以上谷音

皇甫明子

明子字東生，四明人。性豪宕，乘小舟，挂布帆，載琴、尊、書籍、釣具，往來江湖。至元丙子，發狂痛哭蹈海。

水國

水國淒涼往，秋宵爛漫眠。歸雲猶帶雨，墮月忽明船。社稷資長算，髭鬚近暮年。亂離棲不定，百口託浮田。

海口

窮島迷孤青，颶風盪頑寒。不知是海口，萬里空波瀾。蛟龍恃幽沈，怒氣雄屈蟠。崢嶸抉秋陰，挂席潮如山。熒惑表南紀，天去何時還。雲旗光慘澹，腰下青琅玕。誰能居甬東，一死諒非難。嗚呼朝宗意，

會見桑土乾。

京口行

京口兵可用，酒可飲。一語參差族成血，忠賊相持各凛凛。豈知好醜隔形骸，父爲孔鸞子爲鴆。人衆天定理則那，遺臭流芳且高枕。以上谷音

鮑　靚

靚字以行，括蒼人。性嗜酒，授簡萬言，敎授得錢，悉送酒家。遇客，盡飲乃去。晚益傲誕，衲衣鬈結，游青城不返。

襄陽行

今日何來春氣柔，東城騎馬花綢繆。爲君停馬一呼酒，花前倒披紫綺裘。玉脂汎濫魚鳥飫，歌舞倦矣蛾眉愁。千金萬壽好賓主，今我不樂歲如流。豈比世上狂馳子，一語不合行掉頭。嗚呼天倫古所定，非有大故寧相尤。

天馬

天馬抱奇相，緊骨矖方明。出入百萬中，有如一鳥輕。宇宙莽超踏，風雲慘經營。獨倚雄傑態，蕭蕭隨北征。朝飲南海頭，夕秣乃幽并。失主坐黯淡，別羣奮長鳴。豈無輕俠兒，金羈懸朱纓。但感束帛義，不忍負死生。低頭爲君老，喑喑萬里情。

重到錢唐

生死雙飛正可憐，若爲白髮上征船。未應分手江南去，更有春光七十年。

無賴山光疊疊青，玉魚金盌早飄零。冷思禹穴眞奇事，千古衣冠託杳冥。

萬家歌舞送浮生，曾有涓埃荅太平。猨鶴沙蟲天始定，不須辛苦怨南征。

聞道深春雪打圍，誰憐身上藕絲衣。莫憂白璧成塵土，解逐南風萬里歸。

唯有寒潮不世情，朝朝暮暮過空城。百年車馬閶門外，獨獨春風草又生。以上谷音

崔　璆

璆字子玉，京口人。美風儀，善談論，晚病狂，攜大瓢貯酒，行市拍掌歌笑。未死十日，自表石，題曰「醉鄉伯崔璆之墓」。

攜戔鉞汎江

酒星落京口，化爲崔子玉。孤舟載壺觴，水花紅映肉。小兒唱銅斗，大兒倒醽醁。一笑不知年，浩蕩天地屋。愼勿臨竇呼，人生隨轉燭。嗣宗禮法仇，鍾會被殺戮。

咄咄

咄咄復咄咄，小兒成老翁。幺微各形色，追琢元化工。不知春風去，又見千綠叢。主人美客懷，載酒行溪東。一步一回首，十步尊已空。靈均與太白，醒醉同所終。願見化蠛蠓，生死託壺中。

今日一何好

今日一何好，花下醉狼藉。醉中有奇事，夢見生羽翼。浩蕩排虛空，靈君好顏色。朱衣持大篆，授我醉

鄉伯。頓首玉墀下，臣璆才蟣蝨。封此抑何功，請陳愚頑臆。臣家京口東，門前大江碧。臣願駕長風，吹作酒萬石。萬象各千鍾，拍拍大庭國。推枕在山中，紙衾霜曉月。以上谷音

魚潛

潛字德昭，姑孰人。敦重和易，推分澹泊，不忤于物。所居環堵，掃地焚香，彈琴讀書，養鵝鴨百頭以給食，終八十餘。

楊白花

楊白花，誰敎度簾幙？搖蕩春風能幾何，不比無情自漂泊。人生祇合作支離，長秋鵶啼江水落。

古意二首

青青陵上柏，落落勁不摧。人生百年內，朝夕變所懷。斗酒命同好，萬里不顧回。聞有昌國君，談笑黃金臺。柔言更長跪，信是富貴媒。但恐氣習移，古今不同才。寄言去國者，歲晚有餘哀。

權衡豈公平，天驅但伏櫪。東井不救渴，倉庫何時實。元工肯假借，名器甚可惜。如何萬萬古，不行督責術。

送鄭祕書南歸

垂老乃如此，憑高俱惘然。空能正幾字，好去作千年。童子歌鵂鶹，幽人拜杜鵑。江花獨爛漫，春去得誰憐。

聞歌

流雲行水出名姝，酒盡花前雙玉壺。此曲江南都忘卻，春風轉調小單于。以上谷音

柯　芝

芝字士先，瑞陽人。早通五經，善詞賦。又詣行在所，見章祕書，求讀書省中，益通諸家，教授生徒，著書百餘卷。

餘髮

餘髮蕭蕭白垂領，十年一掃門庭冷。來頻沙鳥頗相識，起晚鄰雞已三請。形骸拄樹豈復好，心緒如蓬不能整。平生幾緉空屐踏，老去一杯先酩酊。俗言祇虞方鑿迕，人事但愜幽居屏。聖賢未必盡芻狗，天地何堪共鼃黽。若爲苴履曾足芥，幸不柳衫真欲瘦。一聲樵響何處來，獨立看雲發深省。

耳耳

耳耳非佳語，陸陸難爲顏。我生胡不淑，多戚長鮮歡。搖落復已綠，春風滿江干。最靈起予輿，欲言骨肉酸。園桑摧爲薪，桃李亦半殘。翹蕘企晴燠，九室十更寒。飛錢如美色，乃入貴者闌。丘閭有穀賣，窮櫚朝無饘。不售信蹙隘，徒手良抱歎。宛轉惕餘息，溝壑分寸間。吾輩正不免，遑暇卹彼瘝。

橫江

橫江一片碧，攜鶴上漁船。收綸不成下，卻抱釣竿眠。以上谷音

柯茂謙

茂謙字退之，芝之子。

江行早發

陶鐺煮孤影，寒燈沸青花。冰開數江樹，月落失人家。

魯港　賈似道喪師之地

十年回首付霑襟，斷甲沈沙歯歯深。可惜使船如使馬，不聞聲鼓但聲金。人歌鬼哭都堪淚，木落江空正獨吟。遺老蕭條漸無語，酒旗颭颭出蘆林。以上谷音

師　巖

巖字道立，襄陽人。讀書識大義，善槊射。自圍中拔身走行在所，上書論事，不報，拂衣去，客死武陵。

藺五見訪

漢陰美人青兕裘，獨騎瘦馬尋荒丘。花前下馬迎一笑，珠玉在側形骸羞。酒酣散髮箕踞坐，錦帶爛爛懸吳鉤。剸蛟刺虎好身手，碧瞳如水涵清秋。惜哉科目大脱略，壯士豈爲章句囚。中原格鬬困不已，江波木落寒悠悠。

武陵客居

浩蕩千年調，飢寒八尺身。不愁逢魍魎，可笑繫麒麟。殘雪江村路，空山澗水春。時危終遠去，道在豈全貧。

公安早發

去國秦公子，窮途阮步兵。別離如昨日，豪俠異平生。江月爲誰好，巴船何處行。高秋伴搖落，早發若爲情。以上浴清

邵定

定字中立，廬陵人。溫粹博雅，通周易、春秋。宅邊植梅、竹、蘭、桂、蓮、菊各十餘本，深衣大帶，婆娑其間，自稱六蘅老人。

山中

白日看雲坐，淸秋對雨眠。眉頭無一事，筆下有千年。

漁家

漁家臨水住，春盡無花開。年年謝流水，流得好花來。以上浴清

宋詩紀事卷七十九

錢唐　厲　鶚　輯
平湖　葉鮑詢諫　勘定

張　琰

琰字汝玉，廣陵人。身七尺，長髯，有節概。補州牙兵，隨制置李庭芝潰圍，南赴行在所，追者及之，麾下鳥獸散，琰獨鬬死。

出塞曲

腰間插雄劍，中夜龍虎吼。平明登前途，萬里不回首。男兒當野死，豈爲印如斗。忠誠表壯節，燦爛千古後。

朝發山陽去，暮宿清水頭。上馬左右射，捷下如獮猴。先發服勇決，手提血髑髏。兵家互勝負，凡百愼前籌。

官柳

不見樓東黃布帘，樹猶如此我何堪。裊裊亭亭忒無賴，又將春色誤江南。以上谷音

熊與龢

與龢字天樂，豫章人。性介濇，無妻，不食肉，通經史百氏之書，布衣草屨，遨遊諸名山，尤嗜彈琴、草書。

唐玄宗鐵像

巍冠攢疊碧雲花，坐閱山中幾歲華。莫把金丹輕點化，正愁生死困安家。

木平飼龍亭次韻方巨山

耳見何如得眼聞，山根磅礴極初分。浮漚起滅自潭影，大地晴陰空嶺雲。何處老人來聽講，他年少府有移文。由來清調須吾輩，幸不山王媿五君。以上谷音

晏乂

乂字明燊，宜春人。風度秀整，主趙崇瀌。後瀌逮繫，乂自請詣獄，俱以瘐死。

訪吳

平生一語不肯吐，浩然披髮行西林。美人十日跨驢出，黄葉堆門雲雪深。

夢中

春樹年年少，寒雲浦浦連。片帆高浪起，斗酒夕陽偏。沙市懷司馬，州城笑老邊。太平冠蓋盡，爾敢望諸賢。以上谷音

楊應登

應登字幼平，臨江人。寬厚長者，有德行言辭。七試國子不第，退就耕牧，老于南塘。

水宿

水宿逢今雨，春歸返故園。聖朝臣已老，往事客何言。乞米分鄰里，看書到子孫。蒼茫不可會，一笑了

清樽。

寄趙梅州

江城雁叫天如水，寒色蒼蒼草木死。哀歌未斷月東出，有才無命可流涕。今我不樂思梅州，東帶深衣百僚底。天下規矩見卓絶，龍章麟角諸公子。白頭時節得蠻府，歸來閉門呼不起。惆悵平生狗馬病，風后力牧長已矣。爲公問酒日日酤，熏天富貴憂患始。以上浴清

楊雯

雯字天章，應登之孫。

迢迢空同山

迢迢空同山，乃在西極巔。玉泉蔭靈芝，上有千歲仙。安得淩風翼，相從白雲間。神仙本冥漠，天運仍推遷。不如酌我酒，或得成自然。田父要我語，飲者亦非賢。願君長獨醒，加餐足高年。

宋武帝廟

溪聲答松風，巨石出老拳。古樹不知名，岌岌蛟龍纏。夕陰互出沒，秋華帶芳鮮。葱葱帝王氣，棟宇垂千年。虎賁秉霜戟，慘澹生雲烟。宮人翠龍駕，手持玉連蜷。昌明坐慌惚，精神雷在天。大呼司雍間，旬月無秦燕。昔爲萬夫特，今受衆目憐。石馬亦埋沒，歲時草芊芊。小臣異代士，見之淚迸泉。齊人思爽鳩，蜀人哀杜鵑。江東舊正朔，禮奉敢不虔。但願君王心，不忘載荻船。下山又再拜，白日當空懸。

北客

北客相催發，一日擧千帆。遥憐庾開府，歲晚望江南。

宿峽市

人烟正摇落，樓笛頗淸圓。老樹依山驛，東風上峽船。江湖萬里外，燈火十年前。世路能令老，吾生且醉眠。

早春

不知何處碧雲鄉，冉冉平生可斷腸。怪底乾坤惟理在，老來歲月更心長。城頭急鼓千家夢，江上殘梅一水香。自作醉侯開醉國，笑人奔走爲誰忙。以上谷音

趙卯發

卯發，昌州人。通判池州，權州事。元兵至，同妻雍氏縊死。

裂衣書詩寄弟

城池不高深，無財又無兵。惟有死報國，來生作弟兄。昭忠逸詠注

唐珏

珏字玉潛，號菊山，會稽人。

冬青行

馬箠問髐形，南面欲起語。野麕尚屯束，何物敢盜取。餘花拾飄蕩，白日哀后土。六合忽怪事，蜕龍挂

茅宇。老天鑒區區，千載護風雨。冬青花，不可折，南風吹涼積香雪。遙遙翠蓋萬年枝，上有鳳巢下龍穴。君不見犬之年，羊之月，霹靂一聲天地裂。

夢中作

曰琯按：遂昌雜錄作林景熙，今從輟耕錄作玨詩。

珠亡忽震蛟龍睡，軒弊寧忘犬馬情。親拾寒瓊出幽草，四山風雨鬼神驚。

一坏自築珠丘土，雙匣親傳竺國經。獨有春風知此意，年年杜宇哭冬青。

昭陵玉匣走天涯，金粟堆寒起暮鴉。水到蘭亭轉嗚咽，不知眞帖落誰家。

珠凫玉雁又成埃，斑竹臨江首重回。猶憶年時寒食節，天家一騎奉香來。

輟耕錄：歲戊寅，有總江南浮屠者楊璉眞伽，怙恩橫肆，勢燄爍人，不可具狀。十二月十有二日，帥徒役頓蕭山，發趙氏諸陵寢，至斷殘支體，攫珠襦玉柙，焚其胔，棄骨草莽間。時玨年三十二歲，聞之痛憤。亟貨其家具，得白金百星許，執券行貸，得白金又百星許。乃具酒醪，市羊豕，邀里中少年若干輩，狎坐轟飲。酒且酣，少年起請曰：「君儒者，若是將何爲焉？」唐慘然具以告，願收遺骸共瘞之。衆謝曰「諾」。中一少年曰：「發丘中郎將，眈眈餓虎，事露奈何？」唐曰：「余固籌矣。今四郊多暴骨，取竄以易，誰復知之？」乃斵文木爲匱，複黃絹爲囊，各署其表曰某陵某陵，分委而散遣之。菀地以藏，爲文而告。詰旦，事訖來集，出白金羨餘以酬，戒勿泄。越七日，總浮屠下令，裒陵骨雜置牛馬枯骼中，築一塔壓之，名曰鎭南。杭民悲切，不忍仰視，了不知陵骨之猶存也。禍淫不爽，流傳京師，上達四聰，天怒赫赫，飛風雷號令，捽首禍者北焉。山陰人始有籍籍傳唐氏者。由是唐之義風，震動吳、越，聲生勢長，若胥江掀八月之濤，名雖高，困固自若。明年己卯，後上元兩日，唐出觀燈，歸忽坐隕，息奄奄若將絕者，良久始蘇，曰：「吾見黄衣吏持文書來告曰：『王召君。』導之往，觀闕巍峩，宮宇靚麗，殆非人世間。有一冕旒坐殿上，數黄衣貴人逡巡降揖曰：『藉君掩骸，其有以報。』唐乃陛謁，造王前。王謂曰：『汝受命窶且貧，兼無妻若子。今忠義動天帝，命賜汝伉儷，子三人，田三頃。』拜謝降出，遂覺，罔不知其何也。」踰時，越有治中袁俊齋至，始下車，爲子求師，有以唐薦者，一見，置賓館。一日，問曰：「吾渡江，聞有唐氏瘞宋諸陵骨，子豈其宗耶？」左右指君曰：「此是已！」袁大驚拱手曰：「君此舉，豫讓不能抗也！」曳之坐北面而納拜焉。禮敬特加，情款益篤。叩知家徒四壁，惻然嗟矜，語左右曰：「唐先生家甚寒，吾當料理，使有妻有田以給。」左右逢迎，爰諏爰度，不數月，二事俱愜。聘婦，偶故國之公女；負郭，食故國之公田，所費一一自袁出。人固奇唐之節，而又奇唐之遇，兩高之曰：「二公眞義士爾！」後獲三丈夫子，鼎立頎頎，凡夢中神所許，稽其數無一不合。咄咄怪事乃如此！唐葬骨後，又于宋常朝殿掘冬青樹植于所函土堆上，有詩云云。

王英孫

英孫字才翁，一作子才號脩竹，會稽人。少保端明殿學士克謙之子。仕將作監主簿，家饒于貲。宋亡後，延致四方名士，賦詠相娛，與山陰徐受之天祐並爲一時人士所宗。

林霽山王脩竹詩序云：「予數從公游，嘯吟泉石，每一篇出，有飛出宇宙之概；已而斂入絲粟，寂乎無聲，使人三歎不能已。」

岳武穆王墓

埋骨西湖土一丘，殘陽荒草幾經秋。中原望斷因公死，北客猶能說舊愁。武林舊事

題高房山夜山圖

等閑吳越在毫端，疊巘微茫月影寒。一曲危闌人獨倚，江山渾在夢中看。鐵網珊瑚

寶林寺

飛來幾千載，臺殿壓岧嶢。落日飛仙鼠，秋風下健鵰。山腰微露石，海眼暗通潮。堪歎玄英後，詩名竟寂寥。越詠

陳觀國

觀國字用賓，會稽人。王脩竹監簿之友。

送鄧牧心出陶山

青山無送迎，幽人自來去。落葉若相送，卷卷及行屨。簷端有孤雲，仍爲守其處。落葉惜人不在山，孤雲倘期人再還。斯人可期復可惜，我處落葉孤雲間。吳禮部詩話

柴元彪

元彪字炳中，號澤臞居士。官察推。有襪線集。

錢唐懷古

百年朝市舊，登覽若爲情。落日銅駝陌，東風夾馬營。路隨荆棘斷，城與黍離平。可惜西湖月，燒燈兩度晴。

僧房夜冷

山冷沒禁當，那堪更漏長。寒欺秋後扇，風試夜來霜。茭白心如墨，冬青子亦黃。祇宜煨芋栗，翻引對

緇郎。

秋日江郎道中

豆花疎雨浥輕埃，野店新涼入酒杯。草帶斷烟棲古道，樹含殘靄翳荒臺。湖光隱見萍分合，山色有無雲去來。滿眼秋光無盡意，三峯萬古碧崔嵬。

灌花

小圃辛勤植衆芳，年年雨露借恩光。近來天氣高難問，抱甕從朝到夕陽。

上中齋相公

年年長是客天涯，幾向天涯夢到家。歸到故家無一事，兔葵鷰粟正開花。以上柴氏四隱集

黄庚

庚字星甫，天台人。嘗客山陰王脩竹監簿家，與嚴陵胡天放、永嘉林霽山遊。越中詩社試枕易題，推爲第一。有月屋漫稾。

王脩竹館舍卽事

池館翠涼處，寬閑稱客居。未仙猶閬苑，不夢亦華胥。竹淨堪居鶴，荷香欲醉魚。心淸無箇事，長日一編書。

秋色 山陰詩社中選

憑高望不極，望斷動愁情。落日淒涼處，西風點染成。丹楓明野驛，白水浸江城。馬上人回首，戎戎黯

客程。

鶴林仙壇寺

古壇歸鶴杳，野鹿自成羣。嵐氣浮清曉，鐘聲出白雲。樹穿僧屋老，水到寺門分。人世無窮事，山中了不聞。

見雁有懷

滿眼西風憶故廬，親朋音問久相疎。年年江上無情雁，只帶秋來不帶書。

枕易 越中詩社試題都魁

古鼎烟銷倦點朱，翛然高臥夜寒初。四簷寂寂半牀夢，兩鬢蕭蕭一卷書。日月冥心知代謝，陰陽回首驗盈虛。起來萬象皆吾有，收拾乾坤在草廬。

舟次捋蒲廟

短櫂衝寒過浦東，扁舟一葉載詩翁。斷烟流水殘鴉外，古木荒祠夕照中。吟罷小樓何處笛，酒醒孤枕半江風。潮生潮落朝還暮，堪歎浮生似轉蓬。

偶書

頻年蹤跡墮江湖，三徑苔荒憶舊廬。身老方知生計拙，家貧漸覺故人疎。松薪拾去朝炊黍，漁火分來夜讀書。怨鶴驚猨應待我，台山何日賦歸歟。以上月屋漫稾

顧　逢

逢字君際，吳郡人。宋末，舉進士不第。學詩于周弼，稱顧五言，自署其居爲「五字田家」。後辟吳縣學官，別號梅山樵叟。有船窗夜話、負暄雜錄及詩集。

善權寺

英臺讀書地，舊刻字猶存。一閣出霄漢，萬松連寺門。洞深雲氣冷，池淺鹿行渾。山下流來水，風雷日夜喧。宜興縣志

早秋湖上

藕花香裏去，獨坐自尋詩。秋意在何處，夕陽將下時。鳥幽忘立久，山好覺行遲。飲興忽然動，橋邊有酒旗。

雪中同鄭所南訪趙溪梅

移宅雖然遠，攜筇到兩回。只知相別去，不道又重來。溪鯽和冰煮，鄰醅帶雪開。詩家堪入畫，滿眼玉樓臺。以上珊瑚木難

林同

同字子眞，號空齋處士，福清人。以世澤授官，棄不仕。元兵至福州，監丞劉仝子糾義兵，即其家置忠義局，敵至，同死之。有孝詩一卷。

劉後村跋：子眞性純孝，父寒齋病，左右侍湯藥，至不忍入州應舉。嘗赴胄試，自呈抵家，得詩一卷，十之九皆思親之言。年未四十，慨然罷舉。志尤潔，非躬耕不食，植梅百株，日哦其下。

魏孝子　役于大國，陟彼屺兮，瞻望母兮。狄仁傑登山望雲曰：吾親舍其下。

念母嗟陟屺，思親徒望雲。可憐魏孝子，不比狄參軍。

韓伯瑜　母杖不痛，哀母力弱，對母悲泣。梁彥先使焦通觀其像，通感悟盡孝。

母力今衰矣，悲啼得杖輕。流風在繪像，猶足感焦生。

徐庶　辭先主曰：「老母見獲，方寸亂矣。」王陵母曰：「爲語陵，毋以老妾故，持二心。」

不勝方寸亂，豈暇二心持。忍矣王陵將，賢哉徐庶辭。

桓沖　小字買德郎，母病，須羊以解，以身質羊。後爲江州刺史。

不辭身作質，只爲母須羊。此日江州牧，當年買德郎。

文中子　汾水之曲，有先人之敝廬在，有田可以具饘粥，彈琴著書，不願仕也。

先人舊所理，汾曲有田廬。何意求聞達，彈琴自著書。

王悅　導之子，有高名，事親色養，諸子莫及，導見輒有喜色。

色養傾餘子，高名重一時。足爲丞相喜，豈計外人知。

木蘭　古樂府云：「阿爺無大兒，木蘭無長兄。願爲市鞍馬，從此替爺征。」

謹勿悲生女，均之有至情。縈能贖父罪，蘭亦替爺征。　以上孝詩

陳巖

巖字清隱，青陽人，生宋末。有九華詩集。

會仙峯　在九華中峯之側。趙知微嘗中秋過雨，率其徒登峯上，月出雲淨，諸峯呈露，及歸復雨，因名之。

仙袂飄飄拂翠巔，知微來此宴羣仙。人間風雨山間月，始信仙家别有天。

碧桃巖

自要貪閑非避秦，洞門隔斷世間塵。山中不置四時曆，開到碧桃知是春。以上九華山志

馬南寶

南寶，香山人。景炎二年，端宗航海過邑，獻粟千石，拜權工部侍郎。宋亡，于厓山被執，死之。

句

目擊厓門天地改，寸心難與夜潮消。衆星耿耿滄溟底，恨不同歸一少微。廣東通志

王　奕

奕字伯敬，玉山人。官本州教授，自號玉斗山人。有東行斐稿。

絕句呈周日湖

草帶黏天只辨星，燧樓盡化作郵亭。柳橋梅驛多來使，只寄山中養鶴經。玉斗山人集

送謝疊山先生北行

皇天久矣眼垂青，盼盼先生此一行。遺表不隨諸葛死，離騷長伴屈原清。兩生無補秦興廢，一出仍關魯重輕。白骨青山如得所，何須兒女哭清明。西江詩話

何行

行字自強，廣昌人。生宋末，爲武平令。

題龍泉觀

蓬萊境界隔風烟，一帶銀河接九天。禮斗瑶臺春草合，參龍石鉢玉沙圓。紅雲幾片危樓上，古木千尋落照邊。惆悵仙人何處去，空餘月色滿山川。西江詩話

吳倧

倧字尙賢，歙人。有漁磯脞語。

句

舊聞有西山，松風六月寒。明當整襟屨，舒笑青雲端。招手塵外人，瀹泉采芳蓀。夏暑　方回桐江集

江凱

凱字伯幾，號雪矼，婺源旃阬人。許山屋之客，山屋愛之，妻以子。

相士俞方塘

方塘之鑒形可識，方諸之鑑心始得。相形何如更論心，以貌取人嘗有失。君不見虞皇項籍兩重瞳，成湯曹交皆九尺。新安文獻志

汪炎昶

炎昶字懋遠，婺源人，紫巖族孫。有古逸民詩集。

趙東山云：古逸先生詩，微婉遒勁，亦時出于悲壯激烈。

書興

時時溪上行，或與幽人遇。手把一編書，共倚崖邊樹。鷺近始暫飛，魚驚卻重聚。佳景不待求，足熟自知處。稚子愛相隨，似亦躭幽趣。

香嚴院

犖确疲幽徑，扶持仗瘦筇。斷崖何處路，細雨隔山鐘。猨穴重簾果，僧樵臥澗松。人言深僻處，別更有靈蹤。

南山

宣平隱處今始過，烟霞城郭路幾何。野渡誰浮夕陽艇，空山尚響樵人歌。石壇荒涼疊苔蘚，谷鳥啁哳深松蘿。何當更值買酒至，一笑使我朱顏酡。

聞笛

荒村犬吠人猶行，驚烏亂啼山月明。南鄰擣砧適復罷，何處吹笛秋更清。疑含白龍堆外怨，不恨黃鶴樓中聽。螢飛露下百草溼，倚風激烈思平生。

過往歲避地之所屋毁人遷

依舊蒼苔小徑斜，當時從此入山家。心疑謬誤還疑是，雨溼棠梨一樹花。以上新安文獻志

黄誠性

挽文丞相

三百餘年樂育恩，晚從科目得斯人。崎嶇嶺海期年國，零落氈毛萬死身。諸葛未亡猶有漢，包胥欲泣更無秦。挑燈忼慨歌梁父，鬢髮蕭森憷鬼神。吴禮部詩話

葉　林

林字儒藻，一字元文，一作去文號本山，錢唐人。生宋末，隱大滌山沖天觀，與鄧牧深相得。或欲薦之朝，聞其清議而止。大德丙午，書偈案上，泊然而化。衆稱高行先生。

至道宫

猶存巨鑊記熙豐，翠藹春深古路通。千百春鋤一株樹，野田飛下雪花風。洞霄圖志

石室洞

低垂石室洞，杖屨易躋攀。有路穿雲窟，無門對月關。誰騎仙鹿去，我笑國蝸跧。若使今猶昨，淸宵聞佩環。

又登石室作

遠游貞白二仙家，今日追尋路不賒。七十二叢秋色裏，有人曾約去看花。

石徑春深疊古苔，洞天無鑰爲誰開。白雲本是無心物，風趁松花作雨來。以上洞霄詩集

鄧　剡

剡字光薦，號中齋，廬陵人。祥興時，歷官禮部侍郎，丞相文信公客也。厓山兵潰，爲張弘範所得，敎其次子，得放還。有中齋集。

挽文信公詩

憶公淚懸河，九地無處瀉。想公騎赤龍，請命蒼梧野。世人醉生死，翻笑獨醒者。焉知千載英，精爽皎不夜。義士無廢興，時運有代謝。念昔喪亂初，公騎使君馬。奮袂起勤王，忼慨淚盈把。須臾三萬衆，如自九天下。燈棋書檄交，笑語雜悲咤。捧土障洪河，一繩維大廈。至哉朝宗性，百折終不舍。身北冠自南，血碧心肯化。顔鈎凜忠勁，杜詩蔚騷雅。晉陽骨肉寃，東市刀兵解。精誠揭天日，氣魄動夷夏。丈夫如此何，一死尤足怕。田橫老賓客，白髮餘息假。有時夢巖電，意悟當飄灑。非無中丞傳，殺青自誰寫。魂歸哀江南，千秋俎鄉社。吳禮部詩話

鷓鴣詞

行不得也哥哥，瘦妻弱子羸牸馱。天長地闊多網羅，南音漸少北語多。肉飛不起可奈何，行不得也哥哥。遂昌雜錄

步月

盈盈當春月，含情隔幽欞。好懷不自制，起坐可一庭。百蟲未敢怨，卉木正葱菁。餘光散草露，乃復似秋螢。

夜聞雨聲歸思浩然

西風響高樹，鄉夢去帆前。稚子衡門下，先塋亂葉邊。老來多一出，歸去恰經年。海燕巢何晚，秋期落爾先。

午坐後亭

隔簾遲日午風微，社燕驚寒未肯歸。讀了丹經成默坐，時時一片杏花飛。

望夫山

朝望夫，暮望夫，一夕化作山石枯。潮水去卻回，行人來不來？以上天下同文集

題龍山鐘

豐山背後鐘，霜月平原定。夜半響鯨音，隱隱天地應。山靈鶴夢醒，獨聽還獨詠。蕭蕭蓬蒿中，收入杜陵徑。青原山志

避亂至烏巖山贈承節趙公山在香山縣東南

流水桃花又避秦，誅茅西崦結爲鄰。如公尙友浮丘伯，顧我早師梅子眞。棋酒從容新里社，衣冠蕭散古遺民。他年史傳收芳跡，應許牽聯作隱人。廣東通志

甘　泳

泳字泳之，一字中夫，崇仁人。生宋末，工詩，不娶。有東溪集。

自述

總角希聞道，殘生乃付詩。未曾前輩識，敢辱近人知。飄泊身餘健，蕭閑鬢欲衰。一簾書四壁，寒日在

清池。

過南湖

忽有一事礙胸次，擺脱不去呼酒來。溟溟濛濛混沌在，坦坦蕩蕩虚空開。精神一生留筆壘，形骸昨夜爲尊罍。年年看梅今白髮，晴日江路行莓苔。以上天下同文集

林　昉

昉，三山人。

送西秦張仲實遊大滌洞天

此時仙興發，九鎖訪名峯。玉洞晝飛鼠，石池春浴龍。異人花外見，道士酒邊逢。余欲采芳茗，白雲何所從。洞霄詩集

羅公升

公升字時翁，吉之永豐人。大父開禮，從文丞相勤王，兵敗被執，不食死。公升以軍功授本邑尉，北游圖恢復，不果。有滄洲先生集。

秋懷

舊日方山子，凄涼寄一簞。蟲聲來倦枕，秋思入凭闌。已是肱三折，那堪指一彈。中宵更風雨，誰念客氊寒。

避地

雨急啼鵶切，山昏去客奔。竄身楚南極，獨立鄭東門。卜處無神珓，招餘有斷魂。死生毫髮事，不足累乾坤。

四海風濤日，誰歟柱急流。山東雄劇孟，薊北化田疇。氣靜天關晚，星沈戌角秋。如君關氣數，寧不重離憂。

演福寺　賈妃葬處

褘翟當年讓福人，妃與謝后俱入宮，穆陵主意于賈。楊太后曰：「謝家有福。」遂立謝后。早亡何用羨長春。帝鄉坏土眞無憾，愁絶龍沙萬里身。以上滄洲集

宋詩紀事卷八十

錢唐 厲鶚 輯
歙 汪祖榮 勘定

鄭思肖

思肖字憶翁，號所南，福州連江人。太學上舍，應博學宏詞科。元兵南下，叩閽上太后、幼主，疏辭切直，忤當路，不報。遂客吳下，寄食城南報國寺以終。有錦錢集、一百二十四圖詩集、咸淳集、中興集。

輟耕錄：先生剛介有立志，會天兵南，叩闕上疏，犯新禁，衆爭目之，由是遂變今名。曰肖，曰南，義不忘趙，北面他姓也。隱居吳下，一室蕭然。坐必南向，歲時伏臘，望南野哭而再拜乃返，人莫識焉。工畫墨蘭，不妄與人。邑宰求之不得，聞先生有田三十畝，因脅以賦役取。先生怒曰：「頭可斫，蘭不可得！」過齊子芳之書塾云：「此世但除君父外，不曾別受一人恩。」寒菊云：「禦寒不藉水爲命，去國自同金鑄心。」其忠肝義膽，于此可見。

遺民錄：所南初名某，宋亡，乃改名思肖，即思趙。憶翁與所南，皆寓意也。坐卧不北向，扁其堂曰「本穴世界」，以「本」之「十」置下文，則「大宋」也。精墨蘭，自更祚後，爲蘭不畫土，根無所憑藉。或問其故，則云：「地爲人奪去，汝猶不知耶？」

伯牙絶弦圖

終不求人更賞音，只當仰面看山林。一雙閑手無聊賴，滿地斜陽是此心。

秦女吹簫圖

弄玉飄飄仙女姿，鳳皇低舞久相期。簫中應有別一曲，飛上青天影外吹。以上一百二十四圖詩集

逢陳宜之

行李苦役役，相逢古潤州。千金一夜醉，四海十年遊。山靜鬼行月，宵涼人夢秋。近聞邊事急，畎畝得無憂。

送友人歸

年高雪滿簪，喚渡浙江潯。花落一杯酒，月明千里心。鳳凰身宇宙，麋鹿性山林。別後空回首，冥冥煙樹深。

訪隱者

石竇雲封隱者家，一溪流水繞門斜。滿山落葉無行路，樹上寒猨剝蘚花。

春日登城

城頭啼鳥隔花鳴，城外遊人傍水行。遥認孤帆何處去，柳塘烟重不分明。

春詞

春氣暄妍御夾紗，玉釵雙裊綠雲斜。倚欄看徧庭前樹，盡是枝頭結子花。

懷友

今日樽前忽憶君，爲憐秋事又平分。坐來凝睇西風久，過盡天邊數片雲。

春日遊承天寺

野梅香輭雨新晴，來此閑聽笑語聲。不管少年人老去，春風歲歲闔閭城。

湖上漫賦

蘚崖蒼潤雨初乾，石罅飛泉噴雪寒。啼斷禽聲山更靜，青松影下倚闌干。以上咸淳集

隱居謠

布衣煖，菜羹香，詩書滋味長。

醉鄉

江湖初上玉船空，假道青州一水通。相去塵寰千萬里，不愁日夜不春風。以上中興集

自題推篷圖

清曉清風吹過後，露出青青一罅天。一似推篷偷看見，竹林半抹古蒼煙。

自題墨竹

萬頃琅玕壓碧雲，清風幽興渺無垠。當時首肯說不得，不意相知有此君。以上鐵網珊瑚

龔開

開字聖予，號翠巖，淮陰人。

吳萊桑海遺錄序：聖予嘗與陸秀夫同居廣陵幕府。宋亡，潛居深隱，立則沮洳，坐無几席。一子名浚，每令俯伏，就其背按紙作唐馬圖，風鬃霧鬣，豪骭蘭筋，備盡諸態。一持出，人輒以數十金易之，藉是不饑。然竟以無所求而

死。居吳之日，高郵龔璛爲忘年友，時人謂之楚兩龔，以比漢之兩龔。

高馬小兒圖

華騘料肥九分膘，童子身長五尺饒。青絲鞚短金勒緊，春風去去人馬驍。莫作尋常廝養看，沙陀義兒皆好漢。此兒此馬俱可憐，馬方三齒兒未冠。天眞爛漫好容儀，楚楚衣裝無不宜。豈比五陵年少輩，胭脂坡下鬭輕肥。四海風塵雖已息，人才自少當愛惜。如此小兒如此馬，它日應須萬人敵。老夫出無驢可騎，乃有此馬騎此兒。呼兒回頭爲小駐，停鞭聽我新吟詩。兒不回頭馬行疾，老夫對之空嘖嘖。

黑馬圖

八尺龍媒出墨池，崑崙月窟等閑馳。幽州俠客夜騎去，行過陰山鬼不知。

瘦馬圖

一從雲霧降天關，空盡先朝十二閑。今日有誰憐瘦骨，夕陽沙岸影如山。以上吳禮部詩話

湯垕畫鑒云：此詩膾炙人口，眞有盛唐風致。

陸右丞君實輓詩

立事寧將敗事論，在邊難與在朝分。從來大地爲滄海，可得孤臣抱幼君。南北一家今又見，乾坤再造古曾聞。他年自有春秋筆，不比田横祭墓文。

數闕天地人何與，分在君臣禮可無。周粟如山夷叔餓，史書猶日臼嬰誣。舊邦新命方開化，公法私情本不渝。忠義未須論彼此，後先崇長是昌圖。以上陸右丞蹈海錄

自題中山出遊圖

髯君家本住中山，鴐言出遊安所適。謂爲小獵無鷹犬，以爲意行有家室。阿妹韶容見靚妝，五色臙脂最宜黑。道逢驛舍須少憩，古屋無人供酒食。赤幘烏衫固可烹，美人清血終難得。不如歸飲中山釀，一醉三年萬緣息。卻愁有物覷高明，八姨豪買他人宅。侍□君醒爲掃除，馬嵬金馱去無跡。

鐵網珊瑚：翠巖自記：人言墨鬼爲戲筆，是大不然。此乃書家之草聖也，豈有不善眞書而能作草者？在昔善畫墨鬼，有姒頤眞、趙千里。千里丁香鬼誠爲奇特，所惜去人物科大遠，故人得以戲筆目之。頤眞鬼雖甚工，然其用意猥近，甚者作髯君野溷，一豪猪即之，妹子持杖披襟趕逐，此何爲者耶？僕今作中山出游圖，蓋欲一洒頤眞之陋，庶不廢翰墨清玩。譬之書，猶眞行之間也。鍾馗事絕少，僕前後爲詩，未免重用，今即他事成篇，聊出新意焉耳。

僕爲虛谷先生作玉豹馬先生有詩見酬極筆勢之馳騁乃以此詩報謝

南山有雄豹，隱霧成變化。奇姿驚世人，毛物亦增價。天上房星混瑞光，孕成白馬而黑章。爲誰容易來中國，風雪天山道路長。頭爲王，欲得方；目爲相，欲得明；脊爲將軍欲得強；腹爲城郭欲得張。絕憐此馬皆具足，十五肋中包腎腸。嗟予老去有馬癖，豈但障泥知愛惜。千金市駿已無人，禿筆松煤聊自得。君侯昔如汗血駒，名場萬馬曾先驅。山林鐘鼎今何有，歲晚江湖託著書。白雲未信仙鄉遠，黃髮鬖鬖健有餘。飲酒百川猶一吸，吟詩何嫌萬夫敵。我持此馬將安歸，投之君侯如獻璧。君侯作詩凜馳鶩，八荒滿盈動雷雨。定知此馬知此意，獨欠老奚通馬語。曹將軍，杜工部，各有一心存萬古。其傳非畫亦非詩，要在我輩之襟期，君侯君侯知不知？ 鐵網珊瑚

自題山水卷

谷口長松澗底藤，石橋山路晚登登。囊琴斗酒來何暮，空負寒齋昨夜燈。退谷消夏記

題趙鷗波高士圖

雪氣侵人臥欲僵，苦勞明府到藜牀。主賓問答皆情話，何用閑名入薦章。式古堂書考

張逢原

逢原字淵甫，鹽官人，横浦先生之後。官漳州簽判，宋亡不仕。句曲外史伯雨，其孫也。

題高房山夜山圖

地位淸高眼界寬，盡收風景入毫端。廢宮臺樹和煙鎖，隔岸江山對月看。一水中分吳越近，層樓低接斗牛寒。有聲畫意吟難了，更把瑶琴膝上彈。鐵網珊瑚

王　鎡

鎡字介翁，括蒼人。嘗官縣尉。當帝㬢播遷，棄印綬，歸隱湖山，與尹綠坡、虞君集、葉柘山諸人結社賦詩。有月洞吟。

送默然上人歸天台

孤雲不定心，持鉢度寒林。野飯青蒲潔，客程黃葉深。海風潮水發，山雨曉煙沈。歸到石橋日，應看瀑布吟。

早行

客程因太早，卻費一更眠。落月已歸海，殘星猶在天。櫓聲荷葉浦，螢火豆花田。隔岸誰家起，青燈遠樹邊。

谿村

水路隨山轉，谿晴踏輭沙。斜陽曬魚網，疎竹露人家。行蟹上枯岸，飢禽銜落花。老翁分石坐，閑話到桑麻。

古杭感事

國事彫零王氣衰，東南豪傑竟何之。雲埋廢殿排班石，草卧前朝記事碑。沙漲浙江龍去遠，天寬北闕鳳歸遲。可憐不老吳山月，曾照官家寵幸時。

尹綠坡山間吟所

苔痕分路見人家，犬護籬根卧落花。一片林塘詩境界，四時花果隱生涯。鉏山揀日春栽藥，汲水和雲夜煮茶。耕籙有文須點看，旋搖松露入朱砂。

芳庭植上人

苔侵坐處石頭青，滿屋春雲不用扃。入定醒來香印冷，一簾花雨溼殘經。

段橋春望

拾翠車閑輦路塵，山南山北杜鵑春。誰家庭院東風裏，吹出桃花不見人。

裁衣曲

燒罷心香午夜闌，玉纖輕捻剪刀寒。衣成恐不如郎意，獨試燈前照影看。

春酌

酒闌歌罷翠簾遮，月柳驚啼子夜鴉。多少斷雲心上事，結成香夢是梨花。

燈花

喜信今宵報與誰，玉人曾剪畫雙眉。等閑開落銀缸見，只閉春風不得知。以上月洞吟

萬　嘉

嘉字愚公，仙居人。

中秋寄陳碧棲

秋氣清如此，秋花香奈何。人生還健在，月色況明多。有酒君當醉，無愁我欲歌。樓高俯松頂，誰共酌姮娥。

絕句

少日時時負百憂，從人絡馬與牽牛。中年置此身如竹，荏苒風前得自由。以上吳禮部詩話

杜濬之

濬之字若川，金華人，旃之孫。領鄉貢。宋亡，矯行晦迹，寄食西峯僧寺以終。

述志詩

寧枉百里步，曲木不可息。寧忍三日飢，邪蒿不可食。雖云食息頃，便分淑與慝。志士當暮年，聞道轉

歷歷。要使此一身，如琢復如滌。整冠與納履，微嫌費疏剔。未若瓜李地，絕不見吾迹。

書警

食李弗言苦，食梅弗嫌酸。不爲身所累，且從心所安。吾分固云薄，吾志亦非單。静看如山禍，差之一念間。所得甚眇眇，所喪已漫漫。百年修不足，一朝容易殘。雖處四壁立，如享萬鍾寬。静坐明月窗，濯足清風灘。以上金華府志

錢仲鼎

仲鼎字德鈞，通州人。宋末，領鄉薦。

題趙鷗波高士圖

在昔洛陽，雪深丈餘。士也高臥，來令尹車。今年吳淞，雪復何如。積素一色，鷗鷺有無。之子江皋，修亭是居。

有琴有書，有酒有魚。賞静獨眺，聊以自娱。挹兹清風，凛凛起余。此景此圖，再卷再舒。

水村歌

舟搖搖兮，風㛹㛹兮；波鱗鱗兮，鷗翩翩兮。扣舷漁歌兮，孰知其他兮。以上珊瑚網

胡一桂

一桂字廷芳，婺源人。宋末鄉貢進士。學者稱雙湖先生。

冬至寓建陽作

繡日添漢宮，書雲紀晉觀。山家獨奚爲，剛腸占易象。幽人意欣然，起坐視晴漢。大化回初陽，茫茫今已旦。川泳有遊魚，雲飛見翔雁。滯留本何心，永懷發孤歎。誠哉利攸往，觀辭思過半。新安文獻志

陳普

普字尙德，閩之寧德人。爲恂齋韓氏門人，韓出于慶元輔氏，蓋考亭的派也。宋亡後，三辟爲本省教授，不起。有石堂集。

秋日卽事

夜牀輾轉恨明遲，曉髮梳寒倚竹扉。樹影紙窗風作色，蛩聲壁罅月流輝。三杯白酒窮年客，滿篋紅塵隔歲衣。每須問鷗江上路，蓼花楓葉雨霏霏。

野步六言

黃犢眠中荒草，鷺鷥立處枯荷。宦海風濤舟檝，故山烟雨松蘿。

紅葉林風颯颯，蒼苔徑雨斑斑。人跡石邊流水，樵歌鳥外青山。

自哂

鬬雞走馬醉高陽，今日歸來兩鬢霜。無限少年心上事，半簾豆雨語寒螿。

荀彧

亂離揀得一枝棲，得道爭知卻是迷。曹操若逢諸葛亮，暮年當作漢征西。

北地王諶

何物譙周口似簧，幾年漢帝手牽羊。紛紛蜀土祠諸葛，香火曾分北地王。

顏杲卿

驪宮歌笑入青雲，曾識常山有戰塵。忠骨已澌餘髮在，因人得見夢中身。以上石堂集

湘烟錄：此詩蓋指杲卿見夢明皇，妻疑髮動之事。

蘇壽元

壽元字仁仲，號北溪，安福人。

贈風鑑

空有奇胸貯石渠，功名不許老頭顱。憑君細閱寒窗下，還有他年房杜無。四朝詩

韓性同

性同字伯循，別號古遺。與陳石堂同里而及其門。入元不仕。

岳王墓

妖星墮地芒角赤，龍劍悲號風蕭瑟。中原王氣挽不回，將軍一死爲毛擲。秦家小兒眞戲劇，播弄造化搖樞極。指讐爲親忠且逆，隻手上遮天眼碧。九重茫茫隔天日，無由下燭臣愚直。臣愚萬死不足惜，國恥未湔猶憤激。古墳埋冤血空瀝，風雨年年土花蝕。我恐精忠埋不得，白日英魂土中泣。請將衰骨斵苔痕，獻作吾皇補天石。曹氏歷代詩選

孫嵩

嵩字元京，號艮山，休寧人。以薦入太學。有艮山集。

朱大同云：孫上舍宋亡後歸隱海寧山中，自號艮山，示不復仕。杜門賦詠，鍛苦鍊枯，淒斷淪絕，以寄其沒世無涯之悲。時婺源有制幹許月卿先生者，亦宋進士，宋亡歸隱，製齊衰服之以居。月卿壻江凱及汪炎昶，皆絕意當世，俱從嵩遊。其詩悲壯激烈，讀之可知其爲人。

開歲連日陰雨

老杜詩章五百年，爲吾替寫早春篇。恰從元日踰人日，重有陰陰冷落天。
日日嵐陰守翠微，清溪平沒釣魚磯。流鶯一任無來意，直恐梅花半樹稀。
新草天涯入斷魂，若爲有意眺郊原。只應老子春愁少，須著瀟瀟雨暗村。

覓佳山水遷居未能又力役不休

微吟清嘯有孤懷，歷落嶔崎已大乖。芳草何心知世事，閑雲肆意繞天涯。前時絕喜王官谷，此去聊堪阿里街。一語作銘君記取，騰騰任運莫安排。

竹枝詞

灩澦堆頭君莫行，瞿塘峽裏不論程。龍吟小雨蜀天黑，等有明朝春水生。
峽路陰陰無四時，寒雲鳥道挂天危。荒亭敗驛此何處，望帝江山聞子規。
黄牛廟前鴉鵲棲，黄魔宫外梟鵩啼。估客酹神巫嫗醉，青林日轉風淒淒。

生日

雲外荒村半掩扉，門弧事業與心違。悠悠歲月山林老，納納乾坤道路非。鴻雁關河秋滿眼，梧桐風雨冷侵衣。蓼莪自是長休廢，獨立蒼茫一歎欷。

哭程晦夫

握手論交意氣眞，舊遊四顧黯傷神。陪從金馬門中客，和唱銅駝陌上春。尙謂鄉邦離有合，忍聞丘壟夜無晨。夕陽古道曾經別，腸斷西風淚滿巾。以上方回桐江集

曲江頭

君不見曲江頭，離離衰草寒雲秋。今人不見昔年遊，昔人不見今日愁。欲談往事無耆舊，沈吟千載空搔首。盛衰倚伏如寒暄：秦時宜春苑，漢世樂遊園，更復唐人宮殿擁千門。往來古今但如此，同一溶溶曲江水。

秋懷

秋蟲日以喧，秋樹日以疎。君聽草根蛬，泣弔風中梧。壯士秋懷涕，及此清霜初。從來感秋人，一例皆楚聲。吾聞古燕趙，慷慨多不平。惜哉宋玉辭，不使荊軻聽。何處秋聲多，竹外聲歷歷。淒切不禁寒，蕭蕭奪時碧。此中白髮愁，餉與秋風客。疇昔旅江湖，夜夜南飛雁。山園柿栗秋，出戶望河漢。祇今寒雁時，中夕起三歎。黃山秋雕鎪，風露洗崖壑。行行聽清猨，處處采靈藥。秋雲老石牀，巳後十年約。

冬夜雜興

牧童與樵叟，共載牛背歸。我無薪蒸計，南山松櫟稀。寒風昨日至，須用葺我扉。破扉故可葺，何以完我衣。人生有定分，勿怪生理微。

行都餞歲

插架餘殘歷，挑燈憶故鄉。年光蛇赴壑，羈跡雁隨陽。禁闕迎儺鼓，鄰街祭竈香。英雄須自力，容易鬢毛蒼。

臨安錢武肅廟

吳越歸旗纛，風雲初鼓鼙。錦蒙山樹徧，弩射海潮低。龍鳳城蔥鬱，牛羊墓慘悽。古祠存故里，秋草廡東西。

春日武康遊望過孟東野故居

殘靄初收牛在沙，一川芳草趁溪斜。羣峯古意汪芒國，廢地詩情正曜家。天末淒迷浮野色，柳邊駘蕩受春華。更攜尊酒看脩竹，不爲前陂得意花。

紫陽夜坐

一夜燈前白紵單，沈吟有此夏初寒。露零若與人相語，松杪蕭蕭下石壇。

姑蘇元夕

茂苑長洲滿地春，吳兒歌舞逐時新。風流百巧花燈手，猶是夫差國裏人。以上新安文獻志

孫巖

巖字次皋，號爽山，嵩之弟。有爽山集。

方虚谷序云：長孫君嵩元京，詩清勁苦淡，如其爲人。小孫君巖次皋，予未之識，忽袖詩訪于武林，亦清勁苦淡如其兄。

去冬過石潭上時吳義夫同行欣然謂予曰詩境甚佳今日再過有作將寄義夫

長潭有令姿，山緑納空洞。軒軒吳武陵，曾此接飛鞚。殷勤顧我笑，詩材不勝用。重來春事深，物采尤錯綜。褚小強懷大，秀異肯受控。沈吟日已昃，十轂纔一中。故人抱才藻，衆象入嘲弄。即今溫水館，匡坐教弦誦。嗟哉賓前語，東華代宋棟。明當寄東風，烟水發清夢。

留武林

訪客城南隅，故第何其雄。曲池猶瀁漭，土山尚巃嵸。頗聞此中人，易姓良悤悤。往時恩澤侯，意氣干晴虹。樂曲播秦城，衣制聞漢宫。恨不逢季倫，詎肯交毛公。斥地西鄰去，伐木南山空。百楹一傳舍，顧極當年工。悠悠感成敗，何獨操鏝翁。

觀漁行

霜降平湖鑑羣象，中有黄魚幾一丈。漁師早已中豪家，今旦連舟布新網。東西南北三重圍，圍形漸縮如小池。孟獲身窮呂布窘，尚許性命延斯須。舊與鱘魴同出入，爾暇悲憐禍相及。日斜創甚上平沙，兩岸居人如堵立。渺渺腥風吹水雲，賣魚沽酒賽湖神，醉來預唱江南春。

和元京兄賦蘋花

一春觀物眼，紅紫厭繽紛。此水浮明玉，何人翦白雲。惠風遊漢女，吉日禮湘君。地僻應無是，留花混藻芹。

兵後績溪道中

古道緣流水，寒郊帶斷烟。稀疎鴉種麥，羞澀女耕田。人事休兵後，秋懷落木前。小蘇遺翰墨，今古一山川。

方虚谷云：休兵落木之句，非近人晚進所能到。

陳監丞用韻見贈亦和以謝

蕭蕭東方老，依人可計年。名言傾蓋後，古意結繩前。君戶仍多轍，予琴故一弦。不應昌歜味，置在衆肴先。

九日呈戴兄

一别三十載，而今近講堂。蕭條同甲子，強健又重陽。萸菊數杯酒，烟雲千仞岡。偶然爲此夢，寧復次公狂。

方虚谷云：類陳后山。

出越城舟行紆道以避過兵

擾擾紅巾起草間，舊遊何地不搶殘。歸囊薄有桃花米，行路如經竹節灘。戰馬冬來横殺氣，扁舟北去解憂端。曲肱便結須臾夢，柳暗黟川把釣竿。

武林絶句

繽紛迎酒伎，宛轉賣花聲。偶似承平世，攜書試鳳城。

比屋單衣日，名城冷食天。居人多上冢，遠客未歸田。

樹陰

春去空山啼乳鷽，鷽邊老樹羃新青。一瓢挂此坐終日，即是蘇家擇勝亭。以上新安文獻志

滕　塛

塛字仲塞，號星崖，婺源人。

汪幼鳳云：星崖常命其兄子舜父求文丞相遺墨，舜父得所書過金陵驛詩以歸，日懸于堂，焚香拜泣。又過西湖拜岳將軍墓，有「相對含悲石翁仲，老衰無淚落秋風」之句，其忠義蓋天性也。

東城

東城有高樓，峩峩冠城闕。我來屬昏暮，見此初上月。遙天羅江山，極目如霽雪。江山秀如此，豈不生豪傑。臨風一高歌，達曙何由歇。新安文獻志

張　炎

炎字叔夏，號玉田，又號樂笑翁，循王諸孫，本西秦人，家臨安。生于淳祐間，宋亡，落魄縱游，工爲長短句。

鄧牧心云：玉田春水一詞，絕唱今古，人以張春水目之。

舒閬風云：叔夏詩有姜堯章深婉之風。

腰帶水 在奉化州西五十里

犀繞魚懸事已非，水光猶自溼雲衣。山中幾日渾無雨，一夜溪痕又減圍。延祐四明志

潘文虎

文虎字武子，金沙人。

寓言詞 爲被虜婦作

交交桑扈，交交桑扈，桑滿牆陰三月暮。去年蠶時處深閨，今年蠶時涉遠路。路傍忽聞人采桑，恨不相與攜傾筐。一身不蠶甘凍死，祇憶兒女無衣裳。山房隨筆

陳森

森字茂卿，婺州人。生宋末，卒，以詩殉葬。

南海南

連弩聲獰黑風壯，白日滄波影相盪。神蛟一去還不還，淚溼空荒捲烟浪。盤渦蜃氣高蘸天，老鯨巨鼇那忍眠。老鯨已化子獨返，越山越水青茫然。樓船夜半猩猩語，黃葛花開墜秋雨。金華詩粹

陳深

深字子微，平江人。宋亡，棄舉子業，閉門著書。有寧極齋稾。

曹叔時見過索餞篇

滙雲蒙朝日，微雨霑庭除。幽人掩關臥，門外無來車。曹子別經歲，枉道過我廬。謂余抱文藝，胡爲守鄉閭。余曰匪高尙，褊性涉世疎。上奉白髮親，餘暇讀我書。豈如叔時甫，妙年美名譽。詞華爛絺繡，問學滋新畬。奉子一巵酒，聊爲談斯須。威鳳翔高閣，逸驥騰雲衢。及時樹遠業，臨事毋躊躕。

內人臂白鸚鵡圖

華清宮中歌既醉，南海奇禽遠爭致。玉環最愛雪衣娘，當時曾得龍顏媚。璿房雕檻春日長，繡翮嬌兒在傍戲。君王憐汝解語言，懷恩不說宮中祕。臨風驚鳥何軒軒，歎惜純良遭猛厲。苕翁寫出當時事，側立紅衫內人臂。江花滿地不忍看，空拂畫圖憐俊慧。

南遊

驅車登遠道，白日忽西流。宇宙驚新夢，山河感舊遊。雲迷江令宅，月澹庾公樓。已已知何奈，長歌去國愁。

悼亡

短日一何急，殘宵不肯明。霜寒那有夢，月落重傷情。壁凍琴絲斷，風驚燭淚盈。微言憶王衍，達理誤莊生。

南湖史君製暗香湯奇甚賦絕句求之

霧閣雲窗深閉春，微聞玉杵擣清聲。玄霜祇許雲英見，地上詩人渴夢生。自注：時侍姬新至，故戲及之。以上寧

劉鑑

鑑字清叟，號立雪，江西人。少年才氣卓犖，連蹇不第，中更世故，蹙頞悲吟，鰥居隱處，年踰七十而終。有立雪稾。

同門生鄧光薦序其第五稾云：余嘗評君，一生琢對匠語，洗削治擇，齒牙間纚纚有聲，大率成就精切二字而已。今皮毛落盡，孤立兀然，雷霹之琴，火成之鏤，潮湍激齧之山，皆自然成趣，有不假繩削而合，蓋于是門外雪三尺矣。得其髓者，非齊腰子不能。

題醉月亭

采石江頭李太白，狂不奈煩宮錦窄。赤壁磯下蘇東坡，一葉泛泛淩風波。當時有月并有酒，和酒和月吞入口。酒腸得月冷于冰，化作瑰辭喧宇宙。兩首賦，百篇詩，千秋萬古稱絶奇。兩翁不作歸來鶴，玉宇瓊樓寒漠漠。若得長江變醱醅，少住人間亦差樂。望圓晦缺秋復春，古來明月今來人。我時舉酒問明月，月亦團團瘖不得。鐵如意，玉唾壺，我歌君和聲嗚嗚。爛醉起舞嗔人扶，問影莫是李與蘇，月中仙子知得無？極齋稾

寄朱約山

歲晚江空烟水寒，楓林葉落楚天寬。苦無雁足書難寄，作盡鳶聲吟未安。晉帖臨成思入石，離騷讀罷擬栽蘭。老來絶被梅花惱，後會君應笑我孱。

謁蕭小山

一冬晴暖春相似，欲扣吟關未有詩。折得梅花裝擔了，起程還是雪飛時。

一水凝寒棹不開，幾人于此欲船回。思君卻有扁舟興，半夜直衝風雪來。以上立雪稾

葛慶龍

慶龍，九江人，寓越。

霏雪錄：葛慶龍，號秋巖，又號寄漁翁、江南野道人。蚤年嘗入匡廬學浮屠法，稱璹書記，不樂，遂歸俗，放浪江湖中。名公鉅卿，酒徒劍客，多與之遊。好爲詩，落落有氣。每風日清美，乘筍輿，遊天衣、雲門諸山。年逾七袠，齔齒童顏，終歲不澡沐，肌體清潔，衣垢不生蚤蝨。化去，王君理得函其骨于仙人洞，仍鐫石爲肖像，幷一鶴于洞中，在山陰縣西北六十里，至今稱葛仙洞。

贈僧

七軸蓮經供茗瓢，一龕繡佛挂松寮。舶香亦帶魚龍氣，自采枝頭柏子燒。

謝理得惠書

五朵飛來濆剡藤，重重礬似水泠泠。不敎落在紅塵耳，讀與青松白鶴聽。

詠黃石公

挾書律重火猶光，天下嚴搜不敢藏。圯上老人無見者，一編親寫授張良。

笻杖

白髮幧巾短短衣，閑行斜倚小筇枝。自家弄影猶癡絕，只似初騎竹馬時。

題仙人洞并謝草堂方公所贈石匣

多謝林僧亦好奇，新遺石匣我酬詩。鶴胎收卻雲封裹，付囑山靈木客時。

雲長鎮洞有時開，石匣終藏化鶴胎。千歲不須華表柱，飛鳴南向洞山來。以上霏雪錄

遊寶林寺

坐如有待思依依，看竹迴廊出寺遲。窅窅綠陰清寂處，半窗斜日兩僧棋。越詠

于石

石字介翁，婺之蘭谿人。業詞賦，自負甚高。宋亡，隱居不出，一意于詩。因居鄉，自號紫巖，晚徙城中，更號兩谿。有集。

探梅分韻得香字

絕壁兩屐雲，荒村半橋霜。孤往欲何之，林下幽徑長。寒梅在何許，臨風幾徜徉。誰家斷籬外，一枝寄林塘。水靜不搖影，竹深難護香。無言獨倚樹，山空月荒涼。

路傍女

路傍誰家女，躊躕不能去。自言妾小時，家本樵川住。十五嫁良人，長年秉機杼。辛勤奉舅姑，足不越庭戶。去年秋棗紅，邊人健如虎。移家入深林，自謂百無慮。空山鳴劍戟，失色駭相顧。星散各偷生，不幸適相遇。妾身如風花，飄零委塵土。妾命如蜉蝣，焉能保朝暮。一死恨不早，空爲年少誤。去去

忽相失，零落在中路。妾有乳下兒，咿啞方學語。四海尙干戈，安知爾生死。回首望天涯，家山在何處。妾命負所天，顧影惟自憐。自憐輕失節，天下何獨妾。

我從山中遊

我從山中遊，歸來林壑暝。澗水凍不流，月出四山靜。柴扉不敢敲，恐驚孤鶴醒。徘徊踏月明，倚杖看松影。

得家書

久客秋又晚，思家夢屢驚。空階聞葉落，隔樹見鐙明。親老貧常健，兒癡學未成。淒涼今夜月，將我故鄉情。

半山亭

萬疊嵐光冷滴衣，清泉白石鎖烟扉。半山落日樵相語，一徑寒松僧獨歸。葉墮誤驚幽鳥去，林空不礙斷雲飛。層崖峭壁疑無路，忽有鐘聲出翠微。

春事

白了江梅柳又青，遊絲千尺網紅塵。鵓鳩夫婦孤村雨，杜宇君臣故國春。客裏易添芳草思，樽前誰是去年人。桃花源上空流水，安得漁郎一問津。

旅中遣懷

片雲相望浙東西，回首家山路欲迷。昨夜桐江江上夢，倒隨流水上雙谿。以上紫巖集

方夔

夔，一名一夔，字時佐，淳安人。生于宋季，嘗從何潛齋遊。攻舉子業，不利于有司，退隱富山之麓，扁其堂曰綠猗，授徒講學其間，自號知非子，學者稱富山先生。有富山嬾稾。

錢王守皃墩在臨安道左

山下鐙龕挂紙錢，水楊墩上草芊綿。高人不要金丸用，買得三吳八十年。

盧明之開鑪

嬾作西風汗漫遊，歸謀諸婦此淹留。采花墩近初成酒，種秫田多早帶秋。燕頷已空西塞夢，犢褌莫遣遠山愁。滄江留得偏醒客，袖手時凭百尺樓。

九里路

去年九里路，烏攫人腸挂枯樹。今年九里溪，沙頭白骨高復低。人生變滅如泥土，久後猶傳姜萬戶。翠眉紅頰誰家兒，夜赴軍前效首虜。將軍多愛恩意疎，分將吳口充苞苴。殷勤道與逆行使，前日朝官多有書。自注：唐人攻番，中朝官多以書託主將，求没官妻妾。

續感興

猛虎等百獸，天賦與長雄。蔓胡秋利戟，隅目磨青銅。從知世路暗，羣行各西東。吼地一長嘯，颯颯來悲風。飢來待人肉，不數豹與熊。肥領而黑喙，不知是何蟲。坐臥不自防，穴爾皮毛中。爾虎雖云猛，一旦皮骨空。慎勿欺微細，卽且制神龍。

惡木生高岡，枝踈上指天。雨露非有私，蟠踞幾何年。蕘子寢其下，山鳥棲其巓。匠石過不睨，生理得自全。皮爲野火燒，根爲螻蟻穿。空中不足恃，一朝踣而顛。上有千歲藤，相依久纏綿。樹猶不足保，爾藤何足憐。

二女灑竹淚，盡是心中血。精誠著于物，千載猶不滅。當時從南巡，豈少稷與契。奈何比孤纍，匍匐陽城謁。皇英獨何人，風泉共幽咽。可憐女子心，慷慨男兒烈。湘水流不斷，誰道恩情絕。何時見歸來，續君遠離別。

鷙禽營顆粒，飛飛集丘隅。遊人困行役，十年落江湖。煌煌秦與洛，運轉天下樞。啓明曜東漢，萬足爭奔趨。豈無爪距力，遠利如孫吳。得失昧前料，青雲間泥塗。天命有厚薄，定分不可渝。歸來北山下，俯仰收桑榆。

秋晚雜興

青溪溪上路，書劍此棲遲。涼月穿衣褐，寒波照鬢絲。古桐傳賀若，橫玉犯龜茲。不爲傷秋老，孤吟自可悲。以上富山嬾藁

金應桂

應桂字一之，號蕺壁，錢唐人，又號積慶山人。

戚輔之佩楚軒客談：一之雅標度，能歐書，受知賈似道。晚居西湖南山中，築蕺壁山房，左弦右壺，中設圖史古奇器，客至，撫摩諦玩，清談纚纚不得休。每肩輿入城府，幅巾氅衣，望之若神仙然。

送西秦張仲實遊大滌洞天

山林有眞趣，得趣卽神仙。好趁暮春月，來遊大滌天。晴嵐融玉室，花氣襲丹泉。此地通懸霤，淸吟過叔元。洞霄詩集

潘喆

喆，宋末人。

經賈秋壑故第

相業如何不到頭，諸公歷歷頌伊周。夢迷葛嶺酣歌夜，鬼哭樊城血戰秋。誤國正須憂大廈，覆師寧忍駕孤舟。木棉庵裏催歸魄，誰掩湖山富貴羞。杭州府志

汪楚狂

感慈元殿

翠華扶輦出龍庭，蜜炬星繁天未明。鵷鷺分行江上別，貔貅從駕雨中行。綠波淼淼浮三殿，紫禁沈沈斷六更。惟有周遭山似洛，不堪回首涕縱橫。忠義集

王沂孫

沂孫字聖與，號碧山，又號中仙，會稽人。與周公謹、唐玉潛諸公倡和。有詞名花外集。

觀周曾秋塘圖有作　一字至七字，款題琅琊聖與。

秋，秋，蕭灑，淸幽。人靜處，水邊頭，波紋細細，風色颼颼。鷗鷺情相狎，鳧鷖樂自由。疎葦敗荷池沼，

白蘋紅蓼汀洲。幾竿漁釣去已盡，一段晚雲寒不收。珊瑚網

周密

密字公謹，號草窗，濟南人。流寓吳興，居弁山，自號弁陽嘯翁，又號蕭齋。淳祐中，爲義烏令。有蠟屐集、齊東野語、癸辛雜識、志雅堂雜鈔、浩然齋視聽鈔、武林舊事、澄懷錄、雲烟過眼錄。

鄧牧心序云：蠟屐非履非舄，不足以忘足，而阮孚愛之。詩發乎情性，與蠟屐不類，周公謹以名其集，豈以阮孚所以忘足者而忘心于詩？物無美惡，溺于所愛，皆不得爲性情之正，安得與詩同日語。然與爲阮孚，猶愈于祖約畏人，況不爲阮孚者乎。

南郊紀事

黃道宮羅瑞腦香，衮龍升降佩鏘鏘。大安輦奏乾安曲，萬點明星簇紫皇。

萬騎雲從簇錦圍，內官排立馬如飛。九重閶闔開清曉，太母登樓望駕歸。

西太乙宮 在孤山路，舊四聖觀，理宗朝建。

蘂宮廣殿號黃庭，突兀浮雲最上層。五福貴神留不住，水堂空照九枝燈。

南園 光宗朝賜平原郡王韓侂胄，陸放翁爲記。

清芬堂下千株桂，猶是韓家舊賜園。白髮老翁和淚說，百年中見兩平原。

甘園 內侍甘昪園，又名湖曲，曾經臨幸。有御愛松、望湖亭、小蓬萊、西湖一曲。

小小蓬萊在水中，乾淳舊賞有遺蹤。園林幾換東風主，留得庭前御愛松。

褒親崇壽寺　在鳳皇山，劉貴妃功德，三門有陳公儲畫龍。

翟羽鸞綃事已空，奉華遺寺對高松。宮斜鳳去無人見，且看門前粉壁龍。奉華，劉妃閣名。　以上武林舊事

韓氏慶樂園

舊事淒涼尚可尋，斷碑閑臥草深深。凌風閣下槎牙樹，當日人疑是水沈。

齊東野語云：四朝聞見錄載蜀帥獻韓平原沈香山，高五丈，立之南園凌風閣下。今慶樂園，即南園也。所謂香山，尙巍然立于閣前，乃枯枿耳，初非沈香也。

爲楊大芳悼亡

帳中蝶化眞成夢，鏡裏鸞孤枉斷腸。吹徹玉簫人不見，世間難覓返魂香。

癸辛雜識：大芳娶謝氏，謝亡未殮，有蝶大如扇，其色紫褐，翩翩自帳中徘徊飛集窗戶間，終日乃去。

乙丑良月遊大滌洞天書于蓬山堂

太虛灝氣浮空濛，烟霞九鎖蓬萊宮。崩騰雲木競奇秀，澗芳野實垂青紅。何年斷鼇立天柱，古洞陰森白鴉舞。玉書寶劍不可尋，老翠封崖滴元乳。光芒靈氣干斗牛，遺丹箬底誰能求。黃精紫杞徧巖谷，仙禽夜擣聲幽幽。嬾蛟千年睡未足，癡涎吼雷噴飛瀑。陰風黑穴吹海腥，石虎當關橫地軸。是非萬古一笑慨，神仙不死今安在。

送西秦張仲實遊大滌洞天

玉室金堂積翠邊，舊游猶記劫灰前。禽聲夜擣千年藥，花片春浮九鎖泉。洞府暗通滄海路，樓居何異化成仙。茶香筍美松醪熟，正好山中過禁烟。以上洞霄詩集

題高房山夜山圖爲江浙行省照磨李公略作

郎潛暇日多冥搜，夜深獨上千尺樓。天回海立月政溼，風起雲涌山疑浮。縈青繚白互變滅，浮嵐飛霧寒颼颼。潛蚪棲鶻聲磔磔，山鬼木客鳴呦呦。城中癡兒方囈語，有夢不到千山幽。遙岑寸碧目力遠，欲遡汗漫凌風游。高侯落筆萬象泣，寫出千古蒼茫愁。無聲詩與有聲畫，一夕異事傳南州。玉琴在膝酒在手，欲寫天籟無莊周。憑誰爲問華表鶴，城郭人民今是不？鐵網珊瑚

題温日觀葡萄

百八牟尼顆，攜將萬里游。歸來還自笑，何不博涼州？六硯齋筆記

題高彦敬山村圖卷 爲仇仁近作

我昔遊七閩，百嶺爭巑巑。白雲漲川原，深谷如積雪。又游天姥岑，幽磴緣曲折。長林翳寒日，十里行落葉。轉頭五十年，遐想正愁絶。開圖意忽動，憮悅生内熱。何當駕松广，分我翠一疊。弁陽我所廬，見謂山水窟。漂零媿楸檟，歲月老薇蕨。平生阮遙集，足痺屐齒折。何當賦歸田，初志遂所愜。懷哉復懷哉，清夢繞林樾。清河書畫舫

句

繁華不結三春夢，零落空餘寸草心。杭社試燈花　佩楚軒客談

呂同老

同老，濟南人。有詞見樂府補題，宋遺民也。

丹泉

觱沸檻外泉，遠出天柱陽。清音應空谷，潛波涣寒塘。昔人養靈芝，長年此山旁。金骨换玉髓，素虬朝紫皇。尚餘浴丹池，神光透扶桑。蓬萊幾揚塵，玆泉日泱泱。我願滌世氛，朗詠三元章。手持北斗杓，下酌流霞漿。洞霄詩集

題高房山夜山圖

我昔絶江看吴山，朝光正落山水間。金波遠自海門入，翠嵐高插扶桑殷。安知璚樓有夜景，明月蒼茫墮清影。李侯勝賞高侯筆，展卷一時如夢醒。鐵網珊瑚

龍泉寺納涼

靡靡市廛盡，杳杳泉石閑。灌木蔽榛莽，爽籟彌空山。飛甍納餘輝，丹雘粲以繁。巋然青蓮宫，俯此碧玉闌。化人淡無爲，趺坐觀塵寰。支郎杳不逢，玄蟬噪其間。昔賢憩游地，眢井潛龍蟠。詠歌之所傳，百世猶不刊。我生悦超曠，危磴重躋攀。歸隱諒未能，溯風發長歎。滅詠

鄭斗焕

斗焕字丙文，號松窗。弁陽老人周密編輯絶妙好詞，特載其人于宋末。

陪秋山相公遊大滌洞天一庵夜宿感夢

天柱清游尾使星，筍輿軋軋入山深。龍行雨去泉花定，鶴叫雲來木葉陰。松石已安通夕寐，江湖空老百年心。圜冠方袂何仙子，夢裏將詩索共吟。洞霄詩集

宋詩紀事卷八十一

錢唐　厲鶚　輯
歙　汪還仁　勘定

鄧牧

牧字牧心，錢唐人。與謝翺友善。歲丙申，至山陰，王脩竹延致陶山書院。己亥，入洞霄，止于超然館。住山沈介石爲營白鹿山房居之。與葉林爲深交，林坐蛻踰月，牧亦無疾而化。所著有洞霄圖志、游山志，雜文稾名伯牙琴。衆稱曰文行先生。

九鎖山十詠　存三首

棲真洞

何年采眞遊，遺此棲遁跡。流泉金石奏，伏鼠霜雪色。浮世幾興亡，殘棋耿苔石。

龍洞

老龍山中居，出山作霖雨。風雲幾聚散，田野正辛苦。神仙地位高，使爾司下土。

仙人隱跡

至人猶神龍，變化不可測。隆然七尺軀，印此一片石。我行半江海，空飛杳無跡。洞霄詩集

寄友

我在越，君在吳，馳書邀我遊西湖。我還吳，君適越，遙隔三江共明月。明月可望，佳人參差。笑言何

時，寫我相思。知君去掃嚴陵墓，祇把清尊酹黃土。浮雲茫茫江水深，感慨空勞弔今古。孤山山下約陳寔，聯騎須來踏春色。西湖千樹花正繁，莫待春風吹雪積。有酒如澠，有肉如陵；鼓趙瑟，彈秦箏，與君沈醉不用醒。人生行樂耳，何必千秋萬歲名。吳禮部詩話

湯仲友

仲友，初名益，以字行，更字端夫，吳郡人。學詩于周弼。晚號西樓。有壯遊詩集。

弔葛嶺賈秋壑故居

檀板歌殘陌上花，過牆荆棘刺檐牙。指揮已失鐵如意，賜予寧存玉辟邪。敗屋春歸無主燕，廢池雨產在官蛙。木棉菴外尤愁絕，月黑夜深聞鬼車。山房隨筆

盧熊蘇州府志云：湯仲友過賈相宅一篇，最爲人所稱。

留題惠山寺

梁溪停短棹，帶月步西關。路盡忽逢寺，松多不見山。巖腰雲殿古，洞口石泉閑。到此政吟苦，秋聲滿樹間。惠山集

西湖

山色波光步步隨，古今難畫亦難詩。水浮亭館花間出，船載笙歌柳外移。過眼年華如去鳥，惱人春色似遊絲。六橋幾見輪蹄換，取樂莫辭金屈巵。西湖游覽志

虎丘

虎是何年踞，名存跡已亡。塔從林外出，山向寺中藏。池暗生寒氣，臺荒受夕陽。更無人道古，來祇爲春忙。虎丘志

遊洞庭

寒色滿空山，翛然一徑閑。鳥啼黄葉外，人度翠峯間。古殿藏雲氣，唐碑帶蘚斑。未窮幽絶處，興盡忽思還。震澤編

趙棠

棠字國炎。

弔瓊花

名擅無雙氣色雄，忍將一死報東風。他年我若修花史，合傳瓊妃烈女中。

山房隨筆：揚州瓊花，天下祇一本，士大夫愛重，作亭花側，扁曰無雙。德祐乙亥，北師至，花遂不榮。趙棠國炎賦絶句弔之。

李坦之

坦之字道坦，錢唐人。生宋季，早歲入洞霄宮，學文于高士鄧牧心，爲所稱許。

杜鵑行

吾聞昔有蜀天子，化作寃禽名杜宇。一身流落懷故鄉，萬里逢人訴離苦。西來縱呼巫峽間，楚臺花落青春闌。臺中魂夢久寂寞，行雲日暮愁空山。明朝復向瀟湘發，北叫蒼梧江竹裂。竹間之淚花上血，

怨入東風俱不滅。天涯無窮朝暮啼，王孫草綠不思歸。哀哉王孫終不歸，江南江北楊花飛。

寄吳正傳

拂袖行歌歸故鄉，相思又是一星霜。夢回江上秋楓杳，愁入天涯春草長。書問久淹嗟契闊，詩章時讀慰淒涼。知君亦有逍遙興，肯學征鴻爲稻粱。

送人歸嚴陵并寄吳正傳

官車一兩馬並馳，送君朝出城門西。投觴誓河以爲別，東流到海無還期。雲間挂冠歸故里，河上停帆謝遊子。不願松江食巨鱸，甘向桐川釣寒水。子陵昔釣川之側，百尺高臺猶屹立。斜日歸舟繫石根，稽首清風無媿色。金華洞天深且幽，神仙牧羊松下遊。故人吳君仙者儔，高卧巖屋秋浮浮。茲山相鄰邇睦州，山翠俯壓城南樓。吳君之家某水丘，尺書欲煩親手投，一見足寫平生憂。

白鷂子歌

淮西猛士高將軍，新獲驍禽被涼素。調之弗顧情未狎，跨馬臂出城東去。征鴻作字雲邊斜，聳身直上誰能遮。天寒日暮望不見，北風萬里吹瑤花。雲飛忽斷鴻飛卻，短草長烟際沙漠。但餘孤色搖清秋，未許纖毫生碧落。歸來珍衞不解鞲，親手餧肉供飢喉。英雄遇合固有分，可惜驚塵俱雪頭。

李白酒樓歌

綠楊酒樓春水涯，白也繫馬樓東家。千金醉盡不復顧，猶吹玉笛引吳娃。日斜樓外東風起，春愁滿眼楊花裏。高歌一曲下樓去，傳徧江南數千里。錦袍綠水迷蹤跡，月落空梁照顏色。江頭盡日不見人，樓上幾年無此客。倚闌仰看西飛雲，胡爲不飲愁其身。卽今寂寞千年後，誰酹青青山下墳。

句

落日中原小，悲風易水寒。　凡物皆歸土，深山始見天。落葉　城南草綠王孫去，江上花飛燕子來。清江百曲秋花底，漁火孤村暮雨中。　芙蓉水碧雙鳬冷，苜蓿秋高萬馬肥。以上吳禮部詩話

呂徽之

徽之字起猷，號六松，台之仙居人。遯跡不出，操行極高。

詠雪用滕字韻

天上九龍施法水，人間二鼠齧枯藤。鶖鵝聲亂功收蔡，蝴蝶飛來妙過滕。

復請賦曇字韻又賦

萬里關河凍欲含，渾如天地尙函三。橋邊驢子詩何惡，帳底羔兒酒正酣。竹委長身寒郭索，松埋短髮老瞿曇。不如乘此擒元濟，一洗江南草木慙。

輟耕錄：徽之長于詩，宋亡，隱居萬竹山中，樵漁自給。一日大雪，攜楮幣易粟富家，聞其分韻賦詩有得滕字者，苦吟不就，徽之笑曰：「何不擧滕王蛺蝶事？」衆迎入請成之，援筆而就。又請賦曇字韻，隨筆書訖，徑出。問姓字，不答。與之粟，曰：「吾豈受不義者？」必欲易之，刺船而去。遣人尾其後，路甚迂僻。雪霽往訪，唯草屋一間，忽米桶有人，乃徽之妻也，因天寒，故坐其中。詢所之，曰：「捕魚溪上。」詣之，呂方檥舟，隔岸遙揖曰：「諸公曷先如舍遲我乎？」少選，徽之攜魚換酒歸，盡懽別。它日復往，已逸，莫知其處。

冬日

斗室蕭蕭日晏眠，疏狂唯與嬾相便。尋常甲子無心記，看到梅花又一年。台州府志

劉彦章

彦章，吉水人。宋亡後，與劉桂隱、劉中齋講學。有詩名。

題廬陵義士傳

淮海風迴吹血腥，靑原不改舊時靑。中朝將帥論功賞，不及江南一白丁。

題新淦劉貞女傳

百年節義仗英豪，一死翻憐女子高。不敢高歌題卷上，轉喉恐觸舊官曹。以上吉安府志

胡貫齋

貫齋，廬陵人。

挽文山

裂指秋風感別離，乾坤人物太奇奇。生爲孝子忠臣勸，死結皇天后土知。萬折江流魚腹石，千年人立首陽碑。一門史氏春秋筆，愁絶湖光入畫時。庶齋老學叢談

洪平齋

挽疊山

千古精忠日月光，恨無麟筆寫堂堂。還家恥作梁江總，辟穀誰知張子房。後死十年應有待，輕生萬里

故非狂。有兒可拾江邊骨，須信人亡道不亡。疊山集附

趙澗邊

挽疊山

西山東海莫容身，芒屨蕭蕭萬里塵。去住更無寬歲月，死生惟有一君親。丹心故國紅雲冷，白骨他鄉塞草春。不是回頭春已暮，至今猶説似癡人。疊山集附

翁森

森字秀卿，號一瓢，台州仙居人。宋亡，隱居教授。有一瓢集。

四時讀書樂

山光照檻水遶廊，舞雩歸詠春風香。好鳥枝頭亦朋友，落花水面皆文章。蹉跎莫遣韶光老，人生唯有讀書好。讀書之樂樂何如，綠滿窗前草不除。

新竹壓簷桑四圍，小齋幽敞明朱曦。晝長吟罷蟬鳴樹，夜深燼落螢入幃。北窗高臥羲皇侶，只因素稔讀書趣。讀書之樂樂無窮，瑤琴一曲來薰風。

昨夜庭前葉有聲，籬豆花開蟋蟀鳴。不覺商意滿林薄，蕭然萬籟涵虛清。近牀賴有短檠在，及此讀書功更倍。讀書之樂樂陶陶，起弄明月霜天高。

木落水盡千崖枯，迥然吾亦見眞吾。坐對韋編燈動壁，高歌夜半霜壓廬。地爐茶鼎烹活火，一清足稱讀書者。讀書之樂何處尋，數點梅花天地心。仙居縣志

陸正

正字行正，號率齋居士，嘉興之武原鄉人。精于律吕、象數之學。元世祖遣程文海至江南訪求賢士，稱疾不出。後復與劉因同徵，不赴，隱居教授以終。門人私謚曰靖獻先生。

古意

結褵事君子，誓作形與影。人事多乖離，彼此暌燕郢。尺書沈素鱗，啼鴂催逝景。妾命詎終薄，君心那得冷。開簾花撲面，淚落紛如綆。柘上遺詩

潘音

音字聲甫，天台人。宋季，躬耕不仕，築室南洲山中。詔徵天下遺逸，廉訪使檄贇之行，固辭。有待清軒遺稾。

有所思

中心有所思，蹙損雙蛾眉。美人竟長往，使我歎離居。寂寞就孤枕，强眠誰得知。夜深清露重，飛夢欲何之。覺來日遲遲，分照上羅幃。妝臺理雲鬢，種種盡成絲。

山中寄友人

我來臥白雲，潭影清華髮。經歲無稻粱，侵晨采薇蕨。峯頭天籟鳴，隴上樵歌發。還擬醉濁醪，與君弄山月。

悼楊侍郎

屈指漢遺老，如君復幾何？鳳池冠劍近，鈴閣典章多。國已成禾黍，人還隱薜蘿。那堪川上水，東逝乏迴波。

山居阻雨

霏霏風雨暗郊原，有客含淒獨掩門。山鬼嘯雲移峭壁，毒龍將海浸孤村。愁來自灑青楓淚，戰罷誰招絕漠魂。繭足空齋無一語，不因岑寂怨黄昏。

聞鵑

子規聲切月輪斜，起望諸陵憶漢家。婦女尋芳渾不解，鬢雲爭插杜鵑花。以上倚清軒遺藁

凌嵒

嵒字山英，號石泉，華亭人。少習舉子業，宋亡，即卷處，一放于詩。有古木風瓢集。

題機山

六峯喬木鎖雲根，青接平原數里村。此處無人來聽鶴，海靈山鬼哭黄昏。松江府志

汪斗建

斗建，淳安人，生宋末。有雲留小稾。

錢唐懷古

江上城低烟樹紅，江潮西去幾時東。吳宮花草隨春暮，禹會樓臺入夢空。萬里孤雲留夕照，千年遺恨訴秋風。鳳凰飛去無消息，漠漠遙岑烟雨中。嚴州府志

黃超然

超然字立道，號壽雲，黃巖人。

秋夜

秋近園林風露涼，蟲聲無數出頹牆。前朝舊事過如夢，不抵淸秋一夜長。黃巖英氣

陳古遇

古遇，平江人。元俞焯稱其詩高古，無宋末氣，不媚于時。

志怪

沈沈萬仞淵，下有驪龍珠。佩之壽松喬，售之富倅都。貪夫臨淵羨，重利輕微軀。百金不龜藥，千金水犀珠。丹砂與翠羽，陸産海所無。齋裝濤浪中，亘闕光炯如。粲粲兩靑童，駢肩何所須。再拜上珠翠，敢問龍起居。靑童粲玉齒，雲龍臥元虛。爲君窮珠山，鞭雲取長軀。雲急風更惡，蒼梧來時徐。丹藥兩須失，哀哉飽鯨魚。

俞焯詩詞餘話云：立意高遠，不在建安、黃初下。

馬別主

馬別主兮，涕泗霑臆。士別主兮，喜見顏色。于嗟馬兮，胡戀而駐。于嗟士兮，胡棄而背。

詩詞餘話云：哀忱悽斷，足以警世俗。

連文鳳 以下月泉吟社

文鳳字伯正，號應山，三山人。杭清吟社。入月泉吟社第一名，託名羅公福。

黄灝月泉吟社序：浦江吳渭，字清翁，號潛齋，宋時嘗爲義烏令。元初，退食于吳溪，延致鄉遺老方韶父、與閩謝皐羽、吳思齊主于家，始作月泉吟社。四方吟士從之，三子者乃爲其評較揭賞云。又送詩賞小劄序：月泉社，吳清翁盟詩，預于丙戌小春望日，以春日田園雜興爲題，至丁亥正月望日收卷。月終結局，收二千七百三十五卷，選中二百八十名。三月三日揭榜，第一名公服羅一縑七丈，筆五貼，墨五笏；第二名公服羅一縑六丈，筆四貼，墨四笏；第三名公服羅一縑五丈，筆三貼，墨三笏；第四名止第十名，春衫羅一縑，筆二貼，墨二笏；第十一名止二十名，各深衣布一縑，筆一貼，墨一笏；第二十一名止三十名，各深衣布一縑，筆一貼；第三十名止五十名，各筆一貼，墨一笏，吟箋二沓。

春日田園雜興

老我無心出市朝，東風林壑自逍遥。一犂好雨秧初種，幾道寒泉藥旋澆。放犢曉登雲外壠，聽鶯時立柳邊橋。池塘見説生新草，已許吟魂入夢招。

評云：衆傑作中，求其粹然無疵，極整齊而不窘邊幅者，此爲冠。

馮　澄

澄字澄翁，號來清，義烏人。月泉吟社第二名，託名司馬澄翁。

前題

編闢春思倩吟鞭，著面和風輭似綿。黄犢烏犍秧穀候，雄蜂雌蝶菜花天。把鉏健婦踏烟壠，抱甕丈人分野泉。忙事關心在何處，流鶯不聽聽啼鵑。

評云：起善包括，兩聯説田園的，而雜興寓其中，末語亦不汎。

梁相

相字必大，杭人。月泉吟社第三名，託名高宇。

前題

膏雨初晴布穀啼，村村景物正熙熙。誰知農圃無窮樂，自與鶯花有舊期。彭澤歸來唯種柳，石湖老去最能詩。桃紅李白新秧綠，問著東風總不知。

評云：前聯妙于紐合，後聯引陶、范，不爲事縛，句法更高。末借言雜興，的是老手。

又 梁必大，杭人。武林九友會，月泉吟社第十三名，託名魏子大。

麥疇連草色，蔬徑帶蕪痕。布穀叫殘雨，杏花開半村。吾生老農圃，世事付兒孫。但遇芳菲景，高歌酒滿尊。

評云：前四句詠題，後乃述意，末二句亦不離春興，格韻甚高，五言中未易多得。

劉應龜

應龜字元益，號山南，義烏人。月泉吟社第五名，自署山南隱逸。

前題

獨犬寥寥晝護門，是間也自有桃源。梅藏竹掩無多路，人語雞聲又一村。屋角枯藤黏樹活，田頭野水入溪潭。我來拾得春風句，分付沙鷗莫浪言。

評云：此卷七言凡六首，律細韻高，如：「耕餘樹有牛磨癢，稅足溪無人照瘢。」「青春卻付鳴鳩管，白日全輸臥犢閑。」此等語豈未易及，鼎嘗一臠，餘可概知。

魏新之

新之字德夫，號石川，分水人。咸淳七年進士。慶元教授。月泉吟社第六名，自署子進。

前題

農圃誰言與世違，韶華正恐屬柴扉。天機花外聞幽哢，野色牛邊睨落暉。膏雨平分秧水白，光風小聚藥苗肥。行歌隱隱前村暖，忽省深山有蕨薇。

評云：起有頓挫，二聯皆琢句，皆練字，末意尤永。

又　第五十三名，自署子直。注曰：分水魏石川。

野景入時務，東風斸滿鉏。笛聲牛後山，酒味燕來初。穀種天心在，桑枝帝澤餘。紅塵幾飛鞚，肯信有農書。

評云：起句快便，結意深遠，兩聯亦高，不得已屈置諸此。

楊本然

本然字舜舉，號龍溪，金華人。月泉吟社第七名，自署栗里。

前題

春風建業馬如飛，誰肯田園拂袖歸。栗里久無彭澤賦，松江僅有石湖詩。踏歌槌鼓麥秧綠，沽酒裹鹽菘芥肥。吳下風流今莫續，杜鵑啼處草離離。

評云：起敍石湖出處，善黏綴本題；頷聯引淵明爲對，語有斟酌；頸聯就范詩狀田園，結有悠揚不盡之興。此詩若止如前半篇，則于義當屬賦矣。

又 第三十六名，自署觀我。注曰：金華楊舜舉。

露畦烟陌裏，名利等秋毫。引犢隨牛放，祈蠶望繭繰。和根挑薺菜，帶葉摘櫻桃。讀罷歸來賦，臨風欲和陶。

評云：有點檢，無疎漏，二聯能以俗爲雅，和根帶葉，雖只舊對，卻轉移得好。末押和陶，更佳。

陳堯道

堯道字景傳，號山堂，義烏人。月泉吟社第八名，託名倪梓。

前題

化日村田樂，春風耕織圖。秧肥科斗動，桑暗鵓鳩呼。罷社翁分胙，占蠶媼得符。傍花隨柳處，此事不關吾。

評云：起聯有力，五六亦新，傍花隨柳，人多正說，此乃翻用之，意新。

全璧

璧字君玉，號遯初子，杭人。孤山社。月泉吟社第九名，自署全泉翁。

前題

倦遊歸隱白雲鄉，芳草庭閑晝日長。晉氏衣冠門外柳，豳人風俗屋邊桑。青林伐鼓村村社，綠水平疇處處秧。未分東風欺老眼，一編牛背臥斜陽。

評云：見趣高，格調別，觀前聯八字及末句語，可想其人。

呂文老

文老字澹翁，東陽人。月泉吟社第十名。

前題

月箒紀閏附青煒，民野陶然化日熙。祀備枌榆祈稔歲，宴酣花柳樂清時。洛中富貴斜陽恨，綿上勛勞千古思。浩興歸來吟不盡，陶詩和後和豳詩。

評云：引用田園事，全與諸作不同，覃思一至于此。末句亦縝密。

方德麟

德麟字藏六，桐江徙居新城。月泉吟社第十一名，託名方賞。

前題

繞畦晴綠弄潺湲，倚杖東風卻黯然。往夢更誰憐秀麥，閑愁空自託啼鵑。犂鉏相種地力盡，花柳無私春色偏。白髮老農猶健在，一蓑牛背聽鳴泉。

劉汝鈞

汝鈞字君鼎，號蒙山，三山人，寓杭。月泉吟社第十二名，託名鄧草徑。

前題

年來夢斷百花場，安分農桑萬慮降。爲喜麥青行暖徑，因看蠶出倚晴窗。草坪閑見烏犍點，畬水飛來白鷺雙。滿飲茅柴拚爛醉，踏歌社下自成腔。

評云：意圓語妥，五六善寫物態，用韻尤工。

何鳴鳳

鳴鳳字逢原，分水人，宋時嘗爲敎官。月泉吟社第十四名，託名喻似之。

前題

東風轉矚又東皋，久賦將蕪力未薅。古木一作屋陰深巢燕弱，荒陂水淺怒蛙豪。兒癡方擬牛栽秫，身隱尙嫌仝種桃。何許蕨薇君欲采，飢眠堪羨華山高。

評云：語健意深，雖首句疊字，微欠推敲，後聯與末韻過人矣。

又　第四十五名，託名陳緯孫。注曰：分水何敎鳴鳳。

星明天駟兆興農，稼圃犂鉏處處同。播穀競趨新禹甸，條桑猶記舊豳風。草緣疆畎縱橫綠，花隔藩籬深淺紅。自笑偷生勞種植，西山輸與采薇翁。

評云：雋味寓于細律中，微作者，不及此。

翁合老

合老字仲嘉，建德人。月泉吟社第十五名，自署躡雲。

前題

韶華到處入冥搜，郭外人家事更幽。土脈正融催穀觫，林陰微合聽鉤輈。誰家酒熟社公醉，明日桑空蠶妾愁。祇恐春工一作東風忙裏度，又吟風雨滿城秋。

評云：春日雜興意已具首句，二聯工緻，後聯句更高。結句所引，與興字相關，尤有深味。

林子明

子明號東岡，分水人。月泉吟社第十六名，自署玉華吟客。

前題

一點陽和藁萬宇，最饒佳致是山莊。雞豚祝罷成長席，鶯燕聽來隔短牆。嗜酒不嫌多種秫，無襦長恨少栽桑。東郊勸相何煩爾，農圃吾生自合忙。

評云：前聯細玩見田園，次聯較分曉，結意尤有含蓄。

劉蒙山

蒙山，崑山人。月泉吟社第十七名，託名田起東。

前題

桑風吹綠滿原頭，西崦東皐暖氣浮。村婦祈蠶分麪繭，老農占歲說泥牛。田烏飛逐耕烟犢，桑扈鳴隨喚雨鳩。鄰叟一作曲相邀同社飲，旋將新酒向花篘。

評云：此眞雜興，二聯組織甚工。

周暕

暕字伯陽，號方山，泰州人，武林社。月泉吟社第十九名，自署識字耕夫。

前題

蛙聲似吹雨初足，桑椹欲紅風始和。少婦每憂蠶利薄，老夫唯喜秫苗多。舊栽花木山鶯識，新買陂塘野鷺過。此境東風元自好，當年金谷事如何？

評云：不事排槩，而意語新妥，自是佳作。

月泉吟社送詩賞小劄：羅公福云：「伏以月泉舊社，久盟湖海之交；春日新題，賸寫田園之興。得周南而正始，可冀北之空羣。執事振響武林，舒翹文苑。種秧澆藥，已朝市之無心；放犢聽鶯，更池塘之入夢。杼機自別，冠冕爲宜。某心所甚欣，手之不釋。詩成奪錦，誦珠玉者翕然；禮以爲羅，媿瑤琚則多矣。餘如玄頴，并致篚筐。」司馬澄翁云：「執事清涵繡湖，香並班史。菜花天，秧穀候，偶迎著面之風；野泉碧，烟隴犂，總是關心之事。雖居蕭次，猶占盧前。」高宇云：「伏以友連湖海，夙聞詩錦之名；題借田園，尙媿禮羅之意。有來匡鼎，豈遜盧前。執事文陣稱雄，武林擢秀。四時春始，成石湖老去之吟；三徑人間，得彭澤歸來之趣。襟期樂只，囊頴宜哉。某得是高吟，從而深刻。問巢父之珊瑚安在？此則長留；縱衞人之瓊玖可將，終然匪報。」倪梓云：「田園雜興，偶徼舊社之同盟；湖海俊游，爲賦長城之五字。執事假富春山，爲通德里。耕織圖，村田樂，放開塵外之懷；社翁胙，蠶媼符，道盡眼前之景。以俗爲雅，此詩可羣。」全泉翁云：「執事東晉衣冠，西幽風俗。閑庭芳草，倦游甘隱于白雲；

綠水新秧，歸牧穩眠于斜日。卓爾有立，異乎所聞。」躡雲云：「月泉壤地，密依鄰燭之光；春日田園，臈喜奚囊之興。翩其傑製，壯我齊盟。執事絲瀨清風，爐峯瑞氣。土脈融，林陰合，搜吟不赦於韶華；社公醉，蠶妾愁，敗意直憂于秋雨。誠爲蒼勁，可但清新。」識字耕夫云：「農圃餘生，結同盟之社友；湖山佳處，有識字之耕夫。所謂伊人，夫豈卑我？執事語無排奡，體不效崑。野鷺山鶯，動金谷當年之感；婦蠶夫耛，逼石湖春日之吟。」云云。

送僧歸蜀

詩禪寄杖錫，不問道塗難。到水浮杯渡，逢山卸笠看。悟空諸念寂，傳佛一燈寒。蜀國又歸去，令人憶道安。翰墨大全

姚潼翔

潼翔，家釣臺。月泉吟社第廿一名，自署社翁。

前題

壁寫新年百事昌，春盤次第蓼芽香。燒燈過了爭挑菜，祭社歸來便撒秧。布穀幾聲催耜畝，吳蠶三伏正條桑。一春忙過無多日，又聽鸝鶊報麥黃。評缺。

高　鎔

鎔字聲玉，號悅雲，三山人。宋婺州教官。入月泉吟社廿二名，自署騎牛翁。

前題

已學淵明早賦歸，東風吹醒夢中非。鶯聲睍睆來談舊，牛背安閑勝策肥。時聽樵歌時牧笛，間披道氅

間農衣。篇詩那可形容盡，何似忘言對夕暉。

評云：五六作意，就雜字上形容，略似爲氣格之累，然而不可少也。第二句穎拔，末用淵明意尤佳。

吴瑀

瑀字貴叔，義烏人，吴天祐之姪。月泉吟社第廿三名，自署天目山人。

前題

野水渾邊戲乳鵝，疎籬缺處曬耕蓑。草青隨意牛羊臥，門靜無人燕雀多。夫倦倚犂需婦饁，翁歡擊壤和孫歌。新來別有營生計，又喜巡簷任蜜窠。

評云：全篇是雜興本色，而田園參貫其中，且無一語塵腐。

胡南

南字景山，號比心，義烏人。月泉吟社第廿四名，自署安定書隱。

前題

世數有遷革，田園無古今。鳥喧爭樹暖，牛倦憩牆陰。水活土膏動，風微花氣深。淵明千古士，佇立此時心。

評云：二聯入細，末意尤永。

黄景昌

景昌，浦陽長塘人。月泉吟社第廿五名，自署槐窗居士。

前題

野色搖春麥正肥，烟村閑寂往還稀。未多桑葉蠶初浴，更小茅茨燕亦飛。行市綠蛆花潑眼，臥依黄犢草侵衣。數聲桐角歸來晚，楊柳移陰月半扉。

評云：細潤中見雜興，若知田園傳亭，則有當進廬前矣。

姜　霖

霖字仲澤，金華人。月泉吟社第廿六名，自署姜仲澤。

前題

老盆傾酒試新嘗，社鼓村村鬧夕陽。麥隴風微牛睡穩，芹塘泥滑燕歸忙。半村飛雨斷烟逕，一徑落花流水香。鼎貴安知此中意，徒能學犬吠村莊。

評云：頷聯妥貼，五六尤勝，末不雷同。

東必曾

必曾字孝先，號潮原，杭人。武林社。月泉吟社第廿七名，託名陳柔著。

前題

噗綠郊原春事深，治生幽趣豁塵襟。聲聲禽語耕人意，種種花開老圃心。桑葉漸舒梯欲整，麥苗暗長路難尋。日長雖有荷鉏倦，薄暮歸來常醉吟。

評云：終篇可謂清新之作，三四尤有味。

方子靜

子靜，桐江白雲村人。月泉吟社第廿八名，自署方尚老。

前題

東皋雨後土膏肥，夙駕烏犍出短扉。秧水平疇蛙閤閤，菜花滿稜蝶飛飛。比鄰社酒歡猶在，牆壁農書事已非。獨喜桑麻今正長，淵明歸去最知幾。

評云：頷聯停當，五六有感觸，三四字尤警。

朱孟翁

孟翁，東陽人。月泉吟社第廿九名。

前題

飣餖蔬槃已竹萌，如何布穀未催耕。牧兒嬾散騎牛過，遊子牽連信馬行。秧際窺魚翹白鷺，花間捎蝶下黃鶯。東風歲歲添新綠，獨我霜髯多幾莖。

評云：平妥中用字有工，二聯不拘體貼，而題自見，末感興深。

月泉吟社送詩賞小劄：天目山人云：「月泉社友，爰歃舊盟；天目山人，爲題春興。不勝佳甚，豈果遠而。執事望邑鄰輝，平齋宗派。詠牛羊茁壯，仍觀戲水之乳鵝；知燕雀生成，又喜巡簷之窠蜜。有喭其齒，或拊而歌。」安定書隱云：「執事昔者中庸，今之安定。趣雄物表，牛倦鳥喧；景入用中，風微水滑。且能慕義熙之士，豈欲追正始之音。」槐窗居士云：「執事名稱東國越之雄，句比西家施之麗。浴蠶飛燕，野色搖春；依犢市蛆，扉陰移月。暮成小景，曲盡巧心。」姜仲澤云：「月泉里社，竊雙溪明月之餘輝；春日田園，動白雪陽春之絶唱。執事採摭羣言，牢籠百態。歸燕忙，睡牛穩，頗歡顔社酒之嘗；斷烟溼，流水香，更切齒村莊之吠。高標聳若，秀句宜哉。」方尙老云：「秧疇麥稜，畫圖巧寄于聲中；社酒農書，詩史隱存于言外。烏龍嶺之地靈尙矣，白雲村之宗派依然。某薄云荸獻，幷以穎歸。」

鶚按：小劉，朱孟翁缺。

陳舜道

舜道，義烏人。月泉吟社第三十一名，自署陳希邵。

前題

春來非是愛吟詩，詩是田園樂興時。淸入吟懷花月照，紅生笑面柳風吹。村聲盪耳烏鹽角，社酒柔情玉練槌。閑悶閑愁儂不省，春來非是愛吟詩。

春來非是愛吟詩，詩是田園遣興時。行傍山翁驅犢父，坐觀鄰嫗試鵝兒。看秧時測水深淺，行菜閑占春早遲。白日漸長消不去，春來非是愛吟詩。

春來非是愛吟詩，詩是田園感興時。草地耕牛才有犢，花村吠犬那能龍。麥青未必三時粥，桑綠其如二月絲。觸物興懷言不盡，春來非是愛吟詩。

評云：此卷首尾吟十篇，題上生題，摹寫各極其妙，與其他畫蛇添足者不同。姑置諸此，以爲手抄之冠，紙價當爲高矣。

劉時可

時可，雙溪人。月泉吟社第三十二名。

前題

土膏初動雨初收，草徑茅亭趣最幽。坐睡略無朝市夢，踏歌時有里閭遊。半丘秧秫醉堪酒，五畝樹桑寒可裘。老圃老農誠足學，不成吾道付滄洲。評缺。

許元發

元發，義烏人。月泉吟社第三十四名，自署雲東老吟。

前題

片雲豈是出山時，曾被東風誤一吹。歸意不煩啼鴂勸，閑情只許落花知。桑麻窮巷扉常掩，烟火空林黍自炊。栗里輞川非謬計，晴窗子細味渠詩。

評云：起善摹寫，五六用淵明摩詰語，卻以第七句承之，可謂得格。

洪貴叔

貴叔，義烏人。月泉吟社第三十五名，自署避世翁。

前題

棄官杜甫罹天寶，辭令陶潛歎義熙。暖日浣溪仍舊迹，春風栗里只前時。苗生阡陌培嘉種，花繞林塘發故枝。佳與二公能領會，可能胸次太多詩。

評云：全倣坡體。

徐端甫

端甫，義烏人。月泉吟社第三十七名。

前題

曉出東郊跨蹇驢，弄晴微雨潤如酥。犬依桑下烏犍臥，鳩雜花間黃鳥呼。楊柳嫩搖風氣力，稻秧新著雨工夫。農家滋味誰知得，飽飫豚蹄酒一盂。

評云：如是而後爲雜興詩，中二聯尤得趣。末無奇。

朱釋老

釋老號龜潭，金華孝順鎮人。月泉吟社第三十八名。

前題

家山萬象春歸好，詩筆拈來感物情。泉脈動時毋待灌，土膏起處正宜耕。無窮懷抱風和暢，不盡形容雨發生。試問封侯萬里客，何如守拙晉淵明。

評云：前聯說田園輕快，第二句體貼興字，五六帶春景，體貼雜興二字更工，然而氣格不甚高，亦坐此。

李　蕚

蕚，桐江人。月泉吟社第三十九名，自署樵逸山人。

前題

村居只是舊衣冠，北墅南園熟往還。雨外泥深牛轂觫，花邊風暖鳥間關。躬耕自得莘郊樂，日涉誰知陶徑閑。只説桑麻元自好，不須釋耒歎時艱。

評云：全篇辭氣雍容，末韻哀不傷，怨不怒，深得詩人之旨。

陳公凱

公凱字君用，號竹臞。月泉吟社第四十名，自署柳圃，後爲月泉書院山長。

前題

春風宂我田園務，野思芳情約不齊。檢點瓜丘仍芋壠，按行桑墅更秧畦。偶陪靈運山前屐，或學東坡雨外犁。薄暮倦歸專一事，旋誅生菜甕黄齏。

評云：詠雜興甚工，但失之刻露，然其好處亦在此。

又 第四十六名，託名陳鶴皋。

世事不挂眼，寄情農圃中。鉏犁衝曉雨，杖屨立東風。芽穀驗仁脈，澆花覩化工。獨餘眞意味，濁酒自燒菘。

評云：前聯平，後聯有思索。

俞自得

自得號吟隱，金華孝順鎮人。月泉吟社第四十二名。

前題

暄和春景好供詩，日暖風輕土脈肥。白鷺時窺秧刺刺，黄鸝頻説柳依依。幾回野水聞姑惡，數樹春陰叫姊歸。物態滿前看不足，等閑吟詠對斜暉。

評云：語新而對巧，所謂多識于鳥獸草木之名。但末二句不過敷演起句耳。

王進之

進之，建德人。月泉吟社第四十七名，自署臨清。

前題

桑田滄海幾興亡，歲歲東風自扇揚。細麥新秧隨意長，閑花幽草爲誰芳。午橋蕭散名千古，金谷繁華夢一場。滿眼春愁禁不得，數聲啼鳥在斜陽。

評云：有悠長味，無艱澀語，後半篇視前略不及。

又 第四十九名，自署王進之。

東君私我此身閑，脱卻青衫野服更。桑可以絲麻可績，麥宜續食韭宜羹。分甘壟上耕雲隱，夢不湖邊拾翠行。物意豈知滄海變，曉風依舊語流鶯。

評云：以雅健語寫高潔操，悠然之興，見于篇末。

陳希聲

希聲，義烏人。月泉吟社第五十名，託名元長卿。

前題回文 二首存一

香紅眩眼纈蘂英，竹杖扶吟縱步行。桑眼褭含靑蕾小，麥鬚蝦磔翠芒輕。黄花菜圃午風暖，綠水秧畦春野平。芳樹幾聲鳩雨過，蒼蒼柳色弄烟晴。

評云：回文二首，俱妥順，亦出苦心。

又 第五十一名，託名聞人伯仲。三首存一。

田園與在早春時，眼纈生紅喜上眉。門巷日高人掃雪，池塘烟漲水流澌。杯柈新歲歡同社，燈火元宵鬧古祠。野老告余春事及，夜來小雨過前陂。

評云：三春分作三首，曲盡變態，非苟爲敷演者所能及。

戴東老

東老，月泉吟社第五十二名。

前題

飮了椒盤收了燈，翁攜稚子步新晴。茅柴初熟勝臘醖，萊菔久齏宜晚羹。伏卵雞留上春種，出欄牛試吉辰耕。去年官賦今年罷，寂甚門前犬吠聲。

評云：狀三春之景，得處亦多。起頭一句欠嚴重。

陳文增

文增，苕水人。月泉吟社第五十四名。

前題

熙熙壠畝扇和風，蔟蔟人烟野意濃。培溉桑痲沿汲路，徑行薺麥省耕農。飲牛澗暖山搖影，接果枝青薜拆封。酒熟花香村欲社，芒鞵藤杖儘從容。

評云：起見題意，兩聯中五六尤工。

月泉吟社摘句圖

無機老農云：名利有危機，老于農圃宜。

子問云：驅卻餘寒碎土牛，田園生計又從頭。

田農夫云：桃李場中已免參，只將農圃繫頭銜。

唐人機軸云：風暖柴荆鳥語幽，麥高痲矮野桑柔。以上起句

忘懷老人云：寸地不可棄，東風何處無。

五雲山人云：種瓜思夏實，分菊待秋花。

老農云：幸存耕雨地，況值養花時。

劉存行云：麥苗花下綠，犢子草邊黄。

石姥寄客云：水暖眠秧珥，風香豎茗旗。

夔澗云：雨露桑痲深夜話，清明花柳少年心。

雲水云：晴雨花時遊子意，寒暄秧信老農心。

白雲人云：犢外醉分芳草臥，鶯邊吟踏落花行。

傅宣山云：生意滿腔秧出穀，飛花有思柳飄絲。

自家意思云：耕鋤曉雨有餘地，應接東風無暇時。

柳耆云：野犢正忙犂曉雨，谷鶯纔出管東風。

俞如山云：鳥隨牛後竅秧穀，蝶趁蜂來戀菜花。

跨犢者云：有酒便嘗烹筍蕨，無花聊自賞桑麻。

□□□云：社近記穿黄繭子，雨前趲摘紫槍旗。

山野人云：鶯藏楊柳金歌舞，蝶宿梨花雪夢魂。

盤隱末子云：桃林我憶放牛日，葵圃誰思逸馬時。

扶杖夫云：一生甘作扶犂手，萬變寧移抱甕心。

廷雲云：蛙鳴暮夜官何爲，蝶戀芳菲夢不知。

翁自適云：鴉趁犂翻爭啄食，蜂黏絮落苦貪香。

郭建德云：烟連草色迷平野，雨趁鳩聲過別村。

駱偭賓云：烹罷鏷龍新上箸，修來秧馬尙依牆。

陳帝臣云：淸曉蛙聲引啼鴂，夕陽牛背立歸鴉。

晚靜云：牛飲芳陂鴉立背，馬過秀野蝶隨蹤。

竹蓑笠翁云：蠶一二眠催出伏，秧三四葉尙憂風。

俞野處云：郎罷耕歸呼囝牧，阿翁眠起問姑蠶。以上聯句

藍田道人云：晴原望新麥，一片綠雲香。

林泉生云：桃李公門者，將蕪胡不歸。

傅九萬云：笑他思著蓴鱸者，卻感秋風始去官。以上結句。月泉吟社

鄭協

溪橋晚興

寂寞亭基野渡邊，春流平岸草芊芊。一川晚照人閑立，滿袖楊花聽杜鵑。

錢唐晚望

錢唐江上夜潮過，秋靜寒烟白露多。吳越青山明月裏，舟人齊唱異鄉歌。以上天地間集

徐直方

直方字古爲。

觀水

滄江無盡水，夜夜隨潮去。若復作潮來，滄江止不住。天地間集

何新之

新之字仲德，號橫舟，西安人。仕至樞密院編修官，後知忠安軍，死節。有詩林萬選。

秋夜汎舟

飛星曳寒影，野水淡碧空。人生定何物，扁舟空影中。何年有宇宙，生此木末風。有力不向上，難到蓬萊宮。空攀棲鶻巢，搔首如飛蓬。俯仰慨今昔，此懷安可窮。天地間集

王仲素

仲素號石髓。

歸去詞

種松雨濯髮，折筍春墮指。長嘯歸去來，滄江一天水。天地間集

何天定

天定號菊屋。

散策

孤坐忽不樂，出門聊散行。溪喧亂人語，樹偃礙農耕。雨徑莓苔積，陽坡草木明。道逢九十老，相對話承平。天地間集

王曼之

曼之號野處。

西窗

西窗枕寒池，池邊老松樹。渴猨下偷泉，見影忽驚去。

春日郊行

出門逢柳色，忽過野橋西。坐石看潮長，隔花聞鳥啼。地隨芳草盡，樹與夕陽齊。不是桃源路，行人亦自迷。以上天地間集

范協

協號覯山。

年年

年年如燕一還家，又訪幽居過水涯。風雨滿城春欲暮，山中猶有碧桃花。天地間集

吳子文

子文號東窗。

訪隱者不遇

道人入山訪道人，山深俗朴雞犬馴。道人不見道人去，毿毿草木無邊春。天地間集

韓竹坡

采菊

擷我百結衣，爲君采東籬。半日不盈掬，明朝還滿枝。悠然何處是，千古正如斯。天地間集

唐涇

涇字清父，道州龍山人。

甲戌客臨安　時賈似道當國

金谷烟花醉未醒，舫邊無夢到功名。十郎腹裏長函劍，六丈胸中舊貯兵。天豕星沈狠有影，海鮨風緊鶴無聲。如聞浩浩愁相訊，何日衣冠樂太平。

江南紀事

吳山一髮暮雲孤，愁向湘纍訊故都。鳳去只餘韶樂在，雁來還有帛書無。杏壇有客陳孤注，平隴何人復五銖。歌徹黍離風雨惡，南山深處叫烏烏。

廣亡徙海

箕冠如櫛擁茅旌，誰執騂毛歃晉盟。遵海而南關氣數，渡江以北少功名。火旗晻靄雲藏闕，水陣周遭雪壓城。一榻不容人鼾睡，那知霧島是神京。

厓山亡

萬里輿圖入朔方，摇摇孤注海之陽。石尤風惡雲藏軫，天駟星沈月掩房。島上有人悲義士，水濱無處問君王。羲和指著烏飛路，去去虞淵暮色蒼。以上忠義集

彭秋宇

乙亥紀聞

羽書朝暮漲氛埃，天詔勤王起草萊。塞上風高鷹颺去，江頭霧暗馬飛來。諸賢忠愛謀安出，四將英靈喚不回。漠漠雲天秋萬里，飛鳴無數雁鴻哀。

秋興二首

沙塵破褐客秋風，落落親朋半老翁。野曠有時聞嘯虎，天寬無處寄征鴻。四方玉帛燕山北，萬里帆檣海水東。回首可憐歌舞地，方花石礎樹陰中。

西風卷地送淒涼，目斷歸帆落日黃。雁過江天雲漠漠，龍遊滄海水茫茫。故人入夢三更月，近事驚心兩鬢霜。試把濁醪澆磊磈，尊中猶帶芷蘭香。以上忠義集

劉麟瑞

麟瑞號如村，南豐人。有昭忠逸詠。

西和知州陳公寅　守將楊公銳

陰風蕭颯起黄埃，鐵騎追奔動地哀。石堡梯空天險北，水門釁隙殺機開。不期溟海鵬千里，自守封疆鴆一杯。四十萬民登鬼錄，伊誰爲使哭聲哀。

階州守臣董公鵬飛

相傳報怨撼階州，虎旅飛來睨敵樓。楛矢蔽空天入暝，鵝車衝壘地生愁。金城魚肉千年恨，闔境衣冠六日休。莫怪傳家猶強項，雲孫忠節更風流。

丞相江公萬里　知府江公萬頃

名重天閽侍少微，昔年南國秉樞機。人歸綠野身猶健，兵滿紅塵世已非。止水亭前風淅淅，鄱陽城外草依依。棣華相暎人間瑞，節惠隆名世所稀。

丞相信國公文公天祥

金字牌飛出建章，鬱孤萬壘爲勤王。驅馳嶺海君臣寓，四繫燕雲道路長。六籍一時光日月，孤忠千古立綱常。元歸凜凜渾生氣，南北人誇姓字香。

湖南安撫知潭州李公芾

平楚樓頭矢石驚，焚香稽首別宸京。盡殲妻子期全節，寧死封疆不忍生。烟燄張空蹠趙壁，旌旗倒影下湘城。善刀人在同觀化，名與澄江一樣清。

江東運判趙公淮妾某氏

石頭城昔號金湯，岌岌孤墉戰馬場。西日突圍逃溧水，南冠荷校說維揚。血凝漢節誇男子，身寄秦淮藉女郎。千載妾身貞更潔，仰天哭向水雲鄉。

淮東制置使李公庭芝

淮海曾聞一偉人，十年臥護息邊塵。重來鐵騎攻城急，旋執金戈赴陣頻。夢入甌閩期立極，路遵通泰倏捐身。平山堂下悲風起，魂繞瓊花萬樹春。

參政高公應松

腸斷吳山錦繡叢，六更聲絕海潮空。千門鎖月移行在，八駿乘風聰會同。扈蹕孤臣慙主辱，征鞍萬里哭途窮。兩宮緩緩趨朝陛，回首天南獨死忠。

丞相陸公秀夫

八面兵威八面攻，馮夷飛血洗千篷。波翻水寨乾坤震，風仆檣旗社稷空。百辟散班奔鴿首，孤臣扈蹕憩龍宫。茫茫南國重回首，一片丹心照海紅。

樞密張公世傑

曾擁貔貅奏凱歌，厓山雲暝竟蹉跎。地空九有棲荒服，寨列千艘保海阿。龍躍壐沈天若此，烏鳴矴絶事如何。鯨波沃日炎光熄，凛凛英魂尚枕戈。

江東制置使謝公枋得

草履麻衣漫蔽形，十年賣卜慣零丁。願從楚地師龔勝，欲向遼城友管寧。采石吟成期絶粒，娥碑讀罷棄餘齡。一門盡節均無媿，千載西山疊疊青。

少主納款

天目山崩曆數終，降旛颭颭出孤墉。六龍捲霧歸三島，八座迎風啓獨松。塵掩玉階消王氣，潮移雪屋示軍容。由來興廢天難問，斷礎頹垣泣曉蛩。以上昭忠遺詠

宋詩紀事卷八十二 無時代上

錢唐 厲 鶚 輯
歸安 費樹楩 勘定

蘇元鼎

遊齊山寺

秋浦齊山寺，峯巒楚楚長。巖根堆雁塔，溪角架虹梁。雨過聞幽磬，雲開見上方。苔侵石磴滑，花擁洞門香。禪客探玄切，騷人覓句忙。汲泉寒井廢，觀郡古樓荒。白鳥巢危樹，孤猨叫斷岡。碑珉黄閣相，詩板紫薇郎。蹤跡依稀在，文章大半亡。登臨正吟賞，惆悵見斜陽。齊山詩集

石 郊

石梁寺

行破白雲山幾里，僧牀接客幸相容。泉聲到枕夜無寐，時聽隔林方廣鐘。天台山志

劉師邵

浮萍

乍因輕浪疊晴沙，又趁迴風擁釣槎。莫怪狂蹤易飄泊，前身不合是楊花。廣羣芳譜

葉 籥

題光華亭 在鹽官縣北

晝棟朱簾勢翼然，鼎新氣象冠山川。鵝黄楊柳浮春晚，鴨緑烟波送客船。輪奐不妨農事日，風光好近麥秋天。佐君治簡有餘暇，杯酒從教盡日傳。海寧縣志

黄唐

九女山　在奉化縣南二十里

鄰鄰新緑起前峯，拂拂垂楊烟雨中。安得一蓑浮短艇，玉鱗飛上釣絲風。寧波府志

史藴

國清寺

十里松關路，門開對洞天。山神曾獻地，海衆此安禪。鐘磬開巖谷，棲臺跨石泉。高峯智者塔，長與赤城連。天台山志

魏宗

石橋

聞説招提景，曇花結翠雲。晴光朝更合，嵐氣晚來分。梵語微茫韻，鐘聲杳靄聞。無由問禪法，坐對柏爐熏。天台山志

路忱

秋懷

落日留虚壁，秋風急戍樓。高歌鬼神夜，揮涕虎狠秋。豪貴少青眼，文章多白頭。何時挂長劍，天地一

扁舟。宋藝圃集

況志寧

南昌人。

豫章臺

城陰冷落豫章臺，平地晴沙捲雪來。欲訪鄰翁問塵跡，小園荒徑長莓苔。

梅仙壇

上疏歸來事可歎，嶺頭誰爲築星壇。先生不食炎劉祿，自拾松花當晚餐。以上南昌府志

謝孚

蒼梧即事

近岸江聲急，孤舟下杳冥。峽泉飛暴雨，灘石走羣星。水有瀟湘色，猨同巴蜀聽。令人思舜德，一望九疑青。粵西詩載

張惟中

鏡湖

昔年曾過賀家湖，今日烟波太半無。惟有一天秋夜月，不隨田畝入官租。紹興府志

廖衡

衡，南劍州順昌人。鄉舉不利，隱居終身。

句

淚多陳后愁離殿，浴出楊妃困倚闌。延平府志：縣尉命詠雨中山茶，時年六歲。

艾申

遊疎山

夾道蒼松六月寒，塵埃只隔白雲閑。重游恰是十年後，往事空驚一夢間。傑閣漫誇新卜築，危亭不似舊躋攀。憑誰説與□師叔，投老求分一半山。撫州府志

徐畺

綠珠渡 在粤西博白縣

早出綠羅村，晚過綠珠渡。日落白州城，草芳粱女墓。江水流古今，滔滔不相顧。今人不見古時人，依舊青山路如故。名勝志

呂江

栖白菴

門外竹千箇，崖顛兩徑分。奔泉流碎月，高樹礙行雲。游客倦欲臥，道人言少文。但云秦學士，曾此遇茅君。茅山志

單錫

錫字君賜，宜興人。

寄隱士

巖頭鬱鬱凌寒柏，柏間時復雲封白。苔蒼草碧自年年，絶奇中有參同客。道通下蹋天根深，山靈啼泣穹崖陰。春深不問花開落，寂寂空山千萬尋。宋藝圃集

賈成之

橫浦

橫槎三月江如束，風浪縈紆接天綠。郡樓新創插雲飛，盡日江山對雙目。粵西詩載

夏之中

古離別

郎上孤舟妾上樓，闌干未倚淚先流。片帆漸遠郎回首，一種相思兩處愁。宋藝圃集

柳　驥

驥官德化主簿。

句

天插一泉聲漱玉，地高六月夜凝霜。題九仙山　泉南雜志

范西堂

明水寺

環山清淺一溪水，夾徑高低十里松。煙鎖石門疑路斷，斜陽影裏忽聞鐘。撫州府志

陸焕

大慈寺

天下紛紛吹戰塵，我來佛隴悟修身。依然猨鶴如相識，知是山中幾世人。台州府志

祝鑄

鑄，蒼山人。

妙庭觀

風雨連山松竹鳴，宦途牢落若爲情。中宵嘹喨驚殘夢，疑是雲和重度聲。杭州府志

朱應龍

山月池 德藏寺有松風臺、山月池、菊坡，宋竹菴禪師所築。

池底看明月，明月在山頭。清光連上下，分作兩輪秋。

菊坡

口有綺語債，長詠菊坡詩。最好重陽景，雞肥酒熟時。自注：竹菴禪師有菊坡藁。以上栝上遺詩

胡梅所

石禪牀 在鶴鳴山

空山危石平如掌，雲鎖苔封自昔時。不識山僧曾坐處，幾回彈舌雨龍歸。漳州府志

程驤

富順西湖

春風楊柳早藏鴉，秋水芙蕖晚著花。細數一年湖上景，天涯行客忍思家。全蜀藝文志

衡泌

綠波亭

清淚斑斑灑綠波，年來轉覺別離多。扁舟南浦分攜處，水遠山長愁奈何。建寧府志

潘景良

遊金山

嵌巖穹窿，屹立乎江中。崩湍下瞰不見底，巨石崛出高摩空。混沌破來到今幾萬歲，雄奇秀麗，胡爲乎此山兮獨鍾。長江西來一萬里，當空削出金芙蓉。上有金仙居，下有馮夷宮。寶坊櫛比列霄漢，塔影倒置驚魚龍。有時洪鐘咽烟響，潮音屬和驅羣聾。鳥飛竟力不得到，我嘗挐舟一抵其雲峯。攝衣步樓閣，矯首覩無窮。齊州九點落眼底，岷峨西望何溟濛。忽聞長風破巨浪，芥蔕一洗平生胸。山僧喜殊常，握手何從容。杯擎陸羽水，茶汎玉川風。鶴翁散仙，恆齋老翁，把臂大笑聲融融。天風吹袂欲輕舉，白雲縹緲將何從。不知海外之三山，羣仙之樂與此將異而或同。迄今別去五六載，我舟又復來掀篷。山靈偃蹇我倨傲，塵懷汩沒不得追前蹤。風帆一笑金山過，山頭日落飛冥鴻。金山志略

楊旻

題惠山翠麓亭

聞説支公最好賢，瀛洲可買不論錢。樓臺蔽日都無地，草木藏春別有天。石上雲翻千峽雨，洞中泉落幾家田。高閑誰似幽居樂，一坐青山不問年。惠山集

徐文淵

詠酒

才傾一盞碧澄澄，自是山妻手法成。不遣水多防味薄，要令麴少得香清。涼從荷葉風邊起，暖向梅花月裏生。世味總無如此味，深知此味即淵明。淵鑑類函

侯丹

學古體

桐風吹月烏啼井，碧波溼露沈雲影。素絲牽玉轉泉華，美人睡覺燕支冷。銀鉤挂簾北窗曉，翠鬟臨鏡雙鸞小。黄衫少年望不來，寂寂庭階滿春草。吴氏詩永

林東

戴溪亭 在望仙門外

溪亭故事幾年華，來值秋霖眺望賒。雲障山巒多少處，雨埋烟火兩三家。水肥去馬行高阪，汀没浮鷗上淺沙。誰是子猷誰是戴，小船杯酒興無涯。嵊縣志

陳揆

破山寺雙頭白蓮

湘南夜永風露淸，明月耿耿波益平。嬋娟有人步羅韈，瓊璫玉佩雙娉婷。可憐玉骨埋藏久，腸斷人間無復有。豈知化作蘭若蓮，宿契未忘猶並首。想應快意洗塵緣，不向謝池爭取妍。玻璃盤中淨玉頰，一心稽首西方仙。請君以圖獻天子，當與嘉禾並周史。毋令寂寞墮空山，泣月悲雲淸夜殘。（破山寺志）

藍元威

寒

朔風陣陣送將來，日午柴門半不開。靈照只教添短褐，孟光重喚煖深杯。苦吟簷角玲瓏玉，閑撥爐頭榾柮灰。移步東籬紅日晚，細看凍蝶尙依梅。（菊坡叢話）

司馬允中

陸羽井

百尺寒泉浸崖腹，蘚蝕題名不堪讀。只今此味屬誰論，自把銅缾汲新淥。（虎丘志）

慕容百才

大劍山

李勢非嵎虎，公孫是井蛙。聖朝無外戶，夷壤盡爲家。疊嶂寧須鏟，停鼙久廢撾。原鱗生駱谷，釣駟入彭衙。關失千年壯，方來萬里遐。商淵寧澒洞，使節偏谽谺。岑蔚誰驚鳥，豐茇自樂麃。烽屯開雨雪，樵爨老烟霞。帝德朝宗地，仙游上漢槎。賞奇酬酒興，摛藻謝詩葩。階走楓林葉，窗催柏燭花。山亭無刻漏，隱几待鳴鴉。四川總志

袁植

游惠山

挐舟到山寺，詩句偶緣情。山自錫無後，寺因泉有名。樓陰回夕景，樹色向冬榮。就水别茶味，全勝他處烹。惠山集

陳願

斗起亭

乞得雨初霽，登臨一解顔。自攜斑竹杖，來對白雲山。月色朦朧裏，溪聲遠近間。相留且盤礴，莫惜夜深還。台州府志

劉琰

題尊勝院 在奉化縣

海角尋春雪未消，馬蹄無處避瓊瑤。已分屋下論文酒，爐火篝燈伴寂寥。延祐四明志

王曄

芙蓉

菡萏初舒豔，奇芬暈碧霄。中洲欣邂逅，南浦自招揺。瑩色涵香霧，新袍坼絳綃。娉婷自珍愛，穠郁更清超。照水臨青鏡，偎蘋倚彩翹。駢枝疑貫寵，並蔕似爭嬌。綽約霞初映，披敷烟正銷。鬢蕤金粉嫩，房闥玉冠喬。月下仙人氅，風前公子袍。清虛雲步逕，洸浸滏津饒。濯濯靈修質，盈盈神女標。孤貞無漫蔓，雅則絶纖妖。喜動文鴛舞，光揺錦鯉跳。瓊根託紺潔，翠蓋障炎囂。靚賞聯瑤席，芳搴集桂橈。姚園多猥俗，陶徑亦蕭條。華井分流潤，天池引派遥。須移玄圃種，莫向若邪漂。木末與幽詫，濂溪結冥招。懷之思遠道，秋入鬢蕭蕭。廣羣芳譜

何昌弼

橫塘道中 即半邏北橫塘牐

一舸凌風去，縈紆幾度村。水清魚引子，田美稻生孫。山近塵埃遠，秋晴枕席溫。悠悠迷處所，疑是武陵源。嘉興府志

林衢

衢，長樂人。

題廣州光孝寺

開池曾記虞翻苑，列樹今存建德門。無客不觀丞相硯，有人曾悟祖師幡。舊煎訶子泉猶列，新種菩提葉又繁。無奈益州經卷好，千絲絲縷未消痕。藏内法華、蓮華諸經，係益州本，故云。名勝志

何千里

登金山

上妙空王殿，諸天不敢窺。雲霞捧兜率，日月遶須彌。八柱當如許，三山定自奇。波瀾吞巨海，正要十分詩。金山志略

馬世珍

游圓通寺

山空不隱響，一葉落還聞。龍去遺荒井，僧歸禮白雲。蟲絲昏畫壁，嵐氣溼爐薰。睡思渾無奈，茶甌易策勛。嚴州府志

張　理

惠山寺

九峯朝暮雲，搖落少游墳。野蔓碑全沒，晴菴磬亦聞。洞偏泉路細，松折鶴巢分。高視太湖近，雲濤鷗起羣。惠山集

董　曇

甘陂寺

晚發山間寺，籃輿冒朔風。雪融溪漲碧，雲漏日穿紅。歲月塵埃裏，江山醉夢中。人生重鄉井，浪出笑龐公。撫州府志

劉侃

武夷七曲

峽折峯全削，風回瀑盡飛。山光幷水色，載得一船歸。（建寧府志）

宋詩紀事卷八十三 無時代下

錢唐　厲　鶚　輯
吳　毛德基　勘定

陶　崇

訪僧歸雲菴

閑過選佛場，歸雲翠如潑。入門偶有言，啓頰師便喝。掩耳煨芋爐，但把火深撥。呼童酌玉虹，注之栴檀鉢。嘘灰然微紅，横鐺水煎活。茶酣登甲亭，雙眸爲之豁。鳥啼空山幽，翔集來木末。風月一何佳，團圞共批抹。悠然澹忘歸，于兹得解脱。粤西詩載

朱子恭

昭義驛

霜林紅葉襯梧花，路轉崖根百尺斜。霽日斷雲成徙倚，湘南秋盡未還家。桂林府志

裴　迪

題來賢亭

常侍江東第一流，子孫今不泯先猷。築亭意在來賢者，誰慕清風爲少留。

徐鉉别傳：鉉世居攝山之陽，園池甚盛，宅有來賢亭，宋裴迪詩云云。

黄　軫

延慶寺

寶刹標奇處，烟蘿響亂流。地靈僧得住，山好客多遊。燈影連金像，鐘聲散石樓。風雷等閑作，咫尺是龍湫。赤城詩集

鄭國華 何志熙

合題昌州牛尾驛

龍尾道中退朝客，雕鞍寶馬黄金勒。誰憐遠使足馳驅，夜半孤村牛尾驛。鄭國華留題 十年去國眞悠悠，祇今便可行歸休。平生意氣羞牛後，去踏金鼇頂上遊。何志熙續三韻 全蜀藝文志

鄧諫從

題巫山瞻華亭

崚嶒玉削三千丈，翠潑嵐光冷相向。風會太古雲氣長，變化溟濛紛萬象。陰晴一日具四時，天籟窒深虛自響。神仙娟妙擢羣參，錦繡鋪張獻奇狀。蟠根積鐵匯百川，龍矯蛟翻饒跌宕。勢連三楚此開國，故壘荒宮帶溪瀼。樓臺井邑老風烟，環佩淸聞駐仙仗。竹林風味便讀易，久與江山爲輩行。鳴弦餘暇豁心眼，戲著飛闌雲雨上。爽明自可達壅蔽，野獲又多勞草創。政和民氣長似春，景迥心平過于掌。征鴻明滅志何杳，黄鵠追隨意尤放。當年李杜經行處，太史銀鉤刻青嶂。寶刀珠瑟出耕墾，曲水纖腰迷草莽。牢盆古隸雜秦篆，飛動閑摹永平樣。珊瑚交柯迥不蝕，髣髴將軍勛業壯。英雄繁盛隨流水，時有竹枝賡牧唱。孔泉文物起騷經，國色明妃守孤尙。我家峨眉紫翠間，爲愛奇峯甘蒟醬。秋風野水憶

絲蓴，擊汰夷猶理煙榜。四川總志

鄧宗度

黄山雜詠　十四歲作

桃花峯

劉阮辭世塵，桃花誰復主。無計殢春風，一夜零紅雨。

祥符寺

雲水最饒處，輪蹄無到時。夜蟾生佛面，春雪印僧眉。黄山志

潘朝英

善濟寺　在臨海縣金鼇山

春潮暮落海門山，百艇齊飛壯蠣灘。分得魚蝦歸野市，滿江鷗鷺夕陽閑。倦客登臨力已疲，高僧故索小窗詩。江山最好君知否，春去秋來烟雨時。台州府志

汪士深

昭亭祠

靈祠俯江國，楝宇依層巒。千峯遠岧嶢，二水渺迴環。昭明肅清境，髣髴聞和鑾。藹藹集嘉祉，芬芬奠椒蘭。精神一以展，遐眺憑飛闌。昔賢有高躅，寄墨青雲間。瓊瑤刻蒼翠，筆勢迴翔鸞。高峯一回首，日落天風寒。寧國府志

霍權

題景呂堂

佞人巧求售，富貴一息頃。千古名不磨，寸心猶耿耿。偉哉正惠孫，疾惡何勇猛。平生歷宦途，南臺與東省。初著獬豸冠，排擊首權倖。姦雄始萌蘖，憤切已骨鯁。一片忠義心，皦皦從簿領。涵養老益壯，大節堅晚景。若人久云亡，冰魂嗟已冷。羨慕徒馳神，反身盍三省。寧國府志

周光嶽

長沙

江上南風起白蘋，長沙城郭異咸秦。故鄉猶自嫌卑溼，何況當時賦鵩人。湖廣總志

樊圃

圃，奉化主簿。

詠慈氏院杜鵑 蟠屈如鳳

山僧取巧蟠珍叢，九苞占盡千葩紅。倚闌精彩欲飛動，百鳥不敢啼春風。延祐四明志

吳致堯

五蓋山

紫蓋修連延，五峯似隨軒。何如惠我民，飛雪遍岡原。郴州文志

饒南强

禪峯寺

禪山喬木飽蒼烟，柿葉能來老鄭虔。樓閣暮寒風鐵定，與僧蘙燭對牀眠。杭州府志

徐師仁

登瑞巖山

攜筇登絶巘，朝爽薄危闌。乘勝移杯斝，憑高憶羽翰。泉聲穿石響，樹色入秋寒。對酒頻長望，心同渤海寬。福州府志

吴宣德

題西巖院

幽村分野徑，勝地絶浮埃。殿閉烟霞静，門臨水石開。日斜山影背，泉落雨聲來。故里經年别，祇園首重回。翰墨大全

孫文叔

絶句

宫柳垂垂拂苑牆，啼鶯驚夢暗心傷。起來羞見空中絮，也得隨風入御牀。廣羣芳譜

徐蘭皋

流杯池　在潭州城北，五代楚王馬希範所鑿，爲上巳宴遊地。

梵王宮闕馬王宮，惟有樓臺帶舊風。屬玉不知人事改，雙雙飛入藕花叢。長沙府志

吳師正

桃源洞

天台春暖蘭茗馨，海榴吐血黃鳥鳴。風晴雨霽洞天曉，畫屏有路遊人行。劉郎阮郎剡溪客，結伴窮幽絕人跡。洞口遥聞漱玉聲，時有飄英點溪碧。捫蘿涉水前攀緣，瞥見勝景層崖巔。夭桃瓊草蔓深谷，飛流傑閣凌青烟。潭上金橋跨龍背，綽約雙鸞飲潭水。初疑帝子别瀟湘，珠佩珊珊來玉趾。瓌姿瑋態躊躕久，熟視人間未嘗有。羅幔深沈邀客留，胡麻爲飯椒漿酒。問郎于此何當還，壺中景好非塵寰。客驚遽返覓鄉里，子孫在在皆重玄。年華瞬息歎浮世，往事分明如夢寐。相與重尋舊路悲，亂山稠疊烟霞蔽。我來躡屐求遺蹤，松陰坐久僧不逢。野僧相引下山宿，落霞斜日林梢紅。天台山志

文天祐

天祐，九江人。

送人往湖南

雁拖秋月洞庭邊，客路淒涼野菊天。雲隔酒尊横北海，風吹詩史落西川。夜深鬼火千山雪，春後梅花一樹烟。爲我祝融峯上看，朝暾赤處禮蓬仙。洞庭君山詩集

黄山聽琴

歲晏抱琴入室處，榾柮燒殘聽風雨。有客五弦彈太古，掃空恩怨不兒女。汙樽抔飲擊土鼓，如與羲軒

相對語。又如重華坐舜皐，萬物長養不苦窳。聞君澹然太古音，感君悠悠太古心。古意古意誰能識，古人古人何處尋。黄山志

甄圭

閑居

深塢人稀到，重門晝亦關。白雲秋舍静，明月夜窗閑。徑掩花開落，簾通燕往還。窮居聊自適，卻憶謝東山。越詠

孫邁

游齊山寺尋陳鴻斷碑

萬木森天繞寺籬，一聲孤磬徹江湄。樓邊已失陳鴻記，亭上猶存杜牧詩。細雨乍經巖溜響，嫩苔長積石橋危。知予好古心常切，僧與前山覓斷碑。池州府志

張天啓

岳陽樓

天入平湖遠，樓深納霽華。青山藏福地，碧樹記人家。水落魚龍蟄，風高雁鶩斜。古來形勝地，何事憶長沙。湖廣通志

楊詢

遊齊山寺

金刹岧嶤挂斷霓，島雲沮洳晤窗扉。江風曉定釣人出，山月夜明禪客歸。徑畔芭蕉曾有喻，庭前柏樹本無機。我來重見當時叟，紙帳松房綻衲衣。齊山詩集

朱嚴伯

嚴伯，樂清人，號可以翁。

書延福寺壁

雙瀑飛來古寺西，月蘿烟草久湮迷。自從我輩經行後，便覺他山索價低。老去合爲三徑計，就中聊借一枝棲。石崖大有穿磨所，從與新詩著處題。東甌詩集

王申

寶林寺

千載寶林寺，淸幽每往還。兩潮巖上井，一塔寺中山。門對荒城冷，鄰分古縣閑。道人高處坐，役役笑塵寰。越吟

蕭磐

桂州

吟拾江邊金翠羽，醉騎海上玉麟腰，淸談試茗遊冰井，至樂觀魚出檻橋。淵鑒類函

張仁

鵝湖春色

平湖漾晴綠，狎鷗自相逐。歸艇小于盂，輕帆曬蒲幅。青萍恣漂流，白魚跳尺玉。柳線牽人衣，香林雨新沐。汀尾沙禽鳴，人家暎脩竹。步屧隨春風，席地傾醽醁。玩樂當何如，回首炎威促。柘上遺詩

蘇莊

寄鶴林辛上人

苦憶長廊清磬音，復懷贊公栴檀林。陽坡佳木鳥相喚，澗戶曉行藤竹陰。日晴山路筍蕨晚，雨足野塘蒲稗深。短褐兀然聊戲劇，滄江鷗鷺本無心。鶴林寺志

趙曾護

曾護，南安主簿。

游延福寺

行行出西郊，稍覺囂塵遠。風景既已殊，磽确頗忘倦。南安古雄州，今亦壯哉縣。九日一佳景，居然在郊甸。地高瞰川原，林杪露堂殿。晉朝松百章，存者才一見。歲月不我留，寒暑幾更變。當年秦隱君，軒冕非所羨。間關剡溪來，至此獲勝踐。結廬巢其巔，穴石為之硯。城市不到足，公卿罕窺面。邂逅有至交，相從情繾綣。緬懷興元年，致位在台鉉。扶持公道開，不絕幾如綫。一言才見疏，斥逐遽遭譴。天敎流落餘，乃遂山林願。當年築室處，遺址了難辨。獨有高士峯，千載猨鶴怨。南安縣志

張國衡

水簾洞 在仙居披雲山

洞口鮫綃薄，山心玉蘂浮。殘雲挂踈影，新月下空鈎。白鶴仙人去，蒼苔石磴幽。奇蹤看不倦，旬日爲淹留。台州府志

趙清源

天台石梁

何處覓靈蹤，天台第一峯。雲深唯見寺，夜靜忽聞鐘。卓錫隨飛鶴，談玄起蟄龍。石橋如有約，跨月坐從容。天台山志

王清叔

長淮晚望

目斷長淮渺莽中，孤城突兀倚層空。寒砧幾許遞秋信，漁笛一聲橫晚風。龍吐晴雲嵐氣白，鴉翻落日水天紅。扁舟今夜宿何許，赤壁斷磯蘆葦叢。中都志

陳　晛

游曉覺寺 在長興縣

肩輿行到竹邊村，竹裏僧房盡閉門。小洞頗聞三里近，殘僧僅有一人存。旋沽薄酒欺寒力，未怯春泥踏雨痕。笑覓梅花伴歸去，斷橋流水月黄昏。湖州府志

唐公佐

三洲巖

峒裏光陰經幾春，峒前蒼木垂千尋。不知空谷當年事，誰識龐眉處士心。殘月照人呑遠徼，晚風吹夢入幽岑。我來須訪神仙宅，好聽雲端環佩音。肇慶府志

陳蹇叔

送新茶李聖喻郎中

頭綱別樣建溪春，小璧蒼龍浪得名。細瀉谷簾珠顆露，打成寒食杏花餳。鷓斑椀面雲縈字，兔褐甌心雪作泓。不待清風生兩腋，清風先向舌端生。淵鑑類函

方九功

菊花

露冷江蘋雁度時，蕭蕭黃菊滿疎籬。寒枝帶雨開仍豔，晚節凌霜賞未遲。移傍小簷承綺席，縱觀深夜倒金巵。摘來冉冉香盈把，共泛西風醉莫辭。廣羣芳譜

章詡

詡，昌化人。

靜觀堂 在昌化縣巃溪上

杖策下層巔，來憩雲外莊。簷低繞頹垣，澹泊在一堂。山高戶牖虛，風清長夏涼。翳翳動林影，瀲瀲浮溪光。心遠與世隔，獨有文史香。汲井恣嘯漱，蒔藥助體強。園中橘爲奴，沼內芰可裳。蒼官青不老，籬下明秋芳。陶情在庶物，養性歸琴觴。矯首起遐觀，是中有濠梁。杭州府志

趙仲藏

福勝院

千騎踏清霜，東游古道場。雲龍山骨秀，風引水聲長。曉日依稀暖，寒花取次香。後隨吹管急，空谷荅宮商。（杭州府志）

汪起莘

黃山歌

黃山高哉！巋然爲江東之巨鎮兮，壁立于兩浙之上游。摩天戛日以直上，陽支陰派盤數州。四海不知雨根本，行人但見雲飛浮。嘗試芒鞵竹杖造乎其間兮，一溪桃杏紅爛漫，萬壑松柏寒颼飀。懸崖絕磴可望不可到，古木倒挂險更遒。上有靈泉千萬道，如銀河爭瀉而競注兮，砯雷濺雪隱見穿林幽。中有青鸞黃鶴千萬對，雄倡雌和迭舞而交鳴兮，深林自適復有數點白雪之猨猴。山中自昔無曆日，花開葉落成春秋。殘陰脫穎，不知其所從來兮，但見夫澗谷之間桃花如笠、松花如纛、竹葉如扇、蓮葉如舟。菖蒲九節餵白鹿，靈芝三秀眠青牛。人間三月春已暮，洞中花卉春長留。奇香異氣逐風去，散落塵世誰能酬。黃山高哉！雲際一峯尚可畫，雲外一峯畫不得，霜綃鋪了掉首休。丹砂一峯燭天爭日月，九龍一峯拔地張旗旒。天都一峯傑出于三十六峯兮，星斗森羅挂珠殿，日月對展捲瓊樓。中有一人兮，龍冠而鳳裘，左容成兮右浮丘。我時收卻釣竿樵具作一束，投諸曹院溪中流。浴余身兮湯泉，風余袂兮帶所搜。（三字疑訛。）鼓隱隱兮管啾啾，水晶盤兮白玉甌。帝酌我兮勞我，左右爲余兮凝眸。指余以南峯石

壁記，授余以紅鉛黑汞大丹頭。黄山高哉！余將攬秀巢雲鍊氣于其下，坐令萬物不生疵癘兮，禾黍盈疇。黄山志

趙璩

送張達道還茅山

賸借紅塵一日閑，有勞妙語徹幽關。豈知隱几如南郭，也媿移文向北山。有意清風憐我住，無心孤月伴君還。三茅若問今消息，爲報逍遥大地間。茅山志

程炎

炎，涇縣隱士。有烟水集。

和趙守獨遊水西寺

吟月歌風酒力微，獨尋幽壑叩禪扉。泊隄小艇迎人渡，入水閑雲伴鶴飛。梅落半含冰雪思，石寒長覆薜蘿衣。水西景物還如舊，恨不相從倒載歸。寧國府志

朱升之

相湖　在仙居縣

世路羊腸淹客遊，塵纓來此濯清流。半窗修竹翠含雨，一片澄湖冷浸秋。地僻莓苔侵石几，機忘鷗鷺近漁舟。夜涼酒醒未能睡，詩句欲成搔白頭。台州府志

范良龔

良龔，吳門人。

妙庭觀 在富陽縣，相傳爲董雙成故宅，山下多董姓。天聖中，道士鑿地，得丹鼎銅槃。

我昔遨游周八極，玉京金闕俱經歷。翩然騎鳳下瑤池，始與雙成獲相識。雙成侍宴王母傍，道貌方瞳照人碧。玉笙吹徹奉瓊觴，范子從傍丐餘瀝。東方曼倩謂余言，汝亦名存地仙籍。鳳城南望好溪山，此是元君故仙宅。琉璃槃上存金鼎，鼎內丹砂如琥珀。汝能服食早歸來，與予同是逍遙客。我時貪醉蟠桃春，不記當年說仙蹟。一朝酒醒人世非，盤碎丹飛杳難覓。香風堂上久徘徊，蘇李題詩挂空壁。自注：觀有太白、東坡詩。孤雲野鶴謾興怨，我獨摩挲問金狄。世人勸我舐丹鼎，我亦何嘗苦營役。丈夫自有大還丹，得道不分今與昔。杭州府志

呂紘

黃犢嶺 在臨平山。唐隱士丘丹遺迹。

疇昔聞高隱，紅塵隔遠林。閑乘黃犢出，踏破白雲深。杭州府志

蔡中道

張公洞

天上騾蹤竟不迴，洞門深閉密封苔。神光夜燭燒丹竈，淑氣晴薰講易臺。碧草春肥仙去遠，紫芝雲暖鶴歸來。清游喜挾三茅客，杖屨凌空霧雨開。宋藝圃集

黄彦輝

古寺

古寺雲深去路賒，來分僧鉢共生涯。依稀池草成春夢，容易江梅老歲華。長鋏悲彈三尺雪，短檠寒落五更花。夜來風雨催歸急，爲報河陽令尹家。宋藝圃集

楊養晦

寒雲千疊山　在新昌縣南三十里

松竹陰森護上方，老仙蓬髮一簪霜。客來攲枕松風裏，歸夢不知山水長。滅詠

劉説道

宿武夷觀

度溪造靈境，臺殿隱山曲。虚堂留白雲，今夕得同宿。扁舟計已具，清曉泛春緑。

玉女峯

嘉名實世想，奇態明天造。亭亭照緑水，獨立爲誰好。日日看遊人，遊人還自老。以上建寧府志

宋詩紀事卷八十四 宫掖

錢唐厲鶚輯
錢唐汪峒勘定

花蘂夫人

夫人姓徐氏，蜀之青城人。以才色入蜀宫，後主嬖之，號花蘂夫人。效王建作宫詞百首。國亡入宋，備後宫。

鐵圍山叢談：國朝降下西蜀，而花蘂夫人又隨昶歸中國。昶至且十日，則召花蘂夫人入宫中，而昶遂死。昌陵後亦惑之，常造毒藥爲患，不能禁。太宗在晉邸時，數數諫昌陵，而不克去。一日，兄弟相與獵苑中，花蘂夫人在側，晉邸方調弓矢，引滿，政擬走獸，忽回射花蘂夫人，一箭而死焉。

能改齋漫錄：徐匡璋納女于孟昶，拜貴妃，别號花蘂夫人，意花不足擬其色，似花蘂翾輕也。又升號慧妃，號如其性也。王師下蜀，太祖聞其名，命别護送。陳無己云姓費，誤矣。

奉召作

君王城上豎降旗，妾在深宫那得知。十四萬人齊解甲，更無一箇是男兒。

後山詩話：僞蜀降，太祖召花蘂夫人，使陳詩誦其國亡，詩云云。太祖悦，蓋蜀兵十四萬，而王師數萬耳。

宫詞

五雲樓閣鳳城間，花木長新日月閑。三十六宫連内苑，太平天子住崑山。

龍池九曲遠相通，楊柳絲牽兩岸風。長似江南好風景，畫船來去碧波中。

殿名新立號重光，島上亭臺盡改張。但是一人行幸處，黃金閣子鎖牙牀。

廚船進食簇時新，侍宴無非是近臣。日午殿頭宣索鱠，隔花催喚打魚人。

御製新翻曲子成，六宮纔唱未知名。盡將觱篥來抄譜，先按君王玉笛聲。

太虛高閣凌虛殿，背倚城牆面枕池。諸院各分娘子位，羊車到處不教知。

殿前宮女總纖腰，初學乘騎怯又嬌。上得馬來才似走，幾回抛鞚把鞍橋。

自教宮娥學打毬，玉鞍初跨柳腰柔。上棚知是官家認，徧徧長贏第一籌。

內家追逐採蓮時，驚起沙鷗兩岸飛。蘭棹把來齊拍水，並船相鬬溼羅衣。

月頭支給買花錢，滿殿宮人近數千。遇著唱名多不語，含羞走過御牀前。

水車踏水上宮城，寢殿簷頭滴滴鳴。助得聖人高枕興，夜深長作遠灘聲。

沈香亭子傍池斜，夏日巡遊歇翠華。簾畔越盃盛淨水，內人手裏剖銀瓜。

薄羅衫子透肌膚，夏日初長板閣虛。獨自倚闌無一事，水風涼處讀文書。

六宮一例羅冠子，新樣交鐫白玉花。欲試淡妝兼道服，面前宣與唾盂家。

春天睡起曉妝成，隨侍君王觸處行。畫得自家梳洗樣，相憑女伴把來呈。

小小宮娥到內園，未梳雲鬢臉如蓮。自從配與夫人後，不使尋花亂入船。

春日龍池小宴開，岸邊亭子號流杯。沈檀刻作神仙女，對捧金樽水上來。

擲蒱冷澹學投壺，箭倚腰身約畫圖。盡對君王稱妙手，一人來謝一人輸。

明朝臘日官家出，隨駕先須點內人。回鶻衣裝回鶻馬，就中偏稱小腰身。

高燒紅燭照銀燈，秋晚花池景色澄。今夜聖人新殿宿，後宮相競覓祗承。

池心小樣釣魚船，入翫偏宜向晚天。挂得綵帆教便放，急風吹過水門邊。

會仙觀內玉清壇，新點宮人作女冠。每度駕來羞不出，羽衣初著怕人看。

小院珠簾著地垂，院中排比不相知。羨他鸚鵡能言語，窗裏偷教鸚鵡兒。

內人承寵賜新房，紅紙泥窗遶畫廊。種得海柑才結子，乞求自過與君王。

梨園弟子簇池頭，小樂攜來候宴游。旋炙紅笙先按拍，海棠花下合梁州。

秋曉紅妝傍水行，競將衣袖撲蜻蜓。回頭瞥見宮中喚，幾度藏身入畫屏。

內人深夜學迷藏，徧遶花叢水岸傍。乘輿或來仙洞裏，大家尋覓一時忙。

管弦聲急滿龍池，宮女藏鉤夜宴時。好是聖人親捉得，便將濃墨掃雙眉。

安排諸院接行廊，外檻周回十里強。青錦地衣紅繡毯，盡鋪龍腦鬱金香。

年初十五最風流，新賜雲鬟使上頭。按罷霓裳歸院裏，畫樓雲閣總重修。花蘂夫人宮詞

成都文類：王平甫云：熙寧間，奉詔定蜀、楚、秦氏三家所獻書，得一弊紙，所書花蘂夫人詩，共三十二首，乃夫人親筆，而詞甚奇，謹令繕寫入三館而歸。口誦數篇于丞相安石，明日，中書語及之，而王珪、馮京願傳其本，于是盛行于世。

張夫人

哭魏夫人

香散簾幃寂，塵生翰墨閑。空傳三壺譽，無復内朝班。

揮麈後録：曾文肅，熙寧初爲海州懷仁令。有監酒使臣張者，小女甫六七歲，甚爲惠黠，文肅之室魏夫人憐之，教以誦詩書，頗通解。其後南北暌隔。紹聖初，文肅柄事樞時，張氏女已入禁中，雖無名位，以善筆札，掌命令之出入。忽與夫人相聞，夫人以夫貴，疏封瀛國，稱壽禁庭，始相見敍舊。自後歲時遺問。夫人歿，張作詩哭之云云，從此絶迹矣。後四十年，靖康之變，張從昭慈聖獻南渡，至錢唐。朱忠靖筆録所記昭慈遣其傳導反正之議張夫人者，即其人也，年八十餘終。

楊妹子

楊妹子，恭聖皇后之妹。

書史會要：楊妹子書法，極似寧宗。馬遠畫多其所題，語關情思，人或譏之。

題趙伯驌畫

蓮開宫沼年年盛，香染斑衣葉葉新。願借琴音奏清雅，薰風涼殿壽雙親。

題菊花圖

莫惜朝衣準酒錢，淵明身即此花仙。重陽滿滿杯中泛，一縷黄金是一年。以上珊瑚網

題馬遠畫梅

重重疊疊染緗黃，此際春光已半芳。開處不禁風日煖，亂飄晴雪點衣裳。白玉蝶梅

銖衣翠蓋映朱顏，未委何年入帝闕。默被畫工傳寫得，至今猶似在衡山。著雪紅梅

天桃豔杏豈相同，紅潤姿容冷淡中。披拂輕烟何所似，動人春色碧紗籠。烟鎖紅梅

渾如冷蝶宿花房，擁抱檀心憶舊香。開到寒梢尤可愛，此般必是漢宮妝。綠萼玉蝶

項鼎鉉呼桓日記：鑑臺叔出觀馬遠單條四幅，俱楊妹子題，後各有「楊娃之章」一小方印。

王清惠

清惠字沖華，宋昭儀。德祐丙子，隨三宮入燕。日谿按：東園客談有昭儀王清惠賦滿江紅詞；楊儀金姬別傳作黃惠清，當是傳聞之誤。

送水雲歸吳 并序

水雲留金臺一紀，琴書相與無虛日。秋風天際，束書告行，此懷愴然，定知夜夢先過黃河也。一時同人以「勸君更盡一杯酒，西出陽關無故人」分韻賦詩爲贈。他時海上相逢，當各說神仙人語，又豈以世間聲律爲拘拘耶。

朔風獵獵割人面，萬里歸人淚如霰。江南江北路茫茫，粟酒千鍾爲君勸。水雲集

李陵臺和汪水雲韻

李陵臺上望，答子五言詩。客路八千里，鄉心十二時。孟勞欣已稅，匾脫未相離。忽報江南使，新來貢荔枝。

擣衣詩呈水雲

妾命薄如葉，流離萬里行。黄塵燕塞外，愁聽擣衣聲。

秋夜寄水月水雲二昆玉

萬里倦行役，秋來瘦幾分。因看河北月，忽憶海東雲。以上楊儀金姬别傳

陳眞淑

送水雲歸吳

天山雪子落紛紛，醉擁貂裘坐夜分。明日馬頭南地去，琴邊應是有文君。

黄慧眞

同前

高疊燕山冰雪勁，萬里長安風雨横。君衣雲錦勒花驄，此酒一杯何日更。

何鳳儀

同前

十年燕客身如病，一曲剡溪心不競。憑君寄與愛梅仙，天理現時人事盡。

周靜眞

同前

燕山雪花大如席，馬上吟詩無紙筆。他時若遇隴頭人，折寄梅枝須一一。

葉靜慧

同前

塞上砧聲響似雷，憐君騎馬向南回。今宵且向穹廬醉，後夜相思無此杯。

孔清眞

同前

瘦馬長吟蹇驢吼，坐聽三軍擊刁斗。歸人鞁馬不須忙，爲我更酹葡萄酒。

鄭惠眞

同前

琵琶撥盡昭君泣，蘆葉吹殘蔡琰啼。歸見林逋煩說似，唐僧三藏入天西。

方妙靜

同前

萬里秦城風淅淅，一望蘇州雲羃羃。君今得旨歸故鄉，反鎖衡門勿輕出。

翁懿淑

同前

金門夜醉紫霞觴，乞得黄冠還故鄉。一似陳摶歸華嶽，又如李泌過衡陽。

章妙懿

同前

一從騎馬逐鈴鑾，過了千山又萬山。君已歸裝向南去，不堪腸斷唱陽關。

蔣懿順

同前

十年牢落醉穹廬，不用歸榮駟馬車。他日儻思人在北，音書還寄雁來無。

林順德

同前

歸舟夜泊西興渡，坐看潮來又潮去。江草江花春復春，山青水綠元如故。

袁正淑

同前

抱琴歸去海東濱，莫逐成連覓子春。十里西湖明月在，孤山尋訪種梅人。以上水雲集

朱氏

袖中遺詩

既不辱國，幸免辱身。世食宋祿，羞爲北臣。妾輩之死，守于一貞。忠臣孝子，期以自新。

西湖志餘：至元十一年丙子二月，伯顔以宋謝、全兩后以下北去。五月二日，抵上都朝見。十二日夜，宋宫人陳氏、朱氏與二小姬，沐浴整衣，焚香縊死。朱氏遺四言詩于袖中。

宋詩紀事卷八十五　宗室

錢唐　厲鶚　輯
海寧　許承祖　勘定

趙令時

令時字德麟，太祖次子燕王德昭玄孫。元祐中，簽書潁州公事。坐與蘇軾交通，罰金，入黨籍。紹興初，襲封安定郡王，同知行在大宗正事。薨贈開府儀同三司。有侯鯖錄。

王直方詩話：東坡作秋陽賦云：「趙王之孫，有賢公子，宅于不土之里，而詠無言之詩。」蓋時字也。坡云：「且教人別處使不得。」

錦繡萬花谷：趙氏玉牒派，藝祖下，德字、惟字、從字、世字、令字、子字、伯字、師字、希字、與字、孟字、由字。太宗下，元字、允字、宗字、仲字、士字、不字、善字、汝字、崇字、必字、良字、友字。魏王廷美下，德字、承字、克字、叔字、之字、公字、彥字、夫字、時字、若字、嗣字、次字。

同官李仲益贈張思仲家歌人團茶予題其封

色映宮姝粉，香傳漢殿春。團團明月魄，卻贈月中人。

次教授陳履常韻

坎壈中年坐廢人，老來貂鼎視埃塵。鐵霜帶面唯憂國，機穽當前不爲身。發廩已康諸縣命，蠲逋一洗幾年貧。歸來又掃寬民奏，慙媿毫端爾許春。

初到長安

來往長安未定居，暫將僧舍當吾廬。空中說法憑鈴語，枕上朝飢聽木魚。因果分明休問佛，行藏自信罷占書。眼前一物眞堪羨，百尺長楊水滿渠。以上侯鯖錄

跋太白醉草 六言

雖自九天分派，不與萬李同林。步處雷驚電繞，空餘翰墨窺尋。

春渚紀聞云：此德麟跋蘧所藏，其實自謂也。

冬日居山

亂山深處過嚴凝，僻靜門鄰物外僧。送客踏穿松徑雪，煮茶敲破石池冰。朝垂簾幙寒慵卷，夜鎖樓臺靜懶登。只待春來歸上國，杖藜吟出白雲層。詩林萬選

句

我識之無常縮舌，君能競病且低顏。和劉景文 侯鯖錄

趙令鑠

令鑠字伯堅，太祖五世孫。第進士，官至太僕。

子瞻和予致齋詩有端向甕間尋吏部老來唯欲醉爲鄉之句因送薄酒兼成斐章冀發笑也

古人醉以酒，蓋亦有所寓。一飲百憂忘，陶陶朝復暮。公欲醉爲鄉，甕間尋吏部。惜取青銅錢，濁醪安

足酤。敢竊好事名，聊資子雲具。巧手斧鼻端，此情知有素。

子瞻辭免起居之命令鑠復用前韻一首以勉之

登州與儀曹，到官如旅寓。蟠陛鳳凰池，翺翔未云暮。冰雪照人清，黄色盈中部。譬如千日釀，一宿陋清酤。載筆無多時，公真濟時具。歎息賀德基，猶知我尸素。

鐵網珊瑚：鮮于伯機游高亭山廣嚴院記云：院僧出東坡、趙令鑠唱和真迹。王明清題云：英宗潛龍日，居穆清宅，與宗屬淄恭憲王游從最厚。慶曆八年戊子，兩家各生子，同年月日時，其後英宗入繼大統，所誕即神宗。既即天位，以是日爲同天節。恭憲所育，乃太僕伯堅也，爲本朝登進士第之冠，易文階最先，子孫蕃衍，世科相望，聲華焜燿，以至于今，五行之説，其可不信哉。僧云：伯堅子孫，今居臨平，貧不能自振，此卷近年以粟易之。

趙令衿

令衿，太祖五世孫，號超然居士。官左朝散大夫，主管台州崇道觀。

李伯紀丞相挽詩

道大終爲累，功高反被疑。恨無長日月，寶此大蓍龜。鼓咽空山暮，風酸落木悲。弔喪哀不及，賴有哭公詩。梁溪集附

趙子覺

子覺字彥先，號雪齋，太祖六世孫令衿之子。爲嚴倅，時放翁爲郡守，誠齋以詩寄放翁，有「幕中何幸有詩人」之句，謂子覺也。有雪齋集。

負暄野錄：近世言墨法，蓋推吾鄉霅齋趙彥先子覺。彥先乃故安定郡王超然居士令衿表之之子也。其墨法本無師承，但自少時篤好製造，招延良工，參合衆技，遂造其妙。中興三朝，咸見貴重，名播遐邇。墨史：宗室趙令衿善製墨，子子覺、孫伯康，皆傳其膠法。銘曰：超然淸芬如在。

書懷

柳影槐陰綠遶廳，日長細得話詩情。迎風紫燕忽雙去，隔雨黄鸝又一聲。筆墨生涯成冷淡，筍蔬盤饌易經營。世間微利眞刀蜜，有底驅馳取重輕。瀛奎律髓

趙子櫟

子櫟字夢授，太祖六世孫。元祐六年進士。紹興中，至寶文閣直學士，卒。

句

夜棋三百子，曉髮一千梳。　髮爲干戈白，心于社稷丹。雞肋編

趙伯琳

伯琳，太祖七世孫。官右選。

句

爲嫌陶令醉，來伴屈原醒。

趙與虤娛書堂詩話：予曾伯祖伯琳，官至右選，平生喜爲詩，五月菊句云云，人所傳誦。

趙伯晟

伯晟，太祖七世孫。淳熙中上元令。

游攝山棲霞寺

棲霞境界何淸壯，嶽立五峯如列障。三徵不復見高人，千刻尙能瞻寶相。摩空老木韻秋聲，雲屋天巖滿意行。夜闌風定月將午，門外呦呦聞鹿聲。景定建康志

趙師羉

師羉字從善，太祖八世孫伯驌子。舉進士，累遷司農卿，知臨安府，進兵部尙書，與祠，卒。自號無著居士，又號東牆。

瓊花

香得坤靈秀氣全，蘂珠園外蝶翩翩。親曾后土祠前看，不是人間聚八仙。全芳備祖

趙師俠

師俠號坦菴，太祖八世孫。

梅花

南山如佳人，迥立不可親。而況得道者，其間梅子眞。全芳備祖

趙師恕

師恕，太祖八世孫。

月巖

瞻此巖壑勝，領客共登臨。危棧臨不測，巇途歷嵚崟。俯仰極高低，上下窮幽深。來登空明山，千崖正沈沈。下瞰青羅江，古木鬱蕭森。清風萬里來，層雲盪孤襟。有客可共賦，有酒可自斟。此景豈易得，此樂豈易尋。吾生今老矣，遁迹歸窮岑。一櫂下瀟湘，此別意難任。別後無相忘，詩成寄郵音。粵西詩載

趙師秀

師秀字紫芝，號靈秀，永嘉人，太祖八世孫。紹熙庚戌進士，浮沈州縣，改秩而卒。有天樂堂集、清苑齋集。「四靈」之四。

詩人玉屑：天樂冷泉夜坐詩云：「樓鐘晴更響，池水夜如深。」後改「更」爲「聽」，改「如」爲「觀」。病起詩云：「朝客偶知承送藥，野僧相保爲持經。」後改「承」作「親」，改「爲」作「密」。二聯改此四字，精神頓異，眞如光弼入子儀軍矣。

梅磵詩話：杜小山問句法于趙紫芝，答曰：「但能飽喫梅花數斗，胸次玲瓏，自能作詩。」戴石屏云：「雖一時戲語，亦可傳也。」

靈隱寺

衆境碧沈沈，前峯月正臨。樓鐘晴聽響，池水夜觀深。清淨非人世，虛無見佛心。卻尋來處宿，風起古松林。

絕句

數日秋風欺病夫，盡吹黄葉下庭蕪。林疎放得遥山出，又被雲遮一半無。

姑蘇臺作

何人可與話登臨，徙倚危闌日向沈。千古蒼茫青史夢，一年迢遞故鄉心。天無雨雪梅花早，地有波濤雁影深。爲是夫差舊臺榭，愁來不敢越人吟。

絶句

黄梅時節家家雨，青草池塘處處蛙。約客不來過夜半，閑敲棋子落燈花。

柳溪詩話：意雖腐而語新。

薛師石瓜廬

不作封侯念，悠然遠世紛。唯應種瓜日，猶被讀書分。野水多於地，春山半是雲。吾生嫌已老，學圃不如君。

巖居僧

開扉坐石層，終日少人登。一鳥過寒木，幾花摇翠藤。茗煎冰下水，香炷佛前燈。吾亦逃名者，何因似此僧。

孤山寒食

三月芳菲在水邊，旅人消困亦隨緣。晴舒蝶羽初匀粉，雨壓楊花未放綿。有句自題閑處壁，無錢難買貴時船。最憐隱者高眠地，日日春風是管弦。

雁山寶冠寺

行向石闌立，淸寒不可云。流來橋下水，疑是洞中雲。欲住逢年盡，因吟過夜分。蕩陰無絶頂，一雁不曾聞。

呈蔣肖韓薛師石

中夜淸寒入縕袍，一杯山茗當香醪。禽翻竹葉霜初下，人立梅花月正高。無欲自然心似水，有營何止事如毛。春來擬約蕭閑伴，同上天台看海濤。以上淸苑齋集

句

柘空淮葑白，梅近楚秧青。送謝耘游淮 娛書堂詩話

趙希逢

希逢，太祖九世孫。

九日舟中

倦客逢萸節，生涯寄葉舟。窮途危不顧，飛櫂去難留。舊菊重陽日，寒蘆兩岸秋。多情唯破帽，猶戀老人頭。後村千家詩

趙希淦

希淦號定山，太祖九世孫。

半山寺有感

一水波澄接御溝，近城宫柳弄春柔。烏衣巷裏人何在，白鷺洲前水自流。千古風流歌舞地，六朝興廢帝王州。今番不負看山約，他日重來説舊游。詩林萬選

趙希橘

希橘字誼父，汴人，太祖九世孫。有抱拙小稾。

江湖偉觀

華屋巋然占上方，一樽同此寄相羊。江潮翻海暮天闊，湖水拍隄春草長。莽莽越山凝紫翠，搖搖蘇柳間青黄。歸鴻影裏闌干晚，回首中州入渺茫。

送李鶴田東游後還鄉

劍傍梅花鶴夢醒，東游吟骨帶秋清。台山路杳神仙迹，楚國書來母子情。半榻烟霞應有約，一筇風雪且兼程。丁寧及早催行李，莫待西湖草色平。

過臨平

市井蕭條景物非，居人猶號永和隄。春山十里斜陽樹，漠漠殘紅杜宇啼。以上抱拙小稾

臨平記：宋理宗紹定三年冬十月，築永和塘，捍臨平湖，許應和有記。

趙希邁

希邁字端行，號西里，永嘉人，太祖九世孫。有西里詩稾。

酬陳校書見寄

日長松院静，孤坐對殘編。雨久波平岸，山高燒接天。春酲茶可解，酒病藥難痊。獨喜君親政，南中客共傳。前賢小集拾遺

琴泉精舍寄友

客來僧已去，古屋静蕭蕭。敲石引松火，對花懸酒瓢。窗櫺寒背日，柱礎潤通潮。君肯過幽寂，水程終隔橋。

王生山水歌

范寬山頭李成樹，百年二老皆仙去。如今尺素留人間，縱有千金無博處。後人筆底工一家，聲價隨可喧中華。王君二妙聚一手，參以吟思游天涯。萬里江山纔數幅，東抹西塗意先足。蒼梢巨石相參差，風雨烟雲在覊束。近時目賤耳反眞，畫圖重舊不重新。名家翰墨未必貴，塵漬贋本翻爲眞。君提健筆來海外，山若玉簪江若帶。朝昏變態焉可窮，筆未鋪張心已會。嶺南游者多詩人，見君作畫應憐君。求我新詩寫君畫，終使李范聲名分。以上東甌詩集

趙希彭 一作澎

希彭字淸中，號十洲，太祖九世孫，四明人。寶慶二年進士。

隨隱漫錄：趙君入仕四十年，虛静恬淡，寂寞無爲。除南雄守，不赴，後別親友，理家事，端坐而逝。遺偈云：「六十二年皮袋，放下了無罣礙。靑天明月一輪，萬古逍遥自在。」

絕句

手執黄庭上石臺，竹陰掃月徧蒼苔。欲從此處卽仙去，玉立清風待鶴來。隨隱漫錄

趙希混

希混，太祖九世孫。

岑公洞

自有烟雲護石扉，更闌曉色近清暉。巖前老檜吟風處，似請仙翁化鶴歸。

名勝志：夔州岑公洞，在大江之南，廣六十餘丈，深四十餘丈，石嵒盤結若華蓋。左右方池，有泉涌出嵒簷，遇盛夏，注水如簾，眞神仙窟也。圖經云：岑公名道願，江陵人，隋末避地隱此，百餘歲，肌膚若冰雪，積二十年，尸解去。至唐、宋間，加以沖妙大師盧鑿眞人之號。唐刺史馬冉詩：「南溪有仙澗，咫尺非人間。泠泠松下風，日暮空蒼山。」趙希混有詩。

趙與檟

與檟，太祖十世孫。

題白鶴嵒

六丁開兩壁，不知始何年。中間一空洞，可張幾客筵。我來拂石坐，傾耳聽潺湲。古榕蔽天罅，飛瀑穿峽懸。四時宿雨露，亭午斂虹烟。昔人避山寇，飮溜枕苔眠。與懷內訌日，鼎鼎百餘年。

名勝志：福寧縣西南白鶴嵒，石磴崚嶒，盤空而上，海上諸山，皆入延眺。嶺之南，飛泉百丈，遙望如銀河倒瀉，是名南山漈。宋趙與檟有詩。

趙與旹

與旹字中父，號菊坡，秀安僖王四世孫，居湖州。寶祐初知平江府。孟頫，其子也。

宿半塘寺

夜宿半塘寺，惟聞塔上鈴。老僧行道影，童子誦經聲。竹密風猶勁，窗幽月愈明。瓦爐香斷處，一榻灑然清。吳興藝文補

趙與籌

與籌字德淵，號節齋，太祖十世孫，居湖州。嘉定十三年進士。理宗朝，歷官吏部尚書，兼知臨安府，終淮浙發運使，知平江府，致仕。

太湖

倦客滄浪意，扁舟汗漫游。雲歸林屋晚，木落洞庭秋。此地眞堪老，中原恨未休。可知侯萬戶，不似橘千頭。全芳備祖

趙與杼

與杼號見山，太祖十世孫。

游大滌

九鎖閟仙關，長歌入翠巒。青松飛羽蓋，脩竹動琅玕。雪霽千巖瘦，雲深六洞寒。客來塵慮息，一笑倚闌干。洞霄詩集

趙與滂

與滂字肖范，號蔗境，四明人，太祖十世孫，淳祐中，爲閩安鎮官。

登浙江樓

兩岸共明月，闌干霄漢間。風波浙江水，砥柱海門山。晝夜潮消長，利名人往還。不如沙上鷺，玉立一身閑。

花院

拆了千秋院宇空，無人楊柳自春風。薔薇性野難拘束，卻過鄰家屋上紅。以上詩林萬選

牽牛花

西風樵子谷，藤蔓絡柴關。名在星河上，花開曉露間。秋空同碧色，曉日轉紅顏。若挂青松頂，儵然不可攀。全芳備祖

趙與東

與東字賓暘，嚴陵人，太祖十世孫。宗學上舍，寶祐丙辰進士。歷任贛州教，兩浙運幹會子庫檢察，司農寺排岸班，改奉議。有魯齋小稾。

方萬里序：君詩瘦而不枯，勁而不燥，如趙章泉評君詩，以爲唐唯有一孟東野，宋唯有一陳無己。然後知君之志，慕貞曜、後山之爲人，甘于阨窮，靜退而無求者也。

次韻方萬里雨夜雪意

芋火房陰處，翛然類嬾殘。雨欺梅影瘦，風助竹聲寒。擁袂衣全薄，哦詩字欲安。兒童疑有雪，頻起穴窗看。

次韻方萬里寒甚送酒

連日寒殊甚，衰年無一能。硯呵磨墨凍，瓶曬插花冰。浮世無根絮，餘生有髮僧。蘇門如可即，端合事孫登。以上瀛奎律髓

趙孟堅

孟堅字子固，號彝齋，太祖十一世孫。其先以安定郡王從高宗南渡，家于嘉禾之廣陳。寶慶二年進士。歷官朝散大夫，嚴州守。景定初，遷翰林學士。宋亡不仕。

齊東野語：子固襟度蕭爽，有六朝諸賢風氣，時比之米南宮，而子固亦自以爲不歉也。酷嗜法書，多藏三代以來金石名迹，東西薄游，必挾所有以自隨。一舟横陳，僅留一席爲偃息之地，隨意左右取之，撫摩吟諷，至忘寢食。所至，識不識，望之知爲米家書畫船也。偶客霅下，會菖蒲節，余偕一時好事者，邀子固，各攜所藏，買舟湖上，相與評賞。飲酣，子固脱帽，以酒晞髮，箕踞歌離騷，旁若無人。薄莫，入西泠，掠孤山，檥櫂茂樹間，指林麓最幽處，瞪目絶叫曰：「此眞洪谷子、董北苑得意筆也！」鄰舟數十，皆驚駭絶歎，以爲眞謫仙人。

姚桐壽樂郊私語：子固入本朝，不樂仕進，隱居州之廣陳鎮。時載一小舟，泊蓼汀葦岸，看夕陽、賦曉月爲事。縣令宣城梅黻到船訪公，公飛櫂而去。梅曰：「昔人所謂名可聞而身不可見，殆謂先生歟！」公從弟子昂，自苕中來訪，公閉門不納。夫人勸之，始令從後門入。坐定，第問弁山、笠澤近來佳否？子昂云：「佳。」公曰：「弟奈山澤佳何？」子昂退，使人濯其坐具。

里中康節菴畫墨梅求詩因述本末以示之

逃禪祖花光，得其韻度之清麗。閑菴紹逃禪，得其蕭散之布置。回視玉面而鼠鬚，已見工夫較精緻。枝枝例作鹿角曲，生意由來端若爾。所傳正統諒未節，舍此的傳皆僞耳。僧定花工枝則粗，夢良意到工則未。女中卻有鮑夫人，能守師繩不輕墜。可憐聞名不識面，云有江西畢公濟。季衡粗醜惡拙祖，弊到雪篷觴濫矣。所恨二王無臣法，多少東鄰擬西子。是中有趣豈不傳，要以眼力求其旨。踢鬚止七蕚則三，點眼名椒梢鼠尾。枝分三疊墨濃澹，花有正背多般蘂。夫君固已悟筌蹄，重說偈言吾亦贅。誰家屏障得君畫，更以吾詩跋其底。

康不領此詩又有許梅谷者仍求又賦長律

濃寫花枝淡寫梢，鱗皴老榦墨微焦。筆分三踢攢成瓣，珠暈一圜工點椒。糝綴蜂鬚凝笑靨，穩拖鼠尾施長條。盡吹心側風初急，猶把枝埋雪半銷。松竹襯時明掩映，水波浮處見飄颻。黄昏時候朦朧月，深淺谿山長短橋。闊裏相挨如有意，靜中背立見無聊。筆端的皪明非畫，軸上縱横不是描。頓覺坐來春盎盎，因思行過雨瀟瀟。從頭總是楊湯法，拚下工夫豈一朝。

王翠巖寫竹求詩亦與

古畫畫物無定形，隨物賦形皆逼真。其次師述有師繩，如印印泥隨前人。倘疑屋下重作屋，參以新意意乃足。晉魏而來幾百年，羲獻斷弦誰解續。何況高束李杜編，江湖競買新詩讀。願君種取渭川一千畝，飽飯逍遥步捫腹。風晴烟雨盡入君心胸，吐出毫端自森肅。員大夫，來子章，何碌碌！

竹墨蘭圖仍賦

六月衡湘暑氣蒸，幽香一噴冰人清。曾將移入浙西種，一歲纔花一兩莖。

自題水仙圖

自欣分得樕山邑，地近錢清易買花。堆案文書雖鞅掌，朁餅金玉且奢華。酒邊已愛香風度，燭下猶憐舞影斜。礬弟梅兄來次第，攙春熱鬧令君家。以上鐵網珊瑚

法忍寺門夜泊

秋泊禪扉夜，清吟入興頻。風生水鱗甲，雲放月精神。小夢迷香樹，新涼透葛巾。舊題尋不見，吹偏壁間塵。柘上遺詩

趙孟淳

孟淳字子真，號竹所，又號虛閑野叟，子固之弟。

題高房山夜山圖二首

月底江山如畫好，樓中几席與秋清。剡藤不到高人手，一段風流可得成。

江行山立月盤桓，有客無言樓上看。清與肯隨城漏盡，夜深風露恐高寒。鐵網珊瑚

趙士掞

士掞字才孺，太宗五世孫。官直祕閣。

登天清閣

夕陽低盡已西紅，百尺樓高萬里風。白髮年年何處得，只應多在倚闌中。墨莊漫錄

趙不敏

不敏，太宗六世孫。官保義郎。

寄蘇盼奴　事載蘇小娟詩

當時名妓鎮東吳，不好黄金只好書。借問錢塘蘇小小，風流還似大蘇無？武林紀事

趙不譓

不譓字師厚，太宗六世孫。慶元中，昭武假守。

句

信史賒青簡，封章室阜囊。

揮麈餘話跋：王仲言學問該博，逖初尤丈欲收置史館，不果。仲言又嘗剴切上封事，不譓因不自揆，以拙句瀆諸公後云云。

趙善應

善應字彥遠，太宗七世孫，汝愚父，寓居崇德洲錢市。

題寧師西閣

飄泊南來幾歲寒，追談往事漫心酸。雲烟暮隔中原望，歸折梅花忍淚看。

次韻李長卿

一別芳洲不計年，舊時攀折柳依然。故人似欲撩詩興，賸折梅花向酒邊。至元嘉禾志

趙善贛

善贛，太宗七世孫。

題岑公洞

眞人邈何之，恍忽不可見。洞居獨嵌空，壁留明珠濺。藤蘿含冥濛，竹柏鬬葱蒨。至幽合人心，遠翠落江面。野老乘籃輿，使君肆清燕。日影砌下倒，雲容坐間變。大木巖欲傾，邃壑路微轉。峥嶸施屏風，點綴成彩絢。雖云急行樂，勝賞殆亦徧。欲歸重盤旋，拂石看古篆。名勝志

趙善堅

善堅字德固，袁州人，太宗七世孫。乾道二年進士，判婺州，官至戶部尚書。

化成巖

低帽白蕉衫，跨馬北巖路。爲我撤炎歊，時有清風度。杖策躡游屐，捫蘿窮幽趣。怪石鳴瘦筇，狹徑窘危步。雲間啓深洞，玲瓏天巧露。僧居羅上下，鐘聲答晨暮。長嘯排翠靄，圍棋驚振鷺。陶寫屏絲竹，恐爲風景汙。拂蘚題蒼崖，縱横醉中句。兹游豈易得，載酒莫辭屢。江西通志

趙善沛

善沛字濟世，太宗七世孫。淳熙二年進士。終南康守。

對雪

兒笑眞珠滿盤碎，女疑荷葉雨中來。道人心下無些事，三箇柴頭品字煨。名勝志

趙善倫

善倫字季思，太宗七世孫。

多景樓

壯觀東南二百州，景於多處更多愁。江流千古英雄淚，山掩諸公富貴羞。北府如今唯有酒，中原在望忍登樓。西風戰艦今何在，且辦年年使客舟。

梅磵詩話：全篇警拔，江湖間多稱之。或以爲劉改之詩，誤矣。

趙善扛

善扛字文鼎，號解林居士，太宗七世孫。

春詞

碧落初明月未收，露華香滴杏梢頭。玉闌干外東風輭，人在重雲第幾樓。詩家鼎臠

趙善訒

善訒號復齋，太宗七世孫。

游大滌

黃簾有影金燈暗，碧殿無人玉磬清。我亦三生羽衣客，夢魂久已到瑤京。洞霄詩集

趙善璙

善璙，太宗七世孫，家南海。

餞陳帀峯之廉泉

桃源渺何處，夢短到家難。不辨一丘壑，猶爲九品官。鶴嫌新俸薄，鷗訝舊盟寒。附翼攀鱗事，書生不敢干。四朝詩

趙汝愚

汝愚字子直，太宗子漢恭憲王元佐七世孫，居饒州之餘干縣，擢進士第一。光宗朝，累除同知樞密院事。寧宗朝，權參知政事，拜光祿大夫、右丞相。爲韓侂胄所忌，責授寧遠軍節度副使，永州安置，至衡州，暴薨。後贈太師，追封沂國公，謚忠定，配享寧宗廟庭。

送汪尚書大猷歸鄞

尚書天官貴，持經侍幃幄。青冥欲無際，白首非故約。連檣動南浦，父老望巖壑。下車入里門，執手問歡樂。十年幾風雨，寒雞叫屋角。勤勞畢吾分，帝賚出寵渥。殊適奉香火，禁直連六閣。遂令宣室思，從今問晦朔。寧波府志

同林擇之姚宏甫游鼓山 在閩縣

幾年奔走厭塵埃，此日登臨亦快哉。江月不隨流水去，天風直送海濤來。故人契闊情何厚，禪客飄零事已灰。堪歎人生祇如此，憑闌獨倚更徘徊。鼓山志

致爽軒

濃陰夾道水流渠，吹盡殘花不復餘。唯有范家三畝竹，青青依舊色侵書。全蜀藝文志

趙汝談

汝談字履常，號南塘，太宗八世孫，居餘杭。淳熙十一年進士。累官至西外宗正。理宗時，歷給事中，權刑部尚書。卒謚文懿。

後村詩話：本朝全盛時，宗室貴顯而負詩名者，有德麟。近歲有南塘兄弟。詩工而命窮者，有紫芝、仲白。而南塘遂爲一代騷人之宗。

環錦亭 臨安俞氏園

與子鄉鄰信有年，故王遺事到今傳。爽鳩邑改風烟在，散騎園分水竹偏。高架插書供夜讀，滿堂戲綵敵春妍。相如可是區區者，戲筆題詩亦偶然。咸淳臨安志

翠蛟亭和犖栗齋韻

幽亭枕蒼峽，雲竇通曲水。百折如建瓴，潺潺鳴不止。客來一抽鑰，白霧噀巖底。儵翕千丈蛟，拏空翠濤起。天開混沌竅，日洗盤古髓。諒匪畜池鱗，多應化雷尾。馮陵氣易壯，怖蕩辭難侈。術假金洞光，景逾瑤臺沘。誰云游方外，巧異緇塵裏。坡仙頗年數，覿面猶尺咫。釆句貴自然，犖言良是已。珍題豁靈界，篆出蕃君里。物生亦倚數，有形必有靡。道人亦多事，浮念何時死。余生嗜泉藪，痼疾牽硯几。太息動靜機，于何寄眞理。醉倒和滄浪，煩君更詳此。洞霄詩集

趙汝譂

汝諤，太宗八世孫，居餘杭。慶元五年進士。

題翠蛟亭

百丈寒蛟下翠庭，幽人相對覺風生。闌干小倚飛觴處，一曲松風亂雨聲。洞霄詩集

趙汝鐩

汝鐩字明翁，袁州人，太宗八世孫。嘉泰二年進士，曾官漕帥。有野谷詩集。

劉後村跋云：明翁詩兼衆體，而又徧行吳、越、百粵之地，眼力益高，筆力益放。卷中歌行，跌宕頓挫，剸蛟縛虎手也。及斂爲五七言，則又妥帖麗密，若唐人鍛鍊之作。

小水寺

披霧入野寺，寒林響西風。誰遣僧出迎，山鳥爲我通。染衣松露香，照眼巖花紅。聊此息塵慮，歸騎毋悤悤。

訪隱者不遇

兩腋乘西風，送我上高岑。竹根一泉通，石徑萬木森。中有隱者居，敗屋苺苔侵。山空人不見，雲滿挂壁琴。兩鶴出候我，逢迎啄衣襟。應酬久頗厭，走避不可尋。誰伴山下去，明月升高林。

去婦詞

入得良人門，自誓終此身。掃室擁箕帚，進盥躬盤巾。采桑趨壠首，薦蘋潔澗濱。十年盡婦道，唯恐堂上嗔。上和下睦本無事，一旦小姑忞萋菲。浸潤既深貝錦成，不棄不出譖不已。良人繾綣心自知，父

母之命安敢違。舉頭天邊指缺月，暫缺須有團圓時。君不聞章臺長條依舊垂，樂昌半鏡還復歸。

舟中

繫纜停征櫂，斜陽古渡頭。風霜先遠客，天地獨扁舟。水鳥衝開浪，汀鴻占斷秋。在家貧亦好，何用出林丘。

送彥東還湘

湘南多爽處，羨子片帆還。秋影清涵水，烟痕淡著山。蘭風香楚佩，竹淚冷湘斑。見說誅茅地，江頭只數間。

劉簿約游廖園

名園新整頓，尊酒約追隨。春晚花飛少，牆高蝶度遲。注湯童煖酒，拍案客爭棋。寂寞秋千索，無人盡日垂。

舟中

離家俄十日，千里獨衰翁。篷響過雲雨，帆開逆水風。新沙增岸脚，小港隱蘆叢。客思難消遣，黄昏月一弓。

題合江亭

石鼓山頭一小亭，乾坤萬里眼雙明。雖因刺史能尋勝，不遇昌黎豈得名。衡嶽雲開天洗碧，蒸江湘合水爭清。書巖莫辨當時事，空積塵泥野草生。自注：昌黎題合江亭寄刺史鄒君詩，末有「願書巖石上，勿使塵泥涴」之句。

懷亨父

兩年隻影瀟湘去，料想塵埃白髮侵。久雨千山秋得意，西風一雁客關心。或于夢裏陪談笑，每向人前問信音。憶昔賡詩巖桂下，花開今日歎孤斟。以上野谷集

趙汝湜

汝湜號澹軒，太宗八世孫，居餘杭。嘉定元年進士。

敬和陳南渠先生九鎖步虛詞 并引

按：九鎖爲天關、藏雲、飛鸞、通眞、龍吟、洞微、雲璈、朝元、凌虛，今存二首。

竊聞天秉陽德，而九爲老陽，故仙道宗陽，而取數皆九。內景含氣，以九爲節；金丹大還，九轉爲寶；其在于人，爰有九宮；上應列宿，是爲九曜；圜則九重，豈非陽數之極，而仙眞所居者乎？天柱洞天，外環九鎖，神造靈設，仰模璇霄，此固五帝眞游，列仙窟宅之地也。山秀水清，鉤綿奇絕，飛舉之士，疇昔接踵。而我曾外祖寢虛先生，卽陳留良實以童年傳道洞微，隱迹吳山，修鍊內丹，心樂此地，時與高人幽士，徜徉往來。浴泠泉而白雲生，寢石牀而丹氣炳，靈異之迹，不可具述。故舅氏南渠居士，猶踵清風，守一高蹈，暇日因卽九鎖，聲之步虛，用標靈境，以告來者。汝湜辛酉仲秋因獲陪侍杖屨，撫松拂石，卽景長吟，輒爾和韻，用汚清唱之末，寄之名山，用識于他日也。

天關鎖

雲墉高嵯峨，七葼銜銅環。有象非有質，眞儔得躋攀。九天著通籍，保我玉鍊顏。英英青旄節，悠悠款靈關。

龍吟頌

矯首東方宮，變化何由尋。神用妙難擬，飈電赫森森。雨施不爲功，雲從本無心。人寰謾懷想，戛鉢希雷吟。

題洞霄

洞府日月閑，風景自清楚。九關啓天鑰，容我朝帝所。清緣宿仙館，夢破石泉雨。明朝得羊珠，試向張華語。以上洞霄詩集

趙汝讜

汝讜字蹈中，號嬾菴，汝談之弟。以祖蔭補承務郎，登嘉定元年進士，累遷司農丞，知溫州。

題會春苑

草荒故苑幾春風，尚想花開春樹紅。欲問當時馬王事，寂寥殘照野亭中。後村詩話

翠蛟亭和鞏豐韻

衆峯抱蒼龍，蟠屈翠蛟水。放之兩崖間，奔洶不得止。濤瀾生席上，雷電轉石底。恍疑天柱摇，將拔陰洞起。蘇公雄氣壓，詩骨得仙髓。指麾驅鯤鯨，赫變動其尾。紛紛下士人，蟻垤自封侈。驟覩目精眩，筆墜汗流泚。坐令空谷嘯，聲徹霄漢裏。君來松根吟，仙者相去咫。老蛟破鎖去，餘怒猶未已。決開澗千丈，散作霧五里。今年溪湖乾，草莽生意靡。寸泉落山苗，靈鑰起垂死。遺吾雲子飯，報汝青玉几。野人尋泉竇，筒壞方復理。泓然山巔池，冬夏常若此。洞霄詩集

趙汝回

汝回字幾道，永嘉人，太宗八世孫。嘉定七年進士。終主管進奏院。

凌霄花

嫋嫋枯藤淺淺葩，夤緣直上照殘霞。老僧不作因依想，將謂青松自有花。全芳備祖

杜子野留別

有朋不貴數，道合意自親。早知離別難，會覿豈厭頻。青燈書閣下，細語交情眞。酌此武陽泉，饌彼松江鱗。兵戈復有攜，得非知我貧。如何不我醉，明日隔征塵。

宿羅溪山

鷲嶺東游霽景微，碧桃花外一鶯飛。樵夫不斫垂潭樹，知有僧人挂浴衣。以上東甌詩集

句

春風過後雪初白，夜雨晴時水亦香。橘花　屈原一點沈湘恨，李白三生捉月身。水仙　東甌詩集

趙汝迕

汝迕字叔午，一作叔魯，號寒泉，樂清人，太宗八世孫。

括溪倚舟

樹古半成槎，溪過歷歷斜。寒林欲無路，小塢不多家。去客背流水，停舟見莫鴉。朝朝省秋水，頻減一痕沙。

四聖觀納涼

琳宫暑自薄，短簟逸人眠。樹繫來時馬，風移聽處蟬。藥童淸入畫，道士默如禪。忽憶山中雪，瘦梅逋老阡。

哭趙蹈中

族老今爲海内憐，淸名多是布衣傳。一封表乞從師郡，千里神寒覓句年。水鏡照人前日政，雨絲吹旅別時船。離家憶值梅初白，梅未成陰失此賢。以上前賢小集拾遺

趙汝旗

汝旗，太宗八世孫。

宿山隱齋

平生悦山隱，一室容我借。弄泉掬明月，坐石延清話。既調松下琴，復作松風瀉。仙人擣藥禽，獨叫青山夜。洞霄詩集

趙汝鎣

汝鎣，太宗八世孫。

金陵作

龍虎帝王宅，鳳凰仙子臺。六朝遺事冷，八月夜潮回。隴雁秋仍到，江花晚自開。憑高一尊酒，何代獨無才。景定建康志

趙汝楳

汝楳，太宗八世孫，居鄞。寶慶二年進士。史彌遠之壻。

鶴林寺

仙去當年尋舊迹，傳來此日尙名山。花開花落朝昏事，唯有春風歲歲閑。鶴林寺志

趙汝鋌

汝鋌，太宗八世孫。

雪

病倦扶危坐，起看天雨花。蹇驢東野句，破屋玉川家。勇羨穿籬犬，飢憐噪樹鴉。龍山雲壑勝，冰柱憶劉叉。後村千家詩

趙汝鐺

汝鐺，太宗八世孫。

浯溪中興頌

蒼崖插浯溪，淸漲瀅元頌。費墨今屋高，千年此安用。鯨翻天寶末，雲滃朔方衆。還都迎上皇，嗚咽抱餘痛。兩宫重宴樂，萬國盡朝貢。當時紀成功，小雅見微諷。顏公發勁畫，金玉相錯綜。我于碑刻間，衆羽得孤鳳。艱危人物難，忠烈鬼神重。摹取挂野堂，英風凛生涑。浯溪集

趙汝唫

汝唫字仁山，號兩山，太宗八世孫。官臨安令。

離越

東關寒水深，游子別家心。櫂急波鳴枕，篷疎月在衾。半生多道路，何日定山林。隔岸聞漁唱，離騷不敢吟。詩林萬選

棲眞洞

幅巾灑松露，雙袖抖衣塵。可耐人間暑，來尋洞裏春。座分雲骨冷，屐隱甃紋新。鶴近淸尊舞，如留欲去賓。杭州府志

趙崇滋

崇滋字澤民，號竹所，永嘉人，太宗九世孫。嘉定十年進士。

悼步月

雁過妝樓人不見，斷腸又是一黃昏。不知天上嬋娟影，能照人間寂寞魂。響屧廊深空認步，唾茸窗暖尚留痕。合將一把香酥骨，葬在巫陽雲雨村。詩家鼎臠

客舍

巷深人寂靜，蛬守客牀鳴。半夜後風雨，一燈前弟兄。愁來無好夢，吟到有新聲。不信看雙鬢，蕭蕭白幾莖。

求酒趙評事

半老情懷睡不能，小簷霜月當寒燈。無人來問相如渴，敲碎梅花一夜冰。以上東甌詩集

趙崇嶓

崇嶓字漢宗，南豐人，太宗九世孫。嘉定十六年進士。官至大宗丞。有白雲稾。

閨怨

恨殺庭前鵲，難憑卜遠期。朝朝來報喜，誤妾畫雙眉。後村千家詩

宮詞

小苑風酣雨露香，紅情綠意爲春忙。五雲獨遶瓊花夢，三十六宮清漏長。詩林萬選

遊金精山

飛泉灑靈雨，玉田閟靑芝。中有神仙人，宛然姑射姿。天巧從古今，虛竇開烟扉。歲深語亦誕，目極神爲馳。我亦泉石人，夙昔夢見之。登臨悟三生，毛髮何森繼。未脫區中緣，玉顏畏磷緇。仙春醉靑桃，蘿風吹輕絲。凡事俱爾爾，居然騃癡兒。留詩遺仙靈，詎解山中疑。金精風月

凭遠亭 在淳安縣後

涉亭日日報平安，幽處依然絕往還。平野四圍天一幅，有人踏雪看南山。嚴州府志

趙崇窬

崇窬，永嘉人，太宗九世孫。嘉定進士。

過楊子橋

一抹輕烟隔小橋，新篁褪籜兩三梢。惜春不覺歸來晚，花壓重門帶月敲。東甌詩集

趙崇鉘

崇鉘字元治，開封人，太宗九世孫。有鷗渚微吟。

尋眞夕對

春雲弄月黃金絲，春山草木皆仙姿。松根對坐日西夕，羣峯當前列青壁。鏗鏗虛籟含古音，靜聽宛是商山吟。洞石微開月當戶，剪水弦冰心手語。

野園

野園對客無杯酌，共坐茅簷理釣車。片月漸低風露冷，隔牆山鬼嘯梨花。

仙思

水殿風淸急景斜，靈君初下五雲車。碧羅寶扇雙題字，記是誰人詠落花。

都昌卽事

世事可無酒，春藤還有花。山雲欲到地，街鼓又催衙。風緊魚休市，官貧飯帶沙。天機不得問，暮色欲棲鴉。

湖中

汀蒲獵獵起涼颸，碧瀲香中獨立時。機事兩忘吾喪我，扁舟吟過水仙祠。以上鷗渚微吟

趙崇皦

崇皦，太宗九世孫，嘗宰南安。

九日山送客次趙循州韻

蒼松藏野寺，山以隱君靈。俯仰千年事，孤高九日亭。抗顏頭漸白，弔古眼猶青。有客耽幽討，吟情起鶴汀。南安縣志

趙崇森

崇森，太宗九世孫。

春晙

春晴多得兩三日，便覺暄于輕暑天。行客停鞭爭買扇，侍兒啓笥請收綿。把杯早自嫌溫酒，盥手相將喜冷泉。此去西湖已初夏，安排絺綌上湖船。後村千家詩

趙崇纘

崇纘，太宗九世孫，居餘杭。紹定五年進士。

游九峯

九峯元不鎖，俗駕自來稀。水石藏仙窟，烟霞護羽衣。夜猨窺月叫，曉鶴出松飛。擬結巢由伴，眠雲隱翠微。洞霄詩集

趙必瑑

必瑑字玉淵，號秋曉，太宗十世孫，家東莞。登咸淳元年進士，任南康縣丞。文丞相開府于惠州，瑑攝惠州軍事判官。入元，隱溫塘村。有覆瓿集。

避地惠陽鼓峯用徐心遠韻

收拾當年破敕黃，山中蕙帳夢魂香。風供松葉煖茶竈，雲臥茅窗凍筆牀。一雨鳴蛙亂深夜，數聲啼鳥怨斜陽。風塵浩蕩愁如海，那得中山醉酒方。覆瓿集

趙必范

必范號古一，太宗十世孫，桐江人。月泉吟社第二十名，自署學古翁。

前題

一歲農功只在春，夫夫婦婦幾艱辛。青門舊有種瓜地，綠野新添躬稼人。早把牛衣敎諸子，欲修蠶具問良辰。夜來谷口東風過，只恐逢人問子眞。

評云：此卷八詩，一起一結，中六篇，分詠三春節序，曲盡田園閒景態。如元日云：「卜歲聊憑六壬課，有生未識五辛盤。」元夕云：「幸有漁樵同此樂，苦無車馬自相諠。」社日云：「幾點飛花芳徑雨，一雙新燕荻簾風。」淸明云：「麥白生苗藏蛤地，桑黃含椹浴蠶天。」皆佳句也。今全錄其首篇。

月泉吟社學古翁回詩賞劄云：效休文之八詠，知類農歌；拔毛遂于衆中，允高匠目。矧謝池僅止五字，而魯語尤戒多爲，首而錄全，思則過半。恭惟執事雙桐政美，五柳門深，續雅道于一綫之餘，亦言其興；尋吟盟于千里之外，

夫豈無人。乃采艱辛之辭，特置次癸之列，月泉分貺，雲壑懷慚。某夢斷鈞天，心游樂地，視玄穎可爲至寶，奚有于今；裁白学而製深衣，于焉學古。

趙必拆

必拆，杭人，太宗十世孫。白雲社。月泉吟社第三十名，自署愛雲仙友。

前題

一段佳山水，芳時事正一作事妍。犢耕青燒雨，鶴卧碧桃烟。社老邀嘗煮，鄰僧伴摘鮮。莫嫌陶令拙，農圃得餘年。評缺

月泉吟社愛雲仙友回詩賞劄云：田園歸隱，夙欽彭澤之高風；筆硯久荒，難得石湖之秀句。不慚鄙劣，冒爾擬騷。誤辱甄收，敢言弁殿。敬惟執事山林富貴，軒冕錙銖。釣月耕雲，詎輸製錦；傍花隨柳，雅稱調琴。可見知幾之老成，居然遠世而肥遯。適憑佳興，用拂清人。餌絲枲，釣江湖，貸玄穎，貿珠璧，此意古矣，其利溥哉。某溝壑餘生，泥塗下士。有懷農圃，靡就犂鉏。茲效顰唐士之五言，恰躋足周南之一轂。僅逃孫外，兎媿盧前。自謂狂吟，思復青氈而遠矣；或云駝榜，會歌白学以邀之。

趙必橦

必橦，東嘉人，太宗十世孫。

題梅山

一隱吳門訪北山，深憐漢鼎尚多艱。片言儻得回天聽，未必仙名滿世間。梅仙事實

趙必漣

必漣字仲連，崇安人，太宗十世孫。有倚梅吟稾。

濯足

小橋坐濯足，澗狹水流急。源頭夜雨多，落花漾紅溼。崇安縣志

趙𫗦之

𫗦之字子雍，魏王廷美五世孫。少學于陳無己，有句法。

春日

拂牀攲枕晝初長，好夢驚回燕語忙。深竹有花人不見，直應風轉得幽香。墨莊漫錄

句

風生閶闔春來早，月到蓬萊夜未中。大觀初代府尹宋喬年上元應制　書舊續聞

趙公碩

公碩，浚儀人，魏王六世孫。餘杭令。

慶元四年五月再游洞霄宮

舊時曾此覓仙緣，一別于今四十年。白髮重來嗟老矣，青山九鎖故依然。肩輿直入松間路，洗耳還聽澗底泉。幽興未闌吟未就，半峯斜日下平川。洞霄詩集

趙彦端

彥端字德莊，魏王廷美七世孫。乾道、淳熙間，以直寶文閣知建寧府，終左司郎官。有介菴集。

壽皇太子 九月四日

日日龍樓問寢時，雞人未動漏聲遲。前星一點朝天帝，只有淸臺太史知。

子晉吹笙未是仙，阿丕橫槊少全篇。小吟靑著梅梢句，一日東風四海傳。

大安宮裏漆園椿，子榦孫枝葉葉新。今日四株高下碧，相承一樣八千春。

光堯初御六龍天，上直維參大火躔。天意分明昌宋德，誕辰三世總丁年。

西湖志餘：淳熙中，孝宗及皇太子朝上皇于德壽宮，周益公詩云：「一丁扶火德，三合聳皇基。」蓋高宗生于大觀丁亥，孝宗生于建炎丁未，光宗生于紹興丁卯故也。陰陽家以亥卯未爲三合。

壽張守

堂堂天上張公子，龍劍分光自斗牛。海上忽歸槎萬里，雲間未放月中秋。才爲漢殿無雙手，恩到閩中第一州。亦有人言識仙骨，不知何日是封留。以上聖宋名臣獻壽集

壽皇孫

前星炳煥領孫星，環拱中天日兩輪。四葉重光同聖世，千秋佳節近生辰。本支秀茂旦復旦，典學熙明新又新。喜入威顏天一笑，壽觴分賜一枝春。合璧事類前集

崇安道中

風柳疎無力，秋花冷不香。客情隨去燕，涼思起號螿。地入閩山險，天連越樹長。年年擣衣石，爲爾感

征裳。（詩林萬選）

玉真臺

在德興縣治後，彦端爲令時作。

春色無窮巷，農鄉有太和。病嗟聞道晚，貧喜得閑多。徑草供徐步，鄰花護屢過。層臺宜抗樹，誰爲買烟波。（饒州府志）

趙彦假

彦假字顯父，魏王七世孫，居閩。慶元二年進士。

翠蛟亭和翬栗齋韻

天下名洞天，有山必有水。餘杭山水窟，神仙所棲止。仙人乘雲去，玉蛟留潭底。至今雷雨夕，蛟睡時驚起。爪劈巖石裂，石罅滴乳髓。涓涓泉流出，半垂白鳳尾。風來琴筑響，月照纓絡侈。曲折納深池，徹底清且泚。築亭當澗衝，木石相表裏。翠壁潤含烟，層峯去天咫。道人幻出奇，指顧猶才已。忽驅蛟走闕，瞬息八百里。怒氣挾奔霆，草木爲披靡。兒童驚震掉，面若槁灰死。達人本大觀，談笑自隱几。須臾翬動息，靜坐窮物理。水石本無心，相激一至此。（洞霄詩集）

趙篋夫

篋夫字仲禮，居鄞，魏王八世孫，觀文殿學士彦逾子。紹熙四年進士。寶慶初，直祕閣，爲湖南憲。

題化成巖

塵世有仙境，清絕不可言。寒江露沙迹，曉嶂埋雲根。暇日推吏案，呵道穿僧門。來飲巖下水，何必擕芳尊。袁州府志

趙立夫

立夫字德成，樂清人，魏王八世孫。開禧元年進士。官至刑部尚書。

臘日偶書

近日斗侵寅，南天雪不成。梅梢動生意，禽鳥弄春聲。鬢逐年華換，身資藥力輕。聽傳吳蜀事，對酒不能傾。東甌詩集

趙潛夫

潛夫字景壽，號鶴所，黄巖人，魏王八世孫。嘉定十六年進士。寶慶初，監澉浦鎮稅。

弦風亭

怪他蟹舍蠔房地，不是吟情住亦難。數尺短牆圍晝寂，半鉤疎笮障春寒。水生草滿蛙鳴合，日薄花陰鶴夢安。底處青衫病司馬，浩歌東望取琴彈。澉水志

趙庚夫

庚夫字仲白，寓居興化軍，魏王八世孫。舉進士不第，以宗子取應，得右選。趙紫芝爲晚唐詩，名冠「四靈」，而仲白亞紫芝。劉後村擇百篇爲山中集，幷誌其墓。

劉後村跋：仲白于古體寓其高遠，于大篇發其精博，于短章竊其要妙。

歲除即事

連夜縫紉辦，今朝杵臼頻。買花簪穉女，送米贈窮鄰。宦薄唯名在，年華與鬢新。桃符詩句好，恐動往來人。瀛奎律髓

讀曾茶山詩集

茶山八十二癯仙，千首新詩手自編。吟到瘴烟因避寇，貴登從槖只棲禪。新于月出初三夜，淡比湯煎第一泉。咄咄逼人門弟子，劍南已見祖燈傳。

梅磵詩話：紹興末，曾茶山卜居于越，得禹迹寺東偏空舍十許間居之。手種竹盈庭，日讀書賦詩其中。公平生清約，不營尺寸之産，所至寓僧舍，蕭然不蔽風雨。公詩有曰：「手自栽培千箇竹，身常枕藉一牀書。」蓋寓居時所賦也。公年雖高，吟詠猶不輟。莆田趙仲白讀公詩集，有詩云云。蓋山陰陸務觀實從公學詩，陸有劍南集行于世，故末句及之。

落魄

落魄蕉衫戴道冠，菖蒲滿案浸清寒。有錢即買丹砂鍊，無病猶將素問看。連日游山僧共住，頻年乞米鶴同湌。世間不朽非鍾鼎，曾與高人靜處觀。詩家鼎臠

句

鶴殘籬外筍，鼠舐墨中膠。稍得　詩句日從窗眼寫，墨丸夜入枕頭收。寄僧　貴耳集

趙密夫

咨夫號竹溪，魏王八世孫，晉江人。紹定二年進士。

三脫麪

筍蕈初萌杞藥纖，然松自煮供親嚴。聞人食肉何曾鄙，自是山林滋味甜。山家清供

趙璸夫

璸夫號巖雲，魏王八世孫。

寄林可山

好春虚度三之一，滿架荼蘼取次開。有客相看無可設，數枝帶雨摘將來。山家清供

趙時伐

時伐，魏王九世孫。

種蘭

深林瘦徑傲朝昏，牙髮消疎氣骨存。九畹誰移炎海角，半庭新補冷雲痕。圃翁認葉非漳種，墨客知花是楚魂。從此國香春不斷，光風滿地長兒孫。後村千家詩

趙時瓅

時瓅，魏王九世孫，丹陽令。

題陳少陽先生上書稾後

虜騎昔長驅，高屋建瓴水。權姦誤國家，和議甘骫骳。遂令九廟尊，冒沒在棘枳。帶甲百餘萬，一嘯自

披靡。堂堂諫議公，屹若頹波砥。叩閽斥時宰，不惜用一死。此死不足道，聞者自興起。一木支大廈，于時不可爾。使早定大計，何物摩□壘。可憐紹興間，賻贈官其子。我得覩遺稾，感慨寧已矣。千載凜如生，作者書于紙。盡忠錄附

趙時僪

時僪號竹所，魏王九世孫。

西禪餞董溪翁

西浦風寒水自流，迢迢行李又歸休。今宵古寺吟邊酒，明日長江客裏舟。溪路梅花催雪興，旗亭竹色伴雲愁。還家更爲明時出，莫向漁磯老釣鉤。詩林萬選

趙時煥

時煥字元晦，晉江人，魏王九世孫。嘉定十二年進士。官廣東運判。

九日山送客

頻來因送客，攜酒訪仙靈。歸去成何事，重來媿此亭。天寬野水白，松潤石崖青。倚杖思今古，寒鷗落遠汀。南安縣志

趙若槭

若槭字自木，號霽山，崇安人，魏王十世孫。咸淳十年進士。

武夷茶

石乳霑餘潤，雲根石髓流。玉甌浮動處，神入洞天游。高元濬茶乘

即事

雲散春山出，人閑白晝長。禽聲答空谷，樹影畫斜陽。種果期秋實，澆花趁晚涼。行藏天已定，隨分且徜徉。

遇樵川林時中

建水樵川隔幾重，相逢孰意大江東。客行芳草垂楊外，春在柔桑小麥中。細雨疏田流水碧，殘霞擁樹遠林紅。浮生聚散渾無定，有酒何妨一笑同。

暮春

香透蜂房蝶夢殘，一簾新雨又春闌。柳腰瘦得難禁舞，今夜東風莫更寒。以上崇安縣志

宋詩紀事卷八十六　降王

錢唐厲鶚輯
錢唐周京勘定

錢俶

俶字文德，吳越武肅王鏐孫，文穆王元瓘子。大將胡進思等廢忠遜王倧，立之。建隆元年，授天下兵馬大元帥。太平興國三年，詔俶來朝，納土。歸京師，封許王，徙封鄧王，薨，追封秦國王，謚忠懿。有詩數百首，號政本集。

宮中作

廊廡周遭翠幙遮，禁林深處絕喧譁。界開日影憐窗紙，穿破苔痕惡筍芽。西第晚宜供露茗，小池寒欲結冰花。謝公未是深沉量，猶把輸贏局上誇。汝帖

李煜

煜字重光，初名從嘉，南唐元宗李璟第六子。諸兄早亡，以次爲嗣，在僞位十有五年。歸宋，封違命侯，授左千牛衞上將軍。太宗登極，改封隴西公。太平興國三年薨，追封吳王，以王禮葬洛京之北邙山。有集。

五朝故事：李後主時，建康市中染肆之旁，多題曰「天水碧」，尋而皇家蕩平之，悉前兆也。天水碧，因煜之內人染碧，夕露于中庭，爲露所染，其色特好，遂名之。

石林燕語：太祖嘗因曲宴，使煜誦其得意詩，遂舉詠扇「揖讓月在手，動搖風滿懷」以對。太祖曰：「好一箇翰林學士。」

西清詩話：藝祖言，李煜若以作詩工夫治國事，豈爲吾虜也。

送鄧王二十弟牧宣城

且維輕舸更遲遲，別酒重傾惜解攜。浩浪侵愁光蕩漾，亂山凝恨色高低。君馳檜楫情何極，我凭闌干日向西。咫尺烟江幾多地，不須懷抱重淒淒。

馬令南唐書：王名從益，出鎮宣州，後主率近臣餞綺霞閣，賦詩，自爲序，其略云：秋山滴翠，暮壑澄空，愛公此行，暢乎遐覽。

漁父詞

浪花有意千里雪，桃花無言一隊春。一壺酒，一竿鱗，世上如儂有幾人。

一棹春風一葉舟，一輪繭縷一輕鉤。花滿渚，酒滿甌，萬頃波中得自由。古今詩話

悼周后

又見桐花發舊枝，一樓烟雨暮淒淒。凭闌惆悵人誰會，不覺潸然淚眼低。

層城無復見嬌姿，佳節纏哀不自持。空有當年舊烟月，芙蓉池上哭蛾眉。

嘗與周后移植梅花于瑤光殿之西及花時而后已殂因成詩見意

殷勤移植地，曲檻小欄邊。共約重芳日，還憂不盛妍。阻風開步障，乘月溉寒泉。誰料花前後，蛾眉卻不全。

失卻烟花主，東君自不知。淸香更何用，猶發去年枝。

書靈筵手巾

浮生苦憔悴，壯歲失嬋娟。汗手遺香漬，痕眉染黛烟。

書琵琶背

侁自肩如削，難勝數縷絛。天香留鳳尾，餘煖在檀槽。

馬令南唐書：後主昭惠后周氏，大司徒宗之女，甫十九歲，歸于王宫。通書史，善音律，尤工琵琶。元宗賞其藝，取所御琵琶時謂之燒槽者賜焉。後主卽位，册爲國后。後主嘗演念家山破，后復作邀醉舞、恨來遲新破，皆行于時。季子仲宣，后尤鍾愛，忽暴疾卒。后病遂亟，以元宗所賜琵琶及嘗臂玉環親遺後主，沐浴正妝，自內含玉，殂于瑤光殿之西室。享年二十九。後主哀苦骨立，杖而後起。每于花朝月夕，無不傷懷。觸物寓意，多爲詩云云。

悼幼子瑞保

永念難消釋，孤懷痛自嗟。雨深秋寂寞，愁引病增加。咽絶風前思，昏朦眼上花。空王應念我，窮子正迷家。

馬令南唐書：宣城公仲宣，後主子也，小字瑞保，三歲，讀孝經，若成誦然，聞奏樂，輒審音調，宫中燕侍，頗合禮度，出見士大夫，改容顧揖，如成人禮。乾德二年卒，年四歲，始封宣城公，追贈岐王，謚懷獻，時昭惠病劇，後主恐重傷其意，默坐飲泣，因爲詩以寫志，吟詠數四，左右爲之泣下。

宣城公挽辭

珠碎眼前珍，花凋世外春。未銷心裏恨，又失掌中身。玉笥猶殘藥，香匳已染塵。前哀將後感，無淚可霑巾。

豔質同芳樹，浮危道略同。正悲春落實，又苦雨傷叢。穠麗今何在，飄零事已空。沈沈無問處，千載謝東風。

馬令南唐書：昭惠先病，聞仲宣死，哀苦增劇，遂至于殂。故後主并其母子悼之。

歸宋渡江作

江南江北舊家鄉，三十年來夢一場。吳苑宮闈今冷落，廣陵臺殿已荒涼。雲籠遠岫愁千片，雨打歸舟淚萬行。兄弟四人三百口，不堪閑坐細思量。

病中感懷

憔悴年來甚，蕭條益自傷。風威侵病骨，雨氣咽愁腸。夜鼎唯煎藥，朝髭半染霜。前緣竟何似，誰與問空王。以上馬令南唐書

唐音戊籤云：煜少聰慧，善屬文，性好聚書，宮中圖籍充牣，鍾、王墨跡尤多。置澄心堂于內苑，延引文士居其間。酷尙浮屠法，時請沙門講論。著雜說百篇，時人以爲可繼典論。兼善書畫，又妙于音律云。

海錄碎事：日映仙雲薄，秋高天碧深。李後主句。

瀛奎律髓：冷笑秦皇經遠略，靜憐姬滿苦時巡。李後主詩也。

詠柳書黃羅扇賜慶奴

風情漸老見春羞，到處銷魂感舊游。多謝長條似相識，强垂烟態拂人頭。

邵博聞見後錄：南唐李侯撮襟書宮人慶奴扇云云。

蓉塘詩話：茶所雜錄云：此後主歸命後所作。

病中書事

病身堅固道情深，宴坐清香思自任。月照静居唯擣藥，門扃幽院只來禽。庸醫嬾聽詞何取，小婢將行力未禁。賴向空門知氣味，不然煩惱萬塗侵。

方虚谷云：李後主號能詩詞，集中多有病詩，憔悴衰颯，似貧士大夫，宜其亡也。

秋鶯

殘鶯何事不知秋，橫過幽林尚獨游。老舌百般傾耳聽，深黄一點入烟流。棲遲背世同悲魯，瀏亮如笙碎在緱。莫更留連好歸去，露華凄冷蓼花愁。以上唐音戊籤

題金樓子後 并序

梁孝元謂：王仲宣昔在荆州，著書數十篇。荆州壞，盡焚其書。今在者一篇，知名之士咸重之。見虎一毛，不知其斑。後西魏破江陵，帝亦盡焚其書曰：「文武之道，今夜盡矣。」何荆州壞，焚書二語，先後一轍也？詩以慨之。

牙籤萬軸裹紅綃，王粲書同付火燒。不是祖龍留面目，遺篇那得到今朝。

楓窗小牘云：此詩同書藏內庫，「今朝」字誤作「金朝」，徽廟惡而抹之。後竟如讖入金。

句

鶯狂應有恨，蝶舞已無多。

老學菴筆記：後主作此，未幾亡國。

人生不滿百，剛作千年畫。野客叢書 鬢從近日添新白，菊是去年依舊黃。任淵陳后山詩注

李從善

從善字子師，元宗第七子，封韓王。入宋，改封楚國公。

陸游南唐書：韓王從善，因留京師，後主手疏求歸國，太祖不許。後主素友愛，每憑高北望，泣下霑襟。由是歲時游燕多罷，不講常製，卻登高文。

揮麈後錄：王景彝故第在京師太子巷。初，開寶間，江南李後主遣其弟從善入貢，留不遣，建宅以賜。故都人猶以太子目之也。

薔薇一首十八韻呈東海侍郎徐鉉

綠影覆幽池，芳菲四月時。管弦朝夕興，組繡百千枝。盛引牆看徧，高煩架屢移。露輕濡綵筆，蠹誤拂吟髭。日照玲瓏幔，風搖翡翠帷。早紅飄蘚地，狂蔓挂蛛絲。嫩刺牽衣細，新條窣草垂。晚香難暫捨，嬌態自相窺。深淺分前後，榮華互盛衰。尊前留客久，月下欲歸遲。何處繁臨砌，誰家密映籬。絳羅房燦爛，碧玉葉參差。分得殷勤種，開來遠近知。晶熒歌袖袂，柔弱舞腰支。膏麝誰將比，庭萱自合嗤。勻妝低水鑑，泣淚滴烟霏。畫擬憑梁廣，名還亞楚姬。寄君十八韻，思拙媿新奇。全唐詩

李從謙

從謙，元宗第九子，後主母弟也。風采峭整，喜爲律詩，動有規誨。封吉王，宋改封鄂國公。

觀棋

竹林二君子，盡日竟沈吟。相對終無語，爭先各有心。恃強斯有失，守分固無侵。若算機籌處，滄滄海未深。

馬令南唐書：後主燕閑，與侍臣弈，從謙時數歲，侍側，命賦觀棋詩云云，歎賞久之。

孟昶

昶字保元，後蜀高祖第三子，嗣僞位三十二年。宋師破成都，納降，歸于汴京。封開府儀同三司、檢校太師，兼中書令，秦國公。乾德三年薨。册贈尚書令，追封楚王，謚恭孝。

避暑摩訶池上作

冰肌玉骨清無汗，水殿風來暗香滿。簾開明月獨窺人，攲枕釵橫雲鬢亂。起來瓊戶寂無聲，時見疎星渡河漢。屈指西風幾時來，不道流年暗中換。

漫叟詩話：錢唐有一老尼，能誦後主詩云云。

東坡洞仙歌序云：僕七歲，見眉州老尼，姓宋，忘其名，自言嘗隨其師入蜀主孟昶宮中。一日大熱，蜀主與花蘂夫人夜起，避暑摩訶池上，作此詞，具能記之。

句

新年納餘慶，嘉節號長春。

蜀檮杌：蜀未亡前一年，歲除日，昶令學士幸寅遜題桃符版于寢門，以其詞非工，昶命筆自題云云。蜀平，朝廷以呂餘慶知成都，長春乃太祖誕聖節名也，其符合如此。

宋詩紀事卷八十七　閨媛

錢唐　厲鶚　輯
平湖　陸　騰　勘定

楊朴妻

送夫赴召

更休落魄耽杯酒，且莫猖狂愛詠詩。今日捉將官裏去，者回斷送老頭皮。

東坡志林：眞宗東封還，訪天下隱者，得杞人楊朴，能爲詩。召對，自言不能。上問：「臨行有人作詩送卿否？」朴曰：「惟臣妻有一首，云云。」上大笑，放還山，命其子一官就養。

蒨　桃

蒨桃，寇萊公妾。

呈寇公

一曲清歌一束綾，美人猶自意嫌輕。不知織女螢窗下，幾度抛梭織得成。

風勁衣單手屢呵，幽窗軋軋度寒梭。臘天日短不盈尺，何似妖姬一曲歌。

侍兒小名錄拾遺：萊公因會，贈歌姬以束綾，蒨桃作詩呈公。

劉元載妻

歷代吟譜：孫覿三英集序云：「三英者，三哲婦之詞也。世有男子，大誇篇詠而意隨語盡者，滔滔皆然。三英婦得天賦若此，忍不序而揭之乎。」

詩話總龜：天聖中，禮部尚書孫奭序三英集，劉元載妻、詹光茂妻、趙晟之母，早梅、寄遠、惜別三詩。劉妻哀子無立，詹妻留夫侍母病，趙母懼子遠遊，孫公愛其才以取之。

早梅

南枝向暖北枝寒，一種春風有兩般。憑仗高樓莫吹笛，大家留取倚闌干。歷代吟譜

詹光茂妻

寄遠

錦江江上探春回，銷盡寒冰落盡梅。爭得兒夫似春色，一年一度一歸來。歷代吟譜

趙晟母

惜別

暖有花枝冷有冰，佳人後會卻無憑。預愁離別苦相對，挑盡漁陽一夜燈。歷代吟譜

謝希孟

希孟字母儀，晉江人，景山之妹。嫁陳安國，早卒。

歐陽公序云：希孟之詩，尤隱約深厚。守禮而不自放，有古幽閑淑女之風，非特婦人之能言也。

詠芍藥

好是一時豔，本無千歲期。所以詫相贈，載之在聲詩。

句

爲花雖可期，論德亦終鮮。牡丹　句牽主人衣，一步行不得。薔薇　薰薰麝臍烈，灼灼猩血殷。躑躅　樹既摧爲薪，花亦落爲塵。凌霄　豔陽一何好，零落千載冤。朱槿　盜者得其便，掉頭笑且歌。曼陀羅花　卞子眞賞□，莊生夢還怯。蝴蝶花　以上歷代吟譜

許氏

許氏，虞部之女，方勉妻。

夫犯夜禁代呈郡守鄭毅夫

明時樂事娛詩酒，帝里風光剩占春。況是白衣重得侶，不堪靑旆自招人。早知玉漏催三鼓，肯把金貂換百巡。大抵仁人憐氣類，免教孤客作囚身。詩話總龜

句

匣劍未磨晁錯血，已聞刺客殺袁絲。讀晁錯傳　彤管遺編

徐氏

徐氏，侍從宥之女，吳丞相妻。

偶題

絮吹楊陌三春雨，花落梨園一笛風。百尺玉樓簾半捲，夜深人在水晶宮。墨莊漫錄

錢氏

錢氏，封南宮縣君。

絶句

士悲秋色女懷春，此語由來未是眞。儻若有情相眷戀，四時天氣總愁人。侯鯖錄

王氏

王氏，名文淑，荆公之妹，張奎妻，封長安縣君。鶚按：墨莊漫錄作荆公女，適吳丞相之子，封長安縣君，誤。今從隱居詩話改正。

隱居詩話：張奎妻長安縣君，荆公之妹也。佳句爲最。其云：「草草杯盤供笑語，昏昏燈火話平生。」荆公妻吳國夫人亦能文，嘗有小詞約諸親游西湖，有云：「待得明年重把酒。攜手。那知無雨又無風。」脫灑可喜。

戲詠白羅繫髻

香羅如雪縷新裁，惹住烏雲不放回。還似遠山秋水際，夜來吹散一枝梅。墨莊漫錄

李氏

李氏，建昌人，公擇之姊，江西洪亶郎中妻，封文城縣君。

挽兄公擇尚書

久歷金門貴，未酬黃屋知。如聞天祿客，抱恨作銘詩。皇朝類苑

王氏

王氏，荆公女，吳安持妻，封蓬萊縣君。

寄父

李壁王荆文公詩注：介父二女，長適吳安持，寶文閣待制；次適蔡卞。

西風不入小窗紗，秋意應憐我憶家。極目江山千萬恨，依然和淚看黃花。冷齋夜話

李樗大夫妻

文獻通考：李樗有毛詩詳解三十六卷。陳氏曰：「樗，閩之名儒，于林少穎爲外兄。」

謝魏國范夫人

朝來瑞靄徧祥虛，果見麻姑降陋居。陶令滿籬唯有菊，相如四壁但藏書。蕭條庭館門羅雀，冷落杯盤食欠魚。缺後二句　過庭錄

王氏

王氏，平甫女，劉天保妻。

句

不緣燕子穿簾幕，春去秋來那得知。隱居詩話

李珦

珦字溫叔，都官員外郎某之幼女。八歲能詩，適王常，汎舟江湖溺死。

榴花

烈火眞紅輕皺面，晨霞碎翦貼枝條。金刀刺出猩猩血，濺落芳叢久不銷。翰府名談

魏夫人

魏夫人，襄陽人，道輔之姊，曾子宣丞相之妻。

句

使君自爲君恩厚，不是區區愛華山。

老學菴筆記：曾子宣丞相，元豐間帥慶州，召還，往來潼關，夫人魏氏作詩戲之云。

女郎曹希蘊

贈乾明寺繡尼集句

睡起楊花滿繡牀，爲他人作嫁衣裳。因過竹院逢僧話，始覺空門氣味長。楊公彥齡筆錄

新月

禁鼓初聞第一敲，乍看新月出林梢。誰家寶鏡新磨出，匣小參差蓋不交。

桐江詩話：女郎曹希蘊，貨詩都下。有人以敲梢交爲韻，索賦新月詩，曹賦云云。蓋何遜之句也。

句

記得小軒岑寂夜，月移疎影上東牆。

漫叟詩話：希蘊詩雖格韻不高，時有巧語，嘗作墨竹詩云云，此語最工。

賀方回妹

寄賀方回

獨倚危闌淚滿襟，小園春色嬾追尋。深恩縱似丁香結，難展芭蕉一寸心。

能改齋漫錄：方回眷一姝，別久，姝寄詩云云。賀因所寄詩成柳色黄詞云：「薄雨催寒，斜照弄晴，春意空闊。長亭柳色纔黄，遠客一枝先折。烟横水際，映帶幾點歸鴉，東風消盡龍沙雪。還記出門時，恰而今時節。將發，畫樓芳酒，紅淚清歌，頓成輕別。已是經年，杳杳音塵都絶。欲知方寸，共有幾許清愁，芭蕉不展丁香結。枉望斷天涯，兩厭厭風月。」

丁渥妻

寄外

淚溼香羅帕，臨風不肯乾。欲憑西去雁，寄與薄情看。

雲齋廣錄：進士丁渥在太學，夢歸家，見妻于燈下，披箋握管爲書寄生。生曰：「我已至矣，何用書爲？」妻但揮涕而不答，又于別幅見詩云云。生既覺，以語同舍客。客曰：「君思念之極，以至于此。」後旬日，得書并詩，皆夢中所見，無少差矣。

井門徐帥屬内子

句

幕中舞客呈鸜鵒，帳下牙兵困蒺藜。和韻幕中有醉起舞者

華衮自宜還舊物，繡衣先見冠同寮。和韻送屬官除監司　故相家也。

耆舊續聞：井門徐帥屬内子能詩。林子中爲帥，每首唱，徐密寫歸，衆方操觚，内子詩已來，必有可觀。

陳氏

陳氏，述古女，適李氏。

題小雁屏

紅蓼淡蘆敧曲水，幾雙容與對西風。扁舟阻向江鄉去，卻喜相逢一枕中。

曲屏誰畫小瀟湘，雁落秋風蓼半黃。雲淡雨疎孤嶼遠，冷冷清夢到高唐。

耆舊續聞：陳述古女，適李氏，從夫仕晉寧軍判官。部使者以小雁屏求詩，自作黃魯直小楷題其上云。

謝氏

謝氏，王元甫妻。

送外

此去唯宜早早還，休教重起望夫山。君看湘水祠前竹，不是男兒淚染斑。青瑣高議

高氏

高氏，淮南士大夫妻。

暮春感懷

楊花日日長無定，海燕年年卻有歸。一瞬青春疾如電，等閑著盡縷金衣。歷代吟譜

盧氏

句

田舍轆轤出短牆，村落鞦韆挂高樹。寒食　歷代吟譜

葉桂女

桂女字月流。

琵琶亭

樂天當日最多情，淚滴青衫酒重傾。明月滿船無處問，不聞商女琵琶聲。中山詩話

李氏女

李氏女，毘陵人。

詠破錢　十六歲作

半輪殘月掩塵埃，依稀猶有開元字。想得清光未破時，買盡人間不平事。墨客揮犀

鮑　娘

題兊溪驛

谿驛舊名彡，烟光滿翠嵐。須知今夜好，宿處是江南。

清波雜志：衢信間，驛名兊溪，謂其水作三道來，作彡字形。鮑娘有詩，蔣穎叔和之。

暨氏女

暨氏女，建安人。

句

多情樵牧頻簪首，無主蜂鶯任宿房。

春渚紀聞：建安暨氏女子，十歲能詩，賦野花云云。觀者雖加驚賞，而知其後不保貞素。竟更數夫，流落而終。

王　氏

王氏，趙德麟妻。

絶句

白藕作花風已秋，不堪殘睡更回頭。晚雲帶雨歸飛急，去作西窗一夜愁。

苕溪漁隱叢話：此趙德麟細君作也。德麟旣鰥居，因見此篇，遂與之爲親。余以爲此二十八字媒也。

張　氏

張氏，芸叟女，司馬朴妻。

句

莫訝淚頻滴，都緣心未灰。滿目烟含芳草緑，倚闌露泣海棠紅。

墨莊漫錄：芸叟久經遷謫，快快不平。嘗内集，分題賦詩，其女得蠟燭，有句云云，浮休有慚色。司馬朴之室，芸叟女也。鄜延路上寺中一聯云云，或者便是詠燭者。

王　氏

王氏，曹組之母。兄弟幼孤，王氏敎養成就。

雪中觀妓

梁王宴罷下瑶臺，窄窄紅鞾步雪來。恰是陽春三月暮，楊花飛處牡丹開。桐江詩話

陳氏

陳氏，蜀人唐暨妻。

送張邦基母

念别每驚魂，流年多病身。惟我延陵子，情眞意更親。分攜無淚盡，望遠起愁新。老眼將何暖，音書不厭頻。雪意亂江雲，江梅漸放春。雁歸人去後，愁與歲華新。榮路君方振，園居我豈貧。惟餘憂我念，相憶莫霑巾。

墨莊漫錄：唐暨潛亭，質肅公猶子，余母之舅也。隱居襄陽，著周公政典，以周官定臧否，鄒志完爲序。娶陳氏，蜀人，令德純茂，尤工文章。大觀中，先君爲郡學官，代還，以詩送别余母云云。

丘氏

丘氏，朝奉郎丘舜中女。諸女皆能文詞，每兄弟内集，必聯詠爲樂。

寄外

簾裏孤燈覺曉遲，獨眠留得宿妝眉。珊瑚枕上驚殘夢，認得蕭郎馬過時。西清詩話

周仲美

題郵亭壁

世居京師，父游宦，家于成都。既而適李氏子，侍舅姑宦泗上，從良人赴金陵幕。偶因事棄官入華山，有長往之意，仲美卽寄身合肥外祖家。方求歸未得，會舅遽調任長沙，不免共載而南。雲水茫茫，去國益遠，形影相弔，灑涕何言。因書所懷于壁。

愛妾不愛子，爲問此何理。棄官更棄妻，人情寧可已。永訣泗之濱，遺言空在耳。三載無朝昏，孤幃淚如洗。婦人義從夫，一節誓生死。江鄉感殘春，腸斷晚烟起。西望太華峯，不知幾千里。王直方詩話

郭暉妻

答外

碧紗窗下啓緘封，尺紙從頭徹尾空。應是仙郎懷別恨，憶人全在不言中。

葉夢得巖下放言：士人郭暉，因寄妻問，誤封一白紙去，細君得之，乃寄一絕云。

秦少游女

句

眼前雖有還鄉路，馬上曾無放我情。靖康間題壁　梅磵詩話

李清照

清照號易安居士，濟南人，格非之女，趙挺之之子明誠妻。其母王狀元拱辰女，亦工文章。清照晚節不終，再適張汝舟，流落江湖間，卒。有漱玉集。

朱子游藝論：本朝婦人能文，只有李易安與魏夫人。李有詩大略云：「兩漢本繼紹，新室如贅疣。所以嵇中散，

至死薄殷周。」中散非湯、武得國，引之以比王莽。如此等語，豈女子所能。

苕溪漁隱叢話：易安再適張汝舟，未幾反目。有啓事與綦處厚云：「猥以桑榆之晚景，配茲駔儈之下材。」傳者無不笑之。

雲麓漫抄：易安投翰林學士綦崇禮啓：「清照啓：素習義方，粗明詩禮。近因疾病，欲至膏肓；牛蟻不分，灰釘已具。嘗藥雖存弱弟，應門惟有老兵。既爾蒼皇，因成造次。信彼如簧之說，惑茲似錦之言。弟既可欺，持官文書來輒信；身幾欲死，非玉鏡架亦安知？僶俛難言，優柔莫決；呻吟未定，強以同歸；視聽才分，實難共處。猥以桑榆之晚景，配茲駔儈之下才。身既懷臭之可嫌，惟求脱去；彼素抱璧之將往，決欲殺之。遂肆侵凌，日加毆擊。可念劉伶之肋，難勝石勒之拳。局地扣天，敢效談娘之善訴；升堂入室，素非李赤之甘心。外援難求，自陳何害。豈期末事，迺得上聞。取自宸衷，付之廷尉。被桎梏而置對，同凶醜以陳詞。豈惟賈生羞絳灌爲儕，何啻老子與韓非同傳？但祈脱死，莫望償金。友凶橫者十旬，蓋非天降；居囹圄者九日，豈是人爲！抵雀捐金，利當安往；將頭碎璧，失固可知。實自繆愚，分知獄市。此蓋伏遇內翰承旨，搢紳望族，冠蓋清流。日下無雙，人間第一。奉天克復，本緣陸贄之詞；淮蔡底平，實以會昌之詔。哀憐無告，雖未解驂，感戴鴻恩，如眞出己；故茲白首，得免丹書。清照敢不省過知慙，捫心識媿。責全責智，已難逃萬世之譏；敗德敗名，何以見中朝之士。雖南山之竹，豈能窮多口之談；惟智者之言，可以止無根之謗。高鵬尺鷃，本異升沈；火鼠冰蠶，難同嗜好。達者共惜，童子皆知。願賜品題，與加湔洗。誓當布衣蔬食，溫故知新。再見江山，依舊一瓶一鉢；重歸畎畝，更須三沐三薰。忝在葭莩，敢茲塵瀆。」

清波雜志：頃見易安族人言：明誠在建康日，易安每值天大雪，卽頂笠披蓑，循城遠覽以尋詩。得句必邀其夫賡和，明誠每苦之也。

四六談塵：唐人祭文多用四六，雖韓退之亦然。故李易安祭趙湖州文曰：「白日正中，歎龐公之機捷；堅城自墮，憐杞婦之悲深。」婦人四六之工者。

琅嬛記：李易安賀人孿生啓中有云：「無午未二時之分，有伯仲兩楷之似；既繫臂而繫足，實難弟而難兄。玉刻雙璋，錦挑對褓。」注曰：「任文二子孿生，德卿生于午，道卿生于未。張伯楷、仲楷兄弟，形狀無二。白汲兄弟，母不能辨，以五綵繩，一繫于臂，一繫于足。」

上樞密韓公工部尚書胡公 并序

紹興癸丑五月，兩公使金，通兩宮也。易安父祖出韓公門下，見此大號令，不能忘言，作詩各一章以寄意，以待采詩者云。

三年夏六月，天子視朝久。凝旒望南雲，垂衣思北狩。如聞帝若曰：岳牧與羣后。賢寧無半千，運已過陽九。勿勒燕然銘，勿種金城柳。豈無純孝臣，識此霜露悲。何必羹捨肉，便可車載脂。土地非所惜，玉帛如塵泥。誰當可將命？幣厚辭益卑。四岳僉曰俞！臣下帝所知。中朝第一人，春官有昌黎。身爲百夫特，行足萬人師。嘉祐與建中，爲政有臯夔。漢家畏王商，唐室尊子儀。是時已破膽，將命公所宜。公拜手稽首，受命白玉墀。曰臣敢辭難，此亦何等時！家人安足謀，妻子不必辭。願奉天地靈，願奉宗廟威。徑持紫泥詔，直入黃龍城。北人定稽顙，侍子當來迎。仁君方博信，狂生休請纓。或取犬馬血，與結天日盟。胡公清德人所難，謀同德協必志安。脫衣已被漢恩煖，離歌不道易水寒。皇天久陰后土溼，雨勢未回風勢急。車聲轔轔馬蕭蕭，壯士懦夫俱感泣。閭閻嫠婦亦何知，瀝血投書干記室。葵丘踐土非荒城，勿輕談士棄儒生。露布詞成馬猶倚，崤函關出雞未鳴。巧匠何曾棄樗櫟，芻蕘之言或有益。不乞隋珠與和璧，只乞鄉關新信息。靈光雖在應蕭條，草中翁仲今何若？遺氓豈尚種桑麻，敗將如聞保城郭。嫠家父祖生齊魯，位下名高人比數。當時稷下縱談時，猶記人揮汗成雨。子孫南渡今幾年，漂零遂與流人伍。欲將血淚寄山河，去灑東山一抔土。雲麓漫抄

浯溪中興頌詩和張文潛

五十年功如電掃，華清花柳咸陽草。五坊供奉鬬雞兒，酒肉堆中不知老。胡兵忽自天上來，逆胡亦是姦雄才。勤政樓前走胡馬，珠翠踏盡香塵埃。何爲出戰輒披靡，傳置荔枝多馬死。堯功舜德本如天，安用區區紀文字。著碑銘德眞陋哉，迺令神鬼磨山崖。子儀光弼不自猜，天心悔禍人心開。夏爲殷鑒當深戒，簡策汗青今具在。君不見當時張說最多機，雖生已被姚崇賣。

君不見驚人廢興傳天寶，中興碑上今生草。不知負國有姦雄，但說成功尊國老。誰令妃子天上來，虢秦韓國皆天才。苑桑羯鼓玉方響，春風不敢生塵埃。姓名誰復知安史，健兒猛將安眠死。去天尺五抱甕峯，峯頭鑿出開元字。時移勢去眞可哀，姦人心醜深如崖。西蜀萬里尚能反，南內一閉何時開？可憐孝德如天大，反使將軍稱好在。嗚呼！奴輩乃不能道輔國用事張后尊，乃能念春薺長安作斤賣。

清波雜志

曉夢

曉夢隨疎鐘，飄然躡雲霞。因緣安期生，邂逅萼綠華。秋風正無賴，吹盡玉井花。共看藕如船，同食棗

如瓜。翩翩坐上客，意妙語亦佳。嘲辭鬭詭辨，活火分新茶。雖非助帝功，其樂何莫涯。人生能如此，何必故歸家？起來斂衣坐，掩耳厭喧譁。心知不可見，念念猶咨嗟。

感懷

寒窗敗几無書史，公路可憐合至此。青州從事孔方君，終日紛紛喜生事。作詩謝絕聊閉門，燕寢凝香有佳思。靜中我乃見至交，烏有先生子虛子。

春殘

春殘何事苦思鄉，病裏梳頭眼最長。梁燕語多終日在，薔薇風細一簾香。以上彤管遺編

夜發嚴灘

巨艦只緣因利往，扁舟亦是爲名來。往來有媿先生德，特地通宵過釣臺。釣臺集

句

詩情如夜鵲，三繞未能安。少陵也自可憐人，更待明年試春草。以上風月堂詩話 南來尙怯吳江冷，北狩應悲易水寒。南渡衣冠少王導，北來消息欠劉琨。建炎初作 以上詩話雋永

楊氏

楊氏，越漁者楊翁女，歸謝生。

與謝生聯句

珠簾半牀月，青竹滿林風。楊 何事今宵景，無人解與同。謝 宮閨詩史

陸放翁妾

題壁

玉階蟋蟀鬧清夜，金井梧桐辭故枝。一枕凄涼眠不得，呼燈起作感秋詩。

隨隱漫錄：陸放翁宿驛中，見題壁詩，詢之，驛卒女也，遂納爲妾。方餘半載，夫人逐之。妾賦卜算子云：「只知眉上愁，不識愁來路。窗外有芭蕉，陣陣黄昏雨。曉起理殘妝，整頓教愁去。不合畫春山，依舊留愁住。」

文婉

文婉，溫州樂清人，錢氏婦。

句

霜月天邊清興遠，金鐘雲裏夢魂閑。題白石山　詩女史

呂氏

呂氏，伯恭之祖姑，封清源君。

句

前身當是陶淵明，愛酒不入遠公社。詩女史

韓玉父

題漠口鋪　并序

妾本秦人，先大父嘗仕于朝，因亂，遂家錢唐。幼時，易安居士敎以詩。及笄，父母以妻上舍林子建。

去年，林得官歸閩，妾傾囊以助其行。林許秋冬間遣騎迎妾，久之杳然，何其食言耶？不免攜女奴自錢唐而之三山。比至，林已官盱江矣。因而復回延平，經由順昌，假道昭武而去。歎客旅之可厭，笑人事之多乖。因理髮漠口鋪，漫題數語于壁云。

南行踰萬山，復入武陽路。黎明與雞興，理髮漠口鋪。盱江在何所，極目烟水暮。生平良自珍，羞爲浪子婦。知君非秋胡，強顔且西去。彤管遺編

何師韞

師韞字季才，金谿人，抱甕先生天棐女。嫁臨川饒氏，四十而寡。所居有嬾愚樹，遂榜室曰嬾愚。有詩集。

自題嬾愚室

君不見南嶽嬾殘師，佯狂啖殘食。粥涕任垂頤，嬾爲俗人拭。又不見愚溪子柳子，堂堂古遺直。因以愚名溪，于今慕其德。二子眞吾師，欲見不可得。唯有嬾愚樹，終日對顔色。齊威勤讀書，輪扁巧斲輪。勤巧勤心志，何如嬾愚眞？衰年髮已皤，行少坐時多。亦欲傚勤巧，奈此嬾愚何？夷堅志

失假山偈

片石亡來歲月深，昔時尋覓到而今。元來只在家山裏，枉費工夫別處尋。

撫州府志：何氏喜浮屠教，徧閱華嚴諸經。一日，偕夫往白楊山，作失假山偈云云。年四十孀居。紹興間，張魏公浚迎侍母鎮國太夫人帥閩，道出界山。太夫人亦通禪學，聞其名，踵門，一見契合，呼爲「無生法友」。

汪氏

汪氏，彥章女，內江劉五淸之配。

寄良人

旅食京華歲月多，聖賢事業竟如何？明年佇聽泥金報，閑把關雎獨自歌。四川總志

朱淑眞

淑眞，號幽棲居士，錢唐人。世居桃村，工詩。嫁爲市井民妻，不得志歿。宛陵魏仲恭輯其詩，名曰斷腸集。

傷春

覽鏡驚容卻自嫌，逢春長是病厭厭。吹花弄粉新來嬾，惹恨供愁近日添。生怕子規聲到耳，苦羞雙燕語穿簾。眉頭眼底無他事，須信離情一味嚴。

初夏

竹搖淸影罩幽窗，兩兩時禽噪夕陽。謝卻海棠飛盡絮，困人天氣日初長。

秋夜

夜久無眠秋氣淸，燭花頻翦欲三更。鋪牀涼滿梧桐月，月在梧桐缺處明。

馬塍

一塍芳草碧芊芊，活水穿花暗護田。蠶事正忙農事急，不知春色爲誰妍？以上斷腸集

賦小鬟舞五絕

管弦催上錦茵時，體態輕盈祇欲飛。若使明皇當日見，阿蠻無計誑楊妃。

香茵穩襯半鉤月，往來淩波雲影滅。弦催拍緊促將徧，兩袖翩然作回雪。

柳腰不被春拘管，鳳轉鸞回霞袖緩。舞徹伊州力不禁，筵前撲簌花飛滿。

占斷京華第一春，清歌妙舞實超羣。只愁到曉人星散，化作巫山一段雲。

燭花影裏粉姿閑，一點愁侵兩點山。不怕帶他飛燕妒，無言逐拍省弓彎。

西湖志餘：與淑真同時有魏夫人，亦能詩。嘗置酒邀淑真，命小鬟隊舞，因索詩，以飛雪滿羣山爲韻，淑真醉中援筆賦五絕云云。不惟詞旨艷麗，而舞態之妙，亦可想見也。

劉彤

彤字文美，江寧章文虎妻。

寄外

碧紗窗外一聲蟬，牽斷愁腸嬾晝眠。千里才郎歸未得，無言空撥玉爐烟。苕溪漁隱叢話

陳氏

陳氏號梅莊，提刑仲微女，適新昌胡縣丞。有詩集。

述懷

一片愁心怯杜鵑，嬾妝從任鬢雲偏。怕郎說起陽關意，常掩琵琶第四弦。

山城落日弄昏黄，又了平生半日忙。侍妾不須燒絳蠟，讓他明月入回廊。名媛璣囊

黄淑

淑字致柔，適建寧進士王防。寡居後，族議改適，因詠竹以見志。

詠竹

勁直忠臣節，孤高烈女心。四時同一色，霜雪不能侵。名媛璣囊

連倩女

倩女，延平人，適鄰生陳彦臣。

題竹簾

綠筠劈破條條直，紅線經回眼眼奇。爲愛如花成片段，致令直節有參差。名媛璣囊

華春娘

春娘，適徐君亮。

贈外

燕子樓中燕子飛，芹泥一點誤霑衣。主人頻起嗔嫌意，垂下珠簾不放歸。彤管新編

黄氏

黄氏，適福建潘用中。

感懷

闌干閑倚日偏長，短笛無情苦斷腸。安得身輕如燕子，隨風容易到君傍。名媛璣囊

謝慧卿

慧卿，巴縣人。有聞餘集。

絕句

尋得桃源可學仙，丹書唯恐鳳飛傳。雨收峯頂雲歸洞，風到池塘月滿天。四川總志

王瓊奴

瓊奴，徐苕郎妻。

答外

茜色霞箋照面赬，玉郎何事太多情。風流不是無佳句，兩字相思寫不成。名媛璣囊

林杜娘

杜娘，杭州新城人。

遊碧沼勝居

幽谷泉聲冷，鳥啼僧定深。好花叢古砌，寒瀑發高岑。遊客陸鴻漸，居人支道林。欲歸青嶂去，臨去復沈吟。彤管遺編

朱逸仙

寄元驤卿

郎今多病如家令，妾自揜躬怨楚王。斜壓玉釵成獨夢，低垂玄髮繫柔腸。四朝詩

金麗卿

麗卿，杭州人。

題廣信道中

家住錢唐山水圖，梅邊柳外識林蘇。平生慣占清涼國，豈料人間有暑途。古杭雜記詩集

賈蓬萊

春曉

方池水影薄，曲檻鳥聲嬌。鸞鏡紅綿冷，蛾眉翠黛消。冶容舒嫩萼，幽思結柔條。纖指收花露，輕將雪粉調。

謝姊惠鞋

蓮瓣娟娟遠寄將，繡羅猶帶指尖香。弓彎著上無行處，獨立花陰看雁行。以上彤管遺編

鄧氏

寄衣

欲寄寒衣上帝都，連宵裁翦眼模糊。可憐寬窄無人試，淚逐西風灑去途。四朝詩

來氏

來氏，豫章人。

水仙花二首

瑶池來宴老仙家，醉倒風流萼綠華。白玉斷笄金暈頂，幻成癡絕女兒花。

花盟平日不曾寒，六月曝根高處安。待得秋殘親手種，萬姬圍繞雪中看。全芳備祖

女郎張惠卿

題常山店壁

迢遞投前店，颼颼守破窗。一燈明復暗，顧影不成雙。清波雜志

毛友龍妻

寄外

蘂燭親封錦字書，擬憑歸雁寄天隅。經年未報干秦策，不識如今舌在無？詩話總龜

沈清友

清友，姑蘇女子。

絕句

晚天移棹泊垂虹，閑倚篷窗問釣翁。爲底鱸魚低價賣，年來朝市怕秋風。

隨隱漫錄：清友一絕，得風人之體。又詠漁父：「起家紅蓼岸，傳世綠蓑衣。」詠牧童：「自便牛背穩，卻笑馬蹄忙。」得下字之工。

于本大妻

本大，故姓許，旌陽族也。得仙術，又變姓名，夫婦偕隱西山下。

得仙詩

醉舞狂歌踏落花，綠羅裙帶有丹砂。往來城市買山藥，那箇西山是我家。宫閨詩史

楊氏婦

楊氏婦，永嘉人。

送夫從軍

海壇門外浪滔天，妾上城樓君上船。回首西風深巷底，梅花霜月夜如年。東甌詩集

俞氏

俞氏，號菊窗。

賀陳隨隱以布衣除東宮掌書

萬人海裏闢幽扉，欲學深居只布衣。不道內前車馬鬧，又催父子入宫闈。隨隱漫錄

宋氏

宋氏，天台人。

鬻廬

自歎年來刺骨貧，吾廬今已屬西鄰。殷勤說與東園柳，他日相逢是路人。

趙葵行營雜錄：天台宋氏，家本富，後貧，鬻廬于鄰，價成，作詩云云。富者見詩惻然，即以劵還之，亦不索其直，鄉人嘉其誼。

趙葵姬

絶句

柝聲猷報早朝回，滿院春風繡戶開。恠得無人理絲竹，綠陰深處摘青梅。

古今女史：趙葵同知樞密院，朝罷歸私第，而諸姬不見。葵往訪之，乃羣聚摘青梅。有一姬善詩賦，葵責令賦詩云云。

韓希孟

希孟，巴陵人，魏公五世孫，襄陽賈尚書子瓊之婦，年十八。開慶初，元兵至岳陽，爲卒所掠，赴水。越三日，得其屍，練裙帶中有詩。日谿按：練裙帶中詩，宋史與輟耕錄不同，今兩存之。

練裙帶詩

我質本瑚璉，宗廟供蘋蘩。一朝嬰禍難，失身戎馬間。寧當血刃死，不作衽席完。漢上有王猛，江南無謝安。長號赴洪流，激烈摧心肝。宋史列女傳

又

宋未有天下，堅正臣禮秉。開國百戰功，每陣惟雄整。及侍周幼主，臣心常炯炯。帝曰卿北伐，山戎今有警。死狗莫擊尾，此行當繫頸。即日辭陛下，盡敵心欲逞。陳橋忽兵變，不得守箕潁。禪讓法堯舜，

民物普安靜。有國三百年，仁義道馳騁。未改祖宗法，天胡肆大眚。細思天地理，中有幸不幸。天果喪中原，大似裂冠袵。君誠不獨活，臣實無魏丙。失人焉得人，垂戒嘗耿耿。江左無謝安，塞北有王猛。所以戎馬來，飛渡巴陵境。大江限南北，今此一舴艋。本期固封疆，誰謂如畫餅。烈火燎昆岡，不辨金玉礦。妾本良家子，性僻守孤梗。嫁與尚書兒，銜署紫蘭省。直以才德合，不棄宿瘤瘿。初結合歡帶，誓比日月昞。鴛鴦會雙飛，比目願常並。豈期金石堅，化作桑榆景。旄頭熱正然，蚩尤氣先屏。不意風馬牛，復及此燕郢。一方遭劫虜，六族死俄頃。退鷁落迅風，孤鸞弔空影。簪堅折白玉，瓶沈斷青綆。一死空冥府，憂心長炳炳。意堅志不移，改邑不改井。我本瑚璉器，安肯作溺皿。志節匪轉石，氣噎如吞鯁。不敢熠火然，願爲死灰冷。貪生念麴蘖，乞憐羞虎穽。借此清江水，葬我全首領。皇天如有知，定作血面請。願魂化精衛，塡海使成嶺。輟耕錄

節婦王氏

王氏，臨海人。

題清風嶺崖石

君王無道妾當災，棄女抛男逐馬來。夫面不知何日見，此身料得幾時回？兩行清淚偷頻滴，一片愁眉鎖未開。廻首故山看漸遠，存亡兩字實哀哉！

東園客談：至元十三年，丞相伯顏平宋，以偏師徇台。台之臨海民婦王氏者，美姿容，被掠。千夫長殺其舅姑與夫，而欲私之，婦誓死不可。自念且被汚，因陽曰：「能俾我爲舅姑與夫服期月，乃可事主君。」千夫長見其不難于死，從

所詩，仍使俘婦雜守之。師還，挈行至嵊，過清風嶺，婦仰天竊歎曰：「吾知所以死矣！」即齧拇指出血，寫口占詩于崖石上，寫畢，投崖下以死。死之日距今且將八九十年，石上血墳起，如始寫時，不爲風雨所剝蝕。嵊丞謝端爲之立祠。

盧氏

盧氏，荆門州人，統制吳源妻。

送夫赴襄陽

羨君家世舊纓簪，百戰常懷報主心。草檄有才追記室，築臺無路繼淮陰。射鵰紫塞秋雲黑，走馬黃河夜雪深。白首丹衷知未變，歸來雙肘印黃金。

絕命詞

夫爲萇弘血，妾慼共姜詩。夫妻同死義，天地一凄其。

荆門紀略：源救襄陽，陣歿。氏聞赴，大慟，部署家事畢，焚香泣拜曰：「夫死王事，忠也。妾敢不相從于地下！」遂賦此詩，自縊死。

杜氏婦

北行作

江淮幼女別鄉閭，好似明妃遠嫁無。默默一心歸故國，區區千里逐狂夫。慵拈簫管吹羌曲，嬾繫羅裙舞鷓鴣。多少眼前悲泣事，不如花柳舊江都。山房隨筆

英州司寇女 以下無姓名閨媛

過梅嶺題 并序

妾幼年侍父任英州司寇，既代歸。父以大庾本號梅嶺，今蕩然無一株，遂市三十本，植于嶺之左右，因留詩于寺壁。今隨夫任端溪，復至此嶺，已爲圬鏝者所覆，卽命墨于故處。

滇江今日掌刑回，上得梅山不見梅。輟俸買栽三十樹，淸香留與雪中開。墨客揮犀

上庠士人妻

寄鞋襪

細襪宮鞋巧樣新，殷勤寄與讀書人。好將穩步靑雲上，莫向平康漫惹塵。名媛璣囊

太學生妻

寄夫

數日相望極，須知意思迷。夢魂不怕險，飛過大江西。

合璧事類前集：有書生，娶後遊太學，久不歸。一夕，夢返其家，見妻秉燭寫詩，書生怪而記之。後家書至，有詩一首，如夢中所見無殊。夢之夕，乃發書之日。

浣花女

潭畔芙蓉

芙蓉花發滿江紅，盡道芙蓉勝妾容。昨日妾從隄上過，如何人不看芙蓉？顧氏積書巖選

無名女子

永安驛題柱

無人解妾心，日夜長如醉。妾不是瓊奴，意與瓊奴會。名媛璣囊

崖州女子

詠花扇

團扇畫方新，金花照席茵。那緣燈下見，更値月中人。四朝詩

無名女子

靖康間題鄧州南陽驛壁

流落南來自可嗟，避人不敢御鉛華。卻思當日鶯鶯事，獨立東風霧鬢斜。陶朱新錄

無名婦人

句

蚌胎光透殼，犀角暈盈尖。詠月　許彦周詩話

鄱陽婦人

建炎初題黄連步接官亭壁

妾鄱陽人也，女工之外，從事詩禮。不幸嚴霜下墜，泰山其頽。飄泊一身，所適非偶，薰蕕同器，情何以堪。昨浮家洞庭，怒張一帆，良人倏爲鬼録。吁！臣不事二主，女不事二夫，其奈何哉！偶攜稚

子，來登客亭，感時傷心，遂成小絶。知我者其天乎！

故里蕭條一望間，此身飄泊歎空還。感時有恨無人説，愁斂雙蛾對暮山。《景定建康志》

宋詩紀事卷八十八 宦官

錢唐 厲鶚 輯
吳 毛德基
仁和 施廷樞 勘定

張繼常

繼常，宋初入内都知，爲鎮戎軍鈐轄。

題鎮戎軍廳壁

夜聞磧外鈴聲苦，曉聽城頭畫角哀。不是感恩心似鐵，誰人肯向此間來。楊文公談苑

裴愈

愈字益之，眞宗朝内臣。奉命江南，搜訪遺書名畫，歸奏稱旨。用是累居三館，以聞識自任。

句

東吳山色家家月，南楚江聲浦浦風。送曾秀才南遊 楊柳影疎秋霽雨，梧桐葉墜夕陽天。閑蟬 皇朝類苑

裴湘

湘字楚老，愈之子。仁宗朝内臣。有肯堂集。

賦得和氣致祥應詔

君德承天道，沖融協太和。卿雲呈瑞早，膏澤應時多。煦集連枝本，嘉扶異穎禾。五星還聚井，丹鳳更巢阿。藪澤無遺士，邊防久息戈。黔黎逢至化，稽首載賡歌。

青箱雜記：明道中，仁宗御便殿試進士詩賦，亦命湘賦之，數刻而成，仁宗嗟賞，左右中人，爲之動色。翰林李公淑序其集云：予嘗嘉河東父子，起銀璫右貂，能以屬辭拔其倫。益之三朝侍臣，老不廢學，又課厲二子，使皆有立。約己慎履，如周仁、石慶。而楚老孳孳嗜書，克自淬琢云。

岑宗旦

宗旦字子文，開封人。仁宗朝，以父遺表通籍璧門，終九品官。善行書，有漢唐十一人書評。宣和書譜：宗旦趣尙高遠，不爲苟合取容于世。年十七，棄官遊東南山水間。暮年一無嗜好，寄傲親朋間，略不爲身後計。得酒輒醉酣，長哦揮灑，以爲眞樂。

聽琴詩

琴中太古意，方外無爲心。彈之道頗散，不彈理彌深。所以陶元亮，何須弦上音。宣和書譜

王紳

紳，元豐初內官。效王建作宮詞百首以獻。

太皇太后生日詩

太皇生日最尊榮，獻壽宮中未五更。天子捧觴仍再拜，寶慈侍立到天明。寶慈，皇太后宮名。

太后幸景靈宮駕前露面雙童女詩

平明彩仗幸琳宮，紫府仙童下九重。整頓瓏璁時駐馬，畫工闇地貌眞容。以上溫公續詩話

宋詩紀事卷八十九 外臣

錢唐厲鶚輯
錢唐陳皐勘定

張元

元，華州人，入西夏。

容齋三筆：西夏曩霄之叛，其謀皆出于華州士人張元與吳昊，而其事本末，國史不書。比得田晝承君集，實紀其事云：張元、吳昊、姚嗣宗，皆關中人，負氣倜儻，有縱橫才，相與友善。嘗薄遊塞上，覩覘山川風俗，有經略西鄙意。姚題詩崆峒山寺壁，范文正公巡邊見之，大驚。又有「踏破賀蘭石，掃清西海塵」之句。張爲鸚鵡詩，卒章曰：「好著金籠收拾取，莫教飛去別人家。」吳亦有詩。將謁韓、范二帥，恥自屈，不肯往。乃礱大石，刻詩其上，使壯夫拽之于通衢，三人從後哭之，欲以鼓動二帥。既而果召與相見，躊躇未用間，張、吳徑走西夏，范公以急騎追之不及，乃表姚入幕府。張、吳既至夏國，夏人倚爲謀主，以抗朝廷，連兵十餘年，西方至爲疲弊，職此二人爲之。時二人家屬，羈縻隨州，間使諜者矯中國詔釋之，人未有知者。後乃聞西人臨境作樂，迎此二家而去。自是邊帥始待士矣。張有雪詩，吳詩獨不傳。觀此數聯，可想見其人非池中物也。承君所記如此。予謂張、吳在夏國，然後舉事，不應韓、范作帥日，尙猶在關中，豈非記其歲時先後不審乎？張、吳之名，正與羌酋二字同，蓋非偶然也。

雪

五丁仗劒決雲霓，直取銀河下帝畿。戰死玉龍三十萬，敗鱗風卷滿天飛。

西清詩話：華州狂子張元，天聖間坐累終身，每託興吟詠，如雪詩云云。又白鷹云：「有心待搦月中兔，更向白雲頭上飛。」怪讖類是。

劉三嘏

三嘏，河間人，遼駙馬都尉。慶曆中奔宋，遣歸殺之。

自陳詩

雖慙涔勺赴滄溟，仰訴丹衷不爲名。寅分星辰將降禍，兌方疆寓卽交兵。春秋大義惟觀釁，王者雄師但有征。救得燕民歸舊主，免于戎虜自稱兄。

儒林公議：契丹既有幽、薊及雁門以北，亦開舉選，以收士人。幽州劉氏昆弟，其名曰二元、三嘏、四端、五常、六符，皆在被遇；三嘏、四端復尙主。慶曆年秋，三嘏攜孌妾，偕一子，投廣信軍，詞情悲切，自言主兇狠，必欲殺其妾與子，故歸朝廷。頗詢其國中機事，復爲詩以自陳。朝廷以誓約既久，恐納之生釁，虜又移文邊郡，蹤知三嘏未還，求索峻切，期于必得，不然，則舉兵膺好矣。朝廷乃遣還三嘏，復由西山路入定州境，所至以金賂村民求宿食，勢亦窘迫。定帥遣人搜索拘送。比三嘏至幽州，其妻已先在矣。乃殺其妾與子，械送三嘏。以其昆弟皆方委任，遂貸三嘏死，使人監錮之。

遼史：劉愼行，累遷至北府宰相，子六人：一德、二元、三嘏、四端、五常、六符。嘏、端、符皆第進士，嘏、端俱尙主，爲駙馬都尉。三嘏獻聖宗一矢斃雙鹿賦，上嘉其贍麗。與公主不諧，奔宋，歸殺之。

韓璘

璘，金人，紹興中，歸宋不果。遇害。

題扇寄弟

嚄嚄鳴雁落江濱，夢裏年來相見頻。吟盡楚辭招不得，夕陽愁殺倚樓人。

四朝聞見録：司馬文季使北，不屈，在北生子，名通國，字武子，蓋本蘇武之意。通國有大志，嘗結北方之豪韓玉舉事，未得要領。紹興初，玉挈家而南，授江淮都督府計議軍事。其兄璘在北，亦與通國善。癸未九月，以扇寄玉詩云云。都督張魏公見此詩，甲申春，遣侯澤往大梁，諷璘、通國等至亳州，爲邏者所獲。通國、璘與常所與交聶山等三百餘口，同日遇害。是歲三月十六日也。

宋詩紀事卷九十　道流

錢唐　厲鶚　輯
歙　吳震生　勘定

鍾離權

宣和書譜：神仙鍾離先生，名權，不知何時人。間出接物，自謂生于漢。呂洞賓于先生執弟子禮。自稱天下都散漢。字畫飄然，有凌雲氣。

草書詩

露滴紅蘭玉滿畦，閑拖象履到峯西。但令心似蓮花潔，何必身將槁木齊。古塹細香紅樹老，半峯殘雪白猨啼。雖然不是桃花洞，春至桃花亦滿溪。

夷堅志：淳熙十一年，溧陽倉斗子坐盗官米黥配，而籍其家，得草書二軸，題云：庚申歲書。其名權，花押止如一劍之狀，蓋鍾離翁也。其詞云云。李粹伯跋之曰：字畫放逸，有翔龍舞鳳之勢，脫去尋常畦徑，非得于心而應于手者不能爾。飄然神仙風度，固有所本云。眞本藏于建康府治軍資庫，絹縈標飾處皆斷裂，獨字畫不動，景裴嘗見之。

庚申歲者，豈非藝祖創業建隆元年乎？

示太原學士

風燈泡沫兩相悲，未肯遺榮自保持。領下藏珠當猛取，身中有道更求誰。才高雅稱神仙骨，智照靈如大寶龜。一半青山無買處，與君攜手話希夷。元祐七年九月九日。鍾離權書。

雲麓漫抄：莊綽跋云：昔維揚有何仙姑者，世以爲謫仙，能與眞靈接。一日，鍾離過之，使治黄素，乃書此詩，呂公亦跋其後，令侯王學士至授之。後數日，王古敏仲自貳卿出守會稽，至維揚，訪姑，即以與之。王祕不以示人。

呂巖

巖字洞賓，關右人，唐德宗朝呂渭之孫。咸通中，舉進士不第。値黄巢亂，攜家隱居終南山，學老子法，年百餘歲，而狀貌如嬰兒。世傳有劍術，時至陳摶室，其事跡多顯于宋。

書楚州紫極宮小軒

宮門閑一入，獨凭闌干立。終日不逢人，朱頂鶴聲急。避暑錄話

題岳州古寺二首

朝遊北海暮蒼梧，袖有青蛇膽氣粗。三醉岳陽人不識，朗吟飛過洞庭湖。

獨自行時獨自坐，無限時人不識我。惟有城南老樹精，分明知道神仙過。

蒙齋筆談：洞賓，呂渭之後。五代間，從鍾離權得道。權，漢人，不老。自本朝以來，與權更出沒人間。權不甚多，而洞賓蹤跡數見，好道者每以爲口實。余記童子時，見大父魏公自湖外罷官還，道岳州，客有言洞賓事者云：近歲常過城南一古寺，題二詩壁間而去。說者云：寺有一大古松，呂始至時，無能知者。有老人自松巓徐下致恭，故詩云然。

書沈東老壁

西鄰已富憂不足，東老雖貧樂有餘。白酒釀來緣好客，黄金散盡爲收書。

避暑錄話：東林沈氏，世爲著姓。元豐間，有名某字東老者，家頗藏書，喜賓客。東林當錢唐往來之衝，故士大夫與游客勝士，聞其好事，必過之，沈亦應接不倦。嘗有布裘青巾，稱回山人，風神超邁，與之飲，終日不醉。薄暮，取食餘石榴皮，書一絕壁間，即長揖出門，越石橋而去。追躡之，已不見，意其爲呂洞賓也。

留詩太平寺

手内青蛇凌白日，洞中仙果豔長春。須知物外烟霞客，不是尋常磨鏡人。

青瑣高議：賈師雄郎中，治平中通判邵武，嘗收鐵鏡，甚大，非常物也。久欲淬磨，未得其人。左右言：「近有回處士，自言善磨鏡。」召至，風骨軒昂，非常人也。飲酒畢，堆藥鏡上，言藥少，當自取之。既去不回。詢其宿在太平寺，留詩一絕而去。取鏡視之，藥已化去，堆藥處一點表裏通明，如寒玉浸水。

書與胡詠之

濟世應須不世才，調羹重見用鹽梅。種成白璧人何處，熟了黄粱夢未回。相府舊開延士閣，武夷新築望仙臺。青雞唱徹函關曉，好卷游幃歸去來。

題秦州天慶觀壁

石池清水是吾心，漫被桃花倒影沈。一到邽山空闕内，消閑塵累七弦琴。

墨莊漫錄：鄱陽胡詠之朝散，生平好道。元符初，嘗于信州弋陽縣見一道人，青巾葛衣，神氣特異，因揖而延之對飲。道人指取大白，滿引無算，曰：「君有從軍之行，去否？」胡竦然曰：「當去。」蓋是時欲就熙河帥姚雄之辟也。道人曰：「西陲方用師，好去。」索紙書詩云云，授詠曰：「爲我以此寄章相公。」且曰：「章相公好箇人，又錯了路徑也。」問其姓名，不肯言，乃拂衣去。明日，因告縣令，徧邑物色，竟無見者。詠至京師，見王副車詵，具告以此，欲持詩謫子厚。詵曰：「愼不可。上方以邊事倚辦相公，丞相得此，必堅請去。上必疑怪，詰其所以然，君且得罪。」詠以爲然，徑趨幕，從取青唐。既還闕，則子厚已去矣。他日，子厚北歸，聞有此詩，就詠求之。其眞本已爲副車奄有，乃錄寄之。子厚見詩嘆曰：「使吾早得此詩，去位久矣，豈復有今日乎？」方詠之在邊日，嘗至秦州天慶觀，聞說呂先生在此月餘，近日方去矣。問何以知其爲呂道士？云道人去時，適道衆皆赴鄰郡醮，道人顧小童曰：「吾且去，借筆書壁，候師歸示之。」小童辭以觀新修，戒勿令涴。乃曰：「煩貯火殿爐，吾欲禮三清而去。」既而行殿後，砌下有池水甚清泚，乃以爪畫殿壁，留詩云云，後題「回」字，衆驚歎，以爲必呂翁也。壁甚高，其字非手可能及。邽山，即秦山也。此說予聞江元一太初云。

題冢上亭

冢上爲亭鬼莫嗔，冢頭人即冢中人。凭欄莫起存亡意，除卻虛空總是塵。

西溪叢語：襄漢隱者，躬耕數畝，因古冢爲亭，往來題詩甚富。一日，柱間得一絕，相傳呂翁作也。

題崇元觀 在吉水縣

褰裳嬾步尋眞宿，淸景一宵吟不足。月在碧潭風在松，何必洞天三十六。方輿勝覽

題京師景德寺東廊三學院壁

明月斜，秋風冷。今夜故人來不來？教人立盡梧桐影。庚溪詩話

題靈石屋山

南塢數回泉石，西峯幾疊烟雲。登攜孰以爲侶？顏寓李甲蕭耘。

竹坡詩話：西湖諸寺，所存無幾，唯南山靈石，猶是舊屋。寺僧言：「頃有數道人來丐食，拒而不與，乃題詩屋山而去，

至今猶在。」字畫頗類李北海，好事者譯之，乃是呂洞賓與三人者來耳。李甲，近世人，東坡以比郭恕先，善畫而有文。餘不知爲何人，當是神仙也。

呂仙牧童

絶句

草鋪横野六七里，笛弄晚風三四聲。歸來飽飯黄昏後，不脱蓑衣卧月明。

西清詩話：鍾弱翁帥平涼，一方士通謁，從牧童牽黄犢立于庭下。弱翁異之，指牧童曰：「道人頗能賦此乎？」笑曰：「不煩吾語，是兒能之。」牧童乃操筆大書云云。既去，郡人見方士擔兩大甕，長歌出郭，迹之不見。兩甕乃兩口，豈洞賓耶？

許　堅

許堅，江左人。早歲以時事干江南李氏，不見禮，拂衣歸隱茅山。太平興國八年，自茅山游廬山，或在洪州西山、吉州玉笥山。

宿溧陽靈泉精舍僧以白字韻請留詩

近枕吴溪與越峯，前朝恩賜靈泉額。竹林晴見雁塔高，石室曾棲幾禪伯？荒碑字沒秋苔深，古池香汎荷花白。客有經年別故林，落日啼猨情脈脈。郡閣雅談

張虛白

虛白，邢州人。

遺崔母

武陵溪畔崔婆酒，天上應無地下有。南來道士飲一斗，醉臥白雲深洞口。

湖廣總志：盧白舉進士不第，辟穀，從劉易、陳摶遊。寓武陵崔母家，崔飲以醇酒。一旦歿，崔殯之。後邑人余安見盧白賣藥揚州市中，賦詩託安遺崔。崔得詩，啓殯視之，乃知尸解。

石仲元

仲元字慶宗。宋初桂林七星山道士，以能詩名。楊徽之守湘源，大加稱賞，目爲玉方響。有桂華集。

陽朔道中

平原翠削萬瓊瑰，頓豁塵沙眼暫開。文網牽人寧底急，未妨得意看山來。

句

石壓筍斜出，岸懸花倒生。以上桂林府志

沈廷瑞

廷瑞，筠州高安人。玉笥山道士。

別僧昭瑩

南北東西路，人生會不無。早曾依閣皁，又卻上玄都。雲片隨天闊，泉聲落石孤。何期早相遇，樂共煮菖蒲。

郡閣雅談：沈廷瑞，吏部郎中彬之子，棄妻入道，居玉笥山。雍熙二年上元日，辭道侣，念人生幾何賦，無病而終。遺言于弟子，以畫土宿一幀，度人經一卷隨葬。後二年，有閤皁山僧昭瑩于山門相遇，云：暫到廬山尋知己。留土宿一幀，及度人經一卷，五言詩一首爲别。昭瑩到玉笥山話及，方知沈道士已亡。往墳上，見土坼裂尺餘，蓋尸解也。

張無夢

無夢字靈隱，號鴻濛子。與种放、劉海蟾爲方外友。事陳希夷，多得微旨。久之，遊天台，登赤城，廬于瓊臺觀。眞宗召對，除著作郎，不受，賜還山，令台州給著作郎俸以養老。有瓊臺集。

天台桐柏觀

天台瀑布落青天，觀在天台瀑布邊。道士祇今燒藥處，仙翁曾是種芝田。龍居古洞遺殘雨，鶴出高巢點破烟。暫别靈谿遊五岳，不知重到又何年？赤城志

劉　遁

贈丁晉公

屢在仙遊亭上醉，仙遊洞裏杳無人。他時鳴鶴歸滄海，同看蓬萊島上春。

古今詩話：丁晉公舊有園，在保康門外，園有仙遊亭、仙遊洞，與道士劉遁往來，遁作詩贈公云云。後南遷，遁往見公于崖州，方思其詩，知爲異人也。

許昌齡

南莊

南莊相見北莊居，更入深山十里餘。幽谷每尋樵徑上，眞心還與世情疎。雲中犬吠流星過，天外雞鳴曉日初。昨日有人相問訊，旋將落葉寫回書。

皇朝類苑：許昌齡，安世諸父。早得神仙術，杖策居潁陽石唐山。歐陽永叔生平不肯信佛老，與語，豁然有悟，嘗手書其詩。

申徒有涯

高吟

仲尼非不賢，爲世所不容。嗤嗤同舟子，不識人中龍。溪雪載落梅，寒聲激長松。往來但一嘯，一壺隱塵蹤。

樹萱錄：申徒有涯，方外之士，嘗攜一白甆瓶，自陽羨遊吳中。大風雪中，脫衣賃舟，沽酒斗餘。飲畢，大吐，同載者惡之，榜舟者逐之。有涯挈瓶登岸，倚欄高吟云云。歌訖，跳身入瓶，悄然無迹。

劉元英

元英，號海蟾子。

題潭州壽寧觀

醉走白雲來，倒提銅尾秉。引箇碧眼奴，擔著獨壺癭。自言秦世事，家住葛洪井。不讀黃庭經，豈燒龍虎鼎。獨立都市中，不受俗人請。欲擕霹靂琴，去上芙蓉頂。吳牛買十角，溪田耕半頃。種秫釀白醪，總是仙家境。醉眠松陰下，閑過白雲嶺。要去卽便去，直入秋霞影。

湖廣總志：劉元英號海蟾子，初名操，燕地廣陵人。以明經擢第，仕燕主劉守光爲相。一旦，忽有道人來謁，自稱正陽子。索雞卵十枚，金錢十枚，以一文置几上，累十卵于錢，若浮圖之狀。海蟾驚歎曰：「危哉！」道人曰：「人居榮樂之場，履憂患之地，其危有甚于此者。」復盡以其錢擘爲二，擲之而去。海蟾由此大悟，遂易服從道。宋仁宗天聖九年，遊歷名山，所至多有遺跡。一日，于潭州壽寧觀題古詩十韻云云。仍自寫眞其傍，撮襟書「龜鶴齊壽」四字，題云：「廣陵閑民劉某書。」丹成尸解。至元六年，贈海蟾明悟弘道眞君。

羅道成

道成，郴州人。

游嶽

因思靈秀偶來遊，碧玉寒堆萬疊秋。直上太山高處望，根盤連接十餘州。白騾代步若奔雲，閑人所至留詩迹。欲知名姓問源流，請看郴陽山下石。

古今詩話：慶曆中，有閑人遊嶽，謁主簿郭及甫，視其刺，羅道成也。自言郴州人。問郴人，言有眞人得道，乘白騾行石壁上，迹至今存。

黃希旦

希旦字姬仲，邵武人，自號支離子。生于仁宗景祐間，入道本軍九龍觀。熙寧中，詔住京師五福宮，又典太乙宮事。年四十二解化。有竹堂集。

謝人惠星冠

學道多年尚屈蟠，豈勝仙伯贈峨冠。曉簪乍覺星攢頂，夜戴偏宜月滿壇。對鑑寧忘朋友正，避時羞爲利名彈。預思他日雲林下，輕罩紗巾鶴髮寒。

和賈鴻舉移竹

琳房珠館何虛寂，寶砌無塵苔蘚碧。仙翁倚檻靜吟哦，卻憶貧篁拂巖石。勁節虛心守歲寒，未嘗暫變風霜色。移來迢遞不辭遠，深根訝向瑤臺植。漸承春意葉青青，時惹天香烟冪冪。月籠翠影尚蕭疎，露被繁枝纔滴瀝。迎風閑夜擬龍吟，結實他年期鳳食。非才終約老烟霞，此際謬當親采擇。寄言紅紫莫相猜，彼此無情蒙化力。逢時翦拂任他人，沈去葛陂都咫尺。以上竹堂集

歸眞子

呈桂州唐秀才

袞州相見又之全，不遇先生道未圓。大抵有心求富貴，到頭無分學神仙。篋中靈藥宜頻施，鼎裏丹砂莫妄傳。待得角龍爲宴會，好來黃壁臥林泉。

古今詩話：唐子正著作，桂州人。治平中赴舉，至全州，途中雇一僕負重擔，健若飛羽，雖鞭馬疾馳，常去馬百步外。恐其逸去，遂遣之。其僕卽日自全州二千七百里，日午已到唐州。留書驛吏曰：「候桂州唐秀才至，卽投之。」唐月餘到驛，驛吏出書，題云：「呈桂州唐秀才，歸眞子封」，唯一詩云云。話其狀貌，乃全州僕也。留書之日，乃全州所

遺日也，始悟其爲神仙。唐後爲邕倅，熙寧丙辰，交趾寇邕，唐遇害，乃詩所謂角龍也。

陳景元

景元字太虛，自稱碧虛子，建昌南城縣人。神宗朝，爲右街副道錄，賜號眞人。

宣和書譜：景元每著書，什襲藏之。有佳客至，必發函，具鉛槧，出客前以求點定。乞歸廬山，詔賜白金。既歸，行李無他物，百擔皆經史也。所居以道儒醫書，各爲齋館而區別之。四方學者從其遊，則隨所類齋館，相與校讐，人人得盡其學。而所藏號爲完書，未嘗與俗子將迎。惟相善法雲寺釋法秀，人比之廬山陸脩靜交惠遠也。所役二奴，一曰黃精，一曰枸杞。一時大臣如王安石、王珪，喜與之遊。嘗與蔡卞論書，至歐陽詢，曰：「世皆知其體方，而莫知其筆圓。」卞頗服膺。

臨化作

昔之委和，今之蛻質。非化非生，復吾眞宅。宣和書譜

李陶眞

陶眞，不知何許人。熙豐間，游武夷，好吹笛，諸道士招飲于雲房，陶眞皆赴，而諸房笛聲，一時同發。後寓修于建平之通仙巖。一日，留詩別衆，不知所往。

絶句

毛竹森森自翦裁，試吹一曲下瑤臺。當塗不遇知音聽，袖拂白雲歸去來。崇安縣志

周貫

貫，膠東人。熙寧元年，至豫章石頭寺尸解。

冷齋夜話：周貫者，不知何許人，自號木雁子。治平、熙寧間，往來西山，日酣飲，畜一大瓢，夜以爲溺器。工作詩，詩成癖。嘗宿奉新龍泉觀，半夜撾門，道士驚問其故，曰：「偶得句耳。」因使口誦，貫以手指畫吟曰：「彈琴傷指甲，蓋席損髭鬚。」是夜寒甚，貫以席自覆故耳。

答人

八十西山作酒仙，麻鞋軋斷布衣穿。相逢甲子君休問，太極光陰不計年。冷齋夜話

題虛白觀 在筠州上高縣

出郭十餘里，籃輿試初程。山高雲氣重，野曠烟光輕。斷石絡樹根，攲崖溜泉聲。行行款道宇，一徑掌樣平。仙隱記甘羅，觀名取莊生。寶藏絢金碧，仙佩飛琚瓊。簷鐸自相語，龕燈弄微明。出門境界寬，一笑大江橫。蹁躚白羽衣，孤鶴松梢鳴。瑞州府志

郭行

行字思誠，不知何許人。舉進士不第，遂學道。不食，唯飲酒。馬默知鄆之項城縣，行訪之，一見如舊。云與祕丞同隱華山，來時默官祕丞也。後行死朞年，有人過華陰，見行附書幷詩與默。發其墓，唯杖屨而已。

寄馬默祕丞

汝上懽然喜再逢，爲言相憶白蓮峯。死生決定歸眞性，歲月休交改舊容。漫把文章添野錄，奈何官爵

自天鍾。南山記得登臨處，閑卻烟雲千萬重。陶朱新錄

邢仙老

詩贈晚學李君

日轉篷窗影漸移，羅浮舊隱到多時。瀛洲伴侶無消息，風撼巖前紫桂枝。

玉照新志：熙寧辛亥，聞李侯事，忘其名，以供奉官爲汾州管界巡檢。一日，捕盜入九疑山，深歷巖洞，遥見嶺中有青烟一點，了然可辨。村民云：「居常見之，樵牧皆不能到。」李識其處，歸以告同姓李彦高。李君業文，志未就，嘗以養生不死爲意。聞之，即尋烟處，攀緣而上。有草堂三間，一老人燕坐其中。李問老人姓名，言唐末人，避世來此，姓邢，名字不必問。指面前二小池，乃有竹筩，作刻漏狀，曰：「從來甲子日辰，吾盡知之。所不知者，國姓年號耳。」李因告以熙寧天子姓名，傳序年月，仙老頷之而已。數日復往，因授李以内丹眞訣。臨別，書一絶，題云：詩贈晚學李君。

高　坦

留別句容簿

巖下相逢不忍還，狂歌醉酒且盤桓。仇香莫問神仙事，天上人間總一般。

西溪叢語：熙寧間，句容簿至茅山，遇道人高坦，被髮跣足，與簿劇談，飲酒終日，書一詩留別而去。

李斯立

斯立，居舒州靈仙觀。常從蘇軾游。年踰八十始卒。

句

巖溜連雲凍，溪梅帶雪香。安慶府志

黃知微

知微字明道，江州人。元豐間，居廬山太平宮，號養正先生。

句

溪雲拂地送殘雨，谷鳥向人啼落花。九江府志

王文卿

文卿，麻姑山道士。

麻姑壇

漉酒巾籠五岳冠，嬾攜琴鶴上朝端。丹房晝睡烟霞煖，紫府夜歸星斗寒。詩就幾教山鬼泣，劍靈那許俗人看。麻姑報道桑田變，一曲仙棋尚未殘。丹霞洞天志

劉跛子

與客飲市橋

遷客南湘召赴京，輪蹏迎送一何榮。爭如與子市橋飲，且免人間寵辱驚。

冷齋夜話：劉跛子者，青州人也。拄一枴，每歲，必一至洛中看花，館范家園，春盡即還京師。爲人談噱有味，范家子弟，多狎戲之。張丞相召自荆湖，時跛子與客飲市橋，客聞車騎過甚盛，起觀之。跛子手挽其衣，使坐飲，作詩

云云。予姻家許中復之內，乃趙槩參政之孫女，云：我十許歲時，見劉跛子來覓酒飲，笑語而去。計其壽百四五十許。嘗館于京師新門張婆店三十年，日坐相國寺東邸，人無識之者。

李伯祥

伯祥，眉山矮道士。見百斛明珠。

句

夜過脩竹院，醉打老僧門。

能改齋漫錄：蘇黃門云：「東坡先生稱眉山矮道士好爲詩，格不能高，往往有奇句，可喜也。」

三朵花

絕句

戴花三朵鎮長春，誰識玄中不二門。醉裏自傳神似活，終當不老看乾坤。

夷堅志：房州異人，或云姓李氏，常戴紙花三朵入市。能作詩，皆神仙異談。自能寫眞，東坡常作詩詠之。郡人稱三朵花先生，猶記其一絕。

徐守信

守信，海陵人，少孤，役于天慶觀。嘉祐四年，天台道士余元吉來遊，示惡疾，守信事之無倦。忽于溺器得丹砂餌之。自是常放言笑歌，日誦度人經，絕粒至數日，爲人言禍福如影響。發運使蔣之奇以經中有「神公受命，普掃不祥」之語，呼曰神公。自是人以神翁目之。徽宗召入，言事多驗，賜號虛靜沖和先生。年七十有六卒，賜大中大夫，給葬用四品禮，厝城東響林原。弟子苗希頤哀次其事爲語錄。陸游家世舊聞：元符中，哲宗嘗遣密問聖嗣，神翁曰：「吉人君子。」吉人者，上名也，于是召至都下。上用太宗見陳摶故事，御緣裼，即便殿，以賓禮接之。

絕句

泰州志云：神翁役天慶時，常持一帚供掃除。後響林、方洲、仙源、霜節亭諸處，多生帚竹，宛然叢簪。

汲汲光陰似水流，隨時得過便須休。兒孫自有兒孫計，莫與兒孫作馬牛。徐神公語錄

獻康王詩

牡蠣灘頭一艇横，夕陽西去待潮生。與君不負登臨約，同上金鼇背上行。

輟耕錄：章安張善初云：初，宋高宗在潛邸日，泰州徐神翁能知前來事，羣閹言于徽宗，召至，以賓禮接之。一日獻詩云云。及兩宮北狩，匹馬南渡。建炎庚戌正月三日，帝航海，次臨海縣之章安鎮，灘淺閣舟，落帆于鎮之福濟寺前以候潮。顧問左右曰：「此何山？」曰：「金鼇山。」又問：「此何所？」曰：「牡蠣灘。」因默思神翁之詩，乃徒步登岸，見此詩在寺壁間，題墨若新，方信其爲異人也。

陳應祥

應祥字知明，西安人。政和中，試修文輔教科，授道至元素大夫，凝神殿校籍。有詩集。

西興晚望

晚色催吟思，江風掠斷霞。亂鳥投岸木，幽鷺集汀沙。月出海門近，人歸渡口斜。會須操舴艋，隨處是天涯。衢州府志

劉卞功

卞功字子民，濱州安定人。築環堵于家之後圃，不語不出者三十年。徽宗聞其名，召之，不起，賜號高尚先生。靖康之變，不知所終。

賓退錄：子民六歲，誤觸甕碎，家人更譙之，神色自若，曰：「俟釘校者來，當全之。」復譙其妄。曰：「人破尚可修，矧甕耶？」語未絕，釘校者至，相與料理，頃之如新。嘗云：「常人以嗜欲殺身，以貨財殺子孫，以政事殺民，以學術殺天下後世。吾無是四者，豈不快哉！」

答外兄王子常問修行之術 王名衣，官侍郎。

非道亦非律，又非虛空禪。獨守一畝宅，惟耕己心田。賓退錄

張景端

景端字子仁，嗣漢三十九代天師。大觀初，贈葆眞先生。

題梅山

作尉南昌日，投書北闕頻。忠言不悟主，直節恥爲臣。漢室多災異，吳門念隱淪。掛冠忘寵辱，褰袂出埃塵。虹屈英雄氣，鷗羣自在身。永懷三洞訣，高謝九江春。擇地開仙館，看雲翦壽巾。玄臺秋步月，虛室夜凝眞。無夢生芳草，留年養大椿。碧茸香不斷，青鳥性偏馴。太液刀圭就，中黄道路新。武夷

空壂馬，郁木竟棲神。絳節雖朝帝，靈波尙濟民。一名傳舊史，千古事嚴禋。瑞氣生仙藥，清風付羽人。壇遺金鼎像，井鎖玉華津。地接洪厓府，溪通劍水濱。鶴歸雲抖擻，龍起石鱗皴。已悟身爲患，元期德有鄰。青山不忘我，今日是天親。梅仙事實

張繼先

繼先字嘉聞，嗣漢三十代天師。崇寧中，賜號虛靖先生。

天師世家云：崇寧四年，召繼先建醮內廷，因密奏赤馬紅羊之兆，請修德。靖康丙午之變，其言始驗。還山，題翛然亭壁曰：「赤帝御龍行未伏，姮娥分月入深山。」人莫能測。

遊洞霄

洞霄深處日棲眞，仙子親曾此致身。鳳闕有人來獻禮，溪聲山色愈增新。洞霄詩集

曹道沖

道沖，南岳羽流。

題謝先生白雲菴

桃源洞口武陵人，跳出紅塵二十春。但喜白雲深有趣，不知青眼近來親。丹砂已向坤爐伏，玉汞先從坎鼎烹。活計一張焦尾外，碧壇三尺禮星辰。南岳總勝集

王介

介，七閩羽客。

洞霄宫

飄飄遼鶴去難尋，野客重來歎復吟。許邁林中丹竈冷，郭文山上白雲深。南陵事跡都非昔，北嶺歸期直到今。珍重玉京無限意，待將功節養高岑。洞霄詩集

皇甫介

介，無爲軍道士。

洞霄宫

大滌雲深日月遲，羽人曾作帝王師。鼎中絳雪戍千日，巖下幽花占四時。玉仗已乘鸞鶴去，青山難使鬼神移。人間萬事惟閑好，山頂誅茅待幾時。洞霄詩集

黎師侯

師侯字道華，臨川人。入道，學詩于謝無逸。與曾季貍裘父、文慧大師惠嚴同時，以詩鳴，號「臨川三逸」。有頤菴集。

門外

門外黄塵尺許深，癡兒抵死競浮沈。誰知一寸茅簷日，天付閑人值萬金。詩家鼎臠

明水寺

寒日荒荒野外昏，亂山深處訪祇園。一條澗水穿龍洞，十里松陰蔽寺門。衲子茹蔬憐鶴瘦，吾儕飲酒作鯨吞。夜闌笑語喧空闊，驚起棲鴉過别村。西江詩話

游道士

道士，饒州人。

書假簿

相別來來一百秋，幻泡重作故人游。紫泥白雪尋常事，何苦人間説不休。

今是堂手錄：太學禮遠齋，饒州一同人遇游道士。道士本里人，化去已多年。一日來客位相訪，約同人請假，歸齋，假簿中有詩一絶，乃道士所書也。

葛道人

句

百囀已休鶯哺子，三眠初罷柳飛花。

竹坡詩話：宣和中，錢塘有葛道人，以業履爲生。一日，爲寺僧修履，口中作吟哦聲。僧訝而問之，曰：「今日偶得句耳。」

木廣漠

廣漠，和州道士。

自咏

百萬人中隱一身，深如勺水在滄溟。獨醒自負賢人酒，天闊難尋處士星。照影自憐湖水碧，高吟贏得蜀山青。城南老樹如相問，不枉翻空過洞庭。

費袞梁溪漫志：雍孝聞，蜀人。崇寧間廷試對策，力詆時政闕失。駁放後，雖授以右列，然卒不仕，浪迹山林，遂遇異人得道。政和末，變姓名爲道士，入内說法。徽宗謂其得林靈素之半，因賜姓木，更名廣漢，竟不知其爲孝聞也。

過東坡墓

文星落處天地泣，此老已亡吾道窮。才力謾趨生仲達，功名猶忌死姚崇。人間便覺無清氣，海外何人識古風。平日萬篇誰愛惜，六丁收拾在瑤宮。

玉照新志：秋浦朱去奢謂：雍孝聞自海外量移池州以卒。嘗有詩云：「官田種秫陶元亮，私釜生塵范史雲。」至今郡人猶傳誦之。孝聞沒後，和州道士亡其姓名，冒而爲孝聞，走江淮間，其才亦不下孝聞。有弔項羽廟文云：「無守陵之繐帳，有照夜之寒釭。」過東坡墓題詩云云。宣和初，至京師，遂得幸。祐陵謂其人可及林靈素之半，錫姓名木廣漢。至紹興中，猶寓會稽之天長觀，明清尚及識之。

羅浮黃野人

歌詩

雲來萬嶺動，雲去天一色。長嘯兩三聲，空山秋月白。

西清詩話：黃野人，葛仙弟子。或云葛仙之隸。稚川棲山煉丹，野人隨之，葛既仙去，留丹柱石間，野人自外至，得一粒服之，爲地行仙。近有人遊羅浮，宿留巖谷間，中夜見一人，身無衣而紺毛覆體，意必仙也，乃再拜問道。其人了不顧，但長嘯數聲，響振林木，歌詩云云。

裴道人

歌

好酒喫三盞，好花插一枝。思量今古事，安樂是便宜。

泉州府志：紹興中，有人自稱江東裴道人，頭戴通草花，行歌于市。一日，于北山石嵌中端坐而逝。

盛 曠

曠字元放，武林人。紹興中入道赤松觀。高宗召見，賜號至樂先生。

獨吟

刊名紫簡羣魔賓，扶桑暘谷奏玉晨。控鶴三素輔翊宸，敢忘南岳魏夫人。金華山志

陳田夫

田夫字耕叟，居南岳九眞洞老圃菴。緝南岳總勝集，隆興改元自序。

題朱陵洞白雲堂

我愛瀟湘境，朱陵後洞天。白雲堂裏客，靑草渡頭眠。小艇牽紅鯉，幽池種白蓮。頤眞堪此地，風月兩依然。南岳總勝集

金梁之

梁之字彥隆，休寧人。兩浙提刑受長子，以蔭爲奉新尉。一旦若狂惑者，不滿秩棄歸。自是祖跣垢汙，走歙之墟落，動旬月不食，夜臥往往有光。樞密朱樸一見，則曰：是八百仙之一也。直以金丹動盪故耳。晚年多食大黃，棲止無常處，自稱野仙。每云：我當以八月死，幸毋焚我。淳熙元年八月十二日，夜半起坐，揮扇而逝，年六十有一。葬城陽山，立壇其上。後有自蜀見

之者，爲攜家問歸。蓋尸解云。

洪杏庭金野仙傳：同郡士人朱南一，字德修，瀟灑閑逸，至老不娶。野仙贈詩，有云：「寄語月溪朱逸士，他年同賞水仙花。」野仙歿二紀，南一下世，士友率葬，正在野仙墓後。山中水仙正開，其前知類如此。

答郡守趙師夔

王侯門戶嬾開顏，斗酒千錢一笑間。無雪可欺青檜老，有天難管白雲閑。丹霄作客曾騎鶴，紫府爲家不買山。京口相逢又相别，隻琴孤劍幾時還？

郡侯雪天開宴卽席以塡字韻索詩

昨夜嫦娥弄玉纖，也應招月作花鈿。爲嫌梅影太清瘦，幾片飛來疎處塡。以上新安志

贈郡士張夢錫赴南宮試

秧針刺水麥鋒齊，漠漠平沙白鷺飛。盡道春光已歸去，清香猶有野薔薇。

新安志：夢錫下第，歸授徒他邑。望窗外綠秧如針，白鷺飛過，徘徊驚訝，而籬間薔薇正開，悉如詩中所云。

黄居萬

瀑布

龍梭織處人難見，地軸舒來尺莫量。定是水仙王性好，逐時裁去補滄浪。

娛書堂詩話：道士黄居萬瀑布一絕，亦有形容之工。

楊介如

介如字固卿，豐城人。開禧間遊邊塞，畫策不售，遂隱黄冠。後入閤皁山。有隱居集。

句

酒量春吞海，詩肩夜聳山。

西江詩話：介如嘗主清江柏堂觀。一日，諸文士集觀中唱酬，介如蓬鬢垢衣坐其側，句至朗吟云云。座皆驚服。

章至謙

至謙號清隱道士。

九日和子美韻

九日登高眼界寬，羽衣雲集盡清歡。黄花滿泛淵明酒，白髮仍簪子夏冠。庭下流泉趨澗急，座間清氣逼人寒。不須更問明年健，但向眉頭鬢角看。洞霄詩集

陳良孫

良孫，道號寢虛先生。童年學道，隱跡吴山。事見趙汝湜九鎖步虛詞引。

雪中浴冷泉示諸友

風鼓空林雪蔽山，身如鐵石不知寒。塵埃豈是相隨物，付與溪流出世間。洞霄詩集

許翁翁

偶作

我疑麋鹿是前身，九十餘年作隱淪。飄瓦御風離碧落，虛舟隨水到紅塵。無恩可報空磨劍，有道欲傳

難得人。回首孤山無限好，不如歸去任天眞。

雲麓漫鈔：亳人許翁翁，少隸軍籍，以功補官。遇異人，棄家入襄漢山中學道。乾道中，來臨安，爲史丞相治脾痛，一鍼而愈。嘗有詩云云。

王思明

思明，餘杭洞霄宫道士。自號竹菴。曾求陸放翁爲本宫碑。

聞蟬

變化南風裏，超然獨得清。一枝藏去穩，兩翼蜕來輕。呼吸飽珠露，吟哦敭玉笙。秋林如罷唱，無處問虧成。洞霄詩集

吳洞明

洞明，餘杭洞霄宫道士。自號芝坡。

和章清隱山居

物外無寒暑，從敎歲月深。虛閑渾屬我，寵辱不驚心。貧樂知書味，詩豪借酒吟。山居何所有，萬籟奏清音。洞霄詩集

龔文焕

文焕，餘杭洞霄宫道士。自號菊巖。

山中

白日幽情愜，閑門到者稀。嗜茶和月煮，採藥帶雲歸。春樹餘花落，天壇獨鶴飛。年華自來往，慵換薜蘿衣。洞霄詩集

貝守一

守一，餘杭洞霄宫道士。自號月溪。

冬晴晚步

浮雲初斂夕陽斜，路入江村四望賒。木厭霜濃頻脱葉，梅嫌春小未開花。翩翩過雁摩晴漢，隱隱孤帆趁落霞。欲壯吟懷沽斗酒，野田多處少人家。洞霄詩集

朱眞靜

眞靜，餘杭洞霄宫道士。自號雪崖。

石室菴夜坐

青熒寒焰弄微明，燈與幽人一樣淸。案上黄庭渾嬾看，時聞敗葉打窗聲。洞霄詩集

龔大明

大明，餘杭洞霄宫道士。號山隱。

南湖

梅霖初歇水平湖，湖上青山展畫圖。更著樓臺相掩映，風流端不減西湖。洞霄詩集

徐仲淵

仲淵，大滌山凝神齋高士。

清隱齋飲酒

暖風薄雨輕烟散，晴日游絲柳絮亂。竹窗午夢啼鳥驚，松軒晚飲幽人喚。一壺碧酒如春濃，萬斛羈愁若冰泮。興來索筆漫題詩，碧桃花下綸巾岸。洞霄詩集

舒道紀

題浩然觀

澄心坐清境，虛白生林端。夜靜笑聲出，月明松影寒。絳霞封藥竈，碧竇濺齋壇。海樹幾回老，先生棋未殘。詩林萬選

趙元清

元清號石泉，金華赤松觀道士。有松花集。

題江湖偉觀

鳳舞龍飛王氣蟠，兩都賦在一闌干。伍員不死江潮壯，西子如生越水寒。春日百花連上苑，秋風落葉滿長安。錢唐占盡東南美，河洛何人著眼看？金華詩粹

陳孟陽

孟陽，閤皁山道士。

答清江錢大尹問閤皁山中景

形如閤皁對清江，吳漢神仙古道場。玉像靈多民受賜，天書歲久墨猶香。絳霞密鎖靈仙館，碧霧輕籠正一堂。蒼蘚斕斑雙鯉石，寒泉澄湛九龍塘。著衣臺上三冬暖，鳴水亭前六月涼。擣藥鳥聲喧夜榻，昇天馬跡印西岡。葛憩源深生異草，凌雲峯峻染瑤光。丹井雖存人杳漠，松巢空見鶴飛翔。屏粧水墨誇陶弼，門斷塵埃憶孟昌。風來松檜笙簫地，春入園林錦繡鄉。箇中自少紅塵到，閑裏惟知白晝長。景物敢吟成實錄，願憑賢宰一稱揚。閤皁山志

葛長庚

長庚字白叟，又號白玉蟾，閩清人。家瓊州，入道武夷山。嘉定中，詔徵赴闕，館太乙宮，封紫清明道眞人。有海瓊集。

採蓮舟

葭蒲滿蕩起晴煙，總屬霜鷗雪鷺天。一片紫菱分十字，中間放過採蓮船。

登樓秋望

凭徧朱闌醉已蘇，樓前眼纈望中疏。漢陽草樹看來短，淮岸漁家淡欲無。薄暮鴉翻千點墨，晴空雁草數行書。多情庾亮吟魂遠，風泛蘆花秋滿湖。

中秋月　曰駱按：西湖游覽志作得月樓。

千崖爽氣已平分，萬里青天輾玉輪。起向錢唐江上望，相逢都是廣寒人。

題桐柏觀

仙翁夜來扣林壑，約我明朝過南岳。石壇對坐話松風，鶴唳一聲山月落。

午飯羅漢寺

林間一徑似驚蛇，中有禪關隱紫霞。烟鎖蒼松遮寺額，風搖翠竹撼簷牙。客來寂莫盤香穗，飯罷從容瀹茗花。到此徘徊歸去晚，夕陽挂樹一聲鴉。

初至桐州

夜半江風吹竹屋，起挑寒燈憐影獨。荒雞亂啼思轉多，黠鼠嘯躍眠不熟。舊曲聲情覺凄涼，故園心眼時斷續。何當牽犬臂蒼鷹，錦帽貂裘呼蹴踘。以上海瓊集

黄春伯

春伯號天谷。

訪白玉蟾值其出題壁　三言

怪訪怪，怪不在。茅君山，來相待。

絶句

半篙春水一蓑烟，抱月懷中枕斗眠。說與時人休笑我，英雄回首即神仙。以上劉後村詩話

夏元鼎

元鼎字宗禹，永嘉人，號雲峯散人，又號西城眞人。

絕句

崆峒訪道至湘湖，萬卷詩書看轉愚。踏破鐵鞋無覓處，得來全不費功夫。

蓬萊鼓吹附錄：元鼎博極羣書，屢試不第，應賈、許二帥幕，出入兵間。至上饒，夜感異夢，弃官入道。至南岳祝融峯，遇赤城周眞人，求其指示，乃大悟，因題詩云云。所著有陰符經講義三卷、圖說一卷、崔公藥鏡箋一卷。今永嘉有夏仙里云。

楊至質

至質字休文，號勿齋，閤皁山道士。淳祐中，敕賜高士、右街鑒儀，主管教門公事。著有竹宮表制，太乙宮代言之文也。

茅山

玉肺浮空已字山，五門不鎖洞天寬。紫花可餌秋尋朮，紅燄難埋夜見丹。晝出一牛方水草，飛來三鵠各峯巒。仙蹤寂寞高風遠，誰爲先生指額瘢。茅山志

李德眞

客崇安寄蕭小山太博

宦清只有著書忙，六館歸時客滿堂。芍藥待吟班已峻，梅花曾賦筆猶香。夜瞻北斗星河近，晴倚東樓嶺樹長。別日未深情不淺，雪風吹老孟襄陽。

武林春遊卽事

風光如此莫傷春，雲樹烟花一色新。杜宇不啼眞解事，帝鄉誰是肯歸人？以上詩林萬選

王克功

克功字德成，號漫翁。

詠柳

春到枝枝是綠絲，秋來葉葉是愁眉。灞橋何限經行者，不記尋花繫馬時。全芳備祖

劍浦思歸

韶華客裏一番老，自歎此生行路多。獨上危樓望鄉國，闌干倚徧奈愁何。詩家鼎臠

思友

孤坐忽太息，拂衣臨長風。天高夕月冷，木脱秋山空。良晤匪易得，好懷難再同。思君不可見，心逐孤飛鴻。

梅僊山

芒屩支藤上翠微，長松影裏扣柴扉。石壇丹竈蒼苔冷，天闊風高鶴不歸。以上詩林萬選

董嗣杲

嗣杲字明德，號靜傳。宋季入道孤山四聖觀，改名思學，字無益。有西湖百詠。

雨中宿洞霄

靑靑九鎖山，步步聽潺湲。雨重精神倦，雲深意緒閑。禽聲依石樹，泉溜出巖關。落落仙蹤在，何能見

大還。洞霄詩集

西湖百詠 存十九首

環碧園 在豐樂樓北，柳洲之側。恭聖仁烈楊太后宅園。

繞舍晴波聚釣仙，五龍池畔柳洲前。清虛不類侯家屋，輪奐曾資母后錢。三面軒窗秋水觀，四時簫鼓夕陽船。攬將山北山南翠，獨有黃昏得景全。

東西馬塍 在溜水橋北，羊角埂是也。河界東西，土脈宜栽花卉。園人工于種接，仰此爲業。間有園亭，不過蕟種。而塍有土神廟，額扁作馬城。

土塍聚落界西東，業在澆畦奪化工。接死作生滋夜雨，變紅爲白借東風。幾家衣食花姿異，兩岸園池地勢同。病叟扶鋤耡晚照，前身莫是橐駞翁？

水仙廟 在水月園西。廟創梁大同年間，號錢唐龍君廟。錢氏繼請額，穹碑尚存。乾道中重建。寶慶間，郡守別建蘇隄上，乃謂舊廟有「視湖邈爲，峯連還就」之說。梁大同時，今幾傳矣。

雲翹雨佩有遺仙，香火寧隨世代遷。廟始大同年紀著，額頒乾化敕碑鐫。鳳閑露輦荒瑤草，龍溼秋衣翦玉蓮。隄上創新誰述記，卻無門外一泓泉。

孤山 在西湖中孤山路西。建炎前，多有民屋，間以四菴院。山背皆花圃及冢隧。山之東爲林和靖隱廬，就葬其下。紹興中，建延祥觀，奉四聖香火，獨留和靖一墓，民屋菴院，悉徙山北。觀東爲園，累朝臨幸。寶祐二年，分地之半建西太乙宮。陳朝柏在和靖墓南。

縹緲蓬萊擁翠寒，百年營取屋千間。黄庭殿蠹烟霞老，瀛嶼堂幽日月閑。水泛花陰藏輦路，牆分柳色護仙關。林家梅冢陳家柏，萬古流芳鎮此山。

西林橋 在孤山西，卽古之西村喚渡處。

水竹雲山拱畫圖，因懷喚渡想東都。雨餘晴練銜西照，風遏春船入裏湖。闌曲祇供遊子凭，林間今有野人無？隔牆莫是神仙宅，紅白梅花五百株。

岳鄂王墓 在棲霞嶺口。葬名將太師忠武鄂王岳飛于此。

將軍魂夢遶旌旃，偃月謀成尙忍言。一旦風波誰左袒，八陵荆棘自中原。更無雁帶邊頭信，惟有天知地下寃。鬱鬱棲霞霞外樹，墓門不掩雀巢喧。

玉泉 在淨空寺內。齊建元中，靈悟大師曇超卓菴，演法于錢唐靈苑山，龍君遠來聽法，又爲撫掌出泉。砌以方池，畜大金魚，有景定間周棟記。

南齊事蹟已消沈，曾立苔碑記古今。一老出泉猶撫掌，此僧演法欲傳心。樹頭龍過家家雨，池面魚游尾尾金。行客不須閑照影，要知澤物溥春霖。

西溪 在靈隱寺山背，居人能力其勞，漁樵耕牧，各遂其業。楊蟠詩云：「爲愛西溪好，長憂溪水窮。山源春更落，散入野田中。」

漁樵耕牧自成村，就屋編籬古意存。出塢野雲多曲折，過橋溪水半清渾。一逢白壁書香社，幾見朱闌障墓門。地利最饒人事簡，山家還有別乾坤。

九里松 在一字門裏，舊名袁公松門。唐開元間，刺史袁仁敬夾道種松，錢唐吳說書九里松三字揭之。紹興中，思陵幸天竺回，易以奎扁，終不稱聖意。旨令金填說書重揭之，至今尙存。

開元刺史擅清風，九里新栽夾道松。屋頂自生濤浪勢，根頭誰覓茯苓蹤。行春橋掩雲千態，一字門封翠幾重。人訝金填吳說筆，不知此筆遇高宗。

冷泉亭 在飛來峰下，唐右司元薁建。刺史白居易撰記。按古誌：靈隱澗，古許由嘗飲于此。盧仝詩云：「問山何以名靈隱，山曰當年隱許由。」

小朵峯前玉鏡寒，幾回倚杖聽潺湲。箕公飮澗非凡水，慧理呼猨是此山。亭角靜依金刹古，樹身涼臥石闌閑。無因可洗人間熱，時御清風照影還。

香林 在下天竺後塔西，日月巖左，舊名香林洞，又名香桂林，今直扁香林。

日月巖頭古翠埋，綿雲深隔洞門開。蒼藤隨石無根活，靈杞何年有種栽。氣凝哥烟疑麝過，暖熏山雨誤蜂來。空亭誰領幽芬坐，雪鶴同行損綠苔。

鍊丹井 在下天竺西廊下。葛仙翁有丹在井水，可以療病。

稚川曾此倒靈瓢，闌上銀牀壓甃腰。丹氣騰空知幾轉，神光射屋起中宵。有茶可品春煎細，何疾能治曉汲遙。萬古仙蹤應不泯，轆轤聲落病僧寮。

眞珠泉 在龍山寨崇政院內，開運中建。顯德五年，院東泉湧，擊掌則泉出如貫珠。景祐中，元絳名之。州家取爲酒名。靈峰路口張府園有泉，亦同此名。

泉光四散駭猨猱，迸起平池點滴高。誰欲斗量徒積夢，人將瓶汲肯辭勞。聲隨夜雨穿疎箔，名逐春風入小槽。別有雷峯峯下圃，一泓墮沒在蓬蒿。

甘園 在淨慈寺，相對齋宮之西，舊爲甘內侍園。淳祐中，名湖曲園。咸淳中，屬謝府，名新園。園倚雷峰，有四面堂，淳祐郡守所創。堂下接翠芳園船坊。

內官園邃傍齋宮，楊柳隄南翠幾重。四面堂虛淩上界，五層塔近壓中峰。徑連湖水行幽草，廊接風亭臥偃松。鄰岸御舟空望幸，深坊長日鎖飛龍。

勝景園 在雷峰路口東。開禧間，韓侂胄園。陸放翁作南園記。韓遊村莊，曰：「惜無犬吠。」隨有效之者。韓敗，園屬官，名慶樂園。淳祐中，撥賜嗣榮王，易今名。

名花嫋嫋草纖纖，臺榭隨幽逐勝添。十樣結亭環水樹，一碑述記臥風簷。梅關橋落停欞鑰，射圃樓空失垜簾。向日相傳誰學吠，村莊畢竟出沽帘。

長橋 在勝景園東。在昔此橋跨水甚長，橋亭且壯麗，日壙月塞，皆民居矣。橋西有寺，南對鳳皇山。又有澄水閘。東抵清波門。湖橋此最短，而長名自若。

南港虛明架石梁，寺樓鐘落幾斜陽。相傳亭跨危基壯，誰想橋橫古道長。澄水閘荒沙草碧，清波門近市塵黃。鳳皇山在闌干外，玉抹烟屏鷺一行。

慈雲嶺 在方家峪西南。嶺下爲郊臺。嶺頂可望江湖。石上刻後唐篆字云：「梁單閼之歲，與建龍山，至涒灘之歲，開慈雲嶺。」至今尚存。

疊疊流雲步步苔，九霄紫氣限蓬萊。後唐刻石初開路，南宋郊天別築臺。慰眼江湖空歲月，傷心陵寢墮塵埃。桃花爭趁春風老，又引遊人一度來。

包家山 在慈雲嶺南冷水峪，多桃花，名桃花關。關門上揭蒸霞二字。拜郊臺在山之西，籍田圃在山之南。

綺霞蒸日透林梢，一簇南山尚姓包。冷水峪邊苔色老，沖雲樓下樹陰高。園鄰古道傳耕籍，臺倚青城想拜郊。欲趁桃花尋隱去，關門無鑰不須敲。

聚景園 在清波門外。阜陵致養北宮，拓圃西湖之東，斥浮屠之廬九，曾經四朝臨幸。繼以諫官陳言，出郊之令遂絕。園今荒圮，惟柳浪橋、花光亭存。

鑾鈴遺響輦遺蹤，萬景曾經聚此中。寺宇有名基址散，君王無逸讌遊空。橋昏柳浪龍舟雨，亭冷花光雉扇風。臺沼已無春又老，萬年枝上夕陽紅。以上西湖百詠

聶碧窗

碧窗，江西人。京口天慶觀主，嘗爲龍翔宮書記。

赦詔至有感

乾坤殺氣正沈沈，又聽燕臺降德音。萬口盡傳新詔好，累朝誰念舊恩深。分茅列土將軍志，問舍求田父老心。麗正立班猶昨日，小臣無語淚霑襟。

哀被虜婦

當年結髮在深閨，豈料人生有別離。到底不知因色誤，馬前猶自買胭脂。

詠北婦

雙柳垂鬟別樣梳，醉來馬上倩人扶。江南有眼何曾見，爭卷珠簾看固姑。以上輟耕錄

褚伯秀

伯秀號雪巘，錢唐人。宋末天慶觀道士，以清苦節行聞。入詠五噫丹闕近，會心三笑畫溪寒。世緣歷盡仙緣熟，坐斷陪眞向上闗。茅山志

送玉海宗師還山

湖澥天教十載閑，玉經功就勝居壇。驚塵天目妨龍臥，晚歲華陽望鶴還。

善棋道人　以下無名道流

絕句

爛柯眞訣妙通神，一局曾經幾度春。自出洞來無敵手，得饒人處且饒人。

西溪叢語：蔡州褒信縣，有棋師閔秀才說：嘗有道人善棋，凡對局，率饒人一先。後死于褒信，託後事于一村叟。數年後，叟爲改葬，但空棺衣衾而已。

無名道人

絕句

偶到皇都玩月華，笙歌留我醉流霞。勸君不用悲塵土，天上人間只一家。

暌車志：宣和間元夕，州西酒樓，一道人來索酒痛飲。初不持錢，將去，題詩壁間云云。乃探懷取藥，拭杯成黃金，

以償酒直。明日，喧傳都下，禁中聞之，以金十兩易其杯去。

無名道人

絶句

瑤峯一别杳難期，湾潟從敎醉枕攲。不信丹青能畫得，五更燈暗月來時。

侯鯖録云：一道人敗道後作。

吳山道人

留藥籃中詩

一騎如龍送客歸，銀鬘緑耳步相隨。佳人未許輕分别，不是仙翁豈得知。

閑窗括異志：三山曾陟，嘗館陳氏，七載音信不通。有道人自吳山來，謂之曰：「子思鄉之切，何不少歸？」陟曰：「水陸三千，幾時得到？」道人翦紙爲馬，令合眼上馬，以水噀之，其疾如風。祝曰：「汝歸毋久留。」須臾到家，門戶如舊。妻令入浴，易新衣，陟曰：「我便去。」妻曰：「纔歸便去，何不念父母妻子乎？」陟便上馬而行，所騎馬足折，驚寤，身在書館中，隨身衣皆新製者。道人亦不見，惟留一藥籃，中有詩云云。

羅浮山中客

題壁

雲意不知滄海，春光欲上翠微。人間一墮千劫，猶愛梅花未歸。

谷音：咸淳中，客有戴烏方巾，著鞾，往來羅浮山中，見人則大笑反走，三年不言姓名。它日醉歸，忽取煤書壁云云。

無名髯仙

絶句

鳴梢疊葉響飀飀，枕底寒聲爲客留。野鶴不來山月墮，獨眠滋味五更秋。

困學齋雜録：前宋士人，山行于絶壁人跡不到處，見有題詩者云云。少前，遇髯人坐大石上，意其爲詩者，欲前揖，忽不見。余謂仙人亦未能忘情者邪？

洛浦道士

道士，鳳陽人。修眞于鼎州蘇溪靈巖山，化去。

絶句

一水穿崖走碧沙，崖前樛木偃龍蛇。分明便是桃源洞，不見溪中流落花。湖廣總志

宋詩紀事卷九十一 釋子上

錢唐 厲鶚 輯
歙 吳震生 勘定

乾康

乾康，零陵人。以詩爲齊己所稱，至宋乾德中猶存。

經方干舊居

鏡湖中有月，處士後無人。狨笋抽高節，鱸魚躍老鱗。詩話總龜

賦殘雪

六出奇花已住開，郡城相次見樓臺。時人莫把和泥看，一片飛從天上來。

詩話總龜：乾德中，左補闕王伸知永州，乾康捧詩見，伸覩其老醜，曰：「豈有狀貌如此，能爲詩乎？」時積雪方消，命康詠之。伸驚異，待以殊禮。

延壽

延壽字沖立，號抱一子，杭州人。棄吏出家，吳越忠懿王延住永明寺，著宗鏡錄。開寶八年入滅，賜號智覺禪師。

閑居

閑居誰似我，退跡理難過。要勢危身早，浮榮敗德多。雨催蟲出穴，寒逼鳥移窠。野徑無人窬，疎窗入

薜蘿。宋高僧詩選

永牙

永牙，居圭峯，賜紫。

贈英公大師

吾宗何事獨稱雄，今昔名高繼古風。王右軍書得智永，李陽冰篆付英公。墨研天電煤疑絕，硯琢端溪石欲空。珍重眞蹤千載後，誰來三日看無窮。英公十八體篆書碑

墨池編：釋夢英，衡州人，效十八體書，尤工玉箸。嘗至大梁，太宗召之簾前，賜紫服，去游終南山，師號宣義。

正緣

句

柳牆高于花，怒飛方可至。奇哉游夏徒，吐辭作雄翅。送人謁柳開　歷代吟譜

仲休

仲休，一作仲林，越僧。李文靖公以名上，賜號海慧大師。有天衣十峯詠，錢易爲序。

雲門寺

鶴唳峯前路，行行世慮消。蘿交藏石竇，雲破露山椒。樹老形多怪，人閑色似驕。誰同訪諸謝，烟草滿溪橋。宋高僧詩選

贊寧

贊寧，德清高氏子，出家杭州龍興寺。吳越武肅王署爲兩浙僧統，賜號明義。宋太宗召對滋福殿，詔修高僧傳。咸平初，加右街僧録。又著内典集、外學集。至道二年示寂，謚曰圓明大師。

寄題水月禪院 在洞庭山縹緲峰下，梁大同四年建，山有無礙泉。

參差峯岫畫雲昏，入望攀蘿濁浪奔。震澤涌山來北岸，華陽連洞到東門。日生樹挂紅霞脚，風起波摇白石根。聞有上方僧住處，橘花林下採蘭蓀。吳郡志

居天柱山

四野豁家庭，柴門夜不扃。水邊成半偈，月下了殘經。雖逐諸塵轉，終歸一念醒。未知斯旨者，萬役盡勞形。瀛奎律髓

福全

福全，金鄉沙門。

自詠

生成盞裏水丹青，巧盡工夫學不成。卻笑當時陸鴻漸，煎茶贏得好名聲。

清異録：沙門福全，生于金鄉。長于茶海，能注茶、幻茶成一句詩，並點四甌，共一絶句，泛乎湯表，小小物類，唾手辦耳。檀越日造門求觀湯戲，全自詠云云。

法常

法常，河南釋。

句

優游麴世界，爛漫枕神仙。

清異錄：河南釋法常，性英爽，酷嗜酒，無寒暑風雨，常醉，醉即熟寢，覺即朗吟云云。

定諸

定諸，晋江僧。嘗從楚公會與爲方外友。有去華集。

詠鸚鵡

罩向金籠好羽儀，分明喉舌似君稀。不須一向隨人語，須信人心有是非。泉州府志

希晝

希晝，劍南人，九僧之一。

歐公詩話：九僧詩集，今不傳。當時有進士許洞，俊逸士也，嘗會諸僧分題，出一紙，約曰：「不得犯此一字。」其字乃山水風雲竹石花草雪霜星日禽鳥之類，諸僧閣筆。

鄭樵通志藝文略：九僧選句圖一卷。

書惠崇師房

詩名在四方，獨此寄閑房。故域寒濤闊，春城夜夢長。禽聲沈遠木，花影動回廊。幾爲分題客，殷勤掃

石牀。

寄題武當郡守吏隱亭

郡亭傳吏隱，閑自使君心。卷幕知來客，懸燈見宿禽。茶烟逢石斷，棋響入花深。會逐南帆便，乘秋寄此吟。

留題承旨宋侍郎林亭

翰苑營嘉致，到來山意深。會茶多野客，啼竹半沙禽。雪溜懸危石，棋燈射遠林。言詩素非苦，虚答侍臣心。以上瀛奎律髓

懷廣南轉運陳學士

極望隨南斗，迢迢思欲迷。春生桂嶺外，人在海門西。殘日依山盡，長天向水低。遥知仙館夢，夜夜怯猨啼。禪藻集

句

天長來月正，木末度猨稀。遊雁蕩　曉天金馬路，晚歲石霜心。贈句學士　山日秋光短，江虹晚影低。寄人　寄禪關樹老，乞食塞城荒。贈關上人　楊文公談苑

保　暹

保暹，金華人，九僧之二。有處囊訣。

書杭州西湖涉公堂

孤舟孤鶴與孤雲，湖上深居自不羣。高臥可能容一榻，青山西岸且平分。宋高僧詩選

早秋閑寄宇昭

窗虛枕簟明，微覺早涼生。深院無人語，長松滴雨聲。詩來禪外得，愁入靜中平。遠念西林下，相思合慰情。

秋徑

杉竹清陰合，閑行意有憑。涼生初過雨，靜極忽歸僧。蟲迹穿幽穴，苔痕接斷棱。翻思深隱處，峯頂下層層。以上瀛奎律髓

天廚禁臠云：自然令人愛悅，不假人言然後爲貴。

文兆

文兆，南越人，九僧之三。

巴峽聞猨

倚棹望雲際，寥寥出峽情。心如無一事，愁不在三聲。帶露諸峯迥，懸空片月明。何人同此聽，徹曉得詩成。宋高僧詩選

宿西山精舍

西山乘興宿，靜與寂寥心。一徑松杉老，三更雨雪深。草堂僧語息，雲閣磬聲沈。未遂長棲此，雙峯曉待尋。瀛奎律髓

行肇

行肇，天台人，九僧之四。

泛若邪溪

霽雨牽野情，孤舟遂茲賞。積水連遠空，落日垂萬象。岸迴雲獨隨，山轉泉更響。望望極寒源，猶言放輕槳。宋高僧詩選

酬贈夢眞上人

禪舍因吟往，晴來坐徹宵。春通三徑晚，家別九江遥。巢重禽初宿，窗明葉旋飄。住期應未定，謝守有詩招。自注：青社淩使君以詩見招。

送文光上人西游

高木墜殘葉，關河入遠心。嵩游忘楚夢，華近識秦音。塔古懸圖認，碑荒背燒尋。幾思興替事，獨上灞陵吟。以上瀛奎律髓

句

定錫樵停斧，窺人鳥立槎。送僧　江聲鼇背去，帆影斗邊飛。送人之鄞江　楊文公談苑

簡長

簡長，沃州人，九僧之五。

張景序云：上人之詩，始發于寂寞，漸進于沖和，盡出于清奇，卒歸于雅靜。

夜感

無眠動歸心，寒燈坐將滅。長恐浮雲生，奪我西窗月。 宋高僧詩選

送僧南歸

漸老念鄉國，先歸獨羨君。吳山全接漢，江樹半藏雲。振錫林烟斷，添瓶澗月分。重棲上方定，孤狖雪中聞。 瀛奎律髓

送方仲荀

行客心如何，借劍爲君歌。雨昏山未開，花盡春無多。欲知貧別情，涕淚空滂沱。

晚次江陵

楚路接江陵，倦行愁問程。異鄉無舊識，多難足離情。落日懸秋樹，寒蕪上廢城。前山不可望，斷續暮猨聲。 以上禪藻集

寄雲水禪師

千峯聳寒翠，古剎凌秋雲。高人斂幽跡，世事何由聞。禪石抱蒼蘚，祖衣含淨氣。有時溪上步，自與鳥猨羣。 雲門志略

句

烟壘沈寒角，霜空擊怒鵰。 送人歸寧州　楊文公談苑

惟鳳

惟鳳，青城人，號持正，九僧之六。有風雅拾翠圖。

玉隨序云：持正大師一章一聯，皆出乎清新，發乎瀋逸，賦象可以披圖畫，騰英可以潤金石。

弔長禪師

霜鐘侵漏急，相弔晚悲濃。海客傳遺偈，林僧寫病容。漱泉流落葉，定石集鳴蛩。回首雲門望，殘陽下遠峯。瀛奎律髓

句

岸盡吳山出，潮平越樹低。送人歸天台　寺近東溟日，山連北固春。草檄飛入燕壘，降幡入漢宮。邊將　題甘露招提　家遠知琴在，時清賣劍歸。送陳處士　歷代吟譜

惠崇

惠崇，淮南人，一作建陽人，九僧之七。有集。

錢易序云：步驟高下，去古人不遠，釋子之詩，可相等者不易得。

清波雜志：崇非但能詩，畫亦有名，世謂「惠崇小景」者是也。

書林逸人壁

詩語動驚衆，誰知慕隱淪。水烟常似暝，林雪乍如春。薄酒嬾邀客，好書愁借人。有時行藥去，忘卻戴紗巾。宋高僧詩選

池上鷺分賦得明字

雨絶方塘溢，遲徊不復驚。曝翎沙日暖，引步島風清。照水千尋迥，棲烟一點明。主人池上鳳，見爾憶蓬瀛。

湘山野錄：寇萊公延詩僧惠崇于池亭，探鬮分題，萊公得池上柳青字韻，崇得池上鷺明字韻。崇默遶池徑，馳心杳冥以搜之。自午及晡，忽以二指點空微笑曰：「此篇功在明字，凡五押之俱不倒，方今得之。」公曰：「試請口舉。」崇舉詩云云。公笑曰：「吾之柳功在青字，已四押之，終未愜，不若且罷。」

訪楊雲卿淮上別業

地近得頻到，相攜向野亭。河分岡勢斷，春入燒痕青。望久人收釣，吟餘鶴振翎。不愁歸路晚，明月上前汀。瀛奎律髓

自撰句圖

河分岡勢斷，春入燒痕青。書楊雲卿別業陰井生秋早，明河轉曙遲。長信詞地形吞蜀盡，江勢抱蠻迴。送遠上人西遊嶺暮春猨急，江寒白鳥稀。江行晚泊歸禽動疎竹，落果響寒塘。上谷相公池上作野人傳相鶴，山吏學彈琴。贈陳六少府香淺冰生井，宵分月上軒。夜坐掩門青檜老，出定白髭長。贈凝上人浪經蛟浦闊，山入鬼門寒。送遷客遺偈傳諸國，留眞在一峯。經緣公舊寺河冰堅渡馬，塞雪密藏鵰。塞上久別年顏改，相逢夜話長。喜長公至多年不道姓，幾日旋移家。隱者鳥歸杉墮雪，僧定石沈雲。宿東林寺露寒金掌重，天近玉繩低。上翰林楊學士著書驚日短，彈劍惜春深。柳氏書齋探騎通番壘，降兵逐漢旗。上王太尉露下牛羊靜，河明桑柘空。田家秋夕林斷城隍出，江分島嶼迴。舟行鎖城山月上，吹角海鷗驚。寄梅蘇州卷幔來風遠，移牀得月多。宿楊侍郎東亭白浪分吳

國，青山隔楚天。送程至空潭聞鹿飲，疎樹見僧行。游隱靜寺劍佩明山雪，旌旗溼海雲。送錢供奉巡警曠野行人少，長河去鳥平。梅聖臣河亭月高山舍迥，霜落石門深。宿鹽公山齋霜多秦木迥，雲盡漢山孤。送盧經西歸夜閑潮動舸，秋迥月臨洲。濠梁夜泊葉落風中砦，蟲聲月下多。崔仰秋居行縣山迎舸，論兵雲繞旂。贈裴使君繁霜衣上積，殘月馬前低。早行磬斷蟲聲出，峯迴鶴影沈。秋夕移家臨醜石，租地得靈泉。書韓退之屋壁秋近草蟲亂，夜遙霜月低。秋夕懷長公海鷗聽經舞，山鬼醉堯觴。觀寘鄉老中食下林狖，夜禪移冢狐。贈素上人扇聲猶泛暑，井氣忽生秋。晚夏殘月楚山曉，孤煙江廟春。江行早發梵容分古像，唐語入新經。宿翻經館清少卿房鶴傳滄海信，僧和白雲詩。題王太保道院寒禽棲古柳，破月入微雲。秋夕懷汪白花漏沈山月，雲衣起海風。贈白上人樓中天姥月，座上杜陵人。喜陳助至人歸岡舍迥，雁過渚田遙。冬日野望山色臨巴迥，江流入漢清。送人牧榮州湘雲隨雁斷，楚路背人遙。春中道中松風吹髮亂，巖溜濺棋寒。贈李道士境閑僧渡水，雲盡鶴盤空。棲霞寺古路隨岡起，秋帆轉浦斜。林逋河亭禽寒時動竹，露盡忽翻荷。楊祕監池上嵐重琴碁溼，風長枕簟寒。魏野山亭離磧雁銜雪，渡河人上冰。塞下夜梵通雲竇，秋香滿石叢。寄白閣能上人關河雙鬢白，風雪一燈青。陝西道中殺氣生龍劍，威風動虎旗。送防秋楊將軍落潮鳴下岸，飛雨暗中峯。瓜洲亭子月臨黃道迥，春入紫微深。賀劉舍人寒燈催臘盡，曉角喚春歸。除夜雁行沈古戍，鵰影轉寒沙。幽并道中景霽雲迴合，秋生樹動搖。送僧歸天台亂水僧頻過，荒林鶴不還。過陳摶田居露館濤驚枕，空庭月伴琴。宿橫江館馬渡冰河闊，鵰盤磧日高。維邢道中驚蟬移古柳，鬬雀墮寒庭。國清寺秋居松風傳夕磬，溪霧擁春燈。書平上人山房霓旌搖曙景，鳳吹繞春雲。觀南郊天仗坐石雲生袖，添泉月入瓶。贈義省上人萬國無刑治，三邊不戰平。昇平詞暝鶴棲金剎，秋僧過石橋。國清寺雲殘松掃石，風動鶴歸松。呂氏西齋風暖鳥巢木，日高人灌園。劉參幽居竹風驚宿鶴，潭月戲春鷺。楊都官池上圭竇先知曉，盆池別見天。書方居士壁月露疎寒柝，雲濤閃晝旂。送陳舍人巡撫鶴驚金刹露，龍蟄玉瓶泉。宿齊上人禪齋暄風生木末，遲景入泉心。春日寇公贊池上河來天上闊，雲度月邊輕。七夕海人來相鶴，山狖下彈琴。贈王道士畫鷁浮秋浪，金鐃響夕雲。送孫荆州丹楓映郭迥，綠嶼背江深。江城晚望危溜含清瑟，飛花點玉觴。題王太保山亭朱旗淩雪卷，畫角入雲吹。送李秦州孤雲還靜境，遠籟發秋空。疊上人西齋圍棋分雪石，汲井動金沙。李太博山莊井含春氣碧，樓轉夕陰清。宮中詞鳥暝風沈角，天清月上旗。送吳袁州斜吹鳴金錫，歸雲擁石牀。寄鑿公古戍生煙直，平沙落日遲。塞上拂石雲離帶，嘗茶月入鐺。嗣上人遠嶼迎檣出，寒林帶岸迴。舟行來時雲擁衲，別夜月隨竿。送延上人路橫岡燒斷，風轉浦帆斜。馬蠙淮亭劍靜龍歸匣，旗閑虎繞竿。上殿前戴太保品畫逢名嶽，橫琴憶古賢。高躔書齋雲陰移漢塞，石色入秦天。太一山地遙尋馬小，天闊一鵰平。塞上送人江花淩霰發，山溜入池深。范溶園池長風躍馬路，小雪射鵰天。獵騎古木風烟盡，寒潭星斗深。高略書院渡河風動旆，巡部雨霑車。送段工部河北轉運　青箱雜記

歐陽公詩話：惠崇詩多佳句，有百句圖，刊石于長安。

宇　昭

宇昭，江南人，九僧之八。

塞上贈王太尉

嫖姚立大勳，萬里絕妖氛。馬放降來地，鵰閑戰後雲。月侵孤壘沒，燒徹遠蕪分。不慣爲邊客，宵笳嬾

欲聞。

幽居卽事

埽苔人迹外，漸老喜深藏。路僻閑行遠，春晴晝睡長。餘花留暮蝶，幽草戀殘陽。盡日空林下，孤禪念石霜。

贈魏野

別業唯栽竹，多閑亦好奇。試泉尋寺遠，買鶴到家遲。藥就全離母，詩高祇敎兒。未能終住此，共有海山期。以上瀛奎律髓

懷古

懷古，峩眉人，九僧之九。

送田錫下第歸寧

念別孤親去，無成萬里歸。算程芳草盡，去國故人稀。棧閣浮雲險，刀州入望微。前期有公薦，莫負老萊衣。宋高僧詩選

寺居寄簡長

雪苑東山寺，山深少往還。紅塵無夢想，白日自安閑。杖屨苔痕上，香燈樹影間。何須更飛錫，歸隱沃洲山。瀛奎律髓

句

霧開離草迴，風逆到花遲。詠蝶　深雪偶談

清豁

清豁，泉州張氏子，住漳州保福院。刺史陳洪進表奏，賜號性空禪師。太平興國元年示寂。

歸山吟寄友

聚如浮沫散如雲，聚不相將散不分。入郭當時君是我，歸山今日我非君。四朝詩

守端

蠅子透窗偈

爲愛尋光紙上鑽，不能透處幾多般。忽然撞著來時路，始覺平生被眼瞞。禪藻集

遇賢

遇賢，俗姓林氏，宋初長洲東禪寺僧。

中吳紀聞：遇賢飲酒無算，且多靈異，鄉人謂之林酒仙。口中可容兩拳，能自圖其形，無毫釐不相似。好賦詩，亦有清婉者。

雜詩

金斝又聞泛，玉山還報頹。莫教更漏促，趁取月明迴。

門前綠樹無啼鳥，林下蒼苔有落花。聊與東風論箇事，十分春色屬誰家。

揚子江頭浪最深，行人到此盡沈吟。他時若向無波處，還似有波時用心。中吳紀聞

德　聰

德聰，姓仰氏，姑蘇人。太平興國三年，結廬松江佘山，有二虎爲之衞，名大青、小青。天禧元年，趺坐而逝。

自題月軒

軒前轆轤轉冰盤，軒裏詩成徹骨寒。多少人來看明月，誰知倒被月明看。松江府志

智　圓

智圓字無外，錢唐人，俗姓徐，自號中庸子。居孤山瑪瑙院，與處士林逋爲鄰友。有閑居編。

湖居卽事寄仁姪

講退臨流獨倚筇，塵埃無處寄閑蹤。青山歸去心常在，白髮生來事轉慵。門徑草深梅雨歇，像龕燈暗水烟濃。相知唯有搖松客，時辱音書慰病容。

寄棲白師

深隱空林下，清幽絶外緣。雨窗封嶽信，苔井濾秋泉。門靜來沙鳥，庭閑噪晚蟬。凭欄獨相憶，殘日下遥天。

贈林逋處士

深居猨鳥共忘機，荀孟才華鶴氅衣。滿砌落花春病起，一湖明月夜漁歸。風搖野水青蒲短，雨過閑園紫蕨肥。塵土滿牀書萬卷，玄纁何日到松扉。

贈聞聰師

澹然塵慮絶，禪外苦風騷。性覺眠雲僻，名因背俗高。水烟蒸紙帳，寒髮澀銅刀。幾宿秋江寺，閑吟聽夜濤。

挽歌詞

莫談生滅與無生，謾把心神與物爭。陶器一藏松樹下，綠苔芳草自縱横。以上閑居編

遵　式

遵式字知白，天台葉氏子，居下天竺寺。著淨土懺法、金光明觀音諸本懺儀行世。號慈雲懺主。天聖中滅度。紹興中，賜號懺主禪慧大法師。有天竺靈苑集。

寄劉處士

度月阻相尋，應爲苦雨吟。井渾茶味失，地潤屐痕深。鳥背長湖色，門閑古樹陰。想君慵更甚，華髮晝方簪。

酬蘇屯田西湖韻

雨餘殘景照漁家，漁子鳴榔徹郡衙。今夜相呼好垂釣，平湖新雨漲蒹葭。以上宋高僧詩選

酬伉上人

鳥外淸閑極，誰能更似君。山光晴後見，瀑響夜深聞。拾句書幽石，收茶踏亂雲。江頭待無事，終學棄人羣。瀛奎律髓

用晦 王衢 李識

用晦，吳僧，與魏野善。

游解城中條山聯句 并引

解城之南，出五里，抵中條山。山有絶壁介立，儼若峽束，緣岸泝流，似有人跡。琅琊王衢、趙郡李識、處士魏野、江東僧用晦，披榛索徑，深入數百步，止于泉石之涘。道路未遠，塵事且隔，雲鳥風物，鳴動左右，而山語野笑，樂生盡日。因相與濯足，命爲聯句詩一章，凡二十句，用晦書于巖壁。時淳化五年秋八月三十日。

萬仞雲根泉，清冷濯我足。用晦森森灑爪甲，凜凜寒肌肉。衢來初自試探，坐久頻舒縮。野觸開浪花白，踏破苔痕綠。衢肺腑亦澄澈，形影相照燭。用晦忽罷避遊魚，未歸妨渴鹿。野懼濁遠泥沙，就陰憐草木。衢浸潤易調暢，狎玩難拘束。識欲伐我未能，先起人何速。野此會高且閑，願繼漁父躅。用晦 鉅鹿東觀集

悟清

悟清，宋初河北僧。

句

鳥歸花影動，魚沒浪痕圓。青瑣高議

印粲

句

見說下朝無一事，小池栽葦學僧家。贈徐鼎臣常侍　歷代吟譜

文喜

文喜，湘南人。

句

一向亂雲尋不得，幾番臨水待歸來。失鶴　歷代吟譜

守恭

句

帀髮人來絕，銜花鹿去多。佛跡峰　楊文公談苑

智仁

智仁，一作智淳與九僧同時。

留題雲門寺

秦峯千古寺，豈易得躋攀。一夢幾回到，片心長此閑。溪光涵石壁，秋色露松關。靜室孤禪後，寒鐘夜滿山。宋高僧詩選

句

寒聲病葉落，曉色凍雲開。溪居　路遥無去伴，山疊有啼猨。僧歸天台　吟窗雜錄

晦幾

滕王閣

檻外長江去不回，檻前楊柳後人栽。當時唯有西山在，曾見滕王歌舞來。菊坡叢話

鑒微

贈翌上人

京寺別來久，高齋近海隅。引禪秋磬動，照像夜燈孤。愛水開新沼，思山挂舊圖。他時如結社，許繼遠公無。宋高僧詩選

休復

句

日暮長安道，秋深太白峯。送道士西遊 楊文公談苑

尚能

送脩長師陪黄史君歸江右

相送隨旌旆，離情亦萬端。霜洲楓落盡，水館月生寒。接話嘗茶徧，聯詩坐漏殘。歸期在巖壑，郡邸想留難。宋高僧詩選

句

西風隨雁急，寒柳向人疎。送人 關河虎符重，殿閣獸樽閑。送孫大諫知永興 古寺山光裏，重城海氣圍。送僧歸四明 泣珠泉路通闤市，種玉仙翁寄版圖。江聲鼇背雨，帆影斗邊風。以上皇朝類苑

遇臻

遇臻，越州楊氏子，嗣法天台韶國師。

秋夜坐

秋庭肅肅風颾颾，寒星列空蟾魄高。搘頤靜坐神不勞，鳥窠無端吹布毛。禪藻集

子熙

登京口古臺夜望

適意江天外，孤吟上古臺。海門帆正泊，京口雁初來。露冷蟾輪轉，河秋斗柄回。故山千里隔，歸思幾悠哉。宋高僧詩選

用文

上慧日大師

京寺居來久，終年獨掩扉。吟餘花落硯，定起月生衣。樹隱宮禽迴，鐘鄰禁漏微。朝賢盡知己，休夢錦城歸。

旅中言懷

舉目無相識，離懷聊自傾。道孤諳旅況，貧甚見時情。淨社芙蓉老，荒齋蟋蟀鳴。終當舊山去，免更競浮名。以上宋高僧詩選

居昱

居昱，錢唐郭氏子，學詩于林逋。

句

松聲和雨聽，山色帶雲看。赤城志

照寂

照寂，日本僧，號圓通大師。景德中入貢，三司使丁晉公悅之，爲言姑蘇山水奇秀，因留止吳門僧寺。

以黑金水瓶寄丁晉公

提攜三五載，日用不曾離。曉井斟殘月，春爐釋夜澌。鄱銀難免侈，萊石易成虧。此器堅還實，寄公應可知。楊文公談苑

士可

士可，天聖間閩僧。

送僧

一缽即生涯，隨緣度歲華。是山皆有寺，何處不爲家。笠重吳天雪，鞵香楚地花。他年訪禪室，寧憚路歧賒。

西清詩話：此非食肉者能到也。

法泉

法泉，隨州時氏子，住建康蔣山，賜號佛慧。

悼趙清獻

仕也邦爲憲，歸歟世作程。人間金粟去，天上玉樓成。慧劍無纖缺，冰壺徹底清。春風轂水路，孤月照雲明。春花集

文瑩

文瑩字道溫，錢塘僧。及識蘇子美，欲挽致于歐陽公，瑩辭不往，老于荆州之金鑾寺。有湘山野錄、玉壺清話、渚宫集。

寶積寺小雨

老木垂紺髮，野花翻麴塵。明霞送孤鶩，僻路少雙鱗。天近易得雨，洞深無早春。山祇認來客，曾是洞中眞。宋高僧詩選

秀登

送小白上人歸華頂

瀑濺安禪石，秋雲鎖碧層。一峯如卓筆，幾日策孤藤。樹偃前朝蓋，星輝下界燈。超然歸此處，心已契南能。

送貫微歸天台

秋歸赤城寺，幽興難相同。迹與片雲合，心向萬境空。傾耳霜樹猨，吹衣瀑布風。後夜越溪上，夢斷寒雲中。以上宋高僧詩選

祕演

祕演，山東僧。

歐陽公序云：祕演與曼卿交最久，曼卿隱于酒，祕演隱于浮屠，皆奇男子也。曼卿稱祕演之作，以爲雅健有詩人之意。

淮上

危橋當古寺，閑倚喜同僧。極浦霽秋雨，扁舟明夜燈。風沈人語遠，湖漲月華升。萬事空凝念，其如總不能。

書光化軍寺壁

萬家雲樹水邊州，千里秋風一錫遊。晚渡無人過疎雨，亂峯寒翠入西樓。以上宋高僧詩選

山中

結茅臨水石，澹寂益閑吟。久雨寒蟬少，空山落葉深。危樓乘月上，遠寺聽鐘尋。昨得江僧信，期來此息心。瀛奎律髓

重顯

重顯字隱之，遂州李氏子，居明州雪竇寺。皇祐中，賜號明覺大師。有瀑泉集。

獅子峯　在廬山

踞地盤空勢未休，爪牙安肯混常流。天教生在千峯上，不得雲擎也出頭。

僧寶傳：重顯工翰墨，作爲詩句，追慕禪月休公。嘗游廬山棲賢，時諟禪師居焉，簡嚴少接納，顯藹苴不合，作獅子峯詩譏之。

暮冬感懷寄瑞巖禪師

雲水繞松檻，遲遲結清淺。病眼時嬾開，幽情況難遣。故人久相別，飛文屢慚覥。仰謝十二峯，分明月如薊。

天竺送僧

雪霽蓮峯頂，孤禪起石牀。向時機自絕，異域路空長。啼狖銜寒影，歸鴻見斷行。後期無定跡，煙水共茫茫。

千里不來

不見古君子，因循又隔秋。浮生多自擲，好事更誰留。碧巘高沈月，寒雲靜鎖樓。宗雷何處是，白鳥下汀洲。以上瀑泉集

送俞居士歸蜀

何處深棲役夢頻，青城拋卻數溪雲。如今老大歸難得，祇寫情懷遠送君。宋高僧詩選

允　堪

允堪，錢塘人。辨博精通，撰律宗十二部經解經傳幷法門贊序等文。慶曆中，賜號眞悟大師。

句

始生巖谷畔，早有月中香。九歲答客試小桂 西湖高僧事略

契嵩

契嵩字仲靈，藤州人，姓李氏。嘉祐中，進輔教編，賜號明教禪師，退老于杭州靈隱寺。有鐔津集。

林間錄：嵩明教初至開先，主者命掌書記。笑曰：「我豈爲汝一杯薑杏湯耶？」乃去之西湖。坡公所云「契嵩禪師多嗔，人未嘗見其笑」者是也。

古意

風吹一點雲，散漫爲春雨。灑予松柏林，青蔥枝可取。持此歲寒操，手中空楚楚。幽谷無人來，日暮意誰與。

寄月禪師

聞道安禪處，深蘿任隔溪。清猨定中發，幽鳥座邊棲。雲影朝晡別，山峯遠近齊。不知誰問法，雪夜立江西。

湖上晚歸

人間薄遊罷，歸與尋舊隱。春崖行未窮，夕陽看欲盡。嵐光山際淡，天影水邊近。自憐幽趣眞，清吟更

長引。

書南山六和寺

青蔥玉樹接溪岑，臺閣淩虛地布金。行到白雲重疊處，水聲松韻淡人心。以上鐔津集

曇穎

曇穎，錢塘丘氏子，出家龍興寺，與歐陽永叔、刁景純游。嘉祐四年，示寂于金山龍游寺。

僧寶傳：師神情秀特，于書無所不覿，爲詞章多出塵語。

小溪

小溪莊上掩柴扉，雞犬無聲月色微。一隻小舟臨斷岸，趁潮來此趁潮歸。宋高僧詩選

惠璉

別趙莘老

十里青山照眼，一篷踈雨催詩。記取江邊作別，烟村梅子黄時。

舟行寒江曲港

揚帆出浦又入浦，轉盼順風還逆風。蘆葉蕭蕭兩岸合，蓼花細細一川紅。鷗鳧野鷺銜行棹，浪挾汀沙打臥篷。行李向來吾自決，漫將晴雨問漁翁。以上宋高僧詩選

惟晤

惟晤字沖晦，嘗與契嵩倡和。

遊天竺寺

天寒雨細日將暮，泥滑難禁策馬還。砂穴吐泉鳴決決，竹叢歸鳥語關關。聊希謝客須穿屐，莫羨文公獨買山。方外論交情未淺，願陪投老白雲間。

酬東山禪師同公濟沖晦遊天竺兼呈伯周禪老

平昔詩禪友契深，更來人外事幽尋。雨餘澗壑流寒響，歲晏楓杉老翠陰。袒跣不妨陶令醉，風流多效洛生吟。山翁解榻延清賞，未放前賢勝竹林。以上鐔津集附

有需

有需，莆田陳氏子，得法于乾公。部使者陳覺民延住福州鼓山，退居石門，與陳聘君易偕隱焉。

石門歌

吾結草菴蔡溪側，四顧峯巒皆峭壁。石門千仞鎖天津，來者欲登那措足。住此菴中是何緣，不詩不頌亦不禪。飢來苦菜和根煮，壘石為牀困卽眠。日照諸峯陰冪冪，負暄孤坐情何適。馴伏珍禽趁不飛，猨猱捫我衣中蝨。閑拄瘦筇六七尺，山行野步扶危力。披雲入草不辭勞，逢人打破修行窟。或停松，或坐石，靜聽溪泉漱鳴玉。源深洞邃來不休，聲聲奏盡無生曲。雜羽流商誰辨的，五音六律徒敲擊。有時乘興上高峯，大笑狂歌天地窄。補續高僧傳

寄陳聘君

拂石跏趺樹影寬，定回霜月照人寒。此時況味誰知得，寫與秋藤居士看。興化府志

晉元

晉元字無晉，嘗與契嵩倡和。

次韻奉酬仲靈歲暮還西塢見寄

野步溪流靜，源深與未歸。晚禽棲雪竹，殘霰灑禪衣。放意天涯遠，狂吟人跡稀。詩成寄我侶，清氣動禪扉。鐔津集附

法輝

法輝，晉江廣福院僧。禪餘以詩自娛，與呂縉叔、石聲叔、陳原道爲同社。

題憲師壁

遠浸溪光碧，寒生松檜陰。漁舟驚暮雨，高吹入秋林。泉州府志

懷璉

懷璉，漳州陳氏子，住明州育王山。仁宗賜號大覺禪師，住持東京淨因院，治平中還山。

林間錄：仁宗皇帝與大覺禪師爲法喜游，和宸翰詞句甚多，然皆蹤跡上語，初不敢出新奇宏妙之言。至觀平日所作，則警絕之句甚夥。

上仁宗皇帝乞還山

千簇雲山萬壑流，閑身歸老此峯頭。殷勤願祝如天壽，一炷清香滿石樓。

冷齋夜話：大覺璉禪師學外工詩，舒王少與遊，嘗以其詩示歐公，歐公曰：「此道人作肝臓饅頭也。」舒王不悟其意，曰：「是中無一點菜氣。」璉蒙仁廟賞識，留住東京淨因禪院甚久，嘗作偈乞還山云云。

擇璘

擇璘，剡中寶積寺僧。

寄禮法師

寺枕滄溟上，門長掩寂寥。定回花漏斷，講徹獸烟消。入檻泉聲細，當軒岳色遥。何時重會席，南望路迢迢。宋高僧詩選

詠杜鵑花

蠶老麥黄三月天，青山處處有啼鵑。斷崖幾樹深如血，照水晴花暖欲然。三鰲鶴林成夢寐，前生閬苑覓神仙。小山拄頰愁無奈，又怕聲聲聒夜眠。剡録

無夢

無夢，鄂州僧。

書木牌詩

身爲車兮心爲軾，車動軾隨無計息。交梨火棗是誰無，自是不除荆與棘。

身爲客兮心爲主，主人平和客安堵。若還主客不安寧，精神管定辭君去。

墨客揮犀：無夢多化府畿村落間，手持木牌，一面正書詩二首云云。

善暹

善暹，臨江軍人。初參雪竇顯僧，居座下，後住開先寺。

辭顯禪師題壁

不是無心繼祖燈，道慚未廁嶺南能。三更月下離巖竇，眷眷無言戀碧層。補續高僧傳

寶瞖

寶瞖，光、黄間狂僧，年百三十歲，死于熙寧十年。既死，人有見之者。

題逆旅壁

滿院秋光濃欲滴，老僧倚杖青松側。只怪高聲問不應，嗔余踏破蒼苔色。苕溪漁隱叢話

惟政

惟政，餘杭僧。有錦溪集。

補續高僧傳：政禪師住功臣山，標致甚高。蔣侍郎堂守錢塘，與師爲方外友，冬不擁爐，以荻花作毬，納足于中，客至共之。好翫月，盤膝大盆中，浮于水上，自旋其盆，吟笑達旦，率以爲常。出入常跨一黄牛，世稱爲政黄牛。

山中作

橋上山萬重，橋下水千里。惟有白鷺鷥，見我常來此。林間録

辭侍郎蔣公諶客見招

昨日曾將今日期，出門倚杖又思惟。爲僧只合居巖谷，國士筵中甚不宜。

自題像

貌古形踈倚杖藜，分明畫出須菩提。解空不許離聲色，似聽孤猨月下啼。以上西湖高僧事略

香林洞

香林接幽洞，香乳無時滴。日暮白雲歸，攀之不可得。宋高僧詩選

則之

則之字彝老，外岡楊氏子。學詩于西湖順老，學禪于大覺璉禪師，有禪外集。

早梅

數萼初含雪，孤清畫本難。有香終是別，雖瘦亦勝寒。橫笛和愁聽，斜枝倚病看。朔風如解意，容易莫吹殘。

雪竇觀梅

荒園晚景斂寒烟，數朵清新破雪邊。幽豔有誰能畫得，冷香無主賴詩傳。看來最畏前村笛，折去休逢野渡船。向晚十分終更好，靜兼江月淡娟娟。以上中吳紀聞

繼儒

貽顯宗上人

僧閑師更閑，危坐雪堂寒。白日門常掩，紅塵事不干。吟終燈燼落，講罷印香殘。仍欲添佳致，栽松近藥闌。

李蓘黄谷譔談云：沁水縣榼山寺中，宋石刻九僧詩，人各一首，不盡佳，不録。此刻在治平二年十二月望日。

思雅

送王山人歸千峯

舊居千萬岑，歸去獨攜琴。物外情難遏，雲中路再尋。花繁溪圃合，柳暗野橋深。想到垂綸處，和苔掃竹陰。黄谷譔談

惠渙

送王山人歸隱

山人惟委命，豈戀世塵間。干祿不得志，移家住遠山。醉眠溪石静，吟倚草堂閑。到想無餘事，林僧日往還。黄谷譔談

靈澄

山居

因僧問我西來意，我話山居不記年。草履祗裁三箇耳，麻衣曾補兩番肩。東菴每見西菴雪，下澗常流上澗泉。半夜白雲消散後，一輪明月到牀前。春花集

顯忠

顯忠，贊寧弟子。

白雲莊

門外仙莊近翠岑，杖藜時得去幽尋。牛羊數點烟雲遠，雞犬一聲桑柘深。高下閑田如布局，東西流水若鳴琴。更聽野老譚農事，忘卻人間萬種心。宋高僧詩選

閑居

竹裏編茅倚石根，竹莖疎處見前村。閑眠盡日無人到，自有清風爲掃門。詩人玉屑

隱岳洞　在新昌縣石城山

融結自何時，曾爲幾陵谷。不見昔賢蹤，空遺此巖腹。一徑斷烟榛，千岑老雲木。尋常人更稀，虎豹暗棲宿。紹興府志

清晦

登閣

小閣稱幽隱，登臨眺晚晴。暮雲埋落日，寒樹夾孤城。鳥道穿山色，人烟隔水聲。自憐疎散意，多不計浮名。宋高僧詩選

祖心

祖心號晦堂，南雄始興郭氏子。少爲書生，出家參黄檗南公，繼其法席，住隆興府黄龍寺。元符三年示寂，賜號寶覺。

容齋詩話：黄龍心禪師，初謁雲峯悦公，留三年；往依黄檗南公，無所得。試閱傳燈，至僧問多福曰：「如何是多福一叢竹？」曰：「一莖兩莖斜，三莖四莖曲。」頓覺有省。旋游京師，南還廬山。

退黃龍院作

不住唐朝寺，閑爲宋地僧。生涯三事衲，故舊一枝藤。乞食隨緣過，逢山任意登。相逢莫相笑，不是嶺南能。

許彥周詩話：深靜平實，道眼所了，非世間文士詩僧所能髣髴。

元淨

元淨字無象，於潛徐氏子。住持杭州上下二天竺，賜紫衣及辨才號，學徒踰萬人。趙閱道、蘇子瞻、秦少游皆與倡酬。退居龍井聖壽院。

次韻參寥懷秦少游學士

巖棲木食已皤然，交舊何人慰眼前。素與晝公心印合，每思秦子意珠圓。當年步月來幽谷，拄杖穿雲冒夕烟。臺閣山林本無異，故應文字未離禪。

風月堂詩話：東坡題後云：「辨才作此詩時，年八十一矣。平生不學作詩，如風吹水，自成文理。而參寥與吾輩詩，乃如巧人織繡耳。」

文或

文或，號文寶大師，有詩格。

句

十年弓劍爲誰苦，萬里山河不自由。題項羽廟　歷代吟譜

惠隆

惠隆，有靈溪集。

句

繞砌淺莎鳴促織，斷檐殘雨挂遊絲。 題廢宅 歷代吟譜

宗美

宗美，有晉江集。

題延福寺

倚檻寒松偃，連雲一徑橫。就中圖不得，窗戶入江聲。

自題詩集

新集芻蕘六百篇，冥搜疑到不還天。多慙未得騷人旨，虛役身心五十年。

句

浣紗舊曲何人笛，一一隨風到客舟。 泊吳江 以上歷代吟譜

維琳

維琳，武康沈氏子，好學能詩。熙寧中，東坡居士倅杭，請住徑山。宣和元年，崇右道教，詔僧爲德士，皆頂冠，師聚徒說偈而逝。

東坡志林：徑山長老維琳，行峻而通，文麗而清。

問東坡疾

扁舟駕蘭陵，目换舊風物。君家有天人，雌雄維摩詰。我口吞文殊，千里來問疾。若以偈相答，露柱皆笑出。雲麓漫抄

題松

大夫去作棟梁材，無復清陰護緑苔。只恐夜深明月下，誤他千里鶴飛來。

補續高僧傳：師居銅山院，有松合抱，縣大夫將取以治廨。師知之，命剷皮，題詩其上，尉至，讀其詩乃止。

省　回

省回，住南嶽雙峯寺。

辭衆偈

九十二光陰，分明對衆説。遠洞散寒雲，幽窗度殘月。

五燈會元：師於元豐六年九月十七日坐逝，荼毗，齒頂不壞，上有五色異光。

重　喜

重喜，熙寧中會稽人。少以捕魚爲生，日誦觀世音菩薩不少休，舊不識字，輒能書，又能作偈頌。

絶句

地爐無火一囊空，雪似楊花落歲窮。乞得苧麻縫破衲，不知身在寂寥中。竹坡詩話

句

行到寺中寺，坐觀山外山。遊蔵山上方院程守公闢索詩。老學菴筆記

曇秀

山光寺

扁舟乘興到山光，古寺臨流勝氣藏。慙媿南風知我意，吹將草木作天香。

東坡題跋：予在廣陵，與晁无咎、曇秀道人同舟，送客山光寺。客去，予醉臥舟中，曇秀作詩。

靚禪師

題巨商壁

去年巢穴畫梁邊，春暖雙雙遶檻前。莫訝主人簾不卷，恐銜泥土污花甎。冷齋夜話

絕句

春天一夜雨霶霈，添得溪流意氣多。剛把山僧推倒卻，不知到海後如何。

冷齋夜話：靚禪師，有道老宿也，主筠之三峯。嘗赴供民家，渡溪漲，靚重爲溪流所陷，童子掖至岸，坐沙石間，垂頭如雨中鶴，忽指溪作詩云云。後住汝州香山，無疾而化。

日益

日益，保寧勇禪師法嗣。

偶作

金谷春光長滿眼，紅藥花梢香爛漫。昨夜西風一陣寒，徧地殘芳落何限。王孫醉倒不知歸，猶向闌邊索金盞。禪藻集

可　遵

可遵，福州僧。

佛印元公自京師還過金陵作詩贈之

上國歸來路幾千，渾身猶帶御爐烟。鳳皇山下敲篷詠，驚起山翁白晝眠。

題湯泉

禪庭誰作石龍頭，龍口湯泉沸不休。直待衆生塵垢盡，我方清冷混常流。以上冷齋夜話

道　潛

道潛字參寥，於潛何氏子，與秦觀、蘇軾遊。軾守杭，卜智果精舍居之。軾南遷，坐詩語刺譏，得罪返初服。建中靖國初，詔復祝髮。崇寧末，歸老江湖。嘗賜號妙總大師。有集。

東坡詩話：僕在黄州，參寥自武陵來訪，館之東坡。一日，夢參寥誦新詩，覺而記兩句云：「寒食清明都過了，石泉槐火一時新。」後七年，出守錢塘，而參寥始卜居湖上智果院，院有泉，出石縫間，甘冷宜茶。寒食之明日，僕與客泛舟，自孤山來謁參寥，汲泉鑽火，烹黄蘗茶，忽悟所夢詩兆于七年之前。衆客驚歎，知傳記所載，蓋不妄也。

墨莊漫錄：呂溫卿爲浙漕，屢起大獄，復欲網羅參寥。參寥本名曇潛，東坡改之曰道潛，呂索牒勘驗，竟坐刑還俗，編管兖州。

經臨平作

風蒲獵獵弄輕柔，欲立蜻蜓不自由。五月臨平山下路，藕花無數滿汀洲。

續骫骳說：參寥子常在臨平道中賦詩云云，東坡一見而刻諸石。宗婦曹夫人善丹青，作臨平藕花圖，人爭影寫。

東園

曲渚回塘孰與期，杖藜終日自忘機。隔林彷彿聞機杼，知有人家在水西。

冷齋夜話：道潛性褊，憎凡子如讐。作詩追法淵明，其語有逼眞處，曰：「數聲柔櫓蒼茫外，何處江村人夜歸。」又曰：「隔林彷彿聞機杼，知有人家在翠微。」時從東坡在黄州，士大夫以書抵坡曰：「聞日與詩僧相從，豈非『隔林彷彿聞機杼』者乎？眞東山勝游也。」坡以書示潛，誦前句曰：「此吾師七字詩號，」

秋江

赤葉楓林落酒旗，白沙洲渚夕陽微。數聲柔櫓蒼茫外，何處江村人夜歸。

余初入智果院蘇翰林率賓客相送者十六人各賦詩一章用圓覺經云以大圓覺爲我伽藍身心安居平等性智爲韻得以字

泰山屹天下，四海同仰止。我公命世英，突兀等于是。胸中廓秋漢，皎絶微雲滓。當年事危言，軒冕如脫屣。正貴知我希，寧慚不吾以。風雲果再符，六翮排空起。一昨厭承明，抗章求迤邐。餘杭古雄藩，比屋富生齒。立談政可成，興不負山水。雍容敦末契，訪我頑且鄙。大旆輝松門，禽猨亦驚喜。森森門下士，左右粲珠履。使君道德安，圭角非所恃。輭語如春風，薰然著桃李。今朝眞勝事，千載足遺美。安得筆如椽，磨崖爲公紀。

卜居智果答方外

青燈殘篆夜寥寥，門外秋風振葦蕭。慚媿高人能見憶，爲予西望立溪橋。

湖上

去歲春風上苑行，爛窺紅紫厭平生。而今眼底無姚魏，浪蘂浮花嬾問名。

城隈野水綠逶迤，裊裊輕舟掠岸過。欲採芸蘭無覓處，野花汀草占春多。

風月堂詩話：東坡南遷，參寥居西湖智果院，交遊無復曩時之盛，作湖上絕句云云。詩既出，遂有返初服之禍。建中靖國間，曾子開明其非辜，始還故服。

口占絕句

寄語東山窈窕娘，好將幽夢惱襄王。禪心已作霑泥絮，不逐春風上下狂。

侯鯖錄：東坡在徐州，參寥自錢塘訪之。坡席上令一妓戲求詩，口占云云，一座大驚，自是名聞海內。

夏日龍井書事

雨過千巖爽氣新，孤懷入夜與誰鄰。風蟬故故頻移樹，山月時時自近人。禮樂汝其攻我短，形骸吾已付天眞。露華漸冷飛蟲息，窗裏吟燈亦可親。

自憐多病畏炎曦，長夏投蹤此最宜。青石白沙含淺瀨，碧梧蒼竹聒涼颸。雲中雞犬聽難辨，谷口漁樵問不知。斑杖芒鞵隨步遠，歸來烟火認茅茨。以上參寥集

題東坡墨竹贈官妓

小鳳團牋已自奇，謫仙重掃歲寒枝。梢頭餘墨猶含潤，恰似梳風洗雨時。

風月堂詩話：坡在餘杭會客，以彩牋作墨竹贈官妓，且令索詩于參寥，參寥援筆立就。

仲　殊

仲殊字師利，俗姓張氏，名揮，安州進士，因事出家。住蘇州承天寺、杭州吳山寶月寺。有寶月集。

東坡志林：蘇州仲殊師利長老，能文善詩及歌詞，皆操筆立就。予曰：「此僧胸中無一毫髮事，故與之游。」

中吳紀聞：殊初爲士人，嘗與鄉薦，其妻以藥毒之，遂棄家爲僧。工于長短句。東坡先生與之往來甚厚，時時食蜜解其藥，人號蜜殊。喜作豔詞，孚草堂嘗以詩箴之，竟莫能改。一日造郡中，接坐之間，見庭下一婦人投牒立于雨中，守命殊詠之，口就一詞云：「濃潤侵衣，暗香飄砌，雨中花色添憔悴。鳳鞋濕透立多時，不言不語厭厭地。眉上新愁，手中文字，因何不倩鱗鴻寄？想伊只訴薄情人，官中誰管閑公事。」後殊自經于枇杷下，輕薄子更之曰：「枇杷樹下立多時，不言不語厭厭地。」

潤州

北固樓前一笛風，斷雲飛出建康宮。江南二月多芳草，春在濛濛細雨中。

題李伯時支遁相馬圖

月窟精神不受羈，白雲野老太支離。當時若也無人識，駿骨靈心各自知。以上侯鯖錄

訪方子通

多年不見玉川翁，今日相逢小榭東。依舊清涼無長物，只餘松檜養秋風。中吳紀聞

黃左丞席上作

瑞麟香暖玉芙蓉，畫蠟凝輝到曉紅。數點漏移衙仗北，一番雨滴甲樓東。夢游黃閣鸞巢外，身卧彤幃虎帳中。報道譙門初日上，起來簾幙杏花風。

能改齋漫錄：黃左丞安中守平江日，會客，仲殊亦與焉。以疲倦先起，熟寐于黃堂中，及覺，日已曈曨矣。黃因罰作此詩，始放去。瑞麟香，安中家所造也。

京口懷古

一昨丹陽王氣銷，盡將豪侈謝塵囂。衣冠不復宗唐代，父老猶能道晉朝。萬歲樓邊誰唱月，千秋橋上自吹簫。青山不與興亡事，只共垂楊伴海潮。方輿勝覽

愼長老

愼長老，廬山圓通寺僧。

和東坡詩韻

東軒長老未相逢，已見黃州一信通。何必揚眉資目擊，須知千里事同風。

蘇文忠公集云：子由在筠，作東軒記，或戲之爲東軒長老。其壻曹煥往筠，余作一絕句送曹，以戲子由。曹過廬山，出以示圓通愼長老，愼欣然亦作一絕。送客出門，歸入室，趺坐化去。

清順

清順字怡然，杭州西湖北山僧。王荆公愛其詩，東坡晚年亦與之唱酬。

題西湖僧舍壁

竹暗不通日，泉聲落如雨。春風自有期，桃李亂深塢。

竹坡詩話：東坡遊西湖，于僧舍壁間見小詩，問誰所作？或告以錢塘僧清順，即日求得之，一見甚喜，而順之名出矣。余留錢塘七八年，有誦順詩者，往往不逮前篇，政以所見之未多耳。然使止于此，亦可傳也。

十竹軒

城中寸土如寸金，幽軒種竹只十箇。春風愼勿長兒孫，穿我階前綠苔破。

北山垂雲菴

久從林下遊，頗識林下趣。縱然綠陰繁，不礙清風度。閑于石上眠，落葉不知數。一鳥忽飛來，啼破幽絕處。以上詩人玉屑

宿天竺

昔人不可見，行路多長松。空遺煉丹處，井榦綠苔封。月明還獨宿，白雲下疎鐘。夜半桂子落，不知自何峯。宋高僧詩選

書景舒菴壁

大布君能衣，始知躡口非。冢間容一榻，身外但三衣。護戒避生草，淨心觀落暉。寂寥能自守，今世固

應稀。瀛奎律髓

守詮

守詮，一作惠詮，杭州梵天寺僧。

題梵天寺

落日寒蟬鳴，獨歸林下寺。松扉夜未掩，片月隨行屨。唯聞犬吠聲，又入青蘿去。

竹坡詩話：余讀東坡和梵天寺僧守詮詩，嘗喜其清絕過人。晚遊錢塘，始得詮詩，乃知其幽深清遠，自有林下一種風流。東坡雖欲回三峽倒流之瀾，與溪壑爭流，終不近也。

先覺

北窗炙輠：惠先覺最爲東坡、元章所禮。爲人朴野，布衣草屨，紉椶櫚爲帶。時夜半起，擿其法嗣門，索火甚急，知是得句也。惠覺詩渾然天成，無一毫斧鑿痕，雍容閑逸，最有唐人風氣。

題大慈塢祖塔院

谷口兩三家，平田一望賒。春深多遇雨，夜靜獨鳴蛙。雲暗未通月，林香始辨花。誰驚孤枕曉，濤白捲江沙。北窗炙輠

思聰

思聰字聞復，孤山僧。

竹坡詩話：聞復，杭州孤山僧。東坡倅杭，令和參寥子昏字韻，大加稱賞。大觀、政和間，挾琴游梁，日登中貴人之門，

久之遂還俗，爲御前使臣。方其將冠巾也，蘇叔黨因浙僧入都，送之詩云：「試誦北山移，爲我招琴聰。」詩至，已無及矣。

句

千點亂山横紫翠，一鈎新月挂黄昏。竹坡詩話

枇杷花發天欲雪，黄雀不飛枝上寒。

雪浪齋日記：高子勉喜吳僧聞復此句。

南越

石佛寺

松竹行纔盡，香城絶世塵。倚巖開半殿，鑿石見全身。鐘鼓中天曉，烟花上界春。出門重稽首，願值下生晨。宋高僧詩選

楚巒

青城山觀

静見門庭紫氣生，前山嵐靄入樓青。玉壇醮罷鬼神喜，金鼎藥成雞犬靈。巖下水光分五色，壺中人壽過千齡。何當一日抛凡骨，騎取蒼龍上杳冥。宋高僧詩選

孏雲

田横墓

荒冢臨岐尚隱然，春風吹綠草芊芊。牧兒亂唱黃昏後，猶似悲歌薤露篇。河南府志

道英

道英，俗姓胡，泉州人。嗣覺照琦禪師。

絶句

南北東西住險巇，古巖寒桂冷依依。無人到我經行地，明月清風擬付誰。補續高僧傳

文政

文政，南嶽僧。

題勝業寺

山鳥無凡音，山雲無俗狀。引得白頭僧，時時倚藜杖。南嶽總勝集

用孫

浮槎山

在廬州，古傳自海浮來，有梵僧過此曰：「此耆闍一峰也。」梁武帝女爲尼于山，建道林寺，歐陽公有記。

山爲浮來海莫沈，蕭梁曾此布黃金。梵僧親指耆闍窟，帝女歸傳達磨心。地控好峯排萬仞，澗餘流水落千尋。靈蹤斷處人何在，日夕雲霞望轉深。禪藻集

雲知

雲知，西湖普福院僧。

鄴公菴歌

呼猨澗西藏石筍，丹桂蒼松達鷲嶺。幾年陳迹絕纖埃，一旦佳名出清景。山家時喜來五馬，相攜款曲空巖下。遂許誅茅結小菴，異日功成伴瀟灑。菴成可以資靜觀，目前直見江湖寬。鄮公政簡每頻到，試茶笑傲浮雲端。物外似忘軒冕貴，此中深得林泉意。野人陪著病維摩，游息自同方丈地。芳猷從此流千載，且得而今光勝槩。

咸淳臨安志：普福院，天福二年吳越王建，舊名資嚴，大中祥符元年改今額。有石筍、白沙泉。熙寧元年，諫議大夫祖無擇出守于杭，愛石筍之勝，僧雲知結草爲菴，取公封國，以鄮爲名，有歌。

宋詩紀事卷九十二　釋子中

錢唐厲鶚輯
歙吳震生勘定

景淳

景淳，元豐初桂林僧。

冷齋夜話：景淳居豫章乾明寺，終日閉門，不置侍者，一室淡然。聞鄰寺齋鐘，卽造焉，坐同衆食堂前，飯罷徑去。諸刹皆敬愛之。或陰雨，則諸刹爲送食，住二十年如一日。

絕句

夜色中旬後，虛堂坐幾更。臨溪猨不叫，當檻月初生。

後夜客來稀，幽齋獨掩扉。月中無事立，草際一螢飛。冷齋夜話

句

捲箔西風起，乘時上古臺。秋聲隨葉下，夜色帶烟來。憶□上人

漁翁睡重春潭闊，白鳥不飛舟自橫。寄象敦　歷代吟譜

元照

元照字湛然，號安忍子，餘杭唐氏子。元豐中，住靈芝寺，賜謚大智律師。

白雲菴

道人倦逢迎，結菴就巖穴。靜愛山頭雲，空濛如積雪。隨風亦卷舒，觸石更明滅。卻憶古人詩，祇可自怡悅。宋高僧詩選

克文

克文字雲菴，閿鄉鄭氏子。黃龍南禪師法嗣。元豐中，賜號眞淨大師。有雲菴語錄。

雲鶴

旦過晚應宿，山堂任去留。孤雲能自在，隻鶴更優游。櫛栗開青眼，袈裟伴白頭。未明西祖意，萍迹謾悠悠。雲菴語錄

弔黃龍和尚塔

示滅師何速，空遺塔此中。僧閑四海錫，誰復九年風。鳥外千峯遶，人間一徑通。寥寥朝與暮，唯有白雲同。禪藻集

僧孚

僧孚，號草堂，慧聚寺僧。

仲殊喜作豔詞以詩箴之

大道久淩遲，正風還陊隳。無人整頹綱，目亂空傷悲。卓有出世士，蔚爲人天師。文章通造化，動與王公知。囊括十洲香，名翼四海馳。肆意放山水，灑脫無羈縻。雲輕三事衲，瓶錫天下之。詩曲相間作，百紙頃刻爲。藻思洪泉瀉，翰墨淸且奇。惜哉大手筆，胡爲弄柔詞。願師持此才，奮起革澆漓。鶩彼

伊余浮薄人，贈言增忸怩。儻能循我言，佛日重光離。中吳紀聞

東山嵩，圖祖進豐碑。再續輔教編，高步凌丹墀。他日僧史上，萬世爲蓍龜。迦葉聞琴舞，終被習氣隨。

惟　一

惟一，法眼之孫，神宗命主嘉禾天寧寺。

雁蕩山

四海名山曾過目，就中此景難圖錄。山前向見白頭翁，自道一生看不足。雁山志

了　元

了元字覺老，饒州浮梁林氏子，少出家。住持江州之開先、潤州之金山、杭州之聖水等寺。東坡與之往還。神宗賜號佛印。元符初，聽客語合心，一笑軒渠而化。

答可遵

打睡禪和萬萬千，夢中趨利走如烟。勸君抖擻修禪定，老境如蠶已再眠。冷齋夜話

游雲門

一陣若邪溪上雨，雨過荷花香滿路。拖笻縱步入松門，寺在白雲堆裏住。老僧卻笑尋茶具，旋汲寒泉煮玉乳。睡魔驚散毛骨清，坐看秦峯秋月午。月明山鳥亂相呼，松杉竹影半窗戶。令人徹曉憶匡廬，作詩先寄江南去。雲門集

三詔洞

疇昔先生此掩關，紫泥三到石房間。若教便逐蒲輪起，安得清風鎮海山。鎮江府志

奉忠

奉忠，蜀僧。

夏雲

如峯如火復如綿，飛過微陰落檻前。大地生靈乾欲死，不成霖雨漫遮天。

冷齋夜話：章子厚謫海康，過貴州南山寺。奉忠自眉山來，欲渡海見東坡，不及，病于此寺。子厚宿山中，邀與飲，忠忻然從之。又勸食蒸蛇，忠舉筯啖之無所疑。子厚笑曰：「奉佛教乃食蒸蛇，何哉？」忠曰：「相公愛人以德，何必見誚？」已而倚檻看雲，子厚曰：「夏雲多奇峯，眞善比類。」忠曰：「曾記夏雲詩甚奇。」子厚使誦之，忠誦云云。

清外

葛洪丹竈

羽客昔眷此，鍊液奪化功。至今寒雲色，挂樹復凝空。宋高僧詩選

繼興

寄四明教主

修眞依淨社，幽致絕纖埃。盡日冥心坐，諸方學者來。杉松圍講石，猨鳥立生臺。郤憶重游處，扁舟泛月回。宋高僧詩選

遇昌

上法智大師

雨霽遥空木落時，危亭南望倍依依。白蓮舊社人離久，丹闕經年信去稀。入觀夜堂江月滿，揮松秋殿晝燈微。林中自有吾廬在，請益終期海上歸。宋高僧詩選

法平

北固山

不負南徐約，來看北固雲。金焦兩山小，吳楚一江分。雨意生蒼壁，潮聲起夕曛。半生流落恨，此日重殷勤。宋高僧詩選

慶老

句

交情老去淡如水，病骨秋來瘦似松。詩説雋永

淨端

淨端字明表，歸安丘氏子。肄業吳山解空講院，參龍華齊岳禪師，得悟，翻身作狻猊狀，叢林號爲端師子。章中公極愛之。有吳山集。

山居

吳山古寺近溪邊，高閣虚堂景象全。林下寂寥爐火盡，未眠猶聽夜行船。曹氏歷代詩選

有朋

有朋，閩帥陳巖六世孫，號囷山禪師。有螺江集。

天開巖

棲霞山後峯，天開一巖秀。中有坐禪人，形容竹柏瘦。飢餐巖上松，渴飲巖下溜。愛步巖室前，白雲起孤岫。四朝詩

善權

善權字巽中，靖安高氏子。人物清癯，人目爲瘦權，落魄嗜酒，詩入「江西派」。有眞隱集。

西清詩話：權詩得之清淡。

後村詩話：善權詩，與祖可相上下。

王性之得李伯時所作歸去來圖并自書淵明詞刻石於琢玉坊爲賦長句

王郎言語妙天下，眉宇清揚聚風雅。道山延閣歸有時，吐霧珠綃已無價。乃翁勳業誰與儔，惠愛宛同陳太丘。胡牀夜據興不淺，江波漲月明江樓。鄴侯牙籤三萬軸，玉川五千貯枯腹。掌上雙珠照戶庭，人間爽氣侵眉目。愛君羲獻來仍昆，草聖眞行事逼眞。是家此癖古不少，奇書異畫元通神。龍眠解說無聲句，時向烟雲一傾吐。戲拈禿筆臨冰紈，寫出淵明賦歸去。林端飛鳥倦知還，陌上征夫識前路。因君勒石柴桑里，便覺九原人可起。廬山未是長寂寥，挽著高風自君始。

仁老湖上墨梅

會稽有佳客，薖軸娟考槃。軒裳不能榮，老褐圍歲寒。婆娑弄泉月，松風寄絲彈。若人天機深，萬象回筆端。湖山入道眼，島樹縈微瀾。幻出隴首春，疎枝綴冰紈。初疑暗香度，似有危露漙。縱觀烟雨姿，已覺齒頰酸。乃知淡墨妙，不受膠粉殘。爲君秉孤芳，長年配崇蘭。

送墨梅與王性之

道人筆下有春色，寫出江南雪壓枝。千里持來煩驛使，暗香不減隴頭時。

眼底春光回隴首，雪中疎影落平湖。政須送與王摩詰，對看輞川烟雨圖。以上聲畫集

山中秋夜懷王性之

風雨一葉秋，北窗夜初永。候蟲鳴空階，蝙蝠挂藻井。龕燈照癡坐，苔壁印孤影。試觀鼻端白，粗了虛幻境。萬事皆浮休，百年政俄頃。學詩寒山子，造語少機警。故人王文度，襟韻獨秀整。間蒙吐佳句，惠好灼衰冷。何當斸華芝，飛步越林嶺。擕手刈荆薪，歡言饌湯餅。長嘯凌紫烟，同升妙峯頂。

洪井

水發香城源，度澗隨曲折。犇流兩岸腹，洶涌雙石鬭。怒翻銀漢浪，冷下太古雪。跳波落丹青，勢盡聲自歇。散漫歸平川，與世濯煩熱。飛梁瞰虛碧，洞視竦毛髮。連峯翳層陰，老木森羽節。洪厓古仙子，錬秀擣殘月。丹成已蟬蛻，藥臼見遺烈。我亦辭道山，浮杯愛清絕。攀松一舒嘯，靈風拔林樾。尙想騎雪精，重來飲芳潔。以上宋高僧詩選

祖可

祖可字正平，丹陽人，蘇伯固之子，養直之弟。住廬山。被惡疾，人號癩可，詩入「江西派」。有東溪集、瀑泉集。

西清詩話：可詩得之雄爽，如「清霜羣木落，盡見西山秋」，又「谷口未斜日，數峯生夕陰」，皆佳句也。

劉後村詩話：祖可嗜讀書，詩料多無蔬筍氣，僧中一角麟也。

江西宗派圖錄：羅源陳善曰：「余與僧惠空論今之詩僧，如病可、瘦權，嫌其太清。李商老云『可詩句句是廬山景物』，意亦以太清爲病。余謂清非詩之病也。可師有『亂山爭夕陽』之句，善權歎其精絕。與養直唱和眞隱詩，如『漱甃夜泉響，掃窗春霧空』等詠，往往得意外警妙。」

天台山中偶題

傴步入蘿徑，綿延趣罙深。僧居不知處，髣髴清磬音。石梁邀屢度，始見青松林。谷口未斜日，數峯生夕陰。淒風薄喬木，萬竅作龍吟。摩挲綠苔石，書此慰幽尋。苕溪漁隱叢話

李伯時作淵明歸去來圖王性之刻于琢玉坊牆病僧祖可見而賦詩

坐上柴桑墟落烟，眼中百里舊山川。侯門稚子似無恙，三徑巾車人絕憐。尙友當須今逸少，丹青寧復老龍眠。流傳匪獨遺怡玩，端使懦夫懷凜然。

書秦處度所作松石

憐君作詩自無敵，遊戲詩餘畫成癖。高堂奮袖風雨來，霜幹雲根動秋色。長懷祝融天柱峯，萬年不死之喬松。觀君此畫已無斁，不復望雲支瘦筇。

觀壯輿所藏伯時馬

平生徒說追風足，厭見駑駘飽芻粟。劉侯爲出二馬圖，細想權奇在坰牧。本朝不伐大宛城，公初得之無乃驚。胡沙燕山在吾目，短草落日低邊明。雄姿忽作風動壁，意氣騰驤欲無敵。前者驕矜後者馳，信矣能先鳥飛疾。圉人亦復神超然，亮作俗肉勤加鞭。吁嗟駿骨世多有，伯樂不逢長棄捐。以上聲畫集

絕句

坐見茅齋一葉秋，小山叢桂鳥聲幽。不知疊嶂夜來雨，清曉石楠花亂流。詩人玉屑

廬山十八賢

不能晉室扶傾覆，盡作西方社裏人。豈意一時希有事，翻令元亮兩眉顰。樂邦文類

秋屏閣

袖手章江淨渺然，倚風殘葉舞翩翩。霜鷗睡渚白勝雪，霧雨含沙輕若烟。楊柳一番南陌上，梅花三弄遠雲邊。匣鳴雙劍忽生興，我欲因從東去船。南昌府志

句

懷人更作夢千里，歸思欲迷雲一灘。懷豳江　窗間一榻篆烟碧，門外四山秋葉紅。贈端師

韻語陽秋：祖可詩多佳句，皆清新可喜。徐師川作畫虎行，末章云：「憶昔予頑少小時，先生教誦荊公詩。即今老舊無新語，倘有廬山祖可師。」

如璧

如璧，本撫州士人饒節，字德操，後爲僧，詩入「江西派」。有倚松老人集。

墨莊漫錄：如璧少時嘗投書于曾子宣，論新法非是，不合，乃祝髮更名。尤長于詩，有詠梅云「遂教天下無雙色，來作人間第一春」，風味不淺。

能改齋漫錄：饒德操，自號倚松道人，取閑禪師詩云云，故以名菴，又以自號。

劉後村詩話：如璧詩，輕快似謝無逸。

撫州府志：僧如璧，饒氏，臨川人。初名節，字德操，博學能文。後之穀城香嚴寺，聽智海說法而悟，遂落髮。陳瑩中與詩云：「舊時饒措大，今日璧頭陀。借問安心法，儒禪隔幾何？」先是，如璧有偈云：「閑攜經卷倚松立，試問客從何處來？」因號倚松道人。

寄呂居仁

向來相約濟時功，大似傾伽餉遠空。我已定交木上座，君猶求舊管城公。文章不療百年老，世事能排雙頰紅。好貸夜窗三十刻，胡牀趺坐究幡風。

紫微詩話：德操詩，蕭散不減潘邠老，爲僧後，詩更高妙不可及。

偶成

松下柴門晝不開，只有蝴蝶雙飛來。蜜蜂兩髀大如繭，應是山前花又開。

李太白畫歌

先生之氣蓋天下，當時流輩退百舍。醉中咳唾落珠璣，身後聲名滿夷夏。靑山木拱三百年，今晨乃拜先生畫。烏紗之巾白紵袍，岸巾攘臂方出遨。神遊八極氣自穩，冰壺玉斗霜氣高。嗚呼先生態絕倫，仙風道骨語甚眞。蕭然可望不可親，懸知野鶴非雞羣。天寶之初天子逸，先生辭去不肯屈。釆石江頭明月出，鼓棹酣歌志願畢。只今遺像粉墨間，尚有英風爽毛骨。宣州長史粉黛工，誰令寫此人中龍。細看筆意有俯仰，妙處果在阿堵中。人云此畫世莫比，吳侯得之喜不寐。意侯所愛豈徒爾，亦惜眞才死泥滓。先生朽骨如可起，誰爲獵之奉天子。作爲文章文聖世，千秋萬古誦盛美。再拜先生淚如洗，振衣濯足吾往矣。

題宗子趙明叔盤車圖後

跌宕平生萬里程，盤車一展老心驚。溪昏樹老牛爭力，似聽當年風雨聲。

贈道士張謙中

道人髭鬚似民部，平生篆隸心獨苦。世間筆墨一點無，駸駸氣象追千古。道人得師在何許，秦漢鼎彝周石鼓。若嶧山碑若詛楚，二李而下初不數。異時心醉不窺園，依繩作直規作圓。一朝妙解古人意，脫落尺度誠其天。嗟君絕藝世無敵，勿示時流渠未識。我亦當年好古人，推席爲君三歎息。

歎息行 有序

士大夫溢于不義，雖窮極富貴，君子過之弗顧，而況女子失身于委巷，容笑之賤，亦豈能自拔哉。吾友人賦歎息行，有謂而作，諸人既屬和，僕亦擬古樂府，爲辭傷之，于其末開之以正，是亦詩人之志也。

歎息復歎息，丹砂爲土玉爲石。誰家女兒妙無敵，日日當窗淚霑臆。問之何思復何憶，深蹙欲語語不得。回身抱琴不回面，淸商自寫昭君怨。朔風蕭蕭霜月懸，萬里胡沙鳴一雁。此聲此意太分明，猶恐君侯未會情。從頭卻欲爲君說，恐君腸斷君勿聽。黃鶴一去已千里，雉子高飛亦能幾？人生長短要自裁，嗟爾此身今已矣。刺刺促促徒爲爾！

寄夏思道惠示縑帛

憶昔南方木葉下，祝融逗留不退舍。閭閻未簡卒歲材，明月滿門自宜夜。而今身在天中央，日月寒暑遵故常。西風今日我爲政，冥冥塵沙何可當。浮雲倚勢不解事，濃陰蔽日釀秋思。臥病但知仲卿泣，載酒誰問子雲字。故人千里知我寒，書來遺我帛數端。揀絲織作經緯稱，長細廣幅尺度寬。染人暴練勿設色，衣被皎皎識君德。以上倚松集

題骨觀畫

白骨纖纖巧畫眉，髑髏楚楚被羅衣。手持紈扇空相對，笑殺傍觀自不知。墨莊漫錄

答呂居仁寄詩

長憶吟時對短檠，詩成重改又雞鳴。如今老矣無心力，口誦君詩遶竹行。

墨莊漫錄：此詩居仁甚稱之。

如琳

如琳，如璧之僕，後爲僧。

梁溪漫志：饒節字德操，臨川人，以文章著名。曾子宣丞相禮爲上客，陳了翁諸公，皆與之游。往來襄、鄧間，始亦有婚宦意，遇白崖長老，與之語，欣然有得。嘗令其僕守舍，歸見其占對異常，怪而問之。僕曰：「守舍無所用心，聞

鄰寺長老有道價，往請一轉語，忽覺悟，身心泰然無他也。」德操慨然曰：「汝能是，我乃不能，何哉？」徑往白崖問道，八日而悟，盡發囊橐與其僕，祝髮爲浮屠。德操名如璧，僕名如琳，徧參諸方。陳了翁、關子開兄弟，皆以詩稱美之。至江浙，樂靈隱山川，因挂錫。琳抱疾，德操躬進藥餌，既卒，盡送終之義。後主襄陽天寧，夏均父倪爲請疏，其略云：「無復挾書，更逐康成之後；何憂成佛，不居靈運之先。」又云：「豈惟江左公卿，盡傾支遁；獨有襄陽耆舊，未識道安。」時稱其精。

韜光菴訪淵公不值　曰琯按：此詩又見倚松集。

紫蕨伸拳筍破梢，楊花飛盡緑陰交。道人開戸不知處，黄栗留鳴鵲在巢。咸淳臨安志

惠嚴

惠嚴，姓彭氏，金谿人。出家寶應寺，號文惠大師。

遊廢圃

亭榭基猶壯，笙歌迹已陳。竹分通別徑，花發屬南鄰。雲散望塵友，冰銷炙手人。只因忘寵辱，到此不傷神。宋高僧詩選

正覺寺

野水痕俱落，拏舟日未西。斷溝横略彴，支徑入招提。方廣原深似，竹林境可躋。徘徊未能返，暝色起前谿。

撫州府志：韓陵陽駒客寓寶應寺，每賦詩，師從旁諦聽。韓曰：「須吟盡粗惡，而後可施鉗鎚。」自是有能詩聲。鄉人

李侍郎浩，時爲中都官，朝士問：「『斷溝橫略彴，支徑入招提』，此臨川惠嚴上人詩耶？」李曰：「是特虎豹一斑耳！」

法具

法具字圓復，吳興僧，後寂于毘陵馬跡山。有化菴湖海集。

容齋三筆：圓復有能詩聲，于福州僧智恢處見其詩槀一紙，字體效王荆公，其詩皆可咀嚼也。

送僧

灘聲嘈嘈雜雨聲，舍北舍南春水平。拄杖穿花出門去，五湖風浪白鷗輕。

送翁士特

朝入羊腸暮鹿頭，十三官驛是荆州。具車秣馬曉將發，寒燭燒殘語未休。

竹軒二首

老竹排簷誰手種，山日未斜寒翠重。六月散髮葉底眠，冷雨斜風頻入夢。

冬凋峯木雪縞廬，落眼青青卻笑渠。花時吹筍排林上，吳州還見竹溪圖。

和子蒼三馬圖

從來畫馬稱神妙，至今只說江都王。將軍曹霸實季仲，沙苑丞相猶諸郎。龍眠居士善畫馬，獨與二子遙相望。兩馬駢立眞驌驦，一馬脫去仍騰驤。浣花老人今已亡，嗚呼五馬誰平章。飽知畫肉亦畫骨，妙處不減黃無雙。

絕句春日

燒燈過了客思家，獨立衡門數暝鴉。燕子未歸梅落盡，小窗明月屬梨花。以上容齋三筆

客中會友

愁中有句可消除，客裏無人問所須。竹屋青燈雨聲冷，白頭相對話江湖。

東山

窗中遠看眉黛綠，盡是當年歌吹愁。鳥語夕陽人不見，薔薇花暗小江流。以上宋高僧詩選

月夜遊錢唐江

小舟爲我載月色，白沙翠竹光相射。自從李白下金陵，四百年無此豪逸。見攻媿集

題默齋　在富陽華蓋仙山院

道人挂口蒼烟裏，萬象無聲忽轉雷。老去不知塵世事，東風又上屋頭梅。咸淳臨安志

曇瑩

曇瑩，嘉禾僧，號蘿月。善言易，洪邁容齋續筆稱爲易僧。

睡起

蕙帳烟凝晝掩關，落花時節雨闌珊。客來驚起還鄉夢，繞屋春風綠樹寒。

姚江

沙尾鱗鱗水退潮，柳行出沒見漁樵。客船自載鐘聲去，落日殘僧立寺橋。以上宋高僧詩選

希雅

寄禮導師

掩關名自遠，鯨浪阻相尋。講罷唯澄慮，孤峯祇此心。柏烟秋榻靜，蓮漏夜堂深。盡仰鄞江上，清風繼道林。宋高僧詩選

士珪

士珪，住溫州龍翔寺。

觀行上座所作維摩問疾圖

道人眈眈癡虎頭，瞭然電轉開雙眸。枯木已死寒巖秋，定中霹靂摧四牛。起來下筆不能休，新詩字字蟠銀鈎。發其餘者漫不收，散而縱横爲九流。我觀此畫眞其尤，病維摩詰小有瘳。文殊大士從之游，彼上人者難對酬。兩公文章虎而彪，萬古凡馬空驊騮。向來曹韓與韋侯，筆端亦嘗知此否。世間畫本多山丘，閲人何翅如傳郵。對此可以銷百憂，先生胡爲吟四愁。

安上座所作墨梅

道人色心淨，了見造物根。筆端開此花，胸中有丘園。淸香凝暗夜，疎枝臥黃昏。撞鐘西湖寺，見月羅浮村。老眼隔烟霧，一笑作籬藩。以上聲畫集

蘊常

蘊常，字不輕。

送空上人

過了梨花春亦歸，小窗新綠正相宜。白頭更作西州夢，細雨青燈話別離。

別蘇養直

老去難爲別，愁邊更著秋。碧蘆圍野水，落日滿行舟。雁斷西風急，天寒古寺幽。兩鄉無百里，能寄短書不？以上宋高僧詩選

德葵

德葵，華亭僧。

題海慧寺畫水壁

君不見昔人十日畫一水，摩挲窪窿隨手起。若非胸次呑江湖，安得波瀾來筆底。我來蕭寺覩奇蹤，壁間隱隱騰蛟龍。初疑乘風馭弱水，恍然坐我蓬萊宮。又疑去年八月秋水溢，陰風襲人廊廡溼。誰知畫者巧通神，董羽至今羞死筆。此水不是畫一水，一水一水勢相及。對此融神坐終日，後人雖畫畫不出。何如倒卻毘陵華嚴壁，海慧北廊推第一。松江府志

善勤

洛下別同志

歲暮遠交朋，攜筇背洛城。往來與廢地，今古別離情。疊翠嵩峯色，瀉寒伊水聲。他年再相會，卻訝白髭生。宋藝圃集

惠日

題三女岡白蓮花

神佛何由測，芬陀陸地興。素芳呈玉雪，梵刹肇丘陵。換額從師霸，懸碑自老僧。殷勤勸來者，期使續千燈。（至元嘉禾志）

懷志

懷志，金華吳氏子。游湘上，菴于南嶽石頭二十餘年，崇寧初入滅。

答覺範問住山

山中住，獨掩柴門無别趣。三箇柴頭品字煨，不用援毫文彩露。

萬機俱罷付癡憨，蹤跡常容野鹿參。不脫麻衣拳作枕，幾生夢在綠蘿菴。（林間録）

智孜

智孜號禪鑑，俗姓蕭，長汀僧。

四皓

忠義合時難，雲林共掩關。因秦生白髮，爲漢出青山。不顧金章貴，常披鶴氅還。如今聖明代，高蹈更難攀。

汀州府志：洪駒父見此作，擊節稱賞。

法秀

法秀字圓通，秦州隴城人，辛氏子。受法無爲懷禪師，道風峻潔，時目爲秀鐵面。冀國大長公主請師住法雲寺。元祐五年，説偈而化。僧寶傳：李伯時工畫馬，師呵之曰：「汝畫馬期人誇，以爲得妙。入馬腹中，亦足懼。」伯時由是絶筆。師勸畫觀音像以贖其過。黄魯直作豔詞，人爭傳之。師呵之曰：「翰墨之妙，甘施于此乎？」魯直笑曰：「又當置我馬腹中邪？」師曰：「汝以豔語動天下人淫心，不止馬腹，正恐生泥犂中耳。」

頌子

誰能一日三梳頭，攧得髻根牢便休。大抵是他肌骨好，不搽紅粉也風流。侯鯖錄

送僧遊嘉禾

楚天西首路，檇李記曾遊。店宿燈懸夢，隄行草喚愁。玉澄湖水曉，畫展囿亭秋。小艇枯楊卧，重來爲繫留。翰墨大全

普首座

普首座，蜀僧，自號性空菴主。

別衆一絶

船子當年返故鄉，没蹤跡處妙難量。眞風徧繼知音者，鐵笛横吹作散場。羅湖野錄：普首座參見死心禪師，居華亭最久。雅好吹鐵笛，放曠自樂，凡聖莫測。亦善爲偈句開導人。既而欲追船子和尚故事，遂于青龍江上，乘木盆，張布帆，吹鐵笛，泛遠而沒。

懷清

懷淸號草堂，住隆興府泐潭。

送崇覺空禪師

十年聚首龍峯寺，一悟眞空萬境閑。此去隨緣且高隱，莫將名字落人間。羅湖野錄

圓禪師

圓禪師，住湖州甘露寺。

漁父詞

本自瀟湘一釣客，自東自西自南北。只把孤舟爲屋宅，無寬窄，幕天席地人難測。頃聞四海停戈革，金門嬾去投書策。時向灘頭歌月白，眞高格，浮名浮利誰拘得。羅湖野錄

正　勤

落葉

蕭索下疎林，翩翩動客心。帶烟浮遠水，和露逐飛禽。近砌凋將盡，前村疊更深。年年見衰謝，看即二毛侵。宋高僧詩選

靈　源

靈源，早參晦堂，號淸侍者。

辭張無盡請住豫章觀音寺

無地無錐徹骨貧，利生深媿乏餘珍。鄽中大施門難啓，乞與靑山養病身。

羅湖野錄：黄魯直與興化海老手帖云：承觀音虚席，上司有意于清兄，清兄確欲不行，亦甚好。蟠桃三千年一熟，莫做退花杏子摘卻。此事黄龍興化亦當作助道之緣，共出一臂，莫送人上樹拔卻梯也。

懷悟

懷悟字瑞竹，禦溪崔氏子。

廬山白蓮社

晉室陵遲帝紀侵，羣英晦跡匡山陰。樓煩大士麈麈尾，十七高賢爭扣几。才高孰謂文中龍，返使伊人思謝公。烟飛露滴玉池空，雪蓮醮影搖秋風。樂邦文類

昭符

秋夕

又是聽猨吟，如何恨更深。每因多病日，減卻少年心。凍鶴連巖雪，愁人半夜碪。故園阻兵革，消息遣誰尋？宋高僧詩選

義了

義了字廓然，嵩山僧。

句

百年休問幾時好，萬事不如明日看。許彦周詩話

正宗

正宗，俗姓陳，崇仁人，居梅山。呂居仁、曾吉甫、韓子蒼寓臨川日，宗遊其門。有愚丘詩集。

觀孫司戶畫壁

若人胸次間，能容書四庫。餘地著山川，得酒欲飛去。摩挲雪色壁，吐作無聲句。寒屯水際雲，瘦立烟中樹。雖非桃花源，亦自有佳處。未休蝸角兵，欲問樵蘇路。祇恐山中人，笑我來何暮。

次韻蘇堅老秋日登擬峴臺

秋容澹薄晚烟孤，千里誰開水墨圖。欲借扁舟乘興去，臥看月影弄風蒲。以上宋高僧詩選

招福寺作

自顧不材同社櫟，乘流得坎便爲家。體中不快思讀易，睡思欲來還煮茶。撫州府志

泉禪師

泉禪師，蔣山僧，號佛慧，叢林謂之泉萬卷。

送東坡居士

脚下曹溪去路通，登堂無復問旛風。好將鍾阜臨岐句，說似當年踏碓翁。

羅湖野錄：紹聖元年，東坡居士有嶺外之行。舟次金陵，阻風江滸，泉公迎至，從容語道。東坡以詩紀其事，泉公復說偈送行。

信禪師

貽老僧

俗臘知多少，龐眉擁毳袍。看經嫌字小，問事愛聲高。曝日終無厭，登階漸覺勞。自言曾少壯，游嶽兩三遭。

羅湖野錄：蘇州定慧信禪師，爲明眼宗匠，此乃其游戲耳。然品題摹寫，可謂曲盡矣。

知和

知和，崑山張氏子。元符間住雪竇。

題壁

竹筧兩三升野水，窗前五七片閑雲。老僧活計只如此，留與人間作見聞。

黄皮裹骨一常僧，壞衲蒙頭百慮澄。年老嬾能頻對客，攀蘿又上小崚嶒。

羅湖野錄：明州和菴主，居雪竇之棲雲菴，有志于道者，多往見之。主者嫉其勝己，因郡守周舍人聞其名而問之；對曰：「一常僧耳。」和題偈于壁，徙居杖錫山。

顯萬

顯萬字致一，浯溪僧，嘗參呂居仁。有浯溪集。

曉發山店

蓐食小人家，寒燈碎落花。雞鳴窗半曉，路暗月西斜。世故欺懷抱，風霜迫歲華。劇憐詩思苦，悽惻向長沙。

送炭與湘山西堂惠禪師

紛紛向火乞兒多，獨有君如擇乳鵝。萬煅爐中尋粲可，一堆灰裏撥陰何。雪欺敗屋閑犀柄，草臥空庭任雀羅。亟送烏薪相暖熱，恐隨春夢入南柯。以上宋高僧詩選

菴中自題

萬松嶺上一間屋，老僧半間雲半間。三更雲去作行雨，回頭方羨老僧閑。詩人玉屑

義帝陵

祖龍智昏日月蝕，南公力欲麒麟鬬。楚雖三戶必亡秦，盛德宜然有其後。魯公背約火咸陽，咄嗟聲出羣雄右。豆分瓜剖聽指頤，忍使黥徒賊孤幼。籍也狐埋狐搰之，項伯寧不爲家寇。眞人如龍翔霸上，縞祖長風起襟袖。終據黄圖豈力爲，雅張赤幟皆天授。可憐郴北東上墳，恨碧淒紅春不茂。

蘇仙宅

蘇君善養志，以孝格神明。一朝蛻塵鞅，通籍赤霞城。相看疑夢寐，去若鵝毛輕。玉笙墮哀響，烟髦錯霓旌。丹井愈沈痾，橘葉通仙靈。至今華屋底，想像雙眉青。雲裝挹飛袖，藥佩敲風鳴。玆事既茫邈，無階接蓬瀛。掬月漱吟齒，餐霞壽頹齡。蘊眞思遠託，何從保長生。漢武梓棺巧，秦皇鮑魚腥。空山鶴未歸，花發春冥冥。

郴陽道中

草荒驛路欲迷人，未見梅花信息眞。憶著舊家烟雨外，犯寒斜放竹籬春。

曉村寒水碧悠悠，雨歇浮雲漫不收。且緩晨炊三十里，不妨亭午到郴州。以上郴州文志

圓璣

圓璣，福州林氏子。元祐間，住洪州翠巖寺。崇寧初，住金陵保寧寺。

答張無盡因續成詩

野僧迎客下烟嵐，試問如何是翠巖。張商英　門近洪崖千尺井，石橋分水繞松杉。璣　羅湖野錄

書壁

無學菴中老，平生百不能。忖思多幸處，至老得爲僧。

僧寶傳：璣雅自號無學老，而書偈于壁云云。宣和中，詔下髮天下僧尼爲德士、德女，而璣已化去，豈偶然哉。

惠洪

惠洪字覺範，俗姓彭，筠州人。以醫識張天覺。大觀中，入京，乞得祠部牒爲僧，又往來郭天信之門。政和元年，張、郭得罪，覺範決配朱崖。有石門文字禪、筠溪集、天廚禁臠、冷齋夜話。

能改齋漫錄：洪覺範有上元宿嶽麓寺詩，蔡元度夫人王氏，荆公女也，讀至「十分春瘦緣何事，一掬鄉心未到家」，曰：「此浪子和尚耳。」

雪浪齋日記：覺範詩云：「已收一霎挂龍雨，忽起千巖擷鶻風」，挂龍雨對擷鶻風，皆方言，古今人未嘗道。又云：「麗句妙于天下白，高才俊似海東青。」又云：「文如水行川，氣如春在花。」皆奇句也。

舟行書所見

剩水殘山慘淡間，白鷗無事小舟閑。箇中著我添圖畫，便是華亭落照灣。

冷齋夜話：魯直謂予曰：「觀君詩說烟波縹緲處，如陸忠州論國政，字字坦夷，前身非篙師沙戶種類耶？」

陳瑩中移家廬山

雁蕩天台看不足，盡撥兒女寄篷窗。往來漳水謀二頃，偶愛廬山家九江。名節適眞如醉白，生涯領略似湘龐。向來萬事都休理，且聽樓鐘咽夜撞。

與公靈鷲曾聽法，游戲人間知幾生。夏口甕中藏畫像，孤山月下認歌聲。翳消已覺花無蔕，礦盡方知珠自明。烟柳夕陽殘雨外，一番飛絮滿江城。

冷齋夜話：余還自朱崖，館于高安大愚山。陳瑩中自台州載其家來漳浦，過九江，愛廬山，因家焉。以書督余兼程來，余以三日至湓城。瑩中曰：「自此公可禁作詩，無益于事。」余曰：「敬奉教。然余兒時好食肉，母使持齋，余叩頭乞先飽餐肉一日，母許之。今日當準食肉例，先吟兩詩。喜吾二人死而更生，如何？」瑩中許焉。詩成，瑩中喜而謂余曰：「此岐山猪肉，雖美，無多食。」後三年，余客漳水，見瑩中姪勝柔自九江來，出示余詩。余謂勝柔曰：「公擬叔詩如食鯖魚，惟恐遭骨刺，與岐山猪肉不可同年而語也。」

余自并州還故里館延福寺寺前有小溪風物類斜川兒童時戲劇之地也春深獨行溪上因作小詩 一作筠溪晚望

小溪倚春漲，攘我釣月灣。新晴爲不平，約束晚見還。銀梭時撥剌，破碎波中山。整鉤背落日，一葉嫩紅間。

崇勝寺後有竹千餘竿獨一根秀出人呼爲竹尊者因賦詩

高節長身老不枯，平生風骨自清癯。愛君修竹爲尊者，卻笑寒松作大夫。未見同參木上座，空餘聽法石於菟。戲將秋色分齋鉢，抹月批風得飽無。

能改齋漫録：黄太史見之喜，因手書此詩，故名以顯。

謁狄梁公廟

九江浪黏天，氣勢必東下。萬山勒回之，到此竟傾寫。如公廷諍時，一快那顧藉。君看洗日光，正色甚閑暇。使唐不敢周，誰復如公者。古祠蒼烟根，碧草上屋瓦。我來春雨餘，瞻歎香火罷。一讀老范碑，頓塵看奔馬。斯文如貫珠，字字光照夜。整帆更遲留，風正不忍挂。

汪履道家觀所蓄烟雨蘆雁圖

西湖漠漠生烟雨，浦浦圓沙凫雁聚。今日高堂素壁間，忽見西湖最西浦。翩翻兩雁方欲下，數隻飄然掠波去。獨餘一隻方穩眠，有夢不成亦驚顧。蕭梢碧蘆秋葉赤，青沙白石紛無數。我本江湖不繫舟，爾輩況亦江湖侶。令人便欲尋睿郎，呼船深入龍山塢。

西齋晝臥

餘生已無累，古寺寄閑房。睡足無來客，窗空又夕陽。叢蕉高出屋，病葉偶飄廊。起探風簷立，飛蟲鬧晚涼。

贈尼昧上人

不著包頭絹，能披壞墨衣。媿無灌溪辯，敢對末山機。未肯題紅葉，終期老翠微。余今倦行役，投杖夢

烟扉。以上石門文字禪

送僧

古寺閑門聊作夏，秋來歸思漫迢迢。枕中柔櫓驚鄉夢，門外秦淮漲夜潮。想見舊房生薜荔，不堪疎雨滴芭蕉。何時卻理緣雲策，同上峯頭看石橋。

夏日

山縣蕭條半放衙，蓮塘無主自開花。三叉路口炊烟起，白瓦青旗一兩家。以上宋高僧詩選

惠津

句

飢殘夷叔丰姿瘦，泣盡娥英粉淚乾。雙竹　天廚禁臠

梵崇

梵崇字寶之。

香泉濟大師見過

老木因風時自號，杜門春徑長蓬蒿。得君過我殊堪喜，夜雨不知山月高。

夜歸

暮策返溪寺，松風遵路長。水幽聲斷續，山暝色蒼茫。鐘隱空巖響，露滋羣草香。歸來人已久，華月半虛廊。

寓居西林

一身雖復嬾，百念懃掃除。衆人自紛擾，我心常晏如。寄茲西林寺，適與靜者俱。流水響環佩，芳林列扶疏。時開南面窗，烟中認香爐。夜梵出遠壑，朝雲生坐隅。高眠謝俯仰，一食隨鐘魚。須知天宇間，所在皆我廬。何必支上人，買山纔隱居。以上宋高僧詩選

觀燕肅山水

憶昨神林口，江山此畫同。沙鷗輕泛浪，浦樹遠含風。一舸菰蒲外，數峯烟雨中。箇中誰得計，蓑笠釣魚翁。聲畫集

春晚

春光過眼只須臾，榆莢楊花掃地無。卻憶菩提湖上寺，綠荷擎雨看跳珠。合璧事類前集

沖邈

沖邈，政和中崑山詩僧。有翠微集。

翠微山居

一沚荷葉衣無盡，數樹松花食有餘。卻被世人知去處，更移茅屋作深居。玉峰詩纂

文坦

寒食野步

寒食出重闉，郊原忽愴神。人悲新舊冢，花落古今春。名位空標史，賢愚盡委塵。斜陽回首處，壠木噪

鴉頻。宋藝圃集

文興

寄雲水禪師

百丈傳衣後，棲心近沃洲。道高歸毳侶，名重達凝旒。對話千峯雪，安禪萬木秋。仍聞有新偈，時向四方流。雲門志略

如禪師

答嵩禪師

道契平生更有誰，閑卿於我最心知。當初未欲成相別，恐誤同參一首詩。五燈會元

宗振

宗振，丹丘人。南康雲居寺首座。

題壁

住在千峯最上層，年將耳順任騰騰。免教名字挂人齒，甘作今朝百拙僧。五燈會元

克勤

克勤，住成都昭覺寺。紹興初逝，賜謚眞覺禪師。

贈思淨律師 幷序

錢唐妙行淨律師，具佛種智，闡普門方，便操鐵石身心，作種種殊勝佛事，三十餘年矣。遐邇信向，無

論識與不識，聞見喻彌陀，卽傾貲樂施。比年設百萬僧齋，功過半而青溪巨盜寇攘武林，淨公化緣自如，賊脅以刃，色不動，緣此革心爲斂跡。洎宣撫公相統天兵，掃蕩妖孽，錢唐得清平。淨目擊之，遂發大心，於西湖多寶隩區劖石，作當來下生彌勒百尺像，俾生靈不待三會龍華，先覩慈氏，作授記莂之。因而以報聖君賢相朝貴濟護黎庶丘山之恩。琢石鳩工，將就能事。山僧適以緣邂逅思溪，乃述偈贊。庶覽者知淨律師惡境界所不能轉，而增廣志願，知恩報恩，卓卓如此。宣和六年三月二十日。

百萬齋才了正因，大緣倏舉只逡巡。鑿將瑪瑙一方石，鐫作龍華百尺身。天竺江山增秀麗，西湖風月愈清新。色聲不動操能事，可是僧中英特人。宋妙行寺志

顯彬

顯彬字守中，俗姓周，安吉縣人。寶梵寺僧。

新月

微光已成魄，隱隱夕陽間。六幙無人卷，一鉤長自閑。輪隨蟾影長，香逐桂枝還。三五相將近，分明照竹關。湖州府志

僧印

僧印字月江。

周侯祠

將軍手持三尺劍，奮身直入蛟龍穴。至今魚鼈不敢游，溪流上下皆腥血。千年廟食未足酬，問之父老

何其憂。害人白額猶未盡，紛紛不獨南山頭。宋藝圃集

如菴主

如菴主，天台僧。

答郡守

三十年來住此山，郡符何事到林間？休將瑣瑣塵寰事，換我一生閑又閑。五燈會元

小南禪師

小南禪師，汀州張氏子。居廬山之羅漢寺。

示居士張戒

頭戴烏巾著白襴，山房借汝一年閑。出門爲說來時路，家在黄陂翠靄間。羅湖野錄

思　淨

思淨，錢塘喻氏子。好畫阿彌陀佛，臻其妙，楊無爲呼爲喻彌陀。就北關儆舍飯僧，及三百萬，移妙行額爲寺，鐫西湖多寶山石爲佛像。紹興七年，趺坐逝。

答或問

平生只解念彌陀，不解參禪可奈何。但得五湖風月在，太平何用動干戈。西湖高僧事略

懷　深

懷深，壽春夏氏子。靖康間，住靈巖堯峯院，號慈受禪師。

中秋賞月寄高峯璝老

靈岫高峯咫尺間，青松長伴白雲閑。今宵共賞中秋月，莫道山家不往還。中吳紀聞

堯峯院山居十詠　存六首

清輝軒

湛湛平湖浸月明，漁歌吹斷曉風清。壞衣蒙頂跏趺坐，不稱詩情稱道情。

碧玉沼

深靜含秋一鑑寬，清甘聊酌齒牙寒。靈巖自笑窮山骨，明月泉慳只欲乾。

多境巖

聊向蒼藤挂六環，滿莎嘉致伴幽閑。雙眸淨洗看不厭，欲結遮頭草一間。

觀音巖

笑日野花青嶂下，歌春幽鳥白雲間。寶陀大士全身露，懊惱遊人空看山。

東齋

禪板蒲團消永日，明窗淨几映疎篁。一爐香盡六時過，轉覺山家氣味眞。

西隱

匿隱長嫌山未深，閉門莫放俗塵侵。如今滿眼事奔走，欲向何人話此心。以上吳郡志

慧梵

慧梵字竺卿，住崇德羔羊村澄寂院。有蓬居集。

太湖

黄蘆一股水，翠竹兩三家。落日聞雞犬，荆榛一徑斜。宋高僧詩選

天目僧 以下無名釋子

答贊寧

山中人事違，天眼中修定。自注：天目一名天眼。我本無根株，只將筍爲命。筍譜

村寺僧

蒸豚

觜長毛短淺含臕，久向山中食藥苗。蒸處已將蕉葉裹，熟時兼用杏漿澆。紅鮮雅稱金盤飣，軟熟眞堪玉筯挑。若把氈根來比並，氈根只合喫藤條。

東坡志林：王中令既平蜀，捕逐餘寇，與步隊相遠。飢甚，入一村，寺中主僧醉甚箕踞，公怒，欲斬之。僧應對不懼，公奇而赦之。問求蔬食，僧云：「有肉無蔬。」公益奇之。餽以一蒸猪頭，食之甚美。公喜問僧，止能飲酒食肉耶？抑有他技也？僧自言能詩。公令賦蒸豚，援筆立成詩云云。公大喜，與紫衣賜號。

朱池寺僧

絶句

孤燈寂寂夜堂深，寒雨蕭蕭響竹林。大抵浮生只如此，不須哀怨動悲吟。

李希聲詩話：余往歲侍親睦州壽昌縣，朱池寺僧卒方數日。弟子出卒前一日手寫頌云云，字甚端謹，斯亦異矣。

蜀僧

題東明寺

三十年前鎮益州，紫泥丹詔鳳池遊。大鈞播物心難一，六印懸腰老未休。佐主不能如傅說，知幾那得似留侯。功名富貴今何在？寂寂招提土一丘。

梁溪漫志：蔡元長南遷，道出長沙，卒于城南五里東明寺，遂草殯于寺之觀音殿。後有蜀僧遊方過之，慨然，因題詩于壁云云。

湘僧

題能仁寺

寺在重雲裏，秋深夢轉勞。檻前雙澗急，門外一峯高。谷鳥翻新樂，巖松起暮濤。何時拂衣去，攲枕聽蕭騷。南岳總勝集

宋詩紀事卷九十三 釋子下

錢唐 厲鶚 輯
歙 吳震生 勘定

宗杲

宗杲字曇晦，宣城奚氏子，住臨安徑山。與張子韶爲友。觸秦檜怒，流衡州，後放還，示寂。孝宗賜號大慧禪師。

寄無垢居士

上苑玉池方解凍，人間楊柳又垂春。山堂盡日焚香坐，常憶毘邪杜口人。徑山志

曉瑩

曉瑩，江西僧。紹興中，撰羅湖野錄。

南昌道中

東游心渺渺，跰足步遲遲。馬驛黄茅路，人家白竹籬。歸雲横斷嶺，落日映荒陂。何處可容足，長哦招隱詩。宋高僧詩選

有規

有規，南渡初吳中詩僧。爲人性坦率，其徒謂之規外方。

絶句

讀書已覺眉棱重，就枕方欣骨節和。睡起不知天早晚，西窗殘日已無多。

徐度卻掃編：此詩葉左丞大愛之。

僧空

空號東山。

送僧上徑山呈妙喜老子

大士昨來聞出世，阿師今日又登途。杖頭儻有閑田地，寄我山頭一紙書。徑山志

守璋

守璋，鹽官王氏子。紹興中，住臨安天申萬壽圓覺寺，賜號文慧大師。有柿園集。

晚春

草深烟景重，林茂夕陽微。不雨花猶落，無風絮自飛。

西湖遊覽志：高宗嘗親書此詩。

天石

天石，福州侯官水西石松寺僧。

栽松作

偃蓋覆巖石，歲寒傲霜雪。深根蟠茯苓，千古飽風月。

補續高僧傳：紹興十年，天石栽松三本于石上，自刻石云：「一與寺門作名賓，二與山林作標致，三與游人作陰涼。」

題詩云云。寺初名石嵩，後名石松，以此。

道全

秋曉

飄飄楓葉草萋萋，雲壓天邊雁陣低。何處水村人起早，櫓聲搖月過橋西。宋高僧詩選

道舉

臞菴 爲王文孺作

竹裏蓬茅掩棘扉，主人詩瘦帶寬圍。種成苜蓿先生飯，製就芙蓉隱者衣。柳絮春江魚婢至，荻花秋渚雁奴歸。小溪短艇能容我，先向溪隈築釣磯。吳郡志

普聞

普聞有詩論。

絶句

水闊天長雁影孤，眠沙鷗鷺倚黃蘆。半收小雨西風冷，藜杖相將入畫圖。詩論

紹隆

紹隆，和州含山人，得法于圜悟。紹興中，住持虎丘。

槿花

朱槿移栽釋夢中，老僧非是愛花紅。朝開暮落關何事，祇要人知色是空。全芳備祖

德止

德止號淸谷。工書畫，嘗畫廬山尋眞觀二壁，朱文公題其上。

浯溪圖

夷塗勿拋控，拋控馬多失。挹水勿極量，極量器多溢。安史起天寶，轉戰竟奔北。辭臣獻頌詩，要垂萬世則。一字堪白首，大書仍深刻。誰作浯溪圖，千里在咫尺。飛湍如有聲，旁匯浸層碧。巉絕半巖間，髣髴見鳥迹。不覺加手磨，眞恐苔蘚沒。國姓前後異，天運古今一。向來文武才，坐籌或操筆。種種皆可稱，俯仰重歎息。願君寶此圖，置之丹粉壁。昔人如可作，想像壯胸臆。浯溪集

若芬

若芬字仲石，婺州人。爲上竺書記，善畫，自號芙蓉峯主。

句

不是老僧親寫，曉來誰報平安？自題畫竹　上天竺志

淳藏主

淳藏主，臨川化度寺僧。

山居

屋架數椽臨水石，門通一徑挂藤蘿。自緣此處宜投老，饒得溪雲早晚過。

隨身只有過頭杖，飽腹唯憑折脚鐺。幾度遣閑何處好，水聲山色裏邊行。羅湖野錄

惟嶽

神移泉　在福州東山

巖頭瀑布瀉寒烟，井底澄清浸月圓。性水直空周法界，神從何處更移泉？淳熙三山志

仲皎

仲皎字如晦，居剡之明心寺。參竟禪學，尤精篇章，所交皆文士。于寺立倚閣，又于星子峯前築白塔，結廬以居，曰閑閑菴。與汝陰王銍相酬答，有梅花賦及諸詩傳于世。

嘯猨亭　在東白山，褚伯玉嘗隱此。

放意在林表，飄然更自由。挂烟羣木冷，啼月一山秋。裊裊清風裏，淒淒碧澗頭。三聲融妙聽，行客若爲愁。

山居

無地卓錐生計難，且空雙手到林間。猨隨碧水瞻明月，堅訂白雲賒好山。巖石空邊依草舍，藤蘿低處著松關。年來老去知何許，合向人間占斷閑。

東西二道場　爲一禪師二禪師道場

勝境東西白，高僧一二禪。只知行道處，不記在山年。澗月平分照，林花各自妍。披雲尋舊址，猶在絳峯邊。

疏山軒

竹外泉聲急，松心夜色寒。人間推曠絶，只自倚闌干。

齊雲閣　在西白山南，齊褚伯玉建。

山雲吹斷路頭開，此處疑穿月脇來。怪底行人看碧落，笑談容易作風雷。

菴居

啼切孤猨曉更哀，柴門半掩白雲來。山童問我歸何晚？昨夜梅花一半開。

詠牡丹

玉棱金線曉妝寒，妙入天工不可干。老去只知空境界，淺紅深緑夢中看。以上剡録

静林寺古松

古松古松生古道，枝不生葉皮生草。行人不見樹栽時，樹見行人幾回老。宋高僧詩選

歸雲亭

一從飛出岫，舒卷意何長。作雨徧天下，乘風歸帝鄉。無心憐灑落，到處自清涼。縹緲來空碧，吟邊帶夕陽。越詠

晞　顔

晞顔字聖徒，號雪溪，奉化僧。

補續高僧傳：晞顔文藻高妙，後進愛慕。嘗步菜畦，見墾掘殺傷之多，遂不復茹蔬，惟買海苔三百六十斤，日取一斤供粥。晚住桃源厲氏菴，專志念佛。

普和寺

朱樓紺殿半江村，石壁深藏佛影昏。最好夜深潮水滿，櫓聲搖月到柴門。宋高僧詩選

憶佛軒 并序

自古有言：人生百歲，七十者稀。予年十六祝髮，叨預僧列，今幸七十，處世非久，朝夕人耳。平居非不誦經稱佛，恨未精專，遂取首楞嚴勢至章。若人憶佛，念佛見前，當來必定見佛之語，命小軒曰憶佛，庶幾以爲臨終見佛先容耳。且作偈以繫于左。

三椽老屋許安貧，佳處無如憶佛眞。萬事了知猶墮甑，百年唯此可書紳。巖間靜寄蒲團夜，松下聊供茗盌春。閉戶不忘常憶佛，願常終似影隨身。

平日叢林見祖師，還如憶佛在今時。但安谷底三椽地，不挂胸中一縷絲。幽徑落花浮澗水，小窗斜日下松枝。寂然眞境知誰見，唯有金容入夢思。樂邦文類

肱禪師

肱禪師，溫州江心寺僧。

題雁蕩龍鼻水

雨足雲收得暫閒，漫將頭角寄空山。鼻端一滴無多子，引得人人到此閒。羅湖野錄

志南

絶句

古木陰中繫短篷，杖藜扶我過橋東。霑衣欲溼杏花雨，吹面不寒楊柳風。

娛書堂詩話：僧志南，能詩，朱文公嘗跋其卷云：「南詩淸麗有餘，格力閒暇，無蔬筍氣。如霑衣云云，余深愛之。」

可觀

可觀字宜翁，號竹菴，華亭戚氏子。得法于車溪卿法師，淳熙中示寂。

九日入院作

胸中一寸灰已冷，頭上千莖雪未消。老步只宜平地去，不知何事又登高？

蓉塘詩話：乾道七年，丞相魏公杞出守姑蘇，請僧可觀主北禪院。入院之辰，正值重九，指座云云。魏公擊節不已。

志芝

志芝，住廬山歸宗寺。

普請罷書偈

茶芽蔍蔌初離焙，筍角狼忙又吐泥。山舍一年春事辦，得閑誰管板頭低。廬山紀事

北野

釣臺

自過羊裘七里灘，尋思欲見故人難。殷勤借問溪邊叟，近日誰來把釣竿？釣臺集

志文

西閣　在孤山

楊柳蒹葭覆水濱，徘徊南望倚闌頻。年光似鳥翩翩過，世事如棊局局新。嵐積遠山秋氣象，月生高閣夜精神。驚飛一陣鳧鷖起，蓮葉舟中把釣人。（咸淳臨安志）

本正

本正，號月湖半顛。

賦吳門上元

村翁看了上元歸，正是西樓月落時。誇道官街好燈火，不知渾爾點膏脂。（[illegible]房隨筆：僧本正賦吳門上元，徼聞於郡守吳退菴，遂命住虎丘寺。）

寶印

寶印字坦叔，龍游李氏子。世居峨眉之麓，從中峯密印禪師得悟。淳熙中，敕住徑山。紹熙元年示寂，謚曰慈辯，塔曰智光，菴曰別峯。

梅林分韻得澤字

江路歲峥嶸，[illegible]風更蕭瑟。發興訪梅花，主盟得詩伯。孤房有餘妍，初不帶脂澤。香度竹籬短，影搖溪水碧。同時[illegible]中仙，著我林下客。春槽沸滴紅，滿坐喧舉白。澆胸獨茗盌，臭味曾不隔。公今日邊去，陛下正前席。請看枝頭春，中有和羹實。反騷試與題，不礙心鐵石。（成都文類）

洞霄宮

窈窕門前九鎖山，琮琤石角千尋水。白雲影裏閱羣仙，風斷木犀香未已。我從青城大面來，羽衣駕鶴

欣相陪。五峯去此在咫尺，肯惜杖屨時徘徊。洞霄詩集

惟茂

惟茂，吳門僧。

住天台山

四面峯巒翠入雲，一溪流水漱山根。老僧只恐山移去，日午先教掩寺門。容齋隨筆

彥強

彥強，住剡中法臺寺。

山中

老矣毋能役，巖分草草緣。放渠藜六尺，銷得屋三椽。雪盡收茶早，雲晴拾菌鮮。有時臨近澗，揎手弄潺湲。剡錄

義傳

姑蘇懷古

西南山水佳，清游何款款。白雲無定蹤，飛入長洲苑。空臺誰與登，麋鹿去人遠。啼月城頭烏，風悲易淒斷。爛開木芙蓉，寒塘弄清淺。憑虛一徘徊，西飛日何短。靈巖寺志

刹書記

天柱雉兒行

當年江上揚風舲，淮西望極排空青。今登天柱賞潛皖，元是吾家翡翠屏。禪叢一室因棲寄，選勝尋幽辨眞僞。虛廊揩蘚讀殘碑，三百年前刊異事。此山開闢至唐初，乾元中作金仙居。彭門大師曰惠崇，裁基創始成茅廬。牛頭道成將雄鎮，浮世勞生未知信。乘閑石上誦蓮文，非謂疎慵效精進。空山白晝接清宵，壞衲披肩度寂寥。玲瓏宛轉斷人慮，七軸圓音震海潮。奇哉有物名緣會，錦繡毛衣勝綵繪。常伴山雞與鷓鴣，優游飲啄烟霞外。山梁嚌昔歎時哉，此日祇園應世來。昂頭斂翼傍禪石，下風側聽忘驚猜。醍醐灑盡燒心火，暮去朝來無不可。宜成永向佛菩提，春燕秋鴻豈知我。俄聞荒草蛻其身，夢魂夜告生爲人。幽奇溪石驗端的，右脅遺翎跡尚新。妙齡自厭居民俗，祝髮依師隱林麓。他經雖授了難通，唯有芬陀利精熟。師因嘆息省前緣，法種慈熏豈偶然。立名定體標殊特，靈休表示爲佳傳。閑行宴坐何超脫，古鑑無塵罷揮拂。登高臨遠快幽情，滿目風光舊時物。几席巾瓶侍服勤，閑閱孜孜十九春。西原危坐順圓寂，戒珠數粒輝香薪。眞源始覺初無礙，月轉遼空水歸海。千聖徒中孰後生，一片靈臺長不昧。回觀輪裏漫啁啾，暖日和風戲未休。恩寃追逐蕩不返，六道三途豈自由。君不見潘安誇射賦，洞爾胸兮穿爾嗉。又不見退之詠獵詩，馬前五色墮離披。雲間哮擊懼鷹隼，草中竄伏憂狐狸。魯恭去後無消息，更有仁恩霑動植。桑下馴游哺影時，未必兒童能隱惻。浮屠窣堵鎮盤岡，杲閣繼夕騰禪光。聖賢因地亦如此，方寸凡情未可量。蜀川鸜鵒持經法，舍利精熒滿金匣。至今忌日慘巖巒，羣類悲鳴繞層塔。近歲濡須釋子家，松枝雀化皆稱嗟。纖毫不動幾寒暑，翛然只恐臨蒼霞。賢王國士稱奇絕，巨石豐碑爭頌說。妙墨高文燦斗星，陵遷谷變相磨滅。也知靈識盡超冥，證出斯禽事顯明。無言嗜欲沈迷者，請看天柱雉兒行。

夷堅志：舒州皖公山天柱寺廊下，有巨碑，云唐時崇惠禪師卓菴山中，前有磐石，每日對之誦法華經，一野雉來傾聽，略不動足。如是三年，不以寒暑輒廢。一旦不至，試于草間求之，已立化矣。爲用僧法荼毘之。夜夢雉來告云：「以聽經之故，得免禽身，今託生山下農家作男子。師不相忘，後三日願訪我。」及期而往，果見嬰兒相顧而笑，左脅下尚存翎痕。師謂其父曰：「善視之，到十歲後，教從我出家。」父如所戒。師名之曰定體，且呼爲靈休侍者。又九歲坐亡，于西原瘞塔，故在天柱寺及菴基也。剎書記作雉兒行一篇，宣揚其事，黟僧善祐傳之。故書于此，以廣釋證。

惟謹

惟謹號雪菴，永嘉人。乾淳間僧。

舟泊括蒼溪口

茅店在山下，檥舟茅店邊。鐘鳴何處寺，日落滿溪船。攲枕雁初到，離家月又圓。向來曾過此，夜泊石門前。東甌詩集

道謙

道謙，崇安游氏子，結菴于仙洲山。

送道友

二三尺雪山藏路，一兩點花春到梅。將此贈君持不去，請君收拾早歸來。詩林萬選

善　建

題寶山廣嚴院

垂手紅塵古所難，近天尺五啓禪關。玉繩低轉鴛楹外，宮漏微傳几席間。雲響度聲何處笛，翠梭當戶越州山。夢回露滴松梢冷，月在三茅萬境間。咸淳臨安志

惠　明

惠明，華亭普照寺僧。與濟顛同時，潦倒猖狂，人莫能測，談災福輒驗。亦能詩，人號明顛。

手影戲

三尺生綃作戲臺，全憑十指逞詼諧。有時明月燈窗下，一笑還從掌握來。夷堅志

詠菖蒲

根下塵泥一點無，性便泉石愛情孤。當時不惹湘江恨，葉葉如何有淚珠。補續高僧傳

永　頤

永頤字山老，仁和唐棲寺僧。有雲泉集。

初秋憶湖上諸山

山中夏日足幽娛，葛帔藤牀誦寶書。白拂惹雲黏几案，清香緣竹上空虛。草堂夜月秋花近，水閣晨霞夕霓疎。遙憶錢塘舊朝寺，繞湖鐘梵早涼初。

西峯日暮

手攜一束書，秋風獨來此。松深夜月清，水冷芙蓉死。嬾于簷下讀，兩眼懸秋水。時看澗鼠來，食我山茶子。

天竺秋日

翠滴千竿溼砌苔，曲廊花木小叢開。吳僧愛覓閑吟處，偷向花邊竹裏來。

唐棲寺

唐棲寺前溪水流，客帆來往舊杭州。津亭樹老無人記，得見幾回僧白頭。

防風王廟

萬國方尊禹，防風殞殿趨。應憐舞干戚，獨不礙唐虞。祭豆侵田鼠，靈幡觸井烏。椒漿春奠罷，簫鼓舞村巫。

月夜游冷泉亭

地靈泉上寺，松壑定深清。獨聽子規叫，況逢山月明。樹藏春洞黑，石擁夜泉鳴。日出喧車馬，終非隱者情。以上雲泉集

道濟

道濟號湖隱，又號方圓叟，臨海李都尉文和遠孫。受度于佛海禪師，居靈隱，後居淨慈。狀貌風狂，人稱濟顛。

游洞霄宮

平明發餘杭，扁舟泝清流。登岸五六里，小徑穿林丘。奇峯聳天柱，九鎖岧谷幽。雲根立仙館，勝處非人謀。入門氣象雄，金碧欺兩眸。彈棋古松下，啼鳥聲相酬。羽衣讀黃庭，內景宜自修。蓬萊隔弱水，九轉卽可求。坡翁昔賦詩，刻石記舊游。溪山增偉觀，萬古傳不休。我來弔陳迹，枯腸怯冥搜。執炬入大滌，襟袖寒飀飀。懸崖石乳滴，千歲無人收。樵夫指巖窟，此處通龍湫。方期過東洞，紅日驚西投。徘徊出山去，空使猨鶴愁。洞霄詩集

偶題

幾度西湖獨上船，篙師識我不論錢。一聲啼鳥破幽寂，正是山横落照邊。淨慈寺志

無　本

馬嵬

長川幾處樹青青，孤驛危樓對翠屏。一自上皇惆悵後，至今來往馬蹄腥。詩林萬選

惠　嵩

天台道中

滿川梨雪照斜曛，野水交流路不分。隔岸一聲牛背笛，和風吹落渡頭雲。詩林萬選

蓬萊圓禪師

絕句

新縫紙被烘來煖，一覺安眠到五更。聞得上方鐘鼓動，又添一日在浮生。五燈會元

正覺

正覺，隰州人。向子諲重之。主明州天童寺。

題奉化西峯院

水流百折山蒼蒼，古寺秋容橫野航。明月初濡寒露白，籬花似趁重陽黄。道人心已老松石，學子膽須磨雪霜。默默澄源坐兀兀，游魚沙鳥静相忘。延祐四明志

覺先

覺先，剡僧。

過曹娥廟

縱步青蘿嶂，吟邊景更寬。沙紋潮落見，山色雨餘看。汀草含清韻，江猨啼暮寒。娥祠重致敬，忍讀漢碑殘。娥江題詠

石林

曹娥江

一點冥通未兆前，乾坤虚鑑已昭然。爛銀宫裏擎屍出，萬古傳聲浪拍天。娥江題詠

寶曇

題喻彌陀接待院

作成寶鉢梅花供，帶得金池蓮葉香。百億萬僧同一飽，彌陀接待勝諸方。宋妙行寺志

及甫

及甫，剡僧。

謁曹娥廟

輟棹江頭謁孝娥，斷碑枯柏尚嵯峨。生爲女子旣如此，身是男兒又若何。千古美名昭日月，一軀靈骨葬藤蘿。沈魂欲酹不知處，無限西風起碧波。娥江題詠

元昉

元昉號雪汀，四明僧。

曹孝女廟

祠古孝誠遙，悲風想暮號。月魂迷草色，血淚濺江濤。斷碣惟黃絹，孤墳掩綠蒿。千年暗潮水，亦以姓爲曹。娥江題詠

善珍

善珍字藏叟，泉州呂氏子。朝命住四明之育王山、臨安之徑山，逝于嘉定丁丑。

山行晚歸

藥徑入雲林，晚晴扶杖吟。照泥星復雨，經朔月猶陰。樹折憐巢覆，泉清見葉沈。愛閑自如此，不是學灰心。

春寒

林間燈夕過，顧影在天涯。雪暝迷歸鶴，春寒誤早花。艱難知世味，貧病厭年華。故國風塵外，無人可問家。以上瀛奎律髓

送客宿九日山

石竈斷苔紋，摩挲弔隱君。風吹遊子袂，月照古人墳。舊事殘碑在，荒祠流水分。永懷山忽暝，黄葉墜秋雲。南安縣志

僧儀

僧儀，西湖僧。

上權臣

我本田中一比丘，卻來乘馬不乘牛。如今馬上風波急，不似田中得自由。

白獺髓云：權臣覽詩，以爲謗己，遂褚其衣。

道誎

遊靈隱寺

長吟遊古寺，九里入青松。鳥向花間語，僧從月下逢。陰廊連碧殿，清磬雜疎鐘。回首夕陽晚，烟霞鎖亂峯。四朝詩

紹嵩

號亞愚，廬陵人。紹定中，住嘉禾之大雲寺。工于集句，有江浙紀行詩。

舟中口號

閤皁風烟外，殘蟬送客愁。雲連平地起，水帶斷槎流。樹隱重重竹，江呈岸岸秋。晚來供望眼，微徑雜歸牛。誠齋 巽中 方干 曹鄴 誠齋 誠齋 曉瑩 陳與義

泛湖

久客欣無事，扶衰上野航。迴雲覆陰谷，初日放晨光。楊柳千尋色，荷花一路香。西湖天下勝，誰與共平章。曉瑩 王荆公 李頎 李商叟 樂府詞 呂居仁 張君量 曉瑩

游張園觀海棠戲作

春色多將付海棠，羣仙會處錦屏張。約齋妙出春風手，子美無情爲發揚。誠齋 張芸叟 誠齋 鄭谷 以上江浙紀行詩

居簡

居簡字敬叟，潼川王氏子。嘉熙中，敕住淨慈光孝寺。有北磵詩集。

張誠子序云：讀其文，宗密未知伯仲；誦其詩，合參寥、覺範爲一人，不能當也。

盆荷

萍黏古瓦水泓天，數葉田田貼小錢。才大古來無用處，不須十丈藕如船。

小泊湖州

蜿蜒粉雉枕寒汀，闊著淸苕碧界塵。帆落水晶宮未曉，素花開盡一汀蘋。

甘園尋梅

疎枝重複褭莓苔，護得寒英暖未開。料理不關元化事，翠華長是雪前來。

贈浩律師

浩也毘尼學，精于玉帳嚴。蟻酣停掃砌，燕乳記鉤簾。茶鼎敲冰煮，花壺漉水添。夢回池草綠，忍踐綠纖纖。

憶雪

夢憶湖州舊，樓臺畫不如。舟從城裏過，人在水中居。閉戶防驚鷺，開窗便釣魚。魚沈猶有雁，不寄一行書。以上北磵詩集

淨照

句

盤饌春多筍，廚薪溼帶苔。雲歸大似諳風勢，水咽多應恨世情。方秋崖小藁

道沖

道沖，武信長江荀氏子，自號癡絕。理宗朝，住太白、育王、雙徑諸山。

淳祐辛酉立秋後一日遊鼓山

野徑斜連石澗傍，草根呢呢語寒螿。郊原經雨多秋意，庭院無人自夕陽。風捲暮雲歸碧嶂，葉隨野水入寒塘。數家籬落楓林外，枳殼垂青菊綻黃。鼓山志

元鑒

元鑒字聖徒，號淮海，通州人。淳祐中，住靈隱寺。後圓寂于徑山。

虎丘

滄海何年涌，秦傳虎踞丘。池空劍光冷，墳閟鬼吟愁。石礎樓臺側，烟深草木浮。吳人貪勝概，春盡亦來遊。瀛奎律髓

惜松

不爲栽松種茯苓，祇緣山色四時青。老僧只恐移松去，留與青山作畫屏。

山房隨筆：穆陵在御，閻貴妃父良臣起香火功德院，欲于靈竺下伐松供屋材，淮海賦詩云云。詩徹于上，遂命勿伐。

徑山

東西兩徑幽，歲晚得周遊。壑靄陰猶在，溪雲凍不浮。鳥驚樵斧重，猨挂樹枝柔。怕有梅花發，因行到水頭。瀛奎律髓

題雪竇錦鏡亭

上盡崎嶇脚力微，毳袍零碎染烟霏。妙高峯頂見日出，千丈巖頭看雪飛。寒木著霜山衣錦，清泉得月鏡交輝。翩然又作東南去，肯落台溫第二機。延祐四明志

徑山天然圖畫

幽澗瀉泠泠，千峯疊翠屏。曉雲開混沌，遠水接滄溟。松影搖禪榻，苔衣上淨瓶。塵中夢不到，爭欲買

丹青。

菖蒲田　耶律侍耶所種

一從神武挂冠纓，便入千峯適性情。已向耆英逃姓字，肯因楊柳作歌行。石田水冷菖蒲節，茅屋雲深薜荔縈。白髮山僧知此意，時時來聽野泉聲。以上徑山志

無著禪師塔

一定空山五百年，不須惆悵啓頽甎。路傍多少麒麟冢，過眼無人贈紙錢。武林梵志

僧輝

輝號船窗。

古藤

翠蓋陰森高隱鶴，修條屈曲暗藏蛇。閑來兀坐莓苔石，時見山禽撲落花。全芳備祖

僧鑒

僧鑒，淳祐中住雪竇寺。有雪竇雜詠。

錦鏡池

一鑑涵虚碧，萬象悉其中。重綠浮輕綠，深紅間淺紅。

入山亭

荒蕪行盡處，幽亭聊暫止。帶雨策孤笻，登高從此始。以上四明山志

法照

表忠觀

錢王古廟鎖莓苔，華表秋深鶴不來。昨夜石壇風露重，凌霄花落鳳僊開。東甌詩集

斯植

斯植字建中，號芳庭，住南嶽寺。有采芝集。

水石山居

靜極青山裏，松花滿石牀。春風思華岳，夜雨夢瀟湘。人影歸林薄，猨聲出澗長。心如無別事，同此閉閑房。

送靈耀之姑蘇

一身唯在道，淸苦獨知君。世路終成別，山光不共分。晚天寒欲雨，春樹夜生雲。此去他鄉寺，猨聲各自聞。

堤上

楊柳垂絲拂畫船，杏花零落斷橋邊。半山烟雨東風惡，更向西亭聽杜鵑。

湖上晚望

繞隄楊柳暗漁舟，二月風光淡似秋。幾度笙歌人散後，夕陽依舊滿紅樓。

上竺寺

古寺寒橋路，鐘聲靜忽聞。數峯平處合，一水衆溪分。老樹烟蘿雨，殘燈石塔雲。閑心寄幽寂，似覺遠塵紛。

雪中寄巖泉

吟罷新詩祇自看，曉風吹恨上闌干。夜來雪滿前山路，誰對梅花説歲寒。以上宋芝集

可齋

詠萍

盆池本不種青萍，春杪無根也自生。人道一宵生九葉，不知誰數得分明？全芳備祖

道璨

道璨字無文，姓陶氏。南渡時饒州薦福寺僧。有柳塘外集。

題水墨草蟲

蜻蜓低傍豆花飛，絡緯無聲抱竹枝。憶得西湖烟雨裏，小園淸曉獨行時。柳塘外集

題景蘇堂竹

一葉復一葉，也道幾翻覆。一點復一點，書墨要接續。親見長公來，一節不肯曲。見竹如見公，北麓能不俗。回首熙豐間，幾人媿此竹？

吳禮部詩話：東坡自黃移汝，別子由于高安，過瑞昌亭子山，題字崖石，點墨竹葉上，至今環山之竹，葉葉有墨點。景定中，王景琰主瑞昌簿，移植廳事，扁其堂曰景蘇。蓋簿廳，東坡夜宿處也。一時多賦詩，道璨云云，語雖直致

而意佳。北麓，景琰號也。

僧愚

僧愚，號虛堂。

劍池

石壁千尋勢嶮巇，下臨寒玉浸蟾輝。古今多少凭闌者，親見千將到底稀。

小吳軒

結茅初不爲孤峯，祇愛登臨眼底空。風淡雲收見天末，始知吳在一毫中。以上虎丘志

法成

山居

雪壓喬林同一色，清光上下含虛碧。采樵人立渡頭寒，極目圓蟾爲誰白？四朝詩

僧璉

僧璉，字不器。

紅梅

嬌朱淺淺透烟光，瘦倚疎簷半出牆。雅有風情勝桃李，巧含春思避冰霜。融明醉臉籠輕暈，斂掩仙姿璧嫩黄。且暮風英墮行袂，依微如著袖中香。後村千家詩

止翁

無弦琴

月作金徽風作弦，清音不在指端傳。有時彈罷無生曲，露滴松梢鶴未眠。四朝詩

雲峯德師

上堂別衆

瀟然無累水雲僧，去住分明葉樣輕。十字街頭休作夢，五湖依舊一枝藤。

隨隱漫錄：雲峯德師，住撫之廣壽，途遇時貴，避不及，有違言，即上堂別衆云云。

祖欽

祖欽號雪巖，住袁州仰山。

絶句

千里相尋慰寂寥，未嫌風雪路迢迢。廬山雖好且休去，更撥寒爐話一宵。隨隱漫錄

必萬

孟享仰瞻聖駕

輕塵不動馬蹄催，警蹕聲中聖輦來。漢代威儀周禮樂，太平天子拜香回。隨隱漫錄

文頎

文頎號棄菴。

題硯

空山頑質世偏須，禪客元慙綺色枯。幾吐烟光供染翰，石田雙字可留無。藥菴老人文頌咸淳元年三月朔書。

谷水談林：右端硯，其背上半勒偈大字，下半勒記小字。記云：先師禪觀之餘，游戲藝苑，一生不受䞋施，知交唯以楮墨贈遺。此硯是白衣時故物，相隨最久。一日，忽作偈書片紙置硯下，即檢詩稾盡焚之，詰朝遂示疾，七日而化。因摹勒遺語手書于研石，藏之塔中云。次年九月二十二日，門人行朗記。

自彰

自彰號濮溪。

遊洞霄得鄉友道士鄧君德淸話因成古語

亂山倚伏龍蛇蟠，蒼藤古木門徑寒。藥宮潭潭列萬礎，碧樓朱戶參雲端。吾聞上界足官府，謫下名山作仙侶。我來尋仙訪泉石，落日浮雲隨杖屨。道士鄧君吾故人，汲泉煮茗慰酸辛。笑談未厭樵柯爛，回首人間五百春。洞霄詩集

淨珪

淨珪號借菴。

寓宿洞霄

當年許郭棲眞地，暇日尋幽獨往來。九轉還丹藏窖底，千年遺迹寄巖隈。巍巍玉殿圍靑嶂，寂寂瑶壇鎖綠苔。假榻壺天追勝集，尙憐歸興更徘徊。洞霄詩集

昭緝

廣福寺偶題

涓涓碧水細通池，小雨廉纖未作泥。深炷爐香濃著火，何須騎馬聽朝雞。烏靑志

宗瑩

天衣故寺

園廟深關春寂寂，雨杉風檜翠蕭蕭。山中舊事無人說，碎疊唐碑補石橋。東甌詩集

淸壹

淸壹，宋季仙居僧。

寄無著

逢人稱宿臘，玄解少人知。俗濁唯貪隱，禪高不礙詩。水邊秋杖屨，石上雪須眉。雞犬添鄰曲，還同賦紫芝。

寄萬先輩

歸從衡岳此身淸，老校羣書眼倍明。白屋有田供伏臘，青雲無夢到公卿。頻挑野菜招僧至，少著深衣入郭行。早歲自嗟行役遠，失將詩律問先生。以上吳禮部詩話

瑩徹

新鶯歌

新鶯傍簷曉更悲，孤音清吟轉柔枝。口邊血出語未盡，豈是怨恨人不知。不食枯桑椹，不銜苦李花。偶然弄樞機，宛轉淩烟霞。衆雛飛鳴何跼促，自覘遊鱗啄枯木。玄猨何事朝夜啼，白鷺長在汀洲宿。黑鵰黃鶴豈不高，金籠玉鉤傷羽毛。三江七澤去不得，風烟日暮生波濤。飛去來，莫上高城頭，莫下空園裏。城頭飢烏食腥羶，空園燕雀爭泥滓。願爲結舌含白雲，五月六日一聲不可聞。（合璧事類別集）

本粹

別毛滄洲

風雨三更夢，江湖萬里心。青燈正愁絶，可惜不能琴。（詩家鼎臠）

放船

數幅蒲帆破曉烟，一篙春水漲平川。誰家池館多楊柳，時送飛花到客船。（詩林萬選）

自南

自南，宋末人。

廣潤寺新寮

客不赴齋招，冥心坐寂寥。青山若厭看，白首也難消。鷺起銜荷葉，蟲行蝕菊苗。何年稱老宿，來住此間寮？（瀛奎律髓）

德豐

德豐，三山人。

重陽

戰盡今秋見太平，西風多作北風聲。不吹烏帽吹氈帽，籬下黄花笑不成。山房隨筆

希坦

希坦號率菴，宋末居九華山。

李昭象讀書臺 在碧雲峰下。昭象字化文，唐末避黄巢亂，入九華山。

廢興生死妄安名，山水何曾改舊清。孰謂堂空人已往，溪聲還作讀書聲。九華山志

炳同

炳同字野翁，新昌張氏子，居明州仗錫寺。

句

老來非厭客，靜裏欲書經。

四明山志：野翁宋亡之日，避跡仗錫，閉户書法華經，有句云云。一時遺老：家則堂、文本心、黄東發、舒閬風、周伯弼，咸與之游。

子温

子温字仲言，號日觀，又號知非子，華亭人。宋季止杭之瑪瑙寺。

珊瑚網云：日觀善草書，喜畫蒲萄，須梗枝葉，皆草書法也，世號温蒲萄。時貴慕其畫，賫金求之，一筆不與。逢佳士，遽命紙筆。雅好著恢帽短衣，囊錢果，猖翔街陌，探囊投市中兒，問識温相公否？由是進止，輒擁小兒，呼温相

公。時有賓肖羅漢，醉則維筆竿杪，草聖芬媚。時人遂有「長竿醉草賓羅漢，短褐佯狂溫相公」之句。溫性嗜酒，然楊總統飲之酒，不一霑脣。每見則曰：「掘墳賊！掘墳賊！」

自題畫蒲萄

曾向流沙取梵書，草龍珠帳滿征途。輕包短策難將帶，記得西風月上初。徐伯齡蟫精雋

了慧

了慧字岳重，武林九友會，住寶覺寺。

春日田園雜興 月泉第三十三名

平疇水遶徑微分，小圃雲深景不紛。此處農桑雖是僻，多情鶯燕不嫌村。倦眠芳草閑黃犢，靜對幽花倒綠樽。見說弓旌方四出，欲更名姓揜衡門。

月泉吟社原評：田園對起，已占地步，頷聯得闔闢之妙，餘佳。

僧朋

詠魚籃觀音

徒整春風兩鬢垂，子規啼徧落花枝。龍門上客家家是，錦鯉提來賣與誰？禪藻集

吳僧 以下無名釋子

絕句

看了青燈夢不成，東風輥雪落寒聲。半生客裏無窮恨，告訴梅花說到明。錦繡萬花谷

薦福寺僧

絕句

江南江北水雲鄉，千頃蘆花未著霜。好景不將零碎賣，一時分付謝三郎。

梁溪漫志：紹興末，江西一僧，忘其名，住饒州薦福寺。寺傍舊多陂地，寖爲人侵漁，僧自度力不能制，乃謂其徒曰：「寺有主者，所以主張是寺也。坐視地爲他人有而不能直，焉用主者爲？吾甚媿之，今當去矣。」即陞座鳴鼓，集衆高吟云云，遂閉目不語。衆愕眙，視之，已逝矣。

福州僧

絕句

當初只欲轉頭銜，轉得頭銜轉不堪。何似仁王高閣上，倚欄閑唱望江南。

劉後村詩話：福州仁王寺有僧，喜唱望江南。一日，忽題壁曰：「不嫌夫壻醜，亦勿厭深村。但得一回嫁，全勝不出門。」或曰：「此僧欲出世矣。」言于當路，延主一刹。未久，若有不樂者，又題云云。李內翰元善每稱此二絕，倦遊輒曰：「吾欲唱望江南矣。」

蜀僧

賦湖中漁翁

籃裏無魚欠酒錢，酒家門外繫漁船。幾回欲脫蓑衣當，又恐明朝是雨天。西湖志餘

宋詩紀事卷九十四 女冠 尼

錢唐 厲鶚 輯

平湖 陸培 張雲錦 勘定

何仙姑

劉貢父中山詩話云：何仙姑，永州人。不食無漏，世傳其神異。明胡元瑞筆叢云：當是宋初人。

題永州故人亭

全永從來稱舊郡，瀟湘源上構軒新。門前自古有流水，亭上于今無故人。風細日斜南楚晚，鳥題花落東湘春。因公問我昔日事，江左亭名不是眞。

劉斧摭遺：袁夏過永州，見何仙姑曰：「吾鄉有貴人亭，今有故人亭，何也？」仙曰：「此亭名，因選詩有：『洞庭値歸客，瀟湘逢故人』而得之。彼亭非也。」仙作詩云云。

曹仙姑

題梅壇

漢代梅君此錬丹，古壇翠駮蘚花斑。目窮鳥道青天遠，榻轉松陰白日閑。烟隔樓臺分象外，風吹鐘磬落人間。不知乘詔沖昇後，幾度飛鸞到舊山？梅仙事實

李少雲

病中詠梅花

素豔明寒雪，清香任曉風。可憐渾似我，零落此山中。

許彦周詩話：有李氏女者，名少雲，本士族，夫死無子，著道士服，往來江淮間，僕頃年見之金陵。其詩有云：「幾多柳絮風翻雪，無數桃花水浸霞。」無脂澤氣。又喜煉丹砂，大抵類魏伯陽法，而有銖兩加精詳者也。嘗語僕曰：「我命薄，政恐不能成此藥耳。」後二年見之，瘦病骨立。僕問曰：「子丹成欲仙乎？惟甚瘦，則鶴背能勝也。」笑曰：「忍相戲耶？」病中作梅花詩，尋卒。

無著

無著，丞相蘇頌女。年三十出家，參大慧，得悟，號妙總禪師。

絶句

一葉扁舟泛渺茫，呈橈舞棹別宫商。雲山海月都拋卻，贏得莊周蝶夢長。泉南雜記

正覺

正覺，海鹽人。樞密郭三益孫女，適雲間葉氏，早寡，誓節爲尼，居法雲寺。

絶句

春朝湖上風兼雨，世事如花落又開。退省閉門眞樂處，閑雲終日去還來。海鹽縣圖經

宋詩紀事卷九十五

錢唐 厲鶚 輯
仁和 趙一清 勘定

高麗國王王徽

徽字燭幽，顯宗詢第三子。慶曆七年即位，在位三十七年。謚仁孝王，廟號文宗。

東國通鑑：文宗時家給人足，時號太平。宋朝每錫褒賞之命，遼氏歲講慶壽之禮。

記夢

惡業因緣近契丹，一年朝貢幾多般。移身忽到中華地，可惜中宵漏滴殘。石林詩話

韓繳如

繳如，高麗使副。

別葉館伴

泣涕沈瀾欲別離，此生無復再來期。謾將寶玉陳深意，莫忘思人見物時。

石林詩話：高麗自太宗後，久不入貢。元豐初忽遣使來朝，神宗令張誠一館伴。問復朝之意，云其國因契丹誅求，狼籍不能堪。國王嘗誦華嚴經，祈生中國。一夕夢至京師，見城邑宮闕宏麗之甚，覺而慕之，乃爲詩以記。余大觀間館伴，高麗人使者頗修謹詳雅。余撫之既厚，每相感。餞行，自占雲館而別。其副韓繳如，馬上忽使人持一大玉帶贈余。云此實故物，其家世傳以爲寶，今以爲獻。且于笏上自書一詩相別。

朴寅亮

寅亮，元豐中高麗使臣。與金第、李絳孫、盧柳、金化珍等，途中唱和七十餘篇，自編爲西上雜詠。絳孫爲序。

鄭麟趾高麗史：朴寅亮字代天，竹州人，或云平州人。累遷右副承宣，轉禮部侍郎。文宗三十四年，與戶部尚書柳洪奉使如宋。有金覲者，亦在是行。宋人見寅亮及覲所著尺牘、表狀、題詠，稱歎不置。至刊二人詩文，號小華集。

句

塔影到淮沉浪底，磬聲浮月落雲間。門前客櫂洪濤急，竹下僧棋白日閑。泗洲龜山寺　歷代吟譜

澠水燕談云：高麗，海外諸夷中最好儒學，祖宗以來，數有賓客貢士登第者。自天聖後十年，不通中國。熙寧四年，始復遣使修貢。因泉州黄慎者爲向道，將由四明登岸。比至，爲海風飄至通州。謝太守云：「望斗極以乘槎，初離下國；指桃源而迷路，誤到仙鄉。」詞甚切當。使臣御事民官侍郎金第與行。朴寅亮詩尤精。如泗洲龜山寺詩云，「門前客櫂洪濤急，竹下僧棋白日閑」等句，中土人亦稱之。寅亮爲其國詞臣，以罪廢之，復與金第使中國。

魏繼延

繼延爲進奉副使。

句

千仞綵山擎日起，一聲天樂漏雲來。補夢溪筆談

朴景綽

景緯爲主簿。

高麗史：朴景仁，寅亮子，初名景緯，字令裕。力學登科，累官尚書左僕射，參知政事。修國史，致仕，卒。年六十七。謚章簡。

句

勝事年年傳習久，盛觀全屬遠方賓。

補夢溪筆談：元祐六年，高麗使人入貢。上元節，于闕前賜酒。魏繼延、朴景綽皆賦觀燈詩，時有佳句。

李資諒

資諒，高麗仁州人。官中書侍郎平章事。

睿謀殿賜宴恭和御製

鹿鳴嘉會宴賢良，仙樂洋洋出洞房。天上賜花頭上豔，盤中宣橘袖中香。黄河再報千年瑞，緑醑輕浮萬壽觴。今日陪臣參盛際，願歌天保永無忘。

高麗史李子淵傳：資諒奉使如宋。徽宗御睿謀殿，召一人賜宴，作詩示之。資諒卽製進，大加稱賞。

無名子

春帖子

雪痕尚在三雲陛，日脚初升五鳳樓。百辟稱觴千萬壽，袞龍衣上瑞光浮。

徐兢宣和奉使高麗圖經：廣化門，王府之偏門也。榜周易繇辭五字，仍有春帖子云。

咸寧節致語口號

當時瑞色照宮林，和氣濃濃破積陰。香火千家祈國壽，笙歌三部樂賓心。輿酣日影移珠箔，舞罷花枝倒玉簪。須盡清歡酬美景，從容莫訴酒杯深。

宣和奉使高麗圖經：王俁以八月十七日生，謂之咸寧節。其日大會公族、貴臣、近侍于長慶殿。中國賈人之在館者，亦遣官爲館伴。用華夷三部樂，亦有致語，其口號云云。

宋詩紀事卷九十六　無名子

錢唐　厲　鶚　輯
宣城　施念曾　勘定

南鄭殿丞

句

青鳥幾傳王母信，白鵝曾换右軍書。楊文公談苑

太學生

和張乖崖

四窗滅盡讀書燈，窗外唯聞步鐸聲。辜負江山好明月，閑來此地趁虛名。晁氏客語

李善寧子

貧家壁

椒氣從何得？燈光鑿處分。拖涎來藻飾，唯有篆愁君。

清異録：臨川李善寧之子，十歲，能即席賦詩。親友嘗以貧家壁試之，略不構思。拖涎，指蝸牛也。

蜀州録事參軍

句

秋光都似宦情薄，山色不如歸興濃。

夢溪筆談：張忠定知成都，有錄事參軍投牒乞致仕，仍獻一詩云云。忠定稱賞，還牒，禮爲上客。

楊黎州

句

山川百蠻國，雨露九天書。敍至　胡越自爲迢遞國，參商元是別離星。寄遠　剛腸欺竹葉，衰鬢怯蘆花。自詠　人歸漢后黃金屋，燕在盧家白玉堂。春晝　楊文公談苑

陳彭年甥

題黃敕背

彭年頭腦太冬烘，眼似朱砂鬢似蓬。紕繆幸叨三字內，荒唐仍在四人中。取他權勢欺明主，落卻親情賣至公。千百孤寒齊下淚，斯言無路達堯聰。

江南野錄：陳彭年大中祥符間同知貢舉，省牓出，有甥不預選，怒入其第，會彭年未來，于几上得黃敕，乃題其背云云。彭年怒，抱敕入奏。章聖見而不悅，然釋其罪。

錢唐尉

謝杭州守王公

當年同試大明宮，文字雖同命不同。我作尉曹君作相，東君元沒兩般風。

揮麈餘話：王文穆欽若，以故相來守杭州。錢唐一老尉，蒼頭華髮矣，文穆初甚不樂，詢其履歷，乃同年生，惻然哀之，遂封章于朝。詔特改京秩，尉以詩謝之。

幕僚

贈魏野

怪得名稱野，元來性不羣。借冠來謁我，倒屣起迎君。

温公續詩話：野少時未知名，嘗題河上寺柱云：「數聲離岸櫓，幾點別州山。」時有幕僚，本江南文士也，見之大驚，邀與相見，贈詩云云，仍爲之延譽。由是人始重之。

高士

贈种放

接得山人號舍人，朱衣前引到蓬門。莫嫌野蔌無多味，我是三追處士孫。

池北偶談：种放賜告西歸，有一高士，隱居三世，以野蔌一盤、詩一章贈之。

江上漁父

句

十年江上無人問，兩手今朝一度叉。

春渚紀聞：關子東云：范希文常于江上見一漁父，意其隱者也，問姓名，不對，留詩一絕而去，記其兩句。

葛通議

葛通議，丹陽人。侍郎立方之曾祖，失其名。

句

藻思舊傳青管夢，哲科新試碧雞才。乍依平仲蓮花幕，更下溫郎玉鏡臺。

韻語陽秋：蔡君謨娶余祖姑清源君，已而赴漳南幕，余曾祖通議贈詩云云，可謂佳句矣。

李殿丞

李殿丞，氾水人。

餞魏主簿廣席上作

今日不知明日事，人情反覆似車輪。我今自是飄萍客，更向長亭作主人。

聞見前錄：李殿丞，與主簿素相好。嘉祐中，李攝河南倅，檄廣權幕官，相從益歡。監司以燕會數，俱罷歸故官，廣先去，李餞之云云。

曹南院幕客

獻曹南院

賢守新成蓋代功，臨危方始見英雄。三都谷路全師入，十萬胡塵一戰空。殺氣尚疑橫塞外，捷音相繼徧寰中。君王看降如綸命，旌節前驅馬首紅。

後山詩話：曹南院爲秦帥，唃氏方興，舉國入寇，公自出禦之，戰于三都谷，大敗之，唃氏遂衰。其府幕獻云云。

蓮池生

題龍眠畫鬼章率錦膊驄

漢武愛名馬，將軍出西征。蹀血幾百萬，侯者七十人。區區僅得之，登歌告神明。後來龍眠子，心通大

宛城。落筆動九州，俊氣横四溟。迢迢歷萬里，矯首瞻彤庭。不假貳師力，汲黯何庸爭。重譯自朝貢，天王今聖明。（式古堂書考）

縣尉

答舉人索米

五貫九百五十俸，省錢請作足錢用。妻兒尚未厭糟糠，僮僕豈免遭飢凍。贖典贖解不曾休，喫酒喫肉何曾夢。爲報江南癡秀才，更來謁索覓甚甕。

夢溪筆談：嘗有一名公，初任縣尉，有舉人投書索米，戲爲一詩答之。熙寧中，例增選人俸錢，不復有五貫九百俸者，此實養廉隅之本也。

洪浩父

寄子

太學何蕃且一歸，十年甘旨誤庭闈。休辭客路三千遠，須念人生七十稀。腰下雖無蘇子印，篋中幸有老萊衣。歸時定約春前後，免使高堂賦式微。

蓉塘詩話：餘杭進士洪浩，熙寧中游太學，十年不歸。其父作詩寄浩，浩得詩，即日歸養。

陝府知縣

戲書僧房窗紙

爾非慧遠我非陶，何事窗間酒一瓢。僧野避人聊自醉，臥看風竹影蕭蕭。

王暐道山清話：范堯夫帥陝府，有屬縣知縣，因入村，至一僧寺少憩。既飯，步行廊廡間，見一僧房，頗雅潔，闃無人聲，案上有酒一瓢，知縣者戲書一絕于窗紙云云。不知其僧俗家，先有事在縣，理屈作罪。明日，其僧乃截取窗字，黏于狀前訴于府。且曰：「我有施主某人，昨日攜酒至房中，值某不在房。知縣既至，施主走避，酒爲知縣所飲不辭。但有數銀杯，知縣既醉，不知下落。銀杯但有鐫識，今施主追某取之，乞追施主某人與廳吏某人鞫之。」堯夫曰：「爾爲僧，法當飲乎？」杖而逐之。且曰：「果有失物，令主者自來理會。」持其告以示子姪輩曰：「爾觀此，安得守官處不自重？」卽命火焚之，對僚屬中未嘗言及。後知縣者聞之，乃修書致謝。堯夫曰：「不記有此事，自無可謝。」還其書。

楊尚書

與高氏子

十數年來聾耳慣，可將社酒更能醫？一心更願青盲了，免見高家小馬兒。

墨客揮犀：楊某尚書，以耳聾致政，居鄠縣別業。同里高氏，有二子，小字大馬、小馬。一日里中社，小馬攜酒就楊公曰：「此社酒，可治聾。願得侍杯杓之餘瀝。」取牋書與之云云。

王晉卿客

續囀春鶯詩

幾年流落向天涯，萬里歸來兩鬢華。翠袖香殘空浥淚，青樓雲渺定誰家。佳人已屬沙吒利，義士今無古押衙。回首音塵兩沈絕，春鶯休囀沁園花。

西清詩話：王晉卿貶均州，姬侍盡逐。有一歌者號囀春鶯，色藝兩絕，不知流落何許。後三年，內徙汝陰，道過許昌市旁小樓，聞泣聲，晉卿問，乃轉春鶯也，恨不可復得，因賦「佳人已屬沙吒利」一聯，客有足成章云云。

太學生

續徽宗詩

選飯朝來不喜餐，御廚空費八珍盤。人間有味都嘗徧，只許江梅一點酸。

陳郁話腴：徽廟一日幸來夫人閣，偶灑翰于小白團扇，書七言十四字，而天思稍倦，顧在側璫曰：「汝有能吟之客，可令續之。」乃薦鄰里太學生，卽宣入內侍省，恭讀宸製，不知指意，乞爲取旨，或續句呈，或就書扇左。上曰：「朝來不喜餐，必惡阻也。當以此爲詞，以續于扇。」續進，上大喜。會將策士，生未奏名，徑使造庭，賜以第焉。

鄭州書生

絕句

照影空濛山色裏，背人撲漉水禽飛。梅花落盡春寒在，細雨斜風點客衣。

夷堅志云：政和中，兵部侍郎王寀，坐降天神誣罔伏誅。初，寀好延道流，說丹竈神仙事。兄寬，守鄭州，寀往省。鄭有書生能詩，慕寀名，行卷來謁，內有詩云云，寀大稱賞，卽與定交。書生能招紫姑神，每下時，與人晉容相接。攜之至京師，習其術，十得七八，外間喧傳，浸淫達于中禁。時林靈素方得志，朝士多欲寀親幸以傾林，吏部尚書劉昺譽薦尤至。有旨賜對內殿，徽宗爲之前席，約某日卽禁宇邀天神。林遣人通意，欲與共功，寀拒之，林忿且懼。或爲言：「王侍郎何所能，特出于鄭州一秀才耳。」林因請間言于上，謂寀父昔在西邊，嘗與夏人有密約叛國。既而未成，寀將嗣其謀，爲令刺客變服爲道士，伺車駕焚香候神時，將肆不軌，初無上眞降格之事。上疑焉。及某日，寀與書生詣東華，林先語閽卒，止生于外，拘係之，獨寀得入。左右供役，皆小黃門，寀知墮林計，而無策可脫。閱三晝夜，寂無影響，乃執寀幷書生付極刑。

成郎中

舉蒙詩

一牀兩好世間無，好女如何得好夫。高捲珠簾明點燭，試敎菩薩看麻胡。

高齋漫錄：毗陵成郎中，宣和中爲省官，貌不揚而多髯。再娶之夕，岳母陋之曰：「我女如菩薩，乃嫁一麻胡。」命成作舉蒙詩，成乃操筆大書云云。

賈舍人

題壁

愁見干戈起四溟，恨無才術濟生靈。不如痛飲中山酒，直到太平方始醒。

陶朱新錄：靖康間，有賈舍人者，甚儒雅，無金帛子女之蓄，嘗題一絕于壁云。

范　姓

題黃姑織女祠

高飈初至月埋輪，烏鵲橋邊綽約身。聞道佳期唯一夕，因何朝暮對斯人？

中吳紀聞：崑山縣東三十里，地名黃姑。古老相傳云：嘗有織女、牽牛星降于此地，織女以金篦劃河，水涌溢，牽牛因不得渡。今廟之西，有水名百沸河，鄉人異之，爲之立祠，祠中列二像。建炎兵火時，士大夫多避地東岡，有范姓者，經從祠下，題壁間云云。鄉人遂去牽牛像，今獨織女存焉。每至七夕，人皆合錢爲靑苗會，所收之多寡，持杯珓問之，無毫釐不驗。

劉君

劉君，失名，周少隱嘗從學爲詩。

路中遇雪

四野同雲漫不收，停驂一望思悠悠。乍疎還密如人事，易聚難消似客愁。倍費橐金歸酒醆，苦添風色上征裘。驛亭今夕定無寐，淅瀝寒聲未肯休。庚溪詩話

沈某

臞菴

清江繞檻白鷗飛，坐看潮痕上釣磯。松菊未荒元亮徑，芰荷先製屈平衣。窗前楓葉曉初落，亭下鱸魚秋正肥。安得從君理蓑笠，櫂歌相趁入烟霏。吳郡志

余知閣

絕句三首

幾年魂繞浙城西，十里荷花漾錦陂。踏徧兩峯三竺路，又隨青嶂入雲棲。

洛邑名園歌舞沈，亂鴉啼破幾深林。何人學得香山老，千載精廬有梵音。

千里旌旗擁六飛，投簪欲上釣魚磯。無端忽被閑雲引，迴櫂峯前掩竹扉。

雲棲寺志：寺近掘地，得斷碑，題曰「宋隨龍余知閣宅界」，旁有石，隱隱有詩。蓋護蹕南來，因家于此，後捨宅爲寺也。

東都故老

客臨安懷舊都

曾見宜秋輦路門，大書黄榜許游行。漢家寬大風流在，老去西湖樂太平。

清波雜志：歲自元宵後，都人卽辦上池遨遊之盛，惟恐負于春色。當二月末，宜秋門下揭黄牓云：「三月一日，三省同奉聖旨，開金明池，許士庶游行，御史臺不得彈奏。」迨南渡，故老客臨安，泛西湖，懷舊都，作詩云云。煇向見人，每舉此詩。因志于此，以補夢華之遺。

東京夢華錄：三月一日，州西順天門外開金明池瓊林苑，每日教習車駕上池儀範。雖禁從士庶許縱賞，御史臺有榜，不得彈劾。池在順天門街北，周圍約九里三十步，池西直徑七里許。入池門内南岸，西去百餘步，有面北臨水殿，車駕臨幸，觀争標錫宴于此。往日施以綵幄，政和間用土木工造成矣。又西去數百步，乃仙橋，南北約數百步，橋面三虹，朱漆欄楯，下排雁柱，中央隆起，謂之「駱駝虹」，若飛虹之狀。橋盡處五殿，正在池之中心，四岸石甃，向背大殿，中坐各設御幄，不禁游人。殿上下回廊皆關撲錢物飲食伎藝人作場，勾肆羅列左右。遊人還往，荷蓋相望。橋之南立欞星門，門裏對立綵樓。每争標作樂，列妓女于其上。門相對街南有甎石甃砌高臺，上有樓觀，廣百丈許，曰寶津樓，樓前至池門，闊百餘丈，下瞰仙橋水殿，車駕臨幸，觀騎射百戲于此。

錢唐士人

寄友

江漲橋邊花發時，故人曾共著征衣。請君莫唱橋南曲，花已飄零人不歸。

酬友

認得吳家心字香，玉窗春夢紫羅囊。餘薰未歇人何許，洗破征衣更斷腸。

能改齋漫錄：近有士人，嘗于錢唐江漲橋爲狹邪之游。後朝廷復收河南，士人陷而不返，其友作詩寄之，且附以龍涎香。士人在河南得詩，酬之。

太學士人

絕句

萬鴿飛翔繞帝都，朝昏收放費工夫。何如養取雲邊雁，沙漠能傳二聖書。

古杭雜記詩集：高宗紹興間，宮中養飛鴿，每日羣飛于外。太學士人作詩以諷，其詩流入大內，高宗惻然，自是宮中不復畜鴿。

錢唐軍人

弄潮詩

弄罷江潮晚入城，紅旗颭颭白旗輕。不因會喫翻頭浪，爭得天街鼓樂迎？

夢粱錄：八月潮怒，勝于常時。十八日，帥座出郊，教習水軍。杭人有無賴之徒，以大綵旗、小青涼傘、紅綠小傘兒，各繫色繡段子滿竿，伺潮出海門，百十爲羣，執旗泅水，以迓子胥。向有前輩作詩云云。

左　君

題秦檜賜宅

格天閣在人何在？偃月堂深恨亦深。不見洛陽圖白髮，但知郿塢積黃金。直言動便遭羅織，舉目寧知有照臨。炙手附炎俱不見，可憐泥滓滿牆陰。

容齋三筆云：左君，天台士人，頗有才，最善譃。居西湖上，好事請謁，人或畏其口，後竟終于布衣。

淳熙太學生

誚陳賈

周公大聖猶遭謗，伊洛名賢亦被譏。堪歎古今兩陳賈，如何專把聖賢非？

李心傳道命錄：淳熙十五年，監察御史陳賈論道學欺世盜名，乞加擯斥。時太學諸生爲之語云云。

洞庭漁父

絶句

八十滄洲一老翁，蘆花江上水連空。世間多少乘除事，良夜月明收釣筒。

夷堅志：卓彦恭嘗過洞庭，月下有小漁舟過其旁，卓呼問：「有魚否？」應曰：「無魚有詩。」卓喜曰：「願聞一篇，可乎？」其人鼓枻高吟曰。

常省元

書園契上趙倘書

乾坤到處是吾亭，機械從來未必眞。覆雨翻雲成底事，清風明月冷看人。蘭亭禊事今非晉，桃洞神仙也笑秦。園是主人身是客，問君還有幾年身？

夷堅志：江西趙倘書宅，與常省元相接，百計取之而不可得。一日，常作一詩，書契逡之云云。趙得詩，不敢受券，即日還之。

化州郡守

化州

羅川帶郭古南州，陵水環城小庾樓。雲淡青林無過雁，雨晴丹荔集鳴鳩。叨榮銅竹三經夏，勸課農桑屢有秋。好趁湍流下吳會，章臺無柳繫歸舟。（方輿勝覽）

高安太守

判幸元龍求免役詩後

松垣筆力破滄溟，欲援任濤免稅丁。一段風流好公案，錦江重寫入圖經。

豫章詩話：任濤，筠州人，唐咸通中進士，與鄭谷俱稱十哲。常侍李騭見其詩有「露團沙鶴起，人臥釣船流」之句，特與免役。鄉民訟之，騭判云：「江西界內有詩似濤者，並與免役。」宋高安幸元龍，字震甫，號松垣，嘉泰間進士，有氣節，以詩援任濤例求免稅丁。太守判云云。震甫通判鄂州，上書雪濟邸冤，屏廢而卒。

開禧朝士

獻韓平原生日

本是神仙服日華，而今癯瘁爲王家。槐龍影轉朝方退，閑卻南園一院花。（後村詩話）

開禧宗子

題客邸

策蹇衝風怯曉寒，也隨舉子到長安。路人莫作親王看，姓趙如今不似韓。

西湖志餘：侂胄當軸，黜陟朝紳，權移人主。時有天族就試南宫者，題詩客邸云云。

開禧牧童

歌

朝出耕田暮飯牛，林泉風月共悠悠。九重雖羨阿衡貴，爭得功名到白頭？

昨非菴日纂：侂胄過南園山莊，趙師羼偕行。至東郊别墅，宛然鄉井，見林薄中一牧童歌云云。趙呵曰：「平章在此，誰敢唐突！」跡牧童至草廬，屏上有詩云：「玉津園内行天討，怨血空啼杜宇紅。」後韓爲史誅于玉津園。

韓院判

詠迎春黄胖

脚踏虚空手弄春，一人頭上兩安身。忽然綫斷兒童手，骨肉都爲陌上塵。

龐元英談藪：韓侂胄暮年，以冬月攜家游西湖，畫船花輿，徧覽南北二山之勝。末乃宴于南園，族子院判與焉。席間，有獻牽絲傀儡爲土偶負小兒者，名爲「迎春黄胖」。韓顧族子：「汝名能詩，可詠之。」即承命作絕句云云，韓大不樂，不終宴而歸，未幾禍作。

齋舍生

題韓侂胄甲第

掀天聲勢祗冰山，廣廈空餘十萬間。若使早知明哲計，肯將富貴博清閑？

花柳依然弄晚風，才郎袖手去無蹤。不知郿塢金多少，爭似廬門席不重？

白獺髓：韓侂冑平原甲第，即瑞石北阜爲第，開禧末罪逐後改爲寺。監齋舍生有題二絶于壁云云。

嘉定太學生

題三賢堂

和靖東坡白樂天，幾年秋菊薦寒泉。如今往事都休問，且爲官司趁酒錢。

鶴林玉露：嘉定時，于西湖三賢堂賣酒，太學生題詩，府尹聞之，媿而止。

邦　俊 失其姓

題王司理持平堂

淑問臯陶晞在泮，奉公不撓幕中參。仰思弼敎刑明五，深念求情法以三。虞詡爲卿宜有自，于公比德蓋無慚。圜空草茂庭柯緑，行詠甘棠踵召南。詩律武庫

適安散人

題趙千里夜潮圖

寂寞江頭夜風急，怒濤捲起千堆雪。一輪兔魄騰巨光，激起金虬高萬尺。沙頭宿雁理羽衣，忽聞潮聲不知歸。縱横亂影向天末，一一點破秋光飛。誰人輕用造化筆，寫出此景不遺一。眼明絹素見天巧，長江大海來小室。靜對眞成聽潮聲，我亦詩腸如雷鳴。捲卷不知身所在，猶覺眼底風濤生。

式古堂畫考：明葉進昇云：「趙千里夜潮圖，卷末多宋嘉定人題詠，皆不著姓名。」

名山樵子

題趙千里夜潮圖　款書嘉定三祀首夏望後三日

八月錢塘江上水，風靜波平淸澈底。夜半潮聲帶月來，沙頭眠雁還驚起。何人一幅鵝溪絹，畫出長江千萬里。莫道波聲靜不聞，請君默坐聊傾耳。式古堂書考

太學生

送袁侍郎

天眷頻年惜挂冠，誰令今日遠長安？舉幡莫遂諸生願，祖帳應多行路難。去草豈知因害稼，彈烏何事御驚鸞。韓非老子還同傳，憑仗時人品藻看。

白獺髓：嘉定間，金虜交攻，廷臣有以和戰守三策爲言者。是時胡槼侍郎專主和議，四明袁燮侍郎與胡公廷爭，專主戰守，仍以笏擊胡公額，遂下侍從臺諫集議。後袁君以此辭歸，太學諸生作詩以送之。

檦

日谿按：負暄野錄二卷，嘉定中名檦者所著，失其姓。元大德三年茅雲山鈔本。

賦孫生春膏紙

膏潤滋松雨，孤高表竹君。夜磪寒擣玉，春几瑩鋪雲。越地雖呈瑞，吳天乃策勳。莫言名晚出，端可大斯文。

負暄野錄：吳人取越竹，以梅天水淋，晾令稍乾，反覆硾之，使浮茸去盡，筋骨瑩徹，是爲春膏。其色如蠟，其光可鑑，故吳箋近出，遂與蜀產抗衡。吳門孫生造春膏紙，尤造其妙，余嘗賦詩云云。

太學蘊道齋生

絕句

朝來池上有新事，火急報敎同舍知。昨夜雨餘春水滿，白鷗飛下立多時。

鶴林玉露：太學蘊道齋有小池，忽一鷗飛來，容與甚久。一同舍生題詩云云，讀者賞其蘊藉。

朝　士

和徐淵子九日

呼兒爲我整烏紗，不是無心學孟嘉。要摘金英滿頭插，明朝還是過時花。鶴林玉露

川　官

題都下僦樓

朝看貝葉牢籠佛，夜禮星辰取奉天。呼召歸來聞好語，初三初四亦欣然。

貴耳集：一川官在都乞差遣，留三四年，題一詩在僦樓之壁。初三初四，二僕也。因此詩傳播京下，遂得缺而去。

北來人

題襄陽光孝寺壁

干戈未定欲何之，一事無成兩鬢絲。蹤跡大綱王粲傳，情懷小樣杜陵詩。脊令信斷雲千里，烏鵲驚飛月一枝。安得中山千日酒，陶然直到太平時。

貴耳集：辛卯歲，北來人數百輩，暫寓于襄陽府光孝寺，有一人題詩于壁云云。

太學生

刺賈似道

昨夜江頭長碧波，滿船都載相公鹺。雖然要作調羹用，未必調羹用許多。

西湖志餘：似道令人販鹽百艘，至臨安賣之，太學生有詩。

仙村人 月泉第四名

春日田園雜興

芳草東郊外，疎籬野老家。平疇一尺水，小圃百般花。青箬閑耕雨，紅裙鬬采茶。村村寒食近，插柳徧檐牙。

原評：頷聯十字，一毫不費力，自與黏泥體者不同。餘見雜興。

東湖散人 月泉第四十三名

同上

物色天成畫不如，東風又到野人廬。蜜蠭辛苦供常課，科斗縱横學古書。小雨杏花村問酒，淡烟楊柳巷巾車。汀洲水暖蘆芽長，更買扁舟伴老漁。

原評：前聯得詠物之工，後聯句法亦好，末見雜興。

感興吟桐江 月泉第四十八名

同上

兒結蓑衣婦浣紗，暖風疎雨遶桑麻。金桃接種連花藥，紫竹移根帶筍芽。椎鼓踏歌朝祭社，賣薪挑菜晚回家。前村犬吠無他事，不是搜鹽定榷茶。

原評：此詩無一字不佳。末語雖似過直，若使采詩觀風，亦足以戒聞者。

九仙人寓杭 月泉第五十五名

同上

軒裳一夢斷塵寰，桑柘陰陰靜掩關。種秫已非彭澤縣，采薇何必首陽山。因憐社鼓剛催老，轉覺儒冠不負閑。君看浣花堂上燕，芹泥雖好亦知還。

原評：前聯就事，映帶田園，次聯韻度迥別，末尤有趣。

桑柘區金華 月泉第五十六名

同上

粟爵瓜官嬾覬覦，生涯雲水與烟腴。晚風一笛麥秧隴，春雨半鋤桑柘區。可是樊遲宜請學，肯教陶亮歎將蕪。斜陽芳草關情處，更把新詩弔石湖。

原評：起四字絕佳，二聯分明見田園，惜尾句弔字太過。

柳州 月泉社中人，第五十七名。

同上

東風生意鬧，農圃正宜勤。稻種開包曬，苗衣譜畝分。疇西曉耕雨，舍北暮鋤雲。莫待荒三徑，歸與陶令君。

原評：二聯見田園，分明。第四句最好，曬字欠工。

草堂後人古杭　月泉第五十八名

同上

桑眼已開芳晝長，西疇東墅足相羊。麥風初暖燕爭壘，林雨初晴蛙滿塘。野老新衣逢社喜，山妻椎髻爲蠶忙。紛紛遊騎看花去，誰識吾家舊草堂。

原評：第二句入田園，快便。前聯絶好，後半篇意順。

君瑞桐江　月泉第五十九名

同上

白粉牆頭紅杏花，竹槍籬下種絲瓜。廚烟乍熱抽心菜，篝火新乾捲葉茶。草地雨長應易墾，秧田水足不須車。白頭翁媪閑無事，對坐花陰到日斜。

原評：此眞雜興詩，起頭便見作手。

青山白雲人居杭　月泉第六十名

同上

昨夜東風雨一犂，曉晴鄰巷共熙熙。遮門媵喜有桑柘，輸國不憂無繭絲。小婦餉耕因廢織，老夫觀社忽成詩。眼前物物是生意，卻恨淵明歸計遲。以上月泉吟社原評：頷聯語意深，頸聯尤雋。

番陽布衣

書中山驛壁

回頭四十五年非，無賴秋光滿客衣。可惜吳中蓴菜好，陸機張翰不同歸。

谷音云：番陽布衣有書中山驛壁云：「回首萬里，歲晚何言。」云云。番陽布衣題。

瀟湘漁父

絕句

高枕形骸外，空江何限情。落葉不成調，半夜起秋聲。

谷音云：崔瑫晚泊湘江，淡烟微月，有客歌而過之。追問居與名，置其釣竿，長嘯而去。

閩清野人

絕句

偶與雲水會，不與雲水同。雲散水流去，杳然天地空。

谷音云：僧惠了行閩清谷中三日，到一空舍，稍憩。有一人荷鋤來，便向壁熟睡。僧既尋路還，他日再往，已焚其舍，惟斫樹白而書之。

嘲王隨　以下俱無姓名

誰謂調元地，翻成養病坊。但見僧盈室，寧憂火掩房。

江鄰幾雜志：王隨作相，病已甚，好釋氏，時有獻嘲者云。

題公館壁

猛風拔大樹，其樹根已露。上有寄生草，青青猶未寤。法藏碎金

丁晉公清眞香歌

四兩元參二兩松，麝香半分蜜和同。丸如芡子金爐爇，還似千花噴曉風。河南陳氏香譜

題關西驛舍

弧星熒熒照寒野，漢馬蕭蕭五陵下。廟堂不肯用奇謀，天子徒勞聘賢者。萬里危機入燕薊，八方殺氣衝靈夏。逢時還似不逢時，已矣吾生眞苟且。

中山詩話：景祐中，羌人叛，詔遺士獻方略，率皆得官，或題云云。

景祐中添張祜詩

天章故國三千里，學士深宮二十年。殿院一聲河滿子，龍圖雙淚落君前。

涑水紀聞：景祐四年鎖廳，人最盛，開封府投牒者至數百人；國子監及諸州者不在焉。是時，陳堯佐爲宰相，韓億爲樞密副使。既而解牓出，堯佐子博古爲解元，億子孫四人皆無落者。衆作河滿子以嘲之。先是天章閣待制范仲淹坐言事左遷饒州；王官待制王宗道因奏事，自陳爲王府官二十年不遷，詔改龍圖閣學士，權三司使。王博文言于上曰：「臣老且死，不復得望兩府之門。」因涕下，上憐之，數日，遂爲樞密副使。當時輕薄者，取張祜詩，益其文以嘲之。

題麻姑壇記

五百年來別恨多，東征重得見青蛾。擘麟方擬窮懽喜，不奈閑人背癢何。

隱居詩話云：皇祐中，江西有一事，與蔡經事正類，或題麻姑壇記以嘲之。

獻韓魏公

是非莫問門前路，得失須憑塞上翁。引取碧油紅旆去，鄴王臺畔醉春風。

幕府燕閑錄：韓魏公初罷相，出鎮長安，或獻詩云云，即請守相州。

石刻詩

雨滴空階曉，無心換夕香。井桐花落盡，一半在銀牀。

許彦周詩話：嘉祐中，河濱漁者網得小石，石上刻一小詩，不知誰作。

嘲同州

三春花發惟樗樹，二月鶯啼是老鴉。江鄰幾雜志

和蔡君謨題壁韻

長垂玉筯殘妝臉，肯爲金釵露指尖。萬斛閑愁何日盡，一分眞態更難添。

郁氏書畫題跋記：東坡云：僕在錢唐，一日，謁陳述古，邀余飲堂前小閣中，壁上小書一絶，君謨眞迹也。又有人和云云。二詩皆可觀，後詩不知誰作也。

贈日本僧寂照禮天台山

滄波泛瓶錫，幾月到天朝。鄉信日邊斷，歸程海面遥。秋泉吟裏落，霜葉定中飄。爲愛華風住，扶桑夢自消。王氏談録

題寢宫詩

農桑不擾歲常登，邊將無功吏不能。四十二年如夢過，東風吹淚灑昭陵。

復齋漫録：此詩題于寢宫，不著姓名，宜表而出之。

村舍題壁詩

人間無漏仙，兀兀三杯醉。世上無眼禪，昏昏一枕睡。雖然沒交涉，其奈略相似。相似尚如此，何況眞箇是！

苕溪漁隱叢話：東坡云：「余官鳳翔，見村邸壁上書數句，余愛而誦之。」

絶句

訓釋詩書日月明，紛紛法令下朝廷。不知心本緣何事，苦勸君王用肉刑。

每媿先生道絶倫，古來歸美是忠臣。門人李漢眞堪罪，何用垂編示後人。

侯鯖録：介甫熙寧初首被選擢，得君之專，前古未有。罷政歸金陵，作日録七十卷，前朝舊德大臣及當時名士不附已者，詆毁至無一完人者。其間論法度有不便于民者，皆歸于上；可以垂耀于後世者，悉已有之。故建中靖國之初，諫官陳瓘極力論其壻蔡卞之惡曰：「安石臨終，戒其家焚之，悔其作也。卞留之，至紹聖間作尚書右丞，盡編之裕陵國史中，遂行之。」瓘所謂邀私史而壓宗局是也。士大夫忠憤者有詩云云。

句

細草行滕路，垂楊席帽風。明道雜志

嘲張師雄

昨夜陰山賊吼風，帳中驚起蜜翁翁。平明不待全師出，連著皮裘入土空。

隱居詩話：「昨夜陰山吼賊風，帳中驚起紫髯翁。平明不待全師出，連把金鞭打鐵驄。」不知何人之詩，頗爲邊人傳誦。有張師雄者，居洛中，好以甘言悅人，晚年尤甚，洛人目爲蜜翁翁。會官于塞外，一夕，傳胡騎犯邊，師雄倉惶震恐，衣皮裘兩重，伏于土穴中。秦人呼土窟爲土空，無名子因改前詩以嘲之云。

士人詩

西出潼關客路迷，一葫蘆酒一篇詩。葫蘆酒盡興未盡，坐看春山春盡時。范元實詩眼

題相國寺壁

終歲荒蕪湖浦焦，貧女戴笠落柘條。阿儂去家京洛遙，驚心寇盗來攻剽。

楓窗小牘：荆公柄國時，有人題詩寺壁，人皆以爲夫出憂荒亂也。及荆公罷相，子瞻召還，諸公飲蘇寺中，以此詩問之。蘇曰：「于貧女句，可以得其人矣。終歲，十二月也，十二月爲青字。荒蕪，田有草也，草田爲苗字。湖浦焦，水去也，水旁去爲法字。女戴笠，爲安字；柘落木條，剩石字；阿儂是吳言，合吳言爲誤字；去家京洛爲國；寇盗爲賊民。蓋言：『青苗法安石誤國賊民』也。」

題扇上畫小兒迷藏

誰翦輕紈織巧絲，春深庭院作兒嬉。路郎有意嘲輕脫，只有迷藏不入詩。

過庭錄：無名子從魯直學，大進，題扇云云。蓋路德延小兒詩，不及迷藏也。

嘲王禹玉丞相

太師因被子孫煎，身後無名只有錢。喏喏佞翻王介甫，奇奇歆殺宋昭宣。嘗言井口難爲戲，獨坐中書不記年。東府自來無土地，便應正授不須權。

王直方詩話：王禹玉丞相既亡，有無名子作詩嘲之云云。其家經府指言張山人作，府中追張山人至曰：「你怎生作詩嘲他大臣？」張曰：「某自來多作十六、十七字詩，著題詩某吟不得。」府尹笑而遣之。

回文四首

紅窗小立低聲怨，永日春寒斗帳空。中酒落花飛絮亂，曉鶯啼破夢悤悤。

同誰更倚閑窗繡，落日紅扉小院深。東復西流分水嶺，恨乘愁續斷弦琴。

寒信風飄霜葉黃，冷燈殘月照空牀。看君寄憶回文錦，字字縈愁寫斷腸。

前堂畫燭殘凝淚，半夜清香舊惹衾。烟鎖竹枝寒宿鳥，水沉天色霽橫參。苕溪漁隱叢話

回文三首

春晚落花餘碧草，夜涼低月半枯桐。人隨遠雁邊城暮，雨映疎簾繡閣空。

紅手素絲千字錦，故人新曲九迴腸。風吹絮雪愁縈骨，淚灑縑書恨見郎。

羞看一首回文錦，錦似文君別恨深。頭白自吟悲賦客，斷腸愁是斷弦琴。

苕溪漁隱叢話：東坡後集有題織錦圖上回文三首，淮海集載東坡跋云：「余少時見一江南本，其後有人題詩十餘首，皆奇絕，今記其三首。」然則此詩非東坡所作也。少游又云：「子瞻記江南所題詩本不全，嘗見之，記其五絕，今以補子瞻之遺。」即叢話前集所載回文詩五首是也。世以爲少游所作，亦非也。

黃山

三十六峯高倚天，瑤臺金闕貯神仙。嵩陽若與黃山比，猶少靈砂一道泉。

苕溪漁隱叢話：圖經載：黃山舊名黟山，東峯下有硃砂湯泉，熱可點茗，春時即色微紅，昔人詩云。

宣聖墓

靈光殿古生秋草，曲阜城荒噪晚鴉。惟有孔林殘照裏，至今猶屬仲尼家。山東通志

臨江驛舍二詩

李白當年謫夜郎，中原不復漢文章。納官贖罪何人在？壯士悲歌淚兩行。

晉公功業冠皇唐，吏部文章日月光。千載斷碑人膾炙，不知世有段文昌。

侯鯖錄：紹聖中，貶東坡，毀上淸宮碑，令蔡京別撰。有人過驛，題二詩，不書姓名。

沿流館中詩

簾卷窗穿戶不扃，隙塵風葉亂縱橫。幽人睡足誰呼覺，攲枕牀前有月明。

東坡跋云：紹聖中，有人得此詩于沿流館中，不知何人詩也。今錄之以益篋笥之藏。

宮詞二首

迎春燕子尾纖纖，拂柳穿花掠翠簷。聞道蘂宫三十六，美人爭爲捲珠簾。

蓬萊風促水紋斑，月甃風廊數百間。雲外蹕聲穿嶺去，行宫簇馬望驪山。西清詩話

崇寧中題廣陵驛木槿花

朝炊不及黔，暮車不生角。故應庭下花，無人見開落。風月堂詩話

戲題林靈素畫像

當日先生在市廛，世人那識是眞仙。只因學得飛昇後，雞犬相隨也上天。

竹坡詩話：道士林靈素，以方術顯于時，有附之而得美官者頗多，至今有驕色，或作詩云云。

政和癸巳刻石詩

萬里區區學宦游，江南江北幾時休。朝來作別殷勤語，爲謝多情黄栗留。金陵祈澤山志

題宗室存道畫鴛鴦浦溆圖

睡足鴛鴦各欲飛，水花菽岸兩三枝。多情公子因乘興，寫出江春日暖時。

宣和畫譜：宗室仲僴，字存道，長于宫邸，不以塵俗累其意。雅好繪畫，雖寒暑不捨。每歲都城士大夫有園圃者，花開時必縱人游觀。仲僴或載酒行樂，初無緣飾，汎然于遊人中，以筆篋粉墨自隨，偶遇興來，見高屏素壁，隨意作畫，或求則未必應也。嘗于華陽郡主王憲家林亭間作鴛鴦浦溆，頃刻而就，至于設色，唯輕淡點綴而已，觀者無不賞激，有人題詩云云。

題太行山石壁

太行千里連芳草，獨酌一杯天地小。醉臥花間人不知，黃鶯啼破春山曉。陶朱新錄

題嵩山峻極中院法堂壁

一團茅草亂蓬蓬，驀地燒天驀地空。爭似滿爐煨榾柮，慢騰騰地熱烘烘。

許彥周詩話：宣和癸卯，僕遊嵩山峻極中院，法堂後簷壁間有詩云云。其傍隸書四字云：「勿毁此詩。」寺僧指示曰：「此四字司馬相公親書也。」

靖康初洛陽城陷作

藝祖憲章誰□道，迎門乒乒有人開。淸晨山後九州沒，日落河頭萬騎來。地近蓬蒿堆白骨，巷無人跡長蒼苔。可憐司馬碑猶臥，誰念伊公一笛哀？三朝北盟會編

題汴京天淸寺壁 靖康間

空餘綠綺琴，嬾把新聲寫。不見臨邛人，誰是知音者？庚溪詩話

題台州金鼇峯祥符寺壁

黃幄當年駕舳艫，東浮鯨海出三吳。中興事業風波惡，好作君王坐右圖。

雲麓漫抄：高宗建炎三年十二月，航海東來，曾幸此寺。御坐一竹椅，寺僧今別造，以黃蒙之，有人題壁云云。

紹興丁丑詩

何處難忘酒，南宮放牓時。有才如杜牧，無勢似章持。不取通經士，先收執政兒。此時無一盞，何以展愁眉？

清波雜志：紹興丁丑，章持魁南省，時有詩。

嘲朱希眞

少室山人久挂冠，不知何事到長安。如今縱插梅花醉，未必王侯著眼看。

二老堂詩話：朱希眞，洛陽人，以浙東提刑致仕，居嘉禾。秦丞相欲令希眞教秦伯陽作詩，遂落致仕，除鴻臚少卿，蓋久廢之官也。或作詩云云。蓋希眞舊有鷓鴣天云：「自是清都山水郎，天教嬾慢帶疎狂。曾批給露支風敕，累奏留雲借月章。詩萬首，醉千場，幾曾著眼看侯王。玉樓金闕慵歸去，且插梅花醉幾場。」故以此譏之。

題關中驛壁

鼙鼓轟轟聲徹天，中原廬井半蕭然。鶯花不管興亡事，妝點春光似昔年。

庚溪詩話：紹興庚申、辛酉，河南、關陝之地暫復。有自關中驛舍見題二絶云云。

題劉武信題名後

一入侯門海樣深，漫留名字惱行人。夜來髣髴高唐夢，猶恐行人意未眞。

清波雜志：劉武信自柯山赴召，記歲月于仰高亭上，末云：「侍兒意眞代書。」後有人題云云。

題崇安分水驛壁

江南三月已聞蟬，麥熟梅黄繭作綿。料得故園烟雨裏，輕寒猶作勒花天。庚溪詩話

句

一色樓臺三十里，就中何處覓孤山？南渡題西湖　清波雜志

題嚴陵釣臺

范蠡忘名載西子，介推逃蹟累山樊。先生政爾無多事，聊把漁竿坐水村。庚溪詩話

題陽羨溪亭壁

碧雲亭上碧雲飛，竟日迴環面翠微。梅萼破香知臘盡，柳梢含緑認春歸。風前古澗琴三疊，雪後羣峯玉一圍。遥想上人清太甚，水精宫裏説禪機。庚溪詩話

題溧陽郵亭壁

十年棄微官，歸來事鋤耰。扁舟訪安期，要覔如瓜棗。不知膏粱珍，惡食亦自好。田園苦無多，生理但草草。濁酒時一尊，孤斟從醉倒。庚溪詩話

句

大柄如歸手，蝨蝨莫浪飛。嚴陵士人詠扇句　庚溪詩話

句

行滿三千我四千，功成八百我九百。

庚溪詩話：陳桷待制，紹興中嘗從諸大將爲謀議官，頗好修養之方，且自以爲得道。嘗題其所居曰：「神仙多是大羅客，我比大羅超一格。」有輕薄續其後云。

寒亭　在荆州玉泉山

朔風凛凛雪漫漫，未是寒亭分外寒。六月火雲天不雨，請君來此凭闌干。方輿勝覽

上太師公相四首 并序

某頓首百拜上啓：切以道欲興周，嵩岳遂生于申伯；運將啓漢，昴星爰降于酇侯。眷我聖朝，起茲人傑。偶垂弧之盛旦，屬偃革之昌期。天祐賢生，時爲國賀。恭惟太師公相，明堂一柱，滄海六鼇；儲二水之英姿，稟三山之秀氣。抗義不屈，同杵臼之立孤；仗節言旋，邁子卿之出使。大講一時之利，爰交二國之歡。反隗馭于慈寧，天顏有喜；收太阿于密宥，兵柄難搖。興禮樂而牖俗于中和，設庠序而域民于禮義。是宜集開國承家之統，□加地進律之恩，錫甲第以安居，駐屬車之臨幸。凡茲偉觀，足爲美談。某舊出陶鎔，遠瞻牆仞，攀鱗附驥，際休運之半千；滌硯薰毫，頌大功之數十。仰祈椿算，媿瀆鈞嚴。某下情無任悚懼之至。詩曰：

地靈人傑産忠良，瑞靄龍蟠虎踞鄉。天欲中興神降岳，世將嘉靖弼生商。和羹早報梅花信，壽酒先飛柏葉觴。笑指山南成帶礪，龐眉與國等綿長。

交歡鄰國獨推誠，不顧流言斷必行。直欲生靈躋壽域，聊將干舞解平城。坐扶國祚齊箕翼，立挽天河洗甲兵。和議一成夷夏福，蒼生擊壤永昇平。

談笑能令國勢彊，一時忠義凜秋霜。挽回隗馭臨長樂，直把鴻勳紀太常。問寢東朝宮殿曉，來庭北使塞垣長。輔成孝悌光寰宇，竹帛仍傳萬世芳。

手扶日月補圓穹，錫第庸旌再造功。樂奏鈞天迎騎擁，詩歌湛露宴堂豐。屬車臨幸龍顏喜，拔宅飛昇帝眷隆。燕雀非惟依托計，華夷億兆賴帡幪。　播芳大全

舒州下寨驛中詩

北堂無老信來稀，十載秋風雁自飛。今日滿頭生白髮，千山鄉路爲誰歸。

侯鯖錄：王性之云：余以永感之人，讀之垂涕。

題驛壁

記得離家日，尊親囑付言。逢橋須下馬，過渡莫爭船。雨宿宜防夜，鷄鳴更相天。若能依此語，行路免迍邅。

侯鯖錄：宗希鵬舉言：見一驛壁上有詩云云，此征途藥石也。余愛之，每以示子孫。

陶公醉石

五字高吟酒一瓢，廬山千古想風標。至今門外青青柳，不爲東風肯折腰。周必大廬山後錄

句

啼月杜鵑喉舌冷，宿花蝴蝶夢魂香。

優古堂詩話：黄季滂嘗言，一士人詩云云。

油污衣

一點清油污白衣，斑斑駁駁使人疑。縱饒洗徧千江水，爭似當初不污時？

容齋三筆：予甫十歲時，過衢州白沙渡，見岸上酒店敗壁間，有題詩兩絕，其名曰：犬落水、油污衣。犬詩太俗，不足傳。獨後一篇，殊有理致。是時甚愛其語，今六十餘年，尙歷歷不忘。

嘲京仲遠

一在廬陵一豫章，文忠文穆兩相望。大家飛上梧桐樹，自有旁人說短長。

四朝聞見錄：歐陽子謚文忠。京丞相鏜，以善事韓平原，亦謚文忠。後以公論謂不宜以謚歐陽者謚鏜，改文穆。無名子作詩云云。

嘲趙師𢍰詩

堪笑明廷鵷鷺，甘作村莊犬雞。一旦冰山失勢，湯燖鑊煮刀刲。

古杭雜記詩集：韓侂胄作南園于吳山，有所謂村莊者，竹籬茅舍，宛然田家氣象。侂胄游其間，甚喜，曰：「狀得絕似，但欠雞鳴犬吠耳。」既出，忽聞莊中雞犬聲，令人視之，則府尹趙師𢍰也。時有詩云云。

感開禧事

自古和戎有大權，未聞函首可安邊。生靈肝腦空塗地，祖父魂讎共戴天。晁錯已誅終叛漢，於期未遣尚存燕。廟堂自謂萬全策，卻恐防胡未必然。

齊東野語：開禧北伐，侂胄既誅，王柟、葉時請通謝于金，函侂胄首以往。識者殊不謂然，有爲詩云云。

題壁

白塔橋邊賣地經，長亭短驛甚分明。如何祇說臨安路，不較中原有幾程？

古杭雜記：驛路有白塔橋，印賣朝京里程圖，士大夫往臨安，必買以披閱。有人題壁云云。

題太和樓壁

太和酒樓三百間，大槽晝夜聲潺潺。千夫承糟萬夫甕，有酒如海糟如山。銅鍋鎔盡龍山雪，金波湧出西湖月。星宫瓊漿天下無，九醞仙方誰漏泄。皇都春色滿錢塘，蘇小當壚酒倍香。席分珠履三千客，後列金釵十二行。一座行觴歌一曲，樓東聲斷樓西續。就中茜袖擁紅牙，春葱不露人如玉。今年和氣光華夷，遊人不醉終不歸。金貂玉麈寧論價，對月逢花能幾時？有箇酒仙人不識，幅巾大袖豪無敵。醉後題詩自不知，但見龍蛇滿東壁。

武林舊事：和樂樓：昇暘宫南庫；和豐樓：武林園南上庫；中和樓：銀甕子中庫；春風樓：北庫；太和樓：東庫；西樓：金文西庫；太平樓、豐樂樓、南外庫、北外庫、西溪庫，已上並官庫，屬戶部點檢所，每庫設官妓數十人，各有金銀酒器千兩，以供飲客登樓之用。每庫有祗直者數人，名曰「下番」。飲客登樓，則以名牌點喚侑樽，謂之「點花牌」。元夕，諸妓皆併番互移他庫。夜賣各戴杏花冠兒，危坐花架。然名倡皆深藏邃閣，未易招呼。往往皆學舍士夫所據，外人未易登也。

歸州竹枝詞

人鮓甕頭波放顛，兩岸青山青插天。篙師力盡客破膽，茅屋老翁方醉眠。以上前賢小集拾遺

弔梅聖俞墓

贏得兒童叫夫子，可憐名位只都官。

娛書堂詩話：梅聖俞因劉原甫戲言之讖，竟終于都官，葬在宣城，俗呼爲梅夫子墓。弔之者有句云云。

禽言二首

剛道故鄉如許好，其如遊子不歸何？自從五柳先生死，空染千山淚血多。子規

蠶簇方成四月初，鳥能早計巧相呼。誰知機杼聲纔息，已有王官來索租。著新脫故

娛書堂詩話：客有誦禽言二詩，句意皆工，惜失姓名。

興化沙溪驛題壁

沙溪祇是舊沙溪，今日重來路欲迷。獨有暮鴉知我意，白雲深處盡情啼。荊溪林下偶談

釣臺

生涯千頃水雲寬，舒卷乾坤一釣竿。夢裏偶然伸隻脚，渠知天子是何官。鶴林玉露

題項羽廟

嬴秦久矣酷斯民，劉入關中又火秦。父老莫嗟遺廟毀，咸陽三月是何人？

古杭雜記：項羽廟，在臨安近郡三衢十八里樟戴市。市人失火，延及斯廟，人有詩云。

題岳陽飛吟亭 呂仙遺蹟

覓官千里赴神京，鍾老相傳蓋更傾。未必無心唐事業，金丹一粒誤先生。

鶴林玉露云：余酷愛其旨趣，蓋夫子告沮溺之意也。

書眞西山生祠壁

舉世知公不愛名，湘人苦欲置丹青。西天又出一活佛，南極今成兩壽星。幾百年方鍾間氣，八千春願祝修齡。不須更作生祠記，四海蒼生口是銘。

湖海新聞：眞西山帥長沙，郡人爲立生祠。一夕，有人大書一詩于壁間云云。

題采石蛾眉山

一島烽烟斡怒流，然犀捉月兩悠悠。蛾眉中劃三千丈，不著人間半點愁。前賢小集拾遺

答陳蒙索賦梅花

影搖溪脚月猶冷，香滿枝頭雪未乾。只爲傳家太清白，致令生子亦辛酸。

蓉塘詩話：宋國學正陳蒙，輕財尙義，家世清白。一日，有布衣持紙扇來謁，上書云：「出韻不駐思。」蒙以酸字爲韻，令賦梅花，輒應聲云云。蒙大悅，厚贈之。

規史相

前身元是覺闍黎，業障紛華總不迷。到此更須睜著眼，好將慧力運金鎚。

西湖志餘：史彌遠，丞相浩之子，鄞人也。初浩與覺長老善，問曰：「和尙與我孰好？」覺見其羅綺爛盈，粉黛環列，漫曰：「丞相富貴好，老僧何敢比也。」既自省曰：「此一念差，終當墮落泥滓。」一日，浩坐廳上，見覺突入中堂。茶頃，報後院弄璋，浩默然，知爲覺也，遂以覺爲小名。及長，名之曰彌遠。彌遠當寧宗朝，韓侂胄以用兵起釁，彌遠遂上疏力詆，帝嘉之。尋又贊廢濟王，立理宗，理宗德之，寵任日劇。相兩朝，二十六年，權震海內，時人作詩規之云云。

德興邑廨石刻詩二首

仕宦之身，天涯海畔。行商之身，南州北縣。不如田舍，長拘見面。門無官府，身卽強健。麻麥徧地，猪羊滿圈。不知金貴，唯聞粟賤。夏新絹衣，秋新米飯。安穩眠睡，直千直萬。

我田我地，我桑我梓。只知百里，不知千里。我飢有糧，我渴有水。百里之官，得人生死。孤兒寡婦，一張白紙。入著縣門，寃者有理。上官不嗔，民即歡欣。上官不富，民免辛苦。生我父母，養我明府。苗稼萋萋，曷東曷西。父母之鄉，天子馬蹄。游宦紀聞

淳祐中詩

合抱長材臥壑深，于今惟恨不空林。誰知廣廈千斤斧，斲盡人間孝子心。

癸辛雜識：淳祐庚戌春，創新寺于西湖之積慶山，改九里松舊路，輪奐極其壯麗。既而給賜賈妃閻氏爲功德院，且賜山園田畝。建造之初，內司分司分遣吏卒，市木于郡縣，旁緣爲奸，望青採斫，鞭笞追逮，雞犬爲之不寧。雖勳臣舊輔之墓，皆不得而自保，或作詩諷之。其後恩數加隆，雖御前五山，亦所不逮。

嘲鄭安晚

光範門前雪尺圍，火雲燒蓋晚風吹。堪嗟淳祐重來日，不似端平初相時。里巷誰同司馬哭，番夷肯爲孔明悲。青山化作黃金塢，可惜角巾歸去遲。

癸辛雜識：鄭清之，字德源，號青山，又號安晚，爲穆陵舊學。端平初相，聲譽翕然，及淳祐再相，已耄及之。政事多出其姪孫太原之手，公論不與。辛亥冬祈雪，得雷電大作，而清之薨于位，時有詩云。

淳祐癸丑詩

南省覶圖喪一名，補闈又試萬人英。兩重門閾如天險，十有七人倒地橫。誰設秦阬來貢院？枉教唐士夢登瀛。雲山萬里家何在？月白風清鬼哭聲。

湖海新聞：宋淳祐癸丑，臨安試監，補者天下無慮數萬。蹂踐而死者十有七人，省試亦喪一人。當時有詩云云。

句

空使蜀人思董永。恨無漢劍斬丁公。

宋季三朝政要：寶祐四年，董槐罷相，時丁大全爲監察御史，奏槐，章未下，先調臨安府隅兵百餘人，圍其第，以臺牒驅迫出之。時有詩云云。

題衢州驛舍

千夫荷擔在山阿，膏血如何有許多？不若扁舟竟歸去，休從清獻墓前過。

蓉堂詩話：趙清獻公墓，在衢州城東北四十五里。景定間，林存爲潭州帥，罷歸，道衢，調千夫荷擔，經墓旁，疲甚，因相與語：「趙清獻公一琴一鶴，那有許耶？」或聞之，題詩驛舍云。

江右旅邸題壁

有約未歸蠶結局，小軒空度牡丹春。夜來揀盡鴛鴦繭，留織春衫寄遠人。佩韋齋輯聞

絕句

收拾乾坤一擔擔，上肩容易下肩難。勸君高著擎天手，多少傍人冷眼看。

古杭雜記：理宗庚申，賈似道初入相時，有人作詩云云。

逆旅題壁詩

山行險而修，老我驂且羸。獨驅六月暑，躡此千仞梯。世故不貸人，牽去復挽歸。茗盌參世味，甘苦常

相持。白雲抱溪石，令人心愧之。豈無趺坐處，逸固不療飢。大叫天上人，涼風爲吹衣。詩人玉屑

嘲賈似道

三分天下二分亡，猶把山川寸寸量。縱使一丘添一畝，也應不似舊封疆。

古杭雜記：理宗朝，嘗欲行推回田畝之令，有言而未果。至賈似道當國，卒行之，有人作詩云云。

佩韋齋輯聞云：「棄淮棄蜀棄荆襄，卻把江南寸寸量。量得畝頭多一尺，尺頭能有幾多長？」與此小異。

詠蝶

□□□□□□□，一叢浮動戲蘭芽。裁成碧玉搔頭樣，畫作黃金便面花。閑過樓臺飛盡日，又因風雨宿誰家。兒童愛把襜褕撲，驚起雙雙貼綵霞。

深雪偶談：余曩憩吳山，偶吳僧舉似四韻，歲久忘其首句，亦忘爲誰氏所作。

刺賈似道

厚我藩垣長彼貪，不然銜璧小邦男。廟堂從諫眞如轉，竟用先生策第三。

錢塘遺事：咸淳間，汪紫原立信于襄危之際，以書抵賈相陳三策，一謂：內地何用乎多兵，宜盡抽之以過江，可得六十萬，或百里、或二百里置一屯，皆設都統，七千里江面，纔三四十屯，設兩大藩府以總攝之，緩急上下流相應。二謂：久拘使者在京湖何益？不如遣使偕行，啗緩其師期。三謂：若此兩說不可行，惟有準備投拜。賈得書大怒，諷臺諫罷紫原歸金陵。不數月，北兵渡江，九江以下皆失守。時人有詩云云。

題蕪湖夢日亭

樓船犀甲下荆州，蜂目將軍駐碧油。虎帳覺來驚日墮，龍媒斲去逐星流。姦萌問鼎終何在？計落遺鞭始可羞。幽草亂花荒故壘，無人能作晉春秋。梅磵詩話

代意

懊惱鴛鴦未白頭，卻尋遺翠失芳洲。離魂暗逐明珠佩，遠目偏傷紫桂樓。湘水渺瀰歸別渚，隴雲容與澹新秋。萱花若有重開日，得見萱花亦自羞。

書西湖雷峯雲講主草書

雲師一生耽作草，銀鐵蟠空覷天巧。老來逸氣未全平，筆底鋒鋩猶獨掃。開關勇士爭赴敵，劍戟弓戈奮相繚。睡龍沒起求頷珠，劃木抓嵒紛怒爪。風雷喧豗撼坤軸，飛電交横印清沼。忽然天宇變空澄，千丈孤峯立寒峭。張顛驚號智永泣，剝筋椎骨爲君飽。恨予不習草書訣，九轉枯腸祇自攪。雲師雲師汝誠能，春蚓秋蛇幾時了。何如認取主人翁，破衲蒙頭紙窗曉。以上詩永

譏賈平章

戎馬掀天動地來，襄陽城下哭聲哀。平章束手全無策，卻把科場惱秀才。

西湖志餘：御史陳伯大奏立士籍，似道毅然行之。凡應舉及免舉人，州縣給籍一通，親書年貌世系，及所肄業于籍首，執以赴舉。過省參對筆跡異同，以防僞濫。時人有詩譏之云云。

山丹花

亭下佳人錦繡衣，滿身纓絡綴明璣。晚來銷歇無尋處，花已飄零露已稀。

煙紅露綠曉風香，燕舞鶯啼春日長。誰道使君貧月老，繡屏錦帳咽笙簧。

人間花木眼曾經，未識斯花狀與名。丹卻青山暮春色，續他紅樹墜時英。

望仙花

風捲朱簾挂玉鉤，綵雲開處望仙儔。姸姿不逐春風去，日照斜暉上小樓。

玉手爐花

習習東風二月餘，此花宜近玉庭除。美人雲鬢不宜插，獻與觀音作手爐。

散水花

盈枝點綴雪花鮮，環映淸流分外姸。應是東君歸騎速，不知墜下玉絲鞭。

孩兒花

纖穠初見似嬌癡，鼓舞春風三月時。何事自開還自落，可憐造化亦兒嬉。

含笑花

薄薄沈熏骨，英英玉煉烟。惱人風味別，斗帳夢中間。以上全芳備祖

絕句

天目山前水齧磯，天心地脈露危機。西周浸冷觚棱月，未必遷岐說果非。

古杭雜記：度宗甲戌，天目山崩，京城騷動。時有建遷蹕之議者，未幾宋鼎移，有人作詩云云。

和湯仲友弔賈秋壑故居

榮華富貴等浮花，膂力難勝國爪牙。漢世但知光擁立，唐朝誰識杞姦邪？綺羅化作春風蝶，弦管翻成夜雨蛙。縱有淸漳人去也，碧天難挽紫雲車。西湖志餘

刺賈秋壑詩

深院無人草已荒，漆屏金字尚輝煌。底知事去身宜去，豈料人亡國亦亡。理考發身端有自，鄭人應夢杲何祥。臥龍不肯留渠住，空使晴光滿畫牆。

事到窮時計亦窮，此行難倚鄂州功。木棉菴上千年恨，秋壑堂中一夢空。石砌苔稠猨步月，松庭葉落鳥呼風。客來未用多惆悵，試向吳山望故宮。

山房隨筆：賈秋壑敗師亡國後，有人刺以詩云云。

題賈似道養樂園

老壑曾居葛嶺西，遊人誰敢問蘇隄？勢將覆餗不回首，事到出師方噬臍。廢圃更無人作主，敗垣惟有客留題。算來祇是孤山好，依舊梅花伴月低。山房隨筆

古碑文詩

乾淳老人氣岳岳，破冠穿履行帶索。撑腸拄肚書萬卷，臨風欲言牙齒落。

浴湣云：揭大中云：或漁于潭，得片石，字十數行，率磨滅，僅識得二十八字。意幽人憤世之作，不合于時，故沈之以俟知者。

棲雲閣詩

倚天危閣貼重岡，細路縈紆石磴長。曲磵碧流疏宿雨，夾山紅葉助斜陽。

白鶴觀題壁

仙人未必皆仙去，還在人間人不知。手把白髦從兩鹿，相逢聊問姓名誰？

裴公亭

裴相亭成未退身，空煩舞袖與歌塵。至今亭上蕭蕭竹，似對西風怨主人。以上四朝詩

宋詩紀事卷九十七 妓女

錢唐厲鶚輯
吳毛德基
錢唐金農勘定

單氏

單氏，一作華氏，成都妓。

句

帝王師不得，日月老應難。送陳搏 吟窗雜錄

温琬

琬字仲圭，本姓郝氏，良家子。父歿，流爲陝倡。通翰墨，尤長于詩。蔡子醇訪得三十篇。

寄遠

小花靜院東風起，燕燕鶯鶯拂桃李。斜倚紅牆卜遠人，樓外春山幾千里。

郡守命賦香篆

一縷祥烟綺席浮，瑞香濃膩遶賢侯。還同薄命增惆悵，萬轉千回不自由。以上青瑣高議

周韶

韶，杭妓。

求落籍

隴上巢空歲月驚，忍看回首自梳翎。開籠若放雪衣女，長念觀音般若經。

侯鯖錄：蘇東坡云：杭州營籍周韶，多蓄奇茗，常與君謨鬭，勝之。又知作詩。子容過杭，陳述古飲之，韶泣求落籍，子容曰：「可作一絕。」韶援筆立成云云。韶時有服，衣白，一座嗟歎，遂落籍。同輩皆有詩送之，胡楚、龍靚者最善，固知杭人多慧也。

胡楚

楚，杭妓。

絶句

不見當時丁令威，年來處處是相思。若將此恨同芳草，卻恐青青有盡時。後山詩話

送周韶落籍

龍靚

靚，杭妓。

送周韶落籍

淡妝輕素鶴翎紅，移入朱闌便不同。應笑西園舊桃李，強勻顏色待東風。侯鯖錄

獻張郎中

天與羣芳十樣葩，獨分顏色不堪誇。牡丹芍藥人題徧，自分身如鼓子花。

後山詩話云：張子野老于杭，多爲官妓作詞，而不及靚。靚獻詩云云，子野遂爲作詞。

桃花流水本無塵，一落人間幾度春。解佩暫酬交甫意，濯纓還作武陵人。侯鯖錄

周氏

周氏，古田妓。

春晴

嚮然飛過誰家燕，驀地香來甚處花。深院日長無箇事，一瓶春水自煎茶。

贈陳筑

夢和殘月過樓西，月過樓西夢已迷。喚起一聲腸斷處，落花枝上鷓鴣啼。

夷堅志：陳筑字夢和，莆田人。崇寧初登第，爲福州古田尉。至官，惑一倡周氏，周能詩，嘗以詩贈筑，首句蓋寓筑字也。

胡文媛

文媛，汴妓，歸河東茹魁。

句

卻有一端宜恨處，開花相背有何功。

續青瑣高議：文媛云：「物之同本者，開花則相背，況二姓結一生之好，能無反覆乎？」

楚娘

楚娘，建昌妓，後歸三山林茂叔。

桂花

丹桂迎風蓓蕾開，摘來斜插竟相偎。清香不與羣芳並，仙種原從月裏來。吟堂詩話

盈　盈

吳妓，事詳王山詩後。

寄王山

枝上差差緑，林間藪藪紅。已歎芳菲盡，安能尊俎空。君不見銅駝茂草長安東，金鑣玉勒雪花驄。三十年前是俠少，纍纍昨日成衰翁。幾時滿飲流霞鍾，共君倒載夕陽中。夷堅志

謝金蓮

答趙生紅梨花詩

本分天然白雪香，誰知今日卻濃妝。秋千院落溶溶月，羞覩紅脂睡海棠。彤管遺編

梁意娘

述懷

蹤跡浮萍落五湖，一番相別一番孤。不知此去從何處，還許春風得見無？彤管遺編

蘇小娟

小娟，錢唐妓。

答趙倅

君住襄江妾住吳，無情人寄有情書。當年若也來相訪，還有於潛絹也無？

武林紀事：太學生趙不敏，與妓蘇盼奴狎。赴官三載後，有祿俸餘資，囑其弟趙院判遺盼奴，且言盼奴妹小娟俊雅，可謀致之，佳耦也。院判至錢唐，則盼奴一月前死矣。小娟亦爲盼奴所歡以於潛官絹誣扳繫獄。院判言于府倅，倅召出之，付以所遺物。小娟自謂不識院判何人，及拆書，惟一詩，小娟默然。倅命和之，援筆書云云。倅喜，免其償絹，脫籍歸院判偕老焉。

襄陽妓 以下無姓名

襄陽妓，建隆年中人。

送武補闕

弄珠灘上欲銷魂，獨把離懷寄酒尊。無限烟花不留意，忍教芳草怨王孫。能改齋漫錄

老妓

題太平興國寺壁

曾趁東風看幾巡，冒霜開喚滿城人。殘脂剩粉憐猶在，欲向彌陀借小春。

楓窗小牘：淳化三年冬十月，太平興國寺牡丹紅紫盛開，不踰春月，冠蓋雲擁。有老妓題詩云云，其妓遂復車馬盈門。

臨川妓

郡守席上作

同是天邊侍從臣，江頭相遇轉情親。瑩如臨汝無瑕玉，暖作廬陵有脚春。五馬今朝成十馬，兩人前日壓千人。便看飛詔催歸去，共坐中書秉化鈞。

夷堅志：張安國守臨川，王宣子解廬陵郡印歸，次撫。安國置酒，招郡士陳漢卿參會。適散樂一妓言學作詩，漢卿語之：「太守呼爲五馬，今日兩州使君對席，便成十馬。汝體此意，作八句。」妓凝立良久，即高吟云云。安國歎賞竟日，賞以萬錢。

宋詩紀事卷九十八　乩仙　女仙

錢唐　厲鶚　輯
歙　畢照冰　勘定

欽宗

帝諱桓，徽宗皇帝長子。大觀五年，立爲皇太子。宣和七年，詔嗣位，改元靖康，在位二年。金人圍汴，脅上皇及帝北行。康王即位于南京，遥上尊號曰孝慈淵聖皇帝。紹興三十一年，帝崩，問至，上尊謚曰恭文順德仁孝皇帝。廟號欽宗。

降筆

星袍玉帶落邊塵，幾見東風作好春。因過江南省宗廟，眼前誰是舊京人？

齊東野語：向嘗于貴家觀降仙，叩其姓名，不答，忽作薛稷體大書一詩云云。捧箕者大驚，知爲淵聖降也。

馬巫父

巫父，弋陽人。玉華山地仙，胡天放降仙作詩。

絶句

玉樓雲淡曉光浮，中有飛仙駕鶴游。下界此時方睡熟，誰尋紫氣問青牛。志雅堂雜鈔

三茅眞人

三茅眞人，胡天放降仙作詩。

絶句

深深門巷老翁家，自洗銅瓶浸杏花。喚起承平當日夢，令人轉憶舊京華。志雅堂雜鈔

鄭文選

文選，胡天放降仙作詩。

九洞

拖露搏風海嶠來，觚棱寂寂自樓臺。春光不比承平日，淚眼看花薦一杯。志雅堂雜鈔

張君有

君有，眉山書房吏人。胡天放降仙作詩。

蘭渚

光轉東風弄曖天，永和人物尚依然。誰憐納佩淒涼客，倚策愁吟楚澤邊。志雅堂雜鈔

方武裘

武裘，莆人，劉潛夫之友。胡天放降仙求賦，自稱大陽洞主。

詠筆

貌出中山肯欲仙，何人拔穎縛尖圓。拙夫堪笑堆成冢，豪客曾聞掃似椽。窗下玉蜍涵夜月，几間雪繭湧春泉。當時定遠成何事？輕擲毛錐恐未然。志雅堂雜鈔

王大圭

大圭，江寧人。胡天放降仙作詩。

絕句

六朝盛事總成塵，結綺樓前草自春。一曲後庭何處覓，空留月伴倚闌人。志雅堂雜鈔

乩仙

詠萍

點點青青浮野塘，不容明月照滄浪。風吹雨逐沙泥上，燕子銜來遶畫梁。全芳備祖

吉州紫姑

詠手

笑折櫻桃力不禁，時攀楊柳弄春陰。管弦曲裏傳聲慢，星月樓前斂拜深。繡幕偷回雙舞袖，綠窗閑整小眉心。秋來幾度挑羅襪，爲憶相思放卻針。夷堅支志

鄧氏紫姑

詠衣領二首

小巋雲羅雪色明，香煤隨意作眞行。新詩便是班昭戒，勝卻閑書座右銘。

時樣新裁鬬色衣，不將綵線縷花枝。殷勤只要詩仙句，繡出分明一段奇。

桃花

武陵溪上舊時花，兩岸晴紅爛彩霞。試問劉郎緣底事？花開時節未還家。以上夷堅志

斜橋紫姑

詠觿

寒巖雪壓松枝折，班班剝盡青虯血。運斤巧匠斲削成，劍脊半開魚尾裂。五湖仙子多奇致，欲駕神舟探仙穴。碧雲不動曉山橫，數聲搖落江天月。

齊東野語：紹興斜橋客邸，有請紫姑者，命觿爲題，賦詩云云。

紫姑神

句

簾卷滕王閣，盆翻白帝城。詠雨　許彥周詩話

周瑤英

瑤英，芙蓉城女仙。

別王子高

久事屛帷不暫閑，今朝離思倚闌珊。臨行惟有相思淚，滴在羅衣一半斑。王梅溪蘇詩注引王子高傳

無名女仙

三絕句

柳條金嫩不勝鴉，青粉牆頭道韞家。燕子未來春寂寞，小窗和雨夢梨花。

松影侵壇琳觀靜，桃花流水石橋寒。東風吹過雙蝴蝶，人倚危樓第幾闌？

屈曲闌干月半規，藕花香澹水漪漪。分明一夜文姬夢，只有靑團扇子知。

癸辛雜識：董無益所記，友人姚天澤亦喜此。

宋詩紀事卷九十九

神鬼　物怪

錢唐厲鶚輯　歙吳震生勘定

福州社神

投蔡君謨

遠入青青疊疊峯，峯前眞宰讀書宮。半巖冷落高宗雨，一枕淒涼吉甫風。烟鎖豹眠閑霧露，井凋鳳宿舊梧桐。九龍山下英雄氣，盡屬君家世冑中。

墨莊漫錄：蔡君謨作福守日，有一書生投詩來謁，君謨異之。尋令人伺其所歸，至一山下，忽不見，四顧無人，唯一社屋爾，意其社神也。

金華神

別吳生

羅襪香消九九秋，淚痕空對月明流。塵埃不見金華路，滿目西風總是愁。

崔伯易金華神記：汴人有吳生者，以娶宗女，得官于三班。嘉祐中，罷高郵，迺寓其家于治所，而獨與兄子南適錢塘。道出晉陵，艤舟于望亭堰下。是夜，月明風高，生乃危坐舷上。久之，忽有緋衣披髮，持刃炬自竹林間出者，後引一女子，冠玉鳳冠，曳蛟綃文錦之衣，顏色甚麗，而年十八九耳。生見而驚。俄頃至岸側，回叱緋衣者曰：「可去矣，無久留也。」于是滅炬泣拜去。女子即登舟，面生坐，謂生曰：「見向來緋衣者乎？此君之夙仇也，而索君且數十年矣，乃今方得之，第以我故得免。不然，今夕君當死其手。」生聞，益驚駭不自安。女子笑曰：「君怯耶？」即以金縷衣覆肩上，生稍安，乃問曰：「若神歟？其鬼耶？」女子曰：「我非人，亦非鬼，蓋金華神也。過去生中，嘗與君爲姻好，故相救耳。」遂相與入舟中，取酒共飲，其言笑諧謔，悉如常人然。生誠曰：「毋高聲，恐兄子知之。」女子曰：「我聲特君可聞，他人雖厲聲亦不能聞也。」至明起，謂生曰：「舟檝已有曉色，勢不能久留，當與君子訣矣。君後十年遊華山日，多置朱粉，于路隅梧桐下揚之。雖然，君今不可終此行，恐復有不濟也。」因索筆題詩一章，書已，輒復流涕歔欷而去。明日，思其言，遂回棹，不復南去。

謝中舍

詠落花

流水難窮目，斜陽易斷腸。誰同砑光帽，一曲舞山香。

東坡志林：寇元弼言：徐州通判李陶，有子年十七八，素不善作詩，忽詠落花詩云云。父驚問之，若有物憑附者，自云是謝中舍。問砑光帽事，云：「西王母宴羣仙，有舞者帶砑光帽，帽上簪花，舞山香一曲，曲未終，花皆落去。」

無名神

降于鄭洚家吟詩

忽然湖上片雲飛，不覺舟中雨溼衣。折得蓮花渾忘卻，空將荷葉蓋頭歸。陸游避暑漫抄

淮瀆龍女

贈張孝和

落帆且泊小沙灘，霜月無波淮上寒。若向江湖得消息，爲傳風水到長安。

詩話總龜：張孝和，關中人。淳化壬辰游淮南，被酒入淮瀆龍女祠，忽簾中有婦人邀而置酒，贈詩一絕。孝和告去，回顧唯古祠敗舍而已。

散花天女

夢中戲秦少游

不知水宿分風浦，何似秋眠借竹軒。聞道詩詞妙天下，廬山對眼可無言。

冷齋夜話：秦少游南遷，宿廬山宮亭湖廟下，登岸縱望久之。歸臥舟中，聞風聲，側枕視微波月影縱横，追憶昔常宿雲老借竹軒，見西湖月色如此，遂夢美人。自言維摩詰散花天女也，以維摩詰像來求贊。少游愛其畫，默念曰：「非道子不能作此。」天女以詩戲少游云云。

夢中宮女

抛毬曲

侍燕黄昏曉未休，玉階夜色月如流。朝來自覺承恩最，笑倩傍人認繡毬。

隋家宫殿鎖清秋，曾見嬋娟颺繡毬。金鑰玉簫俱寂寂，一天明月照高樓。此首見侯鯖錄

堪恨隋家幾帝王，舞裀揉盡繡鴛鴦。如今重到抛毬處，不是金爐舊日香。

沈括夢溪筆談：福州士人李慎言，字希古，嘗夢至一處水殿中，觀宫女戲毬，山陽蔡繩爲之傳，敍其事甚詳。有抛毬曲十餘詞，皆清麗，今獨記兩闋。

西華寶懿夫人

遺王子霞

靈臺本淸風，花草相葳蕤。宮深藏白日，金堂吐華輝。彈棋玉局寒，鬬草珠露晞。閬苑多美人，形飛心不移。醉眼憑春風，惟有胡蝶知。如何忽相失，負我雲際期。而今才鬢脚，迤逦秋婦絲。紫情祕消息，行雲住無時。世間苦寂寥，空此隨盛衰。

玉照新志：王綸字子霞，其家嘗有神降，自稱西華寶懿夫人，年二十餘，絕色也。其形或見，有詩以遺子霞。

燕華君

贈王綸

君爲秋桐，我爲春風。春風會使秋桐變，秋桐不識春風面。

中山詩話：海陵人王綸女，輒爲神所憑，自稱燕華君，字善數品，形製不相犯。吟雪詩云：「何事月娥欺不在，亂飄瑞葉落人間。」說云：「天上有瑞木，花六出。」他詩句詞意飄逸，類非世俗可較。題金山云：「濤頭風卷雪，山脚石蟠蚪。」嘗謂綸爲淸非儒子，贈詩云云。居數歲，神舍女，女懵然無知，嫁爲廣陵呂氏妻。

湘　妃

題廟中

碧杜紅蘅縹緲香，冰絲彈月弄新涼。峯巒向曉渾相似，九處堪疑九斷腸。

許彥周詩話：有客泊廟前，夜半偶不寐，見輿衛入廟中，置酒鼓琴，心悸不敢窺。殆明方散，隱隱絕水浮空去，因入廟，見詩四句，墨色猶未乾。

玉源靈源桃源三夫人

中秋月

金風時拂袂，氣象更分明。不是月華別，都緣秋氣清。一輪方極滿，羣籟正無聲。曉魄沈煙外，人間萬事驚。玉源夫人

高秋渾似水，萬里正圓明。玉兔步虛碧，冰輪輾太清。廣寒宮有路，桂子落無聲。吾館無弦彈，棲烏莫要驚。靈源夫人

金吹掃天幕，無雲方瑩然。九秋今夕半，萬里一輪圓。皓彩盈虛碧，清光射玉川。瑤尊休惜醉，幽意正綿綿。桃源夫人

詩話總龜：陳純字元朴，莆田人，因遊桃源，中秋遇玉源、靈源、桃源三夫人。玉源令純舉中秋月詩，純言一聯云：「莫辭終夕看，動是隔年期。」桃源曰：「意雖佳，但不見中秋作，七月十五夜亦可。」三夫人因作詩云云。純有和桃源之作。

石恪鬼

送雷殿直

衡陽去此正三千，一路程途甚坦然。深邃門牆三楚外，清風池館五峯前。西邊市井來商客，東岸汀洲簇釣船。公退只應無別事，朱陵後洞看神仙。

雅言雜載：恪，西蜀人，善畫，尤長于山水禽魚，亦攻歌詩。開寶中，王師下西蜀，遣名畫入京，恪在其數。宣于相國寺畫壁，工畢乞歸，出京道卒。雍熙元年，殿直雷承昊奉命之衡陽，與恪遇于公舍，達曉分攜，爲詩送承昊。行數里，方思恪已卒。及到任，風物一如詩言。

盧多遜鬼

題壁

南斗微茫北斗明，喜聞窗下讀書聲。孤魂千里不歸去，辜負洛陽花滿城。

澠水燕談：多遜謫死朱崖，旅殯海上。後其子坌扶柩歸葬江陵佛舍，壁上有詩云云。

晁簡鬼

贈梁固

死生離別最堪悲，相對無言淚滿衣。歎我已歸泉下去，羨君新向月中歸。長鞭乍見騰夷路，折翼終難繼迅飛。珍重故人當聖代，早持鈞軸入黃扉。

詩話總龜：晁奉禮簡，故宮保內翰之次子也，與梁固少小硯席之至善。大中祥符二年，固狀元及第，授青州倅，時奉禮榮侍在闕下。是年冬末，梁方之任，去青兩驛，夜夢晁來相謁，手攜白扇，上有七言詩一首云云。覺詩起，執手悲泣而別，倏然滅，乃急走僕錄所得詩入京師，訪其安否。宮保開讀之，大慟曰：「品格眞吾兒作。」夢之夕，乃簡亡之日也。

韶州西軒鬼

題壁

吾儕今日會嘉賓，滿酌洪鍾酒數巡。狼籍薰風不知曉，荔枝又是一番新。

青瑣高議：治平二年，長沙趙琪郎中作廣東提刑，公宇在韶州西軒，有荔枝數本，非常繁實。盛夏方熟，琪將召刺史燕賞，一夕皆空，皮核滿地。琪深訝之，乃開西軒，軒之西壁有詩一絕云云。覘餘，方知荔枝爲鬼所竊耳。二廣人多傳異之。

夢中少年

侑酒歌

人生開口笑難逢，富貴榮華總是空。惟有隋隄千樹柳，滔滔依舊水流東。

陶朱新錄：吏部侍郎陳彥修，有侍姬曰小姐，氣羸多病，睡則多異夢。宣和間，一夕，夢少年挾升酒樓，少年執板，歌以侑酒，覺猶能記云。

聶昌鬼

題壁

星流一箭五心摧，電掣雙眸兩臂開。車馬踐時頭似粉，烏鳶啄處骨如灰。父兄有感空垂淚，子弟無知不舉哀。回首臨川歸未得，冥中空築望鄉臺。

豫章詩話：聶昌字賁遠，元名賁，字遠山。靖康中登政府，出知絳州，遇害。紹興中，張殊自北歸，過絳驛，見壁間有血書一詩，時以爲聶之精魂所作。

趙汝言鬼

絕句

彈指紅塵二十年，歸來瀛海浩無邊。夢魂相遇因隨念，珍重前生兄弟緣。

暌車志：趙汝言字允之，死已數年，有遺女佳子。淳熙乙未冬，佳子暴疾，其兄謙之憐其幼孤，念之甚至。夢至一所，高闕長廊，金碧輝煥，汝言在其間，題詩于壁云云。顧語曰：「佳子已無恙，以兄念至。緣因念結，故得暫相遇耳。」謙之慟哭而覺。

史彌遠鬼

示子婦

冥路茫茫萬里雲，妻孥無復舊爲羣。早知泡影須臾事，悔把恩讎抵死分。

西湖志餘：彌遠死已久，一夕，其家聞叩門聲曰：「丞相歸。」舉家駭匿。比入門，燈轎紛紜，升堂即席，子婦皆出羅拜，訊慰平生，歷歷囑家事，索紙筆題詩云云。

統制吳源鬼

示柳春

疋馬南歸望古城，半林殘雨夕陽明。雲邊岫接秦山色，樹裏河流漢水聲。墜淚有碑苔色古，攔街無曲酒旗橫。那堪回首成陳迹，笳鼓西風愴客情。

荆門紀略：源赴援襄陽戰沒。後襄爲元有，道路始通。州人柳春過襄陽，宿于荒村，夜間偶步，見一武士，仗劍披甲，從者數百人，其威凜肅。春驚且避，武士呼曰：「君不識我耶？吾里人吳源也。兵救襄城，死于王事，上帝嘉吾忠義，命爲神矣。君歸，幸白于吾家。若不信，可示以鐵券。」按劍朗吟云云，遂擲鐵券而沒。春歸，訪其家白之，並出所投鐵券，鄉里始知源之盡節云。

巴峽鬼

絕句

秋徑塡黃葉，懸崖露草根。猨聲一叫斷，客旅數重魂。

詩話總龜：建隆初，有人行巴峽，夜泊江涘，忽聞詠詩云云。及曉訪之，但空山邃林，有脚迹長二尺許。

東平鬼

題竹間

墓前古木號秋風，墓尾幽人萬慮空。惟有詩魂銷不得，夜深來訪竹溪翁。

竹坡詩話：東平王興周爲余言：東平人有居竹間，自號竹溪翁者。一夕，有鬼題詩竹間云云。

周公埠鬼

上羅令

白雲分兩片，秋月正揚輝。惆悵江頭暮，無船不可歸。

饒州府志：羅必元，咸淳中爲餘干令。有客被賊謀死于周公埠，其魂以狀告，無字，照之有詩云云。必元曰：「此必姓段名明者。」捕得服罪。

樊若水女鬼

寄夫

楚水平如練，雙雙白鳥飛。金陵幾多地，一去不言歸。

李昌齡樂善錄：鍾輻，年少負才傲物，樊若水愛其才，以女妻之。女亦才質雙盛。輻登第，方得意，買一妾自侍，命曰青箱，所在狂放，久不歸。一日過城，邑令延留飲于樓上，輻醉臥，忽夢其妻以一詩怨責。翌日歸至采石，妾忽暴死。及抵家，樊已死數月矣。

李季萼鬼

季萼字英華，開封李長卿女。縉雲人傳其詩，有英華集三卷。

春日述懷

園林簇簇日暉暉，白蝶黃蜂自在飛。公子醉眠芳草岸，風移花片點春衣。

句

醒酒清風搖竹去，催詩小雨過山來。

耆舊續聞：元豐中，縉雲令開封李長卿女，慧性過人，姿度不凡。染疾而逝，殯于邑之仙巖寺三峯閣。李公罷，因昇歸。宣和庚子，青溪寇起，焚燎無遺，惟三峯閣獨存，主簿以爲廨舍。濟南王傳慶及內表曹頴偕來，館曹于廳治之東。一夕，有女子扣扃而至，與語，皆出塵氣。詰其姓氏，曰：「開封李長卿女，季萼其名，英華其字，辟穀有年，身輕如羽。知子鰥居，故來相慰。」唱和殆無虛日。曹有親陳觀察，挽之從軍，將就道，英華與訣曰：「妾與君之緣斷矣。子宿緣寡淺，塵業未償，他日當有兵難。敬授靈香一瓣，有急當爇以告，當陰有所護。不然，亦無如之何也。」

曹公勇爲朔方之行，不意獲譴麾下。追惟英華之言，欲取所遺香爇之，軍行無宿火，卒正法。

柳氏鬼

別陶氏子

仲冬二七是良時，江下無緣與子期。今日臨歧一杯酒，共君千里遠相離。

異聞總錄：嘉興令陶彖，有子得疾奇甚，形色語笑，非復平日，彖患之。會天竺辨才法師元淨適以事至，彖素聞其名，即詣謁，具狀告曰：『兒始得疾時，一女子自外來相調笑，久之俱去，稍行至水濱。且言曰：「仲冬十一月，二七之期，月盈之夕，車馬來迎。」今去妖期逼矣，未知所處，願賜哀憐。』淨許諾，杖策從至其家，除地爲壇，設觀音菩薩像，取楊枝霑水，灑而呪之，三繞壇而去。是夕，兒寢安然。明日，淨結跏趺坐，引兒問曰：「汝居何地，而來至此？」答曰：「會稽之東，卞山之陽，是吾之家，古木蒼蒼。」又問：「姓誰氏？」答曰：「吳王山下無人處，幾度臨風引舞腰。」淨曰：「汝柳氏乎？」䩄然而笑。淨曰：「汝無始以來，迷己逐物，爲物所轉，溺于淫邪，流浪千劫，不自解脫，入魔趣中，横生災害，延及無辜。汝今當知魔即法界，我今爲汝宣說，有楞嚴祕密神呪，汝當諦聽。痛自悔恨，洗旣往過愆，返本來清淨覺性。」于是號泣，不復有云。是夕謂兒曰：「辨才之功，汝父之虔，無以加。吾將去矣。」後二日，復來曰：「久與子游，情不遽捨，願一舉觴爲別。」因相對引滿，作詩云云。遂去不復見。

李媛鬼

題餘杭步伍亭壁

夜臺夜復夜，東山東復東。當時九龍月，今日白楊風。

春渚紀聞：蘧兄子碩，送客餘杭步伍亭，就觀壁後，得淡墨書數行，筆跡遒媚，後題云李媛書，似非世人所作。亭後有數十荒冢，疑鬼憑附而書。

宮人玉眞鬼

贈李生

皓齒明眸掩路塵，落花流水幾經春。人間天上歸無處，且作陽臺夢裏人。

元好問續夷堅志：大定中，廣寧士人李惟清元直者，與鬼婦故宋宮人玉眞者遇，玉眞爲歌二詞。

喬氏望仙鬼

題帊

蕭蕭風起月痕斜，露重雲鬟壓玉珈。望斷行雲凝立久，手彈珠淚溼梅花。

異聞總錄：潭州有清淨覺地，宋咸淳間，游士胡天俊寓焉。月夜撫琴梅樹下，遙見美女迤邐近前，胡執其手，女斂衽而去曰：「後夜月明，當赴子約。」翌日，友人拉入城游飲，忘歸者兩宿，大悔失期，亟歸，于樹下得一白羅帊，上有詩云云。明日，以帊示人，趙冰壺駭曰：「吾亡妾杭人喬氏，名望仙，貴妃姪女也。去年暴亡，殯梅樹後，正其筆蹟也。」

宮人衛芳華鬼

聚景園

湖上園亭好，重來憶舊游。徵歌調玉樹，閱舞按梁州。徑狹花迎輦，池深柳拂舟。昔人皆已沒，誰與話風流？

西湖游覽志餘：延祐初，永嘉滕穆僑居臨安，月夜游聚景園，遇一美人，自言衞芳華，故宋理宗朝宮人。即命侍女翹翹，設茵席酒果，歌木蘭花一闋，又賦詩云云。自是白晝亦見，生遂攜歸寓所。下第後，美人留翹翹使守舊宅，而身隨生歸里。凡三載，生復赴浙試，美人請與生往訪翹翹，至則翹翹迎拜于路左矣。美人忽淚下云：「緣盡當奉辭。」是夜鐘鳴，急起與生分袂，贈玉指環一枚而別。

寶應女鬼

絕句

長橋直下有蘭舟，破月衝烟任意游。金玉滿堂何所用，爭如年少去來休。

仇池筆記：秦少游云：寶應民有以嫁娶會客者，酒半，客一人徑起出門，主人追之，客若醉甚將赴水者，主人急持之，客曰：「婦人以詩招我，其詞云云。倉皇就之，不知其爲水也。」然客亦竟無它事。

碧瀾堂女鬼

絕句

水天日暮風無力，斷雲影裏蘆花色。折得荷花水上游，兩鬢蕭蕭玉釵直。

異聞記：安吉碧瀾堂，素有奇怪。有士晁紫芝嘗與客游眺于彼，迫暮，共見水面一好女子，衣服楚楚，手捧蓮葉，足履萍草而來。晁料其鬼物，急叱之，女子且行且吟，吟畢，由東岸而去。

蜀雙竹齋女鬼

二絕句

舊時衣服盡雲霞，不到迎仙不是家。今日樓臺渾不識，只餘古木記宣華。

小雨廉纖梅子黃，晚雲收盡月侵廊。樹陰把酒不成醉，説著無情更斷腸。

成都文類：近李西美帥成都，士人陳甲館于雙竹齋。月夜，有危髻古裳衣婦人數輩，語笑花圃中，甲殊不顧。有甚麗者誦詩云云，忽不見。今府第，故蜀宮，豈當時宮女尚有鬼耶？按蜀檮杌，宣華故苑名。

城西蘭若女鬼

題窗間

西湖著眼事應非，倚檻臨流弔落暉。昔日燕鶯曾共語，今宵鸞鳳歎孤飛。死生有分愁侵骨，聚散無緣淚溼衣。寄語吳郎休負我，爲君消瘦十分肌。

西湖志餘：宋時有吳生，寓城西蘭若，夜半聞叩扉聲，啓視，乃一處子，容服雅淡。問其從來，以比鄰答之。强留入室，遂止宿焉。居數月，寺僧覘生容止，稍疑之，詰問百端，乃以實告。僧驚歎曰：「昨一官員，有女才色豔麗，充選內庭，病卒，權殯西廊三年矣。曩嘗出蠱行客，汝遇得非是乎？不亟去，禍且及矣。」生猶未忍，至夜，于窗間得一詩，墨色慘淡，不類人書，生始懼，翌日遂行。

燈檠怪

絶句

郎行久不歸，妾心傷亦苦。低迷羅箔風，泣向西窗雨。

雲齋廣錄：宋濬爲甘陵巡檢，故人趙當，訓其子弟，忽見美婦人立燈下，唱云云，遂滅燈趨趙就寢。曰：「妾本東方人，羈身彭城郡。今郎覲光上國，孤眠暗室，故來相伴。」後諸生怪趙精神恍惚，具告其父，濬往覘焉，見一婦人，宋大呼，遽入以手抱之，乃一燈檠耳，遂焚之。

畫上麗人

答翟望歌

茗之榮兮，春日陂遲。溼汀蘋以建址兮，冒卿雲以爲帷。吹浩香以渡漢兮，示秀色與華姿。居誰與復兮，挽明月以揚輝。悵谿風兮，聊詠言于兹。

曹勛松隱文集：翟望喜讀騷經楚些，亦寓詞蘅杜間。每水邊沙外，屬思幽放。一夕，夢麗人莊容獨秀，翳脩竹而立，隔溪語望云云。歌畢，致一笑而逝。望寤，亟書于紙，心惝怳者累日。後思天清寺之菊坡，謁僧琴。會僧出，因憩北軒，有一姬先在焉，容色鮮麗，疑若素識。因質名氏，不自知體之前也。姬笑曰：「妾有外姻，約我會此，偶故渝爽。然室有酒肴，能少駐否？」望欣然從之。稍情洽，望被酒，諷「茗之榮」以自喜。姬曰：「溪風之隔，殆不然矣。」望復叩以他辭，宛不蒙答。姬先出門，莫知所適。望裴回，見軒壁挂玉女觀泉圖，心以爲畫之靈遇，作靈遇賦。

蔡京鵝怪

訴蔡京

食君廩中粟，作君羹中肉。一羹數百命，下箸猶未足。羹肉何足論，生死猶轉轂。勸君宜勿食，禍福相倚伏。

庚溪詩話：蔡元長京既貴，享用侈靡，喜食鵝，每預蓄養之，烹殺過當。一夕，夢鵝數千訴于前，其一前致詞云云。觀此，可爲饕餮而暴天物之戒。

宋詩紀事卷一百 謠諺雜語

錢唐 厲鶚 輯
歙 吳震生 勘定

謠諺雜語共一百四十五首

宋初謠

寒在五更頭。

宋史五行志：宋以周顯德七年庚申得天下，圖讖謂：「過唐不及漢，一汴二杭三閩四廣。」又有謠云云。故宮漏有六更。按：漢四百二十餘年，唐二百八十九年，開慶元年，宋祚遂過唐十一年，滿五庚申之數。至德祐二年正月降附，得三百一十七年，而見六庚申，如宮漏之數。

國初士子語

文選爛，秀才半。

老學菴筆記：國初尚文選，當時文人專意此書。至慶曆後，惡其陳腐，諸作者始一洗之。方其盛時，士子至爲之語云。

郭忠恕嘲語

近貴全爲聵，攀龍只是聾。雖然三箇耳，其奈不成聰。

遯齋閑覽：郭忠恕嘲司業聶崇義云云。崇義答曰：「莫笑有三耳，全勝蓄二心。」

眞宗時童謠

欲得天下寧，須拔眼中丁。欲得天下好，無如召寇老。古今風謠

無名子嘲語

張存解放旋風砲，任弁能燒猛火油。

詩話總龜：景德初，河朔舉人張存、任弁，皆以防城得官。無名子嘲之云云。

閑忙令

世上何人號最閑？司諫拂衣歸華山。世上何人號最忙？紫微失卻張君房。

湘山野錄：祥符中，日本國遣使入貢，稱國東祥光現。章聖詔建寺，賜額曰神光。朝辭日，夷使乞令詞臣撰一寺記。是時當制者詞學不優，常以張君房代之。時張尙爲小官，醉飲樊樓，遣人徧尋不見。中人三促之，紫微大窘。後錢希白、楊大年因玉堂暇日，改閑忙令云云。蓋种放得歸山時也。

寇準楊億對語

水底日爲天上日，眼中人是面前人。歸田錄

丁謂楊億對語

內翰拜時鬚撇地，相公坐處幕漫天。

王鞏聞見近錄：丁晉公嘗忌楊文公，一日，詣晉公，既拜而鬚拂地，晉公云云。文公起視其仰塵云云。時人稱其敏而有理。

開封府地讖

綿綿之岡，勢如奔羊。稍前其穴，后妃之祥。

能改齋漫錄：向文簡公父爲母求葬地，時開封城外有地讖云云。術者以穴在小民菜園中，而恐民不與，因夜葬其地。民以向横訴于府，府尹令重與之價而不廢其菜。次年，遂生文簡公。欽聖后，文簡孫也。

都人諺

陳三更，董半夜。

玉壺清話：趙昌言爲樞密副使，時陳儀與董儼俱爲三司鹽鐵副使，胡旦知制誥，盡同年生，俱少年，爲一時之俊。梁顥又嘗與同幕五人者會飲于樞第，每乘醉，夜方歸，金吾吏遂夜候馬首聲喏。儀以醉鞭指其吏曰：「金吾不惜夜，玉漏莫相催。」都人諺云云。

京師語

藏用篋中三斛火，劉寅匣內一壺冰。

詩說雋永：石藏用、劉寅俱擅醫名，石喜用熱藥，劉喜用涼藥，京師爲之語云云。

北宋朝中語

廚中賜食，階下謝衣。

歸田錄：宋制大宴，樞密使不坐，侍立殿上，既而退就御廚賜食，與閤門引進，四方館使列坐廡下，親王一人伴食。每春秋賜衣門謝，則與內諸司使副班于垂拱殿外庭中，而中書則別班謝于門上，故朝中語云云。

京師謠

朝廷無憂有范君，京師無事有希文。

孔平仲談苑：范仲淹字希文，知開封府事，決事如神，京師謠云云。

俚語

趙老送燈臺，一去更不來。歸田錄

邊上謠

軍中有一韓，西賊聞之心骨寒。軍中有一范，西賊聞之驚破膽。

孔平仲談苑：寶元中，元昊叛，上知范仲淹才兼文武，起帥延安。後知慶州，上以四路諸招討委之。與韓琦謀，必欲收復靈夏横山之地。邊上謠云云。

皇祐中謠

農家種，糴家收。

宋史五行志：皇祐五年正月戊午，狄青敗儂智高于歸仁鋪。初謠言云云，至是果應。

嘉祐中京師諺

撥隊爲參政，成羣作副樞。虧他包省主，悶殺宋尚書。

東軒筆錄：嘉祐中，翰林諸公皆入政府，時包拯爲三司使，宋祁守鄭州，二公久著人望而不見用，京師諺云云。

蓬州父老歌

使君來兮，父母鞠我。禮化行兮，民無寒餓。使君去兮不可復留，人意悵悵兮淚雙墮。

萬姓統譜：吳幾復，汝州人，皇祐中知蓬州，秩滿去，父老拜送，歌云。

仁宗朝語

草頭木脚陷人倒。

宋史蘇紳傳：紳與梁適同在兩禁，人以爲險詖，故語云。

京師語

關節不到，有閻羅包老。

宋史包拯傳：拯立朝剛毅，貴戚宦官爲之斂手。人以拯笑爲「黄河清」，京師爲之語云云。

京師語

三班喫香，羣收喫糞。

歸田錄：三班院所領使臣八十餘人，其罷而在院者，常數百人。每歲乾元節，醵錢飯僧，進香合以祝聖壽，謂之香錢，判院官常利其餘，以爲餐錢。羣牧司領内外功監使，副判官比他司俸入最優，又歲收糞墼錢頗多，以充公用。故京師爲之語云。

仁宗時人語

盛肥丁瘦，梅香竇臭。

歸田錄：盛文肅公豐肌大腹，而眉目清秀；丁晉公疎瘦如削。二公皆浙人也，並以文詞知名。梅學士詢，慶曆中爲翰林侍讀，性喜焚香，其在官舍，將視事，每晨起必焚香兩爐，以公服罩之，撮其袖以出，坐定，撒開兩袖，郁然滿室濃香。有竇元賓者，五代漢宰相正固之孫也，以名家子，有文行，爲館職，而不喜修飾，經時未嘗沐浴。故時人爲之語云云。

雜占諺

芒種雨，百姓苦。

春甲子雨，赤地千里。夏甲子雨，乘船入市。

雲向南，雨潭潭。雲向北，老鸛尋河哭。雲向西，雨沒犂。雲向東，塵埃沒老翁。

朝霞不出門，暮霞行千里。以上孔平仲談苑

西人語

要宜麥，見三白。李壁王荆文公詩注

蔡襄陳亞謔語

陳亞有心終是惡，蔡襄無口便成衰。詩話總龜

劉原父嘲口吃語

本是昌家，又爲非類。但有雄聲，唯聞艾氣。

沈作喆寓簡：謂周昌、韓非、楊雄、鄧艾皆病吃，亦善謔也。

秦人語

寧逢暴虎，不逢韓玉汝。

東坡志林：韓縝爲秦州，酷暴少恩，以賊殺無辜去官。秦人爲之語云云。

熙寧中語

蜥蜴蜥蜴，興雲吐霧。降雨滂沱，放汝歸去。

寃苦寃苦，我是蝎虎。似恁昏昏，怎得甘雨。

墨客揮犀：熙寧中，京師久旱。按古法令，坊巷各以大甕貯水，插柳枝，泛蜥蜴，使青衣小兒環繞，呼云云。開封府不能盡得蜥蜴，以蝎虎代之，蝎虎入水即死，小兒更其語云云。

王平甫對語

杜園賈誼，熱熟顔回。

東軒筆錄：陳繹晩爲敦朴狀，時謂之熱熟顔回。熙寧中，台州推官孔文仲舉制科，廷試對策，言時事有可痛哭太息者，執政惡而斥之。繹時爲翰林學士，語于衆曰：「文仲狂躁，眞杜園賈誼也。」王平甫曰：「杜園賈誼可對熱熟顔回。」合坐大噱。杜園、熱熟，皆當時鄙語。

襄陽人歌

葉光化，豐穀城。清如水，平如衡。

乾道四明圖經：豐稷相之爲襄陽穀城令，葉康直方爲光化令，皆有能名，襄陽人歌之。

元豐中諺

不因開寶火，安得狀元焦。

能改齋漫錄：元豐八年，尚書戶部侍郎李定權知貢舉，其夜四鼓，開寶寺寓禮部貢院火，後別試，更得焦蹈爲魁。諺云云。

浙西諺

夏旱修倉，秋旱離鄉。

後山談叢：浙西地下積水，故春夏厭雨，故諺云云。

北宋俚語

人作千年調，鬼見拍手笑。雞肋編

秦晉間農夫語

小麥鑽火秀，旱殺豌豆花。穮穀拖泥秀，爛起田中瓜。侯延慶退齋閑雅錄

元祐中童謠

大惇小惇，殃及子孫。

古今風謠：大惇，章惇；小惇，安惇也。

章詧李士寧對語

脚踏西溪流去水，手持東岳寄來書。

東坡志林：章詧字隱之，本閩人，遷于成都數世矣。善屬文，不仕。晚用太守王素薦，賜號沖退處士。一日，夢有人寄書召之者，云東岳道士也。明日，與李士寧游青城，濯足水中，詧謂士寧云云，士寧荅云云。詧大驚，未幾果死。士寧，蓬州人，語默不常，或以爲得道者。

豬觜關語

說法馬留爲察訪，湊氛獅子作知州。

桐江詩話：元祐，東平王景亮與諸仕族無成者，結爲一社，純事嘲誚。士大夫無問賢愚，一經諸人之目，即被不雅之名，當時號曰「猪糞闘」。呂惠卿察訪京東，呂天資清瘦，語話之際，喜以雙手指畫，社人目之曰「說法馬留」，又湊爲七字云云，彌歲不能對。一日，邵箎因上殿泄氣，出知東平。邵高鼻捲髯，社人目之曰「湊氛獅子」，仍對云云。惠卿銜之，諷部使者發以他事，舉社遂爲齏粉。

太學語

江左二寶，胡仲汪藻。

老學菴筆記：紹聖、元符間，汪內相彥章有聲太學，學中爲之語。仲字彥時，亦新安人，終符寶郎。

宋時諺

鳳州三出，手柳酒。宣州四出，漆栗筆蜜。太平老人袖中錦

南京石上語

猪拾柴，狗燒火，野狐掃地請客坐。

侯鯖錄：南京人家掘得一石，上有字可考云云。不知是何等語也。

鄙諺

張公喫酒李公醉。

墨客揮犀：泉州郭朏，字景初。少有才學，性甚輕脫。嘗夜出，爲醉人所誣，太守詰其情狀，朏笑曰：「諺所謂張公喫酒李公醉，乃朏是也。」太守怪其不屈，命取紙筆，使作張公喫酒李公醉賦。其略云：「清河丈人，方肆杯盤之樂；

隴西公子，俄遭酩酊之懲。」太守笑而釋之。

汴渠諺

昔有磨去磨平漿水，今見碓擣冬凌。

東軒筆錄：汴渠舊例十月閉口，舟楫不行。王荆公當國，欲通冬運，遂不令閉口。水淺舟不可行，而流冰頗損舟楫，于是以船脚數十，前設巨碓，以擣流冰。役夫苦寒，死者甚衆。京師有諺云云。

心相諺

有心無相，相逐心生。有相無心，相隨心滅。青箱雜記

酒肆歌

喫酒二升，糴麥一㪷。磨麪五斤，可飽十口。

過庭錄：范弁學究有酒肆歌云云。

襄陽謠

襄陽二害，田衍魏泰。近日多磨，又添一豸。

墨莊漫錄：田衍、魏泰，居襄陽，郡人畏其吻，謠云云。未幾，李豸方叔亦來郡居，鄉人憎之，又云云。

關中醫諺

既服黄龍丹，便乘白虎車。

江鄰幾雜志：長安張詩，以能醫稱。予至關中，人說藥死者甚衆，尤好用轉藥，關中諺云云。

池州語

東流速客，驚動建德。

史容山谷後集注：東流、建德兩縣，皆隸池州，山谷詩：「東流會賓客，建德椎羊牛。」元注：語云云。

秦民語

寧逢黑殺，莫逢稷察。

宋史李稷傳：稷爲陝西轉運使，秦民作舍侵道旁者，創使納侵街錢，與李察皆以苛暴著稱，時人語云云。

元符末都城童謠

家中兩箇蘿蔔精，撞著潭州海藏神。

曲洧舊聞：蔡侍郎準，少時常有二人見于馬前，百方禳禬，不能遣。慶曆二年生京，而一人不見。又二年，生卞，乃俱滅。元符末，都城童謠云云。至崇寧中賣餞餡，又有「一包菜」之語，其事皆驗。而京于靖康初貶死長沙，豈潭州海藏亦驗于此耶？

伶人語

右丞今日大拜，都是夫人裙帶。

清波雜志：蔡卞之妻王夫人，知書能詩詞，蔡每有國事，先謀之于牀第，然後宣之于廟堂。時執政相語曰：「吾輩每日奉行者，皆其咳唾之餘也。」蔡拜右相，家宴張樂，伶人揚言云云，中外傳以爲笑。

推官與劉韐戲語

小器易盈眞縣尉，窮阬難滿是推官。

復齋漫録：劉韐始爲尉于洪之豐城，性不飲酒，飲則面色爲烘然。郡推官沿檄抵邑，能飲啖，與公同會，以諺語戲公，公答云云。

崇寧間諺

不養健兒，卻養乞兒。不管活人，只管死尸。

老學菴筆記：崇寧間，置居養院、安濟坊、漏澤園，所費尤大，朝廷課以爲殿最，往往竭州郡之力，僅能枝梧。諺語云云。蓋軍糧乏，民力窮，皆不問，若安濟等有不及，則被罪也。

徽宗蔡京對語

相公公相子，人主主人翁。

能改齋漫録：徽宗嘗作詩句，命蔡少保居安賜元長云云。元長遽對以進云。

宣和民謠

打破筒，潑了菜，便是人間好世界。

能改齋漫録：童貫、蔡京用事時謠。

宣和京師語

三百貫，且通判。五百索，直祕閣。

中興姓氏姦邪録：宣和初，王黼爲少宰，置應奉司于其家，四方珍貢多半隱盜，公然賣官取賕無厭，京師語云云。

宣和間諺

金腰帶，銀腰帶，趙家世界朱家壞。

老學菴筆記：宣和間，親王公主及近屬戚里入宮，輒得金帶關子，旋塡姓名賣之，價百五十。方臘破錢唐時，朔日太守客次，有服金帶者數十人，皆朱勔家奴也。時諺云云。

寶籙宮詩

家中木蛀盡，南方火不明。吉人歸塞漠，亘木又摧傾。

宣靖妖化錄：寶籙宮之建也，極土木之盛，忽有題字數行于瑤仙殿左扉云云，殆不可辨，後方知金人之變。家中木，宋也；南方火，乃火德；吉人、亘木，乃二帝御名。

宣和民歌

臻蓬蓬，外頭花花裏頭空。但看明年正二月，滿城不見主人翁。

宣政雜錄：宣和初，收復燕山，以歸朝燕民來居京師。其俗有臻蓬蓬歌，每扣鼓和之，爲節而舞。次年正月，徽宗南幸。次年，二聖北狩。

都下諺

宣醫納命，敕葬破家。

老學菴筆記：貴臣有疾宣醫，及物故敕葬，本以爲恩。然中使挾御醫至，凡藥必服，其家不敢問，蓋有爲醫所誤者。敕葬則喪家所費，至傾竭貲產，其地又未必善也。故都下諺云云。

諺

三世仕宦，方解著衣喫飯。老學菴筆記

齊魯諺

霜淞重霧淞，窮漢備飯甕。

墨莊漫錄：齊魯人諺云云，蓋歲穰之兆也。曾子固曾有詩云：「園林初日靜無風，霧淞花開處處同。記得集賢深殿裏，舞人齊插玉籠鬆。」蓋謂是也。

桃橘諺

頭有二毛好種桃，立不踰膝好種橘。

曲洧舊聞：諺云云，言桃易實可待，橘實遲不可待。

靖康間語

不管肅王，卻管舒王。不管燕山，卻管聶山。不管山東，卻管陳東。不管東京，卻管蔡京。不管河北界，卻管秀才解。

避戎夜話：金人既出境，朝廷措置多不急之務。如復春秋科、太學生免解、改舒王從祀之類，時爲語云云。

靖康民謠

城門閉，言路開。城門開，言路閉。

宣和遺事：靖康初，金人犯邊，求言之詔凡幾下，往往事緩則阻抑言者，當時民謠云。

農諺

麥過口，不入口。

雞肋編：諺云云。靖康元年，麥多高于人者，既大雨，所損十八。

俗諺

一絇絲，能得幾時絡。

嬾眞子錄：俗諺云云，以喻小人逐目前之利樂也。

靖康中謠

喝道一聲下階，齊脱了紅繡鞋。

古今風謠：後金人入汴，宮人皆驅逐北行。

建炎後語

欲得官，殺人放火受招安。欲得富，趕著行在發酒醋。雞肋編

京師語

吏勳封考，筆頭不倒。戶度金倉，日夜窮忙。禮祠主膳，不識判硯。兵職駕庫，典了襏袴。刑都北門，總是冤魂。工屯虞水，白日見鬼。

臨安語

吏勳封考，三婆兩嫂。戶度金倉，細酒肥羊。禮祠主膳，淡喫齏麪。兵職駕庫，咬薑呷醋。刑都北門，人肉餛飩。工屯虞水，生身餓鬼。

老學菴筆記：自元豐官制，尚書省二十四曹，繁簡絶異，在京時有語云云。及駕幸臨安，喪亂之後，士大夫亡失告身批書者，又軍賞百倍平時，賄賂公行，冒濫相承，軍饟日滋，賦斂愈繁，而刑獄亦衆。吏、戸、刑三曹吏胥，人人致富，餘皆寂寞彌甚。吏輩又爲之語云。

行在軍中謠

張家寨裏没來由，使它花腿擡石頭。二聖猶自救不得，行在蓋起太平樓。

雞肋編：車駕渡江，韓、劉諸軍皆征戍在外，獨張俊一軍，常從行在。擇卒少壯長大者，自臂而下，文刺至足，號「花腿」，軍人皆怨之。加之營第宅房廊，作酒肆，名太平樓；般運花石，皆役軍兵，衆卒謠云云。

呂頤浩范宗尹戲語

草履便將爲赤舄，稻稭聊以當沙隄。

老學菴筆記：高宗南幸，舟泊岸，執政必登舟朝謁。行于沮洳，則躡芒屩，呂元直顧同列，戲云云。既而旁舟水深，乃積稻稈以進。參政范覺民云。

蜀士語

蘇文熟，喫羊肉。蘇文生，喫菜羹。

老學菴筆記：建炎以來，尙蘇氏文章，學者翕然而從之，而蜀士尤盛，有語云云。

紹興間鼎澧謠

若要除我，除是飛來。

古今風謠：鼎澧間大盜夏誠、劉衙、楊幺，據洞庭湖，有謠云云。後爲岳飛所擒，

李易安語

露花倒影柳三變，桂子飄香張九成。

老學菴筆記：紹興中，張子韶對策，有桂子飄香之語。趙明誠妻李氏嘲之云云。

紹興中浙右謠

地動白毛生，老小一齊行。

西湖志餘：紹興三年八月，浙右地生白毛，韌不可斷，童謠云云。

都人語

曉風殘月柳三變，滴粉搓酥左與言。

玉照新志：左與言，天台名士也，錢唐幕府。樂籍有名姝張穠者，色藝妙天下，君頗顧之。如「盈盈秋水，淡淡春山」，「帷雲翦水，滴粉搓酥」，皆爲穠作。當時都人有對云。

浙西諺

蘇杭兩浙，春寒秋熱。對面厮啜，背地厮說。雞肋編

行都童謠

洞洞張，阿爺娘，一似六軍之教場。

白獺髓：紹興初，行都童謠云云。忽民間遺火，自大瓦子至新街，約數里。

吳中俚語

等人易得久，瞋人易得醜。　卻掃編

宋諺

日在雨落，翁婆相撲。

古今風謠：宋諺云云，言陰陽不和也。

蠻歌

小娘子，葉底花，無事出來喫琖茶。

老學菴筆記：辰沅靖州蠻，有仡伶、有仡僚、有仡欖、有仡僂、有山傜，男未娶者，以金雞羽插髻上，女未嫁者，以海螺爲數珠挂頸上，男女聚而踏歌，數人吹笙前導之，歌詞云云。

廣東民歌

石門之水清且清，晉吏一歃千古榮。爭如李公投杯盟，江流洶涌杯停停。

泉州府志：李綸字世美，邴子，有清操，提舉常平。適伯氏出守恩平，酌于江濱，兄弟相戒以清白。綸投杯于江曰：「儻負吾民，有如此水。」時江流洶洶，杯停不沒者久之。觀者驚歎，民歌云云，至今刻石，與吴隱之酌貪泉詩對云。

吴諺

秋孛轆，損萬斛。

范石湖詩集注：謂立秋日雷也。

宋世諺

蘇湖熟，天下足。鄭虎臣吳都文粹

行都諺

東門菜，西門水，南門柴，北門米。

二老堂雜志：車駕行在臨安，東門絶無民居，彌望皆菜圃。西門則引湖水入城中，以小舟散給坊市。嚴陵、富陽之柴，聚于江下，繇南門而入。蘇湖米則來自北關，故諺云云。

吳中下里曲

消梨應郎心上冷，甘蔗應郎心上甜。

羅裙十二褶，小妻也是妾。槁簡贅筆

農諺

觸露不招葵，日中不翦韭。爾雅翼

淮南諺

雞寒上距，鴨寒下觜。

老學菴筆記：淮南諺曰：雞寒上樹，鴨寒下觜。驗之皆不然，有一媪云云。上距，謂縮一足；下觜，謂藏其咮于翼間。

永福古讖

天保石移，瑞雲來奇。龍爪花紅，狀元西東。

游宦紀聞：永福古讖語云云。乾道間，福清天保瑞雲寺後石崖橫行，谿地成蹊。永邑東鄉石壁松上産龍爪花。其年，蕭公國梁梟魁天下，次舉黄公定，臚唱第一。蓋瑞花生處，蕭西黄東，各三十五里，此狀元東西之應也。

淳熙間梁宋童謠

黄河災，天水來。

古今風謠：時河決入汴，梁、宋間有此謠。天水者，宋姓也。時人以爲恢復之兆。

京口諺

金山屋裹山，焦山山裹屋。周必大泛舟游山錄

俞塘諺

雖有珠千斛，不賣俞塘北。

許尚華亭百詠注：俞塘，在府東五里，往來之舟，皆可揚帆，諺云云。

平江讖記

潮過唯亭出狀元。

西山石移，狀元來歸。

郭象睽車志：平江里俗舊傳讖記云云。淳熙庚子三月二十二日，吳縣穹窿山大石，自麓移立山半。其秋八月十八日夜，海潮大至，過唯亭，環城而西。明年省試，黄由以國學解中選，魁天下。由字子由，平江人，而用國學登薦，南歸之驗也。

河豚諺

得一部，典一袴。

爾雅翼：鯸，今之河豚，率以冬至後來，每三頭相從，號爲一部，諺云云。言烹和所用多也。

鎭江府民歌

我瀦我水，以灌以漑。俾我不奪，蔡公是賴。

宋史蔡洸傳：洸知鎭江府，時久旱，郡民築陂瀦水，漕司檄郡決之，父老泣訴。洸曰：「吾不忍獲罪百姓也。」卻之。已而大雨，漕通，歲亦大熟，民歌之云云。

桂林古記

癸水繞東城，永不見刀兵。桂海虞衡志

吳諺

正月逢三亥，湖田變成海。

浩然齋視聽抄：周益公日錄：正月初六日己亥，十八日辛亥，三十日癸亥，是歲大澇，湖田顆粒不收，吳諺云云。

淳熙中淮西歌

秀才姓汪，騎驢渡江。過江不得，做盡趨蹌。桯史

日琯按：宋史止騎驢渡江二句。

宋史五行志：淳熙中，淮西競歌汪秀才曲云云，又爲渫舞以和之。後舒城狂生汪格謀不軌，兵入其家縛之，其子率惡少數千爲亂，聲言渡江。事平，格亦伏誅。

俚語

閑事莫說，問事不知，閑事莫管，無事早歸。

少喫不濟事，多喫濟甚事，有事壞了事，無事生出事。苕溪漁隱叢話

淳熙都城謠

汝亦不來我家，我亦不來汝家。

宋史五行志：淳熙十四年，都城市井歌云云。至紹熙初，其事始應于兩宮。

廬山中人語

簡寂觀前甜苦筍，歸宗寺裏淡鹽齏。

能改齋漫錄：廬山簡寂觀，乃陸靜修之居也。出苦筍，而味反甜。歸宗寺造鹽齏，而味反淡，山中佳物也。山中人語云。

田家雜占

甲申猶可，乙酉怕殺我。

風吹鶴神口，米長千錢斗。

未喫端午糉，寒衣未可送。

一九二九，扇子不離手。三九二十七，冰水甜如蜜。四九三十六，拭汗如出浴。五九四十五，頭戴秋葉舞。六九五十四，乘涼入佛寺。七九六十三，牀頭尋被單。八九七十二，思量蓋夾被。九九八十一，家

家打炭墼。

朝立秋，暮啾啾。

八月初一雁門開，嬾婦催將刀尺裁。

一九二九，相喚弗出手。三九二十七，籬頭吹觱篥。四九三十六，夜眠如鷺宿。五九四十五，太陽開門戶。六九五十四，貧兒爭意氣。七九六十三，布被兩頭攤。八九七十二，貓狗尋陰地。九九八十一，犂鈀一齊出。以上陸泳吳下田家志

俗諺

一畝之地，三蛇九鼠。爾雅翼

舂陵語

初不敬，今納命。

宋史儒林傳：韓侂胄擅政，設僞學之禁。蔡元定謫道州，遠近來學者日衆。有名士挾才簡傲非笑前修者，亦心服謁拜，執弟子禮甚恭。時人爲之語云云。

寧宗朝語

由竇尙書，屈膝執政。

宋史許及之傳：韓侂胄生日，朝行上壽畢集，及之後至，閽人掩關拒之，及之俯僂以入。爲吏部尙書，二年不遷，見侂胄，流涕序其知遇之意，及衰遲之狀，不覺屈膝。侂胄憐之，還同知樞密院事。當時語云云，傳以爲笑。

開禧民謠

天上台星少，人間宣幹多。

四朝聞見錄：開禧用兵，鄧友龍、程松爲宣撫宣諭使，板授其屬爲宣幹。時政府惟有陳自強居相位，民謠云云。

開禧市語

滿潮都是賊，滿潮都是賊。

冷底喫一盞，冷底喫一盞。

四朝聞見錄：韓侂胄用事，所引率多匪類，天下大計，不復白之上。有市井小人，以片紙摹印烏賊，出沒于潮，一錢一本以售，且誦言云云。又賣漿者，敲盞以喚人云云。冷謂韓，盞謂斬也。

寧宗朝語

舍人舊錯夏商鼈，御史新爭舜禹龜。

後村詩話：高文虎作西湖放生池記，以鳥獸魚鼈咸若爲商王事，太學諸生爲謔詞哂其誤。陳晦行史集賢制，用昆命元龜字，閩帥倪侍郎駁論之。陳累疏，援引唐人及本朝命相皆用此語。史擢陳臺端，劾倪削秩罷去。或爲一聯云云。

都下謠

釋迦佛，中間坐。胡漢神，立兩旁。文殊普賢自鬭，象祖打殺師王。

曾三異因話錄：韓侂胄封平原郡王，官至太師，一時獻佞，過稱師王。晚年伏誅，錢伯通在政府，奉御筆施行，都下爲之語云云。象祖，乃伯通名也。謬妄稱呼，至是遂作精對，可發後世一笑。

太學語

有髮頭陀寺，無官御史臺。

鶴林玉露：太學語云云。言其清苦而鯁亮也。

臨安十七字詩

駕幸景靈宮，諸生盡鞠躬。頭烏身上白，米蟲。

西湖志餘：車駕饗景靈宮，太學 武學、宗學諸生，俱在禮部前迎駕。臨安府有人作十七詩云云。蓋譏其幞頭襴服，歲糜廩祿，不得出身，年年迎駕耳。

占雨諺

日出早，雨淋腦。日出晏，曬殺雁。

月如懸弓，少雨多風。月如仰瓦，不求自下。鶴林玉露

吳中舟師歌

月子彎彎照幾州，幾家歡樂幾家愁。

雲麓漫抄：此兩句乃吳中舟師之歌，每于更闌月夜，操舟蕩槳，抑遏其聲而歌之，聲甚悽怨。

紹定中語

陰陽眠燮理，天地醉經綸。

宋季三朝政要：紹定三年，上飲宴過度，史彌遠臥病中，時人譏之云云。

紹定都城歌

東君去後花無主。

宋史五行志：紹定三年，都城市井作歌詞，末句云云。朝廷惡而禁之。未幾，太子詢薨。

端平中語

若要百物賤，直待眞直院。喫了西湖水，打作一鍋麪。

癸辛雜識：眞文忠負一時重望，端平更化，人傒其來，若元祐之涑水翁也。是時楮輕物貴，民生頗艱，意謂眞儒一用，必有建明，轉移之間，立可致治，於是民間爲之語云云。及入朝，首以尊崇道學爲第一義，繼以大學衍義進。愚民無知，以其所言爲不切于時務，復以俚語足之云。

淳祐中十七字謠

光祖爲總領，許堪爲節制。丞相要起復，援例。

宋季三朝政要：淳祐四年九月，史嵩之丁父彌忠憂，詔起復右丞相兼樞密使。太學生黄愷伯、金九萬、孫翼鳳、何子舉等百四十四人上書，中有云：「近畿總餉，本不乏人，而起復未卒哭之馬光祖；京口守臣，豈無勝任，而起復未經喪之許堪。」故里巷爲十七字謠云云。

舞十般癩語

一般癩來一般癩，渾身爛了肚皮在，也不礙。

西湖志餘：宋時，吏部一胥好滑稽，有董公邁參選，失去官誥，但存印紙，遂投狀給據。一日，侍郎問其胥曰：「此事無礙否？」胥答曰：「朝官大夫董公邁，失一官誥印紙在，也不礙。」侍郎覺其譏侮，杖一百罷之。蓋俗有舞十般癩云云。如是凡十首，語言相類，故應聲爲戲云。

題集慶寺法堂鼓

淨慈靈隱三天竺，不及閻妃兩片皮。

古杭雜記詩集：淳祐庚戌，爲貴妃閻氏建功德寺于九里松，名曰集慶，土木之功，過于諸寺。寺成，建大鼓于法堂，忽有人大書二句于鼓上，由此界限甚嚴，無故人不復得入矣。

寶祐中書朝門語

閻馬丁當，國勢將亡。

宋季三朝政要：寶祐三年，宦璫董宋臣逢迎上意，起梅堂、芙蓉閣，奪豪民田，引倡優入宮，招權納賄，無所不至，時人以董閻羅目之。閻妃怙寵，馬天驥、丁大全用事，無名子書八字于朝門云。

二吳謠

大蜈蚣，小蜈蚣，盡是人間業毒蟲。夤緣攀附有百足，若使飛天能食龍。

古杭雜記詩集：吳潛拜相，其兄淵多所攀附。有譏于理宗曰：外間童謠云云。

理宗朝語

橋老無人度，松枝作棟梁。

古杭雜記詩集：理宗朝，喬行簡拜平章，史嵩之作相專政，時人爲之語云云。

又

朝中無宰相，湖上有平章。

西湖志餘：賈似道賜第葛嶺，大小朝政，就決館中，宰執充位而已。當時語云。

咸淳閒語

京城禁珠翠，天下盡琉璃。

宋季三朝政要：咸淳五年，詔禁珠翠，宮中簪琉璃花，都下人爭效之。時有詩云云。識者以爲流離之兆。

臨安民謠

韓廂明，無白孳。韓廂死，白孳起。

楊維楨東維子集：杭圖志：有宋韓左廂者，以進士起身，由臨安令，以嚴明升臨安府左廂官。臨安剽民財者號「白孳子」，聞公至，皆屏跡，謠云。

臨安謠

滿頭青，都是假。者回來，不作耍。

西湖志餘：賈似道當國時，京師女妝，競尙假玉，因以假爲賈。而景炎丙子之亂，非復庚申之役也。

宋末語

龍在澤，飛不得。路萬里，行不得。幼而黄，醫不得。

錢唐遺事：度宗崩，幼君諒陰，進士榜第一名黄龍澤，第二名路萬里，第三名胡幼黄，京師爲之語云。

髑子謠

使到十八九，紙錢飛上天。

宋史五行志：宋初，陳摶有「紙錢使不行」之說，時天下唯用銅錢，莫喻此旨。後用交子、會子，其後會價愈低，故有謠云云。似道惡十九界之名，乃名關子。而關子價愈低，是紙錢使不行也。

宋季謠

江南若破，白雁來過。

輟耕錄：宋未下時，江南謠云云，莫喻其意。及宋亡，蓋知指伯顏丞相也。

1173_2 裴

1212_7 瑞

1223_0 水

1240_1 延

1241_0 孔

1249_3 孫

1314_0 武

1323_6 強

1540_0 建

2690_0 和

2691_4 程

4490_3 綦

4490_4 葉

藥

4491_0 杜

4491_4 蘿

4491_7 藴

4498_6 横

4499_0 林

4702_7 郟

4722_7 鶴

4742_0 朝

4748_6 嬾

4762_0 胡

4780_1 起

4780_6 超

4792_0 柳

5000_6 中

史

申

車

5010_6 畫

5022_7 靑

7621_4 臞

7713_6 閩

7721_6 覺

7722_0 月

用

周

8010_4 全

8010_9 金

8012_7 翁

8022_1 俞

8030_7 令

8033_1 無

8033_3 慈

8040_4 姜

8055_3 義

8060_1 普

8060_5 善

8060_6 曾

8073_2 養

8073_2 公

8090_4 余

8211_4 鍾

8315_3 錢

8471_1 饒

8490_0 斜

8640_0 知

8660_0 智

8712_0 銅

8742_7 鄭

8762_2 舒

8810_1 竺

8822_0 竹

《宋詩紀事》筆畫檢字

本檢字爲便利習慣於使用筆畫順序檢字者查檢四角號碼人名索引之用。凡人名索引中的姓氏(包括別稱)的第一字，均用筆畫排列。其編排程序：首以筆畫歸類；次分點、横、直、撇、折五種起筆。每字後注明四角號碼。

一畫

横起

一 1000_0

二畫

横起

丁 1020_0

折起

了 1720_7
刁 1712_0
九 4001_7

三畫

横起

三 1010_1
于 1040_0
士 4010_0
大 4003_0

直起

川 2200_0
山 2277_0
上 2110_0
小 9000_0

撇起

千 2040_0

折起

子 1740_7

四畫

點起

六 0080_0
卞 0023_0
方 0022_7
文 0040_0

横起

王 1010_4
元 1021_1
天 1043_0
木 4090_0
支 4040_7
不 1090_0
尤 4301_0
五 1010_7
太 4003_0

直起

少 9020_0
止 2110_0
中 5000_6
日 6010_0
水 1223_0

撇起

毛 2071_4
化 2421_0
仇 2421_7
公 8073_2
月 7722_0

折起

允 2321_0
巴 7771_7
尹 1750_7
孔 1241_0
及 1724_7
毌 7777_5
毋 7750_0

五畫

點起

永 3023_2
必 3300_0

横起

玉 1010_3
正 1010_1
本 5023_0
甘 4477_0
可 1062_0
古 4060_0
左 4001_1
石 1060_0

直起

北 1111_0
田 6040_0
四 6021_0
史 5000_6
申 5000_6

撇起

丘 7210_1
仙 2227_0
令 8030_7
用 7722_0
句 2762_0
包 2771_2
白 2600_0

印 7772$_0$

折起

司 1762$_0$
弁 2344$_0$

六畫

點起

江 3111$_0$
汝 3414$_0$
米 9090$_4$
守 3034$_2$
宇 3040$_1$
安 3040$_4$

橫起

艾 4440$_0$
老 4471$_1$
吉 4060$_1$
朴 4390$_0$
西 1060$_0$
戍 5320$_0$
存 4024$_7$
有 4022$_7$
至 1010$_4$

直起

乩 2261$_0$
曲 5560$_0$

撇起

朱 2590$_0$
竹 8822$_0$
休 2429$_0$
伍 2121$_7$
仰 2722$_0$
向 2722$_0$
自 2600$_0$
仲 2520$_6$
先 2421$_1$
任 2221$_4$
仵 2824$_0$
伊 2725$_7$
后 7226$_1$
行 2122$_1$
全 8010$_4$
危 2721$_2$
名 2760$_0$

折起

牟 2350$_0$
如 4640$_0$
艮 7773$_2$

七畫

點起

沈 3411$_2$
汪 3111$_4$
沖 3510$_6$
沙 3912$_0$
宋 3090$_4$
辛 0040$_1$
忘 0033$_1$

橫起

邢 1742$_7$
求 4313$_2$
赤 4033$_1$
志 4033$_1$
扶 5503$_0$
克 4021$_6$
杜 4491$_0$
村 4490$_0$
李 4040$_7$
車 5000$_6$
折 5202$_1$

直起

貝 6080$_0$
旲 2643$_0$
岑 2220$_7$

撇起

邦 5702$_7$
利 2290$_0$
秀 2022$_7$
何 2122$_0$
延 1240$_1$
佛 2522$_7$
狄 4928$_0$
希 4022$_7$
余 8090$_4$

折起

君 1760$_7$
妙 4942$_0$
阮 7121$_1$

八畫

點起

法 3413$_1$
況 3611$_0$
宗 3090$_1$
定 3080$_1$
宜 3010$_7$
空 3010$_1$
京 0090$_6$
祉 3421$_0$
性 9501$_4$
怡 9306$_0$
房 3022$_7$

橫起

奉 5050$_3$
青 5022$_7$
武 1314$_0$
坦 4611$_0$
幸 4040$_1$
芳 4422$_7$
芙 4453$_0$
芮 4422$_7$
花 4421$_4$
松 4893$_0$
林 4499$_0$
來 4090$_8$
抱 5701$_2$
東 5090$_6$
亞 1010$_7$

直起

尚 9022$_7$
岷 2774$_7$
明 6702$_0$
易 6022$_7$
困 6090$_4$

撇起

受 2040$_7$
竺 8810$_1$
知 8640$_0$
和 2690$_0$
季 2040$_7$
徂 2721$_0$
岳 7277$_1$
刹 4290$_0$
金 8010$_9$
周 7722$_0$
肱 7423$_2$

折起

居 7726$_4$
邵 1762$_7$
孟 1710$_7$

九畫

點起

洪 3418$_1$
洞 3712$_0$
洛 3716$_4$
炳 9182$_7$
彥 0022$_2$
施 0821$_2$
姜 8040$_4$

橫起

契 5743$_0$
范 4411$_2$
若 4460$_4$
苗 4460$_0$
英 4453$_0$
苕 4460$_2$
柳 4792$_0$
相 4690$_0$
柯 4192$_0$
查 4010$_6$
封 4410$_0$
城 4315$_0$
南 4022$_7$
咸 5320$_0$
胡 4762$_0$
持 5404$_1$
臥 7370$_0$

直起

省 9060$_2$
柴 2190$_4$
思 6033$_0$
則 6280$_0$
昭 6706$_2$

撇起

香 2060$_9$
种 2590$_6$
重 2010$_4$
信 2026$_1$
侯 2723$_4$
保 2629$_4$
皇 2610$_4$
泉 2623$_2$
段 7744$_7$
後 2224$_7$
俞 8022$_1$

折起

建 1540$_0$
韋 4050$_6$
屏 7724$_1$
姚 4241$_3$
盈 1710$_7$

十畫

點起

浣 3311$_1$
浮 3214$_7$
海 3815$_7$
淩 3414$_7$
家 3023$_2$
宮 3060$_6$
高 0022$_7$
席 0022$_7$
唐 0026$_7$
祕 3320$_0$
祖 3721$_0$
祝 3621$_0$
悟 9106$_1$
郎 3772$_7$

橫起

馬 7132$_7$
敖 5824$_0$
秦 5090$_4$
草 4440$_6$
起 4780$_1$
袁 4073$_2$
耿 1918$_0$
桐 4792$_0$
桃 4291$_3$
眞 4080$_1$
栗 1090$_4$
夏 1024$_7$
郟 4702$_7$
致 1814$_0$

直起

晏 6040$_4$
時 6404$_1$
晁 6011$_3$

撇起

笑 8843$_0$
借 2426$_1$
倪 2721$_7$
息 2633$_0$
師 2172$_7$
徐 2829$_4$
翁 8012$_7$
留 7760$_2$

折起

書 5060$_1$
孫 1249$_3$
陝 7423$_8$
桑 7790$_4$

十一畫

點起

淡 3918$_9$
淳 3014$_7$
淸 3512$_7$
淨 3215$_7$
淮 3011$_4$
梁 3390$_4$
婆 3440$_4$
寇 3021$_4$
寃 3041$_3$
章 0040$_6$
商 0022$_7$
許 0864$_0$
郭 0742$_7$
康 0023$_2$
率 0040$_3$
惟 9001$_4$

橫起

規 5601$_0$
莫 4443$_0$
莊 4421$_4$
荷 4422$_1$
梵 4421$_7$
梅 4895$_7$
梭 4394$_7$
曹 5560$_6$
乾 4841$_7$
連 3530$_0$
雪 1017$_7$
捫 5702$_0$
盛 5320$_0$
戚 5320$_0$

直起

常 9022$_7$
虛 2121$_7$
紫 2190$_3$
晦 6805$_7$
晚 6701$_6$
野 6712$_2$
睎 6402$_7$
畢 6050$_4$
婁 5040$_4$
崖 2221$_4$
崔 2221$_4$

撇起

斜 8490$_0$

翠 1740_{8}
翟 1721_{4}
熊 2133_{1}
暨 7110_{6}
閩 7713_{6}
聞 7740_{1}
維 2091_{4}
網 2792_{0}

十五畫

點起

潘 3216_{9}
適 3030_{2}
慶 0024_{7}
褚 3426_{0}
鄭 8742_{7}
養 8073_{2}
瑩 9910_{3}

橫起

慧 5533_{7}
靚 5621_{0}
穀 4794_{7}
蓮 4430_{4}
慕 4433_{3}
蔣 4424_{7}
蓬 4430_{4}
蔡 4490_{1}
鞏 1750_{6}
霅 1060_{1}
歐 7778_{2}
橫 4498_{6}
樓 4594_{4}
厲 7122_{7}

撇起

鄱 2762_{7}
節 8872_{7}
黎 2713_{2}
樂 2290_{4}
德 2423_{1}
衛 2150_{6}
盤 2710_{7}
樊 4443_{0}
劉 7210_{0}
遯 3130_{3}
魯 2760_{3}

折起

閭 7760_{6}
閬 7773_{2}
頫 2128_{6}
練 2599_{6}
鄧 1712_{7}

十六畫

點起

澤 3614_{1}
辨 0044_{1}
諸 0466_{0}
凝 3718_{1}
遵 3830_{4}
燈 9281_{8}

橫起

駱 7736_{4}
靜 5225_{7}
擇 5604_{1}
樸 4293_{4}
樵 4093_{1}
霍 1021_{4}
賴 5798_{6}
燕 4433_{1}

直起

盧 2121_{7}
縣 2299_{3}
曇 6073_{1}
曉 6401_{1}

撇起

積 2598_{6}
穆 2692_{2}
衡 2143_{0}
錢 8315_{3}
學 7740_{7}
鮑 2731_{2}
龜 2711_{7}

折起

閻 7777_{7}
穎 2198_{6}
隨 7423_{2}

十七畫

點起

濟 3012_{3}
鴻 3712_{7}
濮 3213_{4}
燭 9682_{7}
龍 0121_{1}
謝 0460_{0}
禪 3625_{6}
襄 0073_{2}
應 0023_{1}
齋 0022_{3}

橫起

薦 4422_{7}
薛 4474_{1}
戴 4385_{0}

直起

還 3630_{3}

撇起

鍾 8211_{4}

折起

豫 1723_{2}
避 3030_{4}
繆 2792_{2}
隱 7223_{7}
鮮 2835_{1}

十八畫

點起

顏 0128_{6}

橫起

騎 7432_{1}
聶 1014_{1}
藍 4410_{7}
藏 4425_{3}
蕭 4422_{7}
臨 7876_{6}

直起

豐 2210_{8}
瞻 6706_{1}

撇起

簡 8822_{7}
魏 2641_{3}
儲 2426_{0}
雙 2040_{7}
歸 2712_{7}

折起

彝 2744_{9}

十九畫

點起

瀛 3011_{7}

Ⅲ取角時應注意的幾點：

(1)獨立或平行的筆，不問高低，一律以最左或最右的筆形作角。

(例) 非 肯 疾 浦 帝

(2)最左或最右的筆形，有它筆蓋在上面或托在下面時，取蓋在上面的一筆作上角，托在下面的一筆作下角。

(例) 宗 幸 寧 共

(3)有兩複筆可取時，在上角應取較高的複筆，在下角應取較低的複筆。

(例) 功 盛 頗 鴨 奄

(4)撇為下面它筆所托時，取它筆作下角。

(例) 春 奎 碎 衣 辟 石

(5)左上的撇作左角，它的右角取作右筆。

(例) 勾 鈞 侔 鳴

Ⅳ四角同碼字較多時，以右下角上方最貼近而露鋒芒的一筆作附角，如該筆已經用過，便將附角作0。

(例) 芒=44710 元 拼 是 疝 歆 畜 殘 儀
難 達 毯 禧 繕 蠻 軍 覽 功 郭
疫 癥 愁 金 速 仁 見

附角仍有同碼字時，再照各該字所含橫筆(即第一種筆形，包括橫挑(㇀)和右鈎)的數目順序排列。

例如"市""帝"二字的四角和附角都相同，但市字含有二橫，帝字含有三橫，所以市字在前，帝字在後。

檢查時照四角的筆形和順序，每字得四碼：

(例) 顔=0128　截=4325　烙=9786

第三條　字的上部或下部，只有一筆或一複筆時，無論在何地位，都作左角，它的右角作0。

(例) 宣 直 首 冬 軍 宗 母

每筆用過後，如再充他角，也作0。

(例) 干 之 持 掛 犬 十 業 時

第四條　由整個口門鬥行所成的字，它們的下角改取内部的筆形，但上下左右有其它的筆形時，不在此例。

(例) 圈=6043　閉=7724　關=7712　銜=2143

菌=4460　瀾=3712　荇=4422

附　則

I 字體寫法都照楷書如下表：

正	亠 住 ㄈ 反 ネ 戶 安 心 卜 盾 刃 业 亦 草 眞 執 禺 衣
誤	亠 住 ㄈ 反 ネ 戶 安 心 卜 盾 及 业 亦 草 眞 執 禺 衣

II 取筆形時應注意的幾點：

(1) 宀 户等字，凡點下的橫，右方和它筆相連的，都作3，不作0。

(2) 尸 皿 門等字，方形的筆頭延長在外的，都作7，不作6。

(3) 角筆起落的兩頭，不作7，如刁。

(4) 筆形"八"和它筆交叉時不作8，如美。

(5) 业 㘽中有二筆，水 氺旁有二筆，都不作小形。

四角號碼檢字法

第一條　筆畫分為十種，用0到9十個號碼來代表：

號碼	筆名	筆　形	舉　　例	說　　明	注　　意
0	頭	亠	言主广疒	獨立的點和獨立的橫相結合	1 2 3 都是單筆，0 4 5 6 7 8 9 都由二以上的單筆合為一複筆．凡能成為複筆的，切勿誤作單筆；如亠應作0不作3，寸應作4不作2，厂應作7不作2，乚應作8不作3、2，小應作9不作3、3．
1	橫	一㇀乚	天土地 江元風	包括橫，挑(趯)和右鈎	
2	垂	丨丿亅	山月千則	包括直撇和左鈎	
3	點	丶㇏	宀礻冖 厶之衣	包括點和捺	
4	叉	十乂	草杏皮 刈大對	兩筆相交	
5	插	扌	扌戈申史	一筆通過兩筆以上	
6	方	口	國鳴目 四甲由	四邊齊整的方形	
7	角	㇇厂亅 乚𠂆㇇	羽門灰陰 雪衣學罕	橫和垂的鋒頭相接處	
8	八	八丷 人𠆢	分頁羊余 災汆足午	八字形和它的變形	
9	小	小⺌⺍ 个忄	尖糸粦呆惟	小字形和它的變形	

第二條　每字只取四角的筆形，順序如下：

(一)左上角　(二)右上角　(三)左下角　(四)右下角

(例)　(一)左上角……端……(二)右上角

　　　(三)左下角……端……(四)右下角

《宋詩紀事》四角號碼
人名索引說明

一、本索引包括《宋詩紀事》中的人名和仙、鬼、神物名，凡原書正文中有詩歌輯存者，一律收入。

二、本索引以姓名爲主目，字、號用括號標出，以便查檢。例如：

石延年（曼卿、安仁）

郭祥正（功父）

封號、謚號，爲避免羅列，從略。

三、人名的異稱，另列參見條目。如丁宣，一作丁卜；道濟，即濟顛。則丁卜、濟顛均另列一條。

四、爲反映所收作者的全貌，凡詩歌中的聯句，一律分條錄出，標明是聯句，並歸併到各人原來的條目之下。如此人原來未曾收錄者，則單獨作爲一條。

五、本索引的人名，以四角號碼順序排列。每條第一字注明四角號碼及附角。第二字取上兩角。後列頁碼。例如：

0010_4 童

37 ～潮　　1830

六、後附《宋詩紀事》筆畫檢字，凡人名索引中的姓氏（包括別稱的第一字），均用筆畫排列，以便與四角號碼索引互檢。